攀枝花市工会志

1989—2013

《攀枝花市工会志》编纂委员会　编纂

方志出版社
Publishing House of Local Records

图书在版编目（CIP）数据

攀枝花市工会志:1989～2013/《攀枝花市工会志》编纂委员会编. --北京：方志出版社，2016. 5

ISBN 978-7-5144-2006-7

Ⅰ.①攀… Ⅱ①攀… Ⅲ.①工会工作—概况—攀枝花市—1989～2013 Ⅳ.①D412. 871. 3

中国版本图书馆CIP数据核字(2016)第104472号

攀枝花市工会志(1989—2013)

编　　者：《攀枝花市工会志》编纂委员会

责任编辑：齐　笑

出 版 人：冀祥德

出 版 者：方志出版社

地址　北京市朝阳区潘家园东里9号（国家方志馆4层）

邮编　100021

网址　http://www.fzph.org

发　　行：方志出版社发行中心

电话（010）67110500

经　　销：各地新华书店

印　　刷：成都市拓展印务有限公司

开　　本：889×1194　　1/16

印　　张：40

字　　数：1096千字

版　　次：2016年5月第1版　　2016年5月第1次印刷

印　　数：0001～1000册

ISBN 978-7-5144-2006-7　　定价：360. 00元

攀枝花市行政区划示意图

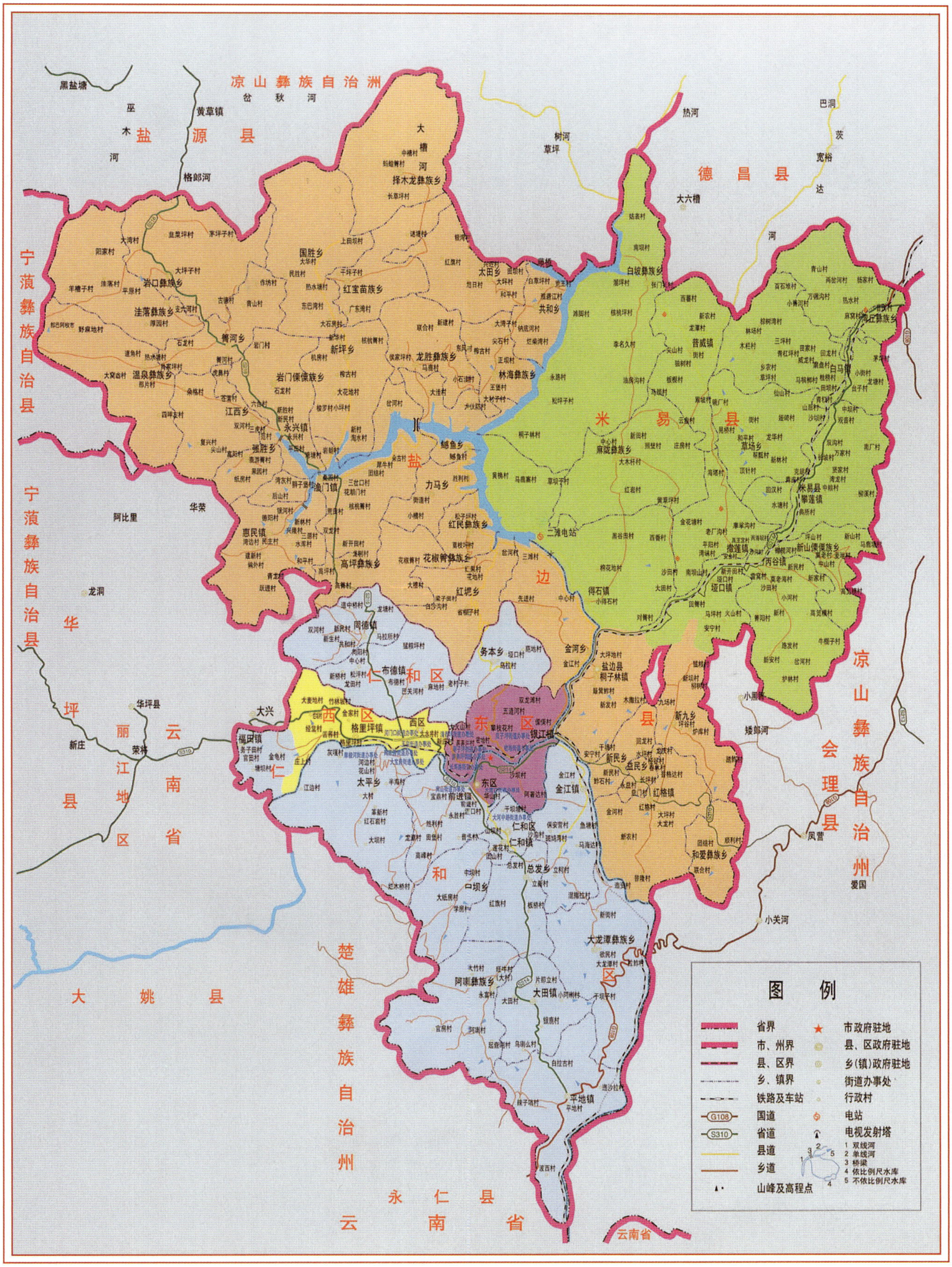

领导考察

2012年1月31日，中共四川省委书记王东明（右二）慰问攀枝花困难职工

2009年1月7日，四川省省长蒋巨峰（右二）到攀枝花海绵钛建设工地调研

2001年1月3日，省委副书记席义方（左）率省委、省政协慰问团到攀枝花市慰问

2002年10月23日，在四川省首届职工创新成果展上，省委副书记刘鹏（中）、到仁和区展室参观，并品尝仁和区无公害农副产品——芒果

1999年1月19日，省委副书记秦玉琴（右一）率省慰问团到攀枝花困难企业市建二公司慰问

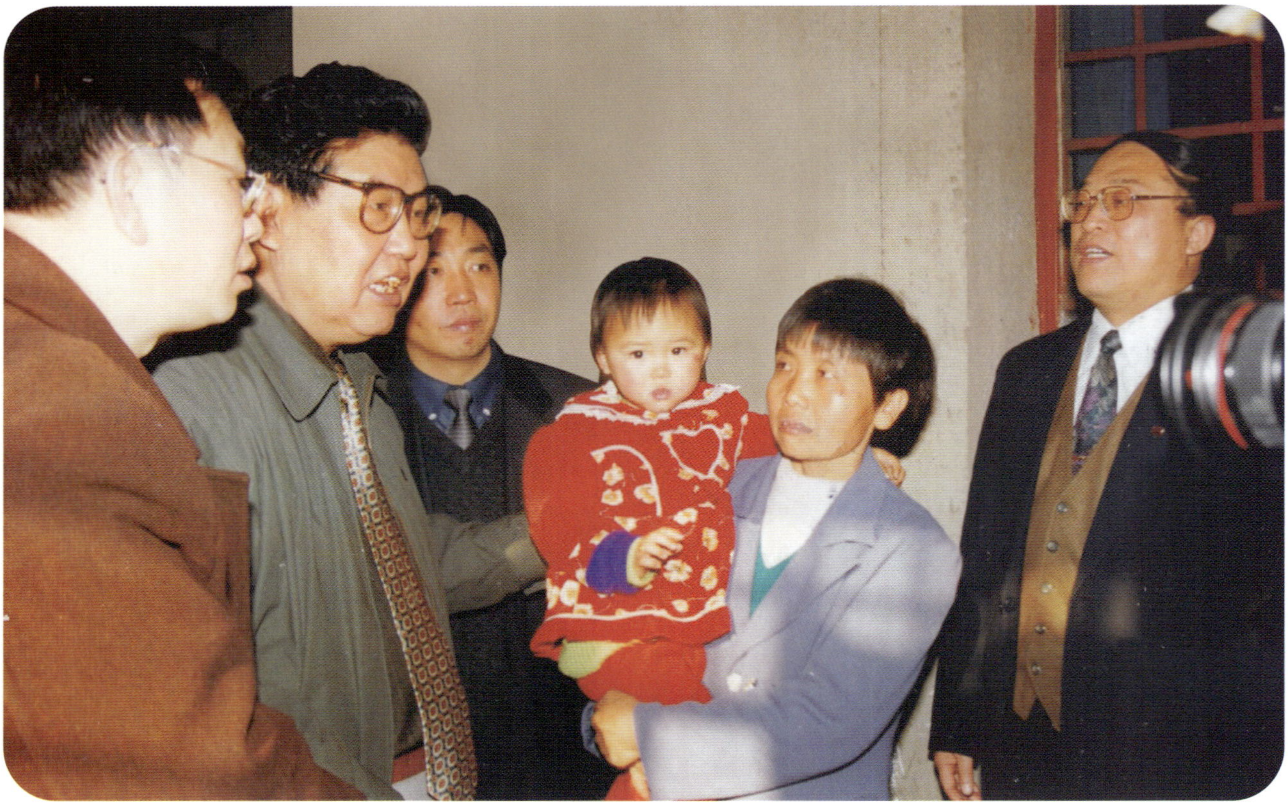

2000年春节，省委常委刘绍先（左二）、省总工会副主席林绍忠（左一）受省委、省政府委托，到攀枝花市慰问特困企业和特困职工

2012年10月10日，省委常委、省总工会主席李登菊（中）视察攀钢

1998年2月13日，省政协副主席苟建丽（左四），省总工会党组书记、副主席胡先春（右二）受省政府委托，到攀枝花市慰问特困企业和特困职工

1991年4月5—8日，全国总工会副主席郑万通（前排左六）到攀枝花检查指导工作，与市总工会全体干部职工合影

2012年9月2日，中华全国总工会副主席张鸣起到攀就安全生产及劳动保护工作作指示

2012年6月12日，全国总工会书记处书记李滨生到攀调研工会工作

2012年9月4日，全国总工会劳动保护部部长王俊治（右二）到攀调研安全工作

1991年11月中旬，四川省总工会纪检工作研讨会在攀枝花召开，省总工会党组书记、副主席胡先春（左四）出席会议

2005年12月19日，四川省总工会党组书记、副主席罗林书（左四）、省总工会副主席慕竹平（左三）一行到攀枝花市调研工会工作，市总工会党组书记、副主席张敏（右三）陪同

2012年8月26日，四川省总工会党组书记、副主席罗茂乡（左一）到市钒钛工业园区企业生产一线开展慰问

1997年3月19—21日，四川省总工会副主席张莲花（左三）率四川省市、地、州和产业工会30余名负责人考察攀枝花市“送温暖工程”情况

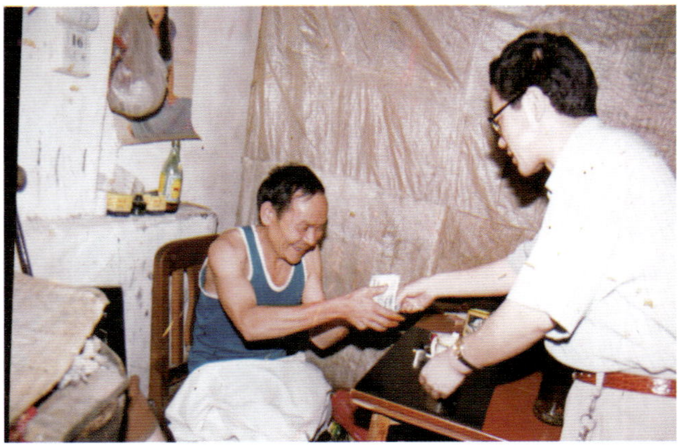

1998年8月18日，四川省总工会副主席朱新华（右一）率慰问组慰问岔河村受灾群众

2008年1月26日，四川省总工会副主席穆竹平（二排中）到攀枝花林区送温暖，市总工会党组书记、副主席张云忠（左三）陪同

2011年7月12日，四川省总工会党组成员、经费审查委员会主任张锐（前排右二）看望一线职工

2012年4月16日，四川省总工会党组成员、副主席胥纯（右二）一行到攀枝花开展走访慰问

2013年9月27日，四川省总工会党组成员、副主席武晓鹏（右一）到攀枝花调研工会工作

1997年11月29日，市委书记孙本先（前中）看望林业、交通、建委、煤炭行业（企业）困难职工和部分劳动模范

2001年6月29日，市委书记秦万祥（右前）接见市总工会庆祝建党80周年职工文艺晚会演出人员

2003年4月30日，市委书记张成明（左二）等市级领导参观攀枝花市劳模先进事迹展

2011年1月7日，市委书记、市人大常委会主任赵爱明（左一）慰问劳模

2012年1月31日,市委书记刘成鸣（中）到仁和区南山园区嘉利达公司调研

1999年“五一”劳动节前夕，市委副书记、市长吴登昌（中）慰问盐边县联系户

2003年1月29日，市委副书记、市长秦宜智到中心医院看望慰问职工

2012年1月18日，市委副书记、市长张剡（右一）慰问困难职工

2008年9月28日，市政协主席高方芹（右三）视察富邦钒钛制动鼓有限公司

2012年6月18日，市人大常委会党组书记、主任谢道全到企业调研

2012年12月25日，市政协主席单荣看望困难农民工家庭

2003年9月20日，市委常委、市总工会主席景宏年走访慰问林业职工

2006年1月25日，市总工会召开七届四次全委（扩大）会议，市委常委、组织部部长、市总工会主席邓国建（中）出席会议并讲话

2007年1月21日，市委常委、组织部部长、市总工会主席柳康健慰问困难职工

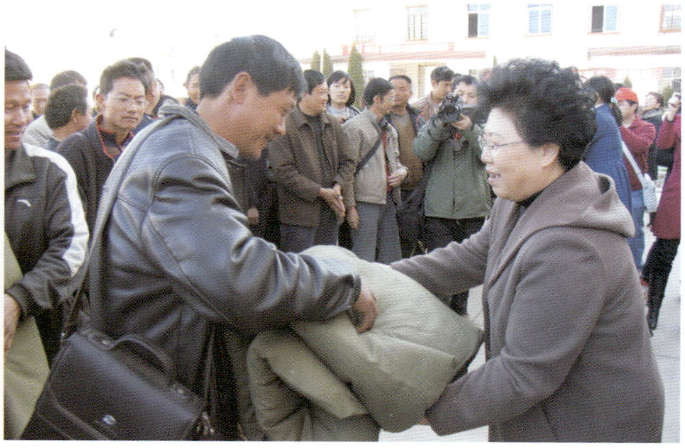

2009年12月28日，市委常委、组织部部长、市总工会主席张祖芸（右一）看望慰问受灾职工

2003年9月12日，市政协副主席、市总工会主席刘秀武（左一）、副主席杨洪达（中）为攀钢、攀煤等五家单位颁发“全国模范职工之家”荣誉证书

2013年1月15日，市委常委、市总工会主席许健民（右）慰问攀煤集团公司职工

2008年7月16日，市委常委、组织部部长、市总工会主席张祖芸（前排中）与市总工会第八次代表大会常委合影

2013年6月14日，市委常委、市总工会主席许健民（中）与市总工会第九次代表大会常委合影

重要会议

2003年8月7日，攀枝花市工会第七次代表大会

2008年5月19日，攀枝花市工会第八次代表大会

2013年6月13日，攀枝花市工会第九次代表大会

1999年12月31日，攀枝花第四次劳模表彰大会

2004年4月28日，攀枝花市第五次劳模表彰大会

2009年9月7日，攀枝花市第六次劳模表彰大会

1996年4月30日，市总工会庆“五一”劳模先进工作者座谈会

1996年8月28日，攀枝花市全心全意依靠职工办企业经验交流会

1996年11月15日，攀枝花市第四次职工扶贫解困经验交流暨工作会

1998年8月20日，市总工会在攀钢黏土矿召开全市首次工运理论政策研究工作经验交流会

1999年8月26日，攀枝花市推行厂务公开经验交流大会

2000年4月11日，市总工会在园林宾馆召开全市新经济组织工会组建工作会

2000年9月1日，攀枝花市总工会召开新建企业工会组建工作会

2002年12月13日，市总工会召开全市工会集体协商经验交流会

2004年10月26日，攀枝花市首个农家乐行业工会成立大会在仁和区康正阳光山庄召开

2006年9月12日，中共攀枝花市委召开第一次工会工作会议

2006年11月20日，攀钢召开班组建设推进大会

2007年12月10日，攀枝花市煤矿班组群安工作经验现场交流会在仁和公园召开

2008年4月29日，市总工会召开攀枝花市庆五一劳动节暨表彰大会

2008年10月28日，全国第五次厂务公开民主管理调研检查组到攀枝花市检查工作并听取汇报

2009年3月19日，市总工会召开攀枝花市有突出贡献技术工人表彰大会

2011年6月27日，攀钢工会召开群众经济技术创新工作推进大会

2010年12月8日，攀煤（集团）公司班组建设现场推进会在小宝鼎煤矿召开

2012年4月17日，中共攀枝花市委召开第三次工会工作暨“两个普遍”推进会

2012年4月28日，攀煤（集团）公司三届一次职代会暨第三次工会会员代表大会在公司召开

2013年2月，攀钢集团公司工资集体合同签字仪式

2013年12月5日，攀枝花市政府与市级群团组织联席会

2012年12月26日，市政府与市总工会第19次联席会

重要活动

2007年5月26日，市总工会在市中心广场举行“30万职工携手共建美好家园”大型宣传教育活动启动仪式

1997年12月17日，市总工会召开职工扶贫帮困送温暖工程经验交流暨工作会

2000年12月1日，市总工会召开全市第四届职业道德“双十佳”表彰会

2008年9月13日，市总工会在竹湖园开展“30万职工携手共创环保模范城市”宣传周活动

2013年9月16日，新工人文化宫承办的“啤酒节”现场

2002年12月31日，攀枝花市劳模荣誉津贴发放仪式

1997年7月25日，市总工会慰问驻地官兵

2007年6月1日，市总工会、市商业银行启动“攀枝花市商业银行爱心助学金”启动仪式

2010年9月2日，市总工会举办“攀枝花市商业银行爱心助学金”发放仪式

2011年10月14日，市财贸工会工资集体协商培训会

2011年11月1日，专项集体合同签字仪式

2011年9月6日，市总工会在金沙明珠召开全市工会经审论文发布暨表彰会

2011年11月24日，沃尔玛（四川）百货有限公司攀枝花炳草岗分店工会授牌仪式

基本建设

新工人文化宫全景

新文化宫广场全景

2008年12月16日，市工人文化宫新建工程在炳三区开工

2012年10月11日，新工人文化宫启用仪式在炳三区举行，中共四川省委常委、省总工会主席李登菊宣布攀枝花市新工人文化宫正式启用

（原）市工人文化宫水上世界

（原）工人文化宫水上世界

劳动竞赛

2011年9月6日，攀枝花市首届“百岗万人”职业技能大赛开幕式

2012年12月13日，攀枝花市第二届“百岗万人”职工职业技能大赛决赛开幕式

2010年11月26日，攀枝花市职业技能大赛总决赛开幕式

2011年12月7日，仁和区首届职工职业技能大赛在仁和文化广场开幕

2011年7月17日，西区首届职工技能比武比赛现场

2011年11月15日，攀枝花电业局首届职工技术（技能）运动会闭幕

2013年1月17日，攀枝花欢乐阳光节“行远牧业杯”电视厨艺争霸赛

1999年11月3—9日，市总工会、市劳动局联合举办全市职工技术比武——厨艺大赛

2011年12月4日，攀枝花市首届“百岗万人”职工职业技术大赛——心肺复苏决赛

重要事件

2010年11月24日，省总工会工资集体协商督查组到攀枝花市开展工资集体协商督查

2006年7月2日，四川省工资、女职工权益保护专项集体合同交叉检查组到攀开展检查

2013年9月3日，四川省女职工权益保护专项集体合同工作交叉检查小组到攀枝花检查指导

2008年6月17日，四川省总工会为攀枝花抗震救灾工人先锋号授旗

2012年5月14日，“5·12”汶川大地震发生后，攀钢集团长特公司民兵救灾突击队整装出发

2012年5月18日，“5·12”汶川大地震发生后，攀钢救援车队集结出发

2012年4月25日，市委常委、市总工会主席许健民（左）为市职工心灵驿站授牌

2005年12月20—25日，市总工会、市文联联合举办的首届攀西民族民间工艺品、艺术品、旅游纪念品博览会

2006年11月9日，攀钢第二届职工技术运动会总结表彰大会

1999年12月16日，市总工会、市劳动局、攀枝花矿务局联合在矿区举办下岗职工招聘会

2007年11月5日，东区银江镇农民工业余学校开班

2005年5月27日，攀钢第一次直选基层工会主席在轨梁厂进行

文体活动

2006年11月9日，全市职工庆祝建党90周年红歌比赛

2002年6月28—29日，攀枝花市第六届龙舟节龙舟赛

2004年10月1日，攀枝花市首届自行车越野赛

2002年5月30日晚，攀枝花市首届企业（行业）歌曲演唱大赛

2009年9月20日，全市金融系统国庆歌咏比赛

2010年6月28日，攀钢庆祝投产40周年“创业之歌”大型文艺晚会

2001年6月29日，市总工会庆祝建党80周年职工文艺调演

2009年9月29日，中冶实久公司举行庆祝中华人民共和国暨中冶实久公司成立3周年职工文艺会演

2007年元宵节，市直机关工会组织干部职工开展登山活动

2007年2月19日，市总工会组织开展春节舞狮拜年活动

2008年4月30日，市直机关部分党员干部和职工代表在攀枝花英雄纪念碑前缅怀创业先辈，弘扬攀枝花精神

2010年3月4日，全市女职工庆“三八”妇女节歌咏比赛

2010年3月8日，攀枝花电业局庆祝国际“三八”妇女节文艺演出

2011年6月30日，攀枝花市直机关纪念中国共产党建党90周年文艺晚会

2013年6月13日，攀枝花市工会第九次代表大会专题文艺汇演——金沙情·中国梦·劳动美

2010年4月25日，十九冶第十四届职工运动会开幕式

2011年6月29日，米易县举行“红歌百人大合唱”

2012年9月21日，市卫生局“喜迎十八大 争创新业绩”暨庆祝建国63周年歌咏比赛

2011年5月31日，攀钢（集团）公司工会在文化广场举办“劳动者之歌”音乐会

2013年6月28日，市公安局举办“中国梦　颂党恩”文艺演出

2013年12月24日，攀枝花市工人文化宫承办全市职工体操比赛

2007年12月1日，米易县总工会举办“迷易龙舟赛”

2012年12月11日，攀枝花第九届“篮协杯”暨2012年欢乐阳光节职工篮球比赛

2013年12月25日，攀枝花市迎庆元旦职工运动会开幕式在市工人文化宫举行

2013年12月31日，攀枝花市工人文化宫承办的“走进城市务工人员大型公益演出”

2013年3月7日，攀钢举行“最美妈妈”选拔活动

1992年5月1日，攀枝花市首届职工文化节开幕式

《攀枝花市工会志（1989—2013）》编纂委员会

（2014 年 4 月）

名誉主任	许健民					
主　　任	张开锋					
副 主 任	谢　强	汤帮梅	于庆成	郑　红	王红梅	
成　　员	段汝林	李　兵	邹　渝	刘少辉	邹　莹	盛瓘清
	张泽周	王　莉	谢永忠	郭　莉	陈朝宪	王　芳

《攀枝花市工会志（1989—2013）》编纂委员会

（2015 年 4 月）

名誉主任	张　敏					
主　　任	汤帮梅					
副 主 任	于庆成	陈晓翔	郑　红	王红梅	龚跃俊	
成　　员	李　兵	邹　渝	刘少辉	邹　莹	盛瓘清	张泽周
	王　莉	谢永忠	裘　怡	陈朝宪	王　芳	

《攀枝花市工会志（1989—2013）》总编室

主　　编	汤帮梅					
副 主 编	刘少辉					
编　　辑	李　兵	邹　渝	刘少辉	邹　莹	盛瓘清	张泽周
	王　莉	谢永忠	裘　怡	陈朝宪	王　芳	
编辑助理	唐应菊	蒲　春				

攀枝花市工会志资料稿撰稿人员名单

单位	撰稿人		单位	撰稿人
市总工会办公室	蒲　春	张　磊	市公安工会	兰　伟
市总工会组织部	黄玉鑫	沈启峰	市城管工会	苏小英
市总工会经审办	陈朝宪		东区总工会	李德芳
市总工会财务部	赵　兴	王　芳	西区总工会	孟欢欢
市总工会保障法工部	吴俊起		仁和区总工会	陈秀君
市总工会宣教部	盛瓘清	张玉兰	米易县总工会	何东阳
市总工会经济技术部	谢永忠		盐边县总工会	孙克群
市总工会民管部	张泽周		攀钢集团公司工会	陈元丁
市总工会女职工部	裘　怡		攀煤集团公司工会	庞家明
市教育工会	李　兵		十九冶集团公司工会	陈志力
市财贸工会	裘　怡		钢城集团公司工会	张雪松
市工人文化宫	胡旻瑶		钒钛产业园区工会	潘　静
攀枝花学院工会	祝　慧		电信攀枝花分公司工会	明小琳
攀枝花日报社工会	毛　茜		移动攀枝花分公司工会	陈嗣敏
市建设建材工会	游洪涛		联通攀枝花分公司工会	赵　琳
市交通工会	何　忞		市邮政工会	周　燕
市文广新工会	夏　中		国网攀枝花供电公司工会	章有军
市卫生工会	任　君		华电攀枝花发电公司工会	龚桂林
市林业工会	杨　洲		中石油攀枝花分公司工会	刘　洋
市直机关工会	周　优		601 地质队工会	焦　乔
市劳动保障工会	徐　炜			

序

攀枝花市是我国唯一以花命名的城市，也是我国最年轻的城市之一。20 世纪 60 年代，因“大三线”建设的需要，党中央、国务院作出建设攀枝花钢铁工业基地的重大决策，从此开启了攀枝花建设与发展的新纪元。

“万千军号出战场，渡口英雄自八方。”在攀枝花开发建设的历史进程中，几代建设者以无私奉献和大无畏牺牲精神，战胜了一个又一个艰难险阻，攻克了一个又一个技术难关，谱写了一曲曲可歌可泣的建设者之歌，孕育和凝成了“艰苦创业，无私奉献，开拓进取，团结协作，科学求实”的“攀枝花精神”。

经过 50 年的开发建设，今天的攀枝花市已逐步发展成为中国西部重要的钢铁、钒钛、能源基地和新兴工业城市、四川南向门户、川南重要交通枢纽。攀枝花市先后荣获“中国优秀旅游城市”“国家卫生城市”“四川省环保模范城市”“四川省森林城市”“中国钒钛之都”“中国苴却砚之都”“国家外贸转型升级示范基地”等称号；成功跻身首批国家新型工业化产业示范基地、“国家现代农业示范区”；被命名为国家钒钛新材料高新技术产业化基地；是攀西国家级战略资源创新开发试验区的主体功能区和核心区。

自 1973 年以来，攀枝花市总工会历经九届委员会，全市各级工会组织团结、带领全市工人阶级和干部职工，围绕中心、服务大局，壮大工会组织、开展劳动竞赛、提升职工技能、推动技术进步、弘扬劳模精神、加强法治教育、推进民主管理、维护职工利益、开展扶贫帮困、丰富职工文化生活，为攀枝花的经济与社会发展做出了巨大贡献。

历史自应辑存这辉煌的一页以昭示未来。1993 年 12 月，首部《攀枝花市工会志》出版发行。但该志记述下限仅至 1988 年，为连续不断、科学完整地记述攀枝花市工人运动的历史发展与现状，展示工会事业独有的风貌和成就。2014 年 5 月市总工会启动了《攀枝花市工会志（1989—2013）》的续修工作，经过近两年的艰苦努力，该书终于成书面世了。在此，我谨向全体编纂人员、工作人员，以及所有为该书编纂提供帮助的单位和个人表示衷心的感谢！

《攀枝花市工会志（1989—2013）》纵述历史，横陈事业，是一部全面、系统记述攀枝花工人运动历史原貌与现状、发展与变化的权威性著述。它的出版发行，必将继往开来，为攀枝花市工会事业开创辉煌的未来提供借鉴，鼓舞全市工会工作者开拓进取，攻坚克难，为攀枝花市工会事业再上新台阶而努力奋斗。

希望全市各级工会组织的广大干部群众，以志为鉴，与时俱进，为打造“全国先进、四川一流工会”，加快建设攀枝花宜居、宜业、宜商、宜游、宜养的康养之城而努力奋斗。

中共攀枝花市委常委
攀枝花市总工会主席
2016年5月

凡 例

一、本志坚持以马列主义、毛泽东思想、邓小平理论、“三个代表”重要思想和科学发展观为指导，运用辩证唯物主义和历史唯物主义的立场、观点、方法，全面、准确、客观、系统地反映攀枝花市工会工作的历史与现状、发展与变化，力求思想性、科学性和资料性的统一，以充分体现志书资治、存史、教化的功能。

二、本志断限上自 1989 年（接续 1993 年版《攀枝花市工会志》之下限），下迄 2013 年，限内叙事 25 年。为保持志书记事的完整性和便于承接前志，个别事物的记述适当上溯和下延。

三、本志遵循详今略古、详近略远、详特略同、详首次略一般、详事业发展略机构沿革的记述原则，存真求实，突出时代特点、地方特色和行业特色。

四、本志采用章节体，全志设篇章节 3 个层次，以节为基本记述单位。文字容量较大的节下设目。

五、本志述、记、志、图、表、录综合运用。以概述为纲，展现全貌；以大事记为经，纵贯历史；以各专志为纬，横陈事业；以附录殿后，辑存资料。

六、本志采用规范的语体文、简化字、异体字，数字按国家语言文字工作委员会、国家标准计量局公布的简化字总表、《出版物上数字用法的规定》《标点符号用法》为准。

七、1986 年前攀枝花市名渡口市。1987 年 1 月 23 日经国务院批准改名为攀枝花市，志书中市名随时称。

八、按照志书生不入传的原则，《人物篇》未设《人物传》，仅设《人物简介》和《人物名录》。《领导简介》按职务和任职时间先后排列，《劳模名录》按授予时间先后排列。

九、本志资料均由市县区有关部门、单位和企业提供，并经提供单位或部门核实。志书中所用资料均不再注明资料来源。

目 录

第一篇 攀枝花市总工会

第二篇　县区工会

第三篇　企业工会

第四篇　产业工会

第六篇　人　物

附　录

后　记

概 述

20 世纪 60 年代，为了改变中国的工业布局和“大三线”建设的需要，在中共中央、中央军委主席毛泽东亲自过问下，国务院总理周恩来，中共中央总书记、副总理邓小平，副总理李富春、薄一波等党和国家领导人深入调查研究、周密谋划，动员全国力量，协调国家十余部委，开始以攀枝花钢铁基地建设为核心的攀枝花工业基地建设。1965 年 2 月 5 日，中央批复同意成立攀枝花特区。3 月 4 日，中共中央主席毛泽东在关于攀枝花建设进展情况的汇报材料上批示“此件很好”。批示当日（1965 年 3 月 4 日）即被确定为渡口市（今攀枝花市）的成立纪念日，攀枝花市从此以“毛主席最关心的地方”著称于世。

攀枝花市是全国唯一以花命名的城市，也是中华人民共和国最年轻的城市之一，更是一座全国各地职工移民支持参与建设的城市。建市 50 年来，在“艰苦创业、无私奉献、开拓进取、团结协作、科学求实”的攀枝花精神的感召下，攀枝花人用自己的勤劳与智慧、汗水与牺牲，铸就了攀枝花今天的辉煌，谱写出一部伟大的史诗。

攀枝花市自建市起，即为四川省直辖市。城市位于中国西南川滇交界部金沙江、雅砻江汇合部。地理坐标为北纬 26° 05′ —27° 21′ ，东经 101° 08′ —102° 15′ 。东北面与四川省凉山彝族自治州接壤，西南面与云南省的宁蒗、华坪、永仁 3 县为邻。成昆铁路和 108 国道、G5 高速公路纵贯全境，北距成都 749 公里，南离昆明 351 公里，是四川省通往华南、东南亚沿边、沿海的门户，为南丝绸之路上重要的交通枢纽和物资集散地。

攀枝花市以资源富集著称于世。全市辖区面积 7440.4 平方公里，辖东区、西区、仁和区、米易县、盐边县，市境域沿金沙江、雅砻江两岸蜿蜒分布约 50 公里，是以得名“百里钢城”。地域内先后发现矿产 76 种、矿产地 490 余处，其中特大型、大型矿床 46 个，中型矿床 30 个，尤以钒钛磁铁矿蕴藏十分丰富。1965 年 12 月，中共中央总书记邓小平在渡口考察时盛赞“这里得天独厚”。至 2014 年探明，攀枝花市钒钛磁铁矿中伴生钒矿 1048 万吨，约占全国储量的 80%；伴生钛矿 42870 万吨，约占全国储量的 93%。是年，攀枝花市被命名为“中国钒钛之都”。

一

1965 年 11 月 6 日，渡口市总工会筹备委员会成立。1967 年 1 月后，因“文化大革命”政治运动冲击，市总工会筹备委员会停止工作。1973 年 7 月 6—10 日，渡口市工会第一次会员代表大会召开，选举产生渡口市总工会第一届委员会，工会工作从此步入正轨。

1993—2013 年，攀枝花市总工会先后召开第五、六、七、八、九次代表大会，选举产生了第五、六、七、八、九届委员会。刘秀武、景宏年、邓国建、柳康健、张祖芸、许健民先后任市总工会主席，杨洪达、张敏、张云忠、张开锋先后任市总工会常务副主席（主持工会日常工作），杨洪达、王大秀、游绍全、张敏、徐翠、尚滟佳、谢强、汤帮梅先后任市总工会副主席。2013 年，市总工会下辖攀枝花市东区、西区、仁和区、米易县、盐边县 5 个县区总工会、13 个产业工会（含两个内产业工会）、11 个企业工会、2 个直管工会。

1965—2013 年，市总工会根据各时期开展工会工作的需要，设置和调整内设机构。2013 年，内设组织部、宣教文体部、民主管理部、保障法工部（法律工作部）、经济技术部、女职工部、财务部、办公室、经费审查委员会办公室等 8 部 2 室和市教育工会工作委员会、市财贸工会工作委员会两个产业工会以及市总工会信息中心、市工运资料研究会、市工人文化宫、市总工会干部学校、市职工技术交流站、市总工会职业介绍所等 6 个事业单位。

1966 年，全市职工 5 万余人，有工会会员 1.7 万余名。1973 年渡口市总工会成立时，有会员 125017 人。1983 年，全市有各级工会组织 445 个，会员 18.05 万人、占全市职工总数的 92%。1993 年，全市就业人员 56.84 万人，各类工会组织发展到 999 个，十年间增加 554 个，增加 124.49%；会员人数增加到 26.69 万人、增加 8.85 万人、增长 49%。1989 年，全市有各类工会组织 718 个，有工会会员 217397 人，其中女会员 63794 人、少数民族会员 3408 人。1996 年起，市总工会开始在外商投资企业等新经济组织中组建工会组织。2003 年，全市工会组织在未统计私营企业的情况下已达到 1518 个，有会员 21.8 万人。2013 年，全市已组建各类工会组织 4270 个，有会员 51 万余人，专职工会干部 431 人。乡镇企业工会、外商投资企业工会、私营企业工会、新经济组织（新建企业）工会组织建设与区县小三级工会组织建设实现了网络化全覆盖。

1984 年，攀枝花市开始“职工之家”建设。1985 年年底，全市建成“职工之家”233 个。1989 年，全市已建成“模范职工之家”28 个、“先进职工之家”60 个。至 1995 年，全市建成合格“职工之家”774 个，占应建数的 87%。2005 年，全市合格“职工之家”达到 1156 个，占应建数的 84%。至 2013 年，全市建成合格“职工之家”1869 个。

二

市总工会及各基层组织成立以后，即以服务经济建设为中心开展工作。

开展劳动竞赛。市总工会重视劳动竞赛的组织开展，积极探索适应各阶段经济发展的社会主义劳动竞赛新形式。建市初期，组织开展“三通一住”（通水、通电、通路及住房修建）劳动竞赛以推进渡口市基础设施建设。20 世纪八九十年代，市总工会将劳动竞赛的重点调整为“挖潜增效、节能降耗”，开展“创水平上台阶竞赛”“双增双节竞赛”“主题劳动竞赛”，以稳定经济、提升产能。进入 21 世纪，劳动竞赛的中心调整为产业技术升级和优化产业结构，开展职工经济技术创新竞赛和以“五小”（小发明、小革新、小改造、小设计、小建议）为主要内容的竞赛、“实施群众性创新工程、为实现攀枝花新跨越建功立业”劳动竞赛、“当好主力军 建功‘十一五’ 和谐奔小康”经济技术创新活动、“同舟共济保增长、建功立业促发展”系列竞赛活动、“五比五赛”活动、创建“工人先锋号”活动竞赛活动、“当好主力军 建功‘十二五’”竞赛活动，以提升企业市场竞争力、打造创新型城市。2012 年，攀枝花市成立由市委、市政府相关领导任主任、市委组织部、市总工会、市经信委、市财政局、市人社局、市安监局、市国资委为成员的“攀枝花市劳动竞赛委员会”，确保开展劳动竞赛常态化。市财政把劳动竞赛经费纳入年度预算，确保资金投入，完善和健全了劳动竞赛奖励机制，建立了职工技术比赛职业技能等级晋升制度、经济技术创新成果专利申报制度、职工劳动竞赛奖励制度等，将职工施展作为和体现价值有机结合起来，以激发职工参与劳动竞赛的积极性。2013 年，市总工会组织开展和参加第二届“百岗万人”职工职业技能大赛、攀枝花市首届“钒钛之光”职工经济技术创新活动、“全省第四届职工技能大赛，引导职工立足岗位、促进科技成果向现实生产力转化。

提升职工技能。20 世纪八九十年代，市总工会通过岗位练兵与技术比武活动，努力提高职工文化技术和政治素质。市总工会举办“万人技术表演”活动、基层工会开展技术讲座、开展各类业务短期培训、召开各类研讨会、经验交流会等提高职工生产和工作技能。进入 21 世纪，市总工会在攀枝花市各行各业普遍组织开展岗位培训、岗位练兵、技术比武、技能比赛，培育了一支与先进科学技术、先进生产工艺相匹配的职工人才队伍。

推动技术进步。20 世纪八九十年代，市总工会通过组织开展全市性职工技术比赛，带动全市合理化建议、技术革新活动发展。进入 21 世纪，市总工会发动、组织全市职工围绕企业转换机制、调整结构、技术创新、开拓市场、加强管理、搞好服务、增加品种、提高质量、降低成本、增进效益开展群众性经济技术创新工程，开展以 30 万职工节能减排、30 万职工提合理化建议、30 万职工技术大练兵为主要内容的“三个 30 万”职工经济技术创新活动，同时推行技术协作，在广大职工中营造“辛勤劳动、诚实劳动、创造性劳动氛围，焕发了职工劳动热情、释放了创造潜能，推动了全市企业技术进步和经济快速健康发展。

三

1979 年，市总工会设立劳动保护部，基层工会也开始设立生产组织，开展劳动保护监督检查。20 世纪 80 年代末，攀枝花市总工会贯彻全国总工会《工会劳动保护监督检查暂行条例》《基层（车间）工会劳动保护监督检查暂行条例》《工会劳动保护检查员工作条例》，成立攀枝花市总工会劳动保护监督检查站，全市工会劳动保护监督检查组织体系初步建立。1997 年，攀枝花市总工会认真贯彻全国总工会当年 4 月颁布的《工会劳动保护检查员工作条例》《基层工会劳动保护监督检查委员会工作条例》《工会小组劳动保护检查员工作条例》，健全工会劳动保护监督检查规章制度，全市工会组织对职工进行规章制度和安全生产教育，开展安全竞赛活动，推动企业安全生产，配合行政进行安全执法、安全达标、安全生产的监督检查，协同做好职业危害防治工作，搞好劳动卫生，改善劳动条件，保护职工身体健康，参与安全事故调查处理，培训劳动保护监督检查员，落实劳动保护措施，开展安全事故隐患整改。1999 年起，攀枝花市总工会按照全国总工会、四川省总工会的要求，启动“安康杯”竞赛，将工会劳动保护相关工作纳入竞赛活动，开展安全达标竞赛，进行安全生产宣传教育。2000 年以后，各级工会举办“安全生产周”宣传日活动，采用谜语竞猜、文艺表演、安全漫画、悬挂张贴安全标语和安全挂图、拉挂大型横幅、办宣传板报、发放安全书册、细查安全隐患、建立安全事故隐患及职业危害档案等，贯彻《中华人民共和国安全生产法》，开展群众性安全生产活动，对安全生产进行民主监督和民主管理。至 2010 年，攀枝花市总工会推动市政府先后出台了《攀枝花市人民政府支持工会组织在劳动安全卫生工作中切实发挥作用的意见》《职工举报重大安全生产隐患和事故奖励办法》等文件，为工会开展劳动保护工作创造了良好的外部环境，为保护职工的生命健康与安全提供了政策保障。期间，攀枝花市安全管理部门、各级工会把安康杯竞赛活动同攀枝花市创国家优秀环保城市、创国家优秀旅游城市、创国家模范卫生城市结合起来，组织开展群众性安全监督检查活动，严肃查处了 2005 年仁和区煤矿“5・12”特大瓦斯爆炸事故和 2012 年西区“8・29”煤矿安全事故，监督企业和相关部门处理遇难矿工赔付事宜，并以此为契机，市总工会加大对煤矿、金属矿山行业安全生产的监督检查力度，加强安全生产教育和宣传。

四

1989—2013年，攀枝花市总工会积极推动职工民主管理。1992年1月，攀枝花市实施《中华人民共和国城镇集体所有制企业条例》，要求集体企业依照法律实行民主管理，积极推动集体企业建立健全职代会制度。1994年2月，市总工会牵头起草、市委下发《攀枝花市城镇集体所有制企业职工（代表）大会试行规定》。7月，市总工会又与有关单位联合下发《关于加强股份制企业民主管理工作的意见》，进一步推进全市企业职工民主管理，落实职代会制度，推进建立企业职工董事、监事制度。1997年年初，攀枝花市总工会开始工资集体协商试点工作。5月，攀枝花市中美合资托利多电子衡器有限公司在全市新经济组织中率先实行工资集体协商制度。1998年6月，市委下发《关于全心全意依靠职工办好企业若干问题的建议》后，市总工会制订《攀枝花市企业职代会建设实施细则》，对职代会职权、职代会代表组成及工作机构、职工代表的权利和业务、职代会代表组成等作了明确规定，攀枝花煤业集团公司、攀枝花钢铁集团公司、金沙江水泥股份有限公司、米易糖业股份有限公司等企业在《公司章程》中写入并落实职工董事、职工监事的选举、履责、权力、义务，职工董事、监事制度得以实行。1999年3月，市总工会与市纪委等部门联合制发《关于实行厂务公开，进一步加强职工民主参与、民主管理、民主监督工作的通知》。2001年4月，根据中共攀枝花市委、市政府《关于进一步推行厂务公开制度的实施意见》，攀枝花市厂务公开深化民主管理领导小组下发了《攀枝花市厂务公开考核办法》，推动厂务公开工作深入、扎实、有效、规范地开展。2002年4月，由攀枝花市企业联合会（企业家协会）、市劳动和社会保障局、市总工会组成的劳动关系三方召开第一次会议，攀枝花市劳动关系三方协调会议制度正式建立。2003年年底，全市有48家企业设立职工董事、87家公司设立了职工监事。2004年9月，市总工会起草、并由市委、市政府两办下发《攀枝花市非公有制企业职工（代表）大会制度暂行办法》，推进非公有制企业民主政治建设。2006年，市总工会下发《关于推进建立区域（行业）职工代表大会制度的意见》，在小型非公有制企业集中的区域（行业）推行职代会制度，市政府转发了市劳动关系三方四家协调会议提请的《关于进一步推进企业工资集体协商工作的意见》，促进企业建立工资共决和支付保障机制、稳定劳动关系、确保职工收入随企业经济效益同步增长。2007年，市总工会在全省率先推行厂务公开联席会议各成员单位年终述职制度，推动企事业单位民主管理再上新台阶，全市建立职工董事制度的企业有76家、设立职工监事的企业有341家。2008年9月起，攀枝花市全面推进劳动合同和集体合同制度。至2009年2月，全市劳动合同签订率达到98%。至2010年底，全市国有企业100%建立了职代会制度，非公有制企业职代会建制率达到了83.5%。2013年11月，市政府通过由市总工会主持召开的市劳动关系三方四家协调会第18次会议起草的《攀枝花市企业工资集体协商实施细则》，并以市劳动关系三方四家的名义下发。年底，市总工会召开全市厂务公开民主管理工作总结暨推进会，表彰示范单位7家、先进单位25家和先进个人14名。全市实现国有、集体及其控股企业和事业单位厂务公开和职代会制度全覆盖，在已建工会组织的非公有制企业中，厂务公开和职代会制度建制率达到90%。全市共签订工资集体协议2713份，覆盖企业3058家、职工43万余人。至2014年6月，全市国有及控股企业工资集体合同签订率达到100%，已建会非公有制企业工资集体合同签订率达到94.6%。

五

市总工会成立后，大力进行职工法律普及、宣传、教育，积极维护职工合法权益。1985年，市总工会成立法律顾问办公室。1986—1990 年“一五”普法期间，全市各级工会协同有关部门，对职工进行广泛深入的法制宣传教育，增强职工法制观念。1989 年，十九冶金建设公司建立了全市首家劳动争议调解委员会。市总工会召开首次全市工会系统信访工作会，当年接待职工信访 172 件。1990 年，市总工会组织 15.68 万名职工参加全国职工劳动法律法规知识竞赛，获全国总工会优秀组织奖。至年底，全市有工会法律顾问组织 10 个。1995 年，为贯彻《中华人民共和国劳动法》，全市各级工会组织召开《劳动法》学习宣传会议 1645 次、149775 名职工参加，建立劳动争议调解委员会 176 个，推行法律信访目标管理，举办信访、劳动争议调处人员培训班 250 期，培训信访工作人员 8436 人。年内市总工会参与市政府“攀枝花市从业人员最低工资标准”的论证和制定。1999 年 1 月，市总工会成立全省首家职工法律援助中心—攀枝花市总工会职工法律援助中心，设立本级职工法律援助基金和法律援助电话，向职工提供法律咨询和法律服务。2000 年，攀枝花市总工会下发《建立劳动关系预警机制的实施意见》，积极参与劳动争议仲裁。至 2003 年，全市建立劳动法律监督委员会 495 个。2005 年，全市工会共接待来信、来访、咨询电话 832 件次。2006 年，市总工会制订《攀枝花市工会法制宣传教育第五个五年规划》，各基层工会成立“五五普法”领导小组，开展中华人民共和国《工会法》《劳动法》《劳动合同法》《劳动争议调解仲裁法》《集体合同条例》《职代会条例》等 20 余部法律、法规，编印《农民工维权手册》5 万余份，免费发放到企业、工地的农民工手中。“五五普法”期间，全市各级工会举办普法知识讲座等各类培训班 1230 期、开办农民工夜校 22 所，并举办了农民工普法知识专题讲座，培训企业经营管理人员、职工、农民工 205100 人次，开展各类普法宣传教育活动 5400 余次，发放宣传资料 22.3 万余份，共组织 30 余万名职工参加各类法律知识竞赛。2011 年，市总工会制订《攀枝花市工会法制宣传教育第六个五年规划》，联合市司法局开展“全市职工‘六五’普法宣传培训月”活动，送法律进企业、进社区、进工地。2012 年，全市 143 家国有或控股企业全部建立了劳动法律监督委员会，1536 家建会的非公有制企业建立了劳动法律监督委员会、组建率达 84%。2013 年，全市工会编印、免费发放有《劳动合同法》等法律法规在内的宣传资料 3 万余册，举办现场普法宣传 70 余场，发放法制宣传材料 14 余万份，展览法制宣传图片 5000 余张，开通市、区县工会维权“微博”，发送普法“微博”信息 3000 余条。全市所有乡镇（街道）、社区（村）、国有及控股企业全部建立了劳动争议调解委员会，1536 家非公有制企业建立了劳动争议调解委员会、组建率达 84%。全年工会系统共接待处理职工群众来信来访 1985 件次。

六

1989 年，全市工会系统主要通过扶贫进行职工就业援助服务。1990 年春节，市总工会下发《关于春节慰问活动安排意见》，全市各级工会筹集 45 万余元，对 10208 名困难职工进行救济。年内，对全市 1769 户、24506 人次困难职工实行定期和不定期补助 122 万余元。1992 年，市总工会创办职工贸易市场，为下岗职工、待业青年等就业提供援助服务。1995 年，各级工会在职工中组建互助储金会（小组）10098 个，筹集、使用互助金额 284 万元，解决职工临时困难 32254 人次。1996 年，市、县区级党政机关职工每人捐献 500 元，设立攀枝花市扶持特困企业、特困职工基金，基金规模达到 600 万元，救助困难职工 300 户、对当年考上大学、中专的 12 名困难职工子女分别给予一次性救助金 2000 元和 1000 元。1997 年 12 月，市总工会职业介绍所成立，为下岗、失业职工再就业服务。1999 年 12 月，市总工会获四川省工会系统“开发性再就业十大行动”特等奖。2000 年，建立领导干部联系扶助特困户的“干群心连心”制度，2002 年，全市 2690 名县级以上领导干部联系、扶助困难职工家庭 4285 户。2004 年，市总工会开始在全市实施“寒窗助学”行动，对当年考上大学中专的特困职工子女 126 人发放一次性助学金 23.80 万元。2005 年，市总工会对直属工会下达再就业工作任务指标，当年帮助8605名下岗失业职工、困难职工子女、农民工实现就业和再就业。年内，攀枝花市市、区县两级困难职工帮扶中心全面建成，各级工会走访、慰问职工94680户人，送去慰问、补助款（物）价值2863万余元。市总工会下发《攀枝花市职工住院医疗互助保险计划》，全市参加该计划的职工达5000人。2007年，攀枝花市商业银行在市总工会建立“攀枝花市商业银行爱心助学金”，每年出资100万元用于资助贫困学生。2008年春节，市总工会统一为未纳入低保的1276户特困职工家庭发放一次性价差补贴249970元，受惠家庭人口3571人。8月30日攀枝花市大地震发生后，市总工会争取全国、四川省及省内各地、市、州工会捐助资金284.5万元，慰问、救助受灾困难户43839户。2009年，全市各级工会举办各类培训班732期，培训下岗失业职工、农民工、技术工人19533人次。开展“工会特别关爱行动”，对为攀枝花市经济建设与社会进步做出突出贡献的劳动模范等进行慰问，发放慰问金100余万元。2010年，市总工会共发放生活困难救助金200余万元。2012年，攀枝花市农村商业银行在市总工会设立“攀枝花市农村商业银行助学金”，每年出资50万元，资助当年考上大学的贫困学生。2013年，工会系统举办50余场招聘活动，组织600余家用工单位、为7000余名下岗、失业职工、农民工提供再就业帮助，培训8324人次，发放培训补贴128万余元。年内，开展工资支付情况专项检查，责令相关企业支付工资及赔偿金6617.92万元，发放临时困难救助、专项生活救助、医疗专项救助金548.15万元。至年底，参加职工住院保险和女职工大病保险的职工累计达到38万人次，支付金额800余万元。

七

1973年7月，市总工会设立女工部、配备女工干部开展女工工作，各级基层工会也相继建立女工组织。1989年3月8日，市总工会第一次女职工代表大会召开，民主选举产生第一届女职工委员会，制订《攀枝花市女职工委员会条例》，对女职工委员会的基本任务、组织原则、工作制度作出明确规定。至年底，全市建立各级女职工委员会365个，女职工会员达到68000余人。至1999年，全市基层工会已建立女职工委员会431个，有专、兼职女工干部1163人。2009年年底，全市国有企业基层工会中有女职工委员会主任27人、非公有制企业中女职工委员会主任237人，其中专职63人。至2010年，市总工会共召开5次女职工代表大会。2013年，全市基层工会有女职工委员会3021个，（机关事业单位女职工委员会611个、企业女职工委员会1123个、产业工会女职工委员会321个、省直管企业女职工委员会6个、区县工会女职工委员会960个。

工会女职工组织成立后，努力提升女职工政治、经济地位，女职工工作得到各级党委、行政的重视和支持。全市女职工不断提高自身素质，践行“妇女能顶半边天”的人生价值理念，在各自岗位上努力做出贡献，成为推动攀枝花市经济建设、社会各项事业发展的重要支撑力量。各级女工组织活跃在全市各个领域，鼓励女职工建功立业、加强女职工劳动保护、进行女职工再就业培训、发动女职工扶贫帮困、鼓励女职工参加“爱心家教”等志愿者活动，在攀枝花市物质文明建设、精神文明建设、生态文明建设中发挥了巨大作用。1998年起，攀枝花市总工会女职工委员会组织全市基层工会女职工组织参加四川省总工会女职工工作竞赛活动，至2012年该项活动停止进行，市总工会女职工工作连续14年获得一等奖。至2013年，全市各级工会女职工组织共表彰女职工先进个人、“三八红旗手”、先进工作者5000余人、表彰各类女职工先进集体400余个。

八

攀枝花市各级工会组织把为广大职工群众和会员谋福利作为工作的重点之一。从1980年开始，全市工会多次派人到省内、外联系职工疗养床位，逐步恢复了因“文化大革命”而中断的职工疗养制度。从1987年开始，攀枝花市总工会每年9月从全市不同类型的企业中选取100户代表性家庭进行职工家庭生活总体水平调查（“百户家计调查”），对职工家庭生活要素进行定量分析研究，掌握职工收入、支出情况，为各级政府、党政领导、各级工会制定工资水平、发放津贴、建立贫困职工和特困职工家庭档案、决定扶助对象提供准确依据。1989年，市总工会对攀枝花市国营企业实现承包经营以后保障职工保险福利待遇情况进行全面检查，敦促企业妥善安排职工特别是离退休职工和停产企业职工的生活。年内，市总工会职工物价监督站共检查市场物价3400多次，查处违法行为1万余起，维护了消费者和职工利益。1990年，市总工会劳动工资社会保障部对攀钢、攀矿、矿务局、十九冶等大企业的22个食堂的食品价格和卫生情况进行重点检查，并向各企业高层管理提出建议，得到重视。至年底，攀钢、十九冶、矿务局工会先后在温江、灌县建起了职工疗养院，全市各企事业单位通过工会系统在全国各地安排职工疗养17987人。1991年，市总工会开展1000户职工生活状况调查，对一般干部和工人在住房标准都划到最低档提出了修改意见，受到工人、职工的欢迎和政府的重视。1994年，全市基层工会503名工会干部进入涉及职工利益的296个决策机构，208个单位工会与同级政府、行政举行了联席会，参与解决涉及职工利益问题1004件。2000年，积极推动各单位、企业在分配住房、集资建房时实行男女平等，保护女职工合法权益。全年市职工物价监督总站检查物价3063次，查处违法人员2375人次，受到全国总工会的表彰。2005—2006年，市总工会通过多种渠道向市委、市政府和省总工会反映原矿务局棚户区、采空沉陷区治理问题，得到重视，成为攀枝花市委、市政府重点办好的14件实事之一，省总工会也拨专款120万元进行扶助，共有600户困难职工获得救助。

1989年，全市就业人员平均工资为2490元，其中国有职工为2643元，集体职工为1547元。1995年，全市国有职工平均工资为6955元、集体职工为4168元。2000年，全市国有职工平均工资为8991元、集体职工为6679元。2001年，全市就业人员平均工资为突破10000元大关，达到10563元；2003年，集体职工平均工资达到10219元。2010年，全市就业人员平均工资为32009元，其中国有职工为37684元，集体职工为27619元。2013年，全市就业人员平均工资为44220元，其中国有职工为54239元、集体职工为48959元。全市就业人员平均工资，分别比1989年增加41730元、增长16.8倍；比2000年增加35229元，增长3.92倍。

九

1979年1月22日，渡口市工会第二次会员代表大会选举产生首届工会经费审查委员会。至2013年，攀枝花市工会经费审查委员会共历8届。

市总工会经费审查委员会成立后，按照《中华人民共和国工会法》和上级工会经费审计监督工作的规章制度，建设攀枝花市经审制度与管理体系，认真进行工会各项经济活动的审查审计工作。至2013年，全市各级工会共建立经审组织1496个，组建率100%，共配备经审委员、专兼职经审干部3382人。

1979—2013年，市总工会经审委加强经审干部培训、理论研究、竞赛表彰，夯实经审工作基础。开展工会经费预、决算及经费收支等常规审查、审计和扶贫帮困基金等各项基金的专项审计，通过预算执行及财务收支审计、项目审计、绩效审计、审计回访等，对工会财务及各项经费进行全面监督检查，对检查结果进行通报，督促被审计单位对问题进行整改。规范各级工会财务管理、保证工会经费按规定认缴入库。加强对退休和调离的工会负责人进行离任经济责任审计，促进工会干部队伍的反腐败建设。

十

攀枝花市工会组织在各级中共党组织的领导下，发挥工会团结、组织、教育、鼓舞职工的作用，广大职工弘扬为国家建设“献了青春献终身、献了终身献子孙”的无私奉献精神，为攀枝花建设作出了巨大贡献。攀枝花建设初期，涌现出“穿山虎”李银、“社会主义铁牛”唐大黑、“铁人”陈治权、“快速掘进工”戴世森、“运输尖兵”王树森、“炉窑铁兵”杜永义、“革新能手”吴恒泰、“设计标兵”刘善发等“八闯将”和“红莲花”张莲花、“知难而上的红姑娘”杨桂兰、“三过硬的红姑娘”吴德素、“优秀服务员”王燕秋、“红色话务员”吴修润、“傣族铁姑娘”李祥志等“六金花”为代表的攀枝花建设英雄模范人物。1979 年，国务院授予矿务局小宝鼎矿掘进队副队长张远林全国劳动模范称号，1980 年，国务院授予矿务局小宝鼎商店经理龙大玉、攀矿兰尖矿小分队长赵清志全国劳动模范称号。1986 年，渡口市政府召开首届劳模表彰大会，授予张远林等 118 人市级劳动模范称号。1989 年，国务院授予攀钢轨梁厂总工程师林健椿、市汽车运输公司技术员杨立华、矿务局大宝鼎矿掘进队副队长吴明清全国劳动模范称号。1991 年，林健椿等 12 人被评选为“攀枝花建设新时期英杰”。

2000 年，洪及鄙等 18 人被授予“攀枝花市英模”称号。2005 年，马景强等 16 人被授予“攀枝花市英模”称号。至 2015 年 4 月，全市有各级“劳动模范”982 人，其中全国劳模 29 人、省部级劳模 331 人、市级劳模 582 人。

十一

市总工会充分利用文化宫、职工俱乐部、职工之家等阵地，组织开展书法、绘画、摄影、阅读等职工文化活动和球类、棋类、拔河、登山、越野、健身操等职工体育活动，丰富、活跃职工的业余生活。在重大节日、纪念日等，攀钢、十九冶、攀煤集团以及电力系统、建设系统、通信系统、区县总工会等各级工会均普遍组织举办文艺汇演调演、歌舞晚会、越野赛等丰富多彩的庆祝、纪念活动，推进基层精神文明建设。

1989 年，全国总工会、国家体委命名攀枝花市为“百万职工冬季长跑锻炼先进城市”。1993 年，攀枝花市朱家包包矿区职工文体活动代表队代表四川省参加全国大众趣味体育比赛，获得 1 个第一名、2 个第四名的好成绩。1996 年，攀枝花太极柔力球队代表四川省参加第三届全国工人运动会，获第四名。2011 年，攀枝花市总工会获全省首届职工排舞比赛获团体总分特等奖。2013 年，市工人文化宫代表队作为全省工会唯一文化宫代表队，参加四川省职工排舞推广活动成果展示暨第三届职工排舞大赛，获表演二等奖、优秀编排奖和职工排舞推广活动优秀单位称号。

目前，攀枝花市委、市政府正在团结和带领全市各族人民，加快资源性城市转型和产业优化升级，以调结构、稳增长、促改革、惠民生为主线，加快建设中国钒钛之都、中国阳光花城和四川南向开放门户，全力创建国家环保模范城市、国家森林城市、国家园林城市、全国文明城市、中国阳光康养旅游城市，奋力实现由资源大市向经济大市跨越、由总体小康向全面小康跨越的奋斗目标。攀枝花这座年轻城市，正迎着朝阳，舒展开坚毅的羽翼，面向世界，敞开胸怀，凌空奋起，飞向未来，去创造更加伟大的辉煌。攀枝花，这颗金沙江上的明珠，定将放射出更加璀璨夺目的绚丽光彩，在新的世纪里谱写出更新更美的乐章！

大 事 记

1989 年

1 月 14 日　攀枝花市总工会在市工人文化宫召开 1988 年度《攀枝花工运》《攀枝花工人》通信报道工作先进集体和先进个人表彰会。

3 月 7—10 日　四川省总工会副主席张莲花一行 17 人到攀祝贺攀枝花市第一次女职工代表大会召开，并到市内大企业开展调研。

3 月 8 日　攀枝花市第一次女职工代表大会召开，民主选举产生市总工会第一届女职工委员会。

3 月 29 日　市政府在工人文化宫召开 1988 年度职工物价监督工作表彰大会。市总工会职工物价总站等 23 个集体、107 名个人受到表彰。

3 月 30 日　攀枝花市第二次劳模代表大会在攀枝花宾馆召开。会议授予林健春等 89 人为市职工劳动模范荣誉称号、杨顺华等 14 人为市农业劳动模范荣誉称号，孙继尧等 149 人被评为市职工先进生产（工作）者，李保华等 20 人被评为市农业先进工作者，钟天华等 14 人被评为农村致富能手，攀钢公司等 50 个企业被评为“1988 年度市创水平、上台阶厂级竞赛”先进集体。

4 月 27 日　市职工物价监督总站举办职工物价监督员业务培训班，80 多名职工物价监督员参加业务学习。

4 月 28 日　攀枝花市职工技协第二次代表大会召开，大会选举产生新一届委员会。

4 月 30 日　市总工会举行庆“五一”职工首届拔河比赛。

5 月 28 日　钢城企业总公司根据 100 名十佳先进人物事迹编辑的《火花集》在企业公司内部发行。

7 月 21—22 日　攀钢工会举行“爱攀钢、当主人、讲奉献”演讲比赛。

8 月 12 日　市总工会在市工人文化宫召开“见义勇为”职工活动交流会。

8 月 16 日　市总工会法律顾问室在市工人文化宫举办首次工会系统法律顾问、信访干部培训班，全市 45 名工会干部参加培训。

8 月 30 日　市委、市政府、市总工会联合召开全市党、政、工领导干部联席会。

9 月 15—27 日　市总工会与市文化局联合举行攀枝花市第二届职工文艺会演，10 个代表队进行了 9 场演出。

10 月 23—26 日　省总工会法律顾问处领导到攀枝花检查指导工作，并到部分基层工会法律顾问组了解情况，听取汇报。

10 月 28 日　市委宣传部、市总工会、市妇联、团市委等部门联合在市工人文化宫举行“党旗在我心中”报告会。市党政领导及各条战线 700 余人参加会议。全国“三八红旗手”丁爱谱、致富能手王友发、优秀共产党员赵惠、二等功臣徐德之等在会上发言。

10月29日 市总工会召开企业班组安全达标赛成果发布会。省总工会主席王振江、副主席吴正兴参加大会。会上表彰了98个安全达标标兵班组、51名先进工会劳动保护监督检查员。

11月15日 市教育工会第一次代表大会在市工人文化宫召开。

12月17—23日 攀枝花市第一届公安、企业专职消防运动会在攀枝花市消防支队举行。

12月 全国总工会宣教部、国家体委群体司命名攀枝花市为“百万职工冬季长跑锻炼先进城市”。

1990年

1月1日 市总工会与市体委、市妇联、团市委等单位联合举办庆元旦群众越野赛。

1月17—18日 十九冶在大花地电影院举行首届厂歌演唱大赛。18个二级单位的近1100名职工参赛。

1月23日 市委、市政府、市总工会召开全心全意依靠工人阶级办好企业迎春座谈会。

2月2日 市教育局、市教育工会举办首届“园丁杯”书法比赛颁奖大会，并为获奖的194名教职工和师范学校学生颁发了奖品。

2月27日 市总工会召开财务工作表彰大会，共表彰财务工作先进集体42个、经审工作先进集体18个、财务工作先进个人219名、工会财务工作优秀积极分子116名。

2月28日 市总工会办公室召开1989年度工人报刊优秀通讯员表彰会，表彰优秀通讯员45名。

3月1日 市女职工委员会召开“振奋攀枝花精神、创一流业绩”报告暨表彰女职工工作积极分子、女职工创新争优优胜单位大会。

3月8—18日 市总工会举办第六届职工篮球赛，全市共有15支男队、9支女队参赛。

3月10日—14日 省总工会副主席吴正兴一行3人到攀枝花市调查停产半停产企业状况，并就此与市委市政府交换意见，听取了市总工会、市计经委、市劳动局等部门的汇报

3月21日 市职工技协召开1989年度表彰大会。会上表彰先进集体12个、先进个人75名、积极分子17名。

4月11—12日 市总工会举办第三期劳动保护监督检查员培训班。

4月15日 来自自贡、内江、德阳等8个市州的总工会主席参观了攀枝花市总工会办公楼和家属区。

4月19日 市总工会举办以“艰苦创业”为主题的第七届职工演讲比赛。

4月28日 市总工会在工人文化宫召开庆“五一”劳模座谈会。

5月 市总工会与市委企业政治部、市计经委、市司法局联合举办地方100家骨干企业党、政、工负责人学习企业法和企业常用经济法规轮训班共3期，培训人员230人。

7月1日 根据四川省人民政府、攀枝花市人民政府批复，从1990年7月1日起，仁和区所属的红格、新民、和爱、新九和安宁5个乡划归盐边县管辖，5个乡有工会会员386人，正式移交盐边县总工会管理。

7月7日 市职工物价总站组织职工物价员150余人对瓜子坪、炳草岗、大渡口、五十四公里、东风等五大片区的啤酒、汽水价格进行检查。

7月16日 市总工会在攀钢召开双增双节竞赛与合理化建议活动现场交流会。

7月25日 市政府与市总工会在市工人文化宫召开首次联席会议。市政府领导、市总工会领导在会上互通情况，职工代表为政府“扭滑促升”献计献策30余条。

8月2—3日 市总工会在米易县召开班组安全达标现场经验交流会，各企业工会主席、副主席及分管领导160人参加会议。

8月22日 市总工会在攀枝花矿务局召开车间班组民主管理经验交流会。

9月11—13日 全国总工会生产保护部领导一行3人到攀枝花了解安全生产和双增双节情况。

9月20—30日 市技协举办全市焊工、钳工、砖工、计算机等5个项目的岗位练兵、技术表演赛决赛。

10月11日晚 云南省林业慰问团到攀枝花市进行慰问演出。

10月18—19日 市财贸工会等单位举办财贸系统职工烹饪红案、白案技术表演。

11月22日 矿务局工会工作研究会成立。

11月16日 市财贸工会、市计经委联合召开财贸系统职工岗位练兵、业务技术比赛总结大会。会上举行了珠算、点钞、量布、板布、杀鸡一条龙、招待摆桌、工艺菜等7个项目的表演。

12月18—20日 省总工会财务工作会在攀枝花召开。省总工会副主席鲁满保出席会议。

12月26日 市政府召开"职工冬季长跑锻炼、百日锻炼迎亚运"活动先进集体、先进个人交流表彰会。

1991年

1月1日 攀枝花矿务局工会举办第14届职工元旦越野赛。

1月8日—10日 四川省煤炭系统劳动模范一行8人到矿务局巡回演讲。

2月初 市财贸工会召开1990年度总结表彰大会。表彰先进集体43个、先进个人131名。

2月6—7日 市总工会领导分为3个慰问组，对全市各区、县、委、局工会和各大企业工会进行慰问。

3月2日 市总工会召开1990年度双增双节总结表彰大会，会上对20个创水平上台阶厂际竞赛先进企业、20名合理化建议优胜者、50名双增双节能手、9个社会主义劳动竞赛优秀组织单位进行表彰。

3月4日 市总工会与市委宣传部等单位联合召开"十二英杰"命名表彰大会。市委、市政府命名林健春等12人为攀枝花建设新时期"十二英杰"。

3月8日 市总工会对女职工"创一流业绩"先进集体和先进个人予以表彰，共表彰女职工先进集体29个、先进个人79人。

3月19日 市总工会在市工人文化宫召开首次信息工作会。

3月26日 市总工会表彰全市企业班组安全达标竞赛标兵班组50个、优秀劳动保护监督检查员105名。

3月26日—4月4日 省政协常委、原省总工会副主席解双群到攀枝花调研地方工会参政议政情况。

4月1—13日 省职工代表培训工作会议暨全国民主管理电教师培班（攀枝花班）在工人文化宫举办。共举办2期，培训人员170名。

4月5—8日 中华全国总工会副主席郑万通在省总工会副主席吴正兴的陪同下到攀枝花检查指导工作。

4月8—12日 国内7省18市财贸工会经验交流会在攀枝花举行。

4月21—29日 市总工会举办首届职工曲艺、戏剧小品大赛。

4月28日 市总工会与市体委联合举办全市职工第七套广播体操比赛。

4月29日 市总工会在市工人文化宫举行"五一"国际劳动节报告会，全市各行各业的700多名劳模、先进代表、一线工人和各级党政工负责人代表参加会议。

4月30日 市总工会举行全市第二届职工拔河比赛。

5月18日 市总工会、市计经委联合举办首次时装表演。

6月6日 市总工会在矿务局召开全市职工扶贫工作经验交流会。

6月11日 市总工会召开全市经审工作经验交流会，省总工会经审委员会领导出席会议。

6月26日 市教育工会在工人文化宫举办做“四有、四自、四职女性，为八五计划建功立业”演讲会。

6月27—29日 市总工会、市职工读书演讲协会举办第八届职工读书演讲比赛。

7月8日—13日 矿务局工会举办为期6天的基层工会干部民主管理师资培训班。

7月9日 市女职工委员会、市总工会职工读书演讲协会联合在市工人文化宫举办“做四有、四自、四职女性，为八五计划建功立业”演讲比赛。

7月25—26日 市总工会、市劳动局、市计经委、团市委联合举办全市首次高级钳工技术比赛。

7月25—31日 省总工会安全生产检查组到攀枝花市开展检查。

8月29日 市总工会在攀钢企业公司召开女职工“创一流业绩”现场经验交流会。

9月18—21日 因暴雨袭击，攀枝花矿务局部分农转非职工家庭房屋被冲毁。市总工会机关踊跃为受灾职工捐衣物400件，市总工会向矿务局拨救灾款2万元。

9月26日 《四川工人日报》攀枝花通联站成立。

10月10—16日 四川煤矿职工男子篮球赛在矿务局举行，矿务局代表队夺得第一名。

10月24—26日 攀钢公司第四届职工运动会在职教中心举行。

10月至次年2月 市总工会承办市直机关职工运动会，开展了篮球、拔河、象棋、围棋、桥牌5个项目的比赛。

11月21日 市总工会、市工运理论研究会召开表彰会，对工运理论第五次论文征集的优秀作者、组织者进行表彰。

1992年

1月1日 市总工会与市体委联合举办全市元旦越野赛。

1月 市总工会机关被市人民政府授予园林式机关称号。

2月15日 市政府与市总工会第二次联席会议在市工人文化宫召开。

2月26日 市政府在市工人文化宫召开1991年度职工物价监督工作表彰会。市职工物价监督总站等20个集体和140名个人受到表彰。

3月25日 市教育工会召开表彰大会，对10个模范之家、13个先进职工之家、23名优秀工会工作者、79名优秀工会积极分子进行表彰和命名。

5月1日 由市总工会主办，攀钢、攀矿、十九冶、矿务局、市建委、市交通局、市邮电局、市总工会东区办事处等多家工会协办的首届职工“文化节”开幕。“文化节”为期7天，共开展了书法、美术、篮球、健美、文艺演出等活动项目15个，举办各类职工文艺会演18场，演出节目270多个；开展篮球赛480场，美术、书法、摄影、集邮展览40余次，演讲赛14场。

5月13日 市总工会召开第六次先进集体、先进个人表彰大会。会上表彰了25个优秀工会组织、10名模范工会工作者、193名优秀工会工作者、395名优秀工会积极分子。

6月8日 《攀枝花工人》停刊。

6月17—19日 市总工会举办首期工会信息员培训班。各区、县、委、局工会和产业、事业工会及大企业工会100余名信息员参加培训。

7月10—19日 市总工会、市体委、市桥牌协会联合举办1992年攀枝花桥牌等级赛，全市32支代表队参赛。

7 月 21—27 日 省总工会“千户职工家计调查准备会暨三项制度改革研讨会”在攀枝花市召开。省总工会副主席张莲花出席会议。

8 月 28 日 省总工会经审会一行 6 人到攀枝花市，对市总工会财务工作进行审计。

9 月 市总工会获得四川省职工“二五”普法知识大赛集体组织奖。

10 月 5 日 市邮电局举行全市邮电行业技术业务操作比赛，12 个工种的 110 名职工参加比赛。

12 月 7 日 市总工会获得市级卫生单位称号。

12 月 16 日 市总工会创办的职工贸易市场开业，向职工开放。

1993 年

1 月 13 日 市政府与市总工会在市工人文化宫二楼召开第三次联席会议。

2 月 21—22 日 四川省重点煤矿工会工作竞赛暨工作会议在矿务局召开，全省各重点煤矿的工会主席出席会议。

2 月 23 日 省总工会经审会八届八次全委会在攀枝花市召开，省总工会主席佟柏芬到会并作重要讲话。会后，佟柏芬一行到攀钢、攀矿、攀枝花矿务局、仁和区、米易县工会听取了工作汇报。

2 月 25—3 月 10 日 省总工会与市总工会联合在攀枝花举办四川省第一期劳动保护培训班。来自全省大中型企业的 69 名工会劳动保护监督员参加培训。

3 月 8—11 日 市总工会在市工人文化宫举办“攀枝花市女职工巧手作品展和女职工科技成果展”。“巧手作品展”展出作品 700 余件，“科技成果展”展出作品近百幅。共评出优秀作品 80 余件。

3 月 8 日 省总工会副主席、省女职工委员会主任张莲花和市委、市政府、市总工会领导观看了女职工巧手作品展和女职工科技成果展。

3 月 18 日 由市总工会承办的市政府职工生活后勤工作表彰会在市工人文化宫召开，会上表彰先进个人 173 名、标兵 17 名、先进集体 90 余个。

3 月 22—4 月 3 日 四川省 11 城市工会办公室主任工作研究会在攀枝花召开。

4 月 3—10 日 由盐边县总工会举办的盐边县首届“工会杯”职工篮球运动会在盐边县委灯光球场和百货公司灯光球场举行。

4 月 9 日 市总工会代市政府筹办的 1992 年度职工物价监督工作表彰大会在工人文化宫召开，20 个先进集体、140 名先进个人受到表彰。

4 月 29 日 市总工会在攀钢向阳村灯光球场举办攀枝花市第四届职工拔河比赛，全市有 14 支代表队参赛。

5 月 20 日 市公安局在市文化宫举行首次人民警察授衔仪式。市长秦万祥向被批准授予各衔级的 100 名警察代表颁发了命令证书。全市公安机关首次被批准授予警衔 1055 人。其中，一级警督警衔 82 人、二级警督警衔 363 人、三级警督警衔 287 人，一级、二级、三级警司（员）323 人。

6 月 10—12 日 攀枝花市工会第五次代表大会在攀枝花宾馆召开。刘秀武当选为主席，杨洪达、王大秀当选为副主席；蒲明太当选为经审会主任，廖成佐当选副主任。

6 月 27 日 冶金部在南山宾馆主持召开冶金工业部攀枝花冶金矿山公司并入攀枝花钢铁公司大会，标志着攀矿正式划归攀钢管理。攀钢工会为此新增会员 36740 人。

7 月 7—12 日 在四川省工会第九次代表大会上，省总工会授予十九冶等 3 个工会为“模范职工之家”、市机电设备公司等 7 个工会为“先进职工之家”、攀钢动力空压一段二站工会等 3 个工会小组为“模范职工小家”，确认攀钢提钒炼钢厂等 3 个工会为“模范职工之家”、兰尖铁矿工会为“先进职工之家”，授予杨洪达等 3 人为“模范工会工作者”、薛世成等 6 人为“模范工会积极分子”、赵忠玉等 2 人为“特邀优秀工会积极分子”。

8 月 10 日 攀钢艺术团代表中国民间艺术团参加意大利国际民间艺术节，并进行了为期一个月的巡演，共演出 28 场，场场观众爆满。

8 月 13 日 市职工技协“攀枝花市兴技工贸公司”成立并挂牌。

10 月 24 日 在中国工会第十二次全国代表大会上，攀钢工会首次获“全国模范职工之家”称号，刘秀武被全国总工会表彰为全国优秀工会工作者。

11 月 20 日 市总工会在市工人文化宫召开中国工会第十二次全国代表大会精神传达大会，各基层工会 700 余名干部参加大会。

11 月 由市总工会工运史资料研究室编写的《攀枝花市工会志》出版发行。该书由成都电子科技大学出版社出版，全书共 3 编、13 章、30 余万字。该书全面、客观地记录了 1964—1988 年攀枝花市工会的工作成就和发展变化情况。

12 月 22—23 日 由省总工会副主席张莲花为团长的省总工会慰问团到攀枝花开展职工慰问。

1994 年

1 月 15 日 十九冶厂歌《我们是冶金建设的尖兵》在首届中国黄河口杯行业金曲展评大赛中获金奖。

1 月 16—21 日 四川省财贸工会工作暨经验交流会在攀枝花市召开。

1 月 27 日 市政府与市总工会在市工人文化宫召开第四次联席会议。

2 月 28 日—3 月 3 日 四川省重点煤矿工会主席会议在矿务局召开。

3 月 5 日 市总工会发文表彰郭元秀等 9 人为攀枝花市“争优质、创效益、保安全”标兵，表彰攀钢（集团）公司工会女职工委员会等 24 个单位为先进女职工委员会，同时表彰陈灵芝等 61 人为先进女职工工作者、金家文等 39 人为先进女职工、彭光明等 34 人为女职工之友。

3 月 22 日 省总工会主席佟柏芬到仁和区总工会俱乐部考察。

4 月 6 日 市政府在市工人文化宫召开 1993 年度职工物价监督表彰会，表彰和奖励市职工物价监督总站等 19 个先进集体和 139 名先进个人。

4 月 16 日 钢城企业总公司举办第二届职工技术比赛，33 个单位 403 名职工参赛，公司为冠亚军获得者分别晋升半级（全民职工）或一级（集体职工）工资。

5 月 9—13 日 四川省人大法工委、省总工会、省法制局的相关领导一行 5 人到攀枝花调查《工会法》贯彻执行情况。

6 月 29 日 省总工会劳动保护监督检查总站第五检查组一行 6 人，到矿务局大宝顶矿进行安全工作监督检查。

7 月 2 日 攀钢（集团）公司开展 13 个工种“技术状元能手”大赛，8 名职工获“攀钢技术状元”称号。

9 月 6 日 攀枝花市职工技协第三次代表大会召开，大会选举产生新一届委员会，杨洪达任会长。

9 月 8 日 全市班组思想政治工作现场经验交流表彰大会在攀钢（集团）公司动力厂召开。会上 30 个先进班组受到市总工会的表彰。

9 月 27—29 日 市总工会经审办举办第一期全市经审干部培训班，全市各级工会经审干部 33 人参加培训。

10 月 18 日 四川省班组思想政治工作经验交流会在攀钢（集团）公司南山宾馆召开，攀钢工会和 3 个班组代表攀枝花市总工会在会上交流经验。

10 月 19—21 日 四川省总工会副主席鲁满保、宣传部部长张介寿等一行到矿务局检查指导工作。

10 月 23—30 日 省总工会民主管理研究会一届二次常务理事会在攀枝花市总工会召开。

11 月 2 日 市总工会女职工委员会与市珠算协会在市工人文化宫举办女职工珠算比赛。

11 月 17 日 市总工会表彰 46 个模范职工之家、51 个先进职工之家、105 个车间（科室）班组模范职工之家。

12 月 22 日 攀枝花市第三次劳动模范代表大会在攀枝花宾馆召开。大会授予汪先平等 114 人为攀枝花市“劳动模范”荣誉称号，表彰攀钢（集团）公司等 53 个企业为攀枝花市级“先进企业”。

1995 年

1 月 9—12 日 以省总工会副主席张莲花为团长的中共四川省委、省政府春节走访慰问团到攀走访慰问了部分困难企业职工。

3 月 10 日—7 月 30 日 市总工会、市劳动局、市职工技术协会组织开展攀枝花市第一次 5 类高级工（车工、砖工、电焊工、汽驾、珠算）比武活动，全市各行业系统参赛职工达 3 万余名。

4 月 6—10 日 四川省国有重点煤矿工会工作会在矿务局召开。

4 月 20 日 市总工会下发 1994 年度企业班组安全达标赛先进集体和先进个人表彰决定。命名攀钢轨梁厂机械车间等 91 个班组为市企业班组安全达标竞赛标兵班组、十九冶公司工会等 5 个单位获市企业班组安全达标竞赛优秀组织奖，命名屈永祥等 51 人为市优秀工会劳动保护监督检查员。

5 月 1 日 攀枝花市从 5 月 1 日开始执行国家双休日制。

5 月 9 日 市总工会与市经委、市安办、市委宣传部共同组织开展“金沙杯职工安全知识竞赛”参加人数达 16 余万人。

5 月 9—28 日 矿务局工会组织开展由 26 个单位的 95 名选手参加的珠算、汽驾、车工、焊工 4 项技术比赛活动。

5 月 12 日 市委、市政府在市工人文化宫召开出席全国劳模赴京归来报告会。市党政领导和各界人士 500 名参会。

5 月 16—25 日 全国冶金系统首届职工运动会“攀钢杯”女子篮球赛在攀钢举行。

7 月 28 日 市总工会召开工运理论研究会第二届理事会。会议选举新一届理事会理事 14 人，刘秀武担任会长。

7 月 31 日 市委宣传部、市总工会、市委企业政治部、市精神文明办、市经委联合召开市职业道德建设经验交流会。会上，表彰攀枝花钢铁（集团）公司等 10 个单位为攀枝花市十佳职业道德先进集体、张云波等 19 人为攀枝花市职业道德建设标兵。

7 月 攀枝花市企事业民主管理领导小组发文，表彰攀枝花钢铁（集团）公司等 25 个单位为民主管理先进单位、陈章伟等 15 人为民主管理优秀党委（支部）书记、张长富等 15 人为民主管理优秀厂长（经理）、彭光明等 15 人为民主管理优秀工会主席、杨启兴等 100 人为五好职工代表、李先华等 27 人为优秀民管干部。

8 月 1 日 从本月 1 日起，十九冶四公司设立的见义勇为奖励基金开始运转。奖励基金来源于总公司拨款以及分公司和职工个人捐款。

9 月 8 日 市总工会召开全市职工岗位练兵、技术竞赛活动总结表彰会。会上对市职工岗位练兵、技术竞赛活动先进集体和优胜个人给予表彰。给予攀钢（集团）公司工会生产部、市技协办等 4 个单位职工岗位练兵、技术竞赛优秀组织奖，给予建筑工程学校等 5 个单位市职工岗位练兵、技术竞赛贡献奖，对林培之等 35 人在本次活动中取得优异成绩的个人给予表彰。

9 月 22 日 市总工会首次召开推行建立平等协商签订集体合同试点工作座谈会，确定攀枝花市 10 户现代企业制度试点单位、5 户集体企业、2 户新经济组织为首次试点单位。

11 月 24 日 在第七届全国冶金系统岗位能手大赛中，攀钢获得团体第三名。

11 月 27 日 攀枝花市首家国有企业——金沙水泥股份有限公司正式签订集体合同。

12 月 6 日 市政府与市总工会在市工人文化宫举行第五次联席会议。

1996 年

2 月 1—10 日 市总工会分成 4 个组与市委、市政府领导一道走访慰问特困职工家庭 13 户，为特困职工送去了慰问金 5600 元。元旦、春节期间，市总工会为全市困难职工家庭筹集 28 万元，在走访中分别送到了困难职工手中。

2 月 市政府办公室转发市总工会、市劳动局《关于我市企事业建立平等协商和签订集体合同制度工作意见》的通知，标志着攀枝花市企事业建立平等协商和签订集体合同制度工作走上规范化轨道。

2 月 15 日 市总工会向遭受地震灾害的云南省丽江地区工会发出慰问电，捐赠慰问金 1 万元。向攀枝花市驻丽江地区遭受地震灾害的 245 名企业职工发放救灾款 2.5 万元。

3 月 4 日 市总工会组织来自 11 个基层代表队的 500 余名职工开展纪念“三八”妇女节秧歌大赛。

3 月 12 日 十九冶工会被全国总工会授予“全国模范职工之家”称号，市总工会主席刘秀武代表全国总工会向十九冶工会授牌。

4 月 3 日 攀枝花市总工会劳动法律监督委员会成立。

4 月 17 日 市政府在市总工会会议室召开 1995 年度职工物价计量监督检查工作表彰会。会上市职工物价监督总站等 17 个先进集体和 121 名先进个人受到市政府表彰。

4 月 24 日 市委在攀枝花宾馆召开全市工、青、妇、科协工作会。

4 月 29 日 市总工会举办全市职工现场书法比赛，共有 16 个单位的 59 名选手参赛。

4 月 30 日 市总工会代表市政府表彰了 1995 年“创水平、上台阶”厂级竞赛先进集体 48 个、双增双节能手 93 人、合理化建议优胜者 48 人、双增双节优秀组织奖 8 个。

△ 市总工会召开庆“五一”劳模、先进工作者座谈会。

5 月 攀枝花市扶持特困企业职工工作协调领导小组成立。

6 月 6 日 市总工会技协获市政府技术市场金桥奖。

6 月 10—16 日 市总工会对企业二级厂矿的 61 名工会正、副主席和专兼职从事劳动保护干部举办培训班。

6 月 18 日 攀枝花市首家职工消费合作社——大宝鼎职工消费合作社开业。

8月4日 由国家劳动部、监察部、煤炭部、地矿部、全国总工会组成的检查团，到矿务局检查安全工作。

8月28日 攀枝花市全心全意依靠职工办企业经验交流会在南山宾馆召开，市领导及市级党政企事业单位的党政工领导170人参加会议。

△ 市总工会召开全市爱国主义教育经验交流会。

8月30日 东区银江乡工会联合会正式挂牌成立，这是攀枝花市首家成立的乡级工会联合会。

9月26日 市总工会组织部分先进工会干部赴京参加国庆观礼活动。

9月27日 市总工会在市工人文化宫演讲厅举行全市职工“迎国庆纪念长征胜利60周年”歌咏比赛，全市11个代表队、800余名职工参加比赛。

10月11日 市总工会召开全市劳动竞赛经验交流会。

10月15日 攀枝花市职工扶贫解困协调领导小组在矿务局礼堂召开全市第四次职工扶贫解困经验交流暨工作会。

11月28日 在全国总工会召开的实施“送温暖工程”电话会议上，市总工会主席刘秀武在会上作了“采取有力措施，推进送温暖工程社会化制度化”的经验介绍。

11月29日 在中国职工思想政治工作研究会第九次年会上，攀钢被中宣部、中组部和中华全国总工会评为“全国思想政治工作优秀企业”。

12月14—17日 省总工会女职工委员会二届三次全委会在攀枝花市召开，来自全省地、市、州工会女职工干部近百余人参加会议。省总工会副主席张莲花出席会议。

12月26日 市总工会召开1996年工运理论政研成果发布暨表彰会。

1997年

1月27—28日 市总工会召开五届五次全委（扩大）会议。会上市总工会命名1996年度建家活动成绩优异的矿务局格里坪洗煤厂等28个单位为市级模范职工之家、攀钢（集团）公司热轧厂等44个单位为市级先进职工之家，确认十九冶筑炉公司等134个单位为模范职工之家、矿业公司选钛厂等52个单位为市先进职工之家。

1月29日 市委、市政府、市总工会主要领导分成4个组，分别看望了林业、交通、建委、煤炭行业（企业）困难职工和部分劳动模范。

2月4日 攀枝花市工人文化宫二期工程（童话世界、水上世界）竣工，并举行开业典礼。市委、市政府、省总工会、市总工会领导为开业剪彩，省总工会副主席鲁满保专程前来参会祝贺。

3月5日 市总工会女工委员会召开纪念“三八”节暨表彰大会。授予宋国菊等5人为“九五”计划建新业活动标兵、石丽娟等30人为“九五”计划建新业活动突出贡献先进个人、付德君等4个家庭为美好家庭标兵、黄凤群等5个家庭为美好家庭。

3月19—21日 省总工会副主席张莲花率四川省市、州总工会和省产业工会领导30余人对攀枝花市“送温暖工程”情况进行考察。

3月21日 市总工会发文对彭长江等70名优秀劳动保护监督检查员、攀钢（集团）矿业公司兰尖矿穿爆车间中爆一组等94个安全班组予以表彰，给予攀钢（集团）公司工会等5个单位和企业班组安全达标竞赛优秀组织奖。

3月19日 市总工会发文表彰杨生遂等101人为攀枝花市工会先进经审干部。

4月8—11日 四川省国有重点煤矿工会工作座谈会在矿务局召开。

4月16日 市总工会发文表彰攀钢（集团）公司工会等42个单位为攀枝花市工会财务工作先进集体、舒丽等170人为攀枝花市工会财务工作先进个人、薛世成等73人为攀枝花市工会财务工作积极分子。

4—5月 市总工会、市劳动局、市职工技协、攀枝花市女职工委员会联合举办全市职工岗位练兵，全市有53000名职工参赛。

4月9—28日 市总工会组织开展全市职工岗位练兵、技术比武。

5月8—9日 河北省煤矿工会受全国煤矿地质工会委托，到矿务局检查指导工作。

5月20日 省总工会1997年财务工作会在攀枝花南山宾馆召开，省总工会副主席杨滋出席会议并讲话。

6月20日 市总工会举办“迎香港回归”女职工读书演讲比赛。

6月26—28日 市总工会分别在市文化宫、中心广场举办“迎香港回归”文艺晚会、升国旗仪式、香港历史与发展大型图片展览、“迎香港回归”知识竞赛等系列活动。

6月28日 市总工会与市体委、市旅游局、市汇金工贸公司在仁和区白娜姑度假村联合举办攀枝花市首届龙舟比赛活动。

7月8日 省总工会副主席吴正兴到矿务局检查工作。

7月11日 由省总工会及有关地、市、州工会劳动保护监督检查人员组成的交叉检查组，到矿务局检查职工劳动保护工作。

7月14日 盐边县总工会从老县城搬迁到安宁乡大坪地新县城，办公室临时设在县武装部。

7月24日 市总工会召开全市集体合同工作经验交流暨工作会，攀钢、矿务局、四川金沙水泥有限责任公司、攀贸中心、米易县电业局、米易糖业股份有限责任公司等7个单位领导在会上作交流发言。

7月25日 市总工会、市妇联组织攀钢、电力、建委、交通等28个单位工会代表30万职工心意，向攀枝花军分区、武警、消防官兵赠送了5673件、价值2.8万元的慰问品。

9月4日 市总工会主席刘秀武一行冒雨看望了该年考上大学的特困职工子女，并将救助款送到他们手中。

9月19日 攀枝花市东区总工会成立暨第一次代表大会召开，大会选举产生第一届委员会。

9月 西区成立第一家外贸企业工会——攀枝花星力能源有限公司工会。

10月16—22日 全国冶金系统第八届青年岗位能手技能大赛在攀钢举行。攀钢（集团）公司取得团体总分第一名和转炉炼钢、初轧轧钢、汽车驾驶第一名。

11月6日 市总工会召开新经济组织建会工作会。

11月18日 攀枝花市企业民主管理领导小组发文，表彰攀钢（集团）公司等20个单位为市民主管理先进集体，江流浩等80人为市五好职工代表，罗德辉等30人为市民主管理优秀党委（支部）书记、优秀厂长（经理）、优秀工会主席，李先华等20人为市优秀民主管理干部。

11月24日 市总工会、市委宣传部、市精神文明办、市经贸委联合在市总工会召开全市职业道德建设“双十佳”表彰暨经验交流会。会上表彰攀枝花市煤气总公司等10个标兵单位和程茂迁等10名标兵。

12月12日 市总工会召开信息统计工作暨表彰会。

12月17日 市总工会召开职工扶贫送温暖工程经验交流工作会，攀钢、十九冶、矿务局、市建二公司代表在会上介绍经验。

12月 市总工会职业介绍所成立。

1998年

1月19—20日 受中共四川省委、省政府委托，省政协副主席苟建丽，省总工会党组书记、副主席胡先春率慰问团，专程到攀枝花市慰问困难企业及困难职工。

1月25日 市政府、市总工会在攀枝花宾馆召开第六次联席会议。市委副书记、代市长吴登昌出席会议并讲话。

2月6日 攀钢炼钢厂炼钢工雷剑、炼铁厂看火工杨心材在北京中南海召开的1997年度全国技术能手表彰大会上被授予“全国技术能手”并受到国务院总理李鹏的接见。

3月5日 市总工会女职工委员会举行“三八”国际劳动妇女节89周年纪念大会暨表彰会。对攀枝花矿务局女职工委员会等10个先进集体、江崇俊等37名先进女职工、邓银香等33名先进女职工工作者、刘新会等20名先进女职工之友予以表彰。

3月11日 市总工会在盐边县新县城召开1997年企业班组安全达标竞赛表彰会。

4月22日 中共四川省委常委、省总工会主席甘道明到攀枝花参加“金三角”农业开发会，专程到市总工会看望机关、产业、事业职工并检查了市总工会职介所的工作。

4月24日 市总工会与市体委联合举办第八套广播操比赛，9个代表队的400多名队员参赛。

4月29日 市总工会举办首次下岗职工现场招聘洽谈会。有18个用工单位进场，提供157个工作岗位，当场有135人与用工单位达成意向性协议，有28名下岗职工重新走上就业岗位。

4月29日 市总工会在攀枝花宾馆召开庆“五一”劳模座谈会，市党政军领导出席会议并讲话。

4月30日 市总工会与市体委在仁和区白娜姑度假村举办第二届龙舟赛和职工桥牌赛。

6月8—10日 攀枝花市工会第六次代表大会在会展中心召开，刘秀武当选为主席，杨洪达、游绍全、张敏当选为副主席；蒲明太当选为经审会主任，刘远书当选副主任。

8月18日 省总工会副主席朱新华率慰问团到攀枝花岔河林场慰问受灾群众。

8月20日 市总工会在攀钢黏土矿召开首次工运理论专题研究工作交流会。

9月15日 市总工会举办“我与再就业”职工读书演讲会。

9月18日 省总工会副主席朱新华一行4人，代表中华全国总工会对攀钢（集团）矿业公司工会“全国模范职工之家”工作进行检查验收。

10月14日 市委书记秦万祥，副书记华铁平，市委常委、市委秘书长高芳芹到市总工会调研。

10月15日 市政府发布公告，从1998年12月1日开始，攀枝花市东区、西区、仁和区（包括银江镇）的城区实施城市居民最低生活保障制度，米易县、盐边县政府所在地的镇于1999年1月1日开始实施城市居民最低生活保障制度。

10月19—25日 在全国第十三次工会代表大会上，攀钢（集团）公司党委副书记、工会主席刘新会当选为中华全国总工会第十三届执行委员会委员。

10月23日 为庆祝“九九”重阳节，市总工会在仁和举行全市离退休职工钓鱼比赛，共有15个单位、16支代表队、48名队员参加，

11月11—15日 市总工会在全市开展劳动保护监督检查。

11月16日 市总工会在攀枝花会展中心召开传达中华全国总工会十三大会议精神大会。

11月17日 市总工会工研会二届理事会暨成果发布会召开，会上表彰了工研会先进集体。

11 月中旬 全省工会纪检工作研讨会在攀枝花召开。全省各地、市、州工会纪检干部 60 余人参加会议。

12 月 4 日 全市首家私营企业工会联合会——东区私营企业工会联合会成立。

12 月 16 日 市总工会、市劳动局、攀枝花矿务局联合在矿区举办下岗职工招聘会。

12 月 30 日 市总工会举办全市首届保龄球比赛。

1999 年

1 月 21 日 市政府、市总工会第七次联席会在攀枝花宾馆召开。

1 月 19 日 省委副书记秦玉琴率慰问团到攀枝花慰问特困企业（市建二公司）和部分职工。

1 月 11 日 市总工会率先在全省成立攀枝花市总工会职工法律援助中心。

2 月 18 日 市总工会组织攀钢、十九冶的龙灯、狮子、高跷、大头、秧歌等队伍，向全市人民拜年。

3 月 8 日 市总工会在攀枝花宾馆召开全市纪念“三八”节女职工再就业先进个人表彰大会。会上对淘秀萍等 14 名再就业先进女职工进行了表彰。

3 月 30 日 市总工会在市中心广场开展下岗职工社区服务宣传咨询活动。

4 月 2 日 市总工会在市工人文化宫召开全市班组安全达标竞赛总结表彰会。会上对邓银华等 55 名优秀劳动保护监督检查员、矿务局花山矿开拓区二队一班等 100 个安全生产标兵班组予以表彰。

4 月 27 日 攀枝花市召开推行厂务公开、深化民主管理动员大会。

4 月 29 日 市总工会举办全市庆“五一”拔河比赛。

5 月 1 日 市总工会在仁和区白娜姑度假村举办攀枝花市第三届龙舟赛。

5 月 6—7 日 市总工会举办女职工干部社区服务培训班。此次培训涉及幼教、家政服务、水电知识等内容，56 名女学员参加培训。

5 月 7—14 日 市公安局在市体育馆举行为期 8 天的首届“金盾杯”篮球赛。全市公安系统共 15 支代表队参加了比赛，经过 45 场角逐，交警支队等 5 个单位获前 5 名。

5 月 9 日 市总工会成立法律顾问委员会。

5 月 19 日 市财贸工会在工人文化宫举办首次下岗职工农业开发项目咨询洽谈会。

6 月 15 日 市总工会举办厂务公开政策知识培训班。

7 月 13 日—8 月 10 日 攀钢工会配合行政组织 12 个工种、14 个岗位职工开展技术练兵活动。

7 月 14 日 市总工会、攀枝花大学联合举办下岗职工家政服务、计算机技能培训班。

8 月 26 日 市总工会在攀枝花公园举行首届职工登山比赛。

8 月 26 日 市总工会在攀钢南山宾馆召开全市推行厂务公开经验交流大会。

8 月 31 日 市总工会召开再就业工作暨表彰会。会上对攀钢（集团）公司等 9 个工会再就业工作先进集体、杨正学等 11 名再就业工作先进个人、陶秀萍等 5 名再就业明星予以表彰。

9 月 14 日 由全国总工会主持召开的十三省区、市推行厂务公开工作现场交流会在攀钢举行。

9 月 16 日 市技协召开四届一次全委会，选举杨洪达为会长。

9 月 28 日 市工人文化宫举办攀枝花市职工摄影艺术展。

9 月 29 日 市总工会在工人文化宫举办“庆国庆、迎回归”游园趣味活动和歌曲京剧演唱会。

11 月 3—9 日 市总工会、市劳动局联合举办职工技术比武赛，全市 3 万多职工参赛。

11 月 10 日 市总工会召开 1999 年统计工作暨表彰会。

11 月 24 日 市总工会召开女职工委员会三届一次会议，会议选举产生市总工会第三届女职工委员会，张敏任主任。

11 月 25 日 攀钢（集团）公司获评“全国冶金思想政治工作优秀企业”。

12 月 13 日 市总工会召开全市职业道德建设“双十佳”表彰会。授予市国家税务局等 10 个单位为职业道德建设十佳标兵单位、罗晴等 10 人为职业道德十佳标兵。

12 月 16 日 市总工会、市劳动局、攀枝花矿务局联合在矿区举办下岗职工现场招聘会。

12 月 17 日 市总工会召开全市职工扶贫帮困送温暖工程经验交流会。市委副书记华铁平、副市长张孝杰出席会议并讲话。

12 月 30 日 市总工会举办全市工会干部首届保龄球比赛。

12 月 30 日 攀枝花市第四次劳动模范表彰大会在攀枝花宾馆召开。会议授予谢忠华等 114 人为“攀枝花市劳动模范”荣誉称号。

2000 年

1 月 7 日 市政府与市总工会第八次联席会在攀枝花宾馆召开。

1 月 15 日 省委常委刘绍先、省总工会副主席林绍忠受省委、省政府委托到攀枝花市慰问特困企业及职工。

3 月 7 日 市总工会召开纪念“三八”节表彰大会，表彰先进女职工 38 名、先进女职工工作者 32 名、先进女职工之友 21 名、先进女职工集体 11 个。

3 月 9 日 市总工会召开全市班组安全达标竞赛表彰会。

4 月 11 日 市总工会在园林宾馆召开全市新经济组织工会工作会。

4 月 17 日 市政府发文表彰 47 个劳动竞赛先进集体、9 个劳动竞赛先进单位、71 名劳动竞赛先进个人、45 名合理化建议先进个人。

4 月 24 日 市总工会召开攀枝花市庆“五一”劳模座谈会，市委书记秦万祥、市长张成明参会并讲话。

4 月 21 日 市总工会召开推行厂务公开制度深化民主管理工作会。

4 月 25 日 市总工会召开全市工会信息工作暨表彰会。

4 月 28 日 市总工会组织开展职工“庆五一·咱们工人有力量”拔河比赛。

6 月 16—24 日 市总工会与市旅游接待局、市体委联合在仁和区跃进水库举办攀枝花市第四届龙舟赛。

6 月 28 日 为庆祝投产 30 周年，攀钢（集团）公司创作演出大型歌舞剧《攀钢颂》，参演职工达 1000 余人。

9 月 1 日 市总工会召开全市新建企业工会组建工作会。

9 月 6 日 省委常委、省总工会主席甘道明率有关部门领导，在攀枝花市副市长景宏年的陪同下到攀煤（集团）公司调研。

9 月 20 日 市总工会举办“弘扬中华美德共创世纪伟业”职工演讲会。

9 月 21 日 攀枝花市厂务公开现场经验交流会在米易县召开。

10 月 20—22 日 以中纪委驻地矿部纪检组组长刘伯文为组长的全国厂务公开调研检查组对攀枝花厂务公开工作进行调研检查。

10 月 31 日 攀枝花市东区个体劳动者工会联合会成立，工会联合会下设炳草岗、大渡口等 7 个分会。

12 月 1 日 市总工会召开全市第四届职业道德“双十佳”表彰会。会上表彰职业道德十佳标兵 10 名、职业道德建设十佳标兵单位 10 个、职业道德先进个人 9 名、职业道德建设先进单位 4 个。

12 月 6 日 攀枝花市首家社区工会——枣子坪社区工会成立。

12 月 20 日 市总工会召开全市实施“送温暖工程和开发性再就业十大行动”经验交流工作会。

2001 年

1 月 13 日 中共四川省委副书记席义方率省慰问团到攀枝花市，先后慰问了十九冶、市汽车运输公司。

1 月 18 日 市政府与市总工会在攀枝花宾馆召开第九次联席会。

2 月 28 日 省总工会副主席李静一行 4 人到攀煤（集团）公司检查指导工作。

3 月 5 日 由市总工会、市有线电视台联合主办的庆“‘三八’•新世纪女职工风采”大赛在湖光剧场举行。

3 月 13—17 日 全国总工会女工部部长唐克碧等一行到攀枝花市考察女职工手工制作工艺技术，并看望慰问了十九冶、东区、建委的特困女职工。

3 月 20 日 攀枝花市新建企业工会组建工作会召开，省总工会经审会主任吴正兴出席并讲话。

4 月 13 日 攀枝花市职工技协四届三次全委会暨表彰会召开，会上对 12 个技协工作先进集体、5 个帮扶先进集体、17 名先进个人进行表彰。

4 月 20 日 攀枝花市劳动竞赛“安康杯”总结表彰会在市总工会召开。会上对 2000 年双增双节劳动竞赛“安康杯”先进集体和先进个人进行了表彰。

4 月 27 日 市总工会在市体育场举办全市职工拔河比赛。

4 月 29 日 市总工会召开庆“五一”劳模座谈会。

5 月 17 日 省市总工会在市委党校举办首届“科技活动周”职工微机比赛。

5 月 25 日 市总工会联合团市委、市妇联、市文化局组成慰问团到攀枝花机场慰问奋战在施工抢险一线的建设者，并送去价值 16000 余元的慰问品。

5 月 28 日 市总工会召开全市厂务公开工作会，对推行厂务公开制度先进单位进行表彰。

6 月 1 日 市总工会、市民政局代表省总工会、省民政厅举行“爱心献劳模”爱心资助款发放仪式，为 14 名劳模发放资助款 31000 元。

6 月 29 日 市总工会在攀枝花会展中心举行庆祝建党 80 周年职工文艺调演。

7 月 13 日 市总工会召开职工民主管理 20 周年座谈会。

8 月 27—29 日 市总工会召开学习工作会，对 2000 年度全市工会工作竞赛优胜单位进行表彰。

9 月 13 日 四川省第三届“企业杯”暨“攀钢杯”乒乓球比赛在攀钢举行，攀钢代表队获三项个人第一和团体总分第一名。

10 月 8 日 攀钢被全国总工会评为“全国集体合同签订先进单位”。

10 月 17—19 日 市总工会、市劳动局联合举办全市天车工、计算机操作技术练兵比武活动。

10 月 15—16 日 省总工会职工技协和市总工会职工技协组织攀钢职工技协的科技人员、能工巧匠，定点对盐边县双龙机械有限责任公司、攀煤（集团）龙洞煤焦厂进行技术帮扶。

10 月 22—25 日 川西片区工会经审工作研讨会在攀枝花市召开。来自成都、广元、雅安、凉山、攀枝花市 5 市、州工会经审主任或负责人参加会议，省总工会经审会主任吴正兴、副主任余晓红出席会议。

11 月 9 日 市总工会召开学习宣传《公民道德建设实施纲要》暨双十佳座谈表彰会。

11 月 16 日　市总工会、市劳动局联合召开全市职工岗位练兵技术比武竞赛总结表彰会。

11 月 20 日　在全国第九届运动会期间，攀钢获评“全国群众体育先进集体”。

11 月 22 日　四川省重点煤矿工会工作会议在攀煤（集团）公司召开。

△　市总工会召开新建企业工会工作专题理论研讨会，会上对优秀论文进行了表彰。

12 月 6 日　市总工会召开全市新建企业工会工作首次经验交流会。

12 月 14 日　攀枝花市厂务公开工作受到四川省厂务公开领导小组的表彰。

2002 年

1 月 31 日　市政府与市总工会第十次联席会在攀枝花宾馆举行。

2 月 4 日　市总工会召开女职工委员会三届四次全委（扩大）会。会上对 2001 年度女职工工作竞赛优胜单位予以表彰。

2 月 22 日　市总工会召开全市社会服务承诺竞赛总结表彰会。会上对社会服务承诺竞赛先进单位和工人进行了表彰。

3 月 7 日　市总工会召开纪念“三八”节及表彰大会。

3 月 9 日　市总工会在中心广场举办科普宣传活动。

3 月 13 日　市总工会召开信息工作会，会上对 2001 年度信息工作先进集体和个人予以表彰。

3 月 5 日　市财贸工会举办庆“三八”妇女节女职工健身操比赛。来自基层的 11 支代表队，共计 215 名女职工参加了比赛。

3 月 15 日　市委、市政府召开部分女职工座谈会。

3 月 28 日　市总工会召开市职工技协四届四次全委会。会上对 2001 年度职工技协工作先进集体和个人进行了表彰。

4 月 16 日　市总工会到攀枝花机场建设工地开展慰问，为建设者们送去绿豆 3250 公斤、白糖 450 公斤、西瓜 2500 公斤。

4 月 26 日　市总工会举办“庆‘五一’·职工拔河比赛和职工水上趣味体育比赛”。

5 月 18 日　市总工会在市中心广场举办全市职工经济技术创新活动成果展。

5 月 20 日　市西区总工会成立暨第一次代表大会在苏铁宾馆召开。

5 月 28 日　市总工会召开全市厂务公开工作会，会上对推行厂务公开制度先进单位和厂务公开工作先进单位进行了表彰。

5 月 30 日　由市总工会主办的攀枝花市首届企业（行业）歌曲大赛在攀枝花宾馆进行。

△　市政府办公室发文，对全市 2001 年度群众性经济技术创新活动先进集体和先进个人予以表彰。

6 月 20 日　市总工会召开全市新建企业工会组建工作总结表彰大会，省总工会经审会主任吴正兴出席会议。会上对组建工作先进集体和先进个人进行了表彰。

6 月 28—29 日　市总工会与市体育局、市旅游局、仁和区政府联合在仁和区白娜姑度假村举办攀枝花市第六届龙舟节龙舟赛。

7 月 26 日　由市总工会、市电业局、市发电公司、601 地质队组成的市总工会拥军慰问团，看望了市军分区、市消防支队、市武警支队的官兵。

9 月 12—13 日 市总工会六届八次全委（扩大）会议召开。会上表彰了 2001 年度全市工会工作竞赛优胜单位。

9 月 19 日 市总工会、市劳动和社会保障局、市企业联合会、攀枝花企业家协会联合召开攀枝花市劳动关系三方协商会议第二次会议。

9 月 25 日 市总工会召开全市再就业工作会。

9 月 26 日 市总工会在攀枝花公园举办市“三维杯”第四届职工登山比赛。全市 300 余名职工参加了比赛。

10 月 8 日 市总工会、团市委、市妇联联合举办攀枝花市 2002 年环保世纪行演讲比赛。

10 月 14 日 市总工会举办重阳节离退休职工钓鱼比赛。

10 月 25 日 市总工会在市中心广场开展《工会法》《四川省工会法实施办法》系列学习宣传活动。

11 月 21 日 市总工会举办《四川省工会法实施办法》培训班，来自基层工会的 54 名工会干部参加培训。

11 月 23 日 四川省重点煤矿工会工作会议在攀煤（集团）公司召开。

11 月 27 日 市总工会举办《四川省工会法实施办法》“森达杯”百万职工知识竞赛，全市 3 万余名职工参赛。

11 月 28 日 攀钢（集团）公司的 9 名英杰、标兵和劳模登上四川航空公司空中客车—A320，参加攀枝花机场首次试飞。

12 月 5 日 市委宣传部、市经贸委、市精神文明办、市总工会联合召开职业道德创建和评选“双十佳”表彰大会。会上对攀枝花新钢钒股份公司热轧板厂轧钢车间等 10 个标兵单位、黄志远等 10 名标兵、市地方税务局等 8 个职业道德先进集体、唐洪志等 9 名先进个人进行了表彰。

12 月 13 日 市总工会、市劳动和社会保障局、市企业联合会、市企业家协会联合召开全市工资集体协商经验交流会。

12 月 20 日 市总工会召开非公有制企业单位厂务公开民主管理经验交流会。

12 月 30 日 市劳模管理办举行市劳模荣誉津贴发放仪式。市级有关领导和相关部门负责人及劳模代表参加仪式。

2003 年

1 月 22 日 中共四川省委副书记陶武先、省人大常委会副主任马开明、副省长黄小祥、省政协副主席刘绍先在攀枝花市委、市政府领导陪同下，到攀煤（集团）公司走访慰问困难职工。

2 月 14 日 市政府与市总工会在攀枝花宾馆召开第十一次联席会。

2 月 19 日 市总工会女职工委员会召开三届五次全委（扩大）会。会议表彰了 2002 年度女职工工作竞赛优胜单位。

2 月 24 日 市总工会举办女职工“庆‘三八’妇女节我为攀枝花新跨越做贡献、我为家乡小康建设出力量”专题演讲会。

3 月 5 日 攀钢（集团）公司庆祝“三八”国际妇女节表彰大会暨女职工广播体操比赛在东区向阳村灯光球场举行。

3 月 7 日 市教育工会在攀枝花公园举办庆“三八”女职工登山比赛。

3 月 18 日 市职工技协召开四届五次全委会及表彰会。会上对 2002 年度全市技协工作 20 个先进集体和 19 名先进个人予以表彰。

4月2日 市总工会与市企业联合会联合举办职工再就业优惠政策宣传咨询暨招聘会。

4月21日 市总工会召开六届十次全委（扩大）会议，选举市委常委景宏年为市总工会主席。

4月25日 市总工会举办第八届庆“五一”职工拔河比赛，来自攀钢、十九冶、交通、电业等16工人代表队的300多人参加了比赛。

4月25—26日 全国总工会集体合同部领导一行3人到攀枝花开展集体合同和工资集体协商调研。

4月28日 市劳动关系三方协商第三次会议召开，会议讨论通过了《市劳动关系三方协商会议制度》。

4月29日 市总工会召开庆“五一”劳动节劳模座谈会。

5月15日 市总工会困难职工帮扶中心成立。

5月23日 市总工会与米易县总工会联合举办第三届科技周防“非典”对口帮乡活动。

5月30日 市教育工会举办职工读书演讲比赛决赛。

6月4日 市总工会与市安办联合对2002年度“安康杯”竞赛活动先进集体和先进个人进行表彰。

△ 市总工会、市民政局举行“爱心献劳模”资助金发放仪式，并向劳模发放资助金。

6月9日 市政府对2002年度群众性经济技术创新大赛先进单位、先进个人和优秀成果进行了表彰。

6月22日 市总工会在市中心广场举办禁毒宣传活动。

7月 攀枝花市开始推行由同级党委常委担任工会主席的模式，并于2005年4月开始实行。

8月6—8日 攀枝花市工会第七次代表大会在攀枝花会展中心召开。市委常委景宏年当选为市总工会主席，张敏、游绍全、徐翠当选为市总工会副主席；严光寿当选经审会主任。

8月7日 攀枝花电业局工会通过“全国模范职工之家”检查验收，并被全国总工会命名表彰。

11月1日 市总工会在市中心广场开展“法律援助在工会”法律宣传活动。

12月6日 市总工会召开市工研会三届四次理事会及第十七次成果发布会，会上对2003年工运理论政策研究活动先进集体和优秀工研论文作者予以表彰。

12月27日 市总工会在工人文化宫举办全市职工中国象棋擂主大赛。

12月30日 攀枝花市劳模管理办公室举行市劳模荣誉津贴发放仪式。

2004年

1月14日 市总工会、市劳动和社会保障局、市建设局联合在临亚广场召开拖欠农民工工资现场兑现会，当场兑现农民工工资195万元。

1月15日 省委、省政府慰问团到攀枝花慰问十九冶建材公司和市汽运公司及部分困难职工。

2月24日 市总工会召开全市职业道德建设“双十佳”表彰会。会上对2003年10个职业道德十佳标兵单位、10名职业道德十佳标兵、7名职业道德先进单位、5名职业道德先进个人予以表彰。

3月3日 市政府、市总工会在攀枝花会展中心召开第十二次联席会议。

3月8日 市总工会召开“三八”节表彰大会暨下岗失业女职工再就业先进事迹报告会，会上对2002—2003年度的43名先进女职工、35名先进女职工工作者、21名先进女职工之友、18个先进女职工集体和9名女职工再就业明星予以表彰。

3月16日 市总工会获四川省“安康杯”竞赛优秀组织奖。

4月1日 市总工会召开2003年度全市工会法律信访工作会，会上对2003年度工会法律信访工作先进集体和个人进行了表彰。

4月12日 市总工会与东区总工会、银江镇政府联合举办首次农民工足部按摩技能培训班。

4月14日 市总工会、市劳动和社会保障局、市旅游局在攀枝花宾馆举办饭店餐厅女服务员技能汇报表演暨观摩活动。

4月20日 攀钢文化广场建成正式开放。

4月29日 攀枝花市第五次劳动模范表彰大会在攀枝花会展中心召开，市政府授予楚昌斌等107人为“攀枝花市职工劳动模范”荣誉称号，授予韩大祥等10人为“攀枝花市农业劳动模范”荣誉称号。

4月29日 市总工会在市会展中心和市中心广场举办女职工手工艺品展。

4月30日 中华全国妇女联合会授予攀钢女职工委员会全国“三八”红旗集体称号。

5月21日 全国总工会文工团到攀在攀钢俱乐部慰问演出《劳动颂歌·情系西南》。

5月22日 全国总工会宣教部部长谷常生、省总工会副主席张仕福等领导到攀参观攀钢厂区并听取了攀钢工会工作汇报。

5月27日 市厂务公开领导小组召开全市厂务公开工作会，会上表彰35个实行厂务公开先进单位、20名依靠职工办企业的好厂长、好经理。

5月27—6月7日 市总工会组织劳模事迹报告团分赴攀钢、西区、发电公司、市建设局、盐边县、市直机关等进行巡回演讲。

6月17日—11月10日 攀钢（集团）公司举行首届职工技术运动比赛，九大通用工种和80个专业的2000名技工参赛。经角逐60人获“攀钢技术能手”称号，240人获“攀钢专业工种技术能手”称号。

6月21—22日 全国总工会文工团到攀枝花市慰问演出。

6月24日 在全省工会促进再就业工作经验交流会上，攀枝花市总工会获四川省工会促进再就业工作先进单位一等奖。

6月25日 市委组织部、市总工会、市劳动和社会保障局、市就业局等单位联合在市中心广场举办城镇失业党员再就业政策咨询暨专场招聘会。本次招聘会提供就业岗位1250个，前来应聘人员2000余人，其中达成意向性协议827人。

7月9—11日 由市政府主办，市总工会、市旅游局、市体育局、市民宗局、仁和区政府承办的第七届龙舟赛在仁和区平地镇进行，共有13支队伍参赛。

7月29日 市总工会与市劳动和社会保障局、市民政局等单位联合举办下岗失业军嫂暨复转军人专场招聘会。此次招聘会共有79家用工单位进场，提供1000余个岗位，最终达成用工协议721个。

7月31日 由市委常委、市总工会主席景宏年率领的市总工会拥军慰问团走访慰问攀枝花军分区、攀枝花消防支队、武警支队和武警森林支队。

8月9—11日 由省总工会副主席慕竹平带领的省总工会县（市、区）工会工作专题调研组第六组一行4人到攀，开展为期3天的调研。

8月24—25日 市总工会在方山攀鑫宾馆召开全市工会学习工作会。会上对2003年度工会工作优胜单位进行了表彰。

8月26日 市总工会举行特困职工子女助学金发放仪式，为30名小学生和30名大学生发放助学金7.2万元。

8月27日 市总工会、市劳动和社会保障局、市企业联合会、市企业家协会联合召开劳动关系三方协商第五次会议。

9月9日 市教育工会对2004年教育工会工作理论研究优秀成果进行表彰。

9月15—16日 由省总工会办公室主任王筱泉带领的省总工会信息工作调研组一行3人到攀开展调研。

9 月 24 日 省、市总工会领导到盐边县调研集体合同的签订工作。

10 月 1 日 市总工会与市体育局、市公安局联合举办攀枝花市首届自行车越野大赛。全市有 41 支队伍参赛。

10 月 11 日 市总工会与市安监局联合召开“安康杯”竞赛活动经验交流及表彰会。会上对优胜单位和个人进行表彰。

10 月 16—21 日 十九冶组团参加了在北京举行的第六届全国冶金行业焊工技术比赛暨选拔赛，获团体总分第二名。

10 月 26 日 攀枝花市仁和区农家乐旅游行业工会成立。

12 月 2 日 市政府与市总工会召开第十二次联席会议。

12 月 1 日 市总工会、市劳动和社会保障局、市卫生局、市企业联合会、市企业家协会等单位联合在市中心广场开展了“职工红丝带健康行动宣传活动”。

12 月 9 日 市总工会女职工委员会四届一次全委（扩大）会在攀枝花会展中心召开。

12 月 22 日 攀枝花市“组织起来、切实维权”系列宣传活动在市工人文化宫启动。

2005 年

1 月 5 日 市东区炳草岗街道工会成立大会暨第一次代表大会召开。该工会是四川省第一家街道工会。

1 月 26 日 攀枝花市举行全国、省困难劳模、特困职工社会医疗春节慰问金发放仪式。共计发放 41 人，发放金额 14 万元。

2 月 23 日 市总工会在市工人文化宫举办进城务工人员专场招聘会，有 2000 余名求职人员进场参加招聘会。99 家用工单位提供了 342 个用工岗位，现场达成意向性用工协议 682 人次。

3 月 5 日 为庆祝攀枝花市建市 40 周年，市委、市政府授予马景祥等 16 人为“攀枝花英模”。

3 月 13 日 由市总工会、市劳动和社会保障局联合举办的女职工美容美发技能大赛在市中心广场举行，攀枝花市 12 家单位参赛。

3 月 25 日 市总工会在攀枝花公园举办“迎冬旅、创国优”怡康杯第五届职工登山比赛，全市 400 余名职工参赛。

4 月 30 日 市总工会、市委宣传部联合召开“攀枝花市优势企业和窗口服务行业争跨跃竞赛”经验交流暨表彰会。

4 月 市总工会、市流通行办、市劳动和社会保障局、市烹饪协会联合组队参加四川省第三届烹饪技术大赛，攀枝花市代表队获得团体第二名，取得个人金牌 8 枚、银牌 15 枚、铜牌 8 枚。

5 月 1 日 为庆祝“五一”劳动节和中华全国总工会成立 80 周年，攀钢艺术团参加了由全国总工会和中央电视台等部门主办的“共和国脊梁”文艺会演。

5 月 20 日 市总工会和市委宣传部在会展中心联合举办攀枝花市企业（行业）歌曲演唱大赛。攀钢（集团）公司代表队的《英雄攀钢》和十九冶代表队的《我们是冶金竞赛标兵》获一等奖。

5 月 27 日 攀钢（集团）公司第一次直选基层工会主席工作会在轨梁厂进行。132 名职工代表通过投票行使民主权利，轨梁厂办公室主任谌永业以 71 对 44 票当选，成为攀钢第一位通过会员代表直接选举产生的工会主席。

6 月 28 日 市总工会召开“七一”建党节干群心连心座谈会。

6 月 30 日 全市第一个民办学校工会联合会——米易县民办学校工会联合会正式成立。该联合会涵盖全县 18 所民办学校、100 余名教师。

6 月 30 日上午 仁和区煤炭行业工会委员会成立暨授牌大会在仁和区金叶度假村召开。

8 月 攀枝花市总工会、攀枝花市文学艺术界联合会联合编辑出版报告文学集《领跑者之歌——攀枝花劳模风采录》。全书 30 余万字，记录了 100 名劳模的先进事迹。

9 月 29 日 市总工会、市体育局、市公安局联合举办第十届国际奥委会主席杯全国百城自行车比赛攀枝花赛区预赛暨攀枝花第二届自行车大赛。

10 月 21 日 市总工会召开全市第八次劳动关系三方协商会。

10 月 25 日 市总工会在米易县召开首次市民营企业群众性安全生产现场交流会。

11 月 10 日 市总工会、市劳动和社会保障局、市人事局、市旅游局联合在会展中心开展全市“迎冬旅、创国优”职工职业技能比赛总结表彰大会。会议对 16 个先进单位、46 名技术能手和优秀选手进行表彰。

12 月 1 日 攀钢（集团）公司所属中小学校正式移交地方政府管理。2576 名工会会员成建制转出。

12 月 2 日 市政府与市总工会第十三次联席会在会展中心举行议。

12 月 14—18 日 由市委、市政府主办，市总工会和市文联承办的首届攀西民族民间工艺品、艺术收藏品、旅游纪念品博览会在市会展中心进行。此次博览会上展出攀枝花市女职工手工艺品 10 余个品种计 100 余件作品。

12 月 17 日 在北京人民大会堂召开的全国企业文化建设工作年会上，十九冶获评“2005 年全国企业文化建设工作先进单位”。

12 月 19 日 省总工会党组书记、常务副主席罗林书和省总工会副主席慕竹平到攀进行调研。

12 月 20 日 攀枝花市仁和区运输行业工会联合会成立暨授牌仪式大会召开。

12 月 市总工会、市商务局、市旅游局、市劳动和社会保障局联合举办攀枝花市“迎冬旅、创国优”第二届烹饪大赛，来自全市 28 家企业参加比赛。

2006 年

1 月 30 日（正月初二） 市总工会组织基层 13 支民间文艺表演队伍在新华街开展传统文艺表演。

2 月 22 日 市总工会召开市辖五县（区）维权联动第一次联席会议，标志着攀枝花市县（区）总工会维权联动季度联席会议制度正式建立。

2 月 24 日 市总工会召开文化宫俱乐部协会年会和职工读书演讲会年会。

3 月 25 日 由西区人民政府、市旅游局、市体育局主办的攀枝花市第四届风筝节暨风筝大赛在西区金沙滩举行。

3 月 28 日 攀枝花市首次县区级工会经审工作现场经验交流会在盐边县接待中心召开。

4 月 1 日 十九冶第十三届职工运动会在电装公司球场开幕。21 支代表队的 2100 多名运动员参加了 10 个大项、28 个小项的比赛。

4 月 16 日 市总工会第七届五次全委（扩大）会召开。会议选举市委常委、组织部部长柳康健为市总工会主席，张云忠为副主席。

4 月 21 日 市总工会在市直机关老干部金秋俱乐部举办全市职工桥牌双人赛。

4 月 24 日 盐边县双龙机械制造有限责任公司工会委员会获全国模范职工之家称号。

4 月 29 日 西区“双创”杯职工篮球赛开赛，共有来自西区政府机关、中小学校、民营企业等各条战线的 24 支队伍参赛。

5 月 26 日 市总工会开展全市县区农民工维权联动季度联席会第二次会议。

5 月 30 日 市总工会党组书记、常务副主席张云忠带领市总工会慰问组到十九冶机动小学及 3 家民办幼儿园看望慰问。

6 月 6—7 日 中共四川省委常委、省总工会主席李登菊，省总工会副主席朱新华到攀枝花就工会工作进行调研。

6 月 30 日 市总工会组织机关全体在职党员到盐边县鳡鱼乡考察。为市总工会定点扶贫村——盐边县鳡鱼乡小槽村送去现金 1 万元，赠送该村小学校价值 2500 元的学习用具。

7 月 12—14 日 省总工会调研组到攀枝花开展调研。

7 月 18 日 市总工会、市劳动和社会保障局、市企业联合会和市企业家协会联合召开全市创建劳动关系和谐单位暨集体合同工作经验交流会。会上表彰了 14 家劳动关系和谐先进单位。

7 月 19 日 市总工会召开全市厂务公开工作会。

7 月 28 日 副市长赵辉带领由市总工会、市交通局、市卫生局等单位组成的拥军慰问团看望慰问了驻攀部队官兵。

8 月 2 日 市政工程管理处路灯所检修一班获四川省“五一劳动奖状”称号。

8 月 10—11 日 市总工会、市审计局联合举办工会经审干部内部审计上岗资格培训，100 余名经审干部参加培训。

8 月 16 日 市总工会与市直机关工委联合在会展中心举办“我为创卫、创模做贡献”职工演讲比赛。

8 月 31 日 省总工会党组成员、省总工会经审会主任张锐到攀枝花看望了十九冶的 10 户特困职工。

9 月 12 日 市委首次工会工作会在市会展中心召开，省总工会党组书记、常务副主席罗林书到会并讲话。会议下发了《中共攀枝花市委关于进一步加强和改进工会工作的意见》，首次以市委名义表彰了工会工作先进集体、先进个人。

10 月 13 日 市总工会召开全市工会新闻宣传工作暨表彰会。

10 月 27 日 市总工会组队参加四川省第十三届职工网球比赛，获团体 A 组第四名。

11 月 9 日 攀钢（集团）公司第二届职工技术运动会闭幕。在本届技术运动会上，全公司共有 5 万余名职工参加赛前学习和培训，2.1 万名技术工人参加十大通用工种、86 个专业工种竞技比赛。

11 月 10 日 由市总工会、西区总工会、西区就业局联合举办的农民工岗位技能培训启动仪式在华阳煤业举行。本次培训共举办 10 个项目 10 个班，历时 100 天，300 多人参加。

11 月 21—22 日 省委常委、省总工会主席李登菊到攀枝花调研工会工作。

11 月 22 日 市教育工会召开“创争、创新”活动表彰会，对全市教育系统“创争、创新”活动先进集体和先进个人进行表彰。

11 月 24 日 市总工会、市网球协会在攀枝花学院网球场举办全市首届职工网球暨市第 22 届网球比赛。

11—12 月 市总工会、市邮政局联合发行“献爱心、传真情”贺年有奖明信片。

12 月 14 日 市总工会“情暖困难职工”特别救助行动启动。至 29 日共筹集资金 25 万元，对 125 名患重症的困难职工实施了医疗救助。

12 月 25 日 市总工会召开全市县区工会农民工维权联动四季度联席会。

12 月 市总工会与市委宣传部等五部门联合评选表彰 2006 年度职工职业道德建设十佳标兵单位、十佳标兵、先进单位和先进个人。

2007年

1月5日 全市首个农民工之家工会委员会在东区成立。

1月14日 市委书记赵爱明、市长刘晓华及张剡、柳康健、彭建华等市领导看望了西区困难职工和劳动模范。

1月23日 中冶实久第一次工代会在电装公司礼堂召开。

1月27日 市总工会、市委宣传部、市民政局、誉鑫电子公司联合为36名困难职工免费发放洗衣机、冰箱等家用电器。

3月16日 市总工会召开全市有突出贡献技术工人表彰大会。

3月30日 市总工会七届六次全委（扩大）会召开。会议选举市委常委、市委组织部部长张祖芸为市总工会主席。

4月20日 米易县总工会联合城南社区及攀枝花市鑫安托家政服务培训学校在城南社区举办"攀西大姐"家政服务培训班，学员毕业后到北京参加家政服务。

5月17日 川南片区（第三次）市州财贸工会工作联席会在攀枝花市召开。

5月20日 市总工会召开"爱心家教"活动总结表彰会。

5月21—31日 市总工会、市劳动和社会保障局、市工商联联合举办"民营企业招商周"活动。

5月26—28日 市总工会、市直机关工委在市中心广场进行"30万职工携手共建美好家园"大型宣传教育活动。活动中开展了文艺演出、园艺、汽车及职工摄影、书画展览。

5月27日 攀青焦化有限公司农民工夜校成立，此为全市首家农民工夜校。

6月1日 市总工会、市商业银行联合在会展中心举办"攀枝花市商业银行爱心助学金"启动仪式。市商业银行首批捐赠助学金100万元。该助学金主要用于资助家在攀枝花市的家庭贫困的全日制在校学生。

6月5—7日 省总工会副主席罗茂乡到攀枝花开展调研。

6月12日 市总工会开展"关爱农民工、夏日送清凉"活动。慰问了上海花园、宝岛花苑的200名农民工，为他们送去了价值1万元的慰问品。

6月14日 攀枝花市惠民帮扶中心挂牌成立。

7月 攀枝花市总工会困难职工帮扶中心标准化建设顺利通过省总工会的验收。

7月13日 市政府与市总工会召开第十四次联席会议。

7月13日 市总工会七届七次全委（扩大）会召开。会议选举市总工会党组成员尚滟佳为市总工会副主席。

7月16日 全市5家企业、2个班组、11名个人在全国"安康杯"竞赛表彰暨四川省工会劳动保护工作电视电话会上分获全国、省"安康杯"竞赛优胜企业、优胜班组、先进个人表彰。

7月29日 市总工会与市体育局联合举办"凯瑞杯"桥牌团体赛。

7月30日 市总工会与市劳动和社会保障局组成拥军慰问团，看望慰问了市内驻军。

8月23日 市总工会举办全市工会经审（专兼职）干部培训班，特邀省总工会经审会专家到攀授课。

8月24日 省总工会经审会的有关领导到攀枝花看望了十九冶的部分困难职工。

8月24日 仁和区务本乡工会联合会农民工业余学校成立，并举办首期培训班。这是攀枝花市成立的第一所乡镇工会联合会农民工业余学校。

9月1日 市总工会举行攀枝花市商业银行爱心助学金发放仪式，为41名贫困学生发放助学金13.7万元。

9月10日 由市总工会、《攀枝花晚报》联合举办的“2007圆梦行动”结束。50天内共筹集资金85.5万元，92名贫困大学生得到捐助。

9月11—12日 市教育工会召开庆祝第23个教师节及小学校务公开工作现场会。

9月 四川省首家肯德基分店工会在攀枝花市成立。

10月12日 市总工会举办全市离退休职工钓鱼比赛。

10月14日 中国煤矿文工团到攀煤（集团）公司慰问演出。

11月9日 市总工会召开全市女职工“建功立业工程和素质提升工程”经验交流会。

11月 攀青焦化有限公司被劳动和社会保障部、中华全国总工会、中国企业联合会、中国企业家协会评为“全国模范劳动关系和谐企业”。

12月3日 《四川日报》在头版以《特派员活跃在城乡山乡——攀枝花在新时期工会工作的一项创举》为题，对攀枝花特派员工作进行了全面报道。

12月4—5日 市总工会举办全市工会干部培训班，100多名工会干部参加培训。

12月10日 市总工会召开全市班组群众安全工作经验交流会，全国总工会劳动保护部一处处长卢斌、省总工会劳动保护部部长陈黎到会并讲话。

12月12日 市总工会与市委组织部、市委宣传部、市劳动和社会保障局等12家单位联合表彰“创争”活动学习型组织10个、职工10名。

△ 市总工会与市委宣传部等5家单位联合表彰了2007年度职工职业道德建设“双十佳”工作标兵单位和标兵个人。

12月15日 攀枝花市总工会代表四川省总工会接受全国总工会组织建设考核抽查，获得考核抽查组的好评。

12月20—21日 全国总工会政研室主任李滨生到攀枝花，对攀枝花工会组建和会员发展进行调研。

12月27日 省总工会副主席慕竹平、女工部副部长阳登琦到仁和区总工会检查验收仁和区困难职工帮扶中心。

2008年

1月15日 四川省国资委党委书记王少雄、党委副书记李成云到攀煤（集团）公司慰问困难职工。

1月21—23日 市财贸工会与东区总工会在阿署达举办为期3天的餐饮服务管理培训班，培训服务人员65人。

1月26—27日 省总工会副主席慕竹平率慰问团到攀枝花慰问市汽运公司和普威林业局及4户困难职工。

4月25日 市财贸工会召开第二届十三次全委会暨与市商务局、市银监局联席会。

4月29日 攀枝花市庆祝“五一”国际劳动节暨表彰大会在攀枝花会展中心举行。16名获全国、全省五一劳动奖章、奖状的先进个人和先进集体代表、“工人先锋号”代表，15名荣获省优秀工会工作者、工会之友、工会积极分子和摸范职工之家、模范职工小家、先进工会组织代表，50名荣获市工人先锋号的代表受到表彰。

5月7日 攀枝花市首家学校困难职工帮扶中心——大河中学困难职工帮扶中心成立。

5月8日 攀钢第三届职工技术运动会开幕。共有近3万名职工参加了8个通用工种和87个专业工种的预赛和决赛。

5月12日 四川汶川发生8.0级特大地震。攀钢下属单位四川长城特殊钢有限责任公司、成都钢钒有限公司、金山耐材公司、眉山冷弯型钢有限责任公司、成都大酒店、温江疗养院、重庆钛业有限公司等单位不同程度受灾，职工群众死亡15人、受伤45人，厂房、设备和职工住房遭到破坏，通讯瘫痪，铁路中断，全面停产，造成经济损失10.52亿元。

5月13日 攀钢工会组织价值40万元的救灾物资运往江油，送去了受灾职工最需要的食品、饮用水和蓬布。

5月 “5·12”汶川地震发生后，全市教育系统各级工会积极组织广大教职工为灾区捐款，共捐款189.5万元，

6月17日 市总工会代表省总工会为攀枝花市获得四川省“抗震救灾重建家园工人先锋号”的市卫生监督局抗震救灾应急队、攀钢职工总医院抗震救灾医疗队、市交通运输管理处抗震救灾运输车队3支救灾队伍授旗。

7月3日 全国总工会将一面“抗震救灾重建家园——工人先锋号”旗帜授予中冶实久工业开发公司。

7月8日 市总工会举办“迎庆奥运、全民健身”城管系统拔河、乒乓球、羽毛球、二人三足、立定跳远5个项目的体育竞技比赛。

7月15—17日 四川省国有重点煤矿“川煤杯”职工技能大赛在攀煤（集团）公司举行。

7月16—18日 攀枝花市工会第八次代表大会在攀枝花宾馆会展中心召开。选举张祖芸为攀枝花市总工会主席，选举张云忠、游绍全、尚滟佳为副主席。

8月20—21日 省总工会党组成员、经审会主任张锐到攀枝花看望慰问困难职工。

8月22日 市总工会、市劳动和社会保障局、市企业家联合会、市企业家协会联合召开劳动关系三方协商会。

9月2日 省总工会副巡视员曾品金率省总工会慰问组到攀枝花深入地震灾区了解灾情和走访慰问群众。

9月5日 东区首个工业园区“职工之家”在高粱坪园区正式挂牌开放。

9月18—19日 省委常委、省总工会主席李登菊，省总工会党组书记、常务副主席罗茂乡，团省委书记张彤，省妇联主席陈芳，省卫生厅副厅长王正荣到攀枝花，对攀枝花市抗震救灾工作开展调研。

10月15日 市总工会举办“职工携手共创环保模范城市”演讲比赛。

10月17日 市总工会进行市商业银行爱心助学金米易县发放仪式，资助105名当年考上大学的贫困学生，共发放助学金34万元。

10月18日 由中冶集团和全国就业培训技术指导中心主办，中冶实久建设有限公司承办的国家级职业技能竞赛、中冶集团第二届职业技能竞赛“中冶实久杯”砌筑决赛在攀枝花市中冶实久建设有限公司开幕。

10月21日 市总工会向攀枝花“8·30”地震抗震救灾办公室捐款105万元，帮助受灾群众灾后重建。

10月28—29日 由天津市总工会党组成员、经审会主任黄晓云，省总工会党组成员、副主席武晓鹏，省总工会正厅级巡视员、省政协社法委副主任、省厂务公开联席会议办公室主任张仕福等组成的全国厂务公开民主管理调研检查组到攀枝花，对攀枝花市厂务公开民主管理工作进行检查。

10月 攀枝花市总工会代表四川省总工会接受全国厂务公开民主管理调研检查，得到检查组的充分肯定和高度评价。

12月29日 市政府与市总工会在会展中心召开第十五次联席会议。

2009年

1月9日 市委书记、市人大常委会主任赵爱明看望慰问市内部分困难职工、下岗失业职工、劳模和职工遗属。

1月13—14日 省总工会经审会主任张锐一行到攀枝花看望慰问部分困难企业和困难职工。

1月25日 中共中央政治局常委、国务院总理温家宝到中冶实久公司承建的东方汽轮机有限公司灾后重建项目静子大件车间工地看望慰问职工。

1月27日 西区总工会在步行街广场举办“2009年传统文化节目表演及游园活动”。

2月28日 市总工会与凉山州总工会开展联谊活动。

3月4日 市教育工会、市财贸工会联合开展庆祝“三八”节登山比赛活动。

3月7日 市妇联、市体育局和市总工会联合在市中心广场举办“家和万事兴”攀枝花市家庭才艺健康大赛。

3月19日 市总工会在会展中心召开攀枝花市“有突出贡献技术工人”表彰大会。

3月24日 省总工会经审工作理论研究第二组会议在攀枝花召开。

3月26日 市总工会在东区银江镇弄弄沟村、仁和区前进镇普达村同时举办为期一个月的“农民电脑培训班”，标志着攀枝花市工会系统“万人培训行动”正式开始。

4月1—3日 省总工会法律部副部长张莹一行到攀枝花开展调研。

4月17日 市总工会、市委宣传部、市精神文明办、市直机关工委、市城市管理局联合启动了全市“30万职工齐动手、共建共享美好家园”宣传教育活动。

4月27日 省总工会党组成员、纪检组组长张五三一行到攀枝花市，开展为期3天的调研。

5月8日 为纪念第97个国际护士节，市卫生局工会举办护士技能大赛，来自全市14家二级以上医疗机构的28名护理工作者在攀枝花学院医学院参加比赛。

5月15—22日 市总工会、市劳动和社会保障局、市扶贫办、市教育局、市人事局、市工商联等单位在市中心广场举办“2009民营企业招聘周”启动仪式。7天共举办7场招聘会，为高校毕业生、失业职工和农民工提供岗位3957个。

5月18日 市总工会启动“送清凉、送文化、送法律、送安全、送健康”关爱活动。

5月21日 西区总工会与西区劳动和社会保障局等4个单位在西部阳光广场举办“2009年高校毕业生、下岗职工及农民工现场招聘会”，共为求职者提供100余个工作岗位。

6月18日 市总工会在中心广场开展“关爱生命、关注安全”集中宣传活动。

7月1—3日 四川省工资和女职工权益保护专项集体合同交叉检查组对攀枝花市开展集体协商“百日攻坚”行动暨女职工权益保护专项集体合同工作进行了检查。

7月4日 由全省各地市州总工会组成的联合检查组专项检查组，对米易县工资集体协商“百日攻坚”行动和女职工专项集体合同签订工作进行检查。

7月26日 市总工会与攀枝花晚报社在市中心广场联合举办“爱心延续、成就梦想——2009圆梦行动感恩和资助活动”，共募集捐款14余万元。

8月7日 市总工会召开全市工资集体协商“百日攻坚”行动总结表彰会。

8月21日 市总工会进行“共建美好环境、共享文明家园”演讲比赛。

8月25日 以“三十万职工同舟共济保增长、建功立业促发展”为竞赛主题，市城管系统各级工会组织开展了“战高峰、比贡献、增效益”“节能降耗、杜绝浪费、厉行节约”“窗口优质服务”“职工技能技术比武”等10个项目的竞赛活动，职工参与面达85%以上。

8月28日 市总工会发放首批商行爱心助学金，救助164名城乡贫困大学生。

9月7日 攀枝花市召开第六次劳模表彰大会。省总工会副主席慕竹平出席会议并讲话。会上市政府授予陈勇等110人为攀枝花市劳动模范。

9月8日 省总工会党组成员、副主席慕竹平到区总工会检查指导工作。

9月17日 2009年“寒窗助学、圆梦行动”结束，活动历时88天，累计收到捐款107.55万元，107名贫困大学生受助。

9月25日 市总工会、市委宣传部、市精神文明办共同举办庆祝新中国成立60周年祖国颂暨攀枝花第二届厂（行）歌大赛。

9月30日 市飞翔家政服务有限公司通过四川省商务厅、省财政厅和省总工会的评审，被批准为四川省家政服务培训工作机构之一。

10月22日 市总工会举办全市离退休职工钓鱼比赛。

10月27日 攀钢第四届职工技术运动会圆满落幕。这次技术竞赛活动，历时6个月，近3万名职工参赛，共产生48名攀钢技术能手、309名专业技术能手，涉及攀钢八大通用工种和103个专业工种，比往届技运会增加新的专业工种17个。

11月6—9日 由省总工会、省职工体育基金会、省职工网球协会举办，市总工会承办的四川省第十六届“攀钢杯”职工网球比赛在攀枝花学院网球中心举行，共有20个代表队近200名运动员参加比赛。

11月25日 攀枝花市委在会展中心召开第二次市委工会工作会议，省总工会党组成员、副主席胥纯出席会议并讲话。会上表彰10个先进工会工作组织、10个支持工会工作先进单位、30名优秀工会之友、29名优秀工会工作者。

12月16日 市总工会举行“特别关爱行动”救助金发放仪式，对114名困难职工、离退休职工、农民工及困难边缘职工进行救助，发放救助金23.85万元。

12月25日 市政府与市总工会第十六次联席会召开。

2010年

1月 市总工会开展2010年春季劳模关爱活动，共发放各类劳模津贴80余万元。

3月3日 为庆祝“三八”国际妇女节100周年，市教育工会在攀枝花公园举行以“健康、快乐、进步”为主题的女职工登山比赛活动。

6月27日—7月6日 西区总工会走访特困户和困难户122户，发放慰问金52600元。

6月28日—9月13日 市总工会与攀枝花晚报社共同举办“2010圆梦行动”，累计收到社会各界爱心捐款119.7万元，134名贫困学生获得资助圆梦大学。

7月7日 省总工会督察组到攀枝花市就工会维权维稳机制建立、企业工会组建和作用发挥、企业劳动关系状况等情况进行检查，并听取了攀枝花市相关情况汇报。

7月21—22日 由四川省总工会、四川省人力资源和社会保障厅联合主办的四川省职业技能大赛“十九冶杯”天车工决赛在攀钢钢构分公司举行。

9月上旬 市总工会组织28名劳模（先进生产者）赴上海、杭州、苏州等地进行疗养。

9月19日 西区总工会、西区卫生局在西区荣泰酒楼，举办“西区餐饮技能培训班”。有来自于西区20家骨干餐饮企业的80余名服务员、厨师参加培训。

10月14—15日 市总工会在米易县体育中心举办以“我运动、我健康、我快乐”为主题的全市首届工会干部运动会。

11月23日 省总工会党组成员、副主席武晓鹏一行6人到攀枝花市开展调研。

11月24日 市总工会为1993名困难职工发放专项生活困难救助金51.82万元。

11月25日 由市总工会、市人力资源和社会保障局、市财政局、攀钢（集团）公司承办的2010年攀枝花市职业技能大赛总决赛在四川机电职业技术学院举行开幕式。

12月1日 市总工会八届五次全委会召开，会议选举张开锋为市总工会副主席。

11月23日 省总工会党组成员、副主席武晓鹏一行6人到攀枝花开展调研。

2011年

1月7日 市委书记、市人大常委会主任赵爱明到十九冶看望慰问退休劳模罗又清和困难职工。

1月12日 市总工会为柠檬庄园经营者发放4000元的创业扶持资金，这是市总工会发放的首笔创业扶持资金。

1月14日—2月16日 市总工会组织21名“圆梦行动”受助大学生利用寒假时间前往甘孜州两河口电站勤工俭学。这是市总工会首次组织受助大学生前往外地勤工俭学。

1月20—21日 省总工会党组成员、经审委主任张锐一行到攀枝花“送温暖”。

3月4日 由市总工会主办的全市女职工迎庆建党90周年暨“三八”国际妇女节排舞展示活动在攀枝花中心广场举行。

3月8日 市教育工会在攀枝花公园举办了以“健康、快乐、进步”为主题的女职工登山比赛活动。

3月8—30日 市总工会发放创业援助金12000元，帮助3名下岗失业职工创业；对120名农民工进行家政服务培训，发放培训补贴48000元；对2名困难职工发放生活困难救助金2600元；对35名在市三中、七中就读高中的困难职工子女发放“爱心餐卡”救助金28000元。

3月24日 攀枝花市警官合唱团正式成立。

5月18日—7月4日 西区总工会在大水井社区金塘村开展电脑培训班两期，共计180人参加。

5月19日 市总工会举办攀枝花市首届女职工心理抚慰知识讲座。

5月27日 攀钢（集团）公司组队代表攀枝花市和攀钢参加了四川省首届职工排舞大赛，获得了团体特等奖、集体项目B组和C组一等奖、集体项目自选组一等奖、单人项目“舞动的小提琴”组一等奖、优秀组织奖、最佳服饰奖。

6月25日 为庆祝建党90周年，市总工会在市中心广场举办“颂歌飞扬90年”大型红歌比赛。

6月30日 市总工会为首批符合“感党恩、庆‘七一’困难职工帮扶行动”救助条件的52名建档困难职工党员、困难职工、困难农民工发放救助金73400元。

7月12日 省总工会党组成员、经审会主任张锐一行到攀枝花看望慰问职工。

7月18日—8月31日 市总工会组织来自三区两县及部分企业的共计350名困难女职工和女农民工开展“两癌”筛查工作。

8月12日 西区宜橙公司开展“圆梦行动”，资助贫困学生14名，发放扶助金8.4万元。

8 月 29 日 市总工会组织召开全市工会系统创先争优活动推进会。大会对盐边县总工会等 6 个“先进工会组织”、彭科强等 10 名“优秀工会工作者”和屈代明等 15 名“优秀职工”进行表彰。

9 月 6 日 2011 年四川省职工职业技能大赛“攀钢杯”焊工决赛在攀钢举行。省总工会党组书记、副主席罗茂乡宣布开赛，省总工会党组成员、副主席胥纯主持开赛仪式。来自四川省 20 家单位的 50 名选手参加了本次决赛。

9 月 10 日 2011“圆梦行动”顺利结束，共收到爱心企业及人士捐款 126 笔，捐助金额共计 159.4 万元。受助学生 143 名，所有定向、不定向捐款于 9 月 24 日全部发放完毕。

9 月 20—29 日 2011 年“商行爱心助学金”第三批、第四批助学金发放完毕。截至 9 月 29 日，2011 年“商行爱心助学金”已资助 199 名当年考上大学的城乡贫困学生，共发放“商行爱心助学金”71.1 万元。

10 月 28 日 市总工会第八届委员会第七次全体会议召开，会议选举汤帮梅为市总工会第八届委员会副主席。

11 月 15 日 2011 年“商行爱心助学金”第五批助学金发放完毕。共资助 463 名当年考上大学和高中在读的城乡贫困学生，共发放“商行爱心助学金”99.4 万元。

11 月 23 日 市总工会首次召开企业和职工文化建设经验交流会。来自全市国有、民营企业主管企业职工文化建设工作的负责人、工会主席等 100 余人参加会议。

12 月 5 日 米易县首个乡镇工会联合会困难职工帮扶中心成立。

12 月 5—6 日 由市总工会、市人力资源和社会保障局、市财政局、市卫生局联合主办的攀枝花市首届“百岗工人”职业技能大赛决赛在攀枝花机电学院举行。共有 18 个产业（行业）、单位的 220 名选手参加为期 2 天的 6 个工种的理论答题和实际操作比赛。

12 月 23 日 攀枝花市教育工会“爱心餐卡”发放仪式分别在市三中、市七中举行。市总工会首批对 31 名符合救助条件的困难学生发放“爱心餐卡”，按每位困难学生在校期间每月 200 元发放餐费。

12 月 30 日 市政府与市总工会第十八次联席会议在攀枝花会展中心召开。

2012 年

2 月 22—23 日 省总工会法律部部长李长春、调研员黄茂家一行到攀枝花开展调研。

3 月 21 日 市总工会八届九次全委（扩大）会议召开，市委常委许健民当选市总工会第八届委员会主席。

4 月 16—18 日 省总工会党组成员、副主席胥纯率省总工会“面对面、心贴心、实打实服务职工在基层”工作组一行 8 人到攀枝花开展走访慰问和调研。

4 月 18 日 市委在会展中心召开第三次市委工会工作暨“两个普遍”推进会，省总工会党组成员、副主席胥纯出席会议。

6 月 11 日 市总工会邀请北京新中大财务软件公司总经理王杰在攀枝花会展中心为全市基层工会财务人员开展财务软件培训。

6 月 14 日 由西区总工会举办的 2012 年攀枝花市西区首届职工职业技能大赛决赛在四川德胜攀枝花煤化工公司开幕。来自西区 12 家单位的 65 名选手参加了电工、钳工、焊工 3 个工种的决赛。

6 月 23 日 攀枝花市 2012 年度劳模疗休养活动启动，首批劳模先进（优秀女职工）90 人分为三批前往青海、宁夏、内蒙古等地开展疗休养活动。

8 月 6 日 东区创建街道（镇）困难职工法律援助分中心、困难职工帮扶分中心、外来务工人员关爱分中心和职工心灵驿站（简称“三中心一驿站”服务平台）试点现场会暨授牌仪式在东区瓜子坪街道工会举行。

8 月 15—16 日 省总工会党组书记、常务副主席罗茂乡，副主席慕竹平一行到攀枝花进行“夏日送清凉”慰问，并到攀枝花市新工人文化宫考察，深入到攀枝花产业园区及有关企业开展调研。

8 月 28 日 东区总工会举行 2012 年“金秋助学”救助金发放仪式。为符合条件的 84 名辖区困难职工家庭高考学生中首批接受救助的 27 名学生代表发放救助金 12.4 万元。

9 月 3 日 市总工会举行 2012 年“攀枝花农村商业银行助学金”发放仪式，现场对符合条件的 100 名贫困大学生每人发放 5000 元助学金，共计发放 50 万元。

9 月 4—5 日 中华全国总工会劳动保护部部长王俊治到攀枝花调研工会劳动保护工作，省总工会副主席彭闯参加调研。

9 月 11 日 市总工会职业介绍所人力资源市场正式投入使用。

9 月 28 日 市总工会为 96 名贫困学生发放“攀枝花市商业银行助学金”共 30.5 万元。

10 月 10—11 日 省委常委、省总工会主席李登菊，省总工会党组书记、常务副主席罗茂乡一行到攀枝花调研基层工会、婚前免检、一站式服务、“手机建团”等工作。11 日，李登菊出席攀枝花新工人文化宫启用仪式。

10 月 11 日 位于炳三区的市新工人文化宫竣工正式启用仪式在文化宫广场举行。该工程于 2008 年 12 月 16 日开工。投资 2 亿元，占地 4.7 万平方米，建筑面积 3 万余平方米，拥有各类教育培训、文化娱乐、时尚休闲及体育、健身等设施，并配套有 1 万平方米的人工湖、2 万平方米的广场。新建的市工人文化宫集求职招聘、培训中心、文娱、体育活动、露天剧场等功能于一体。其中图书和电子阅览室、室内乒乓球、网球活动室、室外篮球场和羽毛球场等项目免费向市民开放。

11 月 21 日 东区总工会在区政府八楼会议室组织召开“东区 2012 年度困难职工、农民工生活救助、大病救助金发放仪式”，共为 2012 年调查建档的 1282 户困难职工、农民工发放救助金 57 万余元。

11 月 22—28 日 由市总工会、市体育局联合主办的攀枝花市第九届“篮协杯”暨 2012 年欢乐阳光节职工篮球比赛在市体育馆开幕。

12 月 13 日 攀枝花市第二届“百岗万人”职工职业技能大赛决赛在四川机电学院举行。全市 16 个系统（单位）的近 300 名选手参加了维修电工、维修钳工、矿山救护等工种（技能）的决赛。

12 月 25 日 市城管工会举办市城管系统第二届职工运动会，共有 12 个比赛项目 535 人次参赛。

12 月 27 日 市政府与市总工会第十九次联席会议召开。

12 月 由攀枝花市总工会、攀枝花市劳模评选管理表彰委员会办公室编撰的《攀枝花劳模名录 1965—2010》出版发行。全书 35 万余字，收录了 1965—2010 年的 648 名市级以上劳模。

2013 年

1 月 15 日 由攀枝花市“欢乐阳光节”组委会主办，市总工会、市委宣传部、市商务粮食局、市旅游局、市食品药品监督局、市卫生局、市文广新局、东区政府及市烹饪协会联合承办的 2012 年度达标创优活动颁奖仪式暨行远牧业杯电视厨业争霸赛正式开幕。

1 月 26 日 市工人文化宫举行 2013 年新春游园暨文艺演出嘉年华活动。

1 月 31 日 由市总工会主办，市商业银行、北京华联超市、攀枝花阳光影业、芭莎美容美发名店协办的攀枝花市总工会“让会员证香起来”惠民行动启动仪式暨“工会会员卡”发放仪式在市工人文化宫举行。

2 月 3—4 日 省总工会党组书记、常务副主席罗茂乡一行到攀枝花看望困难企业和困难职工。

2 月 11 日 市总工会、市重大节日办在市中心广场联合举办 2013 年春节“画蛇添福”民俗表演及游园活动。

2 月 22 日 依托周树春国家级技能大师工作室和四川省周树春焊工技能大师工作室，由“工人院士”周树春担任队长的“西部铁军——周树春焊接工程队”在十九冶宣告成立。

4 月 5 日 2013 年全市工会信息工作会在市工人文化宫召开，省总工会信息处处长卢江到会开展培训讲座。

5 月 29 日 市总工会“金沙情·中国梦·劳动美”暨市工会第九次代表大会专题文艺晚会在攀枝花会展中心进行。

5 月 30 日 市总工会召开“实现伟大中国梦，建设美丽繁荣和谐四川”主题教育宣讲会。

6 月 7 日 由西区总工会主办、西区汽车修理行业工会联合会承办的，首届“中国梦”汽车维修技能大赛开赛。

6 月 13—14 日 攀枝花市工会第九次代表大会在攀枝花会展中心召开。许健民任总工会主席，张开锋、谢强、汤帮梅任副主席。

6 月 26 日 市总工会在市中心广场开展“6·26”国际禁毒日集中宣传活动。

6 月 攀枝花市总工会编辑出版大型画册《阳光路上》。该书总结回顾了攀枝花工会事业近 50 年来取得的丰硕成果，全面展示了攀枝花工人阶级的光荣历程和独特风采。

7 月 7 日 十九冶选手王晨宇、庄学宇分别在德国莱比锡举行的第 42 届世界技能大赛上，获得焊接和金属加工项目大赛第五名。

7 月 16 日—12 月 17 日 攀钢（集团）公司举办第五届职工技术运动会。本届技术运动会共有 2.3 万余名职工参与，评选出技术状元 48 名、技术能手 132 名。

8 月 8 日 省总工会党组成员、省总工会经审会主任汪春辉到攀枝花市慰问一线生产职工。

8 月 22 日 市总工会在市工人文化宫举行攀枝花市 2013 年“寒窗助学”行动暨攀枝花市商业银行助学金集中资助仪式，现场为 37 名困难学生代表发放助学金 16.7 万元。

8 月 23 日 市总工会在市工人文化宫举行 2013 年“攀枝花农村商业银行助学金”发放仪式，现场为 24 名困难学生发放助学金 12 万元。

8 月 29 日 由西区总工会主办、德胜煤化工公司承办的第二届西区职工技能大赛在德胜煤化工公司正式开赛。

9 月 3 日 全省女职工权益保护专项集体合同交叉检查小组到攀枝花检查指导工作。

9 月 27 日 市总工会党组成员、副主席武晓鹏到攀枝花开展调研。

10 月 22 日 市财贸工会在市经贸旅游学校举办餐饮服务行业第三届技术运动会。来自全市上规模餐饮服务行业的 380 名选手参加相关项目的角逐。

11 月 1 日 攀枝花市广川冶金有限公司工会委员会获“全国模范职工之家”称号。

11 月 12 日 市总工会举办市直机关第九套广播体操比赛，共有 50 个部门（单位）近 2000 人参加。

11 月 26 日 市总工会在市工人文化宫召开全市厂务公开民主管理总结暨推进会。

11 月 28 日 市总工会在市工人文化宫召开职工经济技术创新成果展示暨技术交流会。

12 月 5 日 攀枝花市召开首次市人民政府与市级群团组织联席会。

12 月 14 日 省总工会副主席武晓鹏一行到米易县调研工会工作。

12 月 25—27 日 市总工会、市体育局联合举办迎“庆元旦”职工运动会，来自全市县区、产业、企事业单位的 19 支代表队的近 500 名运动员参赛。

第一篇　攀枝花市总工会

第一章　组织机构

第一节　机构沿革

1965 年 11 月 6 日，经中共渡口市委批准，渡口市总工会筹备委员会成立，负责筹建渡口市总工会及全市工会的日常工作。1967 年 1 月，因“文化大革命”冲击，市总工会筹备委员会停止活动。1973 年 7 月 6—10 日，渡口市工会第一次会员代表大会在市政府招待所礼堂召开，选举产生了渡口市总工会第一届委员会。此后在 1979 年 1 月 22—25 日召开了渡口市工会第二次会员代表大会，选举产生了渡口市总工会第二届委员会；1983 年 9 月 14—17 日，召开了渡口市工会第三次会员代表大会，选举产生了渡口市总工会第三届委员会；1988 年 10 月 6—8 日，召开了攀枝花市工会第四次会员代表大会，选举产生了市总工会第四届委员会。1993—2013 年，先后召开了攀枝花市工会第五、第六、第七、第八、第九次会员代表大会，选举产生了攀枝花市总工会第五、第六、第七、第八、第九届委员会。市总工会下辖 5 个县区总工会、11 个产业工会（含 2 个内产业工会）、12 个企业工会、3 个直管工会。

2013 年市总工会下辖县区、产业、企业和代管、直管工会

表 1

县区总工会	产业工会	企业工会	直管工会
东区总工会、西区总工会、仁和区总工会、米易县总工会、盐边县总工会	市教育工会、市财贸工会、市建设建材工会、市交通工会、市文广新工会、市卫生工会、市林业工会、市直属机关工会、市劳动保障工会、市公安工会、市城管工会	攀钢集团工会、钢城集团工会、十九冶工会、攀煤（集团）工会、国网攀枝花供电公司、华电攀枝花发电公司工会、中国电信攀枝花分公司工会、中国移动攀枝花分公司工会、中国联通攀枝花分公司工会、中石油攀枝花分公司工会、市邮政工会、六 0 一地质队工会	钒钛高新区工会、攀枝花学院工会、攀枝花日报社工会

市总工会的主要职责是：（1）根据党的基本理论、基本路线、基本纲领和工运方针，围绕党和国家工作大局，贯彻执行全国工会代表大会、执委会和四川省、攀枝花市工会代表大会、全委会确定的方针、任务和作出的决议。（2）依照法律和《中国工会章程》，组织和指导各级工会坚定不移地推动党的全心全意依靠工人阶级的根本指导方针的贯彻落实，进一步突出和履行维护职工合法权益职能。（3）对有关职工合法权益的重大问题进行调查研究，向市委、市政府和省总工会反映职工群众的思想、愿望和要求，提出意

见和建议；参与拟定涉及职工切身利益的政策、措施和规范性文件；对侵犯职工合法权益的重大事件进行调查并提出处理意见，参与职工重大伤亡事故的调查处理工作。（4）负责工会理论政策的研究，研究制定工会的组织制度和民主制度，监督检查《中国工会章程》的贯彻执行情况；研究指导工会的自身改革和建设；指导各级工会组织职工开展以职工代表大会为基本制度的民主选举、民主决策、民主管理和民主监督工作，推动建立平等协商、集体合同制度和监督保证机制的工作；指导基层工会并协助党政不断提高职工思想道德和科学文化技术素质。（5）协助县（区）党委和市级有关部门、大企业党组（党委）管理县（区）总工会和有关市级产业工会、直属企业（集团公司）工会和市属基层工会的领导干部；监督、检查市总工会机关及直属单位党员干部廉政建设情况；研究制定工会干部的管理制度和培训规划，负责县（区）总工会、产业工会、大中型企事业工会领导干部的培训工作。（6）协助市政府做好市劳动模范的推荐、评选和管理工作；协助全总、省总做好在攀枝花市的全国、全省劳动模范、五一劳动奖章、奖状获得者的推荐、管理工作。（7）负责全市工会经费和工会资产的管理、审计工作；研究、制定工会组织兴办职工劳动福利事业的有关制度和规定；负责对全市工会职工劳动福利事业的指导、协调工作。（8）承办市委、市政府和省总工会交办的其他事项。

1988—2013 年市总工会主席、副主席任职情况

表 2

职　务	姓　名	性别	任职时间
主　席	刘秀武	男	1984.12—2003.04
主　席	景宏年	男	2003.04—2005.11
主　席	邓国建	男	2005.11—2006.03
主　席	柳康健	男	2006.03—2007.02
主　席	张祖芸	女	2007.03—2012.02
主　席	许健民	男	2012.02—
副主席（主持工作）	杨洪达	男	1999.08—2003.08
党组书记、副主席	张　敏	女	2003.08—2006.02
党组书记、副主席	张云忠	男	2006.03—2010.09
党组书记、副主席	张开锋	男	2010.10—
副主席	杨爱群	女	1988.08—1993.01
副主席	杨洪达	男	1988.10—1999.08
副主席	王大秀	女	1988.10—1998.07
副主席	游绍全	男	1998.07—2010.03
副主席	张　敏	女	1998.07—2002.03
副主席	徐　翠	女	2002.12—2004.12
副主席	尚滟佳	女	2007.07—2011.08
副主席	谢　强	男	2010.05—
副主席	汤帮梅	女	2011.08—

第二节　工作机构

1973 年 7 月 8—10 日，召开全市工会第一次会员代表大会，选举产生市总工会第一届委员会。第一届委员会内设机构有：办公室、组织部、宣传部、生产保护部、生活保障部、女职工部等 5 部 1 室。1993 年

6 月 10—12 日，召开全市工会第五次代表大会，选举产生市总工会第五届委员会。第五届委员会内设有办公室、组织部、宣教文体部、财务部、经济工作部、基层工作部（民管部）、女职工部、保障法工部、法律工作部、市教育工会工作委员会、市财贸工会工作委员会、市职工技术协会办公室，经费审查办公室等 8 部、3 室、2 个产业工会及市工人文化宫、接待中心、信息中心、市职工技术交流中心等 4 个事业单位。2013 年 6 月 13—14 日，召开市工会第九次代表大会。选举产生市总工会第九届委员会。下设有组织部、宣教文体部、民主管理部、保障工作部、法律工作部、经济技术部、女职工部、财务部、办公室、经费审查委员会办公室等 8 部 2 室和市教育工会工作委员会、市财贸工会工作委员会 2 个产业工会以及市总工会信息中心、市工运资料研究室、市工人文化宫、市总工会干部学校、市总工会职业介绍所等 6 个事业单位。

市总工会第四届至第九届委员会工作机构设置情况

表 3

届别	内设部、室	内产业工会	事业单位
四届	办公室、组织部、宣教文体部、财务部、经济工作部、基层工作部（民主管理部）、女职工部、保障工作部、法律工作部、市职工技术协会办公室、经费审查办公室	市教育工会工作委员会、市财贸工会工作委员会	市工运史资料研究室、市职工技术交流站、市工会信息中心、市工人文化宫、市总工会干部学校
五届	办公室、组织部、宣教文体部、财务部、经济工作部、基层工作部（民主管理办公室）、女职工部、保障工作部、法律工作部、市职工技术协会办公室、经费审查办公室	市教育工会工作委员会、市财贸工会工作委员会	市工运史资料研究室、市职工技术交流站、市工会信息中心、市工人文化宫、市总工会干部学校
六届	办公室、组织部、宣教文体部、财务部、经济工作部、基层工作部（民主管理办公室）、女职工部、保障工作部、法律工作部、经费审查办公室、市职工技术协会办公室	市教育工会工作委员会、市财贸工会工作委员会	市工运史资料研究室、市职工技术交流站、市工会信息中心、市工人文化宫、市总工会干部学校、市总工会职业介绍所
七届	办公室、组织民管部、宣教文体部、财务部、经济工作部、女职工部、市职工技术协会办公室、保障工作部、法律工作部、经费审查办公室、招待所	市教育工会工作委员会、市财贸工会工作委员会	市工运史资料研究室、市职工技术交流站、市工会信息中心、市工人文化宫、市总工会干部学校、市总工会职业介绍所
八届	办公室、组织部、宣教文体部、财务部、经济技术部、民管部、女职工部、保障工作部、法律工作部、市职工技术协会办公室、经费审查办公室	市教育工会工作委员会、市财贸工会工作委员会	市工运史资料研究室、市职工技术交流站、市工会信息中心、市工人文化宫、市总工会干部学校、市总工会职业介绍所
九届	办公室、组织部、宣教文体部、财务部、经济技术部、民管部、女职工部、保障工作部、法律工作部、经费审查办公室	市教育工会工作委员会、市财贸工会工作委员会	市工运史资料研究室、市工会信息中心、市工人文化宫、市总工会职业介绍所

一、内设部、室

办公室　1973 年 7 月，市总工会第一届委员会下设办公室。主要职责为：负责市总工会部署工作的协调、督查和综合服务工作；综合反映全市工会工作和全市职工队伍的重要情况与动态；督促落实市总工会对全市各级工会组织、产业工会和市总机关各部门的工作部署与要求；承担市总工会重要会议和重大活动的组织协调工作；负责市总工会相关文件、材料的草拟审核工作；负责与市政府联席会议的组织协调工作；负责《攀枝花工运》的编辑、发行工作；负责市总机关文秘、档案、保密、保卫、房产、基建、绿化、物资、职工福利保障、精神文明建设和目标管理等行政后勤管理工作；承担市工人运动理论政策研究会的日常工作。

1988—2013 年市总工会办公室负责人任职情况

表 4

职 务	姓 名	性别	任职时间
主 任（兼）	杨洪达	男	1988.10—1989.01
主 任	王仪明	男	1989.01—1997.08
主 任	郭 璞	男	1997.08—2002.08
主 任	罗 岚	女	2002.10—2007.06
主 任	郑 红	男	2007.06—2010.07
主 任	刘少辉	男	2010.07—
副主任	严光寿	男	1988.09—1989.10
副主任	李明友	男	1988.10—1989.01
副主任	段汝林	男	1990.12—1994.06
副主任	周成荣	男	1994.06—1995.09
副主任	周宗福	男	1995.07—2008.12
副主任	张 磊	男	2012.10—

组织部 1973 年 7 月，市总工会第一届委员会下设组织部。主要职责为：负责全市工会的组织建设工作，研究制定工会组织建设规划和制度；指导和推进新建企业工会组建工作；负责会员会籍管理工作；负责并指导全市基层工会建设“职工之家”活动及其评选表彰工作；协助县（区）党委和市级机关有关部门、大企业党组（党委）管理县（区）总工会和市级产业工会、大企业（公司）工会领导干部；承办市总工会机关各部门、列入机关的市级产业工会和直属事业单位领导班子的考察、配备和管理工作；负责市总工会机关和直属单位的机构设置、人员管理及干部人事制度改革工作；负责市工会代表大会和市总工会全委会、常委会有关人事问题的组织工作；负责全市工会干部教育培训工作的统筹规划、宏观指导和综合管理；监督、检查工会干部人事制度的执行情况；承办省总工会市、州工会工作竞赛材料的申报工作，负责全市工会工作竞赛的总结、考核、评比工作。

1988—2013 年组织部负责人任职情况

表 5

职 务	姓 名	性别	任职时间
部 长	余登文	男	1988.10—1991.08
部 长	王素英	女	1991.08—1997.07
部 长	严光寿	男	1997.07—2002.10
部 长	谭 克	男	2002.10—2004.10
部 长	郑 红	男	2005.09—2012.03
部 长	邹 莹	女	2012.03—
副部长	浦明太	男	1988.10—1991.08
副部长	王生伟	男	1993.10—1997.08
副部长	荀 红	女	1997.07—2001.01
副部长	郑 红	男	2002.10—2005.09
副部长（主持工作）	候小莉	女	2010.07—2012.03
副部长	张 磊	男	2012.03—2012.10

宣教文体部　1973 年 7 月，市总工会第一届委员会下设宣传部。1988 年 2 月，更名为宣教文体部，主要职责为：参与拟订有关职工思想政治、教育和文体工作的政策措施；制定并组织实施全市工会宣传教育和文化体育工作规划；负责劳动模范典型事迹、工会各项重点工作的宣传和工会系统的精神文明创建、社会治安综合治理、职业道德建设、职工自学成才、读书演讲和科学文化教育活动；调查研究并及时收集反映职工的思想状况，提出相应的意见和建议；承担与新闻单位的联络和新闻发布工作；指导工会职工教育工作；承担市职工读书演讲协会和市文化宫俱乐部协会的日常工作。

1988—2013 年宣教文体部负责人任职情况

表 5

职　务	姓　名	性别	任职时间
部　长	刘卫东	男	1988.09—1994.02
部　长	谢月璧	女	1995.07—2002.09
部　长	李　兵	女	2002.10—2009.05
部　长	盛灌清	女	2009.07—
副部长	游绍全	男	1988.09—1989.01
副部长	于本龙	男	1989.01—1990.09
副部长	谢月璧	女	1994.02—1995.07
副部长	盛灌清	女	2008.05—2009.07

民主管理部　1985 年 6 月 15 日，渡编发〔1985〕86 号批复同意市总工会建立企业民主管理办公室。2008 年 7 月，市总工会第八届委员会更名为民主管理部。主要职责为：指导职工的民主参与、民主管理和民主监督工作；推动基层工会坚持和发展职工代表大会制度，指导基层工会推进厂务公开工作；负责开展民主管理工作先进单位、优秀党政工领导和优秀职工代表的评选活动；推动公司制企业建立职工董事、职工监事制度；指导新建企业开展“双爱双评”活动；指导县（区）总工会、产业工会与同级政府及有关部门建立联席（联系）会议制度；推动工会组织建立平等协商、集体合同制度和监督保证机制的工作；研究提出开展平等协商、签订集体合同的指导意见；指导各级工会加强对集体合同的管理和履约监督；指导基层工会参与工资集体协商工作；指导和推动地方工会参与建立劳动关系三方协调机制；指导和推动各级工会开展“创建劳动关系和谐企业活动”。

1988—2013 年民主管理部负责人任职情况

表 6

职　务	姓　名	性别	任职时间
部　长	廖成佐	男	1988.10—1991.10
部　长	赵盛祥	男	1991.10—1992.01
部　长	钟定香	男	1993.08—1997.08
部　长	侯素敏	女	1997.08—2002.09
部　长	荀　红	女	2002.10—2002.10
部　长	郑　红	男	2005.09—2007.06
部　长	刘少辉	男	2007.06—2010.07
负责人	涂　立	男	2010.08—2012.08
部　长	张泽周	男	2012.09—
副部长	郑　红	男	2003.05—2003.08
副部长	詹　静	女	2008.12—2010.04
副部长	罗海英	女	2010.08—2012.10

保障工作部　1988年10月，市总工会第四届委员会下设劳动工资社会保障部。1998年2月4日，市总工会劳动工资社会保障部更名为保障工作部。主要职责为：参与有关职工劳动就业、收入分配和社会保险政策的研究和拟订；参与制定涉及职工切身利益的社会救济、物价和住房等政策；指导和组织实施送温暖工程，维护特困职工和困难职工群体的合法权益；参与退休职工有关政策的研究制定工作；负责全市职工物价监督检查工作；指导职工疗养事业，推进职工疗养事业的改革。指导和组织实施对特困职工、困难职工（农民工）的扶贫解困、促进就业再就业工作。

1988—2013年保障工作部负责人任职情况

表7

职　务	姓　名	性别	任职时间
部　长	游绍全	男	1988.10—1998.06
部　长	谢　强	男	2001.01—2008.07
副部长	段晓光	女	1994.06—1997.08
副部长	谢　强	男	1997.08—2001.01
副部长	李　兵	女	1998.09—2002.09
副部长	詹　静	女	2008.06—2008.12
副部长	周宗福	男	2008.12—2009.07
副部长	候小莉	女	2009.12—2010.07
副部长	罗海英	女	2012.10—

法律工作部　1984年7月17日，渡编发〔1984〕75号批复同意设立法律顾问办公室。1991年9月16日，攀编发〔1991〕97号批复同意市总工会将法律顾问办公室更名为法律工作部。市总工会第四届委员会下设法律工作部至今。

主要职责为：参与重大劳动争议案件的调查处理和劳动争议仲裁工作；参与研究和拟订涉及职工和工会工作的规范性文件和有关政策；指导和推动地方工会参与建立劳动争议三方仲裁机制；参与研究制定有关劳动争议的处理政策和规范性文件；指导和承担劳动法律监督、法律援助和法律服务工作，促进建立工会劳动法律监督和行政劳动保障监察相结合的管理机制；配合有关部门开展普法宣传教育工作；承担市总工会法律顾问工作；承担来信来访工作。

1988—2013年法律工作部负责人任职情况

表8

职　务	姓　名	性别	任职时间
部　长	雷显禄	男	1988.10—1997.08
部　长	段晓光	女	1997.08—2002.09
部　长	谢　强	男	2003.01—2008.07
部　长	王　莉	女	2008.01—
副部长	王　莉	女	2002.10—2008.01

经济技术部（挂攀枝花市职工技术协会办公室和攀枝花市职工劳动保护监督检查总站牌子）　1973年7月，市总工会第一届委员会下设生产保护部。1988年2月，更名为经济工作部。2008年7月，市总工会第八届委员会撤销经济工作部组建经济技术部。主要职责为：参与制定全市经济建设、经济改革的有关政策，动员和组织职工积极参加经济建设，努力完成生产任务和工作任务；指导和组织职工开展群众性“经济技术创新工程”、劳动竞赛和合理化建议等活动，负责群众性经济技术创新工程表彰工作；受市政

府委托承担劳模、先进个人的评选、表彰、管理等具体工作；参与拟定全市有关劳动保护的政策，积极开展群众性劳动安全卫生活动，监督检查企业、事业单位对劳动保护、安全生产等法律法规和政策措施的执行情况；参与市级新、改、扩建生产建设项目劳动保护设施与主体工程同时设计、同时施工、同时投产使用的审查验收工作；参与职工重特大伤亡事故和严重职业危害问题的调查处理工作；收集、交流有关经济技术和职业安全卫生方面的信息、意见和建议；承担攀枝花市职工劳动保护监检查总站的工作；指导和推动职工技术协作工作，承担攀枝花市职工技术协会的日常工作。

1988—2013 年经济技术部负责人任职情况

表 9

职　务	姓　名	性别	任职时间
部　长	赵鸣太	男	1985.06—1994.02
部　长	谭　克	男	1995.07—2002.10
部　长	侯素敏	女	2002.10—2008.05
部　长	谢永忠	男	2008.06—
副部长	严光寿	男	1995.12—1997.08
副部长	李　理	女	1997.08—1999.10
副部长	刘少辉	男	2002.10—2007.06
副部长	谢永忠	男	2007.06—2008.06

女职工部（挂攀枝花市总工会女职工委员会办公室牌子）　1965 年 11 月，市总工会筹备委员会设女工部。1973 年 7 月，市总工会第一届委员会正式下设女职工部。主要职责为：参与拟订有关女职工合法权益和特殊利益的政策和规范性文件；指导维护女职工合法权益的工作；负责工会女职工工作的理论政策研究；指导女职工组织建设工作；参与侵害女职工合法权益重大事件的调查处理工作；组织策划有重大社会影响的女职工活动；承担攀枝花市总工会女职工委员会的日常工作。

1988—2013 年女职工部负责人任职情况

表 10

职　务	姓　名	性别	任职时间
部　长	王素英	女	1988.10—1991.10
部　长	王玉祥	女	1995.07—1998.08
部　长	李　理	女	1999.10—2000.02
部　长	杨　婕	女	2008.05—2009.07
部　长	郭　莉	女	2012.09—
副部长	王玉祥	女	1992.02—1995.07
副部长	杨　婕	女	1998.09—2002.09
副部长	盛瓘清	女	2002.10—2008.05
副部长	詹　静	女	2009.08—2010.04

财务部　1965 年 11 月，渡口市总工会筹备委员会成立，下设财务室。1979 年 11 月，市总工会财务部正式成立。主要职责为：研究制定全市工会财务管理体制和财务制度；负责编制市总工会年度经费预算、决算，审批县（区）总工会、市属基层工会及直属事业单位经费的预算、决算；负责工会经费的收缴、上解及回拨工作，管理市总工会本级留成工会经费；指导各级工会经费管理和职工劳动福利事业财务管理工作。

1988—2013 年财务部负责人任职情况

表 11

职　务	姓　名	性别	任职时间
部　长	唐德龙	男	1988.10—2002.09
部　长	吴　洋	女	2007.06—2011.07
副部长	刘远书	女	1992.03—1997.08
副部长	王永瑶	女	1997.08—2002.09
副部长	吴　洋	女	2002.10—2007.06
副部长	陈朝宪	男	2004.06—2008.06
副部长	陈世芳	男	2012.03—

经费审查办公室　1979 年 1 月 22 日，渡口市工会第二次会员代表大会首次选举产生工会经费审查委员会。工会经费审查委员会下设经费审查办公室。1991 年 9 月 16 日，市编委会批复同意市总工会设立审计室，经费审查办公室主要职责为：拟订工会经费审查监督的规章制度并组织实施；指导全市工会经费审查监督工作；负责市总工会本级及市总工会所属企事业单位、直属基层工会财务预决算和经济活动的审计工作；负责对工会经费和各项专项资金的使用情况、财产管理情况进行监督检查；负责市总工会机关有关人员及直属单位法定代表人的任期经济责任审计工作；指导全市工会系统法定代表人的任期经济责任审计工作；承担市总工会经费审查委员会的日常工作。

1988—2013 年经费审查办公室负责人任职情况

表 12

职　务	姓　名	性别	任职时间
主　任	蒲明太	男	1991.10—1997.08
主　任	刘远书	女	1997.08—2000.01
主　任（兼）	严光寿	男	2002.12—2008.05
主　任	陈朝宪	男	2008.12—
副主任	侯素敏	女	1993.08—1997.08
副主任	肖黎影	女	2004.06—2008.06
副主任	陈朝宪	男	2008.06—2008.12

二、内产业工会

中国教育工会攀枝花市委员会　1979 年 8 月 2 日，经中共渡口市委批准，渡口市总工会教育工会成立。市教育工会列入市总工会机关，由市总工会领导。主要负责领导市直属学校的工会工作，指导全市教育产业行业工会的工作。

1988—2013 年市教育工会工作委员会负责人任职情况

表 13

职　务	姓　名	性别	任职时间
主　席	姚　辉	男	1993.06—2004.05
主　席	谢　强	男	2006.12—2008.01
主　席	李　兵	女	2008.01—
副主席	姚　辉	男	1987.09—1989.11
副主席	廖成佐	男	1992.11—1994.02
副主席	段汝林	男	1997.10—2003.01
副主席	唐爱萍	女	2002.09—2003.08
常务副主席	唐爱萍	女	2003.08—2008.05
副主席	周宗福	男	2009.07—2012.02

攀枝花市财贸工会工作委员会　1979 年 8 月 2 日，中共渡口市委批准同意成立渡口市总工会财贸工会工作委员会。1981 年 7 月 25 日，市总工会财贸工会工作委员会正式成立。市总工会财贸工会列入市总工会机关，由市总工会领导。主要负责指导全市财贸、金融、粮食、餐饮、旅游、轻工、化工、烟草、盐业等产业行业工会的工作。

1988—2013 年市财贸工会工作委员会负责人任职情况

表 14

职　务	姓　名	性 别	任职时间
主　任	郑志勤	男	1988.03—1991.12
主　任	余登文	男	1992.12—1998.08
主　席	王生伟	男	1998.08—2002.09
主　席	段汝林	男	2002.09—
副主席	钟定香	男	1988.03—1993.08
副主席	王玉祥	女	1992.01—2000.12
副主席	王生伟	男	1997.08—1998.08
副主席	荀　红	女	2001.01—2002.09
副主席	杨　婕	女	2002.10—2009.08

三、直属事业单位

市工运史资料研究室　1985 年 5 月 17 日，市编制委员会批复同意建立渡口市工运史资料研究室。2014 年 3 月，攀枝花市工运史资料研究室成建制并入攀枝花市工会信息中心。

1988—2013 年市工运史资料研究室负责人任职情况

表 15

职　务	姓　名	性别	任职时间
主　任	李雨初	男	1988.10—1994.02
主　任	秦大万	男	1994.02—1997.02
主　任	张泽周	男	2010.09—2012.09
副主任	唐爱萍	女	1997.08—2002.09
副主任	谢永忠	男	2002.09—2003.08
副主任	张泽周	男	2008.01—2010.09
副主任	谢永忠	男	2003.08—2008.02

市工会信息中心　1992 年 4 月 28 日，攀枝花市工会信息中心成立，系攀枝花市总工会下属科级事业单位。

1992—2013 年市工会信息中心负责人任职情况

表 16

职　务	姓　名	性别	任职时间
主　任（兼）	王仪明	男	1992.05—1994.06
主　任	段汝林	男	1994.06—1997.08
主　任	罗　岚	女	2001.01—2007.06
主　任	郭　莉	女	2009.07—2013.09
主　任	王　芳	女	2013.11—

续表 16

职　务	姓　名	性别	任职时间
副主任	郭　璞	男	1993.08—1997.08
副主任	段晓光	女	1992.05—1994.06
副主任	罗　岚	女	1997.08—2001.01
副主任	刘远书	女	1997.08—1998.06
副主任	彭永玉	女	1997.08—2002.09
副主任	涂　立	男	2003.09—2009.05
副主任	郭　莉	女	2007.06—2009.07
副主任	王　芳	女	2009.05—2013.11

市工人文化宫　市工人文化宫筹建于 1984 年。1987 年 4 月，中共攀枝花市委批准市工人文化宫编制为 30 人。

1984—2013 年市工人文化宫负责人任职情况

表 17

职　务	姓　名	性别	任职时间
主　任	朱安全	男	1984.06—1989.01
主　任	李明友	男	1989.01—1991.10
主　任	严光寿	男	1991.08—1994.02
主　任	赵鸣太	男	1994.02—1999.05
主　任	李桂林	男	2008.07—2010.07
主　任	邹　渝	男	2012.08—
常务副主任	左开礼	男	1989.01—1990.02
常务副主任	李桂林	男	2000.03—2008.01
常务副主任	郭　莉	女	2010.07—2012.09
副主任	于本龙	男	1987.09—1989.01
副主任	李桂林	男	1989.01—1990.02
副主任	朱安全	男	1989.01—1991.10
副主任	白　静	女	1991.08—1994.03
副主任	马仁本	男	1994.02—2000.12
副主任	李桂林	男	1998.02—2000.03
副主任	王　华	女	1998.02—2012.02
副主任	殷　健	男	2008.07—
副主任	涂　立	男	2012.03—
党支部书记	李桂林	男	2001.01—2003.11
党支部书记	刘卫东	男	2003.11—2009.05
党支部书记	王　华	女	2009.05—2012.03
党支部书记	涂　立	男	2012.03—

市总工会干部学校　1974 年 12 月，中共渡口市委批准建立渡口市工人政治学校。1975 年 5 月学校开学。随后，根据市总工会建议更名为工会干部学校。1979 年，市工人政治学校更名为市工会干部学校。2012 年 2 月 27 日，市总工会干部学校并入市工人文化宫。

1975—2012 年攀枝花市总工会干部学校负责人任职情况

表 18

职　务	姓　名	性别	任职时间	备注
校　长	殷子章	男	1975.07—1983.03	
校　长	秦大万	男	1993.06—1994.02	
校　长	刘卫东	男	1994.02—2003.09	
校　长	谭　克	男	2003.09—2008.01	兼任
校　长	涂　立	男	2008.01—2012.02	
副校长	吴绍华	男	1975.07—1978.01	
副校长	唐正萌	男	1978.02—1983.03	
副校长	秦大万	男	1978.02—1993.06	
副校长	吴绪椿	男	1983.03—1991.10	1987.09 任学校负责人
副校长	涂　立	男	1989.09—2008.01	兼任
副校长	秦友信	男	1991.10—1993.12	
副校长	朱丕庸	女	1993.08—2001.02	
副校长	涂　立	男	1998.06—2003.09	
支部书记	刘卫东	男	1994.04—2003.09	

市总工会职业介绍所　1997 年 9 月 6 日，市编制委员会批复同意成立市总工会职业介绍所。2014 年 3 月 25 日，市编制委员会批复同意市总工会职业介绍所成建制并入市工人文化宫。

1997—2013 年市总工会职业介绍所负责人任职情况

表 19

职　务	姓　名	性别	任职时间
所　长	游绍全	男	1997.09—2013.02
副所长	候小莉	女	2008.12—2010.07
副所长	孙富刚	男	2010.08—

市职工技术交流站　1987 年 12 月 8 日，攀枝花市职工技术交流站成立。2011 年 12 月 30 日，并入市总工会职业介绍所，挂困难职工帮扶中心牌子。（2002 年，技术交流站工作随职工技协一并交由经济技术部代管。至 2012 年，市职工技术交流站正式撤销。）

1988—2011 年市职工技术交流站负责人任职情况

表 20

职　务	姓　名	性别	任职时间
站　长	段汝林	男	1997.08—2002.07
站　长	侯素敏	女	2002.10—2008.06
副站长	田继科	男	1991.10—2004.08
副站长	刘少辉	男	2002.10—2007.06
副站长	裘　怡	女	2010.09—2011.12

四、其他

市职工技术协会办公室 1984年8月27日，渡口市职工技术协会第一次代表大会召开，选举产生第一届技术协会委员会，委员会下设办公室。1993年2月4日，市委同意成立攀枝花市职工技术协作办公室。2002年，市技协办公室与经济技术部合署办公。

1988—2013年市职工技术协会办公室负责人任职情况

表21

职　务	姓　名	性别	任职时间
主　任	赵盛祥	男	1988.10—1991.10
主　任	廖成佐	男	1991.10—1997.08
主　任	段汝林	男	1997.08—2002.07
主　任	侯素敏	女	2002.10—2008.06
主　任	谢永忠	男	2008.06—2013.06
副主任	刘少辉	男	2002.10—2003.08
副主任	何　凯	男	2008.01—

第三节　协会组织

攀枝花市职工读书演讲协会 成立于1999年4月，挂靠在市总工会宣教文体部，有会员50余人，系攀枝花市总工会领导下的全市职工自愿结合的法人社会团体，也是联系和培养攀枝花市职工读书自学成才者及演讲员的组织。2008年开始，市总工会、市委组织部等12家单位联合在全市开展“职工书屋”建设工作。2013年，全市已建“职工书屋”121所，其中全国示范点5家、市级示范点及自建职工书屋共116家，制作了80多个“职工流动书箱”。据不完全统计，2013年全市已创建农民工业余学校（夜校）31所，办各类培训班339期，农民工夜校人数2682人，农民工岗位技能培训50109人次。开展各种平安创建宣传活动100余次，发放宣传资料10万余份。

攀枝花市文化宫俱乐部协会 成立于1994年12月，有会员50余人，挂靠市工人文化宫，主管部门为市总工会。是攀枝花市总工会领导下的由全市各级工会文化宫、俱乐部自愿结合的社会团体。自协会成立以来，开展了丰富多彩、形式多样的宣传和文体等活动。据不完全统计，共出“创卫”“创模”、城乡环境综合治理进企业活动的宣传专栏1500期，带动全市2197个基层工会组织制作宣传展板5000余块、宣传标语10000余条，发放各类宣传资料12万多份；并在网上设置攀枝花市创建国家环保模范城市工作专栏，刊登节能减排活动稿件70多篇、图片90多幅。举行了纪念新中国成立60周年祖国颂暨攀枝花市第二届厂（行）歌大赛，全市共有近5万人参与到活动中来；承办“攀钢杯”第十六届四川省网球比赛；开展“迎奥运讲文明树新风”礼仪知识竞赛活动，近万名职工参加活动；与市体育局联合举办两届攀枝花市桥牌团体赛，还积极组队参加纪念改革开放30周年四川省职工书法绘画比赛，获得了一个金奖和一个最高荣誉奖；组队参加四川省第十五届职工网球比赛，获得优异成绩；开展“送文化、送法律、送健康、送书籍、送电影”六送活动，共计送电影30余场、送报刊书籍、体育器材价值10万余元。

第二章 工会组织建设

第一节　基层组织建设

1973 年 7 月，渡口市总工会成立。1983 年，全市有各类基层工会组织 445 个，会员人数 18.05 万人，入会人数占全市职工数的 92%。1988 年，全市有各类工会组织 655 个，其中乡镇企业工会 6 个、女职工委员会 536 个；会员人数 206869 人，其中女会员 59804 人、少数民族会员 3558 人。1989 年，工会组织发展到 718 个，其中租赁制企业工会 2 个、股份制企业工会 2 个、乡镇企业工会 6 个；工会会员人数达到 217397 人，其中女会员 63794 人、少数民族会员 3408 人。1996 年，外商投资企业（即合资、合作、独资企业）累计组建工会 11 家，占应建数 80%，拥有工会会员 5000 人；乡镇企业累计建工会 47 家，占应建数的 63.51%。

1998 年，全市年内新经济组织建会共 28 家，其中建外商投资企业工会 3 家、私营企业工会 8 家、乡镇企业工会 5 家、乡镇工会 7 家、街道工会 5 家。1999 年 12 月，全市已建新经济工会组织 74 个。其中外商投资企业工会 1 个、私营企业工会 42 个、乡镇企业工会 29 个、建立乡镇工会 2 个。2000 年 12 月，全市已建新建企业工会 513 家。其中建私营企业工会 329 户、乡镇企业工会 177 户、外商投资企业工会 7 户。乡镇工会和乡镇工会联合会 49 户，个体工商户工会联合会 23 户，覆盖个体工商户达 7494 户。职工总入会数达 7234 人（未含个体工商户会员）。

2001 年，全市有工会基层组织 1824 个。其中集体 34 个、私营 798 个、国有 92 个、事业 257 个、机关 302 个，其他 341 个。职工人数 127587 人（不包括攀钢）。全市各区、县新建企业建工会目标任务 195 个，已组建 242 个，占 124%；组建乡镇工会目标任务 7 个，已组建 11 个，占 157%；发展新建企业工会会员 5925 人。2002 年年底，全市有工会组织 1737 个。其中集体企业 179 个、私营企业 681 个、国有企业 108 个、事业单位 261 个、机关 287 个、外资企业 5 个、其他企业（单位）216 个。2003 年，全市有工会组织 1518 个（国有企业 169 个，集体、乡镇企业 207 个，私营企业及其他股份制公司 589 个，外资和港澳台资企业 7 个，事业单位 252 个，机关 294 个）。

2004 年，全市有工会组织 2314 个（国有企业 59 个，集体、乡镇企业 30 个，国有独资公司、国有控股公司及其他股份制公司 195 个，内资私营企业 1075 个，外资和港澳台资企业 7 个，事业单位 257 个，机关 269 个，其他类型组织 422 个）。同年底，全市 59 个乡镇、16 个街道工会建立了工会工作委员会、联合会、委员会等多种形式的工作组织。126 个社区中的 21 个组建了工会，全面完成年初制定的建会数年净增 8%、会员数年净增 15%的工作目标。2005 年，在国有大企业、非公有制企业和社区工会中推行工会主席直选试点工作。4 月，攀钢（集团）公司工会在提钒炼钢厂、轨梁厂、冷轧厂开展工会主席直选试点工作获得成功。在 24 个社区工会成立时开展了工会主席直选，其中仁和区农家乐旅游行业工会主席实行海选。是年，市总工会直属基层工会组织 1308 个，涵盖法人单位 3150 个，会员总数达到 33.3 万余人（农民工会员数达到 4 万余人）。全市有专职工会干部 584 人，兼职工会工作人员 5272 人。2006 年，下发《攀枝花市总工会关于建设标准化社区工会的意见》，开展建设标准化社区工会试点。在农民工集中的区域组建工会，促成钒钛产业园区内 19 家企业成立工会，建会企业数占该园区企业总数的 79%。是年，全市已建工会单位在职职工人数有348049人，工会会员数达333410人。全市共有专职工会干部584名（不包括省属企事业单位的专职工会干部）。2007年，加强行业工会组织建设，成立市建筑企业工会联合会、市餐饮服务行业工会联合会、市废旧物品回收市场工会等行业工会。是年，全市有工会组织1451个（涵盖法人单位3460个），已建工会单位在职职工人数有345480人，工会会员数达338422个。全市共有专职工会干部605名（不包括省属企事业单位的专职工会干部）。2008年，全市有工会组织1668个（涵盖法人单位3880个），已建工会单位在职职工人数有400279人，工会会员数达380398人。全市共有专职工会干部838名（不包括省属企事业单位的专职工会干部）。

2009年，已建工会单位在职职工人数有41.1万人，工会会员数达39.6万人。全市共有专职工会干部679名（不包括省属企事业单位的专职工会干部）。2010年，全市已组建各类工会组织2284个，会员数达42.08万人。全市共有专职工会干部734名（不包括省属企事业单位的专职工会干部）。2011年，全市已组建各类工会组织2356个，发展会员42.3万余人。共有专职工会干部538名（不包括省属企事业单位的专职工会干部）。2012年，全市已组建各类工会组织3429个，发展会员47.3万余人，共有专职工会干部431名（不包括省属企事业单位专职工会干部）。在职在编职工63人，离退休职工69人，聘用人员40人（机关聘用人员12人，特派员18人，专制社会化工会工作者10人）。

2013年，全力抓好非公企业、小型分散企业、有雇工个体户的建会工作，全市新建工会组织835家，建会率达93.5%，净增会员30419人，职工入会率97%。是年，全市已组建各类工会组织4270个，发展会员51万余人，共有专职工会干部431名（不包括省属企事业单位专职工会干部）。市总工会现有职工（含直属事业单位及临聘人员）为171人。其中，在职在编职工62人，离退休职工69人，聘用人员32人（机关聘用人员11人、特派员17人、专职社会化工会工作者4人）。

1989—2000年全市工会组织发展情况

表22

年份	工会组织（个）	其中					会员（万人）	专兼职干部（人）
		国有	集体	私营	机关	其他		
1989	718	23	8	2	98	102	21.8	123
1990	859	21	16	5	102	113	23.8	156
1991	932	22	11	9	106	150	20.1	189
1992	943	34	18	11	109	129	24	196
1993	990	31	12	16	113	104	26.9	201
1994	1056	33	10	18	118	110	27.8	234
1995	1189	45	12	21	119	113	31.2	249
1996	1387	41	13	22	126	126	34.7	259
1997	1473	43	19	25	128	147	34.6	2067
1998	1569	51	20	34	130	168	35.2	289
1999	1644	53	40	59	147	152	38.2	315
2000	1802	55	43	89	149	104	39.7	429

2001—2013 年全市工会组织发展情况

表 23

年份	工会组织（个）	其中								工会会员（万人）	工会专兼职干部（人）
		国有	集体	股份	私营	外资	事业	机关	其他		
2001	1824	92	34	—	789	—	257	302	341	20.3	501
2002	1737	108	179	—	681	5	261	287	216	22	633
2003	1518	169	207	589	—	7	252	294	—	21.8	825
2004	2314	59	30	195	1075	7	257	269	422	22.3	768
2005	2136	59	30	196	1198	5	257	269	122	30.8	813
2006	1308	132	11	88	406	13	346	267	45	33.3	584
2007	1451	130	10	85	410	2	351	265	198	33.8	605
2008	1668	121	13	89	450	3	355	265	372	38.03	838
2009	1983	95	35	62	480	4	346	267	694	39.6	679
2010	2284	124	22	41	—	4	384	255	1454	42.08	734
2011	2356	—	—	—	—	—	—	—	—	42.3	538
2012	3429	—	—	—	—	—	—	—	—	47.3	431
2013	4270	—	—	—	—	—	—	—	—	51	431

说明：表中“—”为无统计或无数据（下同）。

一、乡镇企业工会组织建设

1988—1995 年，攀枝花市集体经济和民营经济发展较快，市内乡镇企业、民营企业和外资（合资）企业等非公有制企业不断发展壮大。针对攀枝花市乡镇企业建工会缓慢、三资企业建工会难的情况，市总工会与市乡镇企业局共同协商，给予指导，采用“成熟一个、发展一个”的办法。1993 年，已建乡镇企业工会 19 个。1996 年，市总工会先后在西区、东区、米易县、仁和区开展实地调查，重点走访，总结非公有制企业工会组建经验。是年，乡镇企业工会累计已组建工会 47 家，占应建数的 63.51%。1997 年，市总工会开始在乡镇组建工会，是年组建乡镇（街道）工会 13 家。1998 年组建乡镇企业工会 1 家。2000 年，新建乡镇企业工会 177 户，乡镇工会和乡镇工会联合会 49 户。2004 年，全市 59 个乡镇、16 个街道建立了工会工作委员会，126 个社区中的 21 个组建了工会。2013 年，全市所有乡镇均建立了工会或乡镇联合会。

二、外商投资企业工会组织建设

攀枝花市外商投资企业建工会组织始于 1995 年。1995 年，在对 21 户外商投资企业开展调查研究的基础上，形成《攀枝花市关于外商投资企业工会工作的意见》，经市委研究同意，以市委、市府办公厅（（1995）23 号）文件批转执行。1996 年，外商投资企业（即合资、合作、独资企业）累计组建工会 11 家，占应建数 80%，拥有工会会员 5000 人；有 3 家乡镇企业、1 家外商投资企业签订了集体合同。1998 年，新建外商投资企业工会 3 家。2000 年，新建外商投资企业工会 7 户。2013 年，新建外商投资企业工会 57 户。

三、私营企业工会组织建设

攀枝花市私营企业建立工会工作始于 1996 年。随着改革的不断深化和社会主义市场经济体制的逐步建立，全市外商投资企业、乡镇企业、私营企业等新经济组织异军突起，给工会的组织建设提出了新的课题，拓宽了工会工作的新领域。1998 年 12 月 4 日，全市首家私营企业工会联合会——东区私营企业工会联合会成立。是年，全市新建私营企业工会 12 家，超额完成省总下达的建会目标任务。

2000 年 10 月 31 日，攀枝花市东区个体劳动者工会联合会成立。是年，全市新建私营企业工会 329 户。2007 年 9 月，四川省首家肯德基分店工会在攀枝花市成立。创建了独立的农民工工会组织，东区炳草岗街道红星社区与泸县政府驻攀办事处联合建立了全市第一个“农民工之家”工会委员会。2013 年，全市有新建私营企业 1698 户，已建立工会组织 1160 家，建会率达 68%。

四、新经济组织（新建企业）工会组织建设

1998 年全市完成新经济组织及乡镇（街道）建会共 19 家。

1999 年 2 月 19 日，市总工会、市工商局、市劳动局、市工商联联合下发《关于在私营企业建立工会组织的意见》，为全市私营企业建立工会组织提供政策依据。全市新经济组织建会工作特别是私营企业和乡镇建会工作有较大突破。11 月，攀枝花市新经济组织工会建会工作领导小组成立。加快了非公有制企业工会组织建设工作步伐，立足非公有制企业集中地——开发园区，积极促成非公有制企业工会组织建设的发展。同年，市总工会组织专人开展调查，写出《攀枝花市总工会关于新经济组织工会工作的情况调查》，下发《关于适当增加一九九九年度新经济组织建会的通告》。

2000 年，市总工会狠抓新建企业建立工会组织工作，下发《新建企业建会工作目标责任制实施方案》。5 月 16 日，全市首家城中市场个体工商工会联合会在米易县成立。8 月 30 日，市总工会下发《关于调整 2000 年各区、县新建企业工会组建工作指标的通知》，将原定 2000 年完成总目标任务的 30%调整为完成 50%。8 月 31 日，市新建企业建会工作领导小组召开经验交流会，为 16 个乡镇工会联合会授牌、授章。9—10 月，市建会领导小组成员分成 4 个组，深入三区、两县进行督办、检查。12 月 4 日，全市首家社区工会在东区枣子坪街办成立。至 12 月底，全市已建新建企业工会 513 家，完成省总目标任务 232 家的 228%。工总入会数达 7234 人（未含个体工商户会员），占省总下达目标任务 6265 人的 115%。2013 年，全市新建企业工会组织 835 家（涵盖法人单位），建会率达 93.5%。

五、县（区）小三级工会组织建设

1996 年，市总工会开始在乡镇组建工会。8 月 30 日，东区银江乡工会联合会正式挂牌成立，这是攀枝花市首家成立的乡级工会联合会。1997 年，全市组建乡镇（街道）工会 13 家。2000 年 12 月 4 日，攀枝花市首家社区工会——枣子坪社区工会成立。是年，全市乡镇工会和乡镇工会联合会 49 户，个体工商户工会联合会 23 户，覆盖个体商户达 7494 户。2004 年以后，把乡镇（街道）列入工会组织建设的重点，市总工会先后制发《关于在乡镇（街道）工会中开展创建合格（先进）工会组织活动的意见》《关于加强乡镇、街道工会工作的意见》等文件，通过健全组织、建章立制等措施奠定了乡镇（街道）工会组织基础。2005 年 1 月成立全省第一家街道总工会—炳草岗街道总工会，率先开展建立街道总工会的试点工作，为发挥乡镇、街道工会这一重要承上启下环节的作用奠定了基础。依托社区，突出社区工会组织建设。2005 年，开始探索建设村（社区）工会组织。6 月 30 日，全市第一个民办学校工会——米易县民办学校工会联合会正式成立，该联合会涵盖全县 18 所民办学校、100 余名教师。至 2005 年年底，全市 59 个乡镇、16 个街道全部建立工会工作委员会、联合会及总工会等多种形式的工会组织，聘用工会联络员和特派员 6 名；54 个社区建立了社区工会，社区工会已发展会员 1 万余人；3 个村建立了村级工会联合会，基本实现了工会组织体制向下的延伸和网络化。2007 年 1 月 5 日，东区总工会成立全市首个农民工之家工会委员会。

第二节　“职工之家”建设

攀枝花市工会职工之家建设始于1984年，1985年年底建成职工之家233个，占全市基层工会总数的61.9%。

1989年，对28个基层工会授予“模范职工之家”，对60个基层工会授予“先进职工之家”。年底，全市建成职工之家434个。1990年，市、区、县党政机关建工会组织122个，均配备了专兼职工会正副主席。其中，有40个建成了合格职工之家。1993年，市总工会把巩固“建设职工之家”成果的重点放在（车间、班组）建“小家”、夯实“职工之家”的基础上，全市实现了“小家”建设无空白的目标。7月7—12日，在四川省工会第九次代表大会上，省总工会授予十九冶等3个工会为“模范职工之家”、市机电设备公司等7个工会为“先进职工之家”、攀钢动力空压一段二站工会等3个工会小组为“模范职工小家”，确认攀钢提钒炼钢厂等3个工会为“模范职工之家”、兰尖铁矿工会为“先进职工之家”，授予杨洪达等3人为“模范工会工作者”、薛世成等6人为“模范工会积极分子”、赵忠玉等2人为“特邀优秀工会积极分子”。10月24日，在中国工会十二次全国代表大会上，攀钢工会首次获“全国模范职工之家”称号。

1994年11月17日，市总工会表彰了46个模范职工之家、51个先进职工之家、105个车间（班组）模范职工小组。是年，全市建工会职工之家828个，占应建家889个的93%，较上年增长4%。1995年，全市应建职工之家894个，建成合格职工之家774个，占应建数的87%，累计建成合格职工小家12996个。通过考核，推荐了攀枝花矿务局工会、十九冶工会为“全国模范职工之家”；市自来水公司工会、米易糖业股份制有限公司工会为“省模范职工之家”；十九冶建材公司工会、市糖酒公司工会、米易县总工会为“省先进职工之家”；攀钢电气公司电机修理车间卷线三组工会小组、十九冶电装二队分工会为“省模范职工小家”。2005年，全市有17个工会组织被命名为“攀枝花市模范职工之家”、31个工会被命名为“攀枝花市先进职工之家”、44个工会小组或分工会被命名为“攀枝花市模范职工小家”，有104个工会组织被确认为“攀枝花市模范职工之家”、26个工会被确认为“攀枝花市先进职工之家”、32个工会被确认为“攀枝花市模范职工小家”。2011年年底，全市已建立各类“职工之（小）家”5769个，其中省级以上“职工之（小）家”95个。攀煤大宝顶矿工会、四川省德铭投资有限公司工会获中华全国总工会“全国模范职工之家”。2013年，全市有职工之家（小家）1869个。

1989年底，对28个基层工会授予“模范职工之家”、60个基层工会授予“先进职工之家”。1994年11月17日，市总工会表彰了46个模范职工之家、51个先进职工之家、105个车间（科室）班组模范职工小家；确认了1992年表彰的95个模范职工之家、42个先进职工之家。1998年，命名攀枝花矿务局巴关河洗煤厂工会等29个单位为市级“模范职工之家”、米易电力公司等36个单位为市级“先进职工之家”，确认135个单位为市级模范职工之家，48个市级先进职工之家，表彰四川金沙水泥股份有限公司供水车间等56个单位为模范职工小家。2005年，攀枝花市被全国总工会命名的“全国模范职工之家”有1个，“全国模范职工小家”有2个，被四川省总工会命名的“省级模范职工之家”有4个、“省级模范职工小家”有4个。2008年9月5日，东区首个工业园区“职工之家”在高粱坪园区正式挂牌开放。2013年，全市有职工之家1869个、职工小家241个。

1989—2013 年部分年份全市工会职工之（小）家建设情况

表 24

单位：个

年　份	基层工会	新建职工之家	累计职工之家	新建职工小家	累计职工小家
1989	718	40	434	—	—
1990	795	30	464	—	—
1993	882	75	612	4	4
1995	1020	106	782	26	42
2000	1204	166	1036	30	79
2005	1421	102	1156	46	117
2008	1532	112	1287	33	152
2010	1647	136	1547	21	184
2013	1849	178	1869	32	241

第三章　重要会议

第一节　工会代表大会

攀枝花市总工会第一届委员会于 1973 年 7 月成立。1973—2013 年，共召开工会会员代表大会 9 次。其中 1973 年 7 月—1988 年 10 月，共召开工会会员代表大会 4 次；1988 年 10 月—2013 年，共召开工会会员代表大会 5 次。

攀枝花市工会第五次代表大会　1993 年 6 月 10 日至 12 日，攀枝花市工会第五次代表大会在市工人文化宫召开。出席大会的代表 427 名，其中正式代表 350 名，特邀代表 77 名。

市委副书记赵世华在开幕式上致辞。刘秀武代表攀枝花市总工会第四届委员会作题为《解放思想，真抓实干，为加快改革开放步伐，加速攀枝花经济发展，充分发挥工人阶级主力军作用》的工作报告。

大会号召全市广大职工和工会工作者，在中共十四大精神指引下，在市委和上级工会的领导下，以时代的紧迫感抓住机遇，以历史的责任感珍惜机遇，以科学的态度用好机遇，认真贯彻执行党的基本路线，勇敢地肩负起攀枝花工人阶级的历史使命，进一步解放思想、实事求是、真抓实干，为加快攀枝花市改革开放步伐，加速攀枝花经济发展，推进社会全面进步，促进社会主义精神文明建设和民主法制建设，巩固和发展安定团结的政治局面，充分发挥工人阶级的主力军作用。为把攀枝花市建设成为祖国的钢铁、钒钛、能源生产重要基地，成为具有南亚热带特色的高产、优质、高效的农副业生产基地，成为南丝绸之路上的一个金融商贸基地，成为文明、整洁、优美的现代化大城市而努力奋斗。唐德龙作攀枝花市总工会第四届委员会财务工作报告，蒲明太作攀枝花市总工会第四届经费审查委员会工作报告。

大会选举产生了攀枝花市总工会第五届委员会、攀枝花市总工会第五届经费审查委员会。

6 月 12 日，召开攀枝花市总工会第五届委员会第一次全体会议。会议选举产生了攀枝花市总工会第五届委员会常务委员会，选举刘秀武为攀枝花市总工会主席，选举王大秀、杨洪达为副主席。

攀枝花市工会第五次代表大会当选的攀枝花市总工会第五届委员会委员（40 名）：王大秀（女）、王玉祥（女）、王仪明、王成良、王素英（女）、王喜荣（蒙古族）、刘卫东、刘秀武、刘志国、严光寿、李定碧（女）、李照英（女）、杨玉梅（女）、杨弟才、杨洪达、杨祖同、杨振松、巫俊华、巫肇祥、吴跃生、余登文、沈钧、宋仁政、张大明（女）、张仁熙、林维辅、赵鸣太、赵清志、柯景发、柏国荣（彝族）、钟维俊、姚辉、秦大万、唐德龙、涂泽良、陶子虞、彭光明、董义长、游绍全、熊毓梁。

攀枝花市总工会第五届委员会常务委员（10 名）：王大秀（女）、王仪明、王成良、王素英（女）、刘卫东、刘秀武、杨洪达、赵鸣太、唐德龙、游绍全。

攀枝花市工会第五次代表大会当选的攀枝花市总工会第五届经费审查委员会委员(9 名)：母得贤(女)、杨玉凡、宋洪琼（女）、陈天敏、陈良禄、夏志英、谢开达、蒲明太、廖成佐。

攀枝花市工会第六次代表大会　1998 年 6 月 8 日至 10 日，攀枝花市工会第六次代表大会在攀枝花宾馆会展中心召开。出席大会的代表 300 名，其中正式代表 280 名，特邀代表 20 名。

市委副书记华铁平在开幕式上致辞。刘秀武代表攀枝花市总工会第五届委员会作题为《高举邓小平理论伟大旗帜，坚持和发展工会工作总体思路，团结和带领全市职工为实现攀枝花跨世纪发展战略目标再立新功》的工作报告。大会号召全市广大职工和工会工作者，在中共十五大精神指引下，在市委和上级工会的领导下，以高度的政治责任感和历史使命感，紧紧抓住世纪之交这一历史机遇，进一步解放思想、振奋精神、求实创新、开拓进取，在把攀枝花现代化建设全面推向 21 世纪进程中，充分发挥工人阶级的主力军作用。为把攀枝花市建设成为重要的钢铁、能源、钒钛基地，亚热带农副产品的生产加工基地，川滇交界处的科技、金融、商贸中心而努力奋斗。唐德龙作攀枝花市总工会第五届委员会财务工作报告，蒲明太作攀枝花市总工会第五届经费审查委员会工作报告。大会选举产生了攀枝花市总工会第六届委员会、攀枝花市总工会第六届经费审查委员会。

6 月 10 日，召开攀枝花市总工会第六届委员会第一次全体会议。会议选举产生了攀枝花市总工会第六届委员会常务委员会，选举刘秀武为攀枝花市总工会主席，选举杨洪达、游绍全、张敏为副主席。

攀枝花市工会第六次代表大会当选的攀枝花市总工会第六届委员会委员（40 名）：王玉祥（女）、王瑞全、邓建华、朱方宏、刘卫东、刘秀武、刘蛰鸣（女）、刘新会、严光寿、李广枝、李飞雪（女）、李方久（满）、李正益、李照英（女）、杨玉凡、杨甲炼、杨弟才、杨洪达、吴跃生、吴朝斌（彝）、余华娅（女）、余登文、张仁熙、张敏（女）、罗兴华、赵鸣太、柳建红（女）、段晓光（女）、侯素敏（女）、姚辉、郭璞、唐德龙、黄大洲、黄明昆、蒋茂贵、曾德君（女）、游绍全、谢月璧（女）、蒲明太、谭克。

攀枝花市工会第六次代表大会当选的攀枝花市总工会第六届经费审查委员会委员(9 名)：刘远书(女)、杨生遂（女）、宋洪琼（女）、罗昌银、周宗福、贾大位、徐升斌、蒲明太、漆家华。

攀枝花市工会第七次代表大会　2003 年 8 月 6 日至 8 日，攀枝花市工会第七次代表大会在攀枝花宾馆会展中心召开。出席大会的代表 296 名，其中正式代表 278 名，特邀代表 18 名。

市委副书记徐孟加在开幕式上致辞。景宏年代表攀枝花市总工会第六届委员会作题为《深入学习贯彻“三个代表”重要思想团结动员全市职工为加快攀枝花全面建设小康社会进程而努力奋斗》的工作报告。

大会号召全市广大职工和工会工作者，在中共十六大精神指引下，在市委和上级工会的领导下，兴起学习贯彻“三个代表”重要思想新高潮。以高度的主人翁精神和强烈的历史使命感，进一步解放思想、振奋精神、开拓创新、与时俱进，在全面建设攀枝花小康社会进程中，充分发挥工人阶级主力军作用，为攀枝花经济总量五年翻一番，在全省率先基本实现现代化而努力奋斗。吴洋作攀枝花市总工会第六届委员会财务工作报告。严光寿作攀枝花市总工会第六届经费审查委员会工作报告。大会选举产生了攀枝花市总工会第七届委员会、攀枝花市总工会第七届经费审查委员会。

8月8日，召开攀枝花市总工会第七届委员会第一次全体会议。会议选举产生了攀枝花市总工会第七届委员会常务委员会，选举景宏年为攀枝花市总工会主席，选举张敏、游绍全、徐翠为副主席。

攀枝花市工会第七次代表大会当选的攀枝花市总工会第七届委员会委员（43名）：王宗梅（女）、邓建华、刘卫东、刘文杰、刘四平、刘美仙（女）、刘新会、苏禹历、严光寿、杜春文、李方久（满）、李正益、李兵（女）、李炳银、李桂林、杨玉凡、吴洋（女）、何先春、汪新华（女）、张正芝（女）、张昆炳、张涛、张敏（女）、张雪峰、陈建萍（女）、罗岚（女）、郑红、胡建新、柯斌、段汝林、侯素敏（女）、姚辉、贾瑞红（女）、徐翠（女）、黄大洲、曹修源、董美芝（女）、景宏年、曾德君（女）、游绍全、谢强、蔡丽萍（女）、谭克。

攀枝花市工会第七次代表大会当选的攀枝花市总工会第七届经费审查委员会委员（9名）：毛相嘉、甘昌铭、严光寿、杜鹃（女）、周宗福、胡莉（女、回）、唐德龙、梅启英（女）、覃念怀（女）。

攀枝花市工会第八次代表大会 2008年7月16日至18日，攀枝花市工会第八次代表大会在攀枝花宾馆会展中心召开。出席大会的代表329名，其中正式代表304名，特邀代表25名。

市委书记赵爱明在开幕式上致辞。张祖芸代表攀枝花市总工会第七届委员会作题为《凝心聚力促发展 开拓奋进建新功在推动攀枝花发展新跨越中发挥工人阶级的主力军作用》的工作报告。大会号召全市广大职工和工会工作者，在中共十七大精神指引下，与市委和上级工会的领导下，进一步增强责任感和使命感，按照市委确定的“打造中国钒钛之都，建设特色经济强市”的战略目标，齐心协力、开拓创新，为推进攀枝花小康社会的全面建设而努力奋斗。尚滟佳作攀枝花市总工会第七届委员会财务工作报告。谢强作攀枝花市总工会第七届经费审查委员会工作报告。大会选举产生了攀枝花市总工会第八届委员会、攀枝花市总工会第八届经费审查委员会。

7月18日，召开攀枝花市总工会第八届委员会第一次全体会议。会议选举产生了攀枝花市总工会第八届委员会常务委员会，选举张祖芸为攀枝花市总工会主席，选举张云忠、游绍全、尚滟佳为副主席。

攀枝花市工会第八次代表大会当选的攀枝花市总工会第八届委员会委员（45名）：于庆成、王莉（女）、王瑶（女）、王明成、邓志强、邓建华、刘伟、刘少辉、刘文杰、刘美仙（女）、刘新会、汤帮梅（女）、李秀（女）、李兵（女）、李正益、李德禄、杨军、杨槐、吴洋（女）、邱小平、沈伟、张林、张云忠、张昆炳、张祖芸（女）、陈建伟、林廷华、尚滟佳（女）、罗岚（女）、郑红、胡莉（女，回族）、柯斌、段汝林、秦福贵、郭莉（女）、黄大洲、盛瓘清（女）、董美芝（女）、游绍全、谢强、谢玉华、谢永忠（锡伯族）、蔡丽萍（女）、廖德军、魏胜利。

攀枝花市工会第八次代表大会当选的攀枝花市总工会第八届经费审查委员会委员（9名）：王海玲（女）、杜娟（女）、李林（女）、吴萍（女）、何成章（彝族）、张国惠（女）、陈朝宪、姜永霞（女）、贾瑞红（女）、程兴国、谢强。

攀枝花市工会第九次代表大会 2013年6月13日至14日，攀枝花市工会第九次代表大会在攀枝花宾馆会展中心召开。出席大会的代表328名，其中正式代表313名，特邀代表15名。

市委书记刘成鸣在开幕式上致辞。许健民代表攀枝花市总工会第八届委员会作题为《服务大局促进发展 实干创新争先进位 团结动员全市职工为建设幸福攀枝花努力奋斗》的工作报告。大会号召全市各级工会组织和广大工会干部，要以邓小平理论、“三个代表”重要思想、科学发展观为指导，以中共十八大精神为统领，坚定不移走中国特色社会主义工会发展道路，紧紧围绕攀枝花工会“确保四川一流，争创全国先进”目标，团结动员全市职工为实现攀枝花在全省率先全面建成小康社会再立新功。汤帮梅作攀枝花市总工会第八届委员会财务工作报告。郑红作攀枝花市总工会第八届经费审查委员会工作报告。大会选举产生了攀枝花市总工会第九届委员会、攀枝花市总工会第九届经费审查委员会。

6月14日，召开攀枝花市总工会第九届委员会第一次全体会议。会议选举产生了攀枝花市总工会第九届委员会常务委员会，选举许健民为攀枝花市总工会主席，选举张开锋、谢强、汤帮梅为副主席。

攀枝花市工会第九次代表大会当选的攀枝花市总工会第九届委员会委员（46名）：于庆成、王平、王芳（女）、王莉（女）、王瑶（女）、王红梅（女）、王建云、邓建华、任君（女）、邬明辉（女）、刘伟、刘敏（女）、刘少辉、刘文杰、刘书岑（女）、汤帮梅（女）、许健民、杜娟（女）、李秀（女）、李兵（女）、李云洲（彝族）、李孝彬（彝族）、李德禄、杨桦、杨宗周（傣族）、邹莹（女）、邹渝、张清、张琼（女）、张开锋、张泽周、张治杰、陈学志、陈新桂、罗岚（女）、郑红、夏中、徐通、高继兵、郭莉（女）、郭永平、盛璀清（女）、董美芝（女）、谢强、谢永忠（锡伯族）、廖德军。

攀枝花市工会第九次代表大会当选的攀枝花市总工会第九届经费审查委员会委员（9名）：王海玲（女）、刘照南、李林（女）、杨立森、何成章（彝族）、汪筠（女）、张雪松、陈志农、陈朝宪、林敏（女）、郑红、胡慧娟（女）、曾妍妍（女）。

第二节　市委工会工作会

2006年，中共攀枝花市委建立市委工会工作会议制度，并在全省首次召开市委工会工作会。截至2013年，中共攀枝花市委共召开3次市委工会工作会议。

中共攀枝花市委第一次工会工作会　为全面贯彻落实中共中央关于做好工会工作的一系列重要指示精神和中国共产党“全心全意依靠工人阶级”的指导方针，切实加强和改进中共对工会工作的领导，2006年9月12日，中共攀枝花市委在攀枝花会展中心召开首次工会工作会议。省总工会党组书记、常务副主席罗林书，市委副书记、市长孙平，市政协主席徐采洪，市委副书记、市纪委书记高方芹，市委副书记邹吉祥，市委常委、副市长、市委政法委书记谢道全，市委常委、常务副市长黄昌明，市委常委、组织部部长、市总工会主席柳康健，市委常委、宣传部部长肖立军，市委常委、秘书长彭建华，市人大常委会副主任杨文富，市政府副市长赵辉出席会议。各县（区）委书记、分管副书记，县（区）政府联系工会工作的县（区）长；市级有关部门和大企业党委（党组）主要负责人、分管领导和联系工会工作的行政领导；省总工会有关部门负责人，县（区）总工会、大企业工会和市级产业工会负责人，市直属工会所在单位的党、政、工主要领导；市总工会七届委员会委员、经审会委员、受表彰的先进单位代表和先进个人以及《工人日报》《四川工人日报》和攀枝花市各大新闻媒体的记者参加会议。

会上，市委常委、组织部部长、市总工会主席柳康健作了题为《坚持以科学发展观统领工会工作全局，团结动员广大职工为攀枝花发展新跨越建功立业》的工作报告。《报告》全面总结了近年来的工作成绩，认真分析了新形势下工会工作面临的新情况、新问题，研究确定了工运事业创新发展的思路和目标。市委常委、秘书长彭建华宣读《关于成立攀枝花市职工维权工作领导小组的通知》，正式成立攀枝花职工维权工作领导小组。市委副书记、市纪委书记高方芹宣读《中共攀枝花市委关于表彰全市工会工作先进集体和先进个人的决定》，首次以市委的名义表彰了攀枝花新钢钒股份有限公司提钒炼钢厂工会等10个优秀工会组织、攀枝花钢铁有限责任公司煤化工厂等10个支持工会工作先进单位、周兴林等30名攀枝花市优秀工会工作者、张开坚等31名优秀工会积极分子。省总工会党组书记、常务副主席罗林书，市委副书记、市长孙平作了重要讲话。为贯彻落实会议精神，12月6日，市委研究出台了《中共攀枝花市委关于进一步加强和改进工会工作的意见》（攀委发〔2006〕22号），《意见》从深刻认识加强和改进新时期工会工作的重要性和紧迫性、进一步加强和改进党对工会工作的领导、在加快实现攀枝花发展新跨越中发挥好职工主力军作用、切实支持工会依法维护职工合法权益、依法大力推进工会组织建设、切实加强工会经费收缴和资产管理、工会要在党的领导下切实加强自身建设、大力实施人才强会工程、创造性地开展工作等方面作了明确规定和具体要求。之后，市委、市政府“两办”出台《关于深入贯彻工会法进一步支持工会工作的通知》《关于成立攀枝花市职工维权工作领导小组的通知》，市委组织部、市总工会下发《关于加强非公有制经济组织“党建带工建、党工共建”工作的意见》等系列文件，为工会工作的开展创造了有利条件。

中共攀枝花市委第二次工会工作会 2009年11月25日，借助学习贯彻中国工会十五大精神的东风，市总工会提请中共攀枝花市委在攀宾会展中心报告厅召开了市委第二次工会工作会议。四川省总工会党组成员、副主席胥纯，中共攀枝花市委副书记张剡，市委常委、组织部部长、市总工会主席张祖芸，市人大常委会副主任张如英，市政协副主席王庆友出席会议。各县（区）委书记、分管工会的领导，县（区）政府联系工会的领导，县（区）总工会负责人；55个市级有关部门的主要领导；攀钢、攀煤、十九冶、钢城集团党委主要负责人、分管工会的领导，联系工会的行政领导和工会负责人；市直属工会所在单位的党、政、工主要领导；市总工会代管的省级产业工会所在单位的党、政、工主要领导；市级产业工会负责人；市总工会八届委员会委员、经审会委员；受表彰的先进单位和先进个人等参加会议。

会上，市委常委、组织部部长、市总工会主席张祖芸作了题为《发挥工会优势，凝聚职工力量，团结动员全市广大职工在加快推进“四个倾力打造”中建功立业》的工作报告，胥纯作了重要讲话，张剡宣读了《中共攀枝花市委关于表彰全市工会工作先进集体和先进个人的通报》，市委授予攀枝花钢城集团有限公司工会等10个单位“先进工会组织”荣誉称号，授予攀钢集团矿业有限公司等10个单位“支持工会工作先进单位”荣誉称号，授予柯斌等29人“优秀工会工作者”荣誉称号，授予赵忠义等30人“优秀工会之友”荣誉称号。

中共攀枝花市委第三次工会工作会 2012年4月18日，中共攀枝花市委在攀枝花会展中心国际厅召开第三次工会工作暨“两个普遍”推进会议。省总工会党组成员、副主席胥纯，市委常委、市总工会主席许健民，市人大常委会副主任张如英，市政府副市长张敏，市政协副主席马晓凤等领导出席会议；攀枝花市东区、西区、仁和区、米易县、盐边县党委分管领导、政府联系工会领导及工会负责人，市级相关部门、市委直属党委分管领导、联系工会的行政领导、有关人民团体分管领导，攀钢、攀煤、十九冶、钢城集团党委分管领导、联系工会的行政领导和工会主要负责人；市直属产业工会所在单位的党、政、工领导；省属代管产业工会所在单位的党、政、工领导；市级产业工会负责人等130余人参加会议。

会上，市总工会党组书记、常务副主席张开锋通报了全市开展“两个普遍”（即依法推动企业普遍建立工会组织、依法推动企业普遍开展工资集体协商）工作情况；张敏宣读了《攀枝花市总工会关于表彰全市模范职工之家和模范职工小家的决定》《攀枝花市总工会关于表彰先进乡镇（街道）工会的决定》，表彰了28个市级模范“职工之家”、28个“职工小家”以及9个先进乡镇（街道）工会；中共仁和区区委常委、组织部部长、区总工会主席李云洲，攀煤集团公司工会副主席苗艳玲作“两个普遍”工作经验交流；胥纯和许健民作重要讲话。

会议要求进一步加强和改善党对工会工作的领导，并真正把“党政所需、职工所急、工会所能的事更多地交给工会组织去办”的要求落到实处，使攀枝花工会工作的外部环境得到空前优化。同时，更加坚定全市各级工会组织走中国特色社会主义工会发展道路的信心和决心，进一步明确“围绕党政中心任务来开展工会工作，着力发挥桥梁纽带作用来推动工会工作，大力实施人才强会工程来创新工会工作”的思路，大胆提出“争创全国先进，保持四川一流”的工作目标，为促进攀枝花工运事业加快发展增添新的活力。

第三节　市政府与市总工会联席会

为贯彻落实中共四川省委《关于贯彻落实〈中共中央关于加强和改善对工会、共青团、妇联工作领导的通知〉的意见》中要求“全省各级党委、政府和工会组织认真贯彻、积极推动各级地区工会和同级人民政府建立联席会议制度”的精神，1990 年 7 月，经市政府与市总工会共同协商，建立了“市政府与市总工会联席会议制度”。按照联席会议制度要求，市政府与市总工会加强相互联系和交流，市总工会向市政府领导传达职工情况及诉求，市政府将涉及职工利益的各项工作、改革、经济发展情况向市总工会通达，双方通过及时传达信息，提出措施和建议，增强了政府与工会组织与职工群众之间的感情。经过各级党委、政府和工会的共同努力，全市联席会议制度建设工作不断取得新进展。至 2005 年年底，攀枝花市东区、西区、仁和区、米易县、盐边县和攀枝花钢铁（集团）公司、攀枝花煤业（集团）有限公司、中冶十九（集团）公司与政府或行政建立起了联席制度。截至 2013 年，市政府与市总工会已召开联席会议 19 次，市政府与市级群团组织召开联席会议 1 次。

市政府与市总工会历次联席会议都得到市委、市政府的重视。会前，市政府秘书长和市政府办公厅（室）、市总工会有关负责人共同研究确定具体议程。会议由市政府与市总工会轮流主持，市长或分管副市长、市政府正副秘书长出席，市总工会、市级有关部门主要领导参加。会议程序通常为：市政府通报全市经济运行和社会发展情况，市总工会通报全市工会工作情况，与会人员对会议议题进行商讨，交流答复有关问题，提出具体解决措施，最后由市政府领导对会议议题的落实提出要求，会后形成《会议纪要》下发，并在下次联席会上及时通报有关议题落实情况。

自 1990 年建立联席会议制度以来，在已召开的 20 次联席会上，市总工会共提出 28 项涉及职工利益和工会工作中需要政府及有关部门解决的问题和议题，均得到市政府的高度重视，及时采取措施，并在政策上给予倾斜支持，使问题陆续得到解决。通过政府与工会联席会，工会与职工积极参与社会事务管理，研究解决有关职工教育、劳动、就业、工资、社会保障、物价、住房以及其他多项涉及职工切身利益的问题，及时有效地维护广大职工群众的合法权益，密切了党和职工群众的联系，为推动攀枝花工运事业健康发展、全市经济社会有序发展、切实维护职工群众合法权益做出了积极贡献，真正发挥了联席会议制度作用。

市政府与市总工会第一次联席会　1990 年 7 月 25 日，市总工会组织有关企业单位代表，首次与市政府召开联席会议。市委常委、副市长秦万祥，副市长张孝杰，市政府秘书长万映龙以及市政府有关委、局的负责人出席会议，市总工会主席刘秀武，副主席杨洪达，市总工会机关各部室、产业、事业单位负责人，各区、县、委、局，各大企业工会负责人及部分职工代表参加了会议。攀枝花电台、电视台、报社的记者，《四川工人日报》特约记者现场采访了联席会议。副市长秦万祥、市总工会主席刘秀武分别主持会议。会议传达学习了《中共中央关于进一步加强和改善党对工会、共青团、妇联工作领导的通知》和《市委进一步发挥攀枝花市各级工会组织在国家和社会事务中的民主参与、社会监督作用的意见》；副市长张孝杰通报了攀枝花市上半年国民经济和社会发展计划、财政预算执行情况；市总工会主席刘秀武通报了上半年攀枝花市工会工作情况。市运输公司、公交公司、攀钢、攀矿、矿务局、西区等单位的代表就职工群众普遍关心的“社会治安、物价、就业、分配”等问题提出了 64 条意见和建议，与会政府部门现场作了答复。

市政府与市总工会第二次联席会　1992 年 2 月 15 日，市政府与市总工会第二次联席会议在市工人文化宫举行。市政府副市长张孝杰、市政府秘书长万映龙出席会议并讲话，市政府办公厅副主任唐建民、市总工会主席刘秀武、副主席杨爱群、杨洪达以及市总工会第四届全委会代表 80 余人出席了会议。攀枝花电视台、《攀枝花日报》记者、《四川工人日报》特约记者现场采访了联席会议，会议由市总工会主席刘秀武主持。

会上，副市长张孝杰代表市政府通报了1991年的政府工作情况和1992年的工作安排。攀钢工会、攀矿工会、市总工会、市教育工会、米易县工会、市计经委工会等8个单位就当前全市职工关心的问题提出了 28 条建议和意见：全心全意依靠工人阶级的问题在部分单位落实不够，住房制度的改革以及方案的出台职工参与面与民主公开程度不够，工会参政议政的问题没有很好地解决，工会系统文化活动设施建设市政府应纳入城市总体规划和当年的财政预算，工会经费计拨应按照国家审计局的统一口径拨缴，职工技协开展有偿服务应该给予支持，进一步加强社会治安管理力度，建议市政府采取措施缓解融洽工农关系、教育投资不足、职工经济文化生活环境有待改善等问题。会上，副市长张孝杰代表市政府对职工群众所提的意见和建议现场作解答。

市政府与市总工会第三次联席会 1993年1月13日，市政府与市总工会第三次联席会议在市工人文化宫召开。市政府副市长张孝杰出席会议并讲话。市总工会四届九次全委会全体委员、候补委员，经审委员及部分改革试点企业工会主席参加了会议。会议由市总工会主席刘秀武主持。

会上，副市长张孝杰代表市政府向与会代表通报了攀枝花市1992年经济建设情况，就1993年全市经济建设、社会发展任务和经济上新台阶作了说明。与会代表就职工关心的有关经济建设、改革开放、城市建设、工农纠纷、职工医疗保健、职业教育、市场管理、文化宫二期建设等9个方面问题提出意见和建议，副市长张孝杰现场作答复。

市政府与市总工会第四次联席会 1994年1月27日，市政府与市总工会召开第四次联席会议。市委常委、市政府副市长张孝杰出席会议并讲话。市总工会第五届委员会委员、经审委员、部分市属改革试点企业工会主席和职工代表参加了会议。会议由市总工会主席刘秀武主持。

会上，副市长张孝杰代表市政府通报了1993年全市经济和社会发展基本情况以及1994年年全市改革和经济建设工作的主要意见、建议，并就有关问题向与会人员进行解释和答复。与会职工代表围绕攀枝花市经济建设和社会发展提出了有关改革政策、城市管理、基础设施建设、环境保护、社会治安、部分机关工作人员工作作风、市场物价、职工生活等8个方面31条意见和建议。

市政府与市总工会第五次联席会 1995年12月6日，市政府与市总工会召开第五次联席会议。市委常委、副市长张孝杰，市政府秘书长韩宗山出席会议。市计委、市建委、市财政局、市工商局、市劳动局、市国税局、市地税局、市文化局、市体改办、市安办等政府职能部门领导，市总工会主席、副主席，市总工会机关各部室、产业、事业单位负责人，各基层工会主席，部分职工代表，劳模代表等100余人参加了会议。市总工会主席刘秀武主持会议。

会上，市计委通报了全市经济运行情况和 1996 年经济工作初步思路和想法。市政府与市总工会围绕攀枝花市“改革、发展、稳定”大局就贯彻实施《中共人民共和国劳动法》、建立平等协商、签订集体合同制度；加大扶贫工作力度，解决困难企业贫困职工生活，稳定职工队伍；群众生产安全、劳动保护，劳动竞赛经费问题；全心全意依靠工人阶级，加强企事业民主管理，畅通工会参政、议政渠道问题；市工人文化事业的管理和税费问题；市工人文化宫二期建设经费等问题进行广泛探讨。12名工会代表和职工代表围绕议题作发言，就当前企业改革发展、生产经营存在的问题、市场物价、社会治安、交通管理、企业“三角债”拖欠等提出了19条意见和建议。

市政府与市总工会第六次联席会 1998年1月25日，市政府与市总工会召开第六次联席会议。市委副书记、代市长吴登昌，市委常委、副市长张孝杰，副市长刘石，市政府秘书长韩宗山出席会议。市计委、市体改委、市劳动局、市工业局、市建委、市财政局、市地税局、市国税局、市公安局等政府职能部门领导，市总工会主席刘秀武，副主席杨洪达、王大秀，市总工会五届委员会委员，市总工会机关各部室、产业、事业单位负责人，各基层工会主席，部分职工代表，劳模代表等100余人参加了会议。市政府秘书长韩宗山主持会议。

会上，市计委主任张国良通报了1997年全市经济及社会发展情况和1998年面临的形势和任务，市体改委主任周金榜通达了全市企业改制情况。与会职工代表就职工群众普遍关心的拟修建职工扶贫贸易市场、兴办下岗、特困职工再就业一条街，兴办市职工消费合作总社问题；加强民主管理，制定推行攀枝花市全心全意依靠职工办企业实施意见问题；完善攀枝花市劳动模范、先进工作者评选管理办法问题；追加市工人文化宫二期工程补助及税费减免问题；城市规划、建设、管理、社会治安综合治理问题；市总工会建设问题等6个方面提出了10条意见和建议。

市政府与市总工会第七次联席会 1999年1月21日，市政府与市总工会在攀枝花宾馆召开第七次联席会。市长吴登昌、副市长景宏年出席会议。市政府办公室、市计委、市经贸委、市体改委、市财政局、市劳动局、市民政局、市国税局、市地税局、市工商局、市就业局、市社保局的领导，市政协副主席、市总工会主席刘秀武，副主席杨洪达、游绍全、张敏，市总工会六届委员会委员，市总工会机关各部室、产业、事业负责人及职工代表近100人参加会议。会议由市总工会副主席杨洪达主持。

会上，市计委副主任凌宗渝通报了1998年全市国民经济和社会发展执行情况以及1999年工作安排，市政协副主席、市总工会主席刘秀武通报了1998年工会工作总结和1999年工会打算。攀钢、十九冶、矿务局、市建二公司、市运输公司的职工代表就企业和职工普遍关心的问题向市政府提出4个方面6条建议和希望：希望市政府多从市民人身安全出发，加强对中巴车的治理和整顿，改善社会环境，加强社会治安管理；在全年的基础设施建设项目中给予十九冶、市建二公司等困难企业一定的照顾和扶持；加大对小煤窑私挖乱采的整顿力度，逐步改善矿务局等工矿片区的生活环境；建议市政府采取措施推广使用散装水泥。副市长景宏年对职工代表提出的问题作答复。

市政府与市总工会第八次联席会 2000年1月7日，市政府与市总工会在攀枝花宾馆召开第八次联席会。副市长景宏年出席会议并讲话，市政府有关部门的领导，市总工会主席刘秀武、副主席杨洪达、游绍全、张敏，市总工会六届委员会委员、经审委员，市总工会各部室、产业、事业负责人，职工代表100余名参加了会议。会议由市政府副秘书长梁治玉主持。

会上，市计委副主任凌宗渝通报了1999年全市国民经济和社会事业发展情况及2000年工作安排，市政协副主席、市总工会主席刘秀武通报了1999年工会工作情况和2000年工作打算。攀钢、十九冶、矿务局的职工代表就企业和职工普遍关心的问题向市政府提出了七个方面 10 条建议和希望：加大治理整顿小煤窑的力度，进一步完善社会保障制度，特别是加大实施城市居民最低生活保障制度的力度，扩大最低生活保障的覆盖面；希望政府帮助攀钢解决职工住房建设银行贷款问题；加大对攀钢生活区部分路段车辆通行整治，另外开通南山到炳草岗的公交线路；加大渡口桥桥南和桥北综合治理力度，加大对攀钢家属区吸毒现象的打击力度，加强汽车尾气排放的管理；加强对工厂周围农民的教育和管理，尽快研究解决农民人多地少、生活困难问题，为企业生产提供良好环境；将攀钢职工子女就业纳入全市通盘考虑，尽可能提供一些就业机会；加大对西区的开发力度，加快对西区基础设施建设，提高供水质量，切实解决污染问题。副市长景宏年对职工代表提出的问题给予了答复。

市政府与市总工会第九次联席会 2001年1月18日，市政府与市总工会在攀枝花宾馆召开第九次联席会议。市政府副市长景宏年出席会议并讲话。市政府办公厅、市计委、市经贸委、市体改委、市财政局、市劳动局、市审计局、市国税局、市地税局、市工商局、市就业局、市物价局、市社保局、市乡镇企业局的领导，市总工会六届委员会委员、经审委员，区、县、大企业的工会主席，市总工会机关各部室、产业、事业单位负责人和职工代表80余人参加了会议。会议由市总工会副主席游绍全主持。

会上，市计委副主任何昌文通报了2000年全市国民经济和社会事业发展情况及2001年工作安排，市总工会常务副主席杨洪达通报了2000年工会工作情况和2001年工会工作打算。攀钢、攀煤、十九冶、交通系统的职工代表围绕市政府各项中心工作，结合各自行业特点，就如何组织调动职工积极性，推动攀枝花市经济工作、社会事业、城市建设进程等提出了9条建设性意见，副市长景宏年对职工代表提出的问题给予了答复。

市政府与市总工会第十次联席会 2002年1月31日，市政府与市总工会在攀枝花会展中心召开第十次联席会议。市政府副市长景宏年出席会议。市计委、市经贸委、市财政局、市劳动局、市建设局、市环保局、市工商局、市乡镇企业局、市就业局、市社保局、市安办的负责人，市政协副主席、市总工会主席刘秀武，市总工会常务副主席杨洪达，市总工会副主席游绍全，市总工会机关各部室、产业、事业单位负责人，各县、区、委、局工会主席，大企业工会主席和职工代表80余人参加了会议。市政府副秘书长梁治玉主持会议。

会上，市计委常务副主任李章忠通报了2001年全市国民经济运作和社会事业发展情况及2002年工作安排，市总工会常务副主席杨洪达通报了2001年工会工作和2002年工会工作打算。攀钢、攀煤、十九冶等企业职工代表围绕市政府各项中心工作，结合各自行业特点，就如何加强企业经济体制改革，推动经济工作、社会事业以及城市建设等方面提出了5条建议和希望：建议市政府贯彻省政府解决国家级、省部级劳模待遇精神，解决攀枝花市劳模特殊津贴、生活困难补贴和办理补充养老保险问题；建议市财政按照《工会法》规定核拨企事业党政群机关工会经费；建议市政府加大对攀密片区、攀煤片区等重点地区社会治安综合治理和违法犯罪打击力度，加快这些地区交通等基础设施建设速度，采取措施治理环境污染；希望市政府进一步重视大企业周边生产经营环境问题，小煤窑私挖滥采“死灰复燃”问题，宝鼎矿区煤炭资源深部勘探问题；进一步做好企业职工养老保险、医疗保险、城镇居民最低生活保障和再就业工作等。副市长景宏年、相关市级部门负责人对职工代表提出的问题给予了答复。

市政府与市总工会第十一次联席会 2003年2月14日，市政府与市总工会在攀枝花宾馆召开了第十一次联席会议。副市长景宏年出席会议并讲话。市政府办公室、市计委、市经贸委、市财政局、市劳动局、市建设局、市交通局、市工商局、市环保局、市地税局、市民政局、市社保局、市就业局的领导，市政协副主席、市总工会主席刘秀武，常务副主席杨洪达，副主席游绍全、徐翠，市总工会机关各部室、产业、事业负责人及各县、区、委、局工会主席、大企业工会主席和职工代表等90余人参加了会议。会议由市政协副主席、市总工会主席刘秀武主持。

会上，市计委副主任何昌文通报了2002年全市国民经济运行情况、社会事业发展情况及2003年工作安排。市总工会常务副主席杨洪达通报了2002年工会工作和2003年工会工作目标任务。攀钢、攀煤、十九冶等企业职工代表围绕市政府各项中心工作，结合各自行业特点，就如何加强企业经济体制改革，推动攀枝花市经济发展、社会事业进步、社会治安综合治理等提出了7条建设性意见：关于成立市困难救助中心的问题，关于为大型国有企业投入安全生产资金的问题呢，关于环境保护问题，关于企业体制改革的问题，关于企业办社会的问题，关于社会治安综合治理的问题，关于城市建设的管理问题。副市长景宏年就职工代表提出的问题给予答复。

市政府与市总工会第十二次联席会 2004年3月3日，市政府与市总工会在会展中心召开第十二次联席会议。市委常委、市总工会主席景宏年，副市长赵辉出席会议并讲话。市政府办公室及市级16个单位的领导，市总工会常务副主席张敏，副主席游绍全、徐翠，党组成员、纪检组长谭克，经审会主任严光寿，机关各部室、产业、事业负责人及各县、区、委、局工会主席，大企业工会主席和职工代表等140余人参加了会议。会议由市政府副秘书长李军主持。

会上，副市长赵辉代表市政府通达2003年全市国民经济社会的发展情况及2004年工作安排和目标任务的通报；听取了市政府就第十一次市政府与市总工会联席会议提出的主要问题落实情况的通报；听取了张敏代表市总工会所作的2003年市总工会工作情况和2004年工会工作目标任务以及需要市政府协调解决的重要问题的通报。市总工会提出：关于尽快启动困难职工社会医疗救助的问题，建议市政府根据企业改革的需要和当前困难职工就医存在的实际困难，尽快启动社会医疗救助措施，在资金上给予市总工会困难职工帮扶中心充分的支持，进一步发挥困难职工帮扶中心在实施社会医疗救助中的作用。攀钢、攀煤、十九冶等企业职工代表围绕市政府各项中心工作，结合各自行业特点，提出了尽快启动困难职工社会救助、对困难单亲女职工群体进行救助、加快经济体制改革、加大社会治安综合治理力度、对市工人文化宫进行助推改造等方面12条建设性意见。

市政府与市总工会第十三次联席会　2005年12月2日，市政府与市总工会在攀枝花宾馆召开了第十三次联席会议。副市长赵辉出席会议并讲话。市政府办公室、市发改委、市经委、市教育局、市公安局、市财政局、市民政局、市人事局、市劳动保障局、市就业局、市社保局、市医保中心、市国土资源局、市交通局、市规划建设局、市环保局、市城管局等17个单位负责人，市总工会常务副主席张敏，副主席游绍全、徐翠，纪检组长谭克，经审会主任严光寿，各县、区、大企业、产业工会主席，市总机关各部室、产业、事业负责人，企事业职工代表等150余人参加了会议。会议由市总工会副主席游绍全主持。会上，市政府通报了第十二次联席会有关议题落实情况，2005年全市国民经济运行情况、市“十五”经济发展情况和“十一五”经济发展规划；市总工会常务副主席张敏向与会人员通达了省政府与省总工会第五次联席会议主要精神和近年来全市工会工作情况，并就本次联席会两项议题作说明。基层工会主席和职工代表围绕攀枝花市改革发展和广大职工群众普遍关心的热点难点问题提出了关于将市困难职工帮扶中心救助资金纳入市财政年度预算的议题；关于市财政直接拨行政、事业单位工会经费不足的议题；关于城市建设的建议；关于进一步加强环境治理的建议；关于偿还建设债务的建议；关于在市场经济条件下加强工会组织建设的建议；关于维护职工合法权益的建议；关于进一步加强厂区周边社会治安综合治理等21条意见和建议。

市政府与市总工会第十四次联席会　2007年7月13日，市政府与市总工会在攀枝花会展中心召开第十四次联席会议。市委常委、副市长赵辉，市委常委、市委组织部部长、市总工会主席张祖芸出席会议。市政府副秘书长唐平，市总工会党组书记、常务副主席张云忠，市政府办公室、市委目标督查处、市政府目标督查办、市综治办、市发改委、市经委、市公安局、市财政局、市民政局、市教育局、市人事局、市人才办、市地税局、市劳动和社会保障局、市物价局、市国土资源局、市交通局、市规划和建设局、市环保局、市城管局等部门负责人，市总工会其他负责人，各县区、各大企业、各产业工会主席，企事业单位职工代表参加了会议。会议由市政府副秘书长唐平主持。

会上，市发改委副主任杨旋代表市政府通报了2006年及2007年上半年全市经济社会发展情况；市政府副秘书长唐平通报了市政府与市总工会第十三次联席会有关议题及意见建议落实情况；市总工会通报了近年来全市工会工作情况并对本次联席会有关议题进行说明。市总工会、部分与会职工代表围绕城市建设、社会治安、偿还债务等9个方面提出了15条意见建议：关于设立攀枝花市工会干部权益保障金的议题，关于建立攀枝花市技能人才奖励机制的议题，关于交通道路建设问题的建议，关于支持攀钢经济适用房建设问题的建议，关于支持攀煤棚户区改造问题的建议，关于攀钢尾矿选矿厂选址问题的建议，关于创卫拆除违章建设问题的建议，关于困难职工帮扶问题的建议，关于促进就业再就业问题的建议，关于维护职工合法权益问题的建议，关于物价管理问题的建议，关于中巴车管理问题的建议，关于攀煤矿区车辆停放管理问题的建议，关于川投黄磷厂搬迁问题的建议，关于西区环境整治问题的建议。市政府高度重视职工代表提出的意见和建议，要求相关部门负责人认真整理、主动研究、采取措施、抓紧落实，并将落实情况及时向市总工会通达。经过市政府、市级有关部门和广大职工的共同努力，会上所提问题基本上较好地得到了解决。

市政府与市总工会第十五次联席会 2008年12月29日，市政府与市总工会第十五次联席会在攀枝花会展中心召开。市委常委、常务副市长王川红，市委常委、副市长赵辉，市委常委、市委组织部部长、市总工会主席张祖芸出席会议。市政府副秘书长罗军，市总工会党组书记、常务副主席张云忠，市委目标督查办、市政府办公室、市政府目标督查办、市发改委、市经信委、市商务局、市公安局、市财政局、市民政局、市教育局、市人事局、市地税局、市劳动和社会保障局、市国土资源局、市交通局、市规划和建设局、市环保局、市城管局的领导；市总工会领导、市总工会八届委员会委员、经审委员，市总工会部门负责人，部分企事业单位职工代表参加了会议。

会上，市发改委副主任陈力代表市政府通报了2008年全市经济社会发展情况；市政府副秘书长罗军通报了市政府与市总工会第十四次联席会有关议题及意见建议落实情况；市总工会党组书记、常务副主席张云忠通报了全市工会工作情况并就加强“职工书屋”建设的议题进行了说明。市总工会、部分工会干部、职工代表从攀枝花市经济发展、企业改革、社会稳定、环境保护、城市建设等方面提出了11个方面的31条意见和建议：关于加强职工书屋建设的议题，关于经济适用房建设的建议，关于城市建设的建议，关于医疗保障的建议，关于进一步加大对困难职工群众帮扶力度的建议，关于关注企业发展的建议，关于进一步加强环境治理的建议，关于进一步加强工会工作的建议，关于维护职工合法权益的建议，关于加大职工培训力度的建议，关于加强交通基础设施建设的建议。市政府有关部门就问题进行认真解答，并提出了解决和落实的初步意见。

市政府与市总工会第十六次联席会 2009年12月25日，市政府与市总工会第十六次联席会在攀枝花会展中心召开。市委常委、副市长赵辉，市委常委、市委组织部部长、市总工会主席张祖芸出席会议。市政府副秘书长罗军，市总工会党组书记、常务副主席张云忠，市政府办公室、市发改委、市经委、市商务局、市公安局、市财政局、市民政局、市教育局、市人事局、市人才办、市地税局、市劳动和社会保障局、市国土资源局、市交通局、市规划和建设局、市环保局、市城管局、市政府目标督查办等部门负责人，市总工会八届委员会委员、经审委员，市总工会部门负责人，部分基层工会负责人、企事业单位职工代表参加了会议。

会上，市政府副秘书长罗军通报了市政府与市总工会第15次联席会议有关议题及建议落实情况；市发改委副主任杨旋通报了全市2009年经济运行情况及2010年工作重点；市总工会通报了全市工会工作情况并对本次联席会有关议题进行了说明。

会上，市总工会提出关于大力开展技术比武加强工业优势产业技能人才培训的建议：成立职工职业技能大赛领导小组；原则上每年组织一次比赛，为获奖者颁发奖金和办理相应职业技能等级证书；由政府财政每年核拨相关经费。与会职工代表提出了10个方面涉及关于大力开展技术比武加强工业优势产业技能人才培养、关于关注企业发展、关于城市建设的、关于经济适用房和廉租房分配、关于进一步加强社会治安和环境综合治理、关于加强交通基础设施建设和交通监管力度、关于进一步加大对困难职工群体帮扶力度、关于维护职工合法权益、关于提高职工收入、关于维护社会稳定的26条意见和建议。

市政府与市总工会第十七次联席会 2010年12月30日，市政府与市总工会第十七次联席会在攀枝花会展中心召开。市委常委、副市长赵辉，市委常委、市委组织部部长、市总工会主席张祖芸出席会议。市政府副秘书长杨明勇主持会议，市总工会党组书记、常务副主席张开锋，各县（区）政府分管领导，市发改委、市物价局、市经信委、市商务和粮食局、市公安局、市财政局、市民政局、市教育局、市人力资源和社会保障局、市委编办、市人才办、市地税局、市国土资源局、市交通运输局、市住房和城乡规划建设局、市环保局、市城管局、市政府目标督查办、钒钛产业园区、市卫生局、市安监局、攀枝花电业局等部门（单位）主要负责人，市总工会八届委员会委员、经审委员，市总工会部门负责人，部分基层工会负责人、企事业单位职工代表、进城务工人员代表等参加了会议。

会上，市发改委主任覃发树通报了2010年全市国民经济和社会发展计划执行情况及2011年计划安排；市政府副秘书长杨明勇通报了市政府与市总工会第16次联席会议题及意见建议落实情况；市总工会党组书记、常务副主席张开锋通报了全市工会工作情况并对本次联席会议题进行了说明。

市总工会、与会职工代表就广大职工群众普遍关心的关于进一步加强攀枝花市职业病防治工作，企业生产经营发展，职工队伍和谐稳定，沦陷区、采空区、棚户区改造建设，交通基础设施建设和交通监管力度，职工增收，职工合法权益维护，城市规划等热点、难点问题提出了8个方面23条意见和建议，参会市级政府相关部门负责人对职工代表提出的问题现场作解答。

市政府与市总工会第十八次联席会　2011年12月30日，市政府与市总工会第十八次联席会在攀枝花会展中心召开。市委常委、常务副市长杨自力，市委常委、市委组织部部长、市总工会主席张祖芸出席会议。市政府副秘书长凌永航主持会议，市总工会党组书记、常务副主席张开锋，各县（区）政府分管领导，市发改委、市政府目标督查办、市委组织部、团市委、市商务和粮食局、市教育局、市公安局、市财政局、市人力资源和社会保障局、市住房和城乡规划建设局、市城管局、市交通运输局、市环保局、市卫生局、市银监局、钒钛产业园区等部门和单位主要负责人，部分基层工会负责人和一线职工代表参加了会议。

会上，市发改委副主任刘虹通报了2011年全市经济社会发展情况，市政府副秘书长凌永航通报了市政府与市总工会第17次联席会议题及意见建议落实情况，市总工会党组书记、常务副主席张开锋通报了2011年全市工会工作情况并对本次联席会议题进行了说明。市总工会提出了关于提高攀枝花市一线环卫职工工资待遇的建议，与会职工代表就职工和企业关心的企业经营发展、职工队伍稳定维护、教育教学设施建设、交通技术设施建设和交通监管、城市基础设施建设等方面的热点难点问题提出了22条意见和建议，参会市级政府相关部门负责人对职工代表提出的问题现场作解答。

市政府与市总工会第十九次联席会　2012年12月27日，市政府与市总工会第十九次联席会在市工人文化宫召开。市委常委、市总工会主席许健民，副市长刘建明出席会议。市政府副秘书长杨明勇主持会议，市总工会党组书记、常务副主席张开锋，各县（区）政府分管领导，市政府目标督查办、市人才办、市发改委、市教育局、市经信委、市公安局、市民政局、市财政局、市地税局、市人社局、市国土资源局、市环保局、市住建局、市交通运输局、市文广新局、市卫生局、市城管局、市安监局、市药监局、市邮政局、市残联、攀枝花银监分局、钒钛产业园区管委会的主要负责人，市总工会领导和部门负责人，部分基层工会和职工代表参加了会议。

会上，市发改委副主任谢官林通报了2012年全市经济社会发展情况，市政府副秘书长杨明勇通报了市政府与市总工会第十八次联席会议议题及意见建议的落实情况，市总工会党组书记、常务副主席张开锋通报了2012年全市工会工作情况并对本次联席会议的议题进行了说明。市总工会提出了关于将企业职工工资集体协商工作纳入政府民生工程加以推动的建议，与会职工代表向市政府反映了广大职工群众普遍关心的企业经营发展、职工队伍稳定维护、基础设施建设、环境整治、交通基础设施建设和交通监管、食品质量监管、职工娱乐休闲场所相关收费等方面的热点、难点问题提出21条希望和建议，市级相关部门现场作解答。

市政府与市级群团组织联席会　2013年12月5日，市政府与市级群团组织在攀枝花会展中心召开联席会议。会议由市委常委、常务副市长杨自力主持，市委副书记、市长张剡，市委常委、市总工会主席许健民，市政府秘书长徐明义，市政府副秘书长杨明勇出席会议。市总工会、团市委、市妇联、市科协、市残联、市侨联等 6 家市级群团组织主要负责人，市委编办、市政府金融办、市发改委、市教育局、市经信委、市公安局、市民政局、市司法局、市财政局、市人社局、市国土资源局、市住建局、市卫生局、市机关事务管理局、人民银行攀枝花中心支行、市农村商业银行、邮政银行攀枝花分行等单位主要负责人，各县（区）政府分管领导参加会议。

会上，市发改委主任覃发树通报了 2013 年全市经济社会发展情况。工会、团委、妇联、科协、残联、侨联 6 家群团分别就关于加大对工会做好困难职工帮扶工作支持力度的建议；关于建立攀枝花市劳动人事争议四方联动协调处理机制的建议；关于切实加强基层党建带团建，进一步规范全市乡镇（街道）团委工作经费使用和管理的建议；关于建立特殊青少年“绿色救助”机制的建议；关于妇女小额贷款财政贴息的建议；关于“妇女儿童发展纲要”实施纳入市委、市政府年度目标考核的建议；关于《全面科学素质纲要》实施工作的建议、关于加强院士专家服务中心和工作站建设的建议、关于“科普惠农兴存计划”项目实施工作的建议；关于解决市残疾人康复中心用房的建议；关于理顺攀枝花市侨务工作关系，建立健全侨务机制，加大侨务工作经费投入并纳入同级政府财政预算的建议；关于增加市侨联工作经费、人员编制，改善办公条件的建议等方面提出了 12 个议题。参会的市级政府相关部门对所提建议意见作了认真解答，绝大多数议题都取得一致意见。会议要求，各级各部门要高度重视、认真对待并及时办理群团组织的建议意见，对能够解决的要采取措施尽快办理，对重大复杂的问题，责任部门要积极牵头组织开展研究，拿出切实可行的对策措施，及时向群团组织通达落实情况，对因政策、法规等原因暂时不能解决的问题，要及时做好解释和沟通工作。

第四节　市总工会全委会

市总工会全委会是工会组织的重要会议制度，原则上每年至少举行一次，由主席主持，常委会召集，三分之二以上委员到会方能举行。会议内容主要是研究决定执行党的路线方针政策、国家法律法规、上级工会重要会议、文件精神的贯彻意见。研究决定市总工会的重大工作部署、政策、措施。审议市总工会年度工作报告。研究决定市总工会常委会提出的重大工作事项。研究决定攀枝花市工会组织建设的重要事项（包括：决定召开市工会代表大会，选举市总工会常委和主席、副主席，增补、替补市总全委委员，通过市总工会经费审查委员会全体会议选举产生的委员和经审会主任，审议下届市总工会全委会、经费审查委员会组成方案、候选人建议名单和出席省总工会代表大会代表候选人建议名单等）。

1989—2013 年，共召开全委会议 47 次。其中第四届全委会 8 次、第五届全委会 7 次、第六届全委会 11 次、第七届全委会 9 次、第八届全委会 11 次、第九届全委会 1 次。

市总工会四届三次全委（扩大）会　1989 年 1 月 30—31 日，攀枝花市总工会在工人文化宫召开四届三次全委（扩大）会。市委常委、市委宣传部部长李翠贤出席会议并讲话。市总工会四届委员会委员、候补委员、经审会委员，市总工会机关各部室、产业、事业单位负责人参加了会议。会议传达了党的十三届三中全会精神和中国工会十一大精神；讨论通过市工会 1989 年工作要点，关于基层工会改革若干问题的意见，关于工会干部人事制度改革试行意见。

市总工会四届四次全委（扩大）会　1989 年 8 月 23—24 日，攀枝花市总工会在工人文化宫召开四届四次全委（扩大）会议。市委书记韩国宾，市长孙本先，市人大常委会主任王志民，市政协副主席张伯希，市委常委、宣传部部长李翠贤等领导出席会议。四届委员会委员、候补委员、经审委员、部分基层工会主席、机关各部室、产业、事业单位负责人参加会议。会议传达了全总十一届三次主席团（扩大）会议、省总八届六次常委（扩大）会议精神。讨论通过市工会下半年工作意见。副主席杨爱群作了《我市各级工会组织在反对动乱稳定职工队伍，维护安定团结大局中发挥积极作用》的情况汇报。杨洪达作了《去珠海参加全国工运理论研讨学习和到广州深圳等地考察》的汇报。

市总工会四届五次全委（扩大）会　1990 年 2 月 5—6 日，攀枝花市总工会在工人文化宫召开四届五次全委（扩大）会。市委书记韩国宾出席会议并讲话。四届委员会委员、候补委员、经审委员、部分基层工会主席、机关各部室、产业、事业单位负责人共 60 余人参加会议。市总工会主席刘秀武传达《中共中央关于加强和改善党对工会、共青团、妇联工作领导的通知》会议还传达学习了全总十一届二次执委会、省总八届三次全委会精神，讨论了市总工会 1989 年工作情况和 1990 年工会工作安排。讨论通过市总工会四届委员会委员、经审委员会委员增补、替补办法，副主席杨爱群作女职工工作报告。

市总工会四届六次全委（扩大）会　1990 年 7 月 19—20 日，攀枝花市总工会在工人文化宫召开四届六次全委（扩大）会。四届委员会委员、候补委员、经审委员、部分基层工会主席、机关各部室、产业、事业单位负责人参加会议。会议传达了省总八届八次常委（扩大）会议精神，学习了省委副书记宋宝瑞在省总常委会上的讲话，总结了上半年工作，安排部署了下半年工作任务，通报了全市停产半停产企业情况。

市总工会四届七次全委（扩大）会　1991 年 1 月 18 日，攀枝花市总工会在工人文化宫召开四届七次全委（扩大）会议。市委副书记李翠贤出席会议并讲话。会议学习了党的七中全会公报，传达省总工会八届四次全委会精神；市总工会主席刘秀武作了题为《认真学习贯彻中共十四大精神，解放思想，转变观念，振奋精神，真抓实干，开创工会工作新局面》的工作报告，总结回顾 1990 年全市工会工作，讨论和审议市工会 1991 年工作意见。

市总工会四届八次全委（扩大）会　1992 年 2 月 15 日，攀枝花市总工会在工人文化宫召开四届八次全委（扩大）会。市总工会主席刘秀武出席会议并讲话。会议传达了全总十一届四次执委会和省总八届五次全委会精神，总结回顾 1991 年攀枝花市的工会工作，讨论确定 1992 年全市工会工作任务，讨论通过有关组织人事事项。

市总工会四届九次全委（扩大）会　1993 年 1 月 12—13 日，攀枝花市总工会在工人文化宫召开四届九次全委（扩大）会。市委副书记高方芹出席会议并讲话。市总工会副主席杨洪达主持会议。四届委员会委员、候补委员、经审委员会委员，攀矿工会、市交通局工会、市文化局工会、市卫生局工会、市林业局工会、六一地质队工会、攀枝花车务段工会、金江车站工会、金沙江林木产品联营公司工会主席、市总工会机关各部室、文化宫、干校负责同志参会。会议传达了全国总工会十一届五次执委会精神及省总工会八届六次全委会精神；市总工会主席刘秀武作了题为《认真学习贯彻中共十四大精神，解放思想，转变观念，振奋精神，真抓实干，在深化改革中充分发挥工会组织的作用》的工作报告，总结回顾 1992 年度工会工作，部署安排 1993 年工作任务。

市总工会四届十次全委（扩大）会　1993 年 5 月 19 日，攀枝花市总工会在工人文化宫召开四届十次全委（扩大）会议。市委副书记高方芹出席会议并讲话。市总工会主席刘秀武主持会议。四届委员会委员、候补委员、经审委员会委员，攀矿工会、市交通局工会、市文化局工会、市卫生局工会、市林业局工会、六一地质队工会、攀枝花车务段工会、金江车站工会、金沙江林木产品联营公司工会主席、市总工会机关各部室、文化宫、干校、产业工会的负责同志参加会议。会议讨论通过了攀枝花市工会第五次代表大会工作报告、财务工作报告及经审工作报告；讨论通过第五次代表大会资格审查委员会名单；讨论通过第五次代表大会主席团建议名单、秘书长、副秘书长名单；讨论通过第五次代表大会议程；讨论通过第四届委员会和经审委员会增替补委员和第五届增替补办法；讨论通过第五次代表大会选举办法草案等。

市总工会五届一次全委（扩大）会　1993 年 6 月 12 日，攀枝花市总工会在攀枝花宾馆召开五届一次全委会，主要任务是组织事项。会议选举产生市总工会第五届委员会委员 40 名，经费审查委员会委员 9 名，市总工会常务委员会常委 10 名，刘秀武当选市总工会主席，杨洪达、王大秀当选市总工会副主席，蒲明太当选经审会主任，廖成佐当选副主任。

市总工会五届二次全委（扩大）会 1994 年 1 月 26 日，攀枝花市总工会在工人文化宫召开五届二次全委会议。市委副书记华铁平出席会议并讲话。五届委员会委员、经审委员，不是委员的区、县、委、局工会主席，市总工会机关各部室负责人参加了会议。市总工会副主席杨洪达主持会议。会上，市总工会主席刘秀武传达全总主席团会议精神和省总九届二次全委会议精神，代表市总工会作工作报告。

市总工会五届三次全委（扩大）会 1995 年 1 月 24 日，攀枝花市总工会在工人文化宫召开五届三次全委（扩大）会议。五届委员会委员、候补委员、经审委员会委员，部分基层工会主席，市总工会机关各部室、文化宫、干校、产业工会的负责同志参加会议。会议传达学习了全总十二届二次执委会和省总工会九届三次全委会精神，审议通过了工作报告、财务预决算报告等。通过有关组织事项，替补、增补部分五届委员会委员、经审委员。市总工会主席刘秀武在会上作了题为《加强工会建设，全面履行社会职能，团结带领全市职工为攀枝花改革、发展、稳定作出新贡献》的工作报告，总结回顾了 1994 年工作情况，安排部署了 1995 年工会工作任务。

市总工会五届四次全委（扩大）会 1996 年 1 月 30 日，攀枝花市总工会在工人文化宫召开五届四次全委（扩大）会。市委副书记华铁平，市委常委、宣传部部长吴登昌出席会议并讲话。五届全委会委员、经审委员，部分基层工会主席、市总机关各部室、产业、事业单位负责人参加了会议。会议传达了省委群团工作会议，全总十二届三次执委会议和省总九届四次全委会精神，增替补和免去了部分市总工会五届委员会委员、经审委员和常委。市总工会主席刘秀武在会上作了题为《认清形势，把握大局，突出重点，团结动员全市职工为实现党的跨世纪宏伟目标而奋斗》的工作报告，总结回顾了 1995 年工会工作，安排部署了 1996 年工会工作任务。

市总工会五届五次全委（扩大）会 1997 年 1 月 28—29 日，攀枝花市总工会在市总工会机关二楼会议室召开五届五次全委（扩大）会。市委副书记华铁平出席会议并讲话。五届全委会委员、经审委员，部分基层工会主席、市总机关各部室、产业、事业单位负责人参加了会议。会议深入学习贯彻了党的十四届五中、六中全会精神和中央、省、市经济工作会议精神，传达学习了全总十二届四次执委会和省总九届五次全委会精神，市总工会主席刘秀武作了题为《深入学习认真贯彻党的十四届六中全会精神，认清形势，明确任务，动员和组织全市职工为攀枝花两个文明建设建功立业》的工作报告，总结回顾了 1996 年工作，安排部署 1997 年工作任务。会议还命名表彰了全市先进工会组织和优秀工会干部。

市总工会五届六次全委（扩大）会 1998 年 1 月 24—25 日，攀枝花市总工会在市总工会机关二楼会议室召开五届六次全委（扩大）会。市总工会五届委员会委员、经审委员，不是委员的区、县工会主席，部分基层工会主席，市总工会机关各部室、产业、事业单位负责人参加会议。会议深入学习贯彻了中共十五大会议精神，传达学习了全总十二届五次执委会和省总九届六次全委会精神，总结回顾了 1997 年工会工作情况，安排部署了 1998 年工会工作任务。

市总工会五届七次全委（扩大）会 1998 年 5 月 26 日，攀枝花市总工会在市总工会机关二楼会议室召开五届七次全委（扩大）会。市总工会五届委员会委员、经审委员，不是委员的区、县工会主席，部分基层工会主席，市总工会机关各部室、产业、事业单位负责人参加会议。会议通过了市工会第六次代表大会议程、代表大会主席团建议名单、六届委员会组成方案、六届常务委员会组成方案、六届经审委员会组成方案；通报了省工会十大、全总十三大代表组成情况。对 1997 年度全市工会工作竞赛进行了表彰，攀钢（集团）公司工会等五家单位获一等奖，东区、矿务局、攀钢、米易县工会获竞赛工作“创新奖”。

市总工会六届一次全委（扩大）会　1998年6月11日，攀枝花市总工会在市总工会接待中心二楼会议室召开六届一次全委（扩大）会，主要任务是组织事项。市委副书记华铁平，市委常委、宣传部部长邹吉祥，省总工会副主席李家钊出席会议并讲话，会议选举产生了市总工会第六届委员会委员40名，工会经费审查委员会委员9名，市总工会常务委员会常委6名，选举刘秀武为市总工会主席，选举杨洪达、游绍全、张敏为市总工会副主席，选举蒲明太为经审会主任，刘远书为副主任。

市总工会六届二次全委（扩大）会　1999年1月20日，攀枝花市总工会在工人文化宫召开六届二次全委会。市总工会六届全委会委员、经审委员，部分基层工会主席、市总机关各部室、产业、事业单位负责人参加了会议。会议传达了省总工会十届二次全委会精神，市政协副主席、市总工会主席刘秀武作了题为《围绕中心，把握大局，突出重点，团结和带领全市职工为实现攀枝花跨世纪发展战略目标再作新贡献》的工作报告，总结了1998年工会工作情况，安排部署了1999年工会工作任务。

市总工会六届三次全委（扩大）会　2000年1月6日，攀枝花市总工会在工人文化宫召开六届三次全委（扩大）会。市总工会六届全委会委员、经审委员，部分基层工会主席、市总机关各部室、产业、事业单位负责人参加了会议。会议深入学习了党的十五届四中全会精神，传达了省总工会十届三次全委会精神，市政协副主席、市总工会主席刘秀武作工作报告，总结了1999年全市工会工作，研究部署了2000年工会工作任务。

市总工会六届四次全委（扩大）会　2000年8月16—18日，市总工会在方山工人疗养院召开六届四次全委（扩大）会。市总工会六届全委会委员、经审委员，部分基层工会主席、市总机关各部室、产业、事业单位负责人参加了会议。会议传达了省委党建、工建工作会议有关精神，学习了江泽民"三个代表"重要讲话和在全国思想政治工作会议上的讲话精神。市政协副主席、市总工会主席刘秀武在会上作工作报告，总结了上半年工作情况，安排部署了下半年工作任务，会议还表彰了1999年度全市工会工作竞赛优胜单位。

市总工会六届五次全委（扩大）会　2001年1月17日，攀枝花市总工会在市总工会接待中心二楼会议室召开六届五次全委会。市总工会六届全委会委员、经审委员，部分基层工会主席、市总机关各部室、产业、事业单位负责人参加了会议。会议深入学习了党的十五届五中全会精神，传达了省总工会七届八次全委会精神，市政协副主席、市总工会主席刘秀武在会上作了题为《以"三个代表"思想为指导，认真贯彻十五届五中全会精神，为实现攀枝花"十五"计划而建功立业》的工作报告，总结回顾了2000年工会工作，研究部署了2001年工会工作任务。会议还对2000年度全市工会系统实施"开发性再就业行动"先进单位和厂务公开制度建设先进单位及完成2000年新建企业工会组建工作目标任务先进单位进行表彰。会上还表彰了全市优秀工会工作者80名、优秀工会积极分子150名。

市总工会六届六次全委（扩大）会　2002年1月30日，攀枝花市总工会在市总工会机关会议室召开六届六次全委（扩大）会。市委书记张成明出席会议并讲话。市总工会六届全委会委员、经审委员，部分基层工会主席、市总机关各部室、产业、事业单位负责人参加了会议。会议传达了省总十届五次全委会精神，进行了有关组织人事事项，增替补和免去了部分六届委员会委员、经审委员。市政协副主席、市总工会主席刘秀武在会上作了题为《与时俱进，开拓创新，在攀枝花改革、发展、稳定大局中更好地发挥工会的作用》的工作报告，回顾总结了2001年工会工作情况，安排部署了2002年工作任务，提出了继续推进工会工作的"五突破一加强"，努力实现"三个最大限度"，一手抓调整劳动关系机制建设，一手抓为职工办实事，保护、调动、发挥好广大职工的积极性、创造性，在改革发展稳定中充分发挥工人阶级的主力军作用，以优异成绩迎接中共十六大的召开。

市总工会六届七次全委（扩大）会　2002年6月17日，攀枝花市总工会在金沙滩度假村召开六届七次全委（扩大）会，主要进行有关组织人事事项，增补、替补部分委员。市总工会六届全委会委员、经审委员，部分基层工会主席、市总机关各部室、产业、事业单位负责人参加会议。

市总工会六届八次全委（扩大）会 2002年9月12—13日，攀枝花市总工会在金沙滩度假村召开六届八次全委（扩大）会。市委副书记徐孟加出席会议并讲话。市总工会六届全委会委员、经审委员，部分基层工会主席、市总机关各部室、产业、事业单位负责人参加了会议。会议传达了省总工会学习工作会议精神，代表全国总工会向攀钢（集体）公司工会、攀煤（集团）公司工会等五家单位颁发了“全国模范职工之家”荣誉证书，表彰了2001年度全市工会工作竞赛优胜单位，增替补了部分市总工会六届委员会委员。市政协副主席、市总工会主席刘秀武在会上作了题为《与时俱进，求真务实，在推进攀枝花发展新跨越中更好地发挥工会的重要作用》的工作报告，回顾总结了上半年工作情况，安排部署了下半年工作任务。

市总工会六届九次全委（扩大）会 2003年2月13日，攀枝花市总工会在九八宾馆召开六届九次全委（扩大）会。市委副书记徐孟加出席会议并讲话。市总工会六届全委会委员、经审委员，大企业不是委员的工会主席、市总机关各部室、产业、事业单位负责人参加了会议。会议传达省总十届八次全委会议精神，市政协副主席、市总工会主席刘秀武在会上作了题为《深入学习全面贯彻中共十六大精神，努力开创攀枝花市工会工作新局面》的工作报告，回顾总结了2002年工会工作情况，安排部署2003年工会工作任务。会议还通过了有关人事组织事项，选举徐翠为市总工会六届委员会副主席，通过了市工会第七次代表大会的决议（草案）。

市总工会六届十次全委（扩大）会 2003年4月21日，攀枝花市总工会在市总工会机关会议室召开六届十次委会。市总工会六届全委会委员、经审委员，部分基层工会主席、市总机关各部室、产业、事业单位负责人参加了会议。会议进行了有关组织人事事项，选举市委常委景宏年同志为市总工会六届委员会主席。

市总工会六届十一次全委（扩大）会 2003年7月25日，攀枝花市总工会在攀枝花会展中心召开六届十一次全委（扩大）会议。市总工会六届全委会委员、经审委员，部分基层工会主席、市总机关各部室、产业、事业单位负责人参加了会议。会议传达省工会十一大及市委工作会议精神，通过了召开市工会第七次代表大会的有关事项。

市总工会七届一次全委（扩大）会 2003年8月8日，攀枝花市总工会在攀枝花会展中心召开七届一次全委（扩大）会，主要任务是组织事项。会议选举产生市总工会第七届委员会委员46名，工会经费审查委员会委员9名，市总工会常务委员会常委9名，选举市委常委景宏年为市总工会七届委员会主席，张敏、游绍全、徐翠为市总工会七届委员会副主席，严光寿为经费审查委员会主任。

市总工会七届二次全委（扩大）会 2004年3月2日，攀枝花市总工会在金沙滩度假村召开七届二次全委（扩大）会。市委副书记徐孟加出席会议并讲话。市总工会七届全委会委员、经审委员，部分基层工会主席、市总机关各部室、产业、事业单位负责人参加了会议。会议传达了省总十一届二次全委会精神，市总工会主席景宏年在会上作了题为《抓住重点，求真务实，努力开创全市工会工作的新局面》的工作报告，回顾总结了2003年工作情况，安排部署了2004年工会工作任务。市总工会经审会主任严光寿作经审工作报告及扶贫帮困送温暖基金审查报告，会议还进行了有关组织人事事项。

市总工会七届三次全委（扩大）会 2005年1月21日，攀枝花市总工会在芙蓉古城召开七届三次全委（扩大）会。市委常委、市总工会主席景宏年出席会议并讲话。市总工会七届委员会委员、经审会委员和部分不是委员的市总直管和代管工会的主席，市总工会中层及以上干部参加会议。会议传达了省总工会十一届五次全委会精神，市总工会主席景宏年在会上作了题为《夯实基础，发挥作用，努力提高全市工会工作的社会影响力》的工作报告，回顾总结了2004年工作情况，安排部署了2005年工会工作任务。会议还命名确定了一批市模范（先进）职工之家，攀钢管理干部学校工会等17个工会被命名为“攀枝花市模范职工之家”，米易县卫生局工会等31个工会被命名为“攀枝花市先进职工之家”，四川米易糖业股份有限公司外加剂厂甲班工会等44个工会被命名为“攀枝花市模范职工小家”；东区华山小学等104个工会被确定为“攀枝花市模范职工之家”，米易县机械厂工会等26家工会被确定为“攀枝花市先进职工之家”，四川米易糖业股份有限公司外加剂厂工会被确定为“攀枝花市模范职工之家”。

市总工会七届四次全委（扩大）会　2006年1月25日，攀枝花市总工会在市总工会二楼大会议室召开七届四次全委（扩大）会。市委常委、市总工会主席景宏年出席会议并讲话。市总工会七届委员会委员、经审会委员和部分不是委员的市总直管和代管工会的主席，市总工会中层及以上干部参加会议。会议传达了省总工会十一届六次全委会议精神，市总工会党组书记、常务副主席张敏作了题为《突出重点，创新机制，奋力推进全市工会工作上新台阶》的工作报告，全面总结了2005年工作，安排部署了2006年工作。会议还进行了有关组织人事事项，表彰了2005年度全市工会系统实施“开放性再就业十大行动”先进单位，攀钢（集团）公司工会等13个单位获得表彰，表彰了2005年度集体合同、工资集体协商工作先进单位，东区总工会等5个单位获得表彰。

市总工会七届五次全委（扩大）会　2006年4月6日，攀枝花市总工会在市总工会二楼会议室召开七届五次全委（扩大）会。市委常委、市总工会主席景宏年出席会议并讲话。市总工会七届委员会委员、经审会委员和部分不是委员的市总直管和代管工会的主席，市总工会中层及以上干部参加会议。会议进行了有关组织人事事项，选举市委常委、市委组织部部长柳康健为市总工会主席，选举张云忠为市总工会七届委员会副主席。

市总工会七届六次全委（扩大）会　2007年3月30日，攀枝花市总工会在交通宾馆会议室召开七届六次全委（扩大）会。市总七届委员会委员、经审会委员和部分不是委员的市总直管和代管工会的主席，市总工会中层及以上干部参加会议。会议传达了省总十一届七次全委会精神和近期市委常委会对工会工作的重要指示。表彰了2006年度“市先进乡镇（街道）工会组织”，炳草岗街道总工会等9家单位被评为全市首批“先进乡镇（街道）工会组织”。市总工会党组书记、常务副主席张云忠在会上作了题为《突出重点，创新机制，奋力推进全市工会工作再上新台阶》的工作报告，全面总结回顾了2006年工作情况，安排部署了2007年工会工作任务。会议还进行了有关组织人事事项，选举市委常委、市委组织部部长张祖芸同志为市总工会七届委员会主席，同时免去市委常委、副市长柳康健工会主席职务。

市总工会七届七次全委（扩大）会　2007年7月13日，攀枝花市总工会在交通宾馆会议室召开七届七次全委（扩大）会。市委常委、市委组织部部长、市总工会主席张祖芸出席会议并讲话。市总七届委员会委员、经审会委员和部分不是委员的市总直管和代管工会的主席，市总工会中层及以上干部参加会议。会议传达了中央、全总、省委、省政府领导同志重要批示和全省工青妇惠民帮扶中心建设现场会及全省工会领导干部学习工作会精神。市总工会党组书记、常务副主席张云忠在会上作了题为《围绕中心，服务大局，在推进繁荣富裕文明和谐攀枝花建设中充分发挥工会组织作用》的工作报告，回顾总结了上半年工作情况，安排部署了下半年工作任务。进行了有关组织人事事项，选举尚滟佳为市总工会七届委员会副主席。

市总工会七届八次全委（扩大）会　2008年2月29日，攀枝花市总工会在攀枝花会展中心召开七届八次全委（扩大）会。市委常委、市委组织部部长、市总工会主席张祖芸出席会议并讲话。市总工会七届委员会委员、经审会委员和部分不是委员的市总直管和代管工会的主席参加会议。会议传达学习省工青妇惠民帮扶中心建设现场会和省总工会领导干部学习工作会精神。市总工会党组书记、常务副主席张云忠在会上作了题为《深入贯彻中共十七大精神，不断开创工会工作新局面，为推动攀枝花经济社会又好又快发展做出新贡献》的工作报告，要求全市各级工会组织要深入贯彻落实科学发展观，牢牢把握全面建设小康社会的新要求，以贯彻实施《劳动合同法》为契机，以发展和谐劳动关系、维护职工合法权益为主线，以协调解决职工群众最关心、最直接、最现实的利益问题为重点，团结动员广大职工群众为建设繁荣富裕文明和谐的攀枝花做出新的更大贡献。进行了有关表彰事项，授予东区银江镇工会联合会等 10 个基层组织 2007 年度“市先进乡镇、街道工会组织”荣誉称号。

市总工会七届九次全委（扩大）会 2008 年 7 月 8 日，攀枝花市总工会在攀枝花会展中心召开七届九次全委（扩大）会，会议主要任务是讨论通过第七届委员会的工作报告、财务工作报告和经审工作报告，审议通过“八大”有关组织人事事项。市委常委、市委组织部部长、市总工会主席张祖芸出席会议并讲话。市总七届委员会委员、经审会委员和部分不是委员的市总直管和代管工会的主席参加会议。

市总工会八届一次全委（扩大）会 2008 年 7 月 18 日，攀枝花市总工会在攀枝花会展中心召开八届一次全委（扩大）会，主要任务是组织事项。会议选举产生市总工会第八届委员会委员 43 名，工会经费审查委员会委员 9 名，市总工会常务委员会常委 9 名，选举市委常委、市委组织部部长张祖芸为市总工会主席，选举张云忠、尚滟佳、游绍全为市总工会八届委员会副主席，选举谢强为市总工会经费审查委员会主任。

市总工会八届二次全委（扩大）会 2009 年 1 月 6 日，攀枝花市总工会在市交通宾馆召开八届二次全委（扩大）会。市委常委、市委组织部部长、市总工会主席张祖芸出席会议并讲话。市总工会第八届委员会委员、经费审查委员会委员；不是两委委员的市总工会、大企业、县（区）、产业（包括代管的省产业工会）、市直属工会干部参加会议。

会上，市总工会党组书记、常务副主席张云忠作了题为《深入学习贯彻中国工会十五大精神，组织动员全市职工在推进攀枝花经济社会平稳较快发展中更加充分地发挥主力军作用》的工作报告，要求全市各级工会组织把思想和行动统一到市委的决策部署上来，抓住党政所需、职工所盼、工会所能的事情，运用好党和政府赋予的资源和手段，引领职工坚定信心，振奋精神，迎接挑战，战胜困难，为推进攀枝花市经济社会平稳较快发展工会组织要再立新功、再做贡献。

市总工会八届三次全委（扩大）会 2010 年 3 月 12 日，攀枝花市总工会在米易县安宁明珠大酒店召开八届三次全委（扩大）会。市委常委、市委组织部部长、市总工会主席张祖芸出席会议并讲话。市总工会八届委员会委员、经费审查委员会委员；不是两委委员的市总工会、大企业、县（区）、产业（包括代管的省产业工会）、市直属工会干部参加会议。

会上，市总工会党组书记、常务副主席张云忠作了题为《发挥工会自身优势，服务党政中心工作，团结动员广大职工在加快推进“四个倾力打造”中建功立业》的工作报告，提出了大力实施建功立业、权益维护、帮扶救助、凝心聚力和人才强会“五大工程”，为实现全市工会工作再上新台阶而努力奋斗的目标。

市总工会八届四次全委（扩大）会 2010 年 6 月 12 日，攀枝花市总工会在攀枝花会展中心召开八届四次全委（扩大）会，会议主要任务是组织事项。市委常委、市委组织部部长、市总工会主席张祖芸出席会议并作重要讲话。市总工会八届委员会委员、经费审查委员会委员；不是两委委员的市总工会、大企业、县（区）、产业（包括代管的省产业工会）、市直属工会干部参加会议。会议替补、免去部分八届委员会委员和经审委员，选举谢强为市总工会八届委员会副主席，选举郑红为市总工会经费审查委员会主任。

市总工会八届五次全委（扩大）会 2010 年 12 月 1 日，攀枝花市总工会在攀枝花会展中心召开八届五次全委（扩大）会，会议主要任务是组织事项。市委常委、市委组织部部长、市总工会主席张祖芸出席会议并讲话。市委组织部干部二处负责同志，市总工会第八届委员会委员、经费审查委员会委员，市总工会中层以上干部参加了会议。会议替补、免去部分八届委员会委员、经审委员，选举张开锋为市总工会八届委员会副主席。

市总工会八届六次全委（扩大）会 2011 年 2 月 17 日，攀枝花市总工会在金沙明珠 1 号会议室召开八届六次全委（扩大）会，市委常委、组织部部长、市总工会主席张祖芸出席会议并讲话，市总工会八届委员会委员、经审会委员以及不是委员的产业工会、市直管工会、在攀省属产业工会负责人、市总工会机关中层以上干部等120余人参加了会议，大会首次邀请了重点乡镇（街道）工会主席列席。会上，市总工会党组书记、常务副主席张开锋作了题为《以工人阶级伟大品格激励和凝聚职工，为实现“十二五”发展良好开局作贡献》的工作报告，提出了以团结动员广大职工推动攀枝花科学发展、全面建设小康社会中充分发挥主力军作用为主题，以顺应经济发展方式转变要求、不断提高职工素质、切实维护职工合法权益、建立和谐稳定新型劳动关系为主线，以深入推进“两个普遍”为重点，以实施好“十大行动”，即建功立业促发展行动、职工素质提升行动、“双基”夯实行动、职工权益维护行动、困难职工帮扶行动、职工生命健康关爱行动、工会工作创新行动、文化宫建设攻坚行动、工会保障支撑行动、机关效能提升行动为抓手，抓住新机遇，施展新作为，始终保持昂扬向上、奋发有为的创造激情，服务大局，服务职工，在推动“十二五”高起点开局中创新发展工会工作。

市总工会八届七次全委（扩大）会　2011年10月28日，攀枝花市总工会在攀枝花会展中心召开八届七次全委（扩大）会，会议主要内容是组织事项。市总工会八届委员会委员、经审会委员以及不是委员的产业工会、市直管工会、在攀省属产业工会负责人，市总工会机关中层以上干部等70余人参加了会议。会议按照民主程序，通过了关于增替补部分市总工会八届委员会委员的决定。市委常委、组织部部长、市总工会主席张祖芸出席会议并作重要讲话。会议由市总工会党组书记、常务副主席张开锋主持。

市总工会八届八次全委（扩大）会　2012年2月8日，攀枝花市总工会在攀枝花会展中心召开八届八次全委（扩大）会，市委常委、组织部部长、市总工会主席张祖芸出席会议并作重要讲话，市总工会八届委员会委员、经审会委员以及不是委员的产业工会、市直管工会、在攀省属产业工会负责人、市总工会机关中层以上干部、各县（区）重点乡镇（街道）工会主席等共90余人参加了会议。会上，市总工会党组书记、常务副主席张开锋作了题为《团结动员广大职工当好主力军，为建设幸福攀枝花做出新贡献》的工作报告，提出：“十大举措”助推幸福攀枝花建设。要求全市各级工会组织要认真学习贯彻党的十七届六中全会、市第九次党代会及刚刚召开的市委常委（扩大）会议精神，以邓小平理论和“三个代表”重要思想为指导，深入贯彻落实科学发展观，以学习实践中国特色社会主义工会发展道路为主题，以“面对面、心贴心、实打实”开展职工群众工作为主线，以建设幸福攀枝花为奋斗目标，以维护权益、走访基层、夯实“双基”、工资协商、建功立业、帮扶救助、关爱劳模、提振文化、保障支撑、提升效能“十项举措”为抓手，团结动员广大职工群众在幸福攀枝花建设中充分发挥主力军作用。

市总工会八届九次全委（扩大）会　2012年3月21日，攀枝花市总工会在金沙明珠1号会议室召开八届九次全委（扩大）会，市总工会八届委员会委员、经审会委员以及不是委员的产业工会、市直管工会、在攀省属产业工会负责人、市总工会机关中层以上干部等70余人参加会议。会议按照民主程序，通过了有关组织事项。会议替补、免去部分攀枝花市总工会八届委员会委员，选举市委常委许健民为市总工会八届委员会委员主席。

市总工会八届十次全委（扩大）会　2013年2月28日，攀枝花市总工会在工人文化宫召开了八届十次全委（扩大）会，市委常委、市总工会主席许健民出席会议并讲话，市总工会八届委员会委员、经费审查委员会委员以及不是委员的产业工会、市总直管工会、在攀省属产业工会负责人，市总机关中层以上干部等共90余人参加了会议。会上，市总工会党组书记、常务副主席张开锋作了题为《深入学习贯彻中共十八大精神，在服务大局中彰显工会新作为》的工作报告，提出了打造服务型工会组织。要求全市各级工会组织要坚持“工会工作实务化，重点工作项目化，项目推进科学化，反馈评价社会化”的思路，以打造服务型工会组织为目标，突出“服务中心工作、服务和谐建设、服务职工需求、强化自身建设”的“三服务一强化”要求，充分发挥工会组织和工人阶级在幸福攀枝花建设中的重要作用，在服务攀枝花发展大局中彰显工会新作为。

市总工会八届十一次全委（扩大）会 2013 年 5 月 29 日，攀枝花市总工会在攀枝花会展中心召开八届十一次全委（扩大）会暨全市工会代表会议。市委常委、市总工会主席许健民出席会议并讲话，市总工会八届委员会委员、经费审查委员会委员以及不是委员的产业工会、市总直管工会、在攀省属产业工会负责人，全市工会代表会议基层代表，市总工会中层以上干部等 90 余人参加会议。会议通报了市工会“九大”筹备情况，审议通过市总工会第八届委员会《工作报告》《财务工作报告》《经审工作报告》（草案）、市工会“九大”代表资格审查委员会委员建议名单，选举产生了出席省工会“十三大”代表。

市总工会九届一次全委（扩大）会 2013 年 6 月 14 日，攀枝花市总工会在攀枝花会展中心召开九届一次全委（扩大）会，主要任务是组织事项。会议选举产生市总工会第九届委员会委员 46 名，九届委员会常务委员 13 名，九届经费审查委员会委员 13 名；选举市委常委许健民为市总工会九届委员会主席，张开锋、汤帮梅、谢强为市总工会九届委员会副主席。

第五节 市总工会常委会

1989—2013 年，攀枝花市总工会共召开常委会议 79 次，其中召开四届常委会 31 次、召开五届常委会 13 次、召开六届常委会 17 次、召开七届常委会 8 次、召开八届常委会 10 次。市总工会常委会原则上在每次召开全委会前召开，会议由市总工会主席召集并主持，主席不能参加会议时，可委托常务副主席召集并主持。会议主要内容是研究提出贯彻执行党的路线方针政策、国家法律法规的实施；传达学习贯彻上级重要会议、文件和批示精神；研究落实市总工会代表大会、全委会作出的决议、决定、部署的措施；研究市总工会的重大工作部署、政策、措施，以市总名义发布的涉及全局的政策性文件和重要工作部署；研究确定召开市总工会全委会的有关事项；研究决定或审议工会工作的重大的问题。

第四章 职工队伍

第一节 职工队伍发展

攀枝花市的职工队伍，大体经历了三个发展时期。第一个时期是 1965—1997 年。这个时期是攀枝花市从业人员队伍发展较快的时期。这一阶段，党和国家集中力量恢复和发展经济，攀钢、攀煤和十九冶三大国有企业发展快速，创造了大量的就业机会，使城乡劳动力随着国民经济的迅速恢复和发展而得到了就业。1986 年，全市从业人员 46.64 万人，到 1997 年年末，全市从业人员达到 62.05 万人，年均增加 1.4 万人。1998—2001 年，从业人员队伍呈下降趋势。1998 年，中央、省、市全面启动国有企业下岗职工基本生活保障和再就业工作，国有企业改革进入攻坚阶段，下岗职工大幅度增加，企业吸纳劳动力的能力急剧下降。加之攀枝花市民营经济和第三产业不发达，从业人员呈下降趋势。2001 年，从业人员为 62.12 万人，比 1998 年减少 0.25 万人，失业率达 4.5%。2002—2013 年，从业人员步入缓慢增长轨道。2002 年以后，国家制定了一系列促进下岗失业人员再就业的优惠政策，攀枝花市委、市政府加强企业改革力度，建立现代企业制度以及鼓励和支持私营、个体等其他经济的发展，形成了多元就业渠道并存的新格局。2005年年末，全市就业人员达63.22万人，比2002年增加了0.88万人。失业率下降到4.43%。到2007年，全市从业人员达64万人。2013年年末，全市就业人员72.56万人，比2005年增加9.34万人。（根据《攀枝花市第三次全国经济普查主要数据公报》，2013年末，全市第二产业和第三产业法人单位从业人员382209人，比2008年末增加86336人，增长29.2%。）

第二节　职工队伍分布

攀枝花市的就业人员，随着产业结构的调整，逐步打破了全市产业结构单一、第二产业比重较大的格局，促进了第三产业的发展，增加了第三产业的就业人员。1965年，全市从业人员17.72万人，其中第一、第二、第三产业的从业人员分别达到12.89万人、3.85万人和0.98万人。1989年全市从业人员50.65万人，其中第一、第二、第三产业的从业人员分别达到22.53万人、20.85万人和7.27万人。到2013年末，全市从业人员72.56万人，其中第一、第二、第三产业的从业人员分别达到22.05万人、25.12万人和25.38万人。随着市场经济的快速发展，打破了城乡劳动力就业身份的界限，大量农村剩余劳动力"离乡进城、务工经商"，农民工挣到钱后，又返乡创业，发展家乡经济。同时，由于乡镇企业、私营经济的不断壮大，又分流了城镇国有、集体单位的部分劳动力，使一些下岗失业人员重新走上工作岗位，形成城镇职工"上山下乡"（城镇国有集体企业下岗失业人员到乡镇企业就业）的新趋势，城乡劳动力的单向流动开始向双向流动的转变，非公有制经济成为就业的重要途径。到2004年年末，城镇非公有制经济从业人员达21.19万人，占城镇从业人员的比重54%。城镇职工人数呈减少态势。2007年年末，全市国有集体职工人数17.7万人，比1996年减少13.32万余人。2013年年末，全市国有集体职工人数13.03万人，比2007年减少3.67万人。

1988—2013年攀枝花市历年从业人员情况

表25　　　　单位：万人

年份	从业人员合计	其中			职工人数	其中			
		第一产业	第二产业	第三产业		国有	集体	其他	私营
1988	49.22	22.02	20.07	7.13	26.84	23.10	3.74	—	—
1989	50.65	22.53	20.85	7.27	27.75	23.77	3.98	—	—
1990	52.37	23.00	21.32	8.05	28.45	24.25	4.20	—	—
1991	55.20	24.87	23.07	7.26	30.07	25.16	4.91	—	—
1992	56.51	24.93	24.62	6.96	31.16	25.38	5.78	—	—
1993	56.84	24.98	24.83	7.03	30.54	25.11	5.31	0.12	—
1994	57.55	22.33	26.69	8.53	31.00	23.53	6.69	0.78	—
1995	60.59	23.77	26.47	10.35	31.61	24.74	6.10	0.77	—
1996	61.35	23.76	26.72	10.87	31.73	24.78	6.24	0.71	—
1997	62.05	23.60	26.71	11.74	29.62	22.94	5.74	0.94	—
1998	62.16	23.61	26.45	12.10	29.35	22.93	5.03	1.39	—
1999	63.00	23.62	26.90	12.48	29.70	23.67	4.69	1.34	—
2000	63.33	23.91	25.76	13.66	28.19	22.74	4.13	1.31	—

续表 25

单位：万人

年份	从业人员合计	其中			职工人数	其中			
		第一产业	第二产业	第三产业		国有	集体	其他	私营
2001	61.91	23.93	23.66	14.32	25.75	20.74	3.75	1.26	—
2002	62.34	23.93	24.09	14.32	24.63	19.74	3.51	1.38	—
2003	62.52	23.74	22.70	16.08	22.73	17.92	2.13	1.68	—
2004	63.15	23.55	23.00	16.60	21.41	16.88	3.06	1.46	—
2005	63.22	22.85	23.40	16.97	20.93	16.42	3.05	1.46	—
2006	63.32	22.40	21.47	19.45	19.98	15.47	3.07	1.44	—
2007	64.00	22.24	20.68	21.08	19.07	14.85	2.85	1.36	—
2008	64.00	21.72	19.46	22.82	18.36	14.57	2.53	1.26	—
2009	64.74	21.81	19.97	22.96	28.04	14.60	2.59	1.13	9.72
2010	65.38	21.85	20.40	23.13	27.24	12.75	0.72	3.35	10.42
2011	66.49	21.86	20.55	24.08	29.92	14.08	0.56	4.61	10.67
2012	66.65	21.82	20.65	24.18	28.69	13.12	0.45	4.51	10.61
2013	72.56	22.05	25.12	25.38	32.59	12.34	0.69	8.85	10.71

第三节　职工队伍特点

进入 20 世纪后，攀枝花市非公有制单位职工已成为全市职工队伍的重要组成部分。从分布上看，随着国有经济战略性调整，国有企业改组改制和非公有制经济的快速发展，传统产业中的国有、集体经济职工大量向非公有制经济和城镇个体经济转移。国有、集体经济单位的职工逐年减少，而非公有制经济单位职工则大幅度增加。到 2013 年，全市国有（全民）经济职工 56030 人，而非公有制经济单位职工则上升为 86231 人。

第三产业职工快速增加，在此期间，第三产业和服务业在国民经济中的比重不断上升，引起职工总体结构的重大改变。据市统计局统计，24 年来，第一产业从业人员和第二产业从业人员增速放缓或呈下降趋势，第三产业从业人员则逐年增加。1989 年，全市第一产业、第二产业、第三产业从业人员顺次为 22.02 万人、20.07 万人、7.13 万人。1995 年，第一、第二、第三产业从业人员顺次为 23.77 万人、26.47 万人、10.35 万人。到 2013 年，第一、第二、第三产业从业人员顺次为 22.05 万人、25.12 万人、25.38 万人。第三产业就业增长率 1995 年比 1989 年增长 29.76%，2013 年比 1995 年增长 59.22%，增速高于第一、第二产业。

进城务工人员成为工人阶级的新成员。进城务工人员群体，主要指进入各种企、事业和机关（团体）单位就业，与用人单位建立（或事实上形成）劳动关系的、基本具备了职工特点的农民工。20 世纪 90 年代中后期，随着劳动就业体制的改革和城镇化进程的加快，农村剩余劳动力大量向城镇转移，形成进城务工人员群体，成为产业工人的重要组成部分。在此期间，全市进城务工人员数量呈逐年上升趋势，特别是进入 2000 年后增长较快。2013 年，全市已建工会的基层单位有职工 36912 人，其中有 21697 为进城务工人员，占 59%。行业分布以建筑、商贸为主。进城务工人员中，30 岁左右为主流人群，多数有 5 年以上务工经验，文化程度普遍偏低。

第四节　职工工资收入

攀枝花市就业人员（2012 年用就业人员口径代替职工）工资逐年增长。1988 年，全市就业人员年平均工资 2216 元，2012 年达到 40846 元，增长 18.4 倍。2012 年，国有企业就业人员平均工资达到 47844 元，较 1988 年增长 20.27 倍；集体企业就业人员平均工资 43137 元，较 1988 年增长 32.75 倍；其他企业就业人员平均工资 44601 元，较 1992 年增长 8.12 倍；私营企业就业人员平均工资 29937 元，较 2009 年增长 1.77 倍。

1989—2013 年就业人员平均工资情况

表 26　　单位：元

年份	就业人员平均工资				
	合计	国有	集体	其他	私营
1988	2216	2360	1317	—	—
1989	2490	2643	1547	—	—
1990	2738	2934	1630	—	—
1991	3007	3203	1994	—	—
1992	3269	3521	2143	—	—
1993	4558	4787	3443	5492	—
1994	6015	6524	4168	6704	—
1995	6955	7405	5191	6384	—
1996	7610	8145	5483	7276	—
1997	7736	8241	5846	7302	—
1998	8036	8395	6763	6642	—
1999	7923	8416	5711	6815	—
2000	8991	9497	6679	7293	—
2001	10563	11267	7369	8072	—
2002	11818	12732	7903	8594	—
2003	13932	14950	10219	9746	—
2004	16321	17571	11833	11382	—
2005	18073	19464	12996	13024	—
2006	20028	21367	14082	18036	—
2007	23310	24545	17269	22521	—
2008	27435	27836	24539	28394	—
2009	26561	32662	27465	31806	16887
2010	32009	37684	27619	35764	18538
2011	35997	42471	33619	40680	25103
2012	40846	47844	43137	44601	29937
2013	44220	54239	48959	43621	32529

一、企业职工工资调整

1989 年初，攀枝花市总工会开始着手研究职工工资制度。11 月，市总工会选派骨干参加省劳动厅、省总工会、省劳动学会联合在乐山市召开的关于企业内部工资分配问题研讨会。会议讨论研究了各级工会组织应参与不同层次的工资制度改革；当前企业内部工资分配存在的难点和问题以及应采取的对策；根据行业和企业特点，切实贯彻按劳分配原则，合理选择企业内部工资分配形式；企业工资标准和工种、职务等级的规定和划分；实行工资总额同经济效益挂钩的企业建立职工基本工资增长制度和管理方式；未挂钩的企业怎么办等方面的问题。会后，攀枝花市总工会积极与市劳动局、市委政策研究室、市经贸委、市体改委、市社科联、市企联等单位负责人召开会议研究讨论全市企业工资分配制度改革的方向性、原则性问题并制定出改革路径，推动攀枝花市企业工资分配制度的改革。至 1991 年底，攀枝花市大部分国营企业实行工资总额和经济效益挂钩的办法，落实企业分配自主权，攀钢、攀煤等大型国有企业实行适合本企业特点的工资分配形式。同时，在十九冶还开展了岗位技能工资制试点。

1992 年 7 月，为做好攀钢、矿务局、五交化总公司等 5 户国营大中型企业转换机制，推动企业劳动用工、工资分配、社会保险制度改革的深入进行，市总工会发出通知，要求各县（区）确定专人，建立与所在区域试点企业的联系制度，深入调研、掌握试点企业在劳动组合、富余人员安置、工资分配形式等 4 个方面的基本情况。

1995 年 6 月，四川省人民政府令第 60 号令发布《四川省最低工资保障规定》后，攀枝花市着手研究在攀枝花市实施最低工资保障制度。6 月 30 日，攀枝花市政府发布《关于调整 1995 年企业职工最低工资标准的公告》，对企业职工的最低工资发放标准作出规定，规定当年攀枝花市职工最低工资标准为 330 元。最低工资标准包含劳动者个人缴纳的“五险一金”（养老、医疗、失业、工伤、生育保险和住房公积金）。最低工资不包括加班加点工资，中班、夜班、高温、低温、井下、有毒有害等特殊工作条件或者特殊工作环境下的津贴，法律、法规、规章、政策规定的非工资性劳动保险福利待遇，用人单位支付给劳动者的非货币性补贴等 4 项内容。

1996 年 12 月 1 日，攀枝花市首次实施最低工资保障制度，并公布东区、西区、仁和区最低工资标准为 510 元/月，米易县、盐边县为 450 元/月。1997—2007 年，此标准未作调整。

2008 年以后，按照国家经济发展水平应与企业职工收入同步的指导思想，攀枝花市企业职工最低工资标准的调整速度加快，职工最低工资标准逐年得到提高。2008 年 1 月 1 日，攀枝花市调整最低工资标准为 550 元/月。2010 年 8 月 1 日，攀枝花市调整最低工资标准为 780 元/月。2012 年 1 月 1 日，攀枝花市调整最低工资标准为 960 元/月。2013 年 7 月 1 日，攀枝花市调整最低工资标准为 1140 元/月。自 1996 年至 2014 年，攀枝花市职工最低收入标准提高了 2.27 倍，月最底工资标准净增长 700 元。

二、企业职工工资增长

2001 年度，攀枝花市在岗职工工资总额 24.89 亿元，较上年增长 10.2%。在岗职工年平均工资 11509 元，增长 18.1%。

2002 年度，攀枝花市在岗职工工资总额 27.01 亿元，增长 8.5%。在岗职工年平均工资 12788 元，增长 11.1%。

2003 年度，攀枝花市就业城镇单位在岗职工人数 19.62 万人，同比减少 5.9%，在岗职工工资总额 29.99 亿元，增长 11.0%。

2004 年度，攀枝花市就业城镇单位在岗职工人数 19.65 万人，与上年度基本持平，同比增加在岗职工工资总额 33.11 亿元，增长 10.4%。

2005 年度，攀枝花市在岗职工年平均工资 19393 元。其中，国有企业在岗职工年平均工资 20999 元，集体企业在岗职工年平均工资 13730 元。

2006 年度，攀枝花市在岗职工年平均工资 21426 元。其中，国有企业在岗职工年平均工资 23026 元，集体企业在岗职工年平均工资 14741 元。

2007 年度，攀枝花城镇单位在岗职工年平均工资 24540 元。其中，国有企业城镇单位在岗职工年平均工资 25788 元，集体企业城镇单位在岗职工年平均工资 17884 元。

2008 年度，攀枝花市城镇单位在岗职工年平均工资 28430 元。其中，国有企业城镇单位在岗职工年平均工资 28701 元，集体企业城镇单位在岗职工年平均工资 25242 元。

2009 年度，攀枝花市城镇单位在岗职工年平均工资为 31922 元，城镇单位职工年平均工资为 30776 元。

2010 年度，攀枝花市全部单位在岗职工年平均工资 30029 元，增长 13.1%，比四川省年平均水平高出 3077 元，绝对数在四川省 21 个地市州中排名第 5 位，增速在全省排名第 14 位。其中国有单位在岗职工年平均工资 37684 元，比 2009 年增长 15.4%；集体单位在岗职工年平均工资 27619 元，增长 0.6%；私营单位在岗职工年平均工资 18538 元，增长 9.8%。

2011 年度，攀枝花市城镇居民可支配收入 19735 元，增长 16.9%。其中职工工资性收入 13994 元，增长 16.5%。

2012 年度，攀枝花市城镇居民人均可支配收入 22808 元，增长 15.6%。其中工资性收入 16283 元，增长 16.4%。

2013 年度，攀枝花市城镇居民人均可支配收入 24906 元，增长 9.2%。其中工资性收入 17232 元，增长 5.8%。

第五章　干部队伍建设

第一节　全市工会干部队伍

1973 年，攀枝花市恢复工会活动时有工会专兼职干部 153 人。1989 年，已达到 316 人。2003 年年底，全市共有专职工会干部 825 名（不包括省属企事业单位的专职工会干部，下同）。2004 年，全市共有专职工会干部 768 名。2005 年，全市共有专职工会干部 813 名。2013 年，全市共有专职工会干部 431 名，其中女干部 48 人、少数民族干部 26 人。

1989—2013 年部分年份全市工会干部队伍结构情况

表 27

单位：人

年份	专兼职干部数	其中			
		党员人数	大专文化水平	女干部	少数民族
1989	316	178	48	56	10
1990	189	42	49	29	28
1995	296	57	72	68	19
2003	825	78	62	56	23
2006	584	89	71	46	19
2013	431	92	83	48	26

第二节　市总工会干部队伍

1973 年，攀枝花市恢复工会活动时市总工会有职工 19 人。2001 年年底，市总工会有职工 127 人（在职 92 人、离退休 35 人）。2002 年底，市总工会有职工 126 人，其中在职职工 86 人、离退休 40 人。2005 年，市总工会有职工 123 人（其中在职职工 75 人、离退休 48 人）。2007 年，市总工会直属系统职工总数（含直属事业单位）152 人，其中离退休职工 65 人。2009 年，市总工会在职职工 63 人，总工会直属系统职工总数（含聘用人员、工会特派员）150 人，其中离退休职工 66 人。2011 年，市总工会现有职工（含直属事业单位及临聘人员）167 人，其中，在职在编职工 61 人，离退休职工 70 人，聘用人员 36 人（机关聘用人员 9 人、特派员 17 人、专职社会化工会工作者 10 人）。2013 年，市总工会现有职工（含直属事业单位及临聘人员）为 171 人，其中，在职在编职工 62 人，离退休职工 69 人，聘用人员 32 人（机关聘用人员 11 人、特派员 17 人、专职社会化工会工作者 4 人）。

1989—2013 年市总工会机关干部队伍结构情况

表 28

单位：人

年份	市总工会职工人数	其中		在职		
		在职	退休	处级干部	科级干部	一般干部
1989	21	19	18	4	6	11
1994	54	51	20	4	10	37
2001	127	92	35	4	13	75
2006	138	40	64	6	15	19
2008	152	41	65	8	18	15
2013	171	62	69	8	19	35

第三节　干部管理

1989 年，全市有专兼职工会干部 316 人，其中党员 178 人、大专文化水平 48 人、女干部 56 人、少数民族干部 10 人。2013 年，发展到 431 人，其中党员 92 人、大专文化水平 92 人、女干 486 人、少数民族干部26人。1994年，表彰了197名优秀工会工作者、296名工会优秀积极分子、100名特邀优秀工会积极分子。年内工会积极分子人数已达89000余名。1995年，20名工会干部被评为“省优秀工会干部”，14名工会积极分子被评为“省优秀工会积极分子”在12月省总工会召开的区、县工会工作会上受到表彰。推荐2名优秀工会积极分子为“全国优秀工会积极分子”。2005年，在国有大企业、非公有制企业和社区工会中开展推行工会主席直选试点工作，探索工会干部任用新模式。年内，攀钢公司提钒炼钢厂、轨梁厂、冷轧厂和24个社区进行工会主席直选。2007年，全市工会系统开展领导干部作风整顿活动，通过发征求意见函、召开座谈会等形式，广泛收集意见建议41条，综合归纳为18条，总工会党组对意见建议进行认真研究，制定相应的整改措施。密切了同基层、群众的关系。2011年，召开全市工会系统党工共建创先争优活动推进会，6个先进工会组织、10名优秀工会工作者和15名优秀职工受到表彰。2012年，推行新的选人用人机制，采取中层干部竞争上岗，一般干部双向选择、基层遴选、公开招考机构干部等方式，不断充实干部队伍力量。2013年，着力培养干部服务意识、群众意识、忧患意识、实干意识、创新意识，印发《转变工作作风、提高工作效能的实施办法》，探索实施服务对象评价制度，不断转变干部工作作风。

第四节 干部教育培训

1989—2013年，攀枝花市总工会为提高各级工会干部的政治思想水平和业务能力，加大培训力度，每年均定期或不定期开展各类培训活动。主要采取专职培训、集中培训、会议培训、活动培训、党校培训、大学委托培训、上挂下派培训和工作竞赛、技术比武、以老带新等多元化的工会干部教育培训方式，共培训各类干部10万余人。

1989年，全市举办工会业务培训班的工会有133个，共计培训干部31870人。1993年，针对基层工会干部变动频繁、业务生疏等问题，市总工会开展规范化岗位培训219人，短期适应性岗位培训20598人。其中女工干部1595人、基层以上专职干部112名、基层专职干部719名。1994年，开展岗位培训工会干部900余人。1996年，市总工会针对换届、新老替补、人员变动等情况，为更新观念、提高工会干部的业务素质、工作水平，市总工会举办适应性工会干部培训班5期、规范化岗位培训2期，共培训538人。9月26日，市总工会组织部分市内先进工会干部赴北京参加国庆观礼活动。1998年，市总工会下发《攀枝花市“九五”期间企业工会主席工商培训规划》，开展适应性岗位和工会干部培训，全年共培训工会干部1081人，其中上岗培训367人、适应性岗位培训573人、师资培训87人、法律专业人员培训84人。选派30名工会干部参加省总工会的各种培训，完成和超额完成了省总下达的工会干部调训和培训任务。1999年，加大工会干部培训教育力度。全年共培训（新一轮岗位培训）工会干部547人，适应性岗位培训1597人，法律专业人才培训151人，工商管理知识培训44人，劳动保护、会计、统计培训351人。2002年，市总举办各种培训班8期，培训446人。2005年，对市总工会机关、事业单位干部17人进行岗位培训，有18人参加学历培训，15人参加计算机培训。同年3月，市总工会被省总工会评为“全省工会干部教育工作先进集体”。2007年，全市工会系统通过部门组织培训、派员到基层讲课、参加全国总工会、省总工会两级调研等方式，培训工会干部达3000余人次，培训基层工会主席77名，组织参加省总调训近50人。2009年，市总工会把该年作为“工会干部学习培训年”，大力推进“人才强会工程”，努力创新工会干部教育培训方式，采取“送出去、请进来、上挂下派”等多种方式，共培训工会干部400余人次。2010年，加强工会干部业务能力培训，邀请上海工运职业学院教授和市发改委领导，为150名工会干部作了题为《社会转型时期工会工作未来发展战略》的专题讲座。当年，市总工会还上门为东区、钒钛产业园区等基层工会干部开展培训 15 场次。全年，全市组织各类培训班培训工会干部 3000 余人次。2013 年，组织参加北京工运学院工会干部培训、安全生产培训、专题讲座等 500 余期，参与职工达 3000 人以上。

此外，市总工会还采用工作竞赛、技术比武、以老带新等方式开展教育培训。2004 年，市总工会围绕攀枝花经济发展和社会事业进步，对全市工会重点工作开展情况实行督察督办，积极参加四川省总工会的“市、州、产业（局）工会工作竞赛”；组织开展“2004 年全市工会工作竞赛”活动。同年，市总工会获四川省总工会“工会工作竞赛一等奖”。2008 年，市总工会加大职工技能培训力度，扎实开展岗位培训、“名师带高徒”、技能比赛等活动，使 391 名职工技能等级得到提升。2010 年，坚持把“三十万职工大练兵”与“创建学习型组织、争做知识型技能型职工”活动相结合，依托职工技术学校、农民工夜校、职工书屋等平台定期举办岗位培训和技术比武等，不断提高职工的科学文化素质和技能水平。2011 年，组织开展重点工程竞赛，参赛职工达到 3 万余人，全年共有 3000 余个企业开展不同内容、不同形式的劳动竞赛，参赛职工达 30 余万人次。2012 年，组织开展“五比五赛”知识竞赛，参赛职工达 3 万余人，扎实开展第二届“百岗工人“职工职业技能大赛，参赛职工达 7 万人。2013 年，市总工会以市工会九次代表大会换届为契机，转变作风，加强干部培训，下发《转变工作作风、提高工作效率的实施办法》。启动“企业订单、职工选单、工会工单”培训，全年筹资 10 万元，委托四川机电职业技术学院对 123 名职工分别进行电工、冷作工、焊工等 6 个工种开展订单式培训。全年，全市通过技术培训、技术练兵、技术比赛等活动，有 1200 名职工实现技术等级提升，培训工会干部 3000 余人次，组织 60 个乡镇街道工会主席在内的 150 名基层工会干部到中国劳动关系学院培训学习。

第六章　中共党组织建设

第一节　市总工会党组

1978 年年底，市委批准建立市总工会党组，在市委直接领导下，市总工会党组贯彻党的工运路线和党的方针政策，联系工人群众，迅速恢复和发展攀枝花市的工会组织建设，围绕党的中心工作独立开展活动。

1989—2013 年市总工会历届党组书记及成员任职情况

表 29

届别	党组书记	党组成员
四届	刘秀武（1984.12—1993.06）	李谦华、杨爱群、杨洪达
五届	刘秀武（1993.07—1998.06）	杨洪达、王大秀
六届	刘秀武（1998.07—2003.04） 景宏年（2003.05—2003.08）	杨洪达、游绍全、张　敏、王大秀、徐　翠
七届	张　敏（2003.09—2006.02） 张云忠（2006.03—2008.07）	游绍全、徐　翠、尚滟佳
八届	张云忠（2008.08—2010.09） 张开锋（2010.10—2013.06）	游绍全、尚滟佳、谢　强、汤帮梅、于庆成、郑　红、王红梅
九届	张开锋（2013.07—　　　）	谢　强、汤帮梅、于庆成、郑　红、王红梅

第二节　市总工会党总支

1973 年，攀枝花市总工会中共党组织恢复活动后，市总工会机关和团市委、市委统战部组成一个党支部，即群工部支部。1976 年，市总工会机关党支部正式成立。1978 年，因党员人数不断增加，经市委批准成立市总工会党总支。1981 年，市委撤销市总工会党总支，建立市总工会机关党支部。1987 年 12 月 26 日，市直机关党委又批准成立市总工会党总支，下设机关、文化宫、工会干校 3 个支部。2013 年，市总工会党总支下设机关、文化宫、攀枝花离退休、成都离退休等 4 个支部，有党员 91 人。

1989—2013 年市总工会机关党总支书记任职情况

表 30

职　务	姓　名	性别	任职时间
书　记	严光寿	男	1988.10—1990.10
书　记	蒲明太	男	1990.10—1998.09
书　记	杨洪达	男	1998.09—2001.01
书　记	张　敏	女	2001.01—2003.08
书　记	杨洪达	男	2003.08—2003.10
书　记	张　敏	女	2003.10—2006.02
书　记	罗　岚	女	2007.01—2012.09
书　记	王红梅	女	2012.09—

1989—2013 年市总工会机关党总支基本情况

表 31

年份	职工总数（人）	党支部数（个）	党员人数（人）
1989	95	3	40
1995	102	3	45
2000	127	4	65
2005	123	4	76
2010	167	4	83
2013	171	4	91

第三节　市总工会纪检组

1993 年，根据中共攀枝花市委组织部〔1993〕270 号文件通知，设立市总工会纪检组。

1989—2013 年市总工会纪检组长任职情况

表 32

职　务	姓　名	性别	任职时间
纪检组长	王大秀	女	1993.01—1996.06
纪检组长	蒲明太	男	1996.06—2002.07
纪检组长	谭　克	男	2002.07—2007.10
纪检组长	于庆成	男	2008.01—

第七章　服务经济建设

第一节　劳动竞赛

市总工会重视劳动竞赛的组织开展，积极探索适应经济社会发展的社会主义劳动竞赛新形式，并在不同时期，赋予其时代特征，使劳动竞赛成为推动经济社会发展的重要力量。建市初期，围绕生产建设，以“五好”为目标，组织开展“三通一住”（在建项目通水、通电、通路及住房修建）劳动竞赛，推进攀枝花基础设施建设。20 世纪八九十年代，市总工会将劳动竞赛工作重心调整为“挖潜增效、节能降耗”，对稳定经济、提升产能比率发挥了积极作用。进入 21 世纪以后，市总工会将竞赛中心调整为产业技术升级和优化产业结构，积极开展职工经济技术创新竞赛和以“小发明、小革新、小改造、小设计、小建议”为主要内容的“五小”竞赛，提升企业市场竞争力，打造创新型城市。具有时代特征的劳动竞赛，为广大职工发挥作用，展示风采搭建了广阔的舞台，造就了一大批具有时代特征的劳动模范，先后产生的李金银、唐大黑、张莲花、杨桂兰等“八闯将、六金花”和雷永、丁爱谱、黄明安、张文等一大批劳动模范，成为广大劳动者学习的典范。

一、创水平上台阶竞赛

20 世纪 80 年代，随着经济体制的逐步转变，市总工会开始探索社会主义劳动竞赛新模式，使劳动竞赛不断适应发展需求。1986 年，市总工会在国家“七五”计划建设期间，组织全市企事（文教事业）业单位职工开展建功立业首次万人技术表演竞赛活动，直接创可算经济价值 173 万元。当年 12 月，市总工会主动配合企业行政抓“上等升级”活动，并制发《关于组织我市企业单位广泛开展创水平、上台阶厂际竞赛的通知》，与市计经委、市建环委、市财政局联合提出“创四个水平、上四个台阶”（创区、县、委、局、大企业先进水平，上区、县、委、局及本系统的先进企业台阶；创市同行业先进水平，上市先进企业台阶；创省同行业先进水平，上省先进企业台阶；创全国同行业先进水平，上全国等级企业台阶）的厂际竞赛活动。1987 年，“四个台阶”厂际竞赛取得成效，全市 256 个企业参赛，并吸引了区、县的 70 个企业参赛。年终有 214 个企业全面超额完成各项经济指标。其中，企业创市级先进企业水平 62 个，达到国家等级企业有 50 个，其中上国家一级企业有 6 个、二级企业有 44 个。

1988—1990 年，在市总工会的统一组织下，“四个台阶”厂际竞赛持续开展。其间，共有 130 余个企业参与开展创市级先进企业水平，其中达到国家等级企业有 93 个，上国家一级企业有 21 个、二级企业有 106 个。

1991 年，市工会在上“四个台阶”竞赛中，把“创优质、上名牌、增效益”作为重点，组织开展了优质工程竞赛。当年，全市的 212 个企业创市以上优质工程 26 项，优质名牌产品 382 项；25 种主要工业产品考核，稳定提高率达 96%。围绕“厂际竞赛”活动，开展“抓短赛、保长赛，抓单赛、保综合”竞赛。竞赛活动得到企业的积极响应，全市 256 个单位组织各种短小赛 200 多项。通过竞赛促进了 58 个企业登上市级先进企业台阶。开展的班组“升级赛”，促进 6177 个班组达标合格。其中 3828 个班组达“双文明班组”，2247个班组达“先进班组”。

1992年，各基层单位工会结合自身实际，把指标分解到厂矿、车间（班组）、个人，明确竞赛目标，提升了竞赛的针对性。当年，全市参赛职工达19.25万人，创价值9349.1万元。在42项单赛中，攀钢试制出两种新产品，并打入国际市场。全市256个厂际参赛企业中有21个企业产值利税增长率达20%—30%，33个企业增长率达1%—9%。

1993—1996年，市总工会把节能降耗，提高产能比率，推进企业技术进步，提升企业市场竞争力作为工作重点，开展以“三提高、两降低”（提高产品质量、工程质量、服务质量，降低产品成本、降低能源耗损）为主要目标的创水平上台阶厂际赛，并赋予实际竞赛内容，每年参赛企业达200个以上，参赛职工近20万人次，创经济价值2亿元以上，推进了企业生产经营朝持续良好方面发展。矿务局开展的“提高增收、抓销促产、优质服务、效益攻关、采掘‘上纲要’、巾帼创一流、班组安全达标”等45种厂际赛，每年吸引2.8万名余职工参赛，创“双增双节”价值7012万元，活动中有21000余名职工、1100余个班组、150余个区科（车间）达到“双百、双千、双万元”目标；回收复用、修旧利废创价值500万元以上，使全局减亏近3000万元、矿井产量每年超过2%以上，为全局实现盈利目标做出积极贡献。攀钢（集团）矿业公司兰尖矿开展“多层次、多方位”短程单项赛，为该企业扭亏增盈236余万元。十九冶各二级单位工会针对工程重点、难点，组织30000名职工开展了120余项短程单项赛，促进了346项重点工程顺利完成。竞赛累计实现工程产值近2.5亿元，节约工日33000个，竞赛创直接经济效益3800余万元。

1997年，创水平上台阶竞赛被整合入主题劳动竞赛，创水平上台阶厂际赛活动被取消。

二、“双增双节”竞赛

1987年2月，为保护职工的劳动热情，市总工会召开全市“双增双节动员大会”，下发《关于立即动员全市职工群众积极开展增产节约、增收节支的“百千万”竞赛活动的意见》（“百千万”指：每个职工每年节约、增产价值100元、班级1000元、车间10000元）。上半年，有196个单位的759个车间（队）、10520个班组参加了竞赛，分别占全市企业车间总数的92.5%，班组总数的70%，竞赛共创价值6989.5万元。7月，市总工会组织开展上半年双增双节成果展示。按照市委、市政府要求，全市企事业单位、机关团体、科级以上4053名党政领导到会学习观摩。8月，四川省总工会组织成都、重庆、自贡等11地、市、州主管群众生产的负责人到攀枝花参观“双增双节”成果发布展示、观摩现场经验交流活动。展示期间，市总工会命名表彰52个群众生产（工作）先进集体，命名188名工会干部为群众生产先进个人。当年底，全市参赛职工人数达16万余人，“百千万竞赛”创价值12030.4万元，其中创百元价值人数达81605人，创千元以上价值的班组6744个，创万元以上价值的车间（队）700个。

1988年，全市“双增双节”竞赛发展到285个单位，有17万余人参赛（占全市职工总数的80.95%）。全年共创价值14143.81万元，较1987年净增2113.41万元，增长17.56%。

1989年，全市各级工会继续组织开展各种形式的“双增双节”竞赛活动，有17万余职工参赛，创增产节约价值1.7亿元。其中创增产价值为12257万元，创节约价值4882万元。

1990年，各基层工会按市总工会部署，积极修订方案，增添措施，有118个生产企业与市总工会建立了竞赛信息网络，并把“双增双节”竞赛指标分解到各大系统、班组、个人，制定了严格的考核机制，要求竞赛效果（指标）须经各单位财务部门考核认可、定期公布，按时总结。当年，全市共有186451人参加“双增双节”竞赛，创双增双节价值10014.84万元，加上合理化建议和技术革新所创价值，较上年度净增值7228万元，增长3.79%，使攀枝花市经济持续、稳定发展。

1993年，市总工会把“双增双节”竞赛同企业生产经营的重点、难点结合起来，确定了时间短、见效快的 43 种单项竞赛，全市 18.7 万余名职工参赛，创效益 1426 万元。212 个企业在开展的创水平上台阶的厂际竞赛中，以承包指标为基数，以完成效益指标为目标，确定各参赛厂上台阶考核指数，年终有 115 个企业完成进度计划。攀钢（集团）公司开展“产品上台阶、质量创一流”劳动竞赛；十九冶组织女职工“为外出施工职工解除后顾之忧”劳动竞赛，做好事 12619 件；党政机关举办以机关公文写作为主要内容的女职工业务知识赛，参赛率达 94.7%。全市 318 个企事业单位提合理化建议 36381 条，被采纳 13821 条，实施建议中，能算价值的有 7580 条，创价值 1320 万元。

1994 年，各级工会按照市总工会的统一部署，紧紧围绕全市经济发展目标和企业生产经营计划，继续广泛开展“双增双节”劳动竞赛，取得新进展。据统计，当年有 19 万余名职工参加了 245 项劳动竞赛，创经济价值 24620 万元，比上年同期增长 7.4%。

1995—1999 年，“双增双节”劳动竞赛在全市范围持续进行。

2000 年，市总工会根据中华全国总工会和四川省总工会的部署，开展以节约“一滴水、一粒粮、一分钱、一滴油、一度电、一张纸、一块煤”为基本内容的“建节约型企业、做节约型职工”点滴节约竞赛，引导职工进一步增强节约资源、保护环境的意识，提高了“节减”的主动性和自觉性。当年，市总工会将“双增双节”劳动竞赛工作内容并入“建节约型企业、做节约型职工”竞赛活动中，使之成为新的常态化竞赛。全年全市节约竞赛参赛职工达到 20 万人次以上，创造价值在亿元左右。2000 年后，不再开展此项活动。

三、主题劳动竞赛

1997 年年初，攀枝花市总工会下发《关于深入开展创一流、争先进、奉献在“九五”劳动竞赛的通知》，把工会劳动竞赛和“五年规划”结合起来，成为促进地方经济社会发展的推手和工会参与经济社会发展的重要平台。1998 年，各级工会围绕生产经营的急、难、险、重任务，突出竞赛重点，推动竞赛实现“两个转变”（由固定型竞赛向灵活性竞赛转变、由单纯生产型向经济效益型转变）并做到“六个结合”（组织劳动竞赛与提高劳动者素质，与推广新工艺、新技术、小改小革，与技术协作，与合理化建议，与岗位练兵、技术比武，与科技研究、企业管理等相结合）。年度内，全市共开展群众性技术劳动竞赛 158 项，15.3 万人参赛，创可计算价值 22916.86 万元。群众性合理化建议活动继续发展，年度内职工共提合理化建议 35392 条，被采纳 19809 条，实施 13029 条，创可计算价值 21288 万元。矿务局工会组织开展“扫浮财、挖潜力、降成本、增效益”竞赛和开展的对手赛、班组赛、岗位赛，全年共创可计算价值 6000 多万元。

1999 年，全市各级工会组织根据市总工会的要求，继续探索创一流、争先进、奉献在“九五”立功竞赛活动的新模式、新方法、新内容，把劳动竞赛与生产经营自主创新，与加强企业内部管理，与培育“四有”职工队伍，与维护职工利益等方面相结合，并注重在“活”（竞赛形式“活”）、“实”（竞赛内容“实”）、“严”（考核标准“严”）、“短”（竞赛周期“短”）上下功夫，推动主题竞赛步人良好的运行轨道。据统计，全年全市各级工会开展各种劳动竞赛 200 项左右，参赛职工人数在 20 万人左右，创可计算价值 3 亿元以上。

21 世纪初，中华全国总工会根据全国经济社会发展形势和利益关系的变化，提出“组织起来、切实维权”的基本工作思路，工作重心进行大幅度调整。在此期间，市总工会劳动竞赛工作主要表现在促进企业改制等方面。2000 年，组织职工立足岗位提合理化建议 25000 条，被采纳 15000 条，实施 10000 条，创可计算价值 1.5 亿元左右。组织开展主要工种和关键岗位的岗位练兵、技术比武活动，累计有 35 万人次职工参与各类技能提升比赛，通过比赛评选出各级技术练兵能手近 1800 余人。

2001 年 3 月，市总工会立足企业转换机制、调整机构、技术创新、开拓市场、加强管理、搞好服务、增加品种、提高质量、降低成本、增进效益等方面，发动和组织广大职工开展群众性“经济技术创新工程”

活动。全市共有 26000 余名职工参加活动，共提合理化建议 21000 余条，采纳 12000 余条，实施近 8000 条，创可计算价值上亿元，其中创可计算价值 30 万元以上的项目有 148 项。11 月，市委、市政府转发市总工会《关于在全市职工中开展“实施群众性经济技术创新工程，为实现攀枝花新跨越建功立业”劳动竞赛的意见》，使群众性“经济技术创新工程”活动成为工会参与推动经济社会发展的新载体，并形成长效机制。

2002—2006 年，全市职工参加群众性“经济技术创新工程”活动职工数累计达到 70 万人次，提合理化建建议 20 万余条，被采纳近 18 万余条，实施 16 万余条，创造价值达到 7 亿元。围绕生产工艺实施的发明创造活动，共产生创新成果 26000 余个。

2007 年，市总工会围绕“工业强市”战略，组织开展以“当好主力军、建功‘十一五’和谐奔小康”为主题的 279 个工种的经济技术创新活动。全年企（事）业单位参赛率达 90%以上，职工参赛率达 80%以上，取得较好成效。以三个“30 万”活动（即在全市开展 30 万职工技术练兵比武、30 万职工节能减排提合理化建议及 30 万职工参与经济技术创新）为载体，举办了 320 个工种技能、780 种业务的培训班，受培各类职工达 27 万多人次，开展技能比武 960 场次。年底，市总工会与市劳动和社会保障局联合表彰命名 20 名“攀枝花市技术能手”，推荐上报四川省创新杰出技能人才 1 名。开展“降本增效、点滴节约”系列活动，鼓励广大职工为节能减排做贡献，共创节约价值近 5 亿元，其中提节能减排合理化建议 40861 条，创 100 万元价值的 332 条；推荐市级表彰“金点子”奖 10 项，推荐省级表彰“金点子”奖 5 项。开展西攀高速公路等 16 项重点工程建设劳动竞赛活动，其中攀钢白马铁矿二期工程被列入省 15 个重点项目。参加“展主力军时代风采、建跨越式精品工程”劳动竞赛活动，为确保全市重点工程建设工期与安全、质量与效益发挥了积极作用；组织和参与“工人先锋号”创建活动，当年市政工程处路灯班等班组被全国总工会命名为国家级“工人先锋号”荣誉称号。

2008 年，市总工会围绕“打造中国钒钛之都，建设特色经济强市”的战略目标，继续实施“当好主力军、建功‘十一五’、和谐奔小康”主题竞赛。广泛开展节能环保、重点工程建设等各类竞赛 1771 项，职工参赛面达到 95.5%。为应对国际金融危机对攀枝花市经济社会发展的影响，市总工会下发《关于组织动员全市职工积极应对国际金融危机，充分发挥工人阶级主力军作用的通知》。号召广大职工行动起来，进一步增强历史使命感和工作责任感，与党政“共御风险、共渡难关”，在推进经济社会持续、健康发展中，充分发挥工人阶级主力军作用。各级工会组织紧紧围绕市委、市政府提出的任务目标，找准助推经济发展的切入点和着力点，动员职工立足基础设施建设工程项目，大力开展以比科学管理，赛工程质量；比技术水平，赛科技创新；比精打细算，赛成本控制；比爱岗敬业，赛工程进度；比遵章守纪，赛安全生产为主要内容的“五比五赛”竞赛活动，加快工程项目建设步伐，使工程项目早日发挥效益。针对汶川“5·12”和攀枝花“8·30”地震造成的不利影响，市总工会再次组织全市职工开展抗震救灾，恢复生产，建功立业竞赛。两次竞赛活动突出了继续深化“当好主力军、建功‘十一五’”的基本内容，并将实施群众性经济技术创新工程，强化群众性安全生产工作等方面结合起来，初步形成了适应社会主义市场经济体制的劳动竞赛的新模式。

2009 年，在全市职工中广泛开展“同舟共济保增长，建功立业促发展”系列竞赛活动。系列竞赛活动的开展对进一步增强了广大职工赶先超优的竞争意识和勇争一流的劳动热情，对克服国际金融危机和地震灾害的双重不利影响，实现经济社会复苏发展起到积极作用。全市共有 355 户规模以上企业开展劳动竞赛，尤其是围绕 100 万吨煤焦化技改、新密地大桥建设、1.5 万吨海绵钛新建等重点工程（项目）开展的“五比五赛”，确保了工程“质量、效益、创新、安全”，得到市委、市政府领导的充分肯定。全年，共有 520 家企事业单位参与创建“工人先锋号”活动，市养路总段平地道班、攀煤小宝鼎掘进一队被全国总工会授予“全国工人先锋号”荣誉称号。充分发挥工会组织在加快灾后重建中的引导作用，通过加大先进典型选树、代省总工会授予“抗震救灾、重建家园、工人先锋号”旗帜等，激发更多职工群众投入到恢复重建的主战场，推动了全市基础设施建设。

2011年，市总工会结合攀枝花市“十二五”规划目标，根据攀枝花市产业结构特征明显、产业工人集中等特点，以创建“工人先锋号”为载体，整合原有的劳动竞赛方式和内容，突出创新发展，推动和谐的主题，形成“四赛四促进”基本模式（开展重点工程竞赛，促进市委、市政府确定的基础设施建设工程项目早日发挥效益；实施群众性经济技术创新工程竞赛，促进产业结构调整早日取得实效；开展岗位练兵、技术比武竞赛，促进职工职业技能素质进一步提升；开展“安康杯”竞赛，促进全市安全生产工作进一步好转），形成了适应市场经济体制的社会主义劳动竞赛工作机制。当年启动“当好主力军、建功‘十二五’”主题竞赛，在各行各业中普遍掀起劳动竞赛热潮。全年，共有3000余个企业开展不同内容、不同形式劳动竞赛，参赛职工达30余万人次，分别占攀枝花市企业总数的92%和职工总数的91.3%。其中，组织开展新密地大桥建设等11个重点工程竞赛，在提升工程质量、控制工程成本、实施科技创新、推进工程进度等方面成效明显，此项竞赛参赛职工达到3万余人，涉及投资120亿元。组织开展攀枝花市首届“百岗万人”职工职业技能大赛，吸引了130余个工种（工作岗位）的8万余名职工参赛。积极探索非公企业开展重点工程劳动竞赛有效途径，在钒钛产业园区组织开展“8万吨/年钛白粉扩能改造工程”等劳动竞赛，实现了竞赛向非公有制企业的延伸。

2012年，市总工会继续推动“四赛四促进”工作，强化竞赛领导，丰富竞赛内容，完善竞赛机制，提升竞赛效果。6月，敦请市政府比照省里的规格成立由市委、市政府相关领导任主任、市委组织部、市总工会、市经信委、市科技局、市财政局、市人社局、市安监局、市国资委为成员的“攀枝花市劳动竞赛委员会”，在市总工会设立劳动竞赛委员会办公室。明确劳动竞赛委员会和劳动竞赛委员会办公室的主要职责，确保劳动竞赛的常态化发展。在争取市财政把劳动竞赛经费纳入年度预算的同时，加强经费投入力度，将每年的劳动竞赛经费纳入年度预算，优先安排，确保资金落实。完善和健全劳动竞赛表彰奖励机制，建立职工技术比赛职业技能等级晋升制度、经济技术创新成果专利申报制度、职工劳动竞赛奖励制度等，切实将职工施展作为和体现价值有机结合起来，极大地激发了职工参与劳动竞赛的热情。当年，围绕丽攀高速公路、新密地大桥等17个重点工程建设组织开展“五比五赛”和节能减排竞赛等，涉及重点工程建设投资资金达220亿余元，参赛职工达4万余人，创节约价值2.6亿元。开展第二届“百岗万人”职工职业技能大赛，比赛项目涉及全市13个大企业、产业，130余个工种（岗位），参赛职工达7万人，并挑选出25名优秀技术员工参加全省第四届职工技能大赛，攀枝花市总工会荣获第四届职工技能大赛优秀组织奖。组织开展攀枝花市首届“钒钛之光”职工经济技术创新活动，有效引导职工立足岗位，支持创新要素向企业聚集，促进科技成果向现实生产力转化，职工共提合理化建议6.3万余条，被采纳近近4.7万余条，实施3.9万余条，创可计算经济价值3.3亿元。

2013年，市总工会继续推进主题竞赛深入发展，参赛企业保持在3000个左右，参赛职工保持在30万人左右。竞赛创经济价值大2.5亿元。

第二节　职工技能提升

市总工会把提升职工技能水平作为服务经济社会发展的重要方式，常年开展岗位练兵、技术比武、技能比赛，职业技能大赛成为职工提升素质的舞台、技术交流的平台、展示风采的擂台。

一、岗位练兵与技术比武

1986 年 1 月 11 日，市总工会针对攀枝花市职工队伍文化水平较低、业务技能较差的实际，与市计经委、市建环委联合签发《关于在改革中加强我市企业班组建设的意见》，着力提高职工文化技术、政治素质。1987 年 3 月 18 日至 7 月 18 日，市总工会会同各基层工会，为提高职工生产（工作）技能，开展建市以来规模最大、人数最多的首次“万人技术表演”活动，激发了广大职工，特别是青年工人、教师学生产（工作）技术、钻业务的热情。年底，全市各级工会共开展技术讲座 1207 次，15650 人受训；技术表演 1193 次，参加表演观摩的有 57849 人次。

1988—1992 年，市总工会积极协调各业务部门，支持基层工会开展各类业务短期培训。同时还通过召开各类研讨会、经验交流会等形式，提高职工（生产）技能，促进生产发展。1988 年，全市各级工会共举办技术讲座 2251 期，培训人员 54395 人；技术表演 1211 次，参加观摩人达 60898 人次。1989 年，全市各级工会共举办技术培训 1191 期，45428 人受训；组织岗位练兵、技术比武，有 194 个基层工会开展技能比赛，吸引 47869 名职工参赛。1990 年，全市各级工会共举办技术讲座 617 期，21934 人受训，技术交流 113 次，技术培训 114 次，参加人员 25569 人，有 198 个基层工会组织岗位练兵技术比武，吸引 50745 名职工参赛。其间，市总工会和市技协举办了历时 2 个月、10480 人参加的全市职工技术比赛。市总工会联合市劳动局制定了“对决赛中获取前 3 名的选手，在本单位评聘技师时不受等级限制，在评职称中可免技术考试，在晋升技师指标名额中，可以给予优先”等奖励政策。调动广大职工学技术、练本领的热情。1991 年，市总工会再次组织全市 57042 名职工参加岗位练兵活动，35209 名职工参加技术比赛。开设技术讲座 93 期，参加人数 3956 人；举办技术培训班 126 期，培训职工 15333 人次。1992 年，全市有 50938 名职工投入岗位练兵活动，80118 名职工参加技术比赛。各级工会组织共开设技术讲座 227 期，吸引 11327 名职工听讲；举办技术培训班 390 期，组织 9042 名职工受训；开展技术表演赛 72 次，组织 1478 名职工参赛。市教育工会组织各学校工会常年开展“优质课”评选活动、“园丁杯”演讲赛等；市财贸工会在各行业各系统开展“优秀选手”赛、“十佳服务”活动，在推进攀枝花市社会事业发展方面发挥积极作用。

1993 年，市总工会引导职工拜名师、学绝技，立足岗位成才，先后开展了“以老带新”、岗位练兵、商业“四师”（面点师、招待师、服务师、理发师）评级等活动，共吸引 243 名职工参加业务技术职称培训，有 218 人考试合格，实现了技术等级提升。金融系统以职工素质大提升为目标，举行全系统珠算翻打百张传票、国产机器点钞、单指或多指点钞、会计记账、储蓄、信贷、计划等工种的岗位练兵。市农业银行组织了会计记账、单指或多指点钞等决赛，4 个队、31 名选手，经过 33 场角逐，9 名选手获分行能手称号。粮食系统、税务系统组织开展计划等工种的练兵活动，吸引 3638 余名职工参加。全市 343 个女职工委员会开展女职工培训 546 期，共有 12587 名女职工受训。市财贸工会在次年初表彰两年一度“提高经济效益优质服务”的 25 个先进集体、6 名最佳营业员、8 名优质业务管理员、25 名优质营业员。9 月 28 日，市女职工委员会和市劳动局、市技协联合举办“女职工四通（电脑）打字”比赛，共吸引 12 个代表队、50 名女职工参加。当年，全市 102 个企业组织女职工立足岗位，开展练兵，涉及比赛项目 33 个、工种 54 个，吸引 10632 名女职工参加。

1994 年，市总工会把提高文化知识、增强技能水平作为工作重点，鼓励基层建立激励机制，支持职工钻研技术、提升技能。年初，攀钢公司拿出 100 万元，重奖有突出贡献的科技工作者。5 月，又支付 87 万元用于重奖能工巧匠。8 月，再次拿出 10 万元用于重奖技能比赛中产生的技术能手、状元。公司所属部分厂矿还给技术能手发放津贴、晋升工资。相关举措极大地激发了职工学技术、练技能的热情。当年，全公司就有 1000 余名职工考上大中专学校，2000 余名职工被评为高级技师、技师、能手。矿务局 181 名煤矿工人晋升为高级技师、技师，并被聘用。当年，各基层工会还开展多种技术交流活动 30 次，22272 人登台献技；办技术培训班1015期、22592人受训；开设技术讲座85次、7705人参加；组织建功技术比赛2185次、96643人参赛。全市职工“爱岗敬业、创一流、学文练武塑形象、艰苦奋斗做贡献”蔚然成风。

1995年3—7月，市总工会、市劳动局、市职工技协组织开展攀枝花市第一次5个工种（车工、砖工、汽车驾驶、电焊工、珠算）的高级工技术比武活动，共吸引3万余名职工参赛。经过基层层层选拔、推荐，有77名选手参加市级决赛，经过理论和实际操作两个环节的考核，有33名选手达到高级工技术水平，并核准颁发了高级工等级证书。攀钢公司工会、攀钢公司技协认真总结从职工中涌现出的先进操作法，并以职工名字命名操作法名称，当年命名了“十大先进操作法”。同时，还将有特殊贡献的高级技艺工程人员，推荐给政府，争取特殊津贴政策；对单位（二级厂矿）技术比赛活动中评出的状元、技术能手除晋升工资外，还分批组织他们赴昆明、大理等地参观考察，多种举措促进了职工学技术钻业务的积极性。

1996—2000年，随着经济体制的改革深入进行，市总工会的工作重点主要集中在职工基本权益维护上，职工职业技能提升工作相对弱化，相关活动保持在原有水平上。

2001年，攀枝花市总工会以提高职工素质、增强企业市场竞争能力为着力点，广泛开展岗位练兵、技术比武活动。5月10日，与市劳动局联合下发《关于组织全市职工开展群众性岗位练兵、技术比武竞赛活动的意见》，对全市性岗位练兵比武竞赛活动提出要求，作出阶段性部署。5月下旬，四川省总工会、攀枝花市总工会在攀枝花市委党校联合举办首届“科技活动周”职工计算机操作比赛，来自攀钢（集团）公司、十九冶、市邮政局、攀枝花移动通信公司、攀枝花电信分公司等单位的29名职工参加了比赛。比赛设基础知识、文字处理、电子表格、网络基础知识和数据库建立等5个方面。经过比赛，攀钢（集团）公司刘泽军获一等奖，攀枝花电信分公司熊军、攀钢（集团）公司李春印获二等奖，攀钢（集团）公司张泽江、攀枝花电信分公司牛林、市邮政局梁油琴获三等奖，攀钢（集团）公司工会、十九冶工会、市邮政局工会、攀枝花移动通信公司工会、攀枝花电信分公司工会荣获组织奖。10月，市总工会、市劳动局又举办了全市天车工、计算机操作员2个工种的技术练兵比武活动，有14名选手分别获一、二、三等奖，33名参赛选手获得中级工技术等级证书。

2005年元月，市总工会与市级有关部门联合下发《关于在全市职工中开展“职业技能大比武，推动经济大发展”活动的通知》，并组织开展全市电焊工、井下电工、客房服务、导游讲解、烹饪、美容美发等7个工种的职业技能大赛。活动涉及20多个行业、70多个工种，参赛职工近10万人。各级工会按照《通知》要求组织各类技能比武320场次，规模、人数、工种创历史新高。4—12月，市总工会与市交通局、市规划建设局、市城市管理局联合开展“迎冬旅、创国优”全市客运出租车、公交车优质服务竞赛，全市共有1417辆出租车、517趟客运公交车车组的司乘人员参加优质服务竞赛活动。11月，市总工会与有关部门联合召开职业技能比赛总结表彰会，会议表彰了6名市级职工职业技能大赛技术能手、40名优秀选手。2006年11月9日，攀钢（集团）公司第二届职工技术运动会闭幕。在此届技术运动会上，全公司共有5万余名职工参加赛前学习和培训，2.1万名技术工人参加了10大通用工种、86个专业工种竞技比赛。

2007年，市总工会围绕“工业强市”战略，将职工技能比赛纳入全市劳动竞赛大格局中，以3个“30万”（开展30万职工技术练兵比武、30万职工节能减排提合理化建议、30万职工参与经济技术创新）活动为载体，共举办320个工种技能比赛，780个业务的培训班，吸引27万余名职工参加。年底，市总工会与市劳动和社会保障局联合表彰命名20名“攀枝花市技术能手”，推荐上报黄明安为“四川省创新杰出技能人才”。

2008年5月8日，攀钢第三届职工技术运动会正式拉开帷幕。共有近3万名职工参加了8个通用工种和87个专业工种的预赛和决赛。2009年，市总工会积极应对国内经济形势放缓、生产任务减少形势的影响，积极、主动开展以“强素质、练内力、夯基础”为重点的岗位培训、岗位练兵，技术比武、技能比赛活动。致力于培育一支与先进科学技术、先进生产工艺相匹配的职工人才队伍，切实将适时的经济疲软期转变为职工安全生产技能水平的提升期。年内，全市参加各类岗位练兵技术比武的职工人数达到 25 万人次，开展岗位技术培训 2.7 万人次，评选产生职工职业技能标兵 53 人，评聘技师 338 人。并组队参加全省第三届职工职业技能大赛，取得较好名次。市总工会获四川省第三届职工职业技能大赛组织奖。10 月 27 日，攀钢第四届职工技术运动会圆满落幕。这次技术竞赛活动，历时 6 个月，近 3 万名职工参赛，共产生 48 名攀钢技术能手、309 名专业技术能手，涉及攀钢 8 大通用工种和 103 个专业工种，比往届技运会多了新的专业工种 17 个。2010 年 7 月 21—22 日，由四川省总工会、四川省人力资源和社会保障厅联合主办的四川省职业技能大赛“十九冶杯”天车工决赛在攀钢钢构分公司举行。

二、“百岗万人”职工职业技能大赛

2011 年，攀枝花市总工会紧紧围绕产业结构转型升级，把职工技能素质提升放到更加突出的位置，力争打造一支适应经济社会发展的高素质职工队伍。进一步整合竞赛机制，确定以开展“百岗万人”职工职业技能大赛为总揽的工作机制，深化职工“大培训、大比武、大提升活动开展”。5 月，启动了攀枝花市首届“百岗万人”职工职业技能大赛，来自攀钢等 10 个基层单位共 130 余个工种、8 万名职工参加比赛，1000 余名职工获得技能晋级，比赛规模、涉及工种、参赛职工、表彰范围创建市以来“四个之最”。同时，积极研究攀枝花市“百岗万人”职工职业技能大赛组织机制、工种机制、经费保障机制和奖励机制等，力求赛事长效化、规范化、实效化。仁和区还首次以政府名义主办了职工技能大赛。《工人日报》等新闻媒体、报刊对“百岗万人”职工技能大赛进行专题宣传报道。9 月 6 日，2011 年四川省职工职业技能大赛“攀钢杯”焊工决赛在攀钢举行。来自四川省 20 家单位的 50 名选手参加了本次决赛。12 月 5—6 日，由市总工会、市人力资源和社会保障局、市财政局、市卫生局联合主办的攀枝花市首届“百岗工人”职业技能大赛决赛在攀枝花机电学院举行。共有 18 个产业（行业）、单位的 220 名选手参加为期 2 天的 6 个工种的理论答题和实际操作比赛。

2012 年，市总工会主要在“百岗万人”职工职业技能大赛竞赛组织机制上下功夫，成立由市委组织部、市总工会、市财政局、市人社局、市安监局等相关单位为主要成员的攀枝花市“百岗万人”职工职业技能大赛领导小组。组织开展攀枝花市第二届“百岗万人”职工职业技能大赛，全市各县（区）、产业、大企业及所属（所辖）单位共开展了 130 余个工种的技能比赛，参赛职工达 7 万人次。7 月，组织 50 名优秀技术员工参加全国（省）第四届职工技能大赛，有 27 名选手获奖，其中电焊工比赛选手获得全省第三名 1 人、全国第九名 1 人的优异成绩，创造了攀枝花市职工参加全国、全省职工职业技能综合比赛的最好成绩。技能大赛领导小组决定“百岗万人”职工职业技能大赛每两年举行一次，建立了开展攀枝花市“百岗万人”职工职业技能大赛决赛的常态运行机制。2013 年，开展了“百岗万人”职工职业技能大赛普赛。参加普赛的职工人数达 12 万余人次。

第三节 推动技术进步

攀枝花市总工会高度重视职工技术革新、技术发明、技术创造在发展生产力中的作用，采取多种措施支持、保护、激励职工发挥聪明才智，挖潜增效。

一、合理化建议活动

1986年，市总工会组织开展全市性的职工技术比赛，带动全市合理化建议、技术革新活动发展。在技术水平大提升的支撑下，广大职工围绕生产工艺的各个环节，开始查问题，找漏点。当年针对生产工艺优化提合理化建议3万余条，被企业采纳845条，实施808条，创经济价值5763.2万元。开展技术革新3045项，创经济价值1508万元。攀钢公司发动职工围绕企业管理、企业改革等工作提合理化建议，技术革新23221项，创经济价值4000多万元。

1987年，全市职工提合理化建议、实施技术革新活动更加活跃，实施技术革新近3000项，提合理化建议5万余条，被采纳1670余项，实施7300余项，共创价值783619多万元。十九冶结构厂为加快攀钢二期工程的施工进度，广泛发动职工献计献策，自行设计制造1200吨液压机和16米双面铣床，攻克了12万立方米曼型干式煤气柜技术制作难关，填补了中国冶金战线自行设计、制作、安装12万立方米曼型干式煤气柜技术的空白，共节约投资44.2万元。

1988年，全市各企业工会把合理化建议、技术革新活动作为智力竞赛的一项重要内容来抓，发动职工提建议、献计策、创效益。攀钢公司制定“提20000条合理化建议、创3000万元效益”的职工提合理化建议、技术革新指标，并将指标任务层层分解承包到各车间班组。当年，全公司职工提合理化建议23000余条，采纳7500余条；小改小革2300余项，共创价值3800余万元。据统计，全市职工共提合理化建议38300余条，采纳8800余条，实施8200余条，共创价值4400余万元。

20世纪90年代初，市总工会围绕企业生产工艺改进和经营模式优化，把节能降耗、提高产能比率、提升企业市场竞争力作为工作重点，组织职工全面开展合理化建议活动。广大职工充分发挥工人阶级主力军作用，立足岗位，全面参与到活动中来。1991年、1992年，职工分别提合理化建议39892条、34029条，被采纳18041条、15123条，实施8764条、10582条，创价值分别为2316.123万元、3164.81万元。

1994年，市总工会以深入推进“三提高、两降低”为重点，广泛持续开展了职工合理化建议活动。当年，有94个企业开展“推进企业技术进步、提高经济效益”活动，共有22453名职工提合理化建议16085条，被采纳9736条，实施5254条，创价值7275.54万元；组织技术攻关3216项，创价值2221.2万元，技术革新397项，创价值848.12万元；实施技术推广74项、创价值667.35万元；实施技术交流30余次，22272人参加。1995年，全市职工合理化建议活动得到深化发展，全年职工共提合理化建议26438条（项），被采纳18213条，实施12918条（项），创经济价值16163万元。

二、经济技术创新工程

1996年4月，市总工会与市经贸委联合下发《关于在全市职工中广泛深入开展合理化建议、技术改进竞赛的意见》。全市各级工会紧紧围绕党政年度经济建设目标，针对生产（工作）难点、重点、关键环节，动员和组织职工群众开展形式多样的劳动竞赛。在竞赛过程中，各单位结合实际，制订劳动竞赛实施方案，加强竞赛活动的过程管理，注意竞赛实效，不断刷新竞赛纪录。尤其在竞赛中不断加强职工合理化建议和技改内容，推动竞赛向创造、创新方面发展。攀钢公司工会制订“学邯钢、降成本、增效益”竞赛方案，按3条线10大项开展劳动竞赛。4月，公司下辖的炼铁厂工会，针对一号高炉已连续4个月未完成生产任务这一难点，组织全厂能工巧匠，开展技术攻关赛，“会诊”一号高炉，一举突破难关，当月超产达1200吨生铁。5月，高炉利用系数达1.871，创改进大修后历史最好水平。7月底，创内部利润7600万元，提前7天完成全年310万吨生铁“双过半”，实现减亏5亿元的目标。矿务局工会围绕“重点攻关、降能节耗、促销增效”等为内容，组织全局34580名职工投入竞赛活动。年内，176个区（科）级单位、1499个班组、20951名个人实现“百千万”经济目标，创“双增双节”产值7150万元，为该局本年度增效做出了积极贡献。全市服务行业、市公路养护总段、公交客运总公司等单位党政工紧密配合，开创“星级制”优质文明服务、安全生产等竞赛活动，仅上半年就创价值1000多万元。当年全市18万余职工投入到各级工会组织的473种劳动竞赛中，创价值34649万元，超额完成市总工会下达20000万元的目标。职工提合理化建议40476条，超额完成省总工会下达的4万条任务，创可计算价值3.1亿元。市总工会获“四川省劳动竞赛优秀组织奖”。当年10月，市总工会按照竞赛内容，将各类劳动竞赛进行分类，将技术革新、技术发明、技术创造、合理化建议等活动归结到群众经济技术创新工程，明确组织领导、目标任务、实施方法等，使群众经济技术创新活动更具操作性。

2000年，全市各级工会发动和组织广大职工围绕企业转换机制、调整机构、技术创新、开拓市场、加强管理、搞好服务、增加品种、提高质量、降低成本、增进效益等广泛开展群众性“经济技术创新工程”活动，取得积极成效。4月17日，市总工会代市政府对48个劳动竞赛先进集体、116名劳动竞赛、合理化建议先进个人、9个劳动竞赛先进单位进行表彰奖励。11月13日，市委办公厅、市政府办公厅转发了市总工会《关于在全市职工中开展“实施群众性经济技术创新工程，为实现攀枝花新跨越建功立业”竞赛活动的意见》。《意见》进一步明确了实施群众性经济技术创新工程的组织领导、工作职责、竞赛内容、表彰奖励等事宜，形成群众性经济技术创新工程长效机制。年内，全市共有26506名职工参加提合理化建议活动，提合理化建议21630条，被采纳12488条，实施7963条，创可计算价值10583.5万元，其中创可计算价值30万元以上的项目有148项。

2002年，市总工会加强对群众性经济技术创新工程活动的领导。共组织19万职工参加技改技革活动，取得各类创新成果5700个，创可计算经济效益20000万元；组织7万余名职工参加提合理化建议活动，共提合理化建议32849条，被采纳20892条，实施12834条，创造可计算价值11664.93万元，其中创可计算价值30万元以上的项目有81项。市总工会获省总工会“群众性经济技术创新工程竞赛”先进单位、“实施群众性经济技术创新工程”组织奖和创新成果展示活动二等奖。

2003年，市总工会针对市内非工企业蓬勃发展的实际，拓展群众性经济技术创新工程的活动范畴，提出“我为民营经济献一策”的工作要求，得到非工企业职工的积极响应。当年非公企业职工提合理化建议13680条，被采纳9781条，实施6822条，创造可计算价值5833万元。

2004年，攀枝花市总工会把开展“我为民营企业经济发展献一策”技术帮扶活动作为重点工作之一，在区县确定10家民营企业进行技术帮扶。12月，组织40余名民营企业的生产管理骨干，到国有大中型企业学习生产技术、管理知识，赢得了市领导和民营企业家的好评。

2005年，市总工会丰富群众性经济技术创新工程工作内容，提出“六个一”（参加一次技术比赛、提一条合理化建议、参加一次技术攻关、实施一项技术创新、参加一次新产品开发、培育一名徒弟）的要求。各基层单位按照市总工会的总体部署，开展多领域、多层次、多形式提合理化建议活动，职工提合理化建议达到36780条。2006—2008年，市总工会组织职工持续开展“六个一”活动，“六个一”活动对于促进企事业单位经营管理改善，生产工艺水平提升发挥积极作用。

2009年，市总工会把群众性经济技术创新工程纳入主题竞赛范畴，使群众性经济技术创新工程成为“四赛四促进”中的重要工作内容之一，并围绕加快自主创新、优化产品结构、提升产品质量、增强市场竞争能力等关键环节，组织开展以30万职工节能减排、30万职工提合理化建议、30万职工技术大练兵为主要内容的“三个30万”职工经济技术创新活动，推动企业挖潜增效、节能减排。攀钢工会筹资100万奖金，奖励职工的“金、银、铜”点子，对调动职工减亏增效的积极性收到明显成效。当年，全市广大职工提合理化建议41000条，被采纳实施35000条，创经济价值5亿多元；有37.2万人次参加技术大练兵，帮助近万名职工实现技能等级提升，选聘技师338名，涌现出一批有突出贡献的一线技术工人。

2010年，市总工会围绕加大低碳经济宣传教育力度，广泛组织职工立足岗位开展“我为低碳经济建言、为节能减排献技”和“五小”（小革新、小发明、小设计、小创新、小窍门）活动，在创新生产工艺、降低生产成本、提升企业竞争力上发挥积极的促进作用。共收到合理化建议11000余条，实施技术革新、技术攻关1467项，节创经济效益52000万余元，其中推荐全国表彰2项、省级28项。

2011年，市总工会立足市委、市政府“在做大做强钢铁、钒钛产业基础上，致力于推动机械加工制造业、光伏产业发展”产业结构战略调整布局，以“做大总量、提升质量”为目标，启动“钒钛之光”职工经济技术创新工程，并将其纳入“四赛四促进”规划。积极开展以优化管理、改进工艺、提升设备等级提升为重点职工提合理化建议和职工技术改造和技术革新等活动。全年，职工共提合理化建议75331条，实施16353条，创经济价值17783.75万元。其中攀钢工会评出职工创新成果8000余项，创效益12000余万元。围绕推进企业技术革新、技术攻关，广泛开展“小设计、小革新、小发明、小建议、小窍门”五小活动等取得进展。攀煤工会共收到“五小”活动成果176项，创造价值1100万元。为推进企业生产工艺设备优化升级，广泛开展企业间、行业间、工种间技术协作，最大程度推广和运用节能减排生产新工艺和新设备。坚持以节能降耗为目标，以节约“一滴水、一粒粮、一分钱、一滴油、一度电、一张纸、一块煤”为基本内容，深入开展“建节约型企业、做节约型职工”点滴节约竞赛，引导职工增强节约资源、保护环境意识，提高“节减”主动性和自觉性。

2012年，市总工会联合市科技局、市社科联、市职工技协等单位组织开展攀枝花市首届“钒钛之光”职工经济技术创新活动，引导职工立足岗位，积极开展以优化管理、改进工艺、提升设备等级为重点的合理化建议、技术革新、技术发明、技术创造等活动，支持创新要素向企业聚集，促进科技成果向现实生产力转化。活动得到广大职工的热烈欢迎，涌现出一大批新的技术创新成果。职工共提合理化建议68550余条，被采纳近27000余条，实施23000余条，创可计算经济价值20346.3万元。“五小”活动和“建节约型企业，做节约型职工”点滴节约竞赛持续发展。在此基础上，市总工会组织相关专家对基层申报的近百项职工经济技术创新成果进行了评选，表彰科技类成果14项、社科类成果6项。

2013年，市总工会在深化群众性积极技术创新工程的基础上，举办“百项”职工经济技术创新成果展示暨技术交流活动，在全市广大职工中营造了“辛勤劳动、诚实劳动、创造性劳动”的良好氛围，对焕发职工劳动热情、释放创造潜能，推动企业技术进步和经济社会快速健康发展发挥了积极作用。

第四节　职工技术协作

一、组织机构

攀枝花市职工技术协作的主要任务是把职工组织起来开展技术学习、技术交流、技术协作，推动行业（工种）生产技术整体进步。攀枝花市的职工技术协作作为计划经济时期职工推动经济发展的具体活动，在20世纪80年代和90年代发挥了巨大作用。但随着市场经济的完善，知识产权、技术产权逐渐成为企业发展的关键，职工技术协作工作逐步淡出历史舞台。

（一）市职工技术协作委员会

攀枝花市职工技术协作委员会（以下简称市职工技术协会或市技协）成立于1984年8月，王成久任主任，市职工技术协会办公室设在市总工会。同年，制定了每年召开一次全委会，每五年召开一次代表大会的制度。1985—1987年，市职工技术协会第一届委员会先后召开第二次、第三次、第四次全委扩大会议。讨论研究相关工作。1989年4月28日，市职工技协召开第二次代表大会，大会选举产生新一届委员会委员共计 49 名、常委 15 名，杨洪达任主任。大会通过了市职工技协组织条例和向全体技协会员、技协干部积极分子的《倡议书》。1994 年 9 月 6 日，市职工技协召开第三次代表大会，大会选举产生第三届委员会委员共计 36 名、常委 12 名，杨洪达任主任。1999 年，职工技协在强化技术服务的同时，加强了组织建设。9 月 16 日，市职工技协召开四届一次全委会，进行市技协第四届委员会换届选举，杨洪达任主任，并对攀钢（集团）公司工会技协办等 13 个先进集体、龙建华等 38 名先进个人、刘忠杰等 19 名积极支持技协工作的人员予以表彰奖励。此后，职工技协再未召开代表大会。

随着市场经济体制的逐步完善，职工技术协作工作已经不再适应经济社会发展需要，职工技协组织逐步萎缩。2002 年，市总工会机关部门重组，市职工技协划归经济技术部合署办公。2013 年，市职工技协仅保存名义上的组织机构。

（二）市职工技术交流站

市职工技术交流站成立于 1987 年 12 月，办公室设在市工人文化宫。市职工技术交流站是市总工会领导下的事业单位，下设技术交流部、技术服务部、综合管理部、办公室等工作机构。主要职责是对全市工会交流技术经营机构进行分级管理，在经营方针和计划上独立负责。市职工技术交流站成立时，人员编制为 6 名。因调入人员大多数补充到其他部门工作，站内工作仅有一人负责。20 世纪 80 年代末，市职工技术交流站还在部分重点企事业单位设立了职工技术交流分站和技术服务部。在攀钢、攀矿设立了职工技术交流分站，在供电局、河门口电厂、市自来水公司等 5 个单位设立了职工技术交流服务部。20 世纪 90 年代，职工技术交流分站和技术服务部陆续自行消亡。2002 年，技术交流站工作随职工技协一并交由经济技术部代管。至 2012 年，市职工技术交流站正式撤销。

（三）基层职工技术协作委员会

根据攀枝花市职工技术协会组织条例，各县区工会、产业工会、企业工会所在单位，职工在 400 人以上的，可以成立职工技术协会。1986—1988 年，攀枝花市职工技协加大对基层技协组建的指导力度，基层职工技协组织蓬勃发展。截至 1988 年年底，已建成基层职工技协委员会 74 个，占应建单位的 57%。发展会员 8600 余人，其中骨干会员达到 4100 余人。

20 世纪 90 年代，随着经济体制改革力度的加大，企业注重技术成果的保护，加之职工技术协作，创新发展等税收优惠政策的取消，职工技术协作面临重重困难，基层职工技术协作组织开始减少，特别是到 20 世纪 90 年代末期和 21 世纪初，基层技协组织锐减。1988 年，全市建技协组织 159 个。1991 年，全市建立基层职工技术协作组织 121 个。1992 年，市技协进行社团法人登记注册。当年仅有 15 个基层技协组织办理《企业法人营业执照》。2002 年，有 22 个基层职工技协组织解散。截至 2010 年，全市基层职工技协组织仅保存 1 个。2013 年，市职工技协仅保存机构，所有工作停止。

二、职工技术协作活动

在市场经济体制形成初期，攀枝花市职工技协为适应城市经济体制改革和商品经济发展对科技生产的需求，积极探索新的工作方式和工作内容，最大程度地参与到经济建设中来。1986 年，市职工技术协会积极开展技术攻关，全年开展企业技术攻关 645 项，创效益 1730.65 万元；推广新技术 530 项，创经济效益 1520 万元。技协会员以各种形式，利用各种机会在全国范围内广泛收集经济技术信息，先后帮助市内外企业穿针引线，签订技术合同，完成 23 项技术工程，创总产值 17 万余元。1987 年，全市 113 个技协组织（不含区、车间级技术组织数，下同），11960 名技协会员在各企业开展技术攻关 658 项、技术革新 777 项，推广新技术 332 项，全年共创价值 6256.07 万元。全年 17 万余人参加各项技协活动，创技术生产价值 9806.27 万元。技术扶持贫困企业、支持乡镇企业 34 个项目，参加人次达 6494 个，解决 194 个技术和管理难题，计可算效益达39.62万元。开展职工技术培训（或技术讲座）为乡镇企业培训管理和技术人员154人。1988年，市技协组织与职工一道，为企业技术攻关328项，创价值476.6万元，技术革新210项，创价值870万元，在企业推广新技术34项，创价值1650万元，带动职工为企业搞技术创造16项，创价值1250万元，为企业技术服务260项，创经济价值348万元。1989年，市技协在企业各条战线率领职工攻破技术难点568项，创经济效益770.37万元。1990年，与企业职工为企业技术攻关411项，创价值1088.48万元，向各企业推广新技术291项，创价值521.95万元。以承包、借贷款、技术服务、咨询、低价投标等形式扶贫12项，使两个停产企业恢复了生产。

1991年，市技协克服重重困难，依靠科技工程技术人员、能工巧匠，进行技术开发、技术转让、技术咨询、技术服务的“四技活动”，使科学技术转化成生产力。市总工会与市科委及市有关职能单位制订的《攀枝花市工会职工技协有偿技术服务管理办法》报请市委、市政府办公厅，以正式文件（攀委办（1992）30号）转发全市贯彻执行。各级技协率领技协会员围绕企业经营管理、经济效益、产品质量、技术革新和改进设备等诸多方面开展提合理化建议，技术攻关、技术培训活动，促进了科学技术的普及和工业生产稳定快速增长。此后4年里，全市技协发扬共产主义风格，坚持技协活动有偿与无偿服务，以提高企业经济效益、围绕企业技术改造、产品开发、质量上档、节能降耗、立足基层，开展职工技协活动。每年签订技术合同50份左右，实现合同总金额150万元左右，上缴税金约50万元。攀钢1680个技协小组活跃在公司生产、科研、后勤、服务单位，参加人数达2万余人次，开展课题研究累计达到3560个，取得2000余项成果，创经济效益15000万元。矿务局开展提质增收技术协作和攻关，精煤产率每年超计划2.1%，降低含矸、灰分、硫分、十一级冶炼精煤升为九级，其中矸石砖创省优并获1994年市“苏铁交易会”金牌奖。

1995年，攀枝花市职工技术协会把工作转到提升劳动者素质方面，配合经济技术部开展技术培训、技术比赛等。全市150个基层技协组织围绕经济发展的目标任务，举办职工技术培训（讲座）392期，培训生产技术骨干14134人次，技术攻关420项，创经济效益2445.97万元，技术推广97项，创经济效益2852.66万元。11月，市职工技协组织基层职工技协完成意向性技术合同6项，金额达500多万元。

1996年，市职工技术协会针对产业结构调整，把工作重点转移到企业的管理扶贫、技术扶贫、信息扶贫、资金扶贫等方面上来，帮助困难企业走出困境。当年，组织能工巧匠完成企业扶贫帮困15个项目，创可计算价值630.3万元。其中，市总工会下派干部，下放资金到市级困难企业，直接参与企业扶贫，全年实现减亏100余万元。同时向乡镇企业、集体企业等新经济组织领域开发延伸扶贫技术项目，当年，帮助新经济组织创价值489.3万元。攀钢（集团）冶建建安公司到红格移民区“打工”营造粮田1004亩，市总工会采用“指导、协调、服务”的方式，促成盐边县总工会、攀昆联合带钢厂、市齿轮厂成立了职工技协组织；帮助攀钢（集团）公司恢复和健全职工技协技术有偿服务业务，并于10月建起了“群星技术服务部”，面向社会开展有偿技术服务。全市各级工会技协全年开展职工技术（讲座）培训969期，3987人受训；开展技术攻关1232项，创价值1290万元；技术开发236项创效益819万元；新技术推广88项，创价值3236万元；实施技术服务项目29项，合同总额333万元；实现有偿服务收入125.88万元，上缴税金19.6万元。市职工技协被全国总工会授予“全国职工技协先进集体称号”；市总工会被市委、市政府评为“八五”科普先进单位；市技协办获市政府技术市场“金桥奖”。同年，按照《四川省工会企事业发展规划》的要求，市总工会在继续抓好企事业管理、努力提高两个效益的同时，为统一和提高各级工会兴办企事业的认识，发展和兴办工会企事业成为工会直接参与经济建设、壮大工会组织、为职工办事、增强工会经济实力的有效途径。为解决一些政策不落实、必要的扶持措施不到位、工会企事业步履艰难、发展缓慢的实际问题，市总工会把国家各级有关“职工技协、工会企事业工作政策性文件”汇编成册，发到各有关部门及基层工会，宣传工会兴办企事业“三服务”（即为促进改革和发展生产力、为职工群众、为工运事业服务）的宗旨，使之认识“工会企事业是本着不以盈利为目的的经营原则，面向企业，为职工解困，为政府分忧，逐步形成群众互助互利的工会社团产业”。

1997 年，市职工技协积极探索服务企业发展的有效方式，把劳动者素质提升、推进技术进步和企业扶贫结合起来，以“科技兴攀”为己任，充分发挥职工技协的网络优势，加大增强企业内功的力度。3 月，市总工会下发《攀枝花市总工会第二届“科技之春”科普活动安排意见》，联合市劳动局、市职工技协、市女职工委员会组织开展“万名职工岗位练兵、百名选手技术比武”活动。4—9 月，全市 5 万余名职工参加了 844 个工种的练兵活动，有 59 名选手进行高级电工、高级钳工和计算机中级 3 个工种的决赛，表彰高级工前 6 名、中级工前 7 名，推动了职工学技术的热潮。8 月，市总工会组织市技协、市总宣传部、市工人文化宫、攀钢、十九冶等工会技协负责人等 60 余人参加的广场科普文艺宣传活动。全市各基层工会技协组织 21.44 万职工参加科普活动，举办科普讲座 54 场，广播、电视录像 168 场，办专栏、墙报、挂图 171 期，在全市掀起一场群众性普及学科学、用科学，提高职工科技知识的热潮。9 月，市总工会职工技协发挥技术协作优势，牵头组织金沙股份有限公司工会技协协助省职工技协去宜宾鑫隆水泥厂帮扶，解决了球磨机发烫、启动机失灵等技术问题。11 月，组织攀钢工会技协 3 名高级工程师及有关人员去米易太阳能热水器厂开展 3 个生产环节的技术帮扶诊断，并达成市场预测等意象协议。市技协为攀钢技协协调解决有偿技术服务的税收政策，攀钢技协逐步完善内部管理。全年，全市各级职工技协为提高劳动者的素质和技能，举办各种培训班 20 期，培训骨干 909 人；开展技术攻关 1822 项，创价值 375.87 万元；推广新技术 27 项，创经济效益 81.4 万元；技协会员、技协职工为企业生产经营项目、技术改革、提合理化建议 35568 项，创经济价值 20535.38 万元；签订技术有偿服务合同 33 份，合同总金额 436.35 万元，上缴税金 20 万元。市职工技协积极推进扶贫帮困工作，为困难企业走出困境做出贡献，实施技术帮扶项目 15 个，创价值 600 万元，为 2 个企业减亏 80 万元。市总工会职工技协被省科委授予“四川省第三届技术市场金桥奖”，被省总工会评为 1996 年度全省技协系统竞赛一等奖，被市委、市政府评为“支持城镇集体经济发展先进单位”。

1998 年，市总工会充分发挥职工技术协作在攀枝花科教兴攀中的主力军作用。年初，市总工会下发《科普工作要点》和《科普月活动安排意见》。3 月 7 日，组织开展全市科普广场活动，发放《科普文件汇编》《科技是第一生产力》等宣传资料 200 余份，组织科普、科技知识有奖问答和谜语 200 余条，调演 8 个文艺节目，吸引观众 2000 多人。3 月 20 日，市职工技协在市总工会会议室召开三届五次全委会暨表彰会，共表彰攀钢（集团）公司工会职工技协、攀枝花市新光供用电技术服务部等先进集体 23 个，金跃文、朱方宏等先进个人 47 名。10 月，市工会技协在市总工会举办为期 3 天的《创造学》培训班，攀钢、十九冶、矿务局、建委、交通、西区等单位 46 人参加培训，采用《四川省职工创造学实用教材》，以创造学原理为核心，以讲创造方法、技法运用、开发思维训练和测试为重要内容，效果很好。年内，市职工技协对全市工会技协、企事业进行清理登记，规范经营活动，积极协调税务、财政等部门，学好用活各种优惠政策，为攀钢（集团）工会技协的群星技术服务部、电业局的新光、兰光技术服务部等 8 家技协办理退税 13.93 万余元。全市工会技协共签订有偿服务合同 40 份，合同总金额 444.3 万元。在 1998 年开展的科普活动中，全市各级工会技协共组织收听广播 155 次，放科普电影 29 场次，收看科普录像 79 场次，举办科普讲座 29 期，科普赶集（街）15 场次，办专栏、板报、挂图 404 期，发放科普宣传资料 25600 份，提供致富信息 210 条，撰写科普文章 450 篇，建立厂矿、车间科普活动小组 58 个，参加活动的科技人员 1500 人次，参加科普活动的职工 16 万人，推动了全市科普活动。3 月，市总工会技协被省技协评为技协工作竞赛一等奖。6 月，市总工会受到市科技活动领导小组表彰，被评为“科普工作先进集体”。11 月，市总工会受到省委宣传部、省科委、省科协表彰，被评为“科普工作先进集体”。

1999 年，市职工技协在强化“四技”服务的同时，加强组织建设。9 月 16 日，市职工技协召开四届一次全委会，进行市技协第四届委员会换届选举，并对攀钢（集团）公司工会技协办等 13 个先进集体、龙建华等 38 名先进个人、刘忠杰等 19 名积极支持技协工作的人员予以表彰奖励。年内，西区、市电信局工会成立职工技协，仁和区总工会跨入省百县创超工程达标县行列。全市各级职工技协组织围绕企业生产经营难点、热点和关键环节，组织动员广大职工提合理化建议 8562 条，创经济效益 8996.04 万元，技术攻关、技术革新 379 项，创经济效益 5626.49 万元，新技术推广 112 项，创经济效益 6945.1 万元，技术开发 122 项，创经济效益 7397.3 万元，举办技术培训班 1388 期，培训 40842 人次。签订技术有偿服务合同 41 份，合同金额 433 万元。城市职工科普工作成绩显著。全市职工科普举办广播 164 场次，科普电视（录像）323 场次，科普专栏、墙报、板报、挂图 261 期次，发放科普资料 157212 份，提供科普致富信息 82 条，技术培训、普及项目 361 期次，撰写科普文章 248 篇，开展下岗职工培训 77 期，培训 1754 人，成立车间科普活动小组 128 个。参加宣传工作人员 5393 人，受教育职工人数 233064 人。当年，市总工会城市职工科普工作受到市科技活动领导小组表彰。市总工会技协工作被全国总工会、四川省总工会评为技协先进集体，荣获省总工会技协工作竞赛一等奖。

2000 年，市总工会以推动企业技术进步、创新，促进科技成果的转换作为工会工作的又一重点。年内，全市技协组织及技协会员提技术性合理化建议 21630 条，创可计算价值 1058.3 万元；全市工会技术经营机构签订技术有偿服务合同 47 份，合同金额 482 万元；各级工会完成技术帮扶项目 12 项，实现可计算价值 550 万元。攀枝花移动通信公司工会成立职工技协。市总工会为攀钢（集团）公司工会技协的群星技术服务部、电业局工会的新光技术服务部等 8 家技术服务机构申请技改补助 14 万元。加大城市职工科普工作力度。据统计，全市职工科普举办广播 218 场次，科普电视（录像）428 场次，科普专栏、墙报、板报、挂图 587 期次，发放科普资料 55833 份，提供科普致富信息 1617 条，技术培训、普及项目 139 期次，撰写科普文章资料 391 篇，参加宣传工作人员 6460 人，受教育职工人数 14.4 万人次。同年，市总工会城市职工科普工作受到市科技活动领导小组的表彰，市总工会技协工作获省总工会技协工作竞赛一等奖。

随着基层职工技协组织的逐渐萎缩，职工技术协作工作逐步停止。到 2002 年，职工技协工作停止。

第五节　劳动保护监督检查

一、组织建设

攀枝花市工会劳动保护工作在“文化大革命”中处于停顿状态。1979 年，市总工会恢复设立生产保护部，基层工会也开始设立相应组织。1985—1987 年，贯彻执行中华全国总工会下发的《工会劳动保护监督检查暂行条例》《基层（车间）工会劳动保护监督检查委员会工作条例》《工会劳动保护检查员工作条例》，市总工会提出贯彻执行的具体办法，重点指导基层工会组建工会劳动保护监督检查领导机构。至 1988 年，全市厂矿工会劳动保护监督检查委员会组建率达到 97.7%，车间达到 100%，生产班组设立工会劳动保护监督检查员，达到 10872 名。同时还通过培训、考核，在基层单位命名 140 名攀枝花市工会劳动保护监督检查员。1988 年 7 月 19 日，市政府批准市总工会呈报的《关于授予攀枝花市工会劳动保护监督检查员权限的报告》，并召开工会劳动保护监督检查员发证授权大会，授予市总工会 10 项监督检查职责。140 名工会劳动保护监督检查员做到有职有权，活跃在企业安全生产工作中。1989 年年初，攀枝花市总工会劳动保护监督检查站正式成立，办公室设在市总工会经济技术部。各县区、产业、企业工会设立分站。至此，全市工会劳动保护监督检查组织体系初步建立。

20 世纪 90 年代初，随着经济体制改革的深化，一些企业转产、重组、关闭。工会劳动保护监督检查机构受到不同程度的影响。市总工会把巩固基层工会劳动保护监督组织作为工作重点之一，强化新经济体工会劳动保护监督检组织的建设。1997 年 4 月 26 日，全国总工会颁布“三个条例”（《工会劳动保护监督检查员工作条例》《基层工会劳动保护监督检查委员会工作条例》《工会小组劳动保护检查员工作条例》）。市总工会以此为契机，狠抓工会劳动保护监督检查规章制度的健全，制定了“对职工进行执行规章制度和安全生产教育；开展安全竞赛活动，推动企业的安全生产；配合行政进行安全执法、安全达标、安全生产的监督检查；协同做好职业危害防治工作，搞好劳动卫生，改善劳动条件，保护职工身体健康；参与事故的调查处理工作”等工会劳动保护工作五大工作职责。同时，要求各基层工会抓好安全宣传教育和规章制度完善、劳动保护监督检查员培训、劳动保护监督检查、劳动保护措施落实、事故隐患整改等工作，大力开展“反三违、查隐患、堵漏洞、保安全、增效益”的劳动保护监督检查活动及安全教育培训，探索了劳动保护新路子。当年，全市各级工会共举办各类劳动保护培训班 689 期，培训安全骨干 29800 余人次。工会劳动保护监督检查组织体系得以巩固。

2000 年以后，市总工会按照“三个条例”要求，把工会劳动保护监督检查组织建设纳入常态化管理，根据产业结构的调整不定期指导新经济组织建设工会劳动保护监督检查组织，开展工会劳动保护监督检查员培训，确保了组织机构完善、责任落实。95%的企业、车间（工段）建立了工会劳动保护监督检查委员会，工会劳动保护监督检查委员会常年保持在 2000 个左右；92%的班组基本上配置了工会劳动保护监督检查员，工会劳动保护监督检查员常年保持在 10000 人左右。

2010 年，市总工会按照省总工会要求，在煤矿生产企业组建特殊工会劳动保护监督检查队伍——煤矿特聘群监员。当年即在近百家煤矿生产企业的 700 个班组设置煤矿特聘群监员 706 名。2012 年西区“8 •29”煤炭安全事故发生后，市内全部煤矿企业停产整顿，此项工作暂时停止。

二、劳动保护

1986 年，全市各级工会劳动保护监督检查组织积极配合行政进行安全生产、安全执法、安全达标、安全竞赛检查 390 次。查出事故隐患 4420 项，限期整改和已经整改 4262 条。8 月，市总工会召开全市劳动保护工作经验交流会。各基层工会相继也召开劳动保护工作经验交流暨表彰会。

1987 年初，市总工会针对部分企业职工加班加点，影响职工身体健康、违反国家劳动保护有关规定等情况，组织有关人员深入调查，起草了《一个不容忽视和急待解决的问题》的调查报告，引起省、市领导及部分企业领导的高度重视。部分企业相继召开职代会并作出“关于提高工作效率、做好劳逸结合、保障职工身体健康的决议”，基本纠正了企业加班加点的不良现象。当年，全市各企业劳动保护监督检查委员会配合行政安全执法检查 7773 次，查出隐患 7740 条，整改 7332 条。仅攀枝花矿务局在监督检查中，就制止违章作业 989 条，避免重大伤亡事故 37 起。全年出动检查 6777 人次，查出事故隐患 7803 起，限期整改 7007 起。1988 年 2 月，市总工会被省政府评为“安全生产工作先进集体”。

1989 年，市总工会组织开展企业班组安全达标竞赛活动，有 8340 个班组签订了达标协议书，截至当年底，有 5868 个班组达标，验收合格班组 11824 个（占企业班组总数的 98.5%），创先进班组 4013 个（占企业班组总数的 33.4%）。10 月 29 日，市总工会召开企业班组安全达标竞赛成果发布会，表彰 98 个安全达标标兵班组、51 名先进工会劳动保护监督检查员。省总工会相关领导和各地、市、州、省产业（局）工会负责人参加了大会，对开展班组安全达标赛给予了高度评价。在市总工会的精心组织下，“安全自查活动”已成为职工的自觉行动。全年全市各级工会主动自查 640 次，交叉检查 39 次，参加人数达 1438 人；劳动保护监督检查员独立自主开展经常性安全生产检查 679 次，查出事故隐患 2458 起，提出改进建议 269 条，共整改 2181 起，整改 88.73%。

1990 年，市总工会在全市 9235 个班组中开展安全达标竞赛，建成合格班组 6909 个、先进班组 4356 个、标兵班组 2829 个。各基层工会组织职工全面开展安全生产合理化建议活动、安全生产班组民主管理活动、安全生产监督检查活动。其中，全市职工围绕安全生产难点、薄弱点，提合理化建议 10832 项，被采纳 3947 项，实施 1085 项，创可计算价值 250 多万元。开展安全生产班组民主管理，自立课题，自订措施，自我组织实施，激发职工“反违章、压事故”积极性，全年制止“三违”3921 起，避免重大事故 154 起。按照市总工会统一部署，全面开展的“反违章、压事故、保安全”群众性监督检查活动，共吸引 9889 人次参加，查出事故隐患 15838 起（项），限期整改 14790 项，整改率达 93.38%。全年，全市安全事故死亡人数比省政府下达的下限数减少 3.5%，其中，县以上企业死亡人数控制在 8.5%以下。

1991—1992 年，市总工会将工会劳动保护工作重点转移到提高职工安全生产责任意识和技能水平上来，结合“普法”，开展《安全生产法》《职业病防治法》《女职工劳动保护规定》等法律法规的学习。组织职工参加安全生产法律法规学习达到 18 万人。举办工会劳动保护监督检查员培训班，培训工会劳动保护监督检查员 18900 余人次，提高了工会劳动保护监督检查员工作水平。加强与市卫生局、市劳动局的协调沟通，在企业中积极推行工业卫生和职工健康两档建设，优化职工作业环境。

1993 年，市总工会在企业管理中推行“签订班组安全生产协议”等新举措，制订班组评先安全考核指标，建立职工“自保措施”“互保公约”等制度。当年，举办安全生产骨干培训班 353 期，30138 人受训；开展安全知识抢答竞赛 43 场，12822 人代表单位参赛；组织 1641 人，开展 54 次全市性安全监督检查活动，并运用电视、电台、报纸、简报、幻灯、墙报等宣传教育形式广泛进行安全生产宣传。发挥全市 190 个劳动保护监督检查委员会、1010 个车间劳动保护委员会、12424 个工会小组劳动保护检查员的监督检查作用，查出 12612 项事故隐患，发《限期整改通知书》340 份、《三违通知书》95 份。到年末，各企事业单位共整改事故隐患 11737 项，整改率达 93%；制止三违 7332 人次，制止违章指挥 69 人次。市总工会建立“重、特、大事故隐患档案”和“跟踪监督检查制度”，对未整改的事故隐患实行定人、定期跟踪监督；建立一级事故隐患档 14 项，二级档案 219 项，三级档案 646 项，四级档案 1304 项。10 月，中华全国总工会在宁波召开的全国劳动保护工作经验交流会上，攀枝花市总工会介绍了工作经验。当年，攀枝花市总工会被四川省人民政府评为 1988—1992 年全省安全工作先进单位。

1994 年，为贯彻落实“企业负责、行政管理、国家监察、群众监督”的安全生产方针，市总工会从安全生产基础工作着手，利用各种宣传工具，在职工中开展法规、条例、安技知识宣传教育，约束职工蛮干、冒险操作等不安全违章行为，引导职工正确对待安全与产量、效益、改革的关系。并在全市 212 个生产企业、9573 个生产班组中组织开展班组安全达标赛，年内表彰 98 个安全达标标兵班组、54 名优秀劳动保护监察员、22 名重视和支持劳动保护工作的党政干部。为提高职工的安全生产责任意识，市总工会在开展安全生产大宣传的同时，组织开展“反违章、查隐患、添措施”为主要内容的安全生产监督检查 543 次，6179 名工会劳动保护监督检查员参加检查，提出安全生产合理化建议 4987 条，查出事故隐患 15204 项，督促整顿 14778 项，整改率为 97.2%；建立事故隐患跟踪档案 2183 项。市女职工委员会为配合安全生产大教育活动，在女职工和家属中开展了以“一提（提醒亲人注意安全）二要（要为安全生产创造一个和睦的家庭气氛、要亲人做好安全工作）三不（不要亲人带着情绪上班、不要亲人带病带伤上岗、不让亲人班前饮酒）”为主要内容的安全生产“协管”活动，共有 9 万余女职工和职工家属检参加，拓宽了安全生产“协管”领域。当年，职工夫妻双方签订安全生产联保协议书 2 万余份，实行安全生产家庭全员承包 4437 户；发出“三违”人员劝告书 1385 分，帮教违规、违章人员 130 人次；通过职工家属自发筹资、工会补贴的方式建立安全协管委员会基金，当年重奖优秀安全生产协管员 273 名。有的单位还建立荣辱激励机制，把安全生产先进个人事迹和安全违章生产事件摄制成录像，在有线电视“播放”，形成社会、家庭、亲友学先进大气候。川煤集团攀枝花公司高度重视安全生产工作，在当年的第一个局、矿长会议，第一号行政文件，第一次检查都是讨论研究部署安全生产工作，并整合全公司所有力量开展安全生产。其中组织工会会员2299名在各关口设置安全岗，聘请家属协管委员1962名，筑起一道安全生产的“铜墙铁壁”，矿区安全生产百万吨死亡率为0.74%，比1993年下降12.94%，全局安全生产上了一个新台阶。

1995年4月20日，市总工会召开安全生产保护监督检查工作暨表彰会，对连续6年完成省政府下达的安全控制总目标做出贡献的91个班组，命名为“市企业班组安全达标标兵班组”，命名“市优秀工会劳动保护监督检查员”51名，授予十九冶等5个工会为“市企业班组安全达标竞赛优秀组织奖”。5月9日，市总工会与市经委、市安办、市委宣传部共同组织开展“金沙杯职工安全知识竞赛”，参加人数达16万余人。继续推动开展班组安全达标竞赛活动，全市212个生产企业、6918个生产班组参赛，参赛面达84%。5—6月，市总工会以“全国第五次安全活动周”活动为契机，开展“查领导、查思想、查组织、查制度及各类安全措施”的“五查”活动，查出事故隐患1721起，整改率为92.2%。在这次活动中，市总工会分组对10家企业进行重点交叉检查，查出隐患78起，分别作出限期整改和在《情况反映》上通报处理。9月，省总工会在攀枝花召开“省工会生产保护部长会议”，攀钢工会等在大会上作了安全生产保护工作经验交流。全年，各级工会共查出事故隐患13174起，限期整改12199起，整改率为92.6%。

1996年，市总工会把劳动保护监督检查队伍建设再次作为工作重点，开展安全监督检查骨干培训，全年共办培训班135期，9380人受训，任命115名市级职工劳动保护监督检查员。6月，对企业二级厂矿的61名工会正、副主席进行专门培训。在此基础上，拓展“班组安全达标”工作范畴，将4687个后勤辅助班组纳入竞赛，实现了班组安全达标在区企业单位的全覆盖。7月，《工人日报》专题刊载了攀枝花市工会劳动保护工作经验。

1997—1999年，各级工会组织认真学习江泽民“责任重于泰山”的讲话和对安全工作的三点指示，宣传落实全国总工会于4月26日新颁布的工会劳动保护监督检查“三个条例”。在狠抓健全规章制度和探索劳动保护新路子过程中，市总工会要求以抓安全宣传教育和规章制度完善、劳动保护监督检查员培训、劳动保护监督检查、劳动保护措施落实、事故隐患整改为重点，大力开展“反三违、查隐患、堵漏洞、保安全、增效益”的劳动保护监督检查活动及安全教育培训工作。全市各级工会共举办劳动保护培训班689期，培训安全骨干29800余人次。全市共有39600余人次参加劳动保护监督检查活动，查出事故隐患16300余项，整改15900余项，整改率达95%。其间，市总工会分别参加了市政府有关部门牵头组织的全市消防、水上交通、小煤窑及工交企业的安全大检查，同时组织工会保护监督检查员对全市重点企业进行了交叉检查，为攀枝花市连续8年完成省政府下达的安全生产控制目标做出了贡献。1997—1998年，市总工会还将事故隐患和职业危害作业点的建档跟踪为工作重点，把督促隐患整改作为工作目标取得积极成效。年内，市总工会两次召开表彰会，对15个“工会劳动保护工作优秀组织单位”、186个“市企业班组安全达标竞赛标兵班组”、110名“工会劳动保护优秀监督检查员”予以表彰奖励。1997年9月，攀钢集团（公司）被全国总工会评为“全国工会劳动保护先进单位”。1998年后，攀枝花市将工会劳动保护工作融入“安康杯”竞赛活动中去开展。

三、“安康杯”竞赛

1999年，攀枝花市总工会按照全国总工会、省总工会的要求，正式启动“安康杯”竞赛。将工会劳动保护相关工作融入竞赛之中。

2000年，市总工会把加强工会劳动保护工作、依法维护职工生命安全和身体健康作为工作重点，大力开展“安康杯”竞赛和班组“安全达标竞赛”，全年有23000余个班组参赛，班组参赛率达96.6%。5月，把宣传教育作为“安康杯”竞赛主题内容，联合市经贸委、市劳动局在市中心广场开展了全国第十次“安全生产周”宣传日活动。采用谜语竞猜、文艺表演、安全漫画等形式。据统计，“安全生产周”活动期间，全市各级工会张贴安全标语3798条，悬挂安全挂图1780余幅、大型横幅290幅，办宣传板报470期，发放安全书册近万本，查出事故隐患18692项。加大安全监督检查力度，抓好事故预防工作。据统计，全年各级工会共查出事故隐患14374项，制止“三违”3131起，整改隐患12772项，隐患整改率达91.8%，围绕安全提合理化建议8312条，建立事故隐患及职业危害档案6771项。

2001—2002年，各级工会以贯彻《中华人民共和国安全生产法》为契机，结合群众性安全生产工作实际，突出职工民主监督和民主管理在安全生产中的作用。2002年，市总工会督促企业将“安康杯”竞赛活动纳入企业的安全生产管理体系中，组织动员180家企业、855个班组、17763名职工参加竞赛。各级职代会共审议有关安全生产的提案265项，提改进建议668条。共举办安全生产培训班502期，培训安全骨干12356人次。加大安全生产的监督检查力度，查出事故隐患3286项，制止“三违”856起，整改隐患3018条，围绕安全生产提合理化建议4942条。参与了市级专项检查3次。

2003年，市总工会推动“安康杯”竞赛活动深入发展，提出“十个一”（提一条安全生产合理化建议、看一场安全生产电影、写一条安全生产标语、开展一次安全生产检查、看一本安全生产图书、参加一次安全生产学习、参加一次安全练兵、写一篇安全生产心得体会、作一次安全生产宣讲、听一次安全生产报告）的活动要求，组织动员180家企业、855个班组、17763名职工参加竞赛。加大安全生产的监督检查力度，查出事故隐患6536项，制止“三违”1636起，整改隐患6636条，围绕安全生产提合理化建议9258条，优化了职工的作业环境。

2004年，市总工会将“安康杯”竞赛活动纳入企业安全生产管理体系和群众性安全生产责任制，做到月有检查、季有考核、半年有总结，使“安康杯”竞赛成为工会劳动保护的常态化工作。全年，各级工会共培训安全生产骨干1186人次，张贴安全生产标语63876条，挂安全知识挂图15867幅，开展安全生产专题讲座250场次，职工受教育面达到98%；组织职工开展“四个一”（参加一次安全生产培训班、提一条安全生产建议、查处一起事故隐患或违章行为、做一件预防事故的实事）活动，共提安全生产建议2979条，企业采纳整改率达到89%；组织实施安全生产监督检查，共查出事故隐患6331项，制止“三违”2817起，监督行政整改隐患5634项；各级工会还组织动员615家企业、18000个班组、18万余名职工参加了“安康杯”竞赛活动。与此同时，市总工会力推进建立健全群众性安全监督检查网络体系。年内，国有大中型企业已基本建立起公司、厂矿、车间、班组四级工会劳动保护监督检查组织，有一定规模的民营企业也建立了工会劳动保护监督检查机构，专兼职劳动保护监督检查人员配备面达到50%，规模较小的民营企业设立工会劳动保护监督检查员设立率达到50%。

2005年，各级工会把“安康杯”竞赛活动同市委、市政府提出的“创国家优秀环保城市、创国家优秀旅游城市、创国家模范卫生城市”活动结合起来，发动职工针对本单位安全生产的薄弱点，组织开展以“迎冬旅、创国优、保安全”为主题的群众性安全监督检查活动。全市共有878个企业、18.6万职工加入到这项活动中来，各级工会共查出事故隐患6631项，制止“违反劳动纪律、违章指挥、违章操作”2817起，整改隐患4664项。5月12日，仁和区 “5·12”特大瓦斯爆炸事故发生后。市总工会加大对煤炭行业安全生产的监督力度，加大对内矿职工安全生产的宣传教育力度。在其后的半年时间里，对3个县（区）的4个产煤乡镇的非公有制企业进行劳动保护安全检查，查出事故隐患326起，督促整改303起；举办劳动保护培训班4期，培训工会干部、劳动保护监督检查员及一线安全骨干等350余人。

2006年8月，结合“关爱农民工生命安全与健康特别行动”，市总工会联合市安监局、攀西煤监分局，对非公有制企业开展安全生产专项检查，共查出事故隐患400多项，职业危害330项，提出整改建议480

项。市总工会组织大型国有企业技术骨干对非公企业安全生产工作进行现场指导，较好地提升了非公有制企业安全生产的组织管理能力。继续推动“安康杯”竞赛深入发展，把“安康杯”竞赛内容纳入企业的安全生产管理体系和群众性安全生产责任制，并在内容上不断创新，受到企业和职工的欢迎。全年共有 878 个企业、18.6 万名职工参加“安康杯”竞赛，共查出事故隐患 6631 项，制止“违反劳动纪律、违章指挥、违章操作”2817 起，整改隐患 4664 项。

2007 年，市总工会以完善与政府的联席会议、劳动关系三方协商、职代会和厂务公开等制度为契机，推动政府先后出台《攀枝花市人民政府支持工会组织在劳动安全卫生工作中切实发挥作用的意见》《职工举报重大安全生产隐患和事故奖励办法》等文件，为工会开展劳动保护工作创造了更好的外部环境，为保护职工的生命健康与安全提供了政策保障。推动“安康杯”竞赛向生产一线班组发展，扩大了职工参与面。当年开展职工安全生产技能培训 1008 场次，培训职工 68000 余名；开展安全生产技能比赛 159 场次，吸引 1360 余名职工参赛；开展群安监督检查 89 次，查出事故隐患 6331 起。查处事故举报 642 起，比照《职工举报重大安全生产隐患和事故奖励办法》兑现举报奖励 5 万余元。12 月，与市安监局、攀西煤监分局联合召开“攀枝花市煤矿班组群安工作经验交流现场会”，全国总工会、省总工会有关部门领导亲临指导，对攀枝花煤矿班组群安工作的经验与做法给予充分肯定。

2008 年初，市总工会建立完善工会劳动保护监督检查“四级”组织网络，突出班组群监员队伍建设，指导乡镇（街道）工会和非公企业工会及村级工会相应设立工会劳动保护监督检查员。按照全国总工会、国家煤矿安全监察局和省总工会、四川煤矿安全监察局下发的《关于特聘煤矿安全群众监督员实施办法》，督促煤矿生产企业在矿、队、班组设立“特聘煤矿安全群众监督员”。8 月，制订下发《攀枝花市班组群众性安全生产工作指导性意见》，指导基层工会制定相关的实施意见（办法）。推广攀钢（集团）公司班组群安工作、仁和区煤矿班组群安工作经验，促进全市班组群众性安全生产工作规范化建设。汶川“5・12”地震和攀枝花“8・30”地震发生后，市总工会以抗震救灾和防范次生灾害发生为重点，组织广大职工立足生产岗位开展的隐患大排查、大防范活动，共查出因地震导致的安全隐患 365 起，制订应对措施 263 条，增强了企业抵御自然灾害的能力。

2009 年，市总工会加大与安全生产监管单位的协商力度，把“安康杯”竞赛活动纳入全市安全生产目标考核内容，建立和完善竞赛活动的长效、规范机制。规范竞赛内容制定活动“五大措施”（开展安全生产宣传教育工作、抓好安全生产监督检查、参与安全生产管理、参与安全生产责任事故的调查处理、强化企业班组安全建设），使“安康杯”竞赛活动更适合企业安全生产发展的需要。当年，共有 560 家企业、2 万余个班组、20 余万职工参加了竞赛活动，企业、班组、职工参赛面均达到 90%以上。

2010 年，市总工会结合自身的工作职责，将“安康杯”竞赛纳入全市主题劳动竞赛范畴，形成“四赛四促进”的工作模式。当年，全市共有 600 余家企业、2.3 万余个班组、22 余万职工参加竞赛活动，企业、班组、职工参赛面均达到 92%以上。当年，针对职工反映，依照《职业病防治法》开展职业病防治调查工作，形成调研成果《攀枝花市职业病防治状况分析》，受到市委、市政府的高度重视。

2011 年，对开展“安康杯”竞赛进行部署，加大职工安全生产责任意识和安全生产行为能力的教育，力求通过活动努力提高职工安全生产技能水平，巩固安全生产“第一防线”。当年，全市推荐省级以上“安康杯”竞赛优胜单位 11 个、班组 9 个、个人 5 个，其中有 1 个集体、3 名个人分别获“四川省五一劳动奖状”“四川省五一劳动奖章”荣誉称号，市总工会荣获全国“安康杯”竞赛活动优秀组织单位奖。针对市场经济体制对工会工作的要求，开展工会劳动保护工作调查，撰写的《工会劳动保护工作绩效评价指标体系的研究》于当年 6 月获中华全国总工会理论研讨二等奖。

2012 年，市总工会全面参与安全生产管理。结合创建劳动关系和谐企业活动，强化竞赛组织领导机制。

为确保“安康杯”竞赛活动有效开展，建立市、县区（产业、大企业）两级竞赛工作领导小组，充实调整小组成员，修改完善相关工作制度，明确工作职责。全市共有 1560 家企业、2 万余个班组、23 万职工参加了竞赛活动。结合推进企业安全文化建设，加大安全生产宣传教育力度。按照市安全生产管理委员会安排的“百日群安活动”“安全月”等专题活动，运用广播、电视、报纸等传媒形式，对一线职工开展安全生产大宣传、大教育，每年开展安全生产培训、专题讲座等达 500 期以上，受教育职工达 20 余万人次以上。把提高职工安全生产素质同提升职工综合素质结合起来，开展安全生产岗位练兵、技术比武活动。其中，围绕煤矿安全生产，在“百岗万人”职工职业技能大赛中专门安排井下电工、瓦斯检测工两个项目的普赛、决赛，促进煤矿安全生产的发展。结合推进企业安全生产环境建设，狠抓安全隐患排查治理。把落实工会劳动保护监督检查机制作为工作的重中之重，紧扣重点行业（矿山、建筑、冶金、危化品生产等）、重点时段（元旦、春节期间）两个关键点，开展经常性、全方位、多层次、多形式安全生产监督检查，努力推动职工作业环境进一步好转，全力维护职工群众的生命健康安全权益。全市共开展各类安全生产监督检查 9626 次，查出事故隐患 9757 起，提出整改意见 7695 条，实施整改 4956 起。结合推进“两个普遍”活动，加大参与安全生产管理力度。通过在职代会（职工大会）以及参加企业安全生产工作（部署）会等，审议涉及重大安全决策、劳保规章制度修改、安全措施经费提取和使用、劳动保护用品的发放、作业环境的改善、重大安全隐患和严重职业危害等事故隐患整治等事项，推动企业安全生产管理的规范化、制度化进程。全年，审议集体合同草案及履约的企业有 677 个，各级工会征集职工安全生产提案 694 件，被采纳 431 件；职代会审议否定损害职工健康的设计方案 375 个，讨论通过安全环境建设方案 155 个。加强生产安全事故的调查处理。按照国务院《安全生产事故报告和调查处理条例》和《攀枝花市职工举报重大安全生产隐患和事故奖励办法》的要求，在全市职工中广泛开展安全生产隐患和事故的举报活动。各级工会共接到事故隐患举报 757 起，实施整改 685 起，参与事故调查 87 起，维护了职工的合法权益。2012 年“8·29”西区煤炭安全事故发生后，市总工会领导第一时间赶赴事故现场，与现场抢险救援指挥部对接，按照要求做好一切救援的辅助准备工作。在抢险救援现场，积极协调同级部门实施救助，指导西区工会及煤矿企业工会按照抢险救援指挥部的要求做好后勤物资供给，参与核对井下工作矿工人员情况等工作，为实施救援奠定基础。协调卫生部门，随时掌握受伤人员的救治情况，督促相关部门不遗余力实施受伤矿工的救治。及时掌握煤矿企业和相关部门处理遇难矿工赔付事宜，监督其按照《国务院关于修改〈工伤保险条例〉的决定》的标准做好赔付工作。国务院“8·29”事故调查组成立后，按照市委、市政府要求，参与事故调查组联络工作，协调相关部门完成了现场调查取证、后勤保障等诸多工作。同时，按照市委市政府的安排，全员参与全市煤矿安全生产大检查，所查煤矿占全市所有煤矿的 30%以上。切实加强工会劳动保护监督检查组织建设。在巩固现有工会劳动保护组织体系的基础上，把工作重心向非公企业倾斜，力求形成自下而上、高效有序的工会劳动保护监督检查“四级”组织体系。当年，全市有工会劳动保护监督检查委员会 1106 个、小组 10011 个，工会劳动保护监督检查员 16800 余人。牵头开展攀枝花市主要职业危害防治研究。完成钒及其化合物、磷及其化合物、电离辐射、苯系物的基础性调查。按照省总工会的要求，在煤矿（非煤矿山）、冶金、建筑建材、危化品生产等单位开展职业病防治专项集体合同签订工作。及时介入，推动职业病防治专项集体合同签订的全覆盖。

2013 年，市总工会主动分析“8·29”事故教训，加大工会劳动保护工作。将工会劳动保护工作纳入全市劳动竞赛范畴，成立由市委、市政府相关领导任主任、市委组织部、市总工会、市经信委、市科技局、市财政局、市人社局、市安监局、市国资委领导为成员的“攀枝花市劳动竞赛委员会”，完善组织领导机构。并把安全生产作为一项重要工作，在安排重点工程竞赛、职工职业技能大赛、群众性经济技术创新活动时，一并安排。在此基础上，建立攀枝花市“安康杯”竞赛委员会，充实调整成员，健全制度，明确职责。加大安全生产宣传教育力度，力推“安康杯”竞赛活动向纵深延伸。按照安委会安排的“百日群安活动”“安全月”等专题活动，运用广播、电视、报纸等传媒形式，对一线职工开展安全生产大宣传、大教育，每年开展安全生产培训、专题讲座等达 500 期以上，受教育职工达 20 余万人次以上。主动介入职工安全生产宣传教育，印发 5 万件安全生产宣传品，发放到一线职工中去，受到好评。当年，全市共有 1560 家企业、2 万余个班组、23 万职工参加竞赛活动。抓安全隐患排查治理，年初第一时间下发关于开展“安康杯”竞赛的通知。其后根据实际情况，又分别下发了《关于开展防暑降温工作和工会劳动保护监督检查紧急通知》等，力图把广大职工组织起来，把现有的工会劳动保护组织的作用发挥出来，为促进攀枝花市安全生产形势好转做出贡献。按照国务院《安全生产事故报告和调查处理条例》和《攀枝花市职工举报重大安全生产隐患和事故奖励办法》的要求，加强生产安全事故的调查处理，参与安全生产责任事故调查 22 次。实施主要职业危害防治研究，加大与相关单位的协调力度，推动基础调查工作顺利进行。尤其是针对民营企业不配合的实际，加强督导，完成了全部基础调查任务。

第八章　职工民主管理

第一节　职工代表大会

1992 年 1 月，攀枝花市实施《中华人民共和国城镇集体所有制企业条例》（以下简称《条例》），对城镇集体企业的职工民主管理作出了明确规定，要求集体企业依照法律规定实行民主管理，强调职代会是集体企业的权力机构，由其选举和罢免企业管理人员，决定经营管理的重大问题。为贯彻落实好《条例》，市总工会先后组织召开了城镇集体企业民主管理研讨会和经验交流会，积极推动集体企业建立健全职代会制度，落实包括民主选择经营管理者、决定企业重大问题等项职权。是年，以攀枝花市面粉厂、攀枝花市造纸厂等为代表的一大批集体企业，坚持依靠职工办企业，成为市场竞争中的佼佼者。

1994 年 2 月，市总工会牵头起草，市委办下发《攀枝花市城镇集体所有制企业职工（代表）大会试行规定》（攀委办〔1994〕28 号）。7 月，为适应企业转机建制、建立现代企业制度的要求，市总工会与市委企业政治部、市政府体改办、市财贸办联合下发《关于加强股份制企业民主管理工作的意见》，推动全市企业职工民主管理、落实职代会职权，一批公司制企业和股份制企业重新确立了职代会民主管理制度。截至 1997 年年底，全市建立职（教）代会 782 个，占应建率的 87.41%；建车间职代会 2367 个，占应建率的 92.81%。全市召开各级职代会 3183 次，行政提交职代会审议方案 2077 件，落实 1814 件，否决 193 件，提案落实率为 84.5%。全市 465 个单位通过职代会开展民主评议干部工作，6375 名科级以上干部被评议，评选出优秀干部 715 名，评议出不称职干部 43 名，建议免职的 33 名，给予处分的 15 名；城镇集体制企业 18 个单位民主选举了“依靠职工办企业好厂长（好经理）”。

1998 年 5 月，市总工会转发省总工会《关于学习贯彻省委〈关于全心全意依靠职工办好企业若干问题的意见〉》，要求各县（区）和市属企业制订全心全意依靠职工办企业的实施意见。6 月，市委下发《关于全心全意依靠职工办好企业若干问题的意见》。市总工会认真贯彻落实，制订了《攀枝花市企业职代会建设实施细则》，对职代会职权、职代会代表组成及工作机构、职工代表的权利和义务、职代会工作制度等作了明确规范。9 月，市总工会组织相关人员，深入各县（区）和市属企业，对贯彻落实职代会制度开展全面检查。年内，攀枝花市自来水公司把供水普查交给职代会决策，为公司节约开支 110 余万元。攀煤（集团）公司对职工比较关心的大宗物资采购、涉及职工利益的药品采购进行公开招、投标，其中大宗物资采购成本降低了 504 万元，

2004 年 9 月，市总工会为推进非公有制企业民主政治建设，保障职工依法行使政治民主权利，促进非公有制经济健康发展，起草《攀枝花市非公有制企业职工（代表）大会制度暂行办法》（攀总工发〔2004〕23 号），并以市委办公室、市府办公室名义下发。10 月，贯彻落实四川省总工会《关于加强四川省公司制企业职工民主管理的意见》，在各类企业普遍健全和完善职代会制度，包括有限责任公司、股份有限公司、私营企事业、外商独资企业、外商控股企业、个体工商户工会联合会。年底，全市 137 家国有、集体及控股企业和 522 家民营企业建立职工（代表）大会制度，493 家事业单位建立职工（代表）大会制度。

2005 年，省总工会、省国资委、省劳动和社会保障厅联合发出《关于规范国有企业中进一步坚持和完善民主程序的意见》，攀枝花市企业按照“国有企业改制方案和国有控股企业改制为非国有企业的方案，必须提交企业职工代表大会或职工大会审议，充分听取职工意见。其中，职工安置方案需经企业职工代表大会或职工大会审议通过后方可实施改制”的规定，使企业改制运作更加规范。年内，市总工会就国有企业改制中和改制后职代会民主管理情况进行全面调查。截至 2005 年年底，全市已改制企业 413 家，占企业总数的 62.6%；企业改制方案交职代会审议的企业 305 家，占改制企业总数的 73.8%；职工安置方案经职代会审议通过的企业 384 家，占改制企业总数的 93%。

2006 年，市总工会下发《关于推进建立区域（行业）职工代表大会制度的意见》（攀总工发〔2006〕38 号），加大在小型非公企业集中的区域（行业）推行职代会制度的工作力度，并要求各县（区）都要在本地小型非公有制企业集中的区域和行业建立区域（行业）职代会制度。2007 年 10 月，四川省人大常委会颁布《四川省职工代表大会条例》后，市总工会及时作出决定，将实施《条例》纳入区县工会年度工作竞赛目标考核，实行奖惩兑现。11 月，米易县总工会帮助米易县园区工会率先成立米易县花岗石行业职工代表大会，选举产生园区第一届职工代表大会代表 33 人，召开米易石材集中区第一次职工代表大会，对职代会的工作进行了讨论，对米易县花岗石加工行业的集体合同的协商签订、履约，行业劳动保护及职工教育开展等进行协商确定，为构建和谐稳定的劳动关系作出积极贡献。

2007 年，市总工会以提高企事业职代会制度建制率、落实职代会职权为重点，在全省率先推行厂务公开联席会议各成员单位年终述职制度，完善职代会提案评审、职代会票决等制度，推动企事业单位民主管理再上新台阶。2007—2009 年，国有、非公企业职代会建制率逐年提高，截至 2010 年年底，全市国有企业职代会建制率 100%，非公企业职代会建制率达到了 83.5%。

2012 年，为完善以职工代表大会为基本形式的企业民主管理制度，推进厂务公开，支持职工参与企业管理，维护职工合法权益，构建和谐劳动关系，加强基层民主政治建设，促进企业持续健康发展，市总工会转发了全国总工会印发的《企业民主管理规定》。《规定》对企业民主管理应遵循的原则、职代会制度建设和职代会职权、厂务公开制度、职工董监事制度都作出了明确规定。并要求在 2012 年年底要实现已建会公有制企业职代会建制率达到 95%以上，非公有制企业达到 85%以上的目标任务。至 2013 年年底，全市国有及国有控股企业职代会建制率均达 100%，已建会非公企业达到 86%。

第二节　厂务公开

1999 年 1 月，四川省总工会、省纪委、省委组织部、省经贸委联合下发《关于实行厂务公开，加强民主监督、民主管理工作的意见》。3 月，市总工会与市纪委、市委组织部、市经贸委等联合制发《关于实行厂务公开，进一步加强职工民主参与、民主管理、民主监督工作的通知》。《通知》对厂务公开的内容、形式、程序、工作标准提出明确要求，攀枝花市推行厂务公开工作全面启动。同年 3 月，市委、市政府成立攀枝花市国有企业领导干部廉洁自律工作协调组，并召开全市党风廉政建设工作会议，将推进厂务公开列入市委的重要工作和党风廉政建设责任制考核内容。之后，攀枝花市总工会起草推行厂务公开制度的文件并以市委、市政府名义制发。6 月，市纪委、市委组织部、市经贸委、市总工会联合成立攀枝花市厂务公开协调领导小组。协调领导小组办公室设在市总工会，负责推行厂务公开制度的日常工作，市政协副主席、市总工会主席刘秀武任办公室主任。办公室人员由市级成员单位的相关人员组成，市级有关部门推行厂务公开工作联动机制基本形成。

2001 年 3 月，攀枝花市厂务公开深化民主管理协调领导小组及办公室更名为攀枝花市厂务公开深化民主管理领导小组、攀枝花市厂务公开深化民主管理领导小组办公室，由副市长景宏年等任副组长，市纪委、市委组织部、市委宣传部、市委政研室、市体改委、市经贸委、市劳动局、市司法局等单位负责人为成员，并进一步明确细化了职责分工。4 月，根据《中共攀枝花市委、市政府关于进一步推行厂务公开制度的实施意见》（攀委发〔2000〕03 号）和《四川省厂务公开工作规范》，攀枝花市厂务公开深化民主管理领导小组下发了《攀枝花市厂务公开考核办法》（攀民领〔2001〕01 号），进一步推动攀枝花市厂务公开工作深入、扎实、有效、规范地开展。7 月，市委、市政府撤销攀枝花市国有企业领导干部廉洁自律工作协调组，成立攀枝花市国有企业党风廉政建设工作领导小组，领导小组办公室设在经贸委，加强对国有企业党风廉政建设工作的领导。年内，攀枝花市厂务公开工作迅速推进，全市国有及非公有制企业厂务公开工作全面开展。12 月，攀枝花市厂务公开工作领导小组被四川省厂务公开工作领导小组评为四川省厂务公开工作先进单位。

2002 年 7 月，为贯彻落实市委、市政府《关于进一步深化厂务公开工作的意见》，攀枝花市厂务公开深化民主管理领导小组制发《关于非公有制企事业单位实行职工民主管理制度的意见》，以“巩固提高、扩面增效、规范运作、突破创新”为总体要求，在厂务公开的真实、及时、规范、实效上狠下功夫。至年底，全市 427 个企事业单位实行厂务公开，实行率达 100%；423 个企事业单位建立厂务公开制度，制度化率达 99%；416 个单位实行规范管理，规范化率达 97%。在全市 941 家非公有制企业中，有 780 家开展厂务公开工作，占总数的 61%；有 105 家机关、企事业单位工会实行了工会内部事务公开。

2003 年 5 月，四川省《推行厂务公开制度暨实行责任追究的规定的通知》下发后，攀枝花市厂务公开深化民主管理领导小组牵头起草，并以攀枝花市委、市政府办公室名义制发《攀枝花市企事业单位厂（事）务公开责任追究暂行规定的通知》（攀委办〔2003〕95 号）。各单位、各系统根据各自实际，制订厂务公开监督检查办法、评估考核细则，推动全市各企事业、产业和基层单位厂务公开民主管理工作制度的建立健全。攀钢（集团）公司根据职工的要求，在职代会上首次公开职工福利费开支情况，主动将日常管理工作向新闻媒体公开，作出“二级单位违反财经纪律的一把手和分管领导姓名在《攀钢日报》上亮相，情节严重者给予免职”等规定。7 月，市总工会、市纪委、市委组织部、市经贸委等联合制订下发《关于我市非公有制企业推行厂务公开加强职工民主管理试点工作的意见》，并在全市确定 10 户企业为首批试点单位，各县（区）也确定一定数量试点单位。各单位将试点工作纳入目标考核管理，列入重要议事日程，从组织机构和制度上确保了试点工作的开展。攀钢（集团）公司下属的攀钢轨梁厂、冷轧厂、矿业公司等3个二级单位被确定为试点单位，推行厂务公开民主管理的内容包括企业改革和经营的重大决策、重大建设项目承包、物资采购供应、职工收入福利分配、领导干部收入民主评议、住房分配、业务费使用等职工关心的焦点和热点问题，以点带面，层层铺开。年底，攀钢（集团）公司的74个二级单位全部实行了厂务公开制度。厂务公开民主管理制度的推行激发了职工生产、管理的积极性，全市推行厂务公开的153家国有大中型企业中，经济效益明显增长的有71个，占43%，减亏和扭亏的占57%。

2004年3月，攀钢（集团）公司选派相关人员参加四川省厂务公开领导小组办公室举办的ISO9000标准与厂务公开工作培训班为期4天的培训。会后结合公司实际，制订了《攀钢集团公司厂务公开民主管理办法》，使厂务公开民主管理与企业的管理体制融合得更加紧密。攀钢（集团）公司因此受到了四川省纪委、省委组织部、省委企业工委、省委经贸委、省对外贸易经济合作厅、省工商行政管理局等单位的联合表彰，被评为全省推行厂务公开民主管理工作先进单位。与攀钢（集团）公司同期开展厂务公开民主管理工作的攀枝花通力建筑有限责任公司、攀枝花市冶金机械电子有限责任公司、攀枝花粮油贸易总公司3家单位负责人被评为先进个人。

2007年2月，市厂务公开工作领导小组办公室制发《2007年全市厂务公开工作意见》，下达“2007—2009年全市厂务公开民主管理工作目标任务”。将国有、集体及其控股企业、事业单位实行厂务公开规范化率达95%以上、非公企业达80%以上作为全年厂务公开工作的重点考核指标，并纳入市总工会重点工作目标责任考核范围，全市厂务公开工作覆盖面进一步扩大，职代会的建制面进一步延展，厂务公开工作进一步规范并发挥实效。

2008年11月，市厂务公开工作领导小组下发《攀枝花市厂务公开民主管理工作评估实施细则》，并依据相关测评条件对全市国有、集体及其控股企业，非公有制企业，事业单位进行厂务公开大检查。截至2008年年底，全市462家国有、集体及其控股企业、事业单位中，厂务公开达到规范化标准的有456家，规范化率达98.7%。全市25人以上的建会非公企业1129家，推行厂务公开制度的有943家，推行率达83.5%。

2010年4月，市总工会积极参与《四川省行业（区域）性职工代表大会工作管理办法（试行）》和《四川省行业（区域）性集体合同工作管理办法（试行）》的修订。同年，为推动全市职工民主管理工作和理论研究的深入开展，市总工会在全市范围内开展2010年民主管理专题理论研讨活动。10月，市总工会被评为全国推动厂务公开民主管理工作先进单位。

2011年，为大力推进厂务公开民主管理制度化、规范化建设，更好地发挥厂务公开民主管理在推进企事业单位改革发展中的重要作用，攀枝花市厂务公开领导小组在全市范围内开展创建厂务公开民主管理示范单位理论研讨活动，对活动中提交的研讨论文进行评选，评选出优秀论文13篇，其中一等奖3篇、二等奖5篇、三等奖5篇。

2012年，为充分发挥厂务公开民主管理在实施攀枝花市“十二五”规划、加快推进经济发展方式转变、保障和改善民生、促进社会和谐稳定中的积极作用，市总工会下发《关于深入开展“公开解难题、民主促发展”主题活动的通知》。要求全市企业通过以职代会为基本载体的厂务公开民主管理形式，运用好职工代表提案、民主议事会、劳资恳谈会等具体措施，让职工全面了解企事业单位生产经营状况、改革发展规划和具体工作安排，不断提高决策民主化、科学化水平。

2013年，市总工会召开全市厂务公开民主管理工作总结暨推进会，表彰示范单位7家、先进单位25家和先进个人14名。至年底，全市国有、集体及其控股企业和事业单位，厂务公开和职代会制度实现全覆盖。在已建工会组织的非公企业中，厂务公开和职代会建制率达到90%。

第三节　职工董事监事制度

1994 年 7 月，根据四川省总工会《关于当前现代企业制度试点中工会工作有关问题的意见》中提出的“切实解决工会主席进董事会和建立健全职工董事、监事制度”的要求，市总工会与市体改委、市经贸委等单位开始研究建立攀枝花市现代企业制度试点工作。联合制发《攀枝花市现代企业制度试点企业工会工作的实施意见》，将推进企业职工董事、监事制度纳入年度工作内容，要求各企业确定具体承办单位和承办人，形成连续、有效的工作机制。到 1995 年年底，全市先期进行现代企业制度试点的 5 户企业工会主席或副主席全部进入董事会或监事会。

1996 年 12 月，市总工会、市经贸委等单位联合转发《四川省关于在公司制企业中建立职工董事监事制度的意见》，要求在国有独资企业和国有控股为主的公司逐步建立职工董事和监事制度。全市以国有独资和国有控股为主的公司制企业按照这一要求，选举了一定数量的职工代表进入董事会和监事会，职工董事监事制度逐步建立。攀枝花煤业集团公司、攀钢冶金材料有限责任公司均在公司章程中写入职工董事、职工监事的有关条款，为职工董事、监事发挥作用提供制度保障。金沙水泥股份有限公司、米易糖业股份有限公司的职工董事、监事提出的关于职工劳动保护、企业技术改选、职工福利等方面的意见和建议，均被董事会采纳，并付诸实施，产生了良好的经济效益和社会效益。

2000 年 12 月，市委办公室、市政府办公室联合转发中共四川省委办公厅、省政府办公厅《关于建立健全公司制企业职工董事监事制度的意见》，按《意见》要求，攀枝花市对职工董事、职工监事的设立、任职条件、产生程序、权利和义务以及工作制度作出明确、详细的规定。截至 2003 年 12 月，全市有 48 家公司设立了职工董事，87 家公司设立了职工监事。在 23 家设立董、监事会的国有独资和国有控股公司中，有 5 家公司设立了职工董事，有 14 家公司设立了职工监事。经过几年的实践和发展，至 2004 年，职工董事监事制度已在攀枝花市大部分国有企业中建立并向非公有制企业拓展。

2005 年 11 月，市总工会、市国资委、市劳动和社会保障局联合转发《四川省关于在国有企业改制中进一步坚持和完善民主程序的意见》，再次强调要继续完善改制企业的职工民主管理制度，改制企业应依法建立职工董事、监事制度。

2006 年 11 月 15 日，国务院国资委在攀枝花市召开攀钢（集团）有限公司董事会试点工作会议，国务院国资委副主任邵宁出席会议。邵宁代表国务院国资委向攀钢（集团）公司外部董事颁发聘书，攀钢（集团）公司与外部董事签订服务合约。至此，攀钢（集团）公司董事会试点工作正式启动，攀钢（集团）公司建立现代企业制度、完善法人治理结构工作进入新阶段。

截至 2007 年 12 月，按照《中华人民共和国公司法》的有关规定，全市建立职工董事制度的企业有 176 家，设立职工监事的企业有 341 家。其中，工会主席经职代会选举进入董事会的占设职工董事单位的 71.2%，工会主席进入监事会的占设职工监事单位的 72.3%。绝大多数设立职工董事、监事的企业建立了职代会民主选举、评议监督和罢免职工董事、监事制度，职工董事、监事定期向职代会报告工作并接受职代会领导和监督制度，广泛征求职工意见并按照职代会决议在董、监事会议上行使表决权制度等各项规章制度，使职工民主管理深入到企业的核心决策管理之中，成为民主管理的一项重要内容。

2008 年 11 月 6 日，由攀枝花钢城企业总公司改制成立攀枝花钢城集团有限公司召开首次股东会和首届一次董事会、监事会。会议通过新公司出资协议和公司章程。

2012 年 4 月 25 日，攀枝花钢城集团有限公司在红格宾馆召开 2012 年第一次临时股东会。会议审议通过了首届董事会工作报告、董事会换届选举议案、首届监事会工作报告、监事会换届选举议案。

2014 年，中共攀枝花市委决定，攀枝花钢城集团领导班子不再由市委管理，党组织关系由市委“两新组织”工委管理。同时，市委决定向钢城集团董事会委派董事，代表市产业投资公司履行出资人义务，确保国有资产保值增值。

第四节　工资集体协商

1996 年，攀枝花市贯彻国家劳动和社会保障部颁布的《工资集体协商试行办法》，提高集体合同的有效性、针对性，推动集体合同制度在更广泛的领域和更深的层次上开展。按照全国总工会下发的《工会参加集体协商的指导意见》，攀枝花市总工会于 1997 年年初开始工资集体协商试点工作。在市总工会的指导下，1997 年 5 月，攀枝花市中美合资托利多电子衡器有限公司在全市率先实行工资集体协商制度。1998—2002 年，该公司建立了职工工资增长机制，职工工资年均增长幅度为 9.43%。

2000 年 2 月，市总工会、市劳动和社会保障局联合下发《关于开展企业工资集体协商试点工作的意见》，在全市广泛开展推行工资集体协商工作。在试点工作中，注重将工资集体协商与工资指导线制度、最低工资保障制度、劳动力市场工资指导价位制度结合，重点为调整好工资指导线与工资集体协商确定的工资增长水平的关系。

2002 年 12 月，市总工会召开全市工资集体协商经验交流会。来自各县区劳动局、计经局、基层工会及 24 家民营企业代表参加了会议。盐边县民兴煤业有限公司、米易糖业股份公司在会上作了经验交流。截至年底，全市已有 361 个企业开展了工资集体协商，签订了工资专项协议，签订率为 36.3%。

2003 年起，全市工资集体协商工作稳步推进，各级工会在巩固已有工作成果的基础上，结合本地区、本系统、本行业特点，分层次推进工资集体协商工作。2004 年，市总工会会同市劳动保障局等单位，在全市开展工资集体协商工作交叉检查，各相关单位和企业交流经验，促进了工作的有效开展。2005 年，全市各级工会依托各级劳动关系三方协调机制，加大督导检查力度，针对发现的问题及时提出整改措施并加以解决，推动了工资集体协商工作向纵深发展。

2006 年 8 月，攀枝花市人民政府办公室转发市劳动关系三方四家联席会议提请的《关于进一步推进企业工资集体协商工作的意见》，促进企业建立薪酬正常增长、工资共决和支付保障机制，推动企业建立工资集体协商制度，稳定劳动关系，促进企业健康发展，确保职工收入随企业经济效益同步增长。

2007 年年底，全市工资集体协商工作建制率和签订率均提前并超额完成了省总工会下达的目标任务。

2008 年，市总工会下发《关于开展工资集体协商“百日攻坚”行动的通知》，明确提出：到 2008 年年底，国有及控股企业和已建会非公企业工资集体协商签订率分别达到 40%和 30%，2009 年年底要分别达到 65%和 50%，2010 年年底前要分别达到 85%和 75%的目标。以市劳动保障局、市总工会、市工商联和市企业家协会 / 企业家联合会作为市劳动关系三方四家（以下简称“三方四家”）联合下发《工资集体协商“百日攻坚”行动的实施意见》，向各基层工会下达分解指标任务。针对攀枝花市企业实际，采取因企制宜、分类指导的原则，分步推进工资集体协商机制。提出“生产经营正常的企业要全面协商、生产经营困难的企业要侧重协商、公司制企业突出分配关系协商、非公企业加快工资集体协商建制、国有改制企业重点就工资政策的落实进行协商”等措施。年内，市总工会依托市劳动关系三方协调机制，加大工资集体协商工作的监督、检查力度，把“五一奖状”“职工之家”“劳动关系和谐企业”以及企业经营管理人员“劳动模范”“劳动奖章”“优秀企业管理者”的评选表彰与企业是否建立工资集体协商制度并签订工资集体协议作为必要条件，实行一票否决。各级劳动部门结合劳动用工年检，督促企业建立工资集体协商机制，对于拒不开展或拖延执行工资集体协商的企业按照《劳动保障监察条例》进行执法监察，给予一定的经济处罚并在新闻媒体上予以曝光。至2010年底，全市国有及控股企业工资集体合同签订率达到99.5%，已建会非公企业工资集体合同签订率达到92.4%。2011年，市委先后召开攀枝花市委第三次工会工作会暨“两个普遍”（依法普遍建立工会、普遍推行工资集体协商）推进会，专题听取“两个普遍”工作汇报，成立由市委、市政府分管领导担任组长、副组长，市委组织部、宣传部，市工商局、市地税局、市财政局等部门为成员单位的市推进“两个普遍”工作领导小组，并以市委、市政府“两办”名义下发《关于进一步推进全市工资集体协商工作的意见》（攀委办〔2011〕6号）、《关于进一步推动企业依法普遍建立工会组织和开展工资集体协商的意见》（攀委办发〔2012〕5号）等文件，并加以部署。同时，市总工会将2011年确定为全市“工资集体协商攻坚年”，采取市总工会班子成员和部室分片包抓、下拨县（区）和钒钛产业园区50余万元专项经费，采取“集中要约”“末位约谈”等十项举措，当年实现了建会企业工资集体协商建制率达到92.5%的目标，推动了全市工资集体协商工作全面开展。

2012年，市总工会将该年确定为全市“工资集体协商深化年”，通过指导基层工会制发企业、区域、行业的工资集体协议参考文本，督促企业建立健全相关工作机制，严格执行合同内容和协商程序等，积极解决部分基层工会工作中片面追求签订率而忽视程序和内容的问题。同年底，在市政府与市总工会第19次联席会上，市总工会提出《将企业工资集体协商纳入政府民生工程加以推动》的议题，引起广泛关注。

2013年年初，市总工会围绕《中华全国总工会2011—2013年深入推进工资集体协商工作规划》以及《四川省企业工资集体协商办法》的实施，将2013年确定为全市工资集体协商工作“质量提升年”。以“抓规范、提质量、树典型、出经验”为主要内容，全面实施“进一步建立健全由市委、市政府领导的企业工资集体协商工作体系，出台《攀枝花市贯彻〈四川省企业工资集体协商办法〉实施细则》，开展工资集体协商“集中宣传月”活动，实施工资集体协商工会主席“约谈”制度，切实加强工资集体协商指导员队伍建设，积极推进工资集体协商规范化建设，着力打造一批工资集体协商先进典型，编印工资集体协商工作简报和开展专题调研，健全基础台账、统计上墙、定期通报、督导检查四项制度，强化对工资集体协商工作的考核激励”为主要内容的十项行动，着力加强工资集体协商工作规范化建设，努力提升工资集体协商质量，增强协商的实效性。3月，在全市两会上，市总工会作了题为《进一步推动我市工资集体协商，建立企业职工工资增长的长效机制》的发言，得到与会代表的高度赞同。与此同时，全市三区两县将工资集体协商工作纳入重要议事日程。东区将工资集体协商纳入区人大代表和区政协委员考察内容，西区将开展工资集体协商写入政府工作报告，仁和区年度工资集体协商进展情况由区委、区政府目标督查督办，为全市开展工资集体协商营造了良好环境。7月，市总工会牵头以市劳动关系三方四家的名义制发《攀枝花市企业工资集体协商实施细则》（攀劳社发〔2013〕457号），使全市工资集体协商工作向法制化、规范化发展。截至2013年年底，全市已建会企业4270家，签订工资专项集体合同3215份，覆盖企业4025家，签订率为94.26%，覆盖职工420917人；签订行业性工资集体合同65份，覆盖企业817家，覆盖职工30117人；签订区域性工资集体合同32份，覆盖企业1127家，覆盖职工36485人。

至2014年6月30日，全市国有及控股企业工资集体合同签订率达到100%，已建会非公企业工资集体合同签订率达到94.6%。6月，四川省总工会将攀枝花市总工会、米易县总工会、米易县花岗石行业工会推荐到中华全国总工会，以上3单位分别被表彰为贯彻落实《中华全国总工会2011—2013年深入推进工资集体协商工作规划》先进集体、先进行业工会组织。8月，以攀枝花市劳动关系“三方四家”联席会议名义制发《攀枝花市企业工资集体协商提质增效工作规划（2014—2018）》，明确总体要求、目标任务、工作保障等，提出了具体的“十项推进措施”，确保未来5年攀枝花市工资集体协商工作的方向性、目标性和可操作性。

第五节　三方协商机制

2002年4月22日，由攀枝花市企业联合会/企业家协会、市劳动和社会保障局、市总工会组成的劳动关系三方（以下简称“三方”）召开第一次协调会议。会议就建立“攀枝花市劳动关系三方协调会议制度”进行了协商，并达成一致意见，确定协调会议一般每年召开3次，由三方首席代表轮流召集和主持。协调会议形成一致意见的事项，可由三方联合制发成文件，也可形成会议纪要，由三方或某一方下发。确定了三方协调会议的代表及工作机构设置，确定由市劳动和社会保障局牵头，三方联合对部分企业劳动合同签订及履行情况进行检查，确定于2002年年底前三家联合召开全市工资集体协商工作经验交流会。至此，攀枝花市劳动关系三方协调会议制度正式建立。9月19日，召开市劳动关系三方第二次协调会议，会议由攀枝花市总工会领导主持。会议听取了市总工会起草的《关于在我市新建企业切实加强职工参加基本养老保险工作的报告》，着重就关于在攀枝花市新建企业加强职工参加基本养老保险工作进行了协商，提出了意见和建议，并一致同意将报告内容修改完善后以三方名义上报市政府，争取市政府出台《关于进一步加强新建企业参加基本养老保险工作的意见》，加大养老保险扩面工作力度。

2004年8月27日，市劳动关系三方第五次协调会议召开，会议由攀枝花市总工会领导主持。会议对市总工会起草的《攀枝花市非公有制企业职工代表大会试行办法》（征求意见稿）进行了讨论，同意修改完善后以三方名义上报市委、市政府；就加大维护农民工合法权益工作力度及进一步完善劳动关系三方协调机制进行了协商并达成了共识。12月16日，召开市劳动关系三方第六次协调会议，会议由攀枝花市企业联合会/企业家协会领导主持。会议围绕切实解决企业和职工反映的劳动关系方面的实际问题等进行研究讨论，并形成一致意见。三方同意完善三方协调工作网络，在2005年年底前要逐步建立起市、区、县直至企业比较多的乡、镇三方协调机制；建立三方协调机制特约联络员制度，由三方聘请10名左右企业劳动、人事、工会部门负责人为三方协调机制的特约联络员，及时反映劳动关系方面的争议问题；加大对《劳动保障监察条例》的学习贯彻，用以会代训的形式对各类企业法人代表进行轮训；三方于2005年共同组织召开“建立和谐劳动关系，促进企业经济发展经验交流会”，以总结经验，推动企业和谐劳动关系的建立和稳定发展；申请工作经费，由市劳动保障局牵头代表三方向市财政申请每年5万元的工作经费。

2005年10月21日，市劳动关系三方协调第八次会议召开，会议由攀枝花市总工会领导主持。会议就工会维权机制建设、“劳动关系和谐先进单位”评选及召开全市平等协商签订集体合同、工资集体协商经验交流会等到有关事宜进行了协商讨论。会议三方确定工作的重点为加强协调劳动关系，解决特困职工困难，构建“和谐攀枝花”；工作中要加大改制企业工作力度，建立健全协调劳动关系长效机制，整合社会资源；探索建立企业职工工资收入合理分配机制；加快执法监督查处力度；加快城市社会救助体系建设，切实为困难职工排忧解难。

2008年8月25日，市劳动关系三方协调第十一次会议召开，会议由攀枝花市总工会领导主持。会议传达了全省工资集体协商经验交流会议精神，审议通过了“劳动关系和谐先进单位”表彰名单、《关于深入推进“创建劳动关系和谐企业”的意见》，讨论了《关于贯彻〈劳动合同法〉全面推进工资集体协商工作的意见》，并议定该《意见》待《四川省工资集体协商暂行办法》出台后，根据攀枝花市实际制定相应办法，以政府名义下发。

2011年9月1日，市劳动关系三方四家协调第十六次会议召开，会议由攀枝花市总工会领导主持。会议着重对市企业联合会/企业家协会提出的企业用工“同工同酬”问题的调查与建议进行了协商，对市总工会草拟的《关于进一步加强工资集体协议报送和审查备案工作的通知》进行了审议，一致认为劳动关系三方要加大对“同工同酬”的宣传力度，要求企事业单位遵照《劳动合同法》的规定，实现“同工同酬”；同意以劳动关系三方四家的名义下发《通知》，推动工资集体协商工作有序开展。并决定从2012年起如有重要事项可每半年召开一次协调会。

2013年7月12日，市劳动关系三方四家协调会第十八次会议召开，会议由攀枝花市总工会领导主持。会议讨论通过了市总工会起草的《攀枝花市企业工资集体协商实施细则》（征求意见稿），并议定将征求意见稿修改完善后报市法制局审批后，争取以市政府令形式出台。11月，在通过召开全市工资集体协商实施细则征求意见会并报市政府法制办审批后，经市劳动关系三方四家多次修改，《攀枝花市企业工资集体协商实施细则》以市劳动关系三方四家的名义下发。

第六节　劳动合同签订

2008年1月1日，《中华人民共和国劳动合同法》（以下简称劳动合同法）正式实施后，攀枝花市总工会、市劳动和社会保障局通过电视、报纸等新闻媒体，大力宣传《劳动合同法》，要求市内各企业认真学习贯彻《劳动合同法》，遵循《劳动合同法》的规定，进行劳动合同的订立、履行和变更，劳动合同的解除和终止。

2008年9月18日，《中华人民共和国劳动合同法实施条例》颁布施行。9月25日，攀枝花市人民政府副市长赵辉对在全市贯彻落实该条例提出“要全面分级组织好培训和学习，《攀枝花日报》、攀枝花电视台要广泛宣传，确保这个条例深入人心，发挥应有的作用”的要求。市总工会加强《实施条例》贯彻落实，督促各企业工会加大职工劳动合同签订的监督，推动全市国有及非公企业劳动合同的规范签订。2009年2月11日，全市劳动和社会保障工作会议召开。

自2008年9月以来，全市全面推进劳动合同和集体合同制度，不断加大劳动关系协调力度，加强劳动保障监察执法，完善劳动争议处理机制，力促劳动者“劳有所得”，较好地维护了劳动者合法权益。全市劳动合同签订率达到98%；市劳动和社会保障部门与市总工会共监察用人单位1212户，涉及劳动者74800人；受理各类举报投诉案件642件，立案查处340件，结案335件，结案率98.5%，维护了农民工的合法权益；共受理劳动争议仲裁案件753件，全部结案，其中调解519件，结案率100%。接待群众来信来访4430件次，依法解决了劳动者的合理诉求。10月，攀枝花市劳动和社会保障局、市总工会联合举办《劳动合同法》及相关知识培训，组织各县（区）人社局，县（区）总工会，钒钛产业园区，乡镇（街道）、村（社区）劳动保障工作人员，工会干部进行了为期两天的业务培训。培训班重点解读了《劳动合同法》的主要条款，对案例进行分析，还以案说法，使受训人员能准确运用《劳动合同法》的相关规定开展协调劳动关系各项工作，尽量把劳资矛盾纠纷化解在基层、解决在基层。

2010年9月25日，《攀枝花市建设领域农民工工资保障金制度》出台。该《制度》主要解决在市内建筑、建设领域拖欠农民工工资现象严重的问题，规范建设领域劳动用工行为，从源头上治理和预防拖欠克扣农民工工资的问题，保障农民工合法权益，维护社会稳定，制订了建筑工程保证金、拖欠农民工工资的罚款等细则。

2013年5月起，攀枝花钒钛产业园区工会重点联系劳动合同签订较差、劳动关系不够稳定且具有一定社会影响的企业，采取上门服务、定期指导等方式，督促企业办理劳动合同备案，监督企业签订劳动合同、建立职工档案，提高用工单位主动落实《劳动合同法》的自觉性。至2013年年底，共对54户用工企业、15000余人次进行劳动合同备案。

第七节　平等协商与集体合同签订

1995 年 2 月后，攀枝花市总工会贯彻劳动和社会保障部颁布的《集体合同规定》和省总工会下发的《关于做好建立平等协商签订集体合同制度工作的通知》《关于进一步加强平等协商签订集体合同试点工作的意见》。1996 年年初，开始全面推行企事业单位建立平等协商签订集体合同制度工作。市总工会与市劳动局联合下发了《关于我市企事业建立平等协商和签订集体合同制度工作意见的通知》，开始了集体合同的试点工作。选定攀枝花市中美合资托利多电子衡器有限公司进行平等协商，作为签订集体合同的试点。1996 年 3 月，该公司工会代表该公司职工与公司签订了《集体合同书》，成为全市首家签订集体合同的合资企业。

1996 年 4 月，攀枝花市总工会在米易县铸钢厂召开全市平等协商集体合同工作现场会，中美合资托利多电子衡器有限公司、米易县铸钢厂在会上作了经验交流。会议下达了全市集体合同工作任务指标，下发《关于完成签订集体合同任务的奖励办法》。市总工会与市劳动局、市经委、市体改办、市企业家协会等单位协商制订规划，明确各管理部门和企业的职责任务，相互配合，齐抓共管，推动全市企业完成集体合同的签订。市总工会分管领导和相关部室深入到县（区）15 家企业，调查研究，总结经验，发现问题，及时帮助各企业解决集体合同签订中的各种问题。当年，建立平等协商、签订集体合同工作被列入市（县）工会工作竞赛内容，凡是年内没有完成下达任务的单位取消工会工作竞赛参评资格。市内攀钢、矿务局、十九冶等国营企业陆续签订集体合同，并覆盖所有二级单位。

1997 年，攀枝花市建立平等协商和签订集体合同制度由试点转向全面推进。年初，市总工会将签订集体合同作为工会的工作重点，列为市总工会一级目标任务进行管理，下发《关于 1997 年度建立平等协商和签订集体合同制度工作目标考核的通知》，向各级工会明确下达目标任务数。各县（区）总工会、大企业工会、产业工会根据目标任务，列出进度表，并建立起严格的目标责任制和奖惩制度。截至 1998 年年底，全市建立集体合同制度的企业达到 244 家，覆盖职工 5.71 万人，占目标任务单位职工总数的 82.43%。其中，国有企业或国有控股企业集体合同建制和签约达 203 家，占该类企业总数的 78.5%；已建工会外商投资企业建制和签约达 24 家，占该类企业总数的 33.76%；已建工会私营企业建制和签约为 17 家，占该类企业的 42.3%。当年，攀枝花市总工会获“全省推行平等协商和集体合同制度工作一等奖”。

1999—2001 年，全市集体合同工作稳中有升，并逐步制度化、规范化。企业在签订集体合同的同时，普遍建立了监督检查制度和集体合同履行情况向职代会报告制度。部分企业改制后，针对产权关系和经营管理体制变化情况进行了相应调整，或经过充分协商确认原集体合同有效，或续签和新签集体合同。经过不断补充完善，集体合同签订更加普及，内容更加具体，可操作性增强，职工维权力度加大，职工基本生活保障、职工再就业培训等经过平等协商后纳入了集体合同，增强了集体合同维护职工利益的实效。

2002 年 6 月，市劳动和社会保障局、市总工会制发《关于进一步推行企业工资集体协商制度的意见》和《企业工资集体协议样本》，要求进一步推行平等协商和集体合同制度，加快培育劳动关系主体双方自主协商的机制。市总工会不断拓展工资集体协商的工作面，重点转向各类非公有制企业和已改制的国有企业。同时，积极探索建立行业性、区域性工资集体协商，签订行业性、区域性工资集体协议，以覆盖更多的企业员工。截至 2002 年 12 月底，全市已签订集体合同 337 份，覆盖职工 25 万余人；签订工资专项集体合同 315 份，覆盖企业 273 家，覆盖职工 22.38 万人。2003 年 11 月，攀枝花市总工会获“四川省工会集体合同工作一等奖”。

2003—2005 年，全市平等协商集体合同工作逐步制度化、规范化。市总工会全面推进集体合同的签订，以提升合同质量为突破口，指导基层规范合同文本、强化履约效果和监督检查，在全市非公企业相继确立了 25 个示范单位，并要求以点带面，推动集体合同工作整体水平的提高。同时，市总工会还指导各基层工会探索建立了区域性、行业性集体合同等有效运作模式以及监督制约机制，强化了合同的针对性、可操作性、实效性。2005 年 7 月，根据煤炭行业的特点，市总工会制发《攀枝花市非公有制煤矿企业集体合同样本》，指导区县煤炭企业签订有针对性的集体合同。2005 年年底，全市共签订集体合同 1114 家，其中非公企业 1047 家，签订工资集体协议 1112 份。

2006—2010 年，市、县（区）各级工会把推行集体合同制度作为工作重点。市总工会、区县总工会相继召开劳动关系三方四家协调会议，下发了一系列指导性文件等来规范开展平等协商集体合同工作，在促进劳动关系和谐稳定、企业效益稳步增长、维护劳动者合法权益等方面发挥了积极作用。至 2010 年年底，全市签订集体合同 2883 份，覆盖企业 3974 家，覆盖职工 400817 人，签订率为 91.2%。

2011 年，中共攀枝花市委、攀枝花市人民政府出台《关于进一步推行工资集体协商工作的意见》，全市形成“党委领导、政府支持、工会主抓、各方配合、职工参与”的工作格局。市总工会启动工资集体协商“百日攻坚行动”，采取市总工会班子成员和部、室分片包抓，工会主席约谈企业负责人、市总工会下拨 60 万元专项工作经费、工资集体协商推进“末位约谈”等重大举措，并向基层派驻 10 名市级专职工资集体协商指导员，举办有 120 余人参加的工资集体协商培训班，全面推动此项工作。至年底，全市共签订工资集体协议 2713 份，覆盖企业 3058 家，职工 37 万余人。至 2013 年底，全市共签订工资集体协议 3655 份，覆盖企业 4267 家，职工 43 万余人。

第九章　职工法律服务

第一节　法律宣传与教育

攀枝花市总工会参与普法工作始于 1986 年。在“一五”（1986—1990 年）普法期间，全市各级工会协同有关部门，采用法律知识讲座、法律咨询、法律知识竞赛、法制板（墙）报、编写法律知识宣传册等形式，广泛深入地对广大职工进行法制宣传教育，增强了职工的法制观念。1989 年 7 月 10 日，市总工会下发《关于成立攀枝花市总工会法制建设领导小组的通知》（攀总工便函〔1989〕4 号），负责全市工会系统法制建设工作的指导工作。1990 年 11 月 25 日，全国总工会法律工作部、法制日报社等单位发起全国职工劳动法律法规知识竞赛，市总工会法制办公室认真进行动员，精心部署，全市有 15.68 万名职工参加竞赛。当年市总工会获全国总工会优秀组织奖。

1991 年年初，根据《全国总工会关于在职工和工会干部中进行法制宣传教育的第二个五年规划》和《四川省总工会关于在职工和工会干部中进行“二五”普法教育的意见》，攀枝花市总工会成立“二五”普法领导小组，正式启动了持续开展的工会普法教育活动。1992 年，市总工会抓住新《中华人民共和国工会法》颁布实施的契机，于 5 月 21 日，会同市委宣传部、市司法局、市法制建设领导小组办公室下发《关于认真学习、宣传、贯彻〈工会法〉的通知》，并把《工会法》的学习、宣传、贯彻纳入“二五”普法的重要内容，年内全市共举办学习班135期，参加人会员15000余人，印发宣传资料2万余份。9月，市总工会获四川省职工“二五”普法知识大赛组织奖。1993年4月3日，市总工会召开纪念新《工会法》颁布实施一周年座谈会，市级相关领导和部分基层工会的代表30余人参加。10月6日，市总工会组织召开《中华人民共和国劳动法（征求意见稿）》座谈会，参加会议的有各基层工会负责人20余名，会议对《劳动法（征求意见稿）》提出意见和建议。1994年5月9—13日，四川省人大法工委、省总工会、省法制局一行5人到攀枝花调查《工会法》贯彻执行情况，并对《四川省外商投资企业建工会条例（草案）》征求意见，攀枝花市人大、市总工会、市公安局、市劳动局、市法制局、市外贸局等单位对《条例（草案）》提出建设性的意见和建议。10月5—15日，市总工会与市劳动局联合举办为期5天的两期《劳动法》学习班，90余名企业工会、行政干部受训。11月，全市5.5万名职工参加由市总工会与市劳动局联合组织的《劳动法》知识大赛。12月下旬，市总工会、市劳动局、市法宣办、市委宣传部联合组织开展《劳动法》街头宣传活动，散发资料1万余份。市总工会转发全国总工会《关于转发〈违反中华人民共和国劳动法行政处罚〉的通知》。

1995年1月1日，《中华人民共和国劳动法》正式实施。全市各级工会分别成立贯彻《劳动法》实施领导小组，各级领导带头学，带头宣传宣讲。10月，全市53100名职工参加市总工会、市劳动局组织的全国《劳动法》知识竞赛。全年，各单位召开《劳动法》学习宣传会议共1645次，149775名职工参加；办《劳动法》宣教骨干培训班1640期，24701人参加；4498名宣传骨干上街宣传、咨询264场，解答67482人咨询，散发《劳动法》宣传资料223701份；共组织《劳动法》知识竞赛322场，146886名职工参赛。1996年初，市总工会建立健全工会普法工作机构，成立“三五”普法领导小组，由市总工会主席刘秀武担任组长。

1999年1月11日，市总工会率先在全省成立首家市级职工法律援助中心——“攀枝花市总工会职工法律援助中心”，中心承担向职工提供普法宣传的任务。4月24日，市总工会在中心广场组织开展“下岗职工法律政策援助日”活动，活动对法律政策进行宣传，设立社区服务、职业介绍、社会保险、失业保险等咨询点，并通过知识竞赛的方式宣传了《劳动法》及下岗职工再就业优惠政策。12月，市总工会被省总工会评为“三五”普法先进单位。

2001年10月17日，市总工会下发《关于在工会干部和职工中开展法制宣传教育的第四个五年规划（2001—2005）》的通知。成立“四五”普法领导小组，明确了今后五年工会法制宣传教育的目标。12月4日，市总工会在中心广场举行修订后的《工会法》宣传咨询活动，此次活动共发放宣传资料7900份，提供法律咨询360余人次。同年，市总工会被全国总工会评为“三五”普法先进单位。2002年，市总工会把贯彻《工会法》纳入“四五”普法内容，4月，市总工会会同市法制办联合下发文件，要求各单位部门认真学习宣传《工会法》；全市各级工会共举办《工会法》《四川省〈工会法〉实施办法》培训班42期，培训职工、工会干部3026人次；组织4万名职工参加《工会法》知识竞赛。10月25日，统一组织《工会法》《四川省〈工会法〉实施办法》宣传咨询活动，共发放宣传资料3600份，解答法律法规、政策咨询280人次。同时，市、区两级工会全部建立困难职工法律援助中心，为合法权益受到侵害的职工提供法律咨询、代写法律文书、代理参加仲裁和诉讼等法律服务，法律援助中心同时还承担向职工提供普法宣传的任务。2003年，继续加强法律法规宣传教育，3月、6月、11月、12月，市总工会分别在市中心广场进行《工会法》《四川省〈工会法〉实施办法》宣传咨询活动，采取散发宣传资料、播放录音带、有奖竞猜、法律政策咨询、法律援助、困难帮扶等多种形式，宣传《工会法》《四川省〈工会法〉实施办法》，市、县区两级工会在活动中共散发宣传资料2万余份，解答咨询600余次，接待职工上访40余件。年内举办非公有制企业法定代表人《工会法》《四川省〈工会法〉实施办法》培训班1期，50名各行各业的非公企业负责人参加了培训。2004年3—4月，市总工会与东区总工会、东区法建办共同开展《中华人民共和国工会法》

《四川省〈工会法〉实施办法》有奖知识竞赛活动，共收到答卷 72178 张。12 月，市总工会编印《进城务工人员维权手册》2 万册，在工会“组织起来、切实维权”系列宣传活动中陆续发放到农民工手中，对于唤醒农民工自我维权意识，增强法制观念，维护农民工合法权益，促进民营企业建立工会组织和吸收农民工入会起到重要作用。

2006 年，市总工会制定《攀枝花市工会法制宣传教育第五个五年规划》，成立由党组书记、常务副主席张云忠为组长，其他党组成员为副组长，各部门负责人为小组成员的“五五”普法领导小组，领导小组办公室设在市总工会保障法律工作部，负责日常工作。各基层工会也相应成立“五五”普法领导小组，形成了由主要领导亲自抓，分管领导具体抓，主要部门具体负责，相关部门共同落实的上下联动的领导体制和工作机制。全年，共举办普法骨干培训班 500 余期，15000 余人次参加法律法规培训；组织 160 名基层工会干部参加了省总工会、全国总工会举办的《劳动合同法》研讨培训和《企业工会工作条例》等相关法律法规知识培训。“五五”普法期间，市总工会制订领导干部学法用法实施意见，建立党组理论中心组集体学法、领导干部法律培训（法制讲座）制度，工会干部职工学习培训制度，普法考试考核等制度。根据工会工作特点，重点学习《工会法》《劳动法》《劳动合同法》《劳动争议调解仲裁法》《集体合同条例》《职代会条例》等 20 余部法律法规，工会干部每人每年学法时间在 40 小时以上。2009 年底，针对攀籍在外地打工的农民工开展了“普法短信”活动；并通过维权热线电话 12351 宣传解答相关法律法规。针对工会的服务对象，市总工会加大对职工群众、农民工的普法宣传和教育工作，采取广播电视、宣传板报、班组学习、上岗培训、就业培训、法律咨询、发放宣传资料、开展普法宣传活动等多种形式，对他们进行普法宣传，还自行编印了 5 万册普法读本——《农民工维权手册》，免费发放到企业、工地的农民工手中。市总工会以全市 22 所农民工夜校为普法新载体，集中开办针对农民工的普法知识讲座，还在市总工会网站上开辟了法治宣传专栏，宣传劳动法律法规政策。同时，通过开展工会系统“送温暖、送文化、送法律、送安全、送科技、送清凉”活动，到企业、工地、社区对职工、农民工进行普法和慰问，丰富“法律六进”活动的内涵和形式。 “五五”普法期间，全市各级工会举办普法知识讲座等各类培训班 1230 期，培训企业经营管理人员、农民工 205100 人次；共开展各类普法宣传活动 5400 余次，解答法律咨询 2000 余人次，发放普法宣传资料 223000 余份，组织全市 30 余万职工参加各类法律知识竞赛，在职工群众中营造了学法、守法、用法的浓厚氛围。

2011 年是“六五”普法的启动年，市总工会在制定《攀枝花市工会法制宣传教育第六个五年规划》的基础上，联合市司法局，于 11 月中旬—12 月中旬联合开展“全市职工‘六五’普法宣传培训月”活动。职工普法主体由以往工会独家唱戏转变为司法部门、法律专家、学者、“普法讲师团”共同参与；普法形式由以往主要集中在广场等公众聚集场所举办转变为送法律“进企业、进社区、进工地”，更加方便职工群众；普法方式由以往发放宣传资料、开展法律咨询等单一形式拓展为有奖知识竞赛、开设“职工法律大讲堂”等多种形式相结合；普法内容由单一的法律知识丰富为将职业病防治、职业健康检查、城乡环境综合整治等知识也纳入普法宣传的内容，更加符合职工群众的需求。市总工会还选取全市 7 家农民工夜校开设“职工法律大讲堂”，由律师、法学教师、“普法讲师团”共同对农民工进行劳动法律法规的培训。同年，开通了市、县（区）工会维权微博，发送普法微博 1000 余条。

2012 年，为更好地服务居民、方便居民，把法律知识普及到居民的日常生活中，全市各级工会在利用传统的现场宣讲、制作宣传专栏、张贴宣传标语及宣传画等形式上，不断开拓进取，积极发展微博等新媒体，满足各个年龄阶层职工接收普法知识的需求；根据宣教对象的不同，在教育形式上既有在广场等公众聚集场所采取集中普法，也有送法律“进企业、进社区、进工地”分散学习，更加方便职工群众。全年，全市共举办现场宣讲 30 余场，解答法律咨询 10000 余人次，发放《劳动法》《劳动合同法》《劳动争议调解仲裁法》《职业病预防宣传手册》等资料 5 万余份，分发法制宣传单 56000 份，展览法制宣传图片 2000 余张，悬挂现场法制知识问答 3600 余条，发送普法微博 2000 余条。

2013 年，通过板报、广播、知识竞赛、发放宣传资料、班组学习、现场法律咨询、工会维权微博等多种形式，积极开展送法律“进企业、进社区、进工地”，在广大职工和农民工中广泛宣传学习《劳动合同法》《劳动合同法实施条例》等法律法规。全年，全市工会共编印、修订印制收集有《劳动合同法》等法律法规在内的宣传资料共 30000 余册免费发放给职工、农民工，举办现场普法宣讲 70 余场，解答法律咨询 30000 余人次，发放法治宣传单 140000 份，展览法治宣传图片 5000 余张，悬挂现场法治知识问答 7000 余条，发送普法“微博”信息 3000 余条。

第二节　法律顾问

市总工会法律顾问办公室成立于 1985 年。到 1988 年年底，全市各县（区）总工会全部成立法律顾问组（室）。1989 年，市总工会法律顾问办公室定期、定月、定时开展法律咨询活动，将每月 15 日定为法律咨询日，并建立了市总工会常委星期六全天接待职工来信来访制度，以及职工来信来访、集体上访、法律咨询领导批复、职工重要申诉交办案件查处回执等为内容的法律目标管理制度。8 月 16 日，市总工会法律顾问室在市工人文化宫举办了首次工会系统法律顾问培训班，全市 45 名工会干部参加培训。

1990 年，全市共有工会法律顾问组织 10 个，185 名专兼职法律、信访工作人员。全年，举办《工会法》信访干部培训班 1 期，60 余人参加学习；组织 8 名工会干部参加省总法律工作部组织的行政诉讼法培训；组织 15689 人参加全国劳动法律法规知识竞赛；三次组织职工和基层工会干部，对《工会法（草案）》进行讨论，提出 16 条修改意见；广泛对《婚姻法》《行政诉讼法》进行宣传。同年，在市委、市政府组织的全市法律信访工作竞赛中被评为先进单位。

1991 年，全市职工法律信访组织建设不断加强，已建立工会法律工作机构 13 个，专兼职法律工作人员 56 人；市总工会组织职工参加全国职工法律法规知识竞赛，获全国总工会优秀组织奖。

2000 年，市总工会不断完善法律援助工作，加强对县区工会职工法律援助中心工作的指导服务，聘请法律专业人士成立法律顾问委员会，对职工法律援助中心的工作进行指导、协调，并提供法律咨询。5 月初，市总工会成立法律顾问委员会，由市人大常委会副主任周绍良，市政协副主席、市总工会主席刘秀武任名誉主任，市总工会常务副主席杨洪达任主任，市总工会副主席张敏、游绍全任副主任，委员由市人大法制委、市检察院、市法院、市司法局、市劳动局的领导担任。

2006 年 2 月，各县（区）工会建立农民工维权季度联席会议制度，推进农民工维权“一体化”进程。10 月，市总工会联合市司法局在全省工会系统率先推行基层工会法律顾问制度。市总工会和部分基层工会聘请了自己的法律顾问。市总工会主动配合有关部门多次开展针对农民工工资支付情况的专项检查，全年全市共督促企业补发拖欠农民工工资 1000 多万元。

2009 年，市总工会选聘定点维权基地——四川攀法律师事务所，加强工会法律援助工作，提高了工会信访、法律援助工作质量。当年为职工（农民工）提供法律咨询 150 余人次，代写法律文书 50 余件，代理劳动争议仲裁案件 2 件次。

2011 年 11 月，市总工会成立“攀枝花市总工会职工维权律师团”。团长由市总工会副主席谢强担任，副团长由市总工会保障法工部部长王莉担任，成员为四川攀法律师事务所、四川晓明维序律师事务所等 5 个律师事务所的 10 名律师担任。职工维权律师团下设办公室，办公室设在市总工会保障法工部，办公室主任由王莉兼任。同时明确了市总工会职工维权律师团的主要职责和主要任务。

第三节　法律援助

一、法律援助组织机构

1999 年 1 月 11 日，攀枝花市总工会在全省率先成立了首家市级职工法律援助中心——攀枝花市总工会职工法律援助中心，同时设立本级职工法律援助基金和法律援助电话。市总工会印发《攀枝花市职工法律援助试行办法》，《办法》对法律援助机构的职责、人员组成、经费来源以及法律援助的对象、范围和法律援助的方式、条件、程序作了明确的规定。到年底，市总工会职工法律援助中心共为 206 人提供法律咨询服务。

2000 年，市总工会不断完善法律援助工作，加强对县区工会职工法律援助中心工作的指导服务。聘请了法律专业人士成立法律顾问委员会，对工会职工法律援助中心的工作进行指导、协调，并提供法律咨询。同时，组织开展“下岗职工法律援助日”活动，全年为下岗职工提供法律咨询等法律服务 281 人次。12 月 28 日，攀枝花市总工会被四川省总工会评为职工法律援助先进工作单位，段晓光被评为法律援助先进个人。

2002 年，市总工会加快建立法律援助机构的步伐，重点抓法律援助机构向县级工会延伸的工作，全市三区两县均组建工会职工法律援助机构。加强工会法律援助机构与政府法律援助中心的联系，各级职工法律援助中心作为同级政府建立的法律援助中心的职工联络部，业务上接受政府设立的法律援助中心的指导，全市法律援助工作整体效率得到进一步加强。

2003 年，市总工会修订《攀枝花市职工法律援助办法》，细化法律援助的对象和范围，规范法律援助的程序，全年共对 7 名职工进行了法律援助。

2005 年，市总工会与全省 20 个市州签订城际间维权联动协议，建立跨区域维权联动机制。8 月，促成 5 个县（区）工会签订职工维权联动多边合作协议书，启动攀枝花市区域维权联动的多边合作，实现了维权任务在全市境内的全覆盖。

2006 年年初，市总工会把困难农民工纳入困难职工帮扶中心的救助范围的同时，主动配合有关部门多次开展针对农民工工资支付情况的专项检查，全年共督促企业补发拖欠农民工工资 1000 多万元。2 月，建立县（区）工会农民工维权季度联席会议制度，通过通报农民工维权工作进展情况，分析当时的维权重点，把握维权方向，推进了农民工维权“一体化”进程。

2008 年，市政府相关部门与市总工会联手共同维护工会干部合法权益，支持工会干部依法履行职责。6 月，由市财政局和市总工会各出资 20 万元建立攀枝花市工会干部权益保障金，对为维护职工合法权益而遭受不公正待遇或遭遇特殊困难的攀枝花市基层工会干部提供困难救助和法律援助。

2011 年，市总工会联合市司法局，建立覆盖城乡的工会法律援助网络——“一小时法律援助服务圈”，使每个合法权益受到侵害的职工、农民工，使用公共交通工具，1 小时内能够找到一家法律援助工作机构，对困难职工、农民工等人员的维权案件优先提供法律援助。为实现这一目标，市总工会以加强工会法律援助中心建设为抓手，按照有场所、有人员、有制度、有登记的“四有”要求，实施工会法律援助中心标准化“三项建设”（加强法律援助网络建设，各级工会与法律援助中心密切协作，逐步形成覆盖全市的市、县（区）、乡镇（街道）、村（社区）、企业五级工会法律援助服务网络；加强法律援助工作队伍建设，工会与司法行政部门及其法律援助机构、律师协会、律师事务所等协调配合，加强协调指导，督促检查工作开展情况，提高基层法律援助的能力和水平；加强法律援助案件质量管理体系建设，实现办案质量全程监控，完善法律援助人员办案监督制度，保证法律援助案件质量）。

2012 年，为更好的服务职工，拓展工会服务职能，东区总工会在全市率先创建集困难职工法律援助分中心、困难职工帮扶分中心、外来务工人员关爱中心和职工心灵驿站于一体的街道（乡镇）综合服务平台，实现了维权、帮扶、关爱一站式服务（三中心一驿站）。米易县总工会法律服务中心建立“一站式”办公工作规程，能口头解答、当场协调的就当时给予解答、协调，一时解决不了的尽量调解解决，认真对待并及时处理职工的每一件求助和投诉，切实保障职工特别是困难职工、农民工获得及时的法律援助服务。

2013 年，为促进攀枝花市工会劳动争议调解组织的健康发展，提高全市工会劳动争议调解干部的业务能力，市总工会计划用 2 年左右的时间实现全市各级工会组织劳动争议调解员轮流集中培训，并为培训结业学员颁发劳动争议调解员资格证书，逐步建立调解员培训考核、验证考核长效机制，建立一支“正规”的劳动争议调解员队伍。截止到 2013 年 9 月，全市共有 800 余名各级工会劳动争议调解员进行了集中专业培训，全部实现了“持证”上岗。

二、法律援助热线和微博

1998 年，市总工会通过《攀枝花晚报》公开承诺节日期间职工有急难，过节有困难找工会，并公布值班电话“12351”，试行 24 小时昼夜值班，接待职工来访，及时处理各种问题。1999 年攀枝花市总工会职工法律援助中心成立之后，市总工会将该电话设为职工法律援助热线，并于 2002 年通过《工人日报》和《四川工人日报》向社会公布，需要法律帮助的职工只要拨通电话就可以得到方便、快捷的法律服务。2004 年 9 月，全省工会系统统一启用“12351”全国职工维权热线电话，向职工提供法律咨询，接受职工的求助和举报。2005 年，攀枝花市职工维权热线“12351”共接受职工来电共计 108 件，全部给予答复或处理。同时，市总工会安排专人接待职工来信来访，并专门聘请律师到市总工会坐班，无偿为职工提供咨询服务。随着信息化的影响日益扩大，网络舆情在工会工作中的作用进一步凸显，2011 年 2 月 9 日，市总工会率先在新浪网开通“攀枝花市工会法律援助微博”。同年 6 月，按照省总工会开通工会微博的统一要求，市总工会又在腾讯网开通法律援助微博，全市所有县（区）均开通新浪、腾讯工会维权微博。市总工会以工会日常工作、工会普法、以案说法等话题，积极与网友沟通互动，及时反映职工群众的诉求和建议，主动化解社会矛盾，主动介入热点事件，将网上维权延伸到线下，在参与社会管理创新、倾听职工呼声、树立工会形象等方面起到积极的作用。到 2012 年，市总工会新浪、腾讯法律援助微博共发送 2600 余条，粉丝达到 2500 余人。全市工会维权微博共受理咨询 70 余件次，涉及职工 80 余人，涉及金额 5.6 万元。

三、法律援助实效

1999 年，全市各级工会接到职工法律咨询 4189 件，受理劳动争议案件 255 起。其中已处理 243 起，经调解达成协议 197 起。

2000 年市总工会不断完善法律援助工作，加强对县区工会职工法律援助中心工作的指导服务，聘请法律专业人士成立法律顾问委员会，对工会职工法律援助中心的工作进行指导、协调，并提供法律咨询。组织“下岗职工法律援助日”活动，为下岗职工法律咨询等法律服务 281 人次。

2002 年 11 月，为保障下岗失业人员再就业工作中的合法权益，市总工会职工法律援助中心直接指派工会法律工作者代理参与仲裁、诉讼活动的方式对困难职工实施法律援助，全年共向困难职工提供代理参与仲裁、诉讼案近 20 余件，及时维护了这部分职工的合法权益。

2003 年 9 月，针对个别企业侵害劳动模范权益的状况，根据省总工会《关于对省级以上职工劳模发放特别法律援助卡的通知》中“省级劳模、‘全国五一劳动奖章’获得者由所在地方总工会、省产业（局）

工会职工法律援助机构提供特别法律援助，或者由地方总工会、省产业（局）工会提供特别法律援助”的规定。年内，市总工会正式启动劳动模范特别法律援助机制，并将攀枝花市“特别法律援助卡”分发到符合条件的每一个劳模手中。

2004 年，市总工会职工法律援助中心利用法律援助热线、发放“维权卡”等形式，为职工提供快捷便利的法律援助服务，全年，市、县（区）两级职工法律援助中心共向职工提供法律咨询 2 万余人次，为进城务工人员发放“进城务工人员维权卡”2.8 万张。市总工会与省总工会积极协调，为某水电工程局的农民工追回拖欠工资 340 余万元。

2007 年，市总工会积极参与米易“8 • 31”安全生产事故等市内 28 起伤亡事故的调查处理工作。与市安监局、攀西煤监分局联合召开“攀枝花市煤矿班组群众安全工作经验交流现场会”，全国总工会、省总工会有关部门领导亲临指导，对攀枝花煤矿班组群众安全工作的经验与做法给予充分肯定。为下岗职工周汉刚工伤赔偿诉讼案提供法律援助，为其讨回赔偿 10 万元；突出农民工权益维护，以“山西黑砖窑事件”为戒，举一反三，市总工会联合劳动保障等 9 部门集中开展了“整治非法用工、打击违法犯罪”专项行动；关爱农民工生命安全与健康，广泛开展“向农民工送法律”“慰问农民工子女”“农民工平安返乡”等活动，受到广大农民工的欢迎。

2009 年 10 月，盐边县总工会为受工伤农民工左安云提供法律援助，并委派工会聘请的法律顾问——四川信恒律师事务所律师谷永兰，具体承办法律援助事务。经过近一年的谈判和协商，2010 年 9 月 7 日凌晨 2 点钟，双方达成协议：解除劳动合同，除前期支付的医疗费和借支款项外，由用人单位一次性向左安云支付工伤赔偿款 71 万元。至此，双方握手言和，左安云向法院撤回了诉讼。该案例被《四川工人日报》刊登。

2011 年 5 月 12 日，市总工会接到从四川犍为县到攀枝花市华阳煤业有限责任公司打工的农民工陈世坤的法律援助申请，经过多方调查了解和认真研究，决定对陈世坤工伤赔偿一案提供法律援助，并委派市总工会“职工维权基地”维权律师庄万峻为陈世坤代理律师，参与案件的调解处理，帮助陈世坤收集相关证据材料，为其代写法律文书。在市总工会的多次努力协调下，2012 年 1 月 16 日企业与职工最终于达成调解协议：双方解除劳动关系，由攀枝花市华阳煤业有限责任公司一次性支付陈世坤煤工尘肺贰期的一次性伤残补助金、伤残津贴、一次性工伤医疗补助金、护理费等各项费用共计 20 万元。至此，陈世坤一案在市总工会的法律援助下，经过与攀枝花市华阳煤业有限责任公司多次调解协商，最终达成调解协议，在最短的时间内为陈世坤拿到了工伤赔偿金，切实维护了职工的合法权益。

2012 年 4 月 4 日，攀枝花市州鑫混凝土有限公司 30 余名职工到仁和区总工会反映该公司拖欠职工工资，造成人心浮动，职工情绪极不稳定。为避免事态的进一步恶化，区总工会启动仁和区职工群体性突发事件应急预案，立即派遣信访信息员进厂安抚职工情绪，了解事情原委，与企业行政方沟通协调解决。经过仁和区总工会多方协调，4 月 10 日和 11 月 15 日，攀枝花市州鑫混凝土有限公司分两次将拖欠的职工工资共计 61.73 万元发放到了职工手中。在区总工会积极、主动参与下，历时半年的攀枝花市州鑫混凝土有限公司职工群体性上访讨薪案件，得到圆满解决。2012 年，全市各级工会职工维权律师共接受法律咨询 7352 件次，调处重大劳动纠纷的咨询服务和办案共计 267 件，为 9360 余人次提供法律服务。

第四节　基层工会法人资格登记

1998 年，市总工会按照《四川省基层工会法人资格登记管理实施办法》，在全市系统范围内开展法人资格登记工作。3 月 13 日，市总工会召开全市基层工会法人资格登记工作会，要求各基层工会积极清理工会自有经费、财产，准备登记材料，认真填写表格，各系统工会对所属基层工会填报的表格严格审查，截至 11 月 30 日，全市工会系统已有 236 家办理基层工会法人资格登记。12 月，市总工会被省总工会评选为“全省基层工会法人资格登记工作”先进单位。2009 年，为服务基层、方便基层、提高办事效率，经市总工会研究决定，将法人资格登记权限下放到各县（区）工会，由各县（区）直接负责本辖区基层工会法人资格登记管理，市总工会只负责市直属工会系统法人资格登记管理。2012 年，市总工会、各县（区）总工会为响应全国总工会“面对面、心贴心、实打实服务职工在基层”的号召，全面取消基层工会法人资格登记工本费收取。截至年底，全市工会法人资格登记数已达到 2569 家。到 2013 年 12 月底，全市工会法人资格登记数 3310 家；办理组织机构代码证的工会全部领取组织机构代码证，其中 98%的工会开设了独立银行账户。

第十章 法律监督与争议调处

第一节 法律监督

1989—1994 年，市总工会对攀枝花市企事业单位执行职工劳动保险、女职工劳动保护规定、《企业法》等情况开展了全面检查。1990 年 2 月 12 日，市委下发《中共攀枝花市委关于进一步发挥各级工会组织在国家政治经济生活中的民主参与和社会监督作用的意见》，要求各级政府及其有关部门在制定经济和社会发展计划及重大方针政策的过程中，凡涉及职工切身利益的问题时，要充分听取同级地方工会和有关产业工会的意见。在研究制定劳动、工资、物价、住房、社会保障、劳动保险、安全生产、承包租赁、职工教育和其他涉及职工切身利益的规定时，应有地方同级工会或有关产业工会参加，并应认真采纳工会方面的正确意见，为工会参与劳动法律监督打下坚实的基础。

1995 年，《中华人民共和国劳动法》（以下简称《劳动法》）颁布实施后，市总工会参与市政府“全市最低工资标准”的论证和制定，配合市劳动局参与全市《劳动法》执法大检查。7 月 24 日至 8 月 3 日，市总工会与市政协群法委、市劳动局、市检察院、市司法局、市工商局、市法制局 8 家单位组成联合检查组，对 12 个国有企业、7 个集体企业、部分外商投资企业、私营企业及个体户开展了执法检查。按照《劳动法》有关规定，全市有 25 个中小企业、17000 余名职工与企业签订了《劳动合同》，攀钢 10 万名职工签订了劳动合同。从 1995 年“五一”开始，攀枝花市执行国家“双休日”制度，到年底，国有企事业单位执行率达 70%。全年有 259 个企业对劳动者进行职业培训，135 个全民所有制企业 7 万多名职工和 225 个集体企业（含集体转股份制企业）的 4 万多名职工参加了基本养老保险，80 多个单位参加了“一体化社会保险”。各单位努力清理、修订与《劳动法》相悖的企业规章制度。攀枝花矿务局清理修订原企业规章制度、办法 65 个，重新制定企业制度办法 125 个，对《矿区试行工时制严格限制加班加点》等 18 个办法提出了积极建议，在试行新制定的《攀枝花矿务局全面实施劳动合同制的实施办法》时，局各级工会积极指导职工签订《劳动合同》，组织职工代表审议劳动合同内容。攀钢、矿务局试行“主辅分离”“划转分流”后，很快解决了下岗职工重新上岗的问题，同时积极采取措施解决特困职工的生活困难问题。

1996年4月3日，市总工会联合市劳动局下发《关于建立攀枝花市总工会劳动法律监督委员会的通知》（攀总工发〔1996〕20号），成立由市总工会主席刘秀武担任主任的攀枝花市总工会劳动法律监督委员会。攀枝花市总工会劳动法律监督委员会第一次会议讨论通过《攀枝花市总工会劳动法律监督委员会暂行办法》。截至年底，全市已有10个基层单位成立了劳动法律监督委员会。年内，市总工会配合市人大财经委等单位开展了全市《劳动法》执法情况大检查，对少数企业违反劳动法规和侵犯职工合法权益的行为进行了认真纠正查处。

1997年，各级工会加强劳动争议调处和劳动法律监督，成立劳动法律监督组织17个，组建率达100%。10月14—17日，市人大财经委、市劳动局、市总工会联合组成3个检查组，分别对攀钢、矿务局、区县等16个单位（系统）贯彻执行《劳动法》的情况开展了检查。受检查企业的职工覆盖全市企业职工的90%以上。全市856个企业、24.5万多名职工与用工方签订了劳动合同，签订率达到94.7%，90%以上的企业从5月1日实行每周五天工作制。

1998年，市人大财经委、市劳动局、市总工会联合对市属11个用人单位贯彻《劳动法》进行执法大检查，并就工资、工时、女职工保护、职工奖惩、“两保”情况完成调查报告。

1999年7月，市总工会与市劳动局联合转发了省劳动厅、省总工会《关于加强劳动保护监察与工会劳动法律监督工作互相配合的意见》。为纪念《劳动法》颁布实施5周年，上半年，市总工会对已建立工会组织的私营企业贯彻落实《劳动法》的情况进行了调查，写出了题为《我市私营企业贯彻实施〈劳动法〉状况堪忧》的调查报告，引起关注。10月25—29日，市总工会对19个系统及下属35家单位贯彻实施《劳动法》中的有关集体合同、劳动争议调解、劳动法律监督等工作进行了重点检查，对工会法人资格登记、厂务公开存在的问题提出了针对性改进意见。

2001年8月16—22日，由市政协法制群团委员会、市总工会组成联合检查组，到攀枝花市市级有关职能部门和部分企业就贯彻落实“三条保障线”和《劳动法》有关情况进行检查。检查结果为：自1998年7月—2001年8月，全市国有企业下岗职工基本生活费按时足额发放，保障面100%；确保了全市参加统筹企业的所有离退休人员基本养老金按时足额发放；失业人员失业保险金做到了按时足额发放。

2003年，加大工会劳动法律监督和劳动争议调处工作力度，全市各级工会建立劳动法律监督委员会495个。年内，与劳动保障部门联合开展2次执法检查，对攀枝花市童工使用情况、非公有制企业签订劳动合同、集体合同情况进行了检查。年底，与市劳动局、市建设建材局联合对攀枝花市建筑施工企业拖欠农民工工资情况进行了专项检查。

2005年，在加强与其他城市实施双向维权机制的基础上，市总工会与全省20个市州签订城际间维权联动协议，建立跨区域维权联动机制。同年8月，促成了市属5个县（区）工会签订了农民工维权联动多边合作协议书，启动攀枝花市区域维权联动的多边合作，实现了维权任务在全市境内的全覆盖。

2006年，市总工会在把困难农民工纳入困难职工帮扶中心的救助范围的同时，主动配合有关部门多次开展针对农民工工资支付情况的专项检查，全年共督促企业补发拖欠农民工工资1000多万元。同年2月，建立了县（区）工会农民工维权季度联席会议制度，通过通报农民工维权工作进展情况、分析当时的维权重点、把握维权方向，推进了农民工维权“一体化”进程。

2011年8月，市总工会下发《攀枝花市总工会关于加强工会劳动争议处理和劳动法律监督工作的通知》（攀总工保障法工〔2011〕10号），将此项工作纳入基层工会年度目标考核。9月，市、县（区）两级工会在调整工会法律监督委员会的同时，主动吸纳同级人社局、安监局相关负责人为成员。市总工会劳动法律监督组织加强与市劳动保障监察机构的联系与交流，建立联席会议制度，通过互相通报工作情况，分析研究劳动保障法律法规贯彻实施中存在的问题，提出加强劳动保障法律监督工作的意见和具体措施。至年底，全市 143 家国有及国有控股企业全部建立了劳动法律监督委员会；建立乡镇（街道）、社区（村）劳动法律监督委员会 177 个，组建率达 97%；1252 家建会的非公企业建立了劳动法律监督委员会，组建率达到 74%。全年，全市各级工会共举办培训班 10 余期，500 余人次参加培训；组织 10 余名基层工会干部参加了省总工会组织开展的“两员”培训。全年，各级工会配合同级人力资源和社会保障局、建设局等部门，在全市共检查各类用人单位 515 户，涉及职工人数 36903 人，其中农民工 28664 人；责令用人单位补发 1774 名农民工工资 1040.09 万元，督促用人单位与 29349 名职工签订了劳动合同。

2012 年，全市 143 家国有及国有控股企业全部建立了劳动法律监督委员会；建立乡镇（街道）劳动法律监督委员会 61 个、社区（村）劳动法律监督委员会 118 个，组建率分别达到 98.3%和 96.7%；1536 家建会的非公企业建立了劳动法律监督委员会，组建率达到 84%。全市共建立起区域性劳动法律监督组织 28 个，建立煤炭行业联合会、汽车修理行业联合会等行业性劳动法律监督组织 12 个；参与《劳动法》实施情况等专项检查 60 余次；开展各类用人单位支付农民工工资及最低工资规定支付情况、企业经营者拖欠农民工工资并逃匿情况、用人单位与农民工签订劳动合同情况等专项检查，全市共检查各类企业 436 家，涉及劳动者 1.88 万人。其中农民工 1.7209 万人、拖欠农民工工资企业 221 家、拖欠农民工工资 4685.5 万元，已责令支付工资及赔偿金 4119.08 万元。

2013 年，为促进劳动保障法律、法规的贯彻执行，提高工会劳动法律监督与劳动保障监察的针对性和实效性，市总工会联合市人力资源和社会保障局联合下发《攀枝花市总工会、攀枝花市人力资源和社会保障局关于进一步加强工会劳动法律监督与劳动保障监察协作工作的意见》，积极推行《工会劳动法律监督意见书》《工会劳动法律监督建议书》，完善协作机制，保障监督工作切实开展。全年，全市工会系统积极配合同级劳动监察等相关部门，在全市范围内开展各类用人单位支付农民工工资及最低工资规定支付情况、企业经营者拖欠农民工工资并逃匿情况、用人单位与农民工签订劳动合同情况、《劳动合同法（修正案）》实施情况等专项检查，共检查各类企业 650 家，涉及劳动者 45837 人。其中农民工 38539 人、拖欠农民工工资企业 62 家、拖欠农民工工资 7163.3 万元，协调支付工资及赔偿金 6617.92 万元，向 27 家违反《劳动法》《劳动合同法》的企业发出《工会劳动法律监督意见书》要求限期整改。

第二节　劳动争议调解与仲裁

1990 年 3 月 28 日，市总工会、市劳动局下发《关于尽快建立和加强企业劳动争议调解组织和工作的通知》。至此，除十九冶两级工会于上半年率先在攀枝花市成立劳动争议调解委员会以来，攀矿公司工会、矿务局工会、林业局工会相继成立调解组织。截至年底，全市 60%企事业单位建立了劳动争议调解组织，调解案件 20 件。9 月 22 日，省总工会下发《关于工会劳动争议仲裁、调解工作分工事宜的函》，为进一步加强此项工作，根据全国总工会法律工作部的要求，工会劳动争议仲裁、调解工作均由各级工会法律工作机构承担。

1991 年，全市已有 103 家企业建立了劳动争议调解委员会，有专兼职工作人员 688 人。年内，市总工会与市劳动局联合举办劳动争议调解、仲裁人员培训班。

1995 年，市总工会加快劳动争议机构的组建步伐，全市已经建立劳动争议调解委员会 176 个，受理和调解劳动争议 107 件，其中集体劳动争议 2 件。

1996 年，全市已建立劳动争议调解委员会 298 个，其中国有企业 232 个、集体企业 51 个、私营企业 9 个、股份制企业 6 个。

1997 年，市总工会开始在全市企业建立劳动争议调解委员会。年底，全市建立劳动争议调解委员会 327 个，组建率达 100%；共有劳动争议调解员 1767 人，受理劳动争议案件 147 件，调解处理结案 144 件，调解成功率 97.9%。在 12 月召开的全国劳动争议仲裁、调解工作会上，攀钢工会劳动争议调解委员会被推荐作经验交流发言。组织全市万名职工开展劳动争议仲裁、调解知识竞赛，组织选拔队伍参加了全省《劳动法》知识电视大赛。

1998 年，为完善、规范劳动法律监督和劳动争议调解工作，市总工会以劳动争议预防调解为重点，积极推进三方协调机制的建立、健全。全年，全市工会举办劳动争议培训班 75 期，受训人数 1486 人。年内，受理劳动争议案件 205 起，已处理 188 件。其中集体劳动争议 25 件，经调解达成协议 114 件。

1999 年，全市劳动争议仲裁案件 198 起。其中职工胜诉 147 起，企业胜诉 21 起，职工胜诉率为 74.2%。各级工会受理劳动争议调解案件 255 起，已处理 243 起。其中，集体劳动争议案件 27 起，经调解达成协议 197 起，调解成功率为 77%。

2000 年 6 月 6 日，市总工会在全市建立劳动关系预警机制，下发《攀枝花市总工会建立劳动关系预警机制的实施细则》，健全、完善了劳动法律监督和劳动争议调解组织机构和工作制度，加强了与劳动部门的协调合作，积极参与劳动争议仲裁，完善了由劳动部门、工会和企业方面代表组成的劳动关系三方协调机制。全年全市共受理劳动争议案件 213 起，经调解达成协议 156 起，调解成功率 79.2%。

2002 年，市总工会加强与市劳动局、市企业联合会/企业家协会联系。4 月 22 日，召开第一次劳动关系三方协调会议，正式建立攀枝花市市级劳动关系三方协商制度。攀枝花市已基本形成以“平等协商、签订集体合同制度”和“劳动关系三方协调会议制度”为主要方式的协调、稳定劳动关系的机制。同年，各级工会还狠抓新建企业劳动争议调解组织的建立，建立率达到 30%。全年，全市各级工会共参与劳动争议仲裁案件 195 件。其中，职工胜诉 99 件，企业胜诉 26 件。全市工会受理劳动争议调解案件 247 起，经调解达成协议 238 起，调解达成率 96%。

2002 年 9 月 19 日，市总工会主持召开市劳动关系三方协商会议第二次会议。会后由市总工会、市劳动局、市企业联合会企业家协会 3 家联合就攀枝花市新建企业加强养老保险工作向政府提交了书面报告。

2003 年，市总工会加大源头参与力度，针对劳动争议仲裁、诉讼过程中存在的问题撰写专题报告，为最高人民法院重新制订《关于在民事审判工作中适用〈劳动法〉有关司法解释》提供依据。积极参与市劳动争议仲裁委员会《攀枝花市劳动争议仲裁试行办法》及市改制企业改制方案的制定。4 月 28 日，召开第三次劳动关系三方协商会议，会上对《攀枝花市劳动关系三方协调会议制度》进行了修改。会后以市总工会、市劳动局、市企业联合会/企业家协会 3 家联合下发了《会议纪要》，使劳动关系协调工作进一步规范，做到有章可循。到年底，全市已有 4 个县（区）建立了劳动关系三方协商机制，组建率达 80%。劳动争议调解组织 459 家，非公有制企业建立 287 家，共受理 207 件，经过调解达成协议 178 件，调解成功率 86%。工会参与劳动争议仲裁 71 件，处理 68 件，劳动争议胜诉 65 件。

2004 年，市总工会把积极推进劳动关系三方协商作为维护职工合法权益的重要工作，积极协调劳资双方的利益关系，化解劳资矛盾，维护了社会的稳定。召开攀枝花市劳动关系三方协商机制第五次会议，会议讨论了《攀枝花市非公有制企业职代会制度试行办法》，并上报市委。各级工会积极探索在乡镇、街道和村开展劳动关系三方协商机制的工作试点。年底，市级和东区、西区、米易县、盐边县建立了劳动关系三方协商机制。

2005 年 5 月，市总工会主持召开市劳动关系三方协商第七次会议，会议讨论并修改了《关于开展评选“劳动关系和谐先进单位”活动的意见》。通过工会代表、广大职工与行政和企业主进行磋商，促成了攀枝花市职工在社会保险、工资协议、职工福利、安全生产等问题的解决。年内，随着市、县（区）两级劳动关系三方协商机制的建立，市总工会开始着手实施乡镇、街道和村开展劳动关系三方协商机制的工作试点。年内，市总工会还加大个案维权工作力度，建立市、县两级工会参与劳动争议仲裁机制，实施了由工会兼职仲裁员独立担任劳动争议案件的审理，探索建立村级劳动争议调解组织。

2005年，市总工会建立信访工作季度分析会议制度，及时把握不同阶段职工维权工作的重点和难点，了解职工队伍中存在的问题以及不稳定因素，完善维权的预警机制。全年，市总工会参与劳动争议仲裁案件8件，工会兼职仲裁员独立审理劳动争议案件5件，参与个案维权案例15起。

2006年2月，建立县（区）工会农民工维权季度联席会议制度。通过通报维权工作进展情况，分析维权重点，把握维权方向，推进了农民工维权“一体化”进程。到年底，全市所有县区都已建立劳动关系三方协调机制。县、乡镇（街道）区域性劳动争议调解组织已达29个，组建率达45%。

2007年，不断完善工会维权协调机制，主动争取党委的重视和人大、政府、政协的支持，完善向党委汇报制度、与政府联席会议制度、劳动关系三方协商机制，积极参与社会政策的制定，保障职工各项权益。加强与劳动、司法等相关部门的沟通与合作，采用联合发文、联合行动等方式，建立健全联合维权工作机制。加强与劳务输入地工会的联系和协作，搞好“两地双向”维权。探索社会化维权的新路子和新模式，增强工会组织的维权能力和维权效果，努力扩大工会维权的社会影响，推动党和政府主导、各方支持、工会运作、职工参与的社会化维权机制的逐步完善。

2009年4月，市总工会与市中级人民法院共同建立劳动争议大调解机制，实行劳动争议诉调对接。12月，市总工会与四川攀法律师事务所建立合作关系，将四川攀法律师事务所确定为市总工会的职工维权基地。同年，完善劳动关系预警机制，通过工会信访工作季度分析会、县（区）工会农民工维权联动季度联席会等机制，快速、准确掌握劳资矛盾，提前介入劳动纠纷调处，把劳动纠纷消除在萌芽状态。

2011年8月，市总工会下发《关于加强工会劳动争议处理和劳动法律监督工作的通知》（攀总工保障法工〔2011〕10号），对全市工会劳动争议调解组织建设提出了更高的组建目标任务，并将此纳入基层工会工作年度目标考核。11月22日，市总工会举办攀枝花市工会劳动争议调解员、劳动法律监督员培训班，来自市劳动争议仲裁院、市劳动保障监察支队领导及法学专家和律师从仲（裁）、调（解）衔接与妥善处理劳动争议，《劳动合同法》解读等四个方面对全市100余名基层工会干部进行了专项培训。至年底，全市143家国有及国有控股企业全部建立了劳动争议调解委员会；建立乡镇（街道）、社区（村）劳动争议调解委员会182个，组建率达到100%；1252家建会的非公企业建立了劳动争议调解委员会，组建率达到74%。

2012年，市总工会以加强工会法律援助中心建设为抓手，按照有场所、有人员、有制度、有登记的“四有”要求，实施工会法律援助中心标准化“三项建设”。通过加强法律援助网络建设，各级工会与法律援助中心密切协作，逐步形成覆盖全市的市、县（区）、乡镇（街道）、村（社区）、企业五级工会法律援助服务网络；加强法律援助工作队伍建设，工会与司法行政部门及其法律援助机构、律师协会、律师事务所等协调配合；加强协调指导，督促检查工作开展情况，提高基层法律援助的能力和水平；加强法律援助案件质量管理体系建设，实现办案质量全程监控，完善法律援助人员办案监督制度，保证法律援助案件质量。11月29—30日，市总工会举办“攀枝花市工会系统2012年劳动争议调解员、劳动法律监督员培训班”。邀请省总工会法律部部长李长春、省人社厅劳动监察处处长王祖云、成都市劳动人事争议仲裁院审理庭庭长李成春为全市各基层工会的劳动争议调解员和劳动法律监督员100余人进行培训。

2013年，全市所有乡镇（街道）、社区（村）、国有及国有控股企业均建立了劳动争议调解委员会。1536家非公企业建立了劳动争议调解委员会，组建率达到了84%。全市工会劳动争议调解组织建设规范化率达到68%。同时，对通过全市劳动争议调解员培训的学员，办理了“攀枝花市工会劳动争议调解员证书”，实现“持证”上岗。

第三节　职工信访

1987 年，为改变信访工作无人抓，解决职工告状难现状，提高工会信访办事效率，市总工会将总工会信访办公室与法律顾问办公室合并为法律信访办公室。

1989 年 1 月 26 日，市总工会法律顾问办公室在工人文化宫召开首次全市工会系统信访工作会，攀钢、攀矿等 4 个单位在会上作了维护职工合法权益的经验交流。2 月 28 日，市委、市政府在市委一楼会议室召开全市信访工作会，会上，市总工会被评为攀枝花市 1988 年度信访工作先进集体。全年，市总工会共接待职工信访 172 件，其中来信 72 封、来访 100 件 700 余人次（包括集体上访 400 人次），已处理 167 件，处理率 95.4%；自办 132 件（立案 51 件），联办 7 件，转办 8 件，领导处理 25 件；集体上访 6 件，占总数 4.3%；领导亲自批阅职工信访 56 件，亲自接待职工信访 25 件，亲自处理 25 件。同年 5 月，攀枝花市园林处老街片区 200 余名职工来访，反映该片区 1000 余名职工及家属 2 个月用不上电，职工生活、工作面临很大困难。市总工会积极联系相关部门，组织人员 3 次到该片区解决上访中涉及的问题，很快恢复了该片区的水电供应，职工纷纷称赞工会这件事办得好。

1990 年，市总工会参与仁和区前进炭黑厂严重污染事故的处理和自来水价格及公共汽车票价调整、金江火车站扩能工程集资等问题，提出的有关意见建议被市政府采纳。

1991 年，攀枝花市职工法律信访工作组织建设不断加强。职工信访工作加强同市委、市人大、市政府信访部门的联系与合作，就重大的信访案件进行联合办案，提高了结案率。年底，全市已建立工会法律信访工作机构 13 个，有专兼职法律信访工作人员 56 人。

1992 年 2 月，市总工会下发《信访工作岗位责任制》《来访群众须知》和《信访文明接待公约》，明确了来信来访登记、立案、结案、转办、催办、统计和归档制度。6 月 4 日，市总工会下发《市总工会领导信访接待日制度》，坚持市总工会领导星期六定期接待来信来访制度，明确服务宗旨和信访受理范围，要求信访人员做到“五心一热情”。

1993 年前后，随着企业用工制度改革，富余人员逐渐增多。富余人员中很多是生产一线和老弱伤病的职工，有的无处安置、无单位管理，待工期间大多只发 40%的工资，生活困难；部分停产半停产企业拖欠或扣减离退休费，引起离退休人员不满。上述矛盾和问题导致职工来信来访增多，工会信访工作量增大。8 月，市总工会与市委企业政治部、市经委联合对攀枝花市在转换企业经营机制过程中的职工思想状况进行较为系统的调查并形成调查报告，上报省总工会和省工交财贸政治部、省经贸委。全市各级工会本着对职工高度负责的精神，认真处理职工来信来访，在各级工会组织的过问和帮助下，多数企业妥善安置了富余人员，按时足额发放了离退休费。

1994 年，市总工会加大协调劳动关系力度，把工会法律信访工作纳入议事日程，并在全市推行法律信访目标管理。市总工会机关坚持每周六的市总工会领导接待职工来信来访制度，建立健全《领导信访责任制》《分级责任制》、信访登记、复信、来访接待、案件催办、统计上报、立案归档工作制、信访工作岗位责任制、汇报研究等项制度。全年，各级工会共接待职工来信来访 6682 件，与上年同期下降 39.3%。其中来信 2381 件、来访 4201 件。

1995 年，全市各级工会以法律信访作为维权的窗口，举办信访、劳动争议调处人员培训班 250 期，培训信访人员 8436 人。同时调整和充实了信访、劳动争议调处机构的力量。2 月 16 日，召开全市信访、劳动争议调处人员联席会，共同研讨了“企业劳动标准和劳动安全卫生、职工工资和加班工资的发放、最低工资标准的执行、企业效益差如何实施《劳动法》的有关条款、《劳动法》规定的权利与业务”等 5 个问题。2 月，当市委、市政府正集中力量筹备建市 30 周年大型庆祝活动时，攀枝花市一家特困企业因减发、拖欠了部分职工工资，引起职工不满。这些职工认为：我们饭都吃不起，市里还要搞庆祝活动，怨气很大，准备在市庆这一天停产，组织上千人上街请愿。市总工会得知消息后，一面向市委、市政府报告，一面组织力量疏导职工情绪，积极为该公司争取到 80 万元贴息贷款给职工发工资，避免了一次重大突发事件的发生。全年，全市工会组织接待群众来访来信 1445 件，接待来访群众 3040 人次，协调处理 16 起的集体上访，涉及 479 人。

1996 年 1 月 3 日，市委市政府信访处对市总工会 1995 年度法律信访工作进行全面检查，经考核评分 100.5 分，考评为法律信访工作达标单位。

1997 年，全市各级工会共举办 74 期工会法律信访人员培训班，674 人受训。接待来信来访 6284 件次，其中市总工会 51 件，已解决 50 件，结案率 98%。

1999 年，随着企业改革的不断深化，职工来信来访反映的问题涉及面越来越广泛，主要涉及劳动关系问题、社保金缴纳问题、企业改制和破产问题、下岗失业问题、职工安置问题等，全市各级工会信访工作部门为此做了大量艰苦细致工作。攀枝花市冶金机械电子工业公司因无力偿还职工集资款，职工欲大规模集体上访。市总工会迅速组成工作小组深入企业安抚职工情绪，同时积极向上级单位和有关部门报告，引起国务院办公厅、全国总工会、省委和市委的关注，在有关部门敦促下矛盾得到缓解。

2004 年，按照省总工会的要求，市总工会启用“12351”全国职工维权热线电话，向职工提供法律咨询，接受职工的求助和举报。4 月 1 日，市总工会召开 2003 年全市工会法律信访工作会，会上表彰了 2003 年度先进集体 15 家，先进个人 28 名。

2005 年，市总工会以新颁布实行的《信访工作条例》为指导，建立健全信访工作制度，包括信访事项告知制度和不予受理告知制度、职工群众来信回复制度、群体性突发事件预警制度、重大事件报告制度。通过建立信访工作季度分析会议制度，及时把握不同阶段职工维权工作的重点和难点，了解职工队伍中存在的问题以及不稳定因素，完善维权的预警机制。全年，全市工会共接待来信来访、电话 832 件次，其中市总工会接待来访来信 197 件。

2007 年，按照《信访工作条例》要求，加强职工利益诉求畅通渠道建设，不断规范工会信访工作系列制度，完善重大信访领导接访、批转、督办制度，建立并坚持了工会系统信访工作季度分析例会制，及时发现信访工作中带倾向性、普遍性的问题，有针对性地开展矛盾化解、困难帮扶等工作，协助党委政府解决好职工反映强烈的就业、住房、治病、上学“四难”问题。季度分析会所形成的“情况反映”，大多被市政府《攀政要情》采用。特别是 2007 年第二季度《关于严厉整治民营矿山及煤矿安全隐患》的情况反映，引起了市委、市政府主要领导的关注，作出专门批示，要求有关部门高度重视，核实情况并采取措施。2007 年，市总工会接待来访来信 553 件次，办结 547 件次，办结率达到 99%。

2008 年，市总工会积极参与重大劳动争议事件的调查处理，坚持开好工会系统信访工作季度分析会和县（区）农民工维权季度联席会议，协调解决广厦水泥、龙洞焦化职工集体上访等问题，妥善处理相关群体性事件。按照市委、市政府要求，认真做好离退休职工的关爱和稳定工作，年内，全市各级工会组织深入到离退休职工当中，了解思想动态，倾听呼声，对反响强烈的热点和难点问题，有针对性地开展矛盾化解工作，在一定程度上减少了不和谐因素，维护了社会的稳定与和谐。

2011 年，市总工会发挥工会信访部门和“12351”职工维权热线的作用，加强工会法律信访工作力量。6 月，攀枝花市仁和区总工会在全市工会系统率先制订出台《处置职工群体性突发事件应急预案》。全年，市总工会受理职工群众来信 4 件，来访 953 件次、1078 人次，职工集体来访（5 人含 5 人以上）3 件次、

23 人次，复访 37 件次。

2012 年，面对严峻的信访形势和繁重的维护稳定任务，市总工会领导班子提高对信访工作重要性的认识，把信访工作列入议事日程，作为工作的重要内容切实抓紧抓好。坚持召开市总工会与各县（区）总工会、产业工会、企事业工会季度信访分析会，听取基层工会信访工作汇报，研究信访稳定工作。全年，全市工会系统共接待职工群众来访 1820 批次，涉及职工、农民工 2650 人次。市总工会共接待职工群众来访 978 批次、涉及职工、农民工 1339 人次，与上年同期相比批次下降 14%，人次下降 2%，其中职工集体来访（5 人含 5 人以上）1 件次、9 人次，复访 19 件次。

2013 年，随着相关法律法规的出台和企业改革整合力度的加大，企业对使用劳务工及劳务派遣情况进行清理、清退。被清退的劳务工、劳务派遣工因失业而情绪不稳定，同时因清理、清退劳务人员，致使部分在职职工工作量增大，部分在职职工意见大，不满情绪突出。市总工会迅速启动劳动关系预警机制，把矛盾和纠纷化解在萌芽状态。全年，全市工会系统共接待处理职工群众来信来访 1985 件次，涉及职工群众 2643 人次，参与处理重大、集体劳动争议案件 29 件，其中市总工会接待来信来访 994 件（来信 16 件、来访 978 件）、1355 人次，涉及法律事务 267 件、289 人次。

第十一章　职工生活保障

第一节　就业援助服务

1989—1996 年，全市工会系统主要通过扶贫进行就业援助。各级工会结合工作实际，通过职代会决定，在企业内部对招工、招生、征兵、集体企业安置试行优惠政策，多渠道有限安排贫困职工家属、子女就业。1992 年底，市总工会利用文化宫空地积极创办了职工贸易市场，为部分下岗职工、退休职工，收入不好的企业职工、待业青年和职工家属就业提供了方便。1992—1996 年，全市共优先安排下岗、失业职工就业 6000 余人。还帮助贫困职工家庭自谋职业办小卖店、饮食店、经商、理发、修理、缝纫、护楼守院、打扫卫生等职业，有的单位还贷款支持发展种植业、养殖业等增加家庭收入。

1997 年，市总工会把解决待业职工的生活和再就业问题，列入议事日程，并与“送温暖工程”紧密结合，采取多项措施，推进职工再就业工作的开展。市总工会和市劳动局对全市下岗、待岗职工进行全面认真的调查，并组织各级工会对下岗职工情况建立档案，在调查研究的基础上积极参与市里全面推进“再就业工程”有关政策的研究和制定。兴办市总工会职业介绍所，为下岗、失业职工再就业服务，同年 9 月 6 日，攀枝花市总工会职业介绍所经批准成立。市总工会职业介绍所是由市总工会主办、不以盈利为目的的全民所有制科级事业单位，行政上受市总工会领导，业务归市就业局指导和管理，为困难职工、企业富余下岗职工搭建就业再就业工作平台，提供就业指导服务。12 月 17 日，市总工会职业介绍所正式挂牌开始营业。当年，市、县（区）两级工会职业介绍所当年为 300 多名下岗、失业职工提供了再就业机会。攀枝花市各级工会兴办的实体和职工消费合作社、职工扶贫贸易市场安置了 800 余名下岗、失业职工，特困职工家属、子女及待业青年就业和再就业。

1998年，全市各级工会把做好下岗职工再就业列为头等大事，积极协助政府和企业共同做好企业下岗职工再就业工作。攀钢、十九冶、建委、交通、东区等工会建立下岗职工动态管理档案。3月8日，市总工会在全市开办下岗职工转岗技能培训班，并出资2万元，与有关单位联办美容美发培训班，培训下岗职工、特困职工家属、子女104名。凡参加培训的下岗职工均免费登记建档，优先推荐工作。全年，全市工会系统共举办再就业培训班30余期，培训下岗职工1498人，帮助2755名下岗职工重新再就业。市总工会职介所为300个用工单位进行了登记，为1688名求职人员免费登记建档，其中下岗职工约占65%；中介成功481人，其中下岗职工282人；共减免收费30177元。市总工会从4月起，每月定期举办一次下岗职工再就业现场洽谈会。其中10月和12月两次在攀枝花矿务局举办现场招聘会，深受下岗职工和企业欢迎。通过市职工贸易市场和各级工会兴办的企事业、职工消费合作社，帮助2755名下岗职工重新再就业。7月，市总工会举办3期国有企业下岗职工基本生活保障和再就业工作研讨会，培训国有企业工会主席197名。市总工会与市劳动局、市新闻媒体联合宣传再就业，在攀枝花电视台和攀枝花有限电视台两次播放再就业专题新闻片，在《攀枝花日报》联合开辟“我谈再就业”有奖征文专栏，形成大家关心“再就业工程”的社会舆论氛围。12月22日，根据省总工会在全省工会系统开展“开发性再就业十大行动”的安排部署，市总工会下发《关于在全市工会系统实施“开发性再就业十大行动”意见》，提出在1999年度“力争创造就业岗位2000个、培训下岗职工4000名、帮助4000名下岗职工实现再就业”的目标，从组织网络建设行动、参与培育劳动力市场暨法律援助行动、教育培训行动、女职工社区服务行动、下岗职工农业开发行动、下岗职工第三产业开发行动、科技帮扶行动、劳务输出行动、干群心连心行动、宣传教育行动等10个方面发挥工会组织的优势，推进全市再就业工程实施。

1999年1月，市委办公厅转发市总工会《关于在全市工会系统实施“开发性再就业十大行动”考核指标的通知》(攀委办〔1999〕73号文)。3月15日，市总工会下发《关于下达1999年度全市工会系统实施“开发性再就业十大行动”考核指标的通知》。5月，市总工会按照市委要求，开展市级企业职工下岗失业情况调查，与市就业局、市委政研室对市属企业下岗职工基本生活费发放、再就业优惠政策的落实进行调查，并在全市工会系统层层建立和完善再就业领导和工作机构。9月4日，市总工会在市工人文化宫开展了“下岗职工再就业教育培训宣传咨询服务日”活动。据统计全市各级工会以兴办工会企事业、组织家政服务、组织农业开发、劳务输出、主动与用工单位联系等多种形式，创造就业岗位3833个，培训下岗、待岗、失业职工5891人，帮助4273名下岗、待业、失业职工重新就业。10月17日，元亨实业有限责任公司、天成石化公司、市工人文化宫等8个单位被四川省总工会、四川省工商联合会命名为“再就业基地”，市第一职业中学、攀枝花学院、市工人文化宫、东区总工会被四川省总工会、省教委命名为“再就业培训基地”。12月9日，市总工会荣获四川省工会系统“开发性再就业十大行动”特等奖。

2000年，全市各级工会积极协助党政做好“两保”和再就业工作，市总工会制定力争实现创造就业岗位2000个，培训下岗、待岗、失业职工4000名，帮助4000名下岗、待岗、失业职工再就业的“244”目标。全年全市工会系统共创造就业岗位2714个，已培训下岗、待岗、失业职工3979名，帮助3721名下岗、待岗、失业职工实现再就业。同时，市总工会配合省总工会，对攀枝花市“三条保障线”的衔接及下岗职工再就业情况进行了调查。

2001年，实施“开发性再就业十大行动”。2月22日，市总工会下发“122”目标任务（扶持帮助下岗、待业、失业职工及农民工1000人再就业，培训下岗、待业、失业职工及农民工2000人次，为下岗、待业、失业职工及农民工提供职业介绍2000人次），市总工会职业介绍所中介成功1901人次，其中下岗职工692人，家政服务中介成功95人次。全年全市工会系统共创造就业岗位2594个，培训下岗、待业、失业职工3797名，帮助3520名下岗、待业、失业职工实现再就业。

2002 年 3 月 10 日，市总工会下发考核目标计划。计划全市工会系统创造就业岗位 1000 个，培训下岗、待岗、失业职工 2000 名，帮助 2000 名下岗、待岗、失业职工实现再就业，并把指标分解到各基层工会，责任落实到市总工会机关各部室，加强联系指导。年内，市总工会职业介绍所共介绍成功 2492 人，其中下岗、待业、失业职工 741 人次。全年，工会系统共创造就业岗位 2177 个，培训下岗、待岗、失业职工 3655 人，帮助 3449 名下岗、待岗、失业职工实现了再就业。

2003 年，市总工会坚持每月举办 4 次现场招聘会，联合市就业局等单位举办了“下岗失业人员及大学毕业生现场招聘会”“再就业援助服务周”等活动。全年，全市各级工会共创造就业岗位 2648 个，培训下岗、待岗、失业职工 2367 人，帮助 1952 名下岗、待岗、失业职工实现再就业，圆满完成了“开发性再就业十大行动”的“122”目标任务。市总工会职业介绍所坚持以服务下岗职工为宗旨，努力拓宽就业渠道，全年职介所共中介成功 1905 人，其中下岗失业人员 307 名。11 月底，在省总工会召开的全省保障工作会上，市总工会介绍了职介所工作经验。同年，市总工会获四川省总工会 2002 年度实施开发性再就业十大行动先进单位一等奖。

2004 年，市总工会继续深入实施“开发性再就业十大行动”，制定“122”目标，并分解下达目标任务，实行单项考核，同时还与有关部门一道认真督促下岗失业人员再就业相关政策的落实。积极开展再就业招聘活动和再就业宣传活动。7 月 29 日，市总工会与市社会劳动保障局、市民政局等单位联合举办下岗失业军嫂暨复转军人专场招聘会。此次招聘会共有 79 家用工单位进场，提供 1000 余个岗位，仅市总工会就组织了 30 家单位，提供岗位 459 个，达成用工协议 721 个，其中“军嫂”25 人、复转军人 84 人。全年全市各级工会组织共扶持帮助 1607 名下岗、待岗、失业职工实现了再就业，培训下岗、待岗、失业职工 2207 名，为 2959 名下岗、待岗、失业职工提供了职业介绍，全面完成“122”任务目标。

2005 年，市总工会对直属工会下达再就业工作分解任务指标，实行重点目标考核，并坚持举办每周三上午的现场招聘会，积极帮助困难职工、失业人员、农民工实现就业和再就业。2 月 23 日，市总工会在市工人文化宫举办进城务工人员专场招聘会，有 2000 余名求职者进场参加招聘会，99 家用工单位提供了 342 个用工岗位，现场达成意向性用工协议 682 人次。6 月 6—12 日，市总工会与市劳动保障局、市工商联联合举办主题为“大力促进民营经济发展，积极为扩大就业做贡献”的“民营企业招聘周”活动，共有 175 家用人单位入场招聘，提供用工岗位 1688 个，求职成功者达 563 人。当年各级工会帮助 8605 名下岗失业职工、困难职工子女、农民工实现了再就业，培训 8946 名，为 15455 人提供了职业介绍。市总工会职介所继续发挥窗口示范作用，全年共介绍成功各类人员 15067 人，其中下岗失业职工 1025 人、农民工 1219 人。市总工会还与东区总工会、盐边县总工会等单位先后联合举办了以下岗失业职工、农民工为培训对象的挖掘机驾驶技术、餐饮服务、美容美发、解说员培训班，共培训 523 人。组织 53 名下岗女工、农民工、困难职工子女参加了“川妹子家政服务”项目，在劳务输出方面进行了探索。

2006 年，市总工会积极探索建立培训、就业、劳务输出一体化服务模式，先后举办了汽车驾驶、电器维修、家政服务等 10 余项再就业技能培训。联合安托家政服务公司免费开展了“攀西大姐”家政培训。

2007 年，全市各级工会培训下岗失业职工、困难职工子女和农民工 4178 名。加强工会组织开展的“每周三招聘会”“民营企业招聘周”等就业平台建设，帮助 5607 名下岗失业职工、困难职工子女和农民工实现了就业再就业。同年 7 月，市总工会被全国总工会评为“工会促进再就业先进单位”。

2009 年，贯彻全国总工会“千万农民工援助行动”精神，在全市工会系统开展“万人培训行动”，对下岗失业职工、农民工，尤其是受金融危机影响下岗、失业、返乡农民工开展技能培训，助推再就业工作。当年，全市各级工会举办各类培训班 732 期，共培训农民工、下岗失业职工、技术工人 19533 人次，其中下岗失业职工 1608 人次，培训技术工人 7543 人次，培训困难职工 607 人次，培训农民工 9775 人次，共有3296人次取得劳动技能等级证书；为下岗职工、农民工提供职业介绍服务15931人次，帮助4346名下岗失业职工、农民工实现就业。市总工会创办的“每周三招聘会”，已成为攀枝花市就业再就业工作中深受广大下岗失业职工和农民工欢迎的重要平台。当年，仅市总工会职介所通过举办周三招聘会及民营企业招聘周、“圆梦行动”爱心岗位1+1等专场招聘会，共帮助1423名下岗失业职工、农民工实现就业。

2011年，全市各级工会组织开展就业促进行动、农民工援助行动、万人培训行动，利用全市3家工会职业介绍机构和1家工会自办培训机构，全年自办、联办培训班130期，共培训人员22609人次，其中下岗失业人员、农民工7826人次；职业介绍服务人数5604人次，帮助下岗再就业人数3253人次。

2012年，在全市工会系统开展“万人培训行动”，并与市劳动局等相关部门联合开展“春风送岗位”“民营企业招聘周”“工会就业援助月”活动，为下岗失业职工、困难职工子女、农民工提供技能培训和创业培训，为其提供就业再就业和创业。9月12日，位于新工人文化宫的市总工会人力资源市场正式投入使用，并免费对用工单位和求职者开放。全年，全市各级工会组织共培训各类人员3万余人次，其中培训技术工人2.4万余人次，培训下岗失业职工、农民工、困难职工家属近1万人次，通过多种渠道和措施扶持帮助下岗失业职工、农民工就业再就业3000余人次。

2013年，各级工会积极开展再就业工作，帮助下岗失业职工再就业，市、县（区）两级工会积极实施“春风送岗位”“工会就业援助月”、民营企业招聘周、高校毕业生就业服务月和网络招聘月等活动，全力推动困难群体实现“就业梦”。通过举办现场招聘会、提供就业援助、就业培训、政策咨询等方式帮助下岗失业职工、农民工再就业。10月，市总工会人力资源市场进行服务升级，举办时间由周三现场招聘会改为每周二，并增加了就业能力测评、现场法律咨询、帮扶救助和法律援助申请、培训报名等新的服务内容。在继续运用传统平面广告宣传的基础上，制作印刷了海报、宣传单进行张贴和散发，并与GOGO攀枝花网和攀枝花移动分公司合作，通过网络和手机短信进行大力宣传，吸引全市各类用工单位和求职者参与，力求将市总工会人力资源市场打造为市总工会促进再就业工作的重要平台。全年，全市工会系统共举办50余场招聘活动，组织了600余家用工单位、提供了8000余个用工岗位，为18000余人次提供了免费职介服务，为7000余名下岗失业职工、农民工提供就业再就业帮助，其中下岗失业职工879名。工会自办、联办培训班140余期，培训下岗失业职工、农民工8324人次，其中技能培训3275人次，发放培训补贴128.15万元。

第二节　帮困送温暖

一、扶贫帮困

1989年，随着企业改制的不断深入，面对全市停产半停产企业数量增长快、变化大和攀枝花市家居农村职工家庭困难等情况，各级工会始终坚持为职工说话办事，维护职工利益。年内，市总工会开展调查，先后召开座谈会6次，撰写《关于我市家居农村职工家庭生活状况的调查》。针对约占全市职工总数的1/3的40264名家居农村职工的生活状况改善问题，提出6点建议。撰写《劳动优化组合的情况调查与思考》，提出了对企业下岗编余人员采取发展副业生产改善职工生活、安排厂区绿化服务工作、集中组织业务培训、提前办理退休、准予辞职或停薪留职自谋职业、待业等待二次组合、建立劳务市场等7项具体措施。12月2日，市总工会下发《关于保障半停产、停产企业职工生活状况调查的通知》（攀总工便函〔1989〕11号），要求各企业工会协助行政妥善安排好职工、离退休职工特别是停产企业职工的生活。全年，市总工会共写出情况反映27期、工运信息32期，其中部分好的建议得到全国总工会、省市政府和有关部门的重视和采纳。

1990 年，为全面掌握全市停产半停产企业情况，市总工会及时撰写《关于我市停产、半停产企业情况和停产半停产企业职工生活状况》的调查报告，针对全市 33 户、涉及职工 6213 人的停产半停产企业，提出国家层面和省政府层面建议 4 条、市委市政府建议 8 条，受到有关各方的重视。开展完善家居农村职工轮换工政策的调查，撰写《稳定职工队伍、完善轮换工制度》，引起省、市有关部门的重视，被省总工会社会保障部《工资与福利》《劳动理论与实践》等刊物登载，攀枝花市总工会获省总工会工运研究会第三次年会优秀调研成果奖。4—8 月，对全市 300 多个单位、8 万余户城镇职工家庭情况开展调查。针对全市职工家庭月收入低于 35 元的尚有 800 余户的实际情况，撰写《城镇困难职工家庭生活应得到妥善安排》，提出的把妥善安置职工家庭子女就业问题作为重点的建议，得到市委、市政府和省总工会的重视。市委书记韩国宾批示："请市政府领导与市总工会研究提出解决意见"。市政府指定由秘书长出面与市总工会研究后，提出《改善城镇困难职工家庭生活意见》的报告。当年，市总工会对全市 1769 户困难职工家庭实行定期补助，补助金额 17.85 万元；不定期补助达 24506 人次，补助金额 122.77 万元。

1991 年 1 月，市委办公厅、市政府办公厅转发市总工会《关于改善城镇困难职工家庭生活的意见》（攀委办〔1991〕7 号），同时成立由市委副书记李翠贤为组长，市政府副市长李之侠和市总工会主席刘秀武任副组长的改善城镇贫困职工家庭领导小组，领导小组办公室设在市总工会，积极采取政策向贫困职工倾斜，安排贫困职工子女就业，并通过保险扶贫、救济扶贫和广开就业扶贫等措施，使攀枝花市城镇贫困职工由上年的 8526 户下降到 1764 户，脱贫率达 79.3%。《工人日报》对攀枝花市的职工扶贫工作经验进行了报道和介绍。针对攀枝花市的具体实际，市总工会多种渠道对全市困难职工开展扶贫帮困，至 1992 年，全市开展互助互济活动共组织捐款 50 余万元，对 2000 多名职工进行了扶助；发动职工开展互助储金会，建立储金会近万个，储金总额达 246 万元；由 8 个单位的行政和工会赞助，成立家居农村职工互助基金会，解决临时无处借款的问题；针对家居农村职工家庭房屋财产和矿务局"农转非"进城职工自建公助建房时常受到自然灾害的袭击，为 17091 户农村职工家庭进行了房屋财产保险；为解决家居农村职工夫妻长期两地分居，家中缺乏劳动力造成家庭困难，市内已有 22 个单位进行了换工，已换工 8557 人。市邮电工会向米易县邮电局的 10 户家居农村职工每户发放无息贷款 500 元，搞种植养殖扶贫，当年已有 8 户致富，2 户基本脱贫。同时，市总工会继续开展了城镇困难职工生活状况的跟踪调查，完成"百户家计调查"，全市人均月收入 50 元以下的职工家庭达 898 户，脱贫率达 49.2%。

1994 年，市委、市政府把扶贫工作纳入一级目标管理，使扶贫工作有了坚强的组织保证。市总工会组织两个调查组，对地方国有工业亏损企业逐个进行调查分析研究，编发《情况反映》3 期，向市政府和有关部门提出了建议。5 月，在全市范围内开展每年一度的城镇贫困职工跟踪调查。各级工会采取多种形式帮助脱贫，并建立城镇困难职工档案，全年完成脱贫 214 户。同时，市总工会积极推行企业补充保险，各级工会普遍建立职工互助储金小组，解决职工临时困难，并为 3 万户家居农村的职工进行了房屋财产保险，为其解决后顾之忧。

1995 年，市总工会对全市停产、半停产的 35 个企业开展调查，形成《攀枝花市亏损企业职工的生活及思想状况》《关于对停产、半停产企业和拖欠职工工资的情况的调查》等调查报告。按照市委、市政府要求，12 月对全市职工家庭低收入状况进行再次调查，并草拟《攀枝花市关于对城镇特困职工帮扶照顾的意见》，报送市委、市政府。全市各级工会还在职工中组建互助储金会（小组）10098 个，互助储金额达到 283.96 万元，解决职工临时困难 32254 人次，借用金额达 101.73 万元。矿务局工会积极支持、鼓励困难职工家庭利用业余时间和空地种蔬菜、果树，饲养家畜，600 余户贫困职工家庭通过发展庭院经济告别了贫困。

1996 年 3 月，市总工会完成城镇低收入职工家庭生活状况调查，并向市委市政府写出调查报告，提出关于妥善安排困难职工家庭生活的建议。5 月 28 日，攀枝花市委办公厅、市政府办公厅下发《关于对特困企业特困职工给予扶持照顾的通知》(攀委办〔1996〕14 号),成立攀枝花市扶持特困企业特困职工工作领导小组,组长由市委副书记华铁平担任,副组长由副市长张孝杰、吴登昌和市总工会主席刘秀武担任,成员由市劳动局、总工会、计委、经贸委、财政局、教委、民政局、卫生局、建委、工商局、物价局、地税局等有关部门的负责人组成。市委、市政府还决定把 1995 年市级党政机关在职职工的年终奖每人捐献 500 元出来,集中放到市财政局,设立攀枝花市扶持特困企业特困职工基金,用于特困企业的特困职工解困。到年底,全市已建立市、县区、企事业单位互助基金会 19 个,基金会基金达 600 余万元,其中市级职工扶贫解困基金达 146 万元,用增值的部分救助了 300 户困难职工,并对 1996 年考上大中专的 12 名困难职工子女分别给予一次性救助金 2000 元和 1000 元。市总工会负责特困职工的调查核实,填写特困职工登记表,核发《特困职工证》,证书一年核发一次,并对脱贫的及时予以注销,特困职工家庭可凭证享受市委、市政府制定的就业、子女上学、医疗等九条优惠待遇。在市政府的支持下,市总工会对全市 2131 户人均月收入在 120 元以下的特困职工家庭共 6997 人,每人每月发给 8 元的粮价补贴。市总工会积极指导和支持矿务局兴办了职工消费合作社和 12 个职工扶贫粮店,6 月 18 日,第一家职工扶贫粮店和职工消费合作社在大宝顶开业,对特困职工家庭免费定量供应大米、菜油,并以低于市场价格 5%—10%向全矿职工提供优质服务。各级工会在调查研究的基础上,分级建立了特困职工档案,同时认真开展领导干部联系特困户活动,进行“一帮一”“一助一”“群帮一”活动,年内帮助 366 户特困职工脱贫,超额完成市委下达 100 户的一级目标任务。

1998 年,市总工会先后两次开展全市低收入职工家庭生活状况调查。对特困职工实现三级建档,市总工会进行微机建档管理,全市各级工会建立特困职工档案 2712 户,建档人数达 8459 人。各级工会按季度及时把政府对低收入职工家庭的粮价补贴发放到职工手中,为全市特困企业的 669 户特困职工换发了“特困职工证”,完成对特困企业 669 户特困职工家庭的生活费补差。建立领导干部联系特困户制度,截至年底,全市已有 541 名县级以上领导干部联系帮扶 754 户特困职工。建立对特困职工定期不定期救助制度。按季度发放粮价补贴和对特困职工子女考上大、中专给予一次性救助。全年,救助特困职工子女 31 人,金额 44000 元。

2001 年,针对全市煤气自 5 月 1 日起调价及 11 月 1 日起自来水调价的情况,为保障低收入职工家庭的正常生活水平,6—10 月,市总工会对全市低收入职工家庭生活状况开展调查,经和有关部门协商,确定全市 4029 户特困职工家庭凭市总工会发放的“煤气、自来水减费优惠卡”享受煤气以每立方米减收 0.24 元和自来水每吨减收 0.10 元优惠价。

2002 年,市总工会建立健全帮困救助机制,不断完善领导干部联系职工生活困难户制度,积极推进以兴办职工消费合作社、互助储金会为重点的互助机制的建立;协助政府和企业做好“两保”工作,努力维护职工群众特别是特困职工群体的利益。为全市 5696 户、16682 人的特困职工家庭发放粮价补贴 160.15 万元。继续对当年考上大学、中专的特困职工子女发放助学金,全年共救助 95 人、金额 18.20 万元。在全市副县级以上领导干部中广泛开展“干群心连心”走访活动,全市 2690 名领导干部联系 4285 户困难职工家庭。经过各级组织和领导干部本人的帮助,全年共有 586 户特困职工家庭脱贫,密切了党群干群关系。全市各级工会协助政府发放市属特困企业特困职工生活补差共 2368 户、金额 317.38 万元。年底,全市有 2446 户特困职工家庭进入了“低保”。积极争取并落实对全市特困职工的优惠政策,共发放“特困职工家庭煤气、自来水减费优惠证”4029 本。各级工会坚持对困难企业的定点帮扶工作,扶持 2 个贫困乡、7 个贫困企业,实现技协帮扶项目 14 个。各级工会组织积极落实有关劳模待遇的文件(攀府办发〔2002〕44 号和攀府办发〔2002〕164 号)精神,按规定发放了劳模的荣誉津贴、生活困难补贴、补充养老保险和改善住房条件的一次性补贴。

2003年，市总工会继续建立和巩固定期和不定期对困难职工进行救助制度，及时把粮价补贴发到特困职工家庭，全年对6870户特困职工家庭（20246人）发放粮价补贴194.36万元。5月15日，成立市总工会困难职工帮扶中心，到年底，西区、米易、仁和也相继成立了县（区）总工会困难职工帮扶中心。全年，市总工会困难职工帮扶中心共接待来访、咨询550人，提供救助462人（其中生活困难救助20人、助学救助167人、医疗救助8人、再就业援助267人），发放救助金21665元。7月2日，市总工会、市委组织部、市直机关工委联合下发《关于调整市级部门副县级以上领导干部联系户的通知》。春节、七一前夕共组织两次全市范围内的领导干部走访联系户活动，全市共有2715名领导干部联系了3786户困难职工家庭。积极配合民政、街道、社区居委会帮助符合条件的特困职工家庭进入低保，全市有2352户特困职工家庭进入低保。核发“特困职工家庭煤气、自来水减费优惠证”4610本，并积极争取到了对特困职工收看有线电视减收费用、办理住房《土地使用证》免费的优惠待遇。

2004年1月14日，市总工会、市劳动和社会保障局、市住建局在临亚广场召开兑现拖欠农民工工资现场会，当场兑现农民工工资195万元。3月11日，市总工会、市劳动和社会保障局、市住建局在远达南山花园联合举行农民工工资卡发放仪式，共为201名外来务工人员发放了维权卡和工资卡。

2005年，市总工会加大困难职工帮扶中心建设力度，增加资金投入，建立健全困难职工电子档案，实现了对困难职工生活状况动态管理和困难职工生活困难、医疗、助学、法律、政策咨询为一体的一站式救助，积极发挥困难职工帮扶中心作用。6月，东区成立困难职工帮扶中心，标志着攀枝花市、县（区）两级困难职工帮扶中心网络已建立完备。全年，市总工会困难职工帮扶中心咨询职工1906人，救助各类职工1742人，发放救助金33.92万元。经过各级组织的帮扶和特困职工自身的努力，当年，全市共有900户特困职工脱贫。

2006年，市困难职工帮扶中心投入帮扶资金100余万元，帮扶困难职工、下岗职工、农民工等1942余人次。建立了特困职工生活扶助机制，发放“特困职工煤气、自来水、有线电视减费优惠证”5500余份。11月，市总工会、市邮政局联合发行“献爱心、传真情”贺年有奖明信片，至年底前就已发放征订明信片30余万张，为市总工会困难职工帮扶中心筹集资金20余万元。12月14日，市总工会“情暖困难职工”特别救助行动启动，至29日，该活动共筹集资金25万元对125名患重症的困难职工实施了医疗救助。

2007年，攀枝花市、县（区）两级困难职工帮扶中心按照省总工会要求，深入实施标准化建设，初步构筑起市—县（区）—乡镇（街道）—村（社区）四级困难职工帮扶网络，实现了内部管理规范有序、资金来源稳定可靠、人员素质稳步提高、帮扶救助及时快捷、帮扶项目丰富多样的目标。7月，市总工会困难职工帮扶中心标准化建设顺利通过省总工会验收。全年，市、县（区）两级困难职工帮扶中心共筹集资金423.5万元，帮扶各类职工6876人次，为实现扶贫帮困工作经常化、社会化奠定了坚实的基础。8月，市总工会及各基层工会将特困职工家庭价差补贴11.97万元发放到全市954户特困职工家庭（涉及家庭人口2660人）。同年，市总工会启动《攀枝花职工住院医疗互助保险计划》和《攀枝花女职工大病保险计划》，组织和动员全市符合条件的职工积极参保，并将其纳入全市工会工作目标考核加以推动。截至年底，以上两项“互助保险计划”参保人数达6万余人，支付赔付金额110余万元。为迎接建军80周年，市总工会对全市26名生活困难的患重症复、转、退军人进行专项救助，发放医疗救助金5.3万元。全年为特困职工家庭办理“煤气、自来水、有线电视减费优惠证”5163份；对未进低保的954户特困职工家庭发放价差补贴119700元，受益2660人；对全市患重症的62名困难职工进行专项医疗救助，发放救助金12.4万元。

2008年春节前，市总工会统一为未进入低保的1276户特困职工家庭发放特困职工家庭一次性价差补贴249970元，受惠家庭人口达3571人。市总工会以困难职工帮扶中心为平台，以加大帮扶资金筹集力度为基础，以加大走访帮扶工作力度为重点，推进工会“惠民行动”向制度化、经常化、规范化方向发展，并使之成为以改善民生为重点的社会保障体系中不可或缺的构成要素。全年，市、县（区）两级帮扶中心筹集资金 496.12 万元，帮扶职工 2810 人次。牵头组织“干群心连心”活动，全市副县级以上领导干部对口帮扶 1459 户特困职工家庭，其中 608 户特困职工家庭经帮扶后基本实现脱贫。针对物价上涨的现实情况，市总工会代市政府向未进入低保的 1276 户特困职工发放特困职工家庭一次性价差补贴 24.9 万元。利用中央财政专项资金在全市开展困难职工、农民工、下岗失业人员技能培训，实施困难劳模医疗、困难职工子女就学等专项救助，切实帮助其解决暂时性困难。

8 月 30 日，攀枝花 6.1 级地震发生后，市总工会反映迅速，在第一时间召开专题会议，研究部署工会系统的抗震救灾工作，迅速派出 3 个工作组分赴受灾较重的仁和区、米易县、盐边县了解灾情，慰问受灾职工，全力配合党政做好困难救急、信息沟通、维护稳定等工作，及时安排下拨 20 万元救灾资金。与此同时，积极争取全国总工会、省总工会以及兄弟市州工会捐助资金 284.5 万元，并将其中的 105 万元转赠攀枝花市慈善会。对受灾职工、劳模实施专项援助，发放救助金 43 万余元。组织全市工会对 43839 户受灾职工、困难职工、农民工进行走访慰问和救助，送去价值 200 余万元的慰问款物。开展工会系统“情系灾区、温暖过冬”活动，及时为灾区职工群众送去棉被等价值 39 万元的过冬物品。

2009 年，市总工会深化“五送”（“送清凉、送文化、送法律、送安全、送健康”）活动和救灾互助行动，实现建档困难职工慰问帮扶全覆盖，市、县（区）工会困难职工帮扶中心标准化建设已经达标，乡镇、街道、村（社区）的帮扶中心正在筹建，为实现扶贫帮困工作经常化、社会化奠定了坚实的基础，困难职工建档率达 100%。市、县（区）两级工会困难职工帮扶中心共筹集资金 500 余万元，帮扶各类职工 992 人次，使用 243.62 余万元帮扶资金，深化了“五送”活动和救灾互助行动。

2010 年 11 月 24 日，市总工会为 1993 人发放专项生活困难救助金 518200 元。其中，特殊困难职工 598 人、239200 元，生活困难职工 1395 人、279000 元。12 月 1 日为 93 人发放 169300 元帮扶金，其中，助学救助 13 人、39600 元，生活困难助 16 人、3200 元，特殊困难救助 8 人、8500 元，医疗救助 56 人、118000 元。12 月 16 日，市总工会举行“特别关爱行动”救助金发放仪式，对 114 名困难职工、离退休职工、农民工及困难边缘职工进行救助，发放救助金 23.85 万元。12 月底“特别关爱行动”结束，全市工会系统共发放救助金 200 余万元，救助 1745 人。

2011 年 7 月、8 月，全面开展“感党恩、庆‘七一’、困难职工帮扶行动”。先后为 86 人发放医疗救助金 16.93 万元，为 28 人发放生活困难救助金 1.01 万元，为 25 名困难党员发放生活困难救助金 0.79 万元，为 35 名困难职工子女发放助学救助金 14 万元。制定下发《攀枝花市总工会关于推进实施民生工程的意见》，将具体工作目标分解到各县、区，为符合条件的建档困难职工开展生活困难、医疗等救助，市、县（区）两级工会困难职工帮扶中心共发放救助金 290.47 万元，帮扶困难职工 9071 人次。

2012 年，市总工会创新帮扶形式、增强帮扶效能，对《攀枝花市困难职工帮扶中心救助办法》进行修改完善，调整帮扶政策，提高对困难职工、农民工的救助标准，扩大救助范围，实现了城乡无差别。此外，还对因见义勇为、助人为乐而导致财产受损失、身体受到伤害的职工提供生活困难、医疗救助和法律援助；将心理帮扶纳入了工会帮扶项目，为有需要的职工开展心理帮扶，提供心理咨询、心理疏导等服务。市总工会按照全国总工会的要求，在加强乡镇、街道帮扶中心建设的基础上，着力推进帮扶站点向基层延伸，向有条件的企业发展。陆续在 1 家国有大企业（攀煤集团公司）和梧圣工贸公司、龙蟒矿冶公司等 13 家非公企业建立了困难职工帮扶中心，进一步延伸工会帮扶链条、扩大帮扶覆盖面，促进了企业劳动关系的和谐稳定。市、县（区）、乡镇（街道）三级工会都已全部建立困难职工帮扶中心，启动乡镇（街道）、企业帮扶中心标准化建设，计划用 3 年的时间，对全市所有乡镇（街道）、企业工会困难职工帮扶中心实现标准化建设，对每个经验收合格的帮扶中心给予 2 万元的工作经费补助。部分县（区）总工会也参照市总工会标准，对达标的乡镇（街道）、企业困难职工帮扶中心进行配套补助，调动了乡镇（街道）、企业困难职工帮扶中心的积极性，促进了基层帮扶工作。全年，共组织 531 名市级领导及市级部门在职副县级以上领导在元旦、春节和七一期间走访慰问了自己联系的困难职工家庭，全市有 1497 名各级领导干部对口帮扶了自己联系的困难职工 1626 户。在中华人民共和国成立 63 周年和“中共十八大”召开之际，市总工会开展“国庆期间困难职工帮扶行动”，对符合救助条件的建档困难职工党员、困难职工、困难农民工以及因病致贫的职工、农民工开展生活困难救助、医疗救助和子女助学救助。全年，全市各级工会共发放生活困难救助金、医疗救助金、专项生活救助金等 485.57 万元（含送温暖活动 210.06 万元），救助困难职工、农民工 11875 人次。其中市总工会本级发放救助金 298.93 万元，救助 7067 人次，最高救助金额 5000 元/次，人均救助金额达到 410 元，超额完成“全年符合条件的建档困难职工救助 300 元—1000 元”的民生工程目标任务。

2013 年，全市工会系统开展 2012 年度工资支付情况专项检查。检查各类企业 650 家，涉及劳动者 45837 人，其中农民工 38539 万人，拖欠农民工工资企业 62 家，拖欠农民工工资 7163.3 万元，已责令支付工资及赔偿金 6617.92 万元。市总工会全面升级全市低收入职工（农民工）、因病致贫职工（农民工）家庭生活状况调查，新增设了就业、住房、养老保险、医疗保险及患病就医等 50 余个调查项目和统计指标。调查建档标准与低保线联系更紧密更科学，提高因病致贫职工、农民工建档标准。积极实施对下岗失业职工、农民工、困难职工在就医、子女就学、生活等方面的专项救助，全年全市各级工会共发放临时困难救助、专项生活救助、医疗专项救助等 10385 人次，共计 548.15 万元。10 月，市总工会在全市范围启动“特困职工帮扶计划”，对全市建档的月人均收入在 330 元以下的困难职工家庭给予 1000 元生活救助。据统计，全年对建档困难职工各类综合救助金额人均已经超过 1000 元，超额完成全年对建档困难职工给予 300—1000 元救助的民生工程目标任务。

二、寒窗助学

1996 年，市总工会报请市委、市政府出台政策，对攀枝花市的特困职工子女就读中小学给予了学杂费减免。同时，市总工会和各基层工会开始筹集资金，对特困职工子女上大学给予一次性资助。2004 年，在市总工会的建议下，攀枝花市在全省较早免除了农民工子女的借读费。1996—2003 年，攀枝花市各级工会开展的助学活动主要依靠工会自筹资金，规模小，效果有限。为进一步整合社会资源、加大助学活动力度，2004 年市总工会开始在全市实施“寒窗助学”行动，对当年考取大学、中专的特困职工子女 126 人发放一次性助学金 23.80 万元。

2005 年 7 月 28 日，市总工会在《攀枝花晚报》开设“帮助贫困学子圆大学梦”专栏，头版刊登了《奉献一份爱心，圆他们的大学梦》专题报道，标志着由市总工会与攀枝花晚报联合开展的“让贫困学子圆梦大学”活动（简称“圆梦行动”）正式启动。随着活动的开展，越来越多的贫困学子的事迹得到报道，活动也得到社会各界的广泛认可和支持。全年，直接募集社会各界捐款 61.2 万元，使当年考上大学的 45 名贫困大学生得到资助，其中 24 名贫困大学生与单位企业或个人结成帮扶对子，直到完成四年大学学业。市总工会直接救助贫困大学生 120 人，发放助学金 23.2 万元；各基层工会共筹集助学金 20.84 万元，发放给 119 名特困职工家庭大学生。

2006 年，全市各级工会创新助学形式、丰富助学手段、扩大助学范围，在充分调查摸底的基础上，提前为参加高考的全市困难职工子女建立了个人档案。并继续与攀枝花晚报联合开展“让贫困学子圆梦大学”活动，郑重承诺“决不让一名特困职工子女因交不起学费而放弃上大学”。活动开展以来，社会反响大，实际效果好，从市领导到普通市民都积极献爱心，踊跃参与助学活动，共筹集助学金 83.7 万元，有 66 名考上大学的困难职工和农民工子女得到捐助，其中有 31 人与单位或个人结成帮扶对子、长期得到资助。全年，全市工会系统共筹集助学金 120 余万元，资助贫困生 931 人，其中大专以上学生 342 人、困难农民工子女46人，金额达36万余元。

2007年，全市各级工会创新助学工作思路，加大资金筹集力度，拓宽助学活动范围，兑现了“决不让一名特困职工子女因交不起学费而放弃上大学”的社会承诺。在市总工会的不懈努力下，攀枝花市商业银行在市总工会建立“攀枝花市商业银行爱心助学金”，每年出资100万元用于资助贫困学生，当年救助城乡贫困生达371人，资助金额95.8万元。开展“2007圆梦行动”，得到社会各界的广泛支持和参与，共筹集助学金85.5万元、资助贫困大学生92人。创新开展“自立自强，贫困大学生打工挣学费”和“爱心家教”活动，家长、学生、社会反响良好。全年，全市工会系统“寒窗助学”行动共筹集助学金290.6万元，资助贫困学生1889名。“寒窗助学”已成为工会动员和整合社会力量参与慈善事业的重要抓手和著名品牌。

2008年，在结合外地先进助学经验基础上，市总工会与人民银行攀枝花中心支行、华安财险公司攀枝花中心支公司、省农村信用合作联社攀枝花办事处等6家单位多次协商、沟通，达成共识，牵头起草并下发《攀枝花市“寒窗助学”生源地助学贷款实施试行办法》。2008“寒窗助学”活动共筹集资金246.9万元，资助735名贫困学生，其中“圆梦行动”募集助学金85.4万元、资助贫困学生114名，有24名贫困学子与企业或个人结成长期帮扶对子。“攀枝花市商业银行爱心助学金”100.75万元资助攀枝花市城乡贫困家庭的小学、中学、中专、大学生294名。中央财政专项资金和省总工会回拨款56.6万元，共资助贫困大学生116名，人均4000元；高中生102人，人均1000元。

2009年，市总工会继续和攀枝花晚报共同开展“圆梦行动”，将当年考入大学的低收入职工子女及困难农民工子女的基本情况进行报道，接受社会爱心企业和爱心人士的捐助，历时88天的活动共为107名贫困学子筹集学费及生活费107.6万元。运用“攀枝花市商业银行爱心助学金”，对困难职工、农民工子女给予大学3000元、高中1000元的助学救助，资助贫困学生325名，发放助学金96万元。发挥困难职工帮扶中心窗口作用，积极救助入学的困难职工、农民工子女。市总工会共救助考入大学和高中就读的困难职工、农民工子女455人，发放救助金210.65万元。

2010年6月28日—9月13日，攀枝花市总工会与《攀枝花晚报》共同举办“2010圆梦行动”。当年圆梦行动累计收到社会各界爱心捐款119.7万元，134名贫困学生获得资助圆梦大学，有37名贫困学生与爱心企业和爱心人士结成了长期帮扶对子。2010年，“攀枝花市商业银行爱心助学金”共资助535名贫困学生，发放助学金90.3万元。

2011年，市总工会全力筹资“三个一百万”，即面向社会募集100万、商行助学100万、工会自筹100万，百分之百资助考上大学的城乡贫困学生上大学。为努力实现城乡困难学生助学覆盖面最广、救助学生最多、助学金额最大的目标，5月初，市总工会启动了当年参加高考的城乡贫困学生调查工作，为创新“寒窗助学”活动形式，拓宽资金筹集渠道，使“寒窗助学”活动社会影响更广泛，市总工会拍摄了“圆梦行动”公益广告宣传片，在市内所有广播、电视媒体播放，开通了微博，实现网上政策咨询和即时交流。“2011圆梦行动”捐款额在全国慈善捐款呈下降趋势的大环境下不降反升，捐款总额159.4万元，较上年增长30%。其中收到捐款金额最多的学生达5.2万元（含长期协议金额）。全年，全市工会系统资助家庭经济困难学生1179名，发放助学金364.7万元。其中通过与攀枝花晚报联合开展的“圆梦行动”募集资金159.4万元，资助当年考上大学的城乡贫困学生143名，有52名贫困学生与爱心企业和爱心人士结成了长期帮扶对子，募集捐款数及帮助学子数均创历史新高；通过发放“攀枝花市商业银行爱心助学金”99.4万元，资助463名当年考入大学和高中在读的城乡贫困学生；通过发挥市、县（区）两级困难职工帮扶中心作用，为573名困难职工、农民工子女发放助学金105.9万元。深入开展关心爱护职工遗孤、失业女职工和特困、困难单亲女职工子女以及留守农民工子女，协助政府解决他们学习和生活中的困难，多形式、多渠道地开展好金秋助学活动。

2012年，市总工会与相关部门，本着不重复、不遗漏的资助原则，充分利用腾讯和新浪的官方微博为“寒窗助学”行动助力，对考上大学的城乡贫困学生进行助学救助。同时，攀枝花农村商业银行也在市总工会建立“攀枝花农村商业银行助学金”，每年出资50万元，资助当年考上大学的贫困学生。全年，全市工会共资助1229名困难家庭学生，发放助学金522.12万元。其中，通过市总工会与攀枝花晚报开展的“圆梦行动”募集295.06万元，资助当年考上大学的城乡贫困学生252名；通过发放“攀枝花农村商业银行助学金”50万元，资助当年考入大学的城乡贫困学生100名；发放“攀枝花市商业银行爱心助学金”30.9万元，资助当年考入大学的城乡贫困学生196名；通过发挥市、区两级困难职工帮扶中心作用，各级工会自筹资金为781名困难职工、农民工子女发放助学金146.56万元。其中，市总工会为1048名困难职工、农民工子女发放助学金450.42万元。

2013年，市总工会专门制作了以“圆一个贫困学子大学梦、圆一个中国梦”为主题的公益宣传片，在全市所有电视台、电台、市内各大型公共场所LED屏播出，同时开通了“圆梦行动”QQ群与社会各界人士互动，“寒窗助学”行动宣传已逐渐形成电视、电台、平面媒体、网络全覆盖立体式的宣传形式。全年，“2013圆梦行动”共募集181.27万元，资助当年考上大学的城乡贫困学生138名；通过发放“攀枝花市商业银行爱心助学金”69.2万元，资助城乡贫困学生192名；通过发放“攀枝花农村商业银行助学金”50万元，资助当年考入大学的城乡贫困学生100名。2013年，全市工会共资助1091名家庭经济困难学生，发放助学金409.08万元。

三、送温暖活动

20世纪80年代末，攀枝花市职工队伍中1/3的家居农村职工和大量的农转非进城职工家庭生活比较困难，加之改制和经济结构调整，部分企业出现了停产、半停产，给一些职工的生活带来暂时性的困难。1989年，为保障这部分企业的职工过好春节，市总工会针对这部分企业情况和职工生活状况开展调查，并及时向市委、市政府反映情况。为使特困职工过好春节，1990年1月8日，市总工会下发《关于市总工会春节慰问活动安排意见》，市总工会拿出1.5万元、全市各企事业单位共拿出43.94万元，对全市10208名困难职工进行了救济。

1991年元旦、春节前夕，市总工会安排部署“进万家门、访万家人、知万家情、解万家难”全市走访慰问活动。全年，全市共走访慰问和救济职工52415户，发放慰问救济金额147.万元。此次活动得到市委、市政府领导高度重视，市委办公室还将这一活动情况上报到了中央办公厅。

1992年春节前夕，市总工会在全市继续开展“进万家门、访万家人、知万家情、解万家难”活动，各单位走访慰问职工3万余人，送慰问款88万余元。救济补助困难职工8000余人，补助金额46万元。

1993年元旦、春节期间，各级工会继续开展“进万家门、访万家人、知万家情、解万家难”活动，共走访慰问职工家庭33345户，给8080户困难职工和12户劳模送去慰问金共100余万元。市总工会拨付2万元专款用于送温暖，并邀请市级相关领导直接走访慰问了19户特困职工。当年，全国总工会召开工会保障工作表彰暨工作会，攀枝花市总工会的经验做法被选为会议交流经验材料。

1994年，市委批转市总工会《关于攀枝花市实施送温暖工程的意见》，市总工会及时向全市发出“少抽一包烟、少吃一斤肉、少喝一瓶酒、少吃一斤糖，为贫困职工献上一份爱心”的倡议，建立攀枝花市扶贫解困互助基金。仅几个月时间就筹集到资金90万元，其中市财政拨款20万元、市总工会拨款20万元、全市职工捐款近50万元。全年共组织了2次大规模的慰问走访送温暖活动，共走访慰问贫困职工家庭、病伤住院职工、离退休职工46205户次，送慰问补助金260余万元。

1997年元旦、春节期间，市总工会共筹集235.1万元，走访慰问救助困难职工30427户。其中救济补助特困职工和贫困职工5838户，救助金额92.6万元。全市共有245名县级以上领导干部与516户特困职工家庭建立了联系制度。11月，市总工会被全国总工会评为全国实施“送温暖工程”先进集体，市总工会社会保障部被全国总工会社会保障部评为全国工会保障工作先进集体。

1998年，全市各级工会共慰问困难职工、离退休职工、工伤死亡家属、生病住院职工等25339户，送去慰问补助款2919290元。全市541名县级以上领导干部联系了754名特困职工。春节期间，市总工会在《攀枝花晚报》公开承诺：节日期间职工有急难，过节有困难找工会，并公布了值班电话，试行24小时昼夜值班，接待职工来访，及时处理各种问题。1月5—6日，中央电视台《当代工人》栏目记者对攀枝花市实施“送温暖工程”进行了专题采访报道。

1999年1月27—29日，市委、市人大、市政府、市政协领导集中3天分成7个组走访了部分劳模、特困职工、下岗职工、离退休职工。2月1—4日，20名市级领导分别走访慰问了自己联系的困难职工家庭。2月4日，市委转发市总工会《关于在我市建立和推行领导干部联系职工困难户制度的意见》（攀委办〔1999〕28号），使领导干部联系困难职工家庭制度化。“七一”前夕，市总工会与市委组织部联合开展“干群心连心”活动，全市共有1605名县级以上领导干部联系了2253名困难职工。全年，全市各级党政工领导干部共走访困难职工家庭27053户，送去慰问补助款（物）总价值370.02万元。

2000年，全市工会在总结实施“送温暖工程”经验的基础上，积极拓展新的工作思路，认真实践全国总工会十三届二次执委会上提出的“对特困职工承担第一责任人”的职责，切实当好“第一知情人、第一报告人、第一帮助人”。市总工会与市委组织部联合下发《关于市级部门主要领导联系职工生活困难户的通知》（攀组发〔2000〕36号），确定54名市级部门主要领导的联系户，全市共有1496名领导干部联系1552名特困职工。春节和“七一”前夕，20位市级领导带头走访了自己联系的困难户。元旦、春节期间，全市各级党政工领导共慰问困难职工、下岗职工、劳模、离退休职工、工伤死亡遗属、生病住院职工、单身职工等25842户，送去慰问补助款（物）413.81万元。

2001年，市委组织部、市直机关工委、市总工会联合发文，继续确定市级部门226名副县级以上领导干部联系职工生活困难户。“七一”前夕，全市1839名领导干部走访2165户困难职工家庭，春节前夕全市共走访25591户，送去慰问补助金（物）461.16万元。

2002年，市总工会做好年度低收入职工家庭生活状况调查，层层建立特困职工档案。完善领导干部联系职工生活困难户制度。春节、“七一”前夕，两次组织全市领导干部共2690人次，走访了各自的困难联系户4285户。经过各级组织和领导干部本人的帮扶，有586户特困职工脱贫。元旦、春节期间全市共走访困难职工、下岗职工、劳模、离退休职工、工伤死亡遗属、住院职工、军烈属等31997户人，送慰问补助款（物）527.93万元。其中慰问补助困难职工家庭7897户，慰问补助款（物）总价值达227.34万元。市总工会被全国总工会评为“实施送温暖工程”先进单位。

2003年，强化送温暖工程活动，全市各级工会积极参与政府（行政）关于涉及职工利益的政策的制定，搞好参政议政工作；认真开展本年度的低收入职工家庭生活状况调查，建立完善困难职工家庭的走访慰问救助制度和做好困难职工的帮扶工作。7月2日，市总工会与市委组织部、市直机关工委联合下发《关于调整市级部门在职副县级以上领导干部联系户的通知》，重新调整了市级部门领导干部联系困难职工名单，进一步完善领导干部联系职工生活困难户制度，并在春节、“七一”前夕，两次组织全市领导干部共2715人次，走访困难联系户3786户。经过各级组织和领导干部本人的帮扶，2003年度共有875户特困职工家庭实现了脱贫。元旦、春节期间，全市共走访困难职工、下岗职工、劳模、离退休职工、工亡遗属、住院职工、军烈属等32507户人，送慰问补助款（物）580.68万元。其中，慰问补助困难职工家庭9856户，发放慰问补助款（物）总价值330.06万元。

2004年春节、“七一”前夕，市总工会两次组织全市领导干部共2715人次，走访困难联系户3786户。经过各级组织和领导干部本人的帮扶，本年度共有533户特困职工家庭实现了脱贫。元旦、春节期间全市共走访了153家企业的困难职工、下岗职工、劳模、离退休职工、工亡遗属、住院职工、军烈属等32960户人，送慰问补助款（物）593.01万，其中慰问困难职工家庭9016户，发放慰问补助款（物）总价值280.48万元。年内，为特困职工6642户（19686人）发放粮价补贴141.73万元。

2005年，攀枝花市送温暖活动逐渐实现了在时间上由节日化向经常化、在内容上由单一型向综合型、在形式上由工会帮扶向社会帮扶的转变。元旦、春节期间，全市各级工会共走访慰问各类职工94680户人，送去慰问补助款（物）总价值2863.10万元。

2006年5—6月，市总工会组织全市工会系统开展以“送清凉、送文化、送法律”为主要内容的“关爱农民工、夏日送清凉”活动。据不完全统计，此次活动共送出价值25.4万元的防暑降温和药品，举办卫生医疗小课堂8次、文艺演出7场，放电影40余场，慰问农民工达4.4万人次。

2007年1—2月，市总工会开展元旦、春节期间送温暖活动，共走访慰问284家企业的困难职工、农民工等50324户人，送去慰问补助款（物）总价值达943余万元。其中慰问补助困难职工家庭12572户，慰问补助款（物）价值416.63万元；组织全市1459名领导干部分别走访慰问了各自联系的1604户困难职工家庭，为他们办了大量的好事、实事。5—6月，全市各级工会广泛开展“关爱农民工，夏日送清凉”活动，慰问金额共计127.59万元，慰问人员30850人次。

2008年元旦、春节期间，全市共走访慰问396家企业的困难职工、农民工、劳模等60724户人，送去慰问补助款（物）总价值达1138.7万元。

2009年，市总工会共走访慰问困难职工、下岗失业职工、农民工、劳模、离退休职工、工亡遗属、住院职工、困难优抚对象、单身职工等63250余户人，送去慰问补助款（物）总价值达1258.72万元。在新中国成立60周年之际，为充分发挥工会组织在推动保障和改善民生中的重要作用，市总工会在全市分阶段、分步骤开展了系列“工会特别关爱行动”，对全市困难劳模、困难职工、农民工，重点对为攀枝花市经济建设与社会进步做出突出贡献的劳动模范进行慰问和救助，整个“工会特别关爱行动”发放慰问救助金100余万元。

2011年春节前，省总工会党组成员，经审会主任张锐带领省总工会送温暖慰问组赴攀慰问攀枝花运业公司、东区大渡口街道，并看望慰问了4户困难职工。元旦、春节期间全市工会系统共筹集送温暖资金1381万元，慰问困难职工、农民工、劳模、离退休职工、工亡遗属、伤残职工等43242户人。

2012年，通过开展元旦、春节送温暖走访慰问帮扶活动，对全市特困职工、困难职工、农民工等群体开展慰问帮扶。元旦、春节前，省总工会党组成员、副主席武晓鹏带领省总工会送温暖慰问组赴攀慰问了钢城集团雅圣服饰有限公司、市扬驰胶业有限公司，并到4户困难职工家中看望慰问。全年，全市工会系统共筹集送温暖资金1232.7万元，其中市总工会筹集资金210.06万元（含市财政送温暖资金112.85万元），在春节前对全市建档的5233户建档困难职工家庭进行逐户走访，为2010户特困职工、3223户困难职工家庭每户分别发放400元、200元慰问金，做到建档困难职工全覆盖。全市工会系统共走访慰问困难职工、下岗失业职工、农民工、劳模、离退休职工、工亡遗属、伤残职工等41480户人。

2013年元旦、春节期间，在全市工会系统开展“送温暖”走访慰问活动，组织实施好省、市领导和省总工会、攀枝花市副县级以上领导干部走访慰问活动。省委书记王东明到攀枝花市慰问2户困难职工家庭。省总工会党组书记、副主席罗茂乡带领省总工会送温暖慰问组赴攀慰问了2户困难企业和4户困难职工家庭。为全市建档的4875户困难职工发放春节慰问金185.61万元，各级工会走访慰问困难职工、下岗失业职工、农民工等43349户人，发放慰问款物价值1477.13万元，1528名县级以上领导干部对口帮扶了自己联系的困难职工1836户。

第十二章 生活福利和疗养休养

第一节 生活福利

一、百户家计调查

从1987年开始，攀枝花市总工会从全市不同类型的企业中，选择具有一定代表性的100户职工家庭，进行年度跟踪调查（以下简称百户家计调查）。每年9月定为调查月，被调查户回答若干项目的记账情况和热点问题，收集汇总后经微机处理，形成数据对比资料，并分专题进行系统、全面的分析。这是一项对职工家庭生活进行定量分析研究的重要基础工作，调查资料基本反映出全市职工家庭生活的总体水平，有的资料被统计部门采用。

1989—1994年，市总工会坚持一年一度的对冶金、煤炭、建筑、交通等系统100户职工家庭生活状况进行调查，调查结果每年都向有关部门做了书面报告，共提出30余条建议。1995年，市总工会开展一年一度的城镇贫困职工家庭生活状况的调查、百户职工家计调查和市场物价的跟踪调查，在掌握职工收入、消费情况的基础上，分级建立了贫困职工和特困职工家庭档案。

全市职工百户家计调查工作，得到市总工会领导的高度重视和有关部门的通力合作，调查过程严把质量关，保证了调查材料的准确、系统和完整。调查的成果多次得到全国总工会、省总工会、市委、市政府的肯定，为工会和党政领导正确决策提供了科学依据。1994年、1996年、1999年，市总工会被省总工会评为全省千户家计调查工作先进集体。2000年以后，百户家计调查工作随着市场化程度的提高和职工生活水平渐趋平稳而终止。

二、职工生活保障

1989年6月，根据省总工会、省劳动厅、省计划经济委员会政治部、省经济体制改革委员会联合印发的《关于维护职工民主权利、切实保障职工合法权益的有关问题的意见》精神，市总工会对全市《关于国营企业实行承包租赁以后保障职工保险福利待遇的意见》的执行情况进行全面检查。主要检查承包租赁企业是否把执行国家和省的劳动保险制度、福利制度，纳入了承包、租赁合同，有无随意取消或者降低职工保险福利待遇等方面的情况。12月2日，市总工会下发《关于保障半停产、停产企业职工生活状况调查的通知》（攀总工便函〔1989〕11号），协助行政妥善安排职工、离退休职工特别是停产企业职工的生活。

1990年2月12日，市委下发《中共攀枝花市委关于进一步发挥各级工会组织在国家政治经济生活中的民主参与和社会监督作用的意见》，要求各级政府及其有关部门在制定经济和社会发展计划及重大方针政策的过程中，凡涉及职工切身利益的问题时，要充分听取同级地方工会和有关产业工会的意见。在研究制定劳动、工资、物价、住房、社会保障、劳动保险、安全生产、承包租赁、职工教育和其他涉及职工切身利益的规定时，应有地方同级工会或有关产业工会参加，并应认真采纳工会方面的正确意见。各级政府在设立劳动工资、物价、住房、社会保障，企业领导体制等项重大改革的领导机构，应吸收同级工会负责人参加。

1990年9月上旬，市总工会劳动工资社会保障部对攀钢、攀矿、矿务局、十九冶等系统的22个职工食堂的食品价格和卫生等情况进行重点抽查，撰写出《稳定职工队伍必须搞好食堂工作》的情况通报。为解决人民群众乘车难，市政府同意市公交公司用一部分车来开中价车，由于中价车不准使用月票，引起了职工群众的不满。市总工会对中价车情况进行了调查，并向市委、市政府提出了立即停开中价车的建议，得到采纳。

1991 年，市内部分企业实行承包经营，忽视职工保险福利的现象有所增加。在个人劳保福利待遇上，受企业经济效益的影响，职工各项福利待遇不能按时发放，各级工会、特别是基层工会为落实职工的各项待遇，积极与主管部门和企业行政协商。为促进企业改善职工生活，市总工会对企业职工食堂坚持开展经常性的检查评比，成效明显，一批企业跃入省和全国的先进后勤单位。

1994 年，市总工会组织机关工作人员深入基层，就亏损企业、停产半停产企业、市场物价、离退休职工生活、二滩水电开发区、劳动关系新变化及对策等情况进行调查研究，并主动介入企业生产、经营、分配三大领域，与企业一起总结经验，完善各种改革方案，研究和解决改革中出现的新问题。代表全市职工参与企业离退休金额计发改革方案的论证和修改，参与集体企业养老保险统筹、职工保险、部分集体企业调资等改革政策的制定。全市基层工会 503 名工会干部进入涉及职工利益的 296 个工作机构，有 208 个单位工会与同级政府、行政举行了联席会，参与解决涉及职工利益问题 1004 件，其中物价 84 件，解决 74 件；商定劳动工资总额 330 件，解决 269 件；参与职工住房问题协商 590 件，解决 531 件。

三、参与住房制度改革

1990 年，市总工会深入基层广泛听取职工群众的意见，对住房制度改革的范围、住房补贴、减免补办法、住房基金的筹集以及住房租金和补贴系数提出了修改意见。

1991 年，市总工会针对“攀枝花市房改方案”在报上登出后职工反应较大的问题，于 8 月 2 日在市工人文化宫召开工会房改宣传员和信息员培训，并结合 1000 户职工生活状况调查，对低收入职工家庭的房改承受力做了调查分析，并对一般干部和工人住房标准都划到最低档提出了改进意见，受到政府有关部门的重视。

1995 年，针对部分单位在分配住房、集资建房等方面存在“分男不分女”的男女不平等现象，市总工会通过不同层次的调查收集反映，依照《中华人民共和国妇女权益保障法》和《四川省〈中华人民共和国妇女权益保障法〉实施办法》积极推动在解决分配住房、集资建房上做到男女平等，保护了女职工在房改中的权益。

2005—2006 年，市总工会密切关注攀煤（集团）公司沉陷区、棚户区困难职工住房问题，并通过多种渠道反映情况，引起了市委、市政府的高度重视。攀煤棚户区改造、沉陷区治理已成为市委、市政府重点办好的 14 件实事之一。市长孙平曾多次深入攀煤矿区实地调研、现场办公，并召开政府常务会专题研究，亲自督办，保证了工程的顺利推进。2006 年 8 月中旬，市委书记赵爱明为第一批搬迁新居的住户代表发放了钥匙，标志着攀煤棚户区改造、沉陷区治理工程取得了实质性的进展。

2006 年 6 月，市总工会就攀煤采空沉陷区的问题向省总工会作出书面专题报告，引起省委、省政府的关注。2009 年，经市总工会多方争取呼吁，省总工会决定拨付总额 120 万元专款用于对攀枝花市煤炭采空沉陷区和棚户区困难职工进行帮扶救助，分三年实施，共有 600 户困难职工获得救助。2010—2013 年，市总工会积极参与全市住房制度的制定和修改，并根据工会掌握的全市城镇困难职工的基本情况提出修改意见。

第二节　职工疗养休养

20 世纪六七十年代“文化大革命”运动期间，攀枝花市职工疗休养工作中断。从 1980 年开始，全市各级工会针对攀枝花市无疗休养院（所）的情况，多次派人到省内、省外联系疗休养床位，逐步恢复了工会职工疗休养制度。到 1990 年，攀钢、十九冶、矿务局先后在温江、灌县建起了职工疗休养院，有床位 950 张、专职工作人员 291 人，每年大约能安排 2900 多名职工进行疗休养，全年省内外共能安排近 5000 人进行疗休养（包括短期休养）。1986—1990 年，全市各企事业单位通过工会系统安排职工疗休养 17987 人，其中患职业病疗养的 739 人，占职业病职工人数的 45.56%；从事有毒有害工作进行疗养的职工 4290 人，占从事有毒有害工作职工总数的 9.82%；劳模先进和其他人员 12958 人。由于市总工会没有直属疗休养院，1990 年以后，职工疗休养工作由各企业自行负责。

第三节　职工物价监督

攀枝花市职工物价监督检查组织从 1984 年建立以来，相继在攀钢、攀矿、十九冶、矿务局四大企业分别成立了分站，到 1989 年共有 40 个小组、227 名物价监督员。1989 年 1 月 24 日，市总工会召开 1988 年度职工物价监督工作表彰会，大会表彰了优秀职工物价监督小组和 4 个先进职工物价监督分站。3 月 29 日，市政府在工人文化宫召开 1988 年度职工物价监督工作表彰大会。市总工会职工物价监督总站等 23 个集体、107 名个人受到表彰。4 月 27 日，市职工物价监督总站举行职工物价监督员业务培训班，80 多名职工物价监督员参加了业务学习。6 月 20 日，市总工会下发《攀枝花市工会系统物价监督工作管理暂行办法》（攀总工发〔1989〕52 号），在市总工会、市物价局领导下，成立攀枝花市职工物价监督总站，明确了市总工会副主席任站长，工商局、标准计量局、物价检查所、工会劳动工资社会保障部负责人任副站长。总站下设若干分站和直属小组，分站下设监督小组，每个分站推选站长 1 名、副站长 1—2 名。明确工作制度，执行任务必须 2 名物价员以上，先亮证后检查，当事人签字认可，检查时做好书面记录；各物价监督小组半月向分站汇报一次工作，各分站、直属小组每月向总站书面汇报一次，总站每半年召开一次汇报会。9 月 15 日，市职工物价监督总站举办监督员业务培训班，培训人员 80 多人。全年全市职工物价监督站共检查市场物价 3400 多次，查处违法行为 1 万余起，罚没款 6 万多元，维护了职工和消费者的利益，在流通领域发挥了监督作用。

1990 年 2 月 10 日，《中共攀枝花市委办公厅、攀枝花市人民政府办公厅关于切实加强我市职工物价监督工作的通知》明确了市职工物价监督总站领导分别由市总工会、市物价局、市工商局、市标准计量局、市财政局、市公安局等有关单位负责人担任，同时聘任市委、市政府、市政协领导为顾问。总站实行联席办公制度，办公室挂靠市总工会劳动工资社会保障部。总站设有专职工作人员 2 名，攀钢、攀矿、十九冶、矿务局分站设有专职工作人员 1 名，采取聘用离退休干部方法解决。总站的职责和任务是领导全市职工参与物价管理、监督，维护国家、企业和消费者权利和权益的群众组织。4 月 10 日，市政府在市工人文化宫召开职工物价监督工作暨表彰会，会议表彰了 20 个先进集体、140 名先进个人。4 月，市总工会就中巴车问题、市内蔬菜外流问题开展调查。5 月 23—24 日，市职工物价监督总站举办职工物价监督员培训班，培训人员 80 余名。6 月，市职工物价监督总站针对攀枝花市冻猪肉混等级问题，组织 150 名职工物价监督员检查了 51 家国营、集体、个体肉店，对违纪较严重的单位、摊点进行了批评教育和罚款。10 月 11 日，制定攀枝花市职工物价监督总站及总站办公室工作制度。全年，全市职工物价监督检查出动 1636 次，参加人员 5614 人次，纠正错价 2004 笔，为消费者退赔款 4187.78 元，罚没款 38737.24 元。撰写的《我市蔬菜外流严重、市场零售价居高不下》等情况反映，得到了市委、市政府的高度重视。

1991 年，在坚持经常性市场物价监督检查的同时，加强对市场的调查和管理。建立菜篮子价格监督制度，狠抓队伍的组织建设、业务培训，提高物价监督员队伍素质。7 月，市职工物价监督组织针对攀枝花市农贸市场衡量器具失准和出售鲜猪肉注水的现象进行专项检查，写出的“情况反映”得到了各方面的重视。8月21—24日，市职工物价监督总站在市工人文化宫举办了两期物价监督员培训班，140余人参加培训。9月7日，市职工物价监督总站组织力量，对市区8大农贸市场存在不正之风进行了调查，并写出“情况反映”。11月底至12月初，市职工物价监督总站组织100余名物价监督员，配合有关部门对全市19个农贸市场进行了检查、整顿。

1992年春节前后，市职工物价监督总站以打击假冒伪劣商品为重点，组织200多名物价监督员开展物价监督检查，共处理违纪案件208起，罚款1721元，并配合有关部门查获一起倒卖假酒团伙。2月26日，市政府在工人文化宫召开1991年度职工物价监督工作表彰暨工作会，市职工物价监督总站等20个集体和140名个人受到了市政府表彰。4月，全市职工物价监督员结合粮食价格调整，对集贸市场出售鲜猪、牛肉注水进行了检查和调查，并通过“攀枝花质量行”进行呼吁，在社会上产生了积极影响。市长秦万祥作出“严厉处罚，坚决制止”的批示。5月，市职工物价监督总站积极配合“攀枝花质量行”对攀枝花市集贸市场出售鲜猪、牛肉注水问题进行了整顿，收到了一定的效果。

1993年4月9日，市总工会代市政府筹办的1992年度职工物价监督工作表彰大会在工人文化宫召开，20个先进集体、140名先进个人受到表彰。

1994年4月27日，攀枝花市技术监督局下发《关于委托攀枝花市职工物价监督总站履行部分计量行政执法职能的通知》（攀标计〔1994〕18号），明确了职工物价监督总站的执法主体资格。10月25日，市总工会职工物价监督总站召开职工物价监督工作会议，就攀枝花市集贸市场出现的新情况、新问题向上级领导机关作出了情况反映。全年，共培训计量物价执法监督员50人，出动3136人次对集贸市场开展大检查7次，纠错1869次，退赔消费者款1272元，处罚违纪者2643人次，罚没29430元。当年，市职工物价监督总站被评为省职工物价计量监督先进集体和市物价监督先进单位。

1995年，全市职工物价监督组织出动检查3063次，查处违纪人员2375人次，罚没款23199.6元。2月15日，市职工物价监督总站受到国家计委、全国总工会的表彰，攀钢职工物价监督分站朱基强被评为全国职工物价监督工作先进个人。

1996年4月17日，市政府在市总工会会议室召开1995年度职工物价计量监督检查工作表彰会，市职工物价监督总站等17个先进集体和121个先进个人受到市政府表彰。全年，全市出动检查近2000余人次，罚没款20000多元，没收严重失准称87支，为消费者复称1150次。

1997年，职工物价监督工作稳步发展，市职工物价监督总站举办物价监督员培训班2期，培训84人。全年，共出动检查3170人次，罚没款14000余元，没收不合格杆秤170支，责令不法经营者退赔消费者款、物价值153340元。

1998年，市职工物价监督总站重新调整了物价员队伍，换发了“行政执法证”，开展了2期培训，用《行政处罚法》《价格法》规范执法行为。全市共出动检查2900余人次，罚没收款2万余元。

1999年，继续加强职工物价监督工作，调整充实了职工物价监督队伍，举办了2期培训班。9月14日，市职工物价监督总站会同市技术监督局对炳草岗一号、二号、三号线公路两侧的部分餐饮店进行计量检查，共检查55家，检称198支（台），收缴不合格称14支（台），罚款240元。

2000年9月14日，市职工物价监督总站举办职工物价计量监督员业务培训班，来自各分站、直属小组的70多名职工物价员参加了培训。

2001年11月23日，市职工物价监督总站举办职工物价监督员培训班，来自基层的50余名物价员参加了培训。

2003年，4月29日—30日，市职工物价监督总站组织全市职工物价监督员对攀枝花市防非典的相关药品及商品价格进行大检查。在抗击非典的斗争中，全市职工物价监督组织积极行动，协助各职能部门开展市场秩序整顿，稳定了物价，得到广大消费者好评。重大节假日期间，各分站、基层小组都开展了节前集中检查活动，全年共出动检查3647人次，罚没款金额2万余元。

2004年6月1日，市总工会召开市职工物价计量监督总站2003年度总结表彰暨2004年职工物价计量监督员培训会。会上，市总工会代市政府表彰了2003年度职工物价计量监督检查工作9家先进集体和70名先进个人。

2007年，市职工物价计量监督检查工作在市委、市政府的领导下，全市职工物价计量监督检查员积极协助、配合市里有关执法部门进行全市物价计量大检查和集贸市场治理整顿，在打击假冒伪劣、短斤少两和整顿商品价格中做出了一定的成绩。全年共出动检查人员1982人次，检查商店、集贸市场、摊位1543个，下达责令整改通知书197份，为物价局、技术监督局提供违法违章案件信息108条，涉及金额12650元。

2009年，市职工物价计量监督总站共出动检查人员1562人次，检查商店、集贸市场、摊位1347个，下达责令整改通知书155份，为物价局、技术监督局提供违法违章案件信息94条，涉及金额10310元，较好的维护了消费者的合法权益。

2010年以后，由于政府物价监督队伍增强及监督力量的加大，市职工物价计量监督工作逐年减少，到2013年底，市职工物价计量监督工作正式停止。

第十三章　宣传教育

1988—2013年，攀枝花市各级工会组织围绕中心工作和工会工作总体要求，结合本片区、本行业、本单位实际和职工需要，广泛开展形式多样、内容丰富的职工宣传教育活动。

第一节　新闻宣传

1994年，全市工会共订阅《四川工人日报》8700多份、《工人日报》5000余份、《现代工人报》60多份，获评全省工人报发行工作先进集体。8月，召开全市报刊发行工作会议，传达省报刊发行工作会议精神，与基层工会签订责任书。继《川工报》通联工作后，对原通联站的特约记者，特约通讯员进行调整，共调整18名，为其办理了采访证件，并向各通讯员提出具体上稿要求。为各级《工人报》送稿20篇，选用11篇。

1997年，市总工会集中在“五一”节前后，对当年获得“全国五一劳动奖章”、奖状者的先进事迹进行宣传。在攀枝花电视台、市有线电视台、《攀枝花日报》《四川工人日报》开辟专栏进行宣传。攀枝花电视台“周日话题栏目”采访报道了部分劳模先进、职工代表人物，共有40多名先进人物上了电视和报纸。由攀钢六大英杰组成的先进事迹报告团在市内单位进行巡回报告宣传。6月11日，组织30名劳模、先进参加四川电视台综艺大世界的专栏拍摄。各基层工会也广泛深入地开展先进事迹宣传。据不完全统计，仅攀钢、矿务局、教育工会等，就有36名全国、省、市级标兵、130多名部、公司、局级标兵亲自宣讲共160多场次，听众总数达50000多人。加强工会对外宣传，扩大市总工会知名度。全年在《攀枝花日报》《四川工人日报》《现代工人报》《工人日报》上刊登出稿件50余篇。

1998年4月，市总工会与市电台、电视台、有线电视台、报社一起宣传省市职业道德标兵、劳模和先进生产者、“全国五一劳动奖章“获得者，开辟宣传专栏，并请市京剧团赶排了一场以宣传劳模先进、下岗职工转变观念和精神文明教育为主要内容的综合性文艺节目到11个单位演出。

2000年，加大对劳模、先进人物、职业道德十佳标兵、十佳标兵单位的宣传力度。在“五一”节期间，通过电视、报纸、电台对全国劳模、省、市级劳模及职业道德标兵和单位进行集中宣传报道。全年各级工会为市级以上报刊杂志投稿100余篇，刊用44篇，有4名特约记者获省总工会2000年通联工作三等奖，市总工会获省总工会《四川工人日报》发行优秀地区奖。

2003年“五一”节前后，市总工会组织攀枝花市5家新闻单位对获得当年五一劳动奖章和依靠职工办企业好经理和 2002 年获得全国劳模、全国厂务公开先进单位进行宣传报道。同时在《攀枝花晚报》上开展“劳模流金岁月”专题报道。

2005年5月25日，市总工会召开庆祝《四川工人日报》创刊55周年新闻培训及座谈会。来自攀枝花市企业的60多名基层工会干部和通讯报道员参会，与会人员就如何办好《四川工人日报》进行了沟通与交流。

2006年4月21日，市总工会组织省、市劳模代表结合宣传“八荣八耻”到民营企业为员工作弘扬劳模精神事迹报告。4月25—29日，市总工会市组织市内5家新闻媒体对全国五一劳动奖状获得单位攀煤（集团）公司花山矿采煤一区三队、“全国五一劳动奖章”获得者侯武以及“四川省五一劳动奖章”获得者张鸣、舒昌彬、田野、李学和等先进事迹进行采访报道。

2008年，为庆祝五一国际劳动节，加大对工人阶级宣传力度。组织全市5家新闻媒体对当年全国五一劳动奖状获得单位、“全国五一劳动奖章”获得者以及省五一劳动奖状和奖章获得者的先进事迹进行采访宣传报道。与攀枝花报社联合进行工会工作专题宣传。据统计，全年在各类报纸杂志刊登工会工作报道336条、电台、电视台宣传报道各365条。

2009年，市总工会加强对工会重点工作宣传报道，在建功立业、素质工程、维权帮扶、组织建设、自身建设等方面推出一系列亮点突出、特色鲜明的宣传报道。特别是以攀枝花市第六次劳模大会召开为契机，采用多种宣传方式和手段大力宣传工人阶级和劳动模范的先进事迹。7月14日，市总工会举办全市工会系统新闻宣传通讯员及职工思想动态信息员培训班。来自全市各区县工会、企事业工会和产业工会的50余名学员，参加这次培训。

2010年，市总工会为弘扬劳模精神，五一节期间，请市内5家主要媒体集中对当年评选出的劳模进行采访，并以专题、专栏、专版的形式进行为期一个月的有深度、有广度、有力度、影响大的宣传报道。制作报送了省劳模的专题宣传片和一批劳模风采宣传展板，宣传展板被省总工会评为优秀展板奖。在市内报刊刊登《关爱一线职工、清凉送到工地》《感恩你我他、爱心手拉手》《圆梦行动》系列报道。在《工人日报》一版刊发《攀枝花市委市政府支持工会工作》《困难职工的希望之源》《四川米易建立职工代表意见建议限时办结制》《盐边县45户民营企业对兼职工会干部实行工作补贴》等一系列工会重点、特色工作专题报道。全年，在各类报纸杂志刊登工会工作报道182篇，电视、电台宣传报道各近200条。

2011年，市总工会联系市级5家主流媒体进行深度采访，并以专栏、专访等形式宣传报道了3名五一劳动奖章获得者和1家五一劳动奖状、2家“工人先锋号”企业的先进事迹。在市内各类宣传媒体中播放、刊发各类新闻近280条。

2012年，新建立150人的工会网络宣传员队伍，制定完善网络宣传员管理办法。联系市级几家主流媒体、与经济技术部一道前往10家单位进行为期一周的深度采访，并以专栏、专访等形式宣传报道了9名五一劳动奖章获得者和1家五一劳动奖章获得单位的先进事迹。在《攀枝花晚报》上开办每周一期的职工安全知识学习专栏。在《工人日报》《四川工人日报》及市级主流媒体共发布新闻360余条。

2013年，市总工会开展集中宣传报道。联系《工人日报》《四川工人日报》《攀枝花日报》《攀枝花晚报》、市电视台、市广播电台等媒体深入企业对工会干部、职工进行采访，并通过开设专版、专栏、专题等方式集中5天时间，连续对工会工作和职工风采进行宣传报道。着重开展了市工会第九次代表大会会前和会议期间的宣传，“实现中国梦、建设美丽繁荣和谐四川”主题活动，“三大”主题教育活动，元旦、春节走访慰问，“五一”劳模宣传等专题宣传。全年在《工人日报》《四川工人日报》及市级主流媒体共发布新闻390余条，仅《工人日报》就刊登攀枝花工会工作新闻稿件50余篇。

第二节　读书演讲

1990年，市总工会在职工中开展“国家有困难、我们怎么办”的大讨论。全市各基层工会共开展“艰苦创业、弘扬攀枝花精神”的职工读书演讲比赛243场。

1993年，市总工会团结和动员广大职工站在改革前列，在建立社会主义市场经济体制中发扬主人翁精神和主力军作用，以“道德与发财”为题，在全市职工中组织开展了1500人次参加的演讲和82场辩论，引导职工正确认识“发财要靠诚实劳动，要靠岗位成才，主业致富”“坑、蒙、拐、骗”是行不通的，引导职工学业务、学技术。特别是通过“第二职业利与弊”的论辩演讲，使相当一部分职工明辩了是非。全年全市组建读书活动小组2390个，坚持读书的职工达24000多人，读书的内容从原来政治类转向经济类、技术类和管理类。

1997年，开展以“心系祖国、奉献在岗”为主题的职工读书自学活动，全市有1名职工获省自学成才二等奖，有100余名职工获厨师、英语、计算机专业证书，自学获得大中专文凭的职工有1000人以上，有3名职工的文学作品获全省“五个一”优秀奖，攀钢（集团）公司工会获全省职工自学成才先进集体奖。

1999年，举办职工读书演讲员培训班，有60余学员参加培训。12月14—18日，市总工会连续举办7场“颂祖国、迎回归”巡回演讲报告会，有5000余名职工听取了报告。

2002年，针对中国加入世贸组织、职工素质有待进一步提高的形势需要，开展职工读书自学活动。先后举办了“面对挑战我为跨越发展做贡献”和“环保世纪行”职工读书演讲比赛。全市各单位分别开展读书活动、演讲比赛、知识竞赛、技术比武等活动数十次，有40余名职工参加市总决赛。

2003年，组织职工开展读书自学活动，举办“环保世纪行”职工读书演讲比赛和“十六大精神在我心中”职工读书演讲比赛。从中选拔3名优秀演讲员代表四川省总工会参加全国演讲比赛，知识答题电视大赛，获铜奖。

2004年，市总工会、市委组织部、市委宣传部、市精神文明建设办公室等11家单位联合下发《关于开展“创建学习型组织、争做知识型技能型职工”活动的实施意见》（攀总工发〔2004〕35号）。市总工会建立了活动领导小组，明确了实施“创建学习型组织、争做知识型技能型职工”活动的指导思想和总体目标、主要任务和具体措施、基本标准、工作要求等。

2005年，将“创建中国优秀旅游城市我该怎么办”作为本年度职工读书演讲协会开展演讲比赛的主题，让“创优”和“冬旅会”深入人心。3月底，各基层工会先在各行业和企业内部进行预赛，经过层层初赛、复赛后，12名脱颖而出的选手参加了全市的决赛。8月24日，市总工会在市规划和建设局报告厅成功举办“我为‘迎冬旅、创国优’添光彩”职工演讲比赛决赛。经过激烈角逐，共决出一等奖2个、二等奖4个、三等奖6个，攀煤集团选手蒲龙和市广播电台选手肖岗获得一等奖。

2006年3月23日，市“创争”活动领导小组表彰攀枝花市“创建学习型组织、学习型班组、学习型职工”。授予攀钢（集团）矿业公司等10个学习型单位、十九冶金建设炉窑第二工程处瓦工班等15个学习型班组、郭东川等15名为学习型职工。5月中旬，为动员全市职工积极参与“双创”活动，市总工会下发了《关于开展“我为‘创卫、创模’做贡献”职工演讲比赛的通知》。全市共有80多个基层单位工会开展了“我为‘创卫、创模’做贡献”的大讨论、征文、演讲比赛等活动。8月16日，市总工会、市直机关工委联合在会展中心举办了攀枝花市“我为‘创卫、创模’做贡献”职工演讲比赛决赛。11名经过初赛、复赛推选出来的来自全市各条战线的选手参加了决赛。市有线电视信息中心选手吕明丽和攀煤集团选手蒲龙获得并列一等奖。

2007年初，为推动全市“创卫”工作深入进行，市总工会在职工中开展以“美化环境、清洁家园、告别陋习”为主题的职工大讨论、摄影、书画、演讲比赛等8项系列活动。6月5日，市总工会、市直机关工委联合举办攀枝花市“龙江明珠杯”职工演讲比赛决赛。33名经过初赛、复赛选出的选手参加了决赛。决出一等奖2名、二等奖3名、三等奖6名，西区总工会选手林志华和攀煤集团选手蒲龙获得一等奖。6月12日，市总工会组织6名优秀选手到攀煤、西区、攀枝花学院等单位进行了为期一个月的巡回宣讲。

2008年4月16日，市总工会、市委组织部等11家单位联合下发《关于在全市开展“职工书屋”建设的实施意见》，明确建设标准、下达任务指标，制定相应的奖励制度，开展“职工书屋”的建设，还将“职工书屋”建设作为各级“职工之家”考核验收复查的必备条件。至年底，全市共建立“职工书屋”37家。年内，在全市职工中开展“30万职工携手共创环保模范城市”演讲比赛活动。有80多个基层工会、1200多名职工参加初赛、复赛，从中推荐优秀演讲员33名参加攀枝花市职工“双创”演讲决赛。经过激烈的角逐，攀煤公司工会选手蒲龙、东区总工会选手陈志坚获得一等奖。

2009年6月，市“创争”活动领导小组联合下发《关于评选学习型组织、学习型班组、学习型职工的通知》，经过层层推荐、选拔，评选出了10个学习型组织、20个学习型班组和20名学习型职工。2009年至2011年，市总工会连续3年每年划拨20万元，用于“职工书屋”建设。当年，全市共建成“职工书屋”60所。为推动城乡环境综合治理“进企业”活动深入开展，动员全市30万职工尽自己所能为治理城乡环境出力，市总工会、市委宣传部、市精神文明办、市经委、市国资委共同组织开展“共建美好环境 共享文明家园”演讲比赛活动。活动自7月上旬启动，全市共有85个基层单位、3000名职工参加。8月21日，经各单位推荐，总工会选拔出27名选手参加了全市“共建美好环境、共享文明家园”演讲比赛。演讲比赛结束后，市总工会还组织优秀演讲员到各区县、厂矿开展巡回演讲。8月下旬，市总工会开展“30万职工齐动手、共建共享美好家园”职工摄影比赛和“共建美好环境、共享文明家园”的职工演讲活动。

2010年，全市各级工会以“职工书屋”建设为抓手，加强工会“大学校”文化阵地建设。采取加大经费投入、狠抓机制建设、及时调研督导、规范流程运转、强化监督管理等多种手段，使“职工书屋”不断发展壮大、焕发生机。4月8日，市城管工会在市政工程管理处召开城管系统“职工书屋”创建现场经验交流会。6月29日，为迎接省总工会在全省开展的“职工书屋”建设情况三年规划目标建设检查，为掌握攀枝花市“职工书屋”建设情况，市总工会副主席谢强带领市总工会相关部门人员到攀枝花钢城集团公司开展“职工书屋”建设情况调研。钢城集团公司工会结合公司实际在车间、班组尝试推行“职工流动书箱”，制作了100多个“职工流动书箱”。“职工书屋”广泛开展网上征文、读书心得评选、读后感交流、学习讲座等活动，职工文化素质得到全面提升。截至年底，全市已建成“职工书屋”121家。其中国家、省级示范点5个，市级及自建点116个，共有面积10637.60平方米，投入资金775.42万元，藏书总量37.55万册。

2011年1月，市总工会下发《关于建设学习型企业的实施意见》。《意见》明确了总体目标、阶段任务、学习内容、主要措施等，在全市范围内开展了学习型企业的创建工作。6月，为充分发挥“职工书屋”开展职工教育、提升职工文化水平和综合素质的作用，结合庆祝建党90周年和读书月活动，市总工会开展了“忆往昔、学榜样、比贡献”红色经典图书漂流及读书心得评比活动。市总工会购买80余套红色经典图书，发放到全市 40 家具有一定规模的“职工书屋”。同时开展了全市职工“读书漂流”、征文、演讲等活动，从参与活动的职工撰写的读书心得中推荐上报优秀读书心得参与评比。市总工会共收到优秀读书心得 55 篇，评出一等奖 2 篇、二等奖 4 篇、三等奖 6 篇及优秀奖若干。8 月 9 日，市总工会在市会展中心综合厅举办“党在我心中”全市职工演讲比赛决赛，共有 22 个单位的经层层选拔的 25 名选手进入了决赛。交通系统选手丁奉宁、十九冶选手胡慧娟获得此次演讲比赛决赛的一等奖。年底，市总工会深入基层考察并推荐上报全国工会“职工书屋”示范点 2 个、全国职工教育培训优秀示范点、示范点各 1 个。

2012 年 11 月 29 日，市教育工会举办“党在我心中”全市教职工演讲比赛。17 名经过层层选拔、来自各教育战线的优秀演讲者紧扣“党在我心中”主题进行演讲。经过激烈的角逐，来自市三中、市实验学校、东区教育工会等单位的 6 名选手分获一、二、三等奖。

第三节　职业道德建设

1994 年，市总工会转发《中华全国总工会、国家经贸委关于加强社会主义职业道德建设的意见》，各大企业普遍成立以党委书记任组长，经理、工会主席任副组长的“职业道德建设领导小组”。制定制度，落实责任，修订规划，狠抓落实。攀钢公司拨出 7 万元，铅印《职工行为规范》12 万册，发给每个职工作为日常言行规范准则；市自来水公司以“保水质、上乘服务”为内容制订《职业道德行为规范》，以“十不准、十公开”的原则，建立监督约束机制；公交、财贸、金融等服务行业按照各自的特点制订出《职业道德规范》，坚持不懈开展“优质服务礼貌待人”“行兴我荣、行衰我耻”等检查评比活动；市邮电局以《邮电服务规范》为准则，推进“不讲服务忌语”和《八不准行为》，开展创“星级”服务竞赛活动，据省局抽查，攀枝花邮电服务社会满意率从 83%上升到 97%。

1995 年开始，全市各级工会组织以班组为单位，以岗位为重点，以家庭为细胞，以育人为根本，以职业道德建设为“抓手”，以文化建设为载体，积极推进道德实践，引导职工追求道德进步和道德文明，采取多种形式引导职工积极参与社会公德实践活动。7 月 31 日，市总工会、市委宣传部、市委企业政治部、市精神文明办、市经委联合召开市职业道德建设经验交流会。会上，表彰攀枝花钢铁（集团）公司等 10 个单位为攀枝花市十佳职业道德先进集体、张云波等 19 人为攀枝花市职业道德建设标兵。在全市各行业职工中开展职业道德创建和评选“双十佳”活动，截至 2009 年，共召开“双十佳”表彰会 14 次，树立标兵单位 110 个、标兵 118 名、先进集体 66 个、先进个人 64 名，获得四川省十佳标兵单位 6 个，十佳标兵 6 名、先进集体 9 个、先进个人 8 名。

1997 年 8 月，市总工会下发《关于在全市职工中开展“心系祖国、奉献在岗”的主题教育活动的通知》。主要对职工进行形势、任务教育。一方面向职工讲国情、市情、厂情、让职工了解国情，熟悉企业形势，自觉地为国分忧，为企业兴旺出谋划策，帮助企业渡过难关；另一方面向职工讲清改革的意义、改革的形式，把职工的主要注意力集中到中共十五大报告中来，自觉适应改革新形势的需要，立足岗位为攀枝花市两个文明建设做出贡献。9 月，围绕职业道德建设教育的深入，市总工会举办“职业与道德”演讲比赛，参加演讲的职工达 300 余名。市总工会制订下发《攀枝花市职工职业道德行为规范》，《规范》在工作岗位、公共场所两个方面对职工进入工作岗位、接待基层群众、步入公共场所的基本知识、言谈举止、待人接物等提出了明确要求。全市各行业、各单位结合本行业实际，制定行之有效的职工职业道德行为规范，有的挂在墙上，有的修订打印成册发给每个职工。市煤气总公司、市建委、市邮电局等单位均开展了社会服务承诺制活动；市教育工会评选师德标兵并进行表彰和奖励；财贸工会参与市职业道德建设评选领导小组，定期对窗口单位进行检查。11月，市总工会、市精神文明办、市委宣传部、市经贸委联合开展职业道德建设“十佳标兵”单位和“十佳标兵”评选活动。11月24日，召开了经验交流暨表彰会，会上表彰攀枝花市煤气总公司等10个标兵单位和程茂迁等10名标兵。1999年12月13日，市总工会召开全市职业道德建设“双十佳”表彰会。会上授予市国家税务局等10个单位为职业道德建设十佳标兵单位、罗晴等10人为职业道德建设十佳标兵。

2000年，市总工会、市委宣传部、市精神文明办公室、市经贸委联合在全市各行各业职工中以“学理论、爱岗敬业、立新功、为西部大开发比贡献”为主题，开展了多种形式的职工职业道德建设创建活动，涌现了一大批职业道德先进集体和个人。12月1日，召开表彰大会，对获得攀枝花市职业道德“双十佳”的10个标兵单位、10名标兵、8个先进集体、9名先进个人进行了表彰。市第五人民医院眼科主任张大勤、市交通局养护总段红格道班班长何华清荣获四川省职业道德十佳标兵，市自来水总公司荣获四川省职业道德建设先进集体。

2002年，学习、贯彻《公民道德建设实施纲要》和中共十六大会议精神，把职工群众的思想统一起来，为全面实现攀枝花跨越式发展做贡献。年初，以市总工会名义下发《关于深入学习贯彻公民道德建设实施纲要的通知》，同时专门组织职工代表、工会干部、职业道德建设“双十佳”标兵单位和标兵代表召开座谈会，查找在贯彻《纲要》、加强职业道德建设中取得的成绩和存在的问题。市总工会根据座谈中反映出的问题，写出《关于职工职业道德建设现状的调查和建议》，在全市思想形势分析会上进行交流。同年，市总工会组织全市25个单位的3万余名职工参加中宣部、全国总工会等6家组织的《纲要》知识竞赛活动。市总工会宣教部和攀煤公司获全国竞赛优秀组织奖。12月5日，市总工会、市委宣传部、市经贸委、市精神文明办公室联合开展职业道德创建和评选“双十佳”活动，对全市涌现的10个标兵单位、10名标兵、8个先进单位、9名先进个人给予表彰。攀枝花水务集团公司和市公交公司驾驶员荚亚莉分别获得四川省第六届职工职业道德十佳标兵单位和十佳标兵称号。

2003年，贯彻落实《公民道德建设实施纲要》，深化职业道德建设，不断提高职业道德水平。继续开展“我为攀枝花新跨越做贡献”为主题的职业道德创建活动，规范和完善市职业道德“双十佳”评选办法，抓好市职工职业道德建设“双十佳”评选工作，对全市涌现的10个标兵单位、10名标兵、7个先进单位、5个先进个人给予表彰。积极推荐参加全省职业道德建设“双十佳”评选活动，攀钢集团成都钢铁有限公司精密轧管厂获四川省职业道德建设十佳标兵单位，攀钢（集团）公司炼钢厂板坯边铸车间班长刘关洪、攀枝花市中级人民法院立案袁宏获四川省第七届职工职业道德十佳标兵。

2004年，攀枝花市新钢钒股份有限公司热电厂电气车间主控室、攀枝花市西区地方税务局获四川省职业道德建设十佳标兵单位，攀钢（集团）公司提钒炼钢厂方坯连铸车间浇钢班班长候武获四川省第八届职工职业道德十佳标兵。2月24日，市总工会召开全市职业道德建设“双十佳”表彰会。会上对2003年10个职业道德十佳标兵单位、10名职业道德十佳标兵、7名职业道德先进单位、5名职业道德先进个人予以表彰。

2005年，市总工会结合“迎冬旅、创国优”与市委组织部等十一家单位联合下发《攀枝花市职工素质工程五年规划》，继续推进“双十佳”工作开展。中国人民财产保险股份有限公司攀枝花市炳草岗支公司和攀枝花市邮政局营销分局投递员张云波分别获四川省第九届职工职业道德十佳标兵单位和十佳标兵称号。2006年，攀枝花钢铁有限责任公司钢铁研究院主任工程师戈文荪获四川省第十届职工职业道德十佳标兵，同时获得五一劳动奖章。

2007年，市总工会与市委宣传部等五部委联合下发《关于开展“我为攀枝花新跨越做贡献职业道德创建活动”的通知》，开展“树行业形象、建文明窗口”“讲文明、讲卫生、讲科学、树新风”活动。7月31日，市总工会、市委宣传部、企业政治部、市精神文明办、市经委等联合开展职业道德建设经验交流暨表彰会，表彰了攀钢等10个先进集体、邮电局张云波等全市19名标兵。

2008年年初，市总工会与市委宣传部、市经贸委、市精神文明办公室，市国资委五家联合下发《关于开展“我为攀枝花新跨越做贡献职业道德”创建活动的通知》。要求全市各基层单位结合实际把“树立良好的行业形象、争做文明职工”作为主要内容纳入职业道德规范中，在职工中开展“三十万职工携手共创环保模范城市”的宣传教育。紧紧围绕“坚持科学发展、构建和谐攀枝花”主题，号召动员全市职工积极参与“创卫、创模”活动，深刻认识创建国家卫生城市和创建环保模范城市的目的意义，要教育职工节约每滴水、每度电、争做节能减排的排头兵，自觉参与“创卫、创模”活动。市总工会与市委宣传部、市国资委、市经贸委、市精神文明办公室联合开展了职业道德创建评选活动，全市评选出职工职业道德创建十佳标兵单位、十佳标兵。攀枝花市交通运输管理处获四川省第十二届职工职业道德十佳标兵单位。

2011年，积极开展“创建学习型组织、争做知识型职工”活动，成立由市总工会、市国资委等8家单位组成的领导小组，下发《关于开展学习型企业建设实施意见》，积极开展“我为‘十二五’开好局做贡献职业道德创建活动暨双十佳评选活动”。依托职工书屋、农民工夜校等平台举办各类岗位培训和技能提升培训，全年参训职工达10万余人。2012—2013年，因清理各项评审活动，市总工会未开展此项工作。

第四节　宣传教育活动

1989—2013年，市总工会发挥工人文化宫、俱乐部、职工学校等阵地作用，利用广播、电视、报刊、网站、板报、QQ、微博、微信等宣传媒体，通过下发文件、印发资料、召开会议等方式进行宣传教育，围绕不同主题，采取请进来、走出去，举办不同层次、不同类别的学习、培训班，组织演讲、图片展览、摄影大赛、征文比赛等广大职工喜闻乐见的活动形式，学习、宣传、贯彻中央省市重要会议、重要讲话精神，统一思想，提高认识，大力弘扬工人阶级和劳动模范爱岗敬业、无私奉献的伟大品格，动员广大职工围绕全市经济发展目标争创一流、多做贡献。

1988年，市总工会组织职工学习中共十三大精神，举办职工政治轮训班634期，45738人受训。

1989年下半年，全市各级工会深入到基层企业中，对职工进行了大量艰苦细致的思想政治教育工作。向职工宣传中共中央一系列重要决策，引导广大职工认清形势、明辨是非，坚守岗位、坚持生产，为稳定大局、稳定经济、稳定职工队伍发挥了积极作用。10月，由省总工会主办的四川省工会职工思想政治工作会议在攀枝花钢铁公司召开。

1991年，市总工会与市委宣传部、企业政治部联合召开职工政治轮训会。轮训中组织职工学习中共十三届七中全会精神，开展“实现奋斗目标，我该怎么办”的大讨论，摆国家经济发展成就等为内容的“四摆四算四查”活动；围绕企业事业任务发动职工出主意，写学习专稿，开展知识问答，形成“人人既是教育者、又能是受教育者”的生动局面。全市有60771名职工受训，占应培训人数的75%。8月，与女工部联合举办“社会主义市场经济与职工”演讲比赛。各基层共推荐了40名演讲员参加比赛，评出一、二、三等奖共10名，其余为优秀奖。为让职工群众广泛参与，攀钢、矿务局、十九冶、财贸、教育、建委等十多个单位精心组织，积极发动、共组织较大型的演讲比赛达15次，参加人数400多人次，听众上千人。同年，组织全市近万个班组共22.5万名职工学习并参加全国、省社会主义市场经济知识竞赛，全市共有3个班组获全国竞赛三等奖，2个班组分别获全省一、二等奖，4个班组获全省一等奖，攀钢（集团）工会、市总工会分别获全国优秀组织奖和省优秀组织奖。攀枝花钢铁公司编写了《攀钢的昨天、今天和明天》乡土教材。

1992年年底，召开职工政治轮训表彰会。对50个先进单位、100名先进组织者、100名优秀教师、50名优秀学员进行奖励。

1993 年 11 月，市总工会下发《关于认真学习、深入宣传、贯彻中国工会十二大精神的通知》和《关于认真学习邓小平文选第三卷的通知》，要求全市各级工会组织、工会干部要集中精力、深入全面地学习、贯彻会议精神，要把贯彻、落实工会十二大精神与学习《邓小平文选》第三卷和《工会法》《企业法》等有关法律法规紧密结合起来，各级工会要结合本单位实际，作好安排部署。11 月 20 日，市总工会在市工人文化宫演讲厅召开了中国工会十二大精神传达大会。全年，举办知识竞赛 37 次，办宣传讲座 147 期，举办十四大精神贯彻培训班 27 期，为基层培训骨干 340 人。

1994 年，全市各级工会配合企事业单位行政，立足班组、建成各种读书小组 12000 余个，并为其购发《邓小平文选》《社会主义市场经济知识》等书刊数万册。针对新时期职工队伍中的思想动态，组织职工开展“社会主义大家谈”；召开“道德与发财”专题辩论会；开展“市场经济知识讲座”；开展“市场经济与职工”为主题的演讲比赛、知识竞赛 100 余次；9900 多个班组参加全总、工人日报社举办的“社会主义市场经济知识竞赛”，3 个班组获全总三等奖；市总工会、攀钢工会获省总、全总知识竞赛组织奖。

1995 年，市总工会把学习邓小平建设有中国特色社会主义理论为重点，下发《关于认真组织学习〈邓小平文选〉一、二、三卷和特色理论的通知》《关于贯彻“爱国主义教育实施纲要”的实施细则》等文件。要求各单位紧跟党委的部署，结合工会工作实际，制定可行的措施，特别要求各级工会主要领导和专兼职干部要带头学理论。全市分期分批安排了 95%以上的基层工会主席分别进党校、干校、专题培训班学习提高。全年办各类职工思想政治教育培训班 518 期，培训 38784 名骨干，举办各类大小报告会、辅导会、座谈会 7983 次，受教育职工达 768189 人次；由 7667 名宣传骨干组成的各类咨询队，开展各类咨询 469 场次，接待咨询职工 15 余万人次；组织劳模赴京参加全国劳模大会劳模巡回报告会 3 场；与市各新闻单位联系采访了 13 名全国、省劳模，在电视、电台、《攀枝花日报》开辟《劳模风采》栏目宣传劳模事迹，用先进模范的精神激励职工。各单位在层层选拔的基础上，推荐 33 名优秀演讲员，参加市总工会 6 月举行的“我与攀枝花”演讲比赛，有 18 名演讲员分别获一、二、三等奖，7 个单位获组织奖。8 月，推荐 2 名演讲员参加省演讲比赛，均获三等奖。11 月，攀钢荣获省总工会、省自学成才基金会“读书自学成才”活动“先进集体”奖。

1997 年 3 月 8 日，市总工会到市中心广场进行综治工作咨询、科普知识宣传咨询活动，草拟知识竞赛题 200 道，接待咨询 700 人次。3 月，市总工会发出通知，在全市职工中广泛开展“忆长征、雪国耻、立新功”的爱国主义教育、形势与任务教育以及加强对职工的社会公德、职业道德等职工思想建设活动。市总工会采用班组读书征文活动的方式，各单位工会推荐 166 篇优秀文稿，市总工会对获一等奖（10 篇）、二等奖（5 篇）、三等奖（20 篇）的作者给予了表彰奖励，并选送 60 篇到省总工会，有 30 篇在《四川工人日报》等刊物陆续刊登。全年，市各级工会组织举办各种政治理论时事、业务培训学习班 34690 期，628970 人次参加了学习。4 月 30 日，组织召开由劳模、先进代表 70 余名参加的“五一”座谈会。并连日在报刊上登载劳模、先进人物的事迹，组织 150 名先进人物到基层厂矿举行事迹报告会 102 场，到车间、班组演讲了 138 场。攀钢党政工齐心协力，在全公司建立读书指导小组 143 个，成立职工自学读书小组 7491 个，完善了 24 个文体活动项目，使二级厂矿 95%成为（集团）公司级以上的文明单位，80%以上职工成为文明职工。9 月，市总工会下发《关于认真组织职工学习中共十五大会议精神的通知》，提出具体要求。16 日，组织召开了有一线职工、劳动模范、工会干部代表参加的学习座谈会。10 月 30 日，组织开展由分管宣传的工会主席、宣传干部参加的十五大知识竞赛活动。各基层工会也积极行动起来，据统计，全市有 90%左右的职工观看了中共十五大会议电视实况转播。攀钢工会举办由各厂矿工会主席、宣传干部专题理论骨干参加的培训班，共 140 多人参加了学习；市邮电局工会召开了中共十五大专题理论研讨会；仁和区工会系统把学习十五大报告作为当年工作重点抓紧抓好，除举办各种学习、培训、座谈、演讲外，还在广播电视台开设了专栏、专题播放企业改革改制宣传报道。

1998年3月18日至20日，市总工会组织攀钢、矿务局、建委、交通、邮电局和各区县16个单位16000名职工参观了全国禁毒教育巡回展览。12月1日，举办宣教干部理论培训班，有78名宣教干部参加培训。当年，市总工会组织开展以宣传中共十五大、全国九届人大、市六次党代会精神为内容的知识竞赛，吸引了广大职工群众参加。组织全市1000个班组参加1998年全国班组职工学习中共十五大报告竞赛，参加职工1万名。

1999年，深入学习邓小平理论、学习中共十五大、十五届四中全会精神，努力培育“四有”职工队伍。攀钢（集团）公司工会先后举办以学习邓小平理论、中共十五届四中全会精神、工会十三大精神和理论培训班3期，参学人员160人次；攀枝花矿务局工会组织7名演讲员，深入二级单位，用生动的演讲激励职工克服困难、努力工作，在职工中引起强烈反响。部分单位工会坚持组织职工读书、学习，用演讲、报告等多种形式，加强职工的政治思想工作。

2000年，在全市职工中掀起学习中共十五届四中、五中全会精神，落实江泽民“三个代表”重要思想的热潮。市总工会先后举办宣教文体干部培训班和《弘扬中华美德、共创世纪伟业》的职工读书演讲比赛，向省总推荐自学成才先进个人3名。各基层工会先后举办理论学习培训班50期，培训理论骨干4000余人次。9月20日，市总工会举办“弘扬中华美德共创世纪伟业”职工演讲会。

2001年，新修订的《工会法》颁布后，市总工会下发文件，召开学习座谈会，开展《工会法》宣传咨询日，举办《工会法》知识竞赛活动。同年，与市妇联、团市委联合举办攀枝花“环保世纪行”知识竞赛。

2002年，以学习宣传贯彻中共十六大精神为重点。中共十六大召开前夕，市总工会及时了解和掌握职工思想状态，收集职工对中共十六大的希望和建议。组织职工即时收听、收看中共十六大开幕式和闭幕式实况。会后市总工会发出通知，要求各级工会干部先要带头学习领会好中共十六大精神实质，并组织全体职工学习，把职工的思想统一到中共十六大精神上来。多数单位工会组建了中共十六大理论学习小组、辅导组、培训班、宣传小组。

2003年，市总工会组织全市职工参加全国总工会中共十六大精神知识竞赛系列活动，获一等奖；开展对基层工会学习宣传贯彻情况进行调查研究，并写出调研材料；组织各区县、大企业、产业分管工会的书记、工会主席和副主席、宣传部部长、办公室主任、劳模先进及工会干部参加中国工会十四大精神宣传学习贯彻会；组织基层职工观看了《中国工会第十四次代表大会新闻图片集锦》专题片。12月1日，市总工会、市劳动和社会保障局、市卫生局、市企业联合会、市企业家协会等单位联合在市中心广场开展了“职工红丝带健康行动宣传活动”。

2005年8月，由攀枝花市总工会、攀枝花市文学艺术界联合会联合编辑出版报告文学集《领跑者之歌—攀枝花劳模风采录》一书。全书30余万字，记录了100名劳模的先进事迹。12月14—18日，由市委、市政府主办，市总工会和市文联承办的首届攀西民族民间工艺品、艺术收藏品、旅游纪念品博览会在市会展中心进行。此次博览会上展出了攀枝花市女职工手工艺品10余个品种计100余件作品。

2006年8月16日，市总工会与市直机关工委联合在会展中心举办“我为创卫、创模做贡献”职工演讲比赛。11—12月，市总工会、市邮政局联合发行“献爱心、传真情”贺年有奖明信片。

2007年3月4日前后，为加强爱国主义教育，全市各单位先后组织5万余名职工参观“金色的攀枝花”展览、二滩水电站建工地、攀枝花英雄纪念碑，发挥爱国主义教育基地的作用，激励鼓舞职工爱岗敬业争创一流。攀钢、十九冶、市建委、盐边先、米易县等单位工会组织职工2300余人，编排爱国主义、职业道德文娱节目200多个。在节日期间，为职工演出13场，观众达10余万人；各大影院、职工俱乐部放映爱国主义影片20余部（次）。市直16个学校和仁和区组织2000余师生员工深入农村，走向集镇街头开展文艺演出48场，散发宣传资料13000余份，开展有奖知识竞赛1315次，参赛职工达158524人。5月26—28日，市总工会、市直机关工委在市中心广场进行“30万职工携手共建美好家园”大型宣传教育活动，活动中开展了文艺演出、园艺、汽车及职工摄影、书画展览。

2008年，市总工会下发《攀枝花市总工会关于在职工中认真学习贯彻中共十七大精神的通知》，要求通过车间、班组、学习小组、学习兴趣小组组织广大职工认真学习会议精神，教育和引导全市职工把智慧和力量凝聚到完成中共十七大确定的目标任务上来，为攀枝花经济社会发展提供强大精神动力和良好舆论宣传氛围。围绕社会主义核心价值体系建设、工人阶级主人翁地位意识等主题在广大职工中深入开展“创建学习型工会组织、造就高素质职工队伍”和“爱国、守法、诚信、知礼”等群众性精神教育活动，努力提高职工的思想道德、文化技术和职业道德素质，引导职工树立和谐理念，弘扬和谐精神，在广泛参与创建和谐社区、和谐单位、和谐园区、和谐家庭中发挥积极作用。10月15日，市总工会举办了“职工携手共创环保模范城市”演讲比赛。

2009年4月17日，市总工会、市委宣传部、市精神文明办、市直机关工委、市城市管理局联合启动了全市“30万职工齐动手、共建共享美好家园”宣传教育活动。6月18日，市总工会在中心广场开展“关爱生命、关注安全”集中宣传活动。

2010年，充分利用信息网络优势加强工会新闻宣传工作。建立工会系统新闻宣传QQ群，各新闻宣传通讯员可以随时在QQ上发布最新工作动态、反映职工思想动态，为做好职工思想稳定工作搭建了良好的平台。8月5日，市总工会组织60余名“圆梦行动”受助学子志愿者在仁和区南山循环经济发展区、东区华山工业园区、西区路北社区等企业和职工家属区集中的地方开展了为期3天的治理“四乱”大清扫、集体签名、送宣传资料到企业及文明劝导活动。

2011年，围绕“建功‘十二五’ 当好主力军”主题，在车间、班组、学习小组、学习兴趣小组中开展大学习、大讨论。在全市开展了“建功‘十二五’ 当好主力军”形势任务巡回报告会，全市各级工会组织邀请专家教授、劳模、先进职工代表深入企业举办了20场宣讲报告会，深入宣传中国共产党的辉煌历程和伟大成就，解读胡锦涛总书记“七一”讲话精神，分析“十二五”面临的形势任务，全市各机关、企事业单位的管理干部、技术骨干、一线职工、农民工等共4000余人听取了宣讲。按照省总工会要求开展“永远跟党走”图片展观后感征文比赛，共收到21篇征文，并推荐上报全总2篇；组织“学党史、思发展”读书征文活动，市总工会吴俊起获得三等奖。

2012年，深入学习贯彻中央、省、市关于深入开展学雷锋活动的要求，在全市工会系统大力开展了学雷锋活动。制订全市学雷锋活动常态化、制度化活动方案，与市委宣传部联合开展“岗位学习雷锋、携手共抗旱”活动，开展全市各县（区）、产业、企事业工会学雷锋活动情况调查，收集、整理上报了基层单位学雷锋活动经验，并推荐盐边县、米易县一批学雷锋活动先进单位和先进个人事迹，在广大职工及工会干部中广泛掀起了深入学习雷锋精神、大力弘扬雷锋精神、积极践行雷锋精神的热潮。12月19日，举办了“全市工会系统学习贯彻中共十八大精神宣讲报告会”。全市直管工会和基层工会、劳模代表、技能人才代表及市总工会干部职工共220余人参加了报告会。报告会后，各（区）县、产业、大企业工会相继开展宣讲活动23场。

2013年4月，开展“劳动我最美”职工微博大赛，对收到的500余条参赛作品进行筛选和初评，6个单位的126件作品入围，并上报省总工会宣教部。6月8日，市总工会在市中心广场开展“同创文明城，共筑中国梦”主题宣传活动。活动中，为群众发放“中国梦”主题宣传资料以及有关安全知识、职业病防治、女职工劳动保护特别规定、农民工维权等宣传手册2000余份，并对实现“中国梦”以及如何加强安全防范和怎样维护职工权益等问题进行现场咨询解答。8月23日上午，市总工会在市新工人文化宫举办国学讲座。各县（区）总工会、产业工会、大企业工会及市总机关、文化宫干部职工200余人参加讲座。11月初，市总工会开展学习贯彻中国工会十六大精神宣传板报评比活动，全市各级工会组织积极踊跃参加，共收到手工绘制的80余幅参赛作品。

第五节　调查研究

1993年，针对全市有17个基层工会撤销或合并情况，市总工会开展调查并写出《目前工会组织建设亟待解决的几个问题》的情况反映，引起全国总工会、省总工会、市委、市人大、市政府及有关部门的重视。

1994年年初，市总工会针对职工队伍思想状况，开展企业班组情况调查。根据调查中反映出的问题，提出全市各级工会组织系统要立足班组、突出特色、加强思想政治教育。9月8日，市总工会在攀钢动力厂召开全市班组思想政治工作现场经验交流暨表彰会。各企事业、县（区）、委局工会的分管主席、宣传部部长、部分班组长代表共120多人参加会议，市委常委、宣传部部长吴登昌到会祝贺并讲话。本次会议得到各级基层工会的重视和支持，共有35个班组送来了经验材料，有26个单位、班组发言交流和书面交流了工作经验，30个先进班组受到表彰，与会代表参观了动力厂空压车间的学习室和工作室以及热轧板厂生产线。为广泛地交流班组思想政治工作的经验，将部分有代表性的材料整编成《攀枝花工运》增刊，发到各基层工会。10月18日，四川省班组思想政治工作经验交流会在攀钢（集团）公司南山宾馆召开，攀钢工会和3个班组代表攀枝花市总工会在会上交流经验。

1994年，市总工会围绕改革、稳定大局，针对攀钢主辅分离、矿务局等单位改革和市汽车运输公司各车队、市橡胶厂、啤酒厂、肉联厂等14家亏损企业职工的思想动态开展调查，写出《面临游离，职工在想什么》《关于亏损企业职工思想动态的调查报告》《关于社会热点及职工思想动态》等共4期思想动态和2期工作动态，反映职工思想问题17条，并向市委、市政府和省总工会作了汇报。其中《关于亏损企业职工思想动态的调查报告》获1994年市工运理论调查报告三等奖。除此之外，还分别到攀钢、十九冶、盐边县、米易县等工会了解掌握工会宣传工作状况。

1996年，矿务局针对在市场经济发展、转型过程中求生存、求发展的情况，就职工的心态、心理倾向、企业存在问题进行调查和分析，并提出对策建议。

1997年，针对职工的思想实际，加强职工思想政治工作。全年共收集整理编发职工思想动态7期、工作简报3期，向上级部门反映了职工的思想动态和企业困难程度。撰写的《关于当前职工反映强烈的问题调查》中的部分内容被省总工会办公室信息科采用，《关于住房制度改革职工心态的反映》也得到市人大、市政协有关领导的充分肯定。

1999年，下基层了解职工的思想动态、反映职工关心的难点、热点问题，撰写《攀枝花市总工会关于新经济组织工会工作的情况调查》。写出职工思想动态6期，其中第六期被省总工会办公室和市委办公厅综合信息同时采用。为市总工会信息中心提供信息10条，为省、市有关报纸、杂志、市电台电视台送新闻稿件86篇。

2000年9月，起草下发《关于加强职工思想动态信息报送的通知》，确定职工思想政治工作联系单位，聘请职工思想政治工作信息员。深入基层调查研究，了解职工思想动态，把职工关心的热点、难点、焦点问题及时向有关部门及时汇报。先后到十九冶建研院、攀钢矿业公司、攀煤（集团）公司、十九冶大花地俱乐部和西区、东区工会等基层工会调研，举办有下岗职工、在职职工、离退休职工、工会干部、管理干部参加的座谈会20多次，写出调查报告3篇、情况反映5期。其中《关于我市女职工思想动态调查》被省总工会《女职工工作》采用，情况反映第五期《职工对西部大开发有六担心六希望》、情况反应第十期《当前影响职工队伍稳定的主要原因与分析》、情况反应第十二期《部分职工对机关作风整顿有感》被全国总工会、省政府、省总工会、市委办公厅采用。向省总工会宣传部上报信息 30 余条。同年，市总工会职工思想信息工作被省总工会评为先进单位。

2002 年，对改制企业职工思想动态、全市职业道德建设情况和工人文化宫、俱乐部文娱活动负担过重的情况开展调查研究。中共十六大召开前后，对职工的思想动态、呼声和要求进行了调查，写出情况反映，全年共写调查报告 3 篇、信息和情况反映共 9 期。通过这些调查，切实了解、掌握和反映了职工的心声和愿望，也为有关部门决策提供了依据，为工会工作创造了良好条件。尤其是向市级有关部门上报的《关于工人文化宫、俱乐部经营职工文化娱乐活动负担过重的情况调查》，引起了有关部门的高度重视。市新闻单位先后几次深入到文化宫俱乐部进行采访，市工商、地税、文化等部门主动到市总工会协商有关文化宫娱乐部活动的情况，市地税局有关领导也表示在税收问题上酌情考虑，适当放宽对群众娱乐场所的收费，维护职工队伍稳定。

2003 年，针对攀枝花市国企改制中职工反映最强烈的问题，市总工会写出《市属国有劣势企业特困职工家庭进入城市居民最低生活保障有关问题的提案》；对攀枝花市国企改革中存在的问题和部分职工思想状况开展专题调查，写出了情况反映；中共“十六大”和市“三会”召开前后，针对职工的思想动态、呼声和愿望，写出情况反映 2 篇、调研材料 1 篇报市委宣传部。

2008 年，为及时、全面、准确地了解反映职工的思想情况，市总工会每季度写出一篇职工思想动态，每月报送一篇不稳定因素排查情况，为市级维稳部门提供决策依据。为离退休职工搭建诉求沟通的平台，引导离退休职工通过正当途径和正确的方法反映愿望和要求。

2012 年，市总工会承担市委《关于开展外来务工人员融入“攀枝花百万人口大城市”面临的问题及对策建议》、省总工会《关于中国特色社会主义工会发展道路及其实践》课题调研，得到市委和省总工会的高度评价和认可。

2013 年，市总工会召开全市工会信息工作会，邀请人民网舆情管理处处长于峰对全市工会网络舆情管理员就如何处置职工队伍网络舆情，做好职工队伍稳定工作进行了讲解培训，提高了全市工会网络舆情管理员队伍工作水平。加强与市维稳办等相关部门的沟通协调，定期报送涉及职工队伍积案化解情况报告。及时接收省总工会发送的职工网络舆情周报，全年及时向省总工会反馈并妥善处置涉攀信息 5 条。

第十四章 职工文化体育建设

第一节 文化体育设施

一、文化设施

1986—2005 年，攀枝花市在原有文化设施的基础上，先后新建、改建了文化馆综合楼、攀钢文化广场、攀枝花中心广场、文化商品市场、攀枝花影城、新华书店、湖光剧场、歌舞剧团排演厅、攀枝花艺术大厦等文化设施，同时在城市旧城改造中，建设了 47 个融休闲、娱乐、体育、文化于一体的城市文化广场（含县区），总面积约 79000 平方米。其中米易县文化广场 14 个，总面积约 32000 平方米；仁和区文化广场 1 个，总面积约 10000 平方米；西区文化广场 4 个，总面积约 15000 平方米；东区文化广场 21 个，总面积约 14000 平方米；盐边县文化广场 7 个，总面积约 8000 平方米。县区有图书馆、文化馆、村文化活动室等文化设施建等 353 个。攀枝花市撤乡并镇后，44 个乡镇均建有文化站，建站率为 100%。村文化室总量 355 个，有起码活动条件的 125 个。其中西区 10 个，有起码活动条件的 10 个；东区 8 个，有起码活动条件的 8 个；盐边 165 个，有起码活动条件的 38 个；米易 88 个，有起码活动条件的 35 个；仁和区 81 个，有起码活动条件的 44 个。全市建成文化职工安居工程 304 套，建筑面积 34709 平方米。文化功能不断得以完善。2012 年，全市拥有博物馆和展览馆 2 个、剧场影剧院 4 个、文化艺术馆 50 个，其中文化站 44 个、公共图书馆 6 个。

湖光剧场　位于攀枝花市东区临江路竹湖园旁。原为话剧团排演厅，后称市川剧团排演厅。该剧场建成于 1984 年，建筑面积共 2280 平方米。1986 年移交市川剧团。1996 年 11 月 20 日，市川剧团排演厅改扩建工程向市计委上报立项申请。1997 年 5 月 27 日，市计委批复同意，前期总投入 390 万元，经费由市财政及市文化局、市川剧团自筹解决。1999 年 6 月，由攀钢冶金建筑公司承建开工，2000 年 3 月 2 日建成投入使用，总投资 580 多万元，总建筑面积为 2739 平方米，可上演各种剧目，开展中型演艺活动，设有 525 个座位。有练功房、绘影道具制作室 200 平方米，有正规的化妆间、更衣室、乐池、卫生间设施，有完备的舞台平衡锤系统。是攀枝花建市以来市内第一个正规剧场，也是攀枝花市重要的演出场所。

攀枝花影城　位于攀枝花市东区炳草岗新华街。2000 年，由市电影发行放映公司引资 2600 万元于 2002 年建成投入使用，占地面积 1082 平方米。该影城是攀西地区规模最大、配套设备最完善、装修最豪华的影视文化兼商业娱乐中心。内设 7 个放映厅，800 余个座位。其中，豪华数码电影厅 3 个、豪华影视厅 1 个、豪华自选小厅 3 个，按星级影院标准配备高靠背软椅沙发和空调，引进世界最先进 XR.D 杜比数码环绕立体声系统。

攀枝花艺术大厦　位于东区炳草岗大道，是攀枝花市歌舞剧团通过招商引资筹建的文化设施工程。由市歌舞剧团提供建设用地，市兴业房地产开发公司提供建设资金联合开发建设，2006 年，建成投入使用。占地面积 1666 平方米，总投资 3200 万元，建筑层数 16 层，总建筑面积 17446 平方米。艺术大厦第 1 层为地下停车场，第 2—5 层为商业用房，第 6—13 层为写字间，第 14—16 层为舞蹈练功房、音乐排练厅、琴房，四川省舞蹈学校攀枝花分校文化课、业务科教室、小型音乐排演厅和市歌舞剧团、四川舞蹈学校攀枝花分校的办公室、服装陈列室、舞蹈创作工作间。

市中心文化广场（大梯道）　位于炳草岗扇形中轴线上，1992 年始建，2005 年 11 月扩建竣工。由中心广场、阳光大梯道长廊和啤酒文化广场组成，总长 780 米，由南向北，依山顺势直达金沙江边，全程高差 110 米，平均坡度 15%，有 737 个阶梯和 22 个大小不等的休闲平台，构成一道独特的城市风景线。建筑面积 49784 平方米，其中中心广场总面积 6740 平方米。总投资 8000 万元。是攀枝花市首个采取 BT（建设、运营、交还）方式建设的城市基础文化设施项目——阳光大梯道商业步行街改扩建文体工程之一。市中心广场（大梯道）设有音乐喷泉、升旗台、“马踏飞燕”优秀旅游城市标，梯步两旁设有平台水帘、艺术长廊壁画、民族风情山水景物、雕塑《关爱》、碑文《攀枝花赋》。为四川省十大优秀文化广场之一。

攀钢文化广场　位于攀枝花市东区向阳村，背倚金沙江，紧靠攀钢（集团）公司机关，活动面积 2 万平方米左右。由音乐广场、攀钢俱乐部、文化楼三部分组成。音乐广场是一个建在建筑屋顶的广场，广场面积 5000 平方米。攀钢文化广场以雕塑、水、光为三大特色：雕塑着重体现“艰苦奋斗、勇攀高峰”的企业精神；根据攀西地区的气候特点，形成音乐喷泉、叠泉、涌泉等水态，特别适合攀西气候；在用光上选取了柔和、宁静、多彩的多种光源，夜晚的广场宁静、透明。俱乐部、文体楼属攀钢（集团）公司大型会议、电影放映、文艺演出的综合性剧场，可容纳 1380 人。文体楼充分利用台阶形地势，形成有三个活动平台、三大活动区的综合性多功能文体活动场所，共有文体娱乐项目、会议室 2 个、攀钢活动展厅 2 层、停车场 1 个。该广场集影剧院、文体健身、集会休闲、会议展厅于一体，为攀钢企业文化的窗口，是攀钢文化活动的中心。

二、体育设施

攀枝花市山高坡陡地不平的地形地貌特征给体育设施建设带来较大困难。20 世纪 90 年代以前，市内体育设施较少，20 世纪 90 年代后，市委、市政府重视体育设施建设。2005 年全市有体育场馆 669 个，其中东区 197 个、西区 126 个、仁和区 138 个、米易县 95 个、盐边县 113 个。进入 21 世纪，攀枝花市社区体育发展较快，社区体育休闲会所、社区健身中心、社区健身路径、社区休闲广场陆续建立，初步构成便民、利民的健身活动场所网络。特别是沿江滨江大道长廊，全长 6 公里，是市中心条件较好的休闲运动长廊。2013 年，全市基本形成体育场、体育馆、游泳池、射击场、棒垒球场、健身房等竞技体育与群众体育相对配套的体育设施。全市大型训练基地主要有：金沙滩漂流基地、米易国家皮划艇急流回旋竞训基地、攀枝花国家射击射箭竞训基地、攀枝花国家级手曲棒垒球竞训基地、四川省体育运动学院红格竞训基地等。市级主要场馆有：市体育场、市体育馆、市游泳场、攀钢文体楼等。

市体育场　位于市中心攀枝花大道东段，1971 年投资 220 万元建设，1982 年建成投入使用。1984 年增设配套灯光设备和观众席，成为攀枝花市大型体育场。2002 年 7 月，投资 5860 万元，完成改扩建。占地 1.38 公顷，设双层看台，有观众席 2.35 万个。该体育场设施齐备，体育建筑达Ⅱ级标准，能满足省、市运动会和国内单项体育比赛需要。

市体育馆　位于市中心攀枝花大道东段攀枝花公园与市体育场之间，1993 年 11 月开工设施，1995 年建成投入使用，投资 6588 万元。占地 13.07 万平方米，建筑面积 1.2 万平方米，设座位 4312 个。

米易国家级皮划艇竞训基地　位于米易县城北新区，按世界一流标准竞训基地设计建设。2004 年 4 月 16 日，主体工程动工建设，2005 年 1 月 18 日，建成投入使用。总投资 2500 万元，占地 13.34 公顷。2004 年 6 月，被确定为 2008 年北京奥运会指定训练场地，同时被国家体育总局确定为皮划艇激流回旋冬训基地，为中国唯一的皮划艇冬训基地。

四川省运动技术学院红格训练基地　四川省运动技术学院攀枝花红格训练基地位于盐边县红格镇，是国家和省级运动员冬季训练基地。竞训基地规划建设占地 245 亩，由四川省运动技术学院计划投资 1.996 亿元修建，实际投资可达 3 亿元。2013 年 11 月底，工程基本完工。建筑总面积 34578.8 平方米，其中训练馆 15026.2 平方米、运动员公寓和配套设施（教学、食堂、康复中心）19552.6 平方米，运动员公寓设施分别按照五星级或四星级酒店的标准进行设计修建。设有五大室内场馆（篮球、排球、游泳、高位跳水、重竞技），有室外各类运动场地 10 个，可满足沙滩排球、田径、棒球、垒球、曲棍球、足球等 17 个项目的运动员进行冬季训练，最多时可以接待 720 位运动员同时训练。

第二节　文化体育团体

一、文化团体

（一）专业文艺团体

2005 年，市内专业文化团体主要有市总工会阳光合唱团、攀枝花市歌舞剧团（交响乐团）、市话剧团、市京剧团、市川剧团、攀钢艺术团。实行文化体制改革后，2013 年，市内专业文化团体主要有市总工会阳光合唱团、攀钢艺术团、市艺术剧院。

市总工会阳光合唱团 成立于2004年10月，由全市各行各业在岗职工、离退休职工和民营企业员工100余人组成，市总工会提供活动场地约200平方米。自合唱团成立以来，团员们利用节假日和休息时间，排练了许多中外经典合唱、重唱曲目，经过专家的指导和团员们的勤学苦练，合唱团有了较高的演唱水准。2004—2007年，共参加各类节庆及重大活动演出12场次，2008年因活动场地改成老年活动中心后中止。2013年9月，市总工会新成立了市职工艺术团，由长驻演员120余人、各基层工会文艺骨干组成。

攀枝花市歌舞剧团（交响乐团） 成立于1966年3月，始称战鼓文工团，后更名为“渡口市毛泽东思想文艺宣传队”“攀枝花市歌舞团”等。市歌舞剧团成立之初由四川省歌舞剧团、成都市歌舞剧团、四川省人民艺术团、成都市川剧团、四川音乐学院附中、四川美术学院附中、四川省曲艺团抽调53人组成。该团是攀枝花市最早成立的专业艺术表演团体。1999年1月，市歌舞团与市话剧团合并更名为攀枝花市歌舞剧团。2001年10月，在攀枝花市歌舞剧团乐队基础上增加人员编制和经费，挂牌成立攀枝花交响乐团，攀枝花市歌舞剧团加挂攀枝花交响乐团牌子。乐团为单管编制，是四川省地市级城市唯一的交响乐团。1991年，市歌舞剧团曾被文化部、人事部评为“全国文化工作先进集体”。

市话剧团 1975年3月，四川省“五七”艺校话剧班应届毕业生29人被分配到渡口市文艺宣传队，成立了话剧队。1977年5月，文艺宣传队撤销，成立市话剧团。该团为培养话剧演员的基本技艺和排演大型剧目的需要，从建团至1985年年底，曾16次派出各类人员近30余人次赴北京、上海、南京、成都等地的前线话剧团、中央戏剧学院、上海人民艺术剧院、上海戏剧学院、省人艺、成都市话剧团等地观摩学习。1999年市话剧团并入市歌舞剧团。

市京剧团 1974年4月，渡口市文艺宣传队成立京剧筹备组。1975年4月成立京剧队。10月省“五七”艺校京剧班毕业生80人和2名教师调入渡口市京剧队。11月正式建立渡口市京剧团。1980年10月，经省文化厅同意，将雅安京剧团成建制并入市京剧团。市京剧团曾多次在全国、省、市比赛中获奖，2001年被文化部、人事部评为“全国文化工作先进集体”。

市川剧团 成立于1984年7月。市川剧团成立初，直接从四川省川剧学校1984级毕业生中引进73名学员组建剧团。1985年，相继从米易、资中、邛崃、泸州等地引进或调入专业艺术人员36人，基本完善剧团编制。1995年4月，被文化部、人事部评为“全国文化工作先进集体”。

攀钢艺术团 成立于1985年，是市内唯一的企业专业文艺团体，演职人员40余名都来自艺术院校。1992年10月，该团在“四川省首届思丽丝杯舞蹈新作大赛”中，分别获表演二、三等奖和创作优秀奖。2004年，庆祝中人民共和国成立55周年期间，攀钢艺术团应中国文联、中华全国总工会、国资委、中央电视台的邀请，在北京人民大会堂参加“共铸辉煌——2004 全国产业（企业）文艺展演”获得成功。12月，该团编创演的“攀钢庆祝建国五十五周年大型文艺晚会”，送北京参加由中国文联、中华全国总工会、国资委、中央电视台举办的2004年全国产业（企业）文艺展演获铜奖。

（二）业余文艺团体

2013年，市内有东区艺术团、西区艺术团、红叶艺术团、盐边县老年艺术团、格萨拉艺术团、盐边县电声乐队、星海民族乐团等业余艺术团体和市文化馆艺术学校、东区业余艺术学校、西区业余艺术学校。

东区艺术团 成立于2000年5月，是东区文体局指导下的群众性业余文艺团体。该艺术团有演职人员40名，多次参加省、市各种比赛和参与区政府和文体局举办的大型公益性文艺活动和群众文化活动。东区政府每年拨款8万元，添置一定的音响器材，不断完善艺术团的设备设施。

西区艺术团 2004年3月21日，西区艺术团成立。艺术团的成员主要来自市建校、市十中、区一幼、攀煤、攀钢、电力、渡口水泥厂及各街办社区等。下设音乐队、舞蹈队和腰鼓队。艺术团自创戏剧曲艺作品如：三句半《蛋嫂》、锣鼓快板《一颗明珠攀枝花》、快板小品《她夸她的他》（获省创作一等奖）、戏伴舞《特别西区最惹眼》、四川车灯《攀枝花开红艳艳》、歌剧小品《金沙滩》、话剧小品《交警与司机》和相声《出恭》受到观众喜爱。

红叶艺术团　1994 年 3 月，由攀钢退休职工文艺爱好者自愿组成。至 2000 年在厂矿、军营、社区以及成都、西昌、会理等地演出歌舞 80 余场，先后获全省“社保杯”文艺会演特别奖、全省“森永杯”文艺比赛一等奖。

盐边县老年艺术团　2005 年年初，盐边县老年艺术团成立，有演职人员 73 人，下设民乐队、歌咏队、舞蹈队、杂艺队、后勤队。该团挂靠县文化馆，由县文化馆、县文联音乐舞蹈家协会负责业务指导。老年艺术团先后自创、自编、自演舞蹈、小品、京剧折子戏、相声、武术、魔术等节目 80 余个。创作有《盐边好》《欢迎您到盐边来》《雅砻江边新盐边》《盐边美食顶呱呱》等 10 余个独具盐边特色的舞蹈歌曲节目。

格萨拉艺术团　2004 年，盐边县岩口乡在该乡原民族表演队的基础上，配合百里生态长廊和格萨拉景区旅游开发，乡党委、政府抽调村社彝族、纳西族青年男女 40 余人组建格萨拉艺术团，开展“说本土话、唱民族歌、演身边事、跳自编舞”的文艺演出活动。创编小型互动文艺节目，举办民族服饰展、篝火锅庄晚会、比摩仪式表演等具有本地特色的节目演出，创作的《盛开的索玛花》《岩口，我可爱的家乡》《九道竹林》《彝家酒歌联唱》等节目深受群众和游客喜爱，同年，演出 120 余场。先后参加“笮山锅庄”集体舞光碟外景拍摄、“笮山锅庄”广场表演、“生态旅游节”“盐边宣传周”等市县重大文艺活动演出。其中原生态 8 人组合《美丽的格萨拉》参加省、市的文艺演出。

二、体育团体

市内体育训练团体除各大中小学和企业短期性的体育训练团体以外，主要是市体育中学。1975 年，创建渡口市青少年业余体校。1982 年，市政府批准成立“文化教育、体育训练、住宿生活”三“集中”的体育初级中学。1988 年，增设高中班。1990 年，省体委、省教委、省计经委和省体育运动学校同意在该校开设“四川省体育运动攀枝花分班”。2005 年，该校学生达 300 余人。学校多次被国家体育总局评为“业余训练先进单位”，2000 年被命名为“第二批全国体育人才基地”，2005 年被国家体育局命名为“高水平体育后备人才基地”。

第三节　文化体育活动

一、职工文化活动

1989—2013 年，市总工会充分利用文化宫、职工俱乐部等宣传阵地，发挥工会组织的特殊作用，积极开展书法、绘画、摄影等丰富多彩、灵活简便、趣味高雅的文化娱乐活动，丰富和活跃广大职工的业余生活。在重大节日里积极组织各基层工会举办文艺会演、灯谜、歌舞晚会等形式多样的庆祝活动，推进了基层精神文明建设的发展。

1989 年 5 月 3 日，市委、市人大、市政府、市政协及市总工会领导代表省政府向攀枝花市劳模、先进单位、集体代表颁发了奖品和证书，同时举行了庆“五一”劳动节联欢会，晚上举行了专场舞会。9 月 15—27 日，市总工会与市文化局联合举办攀枝花市第二届职工文艺会演，10 个代表队进行了 9 场演出。9 月 26 日晚，市总工会与市妇联、市民政局、团市委联合举办了文明家庭“三热爱”国庆文艺晚会。12 月，与市教育局联合举办了全市首届“园丁杯”书法联赛展。

1990年春节前夕，市总工会举办迎春座谈会和春节联欢会，攀枝花市各部、委、局、办、军分区、武警支队等单位负责人参加联欢会。

1991年4月21—29日，市总工会举办了攀枝花市首届职工曲艺、戏剧小品大赛。5月18日，为迎接省首届服装节，市总工会、市计经委在文化宫联合举办了全市首次时装表演。

1992年5月1日—8日，市总工会主办了以“热爱党、热爱祖国、热爱社会主义、弘扬攀枝花工人阶级主人翁精神”为主题，“繁荣文化、提高素质、锻炼队伍、团结奋进”为宗旨的首届“职工文化节”。攀钢、攀矿、十九冶、矿务局、市城乡建委、交通局、邮电局、市总工会东区办事处等基层工会积极协办。“文化节”期间，全市举办各层次职工文艺会演18场、节目270多个，观众上万人次，开展美术、书法、摄影、集邮展览40多场。

1993年，结合纪念毛泽东诞辰100周年，市总工会在全市组织开展了145场文艺会演活动，编演节目295个，登台演出者2万人次。举办各种展览147场，展出作品3500多件。

1994年“三八”妇女节前夕，市总工会举办全市女职工迪斯科健身操（舞）比赛，来自12个单位的15个代表队参加了比赛，攀钢（集团）矿业公司代表队、十九冶代表队、建委代表队获得一等奖。1995年年初，围绕市庆30周年，市总工会下发《以三十年大庆为契机，加大爱国主义教育力度》的通知，要求各级工会配合有关部门做好市庆30年筹备工作，以多种形式对职工进行爱国、爱党、爱攀枝花的教育。各级工会配合党政为市庆30年排演文娱节目200多个，参加演出12场，演出人员2300多人，观众达10万余人，既丰富了市庆活动，又进行了攀枝花精神的教育。3月6日，近500名女职工汇集市中心广场，以大型文艺演出、商品促销等活动拉开了全市女职工“纪念三八妇女节、迎世界妇女大会、庆建市30周年”系列活动的帷幕。攀钢、十九冶、建委、机械电子局、电业局的女职工们演出了《火红的攀枝花》《焊花飘洒》《小辣椒》《渔舟唱晚》《冶建魂》等具有强烈时代感和艰苦创业精神的14个文艺节目；市邮电局、仁和区、市师范学校的师生们跳起了欢快的“达踢舞”，把纪念活动推向了高潮。9月3日，市总工会与市委宣传部、市文化局、市体委、团市委、市妇联、市群艺馆、市歌舞剧团联合承办“纪念抗日战争、世界反法西斯胜利50周年暨攀枝花音乐会”在市体育馆演出，近1000人参加歌咏表演等节目。

1996年，是全国第三届工人运动会举办年。为全面贯彻落实全民健身计划纲要，掀起全民健身热潮，增强职工健身意识，市总工会先后举办了系列大型活动：3月4日，组织来自基层11个代表队、500余名职工开展纪念“三八”妇女节秧歌大赛，上万名职工观看；5月1日上午10时，组织全市职工在攀收看了在北京天安门广场隆重举行的第三届全国工运会开幕典礼；与此同时，举办了全市职工庆“五一”迎“三届工运会”软、硬笔现场书法比赛，21个代表队90多名队员参赛。9月27日晚，举行庆祝中人民共和国成立47周年、纪念红军长征胜利60周年歌咏比赛，攀钢、十九冶、矿务局、建委、交通、财贸、电力、卫生、教育等系统工会的11支代表队共750名演唱者一展歌喉，《这里得天独厚》《四渡赤水出奇兵》《告别》等歌曲气势恢宏，使长达3个小时的演唱会气氛热烈激昂，充满了对攀枝花和红军长征壮举的敬仰和献身祖国现代化建设事业的满腔激情。

1997年，为丰富职工文化生活促进精神文明建设，元旦前夕，市总工会举办全市职工迎春卡拉OK赛，来自20个单位的44名优秀歌手经过层层选拔和激烈的角逐，最终邮电局工会徐格勤演唱的《北京的桥》、十九冶公司工会王晓波演唱的《沁园春雪》、攀钢（集团）公司工会田莉娜演唱的《小背篓》、市教育工会万丹演唱的《公仆赞》获得一等奖，甄梅等7名选手获得二等奖，关学忠等12名选手获得三等奖。结合迎接香港回归，突出爱国主义主题，市总工会动员基层工会的力量，组织开展了系列文艺会演。4月12—17日，组织6600余名职工在攀参观香港历史与发展大型展览。4月25日，在市邮电局举办首届“全市专职工会干部卡拉OK赛，21个单位的46名歌手参赛，十九冶工会魏齐明、杨友和，攀钢工会丁涛、刘健民，建委工会赵洪余5位选手获得一等奖；矿务局工会王雪鸾、文化局工会曾德君等10位选手获得二等奖；邮电局工会刘光林、西区总工会王平等20位选手获得三等奖。4月27日，组织“庆五一、迎回归”职工专场文娱会演。4月29日，市总工会组织全市各条战线的劳模近70人开展了一次别开生面的庆“五一”活动。活动由参观攀钢（集团）公司冷轧板厂冷轧生产的工艺流程、工人文化宫新建成的游乐场游园、观看文艺演出等项目组成。市工人文化宫、矿务局、十九冶、建委、电业系统等单位还为攀枝花艺术节演出节目250个左右，市总工会获艺术节组织奖。6月26—28日晚，举办迎香港回归文艺晚会，组织市建委、攀钢（集团）公司、东区总工会、市卫生局、市邮电局、市电业局工会编排了大型歌舞《春天的故事》《一九九七我走近你》等文娱节目50多个，参演职工达1000多人，观众有30000人之多。各级基层工会也纷纷开展庆祝活动，仁和区总工会举行第五届职工文艺会演，参演职工1000余人，演出节目50多个；攀钢、建委、卫生局、电业局、交通局、东区总工会、西区总工会等单位分别举行书画展、文艺演出等活动；矿务局举行火炬接力跑、大型舞会等。据统计，全年全市工会系统开展各种文体活动100多个项目，参加职工30%以上。

1998年1月5—16日，市总工会与市京剧团组成新年慰问团，到攀钢、十九冶、交通、601地质队、电力系统、东区、西区等10个较为边远、困难的地区和企业进行慰问演出。演出的小品、歌曲、京剧等具有文明健康、思想性强的特点，既符合职工的口味，又反映了时代的要求和改革的形势。春节前，电业局工会组织的100人艺术团不辞辛劳到云南华坪、永仁等地进行慰问演出；市职工业余艺术团于大年初二为职工表演了舞蹈、戏曲等节目；攀钢（集团）公司职工艺术团、矿业公司、选钛厂、选矿厂等单位组织4场文娱节目，于大年初二在中心广场为市民演出；春节期间，攀枝花矿务局举办了秧歌、龙灯、“宝鼎之春”文艺晚会；还有部分单位组织了电影周、游园、卡拉OK舞会等，增添了节日气氛。“五一”节前，攀钢（集团）公司举办庆“五一”职工舞蹈比赛，18个单位43个节目参加演出，选出24个舞蹈参加决赛，矿业公司演出的《牛背的摇篮》《蒙古人》等5个舞蹈荣获一等奖。5月1日，市总工会在市工人文化宫举办以宣传中共十五大、全国九届人大、攀枝花市第六次党代会精神为主要内容的首次大型有奖游园活动，设有摸福、吹蜡烛、踢球等7个活动项目，吸引近万名职工和职工家属参加。各级工会分别组织了形式新颖、内容丰富的文体娱乐活动。

1999年，为庆祝中人民共和国成立50周年、澳门回归，市总工会组织职工开展了系列活动。元旦、春节期间，市总工会与市京剧团合作编排了以宣传下岗职工再就业、职工职业道德教育、精神文明建设等为主要内容的综合性戏剧，分别到10个较为边远的困难企业进行慰问演出。2月18日，市总工会组织由攀钢、矿务局、十九冶等大企业职工350余人组成的龙灯、狮子、高跷、秧歌舞蹈队，向全市人民大拜年。征集全市数百名职工业余摄影爱好者摄影作品649件，从中精选出122幅佳作，于9月28日在市工人文化宫展出，其中《攀枝花建设》《攀枝花风情》《模范人物风采》《企业文化》《职工生活》《温暖送万家》等作品全面真实地展示了攀枝花建市34年的光辉历程和各条战线取得的伟大成就，也反映了全市职工热爱攀枝花，热爱艺术的精神风貌，展出共11天，有9100人次观看。与此同时，攀钢（集团）公司工会、攀枝花发电公司工会、市交通局工会也相继举办了美术、书法、摄影艺术展，共展出作品550幅，为建国50周年庆祝活动拉开了序幕。10月1—15日，由市总工会牵头，攀钢、十九冶、仁和区、市建委、市直机关等8个基层工会共同组织的职工游园活动和趣味体育比赛在市工人文化宫举行，有猜谜、吹蜡烛、投标、摸福等数十个活动项目，吸引了1000余名职工及家属参与活动。十九冶、矿务局、建委、交通、邮电系统和三区两县工会也分别举办了形式新颖、参与面广的文化体育活动。据不完全统计，全市工会系统共100多个项目，职工参与面为50%左右，为节日增添了欢乐、喜庆、祥和的气氛中。

1999年12月31日晚，为迎接21世纪的到来，由市总工会承办、攀钢（集团）公司、十九冶组织的五条龙灯、一对狮子舞，分别在市政府门前、工人文化宫门前开始表演。晚上 10 点钟，攀钢、十九冶的狮龙舞队在中心广场汇合，摆出精彩造型“2000”，象征中国这条巨龙腾飞，预示祖国无限美好的未来。2000 年 1 月 17—31 日，市总工会、市歌舞团组织演出小分队，先后到攀钢（集团）公司、十九冶、矿务局等 11 个企业的生产一线进行慰问演出，共演出 11 场，数万名职工观看，深得广大职工的好评。2 月 5 日，市总工会在工人文化宫举办新春趣味游园活动。2 月 6 日，市总工会组织传统民间艺术包括舞龙灯、舞狮子、秧歌等在市中心广场，向全市人民拜年，欢庆 21 世纪第一个龙年春节。在其后的几个月中，市总工会还开展了职工业余书画现场比赛、职工业余歌手大赛等。各基层工会也先后举办了形式新颖、健康向上的活动。攀钢组织职工开展现场书法表演赛、摄影展览、迎新千年文艺晚会；十九冶工会将 12 月 20 日至 1 月 20 日定为“宣传澳门回归、庆新千年活动月”；市建委工会组织工会干部登山赛，60 余名工会干部踊跃参赛。9 月 14 日，市总工会在武警支队礼堂举行全市职工业余歌手大赛。比赛按通俗、民族、美声唱法进行分组，来自县（区）、产业工会的 70 多名职工业余歌手用饱满的热情和嘹亮动听的歌声，充分展现了全市职工良好的精神风貌和丰富多彩的文化生活。通过角逐，攀钢李玉琳、市建委杨勇、攀枝花发电公司徐庆龙、十九冶魏齐明、攀钢田莉娜分获各组第一名。10 月 1 日，市总工会在市工人文化宫主楼大厅举行庆国庆职工业余书画现场比赛，有 15 名业余书画爱好者参加现场书画展示，书画爱好者的即兴书画获得观众好评。

2001 年春节，全市各级工会积极组织职工开展健康向上、丰富多彩的庆祝活动。自 2000 年起，攀钢组织开展了职工迎新春文艺会演、职工趣味体育比赛、篮球赛、焰火晚会等；同时，攀煤（集团）公司也以“喜迎新世纪、高歌庆新春”为主题组织开展了迎春文艺会演、焰火晚会。2001 年 1 月 25 日，市总工会在中心广场组织开展了喜迎新春向全市人民拜年活动；正月十五，市总工会与市体委、市直机关工委联合举办迎新春桥牌比赛和市直机关职工喜迎新春趣味体育比赛活动，市属各单位职工近 800 人报名参加。“七一”前夕，为隆重纪念中国共产党成立 80 周年，唱响歌颂中国共产党好、歌颂社会主义好和改革开放好的主旋律，激发职工的爱国热情，鼓舞职工建设社会主义现代化的士气，市总工会举行了庆祝建党 80 周年系列活动。由攀钢、攀煤、十九冶、市直机关、市交通局、市卫生局、市建委、市移动通信公司等单位的百余名职工组成的职工文艺调演队分别于 6 月 25 日、29 日在攀钢俱乐部和会展中心大会堂献上了自编自演的精彩文艺节目，赢得了观众热烈的掌声和喝彩。与此同时，由市总工会、市文联、攀枝花日报社、攀枝花有线电视台、市群众艺术馆、市硬笔书法家协会和鑫苑工艺美术制品厂等单位在市群众艺术馆联合举办“石言轩杯”庆祝建党 80 周年硬笔书法大展，共展出优秀作品 130 余件，是历届书法比赛中规模最大、参赛人数最多、书法质量最高的一次。

2002 年，为弘扬先进企业文化，宣传企业精神，展现行业风貌，5 月 30 日市总工会与市文联在攀钢俱乐部举办攀枝花市首届企业（行业）歌曲大赛，共有 8 支参赛队伍，各参赛队单位党政工领导都十分重视和支持，调选演唱人员，积极组队，还选派指挥员参加市里的培训，党政工领导亲自为厂歌和行歌作词作曲、指挥。经过评委严格打分，市水务集团公司以《攀枝花市水务集团有限公司之歌》和《祖国颂》获得大赛一等奖，攀钢（集团）煤化工公司代表队、攀煤（集团）公司代表队、攀钢（集团）公司热轧板厂代表队获比赛二等奖，其余参赛队获三等奖。

2003 年，为迎接新年的到来，1 月 20—25 日，由市总工会、市文化局牵头，泰隆公司出资组织专业文艺团体到各区县企业一线进行 10 场慰问演出，形成 “红红火火奔小康、喜气洋洋迎新年”的浓厚热烈场面。2 月 2 日，组织龙灯、高跷、秧歌、长绸舞、健身球等表演队伍，600 多名队员向全市人民展现了工人阶级的风采。攀煤虬龙队、攀钢女子龙表演博得众多观众的喝彩，十九冶现代健身秧歌、攀煤东北秧歌表演风情浓郁、饶有趣味，攀钢高跷队迎来了热烈的掌声和欢呼声，仁和区献上的板凳龙表演更别具一格，中老年长绸队、健身球队迈着整齐的步伐向市民拜年，精彩的演出持续了 1 个多小时。

2004 年 1 月 23 日，市总工会组织基层职工队伍在市新华街通过表演狮子舞、秧歌等民间传统文化节目向全市人民拜年。4 月 27 日—5 月 30 日，市总工会分别在市中心广场、会展中心、盐边县城、攀煤公司等地举办“五一”劳模摄影作品巡展，共展出 72 件作品；在攀枝花会展中心报告厅举办了职工文艺演出，深受职工欢迎。

2005 年，在新春佳节即将来临之际，市总工会阳光合唱团和市交响乐团于 1 月 10 日在市歌舞团演出厅联合举办欢庆新春暨阳光合唱团建团一周年音乐晚会，合唱团采用混声、无伴奏、合唱等形式，演唱了《长江之歌》《远方的客人请你留下来》《相聚在攀枝花盛开的地方》《祖国，永远祝福你》等歌颂党、歌颂祖国、歌颂美好生活的群众喜闻乐见、雅俗共赏的中外经典歌曲，精彩的演唱博得观众阵阵掌声。同年，市总工会阳光合唱团参加全市职工文艺调演、市人大组织的“环保世纪行”文艺晚会和海啸赈灾义演等大型演出活动，受到了观众和专家的普遍好评，获得了良好的社会反响。为迎接省冬季旅游发展大会在攀枝花市召开，并为创建中国优秀旅游城市营造良好文化氛围，5 月 20 日，市总工会与市委宣传部联合举办攀枝花市企业（行业）歌曲演唱大赛，11 个企业（行业）、1000 余名职工参加比赛。攀钢（集团）公司代表队演唱的《英雄攀钢》和第十九冶金建设公司代表队演唱的《我们是冶金建设的尖兵》获得了比赛一等奖。

2006 年“五一”节，各级工会围绕“唱响劳动赞歌、建功‘十一五’、和谐奔小康”主题开展系列活动。市总工会阳光合唱团举办了庆新春音乐专场晚会；攀钢集团工会举行庆“五一”文艺晚会；盐边县总工会举办迎庆“五一”窄山锅庄比赛，弘扬地方传统文化；其他各区县总工会和产业工会也因地制宜，举办小型多样的文体活动；新组建工会的攀枝花钒钛产业园区管委会与金江镇在金江火车站广场举行文艺演出，载歌载舞欢庆“五一”和宣传“八荣八耻”荣辱观。

2007 年 5 月 26—28 日，市总工会、市直机关工委在中心广场隆重举行“30 万职工携手共建美好家园”大型宣传教育活动，组织开展了 3 场职工文艺会演和由 1000 盆（株）园艺、50 台汽车、100 名职工参加的摄影书画、家庭才艺以及高品质人居环境、“创卫”宣传等展览。

2008 年，春节期间继续在中心广场组织“迎新春职工民间文娱表演”活动。6 月，市总工会在职工中开展“三十万职工携手共创环保模范城市”摄影比赛活动，有 100 余个基层单位报送摄影作品 2000 多幅，从中精选出 200 多幅作品，制作成精美展板在中心广场、厂矿、人群集中的地方进行巡回展出，观众达 10000 余人次。11 月 26 日，组队参加了四川省第十五届职工网球比赛。12 月 12 日，组队参加了纪念改革开放 30 周年四川省职工书法绘画比赛。

2009 年年初，举行了“迎新春职工民间文娱表演暨趣味游园”活动。9 月 25 日，市总工会与市委宣传部、市精神文明办共同举办了祖国颂暨攀枝花市第二届厂（行）歌大赛。9 月 28 日，市总工会机关举行了庆祝中人民共和国成立 60 周年“红歌大家唱”文艺演出。

2011 年，为迎庆建党 90 周年，唱响“爱党、爱国、爱社会主义”的时代主旋律，6 月 25 日晚市总工会主办了“颂歌飞扬 90 年”——全市职工庆祝建党 90 周年红歌比赛，来自全市各行各业的 13 支参赛代表队 1300 多名职工身着整齐的演出服，敞开心扉，释放激情，用歌声来庆祝党的九十岁华诞。《跟着共产党走》《四渡赤水出奇兵》《祖国万岁》《红旗飘飘》等经典曲目被一一唱响，经评委现场打分，评出一、二、三等奖和优秀奖获奖单位，并现场颁奖。

2012 年元旦，市总工会与团市委、市妇联共同筹办元旦游园活动。活动分为“龙年迎春”“十七届六中全会”“阳光花城”等 7 大板块和 16 个具有知识性、趣味性和参与性的活动。5—6 月，开展企业和职工文化原创优秀文艺作品征集评选活动。共收到各类优秀职工原创文艺作品近 50 件，评出歌曲、舞蹈和综艺三个类别一、二、三等奖各一名及入围奖 5—10 名。

2013 年 2 月 11 日上午，为庆祝春节的到来，由市总工会承办的“画蛇添福闹新春”民俗表演及游园活动在炳草岗大街和中心广场举行。舞龙、舞狮、腰鼓、秧歌等 10 支民俗表演队分别从市政府和温州商城向中心广场相向前进，16 个具有趣味性、知识性的游园项目在中心广场火热进行，“城乡环境综合治理知识问答”“心灵相通”“运沙包投篮”“木棒赶足球”等项目深受欢迎。4 月 25 日，市工人文化宫在东区举办 2013 年第一期职工排舞培训。东区辖区内的各企业、学校、街办及机关单位的 100 余名文体辅导员参加了培训。全年，在市辖三区两县、钒钛园区共举办了七期排舞培训。

5 月 29 日晚，市总工会举办《金沙情·中国梦·劳动美》专场文艺晚会共有 12 个单位的 200 余名演职人员参与，千余人观看了精彩的演出。其中:《创业之歌》再现了攀枝花艰难的创业历程;《沸腾的矿山没有夜晚》用轻快的小夜曲展现了煤矿工人劳动一天后场景；舞蹈《水舞金沙》讲述了滴滴水珠滋润生命的故事；戏歌《花之咏》花团锦簇、精彩纷呈，令观众目不暇接；武术《怒放的生命》激情四射，寓意着具有蓬勃生机、欣欣向荣的新工人文化宫。晚会在由市总工会在全市征集的主题歌曲——《劳动花开咱心中》的歌声中落下帷幕。整台晚会以歌舞、相声、武术、戏曲、音诗画等多种表演形式突出体现了“中国梦·劳动美”的主题，充满了昂扬向上的正能量，具有较高的艺术水准和鲜明的攀枝花特色。5 月 30 日晚，由市总工会和四川省人民艺术剧院主办的“庆中秋佳节·送职工文化”活动——话剧《第 29 棵树》在攀枝花学院大礼堂演出。1000 余名职工免费观看了这场话剧。同年，市总工会编印了反映了攀枝花市工运事业 50 年来的成果和发展变化、展示工人阶级时代风采的画册《阳光路上》。

二、职工体育活动

1989—2013 年，市总工会根据攀枝花市地处偏远、交通不便、文化生活匮乏、城市居住区分散等特点，按照“搞活基层、活动重心下移”的原则，重点指导基层工会组织本单位或与邻近单位联办各种球类、棋类、大众趣味文体活动。丰富了地处偏僻、生活枯燥职工的文化生活，稳定了职工队伍。在基层工会开展文体活动的基础上，市总工会结合形势的需要和职工群众的愿望，又针对性地开展了全市性的大型文体活动。

1989 年 4 月 30 日，市总工会举行了庆祝“五一”职工首届拔河比赛。10 月 8 日，与市劳动局举办“重阳节”钓鱼比赛，共有 7 个单位组队 22 人参赛，十九冶、米易县、建环委代表队分别获得比赛团体前三名。

1990 年 1 月 1 日，市总工会与市体委、市妇联、团市委等单位联合举办了全市群众元旦越野赛跑。3 月 8—18 日，市总工会举办第六届职工篮球赛，全市各企业、事业单位 15 支男队、9 支女队参加比赛。

1991 年 1 月 1 日，矿务局工会举办第 14 届职工元旦越野赛。4 月 28 日，为庆祝“五一”国际劳动节，推进全民健身计划的落实，市总工会与市体委举办了全市职工第七套广播体操比赛。4 月 30 日，市总工会举办了市第二届职工拔河比赛。10 月 24—26 日，攀钢第四届职工运动会在攀钢职教中心举行。

1992 年 1 月 1 日，市总工会与市体委联合举办了全市元旦越野赛。5 月 1—8 日，市总工会主办了首届“职工文化节”。“文化节”期间，全市举办各层次篮球赛 480 场，美术、书法、摄影、集邮展览 40 多次，演讲赛 140 多场，还开展了象棋、围棋、桥牌等多种比赛活动。7 月 10—19 日，市总工会、市体委、市桥牌协会联合举办 1992 年攀枝花桥牌等级赛，全市 32 支代表队参赛。

1994 年，市总工会把职工文体工作从宣传部交由市工人文化宫具体主抓。11 月，组织男篮 6 个队、女篮 5 个队，参加攀枝花市第八届职工篮球赛，市建行男篮队、米易糖厂女篮队获第一名。

1996 年，攀钢、矿务局、十九冶、市交通局、市建委、仁和区、市卫生局等 20 多个单位相继开展了篮球、乒乓球、桥牌、棋类、扑克等 35 个丰富多彩的文体活动，参与职工近 25 万人次。其中矿务局开展了“百日锻炼庆‘三运’、为国健身做贡献”和拔河、排球等活动，参与职工达 10 万余人次；攀钢集团公司工会组织的篮球、棋牌、广播操、长跑、气功武术等活动也深受群众欢迎；十九冶工会除组织 30 多人的艺术团巡回到车间、工地和工人们联欢外，还开展了趣味健身活动，如老鼠搬家、运球赶猪赛跑及团结齐步赛等活动。

1997年5月，市总工会与市体委联合举办手足操培训班，60多名职工参加学习。6月28日，市总工会与市体委、市旅游局、市汇金工贸公司在仁和区白娜姑度假村联合举办了攀枝花市首届龙舟比赛活动。

1998年，组织开展多种文化体育活动，寓教育于活动之中。4月24日，市总工会与市体委联合举办第八套广播操比赛，9个单位代表队的400多名队员参赛，攀钢矿业公司选矿厂、金沙水泥有限公司获得一等奖，仁和区工会、攀钢矿业公司动力厂、公交公司获得二等奖。为全市培训了300多名广播操运动员，为全民健身活动起到了推动作用。各基层工会也纷纷开展广播操比赛，西区总工会、市邮电局工会、仁和区总工会分别组织了第八套广播体操和健身操比赛；市教育工会直属学校开展了教职工排球赛；市电业局工会承办了攀西地区电力职工男子篮球邀请赛，还有部分单位组织了游园、卡拉OK、乒乓球、拔河、扑克等活动，活跃了全市职工生活。4月30日，市总工会与市体委在仁和区白娜姑度假村举办了第二届龙舟赛和职工桥牌赛。9月15日，市总工会举办“我与再就业”职工读书演讲会。10月23日，为庆祝“九九”重阳节，丰富离退休职工精神文化生活，市总工会于在仁和举行全市离退休职工钓鱼比赛，共有15个单位、16支代表队、48名队员参加。本次比赛离退休职工热情高、积极踊跃，参加者有76岁高龄的离休老同志，年龄最小的也有60岁。经过紧张激烈的角逐，由市直机关获得团体钓鱼总重量奖第一名，攀钢（集团）公司获得第二名，市邮电局获得第三名；由市直机关代表队杨吉章、仁和区代表队温成福获个人钓鱼总重量一等奖，东区代表队陈光吉、攀钢代表队段国平、十九冶代表队曾学荣获二等奖，殷协云、王勤、肖保华、陈明淑、马建忠获三等奖。此外，各级工会组织结合企业实际，广泛开展了形式多样、项目新颖的文化体育活动，使职工们通过活动陶冶情操。12月30日，市总工会举办全市首届保龄球比赛。

1999年4月29日，为庆祝“五一”国际劳动节，推进全民健身计划的落实，市总工会在市财政局球场举行全市职工拔河比赛，来自攀钢、矿务局、十九冶、建委、交通、财贸、教育、东区、市直机关等14支代表队经过2个小时的激烈角逐，矿务局太平矿代表队获得第一名，攀钢煤化工公司代表队获得第二名，市东区代表队和外经贸局代表队分别获得道德风尚和精神文明奖。5月1日，市总工会在仁和区白娜姑度假村举办了攀枝花市第三届龙舟赛。8月，为迎接和庆祝中华人民共和国成立50周年，纪念毛泽东同志“发展体育运动、增强人民体质”的题词发表40周年，落实全国总工会“关于开展迎国庆全国职工体育活动月”的要求，举办了全市职工乒乓球赛。8月17日举行全市职工桥牌赛，经基层推荐的76名选手分东西、南北组进行对抗赛，经过一天激烈的拼搏，有12名队员分获前三名。8月26日，在攀枝花公园举行首届职工登山比赛，有300名队员参加，分老、中、青三个组，其中年龄最大的69岁，最小的20岁，登山路程近3公里，矿务局小宝鼎矿罗长恩以10分30秒的成绩获得青年组第一名，甘衡材、冯树祥分别获老年组、中年组第一名。10月14日，举办了庆祝“重阳节”太极拳（剑）比赛。10月15日举办钓鱼比赛，市财贸系统、攀钢二队、市直机关代表队分获前三名。

为迎接新千年的到来，1999年12月31日晚11点，由市总工会举办的职工跨世纪接力赛在市政府门前发出了号令，市委、市人大、市政府、市政协的领导分两个队率先参加了接力赛，基层工会组织的15个代表队队员接力参赛，围观的上千名观众为他们鼓掌加油，当2000年1月1日零点钟声敲响时，接力赛结束，攀钢代表二队、一队，市卫生局、十九冶、市邮政局代表队分别获前五名，这次活动标志着攀枝花市级领导带领全市工人阶级跑步跨入21世纪，并在21世纪中再接再厉，创造更加辉煌的业绩。1月1日上午9点，由市体委、市总工会、市直机关工会、市教委承办的3000名职工健身跑队伍，从中心广场出发，跑至工人文化宫。健身跑结束后由1000人参加的秧歌、木兰舞蹈、腰鼓队为健身跑队伍带来了精彩的表演。3月3日，市总工会举行有300名职工参加的攀枝花市第二届职工登山赛。4月28日，市总工会举行“咱们工人有力量”拔河比赛和水上世界趣味体育比赛，全市有29个代表队400余名运动员参加。6月16—24日，市总工会与市旅游发展局、市体委联合在仁和区跃进水库举办攀枝花市第四届龙舟赛，东区长寿路街办、西区苏铁旅行公司、攀钢第四中学、攀枝花宾馆等8支代表队参赛，经过激烈紧张的预、决赛，西区苏铁旅行公司、东区银江镇、东区长寿路街办代表队分别获得前三名，攀枝花宾馆获精神文明奖。12月30日，市总工会举办全市工会干部首届保龄球比赛。

2001年，在21世纪到来的第一个“五一”国际劳动节期间，市总工会开展了庆“五一”系列活动。4月27日在市工人文化宫举行水上趣味体育比赛，攀枝花发电公司、攀钢（集团）钢城企业总公司、市房产公司代表队分别获得前三名。在此期间，各级工会也纷纷举行了内容丰富的文体活动，这些活动都各具特色，精彩纷呈，活跃了职工节日文化生活。攀煤公司举办了“庆五一团结奋进”职工拔河比赛，有42支代表队800余名职工参加了比赛；市直机关组织了三人篮球赛；仁和区工会组织了职工越野赛；盐边县工会组织了职工接力赛和职工文艺联欢晚会。“七一”前夕，由市总工会牵头主办的攀枝花市第五届龙舟赛在仁和区白娜姑度假村举行，全市共派出13支代表队参赛，攀钢煤化工公司等6支代表队分获前6名。9月13日，四川省第三届“企业杯”暨“攀钢杯”乒乓球比赛在攀钢举行，攀钢代表队获三项个人第一和团体总分第一名。

2002年，以迎接中共十六大召开为契机，以宣传党的方针政策、“三个代表”重要思想，歌颂党的领导和改革开放成果为目的，市总工会组织了职工登山、拔河、趣味体育活动，参与了“长漂节”和三人篮球赛的组织活动。3月5日，市财贸工会举办庆“三八”女职工健身操比赛。来自基层的11支代表队，共计215名女职工参加了比赛。4月26日，市总工会举办“庆五一•职工拔河比赛和职工水上趣味体育比赛”。6月28—29日，与市体育局、市旅游局、仁和区政府联合在仁和区白娜姑度假村举办了攀枝花市第六届龙舟节龙舟赛，东区长寿路街办代表队荣获第一名。攀煤（集团）公司工会全年组织排球、篮球、健身跑等大型活动10多项，职工参与面达40%左右；十九冶工会先后举办了职工活动室、茶园及歌咏比赛、庆祝十六大文艺演出等活动。9月26日，市总工会在攀枝花公园举办市“三维杯”第四届职工登山比赛。全市300余名职工参加了比赛。

2003年3月7日，市教育工会在攀枝花公园举办庆“三八”女职工登山比赛。4月25日，市总工会在市工人文化宫举办庆“五一”职工水上趣味比赛，11支参赛队的44名队员参加了携物接力、滑道速度赛、击浪取物3个项目的角逐，攀钢代表队夺得第一名。

2004年，为庆祝中人民共和国成立55周年和迎庆建市40周年，市总工会、市体育局、市公安局联合举办首届自行车越野大赛，全市共有41支参赛队、164人参加了比赛，凉山州也派出2支代表队参赛。比赛以中心广场为起点和终止点，经工人文化宫、炳草岗水厂、滨江大道、密地桥南，再折回中心广场，全长15公里，经过紧张激烈的争夺，凉山州天指道自行车俱乐部夺得冠军、攀枝花市黑蜥蜴一队和骑乐队分别获得二、三名。7月9—11日，由市政府主办，市总工会、市旅游局、市体育局、市民宗局、仁和区政府承办的攀枝花市第七届龙舟赛在仁和平地镇举行，13支参赛队进行了激烈的角逐，仁和平地镇代表队获第一名。

2005年3月25日，市总工会在攀枝花公园举办“迎冬旅、创国优”怡康杯第五届职工登山比赛，全市400余名职工参赛，仁和区的李敏、谢桂琼分获男女组第一名。4月28日，市总工会在市工人文化宫举行水上趣味比赛，有29支代表队400多人参加，攀煤（集团）公司太平矿代表队获得拔河比赛第一名，攀钢代表二队、攀枝花发电公司代表队并列第二名，攀钢代表一队夺得趣味比赛冠军，攀枝花发电公司代表队、市建委代表队、攀钢代表二队并列第二名，市教育工会代表队获第三名。9月29日，市总工会联合市体育局、市公安局在中心广场举办了第十届“国际奥委会主席杯”全国城市自行车比赛攀枝花赛区预赛暨全市第二届自行车大赛。各基层工会还组织了“文明列车送文化下车间”活动，组织开展了篮球赛、排球赛等赛事，促进了攀枝花市精神文明建设的发展。全市90%以上的职工直接参加了各级工会组织的各项文体活动。

2006年4月1日，十九冶第十三届职工运动会在电装公司球场开幕。为迎接“五一”国际劳动节的到来，为节日营造良好的文化氛围，4月21日市总工会在市直机关老干部金秋俱乐部举办全市职工桥牌双人赛。16支代表队的150多名桥牌爱好者参加比赛。比赛采取米切尔双人赛，分四条线举行，每条线各取南北、东西方前三名给予奖励。经过激烈角逐，市直机关工会谢宝东、徐淑琴，市建设建材工会邓建华、张志忠，市电力局李永康、贺少林等8对选手分获各组南北、东西方冠军。市总工会与西区人民政府、市旅游局联合举办了沙滩排球、风筝赛。市总工会与市直机关工会、市体育局联合举办了千人登山比赛、五人男子足球赛、三人篮球比赛、乒乓球比赛、羽毛球比赛。11月24日，市总工会、市网球协会在攀枝花学院网球场成功举办全市第一届职工网球暨市二十二届网球比赛，全市各基层工会共组织了12支代表队，213名运动员参加了4个项目，9个组别的竞赛。比赛还吸引了不少离退休职工和老干部参加，经过3天的激烈拼搏，攀枝花学院代表队获得了团体冠军，攀煤集团公司机关代表队和市直机关代表队分获团体二、三名；钟卫刚、张兴琴分获男单、女单冠军；王广业、秦代明，邓淑仙、陈方红，刘福禄、高明，汪洋、赵洪，刘秋香、邓荣凤，张兴琴、王茂琼等六对选手分获各组别男双、女双第一名；周元阁、孙寿山获长青组第一名。

2007年7月29日，市总工会与市体育局联合举办“凯瑞达”杯桥牌团体赛，攀钢工会代表队、市质检局分别获得桥牌赛冠亚军。组队参加了“攀钢杯”四川省第五届职工乒乓球比赛。配合市体育局共同承办了攀枝花市第五届运动会。组织开展“重阳节”离退休职工钓鱼比赛，12支代表队、60名离退休职工参加了此次比赛，市交通局、卫生局、东区代表队分别获得团体垂钓总重量前三名。

2009年3月7日，市总工会与市妇联、市体育局联合在市中心广场举办“家和万事兴”攀枝花市家庭才艺、健身大赛。11月6—9日，由四川省总工会、四川省发展职工体育基金会、四川省职工网球协会举办，市总工会与市体育局共同承办的四川省第十六届“攀钢杯”职工网球比赛在攀枝花学院网球中心举行，来自各市（州）总工会、产业（局）工会、企业集团（公司）工会和体育基金会、网球协会理事单位共20个代表队近200名运动员参加了比赛。

2010年10月14—15日，市总工会在米易县体育中心举办以“我运动、我健康、我快乐”为主题的全市首届工会干部运动会。设田径、球类、棋牌等11个比赛项目，其中个人项目6个、团体项目5个，整个运动会项目设置既具有竞技性，也富有趣味性。来自全市各区县、产业、大企业工会的15支代表队、180名运动员参加了比赛。

2011年，为丰富职工文化生活，积极参与攀枝花市“全民健身日”活动。6月10—12日，市总工会组队参加了全省“工行杯”第二届职工羽毛球比赛，攀枝花选派的队员发扬顽强拼搏的精神，取得了B组男子单打第四名、女子单打第四名和男子双打第八名的成绩。8月，市水务集团公司开展了“自行车环省接力骑行”暨职工自行车比赛活动，并在西昌市顺利完成了与西昌供排水公司、德昌自来水公司、宁南自来水公司的“自行车环省骑行接力”会旗交接仪式。

2012年11月22—28日，为加快推进攀枝花阳光康养旅游城市建设步伐，推进攀枝花市企业和职工文化建设，市总工会与市体育局联合举办攀枝花市第九届“篮协杯”暨“欢乐阳光节”职工篮球赛，来自各县（区）、产业、企事业工会的19支男队、5支女队参加比赛。比赛活动紧扣“阳光、运动、休闲、养生”主题，突出冬日运动特色、丰富“欢乐阳光节”内涵、打响攀枝花冬日运动品牌。比赛从11月22日至28日，分别在市体育馆、市民运馆、攀枝花电业局举行。历经7天的激烈角逐，产生了男子前八名和女子前三名，攀枝花电业局代表队、攀枝花市森林公安友谊代表队、攀煤（集团）公司代表队分别夺得男子第一、第二、第三名，仁和区代表队、攀钢集团公司代表队、重庆啤酒攀枝花有限责任公司代表队分别获得女子第一、第二、第三名。

2013 年 12 月 25—27 日，市总工会、市体育局联合举办迎庆元旦职工运动会，设置了三人制篮球、广播操、桥牌等五个大项 16 个小项的比赛。经过前期精心筹备和各单位的积极组队、认真训练，共有来自各县（区），产业、企事业单位的 19 支代表队的近 500 名运动员报名参赛。比赛过程中，运动员们奋勇争先、顽强拼搏，充分体现了攀枝花精神，展示了广大职工的时代风采和精神风貌。经过 3 天的激烈角逐，攀煤工会代表队和攀钢工会代表队分获三人制篮球男、女子组第一名；教育工会代表队获得桥牌第一名；第九套广播体操比赛一等奖由攀钢代表队获得；网球、羽毛球的各个分项目的冠军也被各队运动员分别摘取。

第三节　文化体育成果

1989 年 12 月，全国总工会宣教部、国家体委群体司命名攀枝花市为“百万职工冬季长跑锻炼先进城市”。

1990 年 6 月，市总工会组队参加省体委、省职工体育基金会举办的全省职工篮球赛，市百货公司男队和攀钢公司女队双双获得第四名。

1993 年 8 月，市总工会发挥基层工会文化宫（馆）俱乐部的“学校”“乐园”作用，组织朱矿片区职工文体活动代表队，代表四川省参加全国大众趣味体育比赛，获得第一名 1 个、第四名 2 个、第六名 1 个、第八名 1 个的好成绩。

1994 年 1 月，市总工会从基层选拔 4 名代表参加省灯谜大赛，获三等奖；选拔 2 名参加省职工卡拉 OK 赛，1 名获优秀歌手奖；选拔 4 人参加省健美操、竞技健美比赛，1 人获全省第 6 名；选拔 8 人参加全国总工会太原太极柔力球学习班培训。5 月，选拔 6 人参加省桥牌赛，荣获团体第 2 名，1 选手获个人第 2 名。11 月，由攀钢矿业公司选钛厂选派 8 人组成代表队代表四川省参加全国首届太极柔力球立项展示赛，参赛的 8 名选手在 8 个单项中，全部进入前 8 名。

1995 年，为省总工会主办的“五一”晚会组织文娱调演节目，其中 5 个节目分别获编排、舞蹈奖，市总工会获优秀组织奖。

1996 年 5—9 月，攀枝花为四川代表队选送田径、游泳、太极柔力球队队员 24 名，其中攀枝花太极柔力球队代表四川参加第三届全国工人运动会获全国第四名。

1997 年，组织选拔 3 名优秀歌手参加“五一”全省职工歌手赛，攀钢的陈新华获优秀歌手奖；组队参加省总工会举办的四川省第九届职工灯谜会，获得二等奖。

2006 年，市总工会组织市网球代表队参加省第十三届职工网球比赛，获团体第四名。

2011 年 5 月 26 日，选派攀冶公司代表攀枝花市总工会参加全省首届职工排舞比赛，演出了《喜娃娃、魔力火车》《卓玛》等节目，攀枝花市总工会代表队获团体总分特等奖、规定曲目和自选曲目一等奖、优秀组织奖。6 月 10—12 日，市总工会组队参加全省“工行杯”第二届职工羽毛球比赛，取得 B 组男子单打第四名、女子单打第四名和男子双打第八名。

2012 年，5 月 26—28 日，选拔组队 8 人参加在德阳市举办的“东电杯”四川省第七届职工乒乓球比赛，取得 B 组男子双打第三名、混双第六名，市总工会获得优秀组织奖。

2013 年 11 月 2 日，市工人文化宫代表队作为全省工会唯一一支文化宫代表队参加四川省职工排舞推广活动成果展示暨第三届职工排舞大赛。攀枝花市工人文化宫代表队获表演二等奖、优秀编排奖和职工排舞推广活动优秀单位三项省级荣誉。

第十五章　女职工工作

第一节　组织建设

1973 年 7 月，渡口市工会第一次会员代表大会召开，选举产生渡口市工会第一届委员会，市总工会设立女工部，由黄群任副部长。各基层工会皆建立女工组织，配备女工干部。到 1986 年，全市工会系统已建立女工委员会 201 个、女工小组 2385 个、“三八”班组 708 个，共有女职工 62368 人。全市县团级以上单位工会共有女工干部 398 人。

根据四川省总工会《关于加强各级工会女职工委员会组织建设的通知》精神，1989 年 3 月 8 日攀枝花市工会第一次女职工代表大会召开，民主选举产生市总工会第一届女职工委员会，市总工会副主席杨爱群任第一届女职工委员会主任，同时聘请市政协秘书长左秀珍为名誉主任。当年，全市建立女职工委员会 365 个，女职工会员达到 68000 余人。

1994 年 8 月 31 日，攀枝花市总工会第一届女职工委员会五年任期届满，召开换届大会，选举成立第二届女职工委员会，本届委员会由 33 名女职工委员组成。市总工会副主席王大秀任市总工会第二届女职工委员会主任，王玉祥、母德贤任副主任，刘香云任秘书长，聘请市委常委高方芹、市人大常委会副主任陈景琚、市政协副主席左秀珍为名誉主任。至当年底，全市已建立基层工会女职工委员会 391 个，有专兼职女职工干部 843 人。

1999 年 11 月 24 日，攀枝花市总工会第三届女职工委员会成立，由 39 名女职工委员组成。市总工会党组成员、副主席张敏任市总工会第三届女职工委员会主任，杨婕、杨生遂任副主任，聘请中共攀枝花市委常委、市委秘书长高方芹、市政协副主席左秀珍、市人大常委会副主任严秀清为名誉主任。截至当年底，全市已建立基层工会女职工委员会 431 个，专兼职女工干部 1163 人。同时，加强区县工会女职工干部的配备，当年底，米易县、盐边县、东区、仁和区工会女主席均已配齐，女职工组织得到进一步加强。

2004 年 12 月 9 日，攀枝花市总工会第四届女职工委员会成立，由 45 名委员组成。市总工会党组成员、副主席徐翠任市总工会第四届女职工委员会主任，盛瓘清、贾瑞红为副主任，聘请市委副书记、市纪委书记高方芹，市人大常委会副主任严秀清，市政府副市长张祖芸为名誉主任。截至当年底，全市已建立基层工会女职工委员会 647 个，有专兼职女职工干部 1704 人。

2007 年 3 月 6 日，在攀枝花市总工会女职工委员会四届五次全委（扩大）会上免去徐翠四届女职工委员会主任、委员职务，市总工会党组成员、副主席尚滟佳替补为市总工会第四届女职工委员会主任。

2008 年 2 月 29 日，在攀枝花市总工会女职工委员会四届六次全委（扩大）会上，免去盛瓘清四届女职工委员会副主任、委员职务，杨婕替补为市总工会第四届女职工委员会副主任。截至 2009 年年底，在全市国有企业基层工会中有女职工委员会主任 27 人；非公企业中，有基层工会女职工委员会主任 237 人。其中，专职工会女职工委员会主任 63 人（享受同级工会副主席待遇的有 29 人、不享受同级工会副主席待遇的有 34 人），兼职工会女职工主任 174 人，由副主席或副主任兼任的有 49 人，由工会委员或行政人员兼任工会女职工委员会主任的有 125 人（其中享受同级工会副主席待遇的有 63 人、不享受同级工会副主席待遇的有 62 人）。

2010年1月6日，攀枝花市总工会女职工委员会换届选举成立第五届女职工委员会，由43名委员组成。市总工会党组成员、副主席尚滟佳任市总工会第五届女职工委员会主任，詹静、舒召琼为副主任，聘请市人大常委会副主任张如英为市总工会第五届女职工委员会名誉主任。截至2010年6月底，全市国有企业113家、非公企业1483家，企业中已经建会且组建了工会女职工组织的有975家，其中：国有、集体及控股企业已建女职工委员会226家，非公企业已建女职工委员会749家；建立女工小组的有64家，组建率达65%。非公有制企业女职工在10人以上的，逐步实现了女职工组织组建目标与工会组建目标统一部署、统一考核。基本形成覆盖全市各行业、系统的女职工组织网络。

2011年2月28日，在攀枝花市总工会女职工委员会五届二次全委（扩大）会上，免去詹静五届女职工委员会副主任、委员职务，裘怡替补为市总工会第五届女职工委员会副主任。全委会明确提出了"到2011年年底，全市工会女职工组织组建率在已建会国有企业中要达到90%，非公企业达到80%；到2012年，已建会国有企业女职工组建率达到95%，非公企业达到90%；力争到2013年年底实现女职工组织在已建工会组织企业的全覆盖"的组建工作目标任务，并作为市总八届六次全委会确定的十大督办行动之一，狠抓落实。下发《关于进一步规范女职工组织与工会组织同步组建工作的实施意见》，明确提出以"突出两大重点、抓好三个规范、健全三项机制"等措施来抓组建工作。

2012年2月28日，攀枝花市总工会女职工委员会五届三次全委会上，免去尚滟佳四届女职工委员会主任、委员职务，汤帮梅替补为市总工会第四届女职工委员会主任。截至当年底，全市有国有企业63家、集体及控股等企业474家、非公企业1849家、其他427家，企业中已经建会且组建工会女职工组织的有2813家。其中：国有、集体及控股企业已建女职工委员会516家，组建率达96%；非公企业已建女职工委员会1628家；建立女工小组的有75家，组建率达85%。女职工组织网络日趋完善。

2013年3月15日，攀枝花市总工会女职工委员会五届四次全委会上，免去汤帮梅四届女职工委员会主任、委员职务，王红梅替补为市总工会第四届女职工委员会主任；免去裘怡第四届女职工委员会副主任、委员职务，郭莉替补为市总工会第四届女职工委员会副主任。

截至2013年，全市有基层女职工委员会3021个。其中机关事业单位工会女职工委员会611个、企业工会女职工委员会1123个、产业工会女职工委员会321个、省直管企业女职工委员会6个、县（区）工会女职工委员会960个。

经过各级女职工组织的不懈努力，全市女职工的政治地位得到较大提升。2002年，全市企业女职工代表大会女代表比例由1996年的12.16%上升到23.87%。2003年，市工会第七次代表大会女职工代表比例由上一届的23.7%上升到33.27%。2008年市工会第八次代表大会女职工代表比例占到38.74%。当年，全市已有107名女职工进入董事会，占职工董事的62.6%；有23名女职工进入监事会，占职工监事的51.83%。女职工工作逐步得到同级工会领导和上级党委领导的重视支持，工会领导班子中女性比例逐年增多，女职工组织队伍建设得到夯实。

第二节　制度建设

在1989年3月召开的市工会第一次女职工代表大会上，制订了《攀枝花市女职工委员会条例》。《条例》对女职工委员会的基本任务、组织原则、工作制度等作出明确规定。

1993年3月，针对全市工会女职工组织建设薄弱、女职工委员会组建率低、作用发挥不充分等问题，市总工会女职工委员会制订下发《关于加强县（区）工会女职工工作的意见》和《关于加强国有大中型企业工会女职工工作意见》。同时，在省总工会的组织领导下，市总工会组织全市各级工会女职工组织开展女职工工作竞赛和女职工工作目标管理，在竞赛的基础上，每年进行一次评比表彰，逐步形成了一套制度健全、操作方便、评比科学的竞赛方法。1992—2005 年，市总工会女职工工作竞赛评比考核始终在全省名列前茅，连续 12 年获得全省女职工工作竞赛一等奖。

1994 年 3 月，市总工会女职工委员会积极参与《四川省工会女职工委员会条例》《四川省工会女职工委员会工作制度》的修订，省《条例》和《工作制度》的制订，为加强女职工工作奠定了坚实的基础。

2003 年 2 月，针对县（区）工会女职工组织建设薄弱，女职工委员会组建率低、作用发挥不充分等问题，市总工会制订下发《关于加强县（区）工会女职工工作的意见》，之后又下发了《关于加强国有大中型企业工会女职工工作意见》，加强了工作指导。

2004 年 4 月，市总工会转发全国总工会《工会女职工委员会条例》，要求全市各级女职工委员会对照《条例》对已有的工作制度进行修改完善，使女职工工作更趋规范。女职工干部的培养推荐制度逐步完善，女职工干部队伍整体素质有较大提高，女职工组织的社会影响力不断扩大。

2005—2010 年，市总工会不断完善企事业女职工组织建设，提高企业女职工组织的覆盖能力。对已建立的企业女职工组织，坚持按群众性、代表性要求，通过一定的民主程序，选配好女职工委员，对女职工委员会主任因工作或其他原因变动的，做到随时增、替补，并坚持督促企业女职工组织与工会同步换届。同时，加强企业女职工组织工作制度建设，夯实工作基础，提高工作水平。逐步建立健全工作考核评估机制，增强企业女职工组织的覆盖效果。

2006 年 5 月，根据四川省总工会工作部署，市总工会制订《攀枝花市工会女职工工作竞赛考核办法》。结合企业实际，明确了企业女职工工作的目标任务，并对其进行量化考核，通过工作季度总结、半年互查、年终评比等方式，考核评估工作效果，有力地促进了企业女职工工作的开展。

市总工会女职工工作竞赛连续 14 年获全省工会女职工工作竞赛一等奖。2012 年后，四川省总工会决定女职工工作不再单独评比考核，市总工会也不再对基层工会女职工工作进行评比考核。

第三节　女职工活动

自 1976 年开始，市总工会积极组织动员全市各级工会女职工组织开展“三八”节庆祝暨表彰活动。1976—2013 年间，全市各级工会女职工组织共表彰女职工先进个人、“三八”红旗手、先进工作者 5000 余人，表彰“三八”先进女职工集体 400 余家，举办女职工庆三八健身操、歌舞大赛、歌咏比赛、各种主题的演讲比赛、美容美发、书法、绘画、插花、厨艺技能比赛等各类女职工大型庆祝活动 200 余场次。

自 2006 年起，市总工会按照全国总工会、省总工会的统一安排部署，开始组织全市先进女职工、先进女职工工作者、三八红旗手和女职工干部参加“三八”女职工进京观光活动，到 2013 年，共组织 425 名先进女职工进京观光。

1988—2013 年，全市各级女职工组织积极开展“六一”节前夕的走访慰问活动，15 年间共走访慰问困难女职工家庭、单亲家庭、农民工家庭子女、孤儿、留守儿童 6000 余人，送去各种衣物、文具、玩具、书籍等慰问品和慰问金近 200 万元。

自 1976 年起，市总工会每年都在元旦、春节或“八一”建军节前夕，组织全市各级工会女职工慰问南下老干部、军烈属、伤残退伍军人。1976—2000 年，市总工会组织全市各级工会女职工组织看望慰问南下老干部 15 人，军烈属、伤残退伍、转业军人 117 人，送去慰问金，慰问品价值 47 万元。攀枝花市荣获全国双拥模范称号的唐明宪老人和丈夫张思成怀着对子弟兵的浓浓挚爱，从1982年开始，坚持29年不间断地把自己亲手一针针、一线线缝制的近两万双布鞋和鞋垫送进军营。唐明宪老人的拥军感人事迹，2011年被中央电视台、公安部、中华全国总工会、共青团中央、中华全国妇女联合会等6大部委共同举办的“以寻找你身边的英雄”为主题的《中国骄傲》列为唯一一名普通群众参评对象。2002—2013年，市总工会不断创新拥军优属活动载体、丰富活动内容，通过从最初的为官兵自制鞋垫、缝制衣物到组织专业团队送文艺演出、送医疗、送书籍、送慰问金和慰问品等方式，看望慰问攀枝花军分区、武警攀枝花市（区）支队、市森警支队、市公安消防支队以及边远山区的驻攀部队广大官兵，受到官兵们的热烈欢迎。据不完全统计，30年来，全市各级女职工组织累计看望慰问驻攀部队6000场次，送去慰问金和慰问品价值521.3万元。

自2005年起，市总工会开始在“三八”节期间为困难女职工、女性进城务工人员提供健康咨询和免费组织体检、妇检，当年共组织208名困难女职工和女农民工进行检查。2011年，按照省总工会的工作安排，市总工会女职工委员会组织全市各级工会女职工开展“三八”节期间免费“两癌”（乳腺癌和宫颈癌）筛查工作，为全市118名受检困难女职工、女农民工免去人平148元的检查费，并就诊断出来的3例疑似病例进行了及时的确诊和治疗。与此同时，市总工会每年都在“12·1”世界艾滋病日，通过在中心广场宣传、深入企业厂矿、车间开展艾滋病预防和健康知识宣传活动、发放宣传资料、组织卫生系统医疗专家为女职工免费采集血样做防治检测等活动，宣传开展预防和控制艾滋病活动。至2013年，此项活动已经坚持开展了25年，累计发放各种宣传资料十多万份，发放避孕套、避孕药等各种药具6000件箱。

第四节　女职工素质提升和建功立业

1990年初，四川省总工会女职工委员会在全省女职工中发起“献赤诚之心、为国家分忧、创一流业绩”为主题的劳动竞赛，市总工会迅速行动，组织动员全市各级工会女职工组织参与劳动竞赛，提合理化建议，并引导女职工树立全局观念，把劳动竞赛与企业改革、市场经济结合起来，增强“企业靠我发展、我靠企业生存”的意识和责任感，劳动竞赛所创造的价值逐年提高。到1994年，开展技术攻关6024项，技术革新1240项，推广使用新技术56项，创价值1782.44万元。在劳动竞赛、提合理化建议和发明创造活动中，提高了女职工队伍综合素质，涌现出丁爱谱、王旭桂、孙安琅等为楷模的一大批先进个人和集体，其中411名女职工和女职工干部、76个女职工委员会分别受到全国、省、市总工会的命名表彰。

1996—2000年，为实现“九五”计划，市总工会组织全市各级女职工组织开展了以岗位立功、学习成才、姐妹献爱心、创建文明家庭为内容的女职工“我为‘九五’建新业”劳动竞赛活动。使竞赛内容、竞赛目标和竞赛形式适应市场经济的发展变化和企业改革的现状。各级女职工组织从本行业、本企业实际出发，坚持“立足岗位精一业、面对竞争会两手、增强实力学三招”，达到比奉献、出成果、创新业的目的，根据企业经营类型开展了双增双节、修旧利废等形式多样的劳动竞赛，5年间，全市有8万名女职工参加劳动竞赛，提合理化建议17455条，双增双节等活动创造经济价值8982万元。全市女职工中涌现出1262名先进女职工、“三八”红旗手、新长征突出手，273名先进女职工干部、128个女职工集体分别受到全国、省、市总工会的命名表彰。

2001—2005年，市总工会结合攀枝花市实际团结带领各级女职工组织开展“女职工双文明建功立业”和以争创标兵为主要内容的“女职工素质提升工程”活动，以经济建设为中心，围绕建设攀枝花的重点项目和重点工程，围绕企业生产经营和改革发展目标，组织女职工开展多层次、多形式的岗位练兵、技术比武、提合理化建议等经济技术创新活动，充分发挥女职工经济建设主战场“半边天”作用，造就了一大批

“精一门、会两手、学三门”的技术能手，促进了企业发展。5 年来，全市参与劳动竞赛的女职工达 131900 人次，女职工提合理化建议 45036 条，采纳 21577 条。参与各种学习培训的女职工 65514 人次，通过开展读书学习活动，有 3378 名女职工获得了大专以上文凭，技术职称上档次的有 3645 人，281 名女职工获先进女职工、先进工作者称号，攀枝花市攀钢新钢钒有限公司质技部计量车间向阳计量站被授予四川省“五一巾帼奖”和首批“工人先锋号”荣誉称号。

2006—2010 年，市总工会紧紧围绕“当好主力军、建功‘十一五’、和谐奔小康”主题竞赛活动，积极引导各级工会女职工组织深入实施“女职工建功立业和素质提升工程”。根据形势发展要求，不断创新活动载体，赋予时代精神，体现女职工特色。围绕“迎冬旅、创国优”，举办女职工手工艺作品展，激发女职工的聪明才智和创作热情，引导其用勤劳的双手装扮美好家园；围绕“创卫、创模”，开展“家庭环保、点滴节能”环保系列活动，号召女职工从家庭做起、点滴做起，以实际行动为节能减排做贡献；围绕“群安工作”，开展了“签订家庭安全承诺书”“亲情嘱安全”等活动，发挥广大女工家属抓安全教育工作的情感优势，为促进全市安全生产作出了积极努力；围绕“巾帼建功”，在女职工相对集中的金融、卫生、教育以及三产服务等行业，结合创建“工人先锋号”“创三优一满意”、女职工“建功立业标兵”评选活动，组织开展了技能比武、岗位练兵、劳动竞赛，涌现出了荚雅利、周春宇、邹贤红、杜桂玲等一批在全国、全省极具影响的技术能手。同时，把实施“女职工素质提升工程”与开展“创建学习型组织、争做知识技能型职工”活动结合起来，组织开展了健康、法律、心理、礼仪、理财、婚姻和子女教育等 10 余类多层次、多形式的素质提升活动，切实提升了女职工的学习能力、竞争能力和创新能力。通过开展岗位培训、技能考核、师徒帮带等活动，帮助女职工加快知识技能的储备和更新，提高了女职工的综合素质和岗位工作技能。5 年来，全市评选出 9 名全国“三八”红旗手，23 名“全国五一劳动奖章”获得者、劳动模范和先进工作者，广大女职工投身攀枝花经济社会建设的积极性和创造性明显提升。

2011 年，市总工会向全市女职工发出“巾帼建功促发展、合力撑起半边天”的倡议，组织动员全市各级女职工在冶金、机械制造、餐饮、卫生、教育、通信等行业开展提合理化建议、技术革新、岗位练兵、发明创造等群众性经济技术创新活动。同时，紧紧围绕“创建学习型家庭、争做知识型职工”，努力打造学习型女职工队伍。提出了“2011—2013 年，参加素质提升、建功立业实践活动的女职工要达到女职工总数的 90%以上，使 30%以上女职工提升技术等级；组织 85%以上的女职工接受各类教育培训，使 10%以上的女职工提升学历层次”的总体目标。全市各级女职工组织纷纷行动，制订了符合本系统、本行业、本企业的提素建功实施意见。至 2013 年年底，全市参与具有女职工特色的劳动竞赛、技术比武群众性经济技术活动 285 场次，参与女职工 2.3 万余名。获市级以上优秀技术能手的女职工 21 名，获省级劳模殊荣的女职工 7 名。

第五节　女职工劳动保护

1990—1995 年，市总工会女职工委员会相继参与了《四川省女职工劳动保护规定》《攀枝花市城镇女职工生育保险办法》《关于纯母乳喂养增加一个月产假的通知》等地方性法规、条例及有关政策文件的起草、制订。同时，积极深入乡镇企业、地方企业、中央企业调查了解女职工劳动保护情况，检查劳动环境以及劳动保护设施。先后参与了处于半停产的市制药厂、市汽车运输公司、市木材加工厂、市造纸厂等 6 家特困企业以及 23 家停产企业女职工劳动现状调查、企业劳动用工制度改革女职工状况的调查和女职工生育社会保险状况调查。1994 年，重点对攀枝花市部分特困企业女职工的去向及生活状况开展调查，并向市政协、市人大等有关部门进行了汇报。参加市人大、市政协的执法情况汇报会，对企业减人增效、夫妻双方不能同时下岗，对怀孕、哺乳期女职工不能解除劳动合同等涉及女职工特殊利益问题积极呼吁。就《妇女权益保障法》颁布实施5周年以来的实施情况、《攀枝花妇女发展纲要》各项目标的落实情况、攀枝花市女职工下岗以后生活状况进行了调研检查，并就存在的问题提出了有针对性的意见和建议，从源头上维护了女职工的合法权益。

1996年，四川省总工会下发《关于在推行平等协商和集体合同制度中充分发挥女职工委员会作用，依法维护女职工合法权益和特殊利益的通知》后，市总工会积极行动，带领各级工会女职工组织把平等协商、签订集体合同制度作为源头维护的关键，把代表女职工参与协商、签订的全过程，反映女职工的呼声，把女职工劳动权益、劳动保护等内容明确写入集体合同。截至2000年年底，攀枝花市具备法人资格的233家企业全部签订集体合同，签订率100%，使攀枝花市女职工劳动保护工作迈上了新台阶。

2001—2005年，市总工会女职工委员会带领全市各级工会女职工组织在非公企业中积极推行平等协商、签订集体合同制度和工资协议制度，把涉及女职工合法利益和特殊利益的有关内容纳入工资专项集体合同文本之中，充分发挥女职工组织在企业职代会的作用，督促落实合同条款的履行，切实代表和维护了女职工的合法权益。5年来，全市有264个女职工组织参与了工资专项集体合同的签订，覆盖女职工7万余人。同时，市总工会积极会同劳动、民政、经贸、质量监督、卫生、公安、妇联、共青团等市级有关部门，对全市女职工劳动保护和特殊利益维护情况、禁止使用童工情况、未成年人权益保护情况进行了检查，对检查中发现的问题及时提出整改意见和措施。通过下基层调研、下发调查问卷、召开座谈会等形式，对贯彻实施《中国妇女发展纲要》、女职工思想状况、社区再就业情况、单亲困难女职工生活状况等进行了深入调研，提出了对策和建议，起草政协提案、形成议题提交市政府联席会讨论。在广泛了解、听取各级女职工组织和广大女职工群众意见基础上，对《婚姻法修正案（草案）》《女职工委员会条例》等提出修改意见和建议，促成放宽女职工生育费用报销比例和增加晚婚、晚育假等政策出台。至2005年年底，全市有589个企业执行了《女职工劳动保护规定》和两年一次的妇科病普查，妇科普查率达到85%以上，有的非公企业还实行了女职工生育保险制度，为全市推广女职工生育保险制度、落实女职工生育待遇起到示范作用。2007年，市总工会女职工委员会积极争取劳动、安监等市级相关部门的支持，深入锦联煤矿、华阳煤矿等攀枝花市重点县区的非公有制安全生产高危企业，对其开展劳动安全卫生情况进行大检查，整改劳动安全隐患15处，改善了女职工的劳动条件。

2002—2008年，市总工会积极参与四川省总工会实施的女职工大病互助保险计划，经医疗机构确诊患重病（如红斑狼疮、白血病等）的女职工每人可获得由省总工会回拨的赔偿金每份1万元的赔付。通过各级工会女职工组织的广泛宣传，在职工中掀起了参保热，减轻了女职工因患重病而带来的经济负担。截至2008年年底，全市有77893名女职工参保63609份，参保累计金额700余万元，赔付患重病女职工139名，赔付金额近200万元。2008年后，此项工作交由区县总工会负责辖区内大病互助保险工作。

2005年底，市总工会出台《关于推进女职工特殊权益保护专项集体合同工作的意见》，确定了局部试点、以点带面、逐步规范的工作方针，并将工作纳入全市工会工作竞赛和女职工重点工作考核内容，推动了女职工特殊权益保护专项集体合同工作的启动和推广。2006年，针对攀枝花市非公有制企业维护女职工合法权益和特殊利益亟待解决的问题，市总工会女职工委员会克服没有经验可以借鉴的困难，率先在全省推行签定女职工特殊权益保护专项集体合同工作。在了解情况、搜集信息、充分调查、广泛征求意见的基础上，草拟了《关于在全市推行女职工平等协商制度，签订〈女职工特殊权益保护专项集体合同〉的意见》和《攀枝花市总工会关于下发〈全市女职工特殊权益保护专项集体合同样本〉的通知》等指导性意见。结合攀枝花市的实际情况，确定了“建立试点、以点带面，结合实际、分类指导”的指导思想。深入基层指导不同层面、不同类型的企业建立试点，督促企业推行这项工作。三区两县工会女职工组织也下大力气狠抓落实，先后在所在片区建立了试点。截至当年底，全市共建立 12 个非公有制企业试点单位。2007 年起，依托市劳动关系和谐企业创建平台，规范了女职工权益保护专项集体合同的签订程序，增强了合同内容的针对性和可操作性，提高了合同的实效性。积极探索专项集体合同的新形式，在女职工比较集中的行业和小型企业聚集区域尝试签订区域性、行业性女职工权益保护专项集体合同，努力扩大合同的覆盖面。截至当年底，全市签订女职工权益保护专项集体合同的企业共有 738 家，覆盖女职工 73136 人。在已经建立女职工组织并签订了集体合同的企业中，女职工权益保护专项集体合同签订率达到 98%，超额完成了省总工会下达的目标任务。2008 年 3 月，市总工会再一次修改完善并下发《女职工特殊权益保护专项集体合同》文本范本，要求各基层结合工作实际制订符合企业实际、有特点的专项集体合同。如攀钢集团公司工会将设立哺乳室、女职工“四期”（经期、怀孕期、生育期、哺乳期）保护等内容详细写入专项集体合同。同年，还相继在煤炭、餐饮、幼教等行业签订了行业性女职工权益保护专项集体合同，有效地维护了女职工的合法利益和特殊权益。截至 2013 年年底，全市签订女职工特殊权益保护专项集体合同 2328 份，覆盖女职工 10 万余人；签订行业性女职工特殊权益保护专项集体合同 13 份，覆盖美容美发、餐饮娱乐、幼儿园等企业 75 家，覆盖女职工 9327 人；签订区域性女职工特殊权益保护专项集体合同 9 份，覆盖街道（社区）、煤炭、化工、水电站、服装商贸等企业 138 家，覆盖女职工 1.2 万余人。

第六节　女职工再就业培训

为认真贯彻落实四川省总工会关于在全省工会系统开展“开发性再就业十大行动”的工作部署，1998 年 3 月 8 日市总工会正式挂牌成立了“市总工会下岗职工社区服务指导中心”，帮助下岗职工尤其是女职工在社区内实现再就业，并及时制订了《市总工会贯彻落实省总“女职工社区服务行动”的实施意见》及《攀枝花市总工会下岗职工社区服务指导中心章程》。年内，又相继在攀钢、东区、仁和区、盐边县、市建委、市交通等系统成立了国有企业下岗职工社区服务分中心，负责实施各自辖区企业女职工社区服务工作，形成较为健全的组织网络体系。

1999 年 3 月 18 日，市总工会与攀枝花大学、红樱桃形象设计中心举办下岗职工美容美发、电脑培训班，对 30 名下岗职工进行了培训，当期 5 名优秀学员被红樱桃形象设计中心聘用，18 名学员被安排到双双美容美发等单位就业。2004 年，开展下岗失业“40 岁女职工”再就业和走访慰问活动，组织开展女职工技术比赛、技术比武 850 次，参赛女职工达到 18356 人次，提合理化建议 1897 条，采纳 1186 条，创经济价值 5836 万元。

2006 年 4 月，由市总工会出资，与市鑫安托家政服务培训学校联合举办“攀西大姐”家政服务员培训班。当期 55 名学员培训结业后被市内外单位或客户全部录用。米易县、仁和区总工会紧跟其后，陆续在各自辖区建立了两所鑫安托家政服务培训分站，为 103 名下岗女职工、偏远山区的女农民工提供了培训就业的机会。

2010 年，市总工会与市得天独厚餐饮服务有限公司联合举办“川妹子”火锅厨师及餐饮服务培训，当年参加培训的 62 名失业女职工和女农民工全部实现再就业，其中 47 名女学员外派到深圳、珠海等地川菜餐馆就业。

1999—2013 年，全市各级女职工组织纷纷组织开展下岗女职工的再就业培训工作，针对下岗女职工文化素质偏低、劳动技能单一等现状，深入开展市场调查，找准项目，千方百计帮助下岗女职工拓宽就业渠道，同时在资金、技术上全方位进行帮扶，开展了家政服务、缝纫、家庭保健按摩、洗车美容等培训。通过社区服务网络或工会职业介绍所等平台，为下岗但有创业意愿的女职工争取小额贷款，创办了农家乐、保健按摩站、美容美体中心、家政服务公司、社区送奶点、幼儿园等再就业场所，切实增强了下岗女职工的再就业能力和参与市场竞争的能力。14 年间共举办转岗培训 243 期，培训下岗女职工 6000 余人次，为下岗女职工提供就业岗位 1000 余个次。

第七节　扶贫帮困

一、捐资助学

1995 年，四川省总工会女职工委员会正式启动“捐资助学”工程，下发《关于开展伸出一双手，捐献两元钱，救助困难企业职工失学子女的通知》。并要求全省各地、市、州工会女职工组织要充分发动女职工积极参加这一活动，并设立专户管理捐赠的资金。当年 8 月，省总工会女工委将第一批救助款回拨到各地、市、州。市总工会女职工委员会利用这第一批回拨资金进行了助学活动，当年共用资助回拔款 1.3 万元为 137 名困难家庭就读小学、中专及初高中的子女发放了 50 元—80 元的助学款，受到了困难职工家庭的热烈欢迎。1996—2000 年，市总工会女职工委员会按照考上重点本科及一般本科、专科标准确定不同等次的助学金，又相继资助 577 名考上大学、初高中、中专的困难家庭子女完成学业，5 年间累计发放助学款 107.83 万元。2004 年以后，市总工会女职工委员会将捐资助学活动明确为“金秋助学”活动，作出了“决不让一户困难女职工家庭子女因家庭困难而失学”的庄严承诺，将所有城镇范围内的困难女职工（含女农民工）子女纳入助学范围，做到应保尽保。各级工会女职工组织精心组织，为捐资助学工作投入了大量的物力、财力和人力，有的常年开展“春蕾行动”，有的单位与贫困学生结成对子帮扶，有的单位联系有爱心的私营企业主为困难职工子女提供长年资助，逐步形成了领导高度重视、工会精心组织、社会广泛参与、职工群众欢迎的格局。2004—2013 年，市总工会利用省总工会助学款回拨资金累计为 310 名困难女职工家庭子女发放金秋助学资助款 102 万元；社会筹措资金 282.15 万元，帮助 433 名困难女职工家庭子女继续就学。

二、爱心家教

自 2005 年起，市总工会启动“一帮一爱心家教”活动，在社会上广泛招募爱心人士担任爱心志愿教师，为困难职工家庭子女提供免费家教活动。此活动自开展以来受到困难职工家庭的热烈欢迎和社会的一致好评，活动开展当年为 58 户困难家庭子女提供了一对一的家教帮扶。2006—2013 年，市总工会丰富“爱心家教”活动载体，拓展活动内容，“爱心家教”活动逐步实现了五个扩大，扩大了爱心教师范围，壮大了师资力量，由原来单一招募社会爱心人士扩大到由攀枝花市攀枝花学院、攀钢机电学院以及省内外院校如四川农业大学、西南大学、西华大学、成都电子科大、苏州科技学院等高校在读的攀枝花户籍的学生利用假期回攀的机会，以及曾受到工会“寒窗助学”行动资助过的在校优等生来担任爱心志愿教师；扩大了受助家庭范围，由原来的困难职工家庭子女扩大到为农民工子女、外来务工家庭子女、留守家庭儿童等提供爱心家教。2008 年汶川大地震后，又为来自灾区到攀枝花投亲靠友的 115 名困难学生提供家教帮助。扩大了帮扶形式，由原来的 1 对 1 帮扶发展到 1 对多，既由 1 名教师同时辅导 2 名以上学生，由原来上门家教发展为利用学校、社区、街道等活动场所提供家教场地；扩大了家教课程范围，由原来只限于语文、数学、外语等 3 门主课扩大到增加物理、化学、地理、绘画、跆拳道等学科和兴趣类活动；扩大了活动地域范围，由原来只限市中心区域扩展到三区两县，甚至一些较偏远地方，如仁和区中坝乡、福田镇等都留下了爱心家教活动的足迹。在攀枝花市各级工会女职工组织的共同努力下，“爱心家教”已成为攀枝花市助学活动的品牌之一。

第十六章　工会财务

攀枝花市总工会是社团法人，有自己的经费来源，用以开展工会的各项活动。根据《中华人民共和国工会法》和《四川省〈工会法〉实施办法》《工会预算管理办法》《工会会计制度》规定，市总工会财务管理本着经费独立的原则，建立预算、决算和经费审查监督制度，保障工会社会职能的履行和工运事业发展和“统一领导、分级管理”工会财务管理体制的原则办事。

第一节　经费收入

根据《中华人民共和国工会法》第四十二条和《中国工会章程》第三十六条的规定，攀枝花市总工会经费收入来源主要包括：1．会员缴纳的会费；2．企业、事业单位和其他社会组织按全部职工工资总额的2%向工会拨缴的经费或者建会筹备金；3．工会所属的企业、事业单位上缴的收入；4．人民政府和企业、事业单位、机关和其他社会组织的补助；5．其他收入。

1989 年以来，全市工会经费收入持续稳步增长。1989—2013 年，市总工会本级经费收入总计 35644.8 万元。其中：拨缴经费收入 21792 万元，占总收入的 61.1%；上级补助收入 5680.7 万元，占总收入的 15.9%；政府补助收入 5928.1 万元，占总收入的 16.7%；事业收入 547 万元，占总收入的 1.5%；其他收入 1697 万元，占 4.8%。

1989—2013 年攀枝花市总工会历年经费收入情况

表 33　　　　单位：万元

年度	合计	拨交（缴）经费收入						上级补助收入								政府补助收入	事业收入	其他收入	上年经费结余
		小计	区县	攀钢	市属	省产业	外来建安	小计	回拨补助	专项补助	经常补助	帮扶补助	送温暖补助	救灾补助	其他补助				
栏次	1	2	3	4	5	6	7	8	9	10	11	12	13	14	15	16	17	18	19
1989	261.7	222.6	3.5	—	217.1	2.0	—	34.6	4.1	30.5	—	—	—	—	—	0.2	0.6	3.7	175.0
1990	261.4	231.0	1.3	—	227.7	2.0	—	23.4	1.9	21.0	—	—	—	—	0.5	0.2	—	6.8	169.5
1991	422.4	250.0	7.8	—	240.0	2.2	—	5.4	1.9	1.2	—	—	—	—	2.3	163.0	—	4.0	107.1
1992	409.3	288.1	4.8	—	281.5	1.8	—	5.2	2.2	1.5	—	—	—	—	1.5	97.0	10.2	8.8	115.7
1993	393.4	267.9	5.8	—	258.8	3.3	—	7.5	3.5	—	—	—	—	—	4.0	92.0	18.5	7.5	126.2
1994	459.7	342.6	9.4	—	329.2	4.0	—	12.3	12.3	—	—	—	—	—	—	72.0	22.8	10.0	106.7
1995	593.5	445.4	12.5	—	425.8	7.1	—	51.6	6.6	40.0	—	—	—	—	5.0	75.6	7.3	13.6	118.7
1996	681.7	559.8	11.4	330.0	215.6	2.8	—	84.8	24.8	60.0	—	—	—	—	—	20.0	5.0	12.1	495.9
1997	652.2	565.2	23.0	332.0	201.6	8.6	—	63.7	22.8	34.9	—	—	—	—	6.0	12.8	—	10.5	247.0
1998	882.3	714.5	24.5	421.5	260.4	8.1	—	35.0	23.0	8.0	—	—	—	—	4.0	110.2	—	22.6	391.9

续表33

单位：万元

年度	合计	拨交（缴）经费收入						上级补助收入								政府补助收入	事业收入	其他收入	上年经费结余
		小计	区县	攀钢	市属	省产业	外来建安	小计	回拨补助	专项补助	经常补助	帮扶补助	送温暖补助	救灾补助	其他补助				
栏次	1	2	3	4	5	6	7	8	9	10	11	12	13	14	15	16	17	18	19
1999	842.9	744.6	27.1	435.8	277.2	4.5	—	46.6	24.6	22.0	—	—	—	—	—	37.8	0.4	13.5	681.9
2000	825.1	757.4	16.4	450.0	287.0	4.0	—	53.5	53.1		—	—	—	—	0.4	10.0	0.2	4.0	603.0
2001	478.3	449.5	10.5	—	283.2	155.8	—	19.5	7.0	12.5	—	—	—	—	—	—	—	9.3	501.2
2002	491.7	440.0	10.8	—	261.9	167.3	—	29.8		26.0	3.8	—	—	—	—	—	20.4	1.5	-183.9
2003	851.0	602.5	21.8	302.0	267.1	11.6	—	83.7	27.5	50.0	5.6	—	—	0.6	—	—	19.8	145.0	-280.8
2004	933.7	729.5	31.4	—	683.9	14.2	—	139.8	48.0	33.0	3.8	—	—	—	55.0	12.0	50.0	2.4	-137.0
2005	1009.6	822.4	57.6	—	746.2	18.6	—	145.4	106.3	35.0	4.1	—	—	—	—	13.3	26.8	1.7	8.8
2006	1280.9	941.5	30.0	—	872.2	39.3	—	173.8	81.9	87.2	4.5	—	—	—	0.2	125.6	36.5	3.5	39.5
2007	1497.9	1089.6	99.2	—	943.0	47.4	—	217.3	88.7	43.0	30.6	—	—	—	55.0	128.8	46.3	15.9	6.2
2008	2275.6	1211.9	144.5	—	1006.6	60.8	—	407.7	92.9	235.5	11.3	—	—	—	68.0	489.6	14.0	152.4	9.3
2009	3085.7	1574.0	225.8	—	1286.1	62.1	—	521.1	135.4	328.6	13.5	—	—	—	43.6	811.2	60.0	119.4	3.4
2010	2966.5	1149.6	92.9	332.0	653.7	71.0	—	575.1	165.0	84.7	—	221.0	30.5	10.0	63.9	969.2	113.7	158.9	175.9
2011	5144.9	2716.0	227.4	481.0	1944.5	63.1	—	1051.2	279.9	400.9	—	281.5	25.0	0.0	63.9	978.3	36.4	363.0	1318.7
2012	4471.8	2135.2	176.9	430.0	1449.5	78.8	—	1180.8	250.3	427.7	—	357.0	106.0	0.0	39.8	850.0	28.1	277.7	2797.4
2013	4471.6	2541.2	193.6	420.0	1530.0	101.6	296.0	711.9	306.6	37.8	—	331.5	25.0	0.0	11.0	859.3	30.0	329.2	3214.0
累计	35644.8	21792.0	1469.9	3934.3	15149.8	942.0	296.0	5680.7	1770.3	2021.0	77.2	1191.0	186.5	10.6	424.1	5928.1	547.0	1697.0	—

说明：2010年新会计制度执行前为拨交经费收入包含上解省总经费，执行后拨缴经费收入为市总工会本级经费收入，11栏合并到15栏中，12栏、13栏、14栏从10栏分列出来。

一、会费收入

1986—2013年，攀枝花市工会会员会费缴纳按全国总工会1978年颁发的《关于收缴工会会费的通知》规定执行。1994年6月，机关和事业单位工资制度改革后，市总工会按照全国总工会文件精神再次明确了会费缴纳标准，按标准征收会员会费。即：按照会员本人每月工资收入（机关工会会员为职务工资、级别工资、基础工资、工龄工资；事业单位的工会会员为职务工资、等级工资；机关、事业单位的工人会员为岗位工资、等级工资）的5‰计算交纳会费。会员工资收入合计尾数不足10元部分和各项津贴、补贴、奖金等收入不计算交纳会费。

1996年5月，依据全国总工会财务部、组织部的文件精神，市总工会规定企业工会会员交纳会费的标准，仍按全国总工会1978年通知规定，即会员每月按本人工资收入的5‰计算交纳会费，工资收入合计尾数不足10元部分和各项奖金、津贴、稿费等收入不计算交纳会费。

1999年10月，市总工会依据四川省总工会转发的全国总工会《关于机关及事业单位工作人员调整工资后应计拨工会经费和会员缴纳会费的通知》精神，会费征收按《通知》精神执行。通知规定：工会会员调整工资后，应按增资补发部分补交5‰会费。

工会会员会费缴纳由各基层单位工会直接收取和使用，不上解上级工会。

二、拨缴工会经费收入

《中华人民共和国工会法》规定："建立工会组织的企事业单位、机关按每月全部职工工资总额的百分之二向工会拨缴经费""企事业单位拨缴的经费在税前列支"。这是攀枝花市工会组织最主要的经费来源。这部分经费拨缴到市总工会后，按以下比例留成或上解。即基层工会留成不少于 50%；县（区）总工会留成 35%（含乡镇、街道的 10%）；市总工会留成直属基层工会上解经费的 35%（含产业工会的 10%），留成所属县（区）总工会上解经费的 5%，留成省产业（局）工会上解经费的 5%；省总工会留成市总工会上解经费的 10%和县（区）总工会上解经费的 5%；上解全国总工会 5%。

1988 年 1 月，按照《四川省总工会关于转发〈全国总工会、财政部、国家统计局关于重申按工资总额组成规定）拨交工会经费有关问题的通知〉的通知》（川工发〔1987〕26 号）精神，市总工会与市财政局、市税务局、市统计局联合转发此文件。10 月，市总工会着重对市属基层工会 1986—1987 年度行政方面工资总额进行了检查，确保按工资总额足额计提和按比例上解工会经费。

1989 年，省总工会制定了"上解经费递增包干三年不变、超收回拨奖励和改革对下补助的办法"。从 1989 年起，以 1988 年度职工人数和年人均工资为基数，每年按市、地、州工会经费收交率计算核定年度上解省总工会经费指标，实行按不同比例超收回拨奖励，以调动基层工会收缴工会经费的积极性。

1996 年 6 月，为调动县（区）工会收缴工会经费积极性，理顺市、县（区）财务关系，市总工会印发《关于县(区)工会上解市总工会经费实行核定定额、超定额按比例回拨补助办法(试行)》(攀总工发〔1996〕53 号)。规定市总工会财务部按县（区）总工会上年度建会人数、工资总额和收缴率核定当年上解市总工会经费定额；按县（区）规定比例上解市总工会经费扣除定额部分，市总工会留 30%，70%作为补助经费回拨；县（区）总工会不得以"定额"为由，不按规定比例足额上解经费。如有少缴、漏缴、欠缴一律视为截留和挪用上解经费，一律按违纪处理。

2007 年 7 月，根据《四川省政府办公厅转发省总工会、省地税局〈关于工会经费和工会筹备金由地税部门统一代征的实施意见〉的通知》（川办函〔2006〕187 号）通知精神，市总工会与市地税务局联合印发《关于进一步做好地税部门统一代征工会经费和工会筹备金工作通知》（攀总工发〔2007〕42 号），市总工会进一步明确：全市已建立工会组织的企事业单位和其他经济、社会组织和外地在攀企业依法缴纳工会经费；未建立工会的缴纳工会筹备金，省产业所属基层工会一并纳入代征范围，实行财政统一划拨工会经费的党政机关和行政事业单位不纳入地税代征范围；全市已建工会的企业、事业单位按每月职工工资总额的 2%计提、拨缴工会经费，未建工会组织的按 2%计提、拨缴工会筹备金。由地税部门代征工会经费和工会筹备金，采取与税收征管同步的方式实行按期征收，统一使用省总工会制订的《四川省工会经费或筹备金专用缴款书（代委托收款凭证）》7 联票据，实行地税开票各银行代扣代缴到市、县（区）总工会经费集中户和单位工会户，基层经费留成比例按中华全国总工会财务部《关于调整工会经费上缴办法的通知》（工财字〔2004〕42 号）由原来规定不少于 60%调整为不少于 50%；市总工会向被委托地税部门，按全额代征 2%工会经费和工会筹备金总额的 5%拨付工作经费。工会经费收缴办法的改革，解决了工会经费收缴难的问题。此后代征总量逐年持续增长。

2009 年 9 月，市总工会印发《大企业（集团）工会上缴经费目标考核奖励暂行办法》《县（区）总工会上缴经费目标考核奖励暂行办法》，促进了经费及时足额上缴，市总工会每年 2 月向各大企业、县（区）总工会下达当年经费上缴任务数，年终以当年上缴经费为基数，按 0.8%的比例给予基础奖励；大企业超额上缴任务 1—50 万元的，以超额上缴为基数，按 8%的比例给予奖励；凡超额上缴任务 51 万—100 万元的，其中 50 万按 8%的比例给予奖励，50 万元以上部分按 10%的比例给予奖励；凡超额上缴任务 101 万元以上的，其中 50 万按 8%的比例给予奖励，51 万—100 万元部分按 10%的比例给予奖励，超过 101 万元以上部分按12%的比例给予奖励；县（区）总工会超额上缴经费数在20%以内的，以超额部分为基数，按6%的比例给予奖励；超额上缴经费数20%—40%的，其中20%按6%的比例给予奖励，超过20%以上部分按8%的比例给予奖励；超额上缴经费数40%以上的，其中20%按6%的比例给予奖励，20%—40%的部分按8%的比例给予奖励，超过40%以上部分按10%的比例给予奖励。

2012年9月，按照省总工会《关于转发全总〈关于建筑安装行业拨缴工会经费或建会筹备金问题的批复〉的通知》要求，市总工会委托市地税局代征全市外来建筑安装行业工会经费。征收范围为在攀枝花市承接建筑安装工程业务的企业，征收标准为工程结算收入的4‰。分成方式为基层工会50%，扣除税务5%代征手续费后，县区总工会22.5%，建筑安装行业工会4.5%，市总工会9%，省总工会和全国总工会9%。近年来，市总工会在经费征收工作中勇于改革、大胆创新，结合本地区和产业工会的实际，相继出台多种措施增收，努力实现了规范化应收尽收工会经费。

1989—2013年，市属企业、攀钢、县（区）工会、省产业单位上缴市总工会经费收入21792万元。其中攀钢为国有大型企业，上缴市总工会经费占有较大比重。

三、上级补助收入

按照工会财务制度及相关政策规定，省总工会每年下拨给市总工会一定款项，主要包括回拨补助、市和县（区）文化宫（俱乐部）修建补助、帮扶困难职工补助、送温暖及救灾补助等。1989—2013年，市总工会上级补助收入累计5680.7万元。

四、政府补助收入

市政府自1989年以来，逐年拨给市总工会一定款项，主要包括市文化宫基建补助、送温暖资金、困难职工帮扶、劳动竞赛活动等。1989—2013年，市总工会政府补助收入累计5928.1万元。

五、事业收入

1989—2013年，市文化宫、招待所、职工干部培训学校等事业单位上缴市总工会事业收入累计547万元。

六、其他收入

1989—2013年，市总工会家属楼住房出售、存款利息、接受社会各界捐赠助学款等收入累计1697万元。

第二节　经费支出

一、经费使用原则和范围

按照《中华人民共和国工会法》精神，攀枝花市工会经费主要用于为职工服务和工会活动。工会经费的使用，要坚持量入为出、统筹兼顾、合理安排、收支平衡、略有结余的原则，坚持为大局服务，为基层服务，为职工服务的使用方向，保证工会重点工作的开展。

根据中华全国总工会制订的《工会预算管理办法》规定，攀枝花市工会经费开支范围是：1.职工活动支出：工会为会员及其他职工开展职工教育、文体、宣传等活动发生的支出。2.维权支出：工会直接用于维护职工权益的支出。3.业务支出：工会培训工会干部、加强自身建设及开展业务工作所发生的各项支出。4.行政支出：工会为行政管理、后勤保障等发生的各项日常支出。5.资本性支出：工会从事建设工程、设备工具购置、大型修缮和信息网络购建而发生的实际支出。6.补助下级支出：工会为解决下级工会经费不足或根据有关规定给予下级工会的各类补助款项。7.事业支出：工会对独立核算的附属事业单位的补助和非独立核算的附属事业单位的各项支出。8.其他支出：各级工会以上支出项目以外的各项支出。

二、经费使用情况

1989—2013年，攀枝花市总工会经费累计支出33977万元，其中事业活动支出3949万元、职工活动支出2687.2万元、业务费支出3355.6万元、维权支出2914万元、工会行政支出8046万元、基本建设支出1008万元、专项资金支出1081.6万元、补助下级支出3900万元、上解经费支出5171.3万元、其他支出1864.6万元。

在工会经费使用上，全市各级工会始终围绕工会工作大局，围绕履行维权帮扶职责重点，坚持为大局服务、为基层服务、为职工群众服务的财务工作宗旨，坚持“取之于职工群众、用之于职工群众”的经费使用方向，根据工会年度重点工作，安排使用经费。工会经费主要用于下岗失业人员再就业培训、法律援助、送温暖工程、困难职工帮扶、修建职工文化事业活动场所，开展职工文化、娱乐、教育、体育活动等方面。工会经费使用结构合理，确保了工会职能的履行和重点工作的开展。

1989—1997年，全市、县（区）和产业工会的经费总支出中，用于开展群众文化事业活动和修建文化事业活动场所的资金及对基层工会的补助等占73.23%，用于工会行政和业务费等方面的支出占26.77%；市总工会补助下级支出中，用于补助县（区）文化宫、俱乐部修建及开展群众文化事业活动支出占67.67%，用于行政方面的支出占32.33%。1989—1997年，市总工会本级工会经费总支出4496.8万元。其中上解省总工会经费1190.4万元、补助下级支出804.5万元、其余本级支出经费2501.9万元。其中，用于全市性事业活动费的支出占16.19%，用于全市职工维权、培训、会议等业务支出占10.77%，用于工会行政的支出占29.22%，用于市文化宫等基本建设及其他方面支出占43.82%。

1998—2009年，执行全国总工会1998年颁布的《工会会计制度》，全市、县（区）和产业工会的经费总支出中，用于开展群众文化事业活动和修建文化事业活动场所的资金及对基层工会的补助（主要是“送温暖工程”补助）等占59.91%，用于工会行政等方面的支出占40.09%；市总工会补助下级支出中，用于补助县（区）文化宫、俱乐部修建及开展群众文化事业活动支出占67.72%，用于行政方面的支出占32.28%。1998—2009年，市总工会本级工会经费总支出15136万元。其中上解省总经费3980.9万元、补助下级支出1461万元、其余本级支出经费9694.1万元。其中，用于全市性职工活动费的支出占13.96%，用于事业单位的费用支出占11.52%，用于全市职工维权帮扶、劳模慰问等业务的支出占19.27%，用于工会行政的支出占36.02%，用于市文化宫、家属楼、购公务用车等专项资金支出占9.12%，提财务、经审基金及投资贷款等其他支出占10.11%。

2010—2013年，执行国家财政部颁布的《工会会计制度》，市、县（区）和产业工会的经费总支出中，用于开展劳模技能竞赛、维权帮扶、法律援助、送温暖、职工文化事业活动对基层工会的补助等占69.89%，用于工会行政费等方面的支出占30.11%；市总工会补助下级支出中，用于开展职工维权活动、再就业培训、困难补助、及职工群众文体活动支出占76.64%，用于行政方面的支出占23.36%。2010—2013年，市总工会本级工会经费总支出14344万元（2010年后支出中不含上解经费）。其中补助下级支出1634万元，其余本级支出经费12710万元。其中用于全市性职工活动费的支出占10.5%，用于新文化宫搬迁配套建设等事业费支出占19.09%，用于全市职工维权、培训、会议等业务支出占32.51%，用于本级工会行政的支出占30.08%，用于资本性支出及其他方面支出占7.82%。

1989—2013年攀枝花市总工会历年经费支出情况

表34　　　　单位：万元

年度	合计	事业(活动)支出	职工活动支出	业务费支出	维权支出	工会行政支出	基本建设支出	专项资金(资本性)支出	补助下级支出								上级经费支出	其他支出
									小计	回拨补助	经常补助	专项补助	帮扶补助	送温暖补助	救灾补助	其他补助		
栏次	1	2	3	4	5	6	7	8	9	10	11	12	13	14	15	16	17	18
1989	267.2	29.4	—	15.2	—	35.5	68.5	—	23.6	8.4	5.2	10.0	—	—	—	—	84.0	11.0
1990	326.0	38.3	—	15.0	—	35.8	105.4	—	31.4	13.2	5.2	8.0	—	—	—	5.0	86.1	14.0
1991	414.0	39.2	—	22.5	—	64.2	118.8	—	80.5	18.2	3.5	38.3	—	—	—	20.5	86.3	2.5
1992	394.5	47.9	—	23.6	—	75.2	55.3	—	79.3	54.5	4.0	15.3	—	—	—	5.5	108.5	4.7
1993	412.7	35.7	—	32.0	—	73.7	94.9	—	69.3	54.2	4.9	5.0	—	—	—	5.2	100.5	6.6
1994	447.6	33.4	—	28.6	—	82.4	97.0	—	71.0	54.0	5.5	—	—	—	—	11.5	129.2	6.0
1995	592.6	60.4	—	37.8	—	109.8	113.4	—	92.6	36.6	14.0	30.0	—	—	—	12.0	166.2	12.4
1996	930.6	55.6	—	36.9	—	118.5	298.7	—	201.6	99.8	20.7	40.0	—	—	—	41.1	210.9	8.4
1997	711.6	65.2	—	58.0	—	136.0	55.6	—	155.2	32.3	10.9	70.0	—	—	—	42.0	218.7	22.9
小计	4496.8	405.1	0	269.6	0	731.1	1008.0	0	804.5	371.2	73.9	216.6	0	0	0	143	1190.4	88.5
1998	864.8	35.2	113.4	55.5	—	181.6	—	12.0	119.4	13.8	10.4	85.0	—	—	—	10.2	224.7	123.0
1999	704.8	47.0	82.8	39.0	—	151.4	—	33.9	80.8	44.2	10.6	12.0	—	—	—	14.0	237.0	32.9
2000	926.9	53.4	118.2	58.4	—	213.5	—	—	70.6	40.7	14.4	4.0	—	—	—	11.5	338.7	74.1
2001	1011.6	18.6	60.1	73.8	—	231.0	—	384.6	102.9	48.3	8.7	13.0	—	—	—	32.9	113.6	27.0
2002	596.5	17.8	25.3	62.9	—	258.4	—	23.0	65.3	19.9	4.5	29.8	—	—	—	11.1	105.5	38.3
2003	819.4	19.4	28.3	131.7	—	238.6	—	70.5	64.0	21.3	5.6	30.0	—	—	—	7.1	210.0	56.9
2004	1032.7	30.8	61.8	117.7	—	286.1	—	46.3	67.0	23.5	3.0	31.8	—	—	—	8.7	341.1	81.9
2005	982.3	—	67.4	112.5	—	310.4	—	—	80.8	28.9	14.9	30.0	—	—	—	7.0	346.5	64.7
2006	1359.7	98.9	155.5	183.9	—	346.5	—	—	84.2	14.6	8.5	32.0	—	—	—	29.1	415.0	75.7
2007	1659.3	138.3	95.7	304.1	—	419.6	—	32.7	91.1	26.4	4.5	5.0	—	—	—	55.2	473.7	104.1
2008	2283.2	241.8	166.2	354.0	—	469.9	—	93.0	292.4	36.3	11.3	176.0	—	—	—	68.8	513.6	152.3
2009	2894.8	415.4	378.4	374.4	—	385.3	—	187.9	342.9	46.1	12.0	157.8	—	—	—	127.0	661.5	149.0
小计	15136.0	1117.0	1353.1	1867.9	0	3492.0	—	883.9	1461.0	364.0	108.4	606.4	0	0	0	383.0	3980.9	979.9
2010	2400.5	165.0	259.4	178.0	518.0	800.2	—	63.3	278.4	62.4	—	32.0	99.5	0	10.0	74.5	—	138.2
2011	3666.0	846.9	320.5	300.7	676.0	889.9	—	68.8	402.4	0	—	129.4	142.0	17.9	0	114.0	—	160.8
2012	4055.3	645.0	341.5	361.6	896.4	1114.0	—	13.9	458.8	13.5	—	37.5	102.0	100.0	8.0	198.0	—	223.7
2013	4222.2	770.0	412.7	377.8	823.9	1018.0	—	51.7	494.6	0	—	27.0	212.0	20.0	5.0	231.0	—	273.5
小计	14344.0	2427.0	1334.1	1218.1	2914.0	3823.0	—	197.7	1634.0	75.9	0	225.9	555.0	137.9	23.0	617.0	0	796.2
合计	33977.0	3949.0	2687.2	3355.6	2914.0	8046.0	1008.0	1081.6	3900.0	811.1	182.3	1048.9	555.0	137.9	23.0	1142.0	5171.3	1864.6

说明：1998年工会会计制度改革前，3栏从2栏中分列出来，7栏改为8栏；2010工会新工会会计制度执行后，5栏从4栏中分列出来，13栏、14栏、15栏从12栏中分列出来，17栏取消。

第三节　财务管理

1989—2013 年，市总工会依法抓好工会经费收缴工作，多项举措的实施确保了全市工会经费收入持续增长。自 1996 年起，每年上解省总工会经费数在 200 万元以上，上解经费增长率超过全省平均水平。2007 年起，推行地税代征工会经费，代征总量逐年递增。2012 年，在全省首家推行地税代征工会经费同步纳入税库银横向联网系统管理。在工会经费使用上结构不断优化，工会财务管理逐步规范，市总工会先后获得省总工会财务工作综合考核评比特等奖 9 次和经费收缴单项考核评比一等奖 12 次；从 2010 年起，连续 4 年被中华全国总工会表彰为市级工会财务工作先进单位。

一、制度建设

1989—2013 年，市总工会认真贯彻执行上级工会有关财务管理的各项规定，先后转发和制订了《关于工会财务改革的意见》《基层工会经费使用管理原则》《工会经费开支范围规定》《工会预算管理办法》《工会经费账户管理的规定》《乡镇企业工会财务管理暂行办法》《固定资产管理办法》《工会事业单位财务制度》《关于加强三州民族地区县级工人文化宫、俱乐部建设的意见》《增收留成基金管理办法》《财务专用基金管理办法》《经审专用经费管理办法》等制度、办法、文件 130 多个。使全市工会财务工作在经费拨缴、预算管理、经费开支、资产管理、财务监督、企事业财务管理等方面做到了有章可循，规范管理。

1989 年，为深入持久地开展“双增双节”活动，根据财政部门和省总工会关于推行公用经费包干办法，市总工会制订了《市总工会机关经费实行预算包干奖励办法》，修订了《市总工会机关三项出差总额包干办法》，下发了《攀枝花市县（区）总工会公用经费包干办法》等办法，对经费包干范围、指标和专项列报部分作出规定。

1992 年 2 月，针对自 1988 年以来市总工会内部执行经费预算包干管理中发现的问题，从经费包干范围、包干经费管理办法、包干经费级别划分、包干经费指标核定、严格控制预算外开支、审批制度、奖惩办法等 7 个方面对制度办法进行补充修订，促进了市总工会机关财务管理，节约了开支，提高了经费使用效果。

2000 年 9 月，为规范新建企业建会后工会经费的收缴、管理和使用，市总工会转发《四川省新建企业工会财务管理暂行办法》，规定新建企业工会经费的分成比例和上解办法。新建企业开业投产一年后未建立工会的，应每月向上一级工会交纳全部职工工资总额 2%的工会筹备金和 0.5%的滞纳金，待企业建立工会后再由上级工会按规定留成比例返还企业工会。

2002 年，为调动县以上工会收缴工会经费的积极性，弥补机关经费不足，改善机关的办公条件和生活条件，市总工会转发省总工会《增收留成基金管理办法》《财务专用基金管理办法》，对两项基金的提取比例作了调整并明确了两个基金的使用范围。

2003 年 11 月，市总工会转发省总工会《关于妥善处理工会经费历年呆账有关问题的通知》，对呆账的确认、处理原则、审批程序、财务处理等作出明确规定，为妥善解决各级工会经费历年呆账提供了政策依据。

2012 年 1 月，为加强市总工会机关经费预算管理，进一步适应国家预算制度改革和增收节支要求，保障工会各项社会职能的履行，更好地服务大局、服务基层、服务职工，市总工会印发《机关部门（单位）预算管理暂行办法》，推行机关部门预算管理。

二、财务监督

1989—2013 年，随着工会经费收入的增长，财务监督力度逐年加大。全市各级工会建立健全工会财务监督机制和单位内部控制制度，强化内部监管。同时，每年市总工会财务部与经审办一起，对同级工会经费的收缴、管理和使用进行财务大检查；按照国家有关法律法规的要求，开展对《中华人民共和国会计法》执法情况检查和账户清理工作。坚持定期对各级工会经费收支、经费补助使用情况进行检查，对违反财务制度、财经纪律的情况按规定进行处理。

2011—2013年，市总工会对全市179个基层工会的经费收支情况进行财务检查和审计，现场答疑解惑，对发现的问题及时进行纠正整改，共查出漏欠工会经费400万元，补缴入库350万元。特别是对个别欠缴、拒缴工会经费单位，积极采取措施，在全市范围内首次开展了依法收缴工会经费的工作。

三、财务培训

1989年，根据省总工会下发《关于进一步加强工会财务工作的意见》，要求市内职工人数在两万以上的县（区）总工会配备专职财务人员；基层工会应建立健全财务工作委员会或设立财务委员，配备专（兼）职财务人员。

1990年，国家财政部下发《会计证管理办法（试行）》后，全市各级工会开始推行会计人员持证上岗。1994年，市总工会首次举办财会干部培训班，对大企业工会、县（区）总工会和市属产业工会的财会干部全部进行业务培训。此后，市总工会每年都对各级基层工会财会干部进行业务培训。

1998年，全国总工会颁发新的工会财会制度后，市总工会及时组织各级基层工会财会人员参加该制度的学习和培训，确保新制度贯彻执行。1999年起，市总工会每年均与市财政局联合举办工会会计人员继续教育培训班。2001年，市总工会执行经国家财政部批复同意，省财政厅印发的《四川省会计从业资格管理实施办法》，规定会计人员必须取得会计从业资格，每年应参加继续教育培训，并对在岗人员建立注册登记的认证制度。1999—2013年，市总工会共举办15期培训班，培训财会干部1413人次。各大企业工会和县（区）总工会也坚持分期分批有针对性地对所属工会财会人员进行业务培训。

2004年，按照全国总工会的统一部署，市总工会本级率先实现会计电算化。2005年起，在大企业工会、县（区）总工会和市属产业工会共19家单位中培训推广使用，初步实现会计电算化。2013年，为全面实施财务会计管理规范化建设，市总工会决定在全市范围内统一推广使用会计电算化，邀请软件公司技术员对186家基层工会财务人员进行安装使用前的培训，后期通过远程网络技术指导，全面实现了基层工会会计电算化。

四、竞赛表彰

1989年，为促进各级工会全面加强财会业务建设和基础工作，提高财会工作的整体水平，使工会财会管理逐步走向制度化、规范化，市总工会下发《关于开展全市工会财务会计工作竞赛的规定》，规定自1989年开始，每年开展竞赛。当年在全市大企业、县（区）、市属产业工会中首次开展了财务会计综合竞赛，以经费收缴、财务管理、经费使用及其他方面的情况为评比内容和评比标准。在市总工会的组织指导下，各级工会也层层开展了财务工作竞赛。

2011年，市总工会修订下发《县（区）总工会财务会计（资产）工作综合竞赛评比暂行办法》。对竞赛内容和评比标准进行了调整：经费收缴占50分、财务（资产）管理占40分、经费使用占10分、其他加分不超10分。评比总分在110分以上（含110分）的为特等奖，总分在100分—110分（含100分）的为一等奖，总分在90分—100分（含90分）的为二等奖，总分在90分以下的为三等奖。1989—2013年，市总工会共开展16次财务会计工作综合竞赛表彰活动，共表彰先进集体452个、先进个人1063名。其中：1989年，市总工会表彰全市工会财务工作先进集体15个、先进个人43名；1997年，市总工会表彰全市基层工会财务工作先进集体42个、先进个人170名；2000年，市总工会表彰全市工会财务工作先进集体28个、先进个人105名；2013年，市总工会表彰全市工会财务工作先进集体41个。

第四节　资产管理

1992 年 2 月，市总工会根据全国总工会对工会固定资产会计核算起点的有关要求做出规定：对市内工会资产一般设备单价在 50 元以上、耐用时间在一年以上的以及单价不满 50 元、耐用时间在一年以上的大批同类财产；事业单位的专项设备，使用时间在一年以上、单价在 100 元至 200 元以上的或低于 100 元的大量同类专用设备，纳入固定资产会计核算。

1994 年 6 月，市总工会转发全国总工会、省总工会《关于各级总工会及所属事业单位财产清查登记工作有关问题的通知》和《关于工会资产界定与管理有关问题的通知》。市政府清产核资办公室、市国有资产管理局联合印发《关于工会资产界定与管理有关问题的通知》，对工会财产的清查登记、工会资产的界定与管理作出了明确规定。结合上级文件精神，市总工会在全省规定时间内开展了全市范围内的工会资产和工会占有、使用国有资产的清理登记工作。各级基层工会通过对工会资产和工会占有、使用的国有资产全面进行清查登记、严格界定和逐级汇总，基本摸清了工会的家底。同时，市总工会抓住资产清查登记、界定、确认时机，转发了《四川省工会财产管理办法》《四川省工会企业资产管理试行办法》和《四川省工会资产产权登记暂行办法》等文件，逐步理顺了市内工会资产的管理关系，全市工会资产管理体制初步建立。

1996 年，市总工会根据省总工会《四川省工会企业资产管理试行办法》精神，明确市内工会企业资产属工会社团所有，工会拥有所有权；工会企业资产实行统一领导、分级管理的体制，各级工会组织的资产管理部门和监督机构对所属企业资产经营实施管理和监督，并指导下级工会资产监管工作；工会企业对工会授予其经营管理的资产依法自主经营，享有占有、使用和依法处分的权利，并以其全部法人财产独立承担民事责任；县以上各级工会应设立资产管理部门，配备专职人员对工会资产进行综合管理。1997 年，市总工会按照省总工会的统一部署和安排，对部分资产管理工作比较规范的县（区）工会和直属企事业单位，进行了工会资产产权登记试点，明晰产权关系，规范产权管理。同年，经上级部门和市总工会党组同意市将总工会资产监督管理工作纳入市总工会财务部职责范围。

1999 年，按省总工会转发全国总工会的通知，工会固定资产会计核算起点执行全总资产管理局调整后的规定，即一般设备单价在 500 元以上，专用设备单位价值在 800 元以上，使用期限在一年以上，并在使用过程中基本保持原有实物形态的资产。单位价值虽未达到规定标准，但耐用时间在一年以上的大批同类物资，纳入固定资产管理和核算。

2002 年起，市内普遍开展企业改制，针对部分破产企业在财产清算中，将工会资产列入企业资产一并清算的现象，市总工会根据全国总工会《关于落实最高人民法院〈关于审理企业破产案件若干问题的规定〉的有关破产企业工会所有的财产不属于破产财产规定的通知》的精神，明确市内破产企业工会所有的财产，不属于破产财产；在破产清算过程中，要切实维护好破产企业工会的财产完整；在宣布企业破产后，破产企业的上一级工会要做好破产企业工会的财产接收和管理工作，防止工会资产流失。市总工会按省总工会对保护破产企业工会财产具体安排，对市内破产企业工会的财产进行了清理，有效地防止工会资产流失，维护工会资产的安全与完整。

2009 年 5 月，经市委编办同意，市总工会增设内设机构工会资产监督管理部，增加内设机构科级领导职数 1 名。2010 年，市总工会将固定资产监督管理制度编入内部管理制度汇编，对本级固定资产范围、分类、管理、购置、入库及领用、处置作出明确规定，纳入日常管理确保资产的安全和完整。明确企业、事业单位、机关应当为工会办公和开展活动，提供必要的设施和活动场所。

全市除县（区）以上专职工会组织外，其他工会组织的固定资产均没有土地和房屋，专用设备多为企业文工团购置的设备等。截至2013年年底，市总工会、县（区）总工会、大企业工会固定资产达5759万元。

2013年底全市工会主要固定资产情况

表35　　单位：万元、平方米

单　位	固定资产总额	其中：车辆	房屋	专用设备	办公设备	其他	土地面积	房屋面积
市总工会	1202.80	266.7	746.30	37.50	120.50	31.80	1571.11	2824.09
市工人文化宫	2421.00	20.00	2100.10	243.00	45.00	12.90	46335.00	30760.00
东区总工会	68.78	46.10	—	—	22.68	—	—	—
仁和区总工会	475.30	98.00	349.00	—	28.30	—	636.6.00	2099.13
西区总工会	45.00	24.39	2.82	—	17.79	—	—	—
盐边县总工会	422.20	84.00	253.60	20.50	64.10	—	3354.53	2478.00
米易县总工会	109.66	90.06	10.93	—	8.67	—	1094.00	200.94
攀钢集团公司工会	797.25	23.98	0	361.89	121.69	289.69	—	—
攀煤集团公司工会	151.71	76.19	—	41.99	33.53	—	—	—
钢城企业集团公司工会	29.28	—	—	18.88	2.03	8.37	—	—
十九冶集团公司工会	35.94	—	—	6.78	3.05	26.11	—	—
合计：	5758.92	729.42	3462.75	730.54	467.34	368.87	52991.24	38362.16

第十七章　经费审查监督

第一节　组织机构

攀枝花市总工会经审组织代表会员群众对全市工会经费收缴、财产管理情况进行审计监督。按照《中华人民共和国工会法》规定，市总工会经审工作的职责是对工会经费的收支、财产管理以及机关经济流动进行监督。促进全市工会经费收缴、监督工会经费的管理和使用，以保证工会经费收支符合国家财经法规和工会财会制度，保证工会经费支出结构合理，体现为基层工会服务，为职工群众服务，为工运事业服务。监督工会资产的管理和使用，以保证工会资产运作合法合规，防止工会资产流失，促进工会资产保值增值，以及工会经费和财产管理制度的健全和完善。

一、历届选举情况

1979年1月22日，渡口市工会第二次会员代表大会首次选举产生了工会经费审查委员会。委员13人，袁泉为主任委员。自此以后，历次工会会员代表大会均在改选工会委员时，同时改选工会经费审查委员会委员。1979—1987年，攀枝花市工会经费审查委员会历经3届。1988—2013年，攀枝花市工会经费审查委员会历经6届。

第四届经费审查委员会　1988年10月6日，召开攀枝花市工会第四次会员代表大会，同时选举产生第四届经费审查委员会。第四届经费审查委员会委员共9名：王素英（女）、陈天敏、陈良禄、杨玉凡、杨洪达、钟定香、高月玲（女）、夏志英、袁道良（按姓氏笔画为序，下同）。杨洪达为主任委员，王素英、钟定香为副主任委员。

第五届经费审查委员会　1993 年 6 月 10 日，召开攀枝花市工会第五次会员代表大会，同时选举产生了第五届经费审查委员会。第五届经费审查委员会委员共 9 名：母德贤（女）、陈天敏、陈良禄、杨玉凡、宋洪琼（女）、夏志英、谢开达、蒲明太、廖成佐。主任委员蒲明太，副主任委员廖成佐。

第六届经费审查委员会　1998 年 6 月 8 日，召开市工会第六次会员代表大会，同时选举产生第六届经费审查委员会委员。第六届经费审查委员会委员共九名：刘远书（女）、杨生遂（女）、宋洪琼（女）、罗昌银、周宗福、贾大位、徐升斌、蒲明太、漆家华，第六届经费审查委员会第一次全体会议选举蒲明太任经审会主任，刘远书任副主任。

第七届经费审查委员会　2003 年 8 月 6 日，召开市工会第七次会员代表大会，同时选举产生第七届经费审查委员会委员。第七届经费审查委员会委员共 9 名：毛相嘉、甘昌铭、严光寿、杜娟（女）、周宗福、胡莉（女，回族）、唐德龙、梅启英（女）、覃念怀（女）。第七届经费审查委员会第一次全体会议选举严光寿任经审会主任。

第八届经费审查委员会　2008 年 7 月 16 日，召开市工会第八次会员代表大会，同时选举产生第八届经费审查委员会委员。第八届经费审查委员会委员共 11 名：王海玲（女）、杜娟（女）、李林（女）、吴萍（女）、何成章（彝族）、张国惠（女）、陈朝宪、姜永霞（女）、贾瑞红（女）、程兴国、谢强。第八届经费审查委员会第一次全体会议选举谢强任经审会主任。

第九届经费审查委员会　2013 年 6 月 13 日，召开攀枝花市工会第九次会员代表大会，同时选举产生第九届经费审查委员会委员。第九届经费审查委员会委员共 13 名：王海玲（女）、刘照南、李林（女）、杨立森、何成章（彝族）、汪筠（女）、张雪松、陈志农、陈朝宪、林敏（女）、郑红、胡慧娟（女）、曾妍妍（女）。第九届经费审查委员会第一次全体会议选举郑红任经审会主任。

二、经审会组织结构

根据《中华人民共和国工会法》和《中国工会章程》规定，攀枝花市工会经费审查委员会（以下简称市经审会）是代表会员群众对攀枝花市工会各项经费的收支和财产管理进行审查监督的组织。凡独立管理工会经费的各级工会组织都要建立经费审查委员会。

1979 年 1 月，渡口市工会第二次会员代表大会首次选举产生了工会经费审查委员会。自此以后，市工会每一届代表大会都同时选举产生同届市经费审查委员会。市经审会主任按同级工会领导副职配备，设立市经审会办公室并配备办公室主任，组织开展经审日常工作。

1988—2013 年市总工会经审会组织机构情况

表 36

届　别	隶属关系	级　别	组织机构设置及人数
第四届经审会	市总工会	副县级	主任委员 1 人、副主任委员 2 人、经审会委员 9 人
第五届经审会	市总工会	副县级	主任委员 1 人、副主任委员 1 人、经审会委员 9 人
第六届经审会	市总工会	副县级	经审会主任 1 人、经审会副主任 1 人、经审会委员 9 人
第七届经审会	市总工会	副县级	经审会主任 1 人、经审办副主任 1 人、经审会委员 9 人
第八届经审会	市总工会	副县级	经审会主任 1 人、经审办主任 1 人、 经审办主任科员 1 人、经审会委员 11 人
第九届经审会	市总工会	副县级	经审会主任 1 人、经审办主任 1 人、 经审办主任科员 1 人、经审会委员 13 人

三、县（区）、委、局大企业工会经审会组织建设

1993年11月，全市各级工会应建立工会经审会（组）776个，已组建718个，组建率93.98%。全市各级工会专兼职经审干部已达1904人。至2013年，全市各级工会已建立经审组织1496个，组建率100%。形成了市—县（区）、产业、大企业—基层工会三级组织体系。全市各级工会经审会共配备专兼职经审干部3198人，其中配备经审会主任943人、经审办主任3人、经审办干部9人。攀枝花市率先在全省实现县（区）总工会经审会主任全部按专职配备，进党组。5个县（区）总工会、4个大企业工会都设置了经审办，共配备经审办主任、经审干部9人。全市乡镇（街道）以上工会专兼职经审干部310人，具有审计财会资质的259人，占84%。同时，全市县以上工会还聘请了13位具有专业资质、工作经验丰富的特邀审计员，初步建立起了一支专业化的工会经审干部队伍。

第二节　监督检查

一、制度建设

市总工会历届经审会重视制度建设，把制度建设作为经审工作的一项基础性工作来抓。按照《中华人民共和国工会法》《中国工会章程》和全国总工会、四川省总工会和国家审计局相关文件精神，结合攀枝花市实际，及时转发上级和制定工会审计监督工作规章制度，逐步形成了攀枝花市经审制度体系的基本框架。

1991年8月起，市总工会经审会开展学习贯彻四川省审计局、省总工会联合发文（川工发〔91〕182号）的活动，全市95%的基层工会参加学习贯彻活动。2005年上半年，市总工会经审会转发《四川省总工会关于进一步加强工会经费审查监督工作的通知》（川工发〔2005〕12号）和《四川省总工会关于工会内部审计责任追究的暂行办法的通知》（川工发〔2005〕28号），并提出4条贯彻意见。2007年，市总工会经审会制定了六项制度，即：《攀枝花市总工会经费审查委员会议事规则》《攀枝花市工会经审信息工作制度》《攀枝花市工会经审干部廉洁自律决定》《攀枝花市总工会经审办会议制度》《攀枝花市总工会经审工作档案管理制度》《攀枝花市总工会经审办学习制度》。实行《审计结果实名报告制度》。2008年实行《审计回访制度》。2010年市总工会经审会转发《全总关于加强县级工会经费审查审计监督工作的意见》，并提出2条贯彻意见；出台《攀枝花市县（区）、产业、企事业工会经审工作规范化建设标准》。2011年9月，下发《攀枝花市总工会审计结果集体谈话实施办法》（试行），规范对工会各项经济活动的审查审计工作。到2013年，市总工会经审会制度建设从审查审计、自身建设、考核评比、廉洁自律等方面，共建立了11项制度，形成了比较完整的经费审查制度体系。

二、组织建设

1991年年初，市总工会经审会配合市总工会组织部门狠抓基层工会经费审查委员会的组织建设。1991年3月和12月，两次对工会经审组织基本状况开展调查统计，全市工会经审组织组建率由年初的48%上升到85.04%。1992年，市总工会经审会积极配合市总工会组织部对基层工会换届改选严格把关，保证了经费审查委员会与工会委员会同时改选、同时产生。基层工会经审会组建率由1991年的85.04%上升到93.98%，工会经审组织网络体系已基本形成。1993年11月，全市工会系统应建工会经审会（组）776个，已组建718个，组建率93.98%，工会经审组织机构网络已基本形成。有17个基层工会组织和经审组织撤销或合并。1993年6月，市工会第五次代表大会上改选了经费审查委员会，选配了工会经审会的班子，配备了市总工会经审办、审计室副主任，加强了市总工会经审力量。截至1994年12月20日，全市工会系

统专兼职经审干部已达 1871 人。至 1996 年 12 月底，全市工会系统应建经审会（组）742 个，已建 715 个，占应建数的 96.37%，专兼职工会经审干部 1840 人。1998—1999 年，在市总工会领导的重视、支持和组织部门的密切配合下，在改制企业中建立工会经审会取得新突破，基本做到了同时推荐、同时选举、同时报批，及时解决了企业改制工会经审组织相应的过渡问题。2001 年 1 月，通过发文件明确“新建企业建立工会组织以后必须建立经审组织”，完善工会内部的监督机制。2002 年，市总工会经审会进一步加强组织建设，及时转发全国总工会、省总工会《关于加强工会经审工作的意见》，指导、帮助基层工会建立工会经审会，落实工会经审工作人员，为经审工作的顺利开展打下了坚实的基础。2002 年，县（区）、企业、产业工会经审会组建率达 100%，新建企业工会经审会组建率达 70%。2003 年 11 月 20 日，市总工会经审会主任严光寿，向市总工会党组专题汇报了对三区两县工会 2002 年度财务收支进行审计情况和市总工会经审工作中有关组织建设的情况，市总工会党组对市总工会经审会 2003 年以来开展经审工作的组织建设的成绩给予肯定，对审计县（区）工会财务收支中发现的有共性的问题，采取了有力措施加以整改。2007 年，仁和区、东区、米易县 3 个总工会配备了专职经审会主任。该项工作是攀枝花市县级工会经审组织建设新的突破，属于全省领先。

截至 2013 年年底，全市各级工会共建立经审组织 1496 个，组建率 100%，形成了市—县（区）、产业、大企业—基层工会三级组织体系。全市各级工会经审会共配备经审委员、专兼职经审干部 3382 人，5 个县（区）总工会率先在全省实现配备专职经审会主任，进党组。5 个县（区）总工会、4 个大企业工会都设置了经审办，共配备经审办主任、经审干部 9 人。全市乡镇（街道）以上工会专兼职经审干部 310 人，具有审计财会资质的 259 人，占 84%。全市县以上工会还聘请了 13 位具有专业资质，工作经验丰富的特邀审计员，初步建立起了一支专业化的工会经审干部队伍。

三、干部培训

1994 年，全市各级工会经审会共培训经审干部 1721 人，占应培训人数 1871 人的 92%。1996 年，市总工会经审会选派 3 人到全国总工会、省总工会进修，各系统工会经审会根据自身情况也开展了经审人员素质培训工作。截至 12 月底，全市共培训经审人员 1274 人，占应培训经审人员的 69.23%。1997 年，市总经审会选送 14 名经审干部到全国总工会、省总工会进行经审业务师资培训，并组织部分经审干部到重庆市总工会经审会和自贡、宜宾、南充、遂宁、绵阳、广元学习考察经审工作经验。各区县、大企业和市属企业工会采取以会代训、专题研讨等方式开展经审干部业务培训工作。1999 年，加强业务培训，结合新会计制度的实施，与财务部门联合举办 5 期业务培训班。2003 年 11 月 27 日，市总工会经审会举办经审干部业务培训班，省总工会经审办副主任邓俊专程来攀为 154 名经审干部和部分县（区）、大企业分管财务的工会主席讲解经审业务知识。各县（区）、产业、大企业工会也分别举办经审干部业务培训班，培训各级经审干部 554 人次。2003 年，全市各级工会共培训经审干部达 708 人次。2004 年，狠抓经审干部队伍素质的提高。10 月 26 日，市总工会经审办在攀钢南山宾馆举办培训班，全市 150 余人经审人员参加培训。市总工会经审办编印《工会经费审查工作资料选编》发给培训人员，市委常委、市总工会主席景宏年为《资料选编》题写“强化审计纠错校误，提高水平再创佳绩”的题词。2006 年，创新培训方法，推进经审工作规范化进程，经过与省审计厅和省总工会经审会多次沟通协商，改变了过去只能到四川省审计厅内审协会集中培训才能取得内审资格证书的做法。市总工会经审办与市审计局联合举办全市工会经审干部内审上岗资格培训班，全年有 106 人取得省审计厅颁发的“内审资格证书”。2007 年 8 月，市总工会经审会利用省总工会经审会来攀审计之机，举办经审干部培训班，全市经审干部 150 人参加培训。2009 年，市总工会举办 2 期规模较大的培训班，分别是经审业务培训班和新《工会会计制度》培训班，培训经审干部 293 人次。

2010 年，市总工会经审办与市审计局、区县（产业）工会等联合举办培训班，共培训各级工会经审干部 635 人次。其中 339 人取得省审计厅颁发的“内部审计人员岗位资格证书”，持证上岗率达 90%。2011 年 7 月，市总工会在攀枝花会展中心举办全市工会经审干部 2011 年度继续教育培训班，全市各级工会主管领导、经审委员、专兼职经审干部、市总工会主要部门负责人及相关人员共计 233 人参加培训。省总工会党组成员、经审会主任张锐，省总工会经审办主任、注册会计师邓俊到场授课。2012 年 11 月，市总工会与市审计局联合举办攀枝花市工会经审干部 2012 年度继续教育暨岗位资格培训班，共培训全市工会经审人员 329 人，其中取得内审资格证的人员 259 人，顺利通过省审计厅资格年审。2013 年，市总工会与市审计局联合采取以审代训方式，选派工会经审干部参加市审计局审计项目，在实践中培养锻炼工会经审人员，市总工会选派 2 批 4 人参加市审计局两个审计项目，工会参审人员在审计局的带领下边审计边学习，参审人员一致认为，体会深、效果好。2013 年 12 月，市总工会与市审计局联合举办攀枝花市工会经审干部 2013 年度继续教育培训班，全市各级工会主管领导、经审委员、专兼职经审干部、市总工会主要部门负责人及相关人员 233 人参加培训。

四、理论研究

1991 年 6 月 4 日，市总工会召开全市经审工作经验交流会，会议收集 30 份经验材料，有 10 个集体、4 名个人作了经验介绍。市总工会、市审计局、省总工会经审会的领导对市工会经审工作给予充分肯定和赞扬。1995 年，连抓三年工会经审理论研究，共提出 42 个研讨课题，取得较好效果。1995 年 11 月 17 日，全省大中型企业经审工作理论研讨会在攀枝花市召开。攀枝花市推荐 7 篇论文，获得 2 个一等奖、4 个二等奖、1 个特别奖、1 个组织奖，在会上发布论文 4 篇，得到了省总工会领导的充分肯定。1998 年，继续开展经审工作理论研究，运用研究成果指导审计实际工作。2000 年，加强经审工作调研活动，探索新形势下如何加强工会经审工作，撰写的论文在川西片区理论研讨会上交流受到好评。2001 年 10 月 12 日，川西片区经审工作理论研讨会在攀枝花市召开，市总工会经审会、攀钢工会经审会、攀煤公司工会经审会在会上进行了经验交流和理论探讨。2005 年，市总工会经审会专门召开七届四次全委（扩大）会议，贯彻落实省总工会在广元剑阁召开的全省县级工会经审工作现场交流会精神，介绍了广元市、剑阁县、旺昌县总工会经审理论研究工作经验。2005 年，市总工会经审会 5 篇经审工作信息被市总工会采用。市总工会经审办撰写的《市属改制企业工会经费收支审计与思考》，在 2004—2005 年度攀枝花市政务调研成果评选中荣获优秀奖，向省总工会经审办送稿（资料）23 篇，采用 10 篇，采用率达 43%。2006 年 3 月 1 日，市总工会经审办在盐边县召开全市首次县（区）级工会经审工作现场经验交流会，县（区）、企事业和部分产业工会经审会主任、市总工会经审委员及市总工会相关部门的负责人参加会议，会上，盐边县政协副主席、县工会主席黄大洲等作了经验发言。2009 年，省总工会《川工经审信息》第三期以全部版面刊登攀枝花经审论文 9 篇、信息 1 篇，并配发了编者按。2010 年，进一步拓展经审理论研讨工作的深度和广度，深入开展经审理论研讨等活动，全市共征集经审论文 55 篇，全国总工会《工运信息》和省总工会《川工经审信息》分别刊登了攀枝花市总工会经审会《立足创新，提升经审工作水平》和《攀枝花市工会经审工作不断创新发展》的工会信息。市审计局《攀枝花审计》专门设经审工作专栏先后刊登了工会经审论文 8 篇、工会经审信息 2 篇。2011 年 11 月 18 日，市总工会在市会展中心召开 2011 年度全市工会经审论文发布暨表彰会，表彰 2010 年度全市工会经审工作规范化建设考核优秀单位及 2011 年全市经审论文征集获奖作者。2012 年 11 月 8 日，召开 2012 年度全市工会经审论文成果发布暨经审工作通报会，全面总结了 2012 年度全市工会经审论文评选活动。

五、竞赛表彰

1991年10月22日，省总工会召开表彰大会，攀钢工会、攀矿工会、盐边县总工会3个单位被省总工会评为经审工作先进集体，市总工会主席刘秀武、攀钢工会办公室袁道良、矿务局审计处梁光林3人被省总工会评为经审工作先进个人。1996年1月，组织开展经审工作竞赛和目标考核，市总工会经审会把经审工作分解细化为4大类、共35项，对考评范围、原则和方法，考评时限和奖励办法做出了明确规定。1997年，继续开展经审工作竞赛和目标考核工作，对101名先进经审干部、23名重视和支持经审工作的党政工领导和有关财务、审计人员、20个经审工作先进集体进行了表彰。1998年，表彰先进，树立典型，交流经验，促进经审工作健康发展。1999年，继续开展了工会经审工作目标管理和经审工作竞赛活动。借鉴省总工会经审会工作目标管理和竞赛形式，把经审会的4项主要工作任务分解细化为36小项，量化工作目标和竞赛内容。对县（区）、大企业工会经审会和委、局、产业工会的直属企事业工会的经审会上年度经审工作目标任务完成情况进行逐项考核，评选出一、二、三等奖和特别奖，给予奖励。2000年，坚持开展工会经审工作目标管理和经审工作竞赛活动，评选出经审工作一等奖2名、二等奖3名、三等奖6名，并给予表彰奖励。2001年6月，市总工会经审会对评选出的攀煤公司、金沙水泥股份有限公司、市公交客运总公司工会经审会3个一等奖、米易县总工会等3个二等奖、十九冶工会等7个三等奖给予表彰奖励。2002年，市总工会经审会表彰2001年度全市经审工作先进集体15个，其中一等奖4个、二等奖5个、三等奖6个。2003年4月，市总工会经审会对2002年工会经审工作竞赛进行总结评比，对攀煤公司工会经审会等12个先进集体给予表彰。2004年，市总工会经审办抓好经审考核表彰，对攀钢公司工会经审会等12个先进集体及覃念怀、李正益等23名先进个人给予表彰奖励。2005年，市总工会经审办组成考核小组深入基层工会经审会，对2004年度经审工作进行面对面的严格考核，当面肯定成绩，指出不足，在此基础上，对攀钢公司工会经审会等15个经审工作先进集体及刘新会、覃念怀等29名经审工作先进个人予以通报表彰。2006年，创新经审工作竞赛年度考核办法，推进全市经审工作规范化，市总工会经审办采取深入基层听汇报、查阅资料、审核审计程序、提问调查、定性定量分析等方法，当面肯定成绩，指出问题，提出要求，取得较好效果。经过考核，对盐边县总工会经审会等13个经审工作先进集体和贾瑞红等29名经审工作先进个人予以通报表彰。2007年，通报表彰2006年度经审工作15个先进集体和30名先进个人。2009年，市总工会经审会对攀钢（集团）公司工会经审会等16个先进单位、贾瑞红等33名先进个人进行了通报表彰。2009年，市总工会经审会获得省总工会全省经审工作一等奖，市总工会经审会等2个单位和3名经审干部被评为全市内审工作先进集体和先进个人，受到市政府表彰。2010年，市总工会经审会对2009年度全市工会经审工作进行考核，评出一等奖的单位5个、二等奖6个、三等奖8个，评出先进集体19个、先进个人41名。2012年12月13日，召开年度全市工会经审工作通报会。会上对2011年度经审工作规范化建设获奖单位进行了表彰。仁和区、攀钢公司、盐边县工会经审会获A级单位，十九冶、钒钛产业园区、钢城集团、东区、西区、米易县、攀煤公司工会经审会获B级单位。

第三节　审查审计监督

一、制度建设

1992年，市总工会制订《市总工会本级经费审查监督工作的若干规定》和市总工会经审会的《会议制度》《监督制度》《工作制度》《指导基层经审工作制度》，明确了市总工会经审会对本级工会经费审查监督的范围、审查监督事项、审查监督的体制、审查监督的职权和审查监督的程序等内容。在省总工会经审会

《经审通讯》刊物上全文刊登了攀枝花市总工会经审会制定的四项制度。2000 年，新建立《市总经审会对本级经费预算执行情况进行审查监督的暂行办法》和《市总经审会对下级工会经费审查监督的暂行办法》两项制度，同时对以前制定的其他制度、规定等进行了修改、完善。2005 年，市总工会经审会在全省率先制订了《攀枝花市总工会经审办审计组工作细则》。11 月，为规范经审经费的管理和使用，市总工会印发《攀枝花市总工会经审专用经费管理办法》，针对经审专用经费的提取条件、提取比例、使用范围、审批办法作出明确规定。

2009 年 1 月 20 日，市总工会党组会议议定下发《攀枝花市总工会经审工作规范化建设标准》，从 2009 年起设立经审工作创新奖。每年将全市区县总工会全部纳入市总工会经审会审计范围，适当吸收来自基层工会的市总工会经审会委员，参加对下审计，互相借鉴，开阔视野，推动经审工作的不断完善和发展。2010 年 3 月 31 日，下发《攀枝花市总工会关于县（区）、产业、企事业工会经审工作规范化建设标准》。加强对民营企业工会经审监督，将企业规模较大、职工人数较多、代表性强的民营企业作为审计的重点。按照“下审一级”原则，以县（区）、产业工会为主，尝试采取联合审计、交叉审计及审计调查等新的审计方式。2011 年 3 月 17 日，市总工会党组会议拟定与市审计局、市规建局、市地税局联合下发《攀枝花市建筑施工企业工会经费（工会筹备金）计拨审计办法》。同年，建立审计结果领导班子集体谈话制度，出台《攀枝花市总工会审计结果集体谈话实施办法》，加强审查审计监督力度，强化审计结果的执行。2012 年 4 月 19 日，出台《攀枝花市总工会关于县（区）总工会经费绩效审计办法》，对列入绩效审计的 9 个重点项目进行绩效评定，对单项取得 95 分以上获得“效益好”等级的项目给予单项奖励 1000 元，用于奖励财务、经审相关人员；对综合项目取得 855 分以上获得“综合效益好”等级的，给予单项奖励 10000 元，用于奖励领导班子。

二、预决算及经费审查

1991 年，市总工会经审会开始对市总工会本级年度经费收支预算进行审查。同年，市总工会经审会参加对市工人文化宫、工会干校近几年来经费开支和物资的清理审查工作和对市总工会机关的物资清理、登记工作。1991—1994 年，均于年初对上年度收支决算和本年度收支预算进行审查。1993 年，全市工会经审会（组）开展经费审查工作好的占 34%、一般的占 59%、差的占 7%。全市工会经审会（组）基本上做到对本级工会经费年度预、决算进行审查，经审会列席有关会议，参与本单位工会经费重大开支和预算外开支的讨论，坚持统筹兼顾、重点突出，把钱收好、管好，用在刀刃上，保护了工会干部，维护了职工、会员的利益。发挥了经审会（组）“审、帮、促”作用，并将工会财务置于会员群众有效的监督之中。1994 年，工会经审会列席本级工会全委会已形成制度，经审会主任参加经费重大开支及预算外开支的讨论，对工会财经纪律、财务制度、预算执行进行监督检查。在贯彻省总工会《关于开展 1991—1993 年工会经费计拨审查的通知》的同时，市总工会提出“审查对象、时限、内容、办法 4 条实施意见”。全市 15 个系统、623 个基层工会都进行自查，市总工会领导率领有关职能部门人员抽查 22 个企业工会，就查出的问题与有关职能部门交换了意见，并作出审查结论，发出《经费计拨审查入库通知》。全市行政拖欠、漏项少计拨工会经费百余万元。通过审查发现存在欠上解经费现象。为加强工会经费管理，对投资 5 万元以上的基建项目，实行决算审计。1994 年 3 月，市总工会经审会审计室、经审办在市总工会财务部的配合下对市职工技术交流站、市工人文化宫、市总工会干校进行审查。1995 年 4 月，市总工会经审办、审计室和财务部分别对市职工技术交流站、市工人文化宫、市总工会干校和市总工会机关接待中心 4 个经费收支独立核算的部门和事业单位进行财务收支、使用情况审查。自 1995 年开始，则实行经审会会议审查。1995—2006 年，均于年初召开全市经审会全委扩大会会议，对上年度经费收支决算和本年度收支预算进行审查。1996 年 3

月开始，市总工会经审办、审计室和财务部组成审查组，分别对市职工技术交流站、市总工会接待中心、职工市场、市工人文化宫、市总工会干校5个单位（部门）的财务收支情况逐个进行审查。1996年3月，市总工会下发《各工会经审会关于年度计拨工会经费自查、抽查的通知》，4—7月，各基层工会经审会（组）严格按要求进行认真自查，全市工会经费计拨自查面达100%。8—11月，市总工会经费计拨审查组到县、区、委、局、产业和基层工会共17个单位进行抽查，于12月份分别向被抽查的单位发出“工会经费补解计划通知”，促进了年度工会经费收缴工作，工会经审工作起到了“收、管、用”的检查和“审、帮、促”的监督作用，为保证工会工作顺利进行和工运事业的正常发展作出了积极努力。1996年，根据市委、市政府机构改革总体方案，撤销市冶金电子工业局，市总工会对该局工会兴办的海马装饰板材厂财产、物资移交前的资产、负债、权益及损益状况进行了审计。1997年3月，市总工会经审会根据全国总工会、省总工会和市政府的要求，重新下发开展工会经费年度计拨、上解、使用等8项内容的审计通知，拓宽审查范围。8月前，先由各单位组织力量自查，自查面达100%。9月，市总工会组织力量开始对县（区）部分大企业和市属企业工会进行重点抽查。同时，自4月起，市总工会经审办、审计室和财务部组成审计组，对市总工会直属事业单位市职工技术交流站、市总工会接待中心、市工人文化宫、市总工会干校、职工市场5个单位（部门）的财务收支情况分别进行了审查。12月，市总工会经审会组织审查组对市总工会本级1997年度送温暖工程基金的收支情况进行年度审查。并将审查结果向市总工会五届六次全委会作了专题报告。1998年，市总工会经审会预决算审查初步形成制度化、规范化。1998年1月，市总工会经审会召开五届六次全委会，讨论通过市总工会1997年度经审工作报告和1998年度经审工作意见；讨论通过市总工会1997年度财务收支决算和1998年度财务收支预算。同年，市总工会经审办、审计室、财务部对市总工会直属的市职工技术交流站、市总工会接待中心、市工人文化宫、市总工会干校、职工市场5个单位（部门）的财务收支年度审查和送温暖工程的“扶贫帮困基金”等各项基金的开展审计工作。1999年开始，市总工会经审会开展了对本级工会上半年经费预算执行情况的审查。1999年3月，市总工会经审办审计室和市总工会财务部组成联合审计组，先后对市总工会接待中心、职工技术交流站、职工市场、市总工会干校和市工人文化宫等5个单位（部门）的财务收支情况分别进行了年度审查。2000年3—4月，对市总工会直属单位（部门）的财务收支情况进行年度审查审计工作。2001年9月，市总工会经审会对本级2000年度财务收支、资产管理情况进行了审计。2001年内，对市总工会直属单位（部门）的财务收支情况进行年度审查审计工作和对市工人文化宫完成年度经济指标进行考核和审查工作。2002年初，市总工会六届六次经审会全委会审查通过了市总工会2002年度经费预算（草案）；市总六届七次经审会全委扩大会对市总2001年度财务决算进行了审查。7月13日至20日，市总工会经审会邀请市审计局人员组成审计组，对市总工会2001年度工会经费预算执行情况进行了审计。年内，对市总工会直属单位（部门）的财务收支情况进行年度审查审计，提出16条审查意见和8条整改建议。自2003年开始，经审会全委扩大会除对市总工会年度经费收支预决算进行审查外，还要对市总工会经审会的工作报告进行审议。2003年2月，市总工会经审会召开六届八次全委扩大会，审议市总本级2002年度预算执行情况和2003年预算编制（草案）。同时审议了市总工会经审办《关于审查2002年度送温暖工程基金的报告》，讨论、修改了市总工会经审会2002年经审工作总结和2003年经审工作意见。3月，市总工会经审办首次向市工人文化宫、市总工会职介所等6家事业单位发送书面审计通知，对各单位2002年财务收支和财产管理开展审计，市总工会经审会审计组，共发现问题17个，提出整改建议19条，在下达审计意见书之前，分别反复征求被审计单位对审计报告的意见，并在审计意见书上签字认可，最后正式下达审计意见书。2004年2月4日，市总工会经审会审计组首次独立开展对市总工会2003年度经费收支决算进行了审计。2004年，市总工会经审办先后组织并实施了对市工人文化宫、市职工技协、市总工会接待中心、市总工会职介所和职工市场2003年度财务收支和财产管理情况审计，共发现问题14个，提出整改建议16条，在先征求意见基础上，分别正式下达审计意见书，各单位都进行了认真整改。2005年，市总工会经审办审计组严格按照审计6项规程和市总工会经审办审计组10项工作职责要求，先后组织并实施了对市总工会直属事业单位市工人文化宫、市总工会职介所等8个单位和送温暖基金2004年度经费收支及财产管理情况进行了审计，发现问题48项，提出整改意见50条，在分别征求意见的基础上，下发了审计意见书。2006年，市总工会经审会召开3次经审全委会：七届五次全委会对2005年度经审工作总结、2006年经审工作安排进行审查修改；七届六次全委会对市总工会本级2005年度经费预算执行情况及2006年预算编报草案进行了审查；七届七次全委会对市总本级2006年1—9月预算执行情况和调整预算情况进行了审查。2007—2013年，市总工会经审会均以召开全委扩大会议的形式，对市总工会上年度经费决算（预算执行情况）和本年度经费预算（预算调整方案）进行审议或审查。其间，于2007年、2008年对市总工会上年度经费预算执行情况进行了审计。2008年，市总工会经审会共实施审计17项，分别对市总工会本级和西区等4个区县总工会，中冶实久等8个企事业、行政机关工会，市工人文化宫等5个直属企事业单位2007年度预算执行情况和财务收支情况进行了审计。2009年，市总工会经审会共实施审计17项，共审计资金5311万元，指出问题64条，提出建议43条，涉及相关问题资金109万元。审计的单位有：市总工会本级；市工人文化宫、市总工会职介所、市职工技协、市技术交流站等4家市总工会直属事业单位；钢城集团公司工会、市规划建筑设计院工会、市城监支队工会、601地质大队工会、市交通运管处工会、市中心医院工会、市七中工会等7个单位工会；东区、西区、仁和区、盐边县、米易县等5个县（区）总工会。审计指出有的单位存在会计核算不够准确、个别款项支付依据不够充分等相关问题。被审计单位对审计意见认真进行了整改，调整了相关账务、补充了相关支付依据。2010年，市总工会经审会共实施审计项目25个，共审计资金7127.87万元（含各类专项资金项目46个，总金额1339万元），指出问题42项，提出建议47条，当年完成整改37条，整改率达69%。审计的单位有：市总工会本级；市工人文化宫、市总工会职介所、市职工技协、市技术交流站等4家市总直属事业单位；攀煤集团公司工会、市公路管理处工会、市园林绿化处工会、市规划建筑监察支队工会、市质监站工会、市妇幼保健院工会、市第九中学校工会、市烟草公司工会、市德铭有色冶金有限公司工会、市大西南实业有限公司工会、四川恒盛路桥勘察设计有限公司工会11个单位；东区总工会、西区总工会、仁和区总工会、盐边县总工会、米易县总工会等5个单位。2009年财务收支审计情况：审计建议市总工会直属事业单位目前的财务状况不乐观，请认真研究创新途径，开源节流，量入为出，保证事业可持续发展。对市工人文化宫、市职工技协、市技术交流站、市总工会职介所等4家市总直属事业单位财务收支及资产管理情况审计表明，在市总工会经审会坚持每年审计的基础上，4个直属事业单位，强化措施，财务管理逐步规范，资金使用基本符合国家相关财务制度和市总工会相关规定。审计就市工人文化宫建设发展、经营管理，市职工技协深化技术服务、提高技协自身发展能力，市总职介所立足市场、不断创新职介事业等提出了相关建议。2011年，市总工会经审会共实施审计项目25个，共审计资金5458万余元，指出问题45项，提出建议44条，作出审计决定15项。2011年财务收支及资产管理情况进行审计的单位有：市总工会本级；市工人文化宫、市职工技协、市技术交流站、市总工会职介所等4家市总直属事业单位；攀钢集团公司工会、市交通工会、交通局机关工会、市城投公司工会、市金泰房地产公司工会、市政管理处工会、市水务集团公司工会、市疾控中心工会、市四医院工会、市金沙水泥有限公司工会、兴中钛业公司工会、泓兵钒镍有限公司工会、市得天独厚餐饮公司工会、市实验学校工会、攀枝花实验幼儿园工会等15个企事业单位；东区总工会、西区总工会、仁和区总工会、盐边县总工会、米易县总工会等5个单位。2012年，市总工会经审会共实施审计项目16个，共审计资金9778.25万元，共指出问题36个，提出建议32条，审计调账资金168.57万元。2012年，对财务收支及资产管理情况进行审计的单位有：市总工会本级；市工人文化宫、市职工技协、市技术交流站、市总职介所等4家市总直属事业单位；攀钢集团公司工会、攀煤集团公司工会、钢城集团公司工会、十九冶公司工会、攀枝花日报社工会、攀枝花学院工会等6个企事业单位；东区总工会、西区总工会、仁和区总工会、盐边县总工会、米易县总工会等5个单位。2012年，市总工会经审会首次对全市 11 个直属产业工会（市建设建材工会、市城管工会、市交通工会、市文广新工会、市卫生工会、市林业工会、市劳动保障工会、市公安工会、市钒钛产业园区工会、市直机关工会、市财贸工会）本级及所属154个单位2011年度工会经费审查工作开展了专项审计调查，发出和收回“专项审计调查回证表“154份，调查面86.51%。调查发现，调查的154个单位中有57个单位没有配备经审会主任，占37.02%；有105个单位没有配备经审办主任，占68.18%；有41个单位没有开展预算审查，占26.63%；有70个单位没有开展本级预算执行情况审计，占45.46%；有40个单位工会没用独立建账，有35个单位未编报工会预决算等。共15个问题。针对这些问题，市总工会经审办向市总工会党组提出6点建议，逐步予以解决。2013年，市总工会经审会共实施审计项目65个，共审计资金10619.42万元（不包括基建和装修工程审计），涉及账务处理相关问题资金187.61万元，指出问题51项，当年整改47项，提出审计建议123条，被采纳116条，重点解决了12个单位工会未独立建账的问题。2013年，对财务收支及资产管理情况进行审计的单位有：市总工会本级；县（区）总工会、大企业、产业、企事业工会及市总直属企事业共64个单位2012年度经费绩效、财务收支和资产管理情况进行了审计。市总工会经审会对下一级工会及市总工会直属企事业单位审计覆盖面达100%，对产业工会所属单位审计面达1/3。

三、审计监督

（一）预算执行及财务收支审计

1991年，市总工会委托市审计事务所对市属22个企业工会开展财务收支审计。1992年，市工会经审会参与协助市审计局完成1988—1990年工会经费计拨审计工作。全市应审对象395个，实际审计369个，占应审数的93.4%。为加强对工会经费计提、拨交审计工作的领导，市总工会成立工会经费计拨审计领导小组，落实责任部门和责任人。1996年起，市总工会经审会开展一年一次工会经费计拨、上解、使用情况的审查和重点抽查。1996年3月，下发工会经费自查、抽查通知，市总工会主席刘秀武带队对直属各县（区）工会、产业所属部分基层工会、攀钢三大企业工会等单位进行重点抽查，审查出行政欠拨工会经费 84.87万元，基层工会按比例应上解市总工会经费130.38万元，部分单位欠上解市总工会经费已作了补解计划。1997年3月，建立下审一级制度，重新下发《开展工会经费年度计拨、上解、使用情况等八项内容的审查通知》。9—12月，对直属各县（区）工会、产业所属部分基层工会、三大企业工会等单位进行了重点抽查。1998年，坚持一年一度下审一级制度，促进基层工会经费的收解和财务管理，指导帮助下级经审会开展经审工作和本级经审会审计本级财务收支难的问题。1999—2000年，市总工会经审会组成工会经费计拨审查组，对县（区）工会、大企业工会、逐个进行计拨审查，对委、局、产业工会所属的部分企事业进行了抽查，保证了工会经费收入稳步增长。2001年5—10月，市总工会领导带队，经审办、审计室和财务部组成审查组，对三区两县工会、三大企业工会和委、局、产业所属部分基层工会的经费计拨、上解、使用情况进行了审查审计工作，共查出企事业行政欠拨工会经费300多万元，基层工会欠解市总工会经费200余万元。2002年，对所属10个单位进行审查审计，共提出30条审计意见和20多条整改建议。2003年3月，市总工会经审办向市工人文化宫、市总工会干校、市总技协办、市总接待中心、市总工会职介所、市总工会职工市场等6个直属单位（部门）下发了财务审计通知书，在各单位自检自查的基础上，对各单位2002年的财务收支和资产管理情况进行审计，并下达了审计意见书。市总工会经审会审计组先后对市新华书店、市中西医结合医院、市妇幼保健院、市中心医院、十九冶公司、攀煤公司工会等6个单位2002年度工会经费收支情况进行了审计，共发现问题11条，提出建议26条，6个单位对问题和建议都进行了认真整改，并向市总工会经审办上报了书面整改方案。2003年7月15日，市总工会经审会首次对三区两县工会发送了书面审计通知书，从9月3日开始至11月12日止，完成了5个区县的审计工作，共发现问题19条，提出建议23条。2003年，市总工会经审会审计共查出欠解经费460392元，补解入库116846元，各县（区）工会经审会共查出基层工会欠上解经费171602元，补解入库139162元。2004年，根据全总《工会年度经费预算执行情况审计监督暂行办法》《工会经费审查委员会对下一级工会经费审计监督暂行办法》《工会基本建设维修改造工程竣工决算审计暂行办法》的通知，遵照市总工会党组的要求，市总经审办组成审计组，先后对三区、两县2003年度经费收支情况进行审计；先后组织实施了对市工人文化宫、市职工技协、市总工会接待中心、市总工会职介所、市总工会职工市场等5个单位2003年度财务收支和资产管理情况的审计。审计共指出问题14个，提出整改意见16条。组织实施了对市总工会本级2003年度困难职工救助资金、送温暖基金的“收、管、用”情况的审查和对市总工会本级2003年度经费预算执行情况的审计，审计情况向市总工会七届二次全委会作了通报，并将审计报告报送市审计局、市财政局和省总工会经审会。对10家市属改制企业工会经费的拨缴、上解和收支情况进行审计审查，全年审计经费入库35万余元，其中改制企业上缴经费入库19万元。2005年，市总工会经审办审计组先后对市东区、西区、建设（建材）局、攀枝花日报社、十九冶、攀枝花宾馆、市卫生局、市交通宾馆、攀枝花学院工会等9家基层工会2004年度财务收支及资产管理情况进行审计，共指出存在问题47项，共提出整改意见和建议53条，审计出未上解经费68.9万元，追交入库经费34.4万元，入库率49.93%，同时解决了4个单位工会经费开支由党政一把手签字的做法，理顺了工会经费开支由工会主席“一支笔”审批的问题。市总工会经审办同时对市工人文化宫、市职工技协、市总工会接待中心、市总工会职介所、市总工会职工市场等5个单位2004年度财务收支和资产管理情况的审计。对市总工会送温暖基金的“收、管、用”情况和对市总工会本级2004年度经费预算执行情况的审计，审计结果向市总工会七届三次全委会作了通报，并将审计报告报送市审计局、市财政局和省总工会经审会。2006年，市总工会经审办派出审计组，先后对市总工会本级及直属单位、县（区）、产业、企事业等15家单位工会2005年度财务收支预算执行情况和资产管理情况进行审计，共审计审查出行政欠拨工会经费9.19万元，行政拨到位的工会经费基层工会未上解给市总工会经费47万元，追交入库30万元，入库率64%，审计共指出问题42条，提出整改意见48条，被审计单位，按照审计要求均制定整改措施与意见45条，整改率达100%。2006年，全市县（区）工会、大企业工会也开展了对下审计工作，本年度全市各级经审会对下审计单位达783个，审查审计面达94%。2007年，攀枝花市各级工会经审会共对45个县级工会和879个基层工会经费和资产管理情况进行审计监督，共查出行政欠拨工会经费1369.34万元，下级工会拖欠上解工会经费34.84万元，补解入库24.49万元，入库率70.30%，审查审计共指出问题219条，共提出整改意见209条，整改率100%，审查审计结果首次在工会全委会上实行实名报告，工会经费审查审计监督工作迈上新台阶。2008年，市总工会经审会分别对市总本级和西区、仁和区、盐边县、米易县等4个区县总工会和中冶实久公司、市水务集团、市第三人民医院、市一中、市公交客运总公司、市广播电台、市房管局、市国税局等8个单位工会2007年度预算执行情况和财务收支情况进行审计。共审计出欠上解市总工会经费94.62万元，当年已入库18.81万元。指出问题50项，提出建议39条，被审计单位已完成整改项目共34个。2009年11—12月，市总工会经审会对东区总工会、西区总工会、仁和区总工会、盐边县总工会、米易县总工会2008年度财务收支、资产管理及专项资金管理情况进行审计。审计指出有的单位存在用专项资金支付培训教师就餐费、专项资金支付培训费缺培训计划、培训农民工花名册等相关手续。相关单位对审计指出的问题及时更正，补充完善了相关手续。2010年，市总工会经审会对攀煤公司、市公路管理处、市园林绿化处、市规划建筑监察支队、市质监站、市妇幼保健院、市第九中学校、市烟草公司、市德铭有色冶金有限公司、市大西南实业有限公司、四川恒盛路桥勘察设计有限公司等11家单位（其中民营企业3家）工会2009年度财务收支及资产管理情况进行审计。审计认为，大部分单位较认真地反映了财务收支情况，积极开展工会活动，但有些问题需认真整改，如有的单位现金及物品发放手续不完善、有的账务设置不完整、有的会计核算不够规范等。同年，对东区工会、西区工会、仁和区工会、盐边县工会、米易县工会2009年度财务收支及资产管理情况进行审计。审计指出两个方面问题：个别区县工会专项资金使用不够规范，下岗职工培训、农民工技能培训等，未做到实名签字；个别区县清产核资中处置报废资产的程序不符合相关规定。2011年，对东区工会、西区工会、仁和区工会、盐边县工会、米易县工会和攀钢公司、市交通局、市交通局机关、市城投公司、市金泰房地产公司、市政管理处、市水务集团公司、市疾控中心、市四医院、市金沙水泥有限公司、兴中钛业公司、泓兵钒镍有限公司、市得天独厚餐饮公司、市实验学校、攀枝花实验幼儿园等25个县（区）、产业、企事业工会财务收支及资产管理情况进行审计。审计反映，实行全总“一改三策”（工会经费管理体制改革、工会经费委托税务部门代收、行政事业单位工会经费由财政统一拨划、收取建会筹备金）后，各级工会经费总额不断增加，经费支出突出工作重点，但审计也反映出一些需要认真纠正和加以改进的问题：大多数单位存在经费预算编制不科学、不合理的情况，预算执行随意性大，无法控制；费用报销原始单据不够规范，财务审核把关不严；有的单位专项资金未按规定进行专账核算等。2012年，市总工会经审会对下一级工会审查审计首次实现全覆盖。市总工会经审会共实施审计项目28个，审计资金共计9778.25万元，共指出问题36个，审计调账资金168.57万元，提出建议32条。对全市11个市级产业本级及所属基层工会共154个单位工会经费审查工作进行了“专项审计调查”，调查资金总额2061.56万元，发现问题15个，提出改进措施6项。同年，市总工会经审会对东区工会、西区工会、仁和区工会、盐边县工会、米易县工会等5个单位2011年经费使用情况实施了绩效审计。重点对“工资集体协商”“困难职工帮扶”“送温暖”“劳动保护”“劳动竞赛”“组织建设”“对下级补助”“职工活动”“经费及财务管理”等9项重点工作经费投入的比重、产生的社会效益等按百分制进行量化测评，根据各单位得分，绩效审计结果：评出“综合效益好、较好、一般、较差”4个等级。对攀钢公司、攀煤公司、钢城集团公司、十九冶、攀枝花日报社、攀枝花学院等6个企事业单位工会2011年度财务收支及资产管理情况进行了审计，审计指出的36个问题，32个得到整改，提出的32条建议，29条被采纳。2013年，市总工会经审会对县（区）总工会、大企业、产业、企事业工会以及市总直属企事业共64个单位2012年度经费绩效、财务收支和资产管理情况进行了审计。市总工会经审会对下一级工会及市总直属企事业单位审计覆盖面达100%，对产业工会所属单位审计面达三分之一。全年审计资金10619.42万元，共指出问题51个，提出审计建议123条。其中对产业所属企事业工会的审计，重点规范了12个单位工会未独立建账、5个单位工会经费开支由党政领导审批的突出问题。

（二）项目审计

1994年3月、12月，市总工会经审会委托省总工会蜀工审计事务所分别对市总工会干校车库、市总工会食堂的改造、装修两项基建工程进行决算审计，两项基建工程核减总金额11.6万余元。1995年初，提出将市总工会经审会原三年进行一次的专项计拨审查改为一年一次审查，得到市总工会五届三次全委会议的确认。1996年8月，市总工会经审会委托省总蜀工审计事务所对市总机关卡拉OK厅装修工程进行决算审计，审计总价338913.8元，审定金额201033.91元，核减金额137879.89元。1997年，市总工会经审会对市总工会送温暖工程中的“扶贫帮困基金”收支、使用情况进行审查审计，形成专项审查审计报告，在市总工会五届五次全委会上进行了专项报告。1997年6—9月，市总工会经审会委托省总蜀工审计事务所对市工人文化宫二期基建工程分两次进行竣工决算审计，审计工程总价18497592.26元，审定金额15085329.97元，核减金额3412262.29元。1999年，市总工会经审会对市总工会机关零星工程进行测算和审计，并委托重庆市渝工审计事务所对盐边县总工会办公楼和俱乐部的基建工程进行竣工决算审计鉴证，送审总金额为3917933元，审定金额为3406170.93元，核减金额为511762.03元。2000年3—4月，对市总工会送温暖工程的“扶贫帮困基金”进行专项审计。2000年，对市总工会职工新建住宅楼基建工程进行竣工审计，送审金额5312233.91元，审定金额5056077.83元，审减金额256156.08元。2001年，对市总工会送温暖工程的“扶贫帮困基金”进行专项审计。2002年，先后对市工人文化宫舞厅、楼梯及卫生间改造工程竣工审计。同年，对市总机关水管改造工程、招待所房屋维修工程、市职工市场修建洗车棚工程等进行审查，送审金额共计564716元，共审减金额147838元。2003年2月8日，市总工会经审会审计室组织审计组，对市总工会2002年度送温暖工程基金收支情况进行审查。2004年初，市总工会经审办审计组对市总本级2003年度困难职工救助资金、送温暖基金收支情况进行审查。2004年，市总工会经审办与市总工会财务部先后对市机械化公司工会、市电影公司工会、市安装工程公司工会等10多家市属改制企事业单位工会进行就地审计、审查。为防止工会资产流失起到了积极作用。2005年1月，市总工会经审办审计组对2004年度困难职工帮扶中心的“救助基金”“送温暖基金”的收支情况进行审计，并在市总七届三次全委会上通报了审计情况。2007年，市总工会经审会对市总工会送温暖工程基金、帮扶救助资金、市职工技协、技术交流站、市总职介所等2006年财务收支情况进行了审计。2008年6月，对2007年度市总工会送温暖工程基金、帮扶救助资金、中央财政专项帮扶资金收支情况和市职工技协、技术交流站、市总职介所、市工人文化宫等2007年财务收支情况进行了审计。2012年，完成市工人文化宫基本建设预算审计项目1个，送审金额134.46万元，审减金额6.72万元。

（三）干部任期或离任审计

1999年，市总工会经审会推行干部任期经济责任审计，市总工会经审会组成审查组，对矿务局工会主席杨弟才、市直机关工会主任钟维俊2人调离工会工作岗位进行了离任经济责任审计。2001年，对退休和调离工会的3名工会主席进行了离任经济责任审计。2003年6月，市总工会经审会向市政工程管理处、四川金沙水泥股份有限公司、市安装工程公司工会下达了工会主席任期经济责任审计通知书，分别对3个单位进行审计，共查出问题8个，提出整改意见10条，并对3位工会主席在任职期间工会经费收支情况做出了客观、公正的评价。此项工作，得到了3个单位党政工的大力支持，审计组将审计意见征求了3位主席和党委的意见后，将正式审计报告上报省总工会经审办和上级组织人事部门。2003年，全市各级工会经审组织分别对17名工会领导干部进行任期经济责任审计，按要求出具了审计意见书。2004年，市总工会经审办受有关党委组织部门委托，根据《四川省工会组织及直属企事业单位领导干部经济责任审计暂行办法》（川工发〔2003〕24号）规定，市总工会经审办审计组，先后对西区总工会、市机械化公司工会、市园林处工会等单位的工会主席进行任期经济责任审计，共发现问题16条，共提出处理及意见17条。2007年，市总工会经审会受市城管局劳人处、市交通局工会委托，对交通设计院工会、市交通局机关工会、市园林处工会3名离任工会主席，进行离任经济责任审计，共指出问题12条，提出建议9条。

（四）审计回访

2008年，市总工会经审会首次进行审计回访，对2007年审计的16个单位整改情况进行了全面的监督检查，并将检查结果进行通报。回访表明，被审计单位审计中提出的55个问题，其中51个已得到整改；提出的48条建议，其中35条已被采纳。2009年，市总工会经审会对2008年度被审计的18个单位逐一进行审计回访。审计回访表明，审计指出的59项问题有54项得到整改，整改率92%；提出的48条建议，有35条被采纳。11个单位进一步建立和完善了财务管理制度，审计要求补解漏欠市总工会经费20.81万元，已全部补解完毕，对于审计回访结果，市总工会经审会首次在全市进行了实名通报。2010年第四季度，市总工会经审会对2009年度被审计的17个单位进行审计回访。回访结果表明，审计指出的64个问题有

61 个得到了整改落实；提出的 43 条建议，有 24 条被采纳。6 个单位进一步建立和完善了 8 项内控制度，有 12 个单位对 2009 年度内开展的清产核资及固定资产清查工作情况进行回访，有 2 个单位按规定处理了 3 笔呆坏账。审计要求补缴欠解市总工会经费 24.70 万元，已全部到账。2011 年 11—12 月，市总工会经审会对上年度审计的 25 个单位进行审计回访，审计回访结果表明，审计指出的 42 个问题，38 个得到整改落实。审计提出的 40 条建议，31 条被采纳。有 7 个单位建立完善了 12 项内控制度，有 3 个单位调整充实了工会财务人员，规范了会计账务管理。审计决定认缴入库经费 55.62 万元，已全部到账。2013 年 4 月，市总工会经审会召开审计整改现场会，面对面落实审计意见。全市各产业工会主席、经审会主任、经审干部及财务人员共 30 余人参加座谈。现场落实审计意见 7 项、解决问题 6 个、采纳审计意见 4 项。

第十八章　劳模工作

第一节　组织机构

1984 年，渡口市首次开展劳模评选表彰工作，劳模评选表彰的具体工作由市总工会负责。1987 年，攀枝花市政府成立先进生产（工作）者、劳动模范评选表彰管理委员会，主任由市政府联系工会的副市长担任，成员由市总工会、市纪委、市委组织部、市委宣传部、市直机关工委、市经委、市计生委、市财政局、市人事局、市劳动局、市农牧局、市审计局、市环保局、市安全生产监督管理局、市国税局、市地税局、市工商局、市妇联、团市委、市工商业联合会等相关部门负责人担任。主要职责是对劳模资格，特别是企业负责人劳模资格进行审查，确保劳模候选人的先进性。评选表彰管理委员会成员一般 5 年调整一次。为了加强对劳模评选表彰的管理，从 2009 年起，市劳模评选表彰管理委员会主任由市长担任。委员会下设管理办公室于市总工会，具体负责劳动模范的培养、选树、管理。

第二节　劳模选树

一、劳模评选

1966 年，渡口市组织开展第一次先进个人评选，产生攀枝花的先进模范“六金花、八闯将”，成为广大职工的学习楷模。后因受“文化大革命”的干扰，劳模先进评选工作停止。1984 年，市总工会报请市政府下发《攀枝花市先进生产（工作）者、劳动模范管理暂行办法》，规定市劳模代表大会每 5 年召开一次。是年 2 月 11 日，并以市政府的名义召开第一次劳模代表大会，大会表彰了 99 名攀枝花市劳动模范。

1989 年 3 月 30 日，攀枝花市第二次劳模代表大会在攀枝花宾馆召开。会议授予林健春等 89 人市职工劳动模范荣誉称号，杨华顺等 145 人市农业劳动模范荣誉称号，孙继尧等 149 人被评为市职工先进生产（工作）者，李保义等 20 人被评为市农业先进工作者，钟天华等 14 人被评为农村致富能手；攀钢公司等 50 个企业为“1988 年度市创水平、上台阶厂际竞赛”先进企业。

1991 年，攀枝花市开展评选“攀枝花建设新时期英杰”活动。在选树劳动模范的基础上，攀枝花钢铁公司轨梁厂总工程师林健春、攀枝花汽车运输公司驾驶员杨立华、攀枝花工商银行陶家渡办事处烂泥箐储蓄所主任王旭桂、攀枝花矿务局建材总厂锅炉班班长雷永、米易县宁华乡农民杨华顺、攀枝花矿务局小宝鼎煤矿采煤队队长刘佳赞、十九冶电装公司副总经济师孙安琅、攀枝花钢铁公司炼钢厂原料工丁爱谱、米易中学教师黄树威、攀枝花市第一建筑工程公司一工区第二承包队队长何茂恒、攀矿朱家包包矿工段长胡昌志、攀枝花供电局用电管理所所长肖腾善等12人被授予“攀枝花建设新时期英杰”称号。

1994年12月22日，攀枝花市第三次劳模代表大会在市工人文化宫召开。会议授予汪先平等114人“攀枝花市劳动模范”荣誉称号，攀钢（集团）公司等53个企业为攀枝花市先进企业。

1999年12月30日，攀枝花市第四次劳模表彰大会在攀枝花宾馆会展中心召开。市委、市人大、市政府、市政协、市纪委、攀枝花军分区的领导秦万祥、赵世华、张成明、华铁平及各界代表500余人参加大会。大会由市政协副主席、市总工会主席刘秀武主持。会上，副市长景宏年宣读了表彰决定：授予谢忠华、张开芬等114人为“攀枝花市劳动模范”；劳模代表宣读了《攀枝花市第四次劳动模范表彰大会倡议书》，并向全市发出了倡议；市委副书记华铁平作了题为《弘扬劳模精神，奋力开拓创新，为攀枝花在21世纪的更大发展再立新功》的讲话。

2000年3月4日，攀枝花建市35周年之际，为进一步动员全市各族人民抓住国家实施西部大开发战略的历史机遇，继承和发扬攀枝花精神，推进攀枝花经济建设进一步发展，市委、市政府命名了第二批“攀枝花英模”。洪及鄙、郭建权、陈厚生、贺蕴谷、孙善武、何锡安、吴明清、吴芳太、李德、李子银、唐士豹、张大勤、梁开庭、谢忠华、何德群、李波、何明琼、刘述伦等18人被授予“攀枝花英模”称号。

2002年5月，市总工会代市政府表彰“群众性经济技术创新活动”先进集体46个、技术创新标兵29名、技术操作标兵28名、营销促销标兵29名、窗口服务标兵29名。推选出全国五一劳动模范奖章2名、全国五一劳模奖状（班组）1个。

2003年，市总工会代市政府表彰“群众性经济技术创新活动”优秀创新成果25项、先进集体20个、技术创新标兵75名、示范班组35个。推选出全国五一劳动模范奖章获得者1名、全国五一劳模奖状（班组）1个。

2004年4月29日，攀枝花市第五次劳模代表大会在攀枝花宾馆会展中心大会堂召开，全市历届劳模代表和职工代表600余人参加会议。市委书记、市人大常委会主任张成明，市委副书记、市长赵爱明等领导出席会议。在会上，市政府授予楚昌兵等107人为“攀枝花市职工劳动模范”称号，授予韩大祥等10人为“攀枝花市农业劳动模范”称号。赵爱明宣读《攀枝花市人民政府关于表彰攀枝花市劳动模范的决定》。市领导为劳模代表颁了奖。劳模代表宋明华代表全体劳动模范宣读《攀枝花市第五次劳动模范表彰大会倡议书》。会议结束后，市级领导和劳动模范、职工代表一起观看了职工文艺演出和攀枝花市职工艺术作品展览。当年，还推选出全国五一劳动模范奖章获得者2名。

2005年3月5日，为庆祝建市40周年，市委、市政府命名第三批“攀枝花英模”。市委、市政府授予马景强、田野、皮祖玲、刘国钦、李培树、何华清、肖方兴、杨文毅、杨柏会、罗泽中、范羽、费爱平、徐大敏、康绍兰、曾涛、雷在荣“攀枝花英模”荣誉称号。

2007年，市总工会组织开展全国、省五一劳动奖章（状）的评选，在推选过程中，做到了把事迹突出、群众满意、社会认可的先进模范人物选出来、树起来。其中，重点抓好了长期在生产一线、在平凡岗位上做出突出贡献的普通劳动者和科技工作者的选评、推荐。当年4月，表彰了“攀枝花市工人先锋号”优秀班组50个。

2008年，各级工会以凝聚力量应对金融危机为目标，积极选树先进典型。攀煤（集团）公司等2家企业，周树春等5名职工分别荣获全国、省五一劳动奖状和五一劳动奖章荣誉称号。4月下旬，市总工会召开“五一”劳模表彰会，表彰命名50个市级工人先锋号班组。同年，应对“5•12”汶川大地震，市总工会反映迅速，号召各基层工会和广大职工踊跃捐款捐物，奉献爱心，弘扬了“一方有难，八方支援”的中华传统美德。7月，省总工会直接授予攀枝花抢险救援“四川省工人先锋号”2个。当年攀枝花发生“8•30”地震，市总工会组织反映迅速，在第一时间召开专题会议，研究部署工会系统的抗震救灾工作，组织职工迅速开展抢险救灾。重灾区平地镇工会联合会主席黄明凤，在自家房屋已成危房的情况下，舍小家顾大家，毅然将5岁的女儿托付给亲友照顾，始终坚守在抗震最前沿，连续数日没有回距镇政府只有几百米的家，以实际行动树立工会干部在抗震救灾中的良好形象。广大职工团结一心、众志成城，形成齐心协力抗击灾害的强大合力，在保稳定、促发展、促和谐中发挥了积极作用，并涌现出市养路总段平地道班等20个四川省“抗震救灾，重建家园”工人先锋号先进集体。

2009年9月7日，市总工会提请市政府成功召开攀枝花市第六次劳模表彰大会，命名表彰110名攀枝花市劳动模范，评选表彰50个市“工人先锋号”，大张旗鼓地宣传一批劳模的先进事迹，充分展示新时期攀枝花工人阶级的风采，在全社会营造“尊重劳动、尊重劳模、争当劳模”的良好氛围。2010年，市总工会组织推选出全国劳模3名、省部级劳模先进32名、先进集体5个，其中四川省灾后恢复重建先进个人7名。2011年，市总工会按照《攀枝花市劳模评选表彰管理办法》，认真做好劳模关爱、劳摸选树和劳模宣传工作。顺利完成全国、省五一劳动奖章（状）、工人先锋号先进集体和个人推选工作，选出“全国五一劳动奖章”2名、全国工人先锋号班组1个。推选出“四川省五一劳动奖章”8名、四川省五一劳动奖状先进单位2个、四川省“工人先锋号”先进班组9个。2012年，按照《攀枝花市劳模评选表彰管理办法》，认真做好劳模关爱、劳模选树和劳模宣传工作。顺利完成全国、省五一劳动奖章（状）、工人先锋号先进集体和个人推选工作，选出“全国五一劳动奖章”1名、全国“工人先锋号”班组1个，推选出“灾后重建再立新功”“全国五一劳动奖章”1名、全国“工人先锋号”班组1个，推选出“四川省五一劳动奖章”2名、四川省五一劳动奖状先进单位1个、四川省“工人先锋号”先进班组3个。按照省、市纪委停止评比达标表彰的要求，当年5月攀枝花市工人先锋号评选工作停止。

2013年，市总工会加强劳模管理，建立劳模文化体系，在职工中大力倡导辛勤劳动、诚实劳动和创造性劳动。完成全国、省五一劳动奖章（状）、工人先锋号先进集体和个人的推选，产生省级以上五一劳动奖状先进单位1个、“工人先锋号”班组3个、五一劳动奖章获得者2人。

2014年6月至11月，组织实施攀枝花市第七次劳模评选活动，产生张志邦等100名攀枝花市劳动模范。2015年3月，时值纪念毛泽东同志关于批准开发建设“三四批示”50周年之际，市委召开会议予以表彰，授予张志邦等100人为市级劳模。2015年4月，国务院授予4人为全国劳动模范，省政府授予23人为四川省劳动模范。

截至2015年底，全市有各类劳模982人，其中全国劳模29人、省部级劳模331人、市级劳模582人。

二、劳模宣传

1995年，市总工会与市新闻单位联系采访13名全国、省市劳模，在市电视台、市广播电台、《攀枝花日报》开辟《劳模风采》专题系列报道栏目宣传劳模事迹。

1997年，攀枝花电视台“周日话题栏目”对部分劳模进行采访。6月11日，市总工会组织30名劳模先进参加四川电视台综艺大世界的专栏拍摄。

2001年“五一”前后，市总工会、市工人文化宫利用橱窗和报纸、电视，对劳模先进事迹进行广泛宣传。

2004年，为配合攀枝花市第五次劳模代表大会的召开，宣传劳模的先进事迹。“五一”节期间，攀枝花市总工会开展以弘扬劳模精神、展示工人阶级风采为主题的系列活动。4月27日—5月30日分别在会展中心、攀枝花广场、市工人文化宫等地举办了攀枝花市劳模事迹摄影展，职工经济技术创新成果展，女职工艺术作品展，劳模事迹巡回报告及演讲活动，劳模事迹宣传活动和职工文艺调研活动，围棋和中国象棋擂台赛活动，女职工维权周活动等。

2005 年 2 月，市总工会与市文联联合编辑出版《领跑者之歌——攀枝花劳模风采录》，全书用 30 万字、100 余幅照片，全面反映了攀枝花各个建设时期 100 名劳模的风采。

2006 年 4 月 25 日，市总工会邀请市内各条战线上的 40 余名市级以上劳动模范到红格假日酒店参观、泡温泉。与此同时各基层工会也采取组织开展劳模座谈会、劳模事迹演讲等形式，并充分利用墙报、黑板报、宣传栏等宣传阵地进行劳模事迹宣传。

2007 年 4—5 月，市总工会协同《四川工人日报》等 5 家新闻媒体，对 2007 年攀枝花市的全国、省五一劳动奖章（状）获得者的先进事迹进行采访宣传报道，与攀枝花报社联办了为期 1 个月的《时代劳模风采》专题宣传活动。

2009 年，11 月，开展“劳模技术服务”活动，分两批组织 36 名大企业劳模成立“劳模技术服务队”，对 19 家钒钛矿采选、煤矿等非公企业进行生产工艺技术帮扶，深受企业的欢迎。11 月 16 日，召开攀枝花市“感动 2009”劳模事迹首场报告会，会上从全市选出的 6 名劳模作了先进事迹报告。11 月 17—27 日，劳模事迹报告团深入各基层单位举行了巡回报告会。

2010 年，“五一”节前后，采用专版、专栏、专题等多种宣传方式，开展声势浩大的“劳模宣传月”活动，在全社会掀起宣传劳模、学习劳模、争当劳模的热潮。

2011 年，结合“红 5 月”和中国共产党成立 90 周年，利用《攀枝花日报》、攀枝花电视台等新闻媒体开展劳模事迹宣传活动、组织开展劳模座谈会等，营造“学习劳模、关爱劳模、崇尚劳模、争当劳模”氛围。开展劳模关爱周、劳模走访慰问活动，主要是按照市委主要领导的要求，完成了 78 名 75 岁以上的老劳模生活状况调查。以盛世修志、存史教化为宗旨，当年 7 月，市总工会、攀枝花市劳模评选管理表彰委员会办公室启动了 35 万字的《攀枝花劳模名录（1965—2010）》编撰工作，收录了建市以来到 2010 年收到表彰的市级以上劳模 640 名，完成了全市劳模史料的整理。

2012 年 12 月，完成《攀枝花劳模名录（1965—2010）》的编撰和出版发行，创建劳模创新工作室。按照省总工会的要求，并结合攀枝花产业结构特征，会同市科技局、市社科联等单位在冶金、煤矿、医疗、城市管理等行业创建了 12 个劳模创新工作室，以进一步延伸、放大劳模在推动企业科技进步、科技创新中的作用，积极参与相关产业技改技革，推动集约化发展，科学化发展。劳模创新工作室创建一年来，共完成科技成果 15 项，创造价值近亿元。为探索新形势下发挥劳模在舆论宣传上的引导作用，集聚推动攀枝花经济社会发展的正能量，市总工会和市委宣传部联合创建了“攀枝花劳模网络工作室”，力求通过“攀枝花手机报”“GOGO 攀枝花网站”等新兴网络平台，宣传党的方针政策，宣传市委、市政府在经济社会发展中的思路、策略，解答职工在生产建设中的疑惑问题，引导广大职工群众响应市委、市政府的号召，积极投身经济社会建设。加强对劳模先进的关心关爱。12 月，由攀枝花市总工会、攀枝花市劳模评选管理表彰委员会办公室编撰的《攀枝花劳模名录 1965—2010》出版发行。全书 35 万余字，收录了 1965—2010 年的 648 名市级以上劳模。

2013 年，在冶金、煤矿、医疗、城市管理等行业创建首批 12 个劳模工作室，开始劳模网络工作室，延伸、放大劳模在推动企业科技进步、科技创新中的作用。

2015 年 3 月，时值纪念毛泽东关于批准开发建设“三四批示”50 周年之际，为弘扬劳模建设，市总工会、市劳模评选表彰管理委员会办公室将新评选的 100 名劳模事迹汇集编辑成册。

第三节 劳模管理

2000年6月1日，市总工会、市民政局代省总工会、省民政厅举行“爱心献劳模”资助款发放仪式。“全国劳动模范”王明成受中国福利彩票中心资助3000元，黄明昆等14名省部级劳动模范受省福利彩票资助每人2000元。副市长黄昌明出席仪式并代表市政府向受资助的劳模表示祝贺和慰问。

2001年年初，市总工会根据省总工会要求，对全市省（部）级以上劳动模范的住房状况开展调查，为省委、省政府下一步出台劳模住房优惠政策提供了依据。元旦、春节期间，市总工会组织走访慰问劳模先进人物26名。4月29日，市总工会在攀枝花会展中心召开庆“五一”劳模座谈会。来自全市各个行业、各条战线的全国、省、市劳模代表欢聚一堂，共庆“五一”劳动节。市委副书记赵世华，市委常委、常务副市长聂泽洪，市人大、市政协及市总工会领导出席会议。市委副书记赵世华，市委常委、常务副市长聂泽洪作了重要讲话。

2002年元旦、春节期间，市总工会走访全国、省、市劳模25名，送慰问金1万元。3月，市政府办公室下发《关于劳动模范特殊待遇政策的通知》《关于对省级以上离退休劳模实行荣誉津贴和改善省级以上职工劳模住房条件的通知》，攀枝花市劳模管理办公室下发《关于贯彻落实〈关于劳动模范特殊待遇政策的通知〉的通知》，对市级劳模实行特殊待遇做出政策规定，有99名市级离退休职工劳模首批享受了70元/月.人的荣誉津贴，有9个家庭人均月收入低于260元的市级职工劳模享受了100元/月的生活困难补助，7名家庭人均月收入低于170元的省劳模享受由省财政每月支付120元的生活困难补助，有11名破产特困企业省以上离退休职工劳模享受80元/月—100元/月的荣誉津贴，有12名破产特困企业省以上职工劳模享受了改善住房条件一次性补贴。同时，针对社会保障不健全的实际，为在职劳动模范办理“劳动模范特别补充养老保险”。市总工会根据市政府文件精神，协商平安保险公司制订了《攀枝花市劳动模范特别补充养老保险暂行办法》。当年，参与养老补充保险的市级以上劳模288人，缴纳保险金50余万元。

2003年，市总工会认真执行省总工会《关于劳动模范特殊待遇政策的通知》《关于对省级以上离退休劳模实行荣誉津贴和改善省级以上职工劳模住房条件的通知》《关于贯彻落实〈关于劳动模范特殊待遇政策的通知〉的通知》，为164名市级劳模、15名省部级以上劳模发放荣誉津贴10余万元；为家庭人均月收入低于260元的7个市级职工劳模每人发放了100元/月的生活困难补助。并在重大节日期间，代全国总工会、省总工会为省部级以上劳模59人发放慰问金、补助金等81000元。由于省总工会制订的劳模津贴方案仅适用于企业，部分机关事业单位省部级劳模未能享受到相对政策，机关事业单位省部级劳模对此反映较大。市总工会开展调查，于当年底向上级工会作了反映。

2004年，市总工会认真落实省总工会《关于劳动模范特殊待遇政策的通知》《关于对省级以上离退休劳模实行荣誉津贴和改善省级以上职工劳模住房条件的通知》《关于贯彻落实〈关于劳动模范特殊待遇政策的通知〉的通知》，继续落实相关政策，实施慰问。针对企业改制后劳模管理中出现的新情况，在调查研究的基础上，撰写了《关于落实市级以上劳模有关待遇的调查报告》，草拟《关于改善劳模有关待遇的意见》和《攀枝花市劳动模范和先进生产者管理办法》，年底上报市政府。

2006年，随着社会保障体系的逐步完善，劳动模范特别补充养老保险工作结束。8月，攀枝花市人民政府办公室下发《关于解决市级以上劳动模范医疗问题和实行劳动定期体检制度的意见》，将2006年以前退休的市级以上职工劳模全部纳入基本医疗保险，农村劳模纳入新型农村合作医疗试点。并建立了劳模定期体检制度。

2007年，市总工会代市政府拟订《攀枝花市劳动模范和先进工作者管理办法》和《攀枝花市关于提高市级以上劳模荣誉津贴等待遇的意见》，进一步完善了劳模管理工作和改善劳模待遇。与市人事局联合行文，明确规定省“五一劳动奖章”获得者享受市劳模待遇。

2008年8月，市政府下发《关于完善和规范劳模待遇的意见》，提高离退休劳模的津贴标准和困难劳模的补助标准。12月，举办“2008劳模关爱周”活动，着力营造尊重劳模，关爱劳模、学习劳模、争当劳模的良好社会氛围。

2009年3月，以市政府令下发《攀枝花市劳动模范评选管理办法》，为规范劳模管理工作提供了政策保障。实施攀枝花建市以来规模最大、惠及面最广的劳模特别关爱行动，在新中国成立60周年前夕为774名劳模送去慰问款物50余万元。

2010年年初，攀枝花市各级财政投入资金54万余元，市总工会自筹资金10万元，走访慰问在攀全国、省、市三级劳动模范，尤其是老劳模、生活困难劳模、受灾劳模和生病劳模，创历年来慰问标准最高、规模最大、项目最多“三个第一”。9月上旬，市总工会组织28名劳模（先进）赴上海、杭州、苏州等地进行疗养。

2011年年初，市总工会开展劳模关爱周、劳模走访慰问及劳模疗休养活动，共慰问全市各级劳模743人，发放劳模各类津（补）贴、慰问金等80余万元。10月，省总工会根据市总工会的反映，在党政机关、事业单位省部级劳模中执行了600元/年的慰问金。至此，各级劳模待遇得到全部落实。

2012年，按照省总工会的要求，完成省部级以上劳模的电子管理档案，收录省部级以上劳模先进500余人。同年，广泛开展劳模关爱周、劳模走访慰问及劳模疗休养活动等，共慰问全市各级劳模702人，发放“劳模三津”及劳模慰问金111.7万余元。督促各企业、区县财政执行市政府下发的《关于完善和规范劳模待遇的意见》，切实将党和政府、社会各界的关心落到实处。6月23日，攀枝花市2012年度劳模疗休养活动正式启动。首批劳模先进（优秀女职工）90人分为3批前往青海、宁夏、内蒙古等地开展疗休养活动。2012—2013年，市总工会按照劳模津补贴发放标准，规范有序地开展了劳模走访慰问。

2013年，完成“劳模三津”及劳模慰问金43万余元的发放，并做到了及时、准确发放。加强受灾农村劳模的调查，为20余名劳模发放了近10万元慰问金。按照省总工会的要求，组织省部级劳模体检；启动了劳模疗休养活动等。认真开展劳模信访案件的调查处理和疏导解释工作，切实维护劳模的合法权益，化解社会矛盾，做好劳模先进的认定和违规违纪劳模的处理工作，当年取消3人市级以上劳模荣誉称号，确保了劳模队伍的先进性。

第十九章　工运理论研究和信息统计

第一节　理论研究

1985年成立渡口市工运史资料研究室，1986年成立工运理论政策研究会。1989年3月四川省总工会下发《关于加强工会理论政策研究工作的意见》后，市总工会加强队伍建设，从人力、物力、财力上予以必要保障，加强表彰奖励、人才培养，初步形成了一支“专、兼、群”相结合的工运理论政策研究队伍。

市总工会将理论研究工作纳入年度工作计划，确保了调查研究工作有目标、有重点、有考核。

一、工作调研

市总工会始终高度重视调研工作。五年一次的工会代表大会和每年的全委会以及每年的工作思路、工作方针、工作重点的起草、制定，市总工会都会组织调查组，到全市各地方工会、产业工会和有代表性的企（事）业工会进行全面调查，调查了解全市职工队伍状况、工会组织发展状况、工作情况及存在的问题等，在此基础上进行综合研究，提出各时段的基本工作思路和工作方针，为全市工会工作部署及工运事业发展提供前瞻性指导意见。1989—2013 年，市总工会每年经调查形成的各类调查报告有 10—15 篇，约 10 万字。1989—2013 年，市总工会在每年的全委会、学习工作会和五年一次的代表大会中形成的对工作具有指导意义的工作报告、重要文件在 200 篇以上，近 160 万字。

此外，市总工会每年都要根据年度工作计划，结合工作重点，确定一批重点调研课题并组织实施。1986—1995 年，先后开展了“深化企业改革中工会面临的新情况、新问题”“实行双保集体合同与建设企业利益共同体的关系”“贯彻落实‘中共中央关于加强和改善党对工会、共青团、妇联工作领导的通知’的情况调查”“贯彻全心全意依靠工人阶级指导思想的情况调查”“停产半停产企业尽快摆脱困境的对策研究”“工会应在建立现代企业制度中发挥作用”“外商投资企业劳动关系状况调查和对策研究”“私营企业、乡镇企业劳资关系的状况和对策研究”等重大课题调查研究。1996—2013 年，又先后开展了“建立平等协商、签订集体合同制度的难点与对策研究”“工会参与企业劳动工资制度改革、参与社会保障制度改革的对策研究”“企业劳动争议增多的调查及对策”“工人阶级主人翁地位与劳动合同制的融合与错位”“关于农民工情况的调查”“工会在帮助困难企业扭亏增盈中的作用发挥的研究”“改制企业工会组织建设情况调查”“在企业减员增效和市场就业机制形成过程中劳动关系规范问题的调查与研究”“深化企业改革中职工思想状况调查”“关于新建企业组建工会工作的思考”“关于完善城镇社会保障体系几个问题的调查与思考”“厂务公开与基层民主政治建设”“关于非公企业职工劳动安全问题的调查和对策”“关于公司制企业职工民主管理情况的调查”“关于发挥工会组织作用，推进构建社会主义和谐社会的思考”“关于开展创建学习型组织，争做知识型、技能型职工活动、不断提高职工素质的思考”“关于在国有大中型企业深化群众性经济技术创新工程的探索”“关于在非公有制企业组建工会工作的难点及对策研究”“关于乡镇（街道）、社区（村）级工会组织建设状况的调查”“关于发挥构建服务职工工作体系、彰显工会组织新作为的思考”“关于工会组织积极参与社会治理和转型升级的思考”“关于构建大群团格局积极发挥合力的思考”等。通过调研掌握第一手资料，分析问题，提出有针对性、操作性的对策建议，为同级党委政府和上级工会了解基层情况提供了鲜活材料，为制定相关政策提供了依据，也为工会参政议政提供了材料的支撑。

二、研究成果

1989 年后，各级工会组织和广大职工群众紧紧围绕中心工作，下基层、接地气，摸实情、谋良策，深入研究事关经济、社会、改革等重大问题，与群众利益密切相关的热点难点问题，认真总结工作经验，积极探索发展规律，形成了一大批优秀调研成果，提出了许多具有前瞻性和针对性的思路措施，对各级党政科学决策和指导工作发挥了重要作用。1993 年，编辑出版首部《攀枝花市工会志》和《攀枝花市总工会资料长编》。针对全市有 17 个基层工会撤销或合并的情况，市总工会做了深入调查，并撰写了《目前工会组织建设亟待解决的几个问题》的情况反映，引起了全国总工会、省总工会、市委、市人大、市政府及有关部门高度重视。1994 年，市工运理论政策研究会组织撰写的《工会在企业协商劳动关系中的地位和作用》获省总工会、省工研会优秀调查报告二等奖。1995 年，市总工会组织撰写的《关于公有制企业贯彻全心全意依靠工人阶级方针问题和对策研究》获得省总工会表彰。1996年，市总工会收集整理的《实施贯彻“中华人民共和国劳动法》综合情况统计调查”和“年度工会工作发展状况抽样统计调查”荣获省总工会一等奖；撰写的《关于公有制企业贯彻全心全意依靠工人阶级方针问题和对策研究》获得“四川省全心全意依靠工人阶级”专题研究会一等奖，省总工会、省职工民主管理研究会一等奖。1997年，市总工会组织撰写的《劳动关系与工会协调功能研究》载入《中国工会理论文库》。1998年，市总工会完成大型课题《攀枝花市国有企业下岗职工和再就业的现状调查》。1999年，市总工会完成大型课题《攀枝花市国有企业下岗职工基本生活和再就业现状的调查与思考》，被市社科联立项列入市“九五”社科规划；组织撰写的《认真贯彻邓小平依靠工人阶级的指导思想，履行维护职能，切实关心下岗职工》，获省邓小平工运理论与实践研讨一等奖，被选入《四川省邓小平理论与实践研讨会论文集》；起草的《关于攀枝花市工运理论研究工作情况的调查报告》被选入山东作家编创中心、中国社科文献丛书编委联合编纂的《中国改革开放的理论与实践》工具书之中，以上成果的作者在1999年6月25日省委宣传部、省委政研室、省总工会、省社科院、省工人运动研究会联合召开的四川省邓小平工运理论与实践研讨会上作交流发言，得到专家一致好评。2000年，市总工会撰写的《攀枝花市国有企业下岗职工基本生活和再就业现状的调查和思考》和《关于攀枝花市三区两县改制企业工会工作现状》获市委、市政府第五次哲学社会科学优秀成果三等奖。2002年，市总工会完成大型课题《国有企业人力资源研究》等社会科学研究项目。2005年，市总工会组织撰写的《关于在非公有制企业中开展群众性经济技术创新工程的研究》获得省、市表彰。2011年，市总工会完成市委交办的《外来务工人员融入“攀枝花百万人口大城市”面临的问题及对策调研报告》，获市委领导批示，要求市级相关部门按照各自职责认真研究，细化举措，实现成果转换。2012年，市总工会完成省总工会交办的《中国特色社会主义工会发展道路的实践与启示——以四川攀枝花工会发展道路实践为例》课题调研，得到省总领导高度评价和认可，并获得省总工会优秀课题调研二等奖。2013年，市总工会完成《工会要积极主动“去污名化”——当前工会工作面临的负面舆论影响与对策分析》课题调研，引起全总、省总工会领导高度重视，并在全国总工会刊物《工会信息》刊载交流。

第二节　信息统计

一、信息工作

1986年，按照省总工会要求，市总工会将信息工作列入议事日程，着手建立健全工会信息机构，创办了不定期的刊物《工运信息报》。为加强与基层工会联系，1989年聘请首批17名信息员负责信息工作，1990年建立44个基层工会信息联系点，各基层联系点在向同级党政工报送信息的同时，也向上一级工会报送。1991年，召开了首次工会信息工作会议。1992年6月17—19日，举办了首期工会信息员培训班。1993年，市总工会成立信息中心，并以信息中心为枢纽，县、区、委、局、大公司为分支，建立了三级信息网络。为进一步提高各级工会信息员的积极性，同年召开了工会信息工作暨表彰会，会上表彰了攀钢（集团）公司工会等8个先进集体，王成良等31名先进个人。1995年，为进一步加强工会信息工作，在经费较紧张的情况下，挤出4万余元，更新了工会信息传递设备；为进一步规范工会信息工作，陆续拟定《攀枝花市工会信息工作目标管理考核制度》《工会信息登录、整理、上报制度》《工会信息工作考核办法》《月、季度工会信息工作要点》等规章制度；并组建了由77名市总工会信息员、350名二级单位信息员组成的工会信息员队伍。1998年，重新修订下发《攀枝花市工会信息工作暂行条例》《攀枝花市工会信息工作考核评比暂行办法》，并在全市工会系统内设立信息直报点12个，聘请工会特约信息员7名。同时加强信息管理，市总工会定期转发全总每季度信息需求要点，定期通报每季度信息采用情况，推动了信息工作发展。1995年以来，按照全国总工会信息“七必报”（主要包括党中央、国务院重大决策的贯彻落实情况和职工群众的反映，全国重要会议精神、决定、决议的贯彻落实情况，涉及职工利益的改革措施和政策的实施情况及职工群众的反映，各地、各部门落实党的全心全意依靠工人阶级指导方针的重要举措，侵犯职工合法权益的突发事例及处理结果，突发性事件和重大恶性事故，重大自然灾害等）要求，全市各级工会在信息工作中更加注重对信息进行综合分析，形成不少有情况、有分析、有建议的高质量综合信息。自 1996 年起，市总工会编发的信息刊物《工运信息》和《情况反映》的相关内容被中央办公厅、国务院办公厅、省委、省政府、全国总工会、新华社《内参选编》《工人日报》《工会信息》等领导机关和刊物的采用率保持在较高水平。如 1999 年上报的《十九冶职工因养老金待岗生活费拖欠度日艰难上访不断》被市委、市政府、省总工会、全国总工会、国务院办公厅采用，国办副主任作了重要批示，引起市委、市政府高度重视，为十九冶增拨 30 万元的送温暖救助金缓解困难；《市冶金机械电子工业公司职工因企业无力偿还集资款欲大规模集体上访》被市委、省总工会、国务院办公厅采用，省委常委、省总工会主席甘道明作了批示，市委、市政府拨款 200 万元，使事态平息在萌芽之中。2000 年，撰写的《关于非公有制企业职工维权状况调查》受到省、市领导高度重视，省委副书记甘道明，省委常委、省总工会主席李登菊作了批示。2005 年，撰写的《连续矿难给攀煤职工造成巨大思想压力，职工强烈期盼改善安全生产条件》在《工人日报》内刊刊登；撰写的《提高驾驭和处理社会矛盾的能力》在《工人日报》发表。2012 年上报的“攀枝花工会工作要坚持‘五个围绕’发挥‘五大作用’”“市总工会集中进行廉政谈话、有效促进干部廉洁自律”“市总工会热情慰问高龄生病困难劳模”等信息受到省总工会高度重视，省委常委、省总工会主席李登菊作出重要批示。2013 年上报的“攀枝花市总工会‘双卡一证’解决欠薪问题、切实保障农民工合法权益”“攀枝花市 50 万专项资金助推工资集体协商”等被全国总工会《工会信息》《工会要情》刊登；“攀枝花市总工会开展‘三大行动’真情服务职工”“攀枝花将工资集体协商纳入政府民生工程加以推进”“攀枝花市总工会‘六步’工作法推进基层工会组织规范化建设”等被省总工会《四川工会信息》《四川工会要情》登载。2008—2013 年，市总工会连续 5 年获市委“党政系统信息工作先进单位”、全国总工会“全国信息工作先进单位”以及四川省信息工作一、二等奖。2013 年，攀枝花工会信息工作再创历史新高，在四川省信息工作考核中首次超过成都市获省总工会一等奖，位列全省 21 个市州工会之首。1989—2013 年，市总工会共编辑上报《工运信息》2000 余期、《情况反映》500 余期。

二、统计工作

（一）统计报表

攀枝花市总工会根据 1981 年全国总工会关于全国各级工会组织定期统计报表制度，以年度为统计时限，于每年年末统计当年工会组织和工会工作基本情况并逐级上报。并根据实际工作需要和上级要求，对全市工会重点工作、突发事件实行半年统计报、季度统计报，供工会领导机关掌握情况、科学决策。

全市基层工会统计表和基层以上工会定期统计报表，其统计内容包括两个方面：工会组织、会员、工会干部的基本情况；工会各项业务工作，尤其是重点工作开展情况。根据工会工作领域的拓展和工作重心的转移，统计内容也适时予以调整和修订。1980 年，工会统计报表的主要内容有：基层工会组织、职工、会员数，工会小组及积极分子数，工会干部培训，开展评先活动，开展合理化建议和技术革新活动，劳动保护工作，职工民主管理，职工生活保障，职工互助储金会与困难职工补助，职工文化体育事业及职工读书自学情况，兴办经济事业（包括兴办住房合作社），基层单位集体福利设施（包括职工食堂、托幼园所、职工浴室、女工冲洗室）等数据指标。随着工会维护职能和参政议政职能的增强，在 1990 年的工会统计报表中，增加了工会专职正、副主席（主任）在同级党委、人大、政协任职情况，涉及职工权益提案被人大、政协采纳情况，与同级政府召开联席会情况，基层企事业工会职代会召开情况，职代会提案审议、民主评议干部、职工代表巡视情况等内容。同时，下岗失业职工再就业情况、实施送温暖工程情况、困难职工扶贫情况、进城务工人员情况等均在统计报表中有较详细地反映。基层单位集体福利设施等内容则随着工会这方面工作的消减而取消。

2000年以来，工会报表的统计内容紧跟时代发展，随着工会工作的发展不断调整补充，紧密联系企业改革和工会工作内容的实际，新增了关于工会组织建设、困难职工救助、送温暖工作、再就业、劳动争议调解处理、集体合同等方面工作状况的统计项目。为提高统计数据的覆盖面和质量，基层工会填报的内容也更加详细具体。如2005年的统计报表中，要求基层工会填报的内容就包括基层工会组织建设、工会保障、集体合同和民主管理、劳动保护、法律工作、经济技术工作、职工文化体育及教育、工会经审和财务等，从而使工会统计工作更能真实客观地反映各级工会基本情况和开展工作情况。

统计初期，报表使用随意编码，自2010年起，使用固定编码进行统计。

（二）统计业务

市总工会始终把确保统计资料的准确性、及时性放在重要位置，采取有效措施不断提高统计工作质量。

质量审核 1994年起，按照省总工会的要求，市总工会每年都要召开统计信息工作会，直接向各县（区）、大企业、产业工会统计人员布置统计任务。会上，除逐表逐项地讲解填报要求和指标涵义外，还通过以会代训形式讲解统计业务知识，组织开展统计工作经验交流。认真把好报表汇总的审核关，每次统计结果出来后都要会同各相关业务部室进行讨论审核，使全市统计报表准确性和及时性逐年提高。1994—2013年，共召开统计信息工作19次。

业务培训 针对统计报表项目逐年增加、质量要求不断提高的情况，市总工会及时组织开展培训，提高统计人员的业务素质。采取以会代训的方式，即每年开统计工作会时，先进行为期半天的业务培训，使统计工作的质量得到保证。2000年，按照全国总工会、省总工会要求，对基层工会统计人员进行培训，将全国总工会新编制的统计软件进行安装和反复调试，对1800余条数据进行录入、检验、修改、汇总，把准确无误的统计数据及时上报省总工会，出色完成全国总工会基层工会、基层以上工会的统计年度普查和季度普查任务，被评为省工会统计工作先进单位一等奖。1989—2013年，共举办统计培训20余期，培训基层统计工作人员800余人次。

统计分析 每年统计汇总结束后，统计人员要与组织部、民管部、法律部、女工部等涉及统计数据的业务部门加强沟通，确保汇总数据与各相关部门上报省总工会的数据保持一致，同时与前一年度统计年报调查数据进行比较，如果数据出现较大幅度变化，必须认真核对，查找原因并作出书面说明。要求各级工会仔细核查因填报或数据录入错误造成的误差，责任单位要及时进行修正，努力保证数据的真实性、准确性和时效性。围绕建会、职工民主管理、职工思想教育、农民工权益维护、法律援助、职工职业技术培训等工会重点工作，运用统计调查手段进行补充调查，开展分析，写出一批有价值的统计分析报告，为各级工会领导机关掌握职工队伍状况和工会工作情况提供准确翔实的参考资料。

第二篇　县区工会

第一章　东区总工会

第一节　组织机构

一、机构沿革

1979 年 3 月 13 日，根据中共渡口市委（渡委组发〔1979〕142 号文）批复，批准东区建立工会办事处，定员编制 2 名。1979 年第二季度，中共东区区委决定调陶仲平负责筹建区工会办事处，12 月 10 日，渡口市总工会东区办事处正式成立。

1997 年 9 月 19 日，攀枝花市东区总工会成立，攀枝花市总工会东区办事处更名为攀枝花市东区总工会。

1990 年 8 月 6 日，市总工会东区办事处经费审查委员会成立，由 7 人组成，主任唐贤英。1992 年 9 月 11 日，东区工会第一届女职工委员会成立，由 11 人组成，主任杨春兰。1996 年 8 月 19 日，银江镇工会联合会成立，为市内第一家乡镇工会联合会。

二、直属产业工会

1997 年 6 月 28 日，中共东区区委办公室印发《攀枝花市东区总工会机关机构改革方案的通知》，决定成立东区总工会。东区总工会由区委、市总工会双重领导，以区委领导为主。内设办公室、组宣工作部、维权工作部和东区财贸工会工委和东区教育工会工委两个产业工会，列入区总工会机关的区级产业工会序列，由区总工会直接领导。列入区级产业工会有东区区政府机关工会工委、市冶金机电工会、市木材加工厂工会、市印刷工业公司工会。这些工会组织实行由区总工会和所在单位党组织双重领导的体制，以所在单位党组织领导为主。

1998 年 1 月 5 日，根据《中华人民共和国工会法》《中国工会章程》有关规定，区内工会的组织形式实行产业工会和地方工会相结合的体制。按照中共东区区委《关于东区总工会机构改革方案的通知》精神，东区决定成立攀枝花市东区财贸工会工作委员会和攀枝花市东区教育工会工作委员会。原产业工会由东区总工会直接领导，并分别接受市财贸工会、市教育工会的业务指导，杨春兰兼任教育工会主任，严树华、贾登旭任副主任；漆家华兼任财贸工会主任，张丽华任副主任（暂缺副主任 1 名）。两个产业工会办公室均设在区总工会。

三、工会代表大会

1979年9月至2013年12月，东区总工会共召开4次代表大会。

东区总工会第一次代表大会 1997年9月17日，东区总工会第一次代表大会在东区文化馆演讲厅举行。大会应到正式代表100人，实到97人。会议选举产生东区总工会第一届工会委员会，主席吴跃生；选举产生第一届经费审查委员会。

东区总工会第二次代表大会 2003年4月11日，东区总工会第二次代表大会在东区阳光宾馆举行。大会应到正式代表100人，实到92人，列席代表20人。大会分别选举产生东区总工会第二届委员会、常委会、主席、副主席和第二届经费审查委员会。选举主席何先春，副主席杨芍，经审委主任王海玲。

2006年12月19日，东区总工会第二届五次全委会免去何先春主席、常委、委员职务，选举林廷华为东区总工会第二届委员会主席。

2007年3月1日，东区总工会第二届六次全委会免去杨芍副主席、常委、委员职务，李秀任工会常务副主席、常委、委员。

东区总工会第三次代表大会 2008年10月28日，东区总工会第三次代表大会选举产生第三届委员会和经费审查委员会，选举林廷华为主席、李秀为常务副主席、王海玲为经费审查委员会主任。

东区总工会第四次代表大会 2013年7月30至31日，东区总工会第四次代表大会在金沙明珠大酒店召开。东区区委书记刘先伟，市总工会党组书记、常务副主席张开锋出席大会开幕式。区委副书记、区人民政府区长杨礼文，区人大主任何先春、区政协主席艾光临及中共东区委领导出席。全区各级工会代表、特邀代表、嘉宾共计200余人参加会议。大会审议和批准东区总工会第三届委员会工作报告、财务报告和第三届经费审查委员会工作报告。大会分别选举产生东区总工会第四届委员会、常委会、主席、副主席和第四届经费审查委员会。主席李孝彬，常务副主席李秀，经审委主任王海玲。大会对东区先进工会组织和优秀个人进行了表彰。

1987—2013年东区工会负责人任职情况

表37

姓 名	职 务	任职时间	备 注
刘天仲	办事处主任	1987.05—1990.02	1987年5月前，主任空缺
邹元义	办事处主任	1992.09—1993.01	1990年3月至1992年8月主任空缺
吴跃生	办事处主任	1994.06—1997.09	1993年2月至1994年6月主任空缺
陶仲平	办事处副主任	1980.10—1984.02	主持全面工作
何德富	办事处副主任	1984.02—1987.05	主持全面工作
唐贤英	办事处副主任	1990.03—1991.07	主持全面工作
邹元义	办事处副主任	1991.07—1992.09	主持全面工作
吴跃生	办事处副主任	1993.01—1994.06	1993年1月至8月为代理副主任，主持工作
吴跃生	总工会主席	1997.09—2001.11	
何先春	总工会主席	2001.11—2006.12	
林廷华	总工会主席	2006.12—2011.11	
李孝彬	总工会主席	2011.12—	
李 秀	常务副主席	2007.03—	
漆家华	副主席	1997.09—1999.09	
杨春兰	副主席	1997.09—2002.06	
杨 芍	副主席	2002.07—2007.02	
漆家华	经审委主任	1997.09—1999.09	
王海玲	经审委主任	2003.04—	1999年9月至2003年3月主任空缺

第二节　基层工会组织建设

一、基层工会组建

1989 年 6 月上旬，东区完成党政机关工会组建工作，先后建立中共东区区委、区政府、区检察院等 14 个基层机关工会，发展新会员和登记老会员 580 人。

1989 年第二、三季度，东区分别在大河灯具厂、建设塑料厂和市灯具厂（由原市灯具公司撤销而新建的 3 个厂）重新建立工会。同年 11 月，区委批准东区机关建立区机关工会工作委员会，配备副科级专职主任 1 名，负责协调领导各单位的工会工作。

1990 年，全区有 26 个基层工会，11 个基层工会组织进行换届改选或增补选举。人数较多的工会配备专职的主席或副主席，并落实相应的政治、经济待遇。

1991—2003 年，东区工会组织加强基层工会组建，产业工会、企业工会、社区工会的建设工作稳步推进。

2004 年，新建 140 个企业工会，发展会员 1000 余人。组建东区第一个社区工会委员会——大渡口金福社区工会委员会。当年新增了会员近 3000 人（含重新接纳会员关系的会员 1454 人）。年底，建社区工会组织 11 个，非公有制企业建会 129 个，新增会员近万人。

2005 年 1 月 5 日，东区成立全省和全市第一家街道总工会——炳草岗街道总工会，同时成立街道工会经费审查委员会、女职工委员会，对街道总工会的组织管理体系进行清理。

2008 年底，东区总工会有各类工会组织 616 个，会员 4.21 万人。

2013 年，按照“扩大覆盖面、增强凝聚力”的工作要求，不断促进基层工会组织建设规范化。把建会、建制和建家有机结合起来，在非公企业中开展“工会组织亮牌子、工会主席亮身份”活动，努力把工会建成组织健全、维权到位、工作活跃、作用明显、职工信赖的“职工之家”。2013 年，全区已建立各类工会组织 2465 家，共有会员 73524 人。其中年内新建基层工会 602 家（含涵盖企业数），新增工会会员 5010 人，组建率、入会率分别达 95%和 100%。深化“职工之家”创建，增强工会组织凝聚力，德铭、梅塞尔等公司被评为“全省模范职工之家”。

二、工会干部队伍培训

1990 年，区工会召开机关工会干部培训会，组织机关各工会小组长以上干部学习工会基本知识。选派 5 名基层工会干部参加市总工会干部函授班的工会业务专门培训。5 名工商企业的工会主席分两批参加市总工会基层工作部主办的党、政、工干部学习班学习。

1991 年，区工会选送 8 名工会干部参加市总工会干校的工会干部岗位培训（函授学习）。采取以会代训的形式对工会干部进行党的路线、方针和政策教育。坚持每周五的政治学习，交流思想，统一认识和行动，提高工会干部的政治思想素质和工作能力。

2001 年，区总工会组织基层工会干部 18 人参加省总工会、市总工会的培训。区总工会连续 6 年被评为全市工会工作竞赛一等奖。

2003 年，区总工会 4 名干部和组织基层 30 余名工会干部先后到省总工会、市总工会等参加培训和学习。区总工会开展业务培训 3 次，培训 75 人次，对基层工会干部进行深入细致的指导、培训，并深入到街道、镇和私营企业中指导工会工作。

2010 年，区总工会组织工会干部参加省总工会举办的“劳动争议调解和劳动争议监督”培训班和“全省乡镇街道工会干部”培训班学习。

2011 年，区总工会组织工会干部参加省总工会举办的“劳动争议调解和劳动争议监督”“全省乡镇街道工会干部”培训班、“全省工会干部法律工作 OA 系统”培训、省市“工资集体协商”培训及市总工会举办的“工会信息员”培训等，提升工会干部的业务知识、维权能力和综合素质。

2012 年，区总工会在上海工运学院举办全区街道（镇）、社区（村）、企业工会主席干部理论学习专题培训班 3 期。组织工会干部参加省总工会举办的“劳动争议调解和劳动争议监督”培训班、“全省乡镇街道工会干部”培训班、“全省工会干部法律工作 OA 系统”培训、省市“工资集体协商”培训及市总工会举办的“工会信息员”培训等，培训基层工会干部 1000 余人次，

第三节　职工队伍

一、队伍发展与分布

东区工会成立之初，全区职工和工会会员主要分布在境内的中央和省、市属大中型企业。随着经济社会的发展，区机关工会和区属企事业单位工会组织逐步建立，工会队伍不断发展壮大。1979 年年底，东区总工会在区属企业和学校建立基层工会委员会 12 个，其中学校 7 个、国营企业 3 个、街道集体企业 2 个，发展会员 517 人。至 1980 年年底，区属基层工会委员会增至 29 个，会员 2404 人。1996 年年底，区属职工人数为 1.1 万人，建立基层工会委员会 78 个，工会会员 1.1 万人。1998 年后，区内国有企业进行民营化改制，工会会员人数逐年减少。至 2000 年，东区总工会下辖炳草岗、大渡口等 7 个工会，境内共有 6167 名个体劳动者成为工会会员。之后，东区总工会加强非公有制企业的建会工作，吸纳非公有制企业职工和个体劳动者入会，工会组织和会员逐渐增加。

至 2013 年，全区建立各类工会组织 2465 个，会员发展到 73524 人。是年新建基层工会 602 个，新增工会会员 5010 人，组建率、入会率分别达 95%和 100%。

1989—2013 年东区工会组织发展情况

表 38

年份	职工（人）	会员（人）	基层工会（个）
1989	2432	2432	26
1990	2895	2895	26
1991	2799	2799	40
1992	3455	3455	46
1993	3489	3489	49
1994	3435	3435	49
1995	4156	4156	57
1996	11000	11000	98
1997	17000	17000	110
1998	8124	8124	71
1999	4000	4000	166
2000	12000	12000	340

续表 38

年份	职工（人）	会员（人）	基层工会（个）
2001	10347	10347	247
2002	10330	10330	242
2003	10335	10335	251
2004	17387	17387	729
2005	21892	21892	668
2006	27143	27143	430
2007	30755	30755	542
2008	42100	42100	616
2009	46998	46998	676
2010	51384	51384	730
2011	59867	59867	868
2012	68773	68773	946
2013	73524	73524	2465

二、职工就业与培训

1989 年，东区汽修厂聘请攀矿汽修厂汽修工程师为全厂的 20 余名青工讲技术课，市造漆厂聘请教师为全厂 120 名初中以下文化程度的职工上文化课。年内，各级工会积极组织、支持职工 280 余人参加电视、函授等大专、中专学习，全区参加成人自学考试 4160 人次，考试学科 9171 科，400 余人取得毕业证书。区内各级工会参加市总工会举办的岗位培训 6 人，参加省总工会举办的女工工作短期业务培训 1 人。

1998 年 7 月 1 日，东区总工会成立再就业服务中心，吴跃生任该中心主任，漆家华、杨春兰任副主任。办公室设在东区总工会职工活动中心二楼，刘修元任办公室主任。中心成立后，大力开展下岗职工新就业技能培训，再就业培训开始进入常态化。

1999 年 5 月 6 日，经市总工会女工部批准，成立攀枝花市总工会下岗女职工服务指导中心东区分中心，负责实施东区各企业下岗女职工社区服务工作，开辟东区下岗女职工就业新渠道，东区下岗女职工有了专门的就业指导服务机构。

2010 年，区总工会举办创业意识培训 4 期，培训下岗职工、农民工 223 人。举办创业能力培训 3 期，培训下岗职工、农民工 159 人，举办农民工技能培训 12 期，培训辖区民工及外来农民工 702 人。

2011 年，区总工会举办再就业技能培训 8 期，培训下岗职工、农民工 790 人。开展创业意识、创业能力培训 7 期，培训下岗职工、农民工 382 人。

2013 年，区总工会举办美容美发技能培训、家政服务技能培训、创业能力培训共 11 期，培训下岗职工、农民工 709 人。

第四节　服务经济建设

一、劳动竞赛

1989 年，区工会开展各种形式的劳动竞赛，为双增双节活动添后劲。商业系统和计经委系统开展以优质服务、生产优质产品为中心的“青工技术练兵赛”“增效益、促成才精英赛”“百日优质服务活动”等 9 项竞赛活动；区计经委系统的生产厂开展以节约原料为主要内容的双增双节活动；市皮鞋厂把烂皮鞋纸盒收集起来化废为宝，节约资金千余元；市油漆厂回收生产油漆桶的边角铁皮，节约资金数千元。

1990年，东区各级工会主动、积极配合党、政，具体组织开展以“双增双节”为主要内容的社会主义劳动竞赛5次，参加劳动竞赛人数1900余人，占企业职工总人数的90%。

1991年，区工会围绕“质量、品种、效益年”活动，广泛开展社会主义劳动竞赛。商业企业开展了“温暖在你身边”“服务明星大赛”和“百日优质服务竞赛”等活动，开展15个技术工种比赛；在文教系统开展了优质课、公开课评比活动。

1992年，区工会在全区范围内开展“上质量、上品种、降成本、增效益、振兴东区建功立业”劳动竞赛。商业系统通过劳动竞赛提前完成年计划销售额、纯商业利润额，比1991年增长22.57%和8.73%，节约能源、费用15.70万元；举办展销会125个，摆摊210次，送货上门1693人次，方便群众，增加效益，提高质量，赢得信誉。工业战线职工开发新品种，采取新工艺，集中力量拧成一股绳，参与市场竞争，于11月底提前完成工业总产值年计划的146.11%。各系统工会发动组织职工大搞技术练兵活动，全区全年举办各种技术练兵活动20余次，参赛人数1197人次，获奖人数26人。

2003年，在生产企业中开展“安康杯”劳动竞赛，组织民营企业职工参加市举办的技能大赛，获三等奖和优秀奖，并取得专业人员资格证书。

2013年，区总工会在工业园区58家企业开展建功“十二五”“五比五赛”劳动竞赛和节能减排“五小”活动，推进企业技术革新、生产工艺设备优化升级。开展“安康杯”竞赛活动，推动班组安全制度化、规范化、标准化建设。选送部分优秀企业参加全省企业班组安全文化宣传展板比赛活动。投入经费13余万元，在阿署达景区建设施工工地组织开展职工劳动技能竞赛；与区旅游局共同承办由市旅游局和东区人民政府联合主办的2013年攀枝花市涉旅企业服务技能大赛，促进企业职工技能提升。

二、主题活动开展

2011年，区总工会在全区企业中开展城乡环境综合治理“进企业”活动。

2012年，区总工会组织区内企业开展“五五比赛”和节能减排的“小发明”等活动，推进企业技术革新、技术攻关及生产工艺设备的优化升级。服务东区重点工程，为丽攀高速拆迁建筑工地、阿署达景区建设施工现场职工开展安全生产劳动保护法律知识讲座，发放价值4万余元的安全防护用品。开展安康杯“强化责任落实、关爱生命健康”主题竞赛活动和“安全生产月”宣传活动，强化安全生产管理措施，推动班组安全制度化、规范化、标准化。继续推进城乡环境综合治理“进企业”主题活动，引导广大职工群众共同参与城乡环境综合治理。开展职业病防治研究和职业病防治知识宣传工作，加大职业病防治监督检查，深入到97家企业逐一进行职业病防治监督检查，宣传职业病防治法律法规，普及职业病防治知识，发放《职业病防治手册》5000余册，首次在园区企业签订职业病防治专项合同25份。

2013年，区总工会组织企业开展“创国家级环保模范城市、全国文明城市、中国优秀旅游城市、国家森林城市、中国阳光康养旅游城市”“五创联动”进企业活动。牵头开展好“五创联动进企业”宣传活动，在重点企业设置宣传栏10余个，开展“五创联动”知识竞赛2场，印发宣传册、宣传资料1200余册，激发广大职工主动参与创建活动的积极性和主动性。积极参与文明城市创建活动，组建东区工会职工文明志愿者队伍500余人，开展文明劝导、文明宣传、志愿者服务活动30余次。为提升职工文明素质，出资5.56万元支持社区、企业工会新建职工书屋11家。主动参与阳光康养旅游城市创建工作，投入资金7万元与区旅游局等单位共同牵头承办2013年攀枝花市涉旅企业服务技能大赛，吸引20余家宾馆酒店共37个队伍、120余名职工参赛，深入推进东区旅游标准化建设。主动配合支持国家森林城市创建和宣传工作，拨付工作经费4万元，保障创建工作的顺利开展。

三、职工技能培训

2011 年，区总工会将“职工技能比武”与“创建学习型组织、争做知识型技能型职工”活动相结合，依托农民工夜校、职工书屋等平台，定期举办培训和技能比武，不断提高职工的科学文化素质和技能水平。全区有农民工夜校 3 所、职工书屋 23 家。

2012 年，区总工会将“职工技能比武”与“创建学习型组织、争做知识型技能型职工”活动相结合，依托农民工夜校、社区职工书屋、企业职工书屋、车间文化园地等平台，开展丰富多彩的活动，提升职工思想道德素质、科学文化水平和企业良好的社会形象。全区建有市级标准化职工书屋 30 余家。

2013 年，区总工会投入经费 13 万元，在阿署达景区建设施工工地组织开展职工劳动技能竞赛；与区旅游局共同承办由市旅游局和东区人民政府联合主办的 2013 年攀枝花市涉旅企业服务技能大赛，促进企业职工技能提升。加大企业和社区工会“职工书屋”“农民工学校”建设，定期举办各类知识技能培训和文体活动，提高职工的科学文化素质和技能水平。举办美容美发技能培训、家政服务技能培训、创业培训 11 期，培训下岗职工、农民工 709 人。

四、技术创新与服务

1992 年，区各级工会鼓励职工立足本职，搞技术革新，攻克生产难关。油漆厂女职工席晓梅针对油漆原材料价格上涨、购买困难的实际，与有关技术人员经过多次反复试验，终于试验成功用黄豆油替代桐油作原料的技术，经技术鉴定，为厂里节约资金 40 万元/年，获得厂里重奖 1 万元。计经委系统引进资金、发展新项目，成立发展新项目办公室，立项 13 个，引进项目和先进技术 13 个，引进人才 8 名，引进资金 1000 余万元。

第五节　劳动保护与安全生产

1989 年 1 月，东区连续发生两起重大车祸，造成较大的经济损失和不良影响，给企业造成困难，其根本原因在于对安全生产缺乏应有的警惕和教育。是年，东区总工会先后对市造漆厂、朝阳印刷厂、皮鞋厂、渡口商场等单位多次进行防火、防盗、防止工伤和工业卫生检查。对一些企业的危房进行检看发现和限期消除隐患，一时无法消除的隐患加强防患措施。各企业修订、增订安全防范制度。全区全年安全投入 12.5 万元。进一步贯彻国务院关于《女职工劳动保护规定》，绝大部分企业落实女职工五期保护，普遍对女职工妇科病进行检查 1 次。

1991 年，区总工会抓好班组安全工作，把“安全第一、预防为主”的安全生产工作方针落到实处。10 月，区总工会、区安全办在市造漆厂联合召开东区班组安全达标现场经验交流会，通过“看、听、讲”形式，让广大职工认识到安全就是效益。在各班组中发挥安全监督检查员作用，辅之以严格的管理制度、安全制度，奖罚分明，使广大职工群众基本做到在生产中自觉地遵守安全制度、按章操作。

1992—2002 年，东区工会帮助、督促各企业树立安全生产观念，制订安全管理制度，确保安全生产。

2003 年，区总工会会同区安监局，积极组织开展群众性安全生产工作。制订群众性安全生产责任制，组织安全监督检查员参加市总工会的培训班；积极参与安全生产监督检查和安全事故的调查处理，在友邻单位间进行安全生产的交叉检查，互相学习先进的方法和措施。年底，与区安监局一道对街道和银江镇及下属企业安全生产工作进行检查和指导，督促基层工会对安全生产保护和设施的重视和监督。

2012 年，区总工会参与安全事故调查处理 8 起，对企业主和管理人员进行安全责任教育，对安全教育不到位和责任不明确的问题进行认真分析，对事故的处理和企业赔偿提出良好的建议。

2013 年，区总工会坚强各级工会劳动保护监督机构建设，在重点企业建立劳动保护监督小组，配备经过专门训练的劳动保护监督员。主动参与“安全生产月”宣传活动，在园区企业举办安全生产培训班 4 期，培训职工 320 余名，发放安全生产宣传资料 5000 余册。参与安全生产事故调查处理 2 起，对事故的处理和企业赔偿提出良好建议，维护职工生命安全与身体健康。

第六节　职工权益保障

一、就业帮扶

2001 年，区总工会在实施“开发性再就业十大行动”中，创造再就业岗位 134 个，培训下岗职工 268 人，帮助下岗职工再就业 254 人。

2003 年，通过区总工会职介所，大力提供求职信息，努力为下岗失业人员再就业提供信息，促进就业；狠抓再就业培训工作，培训下岗失业人员。全年，下岗待业实现再就业人员 130 名，培训下岗失业人员 50 名，为下岗失业人员介绍职业数 600 名，提供就业信息 1200 条，登记求职人员 730 余人，介绍成功 480 余人，通过按摩、电脑培训，帮助 186 人实现就业。

2004 年，培训下岗、失业人员 235 人，提供就业信息 1402 条。介绍用工 1985 人次，成功 1057 人次。会同市总工会在银江镇免费开办首期农民工足部保健按摩班。

2010 年，区总工会继续开展“工会搭台、民企招聘、促进就业”现场招聘会 3 期，提供就业岗位 1500 个，现场 1115 名农民工、200 余名下岗失业人员与招聘单位达成意向性协议。继续开展城镇低收入职工、困难农民工家庭生活状况摸底调查工作和“爱心家教”帮扶工作，上报市总工会低收入职工困难家庭 1108 户，低收入农民工家庭 23 户；低收入职工、农民工子女考上大学的学生 71 名。

2011 年，区总工会继续实施“千万农民工援助行动”和开展“万人培训行动”工作，举办参与再就业现场招聘会 2 期，提供就业岗位 300 个，现场达成意向性协议 100 余人，区工会职介所职介用工 390 人。举办再就业技能培训 8 期，培训下岗职工、农民工 790 人；开展创业意识、创业能力培训 7 期，培训下岗职工、农民工 382 人。开展创业援助补贴工作，援助下岗创业人员 3 人，发放援助补贴 10000 元。

2012 年，区总工会及基层工会举办各种再就业现场招聘会 21 期，参与职工 8000 余人，提供工作岗位 3667 个，现场达成意向性协议 2500 余人，帮助 860 人下岗失业人员实现再就业，区工会职介所职介用工 510 人；举办美容美发、电脑、厨师、驾驶技能培训 11 期，培训下岗职工、农民工 738 人。扶持帮助下岗职工、农民工、困难职工家庭成员创业 12 人。

2013 年，区总工会举办“春风行动暨工会就业援助”活动再就业现场招聘会 4 期，组织 125 家用工单位，提供工作岗位 1860 个，现场达成意向性协议 1760 余人。区总工会职介所职介下岗失业职工、农民工再就业 830 人。

二、扶贫帮困

1990 年，区各级工会组织发扬工会的优良传统，在生活上关心职工，调解家庭矛盾，协助解决职工子女上学、就业困难，为生病职工送医送药。人民商场工会组织全场职工为一退休的困难职工捐款 260.70 元。

1991 年，区工会加强对停产半停产企业的追踪调查，对职工生活状况进行摸底调查。组织“区慰问走访特困职工小组”，走进困难企业，走进特困户家中，把党的温暖送进职工家里，把困难补助款送到困难职工手中，并与有关领导协商，及时解决困难职工的实际问题和困难。

1992 年，区工会、区计经委联合组成慰问组，深入困难企业和困难职工家中，慰问、补助困难户 20 户。开展困难职工生活调查，与企业协商解决贫困职工脱贫的具体办法。

2001 年，区总工会为 1127 户、3289 名特困职工发放粮贴 315744 元。为 10 名特困职工子女考上大中专办理一次性补助 19000 元。开展 2 次特困职工跟踪调查，共调查出特困职工 1127 户、3289 人，并建立了特困职工档案，为区级领导及部门负责人联系特困职工 53 户提供了基础资料。

2002 年元旦、春节期间，区总工会走访慰问特困（困难）企业 30 家，慰问特困（困难）职工 297 户，区总工会负责人陪同市级领导、区级领导走访 20 余次。“七一”前，同区委组织部开展“干群心连心”活动，走访慰问全区特困党员 11 户，送慰问金 2000 余元。为 1193 户特困职工办理煤气、水优惠证。年内，区总工会全区开展的爱心助学活动，组织职工捐资 7700 元。长寿路街道为考上大学的金联食品公司 1 名特困职工子女提供长期捐助，每学期 500 元直到大学毕业，并为其提供假期的社会实践。

2003 年，继续完善扶贫帮困机制，建立特困职工档案 1126 户、3289 人；区级领导定点帮扶困难户扩大到部门负责人，确定 53 户特困职工家庭作为帮扶对象。春节、元旦、“七一”开展走访慰问活动和心连心活动，帮助困难职工解决就学、就业等问题。区农业水利局为帮助对象的子女资助 1000 元，圆了其大学梦。区工会帮助 1 名特困女职工子女介绍了工作。各级工会组织还坚持平时对生病住院职工的慰问，尽可能地帮助职工解决困难和问题，及时把党和政府的温暖送到职工群众中，起到了桥梁和纽带作用。

2004 年，东区建立 953 户、2830 名特困职工档案。累计为特困职工家庭办理水、电、气、电视收视优惠证 3440 户，实施送温暖工程，元旦、春节、“七一”共走访困难职工、困难农户、困难劳模、困难党员 982 户（涉及 2946 人），送去慰问金、物资折合人民币 227800 元。东区总工会协助市总工会为 17 名考上大、中专的特困职工子女发放一次性补助 31000 元，区工总会同时发放补助款 1000 元。年内，区总工会发放重病救助、看望生病住院职工 10 人，送慰问金 4500 元。为市齿轮厂职工曹某之女完成学业，一次筹集救助资金 4500 元，并安排好就业。建立领导联系和帮扶困难职工制度。

2005 年 6 月，东区总工会困难职工帮扶中心成立。

2010 年，为 999 户特困职工发放慰问金 34 余万元。组织区领导走访困难职工家庭 25 户，送慰问金 1 万元。开展“夏季送清凉暨关爱农民工”系列活动，发放价值 3 万余元的药品和生活用品，惠及农民工 300 余人。困难职工帮扶中心救助困难职工、农民工、学生、儿童共 58 人，发放救助金 13.65 万元。

2011 年，区总工会区困难职工帮扶中心炳草岗街道分中心、大渡口街道分中心和银江镇分中心成立。全年困难职工帮扶中心救助困难职工、农民工家庭 8 户，发放救助金 15500 元。开展“干部心连心”和元旦、春节“送温暖”活动，走访慰问城镇低收入职工、农民工、特困职工 1108 户，发放慰问金 352800 元。开展下乡、进社区送温暖活动，慰问困难职工、农民工 20 户，发放慰问金及慰问品价值 1 万余元。开展专项救助工作，城镇低收入困难职工家庭生活救助 1380 户，困难职工、农民工患重症、慢性病医疗救助 36 户，困难农民工家庭生活救助 54 户，共发放专项救助金 48.98 万元。

2012 年，区总工会在全区街道（镇）创建困难职工法律援助分中心、困难职工帮扶分中心、外来务工人员关爱分中心和职工心灵驿站（简称“三中心一驿站”）综合服务平台，创新惠民帮扶网络，召开“三中心一驿站”综合服务平台现场会暨授牌仪式。对街道（镇）困难职工帮扶分中心、困难职工法律援助分中心补贴帮扶资金 1 万—2 万元，建立稳定可靠的资金来源渠道，实现困难帮扶可持续发展。全年救助困难职工、农民工 115 人，发放救助、慰问金 30.02 万元，实现救助活动制度化、规范化、常态化。开展 2012 年度城镇低收入职工、困难职工、农民工家庭生活状况调查，为调查的 1282 户困难家庭发放专项生活救助 57.34 万元。开展困难职工医疗救助 14 户，发放救助金 2.25 万元。走访慰问城镇低收入职工、农民工、特困职工、困难劳模1140户，发放慰问金54.08万元。

2013年，区总工会开展“夏日送清凉、关爱送职工”活动，深入园区企业、丽攀高速公路东区段拆迁安置点施工现场和市容环卫局慰问一线职工、农民工和环卫职工300余名，发放防暑降温用品价值3万余元。结合“中国梦”主题教育宣传活动，定制800件19200瓶印有“中国梦”宣传语的清凉饮品免费向企业和社区工会进行发放。扎实开展城镇低收入困难职工、特困职工、困难农民工家庭情况摸底调查工作。调查录入全国工会帮扶系统困难职工、特困职工、困难农民工家庭1309户，困难家庭大学生56人。开展“寒窗助学”暨困难职工大病救助活动，救助困难大学生56名，发放助学金21.7万元。困难职工大病救助16人，发放医疗救助金4.75万元。开展元旦、春节“送温暖”活动，筹集“送温暖”资金62.85万元，对已建档的1491户困难职工进行慰问帮扶。开展“干部心连心”活动，走访联系困难职工、农民工、学生22户人，发放慰问金2.5万元。开展“特困职工帮扶计划”及困难职工、困难农民工专项生活救助活动，发放专项生活救助金92.36万元，惠及1290户特困难家庭，缓解困难职工家庭困难，确保困难职工群众应助尽助。开展职工住院医疗互助保险，组织动员全区符合条件的职工积极参保，缓解职工就医经济压力。2013年，职工住院医疗互助保险2845份，女职工大病保险1200份，参保金额34.2万元。开展对口支援盐边县共和乡困难帮扶工作，配合东区对口援建盐边县共和乡项目，对共和乡困难职工、农民工子女进行帮扶，救助困难大学生12人，发放助学金4.26万元，传达东区工会组织对共和乡人民的深情厚谊。

三、工资集体协商

2001年，区总工会在全区新建企业中签定集体合同198个，在3家企业进行工资集体谈判试点工作，并在123个私营企业中进行工资集体协商。

2011年，区总工会加大工资集体协商工作的宣传力度和培训，编制《工资集体协商知识宣传手册》，举办工资集体协商业务知识培训班3期，培训基层工会干部及企业职工代表206名。加强工资集体协商指导员队伍建设，筛选培训兼职工资集体协商指导员18人，聘任首批工资集体协商专职指导员2名，实行工资集体协商指导员分片包干责任制。开展工资集体协商要约行动，将3月份作为工资集体协商集中“要约行动月”，发出工资集体协商要约书企业585家。落实工会主席约谈企业负责人制度，督促其积极规范地开展工资集体协商。开展工资集体协商“百日攻坚”行动，补助基层工会开展工资集体协商工作经费50.8万元，签订工资集体协商协议683家，覆盖职工21782人，签订率95%以上。

2013年，区总工会加强工资集体协商指导员队伍建设，新聘用工资集体协商专职指导员2名，并推荐参加省、市总工会的专题培训，提升专职指导员业务素质。开展工资集体协商要约行动，向917家企业发出工资集体协商要约书，为非公企业工资集体协商协议的签订打下坚实的基础。持续开展工资集体协商“百日攻坚”行动和“集中宣传月”活动。通过加大宣传力度、工作经费投入、分片包抓制度、通报制度、约谈制度、专项调查督导制度等措施，深入推进工资集体协商工作。全年新签定工资集体协商协议986份，涵盖企业2454家，签订覆盖率99.92%，其中企业单独签订工资集体协议967家；区域性工资集体协商3家，覆盖企业384家，覆盖职工1373人；行业性工资集体协议16家，覆盖企业1103家，覆盖职工3855人。

四、职工维权

2000年7月24日，东区总工会下发《关于建立劳动关系预警机制的通知》（攀东工发〔2000〕17号），明确区总工会负责全区的劳动关系预警工作，各基层工会为企业劳动关系预警机制的第一负责人（即劳动关系“第一知情人、第一反映人、第一协调人、第一落实人”），对预警机制的建立、实施和落实负全责。东区建立劳动关系预警机制后，在防止劳动关系双方矛盾激化，及时有效地将矛盾化解在萌芽状态，保护职工的经济利益和政治权利，促进职工队伍和社会的稳定，为企业改革和发展营造良好的环境等方面，均起到了良好作用。

2010 年，区总工会配合劳动和社会保障局开展拖欠农民工工资专项检查 3 次，为期 3 个月，追讨清欠农民工工资、工伤赔偿等 192.3 万元。

2011 年，区总工会完善维权机制，突出农民工维权。全年参与受理各类劳动争议案件 198 件，涉及劳动者 243 人。为劳动者挽回拖欠工资、工伤待遇经济补偿金 228.9 万元。其中，为在金实百货、对又来打工的 2 名农民工讨薪 2 万余元。

2012 年，区总工会参与受理各类劳动争议案件 256 件、群体案件 20 件，涉案人数 3097 人，涉案金额 2977 余万元。其中成功调解 109 件，裁决 52 件，经协调自行撤诉 33 件，案外调解 62 件，追回各类欠薪和工伤赔款 2900 余万元。配合区政府相关部门检查用人单位 156 户，查出涉及拖欠农民工工资单位 9 户，涉及劳动者 2296 人。为涉及的农民工追讨回应得的工资薪酬 2223 万元，维护企业职工、农民工的经济权益。

2013 年，东区总工会完善维权机制，突出农民工维权，积极参与劳动纠纷案件的调解和仲裁工作，参与受理各类劳动争议案件 490 件，涉案金额 1387 余万元。其中成功调解案件 376 件，裁决案件 74 件，其余 26 件均在法定时效内，法定期限内结案率 100%。

第七节　职工民主管理与厂务公开

一、职工代表大会制度建设

1989 年，东区工会逐步加强职工代表大会（以下简称职代会）制度的建设，加强企业职工参加企业民主管理。全年 11 个企业工会换届，其职代会随之调整。全区 16 个企业全部建立职工代会，职代会根据实际，按照《中华人民共和国企业法》的规定，执行落实审议权、否决权、决定权、评议监督权和选举权五项职权。

1990 年 1 月，区工会举办以“学习《企业法》、当好主人翁”为主题的职工代表培训班，来自 13 个基层企业的 71 名职工代表参加学习。炳草岗小学建立教代会“五化”（内容规范化、工作制度化、民主程序化、组织网络化、活动经常化）制度并在区属各学校推广。区属各企事业单位职代会的地位和作用得到提高和加强，大多数职代会能正常地开展活动并行使职权。

1991 年，区工会突出民主管理工作重点，维护职工权益。抓“五权”落实，开展“一先三优五好”评选活动促进企业利益共同体建设。抓代表培训，采取以会代训形式，培训职工代表和工会干部 50 余人次。

1992 年，区工会重点加强基层集体企业的民主管理工作，组织各级工会主席学习国务院颁发的《城镇集体企业职工代表大会条例》（以下简称《条例》），各系统组织厂长、经理学习《条例》，把《条例》的贯彻落到实处，发挥集体企业的潜能和作用。组织文教系统教工会员 374 名参加民主管理培训，提高职工民主管理水平。主动参与、支持人大选举，呼吁在第一线工人中推选人大代表，增加第一线职工在人大代表中的比例，表达工人阶级的心声，反映他们的愿望和要求。

1993 年，区各级工会组织代表和维护职工的合法权益，关心职工生活疾苦，努力为职工办实事，为社会的稳定发挥积极作用。

1994 年，区属企事业工会组织贯彻落实《企业法》《工会法》，落实职代会职权，建立健全民主管理组织机构制度体系，开展民主管理“一先三优五好”（评选一个先进集体、三个优秀党政工领导、五好职工代表）评选活动，增强企业党政领导的民主意识。贯彻落实《攀枝花市城镇集体所有制企业职工（代表）大会试行规定》，建立健全职（教）代会为基本形式的民主管理制度，督促职（教）代会各项职权的落实。

全区有基层工会组织51个，其中企事业工会组织32个，已建立职（教）代会制度的28个，占应建数的90%，作用发挥好、职（教）代会各项职权得到落实的13个。

1995年，区工会支持各级工会组织健全和完善职代会制度，落实职代会职权。全年各企事业召开职代会，落实代表提案，评议企事业领导干部。

1996年，全区有21个单位召开职代会，提交职代会审议提案162件，否决提案100件，落实提案62评议科级干部57人。

1999年，区总工会完善以职代会为基本形式的职工民主参与、民主管理和民主监督制度，凡与职工切身利益相关的劳动用工、工资分配、保险福利、劳动保护等重大决策必须提交职代会讨论，听取群众的意见。召开职代会，对企业领导干部进行民主评议，并把评议结果作为任免、奖惩的重要依据等。同时建立企业业务招待费向职代会报告制度和公司制企业职工董事、监事制度，组建职工持股会，开展“一先三优五好”评选活动等。

2000年，区总工会以深化厂务公开为抓手，坚持和完善职代会制度。是年，区属32个国有企事业单位全部实行厂务公开。实行重大事项、管理制度、经济活动、财务收支、业务招待费、考评奖惩等“六个公开”，所有重大事项和活动须交职代会讨论通过后才付诸实施。

2002年，区总工会坚持抓好职代会民主评议企业领导干部工作。进一步落实职代会各项职能，使职代会在企业民主决策、民主管理、民主监督中切实发挥好作用。大力推进国有独资和国有控股公司的职工代表进入董事会、监事会；积极探索非公有制企业民主管理实现形式，鼓励、引导非公有制企业采取职代会或其他适合本企业实际的民主管理形式，切实保障职工民主权利，推进基层民主政治建设。

2004年，区总工会思考、探索在民营企业建立职代会，或建立区域性职代会的途径。帮助荣鑫油漆公司完善职工代表大会制度，并在2—3家民营企业推广。

2005年，区总工会分不同行业开展厂务公开，推行职代会等民主管理形式。7家事业单位厂务公开全部实现规范化，继续在非公有制企业中推行厂务公开，建立制度的达到220家，规范化102家。

2007年，区总工会开展职工（员工）代表培训，提高职工民主参与意识和企业管理水平。非公有制企业通过实行厂务公开促进职工代表大会制度的逐步完善，使更多职工参与到企业的管理中来，增强企业的凝聚力。

2008年，区总工会加强职代会制度建设，完善基层工会和非公企业职工代表大会制度。积极探索建立上级工会对基层工会、企事业单位职代会预审制度，职工代表巡视、竞选、质询制度。

2009年，区总工会着力加强企事业民主管理，落实职工的知情权、协商权、监督权，以推进非公企业建立职代会、厂务公开制度为重点，扩大建制面。

2010年，区总工会以贯彻实施《四川省职工代表大会条例》为契机，鼓励和引导职工参与民主管理，推动落实职工群众的知情权、参与权、表达权、监督权。提高非公企业职代会和厂务公开规范化程度，加大推行非公企业职代会制度的力度。2010年非公企业、事业单位厂（事、校）务公开实行率实现85%、100%。

2011 年，区总工会保证和落实职工民主参与、民主管理、民主监督、维护职工合法权益，截至 2012年年底，全区实行职代会制度和厂务公开制度526家，占91%；厂务公开规范化458家，规范率87%；已建事业单位工会54家，全部建立职代会制度和校务（事务）公开制度，校务（事务）公开规范化率达97%。乡（镇）街道（总）工会10家，社区（村）工会70家，区机关工会委员会1家，全部实行乡（镇）务公开、社区（村）务公开，公开规范化率100%。

2013年，区总工会主动争取各级党政对工会工作的支持，通过党委定期听取工会工作情况汇报制度、政府与工会联席会议制度、工会工作列入同级党政工作目标管理考核等制度的贯彻落实，为工会工作的创新和发展提供有力的制度保障。

二、厂务公开制度推行

1999年起，东区积极推行厂务公开，发动和依靠广大企业和部分事业单位职工知情、参政、管事、督行、促兴。1999年9月20日，东区总工会召开全区厂务公开大会，中共东区区委副书记丁国勇出席会议并讲话。

2001年，区总工会在2000年推行厂务公开的基础上，重点在私营企业中试行厂务公开工作。以炳草岗街办下属私营企业为试点，在厂务公开的内容和形式方面进行新的探索，及时进行检查，及时帮助、指导。年内105家私营企业实行厂务公开。

2003年，区属企、事业单位全部实行厂务公开，做到重大决策、管理制度、经济活动、财务收支、业务招待、考核奖励“六公开”；部分民营企业在工作时间、工资报酬、劳动纪律等方面进行公开，105家民营企业实行厂务公开，把厂务公开制度规范化，做到制度上墙、内容公开、时间规范、奖励政策制度化，有的企业把“双爱双评”与厂务公开紧密地结合起来，有效地改善了企业的劳动关系，激发职工爱岗敬业的精神，同时优化企业的人际环境，保证企业的良性发展。

2011年，区总工会推进非公企业的厂务公开工作，在保证和落实职工民主参与、民主管理、民主监督、维护职工合法权益方面取得显著成效。截至年底，实行职代会制度、厂务公开制度和职工董事监事制度526家，覆盖率91%；厂务公开规范化458家，规范率87%；已建事业单位工会54家，全部建立职代会制度和校务（事务）公开制度，校务（事务）公开规范化率97%。乡（镇）街道（总）工会10家、社区（村）工会70家、区机关工会委员会1家，全部实行乡（镇）务公开、社区（村）务公开，公开规范化率100%。

2012年，区总工会推进非公企业的厂务公开工作，在保证和落实职工民主参与、民主管理、民主监督、维护职工合法权益方面取得显著成效。截至年底，实行职代会制度、厂务公开制度和职工董事监事制度526家，覆盖率91%以上；厂务公开规范化458家，规范率90%；已建事业单位工会33家，全部建立职代会制度和校务（事务）公开制度，校务（事务）公开规范化率97%。乡（镇）街道（总）工会10家、社区（村）工会70家、区机关工会委员会1家，全部实行乡（镇）务公开、社区（村）务公开，公开规范化率100%。

三、劳动合同签订

2003年，全区签订区域性集体合同9份，覆盖企业80家，单独签订工资集体协议的企业144户，签订集体合同企业数216户，续签50户，超额完成市下达目标任务。2004年，签订集体合同435家、片区39个合同、社区集体合同10个。之后，每年按照《中华人民共和国劳动法》和省、市总工会有关规定，认真落实集体合同签订。

2010年，区总工会开展农民工劳动合同签订“春暖行动”，全年签订劳动合同1200余份，集体合同600余家，工资集体协商协议130户。2013年，区工会首次在园区企业签订职业病防治专项合同25份。

第八节　职工文化体育活动

一、职工文化活动

1989年，区工会举办“1989年春节迎春书画展”，组队参加市文艺会演和重阳节老年、退休职工文娱活动。

1991 年，区工会举办“五一”“五四”职工文艺会演，全区 25 个基层工会 181 名职工参加会演，演出节目 38 个。会同中共区委组织部、宣传部举办“党旗在我心中”演讲比赛并将优秀演讲员组成宣讲队深入各片区演讲，加大教育的广泛性、深刻性。

1992 年，区工会与妇联举办达体舞比赛；派人民商场代表队参加市“首届职工文化节”达体舞比赛，获得二等奖；与区文化馆、团区委联合举办东区“九二迎春书画比赛暨展览”，收作品 145 件，展览 30 多天；承办市首届职工文化节桥牌赛，20 支代表队 150 人参加。指导、配合各基层、系统工会及有关部门开展多项有益的文体活动。

1993 年，区工会与区文化馆在区政府门前沿街处联合举办“迎春书画”现场比赛，100 多人参加；举办建区 20 周年“发展东区经济”有奖征文活动，收到论文 19 篇，其中 2 篇获得市工运理论论文三等奖；组织离退休职工参加市总工会举办的钓鱼比赛，其中 1 人获得一等奖。为机关职工举办舞会 2 次；为全区职工代购灯会票；与宣传部、文化馆联合举办“纪念毛泽东同志诞辰一百周年座谈会”“纪念毛泽东同志诞辰一百周年诗歌散文朗诵暨东区职工普通话比赛”。

1994 年，区工会与有关部门在华山小学球场联合举办有机关和街办全体职工参加的大型迎春文体活动，近 1000 人参加。组织女职工举办“巾帼建功演讲会”；“八一”建军节组织女职工缝制 70 双鞋垫送给当地驻军；举办中华人民共和国建国 45 周年国庆“祖国颂”歌咏比赛；春节、五一节、国庆节分别为区机关职工举办舞会。

1995 年，区工会举办“爱我攀枝花”知识竞赛；教育工会开展“爱国主义教育、做合格教师”演讲会，并在辖区内巡回演讲各基层工会利用黑板报、职工活动室、挂图、标语等文化阵地大力宣传劳模的先进事迹。组织职工参观“金色攀枝花”大型展览。

1996 年，区工会举办纪念红军长征胜利 60 周年和中华人民共和国建国 47 周年文艺晚会；推荐选手参加市“闹元宵秧歌赛”“职工卡拉 OK 比赛”“演讲比赛”，分获一、二、三等奖和组织奖。

2001 年，利用“五一”和纪念中国共产党成立 80 周年之际，广泛开展健康有益、丰富多彩的职工文化体育活动。

2003 年，区总工会选派女职工参加市总工会组织的“我为家乡做贡献”的演讲比赛，并获二等奖。

2005 年，区总工会积极与区文体局配合，组织职工在元旦、春节期间开展“趣味体育活动”“五一”职工登山比赛；结合“迎冬旅　创国优”活动，社区工会组织文艺汇演 10 场。

2007 年，区总工会制作东区“创卫”工作宣传片，从 4 月开始在全区的街道（镇）、社区开展“双创电影巡回放映宣传活动”，放映 54 场，观看群众达 6 万余人次。积极组织节目参加市“创卫”宣传文艺表演，推荐 3 个节目和 2 个家庭参加全市的“三十万职工携手共建美好家园”文艺晚会的演出，被评为优秀节目。同时制作东区“创卫”工作宣传展板 13 块在市中心广场展出，印制和发放宣传资料 10000 余份，得到市委、政府领导和职工群众的认可。积极参与东区“我身边的十大不文明行为”评选揭晓暨“告别不文明行为”专题文艺晚会活动，并出资 10000 元组织评选活动。“三八”妇女节前夕，拿出 8000 元职工活动经费与区妇联联合开展“中老年健身操舞”比赛，来自全区各街道、镇的 13 支队伍 184 人参加比赛；湖光社区工会组织 50 人的腰鼓队参加全市的春节民间艺术表演。开展“廉政文化进企业”活动，在 4 家民营企业试点，将廉政之风吹进企业，增强企业主廉政经营的意识，引导企业廉洁诚信、依法经营。通过在企业的会议室、过道、车间、班组、板报等明显的地方张贴廉政标语和警示语等形式开展廉政教育，有机地结合廉政文化建设和企业精神，有效地将廉政文化渗透到企业文化中，打造高品位的企业文化。9 月，区总工会制作了 40 幅精美的廉政书法字画，在检查企业廉政文化建设的同时送到企业，并与企业负责人、经营者就廉政建设交换了意见，对企业廉政文化建设工作提出了建议和意见。

2008年，区总工会组织开展“三十万职工携手共创环保模范城市”宣传系列活动，精心筹备一台“创模”文艺演出，并在演出中穿插“创模”知识竞赛和“创模”百米画卷书画比赛活动，吸引广大职工群众和少年儿童投身到“创模”行动中；举办创模知识讲座，组织“我为节能减排做贡献”知识竞赛、演讲比赛以及征文活动，辖区各基层工会共开展知识竞赛31次，参与竞赛2441人次，组织演讲比赛27场，覆盖职工人数达4788人，举办征文活动8次，征集节能减排论文46篇。

2009年，区总工会协助市重大节日办、市总工会在炳草岗中心广场举办“闹新春游园活动”和“职工民间传统文娱表演活动”，得到广大职工群众以及广大市民的热烈欢迎和积极参与。协助炳草岗街道红星社区工会举办“首届‘邻里节’、和谐互助闹元宵”活动，共同打造“文明礼善、团结互助、和谐沟通”的社区邻里新风尚。开展庆祝三八妇女节活动，东区总工会、区妇联、区文体局围绕“文明和谐”为主题在全区举办“家和万事兴”家庭才艺大赛，各基层工会开展丰富多彩的庆三八妇女节活动。区教育工会以职工大会为载体，组织学习《妇女权益保障法》《工会法》《教育法》等法规知识，强化女职工的法律意识；在教职工中开展各类文体活动，表达对女职工的祝福；在学校开展感恩系列教育活动，让学生为妈妈洗洗脚、干干活，或给长辈写封信，体现反哺之爱，让学生学会感恩，学会回报，提高学生的道德意识；炳草岗街道竹湖园社区在市中心广场精心组织妇女手工艺品展出、作品评选、文艺演出等系列活动；弄弄坪街道组织辖区40余名流动人员，举行“计生关怀关爱”专题活动。向广大妇女宣传计划生育政策、女职工权益保护法等知识，广泛动员女职工积极维护自身合法权益。积极参与“祖国颂”暨攀枝花第二届厂（行）歌大赛，东区代表队100名职工演唱的《长征组歌—到吴起镇》《在灿烂的阳光下》获得全市“祖国颂”暨攀枝花第二届厂（行）歌大赛一等奖。开展东区城乡环境综合治理“七进”活动电影巡回放映宣传，投资3万余元，历时2个月时间，以电影放映的方式陆续在各社区、非公企业、学校、村社进行城乡环境综合治理宣传片巡回放映活动，把广大职工、群众、居民的思想、行动统一到城乡环境综合治理活动中来，受到广大职工群众的普遍欢迎；开展“共建美好环境，共享文明家园”职工演讲活动，动员广大职工尽自己所能为治理城乡环境出力，以优美的环境和职工良好的文明素质迎接中人民共和国成立60周年，在全市“共建美好环境，共享文明家园”为主题的职工演讲活动中，东区总工会选派的选手陈志坚获得全市“共建美好环境，共享文明家园”职工演讲一等奖。

2010年，区总工会组织基层工会开展庆祝“三八”妇女节活动、庆“五一”“六一”系列活动，参与“社区艺术节”活动，联合德铭投资有限公司开展技能比武、知识竞赛、演讲比赛。

2011年，区总工会联合区妇联、炳草岗街道、竹湖园社区工会开展“三八节暨慰问贫困母亲”专题文艺演出，慰问贫困母亲10人，发放慰问品价值1500元；开展“真情助力，共建和谐”关爱农民工子女主题活动，50名农民工子女接受安全自我防护教育；出资2万元，开展“保持健康心态，共享阳光人生”心理知识讲座。出资13.8万元，开展建党90周年庆祝系列活动。

2012年，区总工会联合基层工会开展“三八节暨慰问贫困母亲”文艺演出；开展基层工会干部职工及社区群众手工艺作品才艺展示活动；开展迎接中共十八大召开电子书籍读后感和爱国电影观后感有奖征文比赛。

2013年，区总工会组织开展“实现伟大中国梦，建设美丽繁荣和谐四川”主题教育系列活动；组织职工参与全市工会系统首届职工排舞比赛活动、全市职工书画摄影比赛活动、“中国梦”书画作品展示活动、“以棋会友，修身养性”象棋比赛活动、“巧手创造美好生活”手工作品展活动、“爱祖国，中国梦”职工卡拉OK比赛活动；大力开展“真情助力，共建和谐”关爱农民工子女活动、“畅谈大好形势，树立远大理想”青少年座谈讨论活动、“粽叶飘香、品味端午”送关爱活动；与区文体局共同承办东区首届排舞大赛。

二、职工体育活动

1989年，区工会组队参加“五一节”攀枝花市职工拔河赛、东区职工篮球运动会、国庆40周年东区职工趣味性体育比赛、区机关职工冬季拔河赛。

1990年，区工会坚持“以基层为主，小型多样为主”的原则，适时组织开展群众性文体活动。区工会自办或与有关部门联合举办拔河赛、区第六届职工篮球赛、职工登山赛、迎亚运棋类和乒乓球赛，参加市首届“校园艺术节”组织工作。文教工会和计经委工会等在本系统、本单位举办球类、棋类、歌咏、舞会、电影晚会和小型运动会。

1991年，区工会协同区计经委系统举办冬季职工运动会；指导各系统工会结合实际开展各项文体活动。

1992年，区工会与妇联举办达体舞比赛；派人民商场代表队参加市“首届职工文化节”达体舞比赛，获得二等奖；承办市首届职工文化节桥牌赛，20支代表队150人参加。指导、配合各基层、系统工会及有关部门开展多项有益的文体活动。

1993年，区工会组织区机关职工参加市第四届职工拔河比赛，获三等奖。组织离退休职工参加市总工会举办的钓鱼比赛，其中1人获一等奖。

1994年，区工会与有关部门在华山小学球场联合举办有机关和街办全体职工参加的大型迎春文体活动，近1000人参加。组织女职工参加市总工会举办的“迪斯科健身操”比赛并获二等奖；组织机关职工参加市总工会第七届职工拔河比赛并获得三等奖；组队参加市第八届职工男女篮球赛并分别获得第二名、第三名的成绩。

1996年，区工会组织开展健身操比赛、第七届职工篮球赛。

2001年，区总工会利用“五一”和纪念中国共产党成立80周年之际，广泛开展健康有益、丰富多彩的职工文化体育活动。

2005年，区总工会积极与区文体局配合，组织职工在元旦、春节期间开展“趣味体育活动”，“五一”国际劳动节时举办职工登山比赛。

2007年，“三八”妇女节前夕，区总工会拿出8000元职工活动经费与区妇联联合开展“中老年健身操舞”比赛，来自全区各街道、镇的13支队伍184人参加了比赛。10月12日，组织离退休人员参加市总工会举办的钓鱼比赛，取得团体第三名。12月底，东区总工会开展关爱离退休职工系列文娱体育活动。

2008年，东区职工文体活动丰富多彩，阵地作用充分发挥。

2009年，区总工会开展全民健身系列活动。烂泥田社区工会组织辖区妇女开展“我运动我快乐”百名妇女登山活动。12月底，拟与区文体局联合打造东区后山的登山活动品牌，举办首届东区登山节。

2010年，区总工会承办首届东区东华山登山节活动，市、区机关和区属企业近90支代表队3000余名职工参加登山活动；举办东区机关“首届职工乒乓球比赛”，区机关110名运动员参加比赛；与园区管委会举办首届“园区发展杯”男子篮球运动会

2011年，区总工会出资6万余元，承办第二届东区东华山登山节活动；出资12万元，组织辖区职工参加攀枝花市六运会龙舟比赛，获得一块金牌两块银牌；出资2万元，举办攀枝花市高新技术产业园区第二届“丰源杯”企业职工篮球赛；承办东区第九套广播体操比赛，全区19支参赛队684名街道（镇）、机关职工参加比赛。

2012年，区总工会承办第三届东区东华山登山节活动；组织企业职工参加2012年攀枝花市欢乐阳光节职工篮球暨第九届“篮协杯”篮球比赛；开展高新技术产业园区企业职工冬季运动会；承办东区第九套广播体操比赛，全区19支参赛队684名职工参加比赛。

2013年，区总工会组织开展第四届东区“东华山”登山节活动、基层工会趣味运动会；与区文体局共

同承办东区第七届运动会，运动会共设篮球、网球、田径、乒乓球等 14 个大项 32 个小项，共进行 659 场比赛，辖区 1000 余名职工参加比赛。

第九节　女职工工作

一、女职工组织建设

1990 年，区工会召开女职工工作会议 2 次。是年，区内建有女工委员会 23 个，专兼职女工干部 26 名。

1991 年 9 月 11 日　根据东区工会第一次女职工代表大会的代表酝酿通过，经东区工会办事处主席办公会议审议通过，东区总工会成立第一届女职工委员会。第一届女职工委员会由方玲惠、孙敏、刘国珍、陈稀茹、陈建红、杨春兰、杨昌贵、杨浩蓉、曾德珍、付翠英、黎照蓉等 11 名委员组成，杨春兰任主任，杨昌贵任副主任；同时同意聘请东区人民政府副区长张玲基担任东区女职工委员会名誉主任。

是年，东区有女职工 2100 余人，占全区职工总数的 67.2%，建立系统和基层女职工委员会 28 个，女职工小组 1 个。

1992 年 9 月，成立东区工会女职工委员会，加强对基层女职工工作的指导，全区基层女职工委员会发展到 29 个。

2003 年，完善和健全民营企业女职工组织，并指导基层女工组织开展基础性的维权工作、劳动保护工作，提高女职工的自我保护意识。在新建企业女职工组织中开展学习“两法”和《中华人民共和国女职工权益保护法》。

2004 年，炳草岗街道总工会女职工委员会成立。

2005 年，区总工会与其他区县签订“维权联动多边协议”，坚持维权和建会一起抓，建立工会的同时，建立维权机制，坚持工会、劳动法律监督小组、劳动争议调解小组、女职工组织同时建的建会原则，保证工会维权的职能发挥作用。

2009 年，全区新建基层工会组织 60 个，新增会员 4899 人，其中女职工 1224 人，农民工 1633 人。

2010 年至 2013 年，女职工组织建设按常规要求持续稳健推进。

二、女职工活动

1990 年，东区各企业有女职工 1200 余人，占企业职工总数的 65.5%。2 月，东区各企业女职工响应省总工会女职工工作会议发出的倡议，开展“为国分忧、创一流”活动，在当年的劳动竞赛中做出突出贡献。

1991 年，全区有女职工 2101 人。区工会在女职工中开展“向丁爱谱学习、创一流业绩”活动，全区 23 个基层女职工委员会积极开展各项活动。参加市女工部组织的女职工演讲会获得二等奖，区环卫所女职工在市“三八”歌咏比赛中获得一等奖。

1992 年，区工会在全区女职工中开展“为国分忧、创一流业绩”和巾帼建功活动。各系统制订三年规划，商业系统开展“一个方针、两个服务、三大观点”活动以及“五学一创”“三优一增两提高”活动，全系统女工参赛面 70%，1—10 月销售同比增加 1409 万元，增加毛利 169 万元。文教系统女工开展“学习陶行知教书育人对手赛”活动，举办研讨课、观摩课、班会、队会观摩、业务知识讲座，落实“管理育人、服务育人、教书育人”。1—10 月，教师献课人均每周两节以上，切实推进东区教育事业发展。

2001 年，区总工会在全区女职工中开展“伸出一双手、捐献五元钱”的爱心活动，为四川省困难职工子女就读捐款，共有 34 个单位 1048 人捐款 7437 元。

2003 年，区总工会组织女职工开展业务学习和技能培训；组织女职工积极参与企业管理，参与“双爱双评”、提合理化建议等活动；开展“四自”教育。选派女职工参加市总组织的“我为家乡做贡献”的演讲比赛，并获二等奖。继续实施女职工素质工程，商贸、教育系统的工会组织开展职业技能培训工作。万佳商贸有限责任公司从 3 月开始，对各分店收银员、理货员、主管、文员轮流进行为期半年的培训。教育系统坚持抓好每年两次的教师继续教育培训工作，组织赛课活动，努力提高教学质量和水平。

2010 年，区总工会女工工作获得全市工会女职工工作竞赛一等奖。

三、女职工权益保障与维护

1991 年，区工会维护女职工合法权益，督促各单位定期为女职工进行体检，要求 1—2 年进行 1 次妇科病普查，并认真贯彻《女职工劳动保护规定》，搞好家庭婚姻状况调查，从身、心两方面保护女职工的合法权益。

2003 年，区总工会在特困和困难企业中开展单亲女职工生活状况调查，并建立困难档案 35 户；召开困难女职工座谈会，收集和倾听女职工的困难和对政府、工会的要求，形成材料上报。依法维护女职工的特殊利益，监督企业在集体合同中是否签订有女职工保护的条款。

2013 年，区总工会开展女职工专项集体合同签订，始终坚持女职工专项集体合同签订与建会工作和集体合同工作同布置、同开展、同检查和同调研，切实维护和保障好女职工权益。全年，签订女职工专项集体合同 996 份，覆盖女职工 15262 人。其中行业、区域性女职工专项集体合同 17 份，覆盖企业 1399 家，覆盖女职工 2314 人。

第十节　工会财务管理与监督

一、财务管理

1991 年 9 月，区工会召开工会财务工作会议，通报上半年经费收支情况。各基层工会配合区政府和市总工会财务大检查的要求，纠正违反财经纪律、财务制度的问题，自查漏拨、欠交、挪用、截留应提取上缴的工会经费、乱开支情况，写出书面报告。

1992 年，区财政局和区工会办事处联合发布《关于贯彻新工会法、加强工会经费管理工作的通知》（攀东工〔1992〕19 号），要求各级工会必须严格贯彻执行新《工会法》，配齐专兼职工会财务人员，做好工会财务工作，切实收好、管好、用好工会经费，履行财务监督职能；依法收缴工会经费；统一口径，计提拨交工会经费；各级工会组织建立健全工会经费的收、管、用各方面的制度；各级工会计提的工会经费抵顶预算拨款。

2004 年，区总工会加强工会经费的管理和财务管理，充分发挥各级工会经审组织的作用，坚持每年一次的工会经费下审一级制度，本级工会主动接受区总工会经审会的监督和上级工会的审计，及时纠正错误，保证工会经费的合理使用。对于大型活动、大宗开支都要召开主席办公会进行讨论，通过后才执行；每两个月主席办公会要听取一次财务情况通报，及时掌握经费的收缴情况和内部开支情况。坚持“一支笔”签字制度，保证经费开支的透明度和合理性。

2010 年，区总工会财务更加规范，获得全市区县财务工作一等奖。

二、资产管理

1991 年 10 月 10 日，区工会制订出台《东区工会财产管理暂行办法》，建立健全财产管理制度，执行情况与干部年终考核挂钩。是年，东区工会开展国有资产清理工作，成立国有资产清理工作组，区工会副主任邹元义任组长，专人负责清理工作。对 1983 年（工会财务独立）后购置的财务从原始凭证查起，全部按原始凭证记录价值登记，对外借财务进行查找收回，建立健全内部资产管理责任制，财产管理具体落实到人头。至 2013 年，区总工会均坚持按照工会资产管理的有关规定，对工会资产进行管理，保证了工会资产不流失。

三、经审工作

1990 年 8 月 6 日，渡口市总工会东区办事处经费审查委员会成立（渡东工发〔1990〕12 号），委员 7 人，主任唐贤英。

1991 年起，区工会采取多种办法，逐步使工会经费的收、催、缴工作经常化、正常化。至 2006 年，东区总工会工会会费收支按照市总工会和区内关于工会会费的各项规定进行。

2007 年度，东区总工会经费预算执行情况良好，总收 1449293.51 元，完成预算的 75.5%，其中拨交经费收入 1139541.24 元，完成预算的 69%，比 2006 年减少 53.9%；总支出 1743152.26 元，完成预算的 93.2%。其中：职工活动费 213195.65 元，占总支出的 39.19%；工会行政费 371662.01 元，占总支出的 21.32%；补助下级支出 220400 元，占总支出的 12.64%；上解经费支出 254737.68 元，占总支出的 14.61%；完成预算的 254.74%，比 2006 年实际增长 81.96%。2007 年度内，东区总工会经费出现赤字 293858.75 元，累计结余 1513173.93 元。

2008 年度，东区总工会经费预算执行情况良好，总收入 5164710.55 元，完成预算的 264.9%，其中拨交经费收入 4185255.39 元，完成预算的 279%；总支出 3264429.49 元，完成预算的 170%。其中：职工活动费 335839.80 元，完成预算的 160%；工会业务费 1003141.61 元，完成预算的 388%；补助下级支出 111790.98 元，完成预算的 38.5%；上解经费支出 1026182.13 元，完成预算的 302%。2008 年度，东区总工会经费总收入 5164710.55 元，总支出 3264429.49 元，当年结余 1900281.06 元，滚存结余 3413454.99 元。

2008 年至 2012 年，区总工会本级工会经费收入 2884.46 万元，其中拨缴经费 2021.22 万元，年均增长 46.66%，比上一届增长 233.32%；区总工会本级工会经费总支出 2207.89 万元，其中补助下级支出 401.59 万元，比上一届增加 331.07 万元，增长 369.47%。收支相抵，本届结余 676.57 万元，加上上届经费结余 151.31 万元，以及调账转入 31.99 万元帮扶资金和送温暖资金，截至 2012 年年底，区总工会滚存经费结余 859.87 万元。

2010 年，全区各级工会经审组织对 27 个基层工会经费收支情况进行审查审计监督。区总工会实施审计项目 4 个，审计金额 897.55 万元，审计指出问题 10 项，涉及相关问题的资金共计 14.53 万元，提出建议 10 条，当年完成整改 3 条，整改率 33.33%。

2011 年，全区各级工会经审组织对 15 个基层工会经费收支情况进行审查审计监督。区总工会实施审计项目 3 个，审计指出问题 26 项，提出建议 31 条，当年完成审计整改 24 条，整改率 77.4%。

2012 年，全区各级工会经审组织对本级和基层开展审计 33 次，区总工会审计基层单位 14 个，开展专项资金审计项目 4 个，涉及单位 8 个，审计资金 6605453 元。审计发现问题 18 个，提出建议 30 条，采纳 29 条。当年完成整改 15 条。

2013 年，全区各级工会经审组织对本级和基层开展审计 33 次，区总工会审计基层 15 个，开展专项资金审计项目 9 个，涉及单位 15 个，审计资金 784.55 万元。审计发现问题 30 个，提出建议 48 条，采纳 42 条。当年完成整改 38 条。对区总工会本级经费预算执行审查审计监督，审查审计表明，区总工会 2012 年度总收入比 2011 年增长 15%，完成调整预算 99.53%，收支基本平衡。对直属的街道、镇、园区管委会、教育工会，以及攀钢梅塞尔公司、德铭投资公司和誉鑫电子有限责任公司共计15个基层工会2012年度财务收支和专项资金使用情况进行审计，涉及资金440.92万元，审计组归纳整理4个方面43条意见，均向各被审计单位进行反馈，各单位根据整改意见进行了整改。

第二章　西区总工会

第一节　组织机构

一、机构沿革

1973年3月，渡口市西区成立。至1979年年底，辖区内工会组织及工会会员主要分布于省辖、市辖企业和部分市辖事业单位、学校，受上级工会直接管辖，西区本级无工会管理部门。1980年年初，西区着手筹备成立区级工会组织。1980年10月，中共西区区委报请中共渡口市委批准成立西区工会。11月12日，根据《中共渡口市委关于批准成立渡口市西区工会办事处的通知》（渡委组发（1980）446号）精神，渡口市总工会西区会办事处（以下简称办事处）成立。11月底，中共渡口市委编办批复西区工会办事处编制，定编3人。1981年3月，渡口市总工会西区办事处正式办公，办事处主任冯浩，干事刘长明、罗竞威。西区办事处受中共西区区委、市总工会的双重领导、为市总工会驻西区办事机构。1981年底，西区有职工830人，其中工会会员813人，职工入会率98%，有基层工会9个。至1986年，西区职工人数为932人，会员发展到850人，职工入会率91.2%，有工会小组70个，区工会工作人员增加到6人。1987年1月渡口市更名攀枝花市后，4月20日该办事处更名为“攀枝花市总工会西区办事处”。2002年6月，根据上级有关文件，撤销攀枝花市总工会西区办事处，成立攀枝花市西区总工会。

1980—2013年西区总工会负责人任职情况

表39

职　务	姓　名	任职时间
主　任	冯　浩	1980.12—1993.05
主　席	陈　宏	2002.06—2003.03
主　席	曹修源	2003.03—2007.04
主　席	邱小平	2007.04—2011.06
主　席	高继兵	2011.06—
副主任	刘子云	1993.06—1997.12
常务副主席	李方久	2002.06—2004.02
常务副主席	王　瑶	2004.02—
经审会主任	王　瑶	2002.06—2007.11
经审会主任	敬茂全	2007.11—2009.07
经审会主任	王恒勇	2009.07—2011.11
经审会主任	薛　峰	2011.11—2013.01
经审会主任	汪　筠	2013.01—

二、工会会员代表大会

自1980年11月成立办事处至2013年，西区总工会共召开代表大会3次。

西区工会第一次代表大会　2002年6月24日，西区工会第一次代表大会在西区苏铁宾馆召开，西区总工会正式成立。会议应到代表71名，因病请假8名，实到代表63名，大会以无记名形式选举产生了西区总工会第一届委员会和西区总工会第一届经费审查委员会。

2007年4月19日，西区总工会一届七次全委会在西区政府楼613会议室召开。会议应到委员18名，实到委员17名。主要议程是增选西区总工会主席。会议由西区总工会常务副主席王瑶主持，中共西区区委组织部副部长刘南川就主席人选作说明。经等额选举，中共西区区委常委、区政法委书记邱小平以全票当选西区总工会第一届委员会委员、常委、主席。

西区工会第二次代表大会　2007年11月21—22日，西区工会第二次代表大会在西区苏铁宾馆召开。会议应到代表100人，实到94人。大会分别由邱小平、王瑶主持。会议主要议程为审议通过西区总工会第一届委员会工作报告、审议通过西区总工会第一届委员会财务工作报告、审议通过西区总工会第一届经费审查委员会工作报告，选举产生了西区总工会第二届委员会和经费审查委员会。邱小平当选为西区总工会第二届委员会主席，王瑶当选为常务副主席。西区总工会第二届经费审查委员会主任由敬茂全兼任。

2011年6月22日，区总工会在区政务服务中心会议室召开二届六次全委会。会议应到委员17人，实到12人。区总工会常务副主席王瑶主持会议。会议免去中共西区区委常委、常务副区长邱小平攀枝花市西区总工会第二届委员会委员、主席职务，增选中共西区区委常委、区委政法委书记高继兵为攀枝花市西区总工会第二届委员会委员、主席。

西区工会第三次代表大会　2013年5月15—16日，西区工会第三次代表大会在西区文化馆二楼召开。大会应到代表120名，实到代表120名，列席人员20名。大会的主题是“服务中心，求实创新，团结带领广大职工为实现伟大中国梦而奋斗”。会议审议通过西区总工会第二届委员会工作报告，审议通过西区总工会第二届委员会财务工作报告，审议通过西区总工会第二届经费审查委员会工作报告，选举产生西区总工会第三届委员会和经费审查委员会，表彰工会先进集体、优秀工会工作者和支持工会工作的好厂长（经理）。市总工会党组书记、常务副主席张开锋，中共西区区委书记赵中，代区长龙勇及在攀区委常委出席大会。张开锋、赵中作重要讲话，中共西区政法委书记、区总工会主席高继兵代表西区总工会二届委员会作题为《服务中心、求实创新、团结带领广大职工为实现伟大中国梦而奋斗》工作报告。代表大会在完成各项议程后胜利闭幕。

三、基层工会组织建设

1988年，西区工会办事处辖河门口商场、宝鼎商场、西区食品公司、西区饮食服务公司、西区动力站煤店、河门口小学、河门口中学、大水井小学、清香坪中学等9个基层工会，会员共796人。

1990年，西区教育工会成立。1991年9月，成立西区政府机关工会。1992年，区工会办事处根据区委、区政府办公地点、人员不集中的状况，把原来的政府机关工会一分为二，原政府机关工会更名西区党群机关工会，另组建西区政府机关工会。同年9月8日，西区工会第一届女职工委员会成立。

1993年5月12日，根据市职工经济技术协作委员会有关文件精神，成立由区工会办事处直接管辖的“攀枝花市西区裕华贸易公司”。

1994年3月1日，原仁和区平江乡划归西区后，原仁和区总工会平江洗煤厂、平江中学、平江小学等3个基层工会组织移交西区工会办事处管理。

1996年，西区格里坪街道、清香坪街道工会委员会先后建立。1997年5月13日，西区玉泉街道办事处工会委员会成立。10 月 13 日，西区陶家渡街道办事处工会委员会成立。9 月 25 日，西区大宝鼎街道办事处工会委员会成立。12 月 23 日，西区河门口街道办事处委员会成立。年底，西区首家外资企业一攀枝花市星力能源有限公司建立工会组织。1998 年 12 月，西区格里坪镇工会委员会成立。1999 年 6 月，“攀枝花市西区职工技术协作委员会”成立。

2000 年 2 月，《中共攀枝花市西区委员会关于切实加强新经济组织工会工作的意见》（攀西委办〔1999〕72 号）文件精神，西区加强非公有制企业工会组织的建立工作。10 月，西区个体私营经济工会联合会成立。12 月，西区格里坪镇大水井村、格里坪村、新庄村分别成立了村级企业工会联合会，实现攀枝花市村级企业工会组织建设零的突破。是年底，全区职工人数 6099 人，建立基层工会委员会 198 个，有工会会员 6061 人，职工入会率 99.4%。

至 2004 年年底，全区 116 家民营企业建立了工会组织，会员发展到 4322 人，成立社区工会 8 家，发展会员 589 人。11 月，西区民办幼儿园工会联合会成立，覆盖 9 所民办幼儿园，发展会员 540 人。

2005 年 6 月，西区总工会在全市率先组建企业工会联合会——西区煤炭企业工会联合会，联合会由 10 个煤矿企业、27 个矿井的 2000 余名职工组成。11 月，成立西区财贸工会工作委员会。同月成立西区餐饮服务行业工会联合会，覆盖 13 个餐饮企业及宾馆。有 32 个社区建立工会委员会。至 2005 年年底，西区总工会下属基层工会 294 个、工会会员 8013 人，区总工会有在职干部 5 人、基层工会专兼职干部 386 人。全区民营企业 258 个，已建立工会组织的 232 个，达 90%。

2006 年，全年新增基层工会组织 29 个，新发展工会会员 1700 人，其中农民工 390 人。至年底，全区基层工会组织数为 315 个，工会会员 9378 人。

2007 年，西区总工会积极开展工会标准化建设和职工之家建设。至年底，全区有基层工会委员会 321 家，其中私营企业工会 177 个，外资企业工会 1 个，镇、街道工会 7 个，社区工会 34 个，村工会联合会 3 个，行业工会 4 个。工会会员总数 11160 人，其中农民工会员 3716 人。

2008 年，全区有基层工会委员 356 个，工会会员总数达 17160 人。其中农民工会员 5148 人，占会员总数的 30%。

2009 年年底，全区有基层工会 317 个。其中国有及国有控股企业工会 1 个，外资企业工会 1 个，私营企业工会 218 个，机关事业单位工会 49 个，镇、街办工会 7 个，社区工会 34 个，村工会联合会 3 个，行业工会 4 个。工会会员总数 19210 人，其中农民工会员 5023 人，占会员总数的 26.1%。

2010 年，西区有基层工会 311 个。其中：国有控股企业工会 1 个，外资企业工会 1 个，私营企业工会 212 个；机关事业单位工会 49 个；镇、街道工会 7 个，社区工会 34 个，村工会联合会 3 个；行业工会 4 个。工会会员总数 22100 人，其中农民工会员 7053 人，占会员总数的 31.9%。

2011 年，西区有基层工会 444 个。其中：国有控股企业工会 1 个，私营企业工会 346 个；机关事业单位工会 49 个；镇、街道工会 7 个，社区工会 34 个，村工会联合会 3 个；行业工会 4 个。工会会员总数 27968 人，其中农民工会员 6057 人，占工会会员总数的 21.7%。

2012 年，西区有基层工会 472 个，工会会员 29968 人，会员人数占职工人数 100%。其中女会员 6759 人，占全区工会会员总数的 23%。

2013 年，西区有基层工会组织 506 个，职工 30392 人，工会会员 29732 人，会员人数占职工人数 97.83%；其中有女会员 6812 人，占全区工会会员总数的 23%。

1989—2013年西区工会组织发展情况

表40

年份	职工人数（人）	会员人数（人）	基层工会数（个）	工会小组（个）	工会专兼职干部（人）
1989	906	765	8	67	11
1990	1135	1029	13	81	12
1991	1200	1151	14	75	18
1993	1420	1280	16	73	20
1995	1700	1641	24	89	28
1997	1951	1878	35	108	39
2000	6099	6061	198	637	203
2001	5955	5902	194	601	199
2003	7932	7640	253	781	345
2005	8766	8013	294	890	386
2006	9872	9378	315	940	422
2007	11182	11160	321	952	444
2008	17160	17160	356	983	479
2009	19210	19210	317	1012	489
2010	22230	22100	311	1140	490
2011	27996	27968	444	1210	513
2012	29968	29968	472	1257	546
2013	30392	29732	506	1272	550

第二节 劳动关系和谐单位创建

一、劳动关系协调会制度建立实施

2000年起，西区工会办事处逐步建立劳动关系协调会制度。2003年12月17日，西区总工会召开劳动关系三方协调会议，区劳动和社会保障局、区计划与发展局、各企业代表参加会议，此次会议对劳动关系处理工作中集体合同签订、劳动合同签订、社会保险购买等有关重点问题进行了研究、协商，并达成共识。2006年9月1日，西区劳动和社会保障局、西区发改局、西区总工会在西区劳动局仲裁庭召开三方协商工作会，主要就加强和规范劳动合同的签订达成一致意见。12月14日，在区政府618会议室召开西区总工会和西区政府的联席会议，就企业和职工关心的难点、热点问题与政府进行面对面交流。在全区乡镇、街道工会中都建立了劳动关系三方协调机制，形成区—乡镇、街道—村劳动关系三方协调机制网络，为推进构建和谐劳动关系夯实了基础。在创建“劳动关系和谐先进单位”工作中，西区攀青焦化公司、重啤集团攀枝花有限责任公司、春辉物业等3家公司被评为市级“劳动关系和谐先进单位”。西区总工会采取有效措施，大力推行集体合同、工资集体协商、签订劳动合同制度，保障职工的民主权益，认真贯彻落实上级有关企业集体合同、工资集体协商工作的文件精神。2007年10月12日，区总工会、区发展和改革局、区劳动和社会保障局在区发改局会议室召开劳动关系三方协调会，与会人员学习探讨《劳动合同法》，对非公企业职工社会保险和劳动合同签订的规范进行磋商，并达成一致意见。2008年，西区企事业单位继续开展中华全国总工会提出的构建“劳动关系和谐单位”创建活动，西区日兴机电有限责任公司被评为省级“创建和谐劳动关系先进企业”。春辉物业公司、重啤集团攀枝花有限责任公司、华阳煤业公司、锦联工贸公司被评为市级“创建和谐劳动关系先进企业”。11月12日，区总工会、区劳动和社会保障局，区发展和改革局在劳动和社会保障局会议室召开劳动关系三方协商会议。在协商会议上，建立了工资集体协商要约行动机制，制订《关于全面推进集体协商的实施意见》《关于进一步完善西区劳动关系三方协商会议制度》《西区协调劳动关系三方会议办公室工作制度》《西区协调劳动关系三方会议职责》等文件，进一步规范了三方协商单位的责任、权利、义务。2009年，区总工会继续开展创建“劳动关系和谐企业”活动，以机制创新为核心、以职工维权为重点、以企业发展为目标，有力推动“以人为本、利益兼顾、互利双赢、共同发展”的企业新型劳动关系建立。各基层工会开展“创争”活动、合理化建议、“双爱双评”活动、厂务公开民主管理等，促进了劳动关系的和谐。至年底，西区规模以上已建工会企业参与创建面达100%。活动中，区总工会与劳动、发改等部门开展联合检查，要求企业依法治企，关心职工的生活，维护职工的合法权益，构建和谐企业。日兴机电有限责任公司、华阳煤业有限责任公司被市创建劳动关系和谐单位活动领导小组被评为攀枝花市“劳动关系和谐先进单位”，重啤集团攀枝花有限责任公司、春辉物业管理有限责任公司被评为攀枝花市“劳动关系和谐模范单位”。2010年8月12日，区总工会、区劳动和社会保障局、区经济商务局三部门在区政务中心会议室召开2010年度西区劳动关系三方协商会议。会议由区总工会常务副主席王瑶主持，围绕构建和谐劳动关系这条主线，协商探讨了职业病防治、劳动合同签订、集体合同签订、工资拖欠治理、创业就业培训及改制企业老工伤职工后期治疗等6个方面的问题，并达成共识。

2011年，区总工会继续开展创建“劳动关系和谐企业”活动，做到年初有安排，年终有检查。加强与区人力资源与社会保障局、区发改局等部门执法检查，要求企业依法治企，关心职工生活，维护职工的合法权益，构建和谐企业。全区规模以上建有工会的企业参与创建活动，参与面100%。各基层工会通过开展“创先争优”、提合理化建议、“双爱双评”活动和加强厂务公开民主管理等工作，促进劳动关系的和谐。德胜攀煤化工公司、重啤集团攀枝花有限责任公司、龙达面粉厂等工会为职工送上生日祝福，凝聚人心。宜橙工贸公司心系困难职工家庭，资助7.8万元使14名困难职工子女圆大学梦。锦联工贸公司春节前到格里坪镇敬老院看望慰问“五保”老人，送去价值近万元的慰问品。科力公司、龙翰金属铸造厂等单位免费为职工提供食宿。大多数企业工会为职工争取到住房交通补助、当班员工中餐补贴等福利，并制定有职工就医、子女入学、直系亲属亡故、困难职工救济等补助办法，部分企业职工的福利待遇甚至高于国有企业职工。11月3日，德胜攀煤化工公司被四川省总工会评为“四川省劳动关系和谐企业”，在四川省劳动关系和谐表彰大会上受到表彰，同时受到表扬的有重啤攀枝花公司、清香坪街道办事处。至年末，西区有4家企业获省“劳动关系和谐单位”称号。

2013年9月18日，区总工会在区政务服务中心会议室召开2013年度西区总工会协调劳动关系三方（企业方、职工方、政府方）会议。区人力和社会保障局、区工商业联合会、区工商局、区国税局和区地税局等5部门及四川德胜集团攀枝花市煤化工有限公司、攀枝花市春晖物业管理有限责任公司、重啤集团攀枝花有限责任公司共15人参加会议。会议由区总工会常务副主席王瑶主持。会议学习《四川省企业工资集体协商办法》，调整西区工资集体协商工作领导小组，明确成员单位职责和分工，总结本年度工资集体协商工作进展、存在的主要问题和下一步工作任务。会议围绕开展工资集体协商构建和谐劳动关系的主线，协商探讨劳动合同和集体合同签订等问题，达成相关共识。要求各部门各司其职，加强配合，在劳动合同签订、集体合同签订方面要定期或不定期组成联合检查组到用工单位进行监督检查，加强宣传教育，加大查处力度，确保职工合法权益得到有效维护。

二、工资集体协商和集体合同签订

2006年，区总工会聘请7名指导员，负责集体合同、工资集体协商协议书的签订、指导、履约监督工作。7月中旬，西区总工会在全市集体合同工作经验交流会上作交流发言。通过到企业督促、指导，年底西区已有229家企业签订了集体合同、工资集体协商协议书，签订率达83%。区总工会会同区劳动部门对集体合同执行情况进行检查，率先在煤矿、餐饮、商贸服务企业中签订了行业性《女职工特殊权益保护专项集体合同》，为维护女职工的特殊权益进行了有益探索。当年4月，选择了行政领导较开明、工会基础较好、农民工较多、具有代表性的攀青焦化公司（公司320名职工中有农民工250人，占78.1%）作为试点，成立维权队伍以实现集体维权。通过维权代表作用的发挥，攀青焦化公司取得"八有"（农民工人员有组织，维权工作有机构，职代会中有代表，平等协商有议题，安全情况有检查，生活环境有改善，娱乐活动有场所，职工困难有工会）的工会工作经验，实现企业和职工双赢。此项工作受到中共四川省委常委、省总工会主席李登菊的充分肯定。7月，李登菊在攀枝花市检查工会工作时作工会维权工作"国有企业学攀钢，民营企业学攀青"的指示。之后，攀青经验在四川全省推广。2007年，区总工会组织集体合同指导员到企业对集体合同、工资集体协商协议书的签订、履约情况进行了监督、指导，对女职工较集中的餐饮服务企业签订的行业性《女职工特殊权益保护专项集体合同》履约情况进行检查。11月30日，西区格里坪村区域性职代会召开。签订《区域性集体合同》《区域性工资集体协商协议》和《区域性女职工特殊权益保护专项集体合同》。"二合同一协议"覆盖该村5个企业100多名农民工，填补了中小型民营企业民主管理工作的空白。

第三节　厂务公开和民主管理

1989年，西区工会办事处进一步完善和健全职代会（教代会）制度，落实评议监督行政领导干部权力等四项权力，推动凡涉及企事业单位的经营方针、年度计划、改革方案、工资调整、奖金分配、住房分配、福利待遇等重大问题均交职代会讨论审议通过的制度实施，增加了企事业单位民主管理的透明度。

1991年，区工会办事处积极组织参加省总工会举办的民主管理"五粮液杯"知识竞赛，区工会办事处订购100份试卷，分发到各基层，职工代表的参赛面达95%，通过"五粮液杯"知识竞赛，使参赛者增强了民主管理知识，进一步了解了民主管理在社会主义建设中的作用。5月，西区工会办事处开始在全区企事业单位中开展民主管理"一先三优五好"的评选活动（即民主管理先进单位，民主管理优秀书记、优秀厂长（经理）、优秀工会主席，五好职代表），评选活动意见发出后，各基层单位积极响应，积极实施，经努力争取，在1992年的评选中取得了好成绩。

1996年7月26日，区工会办事处召开区属企事业单位民主管理研讨会，来自区属企事业单位各基层工会、教育工会的工会主席，部分乡镇企业工会和集体企业、政府有关部门的负责人及部分企事业单位的行政领导28人参会。会上，河门口商场工会主席朱杰荣代表商场工会作了《加强民主管理、促进经济效益稳步增长》的发言，介绍了该工会坚持党的领导、建立健全职工代表大会、全心全意依靠工人阶级、激发职工的主人翁责任感、积极采纳职工的合理化建议、不断完善内部管理等方面的做法和体会，会后区总工会在各基层单位推广了这些先进经验。

1997年，区属国有企业职代会开展了民主评议干部工作，通过个人述职和问卷式调查、与职工代表个别征求意见等方式，对中层以上领导干部和领导班子成员进行全面的民主评议，评议率达 100%，评议结果成为干部任免、奖惩的重要依据。

1999 年 7 月，西区成立以中共西区区委副书记任组长，区委常委、区委组织部部长，以及区纪委副书记任副组长，区劳动局、市总工会西区办事处、区贸易局、区体改办等部门负责人为成员的西区厂务公开深化企业民主管理协调领导小组，全面推行厂（教）务公开、民主管理工作。格里坪镇和区属各企事业单位成立以主要领导为组长，纪检、组织、劳动人事、工会等有关部门干部为成员的组织领导机构，具体负责工作的落实。

2000 年 2 月，中共西区区委、区政府转发《中共攀枝花市委、市人民政府关于进一步推行厂务公开制度的实施意见》，在全区推行厂务公开，规范厂务公开的内容、形式与程序。全区有 13 个企事业单位建议了厂务（教）务公开机制。6 月，为贯彻落实中共四川省委、攀枝花市委深入推行厂务公开深化民主管理工作的有关文件精神，西区成立攀枝花市西区厂务公开深化民主管理协调领导小组，并使该工作在西区得以顺利开展，全区 5 个企业、7 所学校均订立了厂务（校务）公开制度。

2001 年 10 月，攀枝花市厂务公开深化民主管理领导小组对西区重啤集团攀枝花啤酒有限责任公司、攀枝花市橡胶总厂进行了抽查验收，区厂（教）务公开深化民主管理领导小组及时召开专题会议，认真研究布置了全区的厂（教）务公司工作，针对重啤集团攀枝花啤酒有限责任公司、攀枝花市橡胶总厂在抽查中发现的问题和不足进行了认真对照检查，并采取积极稳妥措施加以整改，同时要求全区所有开展厂（教）务公开工作的单位立即进行自检自查。

2002 年，西区把厂（教）务公开工作纳入中共西区区委工作目标和党风廉政建设目标的检查与考核中，对公开的内容作了明确的规定。规定企业、事业单位改革发展的重大举措及重大生产经营决策，企事业单位党风廉政建设和领导干部廉洁自律情况，物资采购、产品销售等生产经营领域情况，涉及职工切身利益的养老及医疗保险的缴纳情况、职工下岗分流安置方案、工资奖金分配和劳动卫生安全情况等均应对职工公开。区属各企事业单位均成立了厂（教）务公开监督小组，对本单位厂（教）务公开工作进行事前、事中、事后监督检查。

2003 年，格里坪村村级企业结合村务公开，把企业民主管理厂务公开工作统一起来，利用公开栏，将企业的生产经营状况实行一季一公开，开创了非公有制企业开展民主管理厂务公开工作的新路子。

2006 年，为落实省、市、区厂务公开民主管理工作会议精神，总结全区该项工作好的做法和工作中存在的问题，西区总工会牵头组成西区纪委、西区教育局、西区发改局等部分西区厂务公开民主管理协调领导小组成员单位参加的检查小组，于 10 月底至 11 月初，对市十中、市十二中、市三十一中小、市二十一小、市三十二中和 6 家改制企业进行了厂务（校务）公开民主管理工作检查。经检查，受检单位都成立了厂务（校务）公开民主管理工作领导机构，部分学校还成立了民主理财监督小组，明确了负责人，职代会制度和（校）厂务公开的内容和程序比较规范，公开形式多样化，对涉及职工利益和单位重大决策事项都进行了公开。

2007 年，西区厂务公开领导小组（设在区总工会）认真履行职责，从 6 个方面对厂务公开进行规范管理。抓好公开内容的规范。紧紧围绕企业改革发展的难点、经营管理的重点、职工关注的热点、廉政建设的焦点，重点围绕职工关注的工资分配方案、社会保险金交纳情况、领导干部廉洁自律情况、集体合同签订情况抓好公开。各单位在抓好公开前和公开后两个环节规范的同时，注重加强公开过程中的职工民主参与，重视职工意见的反馈和渠道的畅通，做到件件有回音，事事有落实。各单位定期公开和随时公开相结合，重要事项，通过职代会公开；常规性工作，通过公开栏、黑板报等形式按月份、季度、年度等定期公开；属于一事一议的工作随时公开。公开内容向车间、班组延伸，把公开栏设在职工生产集中的班组和职工上下班的通道等地点，便于职工观看。将厂务公开的文件资料、公开资料、活动资料定期立卷归档，把历次民主测评表和公开张贴的稿子都存入档案。抓好监督机制的规范。成立厂务公开领导小组，制定厂务公开责任追究实施办法；有的单位还建立了职工代表巡查、监督检查小组；学校大都有校务公开监督小组、民主理财小组等监督机构。

2008 年，区总工会继续健全和完善职代会、厂务公开制度，努力推进非公有制企业厂务公开民主管理工作。8 月 8 日，召开煤炭、财贸、餐饮行业工会工作会议，对行业性集体合同、工资平等协商协议，女职工特殊权益保护专项集体合同的履约情况进行通报，对到期合同进行续签。对西区聘请的区级集体合同和工资集体协商指导员进行了培训，派送市级集体合同和工资集体协商指导员参加市总工会的培训。到企业指导集体合同和工资集体协商的签订、履约。全区工会组织以职代会为载体，审议签订集体合同和工资协商范本，规范《劳动合同》。西区建立健全了职工代表大会、厂务公开制度的国有控股企业、事业单位职代会建制率已达 86%。10 月 28 日上午，全国厂务公开民主管理调研检查组一行到攀青公司进行了检查，攀青公司工会主席汇报了厂务公开民主管理的情况，该公司厂务公开民主管理工作受到全国厂务公开民主管理调研组的好评。

2009 年，区总工会加强厂务公开民主管理工作，推进非公企业民主管理，建立完善区域性、行业性职代会制度。2 月，中共西区区委调整厂务公开民主管理领导小组成员，区总工会制订《关于做好 2009 年度厂务公开，深化民主管理工作的意见》，并转发省、市关于厂务公开民主管理工作的有关文件，明确了全年厂务公开工作的方向和目标。充实完善《关于印发〈建立西区厂（校）务公开联席会议制定合及成员单位工作职责〉的通知》，并召开联席会议，落实责任。开展工资集体协商工作，努力推进非公有制企业的厂务公开民主管理。1—4 月，全区各企业工会在区总工会的指导下开展工资集体协商“百日攻坚”行动，共签订《工资集体协议》135 份，覆盖企业 170 家。全年不定期安排工作人员深入到 60 家规模以上企业进行厂务公开民主管理工作的监督和指导，发现问题及时整改。9 月，西区率先建立《企业履行社会责任向职代会报告制度》，此项制度的出台，充实了职代会内容，强化了民主管理、民主监督，填补了职工对企业履行社会责任的空白，督促企业在金融危机下不裁员、不欠薪，保障职工合法权益等方面起到了积极的推动作用。至年底，西区承诺执行该《制度》的企业达 181 家。企业厂务公开率为 85%。

2010 年 7 月 28 日，区总工会在西区政务中心三楼会议室召开厂务公开、民主管理工作经验交流会，区内规模以上企业工会主席共 36 人参会，会议由区总工会常务副主席王瑶主持。会议分别由市吉成工贸有限责任公司工会、键园工贸公司工会、日兴机电有限责任公司工会、庆远工贸公司工会、重啤集团攀枝花有限责任公司工会等 5 家企业的工会主席作经验交流发言，春晖物业公司工会、利源粉煤灰公司工会、华阳煤业公司工会、宜橙工贸公司工会等 4 家企业工会做了书面发言。8 月 27 日，区总工会在区政务中心会议室召开西区厂（事）务公开工作联席会议。西区厂（务）公开深化民主管理协调领导小组成员单位区委组织部、区委宣传部、区劳动和社会保障局、区经济商务局等 9 个部门领导参加会议，会上各成员单位领导对如何开展好西区厂（事）务公开深化民主的工作进行了相互交流，并提出了意见和建议。2011 年 2 月 5 日和 2 月 15 日，区总工会先后下发《关于做好 2011 年度厂务公开深化民主管理工作的意见》和《关于调整西区厂务公开深化民主管理协调领导小组成员的通知》。全年，西区总工会以职代会制度建设为重点，不断完善职工代表大会制度，深入开展职工代表竞选工作。指派工会特派员深入 60 家企业帮助指导厂务公开规范化、制度化建设。组织全区各级工会干部 60 人次参加省、市、区总工会举办的厂务公开民主管理、工资协商指导员培训。与区经济和信息化局、人力资源和社会保障局对劳动合同的签订进行联合执法检查，重点检查 54 家企事业单位厂务公开民主管理工作的开展情况。

2012 年 10 月 18 日，区总工会在政务服务中心四楼会议室召开“2012 西区深化创新厂务公开管理工作会”，四川德胜（集团）攀枝花煤化工有限公司等区属企业工会领导 60 余人参加大会。会议由区总工会副主席薛峰主持，会议对深化创新厂务公开民主管理工作进行认真总结，部署下阶段工作任务，各基层工会主席就创新厂务公开民主管理工作进行作经验交流发言。

第四节　工会财务及经费审计

一、经审组织建设

至 2009 年，西区新建工会经审组织 10 个，经审组织组建率达 85%。2009 年，区总工会经审会加强对区总工会经费收、管、用的审查和监督。之后，各级经审组织坚持年初对本级经费预算情况进行审查，年中对预算执行情况进行检查，对重大经费开支项目进行事前、事后审查。以经费计拨审查审计作为重点，坚持年底审计与日常检查相结合、基层自查与上级抽查相结合、财务检查与经审会审计相结合。常年基层经费计拨审查的自查率达 85%。各级经审组织坚持工会专项资金的审计，对困难帮扶资金和中央财政资金等专项经费进行审查，促进工会经济活动规范运作。至 2013 年，西区应建立经审组织的工会均建立了经审组织，并依法对各单位工会经费收支进行了审计。

二、经审培训

1991 年 11 月 29 日，西区工会办事处在河门口商场举办基层经审培训班，14 人参训。1991—2009 年，区总工会坚持“工会组织建到哪里，工会经审会就组建到哪里”，坚持基层工会委员会和经审人员同时酝酿、同时选举、同时呈报，配强经审主任，配齐经审人员。注重对经审人员的培训，全年培训基层工会财会和经审人员 80 人，选派 17 名基层工会财会人员参加市总工会举办的工会新《会计法》培训。2010—2013 年，区总工会连续 3 年对全区机关、企事业单位工会财务人员、经费审查人员和工会主席进行财务、经审工作培训，区总工会及各基层经审工作人员参会达 80 余人次。

三、审计审查及监督

2006 年，西区总工会经费审查委员会在西区总工会领导和市总工会经审会的指导下，认真履行监督职能，积极开展对本级工会经费预算执行情况的审查和其他审计审查工作。年内，对所属 4 家基层工会、本级工会财务收支及资产管理情况进行审计，共审计出共性问题 9 条，提出整改意见 12 条，整改 9 条，整改率 75%。计拨审计审查共查出漏交工会经费 7.5 万元，追缴了 0.3 万元。2007 年，西区总工会认真履行监督职能，管好用好工会经费。开展了对本级工会经费预、决算情况的审查和其他审计审查工作。1 月中旬，对所属 4 家基层工会和本级工会财务收支及资产管理情况进行了审计。经过 4 天的审计，共审计出共性问题 8 条，提出整改意见 7 条，整改了 7 条。工会经费使用合理合规。年内，工会经费收入稳步增加并达到历史最好水平。2008 年，区总工会经费审查委员会开展多种形式的实务审计。对区总工会财务预、决算的审查和预算执行情况进行审查。通过一年一次的预决算审查会议，对本级工会经费、机关行政费、职工活动费、事业支出费等收支预、决算进行审查，使工会经费的预算和使用更趋合理，强化了经审监督力度。除年初对本级经费预算情况进行审查外，年中还对预算执行情况进行检查。对重大经费开支项目进行事前、事后审查，坚持监督关口“前移”“后延”，不断提高审查实效。区总工会经审会采取年度审计与日常检查相结合，基层自查与上级抽查相结合、财务检查与经审会审计相结合的办法，组织各级工会经审会开展全方位、不间断的经费计拨审计工作。至年底，基层经审计拨自查率达 80%，促进经费收缴。坚持工会专项资金使用审计，对困难帮扶等专项经费进行审查，促进工会经济活动规范运作。加大下审一级力度，推动经审工作的全面开展。6 月，完成了教育工会、政府工会、攀青焦化工会、春辉物业工会等 4 个基层工会的财务审计、提出审计意见和建议 13 条。根据审计意见，被审单位都能研究制订相应的整改措施。在实施下审一级工作中，坚持“审、帮、促”的原则，加强对下级工会的指导服务。2009 年，完成区国税局工会、区工商局工会、格里坪镇工会、机关党群工会、政府机关一工会、区环保局工会、市吉成工贸公司工会、市锦联工贸公司 8 个基层工会的财务审计，发出审计意见书 8 份，提出审计意见和建议 25 条。2011 年 6 月，区总工会经费审查委员会对 11 个基层工会经费进行审计。审计结束均出具审计报告，并就存在的问题与被审计工会进行沟通。

第五节　职工文体活动

1990 年，西区工会办事处组织职工参加市第六届职工篮球赛，通过 1 个月的集训，提高了队伍水平，队员们在比赛中发扬拼搏精神，取得较好成绩。

1990 年 4 月 27 日，西区工会办事处在西区小礼堂举办形势演讲比赛，参赛 29 人，西区工会办事处职工在演讲会上带头演讲。在演讲中，各基层工会参赛者以《国家兴衰，匹夫有责》《我们与祖国同命运》《爱我中华、兴我中华》等题目进行了演讲。

1991 年春节，西区工会办事处在河门口公园组织游园活动，活动以猜灯谜的形式进行，全区企事业单位职工 1000 余人参加。五一劳动节区工会办事处组织拔河队参加了市第二届职工拔河比赛。各基层工会在五一“劳动节”期间组织开展了座谈、参观、知识问答、演唱会、篮球赛等丰富多彩的活动。7 月，区工会办事处为基层工会添置了乒乓球、羽毛球、象棋等文体用品各 10 套，活跃了基层的文化生活。

1992 年 5 月，根据市总工会要求，区工会办事处组织开展了西区第九届职工读书演讲比赛，全区 14 人参赛，演讲主题为“改革与主人”。通过演讲，增强了职工深化改革的信心，提高了广大职工的爱国热情和历史责任感。

1994 年 4 月，区工会办事处举办“迪斯科健身操”培训班，为基层工会培训了 19 名教员。之后，健身操作为一项健身活动在西区职工中普遍开展起来，受到职工的称赞和欢迎，并在 1995 年元旦前举办全区职工“迪斯科健身操”比赛。

1996 年，西区各基层工会结合本单位实际组织开展了各种活动。5 月，攀枝花市橡胶总厂工会举办建厂 30 周年庆祝文艺联欢晚会。7 月，区地税局工会开展了军民共建、联欢活动。10 月，区工会办事处组队参加攀枝花市举办的健身操和纪念长征胜利六十周年歌咏大赛。1997 年元旦前夕，区工会办事处还组织举办了区职工篮球比赛。

1997年“五一”国际劳动节期间，由工行河门口支行赞助4.2万元经费，区工会办事处在全区范围内组织16个代表队参加庆“五一”工行杯职工健身操舞比赛。

1998年，区工会办事处广泛开展多方面的、丰富多彩的职工文体活动，先后开展了拔河和趣味性十足的滚轮胎接力赛以及京剧、川剧演唱、棋牌赛。年内还组织了春节游园晚会等十多项文化体育活动，全区干部、职工群众近3000人参加，丰富职工群众的文体生活。5月8日，举办全区性“五一”工行杯职工健身操比赛，全区共16个代表队参加。7月，通过选拔，西区派队参加全市健身操比赛，取得全市第二名的成绩，受到了区委、区政府的表扬。

2000年1月28日，由区工会办事处、区文教局牵头，在攀枝花市第十中学校操场上举办西区“迎新春”趣味体育活动。主要活动项目设滚轮胎、迎面接力、拔河赛等，全区机关干部、公安武警、工商、街办等工作人员踊跃参加比赛活动。9月28日，为庆祝国庆节、国际老人节、九九重阳节，区工会办事处、区劳动局、区老干局联合举办“庆国庆、度重阳”活动，来自全区各行各业的离、退休职工227人汇集到西区苏铁宾馆老年活动中心参加活动。

2003年5月，为庆祝“五一”国际劳动节，区总工会主办，区文联、区文化馆承办，在区文化馆举办职工美术书法作品展。此次活动共展出来自不同工作岗位书画爱好者创作的美术、书法、篆刻作品52件。作品形式多样、风格各异，有风光旖旎的山水、生动传神的人物、生机盎然的花鸟、细致入微的篆刻，展现了全区广大职工蓬勃向上的精神风貌，展示了西区总工会成立一年来在加强职工队伍建设和文化建设方面所取得的成绩。

2006年3月，西区总工会在西区金沙滩长江漂流基地承办了“攀枝花市第四届风筝节暨风筝大赛”。4月10日，西区总工会在该基地组织西区党群与政府机关2支职工队伍进行了篮球、沙滩排球对抗赛。4月底在市十中组织西区“双创”杯职工篮球赛，参加比赛的男队18支、女队6支。9月组织举办了“2006·亿万职工迎奥运全民健身活动月”钓鱼、攀岩、健步走、登山等系列活动，参加职工覆盖了西区机关事业单位和民营企业。

2007年4月16—4月26日，由西区总工会承办的2007年西区“迎庆‘五一’、‘五四’，创建国卫、国模”“双创杯”篮球比赛在市十中球场举行，区内机关、事业单位及辖区企业组成的20支男女代表队参赛。经过11天65场比赛，市十二中女子联队、华阳煤业代表队分别获女子组和男子组冠军。年内，西区总工会还举办了“迎奥运”职工象棋、围棋、桥牌比赛。

2008年3—4月，西区总工会在全区职工中举办“学习中共十七大知识竞赛”“创模”知识竞赛，共有8500名职工参赛，评出一等奖20名、二等奖50名、三等奖100名。4—5月，在全区职工中开展西区2008“华阳煤业杯”迎奥运创省模职工篮球比赛，共有男女19支代表队参赛。6月，举办“与环保同行，让生活更美好”巡回演讲比赛等活动，活动覆盖了西区机关事业单位和民营企业职工。各基层工会也开展了丰富多彩的文体活动。

2009年，区总工会积极组织开展文体活动，丰富职工文化生活。5月，组织开展迎庆新中国成立60周年职工篮球赛。参加此次比赛的代表队有机关、学校及辖区企业组成的25支球队。其中男子队17支、女子队8支。9月，西区总工会组织德胜攀煤化工职工100余人参加“祖国颂”暨攀枝花市第二届厂（行）歌比赛，获三等奖。10月，组织全区机关干部开展“感受书香、陶冶情操，强身健体”活动，以提高机关干部的文化素质和身体素质。

2010年2月28日，由西区重大节日活动办主办，区总工会承办的“2010年西区迎元宵游园”活动当日上午 9 点在清香坪步行街广场举办。活动项目有“青蛙跳水”、巧套圈圈、筷子入瓶等趣味活动。职工群众的参与热情空前高涨，每个活动项目场地前都排起了长龙，有老人、小孩，或者全家总动员，现场充满欢声笑语，体现了游园活动老少皆宜、丰富多彩的特点，职工群众喜闻乐见。区总工会还为参加活动的职工群众准备了价值 1 万余元的毛巾、洗衣粉、香皂、洗发液等活动奖品，分发给游戏获奖者。游园活动于当日上午 11 点完满结束，参加当天游园活动的人数超过 2000 人。

2011 年 4 月 9 日，区总工会参加在清香坪步行街举办的西区“全民读书月”启动仪式，发放资料 100 余份。4 月 29 日上午，区总工会在苏铁自然保护区举办“沿着光辉的足迹”登山活动，辖区各机关事业单位干部职工近 400 人参加。6 月 25 日，区总工会组织德胜攀煤化工公司职工 100 人参加市总工会组织开展的全市职工红歌比赛，获优秀奖。8 月 9 日上午，参加市总工会举办的“党在我心中”全市职工演讲比赛决赛，获优秀奖。

2012 年 7 月 2 日，区总工会在苏铁山举办登山活动，辖区各机关事业单位干部职工近 300 人参加比赛。活动以西区河门口攀钢石灰石矿维修大院为起点，苏铁公园门口为终点，全长约 2 千米，经过近 2 小时的角逐，分别评选出男女组一等奖各一名、二等奖各两名、三等奖各三名。

第六节　扶贫帮困送温暖活动

一、困难职工调查

西区境内企业以煤炭企业为主，困难职工比例较大。为摸清全区困难职工情况，以便有针对性地开展扶贫帮困送温暖活动。按照中共攀枝花市委、市总工会提出的“进万家门、访万家人、知万家情、解万家难”的“四万”活动的要求，市总工会西区办事处于 1991 年、1992 年、1994 年、1995 年开展了区属困难企事业单位和困难职工摸底调查工作。为随时掌握困难职工人数的变化情况，实行动态管理，西区总工会逐步建立和完善了辖区内困难企业和困难职工档案。至 1995 年，全区有困难企业 16 户、困难职工 36 户。1997 年 1 月，西区办事处工会对建档企业和建档困难户开展跟踪调查，全区有困难企业 30 户、困难职工 69 户。2000 年，根据市定标准，西区将人均月收入在 170 元以下的居民户定为特困户进行帮扶。2001 年，根据市总工会的安排，西区工会办事处配合民政部门进行低收入职工家族的摸底调查，全区进入低保的困难户有 14089 户，人数为 28751 人。2004 年春节、国庆节期间和 2006 年 6 月，西区总工会两次开展困难职工调查工作，并对低收入职工家族生活状况的调查结果进行公示，建立健全了困难职工电子档案。2008 年 6 月、9 月，西区总工会开展两次困难职工子女考上大中专的摸底调查工作。到 2013 年底，全区有困难企业 56 户、困难职工 961 户。

二、走访慰问

西区工会办事处坚持开展走访慰问工作，1991 年，对 13 户困难职工和 2 户特困职工开展走访慰问，发放慰问金 600 元。1992 年，走访慰问 16 户困难职工，发放慰问金 690 元。1994 年，西区区委、区政府领导亲自带队，春节期间和 6 月份两次走访慰问困难职工 52 户，发放慰问金 5972 元。1995 年，元旦、春节西区工会走访慰问困难户、特困户 36 户，发放慰问金 5500 元。各基层工会走访慰问了本单的离退休职工，使职工感受到工会组织的关心。1996 年 1 月，慰问困难职工 25 户、特困职工 12 户，共发放慰问金

5950 元。1997 年 1 月，发放慰问金 15100 元。1998 年 1 月，区工会办事处为 33 户特困职工发放慰问金 1500 元。至年底，全区共为困难职工 69 户、特困职工 41 户、下岗职工 188 人，发放慰问金 2.3 万元。2000 年，西区工会办事处在市总工会的支持下，共筹集慰问金 2.6 万元（其中市总工会拨入 2 万元，攀枝花市橡胶总厂自筹 2000 元，区工会办事处自筹 4000 元），共走访慰问 132 困难户，其中特困职工 52 户、离休职工 9 户、退休职工 11 户、病患职工 11 户、因生病和地质灾害选成的临时困难职工 49 户。特困职工每户发放慰问金 300 元，其余的职工每户 200 元，共发放慰问金 2.57 万元。2001 年春节期间，区工会办事处共筹集走访慰问金 33240 元，走访慰问特困困难职工家庭 123 户。2002 年，区总工会根据市总工会分级负责的原则，多渠道筹集资金，共筹集慰问金 39050 元。共走访慰问 145 户（包括离退休职工），其中特困户 38 户、困难户 56 户、临时困难户 43 户（职工本人及家人长期生病造成生活困难）、离休人员 6 户，共发放慰问金 31750 元。2003 年，在重要节日期间开展了领导干部访贫访苦工作，至年底共走访慰问特困职工 106 户，发放慰问金 2.3 万元。2004 年春节、国庆节期间，区总工会走访慰问困难职工 220 户，发放慰问金 3.9 万元。2005 年元旦、春节期间，走访发放慰问金 6000 元。2006 年 6 月 5 日，区总工会常务副主席王瑶带领工会全体干部前往攀青焦化有限公司，深入车间、工地，看望慰问了冒着酷暑坚守在工作岗位上的广大职工，对他们的辛勤劳作表示感谢，并把价值 3000 余元的茶叶、白糖、绿豆等防暑降温物品送到了职工的手中，并为公司职工放映了电影。全年，区总工会共走访企业 25 家，慰问职工 228 人，发放慰问金 6.6 万元。2007 年元旦、春节期间，西区总工会共筹集资金 307 万元（市总工会拨入 303 万元、区政府拨入 4 万元），广泛开展送温暖活动。慰问困难职工、重病职工、农民工共 342 户。为攀青焦化有限公司、攀枝花市吉成工贸有限责任公司、攀枝花市锦联工贸有限公司各送去价值 3000 余元的慰问品，慰问了 100 名没回家过年的农民工。2008 年 1 月 18 日，区总工会慰问攀枝花市龙翰金属铸造有限公司的农民工，送去价值 6000 元的大米和食用油。2 月 3—4 日，为攀枝花市华阳煤业有限责任公司、攀枝花市吉成工贸有限责任公司、攀枝花市宜橙工贸有限责任公司、攀枝花市锦联工贸有限公司没回家过年仍坚守岗位的煤矿一线职工送去 2 万元慰问金。在“夏日送清凉”活动中，先后到四川德胜集团攀枝花煤化工有限公司、攀枝花市锦联工贸有限公司、攀枝花市俊昆房地产开发有限公司为职工送去了价值 8000 余元的茶叶、绿豆、白糖等防暑降温慰问品。全年，西区总工会走访特困职工、困难职工 234 户，送慰问金 13.85 万元。2009 年元旦、春节期间，区总工会共走访慰问特困、困难职工家庭和困难农民工 513 户，共发放慰问金 20.45 万元。5 月，西区总工会派员到重啤集团攀枝花有限责任公司，深入厂房车间，看望慰问了坚守工作岗位上的职工，为他们送去价值 3 万元的防暑降温慰问品。6 月，走访慰问 4 户困难职工家庭的独生子女，看望大水井“比佳美”幼儿园儿童，送去慰问金 1800 元。7 月，开展“七一建党日”干群心连心活动，由区总工会牵头，25 位区级领导带队走访了 25 户困难职工家庭，发放慰问金 1 万元。“教师节”前夕，区总工会人员到两所板房学校慰问了教职工，送去价值 8000 元的慰问品。2010 年，元旦春节期间，全区 25 位区级领导带队与对口联系的困难职工家庭进行走访慰问，共走访 25 户，每户发放慰问金共计 1 万元。5 月 18—19 日，由区总工会常务副主席王瑶带队先后前往攀枝花市龙翰金属铸造有限公司、攀枝花市龙达面粉厂、攀枝花市华阳煤业有限责任公司、攀枝花市博信化工有限责任公司，深入厂矿、车间、工地，看望慰问了冒着酷暑坚守在工作岗位的一线职工和农民工，给他们送去了牛奶、酸梅汁、白糖等价值 4 万余元的防暑降温食品。全年，区总工会走访慰问困难职工家庭 748 户，发放慰问金 23.26 万元。2011 年，元旦、春节期间，区总工会走访慰问困难职工家庭 827 户，发放慰问金 28.26 万元。春节前夕，与锦联工贸公司工会一同到格里坪镇敬老院看望慰问 18 名“五保”老年人，送去价值 3000 余元的慰问品。6

月，在开展的庆祝中国共产党成立 90 周年“干群心连心”走访活动中，区总工会走访困难党员 56 名，发放慰问金 1.9 万元。2012 年元旦、春节期间，区总工会走访慰问困难职工 962 户，发放慰问金 38.26 万元。其中，区级领导走访困难职工家庭 27 户，区总工会走访慰问困难和特困职工家庭 895 户、困难农民工 40 户。6 月，区总工会走访攀枝花市金盛达工贸有限责任公司、重啤集团攀枝花有限责任公司、攀枝花市叁旺商贸有限公司入会看望慰问坚守在工作一线的职工和农民工，送去茶叶、毛巾、白糖、绿豆等价值 4 万余元的防暑降温品。2013 年，深入开展以“为民、务实、清廉”为主要内容的党的群众路线教育实践活动，切实改进工作作风。区领导走访困难职工家庭 27 户，送慰问金 13500 元；区总工会领导走访“挂包帮助”困难职工联系户 3 户，送慰问金 900 元；区总工会先后向格里坪镇、6 个街道办事处、28 个社区的 961 户特困户和困难职工家庭发放春节慰问金 32.25 万元。

三、扶贫帮困

（一）爱心捐赠　1994 年西区工会办事处在“送温暖工程活动中”，组织职工为灾区群众献爱心，捐款 1398 元；为贫困山区捐款 2036 元，捐赠用品 82 件，图书 546 本，学习文具 6057 件。1995 年，宝鼎商场工会号召职工为一退休生病住院且生活困难职工捐款 1062 元。7 月，区工会组织全区机关企事业单位职工为灾区人民献爱心捐款 17606 元。1996 年，西区工会办事处组织职工捐款 2.25 万元。1997 年 7 月，西区成立“扶贫解困协调领导小组”，西区工会办事处成立西区扶贫解困基金会，基金来自捐款和财政拨款，2169 人共捐款 82535 元，基金存款利息用于解决部分特困职工的临时困难。2007 年 2 月，区总工会组织全区职工为市帮扶中心捐款 2.3 万元。

（二）寒窗助学　2001 年 9 月，西区工会办事处为区内 2 名特困职工子女上大、中专提供助学金共 2000 元，为 1 名特困户初中生争取了 100 元学费。2003 年，为特困职工子女 4 名小学生、2 名大学本科生就学提供了助学资金，共 2800 元。2004 年，西区困难职工帮助扶中心年内共资助 14 名特困职工子女，发助学金 3100 元。从市总工会为 3 名初中生、1 名高中生、2 名大中专生申请助学金 3000 元。2005 年 8 月，区总工会针对特困职工子女上大学难的问题，开展捐资助学活动，协同市总工会联系民营企业开展了“真情助学行动”，与攀枝花市宜橙工贸有限责任公司签订协议由企业全额负责 20 名困难职工子女四年大学的全部学费。9 月，区总工会开展困难职工助学活动，向 1 名中专生发放救助金 400 元。向 4 名初中生发放救助金 800 元，向 11 名小学生发放救助金 1200 元，向 3 名大学生发放救助金 4000 元。向市总工会推荐 2 名困难学生，发放救助金 4000 元。另向市总工会推荐 2 名困难学生，获捐助 3000 元。向区民政局推荐 1 名困难学生，获捐助 5000 元。2006 年“金秋助学”活动中，区总工会发动社会力量，为 23 名困难职工子女上大学捐助了 113340 元。2008 年 6 月和 9 月，西区总工会多渠道筹集资金 4 万元，开展寒窗助学活动。全年共扶助了 17 名大学生。攀枝花市宜橙工贸有限责任公司在经济效益不好的情况下，拨出 7.7 万元救助 13 名大学生；攀枝花市锦联工贸有限公司继续出资 2.5 万元，救助 5 名大学生。2009 年，区总工会本着实名制“依档施助”原则，严格管理和使用专项资金，继续开展寒窗助学（圆梦行动、金秋助学）行动，全年共帮助 25 名考上大学的贫困学生顺利入学，提供助学资金 6.1 万元；帮助 5 名考上高中（中专）学生，共提供助学金 5000 元，实现了建档困难职工子女助学全覆盖。攀枝花市宜橙工贸有限责任公司在全市范围内筛选 9 名贫困大学生给予资助，提供贫困学生在校期间所有学费，直至毕业。2010 年年底，区总工会共帮助 13 名考上大学的贫困学生顺利入学。由区总工会多方筹集资金，为 9 名贫困学生提供助学金 2.3 万元。由区总工会向市总工会申报 3 名贫困学生，由市总工会为他们供提供助学金 1.2 万元。区总工会向四川德胜攀煤化工公司推荐1名贫困学生，由该公司为他们提供大学期间每年4000元的学费。2011年全年，区总工会救助被高校录取的困难大学生和在读困难高中生20人，发放救助金4.2万元。对30名就读中小学的困难职工子女实行一对一“爱心家教”辅导，实现建档困难职工子女就学全覆盖。2012年开展“寒窗助学”行动，向16名考上大学的贫困学生和29名贫困高中学生提供助学金7.6万元。2013年8月，区总工会向12名贫困大学生和38名贫困高中生提供助学金8万元。

（三）其他帮扶 1991年，西区为人均月收入在50元以下的特困职工家庭每人每月发粮食补贴8元。1999年，西区工会办事处建议领导干部联系特困户制度，实施“1+1”工程（一个领导干部帮助助一户特困户脱贫）。年内，启动西区社区指导分中心，举办各种培训班，帮助下岗职工实现再就业。2001年春节期间，及时将特困职工的粮价补贴发到职工手中。2003年8月，为响应区委、区政府“一帮一”活动，区总工会与大麦地村两户困难农民结成帮扶对子，捐资2000元购买水管2千米。2004年，西区总工会为1名困难职工发放医疗救助金1000元。2006年，做好困难职工救助工作，为20名因患病、就学困难、遭遇火灾、泥石流等特困职工户提供了生活、医疗等救助，金额达1.06万元。2007年，区帮扶中心共帮扶生病、就学特困职工和困难职工子女、退休困难职工7户，发放救助金6400元（其中农民工3户、救助金3200元）。11月，以西区总工会为成员的惠民帮扶中心进驻西区政务服务中心。12月初，西区总工会制订20名区领导“一帮一”扶助困难职工方案，搭建惠民平台，同月区总工会在教育系统完成了“四川省职工医疗互助行动”安排，使西区543名教职工受益。

第七节 职工之家与职工书屋建设

一、“职工之家”建设

1991年10—11月，西区工会办事处、区计经委、区委组织部、区商业局组成检查组，联合检查验收西区“职工之家”建设情况，全区有12个“职工之家”合格达标。1992年，根据全国总工会、省总工会、市总工会关于深入开展建设“职工之家”活动的决定精神，西区工会办事处把深入开展建设“职工之家”活动作为加强基层工会的组织建设、增强基层工会活力的重要途径，以此作为贯彻落实中央全心全意依靠工人阶级，办好搞活企业的重要举措。年内，河门口商场、宝鼎商场被市总工会命名为先进职工之家。各基层工会在“家”字上下功夫，对职工群众的学习、工作、生活等方面加大关心力度。工会组织以“职工之家”为基础，组织小型多样、寓教于乐的文化、体育活动，增强工会组织的凝聚力。1994年，区工会办事处组织职工观看百部爱国主义影片，对职工进行爱国主义教育，增强职工的爱国心。有计划地对职工进行业务技术培训，采取理论学习和岗位练兵相结合的办法，提高职工的业务能力和技术水平，至年底有68名职工参加“全面服务质量管理”培训。1995年，全区12个“职工之家”均已建立活动场地，并订有报刊、购置象棋和扑克等娱乐工具，部分活动室还配备了电视机。工商西城分局筹集资金对“职工之家”活动室进行了装修，为职工提供了休息、娱乐的舒适环境，提倡职工参加健康有益的活动，使职工有更充沛的精力投入工作和学习。1996年，区工会办事处把建设“职工之家”作为推动企业建设、学习建设和工会的大事，动员依靠广大职工，充分发挥各级机构的作用，做到了党、政、工齐抓共管，领导挂帅，工会组织，分工负责，常抓不懈，不断注入新内容常建常新。当年，又建成了一批模范、先进“职工之家”。经区市工会组织复查验收，攀枝花市啤酒厂、攀枝花市橡胶总厂、河门口商场、清香坪小学通过评审成为“市级模范职工之家”，宝鼎商场为“市级先进职工之家”。2006年，西区总工会以建设“职工之家”和乡镇、街道工会规范化建设活动为契机，努力打造规范化工会组织。2006年2月，经检查验收，西区总工会表彰命名了攀青公司工会等6个“模范职工之家”，翰通公司工会等10个“先进职工之家”，顺达炉料厂工会等20个“合格职工之家”。格里坪镇、河门口街办、清香坪街办、大宝鼎街办工会已于5月参加市级先进（合格）乡镇、街道职工之家的检查验收。8月25日，攀青等8家命名为模范职工之家。截至年底，全区共有“职工之家”43个，其中市极模范“职工之家”6个，市级先进“职工之家”10个。

截至2013年年底，西区已建立全国模范“职工之家”1个、全省模范“职工之家”6个、全市模范“职工之家”6个。

二、职工书屋建设

2008年，西区总工会开展“职工书屋”建设活动，先后在德胜攀煤化工公司、吉成工贸公司、日兴机电公司、重啤集团攀枝花有限责任公司、锦联工贸公司、庆远工贸公司建立了“职工书屋”。区总工会为这6个新建成的“职工书屋”提供了价值2万多元的法律、专业技术方面的书籍及DVD、学习光盘等，年底还免费为“职工书屋”订购《工人日报》《四川工人日报》《工会信息》《中国工运》《工会工作通讯》等报纸杂志，为职工在业余时间自学提供了良好的条件。2010年12月，西区总工会与区检察院联合创建了西区首个机关“职工书屋”——区检察院机关“职工书屋”。该书屋共投资约1.5万元，改造职工书屋1间，配备书籍1000余册、电脑2台、书柜3组、书桌6张。为确保书籍种类和数量，在“职工书屋”建设中，除配备专业技能书籍外，还结合职工兴趣爱好，选购了政治、科技、文学、军事、经济管理、历史书籍和电子音像制品等不同种类不同内容的读物，以满足不同员工精神文化生活的需要。添加桌椅，升级电脑配置，提供阅读座位10人以上，配备至少2台上网电脑供职工浏览新闻查阅资料。书屋配备了空调，力求环境优雅舒适、设施完善齐全，营造适宜员工精心研读、文化气息浓厚的学习环境。在努力改善和优化硬件环境建设的同时，西区检察院工会充分发挥“职工书屋”的文化功能，组织开展形式多样、内容丰富的文化活动，切实加强思想教育和引导，培养职工乐于读书、勤于读书的习惯。检察院工会倡导“每日一小时读书学习”活动，鼓励职工每天在职工书屋阅读书籍一小时以上。发起“我读过的书，愿与您共享”捐书活动，号召全体职工踊跃捐赠家中适宜的闲置书籍，实现资源共享。西区总工会及时总结了该书屋建设的经验，在全区机关中进行推广。截至2013年年底，西区已建立12家“职工书屋”，其中全国模范“职工书屋”1个、全省模范“职工书屋”6个、全市模范“职工书屋”6个。

第三章　仁和区总工会

第一节　组织机构

一、机构沿革

1965年前，仁和区辖区分属云南省永仁县和四川省盐边县管辖，已建立邮电、教育、建筑业工会组织。1965年2月5日，中共中央、国务院实施建设攀枝花钢铁基地战略决策，决定将云南省永仁县、华坪县，四川省盐边县部分区域划归渡口市（今攀枝花市前身）管辖，置大田、大河、金江、玉泉等4个区，并相继建立工会组织。1973年2月22日，中共渡口市委决定撤销此4区，组建渡口市郊区。1981年8月7日，又改渡口市郊区为渡口市仁和区。1987年1月，随市名更名为攀枝花市仁和区。

1973年郊区建立后，区内只有区教育工会及下属工会组织9个，有教职工（均为工会会员）131人。1979年4月，中共渡口市郊区区委决定成立郊区工会筹备处。同年9月6日，郊区工会第一次代表大会召开，选举产生郊区总工会第一届委员会，委员25人，主席许云仪，副主席木崇士、徐明义。至1980年年底，仁和区建有基层工会52个，有会员3095人。1985年4月30日，仁和区总工会（以下简称区总工会）召开第二次会员代表大会，选举产生了第二届区总工会委员会，委员15名，主席严辉林，副主席徐明义。

1991年，区总工会机关下设办公室、财务室、女工委员会、经费审查委员会、工会组织建设、宣传教育、生产保护、生活保障、民主管理、工运理论研讨等10个工作机构，下层机构及机关职工共15人。1992年10月仁和区工会俱乐部成立，区总工会主席陶子虞负责俱乐部工作，工作人员5人。2008年，区总工会机关内部机构设置进行再调整，设办公室、经费审查委员会办公室、组织民管宣教科、经济技术科、保障法工科、财务科等6个科室。2009年9月，区工会俱乐部由自收自支事业单位变更为全额拨款的事业单位。2013年年底，区总工会有职工18人（含直属事业单位工会俱乐部10人），其中退休职工4人、区总工会机构有在职职工4人。

二、基层工会组织建设

1988年年底，仁和区建有基层工会组织92个，工会会员4292人。

1989年，区总工会加强工会组织建设，至年底，全区基层工会增加到102个，会员增加到4862人。1994年，仁和区总工会加强乡镇企业工会组建，主要在有一定规模、生产经营正常、具备条件的太平焦化厂、平江洗煤厂、银江铸钢厂、攀西钢铁厂、前进洗煤厂、前进镀锌厂、前进石英石厂等企业开展工会组建工作。年内，在全市率先建立了以乡为单位的工会委员会——攀枝花市仁和区前进乡工会委员会。同年11月，全市乡镇企业工会工作现场会在区太平焦化厂召开，市政府、市农办、市乡镇企业局、市总工会的负责人及各区县的乡镇企业工会代表70余人参加会议，区太平焦化厂、前进炭黑厂在会上就工会组织建设作了发言。1996起，随着国有企业改革不断深化，区总工会逐步规范国有、集体企业工会组织建设。1996

年 9 月，区内市针纺厂、市经编厂、市木材综合加工厂、市饮料厂、市印制厂、市蔬菜公司、川南塑料厂等单位的工会组织（会员 1149 人）、工会女职工组织（会员 771 人）、职工技术协会（2 个）、劳动争议调解组织（5 个）的组织关系由市经委工会移交仁和区总工会。2000 年，仁和区新建乡镇、街道、个私工会联合会 21 个、乡镇机关工会 17 个、个体工商户工会 16 个、乡镇企业工会 106 个、私营企业工会 80 个，发展新会员 4804 人。区总工会完成市总工会下达的“两个大多数”目标任务，受到市总工会的表彰。2001 年 2 月，攀枝花市新建企业工会组建工作经验交流会在仁和区金江镇召开，全市三区两县总工会及职工代表参加会议，会议对仁和区 17 个乡镇、1 个街道、个私协工会联合会集体授章授牌。2004 年 2 月，区总工会向仁和镇、太平乡和仁和区南山发展经济开发区工会工作委员会派驻乡镇、街道工会联络员，推进工会组织建设的发展。2004 年 10 月 26 日，攀枝花市首家行业工会——攀枝花市仁和区“农家乐”旅游行业工会在“仁和康正农家乐”成立。随后，区内成立农家乐行业工会小组 62 个，发展会员 155 人。市、区新闻单位对攀枝花市首家行业工会的成立进行了专题新闻采访。《攀枝花日报》《攀枝花晚报》《四川工人日报》分别以《攀枝花市首家行业工会成立》《农家乐职工入了工会》《攀枝花首家农家乐旅游行业工会成立》为新闻标题进行报道。区总工会在农家乐行业工会成立的基础上，对仁和区煤炭行业企业工会进行规范，2005 年 6 月，仁和区煤炭行业工会工作委员会及前进镇、太平乡、务本乡 3 个煤炭行业工会工作委员会分会在金叶度假村成立。到 2005 年年底，仁和区共有基层工会组织 388 个，会员 14705 人。

2012 年，仁和区总工会加强和创新社会化管理，加强工会组织发展。2013 年 4 月，在省内率先试点配备兼职工会副主席工作，此项工作获 2012 年攀枝花市工会工作“创新奖”。

三、区政府与区总工会联席会议制度

2002 年 3 月，区政府与区总工会联席会议制度建立。是月，仁和区首届区政府与区总工会联席会召开。会议由工会方代表、区总工会常务副主席王宗梅主持，出席会议的政府方面代表有区政府副区长肖良民、区财政局局长赖忠能等 12 个相关部门负责人。工会方代表有区总工会第五届工会委员会委员，14 个乡镇、1 个街道工会联合会主席 34 人。职工代表 4 人。会议就职工代表提出的需要政府协调、支持和解决提高工会经费计提划拨标准、国有改制企业交纳“三金”困难的问题进行协商。此后，政府与工会联席会议形成制度。2004—2005 年，区政府与区总工会联席会就职工代表提出的市属国有改制企业之间存在的债权债务、土地所属权的归属；市属集体改制企业职工未实行医改，职工参保意愿迫切；改制企业部分职工无住房；现改制企业实行水、电改造到户企业资金不足，水、电部门水、电改造费用门槛费过高；关于逐年增加区困难职工帮扶中心救助资金，提高党政机关、事业单位工会经费计提标准；解决乡镇、街道工会联合会主席编制问题等进行协商并逐一解决。2006—2013 年联席会上，区政府及相关职能部门就区总工会提出的关于足额拨付党政机关事业单位工会经费或逐年增加经费计提标准、关于变更仁和区工会俱乐部单位性质的议题、关于设立仁和区基层工会干部权益保障金、关于开展仁和区职工职业技能大赛、关于建立仁和区劳动模范评选活动管理机制、关于建立和完善仁和区劳动关系三方协调机制构建和谐劳动关系和关于解决农业劳动模范待遇及关于解决教职员工住房、职工培训、仁和区人民医院建设、提高社区干部补贴等议题进行协商，并得以落实。

1989—2013年仁和区总工会工会组织发展情况

表 41

类别 时间	工会总数(个)	会员人数(人)	党、政机关工会(个)	职工(人)	省、市属驻区工会(个)	职工(人)	事业单位工会(个)	职工(人)	国有企业工会(个)	市、区属国有、集体工会(个)	乡镇、街道、个私协工会联合会(个)	职工(人)	乡镇机关工会(个)	职工(人)	行业工会分会(个)	职工(人)	乡镇企业工会(个)	私营企业工会(个)	非公有制企业工会(个)	职工(人)	社区居委会工会(个)	职工(人)	个体工商户工会(个)	农家乐工会(个)
1989	102	4862	—	—	—	—	—	—	—	—	—	—	—	—	—	—	—	—	—	—	—	—	—	—
1990	102	4820	—	—	—	—	—	—	—	—	—	—	—	—	—	—	—	—	—	—	—	—	—	—
1991	102	4520	—	—	—	—	—	—	—	—	—	—	—	—	—	—	—	—	—	—	—	—	—	—
1992	102	4862	—	—	—	—	—	—	—	—	—	—	—	—	—	—	—	—	—	—	—	—	—	—
1993	102	4862	—	—	—	—	—	—	—	—	—	—	—	—	—	—	—	—	—	—	—	—	—	—
1994	102	4862	—	—	—	—	—	—	—	—	—	—	—	—	—	—	—	—	—	—	—	—	—	—
1995	143	9119	—	—	—	—	—	—	—	—	—	—	—	—	—	—	—	—	—	—	—	—	—	—
1996	136	6678	—	—	—	—	—	—	—	—	—	—	—	—	—	—	—	—	—	—	—	—	—	—
1997	137	7090	—	—	—	—	—	—	—	—	—	—	—	—	—	—	—	—	—	—	—	—	—	—
1998	142	7412	—	—	—	—	—	—	—	—	—	—	—	—	—	—	—	—	—	—	—	—	—	—
1999	142	6020	—	—	—	—	—	—	—	—	—	—	—	—	—	—	—	—	—	—	—	—	—	—
2000	336	11530	36	—	—	—	46	—	7	6	9	303	14	316	—	—	106	80	13	368	3	1126	16	—
2001	261	12225	38	139	1	94	40	—	7	6	9	303	14	316	—	—	77	51	—	—	4	2668	14	—
2002	263	12225	39	229	4	—	41	—	8	6	9	303	14	316	—	—	77	47	14	503	4	2668	14	—
2003	263	11419	41	274	4	—	42	345	8	5	9	303	14	316	—	—	—	—	122	2908	4	2668	14	—
2004	322	12117	42	287	4	—	42	345	8	5	9	303	14	316	1	170	—	—	116	4951	4	2668	14	63
2005	388	14705	47	433	2	172	43	360	6	4	12	309	14	316	2	187	—	—	175	5971	6	3627	14	63
2006	210	19051	51	581	3	232	43	360	—	—	13	311	14	316	3	2635	—	—	77	7719	6	3627	—	—
2007	289	22307	56	763	3	232	44	366	—	—	13	311	14	316	3	2635	—	—	150	10787	6	3627	—	—
2008	363	25806	58	797	5	409	46	1907	—	—	13	311	14	316	3	2635	—	—	214	13927	10	3798	—	—
2009	374	26227	61	836	5	409	46	1907	—	—	13	311	14	316	3	2635	—	—	222	14309	10	3798	—	—
2010	400	28460	64	841	6	434	46	1907	—	—	13	311	14	316	3	2635	—	—	241	14965	13	5320	—	—
2011	607	28589	67	876	6	434	46	1907	—	—	13	311	14	316	3	2635	—	—	438	1620	20	5910	—	—
2012	595	33120	64	841	6	434	47	1935	—	—	13	311	14	316	4	2757	—	—	432	19305	15	5556	—	—
2013	669	34238	64	841	7	452	47	1935	—	—	13	311	14	316	5	3173	—	—	504	20405	15	5556	—	—

注：表中1989—1999空缺为无统计、无数据。

四、工会代表大会

1979年至2013年，仁和区共召开工会会员代表大会7次。其中1979年至1989年召开2次，1989年至2013年召开5次。

第三次工会会员代表大会　1990年12月4—6日，仁和区工会第三次工会会员代表大会在区委机关小礼堂召开，出席会议代表130人。陶子虞代表第二届委员会作《振奋精神，团结职工为仁和区经济腾飞努力奋斗》的工作报告，王宗梅作财务工作报告，付秀芳作经费审查报告。会议通过上述3个报告，并分别作出决议。会议选举产生仁和区总工会第三届委员会委员17人，常委7人。陶子虞当选为仁和区总工会主席，谢开过为副主席。选举经费审查委员会委员5人，木崇仕为主任。会议协商产生区总工会第一届女职工委员会委员13人，罗承兰为主任，并聘请区人大常委会副主任万小全、副区长刘成全为女职工委员会名誉主任。

第四次工会会员代表大会　1995年12月26—27日，仁和区工会第四次工会会员代表大会在区委机关小礼堂召开，出席会议代表113名，吴朝斌代表第三届委员会作《加强工会自身建设，全心全意依靠职工群众，为全区的改革、发展、稳定做出新贡献》的工作报告。王宗梅作财务工作报告，龙泽晏作经审工作报告。会议审议通过上述3个报告，并分别作出决议。会议选举产生仁和区总工会第四届委员会委员23人，常委9人，吴朝斌当选为主席，龙泽晏、王宗梅为副主席。选举经费审查委员会6人，付秀芳为主任，选举仁和区总工会第二届女职工委员会委员17人，王宗梅为主任，王朝玉为副主任。聘请仁和区政府副区长万小全为仁和区总工会第二届女职工委员会名誉主任。

第五次工会会员代表大会　2001年12月25—26日，仁和区工会第五次工会会员代表大会在区委机关小礼堂召开，出席会议代表98人，杜春文代表第四届委员会作《全面贯彻“三个代表”重要思想，努力开创我区工会工作新局面》的工作报告。李富超作经审工作报告，聂品作财务工作报告。会议审议通过上述3个报告，并分别作出决议。会议选举产生仁和区总工会第五届委员会委员21人，常委9人，杜春文当选为区总工会主席，王宗梅为常务副主席，李富超为副主席。选举经费审查委员会委员5人，李富超为主任。会议选举产生仁和区总工会第三届女职工委员会委员21人。2002年3月6日，召开仁和区总工会三届一次全委（扩大）会，会议选举王宗梅为工会女职工委员会主任，王元美、陈安莲、李琴、周定英为副主任。

第六次工会会员代表大会　2007年6月26—27日，仁和区工会第六次工会会员代表大会在南山宾馆会议室召开，出席会议代表127名，魏胜利代表第五届委员会作《以科学发展观统领工会工作全局与时俱进开拓创新团结带领全区广大职工为实现仁和“十一五”宏伟目标构建和谐仁和而努力奋斗》的工作报告，李德禄作经查工作报告，聂品作财务工作报告。会议审议通过上述3个报告，并分别作出决议。会议选举产生仁和区总工会第六届委员会委员25人，常委9人，魏胜利当选为区总工会主席，李德禄为常务副主席，王雨燕为副主席。选举经费审查委员会委员7人。选举仁和区总工会第四届女职工委员会委员25人，王雨燕为主任，陈秀君、王元美为副主任，聘请仁和区副区长刘亚玲、区政协副主席李建萍为名誉主任。2008年5月29日，区总工会召开六届二次全委会及经审委六届二次会议，李林当选为第六届经费审查委员会主任。

第七次工会会员代表大会　2012年7月15—16日，仁和区工会第七次工会会员代表大会在仁和区委党校会议室召开，出席会议代表180名，李云洲代表第六届委员会作《凝心聚力谋发展创先争优促和谐为建设‘四个仁和’建功立业》的工作报告，李德禄作财务工作报告，李林做经费工作报告，会议审议通过上述3个报告，并分别作出决议，会议选举产生仁和区总工会第七届委员会委员29名，常委9人，李云洲当选为区总工会主席，李德禄为常务副主席，王雨燕为副主席。经审委员会委员7人，李林为经费审查委员会主任。选举仁和区总工会第四届女职工委员会委员23人，王雨燕为主任，陈秀君为副主任。

1989—2013年仁和区总工会负责人任职情况

表42

姓名	性别	职务	任职时间
陶子虞	男	主席	1990.12—1995.12
吴朝斌	男	主席	1995.12—2001.12
杜春文	男	主席	2001.12—2007.03
魏胜利	男	主席	2007.06—2012.02
李云洲	男	主席	2012.02—
王宗梅	女	常务副主席	2001.12—2007.03
李德禄	男	常务副主席	2007.06—
谢开达	男	副主席	1990.12—1995.12
龙泽晏	男	副主席	1995.12—1997.10
王宗梅	男	副主席	1995.12—2001.12
李富超	男	副主席	2001.12—2004.12
王坤华	男	副主席	2004.12—2006.08
李德禄	男	副主席	2006.08—2007.03
王雨燕	女	副主席	2007.06—

第二节 职工劳动竞赛

1989—1995年，仁和区总工会在全区开展“创优质、上品牌、争效益”和提高产品质量、工程质量、服务质量、降低产品成本、降低能源消耗的“三提高、两降低”和“双增双节”等劳动竞赛。全区有5200人参加不同形式的劳动竞赛活动，全区职工提合理化建议949条，被采纳706条，创经济价值82.9万元；提“双增双节”建议283条，创经济价值81.7万元。1997年，同德轧钢厂、区水泥厂3名职工参加市总工会、市劳动局组织的技术练兵、技术比武活动。1999年，仁和区总工会被省总工会评为“百县创超工程”单位。1998—2001年，全区有4500人参加不同形式的劳动竞赛，提合理化建议7800条，被采纳3000余条，实施100多条，创经济价值80余万元。其间，全区45个单位1800人，参加岗位练兵、技术比武。2002年10月，仁和区参展团携5万亩石榴生产基地、5万亩坚果基地、8万亩杧果产业带、10万亩葡萄（种植）酒工业园区、1000吨高纯石墨生产线、1.5万吨炭黑生产线、1万吨锌冶炼生产线、990亩阿基鲁商住小区开发、大黑山森林公园和岩神山风景区开发等10个项目，参加四川省总工会在绵阳举办的“首届职工创新成果展示暨技术协作交流帮扶活动”。中共四川省委副书记刘鹏，省委常委、省总工会主席黄彦蓉等省领导来到仁和区展室参观、咨询仁和区参展项目，品尝杧果、石榴，给予好评。区总工会获“四川省首届职工创新成果展示活动”一等奖。2005年，区总工会成立仁和区技能大赛领导小组，开展电焊工、井下电工、徒手心肺复苏、护理技术操作、客房服务、普通话、农家乐特色菜肴烹饪制作等7项比赛，选拔12名职工，参加了市级职业技能、技术比武的比赛活动。沿江实业有限责任公司张世君获市级职工技能大赛优秀选手称号，肖云月、王晶获区级普通话竞赛第一名，攀枝花市宗洋有限公司邱兆亮获区级井下电工一等奖。同年8月，区总工会组织全区50个单位4000名干部职工参加了市总工会、市民政局、市联通公司举办的“标准街道名、旅游景点名”知识竞赛，有4名职工获市级竞赛三等奖。区总工会获“优秀组织奖”。2005年年底，全区3068人参加各种形式的劳动竞赛，提合理化建议279条，采纳59条，实施59条。

2006—2010年，区总工会围绕“当好主力军，建功‘十一五’和谐奔小康”开展劳动竞赛，开展“我为节能减排献一策”“金点子”“三十万职工提合理建议”“五小”（小革新、小发明、小设计、小创新、小窍门）等活动。2007年，四川恒鼎公司务本乡大河沟煤矿职工提出技改泥煤浮选成精煤，减少泥煤囤积，提高精炼回收的合理化建议，为企业增加经济效益100余万元。2010年年底，全区4308人参加各种形式的劳动竞赛，提合理化建议1005条，采纳522条，实施522条，创经济价值300余万元。

2011年12月7日，由仁和区政府主办，区总工会、区煤管局承办的仁和区首届职工职业技能大赛在仁和区文化广场举行，3000余名煤矿职工参加预赛，98名职工和17支企业团队参加“煤矿井下电工”“煤矿监测监控电工”“煤矿职工劳动保护用品穿戴”决赛。攀枝花市安采工贸有限责任公司获仁和区首届职工职业技能大赛煤矿劳保用品穿戴比赛第一名，攀枝花市嘉泰能源有限公司获第二名，攀枝花市天道勤工贸有限公司获第三名；攀枝花市安采工贸有限责任公司的高利平获煤矿井下电工比赛第一名，四川恒鼎实业有限公司（大河沟煤矿）王建平获第二名，攀枝花市天道勤工贸有限公司杨玉伟获第三名；四川恒鼎实业有限公司（大河沟煤矿）的岳青春获煤矿井下监测监控电工比赛第一名，攀枝花市绿环工贸有限责任公司邹哲明获第二名，攀枝花市利安煤业有限责任公司的颜定亮获第三名。高利平、岳青春还分别获得“仁和区金牌工人”荣誉称号，并纳入区人才库管理。2013年11月，仁和区第二届职工职业技能大赛分别在市图书馆、仁和区武装部两个赛区举行，来自仁和区基层工会的34个机关事业单位和15个企业的151名选手参加决赛。仁和区务本乡乌拉风情谷的谢梅获餐厅服务第一名，仁和镇桥尚人家的谷美获第二名，仁和区晶瓜瓜美蛙鱼馆的詹美玲获第三名；仁和区弯腰树社区的高俊获计算机操作第一名，大河中学的游琰获第二名，仁和区人口和计划生育局的易本润获第三名；攀枝花市沿江实业有限公司田堡二矿的唐泽超获煤矿安全知识比赛第一名，仁和区太平乡煤管所的黄永金获第二名，仁和区务本乡煤管所的孔德平获第三名。2011—2013年，规模以上企业参赛率达90%以上，参赛职工15168人。提合理化建议1019条，采纳639条，实施410条，创经济价值414万元。开展练兵比武企业127家，参赛职工7079人次。通过培训、练兵比武实现技能等级晋升457人。

第三节　职工安全与劳动保护

一、“安康杯”竞赛

1989年，区总工会贯彻实施《工会劳动保护监督检查三个条例》，要求基层工会认真抓好条例的学习，健全组织。1990年，有28个基层工会建立了劳动者保护组织。1991—1995年，区总工会配合劳动部门进行安全检查152次，查出隐患97处，整改隐患97；围绕安全生产提出合理化建议616条，实施327条。全区有352个班组参加安全达标竞赛，全部达到合格班组标准。

1999年底，举办各种安全生产培训班5期，培训安全生产骨干120余人，查出安全生产隐患908条，制止“三违”作业310人/次。2000年，以“安康杯”活动为载体，开展“十个一”活动（查一起事故隐患、纠正一次违章行为、提一条合理化建议、当一天安全员、做一件预防事故的实事、忆一次事故教训、读一本安全生产的书、接受一次安全生产培训、举办一次安全生产法律、法规知识讲座、搞一次安全生产宣传活动），积极参与区政府对82个矿、200个井口停产整顿工作，关闭煤矿20个，关闭井口100处。年底，发放宣传资料310份，开展安全培训21期，参培人员1400人次。

2002年区总工会、区安全生产委员会办公室（以下简称区安办）联合印发《关于组织全区企业参加2002年全国“安康杯”竞赛活动的通知》。7月，区总工会、区安办在区委小礼堂举办“攀龙洞”杯安全

（生产）知识竞赛活动。10支参赛队30人参加了安全知识、消防知识、职业病防治等知识竞答，中共仁和区委、区人大、区政府、区政协领导和100余名职工观看比赛。2003年，区总工会转发《四川省总工会关于进一步加强安全生产群众监督检查工作的紧急通知》，开展群众性“查隐患、反违章、添措施、保安全”监督检查及宣传教育活动。同年7月，在辖区企业中开展安全生产隐患自查、抽查和攀煤集团公司工会交叉检查，查出少数企业安全生产责任制不规范，安全会议记录不全，规章制度不够细化，职工安全技术培训时间不够等问题，被查煤矿有风流短路、存在空顶、微风作业、设备磨损大，“一通三防”需要改进。通过自查、抽查、交叉检查，查出违反劳动保护方面的问题480件、隐患318件，均敦促有关企业加以改进。2004年，区总工会、区安全生产管理局联合下发《关于开展群众性安全生产检查的通知》（攀仁工发〔2004〕31号），8月，对上海花园施工现场、圣达等8个单位的防尘、防毒、劳动保护用品，“安康杯”竞赛活动、群众性安全生产“四个一”（参加一次安全生产培训、提一条安全生产建议、查出一起事故隐患或违章行为、做一件预护事故的实事）和水上安全工作进行抽查。查处安全事故20起，罚款20余万元，查出安全隐患1000条，提出整改措施1500余条。2005年，金江畔海煤矿“5·12”矿难事故发生后，区总工会及时派出工作人员赶赴现场，了解井下被困职工人数，安抚矿工家属，协助开展营救抢险处理善后工作，真正担负起职工利益的代表者和维护者的职责。2005年年底，区总工会参与事故调查处理5起，向责任单位提出整改意见、建议60余条。全区有企业职工654人，班组36个参加了“安康杯”竞赛活动，建立劳动保护监督检查组织62个，劳动保护监督检查员332人。

2006年，区总工会开展“安康杯”“百日安全生产”和“四川省百万职工安全生活法律法规知识问答竞赛活动”，参赛单位202个，区总工会获“全省百万职工安全生产法律法规知识问答竞赛活动”组织奖，仁和区的王天顺、黄钰梅获“一等奖”，孙德权获“二等奖”，余德华、王为珍等22名职工获“三等奖”。2007年，参加“打击私挖盗采及煤矿周边治安秩序专项整治活动”及“整治非法用工，打击违法犯罪专项行动”。组织122个非公有制企业的6359名职工参加“安康杯”活动。各级工会劳动保护监督检查小组、群众安全监督员2607人在安全生产中开展安全检查1544次，查出安全隐患1919起，督促整改1919起。区总工会参加安全事故处理24起、事故分析9起、安全检查21起、煤矿超层越界检查验收4次。围绕安全生产提合理化建议502件，采纳338件，实施246件。2008年，开展“职工安康工程”活动，组织开展“百日安全生产活动”演讲比赛，与区安监局、区煤管局、攀西煤监联合组成安全事故调查组，深入企业进行“查隐患、反违章、添措施、保安全”检查，全年查出隐患124起，督促整改124起，制止“三违”33起，发出整改通知书52份，提合理化建议234条，采纳126条，实施126条，处理严重违反特种设备安全生产相关法律法规案件4起；2009年，组织141个企业11188名职工参加“安康杯”活动，3916人参加了“十个一”活动。参加安全事故调查和安全事故分析15起，年底，开展群安督查和劳动保护监督检查320次，参加检查职工960人次，查出隐患700余起，督促整改466起，立即整改37起，限期整改175起，制止“三违”33起。

2011年，208个企业16271名职工参加“安康杯”活动，攀枝花市市梧圣工贸有限责任公司获全国“安康杯”优胜单位荣誉称号。2012年，仁和区总工会为提升区、乡两级“安康杯”活动组织机构和活动规格，增强“安康杯”活动在全区企事业普遍推进力度，提升群众性安康工程成效，积极争取政府支持。共建立“安康杯”领导小组151个；225个企事业单位19073人参加“安康杯”竞赛活动，获全国职工安全卫生知识学习和竞赛活动优秀组织奖。2013年8月，仁和区安全生产委员会对攀枝花市吉源科技有限责任公司、攀枝花市圣达焦化有限公司等10家企业优胜单位，四川省富邦钒钛制动毂有限公司数控精车班等9个优胜班组，市教育工会攀枝花市仁和区委员会、攀枝花市仁和区南山循环经济发展区管理委员会工会工作委员会等20个优秀组织单位，刘东远、谢德明、卢林、吕宪军和杨中保等5个“安康”企业家，孙世芬、王东、周朝平等20名优秀工会劳动保护监督检查员。陈彬、范晓君、徐永国等20个人组织工作优秀个人进行表彰。年底，281个企事业单位19140名职工参加“安康杯”竞赛活动。参与32个煤矿复工验收工作，参加安全生产事故调查分析4起。区总工会“安康杯”竞赛活动获2012年度全市工会工作“创新奖”。

二、群众安全监督

2005年，区总工会在前进镇、太平乡和务本3个产煤乡镇开展非公煤矿企业特聘煤矿安全群众监督员（以下简称群监员）工作。经基层工会民主推荐，报中华全国总工会、国家煤矿安全监督局批准，特聘煤矿安全群众监督员223人。2007年，按照中华全国总工会、国家煤矿安全监察局以及省总工会的要求，开展班组特聘煤矿安全群众监督员续聘工作。以维护职工劳动安全为立足点，制发《仁和区总工会关于班组特聘煤矿安全群众监督员行为规范和工作日程及工作职责的通知》《关于成立仁和区煤矿安全群众监督委员会的通知》《关于成立煤矿安全群众监督委员会领导小组的通知》。5月，就群众监督员如何参与群众性安全生产管理，实施劳动安全卫生保护，班组特聘煤矿安全群众监督员工作职责、行为规范和工作日程，以及如何预防作业现场冒顶、片帮、水灾、火灾、瓦斯煤尘爆炸和立井施工悬吊与提升、安全事故的处置等内容对223名全总、国家煤监局特聘的煤矿安全群众监督员进行理论培训和实地操作演示。8月，区总工会印发《仁和区煤矿安全群众监督员考核办法（试行）的通知》《关于对煤矿安全群众监督委员会、群众监督员履行工作职责进行检查的通知》。10月会同区安监局、区煤管局对53个矿井的群安工作落实、群监员履责、业主落实劳动保护等情况进行拉网式的督查。2007年年底，建立工会劳动保护监督检查委员会45个、工会劳动保护监督检查小组123个、煤矿安全群众监督委员会54个、群监小组22个、特聘群监员223名（由全总和国家煤监局颁发证书的“班组煤矿安全群众监督员”）。煤矿群监员在当班作业中查出安全隐患925起，督促整改925起，围绕安全生产提合理化建议502件，被采纳的合理化建议338件，实施246件。仁和区总工会通过制定和完善班组群安工作管理、监督、奖惩等制度，形成了以工作职责、行为规范等为主体的群安责任机制以及专管成线、群管成网、专群结合的安全监督机制和教育与奖罚并举的安全约束激励机制。2007年12月10日，攀枝花市煤矿班组群安工作经验现场交流会在仁和公园召开，全国总工会劳动保护部群安工作处处长卢斌，四川省总工会劳动保护部部长陈黎和攀西煤监局及市总工会、市安监局等单位负责人出席会议。仁和区总工会获攀枝花市2007年度全市工会工作“创新奖”。2008—2010年，根据攀枝花市总工会《关于开展工会劳动保护监督检查工作预防安全生产事故的紧急通知》精神，组织班组群监员开展群众监督和劳动保护专项检查，发挥工会劳动保护监督检查组织体系的作用，群安工作成效显著。2010年8月，仁和区群安工作在全省特聘群监员工作经验交流会上作经验交流发言，并在全国工会劳动保护工作会上作书面经验交流。2011年，健全完善区—乡镇（街道）—企业—班组四级群安网络，扩展聘任范围，并在成立工会组织的企业中开展班组群监员（劳动保护监督检查员）聘任工作。2013年年底，加强“区—乡镇（街道）、园区、系统（行业）工会—企业—班组”四级工会劳动保护监督检查网络建设，建立工会劳动保护组织185个，聘请工会劳动保护监督检查员335名。全年各级工会组织举办区级劳动保护监督检查员及班组群监员劳动保护知识培训37期，456名职工参加培训。开展安全检查1286次，查出隐患303起，整改隐患303起，制止“三违”133起。发放《班组建设安全卫生知识教材》110余本，发放宣传资料800余份。

三、职业病防治

2011年，区总工会、区安监局、区卫生局、区人社局、区煤管局联合印发《关于开展2011年职业病防治监督检查的通知》，区总工会在存在职业危害和高危行业、特殊作业的民营企业中开展职业危害、粉尘危害抽样调查和职业病危害认知及行为调查，发出调查问卷200份。区总工会依法推动企业普遍建立工会组织，依法推动企业普遍开展工资集体协商（以下简称“两个普遍”），以工资集体协商为工作平台，印发《关于开展劳动安全卫生专项集体合同试点工作的通知》，在签订范围、主要内容、签订形式和签订程序等方面作出明确要求，编制了《劳动安全卫生专项集体合同样本》，以“春季要约协商、秋季要约协商，第一次签区域/行业合同，第二次看要求再次协商签企业独立合同”（以下简称“二次协商、二次覆盖”）工作模式，抓劳动安全卫生专项集体合同典型示范工作。区总工会联合区安监、区煤管局和区卫生局开展专项督查，有效解决工会参与中小型企业职业病防治工作难的问题。2011年年底，在5家试点企业签订劳动安全卫生专项集体合同11份，涵盖职工1500人。2012年，区总工会印发《关于开展职业病防治专项集体合同签订情况督查工作的通知》，仁和区“两个普遍”工作领导小组转发《关于在职业危害严重的企业实施职工职业病防治专项集体合同工作的通知》，完善仁和区职业病防治专项集体合同文本内容，在职业危害企业中全面推进《职业病防治专项集体合同合》签订工作。2013年年底，签订职业病防治专项集体合同76份，涵盖职工15198人。为农民工王庭兵索赔职业危害岗位津贴1万元。此维权案例，2013年1月30日《工人日报》以《签了合同就要履行—攀枝花市仁和区工会主动维护职工劳动安全卫生权益》标题进行了报道。仁和区总工会创新民营企业工会参与职业病防治工作获2012年全市工会工作“创新奖”。

第四节　职工民主管理

1991年5月，仁和区总工会组织15名基层工会干部参加市总工会举办的企事业民主管理师资培训。1992年，区总工会对辖区754名职工代表和基层工会主席进行系统培训，占应培训数的82%。1995年，全区企事业单位召开职（教）代会653次、审议各种方案2055件。职工代表提出各种提案857件，落实648件。民主评议领导干部1424人，评出优秀干部396人，合格干部1026人，建议免职领导干部2人。

1996年5月，区政府办转发区总工会、区劳动局《关于建立平等协商和签订集体合同制度工作的意见的通知》，仁和区建立了平等协商签订集体合同制度。年底，全区建立职代会的企事业单位86个，职工代表总数287人，召开职代会企事业单位74个，企业车间实行民主管理22个，班组实行民主管理111个，举办民主管理培训班22次，培训职工代表达1073人次。签订集体合同34家，覆盖职工4122人。1999年3月，区委、区政府印发《关于推行厂务公开民主监督制度的意见》，成立仁和区厂务公开领导小组，区总工会负责推进厂务公开工作的具体实施。1999年年底，全区7个系统95个企事业单位中，已建立厂务公开制度的64家，规范化管理的42个。区文教系统校务公开制度化、规范化达100%。

2002年，在13个改制企业中，工会主席进入董事会11人，工会主席进入监事会10人，职工代表进监事会57人。2003年，区总工会根据《攀枝花市企事业单位厂务公开责任追究暂行规定的通知》，制定印发仁和区厂务公开考核办法。2004年6月，区总工会下发《攀枝花市关于在非公有制企业推行厂务公开制度的实施意见》的通知》《关于对仁和区企事业和非公有制企业实行民主管理推行厂务公开进行检查的通知》，举办平等协商签订集体合同、工资集体协议培训班4期，对14个乡镇、1个街道工会联合会主席，区属20个重点企业业主、工会主席及职工代表270余人进行培训。2005年年底，全区44个事业单位均建立职代会制度，5个国有、集体及其控股企业建立职代会并实行厂务公开。在189个非公有制企业（以下简称非公企业）中，建立职代会制度并实行厂务公开制度159个。25个民营企业建立董事会和监事会，工会主席进入董事会19人，职工代表进入监督会49人；建立平等协商签订集体合同、工资集体协议制度的企业150家，其中，新签订集体合同76家，续签集体合同74家，覆盖职工7099人；签订工资协议150

家，覆盖职工 5073 人。

2009 年，区总工会印发《关于开展工资集体协商的实施意见》。成立区总工会工资集体协商工作领导小组，配备工资集体协商指导员，派出 7 名职工参加省、市总工会举办的《中华人民共和国工会法》、劳动争议仲裁及工资协商指导员培训，统一制作印发《工资集体协商的程序和方法》《企业工会对工资集体协商工作的资料归档目录》培训资料，开展宣传教育和工资集体协商“百日攻坚”行动。共签工资集体协议 180 份、行业性工资集体协议 2 份，涵盖企业 65 家。累计建立职代会 219 家，工会主席进入监事会 280 人，职工代表进入监事会 232 人，校务（医务）公开制度化和规范化分别达到 100%。2010 年，成立仁和区“彩虹”计划实施工作协调领导小组，召开三方协商会议，开展“彩虹”行动。年底，全区签订劳动合同 10267 份。签订集体合同、工资集体协议 167 家，覆盖职工 10361 人。

2011 年，为实现非公企业工资集体协商全覆盖目标，仁和区在全市率先印发《中共攀枝花市仁和区委办公室、攀枝花市仁和区人民政府办公室关于成立工资集体协商工作领导小组的通知》《中共攀枝花市仁和区委办公室、攀枝花市仁和区人民政府办公室关于进一步推进工资协商的工作意见》，成立工作领导小组，建立仁和区工资集体协商指导员队伍，出台攀枝花市首个《仁和区工资集体协商指导员管理办法（试行）》。5 月 24 日，在区政府主持下，仁和区工资集体协商工作会在区委党校会议室召开，区委、区人大、区政府、区政协联系或分管领导出席会议，各企业、单位 300 余人参加会议。区政府就工资集体协商工作进行部署，并将该项工作纳入目标任务考核。区总工会代表全区工会组织向 86 个重点企业及示范企业发出《推进工资集体协商，努力实现四个翻番》的“公开要约书”，梧圣公司作为企业代表在大会上积极应约。随后，领导小组办公室编制了《仁和区工资集体协商规范化建设工作指南》。工资集体协商指导员队伍分别到各乡镇、街道、园区工会指导基层工会向企业发放“建会提示函”和“开展工资集体协商提示函”，深入企业进行实地指导。截至 2011 年年底，签订独立合同 88 份、区域性合同 25 份、行业性合同 6 份，全区 399 个建会企业实现了 100%覆盖目标。2012 年，仁和区总工会推进非公企业工资集体协商工作获攀枝花 2011 年度工会工作“创新奖”。2013 年，全区共签订集体合同 103 份，工资专项集体合同 101 份，覆盖企业 801 家（其中独立合同 71 份，签订区域性合同 23 份、涵盖企业 640 家，行业性合同 7 份、涵盖企业 90 家），该工作获 2012 年度工会工作特等奖。

第五节　职工劳动保障与权利维护

一、职工扶贫解困

1989 年，仁和区总工会加强工会劳动保障档案管理，建立健全各项规章制度，围绕企业调资、住房和职工福利等问题，开展扶贫解困工作。1991 年，对辖区困难职工进行调查摸底，建立特困职工档案 60 份，发动职工捐款 1560 元。1992 年元旦、春节期间，走访慰问特困职工 17 户，送去慰问金 1570 元，为部分遭受暴雨灾害的乡镇送去衣物 3500 余件、大米 2000 多公斤、粮票 1500 余公斤。1994 年，组织开展“进万家门、知万家情、解万家难、暖万家心”的“四万”活动。9 月，区工会向中共仁和区委呈报了“关于仁和区实施送温暖工程的意见”。12 月，中共仁和区委办转发区工会《关于仁和区实施送温暖工程的意见》。1995 年，为 120 户人均收入在 100 元以下困难职工家庭建立档案资料，当年筹集“送温暖基金”53379 元，上交市总工会“送温暖工程”基金 5 万元。1996 年 9 月，区委、区政府办公室下发《关于对区属国有企业城镇集体企业特困职工给予扶持照顾的通知》，成立扶贫解困工作协调领导小组，制定《仁和区送温暖基金管理使用办法》，筹集扶贫解困基金297043.8元。全年区总工会走访慰问特困、困难职工833户，送慰问金148950元，困难职工享受粮价补贴累计2419人，发放粮价补贴218120元。为特困企业的特困职工子女考上大中专的一次性救助9600元。2001年，区委、区政府建立县级领导干部联系特困职工制度，定点联系特困户26人。2003年，区总工会建立扶贫解困工作机制，成立仁和区困难职工帮扶中心。2004年，区总工会对仁和镇、金江镇和大河中路街办国有企业涉及职工安置中的问题进行专题调查，形成专题报告，上报区委、区政府及市总工会，引起了市总工会和市、区党政领导及有关部门的高度重视，为相关政策制定提供了依据。2002—2005年元旦、春节期间区总工会走访慰问特困、困难职工、伤残军人、孤寡老人、市级以上劳模1526户，送慰问金18.25万元、大米2000公斤、油400公斤。2005年底，仁和区困难职工帮扶中心帮扶职工173人次，发放帮扶经费73404元，困难职工享受粮价补贴累计2592人，发放粮价补贴24.86万元。2007年，仁和区开展困难职工帮扶中心标准化建设，建成使用面积达30多平方米的仁和区困难职工帮扶中心，制订和完善《仁和区困难职工帮扶工作方案》《困难职工救助管理办法》《仁和区困难帮扶资金使用管理制度》等制度，设立“困难职工帮扶资金专用账户”，实行阳光管理。区困难职工帮扶中心标准化建设获2007年全市工会工作“创新奖”。2008年，积极探索扩大帮扶解困覆盖面新途径。5月7日，仁和区总工会率先在全市成立仁和区困难职工帮扶中心大河中学分中心，实现困难职工帮扶中心向下延伸，此项工作获攀枝花市2008年工会工作创新奖。2009年9月，区总工会率先在全市创办“帮扶超市”，并在大河中路街道办事处、攀枝花市邹氏工贸有限责任公司成立乡镇（街道）及非公企业困难职工帮扶站，随后在14个乡镇（街道）及2家非公企业建立困难职工帮扶站。到2010年年底，区总工会在元旦、春节期间共走访慰问特困、困难职工、伤残军人、孤寡老人、困难农民工、市级以上劳模3970户，送慰问金137.82万元。建成区困难职工帮扶中心1个、乡镇（街道）困难职工帮扶站14个、非公企业困难职工帮扶站2个，已建档困难职工（农民工）家庭763户（其中特困职工266个、困难职工230户、困难农民工245户、因病致贫职工11户、因病至贫农民工11户）、2615人。开展金秋助学活动，连续5年举办受助困难学生感恩文艺晚会。2011—2013年元旦、春节期间，区总工会走访慰问特困、困难职工、伤残军人、孤寡老人、困难农民工、市级以上劳模5554户，送慰问金168.94万元。为1746户困难职工送去“两节”慰问金58万元。为16552名煤矿职工、建筑工人及在校师生送去价值50余万元的防暑降温用品。

2006—2013年，仁和区总工会多方筹集爱心捐款361.45万元，为189名贫困高中学生发放助学金，圆了808名困难职工子女大学梦，兑现仁和区困难职工子女无一人因家庭困难而上不起大学的承诺。2011年，区总工会组织65名受助大学生为456名单亲困难职工子女、留守儿童提供义务家教。2013年10月，仁和区通过银行卡发放困难职工帮扶资金，将慰问金直接打到困难职工的银行卡上，实现困难职工帮扶资金银行卡发放全覆盖。区总工会获2013年市总工会工会工作“创新奖”。

二、职工互助保险

2001年起，区总工会根据四川省总工会《关于印发四川省女职工大病互助保险实施办法的通知》《关于实施“四川省职工住院医疗互助保险计划”的通知》精神，在全区开展女职工大病互助保险和职工住院互助保险活动。2001—2013年，仁和区总工会为4835名女职工和家属办理女职工大病互助保险7616份，参保金额732875元；为14名女职工办理女职工大病互助保险，赔付金额21万元；为4730余名职工办理职工住院互助保险4730余份，参保金额323296元；为198名住院职工得到职工住院互助保险赔付金142553.82元。

三、再就业工程实施

1998年，区总工会创办再就业培训机构1个。7月，在平地镇迤沙拉四社建立种养殖基地，安置下岗职工8人。年内，举办培训班10期，培训下岗职工302人；举办招聘洽谈会4次，参加招聘洽谈会200多人次，解决再就业人员108人。2000年，区总工会仁和区下岗职工家政服务中心成立，当年安置38名下岗职工从事社区服务。2001年，区总工会率区属单位的20余名女工干部到成都、南充、重庆的社区服务单位进行全面考察取经。年内建立家政社区中心（站）5家，举办美容美发、家政服务、电脑、厨师培训班，安置下岗职工25人从事社区服务工作。2005年年底，仁和区各级工会组织帮助下岗、待岗、失业职工再就业869人，培训下岗、待岗、失业职工和失地农民工3673人，为下岗、待岗、失业职工提供职业介绍1443人次。2006年，根据市总工会《关于下达2006年全市工会系统实施集体合同和工资集体协商考核指标的通知》要求，区总工会将帮助、培训下岗失业职工实现再就业目标任务下达到各基层，各基层单位通过职业介绍、劳务输出和举办各种培训班，全年共培训下岗、失业职工，进城务工人员及特困职工家属908名，获技能证书139人，提供职业介绍105人次。2007年，区总工会与区就业局联合举办2007年“民营企业招聘周”专场招聘会，20多家企业提供近600个工作岗位。培训下岗失业人员253人，经培训获得劳动技能证书244人，帮助实现再就业189人。2008年，区总工会出资3.2万元，培训下岗失业人员、农民工300人，帮助200人实现再就业。2009年，开展“就业再就业万人培训行动”，投入资金10万元，与区烟叶办在平地镇、同德镇、大龙潭、啊喇乡开展返乡农民工烤烟技术培训，培训农民工800人。攀枝花市正好商贸有限责任公司对200名员工进行技能提升培训。2009年度，全区共举办培训班9期，培训职工1500人次。2010年，投入培训资金9万元，在大河中路街道、同德镇、总发乡、务本乡对276名困难职工、农民工及其家庭成员进行家政、餐饮服务技能培训，帮助200名下岗失业人员实现再就业。对有创业意愿的61名农民工进行创业意识培训。英达商贸有限责任公司、阿莫莫野味火锅、俚濮山菜香、阿莫莫养殖专业合作社被评为“攀枝花市创业明星”。2011年，采取培训进社区、进企业的方式，投资13.6万元，对340余名下岗失业人员及农民工进行技能培训，帮助200名下岗失业人员实现再就业。2012年，组织10家企业及50名下岗、失业职工参加市总工会人力资源市场首场招聘会。与区残联、区劳动就业局等单位在仁和区老农贸市场举办“民营企业残疾人现场招聘会”，现场发放《创业培训申请程序》《小额贷款程序》等宣传资料3000余份。年内，区总工会投入培训资金8万元，在中坝乡、大河中路街道举办电脑、家政培训班，培训下岗、失业、进城务工人员200人，200名下岗失业人员人实现再就业。2013年，开展下岗失业人员再就业培训工作，投入培训资金13.3万元，举办就业培训6期，培训人数500余人次，帮助下岗失业人员200人实现再就业。

四、接待职工来信来访

1989—1994年，仁和区总工会积极参与职工劳动关系调处和职工权益维护。1994年年底，接待来信来访54件，接待上访职工824人次，协调处理率达75%。1995年，区总工会安排1名副主席专门负责法律信访工作，并进入区劳动仲裁委员会参与仲裁。2000年10月，仁和区总工会劳动法律监督委员会成立。年底，全区建立劳动争议调解委员会110个，调解员174人。接待来信来访59件，协调处理59件；集体上访9件，接待人次82人，受理劳动争议28起，经调解达成协议28起，职工胜诉率为66.6%，为劳动者挽回经济损失24万余元。2002年4月，仁和区水泥厂因股权转让和相应退职补偿费造成职工集体停工，区总工会代表职工和企业主谈判、协调，使水泥厂集体停工事件得到解决。2003年9月，区总工会开通工会“12351”维权热线。2005年，区总工会聘请专职法律顾问为职工提供法律政策咨询和法律援助，代写诉讼状等工作，对困难职工实行无偿法律援助。年底，接待来信来访61起、接待上访职工537人、集体上访8件，受理劳动争议30件，协调处理30件。2006年4月，亚太控股公司在生产不景气，连续亏损情况下，企业老板不按《中华人民共和国劳动法》的规定分两批解除职工（农民工）90余人，造成职工集体上访，区总工会一边认真做好解疑释惑工作，一边到企业了解实情、听职工意见、要求。经多次调解，企业与职工双方仍达不成一致意见的情况下，职工申请仲裁。在仲裁调解会上，区总工会代表职工提出维权主张和建议，为职工挽回工资损失21余万元，使2名怀孕的女职工回到公司工作，90余名职工的合理诉求得到伸张。2006—2008年，区总工会与劳动和社会保障局、区建环局联合开展农民工工资清欠行动，督查企业101个、涉及职工4071人，拖欠工资单位12个，涉及职工407人，责令补发工资407人，金额27万元。年内接待来信来访85起、接待上访职工422人、集体上访4件，参与劳动争议24件，协调处理24件，为职工争取经济补偿40余万元。配合相关部门参与劳动用工检查20起，督促企业补发职工（农民工）工资72万元。2011年6月，仁和区总工会制订出台《处置职工群体性突发事件应急预案》。预案从确定范围和原则、明确事件分级、建立预警机制、健全组织保障等4个方面作出明文规定。中华全国总工会刊物《工会信息》2012年第1期刊登了《攀枝花市仁和区总工会出台处置职工群体性突发事件应急预案》。2012年，区总工会建立每周二、周四为领导干部接访日制度，成立了乡镇、街道、企业工会信访员队伍。2011—2013年，区总工会深入中小企业、非公企业、生产经营困难企业和劳动密集企业，开展“法律六进”活动，为非公企业、社区送去法律讲座60场次，发放宣传资料3万余份。开展农民工工资清欠行动，向平发荣公司炭坪子煤矿发出《工会劳动法律整改意见书》，要求企业分期分批补发职工2013年2—4月的欠薪。2013年，区总工会配合区政府开展淘汰落后生产能力关闭企业职工权益维权行动，及时到天阔陶瓷、圣达焦化、太平焦化和务本洗煤厂等企业，就职工转岗安置和经济补偿进行调解。年内，接待来信来访300起，免费为职工提供法律咨询、代拟文书、诉讼援助35人次，协助解决了攀枝花市州鑫混凝土有限公司职工集体上访群体性事件，参与劳动用工及工资清欠专项检查73场次，协助处理劳资纠纷16起，为职工争取经济补偿300余万元，追讨欠薪1100余万元。

第六节　女职工工作

1990年12月4日，仁和区总工会第一届女职工代表大会召开，选举产生第一届女职工委员会。1991—1992年，仁和区基层工会建女职工委员会45个、女工小组158个，配备专兼职女工干部45人。1994年，仁和区总工会女工委组织宣传贯彻《中华人民共和国妇女权益保障法》和《女职工劳动保护规定》，积极维护女职工在劳动、调资、招工、招干、分房、家庭及社会生活中的合法权益。区总工会女工委配合仁和区医院，建立全区女职工妇科病普查档案和健康保护卡，共普查女职工1428人，查出患有妇科病和其他疾病的女职工584人，并及时给予治疗。7—8月，组织开展纪念“八一”建军节巧手献爱心活动，全区女职工为解放军绣制鞋垫、手帕300多件。年内推选7名优秀女职工干部参加中国工运学院在北戴河举办的迎接95世界妇女大会女职工教育工作培训班的学习。

1996—1998年，仁和区总工会女工委，开展“岗位立功、学习成才、姐妹献爱心，创建文明家庭”活动。全年全区有53个单位1931名女职工参加岗位练兵，483人参加岗位技术比武。3764人次参加双增双节活动，创经济价值5.8万元，提合理化建议2802条，采纳547条，实施67条，创经济价值83.8万元。依托仁和区女职工委员会社区服务中心，先后举办“美容美发、家政服务、厨师、电脑”等培训班。各级女工组织举办培训班415次，培训人数37242人次，科普宣传317多场，接受咨询25000人，捐赠科学技术1482册。《新婚姻法》颁布后，区总工会与区妇联联合举办《新婚姻法》知识培训班，培训女职工79

人次。区总工会联合工会俱乐部、星辰公司举办下岗职工培训班4次，培训102人，举办电脑培训3期，培训人员54人次。区女工委为特困职工子女考上大中专的一次性救助和中小学生争取助学款9600元，全区女职工为失学儿童捐款10139元，为困难职工捐款4000元，为困难职工子女捐医药费5400元，为新华乡被火烧伤农妇王某捐款16306元。评选“五好文明家庭”3872户、文明职工2216人、文明楼院52栋。1999年5月，“攀枝花市总工会下岗职工社区服务指导中心仁和分中心”成立，随后成立仁和区下岗职工社区服务指导中心，为下岗职工提供职业介绍、就业指导、职业培训、劳务输出和生产自救等再就业服务。采取挂靠、联办等形式，帮助下岗职工、女职工创办仁和区家政送奶点、仁和区下岗职工家政社区中心、仁和区下岗职工发达托营部、49家政服务中心宏光服务站，指导金江镇工会联合会成立金路劳动服务公司。2000年春节期间，组织34名下岗失业职工为90余户家庭提供保洁便民服务，创价值5020元。通过下岗职工家政送奶点的辛勤劳动，仁和区200多户家庭吃到了新鲜牛奶，并增加仁和区再就业岗位90个，吸纳和安置下岗失业职工、待业人员102人。

2001年3月，区总工会组织22名女工干部到成都、南充、重庆市就家政、社区便民利民服务及下岗职工就业再就业等项目进行学习考察。指导49公里家政服务中心宏光服务站、金路服务公司完善各项规章制度。钱卫明社区服务点在区女工委扶持下，分别在五十四公里、炳草岗、盐边县设立分点，并与盐边县总工会家政服务点加强联系，互通用工信息13起，年创日用产品销售收入1.44万元。2002年，仁和区总工会女工委在女职工队伍中开展“伸出一双手、捐献5元钱、救助困难职工子女”爱心助学活动，全区女职工捐款12546元，救助困难职工子女上学36名（其中大学生5人，高中、初中和小学31人）。2003年，开展“争创标兵、女职工素质工程”活动，全区女职工参与率达98%以上，共提合理化建设99条，被采纳58条，双增双节提合理化建议创经济价值8600元。女职工参加岗位技术培训和技术比武932人，评选出双文明户1681人、五好家庭1162户、女能手720人、遵纪守法户2613户、优秀示范女党员11名。开展再就业带头人扶持工作，帮助下岗女职工陈燕成立社区美容中心西美连锁店，6名下岗女职工实现再就业。开展女职工组织建设调查摸底工作，至年底，全区建立女工委57个，女工小组（设委员）61个、女职工2570人、女会员2172人、女工干部363人。2004年，组织全区女职工为患肺癌单亲女职工张某捐款14000元。2005年，围绕“迎冬旅、创国优”，区总工会印发《关于进一步动员组织女职工参与职工经济技术活动、提高女职工提合理化建议采纳率和实施率的通知》，区农牧局女职工李发琼、李先敏、戴建敏围绕工作实际，提出改进韭黄捂制方法技术项目，并在总发乡种植，大幅提高韭黄的产量和品质，总发乡韭黄亩产量由原来的1875公斤增加到2500公斤，亩收入增加1562.50元，该乡共计100亩韭黄，当年增加收入15.6万元。5月，组织优秀女职工手工艺术作品参加“首届攀西民族民间工艺品、艺术收藏品、旅游纪念品博览会”，送展的“紫萝珠秀包”荣获攀西地区首届“民族民间工艺品、艺术收藏品、旅游纪念品博览会”手工作品大赛铜奖，区总工会获优秀奖。年底，全区女职工有224人参与提合理化建议，提合理化建议151条，实施91条，创可计算经济价值268250元。年内，开展全区低收入和单亲女职工基本情况调查，全区有低收入女职工300户、离异76人。丧偶62人，参加医保49户，纳入低保户89户，有住房户62户，无住房户58户，并对以上问题提出建设性解决方案。

2006年，仁和区总工会推荐的《改进韭黄捂制方法技术项目》，获“四川省百万职工提合理化建议优秀成果”奖。区女工委配合区总工会开展“职业技能大比武”，开展普通话、电焊工、井下电工、徒手心肺复苏、护理技术操作、客房服务等职业技能大比武活动。仁和区女职工肖云月、王晶等8名女职工分获仁和区首届职工普通话职业技能大赛一、二、三等奖，肖云月和王晶等5名女职工代表仁和区参加市级普通话和心肺复苏技能大赛活动。开展女职工权益保护单项集体合同签订试点工作（以下简称女职工专项集体合同），根据《女职工劳动保护规定》，将涉及女职工合法权益和特殊利益的有关内容写进女职工单项集体合同文本中，便于试点企业女职工组织结合实际，与企业行政签订单项集体合同。2006 年 11 月，仁和区圣达、安城锌业、成奇商贸公司、市永博汽车贸易有限公司签订了女职工单项集体合同。开展单亲低收入女职工生活状况调查及建档动态管理工作，建档单亲困难女职工 120 户，其中离异单亲女职工 70 人、丧偶 50 人、子女就业 22 人、参加医保 49 户、纳入低保 80 户、无房户 58 户。开展再就业带头人帮扶工作，指导帮扶下岗职工覃美玲成立“叮当美容院”，4 名下岗和失业女青年实现再就业。组织 16 名下岗、失地女职工（女青年）参加市总举办的川妹子培训班的培训。开展“六一”儿童节真情行动，为太平乡先锋村先锋小学 30 名小学生送去价值 900 余元的学习用具、运动鞋和慰问品。开展“爱心家教”活动，组织 17 名教师为 17 名单亲困难女职工女子提供义务家教。开展女职工组织建设调查，全区有女职工 4337 人，会员 4337 人。建立工会女职工委员 100 个、女工小组（设委员）53 个，有女工干部 363 人。2008 年，区总工会女工委参加“仁和区整治非法用工打击违法犯罪专项行动”，在对 174 家用工单位的检查和抽查中，对企业主和职工进行《中华人民共和国未成年人保护法》《禁止使用童工规定》《女职工劳动保护规定》等进行宣传教育，受教育面达 9874 人次。此次检查，涉及 9874 名劳动者，其中农民工 8750 人、女职工 1250 人。签订劳动合同 7646 人，办理养老保险 2927 人、工伤保险 4198 人、失业保险 1166 人、医疗保险 2659 人。检查中未发现限制人身自由、强迫劳动、拘禁女农民工、使用童工等违法犯罪的情况。

2008 年“5·12”汶川大地震后，区教育工会 4 名教师积极响应“爱心家教”特殊志愿教师的招募活动，为 8 名灾区来攀需要课程辅导的学生提供课程辅导和心理安抚。“六一”儿童节期间，区总工会女工委到大河中学、东风小学、西路小学等学校看望慰问了“5·12”汶川灾区到仁和区借读的 46 名学生，送慰问金 9400 元。8 月 9 日，区总工会在仁和第一农贸市场，举办“仁和区总工会‘寒窗助学’生源地就学贷款宣传咨询活动”，45 名高中毕业生及家长前来咨询，发放宣传资料 1000 余份、“寒窗助学”联系卡 200 余张，接待咨询申办“寒窗助学”生源地就学贷款业务 30 余人次。年内攀枝花市“8·30”地震后，区女工委深入重灾乡镇开展灾情调查工作，带领受灾乡镇女职工投入到抗震救灾和灾后重建工作。

2009 年，区总工会开展“女职工建功立业工程”和“女职工素质工程”活动。全年各级女工组织举办各种培训班 42 期，开办讲座、流动课堂 11 场，2475 名女职工（下岗失业人员）参加培训。其中，学历上档次女职工数 826 人、技术等级上档次女职工数 808 人。开展岗位练兵技术比赛 7 场次，参赛女职工人数 296 人，参加省、市级技能大赛女职工 32 人，提合理化建议 101 条，采纳合理化建议 71 条，创经济效益 8.4 万元。区总工会印发《关于进一步推进女职工权益保护专项集体合同工作的意见的通知》，深入乡镇和企业开展女职工权益保护专项集体合同签订、履约及督查工作，至年底全区已建女职工组织签订集体合同的企业 54 个。区总工会按照省、市总工会《关于建立四川省工会系统农民工预防艾滋病宣传教育长效机制的意见》要求，在街道、社区、居民小区、建筑工地和煤矿等人员密集处对艾滋病预防、防治和综合治理进行“面对面”的宣传教育，并组织女职工参加城乡环境综合治理“进企业”活动。配合市总工会、市城乡环境综合治理办、市经贸委、区环保局对攀枝花市宗强工贸有限公司洗煤厂的“治污治废节能”“技术革新降本”和“厂容厂貌”治理情况进行督促检查。5 月，区女工委走访慰问单亲困难女职工子女和留守儿童 10 人，救助资金 800 元。与市、区总工会领导走访慰问受灾的大龙谭乡大保哨村师生，为孩子们送去书包和书籍及文体用品。开展“爱心家教“活动，组织曾受区总工会就学帮扶的 12 名大学生为仁和区中坝乡 120 名中、小学生开展 90 课时的爱心家教。开展“爱心献功臣行动”，走访慰问转业复员退伍军人、残疾军人 11 人次，送去慰问金 4200 元。2010 年，区总工会女工委开展女职工素质提升工程和深化女职工建功立业工程。全年全区女职工提合理化建议 235 条，被采纳 205 条，参加岗位练兵、技术比武 1044 人次。大河中学高红英被省总工会评为四川省女职工建功立业标兵。3 月，组织女职工参加市、区举办的庆“三八”国际劳动妇女节 100 周年活动，区总工会获市总工会“庆‘三八’卡拉 O K 大家唱”赛三等奖，获仁和区“回顾百年、展望未来、促进和谐、科学发展”为主题的纪念“三八”国际劳动妇女节100周年有奖征文优秀奖，获“和谐仁和、魅力新女性”歌咏比赛三等奖。7月，区总工会女工委开展爱心家教活动，组织四川农业大学感恩回报攀枝花爱心家教社会实践团队的26名助教志愿者，对中坝乡146名农民工子女和留守儿童进行了850课时的爱心助教活动。同月，与区劳动和社会保障局联合开展女职工、未成年工合法权益维权专项行动，对45家非公企业开展了维护女职工、未成年工合法权益的执法检查，涉及职工3250人。9月，与区计生局组成联合服务队，走进南山工业园区开展“关爱农民工免费体检暨防艾知识宣传活动”。为165名育龄女农民工开展B超、乳检、妇检，为190名男职工提供生殖保健、优生优育知识、避孕药具等咨询服务，发放生殖健康指南、艾滋病防治宣传、出生缺陷预防措施等宣传品1000余份。根据《攀枝花市总工会关于做好2010年女职工权益保护专项集体合同的通知》精神，开展女职工专项集体合同的签订工作，年底全区签订女职工专项集体合同33份，涵盖女职工440人。

2011年，区女工委实施“女职工素质提升建功立业工程”，全区参加竞赛活动女职工4079人。开展劳动竞赛、技术比武35场次，参与女职工1740人次。继续推进女职工专项集体合同签订工作，全区已建工会女职工达5人以上的47家企业签订了女职工权益保护专项集体合同，覆盖745女职工。签订行业女职工权益保护专项集体合同1个，涵盖法人单位5个，涵盖女职工84人。“六一”儿童节期间，区女工委看望慰问福田镇农民工子女、留守儿童510名，送去价值2万元的慰问品。开展仁和区“金秋助学”大学生感恩回报“爱心支教”活动，组织西南石油大学等高校的本籍16名大学生志愿者，到平地镇中心校，为100余名彝家农民工子女和留守儿童提供为期15天的学业辅导和心理抚慰。实施“女职工健康工程”，组织300余名职工参加“保持健康心态、共享阳光人生”女职工心理抚慰知识讲座，组织33名困难女职工到攀枝花市第一人民医院参加宫颈癌和乳腺癌筛查。2012年，开展“建功‘十二五’、巾帼展风采”主题竞赛活动。评选“巾帼建功”先进集体10个、“巾帼建功”标兵25名、“五好文明家庭”30户，区总工会女职工委员会被仁和区委、区政府评为“巾帼建功”活动先进集体。全年全区3734名女职工参加女职工建功立业活动，举办劳动竞赛、技术比武45场次，参赛女职工2108人次，3734名女职工参加女职工提升素质活动。开办讲座、流动课堂58场次，参加学习4971人次。举办培训班42期，5826名职工参加了培训。6月，区女工委会同市总工会女工部、区人武部为仁和镇中心校30名困难职工、农民工子女、留守儿童，举办“我是小小兵、走进大军营”庆“六一”军地联谊活动，为孩子们赠送了书包、字典等学习用具。7月，组织西南石油高校的12名大学生与中坝140余名农民工子女和留守儿童结成对子，开展为期15天90课“金秋助学、爱心家教”校外大课堂活动。2013年，区总工会女工委围绕重点项目和亮点工程，组织女职工紧紧围绕“做强产业、做优城镇、做牢基础、做实民生”四篇文章，开展“建功‘十二五’、仁和建设立新功”和“工人先锋号”创建活动。6月，组织全区5000名职工参加省总工会组织举办的《女职工特殊保护知识竞赛》活动，获优秀组织奖。在啊喇乡中心校区开展“绽放微笑、放飞快乐”关爱留守儿童慰问活动，为该校20名留守学生送去书包、字典等学习用品。7月，在总发乡中心校开展“仁和区‘传递爱心·让梦起航’爱心家教”活动。西南石油大学11名本籍大学生志愿者为总发乡70余名农民工子女和留守儿童结对子，开展为期15天90课时的“爱心家教”活动。组织女职工参加计算机操作、餐厅服务技能培训。11月，组织53女职工参加仁和区第二届职工职业技能大赛，获奖女职工22名（计算机比赛二等奖1名、优秀选手10名；餐饮技能大赛一、二、三等各一名，优秀选手9名）。攀枝花市正好商贸有限责任公司女农民工罗春梅荣获省“五一劳动奖章”称号。组织广大女职工积极参加仁和区总工会举办的“春之声”“夏之情”“秋之韵”“冬之暖”和职工排舞培训进社区等活动，集聚建设幸福仁和正能量。继续推进女职工专项集体合同签订工作，全区签订女职工权益保护专项集体合同97份，覆盖女职工1563人。签订行业女职工权益保护专项集体合同1个，涵盖法人单位5个，涵盖女职工84人。12月，开展“阳光彩虹”关爱行动。组织20名建档单亲困难女职工参加“2013年女职工关爱行动”健康体检活动。依托“双措并举，二次覆盖”，按照《工会女职工委员会工作条例》的要求，以工会组织“大组建”带动女职工组织“小组建”，通过“抓两头、带中间”等举措，在大河中路街道总工会开展基层女职工组织规范化建设示范点工作，绘制了仁和区女职工组织机构示意图。截至2013年年底，全区共建立女职工组织405个，其中，建立女职工委员会182个，设委员223个，会员7033人，兼职女工干部590人。

第七节　财务及经费审查

一、经审机构组织建设

1985年4月，仁和区工会召开第二次代表大会，选举经费审查委员会委员3人，区总工会配齐会计、出纳等专职财务人员，并建立健全岗位责任制，严格按财经纪律办事，明确规定区总工会的经费开支实行主席一支笔签批制度，坚持工会经费的开支用于工会建设和为职工服务。

至1995年年底，全区已建立经审组织100个，组建率达96%。2001年底，全区建立经费审查委员会的工会22个、建立经费审查小组的工会142个、设立经审委员的工会215个。

2010年，区总工会举办各类培训班6期，培训经审人员225人次，参加全国总工会总、四川省总工会、市总工会培训52人次。仁和区总工会获2009年度全市工会经审工作规范化建设先进集体一等奖，获2009年度工会经费（筹备金）地税代征工作先进集体，获2009年度财务工作综合竞赛评比一等奖。

2013年，仁和区总工会财务管理和经费审查组织健全。区总工会加强财务管理，强化经审制度，制定和完善了各项财务管理、经审规章，建立固定资产管理卡，固定资产盘点制度，把预决算、经费收支、专用收据等纳入制度化、规范化管理，坚持财务归口管理和经费支出审批制度，财务、经审工作有章可循。

二、财务管理和经费审查

1991年，新的《中华人民共和国工会法》颁布后，区内各单位认真落实全国总工会、财政部《关于新〈工会法〉中有关工会经费问题的具体规定》，工会经费收入逐年上升。1993年，区总工会印发《关于拟定工会经费上解定额的通知》，通知下发后，上解工会经费76955元。1994年，随着国有企业改革，仁和区困难企业增多，工会经费收缴困难，12月，区总工会将经费拨缴情况向中共仁和区委进行专题汇报，区委第37次常委会议审定同意区总工会提出的“凡财政拨款单位的工会经费，从1995年起一律由区财政统一代扣”的意见。

1996年，区总工会坚持“量入为出、勤俭节约、统筹兼顾、讲究实效”的原则，收好、管好、用好工会经费。1997年，区总工会印发《仁和区总工会各级经费审查委员会议事规则》和《仁和区总工会经费审查委员会关于经费审查监督工作的若干规定》。2000年，区总工会、区财政局联合印发《关于依法加强拨缴工会经费工作的通知》，与区财政一起对行政报表进行计拨审计，并委托区财政代扣直属中小学工会经费。年内，区总工会加强工会财务和工会资产管理，建立健全完善工会资产管理制度，建立固定资产管理卡，固定资产盘点制度，保证工会资产不流失。加强对本级经费的审查和对下级基层工会的审计，采取基层工会自查，区总工会经审会、区财务局、区审计局的互查、抽查，查出未按规定上解经费的单位14个，截留、挪用工会经费11万元，并发出催交单进行催收，回库工会经费2万余元。

2002年8月，区总工会向区政府呈报《关于提高工会经费计提划拨标准的请示》。同月，区政府召开专题会议，会议决定党政机关、事业单位的工会经费由原每年135元/人的标准调整提高到200元/人，从

2003 年 1 月开始每年按 200 元/人的新标准执行。随着新建企业工会组织的建立，区总工会积极探索新建企业工会经费的收缴办法。2003 年 3 月，区总工会与区地税局签订《区总工会委托仁和区地税局代收工会经费的协议》，代收时间从 2002 年 1 月 1 日起。7 月，区总工会印发《仁和区总工会经费征收管理暂行通知》，委托区地税局按照《工会法》第 42 条收缴辖区内国有、集体、民营、私营企业，合资、独资、外资企业及省、市属托管单位工会经费和工会筹备金。区总工会采取各种措施，使工会经费收入保持稳步增长。区总工会在重点抓工会经费收缴的同时，强化财务管理，抓制度建设，制定和完善各项财务管理制度，把预决算、经费收支、专用收据等纳入制度化、规范化管理，坚持财务归口管理和经费支出审批制度，财务工作有章可循。区总工会经审委强化组织建设，注重吸纳财政、税务和区审计局人员成为经费审查委员会成员，健全和完善本级经审会的各项规章制度。2003 年，区总工会转发《攀枝花关于在基层工会中开展对工会经费计提划拨、上解、使用情况自查的通知》《关于成立 2002 年度工会经费审查领导小组的通知》，印发《四川省总工会关于工会内部审计责任追究的暂行办法》《仁和区总工会经费审查委员会关于对下级工会经费审计监督的暂行办法》《工会企业事业单位财务收支审计暂行办法》，开展上审本级和下审基层的审计工作。2005 年年底，区总工会经审委对 10 个基层工会进行了重点抽查，发出书面审计书 10 份，查出基层行政和企业少拨、未按比例少上解工会经费 230956 元，督促被审单位制定整改措施，收缴入库 7800 元。

2008 年 5 月，仁和区总工会将经审专用经费纳入年度经费预算并按规定权限审批使用，为经审工作提供人、财、物工作保障。2008 年，区工会经审委建立审计台账，将 750 余户非公企业 2007 年 4 个季度上缴的工会经费（工会筹备金）明细录入微机，同时，及时录入 2008 年每个季度收缴的工会经费（筹备金）情况，对职工人数多、销售收入高的 117 户重点民营企业的工会财务情况实行季度报告制。年内，将外资企业、新建企业及财务管理不规范和不健全的单位纳入重点审查、审计范畴，对基层工会开展拉网式审计，至 9 月底，审查、审计出未按比例足额计提、拨、缴工会经费的企业 80 余户，欠缴金额 120 余万元（含基层留成部分）。经审会及时下发审计报告，对部分单位随意撤并工会经费账户的违法行为，在审查中坚决要求行政方予以纠正，督促其整改，并将欠缴企业及金额函告区地税局，多次与企业沟通，开展相关法律法规宣传教育工作，引导非公企业树立依法解缴工会经费的意识。年底，仁和区总工会创新“以审促收”工作手段，工会经费收缴效果明显，获攀枝花市 2008 年工会工作“创新奖”。2009 年，对本级工会经费及下属工会俱乐部的收支情况进行审计，对 15 个乡镇（街道）工会联合会的工会财务及抗震救灾专项资金进行专项检查和审计，发现问题 8 个，提出整改意见 16 条。对太平乡 17 家非公企业工会经费的收、管、用进行检查和审计提出整改意见 59 条。区总工会联合区地税局对 54 家非公企业工会经费进行稽查审计，查补工会经费 220 余万元，其中基层工会经费 120 余万元，上缴区级工会经费 109.8 万元（实际入库数）。2010 年，区总工会经审会对仁和镇、务本乡等 9 个乡镇、4 个行政机关工会财务收支及资产管理情况进行了审计，对攀枝花市川源矿业有限责任公司工会、攀枝花市市嘉泰能源有限公司工会等 17 个单位 2007 年至 2009 年度工会财务收支情况进行了审计。加强审计回访，对审计后指出的 105 个问题有 98 个得到了整改，整改率 93%。提出的 156 条建议有 112 条被采纳，13 个单位进一步建立和完善了财务管理制度，5 家非公企业新开立工会经费银行账户。审计要求补解、漏缴、欠缴区总工会经费 110.2 万元，已全部入库。年底，实施审计项目 31 项，审计非公企业工会经费 186.7 万元，指出问题 95 条，提出建议 117 条。查出漏欠应上解区总工会经费 19.9 万元。2011 年，区人大、区总工会组织开展《中华人民共和国工会法》实施情况执法检查，促使仁和区由财政拨款的机关事业单位的工会经费按《工会法》规定从 2010 起 3 年内拨付到位。区总工会行政人员的经费从 2011 年起纳入区财政预算，区政府拨付 10 万元资金设立“仁和区基层工会干部权益保障金”。开展上审本级经费预决算和下审基层工会财务收支工作，实施审计项目 16 项，审计 49 家，审计非公企业工会经费 172.98 万元，查出漏欠工会经费 6.45 万元，指出问题 46 条，提出建议 45 条；对 31 个单位逐一进行审计回访，指出问题 95 个，整改 89 个，提出审计建议 117 条，采纳 95 条，审计要求补解、漏缴、欠缴区总工会经费 42.86 万元，已全部入库。对多次催缴未上缴工会经费的单位，向法院申请使用支付令收缴工会经费。对 97 名乡镇（街道）、园区工会、区直机关及部分非公企业财务经审人员进行业务知识培训。加强经审组织规范化建设，获 2010 年度工会经审工作规范化建设 A 级单位。财务工作综合竞赛二等奖。2012 年开展基层财务检查和经费审计工作，全年完成 18 个非公企业 2010 年至 2011 年度的工会经费计拨审计，实施审计项目 20 个，审计资金 1226.82 万元，指出问题 42 个，提出建议 52 条，查出漏欠缴工会经费 189.52 万元。截至 2012 年 12 月底，全区工会经费已补解入库 68.12 万元，剩余欠缴款在 2013 年补解。

2013 年，仁和区总工会经审委对全区 25 家行政机关、企业工会进行经费审计和检查，实施审计项目 22 项、审计资金 1227.26 万元、指出相关问题 60 项、当年整改 56 项、提出审查建议 72 条，被采纳 68 条。查出欠缴、漏缴上级工会经费 23.38 万元、已补缴入库 22.61 万元，并重点解决了 17 个非公企业欠缴、漏缴上级工会经费及工会财务管理不规范的问题。

第八节　职工教育与文体活动

一、职工教育

1989—1995 年，区总工会突出“四有”（有思想、有道德、有文化、有纪律）职工队伍建设，开展“四自”“三优一学”教育活动，先后组织开展《工会法》《中华人民共和国劳动法》《邓小平文选》《爱国主义教育实施纲要》和《中共中央十届三中全会决定》的学习活动。对 35 岁以下的青年职工进行《工会法》《妇女权益保障法》，基本国情和基本路线教育，组织职工参加全省法律法规知识竞赛。结合形势任务，对职工开展时势政治教育，支持企业转制改革。到 1995 年，参加基本国情和基本路线教育培训青年职工 2500 人，合格率为 99.9%；举办《工会法》等法律法规培训班 5 期，参加培训的干部职工 450 人，全区有 1600 名职工参加了全省法律知识竞赛。

1995—2000 年，区内企业开始转制，区总工会积极配合改革，着重抓职工代表和基层工会骨干的培训，开展学政治、学技术、学文化科学知识活动。1997 年，区总工会、区委宣传部、区文明办联合开展职工职业道德教育和精神文明的创建活动，开展评选十佳标兵单位、十佳标兵及职业道德先进单位和先进个人活动。1997 年 11 月，攀枝花市总工会、市委宣传部、市精神文明办公室、市经济贸易委员会表彰攀枝花市职业道德建设十佳标兵单位，十佳标兵的，仁和区人民医院被评为“十佳职业道德建设标兵单位”。1999 年，区总工会印发《关于在全区范围内认真组织广大职工群众学习贯彻落实中共中央关于企业改革和开展若干重大问题的决定》，组织职工学习中共十五大和十五届四中全会精神及《中共中央关于企业改革和发展若干重大问题的决定》，围绕改革、发展、稳定的大局，开展爱国主义、集体主义、社会主义教育和职业道德教育，教育引导职工树立社会主义市场经济理念，正确处理国家、集体和个人三者之间的利益关系。区总工会积极支持，参与企业改革，1999—2000 年，以民主生活会、专题报告、读书演讲、知识竞赛等活动为载体，以实施西部大开发为契机，组织职工学习邓小平理论，中共十五大和十五届三中、四中全会精神及江泽民同志“三个代表”的重要讲话精神，按照“三个代表”的要求，加强职工思想政治建设和精神文明建设，凝聚职工的力量，促进仁和区经济发展和社会稳定。1999 年 12 月，攀枝花市总工会、中共攀枝花市委宣传部、市经济贸易局、市精神文明办《关于表彰攀枝花市职业道德建设十佳标兵，十佳标兵单位的决定》（攀总工发）〔1999〕54 号）中，区国税局邹林勇、区地税局李霞获“市职业道德十佳标兵”称号。

2001—2005年，区总工会围绕区委、区政府中心工作，开展以《公民道德建设实施纲要》为主题的职业道德建设工作。2002年8月，举办仁和区工会通讯员和信息员培训班，来自基层的32个信息网点和信息员参加了培训。随后建立了信息工作考评制度，突出事件、职工思想、信息等重要情况的报告和预报制度。2003年，由区总工会牵头、区委宣传部、区经贸局三家联合下发《关于开展社会主义职业道德建设和优质服务竞赛的通知》，同年8月，转发全总《关于兴起学习贯彻“三个代表”重要思想新高潮的通知》，随后，组织开展以深入学习实践“三个代表”重要思想为主要内容的保持共产党员先进性教育和“四有”教育，以“三优”创建活动为载体，围绕创建文明城市，文明行业、文明单位和文明社区这一主题，开展精神文明创建活动和讲文明，树新风活动，动员企事业单位积极投入开展社会主义职业道德建设和优质服务竞赛活动。2004年，区总工会转发《攀枝花市总工会关于“创建学习型组织，争做知识型技能型职工”活动的实施意见》（以下简称“创争”活动），在全区开展“爱国守法、明礼诚信、团结友善、勤俭自强、敬业奉献”的双十佳评选活动和“创建学习型组织，争做知识型技能型职工”的活动。是年，开展2002—2003年度优秀工会信息及优秀论文评选活动，评出优秀信息6篇，优秀论文5篇，4月对评选出的优秀信息员进行表彰。2004年年底，全区党政机关、事业单位工会举办各类知识培训班18期，参加培训人数达1062人次。民营企业工会举办生产技能培训241班次，培训职工3642人次，举办安全生产培训474班次，培训职工7796人次。当年，区法院被市总工会授于攀枝花市“双十佳”标兵单位。2005年，区总工会与中共区委组织部、宣传部、精神文明办等11个部门联合下发了《开展“创建学习型组织、争做知识型技能型职工”活动的实施意见》。区总工会下发《关于认真学习宣传贯彻全总十四届六次主席团（扩大）会议》精神，在全区工会系统开展“坚持走中国特色社会主义工会发展道路”的学习高潮。结合“迎冬旅游、创国优”和第八届“三优一学”创建文明城市竞赛活动，开展“职业道德建设、优质服务”的评选活动。2005年年底，全区有32个单位、6个班组（科室、庭）、职工12人申报学习型组织和学习型职工，发出工会简报（信息）105期（条），收到论文13篇，被市委和市总工会采纳22期（条），有关文章2篇。情系职工在《四川省工人日报》全文刊登，省总工会内外网络采用1条，《攀枝花晚报》采用1条；上报工运理论研讨文章4篇，其中1篇在《攀枝花工运》刊登；1篇获市民主管理理论研讨二等奖。

2007年，区总工会围绕“建设先进文化、和谐文化”，组织开展“廉政文化进企业”“三创”及法律法规宣传教育活动，印发《关于认真学习贯彻中共十七大精神的通知》，组织职工学习中共十七大精神，到企业开展“廉政文化进企业”“三创”及法律法规宣传活动。2008年，仁和区总工会举办“学习贯彻中国工会十五大精神专题培训班”，培训基层工会干部150人。2009年，区总工会开展学习实践科学发展观活动，举办以“真学、真懂、真信、真用，科学发展改变仁和”为主题的“深入学习实践科学发展观活动知识竞赛”。以创建职工书屋为契机，组织开展争做知识型、技能型职工读书活动。年底，全区共申报市级学习型组织8家、学习型班组5家、知识型技能型职工12人。2010年，以社会主义核心价值体系为核心，结合“三会一课”开展党的十七届五中全会精神、中国工会“十五”大会议精神、中国特色社会主义理论体系等学习。对职工进行“爱国守法、明礼诚信、团结友善、勤俭自强、敬业奉献”的基本道德规范教育的学习教育活动。加强对外宣传，积极主动向市、区电视台报送各项重点工作中的新闻点，使新闻宣传工作做到有声有色，宣传效果深入人心。到2010年年底，向市、区电视台组稿16篇，市电视台采播5篇，区电视台采播11篇。报送各类信息254条，市总工会采用31期；向市政府报送舆情信息23篇。《攀枝花晚报》刊登了区总工会提供的26篇“贫困学子小档案”，市总工会采用区总工会撰写的理论文章3篇。

2011年，区总工会印发《关于深入开展建设学习型企业活动的实施意见》。6月，区总工会举办“学党的知识、知仁和故事”为主题的党的知识竞赛，区委办、区政府办、区国税局、区财政局、区教育局等12支参赛队伍进行现场竞答。区总工会组织10余幅书画作品参加全国总工会举办的“庆祝中国共产党成立90周年全国职工书画作品展示”活动。年底，全区建成省级职工书屋1家、市级4家、区级9家，举办各类培训班320期，培训职工14037人次。2012年，区总工会深化“创争”活动，制定《仁和区企业文化建设五年规划》，印发《关于开展创建学习型企业示范单位活动的通知》，在全区企业中开展创建学习型企业示范活动，选树太平乡的梧圣公司、前进镇的宏基公司等5家企业为“仁和区学习型企业示范单位”。在非公企业举办中共十八大知识抢答赛和非公企业文化建设成果展等活动。至年底，区总工会报送工会信息84期，被全国总工会采用1篇，省总工会网站采用3篇，市总工会《工运信息》采用1篇，市总工会网站采用24篇。区总工会全年撰写“民主管理专题理论研讨”调研文章10篇，工会经审理论文章3篇。仁和区总工会《非公企业开展工会经审工作面临的问题与对策》获全市工会经审论文“一等奖”。2013年，区总工会组织区内基层工会开展“思想大解放、作风大转变、工作大落实”“中国梦·劳动美”等主题教育活动。6月，区总工会在中共仁和区委党校举办“我与中国梦”主题宣讲会，仁和区200名“两新”组织法定代表人、工会主席、党组织负责人、职工代表、劳模代表参加宣讲会。7月，制作学习贯彻中国工会“十六大”报告展板，参加全市“中国工会十六大”宣传板报评选，并进基层、进企业、进工地开展宣传教育活动。选送30余幅职工作品参加全市摄影、绘画、书法大赛。在全区企业中开展创建学习型企业示范活动，选树正好商贸、荣鑫油漆、前进化工、宗升出租汽车公司及嘉利达等10家企业为“仁和区学习型企业示范单位”，全区企事业单位开展“创争”活动面达100%。

二、职工文体活动

1989—1996年，区总工会围绕普法教育和精神文明建设，在有关部门的配合下，先后组织税法宣传游园活动、行业歌曲比赛、党的知识演讲比赛、法律知识演讲赛、达体舞比赛、“贤内助”座谈会、服装表演、电脑打字比赛、珠算比赛、棋牌比赛及各种舞会达20余场，参加的职工达8000余人。

1997年“七一”前夕，区总工会、区委宣传部、文化馆等单位在仁和电影院举办“仁和区第五届职工庆‘七一’迎回归”大型文艺会演，演出各类节目50多个，观看文艺表演的观众达1500余人次，评选出优秀节目一等奖3名、二等奖5名、三等奖10名。1998年1月，区总工会选送5名职工到市体育馆参加迪斯科舞蹈培训，随后在全区进行普及工作。3月8日，仁和区24名女职工参加市总工会组织的健身操比赛，获组织优秀奖。各级工会组织结合实际开展小型多样的卡拉OK演唱、职工篮球赛、乒乓球赛、诗歌朗诵、书法绘画赛。文教系统工会开展普通话赛，举办37个中小学教职工运动会，并代表仁和区总工会参加市总工会举办的职工健身操比赛。从1998年起，区总工会组织职工群众每晚在区委灯光球场跳广场“坝坝舞”。1999年年初，区总工会派17名职工参加市总工会举办中老年第八套体操、健身操、木兰扇的师资培训，并在全区职工群众中推广。选派职工参加市总举办的中老年第八套体操和木兰扇表演赛。各基层工会开展职工篮球、乒乓球、诗歌朗诵、书法绘画、棋牌比赛等文体活动。文教系统举办教职工运动会和为祖国明天更美好的普通话演讲比赛。市经编厂举行大型以“促进生产经营、树企业良好形象、抓好精神文明建设”为主题第三届职工运动会，比赛项目17项，参加人员210人次。2000年，区总工会、区文明办成立以仁和镇片区退休职工业余文艺爱好者为主体的“仁和区总工会、区精神文明办夕阳红文艺队”，为文艺队配置收录机。组织全区职工观看现代京剧《老杨这家子》的专场现代戏；组织职工参加攀枝花市第二届艺术节文艺演出。

2001年4月，区总工会在仁和区宝兴路举办全区性职工环城越野赛，参赛人员300人次。2002年5月，举办仁和区庆“五一”劳动节第六届职工卡拉OK赛，来自基层工会的27名选手参加了比赛。同月，区总工会“夕阳红艺术队”参加攀钢和中共仁和区委、区政府联合举办的“攀钢文化列车社区活动”文艺会演，代表仁和区参加市文明办举办的“高唱主旋律、迎庆‘十六大’”为主题的弘扬主旋律，高唱改革开放好、社会主义好、共产党好，歌颂攀枝花的群众性社区文艺汇演。组织 10 名运动员参加市总工会举办的攀枝花市“三维杯”第四届职工登山比赛，区六中、平地镇中学的冯树祥、起鹏秀分别夺取男子组、女子组第一名，赵仕华获得第二名，其他选手分别获一、二、三等奖。12 月，区总工会、俱乐部举办“2003 年元旦茶欢联谊舞会”，区委、区政府和区属各部门领导及部分职工参加茶欢联谊舞会。2003 年 1 月，区总工会夕阳红艺术队、腰鼓队参加仁和区春节“文化一条街”活动、文艺演出、“卡拉 OK 大家唱”等活动。组织大田镇板凳龙队参加市总工会组织的基层职工队伍到炳草岗新华街向市委、市人大、市政府、市政协领导及全市市民游行拜年活动。同年 4 月，区总工会在仁和区工会俱乐部举办了庆“五一”职工交谊舞表演赛，来自基层工会组织的 18 对选手，4 个表演队分别以华尔兹、探戈、恰恰舞进行了表演。同年 9 月，仁和区总工会群星艺术团在区委小礼堂成立，并向市总工会、区委、区政府、区人大和区政协及各部门的领导进行汇报演出。群星艺术团成立后先后参加市、区举办的“中国攀西石榴节”“仁和春天花园杯”“仁和镇社区文艺会演”“迎接攀枝花机场通航”“第三届长漂节”的文艺会演等大型演出活动。夕阳红艺术队参加攀枝花市第四届运动会秧歌比赛也获得了好成绩。2004 年 3 月，为祝贺仁和区“两会”召开，在区委大院内举办专场音乐舞会。5 月，区总工会举办了仁和区庆“五一”第四届职工书法绘画作品展，全区广大书法爱好者创作出国画、西洋画，软、硬笔书法作品 80 余件，并在区政府礼堂展出，展出期间接待领导干部、职工、退休人员、学生、居民达 2000 人次。为活跃乡村文化，区总工会给予该项活动资金扶持，派出群星艺术团的文艺骨干，深入乡村，对农村的业余文化活动进行指导培训，促进了农村基层精神文明建设。2005 年，区总工会在元旦、春节、五一、国庆等重大节日期间举办各类职工文娱活动 70 余场次，参加人数达 1 万余人次外，还围绕“迎冬旅、创国优”和仁和区“石榴节”“美食节”举办音乐舞会。同年 9 月区总工会组织运动员参加市总工会、市体育局举办的第十届“国际奥委会主席杯”全国百城自行车比赛攀枝花赛区预赛暨全市自行车大赛，仁和区选送的代表队荣获 4×50 米接力赛和团体赛二等奖，在年内市总工会举办的行业歌曲大赛中，仁和区荣获三等奖。区总工会支持农村基层精神文明建设，为同德镇共和弯村建设“文化活动大院”在资金上给予大力支持。到 2005 年年底，为活跃职工群众的文化生活共投入资金 13.2 万余元。

2006 年 4 月，仁和区总工会开展以放专场电影为主要内容的文化宣传教育活动，全年放电影 12 场次。区总工会群星艺术团演出 15 场次，投入资金 9.7 万元。2007 年，区总工会全体职工及仁和区“群星艺术团”分别到区文化广场和弯腰树社区举办庆“五一”专场文艺演出。2008 年 2 月，区总工会在仁和区文化广场举办“迎新春”舞会，1000 名职工群众参加舞会，在柠檬山庄举办“迎奥运·树新风”全区“职工趣味运动会”。5 月，由区委、区政府主办，区总工会、区文体局、团区委共同承办“迎奥运、庆祝建区 35 周年职工运动会。职工运动会设篮球、足球、乒乓球、田径、羽毛球、“齐心协力”和抱球接力赛等 7 个大项，22 个小项，全区 2600 名职工参加比赛。2009 年，区总工会与区宣传部、区文体局联合举办“仁和区踏青节登山赛”及趣味体育活动和“红歌会”等比赛。2010 年，举办了工会系统“迎春趣味运动会”及新春游园活动，组织职工参加市总举办的运动会、文艺会演等活动。

2011 年 7 月，区总工会主办，区文化体育和旅游局、区教育局、区工会俱乐部协办“仁和区首届非公企业职工篮球运动会”，全区 700 余家企业组成的 15 支企业代表队 300 余人参加比赛。月内组织 40 余名女职工参加市总工会举办的“迎庆建党九十周年暨‘三八’妇女节排舞展示”活动。2012 年 1 月，区总工会牵头，区经济商务和信息化局、区交通运输局、区城管局、区人力资源和社会保障局、区民政局、区档案局、区环保局、区扶贫移民局在仁和区文化广场举办敲福、转呼啦圈、吹蜡烛、掷乒乓球、跳绳、打沙包等 2012 年仁和区新春游园活动。2013 年 3 月，区总工会组织仁和区老年静心艺术团、乡卫生院、社区职工等 50 余名志愿者，统一着装，带着牛奶、点心等慰问品到总发乡敬老院开展志愿服务暨“十送”慰问活动，为老人量血压、测血糖、打扫庭院和文艺演出。区总工会招募 2500 余名志愿者，并结合志愿者的专业和特长，开展丰富多彩的志愿服务活动。5 月，启动“春之声、夏之情、秋之韵、冬之暖”职工四季文体活动，来自全区各部门、省（市）驻区直管部门 1000 余名职工参加了拔河和齐心协力绑腿跑比赛。6 月，区总工会举办“助学彰显爱无疆，同心共筑中国梦”助学晚会，还同时设立义卖场，共筹得善款 7788 元，全部用于资助贫困学子的“就学梦”。7 月区总工会在仁和区文化广场举办 2013 年职工排舞培训班，全区 10 个社区的 200 余名职工群众参加培训。10 月区总工会举办“秋之韵”职工登山、钓鱼比赛，得到了全区在职和离、退休职工的积极响应，来自全区 300 余名选手参加了此次活动。12 月，区总工会在区委党校举办职工心理健康压力应对与情绪管理讲座，为 500 余名干部职工送去心理抚慰。同月，在区文化广场举办“冬之暖·快乐向前跑”职工趣味活动，活动设夹球跑、障碍跑、赶猪跑、运球跑等四项闯关活动，全区 700 余名职工参加了活动。

第四章　米易县总工会

第一节　组织机构

一、机构沿革

1951 年米易县建立，时名迷易县。到 1952 年 3 月，全县有全民身份职工 387 人（其中公交邮电系统职工 12 人、商贸系统 40 人、文卫系统 126 人、金融系统 45 人、国家机关和人民团体 155 人）。1954 年县内仅建有邮电工会，有会员 4 人，随后成立教育工会。1966 年“文化大革命”开始后，工会组织瘫痪。1973 年 10 月 11 日，根据中共中央《关于恢复和健全工会组织》的指示及省、市有关文件精神，米易县成立工会筹备领导小组。1975 年 5 月，第一次米易县工会会员代表大会召开，选举产生第一届工会委员会，第一届县工会主任由李月栓兼任。随后，县内各级工会基层组织相继成立。1982 年，米易县工会第二届代表大会召开，县工会更名为米易县总工会，由何明璋担任县总工会主席。1988 年 3 月，根据中共米易县委提名，经过县总工会第三届二次会议，补选巫俊华为县总工会主席，邓建华、杨玉凡为副主席。

1990 年 12 月，米易县总工会第四次会员代表大会召开，选出县总工会主席巫俊华、副主席杨玉凡。1995 年 8 月 22 日，成立县总工会党支部，巫俊华任支部书记。1997 年 12 月，根据《中共米易县委、办公室印发关于米易县总工会机构改革方案》的通知，核定县总工会机关行政编制 3 名，机关后勤人员事业编制 1 名。领导职数为主席 1 名，副主席 2 名。

2002 年 7 月《中共米易县委办公室关于印发米易县总工会机关职能设置内设机构和人员编制方案的通知》核定县总工会机关行政编制 4 名、机关后勤编制 1 名、事业编制 2 名。领导职数为主席 1 名、副主席 1 名（经费审查委员会主任按副科配备）。2006 年，县总工会有工作人员 5 人，县工人文化宫有事业编制人员 2 人。

2007 年起，米易县总工会主席由中共米易县委常委兼任，设专职副主席负责工会日常工作。2012 年设常务副主席 1 人，负责工会日常工作。到 2013 年年底，米易县总工会有主席 1 人，常务副主席 1 人、经审主任 1 人、工作人员 3 人。

1989—2013 年米易县总工会负责人任职情况

表 43

职　务	姓　名	任职时间	备注
主　任	李月栓	1975.05—1982.06	兼
副主任	何明璋	1975.05—1982.06	
副主任	吕显贵	1975.05—1982.06	脱产
副主任	梁保周	1978.03—1982.05	任命
副主任	吴世修	1981.01—1982.01	任命
主　席	何明璋	1981.01—1984.09	
主　席	张仲贵	1984.09—1986.06	
主　席	巫俊华	1986.09—1996.09	
主　席	杨玉凡	1996.09—2007.07	
主　席	谭　进	2007.07—2008.02	
主　席	张　林	2008.02—2011.12	
主　席	刘书岑	2011.12—	
常务副主席	王　平	2012.02—	
副主席	陈先茂	1985.09—1988.03	
副主席	邓建华	1986.10—1988.05	
副主席	杨玉凡	1986.03—1996.09	
副主席	罗昌银	1995.01—2001.09	
副主席	胡　莉	1999.10—2010.12	
副主席	刘　冰	2011.04—2012.02	

二、基层工会组织建设

1979 年 9 月，米易县工会开始发放工会会员证。1988 年，米易县总工会有基层工会委员会 104 个，其中企业单位工会 57 个、非企业单位工会 47 个，有车间工会 6 个，工会小组 282 个，有基层专职干部 10 人、兼职干部和积极分子 570 人。全县职工共 4949 人，其中企业单位职工 3085 人，非企业单位职工 1864 人。全县有工会会员 4454 名，占职工总数的 90%。至 1990 年，全县有工会委员会 121 个，其中农业、林业、水利单位建有工会委员会 6 个，工业单位 13 个，建筑行业 1 个，交通邮电行业 3 个，商业供销等行业 35 个，房地产和公用事业单位 1 个，卫生体育等单位 8 个，文化教育等单位 38 个，国家机关及社会团体 16 个。有车间工会 23 个、工会小组 298 个。全县职工人数达到 6394 人，工会会员达到 5819 名，会员占职工人数的 91%。1995 年年底，全县依法建立、健全基层工会 146 个，会员发展到 7355 人，占职工总数 7760 人的 94.78%。在企事业单位中建立职工代表大会 80 个，占应建积职代会单位的 100%。1997 年，米易县成立新建企业工会工作领导小组，下发《关于进一步加强新建企业工会组建工作的意见》，把新经济组织的建会工作纳入县总工会的工作议程，在全县 40 家乡镇企业、31 家私营企业中建立基层工会组织，当年入会职工达 1258 人，入会率达 97.15%。全县 28 个乡镇全部建立工会联合会，并组建 4 个片区个体私营工商工会联合会，入会个体私营工商户 3435 人。

2004年起，米易县总工会围绕“工业强县”发展战略，积极探索新时期工会工作的新机制、新方法、新路子，加强工会组织建设，新建民办学校工会联合会、财贸工会工作委员会和4个社区工会，建立湾滩电站、石峡电站等4个企业工会；新建工会委员会10个，基层工会组织41个，新增会员2548人。2006年年底，全县已建基层工会258个，有会员14685人，占职工总数15099人的97.07%。

2009—2013年，米易县总工会紧扣“扩大覆盖面、增强凝聚力”的工作要求，开展基层工会组建和职工入会行动，新建组织271个，新增会员22321名，工会组建率、职工入会率均达95%以上。提升队伍素质，以崇尚实干的用人导向，选优配强乡镇工会主席，调整充实工会干部1084人。按照“干什么学什么，缺什么补什么”的原则，举办融入转型发展、服务职工群众等主题教育培训20期，培训干部1480人次。

到2013年，全县建设有基层工会784个，其中单独基层工会772个、联合基层工会12个。有职工42062人（农民工9479人、女职工14479人）、发展工会会员40928名（农民工会员9254名、女职工会员14287名），会员占总职工人数的97.3%。其中农民工会员占总会员数的22.61%、女职工会员占总会员数的34.91%。

1989—2013年米易县总工会工会组织发展情况

表44

年份	职工（人）	工会会员（人）	工会组织（个）	工会干部（人）
1989	6021	5709	110	11
1990	6394	5819	121	13
1991	6924	6316	123	17
1992	7018	6637	126	21
1993	7519	7216	130	28
1994	7633	7312	135	34
1995	7760	7355	146	55
1996	8621	7835	141	68
1997	8878	7967	146	98
1998	9647	8164	150	123
1999	9159	8433	158	214
2000	9524	8914	167	286
2001	10138	9421	181	346
2002	10426	10072	198	451
2003	11243	10958	214	499
2004	13841	13506	224	560
2005	14598	14031	238	627
2006	15099	14685	258	689
2007	15734	15327	273	756
2008	22899	22411	309	793
2009	25106	24434	319	849
2010	29353	28111	346	997
2011	32932	32762	371	1065
2012	38887	37807	544	1298
2013	42062	40928	784	1539

三、职工之家建设

1981年11月，米易县工人文化宫动工新建。1988年，米易县总工会调整基层工会领导班子，巩固和发展建立“职工之家”和新建企业工会成果，做到“建家”工作常建常新。是年，按照市总工会要求，县总工会普遍开展评比活动，发挥工会组织在改革中的地位和作用，全县工会组织建“职工之家”54个。1990年米易县总工会按照全国总工会有关文件精神，开展“创先进职工之家争做职工之友活动”，全县工会组织建“职工之家”61个。

1991年，米易县总工会下发《关于深入开展“建家”活动的通知》，要求以基层工会建设为中心，基层各企业开展以提高产品质量、增加品种、多创效益为主要内容的社会主义劳动竞赛，调动广大职工积极参与本单位、本企业的群众性技术协作、技术革新、技术练兵，小改小革、发明创造、合理化建设活动，提高企业的经济效益和社会效益，在改革和发展中发挥作用。年内，全县建基层工会组织132个，入会会员总数6183人，占职工总数的90%以上，每个基层工会都建有“职工之家”。

1992年，县总工会下发《县级党政机关建设职工之家考核验收细则》，开展职工之家建设。年内，新命名县级先进、模范职工人之家24个，表彰奖励在建设职工之家活动中作出优异成绩的优秀工作者10名、优秀工会积极分子22名。米易县有攀枝花市总工会评选的先进和模范职工之家10个。

1998年，创建全国模范职工之家1个、省级模范职工工之家1个、市级模范职工之家14个、先进职工之家9个，确认获市表彰的优秀工会组织1个、模范职工小家4个。评选优秀工会工作者4名、优秀工会积极分子7名。创建县级模范职工之家30个、先进职工工之家26个、县级模范职工小家12个，表彰优秀工会工作者10名、优秀工会积极分子30名。2001年，全县建成“合格职工之家”102个、省级先进职工之家1个。

2006年，建成县级“合格之家”132个、“先进职工之家”31个、“模范职工之家”54个。

1991—2006年，县总工会先后表彰工会工作先进和积极分子733人次。

2008年，县总工会贯彻落实《企业工会工作条例》，开展“职工之家”“双爱双评”等活动，下发《关于确认（命名）先进模范职工之家的通知》。立宇公司检修车间被评为全国“模范职工小家”，华森公司制糖电气小组被评为四川省“模范职工小家”。

2009—2013年，米易县推进工会标准化建设，深化职工之家创建活动，共创建市县先进乡镇工会12个，先进模范职工之家42个。

四、新建企业建会

随着计划经济向社会主义市场经济逐步过渡，米易县个体、私营企业等非公有制新经济组织发展迅速。1997年，米易县开始在非公有制新经济企业中开展建立工会委员会工作。至年底，建私营企业工会1家，乡镇企业工会4家。2000年3月，米易县新经济组织建会领导小组成立，县委副书记、县长沈钧任领导小组组长，县总工会主席杨玉凡任副组长，把新经济组织建会工作纳入县总工会工作议程。按照四川省委办公厅《关于进一步加强新经济组织建工会工作的实施意见》精神，县总工会下发《关于在新建企业中开展工会工作的意见》和《关于在新建企业中开展“双评双爱”活动的意见》，先后在莲华水泥厂、兴辰冶金材料厂、安宁铁钛公司、湾滩电站、石峡电站等新经济组织和新建企业中建立工会组织。2005年，县总工会按照“组织起来、切实维权”的工作方针，重点进行行业工会和新建企业工会的组建。年内，新建民办学校工会、财贸工会及社区工会委员会10个。全年新增工会组织28个，净增会员1137人。2008年，米易县总工会建立乡镇工会联合会主席季度工作汇报制度，指导基层开展工作，在乡镇工会中开展创建先进（合格）工会组织活动，有4个乡镇工会创建为市级先进乡镇工会。2010年，按照“哪里有职工，哪里就要建立工会组织”的原则，把重点放在抓非公企业建会和农民工入会上。是年，新增工会组织 27 个，涵盖法人单位 64 个，净增会员 3677 人。

2013 年，县内新建工会组织 240 家，新发展会员 3121 名，完成上级工会下达的任务。

第二节　会员代表大会

1986—2013 年，米易县总工会共召开了 6 次代表大会。1986 年 6 月 26 日，经县委批准召开米易县总工会第三次代表大会，选举产生第三届委员会委员 25 名。1988 年 3 月，根据工作需要，召开米易县总工会第三届三次会议，经县委提名以无记名投票方式增补巫俊华、邓建华、杨玉凡、刘祖贵等 4 人为委员，增补巫俊华、邓建华、杨玉凡等 3 人为常委。选举巫俊华为主席，邓建华、杨玉凡为副主席。

米易县总工会第四届代表大会　1990 年 12 月 21—23 日，米易县总工会第四届代表大会召开。会议主题为贯彻全国总工会“十一大”方针，团结带领全县广大职工以经济建设为中心，坚持四项基本原则，坚持改革开放，坚持以经济建设为中心，促进两个文明建设，巩固和发展米易安定团结的政治局面。大会选举第四届委员会委员 19 人，常委 6 人。其中主席 1 人、副主席 1 人；选出经费审查委员会委员 5 人，其中主任 1 人、副主任 1 人。

米易县总工会第五次代表大会　1996 年 9 月 19—20 日，米易县总工会第五届代表大会召开。会议议题为贯彻中国工会“十二大”的工作方针，组织和动员全县职工积极投身改革开放和经济建设。会议号召全县工会会员抓住机遇、珍惜机遇、用好机遇，发挥工人阶级的主力军作用。大会选举出第五届委员会委员 20 人、常委 7 人，其中主席 1 人、副主席 1 人；选出经费审查委员会委员 5 人，其中主任 1 人、副主任 1 人。

米易县总工会第六次代表大会　2001 年 9 月 19—20 日，米易县总工会第六次代表大会召开。会议议题为围绕经济建设中心，贯彻实施《中华人民共和国劳动法》《中华人民共和国工会法》，落实工会工作总体思路，突出依法维护职工合法权益，推进全心全意依靠工人阶级方针，发挥党联系职工群众的桥梁和纽带作用。大会选举出第六届委员会委员 21 人，其中常委 6 人、其中主席 1 人、副主席 1 人；选出经费审查委员会 5 人，其中主任 1 人、副主任 1 人。

米易县总工会第七次代表大会　2006 年 9 月 20 日，米易县总工会第七次代表大会召开。会议提出坚持以邓小平理论和“三个代表”重要思想为指导，贯彻中共十六大精神，按照全国总工会“十四大”确定的指导方针和工作任务，开展建设“职工之家”和“双爱双评”等活动，满足职工多样性的需求，努力增强基层工会的活动，真正把基层工会建成深受职工信赖的“职工之家”。会议决定努力奋斗，在全县形成各方配合的工作格局，确保工会组建率和职工入会率，使工会组建与不断变化的企业状况相适应，会员发展与不断壮大的职工队伍相统一，组织体制与不断加快的工业化、城镇化进程相协调。会议确定工作重点为紧紧围绕创新技术、加强管理、提高质量、增进效益、提高服务为目标，在广大职工中深入开展劳动竞赛、合理化建议、技术革新、发明创造等多种形式的职工经济技术活动。大会选举出第六届委员会委员 21 人，其中主席 1 人、副主席 1 人；选出经费审查委员会 5 人，其中主任 1 人。

米易县工会第八次代表大会　2013 年 5 月 14 日，米易县总工会第八次代表大会在宁泽阳光酒店会议中心召开，参加会议代表 121 人。大会审议并通过刘书岑代表县总工会七届委员会所作的《发挥优势促发展、凝聚力量奔小康，团结带领全县职工为加快建设特色经济强县、构建和谐幸福米易而努力奋斗》的工作报告，通过《关于县总工会七届委员会工作报告的决议》《关于县总工会第七届委员会财务工作报告的决议》《关于县总工会第七届经费审查委员会工作报告的决议》和《关于县总工会八届委员会委员和经费审查委员会委员替补、增补的办法》。选举产生县总工会第八届委员会委员 21 名、经费审查委员会委员 5 名、出席市总工会第九次代表会代表 19 名。选举产生县总工会新一届领导班子，刘书岑当选为县总工会八届委员会主席，王平当选为常务副主席，何成章当选为经费审查委员会主任。

第三节 女职工工作

1988 年 3 月，米易县总工会女职工委员会成立。是年 9 月，女职工委员会配合县妇幼保健站为城区已婚女职工 1070 人进行体检，普查妇科病和职业病。1991 年，女职工委员会采取形式多样、生动活泼、寓教于乐的方式，坚持对入会女职工进行理想、道德、人生观、价值观为主要内容的“四自”“四有”教育，宣传“讲文明、树新风”“争创一流业绩”的良好社会风貌，发挥女职工的聪明才智，调动女职工生产工作积极性，激发勇于进取、奋发向上的积极性和创造性。按照《女职工劳动保护规定》《中华人民共和国妇女权益保障法》《中华人民共和国劳动法》等法律、法规，与歧视、侮辱、虐待、残害女职工的行为作不懈的斗争，维护女职工在政治、经济、文化、教育、劳动、社会和家庭生活等方面享有的正当权益。

1992 年，工会女职工委员会在城镇职工女中开展“巾帼建功”社会主义劳动竞赛。1995 年，在米易糖业股份有限公司工会女工中组织开展以“岗位主动、学习成才、节能降耗和家庭美德建设”为内容的双文明建功主业活动。1997 年，县总工会在工商、税务、商贸等窗口服务行业女职工中开展“文明服务示范窗口”“优质服务明星”“争光创优”活动。1998 年，在县内国家机关、行政单位女职工中开展“争做人民满意的公务员”竞赛活动。2002 年，在全县女职工中广泛开展以“争创标兵”为主要内容的“女职工素质工程”竞赛活动。

1991—2006 年的 16 年间，全县有 21 个女工先进集体、109 名女职工和女职工干部受到省、市、县工会的表彰，县女职工工作曾连续 4 年在市总工会女职工工作竞赛中获优胜奖。在开展的各类社会主义劳动竞赛中，涌现出以邓焕惠、李萍、肖素英、李桂芳、邓芳琼等为榜样的一批“创一流业绩”的先进个人和集体。

2007 年 4 月 17 日，县总工会特邀陕西三八妇乐科技股份有限公司专家在兴辰钒钛公司及安宁铁钛公司举办 2 场女性健康教育讲座。4 月 20 日，县总工会联合城南社区及攀枝花市鑫安托家政服务培训学校在城南社区举办“攀西大姐”家政服务培训班，学员毕业后到北京入职家政服务。

2008 年，米易县总工会女职工委员会组织女职工参加住院医疗互助保险和女职工大病互助保险。全年有 52 个单位 1559 名女职工参检，查出妇科病 1084 例，并为 4 名住院职工和 3 名患上疾病的女职工办理赔付。

2009 年，县总工会女职工委员会紧紧围绕县委、县政府的工作大局和工会工作全局，以实施女职工建功立业工程和女职工素质提升工程为载体，组织动员广大女职工抗击“金融危机”“保增长、强活力、求发展、促和谐”，鼓励女职工做出贡献。全县各级女工组织开展劳动竞赛 25 场次，参与人数 3200 人；提合理化建议 75 条，采纳 41 条，创可计算价值近 200 万元；组织举办各种培训班和讲座 50 场次，参加培训的女职工达 3700 人；女职工权益保护专项集体合同做到应签、尽签，爱心助学活动成效显著，女职工大病保险工作创新发展。全县全年救助贫困学生 93 名，为 605 名女职工新办理大病保险，为 7 名患病女职工申请到 12 万元的赔付。

2010 年，为庆祝“三八”国际妇女节 100 周年，县总工会组织全县女职工开展免费体检、健康知识讲座。针对困难女职工由于经济条件相对差、精神压力大、病患的概率和隐忧增多等问题，自 2 月起，县总工会在全县企事业单位、县城 4 个社区中开展调查摸底，组织全县 20 名建档困难女职工到米易县人民医院免费体检。县总工会配合县妇联，动员12个乡镇、企业、县属行政事业单位的女职工参加“花舞米易、灯红安宁‘三八’节百年盛典”歌咏比赛。

2013年，全县有女职工的工会共584个（其中基层工会572个、联合工会12个），女工组织的涵盖率72.43%，建立女工委员会215个。完成女职工大病医疗保险任务数，全县参加职工互助保险310人，参保金额2.48万元，赔付职工29人次，金额达2.3万元；527名女职工参加大病医疗保险，参保金额8.7万元。立宇公司、安宁公司等企业，为300名女职工开展卫生知识培训、健康体检及咨询服务。支出1.44万元为36名建档困难女职工和困难女农民工开展妇女健康体检。

第四节　劳动保护

1987年，米易县总工会职工劳动监督委员会成立，并在各企业设置劳动保护分会（小组）。全县设监督机构17个、成员55人，当年有43人参加劳动保护和安全检查32次，提出整改措施44项。1988年，县总工会与县妇幼保健站联合，为城区已婚女职工1070人进行了妇科病和职业病普查。

1991年，县总工会下发《班组安全达标和职工劳动保护工作的意见》，明确班组安全达标和职工劳动保护工作的具体要求，在全县各厂矿企业建立健全劳动保护工作机构，组织建立劳动保护检查员制度，确定劳动保护检查员118人，举办劳动保护培训班64期，培训安全生产骨干1634人次。2003年，县总工会制发《米易县群众性安全生产责任制》，当年查出事故隐患28起，整改隐患28起。2005年起，开展米易县“安康杯”安全生产竞赛活动，将安全生产和劳动保护的关口前移、工作重心下移，重点监督检查非公有制企业安全生产。全年，查处安全隐患87起、整改61起、制止违章23起。参与“安康杯”竞赛班组217个，参赛职工3146人。1991—2006年，查出事故隐患567个，协助整改525个，开展职工安全生产教育培训15422人次。

2007年起，县总工会指导企业继续开展“安康杯”竞赛活动和制定安全责任管理体系、安全管理制度。县总工会编印《米易县职工安全警语100句》，举办70人参加的工会劳动保护监督检查员培训班，健全工会劳动保护网络。组织群众性安全检查203次，发现隐患103起，整改103起，制止“三违”77起。全年，总工会参与职工伤亡事故调查处理12次，维护职工的安全与健康。

2008—2013年，米易县依法维权渠道不断拓展，劳动争议调处联动机制建立健全。县总工会探索建立“一小时法律援助圈”，成立劳动法律监督组织和劳动争议调解组织各312个，配备专兼职人员855名，职工来信来访办结率达97%以上。6年间，开展劳动保护督查1200次，落实安全隐患整改事项950项。

2014年5月6日下午，米易县总工会在安宁明珠三楼会议室举办职工心理减压及心理调理专家讲座，特邀国家人力资源与社会保障部音乐治疗认证指定培训师、首届中国心理学应用年会特邀音乐团体治疗专家、全国培训论坛特邀音乐团体培训专家赵小明授课，全县工会职工500人参加讲座。

第五节　职工民主管理与厂务公开

1987年，县总工会配合县级有关部门推行厂长（经理）负责制，注重职工民主管理，年内，有46个单位参与试点，在31个国营企业中建立职代会63个，占应建数的95.4%。全县实行租赁和承包制的企业38个，民主评议干部的单位达90%。到1990年，全县建立职代会71个，有干部职工984人，当年在69

名公交企业职工中实施问卷调查，认为职工代表发挥作用好的 57 名，占 82.6%，全县民主评议中层干部 182 人，受奖励 29 人。

1997 年起，随着企业经营机制的转换，民主管理的重点为建立建全职工民主管理组织机构和制度体系的保证。各级工会以加强车间、班组民主管理为基础，不断推进民主管理向组织网络化、工作制度化、活动经常化方向发展。职代会在积极参与企事业经营管理、重大决策讨论审议的同时，充分发挥各级基层工会的作用，积极向企事业单位提交审议提案，职工民主管理、厂务公开工作推向制度化、规范化。1999 年，全县有 65 家企事业实行厂务公开，建立公开制度，工作比较规范的有 42 家。

1991—2006 年，各级职（教）代会共审议提案 1638 件，否决 185 件，实施 723 件，民主评议干部 1120 人次，培训职工代表 1542 次。16 年间，通过职代会民主评议后，建议奖励的有 63 人次，被免职处分的有 13 人次。全县受市、县表彰的民主管理先进企业 9 个、优秀书记 10 名、优秀厂长（经理）9 名、优秀工会主席 14 名、优秀工会干部 24 名、五好职工代表 68 名。

2009 年 8 月 13 日，由市总工会、市政府国有资产监督管理委员会、市经济委员会相关人员组成的督查组到米易县督查城乡环境综合治理“进企业”工作开展情况，对米易县总工会的工作给予肯定。

2010—2013 年，米易县健全完善职工主体的民主管理体系，严格落实职工代表大会制，全面推行厂务公开，职工知情权、参与权、表达权、监督权切实保障，全县 73 家事业单位的事务公开、职工代表大会（职工大会）程序规范完善，非公企业厂务公开率达 100%、规范化率达 85%，实现企业发展与职工个人发展的和谐统一。

第六节　职工权益维护

一、集体合同工资集体协商

1996 年以前，全县职工中劳动合同实行“双保合同”。1996 年后，随着企业经营机制的转换，新经济组织的大量涌现，米易县总工会将原来的“双保合同”完善后逐步过渡为“集体合同”，并会同劳动部门下发《关于加强改制企业建立集体协商和集体合同制度的意见》。先在全县国有、集体和企事业单位签订集体合同，后在其他企业中推广。1997—2006 年，全县先后有 124 个企业建立工资平等协商制度和签订集体合同。签订合同的职工达 9117 人，签订率达 93.2%。为调整规范劳动关系、维护职工合法权益，在签约和履行合同过程中，各级工会组织坚持数量与质量并重，注重合同的规范和监督检查，本着坚持好的，修正差的，发展新的，有针对性的健全制度，充实内容，细化条款，完善文本，加强监督，规范企业与职工双方的行为，为集体合同的履行奠定良好的基础，在签订集体合同的同时，加强劳动法律监督组织和劳动争议调处机构的建设，在全县建立劳动争议调解组织 34 个，在职工较少的企业设立调解员。县政府成立劳动法律监督委员会等劳动调解组织，共受理劳动争议案 17 件（集体劳动争议 1 件、职工劳动争议 16 件），调处 17 件，调处率 100%。

2009 年，县总工会以平等协商为手段，以协调劳动关系为切入点，抓住贯彻实施《中华人民共和国劳动合同法》的有利时机，开展以保岗位、保工资为主要内容的“百日攻坚”行动。县总工会成立专门的领导小组，指导基层工会签订集体合同和工资集体协议，全年实现国有、集体及其控股企业签订工资集体协议 9 家，涉及职工 287 人；签订行业性、区域性工资集体协议 7 个，覆盖职工 5540 人，覆盖企业 61 家，签订率达 100%；非公有制企业签订工资集体协议 171 家，涉及职工 4293 人，签订率达 100%。女职工达 25 人以上的企业，均签订女职工权益保护专项集体合同，覆盖女职工 751 人。7 月 4 日，由全省各地市州总工会组成的联合检查组对米易县工资集体协商“百日攻坚”行动和女职工专项集体合同签订工作开展检查，检查组对米易县开展的工资集体协商“百日攻坚”行动和女职工专项集体合同签订工作给予肯定。

2013年，米易县总工会指导384家企业开展工资集体协商，涉及职工13556人（包括5家行业性工会，覆盖企业数68家，涉及职工1064人；16家区域性工会，覆盖企业数200家，涉及职工数3131人），实现“三个100%”（已建会企业工资集体协商建制率达到100%，国有及其控股企业工资集体协商规范化率达100%，工资集体协议送审率、备案率达100%），此项工作得到省总工会调研组高度评价。

2010—2013年，米易县推进保障职工利益的工资集体协商制度，制订《关于进一步推进工资集体协商工作的意见》，开展“百日攻坚”要约行动，选派工资集体协商指导员20名。全县有248家企业签订《集体合同》和《工资集体协议》，占全县企业总数的96.5%，劳动合同签订率达100%。

2013年9月27日，四川省总工会党组成员、副主席武晓鹏一行到米易县调研工会和企业工资集体协商工作，肯定米易县总工会企业工资集体协商工作抓得扎实。

二、保护职工合法权益

米易县总工会成立后，把关心职工疾苦，依法维护职工的合法权益和具体利益、为职工说话办事、排忧解难作为工会的一项重要职责。县总工会突出工会的维护职能，设立职工法律顾问室，由1名副主任负责此项工作。1991年起，县总工会始终坚持正确处理好支持、参与改革和维护职工合法权益的关系。各级工会组织对改革中出现的新情况、新问题深入实际开展调查研究，广泛听取和反映职工的意愿和呼声，把职工关注的热点和难点，集中反映在县委、县政府大政方针和改革措施出台之前，增强县委、县政府决策的民主化、科学化。在维护国家、集体利益的同时，从整体上维护职工的具体利益，稳定职工队伍，推动改革的顺利进行。2003年，受理劳动保障争议案件18件，结案15件；参与处理突发事件9件，涉及劳动者人数164人；处理群众来信15件，上级交办2件，均办结；接待来访931人次，其中集体来访（3人和3人以上）32次共281人次。主动监察用人单位39户，涉及劳动者1143人；督促1户用人单位补办社会保险，涉及职工27人；检查并办理152户用人单位的劳动保障年检，其中31户年检合格。热情受理投诉，查处拖欠、克扣工资的行为，突出重点，解决拖欠农民工工资的问题。全年，为82名劳动者追回工资等应得报酬9.1万元，全年新签订劳动合同419份。2006年6月，工会维权监督员为150名农民工追讨欠薪36万元。2008年7月29日，米易县总工会在县医院推行职工代表竞选制试点工作，职工代表的选举中引入竞争机制，由职工自愿报名、资格审查、张榜公示、就职演说、投票选举。

2011年，县总工会把维护劳动者合法权益作为和谐劳动关系构建的重点，把调解、仲裁劳动人事争议作为和谐劳动关系的重要手段，把发展和谐劳动关系作为“建设特色经济强县、构建和谐幸福米易”的重要内容。主动检查各类用人单位503户，涉及劳动者6286人，完成市下达任务360户的139.7%；劳动保障执法年审单位603户，7920人，完成市下达任务600户的105%；接受各类举报23件并全部协调处理完毕；追发劳动者工资待遇582.2万元，涉及劳动者1326人；补签劳动合同15份，劳动合同签订率100%。年内，米易县劳动保护部门和县总工会开展农民工工资支付专项检查、清理整顿人力资源市场秩序、用人单位遵守劳动用工和社会保险法律法规情况专项检查行动，共出动人员19人（100次），检查用人单位144户次，其中劳务派遣单位3户、职业中介机构4户、企业73户、个体工商户15户。印发资料400份，接受咨询150次。补发拖欠工资205.7万元。受理劳动人事争议仲裁案件55件、结案55件，结案率100%，涉案金额204万元。其中，涉及农民工劳动报酬46万元。案外调解劳动争议6件，涉案金额36万元。

2013年，米易县健全劳动保障监察制度，各级主管部门主动到县内各类用人单位扎实推进各项专项检查，抓举报投诉跟踪协调和调查、规范用工行为、打击非法用工，努力促进建立和谐稳定的劳动关系，维护职工合法权益。年度执法审验用人单位300户，主动检查各类用人单位505户，涉及劳动者10317人，全县用人单位的劳动合同签订率达到95%，全县用人单位集体合同签订、工资集体协议等覆盖率达91%；接受各类投诉案件28件，协调处理完毕投诉案件28件，劳动保障监察案件结案率达100%。追发856人劳动者工资待遇767.83万元，没有发生因劳资纠纷和矛盾引发的100人以上群体性事件。开展劳动人事争议仲裁工作，全年受理各类劳动争议案件85件，共受理工伤申报120件。

第七节　帮扶解困

一、职工帮扶解困

1999年，县总工会成立解困再就业工作领导小组和下岗职工再就业指导服务中心，把“送温暖工程”与再就业工程结合起来，落实开发性再就业十大活动。各级工会组织开展“进万家门、知万家情、解万家难、暖万家心”活动，每年坚持开展“送温暖”活动。2002年，成立困难职工帮扶中心，把关心困难企业特困职工的生活作为工会重要工作。县总工会每年都对困难企业特困职工进行调查摸底，将情况及时反映给党政领导，推动政府建立职工生活困难救助制度、县及领导联系特困职工制度，将特困职工纳入城市最低生活保障体系，开展一次性救助考上大中专的特困职工子女活动等。县委、县人大、县政府、县政协领导关心困难企业特困职工生活，每年春节前夕带领工会及有部门领导到困难企业和特困职工家庭走访慰问，在全县职工中开展“互助、互济献爱心”的活动。

1988年起，米易县总工会除发动职工互助互济，组建职工互助储金会，解决困难职工的生活等问题外，各级工会组织会还利用会费和行政福利费给予困难职工适当补助，或者动员职工捐款帮助困难职工渡难关。1990—2005年，米易县总工会共收到集体、职工个人捐资27171.2元，全部用作职工扶贫解困启动基金，为1072名特困职工发放102912元的粮油补贴，将特困职工44户、2106人次纳入城市最低生活保障体系。

2008起，米易县总工会建立健全以覆盖城乡为目标的帮扶网络，坚持帮扶常态化、社会化、规范化、全域化的工作取向，建立健全帮扶机制、规范完善帮扶程序、探索创新帮扶方式，大力拓展帮扶网络覆盖面，新建基层工会困难职工帮扶中心18个，创建市级乡镇困难职工帮扶中心2个，县内纵向联动、横向互补的帮扶体系基本形成。县总工会按照“政府主导、社会参与、关注民生、服务职工”的工作思路，以“面对面、心贴心、实打实服务职工在基层”为主线，协调各方力量、整合社会资源，取得“扩面、提标、名品”实效。

2011年12月5日，米易县首个乡镇工会联合会困难职工帮扶中心成立。县总工会多方筹集帮扶资金为全县704户困难职工、劳模、困难农民工及农村贫困户，发放帮扶资金118.7万元。

2013年元旦、春节期间，县总工会看望慰问困难职工、农民工、特困职工312人，发放“送温暖”资金10.66万元。5月高温期间，县总工会分别看望慰问交警大队执勤警察，绿化、环卫、保洁工人和立宇、兴辰公司一线职工710人，送茶叶、白糖、毛巾、矿泉水等价值4万元的慰问品。年内，为195名建档的低收入职工发放救助金73700元，为建档困难职工、农民工，环卫工人及接触职业危害职工1328人实施健康体检。开展“四季送”活动，帮助困难职工共享经济发展成果。县总工会利用元旦、春节、国庆等开展走访慰问1500人次，发放慰问金17.02万元及13.3万元慰问品。看望生活困难及特困职工1674户次，发放慰问金23万元。全年，为192名建档困难职工、困难农民工开展专项生活救助，发放救助金11.34万元。

至2013年，县总工会开展冬送温暖活动，走访慰问帮扶职工5770人次，发放资金346万元。坚持把落实职工各项保险政策作为保障职工权益工作的重中之重，职工养老、工伤、生育、失业、医疗“五险”扩面覆盖，共办理职工医疗互助和女职工大病互助保险4158名，组织1828名困难职工、环卫工人和接触职业危害职工进行免费健康体检。

二、困难职工子女就学扶助

1990—2005年，米易县总工会为受灾群众和困难企业特困职工辍学儿童捐款34978元、衣物4373件、书籍1200册。救助24名特困职工子女上学，救助金额3.87万元。

2007年9月1日，举行攀枝花市商业银行爱心助学金发放仪式，为41名学生发放助学金13.7万元。

2010年12月3日，县总工会举行“市商业银行爱心助学金”发放仪式，对76名受助学生及其部分家长发放爱心助学金10.6万元。

2008—2012年，实施寒窗助学行动，分别与攀枝花晚报社、市商业银行、县境内企业联合开展“圆梦行动”“爱心助学金”等助学活动，共筹集助学资金391万元，资助贫困学生965名，全县无困难职工子女因学费问题而放弃上大学。

2013年，县总工会向社会承诺“决不让一名特困职工子女因交不起学费而放弃上大学”的承诺。争取市商业银行和市农商银行助学资金，全年筹集资金36.2万元，资助贫困学生83人；呼吁社会各界人士关心支持品学兼优的贫困家庭学生，开展“圆梦行动”，有58人得到资助金75.92万元；呼吁全县重点企业开展圆梦行动，四川安宁铁钛公司、攀枝花东方钛业公司、攀枝花骏丰矿业公司、攀枝花青杠坪矿业公司4家企业为全县36名贫困学生捐款10.8万元。资助职工家庭困难子女上学50人，完成77人；发放助学金23.9万元，完成任务的154%。

三、职工就业和再就业帮扶

1990年后，随着劳动用工制度改革和深化，大量职工下岗。1995年5月，米易县启动“再就业工程”，成立就业服务中心，开展就业援助、就业培训、职业咨询、职业介绍、失业保险和劳务输出等就业服务，培训城镇下岗失业人员，失业保险费由企业按职工工资总额的1%缴纳。至1996年，23名下岗职工一次性领取失业救济金48367元。1997年，有5名下岗职工自谋职业，在县城拉人力三轮车。

1998年6月，贯彻中共中央、国务院颁发的《关于切实做好国有企业下岗职工基本生活保障和再就业工作的通知》精神，成立米易县再就业工程领导小组。7月，县委、县政府召开全县再就业工程启动实施大会，落实“鼓励兼并、规范破产、下岗分流、减员增效、实施再就业工程”和建立国有企业下岗职工基本生活保障制度、失业保险制度、城市居民最低生活保障制度“三条保障线”等政策措施。再就业资金的筹集，采取“三三制”（即企业、财政、社会各承担三分之一）的办法，县劳动部门按规定，把每年收取的失业保险新增额的全部和按上年实际征收失业保险金的20%提取再就业资金。是年起，提高失业保险费缴纳标准为企业缴2%，个人缴1%，新增的2%部分作为再就业资金。年底，县内商业、供销、粮油等10个企业主管部门成立“再就业指导中心”，米易糖厂等30个企业成立“再就业服务中心”。同年，县内粮食等部门有下岗职工426人，分流安置232人。有19人与企业签订《米易县下岗职工托管协议书》，协议书载明再就业服务中心给下岗职工发生活费不超过3年，3年后与企业解除劳动关系，每月发给150元基本生活费。2000年，县劳动、工会等13个部门联合下发《米易县关于大力开展小区就业服务促进国有企业下岗职工再就业的实施意见》，成立10个小区就业服务指导中心、21个小区就业服务中心。新办小区就业服务实体15个，安置下岗失业职工50名，创利税2万元。到2001年10月，全县签订托管协议的40名下岗职工因退休、重新就业、企业破产现金安置等方式全部出“中心”，发放基本生活费16万元。年内，在普威普济州、丙谷观音阁、撒莲禹王宫等地成立小区就业服务中心，全县 33 个小区就业服务实体安置下岗失业人员 69 名，实现产值 169 万元，利税 3.5 万元。下岗职工享受免费办理“下岗证”，免费获得就业指导、职业介绍、再就业培训。从事个体经营、家庭手工业或开办私营企业的，开业一年内减免工商管理等行政性收费；特困企业下岗失业人员和国有企业减员增效分流人员新办的实行独立核算的从事商业、旅游业、服务业、饮食业、咨询业等第三产业的企业，免征所得税 1 年，3 年内享受免征营业税和个人所得税等优惠政策。

2002 年，实施“再就业工程”，对有劳动能力和就业愿望的女性 40 周岁以上、男性 45 周岁以上的“4045”人员，启动再就业优惠政策。下岗失业人员自谋职业、从事个体经营的，自领取税务登记之日起 3 年内免征营业税、城市维护建设税、教育附加和所得税；各类服务型和商贸型企业是年新招用下岗失业人员达到职工总数 30%以上并签订 3 年以上期限劳动合同的，经县就业局认定发给《吸纳下岗失业人员认定证明》，经税务机关审核，3 年内免征营业税、城市维护建设税、教育附加和企业所得税；自主创业、从事微利项目的人员可以享受由政府贴息的 5000—20000 元的小额担保贷款。是年，全县 3791 人次下岗人员实行就业和再就业，减免新办民营企业和个体户各种税费 144.88 万元，36 名自谋职业、自主创业的下岗人员享受 69 万元的小额贷款，支付培训、岗位、社保、职介等补贴 79.35 万元。介绍 7200 名城乡劳动力开展职业服务，中介成功率在 35%以上。

2003 年，米易县开辟再就业救助窗口并作出“只要下岗失业人员不挑不拣，保证在 24 小时内实现再就业”的社会承诺。5 月，在全县 28 个乡镇成立劳动保障所，7 个居委会成立了小区劳动保障工作站，劳动保障所长由分管乡镇长兼任，劳动保障工作站长由居委会主任兼任，把劳动保障工作职能延伸到基层。7 月，组织攀莲、丙谷、撒莲、垭口、挂榜、普威、得石镇和 7 个居委会的 23 名工作人员到攀枝花市参加 1 周的劳动保障业务培训。同年，县就业局开展再就业培训 464 人，发放《再就业优惠证》778 本，减免 419 名从事个体经营下岗失业人员税费 12.36 万元，有 8 名下岗失业人员办理小额担保贷款 16 万元，1235 名下岗失业人员中有 750 人实现就业再就业，免费职业介绍 390 人，成功 220 人。2004 年，新增就业岗位 789 个，893 人实现就业或再就业，其中 173 名“4045”人员再就业。2005 年，新增就业岗位 989 个，有 866 人实现就业再就业，帮助 351 名再就业困难对象实现就业，26 户“零就业”家庭的 28 人再就业。大龄就业困难人员给予社保补贴，第一批 280 人兑现社保补贴 5.32 万元。年内介绍职业 1700 人次，劳务输出 180 人。减免各种税费 144.88 万元，36 名自谋职业、自主创业的下岗失业人员享受 69 万元的小额贷款支持，支付培训补贴、岗位补贴、社会保险补贴和职业介绍补贴 79.35 万元。至 2005 年，全县有 3791 人次的下岗失业人员实现就业再就业，减免各种税费 144.88 万元，36 名自谋职业、自主创业的下岗失业人员享受 69 万元的小额贷款支持，支付培训补贴、岗位补贴、社会保险补贴和职业介绍补贴 79.35 万元。

2008 年 5 月 19 日，县总工会组织安宁、兴辰、东方、中禾、平大、骏丰、元通等 8 家民营企业举办高校毕业生招聘会，提供招工数 173 个，有 83 人与用工单位签订了用工意向。

2011 年 10 月 27 日，米易县首家劳务派遣公司工会成立，县辖区内有劳务派遣公司 3 家，职工 100 名，均属非公企业。米易县精英保安服务有限公司工会，公司 46 名劳务派遣工全部入会。

2008—2012 年，米易县总工会开展春送岗位，开展“就业援助月”活动，新增就业 6794 人，实现再就业 3120 人，举办职工技能培训 46 期 4761 人次。夏送清凉，累计为 6150 名职工发放清凉饮品。

2013 年，按照全国总工会“千万农民工援助行动”和市总工会开展“万人培训行动”的要求，米易县总工会制定实施方案，并把任务细化到各个乡镇，由乡镇工会将农民工情况统一调查上报到县总工会。县总工会采取自办、联办和委托的培训方式，有针对性开展各种基础培训和技能培训。对困难职工及农民工实施三级安全教育、安全管理、现场检修安全知识、电气焊安全操作等基础技能培训，基础培训 550 人、技能培训200人，投入培训资金12万元，帮助106名下岗失业人员、农民工实现就业和再就业。当年，米易县总工会会同县人社局、县妇联、县残联联合举办现场招聘会2场，组织市、县39家企业设点招聘，提供就业岗位近1200个，近400名就业人员与用人单位达成就业意向。推荐下岗失业人员和农民工再就业100人，完成106人，完成任务的106％。

第八节　职工培训与文体活动

一、职工培训

1983年，米易县成立工人教育办公室。1987年11月，工人教育办公室更名为成人教育办公室，采取半工半读（脱产与半脱产）、定期与不定期相结合的文化补习、技术补课等形式开展职工教育、培训，并鼓励职工业余自学。同时，组织干部、职工开展分点办班、集中学习、统一考试等形式教育、培训。1987—1990年，米易县职工业余教育和基础教育参训人数449人、在岗技术培训14569人、毕（结）业人数7653人，占参训总人数的50.96%。

1991年，米易县职工培训工作按照企业用工特点举办培训班，主要开展技能培训，培训内容主要有美容美发、厨师、计算机、家政、创业、家电维修等。当年，全县有待业人员513人，待业率4.2%。按照先培训后就业原则，开展技能培训350人次。1999年，米易县建成再就业培训中心，是年开办下岗职工培训班3期，培训86人次；其他培训机构开办58期培训班，培训下岗失业人员965人次的。2000年，县总工会配合县劳动局到破产企业开办转变就业观念和就业再就业政策培训班31期，培训989人次；县培训中心开办转岗培训35期、1086人次受训。2002年，持有《再就业优惠证》的人员到再就业培训基地参加培训，享受不超过300元的再就业培训补贴。全年县总工会合同有关部门举办各种就业培训、转岗培训班144期，培训下岗、待岗、失业人员3692人次。2003年，培训下岗失业人员464人，经培训后再就业率70%（其中在县再就业培训中心培训270人，培训后再就业率75%）。2005年，培训4725人次，就业率达60%以上。

2007年，县总工会与县内有关部门和乡镇进行协调，推动就业再就业培训和零就业家庭就业援助工作开展。协调完成丙谷镇人力资源市场的建设并投入使用，完善县内劳动保障平台建设的硬件设施。县总工会根据劳动者需要选择专业开展培训，开办厨师、电脑操作、电工、焊工、驾驶、起重工、装载机操作工、车工、钳工、化验工、家政服务等11个培训班，采取形式多样的培训方式抓订单式培训，专门为紫东钛科技有限公司培训员工335名。开展送培训下乡活动，到全县12个乡镇开展培训工作。组织学员到培训学校集中开展劳动预备制培训，首次选拔40名符合条件的人员参加小汽车驾驶培训。组织122名下岗失业人员参加免费的创业培训，提升参训人员的创业和管理能力，全年培训5432人，其中农民工0.49万人、下岗失业人员510人。通过培训，有800人获得初级或中级职业资格证书，下岗失业人员培训后的就业率60%以上。

2008年，县总工会会同有关部门分别在县培训中心、华森职业技能培训学校、县机动车驾驶员培训学校开设13个专业，培训城乡适龄劳动者4201人。完成711名下岗失业人员和失地无业农民再就业培训，培训合格率100%，培训后就业率65%；组织开展两期创业培训，参训人员有96人，合格率100%，通过培训后自主创业、自谋职业人员就业率60%。开展休闲产业服务人员培训，两批参训129人。年内，继续贯彻执行就业再就业优惠政策多方筹集再就业资金，落实各项社会保险补贴，支付兑现社保补贴235万元。

2010年，全县开展创业培训981人，占目标任务50人的19.6倍。其中创业意识培训871人，占目标任务10.88倍，创业能力培训110人，占目标任务的137.5%。开展品牌工程培训300人，完成比例100%；

新型农民工培训 1500 人，完成比例 100%。

2013 年，县总工会举办职工劳动保障法律、法规宣传培训班，开展驾驶、电工项目的技能培训，培训 150 人。全年全县培训 550 人，发放宣传手册 1500 册。

二、职工文化活动

1984 年，占地 1420 平方米的米易县工人文化宫建成投入使用，工人文化宫建成后，采取自办或联办等形式，开办茶园、棋类、报刊、图书借阅、游艺等活动，还举办职工摄影班学习。1987 年 3 月，县总工会举办职工书画、摄影展。1988 年，米易县总工会建成 308 平方米的群众露天舞场。1989 年，米易县总工会与县妇联联合举办女职工绘画、刺绣、编制、雕塑比赛，参赛作品 70 件，很受群众喜爱。1990 年，与各有关单位联合创办退休职工活动中心，设置棋牌、麻将、报刊阅览室等活动场所。年内，组织开展节假日游园、猜灯谜、舞会等活动，其中露天舞场举办 80 场次，参加 12500 人次。县内基层工会通过建立“职工之家”，建立图书活动室 27 个，有图书 2 万册。

1991 年开展职工文体活动，丰富职工业余文化生活，在春节、“国庆”、元旦“三八”妇女节等节假日举办乒乓球、象棋、歌咏晚会、舞会、摄影、书法、绘画、演讲、知识竞赛、拔河比赛等文体活动。各基层工会结合本系统、本单位的生产生活实际，建立职工活动室，购置必要的文体器材，征订各种报刊杂志，开展经常性的文体活动和节假日的庆祝活动。

1988—2004 年，全县培训 35 岁以下青工 3696 人次，发放宣传学习资料 6 万册，出宣传橱窗 150 期，出黑板报 900 版，组织 6000 名职工参加普法知识竞赛，举办寓教于乐，形式多样的文娱活动 2500 场次，参加活动的职工达 4 万人次。2005—2006 年，举办“庆国庆、中秋、迎冬旅”活动和创建“省级卫生县城”“省级环境保护模范县”和省级文化先进县的“三创”活动，收到很好的社会效果，得到市政府的好评。

2007 年 10 月 10 日，县总工会在安宁公司和立宇公司举行农民工业余学校挂牌仪式。

2009 年，米易县总工会举办迎新春大型游园活动、迎春书画展、摄影展、根雕展、奇石展、迷易元宵节等系列活动，开展庆祝新中国成立 60 周年大型游园活动、“60 年路程 • 辉煌”系列书画摄影比赛等全县性的活动。2010 年 12 月 3 日，县总工会在华森职业技术学校举行困难职工、农民工技能和创业培训开班仪式。2012 年 8 月 30 日，县总工会与县有关部们在万民饲料有限责任公司院坝内举办“和谐米易 • 幸福安宁”党群共建示范带两化互动统筹城乡文化联谊活动，青皮村 1000 名群众与职工同台演出、友好竞技、共享欢乐。是年起，米易县总工会结合学习贯彻中共十八大精神开展文化进企业活动。

2009—2013 年，米易县总工会围绕创建学习型组织，培育学习型职工，广泛开展学理论、学文化、学科学、学技术、学管理、学法律的“六学”活动，以职工书屋、农民工业余学校、职工技能培训基地为支撑的教育实践平台加快搭建，以企业和谐文化、家庭幸福文化为核心的文化建设切实加强，以“五比五赛”“安康杯”等活动为载体的比武竞赛取得实效，累计举办各类比武竞赛 93 场 245 项，举办安全培训 73 期。

三、职工体育活动

米易县总工会职工体育活动开展起步晚，一般都是与县体委联合举办。1987 年，举办主要项目为田径、篮球、排球、羽毛球、乒乓球、棋类、越野赛的竞赛 4 次。1988 年，县总工会独立承办职工乒乓球、围棋、象棋、桥牌和中老年健身操比赛，参加 600 人次，占城区职工 70%。大型越野赛每年举办 1 次。

2007 年，在米易县举办“迷易龙舟节”活动期间，县总工会发挥优势，与县妇联联合举办“迷易锅庄大家跳”活动，与县妇联、团县委一起承办“迷易龙舟节”系列活动中的迷易湖边猜灯谜和放河灯项目，还参与“迷易火把节”和“攀钢文明列车”进米易和米易县第八届职工运动会等活动。

2010年10月14—16日，攀枝花市首届工会干部运动会在米易县成功举行，米易县总工会还组织部分企业代表队也来参加。

2012年，米易县总工会与团县委、县妇联共同承办迎新春大型游园活动，吸引近3万名群众参与。与县体育局共同承办全民健身日活动暨第九套广播体操比赛，组织各乡镇、各企事业单位及群众团体的34支队伍1000人参加比赛。组建男女队伍各1支参加攀枝花市“欢乐阳光节”职工篮球暨第九届“篮协杯”篮球比赛。

2013年，县总工会贯彻落实米易县《全民健身条例》《米易县全民健身实施计划（2011—2015年）》，围绕“阳光、运动、休闲、康养”主题，广泛开展职工健身活动，完善职工体育健身组织，举办职工科学健身知识讲座与培训。12月25日，米易县总工会组织30人参加攀枝花市迎庆元旦职工运动会比赛，获广播操比赛第三名、获桥牌比赛第四名、领导组获网球比赛男单第一名，职工组获男单二、三、四、五名，男双获四、五名。

第九节　经审财务管理

县总工会内设工会经费审查委员会，各基层工会设有经费审查小组或经费审查员，负责每年工会经费的收缴和支出安排。1990年，全县各级基层工会建立经审组织的只占基层工会数的33.9%，到2001年，全县231个基层工会均建立、健全和完善了经审组织，人数较少的单位均配备了经费审查员，经审组织组建率达100%。经审人员的选配、调整充实按照工会组建、换届、改选时，工会委员会和经费审查委员会同时提名推荐候选人，同时选举，同时上报审批。工会经费的收缴比例按照《中华人民共和国工会法》的规定，党政机关、企事业行政按职工工资总额的2%计拨工会经费。邮电、金融、保险等驻县产业工会按计提后的工会经费总额的10%拨付地方工会。米易县根据全国总工会对工会经费分层使用的规定，基层工会自留60%，上解县工会40%，县工会再按比例逐级上解。

2004年8月，县政府出台企事业单位工会经费由地税代收的办法，代收的范围为县境内已建立工会的企事业单位和个体工商户应缴纳的工会等备金。代收标准为实行查账征税的企事业单位按单位职工人数及工资总额计提拨缴工会经费；实行核实征税的小规模纳税人和个体工商户按核定数额上解工会经费；持有《再就业优惠证》和《残疾证》的个体工商户和城镇退伍士兵适当减少收缴。2005年1月，试行乡镇工会联合会代收工会经费，乡镇企事业单位所计提的所有工会经费实行“532”的分成比例（即企事业工会50%、上解县总工会30%、乡镇工会联合会自留20%）；党、政机关计提的工会经费实行“46”比例（即上解县总工会40%，乡镇机关工会留成60%）分成。

米易县总工会收缴的工会经费主要用于为县内职工群众服务，为工会事业发展服务，为履行工会四项社会职能服务。经审委员会在工会经费的收缴、解缴和安排使用及审计上，开展以工会经费收缴为主要内容的财务工作竞赛，强化收支管理，制定行之有效的规章制度，压缩行政费用和会议费用，坚持收支预算和决算。县总工会宣传贯彻落实《中华人民共和国工会法》和《四川省〈工会法〉实施办法》，树立依法收缴工会经费的法律意识，提高收缴工会经费的自觉性，利用参政、议政的机会学习宣传《中华人民共和国工会法》，通报工会经费收缴、管理、使用方面的情况，扩大社会效应。主动协调关系，形成共识，通过召开各种形式的座谈会、联谊会向企事业单位及有关部门通报工会经费收解进展情况，共同研究工会经费收缴遇到的困难和急需解决的问题。县总工会抓住全额拨款的行政、事业单位由财政划拨工会经费的主渠道，结合行业特点，核定上解基数，兑现超收奖励办法，调动基层工会收解经费的积极性。在基层工会中开展评比活动，对工会经费收解不好的单位和个人先进评选资格实行一票否决制；财务与同级经审会密切配合，每年开展上审一年、下审一级的审计制度以加大对工会经费计拔审计力度，使工会经费收支基本上做到与工资总额增长同步，保证工会经费持续、稳定增长。在经费的支出上遵循勤俭节约、量入为出、统筹安排、略有结余的原则。

2008—2012 年，县总工会本级经费总收入为 1328.67 万元，其中拨交经费收入 846.50 万元、上级补助收入 152.01 万元、政府补助收入 270.65 万元、其他收入 595.12 万元。总工会本级经费总支出为 1068.81 万元，其中职工活动支出及补助下级支出 273.51 万元（含职工教育费、宣传活动费、文体活动费、技能比武经费、回拨补助、困难职工帮扶补助、送温暖补助、救灾补助等）；维权支出及业务支出 442.59 万元（含劳动关系协调费、劳动保护费、法律援助费、困难职工帮扶费、送温暖费、“两个普遍”组织建设、培训费、其他业务费等），行政支出及资本性支出 331.29 万元（含在职职工、退休职工工资支出、车辆购置、办公设备购置及办公费用等），其他支出 21.42 万元（含四川汶川“5·12”地震补助资金、攀枝花市“8·30”地震帮扶资金、“挂、包、帮”资金、城乡环境综合治理“进企业”资金、企业捐资助学金等）。本届经费结余 259.87 万元，上届结余 378.93 万元，滚存结余为 297.76 万元。

2013 年，米易县总工会继续推进调整工会经费上缴办法的改革，完善企业工会经费委托地税部门全额代征办法，与地税部门团签订委托征收协议，明确征收目标，实现财政行政事业单位工会经费足额划拨至工会。县财政从 2013 年起，每年将由财政全额拨款的行政事业单位按工资总额 2%计拨的工会经费列入财政预算，按照 2%总额的 50%拨缴到位，分 3 年全部到位，保证工会经费逐年提高。对成立工会组织的企事业单位收取工会建会筹备金，加强财务检查和审计力度，把非公企业少缴、漏缴和截留的工会经费及时收缴入库。通过以上措施，工会经费持续增长。

第五章　盐边县总工会

第一节　组织机构

一、机构沿革

中华人民共和国成立前夕，县内仅有邮电工 6 人、教职工 84 人，作坊式手工业就业人数较少，无工会组织。中华人民共和国成立后，县内职工人数逐渐增加，中共党组织、县政府准备建立工会组织。1950 年全县共有职工 281 人，有了建立工会组织的基础。1953 年全县职工增加到 454 人，建立工会的条件成熟。同年，县内第一个工会组织——县邮电局工会成立，选举组织员 1 人，有会员 3 人。1957 年 2 月 22 日，县教育工会成立，增加会员 108 人，共有会员 111 人。1958 年随“工业大跃进运动”的开展，全县职工人数猛增到 3349 人。其后随调整精简而减少，1965 年职工人数 2019 人，但因“文化大革命运动”的开展，工会组织被冲击，基层工会工作活动停滞，工会工作人员调离、分流。1973 年，中共中央提出整建恢复工会组织及其活动。1973 年 7 月，盐边县总工会筹备领导小组成立，秦咸栋任组长，在县委工交部设办公室开展筹建工作。是年 12 月 10 日，盐边县总工会正式成立，盐边县总工会第一次会员代表大会召开，并产生盐边县总工会第一届委员会，选举张碾成为工会主席。

1979年，基层工会组织发展到51个，有会员2652人。1984年基层工会组织增至73个，有会员3000人。此后，随着改革、开放的深入进行，工会工作得到加强，基层组织和人员不断增加。

1989年末，全县基层工会组织发展到125个，实有会员5721人。当年，新建工会13个，其中党政机关工会11个、乡镇企业工会2个。1992年，基层工会组织达148个，会员6818人，经验收合格的基层工会“职工之家”42个，其中评为“模范职工之家”的2个、“先进职工之家”的7个。1996年3月20日，盐边县职工技术协会成立，选举产生第一届委员会委员29人。6月17日，县职工技术协会成立方元技术服务部，开展相关工作。1997年，因二滩水电站建设移民搬迁和企业改制等原因，基层工会组织减少，盐边县有基层工会委员会143个（含新经济组织建会3个）。2000年，根据省委、市委要求，盐边县成立以中共盐边县委副书记施亚平为组长的盐边县新建企业工会组建工作领导小组，进行企业工会的组建工作，基层工会组织和会员发展较快，当年新建乡镇工会31个、新建企业工会52个、个体工商户入会900户。12月16日，盐边县首家工会联合会——红格镇工会联合会成立。2002年，盐边县有基层工会193个，工会会员8809人。2004年，县总工会在乡镇及私营企业工会组织中，开展建设“合格职工之家”活动，经市总工会验收，55个基层工会组织被命名为“合格职工之家”。2005年，盐边县有基层工会218个，工会会员18011人。盐边县第一家煤炭企业工会联合会——红坭乡煤炭企业工会联合会成立。是年，全县共有工会联合会5个。2006年，各基层工会组织充分发挥党政建会领导小组的作用，按“随变随建、随开随建、随进随入、随建随管”的原则，采取灵活多样的形式成片组建工会组织。首个村级工会——桐子林镇安宁村工会成立，有93名农民工会会员加入，使农民工找到“娘家”。2010年，全县有各级工会基层组织298个，工会会员34758人。2013年，全县有各级工会组织649个。其中，国有企业8个、事业单位60个、机关63个、个体工会5个、其他形式的工会组织6个、村级工会1个、社区工会7个、集体企业工会1个、私营企业工会498个。涵盖基层法人单位920个，有职工46123人，工会会员46114人。至2013年，盐边县总工会共历9届委员会，张碾成、巩九德、李定碧、黄大洲、胡世法、刘敏先后担任主席。其中，1989年至2013年共历5届委员会，李定碧、黄大洲、胡世法、刘敏先后担任县总工会主席。历届委员会及各基层工会组织，在县总工会常务委员会的领导下，开展相关工作，为全县各项事业的健康发展做出重大贡献。

二、会员代表大会

盐边县总工会1973年成立至1988年，共召开4次会员代表大会。第一次1973年12月10—14日举行，第二次1979年12月7—9日举行，第三次1983年12月20—22日举行，第四次1987年8月27—28日举行。

1989—2013年，盐边县共召开5次会员代表大会。

第五次代表大会 1990年10月29—30日，盐边县工会第五次代表大会在县人大会议室召开，出席大会的工会代表、列席代表、特邀代表共114人。县总工会主席李定碧代表盐边县总工会第四届委员会向大会作工作报告，钟玉代表县总工会第四届委员会作财务工作报告，县总工会副主席郑仕文作第四届经费审查委员会工作报告。大会选举产生第六届委员会委员15人，经费审查委员会委员5人，李定碧当选为县总工会主席，李灿荣当选为经费审查委员会主任。会议期间，正值二滩水电站建设期内，动员全县职工在盐边县移民迁建、经济发展和扶贫开发中发挥主力军作用成为会议主题。

第六次代表大会 1995年10月17—19日，盐边县工会第六次代表大会在县人大会议室召开，出席大会的工会代表、列席代表、特邀代表共206人。县总工会主席黄大洲代表盐边县总工会第五届委员会向大会作工作报告；朱茂飞代表县总工会第五届委员会作财务工作报告；经费审查委员会委员杨中柱作第五届经费审查委员会工作报告。大会选举产生第六届委员会委员 23 人，经费审查委员会委员 5 人，黄大洲当选为县总工会主席，苗继平当选为经费审查委员会副主任。会议动员全县职工继续在盐边县移民迁建、经济发展和扶贫开发中贡献力量。

第七次代表大会　2001 年 9 月 26—27 日，盐边县工会第七次代表大会在县接待中心大会议室召开。应出席会议代表 129 名，实到 111 名，列席代表 40 名，实到 36 名，特邀代表 50 名，实到 39 名。县总工会主席黄大洲代表盐边县总工会第六届委员会向大会作工作报告；朱茂飞代表县总工会第六届委员会作财务工作报告，县总工会副主席、经审委员会主任董美芝代表县总工会第六届经费审查委员会作经审工作报告。会议审议并通过盐边县总工会第六届委员会工作报告、盐边县总工会第六届委员会财务工作报告、盐边县总工会第六届经费审查委员会工作报告。大会选举产生盐边县总工会第七届委员会和经费审查委员会。盐边县总工会第七届委员会委员由 25 人组成，经费审查委员会由 5 人组成。选举黄大洲为县总工会主席，董美芝为副主席。会议主要议题为号召全县职工为实现县委、县政府制定的盐边县“十五”规划建功立业。

第八次代表大会　2007 年 4 月 23—24 日，盐边县工会第八次代表大会在县接待中心大会议室召开。出席这次大会的正式代表 199 名，因事、因病请假 10 名，实到代表 189 人。县总工会第七届委员会主席黄大洲向大会作《坚持科学发展，创新工作机制，奋力推进全县工会工作再上新台阶》的工作报告；钟玉受县总工会第七届委员会委托向大会作财务工作报告；副主席董美芝受总工会第七届经费审查委员会委托作经费审查工作报告。大会以无记名投票的方式，选举产生县总工会第八届委员会委员 21 名，经费审查委员会委员 5 名。黄大洲当选为主席，董美芝、张学明当选为副主席。董美芝当选为县总工会第八届经费审查委员会主任。会议号召全体工会会员，科学发展、开拓创新、奋力推进、再立新功。

第九次代表大会　2012 年 5 月 24—25 日，盐边县工会第九次代表大会在县接待中心大会议室召开。出席会议代表 200 名，实到 190 名代表。与会代表审议了县总工会第八届委员会的工作报告、县总工会第八届经费审查委员会的经审工作报告、县总工会第八届委员会的财务工作报告。代表以无记名投票方式，选举产生了盐边县总工会第九届委员会委员 21 名，经审委员会委员 5 名。刘敏当选为主席，董美芝当选为常务副主席、沙万军当选为副主席，陈志农当选为县总工会第九届经费审查委员会主任。会议号召盐边县全体工会会员，深入学习中共十八大精神，以科学发展为主题，加快转变经济发展方式为主线，以提高经济质量和效益为中心，全面推进“五二七五”（五：指建设特色、生态、文明、和谐、幸福五个盐边；二：指实施南北差异化发展；七：指做强特色工业、发展特色农业、培育现代服务业、推进新型城镇化、加强生态文明建设、建设和谐文明社会、促进文化发展繁荣；五：指千亿钒钛产业培育工程、千名优秀人才培育工程、特色农业培育工程、特色城镇建设工程、生态盐边建设工程。）战略工程，为全面建成小康社会打好坚实基础。

1973—2013 年盐边县总工会负责人任职情况

表 45

届别	姓名	职务	任职时间	备注
第一次代表大会	张碾成	主　席	1973.12—1979.12	
	李风岐	副主席	1973.12—1979.12	
	赖德祥	副主席	1973.12—1979.12	
第二次代表大会	巩九德	主　席	1979.12—1983.12	未设副主席
第三次代表大会	李定碧	主　席	1983.12—1987.07	
	巩九德	副主席	1983.12—1987.08	

续表45

届别	姓名	职务	任职时间	备注
第四次代表大会	李定碧	主　席	1987.08—1990.10	
	郑仕文	副主席	1987.08—1990.10	
第五次代表大会	李定碧	主　席	1990.10—1995.10	
	黄大洲	副主席	1990.10—1995.10	
第六次代表大会	黄大洲	主　席	1995.10—2001.09	未设副主席
第七次代表大会	黄大洲	主　席	2001.09—2002.02	
	胡世法	主　席	2002.03—2003.04	
	黄大洲	主　席	2003.05—2007.04	
	黄大洲	常务副主席	2002.03—2003.04	
	董美芝	副主席	2001.03—2007.03	
第八次代表大会	黄大洲	主　席	2007.04—2012.05	
	董美芝	党组书记、常务副主席	2007.03—2012.05	
	张学明	副主席	2007.04—2012.05	
第九次代表大会	刘　敏	主　席	2012.05—	
	董美芝	党组书记、常务副主席	2012.05—	
	沙万军	副主席	2012.05—	
	陈志农	党组成员、经审委主任	2012.05—	

第二节　工会组织建设

1989年，盐边县有职工6511人，工会会员5721人，基层工会125个，其中新建立工会13个（乡镇企业2个、党政机关和企事业11个）。县总工会积极创建“职工之家”，年初，经市总工会正式验收合格。同时，加强基层工会的领导，积极推行直接民主选举工会领导班子。在新领导班子中，从年龄、文化、政治素质结构和在会员中的威信高低来通盘考虑，当年换届改选基层工会领导班子24个。评出市级模范职工之家1个、先进职工之家4个、优秀工会积极分子8人、先进工会工作者3人、特邀工会积极分子3人，县级先进基层工会27人、先进个人42人。

1990年，县总工会把组织建设作为重要工作来抓，努力健全和发展工会基层组织，完善工会工作制度。县总工会领导班子坚持民主集中制，坚持一年两次的全委会，一个季度一次的常委会制度，研究处理工会的重大问题。总工会机关加强内部的思想教育，坚持每月1天的行政学习制度。是年7月，因区划调整，仁和区红格5乡划归盐边县基层工会组织9个、全年新发展工会组织12个、基层工会组织达到146个、会员有6498人。全年按照工会章程，16个基层工会如期进行选举，4个基层工会组织补选了工会主席。按照市总工会的要求，深入创建“职工之家”，全县保持合格“职工之家”16个、先进职工之家2个、模范职工之家1个。

1991年，新建工会组织9个，新增会员466人。全年加强工会小组和“职工之家”建设，至年底，全县有8个基层工会，46个工会小组开展组建小家（或小组）活动制度。

1992 年，新建基层工会组织 9 个，新增会员 320 名。新建“职工之家” 7 个。加强工会财务的管理，依法收、管、用好工会经费。清理欠交和截留的工会经费，促进工会经费收缴比例的不断提高，同时还建立总工会财务月报制度，加强对经费的管理。8 月，县总工会和工人文化宫对单位财产进行清理登记，摸清家底，明确责任，提高固定资产的使用效率。

1996 年 3 月 20 日，盐边县职工技术协会成立，选举第一届委员会委员 29 人。

1997 年 7 月，盐边县因二滩水电站建设移民大搬迁，部分企业解体、停产，有的新建企业未投产，盐边县工业经济大幅下滑，基层工会组织减少，工会经费收缴困难。为应对这种困难局面，县总工会一方面搞好自身搬迁，一方面加强同企业的沟通、协调，引导企业通过改制，强化内部管理，从而走出困境。盐边县有基层工会委员会 143 个（含新经济组织建会 3 个），有县级先进职工之家 15 个。

2000 年，根据省委、市委要求，盐边县成立以县委副书记施亚平为组长的盐边县新建企业工会组建工作领导小组，31 个乡镇完成建会任务，新建企业建会 52 个，个体工商户 900 户入会，发展会员 3506 人。12 月 16 日，盐边县首家工会联合会红格镇工会联合会成立。县总工会多方奔走，加强与企业的沟通，主动深入企业了解困难，对个别实在有困难的企业，暂缓收缴工会经费。同时，加强各党政、事业单位工会的领导，通过以会代训的方式，强化内部管理，依法开展各项工作，使工会工作有效推进。

2003 年年底，全县已建各级工会组织 214 个，发展工会会员 9326 人。县总工会下发《关于基层工会换届选举和届期内缺额增替补改选相关程序问题的通知》，理顺工会组织管理工作关系，推进全县基层工会组织建设和发展工作。县、乡（镇）党政、工组织对全县未建工会的新建企业再次进行分类排队，实行新建企业工会组建工作责任制。全县新建企业工会组建 23 个，覆盖新建企业 36 户，新建企业组建工会已达到 77 户，基本完成新建企业工会组建工作。为推进新建企业工会逐步规范管理，发挥新建企业工会的职能作用，县总工会印发《关于乡（镇）建设职工之家的意见》，提出新建企业工会工作要以建会为重点转向以发挥作用为重点，以深入贯彻《中华人民共和国劳动法》为契机，以签订集体合同和工资集体协商协议为主要措施，切实维护职工合法权益，推进新建企业工会工作逐步规范的新要求。乡（镇）建家工作效果明显，至年底，已有 5 个乡（镇）申报合格职工之家的验收。总结组建新建企业工会工作的经验，表彰新建企业工会组建工作先进单位 7 个、先进个人 21 名。

2005 年，盐边县有工会组织 218 个，职工总数 18756 人，工会会员 18011 人。新建工会 11 家，新增工会会员 2670 人。为加大煤炭集中乡镇的维权力度，按照市委领导的要求，在红果彝族乡成立煤炭企业工会联合会。在新九、和爱乡开展乡镇工会规范化试点建设。

2008 年，县总工会以维护职工合法权益为主线，认真组织各级工会组织学习《中华人民共和国工会法》《劳动争议调解仲裁法》等法律法规，创建职工活动之家，举办各种形式的干部培训班 28 期，996 名基层工会干部参加培训，培训面达 90%。

2010 年，在机关党员中开展“创先争优”活动，通过召开动员会、党员争当“五星”、党员公开承诺等活动，提高机关党员的素质，使机关工作作风得到改变。制定完善党组工作、主席办公会、中层干部会、职工大会制度，坚持重大问题由领导班子集体研究决定，定期召开中心学习组会议和民主生活会。认真履行党风廉政建设责任制，在领导班子和干部中坚持开展党纪党规、法律法规、反腐倡廉和廉洁自律教育，提高机关职工拒腐防变的自觉性。积极开展好机关党支部各项活动。县总工会在各乡（镇）、企业、行业工会建立工会信息员网络，配备信息员 38 人。制定下发《盐边县总工会信息工作考核奖励办法的通知》，将信息工作纳入全年工会工作目标考核。

2013 年，全县有各级工会组织 649 个。其中，国有企业 8 个、事业单位 60 个、机关 63 个、个体工会 5 个、其他形式的工会组织 6 个、村级工会 1 个、社区工会 7 个、集体企业工会 1 个、私营企业工会 498 个。涵盖基层法人单位 920 个，有职工 46123 人，工会会员 46114 人。县总工会认真执行中央八项规定，省、市、县十项规定及相关法律法规，加强机关党风廉政建设。切实加强机关效能建设，执行《首问责任制度》《限时办结制度》《过错责任追究制度》等项制度，坚持请假制度、考勤制度和公车使用制度。坚持周一例会制度，党组中心组学习制度，党员定期学习制度，统筹做好其他工作。按照县委“服务群众、改进作风、推动发展”专项活动要求，转变工会干部工作作风，将工作重心下移，深入共和乡3个村做好大走访工作。深入企业调研，为基层解决实际问题，使职工群众真正感受到工会组织是最可信任的“职工之家”、工会干部是最可信赖的“娘家人”。建立健全工会理论研究和调查研究机制，撰写调查报告及论文8篇。加强工会工作宣传，报送工运信息46篇，其中市总工会网站采用18篇，省总工会网站采用4篇。

1989—2013年盐边县工会组织发展情况

表46

年份	工会组织（个）	职工（人）	工会会员（人）
1989	125	6511	5721
1990	143	6878	6088
1991	146	7288	6498
1992	148	7608	6818
1993	160	8952	7369
1994	162	9254	7671
1995	164	9480	7897
1996	166	9499	7916
1997	143	9066	7544
1998	145	9288	7705
1999	150	9304	7821
2000	168	9716	8133
2001	180	9798	8215
2002	193	9893	8809
2003	214	9547	9326
2004	215	15787	15341
2005	215	18756	18011
2006	228	19923	19127
2007	225	20785	20679
2008	241	28624	28198
2009	256	30236	30208
2010	276	34772	34758
2011	319	40114	40112
2012	467	43123	43114
2013	649	46123	46114

第三节　职工民主管理

1989年，盐边县总工会把企业民主管理作为工会工作的重点，普遍推行承包经营责任制，推进企业的两权分离。推行“双保合同”，建设企业利益共同体，调动经营者和生产者的积极性。全县签订双保合同的单位达到7个。

1990年，县总工会开展基层企业民主管理问卷调查，发出问卷300份，收回285份。其中评价企业民主管理好的有37份，占15%；评价一般的有123份，占57%；评价差的有37份，占15%。县总工会将职工意见较大、反映强烈的问题归纳为48条意见，并分别与企业党政负责人交换意见，进一步加强职工民主管理，使职工反映的主要问题得以解决。

1991年，全县有58个单位建立职代会，有13个单位依法如期召开了职代会或职工代表大会，职工代表参与审议企业重大决策，决定工资调整和奖金分配方案，民主评议行政领导干部工作，职工民主权利得以实现。全年，接受民主评议的行政领导干部达106人。企、事业单位职工积极参与定向招工，劳动争议仲裁，住房改革方案讨论，搞活经济建设意见征集等活动，充分发挥民主管理的作用。

1993—1995年，盐边县企业转换经营机制，企业内部实行“三项制度”（企业内部人事、劳动、分配制度）改革。全县各企、事业单位职工为本单位振兴和发展献计献策，职工主人翁意识不断增强。各级工会把职促进工民主管理作为工会工作的重点，坚持推行各企、事业单位召开职代会，职代会参与审议企业重大决策和工资、奖金分配方案、企业改革方案、违纪职工处理方案等重大事项的决策。组织职工开展民主监督和民主评议企事业、行政领导干部。全县各企事业单位召开职工代表大会和职工大会共337次，审议各种方案732件。全县有46个企事业单位开展了对行政领导的民主评议和民主监督工作。

1996年，首先在攀盐铁合金厂开展集体合同签订的试点工作。在此基础上，县总工会指导各企业进行职工与管理者平等协商，签订集体合同。至年底，全县有28个企业建立平等协商制度，签订集体合同。

1998年，大力推行建立职工民主管理机制。县总工会要求县内职工人数在100人以下的企业建立职工大会制，职工人数在100人以上的企业建立职工代表大会制度，职代会由大会主席团主持，主席团由5—7人组成，其中一线职工、工人占主席团成员半数以上。要求每半年召开1次职代会，每次会议必须有三分之二以上代表（职工）出席，作出的决议须全体代表（职工）过半数通过方为有效。

1999—2001年，盐边县委、县政府每年都召开全县推行厂务公开、深化民主管理动员大会。县委、县政府县总工会成立厂务公开领导小组，并在全县开展厂务公开进展情况的检查指导。至2001年，全县66企事业单位中有65个企事业单位开展厂务公开工作，占应开展厂务公开的98.50%。建立制度、制定实施方案的40个，占60.60%。县总工会以推行厂务公开为突破口，进一步落实职代会职权。完善职代会制度，在厂务公开规范工作推动下，全县职工应召开职（教）代会的企事业单位72个，有71个召开了职（教）代会，占应召开企事业单位数的98.60%，提交职代会审议的议案259件。其中否决28件，占议案的10.81%；审议同意231件，占总数的89.19%。干部廉洁自律情况向职代会报告的单位71个，占应报告数的98.60%。有65个单位开展了领导干部评议工作，共评议领导干部156名。通过在职工中开展对厂务公开民主测评，职工对厂务公开基本认可率达90%。

2002年，盐边县率先在全市建立规范的政府联席会议制度。7月31日，县总工会、县政府办公室以联合发文形式印发《盐边县人民政府、盐边县总工会关于建立政府（行政）与工会联席会议制度的意见》（盐边府发〔2002〕44号）。该《意见》就联席会议的内容、组织形式、工作职责、确定事项、具体要求等作出规定，为政府与职工之间的联系，改善职工参政渠道奠定了基础。

2004—2005年，盐边县结合在乡镇及民营企业工会中开展“合格职工之家”建设活动。在65户已建立工会组织的非公有制企业中，逐步实行厂务公开。在新建企业中推行平等协商和集体合同制度，至2005年，全县有77个民营企业建立集体协商制度，签订集体合同和工资集体协调协议、66个工会企业签订集体合同、67个企事业单位实行厂务公开，合同签约率为100%。

2006年，盐边县国有企业、事业单位和非公有制企业在深化民主管理领导小组的指导下，逐步建立职代会或职工大会制度和厂务公开制度。2007年，62个国有企业、事业单位已全面推行职代会（职工大会）制度，有47个国有企业、事业单位厂务公开工作达到规范化。全县95个非公有制企业建立职代会制度和厂务公开制度，非公有制企业厂公务开率达 86%。5 个国有企业和 95 个非公有制企业签订集体合同和工资集体协议，签订率分别达 100%和达 86%，覆盖职工 9873 人。31 个非公有制企业签订女职工特殊权益专项集体合同，覆盖女职工 1210 人。2008 年，全县已建工会的非公有制企业 123 个，其中有 111 个建立职代会制度（职工代表大会）和厂务公开制度，建制率达到 90%。全县已有 5 个国有企业签订了集体合同和工资集体协议，覆盖职工 569 人，签订率达 100%。111 个私营企业签订集体合同和工资集体协议，覆盖职工 12080 人，签订率达 90%。2009 年，全县已建工会的民营企业达 132 个，其中 130 个企业建立了职代会或职工代表大会制度和厂务公开制度，建制率达 98%。经检查，108 个企业厂务公开制度达到规范化、制度化。全县有 108 家企业签订了工资集体协议，有 5 个国有企业和 120 个私营企业签订集体合同，覆盖职工 12650 人，签订率分别达 100%和 90%，职工对企业工资集体协议满意率达 90%以上。2010 年，事业单位和国有企业厂务公开制度达到规范化，规范化率分别达 98%和 100%，职工群众认可和基本认可率达到 95%。全县已建工会的民营企业达 150 个。其中，135 个已建立了职代会或职工代表大会制度和厂务公开制度，建制率达 90%；115 个企业厂务公开制度达到规范化、制度化，职工群众认可和基本认可率达到 85%以上。是年，全县国有、民营企业中，已签工资集体协议共 139 家，签订率达 90%，职工对企业工资集体协议满意率达 90%。继续推进集体合同的签订，全县国有企业和私营企业签订集体合同，覆盖职工 15606 人，签订率分别达 100%和 90%。2011 年，全县国有企业和事业单位的厂（事）务公开、职代会（职工大会）实现规范化、制度化全覆盖。已建工会的非公企业有 195 个，其中 191 个非公有制企业推行了厂务公开、建立了职代会（职工大会）制度，推行面达 98%，企业实现规范化建设，规范化率达 85%。全县已建工会组织的 200 家国有、民营企业中，已独立签订工资集体协商协议和集体合同的企业达 162 家，签订行业性工资集体协商协议和集体合同各 5 个，覆盖企业 33 家，非公企业工资集体协商签订率达 97%。至 2012 年年底，全县国有企事业单位厂（事）务公开、职工代表大会或职工大会建制率达 100%，非公企业建制率达 95%。

2013 年，在全县企事业单位中开展创建厂务公开民主管理示范单位活动，选树企、事业厂（事）务公开民主管理示范单位 45 个。全县国有企、事业单位厂（事）务公开、职代会（职工大会）制度建制率达 100%，非公企业厂务公开、职代会（职工大会）制度建制率达 95%。是年，以贯彻落实《四川省企业工资集体协商办法》为契机，全县进一步明确工资集体协商的适用范围、协商内容和要求，并根据实际，在全县范围内分别建立企业、行业、区域 3 种形式的协商制度。全县各类企业独立签订专项《工资集体合同》153 份，区域性《工资集体合同》8 份，行业性《工资集体合同》3 份，企业独立签订 142 份，共覆盖各类企业 516 家。全县工资集体协商签订率达 100%。

第四节　职工维权

1989 年，随着深化企业经济改革的深入和权益主体的多样化，个别企业拖欠职工工资、侵犯职工权益等事情时有发生。县总工会积极采用法律手段，依法维护职工合法权益。全年全县各级工会接待职工来信 433 件、来访 180 余次。对职工反映的维权需求，县工会干部、职工下基层调查、研究、了解情况 80 余天，请有关方面人员研究 10 天，做到件件有记录、有登记、有答复，使来信来访的职工满意而归。粮油加工厂女职工朱某 1987 年在室外工作时不慎将左手摔断造成工伤，经医治后，朱某要求企业给予评残，多次到信访室反映其要求，还屡次找县粮食局、县政府有关领导，有关领导要求粮油加工厂按政策处理朱某问题，但一直未得到解决。8 月，县总工会会同县劳动人事局、县粮食局有关人员深入粮油加工厂进行深入调查，弄清了事情的经过，解决了这一问题。

1990 年，市场疲软等原因造成生产滑坡、企业停产。部分停产企业职工发生生活困难等问题。为帮助企业和职工渡过难关，根据市总工会的安排，县总工会开展困难职工状况调查。在调查中，县总工会坚持把职工的思想教育放在首位，教育职工体谅国家困难，因地制宜地进行生产自救，帮企业渡过困境。县总工会在调查研究的基础上，建议有关企业在困境中挤出资金补助困难职工。在县总工会协调下，涉困企业出资 9354 元，各级工会组织出资 4000 余元补助困难职工，帮助困难职工渡过难关，稳定了职工队伍。全年，县总工会接待职工来访 24 件、来信 13 件，做到件件有落实，事事有结果。

1991 年，县总工会做好职工来信来访工作，共办理职工来信 11 件，接待职工来访 19 次。10 月 30 日，县水泥厂职工因近两个月时间未发工资，发生集体上访。县总工会 3 名工作人员和县企业局负责人认真接待来访职工，努力安定职工情绪，动员职工回厂坚持生产，同时积极向县委、县政府领导和有关部门反映情况，引起县委、县政府高度重视，问题很快得到解决。

1993—1995 年，县总工会共接待职工来信来访 128 件，213 人次，均做到件件有落实，事事有回音。1995 年 3 月 13 日 21 时 15 分，二滩联营体进水口施工区一辆油罐车从 100 余米施工区公路翻于岩下，油车烧毁，3 名民工当场被烧死。事故发生后，二滩联营体欧方有关负责人无视中国政府有关规定，不按因公死亡处理，县总工会和市总工会联合对此次事故进行调查处理，多次交涉后，此事故得到圆满解决，使死亡职工的权益得到维护。

1996 年，县总工会与县劳动局商定，建立盐边县总工会劳动法律监督委员会（县总工会主席黄大洲任主任），加强全县劳动法的贯彻和处理涉法职工维权事务。

1998—1999 年，县总工会为 22 个基层工会办理基层工会法人资格证。为帮助广大职工正确掌握劳动法律知识，认真履行自己的法定义务，行使法律赋予的劳动权利，依法调整劳动关系。县总工会聘请 2 位律师为县总工会常年法律顾问，定期举办劳动法律知识讲座，帮助职工了解和掌握劳动法律知识。县总工会定期开展职工来访接待，每月至少 1 天。县总工会配备信访兼职干部，建立登记、汇报、阅批、定期研究等各项制度。至 1999 年年底，全县建立 22 个劳动争议调解委员会，其中，国有企业 16 个、集体企业 4 个、乡镇企业 2 个；调解劳动争议案 18 件，调解结案 17 件，均为职工胜诉。县总工会建立工会法律信访工作岗位目标责任制，做到来信来访有登记，上级指示有记载，办案有材料，共接办来信 10 件 240 人次，来访 13 件 111 人次。

2000 年 4 月 27 日，县总工会联合县劳动局在民富集贸市场举行“下岗职工法律援助日”活动。10 个停产企业的 300 余名待下岗职工参加此次活动，共印发宣传资料 900 多份，发放《国有企业下岗职工基本生活保障》及《再就业宣传手册》270 份，制作以《劳动法》为主要内容的录音宣传带，并请 2 名专职律师到场咨询，开展法律咨询 120 余人次。

2001 年 5 月 20 日，县总工会成立职工法律援助中心，县总工会副主席董美芝任主任。7 月，印发《工会三五普法试题》，发放到全县职工手中进行测试，全部合格。

2003 年，县总工会把法律信访工作纳入工会工作的重要议事日程，工会信访工作由工会主席亲自抓，分管副主席和专职人员具体抓，并制定详细的目标任务和考核办法。全年共受理职工来信来访 10 件 127 人，内容涉及婚姻家庭、企业改制中职工养老保险和医疗保险、劳资纠纷等问题，办结率为 100%。完善劳动法律监督委员会办事机构，专兼职劳动法律监督员由 2002 年的 3 人增至 4 人。加大劳动法律监督力度，县总工会、县劳动和社会保障局、县经贸局于 6 月正式建立劳动关系三方联席会议制度，拟定《盐边县民营企业工会组织开展劳动安全监督工作要点》。

2005 年，县总工会购买《职工维权手册》3000 册发放到农民手中，举办法律法规培训班 6 期，培训干部职工 400 人。发放法律知识宣传单 3500 份，组织 323 名职工利用党政网参加市总工会举办的“四五”普法考试，平均成绩为 95 分。参与劳动纠纷协调，涉及职工 156 人，涉及金额 60 万元。5 月，新九乡一农民工向县总工会电话投诉，反映中国第四冶金建设公司攀枝花分公司在承建新九龙蟒公司输水管道安装工程时拖欠58名农民工工资15万元达半年之久。根据农民工的投诉，县总工会主席黄大洲与劳动部门的执法人员和新九乡工会深入发包单位龙蟒公司现场督办。经多次协调，在龙蟒公司的支持下，直接从发包单位扣回中国第四冶金建设公司攀枝花分公司所拖欠的58名农民工的工资15万元，垫支材料款4万余元，并及时支付到农民工手上。

2006年，县总工会聘请2位法律顾问，积极开展法律援助。县总工会共参与3次劳动纠纷协调，涉及职工96人，涉及金额30万元，维护职工的合法权益，促进企业劳动关系的协调稳定。县总工会出资2万余元，印制法律、法规宣传台历3500册发给基层职工。举办法律法规培训班2期，参训干部、职工400人。县总工会参与3月、12月法律宣传日，“6·26”禁毒宣传日等活动，发放宣传资料3600份。县总工会与县劳动和社会保障局、县规划和建设管理局、县公安局等部门联合开展执法检查，对农民工工资支付情况和非公有制企业涉及相关法律贯彻执行情况进行检查。县总工会以《信访工作条例》为指针，规范工会信访工作系列制度。坚持参与市总工会信访工作季度分析会议制度，及时掌握不同阶段职工维权工作的重点和难点，了解职工队伍中存在的问题以及不稳定因素，完善维权的预警机制，设立职工维权热线电话。认真做好信访接待和大力开展法律援助工作，逐步引导农民工做到主动维权，依法维权，科学维权。全年县总工会受理职工来访、电话来访25件，其中集体上访1件12人、电话上访5人次，来信来访7件，市总工会转办1件。内容涉及困难救助、助学救助、大病救助13件，有关政策咨询6件、拖欠农民工工资1件、要求退还押金1件、要求企业缴纳养老保险1件、要求工伤鉴定1件，均做到事事有交代，件件有回音，办结率为100%。

2007年8月，县总工会会同县劳动和社会保障局，在相关部门配合下，对盐边县南、北片区的“四小”企业开展清理打击非法用工，损害农民工合法权益的专项检查。此次共检查用工单位153户、其中小砖窑9户、小煤矿19户（关闭2户）、小矿山31户（雨季停产5户）、小作坊8户、建筑施工单位3户、餐馆40户、其他42户，涉及职工10232人。督促用人单位补签劳动用工合同120份，督促用人单位为90名劳动者办理了社会保险，发放宣传资料700余份。11月，协助劳动和社会保障局等部门对新九乡远达矿业有限公司、红格经质公司等15个企业拖欠农民工工资情况进行检查，经检查均未发现拖欠农民工工资情况。积极做好“五五”普法工作。聘请四川省信恒律师事务所律师为县总工会常年法律顾问，积极为广大职工提供法律咨询，协助县总工会草拟、审查、修改有关合同及其他法律事务文书，代理涉及职工的劳动争议案件和工会组织、工会干部被侵权案件，进一步维护好广大职工的合法权益。用各种形式做好职工法律法规的宣传工作，同时还开展“律师维护劳动者合法权益义务法律咨询”活动，共发放各类法律法规宣传资料8000份。全年县总工会受理职工来访、来电话、来信案49件，已办理49件，办结率达100%。

2009年，县总工会创新职工法律援助机制，印发《盐边县“农民工援助行动”实施方案》《盐边县总工会关于建立和完善职工法律援助制度的通知》，完善职工法律援助制度。建立法律顾问律师坐班制度，及时为职工提供法律咨询、法律代理等法律服务。建立县总工会领导接待制度，牵头接待群访职工，组织相关部门共同调解劳动争议，成功处置职工群访3次，化解了社会矛盾，维护了社会稳定。加强农民工个案维权。与县司法局合作，聘请律师为因工致残农民工陈某，在确认劳动关系、工伤认定、伤残等级评定等方面提供法律援助和物质帮助，使陈某历经5年诉讼，取得终审胜诉，得到应有的赔偿，有效地维护农民工的合法权益，引起较大的社会反响。全年共收到职工来信来访案34件，办理34件，办结率达100%。配合有关部门开展“整治非法用工、打击违法犯罪”专项检查活动。检查各类企业120户，其中小砖窑5户、小煤矿18户、小矿山7户、小作坊6户、其他84户，涉及职工10211人。督促用人单位补签劳动用工合同1237人次，督促用人单位为2005名劳动者办理社会保险，发放宣传资料6000余份。

2011年，县总工会发挥工会组织的优势，通过召开县委常委会、政府常务会及其他专题会议等形式，积极参与县级涉及职工利益相关政策的制定，及时反映职工的意见和建议。按要求建立完善各级工会劳动法律监督组织和劳动争议调解组织各179个，配备劳动法律监督员和劳动争议调解员各554人，参与劳动争议调解23件，配合县劳动监察大队对重点行业、重点区域及发生过违反劳动保障法律法规行为的用人单位逐户进行集中检查3次，发现违法违规行为，及时调查处理。春节前，县总工会到安宁工业园区开展“送温暖、送健康、送法律、送文化”活动，为园区职工提供法律咨询120人次，发放《工会法》《劳动合同法》等相关法律法规和健康宣传资料1130余份。加大宣传力度，县总工会派人深入企业和职工群众较集中的公共场所进行宣传，发放各类法律法规宣传资料5000余份。在四川龙蟒矿冶有限责任公司开展职工“六五”普法知识讲座，对100余名职工代表进行普法培训。全年，县总工会接待职工来信来访109件次，办结率达100%。攀枝花市伟鹏冶金有限责任公司无故不与21名职工签订劳动合同，引起劳资纠纷，县总工会联合县司法局、法院、人社局和群工局成功调解此案件，由企业兑现支付补偿金21万余元。加大个案维权工作力度，根据市委组织部部长、市总工会主席张祖芸的批示，县总工会联合县司法局、法院、公安局、人社局、群工局、林业局专题召开协调会，妥善解决了盐边县林业局原解聘合同工李某请求按政策解决缴纳养老保险金的问题。

2013年，县总工会建立健全工会与政府联席会议制度、劳动关系三方协商制度。坚持每年在12月份召开一次联席会议，及时反映职工的意见和建议，搭建职工与政府有关部门进行面对面沟通的平台。坚持与县人力资源和社会保障局、县经济商务和信息化局、县工商联召开劳动关系三方四家协商会议，就劳动关系中出现的重大问题进行协商，及时化解矛盾，维护社会稳定。积极参与县人大开展的《职业病防治法》考察及劳动法律法规执行情况和监督检查工作，进一步维护职工的健康权益，积极推行《工会劳动法律整改意见书》和《工会劳动法律整改建议书》制度。加强职工法治宣传，为企业职工送去《中华人民共和国劳动合同法》《中华人民共和国职业病防治法》《中华人民共和国工会法》《四川省企业工资集体协商办法》等相关法律法规和健康宣传资料1.3万余份，提供法律咨询2120人次。积极开展职工法律援助工作。将法律援助经费列入本级工会预算。坚持每周二律师坐班制，开展法律咨询，为职工提供法律服务。在乡（镇）、社区、非公企业法律援助分中心（站），制定法律援助制度。全年接待来信来访235件次，其中受理职工投诉5件，咨询230件，办结率达100%。健全完善劳动争议调解组织、劳动法律监督组织。在乡（镇）、企事业单位建立劳动争议调解组织、劳动法律监督组织各405个，有劳动争议调解员、劳动法律监督员1232名。县总工会与县人力资源和社会保障局联合下发《关于建立工会劳动法律监督与劳动保障监察协作机制的实施意见》，并联合开展劳动法律执行情况专项检查活动，及时纠正用人单位的违法行为。积极参与劳动争议案件的调解、仲裁工作，参与法院的庭前调解工作。盐边县兴旺煤业有限责任公司80名职工，因企业方拖欠工资及解除劳动合同群体上访的案件，经过县总工会和县人力资源和社会保障局组织多次协商调解达成协议，由企业方支付80名职工拖欠工资及解除劳动合同的经济补偿金共70余万元。全年，加强农民工工资清欠力度，清理拖欠农民工的工资70万元，企业在规定期限内全部兑现。切实加强女职工特殊权益维护，指导企业工会与企业行政签订《女职工权益保护专项集体合同》，并将女职工与男职工同工同酬条款纳入《工资集体专项合同》作为必需的内容。

第五节　经费管理与审查

1989年以来，盐边县总工会经费审查委员会，每年根据《工会各级经费审查委员会组织通则》的规定，按期审查同级总工会组织的经费收支和财产管理情况，按期审查同级总工会所属企事业单位的财务收支和经营管理情况，监督同级总工会组织认真贯彻执行党和政府的财经政策、纪律、法规和上级工会的各项财务工作的规章制度。全县有工会经审组织5个。

1990 年，县总工会制定经费开支和管理办法，配齐会计、出纳等专职财务工作人员，建立健全岗位责任制，严格按财经纪律办事。完善领导审批手续，明确规定县总工会的经费开支由分管主席一支笔签批，严格把关，统筹计划开支，凡开支金额在 50 元以下的由分管主席做主签批，超过 50 元的需主席办公会议集体研究决定。

1991 年 10 月，县总工会举办首期经审、财务培训班，各级工会经审委主任、财务人员共 70 余人参加培训，市总工会经审委、财务部，县总工会、县总工会经审委的主要负责人讲课。年内还在县总工会举办的基层工会主席培训班上专题讨论经审工作。为加强对工会经费计拨审计的领导，县总工会成立由 7 人组成的工会经费审计领导小组，开展工会经费的审计。11 月 30 日，全部完成自查。通过工会经费计提、拨交的审查，1991 年上解比 1990 年增长 42%，欠交工会经费由 1990 年的 26 个下降到 11 个单位。全县工会经审组织增加到 135 个。

1994 年，县总工会在全县 106 个单位中开展 1991—1993 年的工会经费自查自审工作，并委托审计了部分单位工会经费使用情况。

1995 年，盐边县总工会印发《盐边县总工会经费审查委员会工作细则》到县直机关工会、各局工会经费审查委员会，建立健全各级经审组织机构，经审组建率由 1990 年的 5%发展到 100%。6 月，开展对 1994 年工会经费的计拨解缴的自查工作。经过 3 次自查自审活动和抽查、委托审计，共查出行政少拨、漏拨工会经费 144589 元，基层欠解缴县总工会 99835 元。

2001 年，组织 80 余名基层工会经审干部参加县总工会经费审查委员会委员举办的经审干部培训班。年内，坚持下审一级的审计制度。

2002 年，县总工会经费审查委员会做到在组建工会的同时，建立经审组织，并且要求经审主任由现任副主席兼任。至年底，全县有基层工会经费审查委员会 109 个，兼职经审及干部 406 人，其中新建企业工会经审委员会 33 个，经审干部 199 人。为提高经审人员的业务水平，举办 2 期经审工作培训班，培训经审干部 119 人。

2005 年，全县 218 个基层工会，在基层工会换届时，经审组织与工会委员会同时换届，基层工会经审建会率达 100%。7 月，县总工会举办工会干部岗位职责培训班，对参训人员进行了工会职责及委员职责分工，工会组织建设、财务管理、工会经费审查、审计等内容培训，35 名经审干部参训。

2006 年，健全完善经费审查组织机构，按要求配备经审办公室主任 1 名，负责日常事务。加强实务审计，提高审计质量。2 月，对县总工会 2005 年度本级经费收支预算执行情况进行审计，并对 2006 年度经费预算进行审查，查出问题 3 个，整改 3 个。对县总工会直属事业单位工人文化宫的财务收支情况进行审计，督促工人文化宫进一步加强财务管理，发挥工人文化宫的作用，查出问题 3 个，整改 3 个。加大下审一级工作力度。根据基层工会的自审自查情况，县总工会经审会对县教育工会、个体劳动者工会、县医院工会、县工商局工会等 4 个机关、企事业单位的工会经费使用情况和拨解情况进行审计，查出问题 9 个，整改 9 个。

2008 年，县总工会与县财政局联合下发《关于加强基层工会财务管理的补充意见》，《意见》对工会经费的拨缴和分成、使用及资产管理等情况作进一步规定。对全县各企业依法拨交工会经费的情况进行全面清理，摸清底数，建立工会经费拨交、工会经费信息报送新机制。对全县国有和国有控股企业、非公有制企业（包括已建工会组织，并办理工会法人资格登记和开设工会银行账户的企业和正式投产、未组建工会的企业），2007 年度内是否依法按单位全部职工工资总额 2%足额申报缴纳工会经费或工会筹备金情况进行清查。同时，认真开展对本级工会经费的审查审计，坚持半年审查和年终审计制度，对发现的问题及时提出；进一步加大对基层工会经费的审查力度，全年对工会所属事业单位县工人文化宫及县自来水公司、电力公司、烟草公司、盐边林业局、个体劳动者工会联合会、红发物资有限公司、一立冶金有限公司、红果水泥厂 8 个基层工会的工会经费计提、上解和使用进行审计。加强基层经审干部培训，通过培训使经审干部们业务能力进一步提高。11 月 12 日，组织基层工会财务、经审人员进行工会财务、经审业务知识培训，90 名基层财务人员参加培训。

2010 年，县总工会修订和完善《盐边县总工会关于对乡镇工会经费的管理办法》《盐边县总工会关于对民营企业工会经费的管理办法》，逐步规范乡（镇）、企业、机关工会财务行为，保证工会经费的使用方向，推动工会工作的创新发展。认真履行监督职能，对下级工会开展下审一级工作，重点对 9 个乡（镇）的 10 个民营企业工会，70 个机关单位的工会经费计提、上解、使用进行审计。对本级工会各类专项资金进行专项审计。

2012 年，县总工会深化工会经费收缴机制改革，推行税库银一体化代征模式。县总工会与县财政局联合下发《关于基层工会经费管理有关事宜的通知》，对乡（镇）工会联合会、机关、事业单位工会开设独立账户、移交及管理相关事宜进行明确。为加强基层工会经费管理，县总工会下发《盐边县总工会关于基层工会经费管理办法（试行）》，进一步加强基层工会经费收支管理，提高工会经费使用效益。全年，积极开展审计工作，对下级工会开展下审一级工作，重点对财政集中支付中心管理的 71 个单位 2011 年度的工会经费财务收支情况进行审计；对 10 个民营企业 2010 年至 2011 年工会经费的收支情况进行审计；对本级 2011 年度预算执行情况和帮扶专项资金；对县总工会直属事业单位工人文化宫的财务收支情况进行审计。

2013 年，县总工会进一步深化工会经费收缴机制改革，工会经费稳步增长。县总工会与县地税局、县财政局召开协调会议，推行税库银一体化代征模式，完善和规范代征工会经费机制。与县财政局联合下发《关于基层工会经费管理有关事宜的通知》，对乡（镇）工会联合会、机关、事业单位工会开设独立账户、移交及管理相关事宜进行明确。县总工会制定下发《盐边县总工会关于基层工会经费管理办法（试行）》，进一步规范和加强基层工会经费收支管理，提高工会经费使用效益。完善工会资产核资、资产统计等基础管理工作，工会资产实现保值增值 10%以上。全年，县总工会经审会坚持对县总工会本级 2012 年的预算执行情况进行审计，对 2013 年的预算草案进行审查。加强对下级单位审计，重点对下属事业单位工人文化宫财务收支情况和 103 家乡（镇）、机关、企事业单位工会经费计提拨缴情况进行审计。县总工会按要求配备专职经审会主任和经审办公室工作人员；按省总工会规定将经审专用经费列入财务预算，保证工作开展。

第六节　职工教育与文体活动

1989 年，盐边县总工会组织全县干部职工学习贯彻党的十三届四中、五中全会精神，深入开展形势教育、爱国主义、社会主义教育，反对“资产阶级自由化思潮”，大力加强法制、廉政建设。利用休息时间，先后开展小口径步枪射击比赛、象棋比赛、篮球比赛、拔河比赛和书画展览等活动。

1990—1992 年，县总工会大力开展职工文化和思想教育，开展形式多样的教育活动。在教育活动中，县总工会坚持正面教育为主，把尊重人、爱护人、激励人作为职工教育的基本原则，做到基础教育与形势教育相结合，理论教育与自我教育相结合，思想工作家访谈心与解决职工实际问题相结合，开展丰富多彩的文化娱乐同思想教育相结合，不断增强职工教育的针对性和实践性。教育活动中，县总工会把坚持“四项基本原则”，坚持改革开放，反对“资产阶级自由化思潮”、反对“和平演变”作为主题，充分利用工会活动阵地，开展培训和知识问答、有奖竞赛、歌舞等丰富多彩的形式，歌颂共产党、歌颂社会主义、歌颂工人阶级和人民群众。1991 年 5 月，县总工会在县工人文化宫，举行“国家有困难我们怎么办”为题的演讲比赛，全县 13 个科局单位 28 人参加演讲，300 余名听众出席活动。1992 年春节，在县大礼堂组织县城机关职工参加歌咏比赛，18 个单位 420 名职工参加，1200 余名观众观看表演。1991—1992 年，县总工会在全县基层工会建立各类球队 43 个，参加体育竞赛 140 次，参加人数达到 2785 人。全县各基层工会，根据各自的情况，开展各种演唱会、演讲会、趣味游戏、卡拉 OK 等丰富多彩的文体活动 108 次。1992 年，“五一”国际劳动节举行的“庆‘五一’文艺晚会”，16 个基层工会 200 余名职工登台表演，1200 余名职工观看。

1993 年，为纪念县总工会成立 20 周年，盐边县总工会举办首届工会杯职工运动会。运动会设篮球、拔河、接力等 3 个比赛项目，33 个单位、68 个运动队、700 余人参加。

1994—1998 年，各级工会充分利用自己的活动阵地开展歌舞活动、知识问答、业务比赛、体育活动等。1994 年 4 月 28 日，县总工会在县人大会议室举行《中华人民共和国工会法》和全国总工会第十二次代表大会知识抢答赛，全县 18 个竞赛队，54 名选手参加竞赛，300 余名群众到场观看。

1999 年，县总工会利用各种节庆活动，积极组织各种活动，对职工进行爱国主义、歌颂共产党、歌颂工人阶级和人民群众观念教育。9 月 28 日，县总工会在县工人文化宫举办庆祝中华人民共和国成立 50 周年歌咏比赛，21 个单位 120 名职工参加比赛，县委书记单荣、县长韦美辉和在家的副县级领导全部登台演唱。

2000 年 4 月 26 日晚，盐边县总工会在县工人文化宫舞厅举行“庆‘五一’职工国标舞比赛”，10 余个单位、80 人参加比赛，县电力公司工会获一等奖，县林业局工会获二等奖、县医院工会和县委机关工会获三等奖。在攀枝花市第三届艺术节期间，县总工会组织全县 20 个机关、企事业单位职工 800 余人在县工人文化宫举办职工达体舞比赛。加强工运理论研究，向市总工会推荐工运理论文章 6 篇，其中 3 篇获二等奖，3 篇获三等奖。选送 5 人参加省总工会举办的工会干部培训班，20 人参加市总工会举办的工会干部培训班，县总工会举办工会干部培训班 2 期，培训基层工会主席 53 人。

2002—2004 年，各级工会组织全县职工认真学习修改后的《中华人民共和国工会法》（以下简称《工会法》）和《四川省〈中华人民共和国工会法〉实施办法》（以下简称《实施办法》），县总工会共举办培训班 3 期，参训人员 890 余人。期间组织 2500 名职工，参加《四川省〈中华人民共和国工会法〉实施办法》“升达杯”百万职工知识竞赛活动，其中 2 名职工分别获市总工会表彰的二、三等奖，县总工会获优秀组织奖。开展《工会法》《实施办法》宣传咨询活动，并邀请县人大法工委、县司法局、县劳动和社会保障局等相关单位参加宣传咨询活动，共发放宣传资料 1600 份，开展法律咨询 200 余人次。

2005 年，为切实提高盐边县机关职工的写作水平，县总工会联合县委组织部、县直机关工委，在新城一小举办盐边县首届机关事业职工公文写作比赛，全县 67 个行政事业单位的 83 名办公室主任及工作人员参赛，县总工会对比赛成绩优秀的前 10 名进行了表彰奖励。县总工会与县妇联在县工人文化宫举办庆祝“三八”节演讲比赛。7 个单位的 9 名职工参加演讲。由县总工会主办、县财政局和县文化体育广播电视局协办的“2005 年庆‘五一’职工歌舞晚会”，14 个单位参加，县委、县政府主要负责人和职工同台演出，3000 余群众观看演出。

2006 年春节前夕，县总工会举办第一届笮山风情歌手大赛。经过初赛选拔出的 23 名选手在春节前夕开展决赛。中共盐边县委、县人大、县政府、县政协的 10 余名负责人和 3000 多名观众观看决赛。4 月 28 日，县总工会主办“庆‘五一’笮山锅庄舞蹈比赛”，全县 29 支队伍、1200 余人参加比赛和表演。

2007—2011 年，盐边县总工会组织举办 5 期“笮山情”歌手大赛。利用节庆举办“迎奥运树新风”“全民健身，与奥运同行”“我为‘三创’添光彩”“庆‘五一’职工文艺晚会”“盐边县春节联欢晚会”“纪念中国共产党建党 90 周年暨‘五一’劳动节职工红歌比赛”“纪念中国共产党建党 90 周年职工演讲比赛”“迎庆十七大欢度九九重阳节”联欢晚会和“迎奥运树新风”等活动。

2012 年，县总工会在广大职工中开展社会主义核心价值观教育活动，选树四川龙蟒矿冶有限责任公司等 10 个企业为全县企业文化和职工文化建设示范点。四川龙蟒矿冶有限责任公司被确定为全市企业文化和职工文化建设示范点。指导金谷煤业有限责任公司等 5 个企业完善了职工活动室及职工书屋建设，并送去各类书籍近 3000 册。

2013 年，县总工会建立职工文明志愿者队伍，共有志愿者 2500 人。引领广大职工围绕“五创联动”积极开展文明志愿服务活动，扎实开展城乡环境综合治理进企业活动，为“五创联动”顺利推进营造良好氛围。

第七节　女职工工作

一、女工组织建设

1989 年 8 月 11 日，盐边县第一次女职工代表大会召开。至年底，盐边县有女职工 2500 余人，在女职工人数 25 人以上的基层工会建立女职工委员会 9 个，女职工委员会组织进一步健全。

1990 年，盐边县女职工委员会发展到 12 个。

1991 年，全县已建立女职工组织 22 个，占应建组织的 88%。基本条件达不到建立女职工委员会的基层工会，也配备了女职工委员。

1992 年，盐边县已建立女职工组织 23 个，占应建数的 92%。

1999 年 1 月，为规范盐边县工会女职工社区服务工作，建立下岗职工社区就业组织网络，成立“攀枝花市总工会下岗职工社区服务指导中心盐边县分中心”，负责实施盐边县各企业女职工社区服务。6 月，组建 9 名下岗职工社区服务队。9 月 9 日，县女职工委员会召开二届一次全委（扩大）会议，选举产生了盐边县第二届女职工委员会，第二届委员会委员 15 人。董美芝任女职工委员会主任，钟玉任女职工委员会副主任兼秘书长，聘请杜玉凤为名誉主任。

2002 年，盐边县凡女职工 25 人以上的工会组织都建立女职工委员会，女职工 25 人以下的工会组织中设女工委员，任期与同级工会同步，按规定按时换届。

2005 年，盐边县总工会健全工会女职工组织，根据盐边县实际，在非公有制企业中，凡女职工在 10 人以上都建立女职工委员会，配备兼职女职工委员会主任，不足 10 人的设女工委员。

2007 年，协商推荐出县总工会第三届女职工委员会班子成员。

至 2011 年年底，全县女职工 12746 人，已建立女职工组织 171 个（设立女职工委员会 131 个，设女职工委员 40 个），有专职工会女职工委员会主任 2 人，兼职女工主任 169 个。

二、工作、活动开展

1973 年盐边县总工会成立以后，就重视女职工工作开展。建立女工组织，各级女职工组织充分发挥自身优势，不断提升女职工素质，维护女职工合法权益。

1989 年“三八”妇女节期间，县总工会联合县妇联开展县城女职工中股所级以上的女干部向县委、县政府有关领导举行民主对话会。在县工人文化宫举办“女工八小时外作品展览”，展出书法、绘画、刺绣、编织作品 59 件，评选出 12 件优秀作品给予奖励。年内，还举办了女工法律知识抢答赛和联欢会，维护女职工合法利益，着重抓好妇女的“五期”保护，依法落实女职工的婚假、产假，保护了女职工的身心健康。

县总工会以工人文化宫为阵地，开展女职工“四自”“四有”教育，学习《女工保护条例》，激励女职工自强自立，为盐边县经济振兴做出贡献。

1992 年 4 月 3 日，新《中华人民共和国工会法》和《妇女权益保障法》颁布实施后，县总工会组织女职工深入学习，广泛宣传。同时，在全县组织各级女职工根据单位本行业的特点，开展各种形式的“学先进、比奉献、创一流业绩”活动。县机具厂女职工在“双增双节”活动中以献工时，利用边角边料，提高产品成品率的实际行动，为企业增加产值和利润。县医院、粮食局系统、电力公司、东方红小学等女职工组织带领女职工根据本职工作特点，开展技术练兵、岗位竞赛等。在“三八”妇女节期间，各基层工会组织女职工本着小型多样灵活的原则，广泛开展各种文化娱乐活动，丰富了女职工的生活。

1994年，县总工会开展女职工“敬业爱岗、立足本职、创一流业绩”活动，全县女职工根据本系统、本单位的行业特点开展系列劳动竞赛及提高业务的练兵活动。东方红小学、西郊小学组织教师开展“校园艺术节火线练兵”“普通话朗读比赛”等竞赛和练兵活动，县医院工会组织女职工开展岗位技术培训，鼓励职工撰写医学论文。县电力公司以“多发、多供、少损、获得最高经济效益”为口号，发动女职工想办法、出主意，为企业提高经济效益献计献策。

1995年，涉及女职工合法权益和特殊利益的事件不断增加，县总工会女职工委员会着重抓源头维护，并督促、检查女职工合法权益和特殊利益的全面落实。工改后产假扣工资一直是盐边县行政单位女职工反映较突出的问题，经县妇联、县女职工委员会做反复细致的协调工作，据理力争，使这类问题从政策上得到解决。县女职工委员会根据《女职工劳动保护规定》，使原定的只报销95%的生育费用按规定全额报销。与县保险公司联合发文，要求各基层工会组织为女职工妇科病投保。县女职工委员会发起“伸出一双手，捐献2元钱，为贫困企业失学子女捐款”活动，全县1000余名女职工为失学儿童捐款2000余元。

1999年，女职工委员会开展双文明立功竞赛活动，在女职工中开展“职业道德、家庭美德、个人品德”“精一手、会两手、学三招”等内容的劳动技能竞赛，组织全县女职工参与文明家庭评比，评出五好家庭3251户。1630名女职工参加劳动竞赛、岗位成才、技术练兵、技术比赛等活动，提合理化建议208条，采纳180条，创可计算经济效益20万元。

2001年5月，县女职工委员会认真贯彻省总工会《四川省女职工大病互助保险实施办法》，为全县925名女职工办理住院保险，保险金额15万元。

2002年，县总工会女职工委员会以宣传《工会法》《劳动法》等为契机，办黑板报20期，出竞赛题500题，开展女职工演讲比赛5次，以会代训女工干部12期250人次。年内，通过职代会反映女职工呼声，在职代会上提建议500余条，采纳100余条。为更好地维护女职工合法权益，县总工会女职工委员会主任进入县人大常委会，副主任进入县劳动争议仲裁委员会，在教育系统基层职（教）代会中，女职工代表占三分之一以上。

2003年，在女职工中广泛开展“我为攀枝花跨越式发展做贡献，我为家乡小康建设出力量”为主题的宣传活动。发动女职工向贫困山区、灾区、非典重灾区、贫困母亲捐款，共捐款3万余元。县女职工委员会对盐边县单亲困难女职工生活状况进行认真调查核实后，救助单亲困难女职工10人，救助金额1000元。年内将300余名符合低保条件的特困女职工纳入低保。举办工会干部培训班6期，培训女职工干部153名。对80余名女职工进行技能培训。继续为女职工办理大病互助保险。为庆祝“八一”建军节，各基层女工组织为驻盐边县官兵送去篮球、羽毛球等钱物，并和官兵开展联欢活动。

2005年，县总工会女职工委员会开展女职工素质工程活动和巾帼文明建功立业活动，组织196名女职工参加各种学习和培训，提合理化建议322条，被采纳148条。32名女职工获先进工作者称号。参加劳动部门组织的执法大检查，依法维护未成年人和女职工的合法权利，举办女职工健康心理知识讲座，62名女职工参加培训。组织女职工“五一”劳动节手工作品展，42件手工作品参加展出。帮助56名女职工实现再就业。2005年，针对基层工会女工干部业务素质参差不齐，基层组织发挥作用不太好这一情况，县总工会对县城机关、企事业及非公有制企业工会干部分批分期进行培训，共举办工会干部培训班3期，培训女职工干部128人。

2006年“三八”妇女节期间，县总工会开展“两纲”宣传活动和知识问答活动。协助有关方面解决困难女职工在就业、就医、住房及子女就学等方面的问题，帮扶生活困难单亲女职工2人，送去慰问金1000元，帮扶困难女职工子女19人，其中大学生4人、中小学生15人，发放助学救助金5500元。联合有关部门共同开展中国职工“红丝带”健康行动，举办爱滋病知识讲座8次，发放宣传资料1600份，张贴标语118幅。组织女职工参加爱滋病知识竞赛，其中1名女职工获一等奖，2名女职工获得二等奖。按照攀枝花市总工会《关于对女职工劳动安全卫生情况进行检查的紧急通知》文件精神要求，重点对红果水泥厂等 17 家规模较大的非公有制企业，特别是女职工较多的煤炭行业进行劳动安全卫生情况专项检查。经检查，盐边县企业均没有女职工从事国家明令禁忌的有毒有害作业、禁忌从事的劳动。“六一”儿童节，县总工会女职工委员会对县城 4 所中小学、2 所幼儿园进行走访慰问，为孩子们送去慰问金和物品。

2007 年，县总工会深入实施“女职工建功立业工程”和“女职工素质提升工程”，全面提升女职工素质，发挥女职工在“三个文明建设”中的作用。在市总女工部的帮助下举办女职工健康知识培训班一期，县城内 15 个机关、事业、国有企业单位的 50 余名女职工参加培训。积极为女职工办理大病互助保险，全年参保女职工 52 人，购买保险 74 份，金额 7400 元。坚持女职工组织与工会委员会同步建立的原则，加强工会女职工组织建设。

2010 年，开展女职工素质提升工程和深化女职工建功立业工程。全年全县有 81 个国有、民营企业工会，组织开展劳动竞赛、岗位练兵、技术比武 132 场次，8334 名女职工参加竞赛活动，还结合“城乡环境综合治理进企业”活动要求，广泛在女职工中开展“我为节能减排作贡献”合理化建议活动，全县有 123 个基层工会组织开展节能减排提合理化建议活动，参加女职工 3320 人，与男职工一道共同参与提出合理化建议 568 条（项），采纳合理化建议 412 条，创可计算价值 3800 万元。继续推进《女职工权益保护专项集体合同》签定工作，对《合同》到期情况进行清理，将到期的需续签合同的有 33 个企业，及时掌握相关情况，有针对性地指导基层工会与企业签订《集体合同》和《工资集体协议》。加强劳动执法检查，在劳动执法检查中，把《女职工权益保护专项集体合同》履行情况纳入检查内容，发现问题及时督促用人单位采取措施进行整改，使合同不流于形式。对新建工会组织的企业，指导其签订《女职工权益保护专项集体合同》，全年新签订合同工 28 个。全县 155 个国有、民营企业签约 140 个，签约率 90%，覆盖女职工 3426 人。全年组织一期近 100 人参加的女性健康知识专题讲座。组织 20 名贫困女职工参加市总女工部组织的免费体检。抓好女职工大病互助保险，565 名女职工参保，购买保险 700 份。截至年底，县女职工委员会已累计为 3746 名女职工办理大病互助保险，参保金额 52.52 万元。

2011 年，深入实施女职工素质提升建功立业工程，全县国有、民营企业工会组织开展劳动竞赛、岗位练兵、技术比武 136 场次，参加竞赛活动的女职工 8400 人次，全县有 123 个基层工会组织开展节能减排提合理化建议活动，参加女职工 3600 人，与男职工一道共同参与提出合理化建议 526 条（项），采纳合理化建议 402 条，创可计算价值 3760 万元。继续推进《女职工权益保护专项集体合同》签定工作，全县已建工会组织的 200 个国有、民营企业，签约 184 个，签约率 95%，覆盖女职工 3653 人。截至年底，县女职工委员会已累计为 4359 名女职工办理大病互助保险，参保金额 60.92 万元。坚持做到女职工 10 人以上的单位成立女职工委员会，在女会员不足 10 人的而在 5 人以上设立女工委员。

2013 年，继续深入开展“当好主力军，建功‘十二五’”劳动竞赛活动，在重点工程开展劳动竞赛，助推重点工程早日发挥效益，女职工参与面达 95%以上。组织动员女职工紧紧围绕调整经济结构、转变经济增长方式，积极开展群众性技术攻关、技术革新和发明创造等活动，女职工参与面达 95%。大力开展女职工职业技能大赛，9 月，县总工会举办的餐厅、客房服务职工技能比赛中，各级女工组织共组织 110 余名餐饮、客房服务行业女职工参加比赛，12 名女职工分别获得一、二、三等奖。组织开展《女职工劳动保护特别规定》知识竞赛活动。各级女工组织积极组织本单位职工参加竞赛活动，全县 2.2 万余名机关、企事业单位职工参加竞赛。组织困难单亲女职工、女农民进行健康体检，来自县城宝和永固市政维护维修公司、永生炭业公司、金谷煤业公司等 11 个企业的 24 名困难女职工和女农民按规定进行血常规、妇科检查、生化等方面 20 余个科目的体检。继续推进《女职工权益保护专项集体合同》签定工作。全县已签订《女职工专项集体合同》98 份，其中区域性《女职工专项集体合同》8 份、企业独立签订 90 份，覆盖各类企业 488 家，全县《女职工专项集体协商签订率》达 100%。

至2013年12月底，实现已建工会单位女职工组织全覆盖，女职工工作多次获得四川省总工会、攀枝花市总工会的表彰。

第八节　职工扶贫解困

一、困难救助

1989年，盐边县总工会加强档案管理，建立健全工会劳动保险的各项规章制度。年内，全县享受抚恤待遇85人，非因工死亡定期生活补助28人，退休职工家庭困难补助5人。支援巴塘地震灾区现金1200元，粮票95公斤。

1990年，由于市场疲软、受灾等原因，部分企业职工产生生活困难问题，县总工会对困难职工状况进行调查，组织困难职工从事副业生产，开展生产自救。县总工会建议企业挤出资金对困难职工进行补助，各企业先后拿出9354元，各级工会另筹集4000余元，对困难职工进行补助。同时，发动会员捐款、捐粮、捐物，帮助受灾职工渡过难关。全年，全县各级工会一共组织捐款5200元，捐粮650公斤，捐物折资380元，全部用于生活困难职工和受灾职工的救助。1992年，补助特困职工13户，临时补助贫困、伤病职工627人次，共补助金额12739元。1993年6月6日，县城西街发生重大火灾，损失惨重，16户居民和5个单位职工房屋财产化为灰烬，县总工会向全县发出捐款号召，共计捐款5000元。1997年，盐边县城从健康镇迁至桐子林镇大坪地，贫困职工大量增加，经扶贫解困领导小组审核，全县有贫困职工321户，家庭人口987人。为解决贫困职工的生活问题，盐边县总工会请求市财政局按新统计数据，核拨贫困职工每人每月8元的粮价补贴。

1998年，经县总工会调查核实，盐边县有城镇低收入职工321户、958人，下岗职工3086人。县总工会完善贫困职工档案管理，按时把低收入职工的粮价补贴发到职工手中。继续开展对考上大中专的贫困职工子女实施经济补偿活动，共补助贫困职工子女2人，金额400元。由县总工会牵头，开展2次全县性扶贫解困送温暖募捐活动，共收到捐款8万余元，作为扶贫解困基金，每年由扶贫解困基金产生的利息和市工会补助的经费，共筹集经费8万余元，用于贫困职工生活补助。1999年，县总工会为人均生活费在170元以下的贫困职工228户796人发放粮价补贴，共发放现金7.65万元；帮助贫困职工子女2人，发放助学金2000元。2003年，县总工会为2名考上大中专的贫困职工子女和12名贫困中、小学生送去助学金5000元，发放贫困职工粮价补贴110户次，计3.22万元。2004年，县总工会救助身患各类大病职工28人，资助中小学贫困生18人、考上大中专贫困生8人、特殊困难学生4人，救助资金达2.83万元。

2006年，县总工会共救助身患各类大病职工14人，资助贫困中小学生32人，考上大学、中专的贫困生12人，生活遇到特殊困难的职工5人，救助资金达3.95万元。

2007年，县总工会开展寒窗助学活动，扩大救助范围，增加救助人数，对贫困大、中专学生的救助从2006年的8人扩大到100人，市、县两级总工会共发放助学金40.1万元；救助中、小学生103人，发放助学金65600元。开展经常性救助活动，全年救助各种身患绝症的贫困职工、生活困难职工和重病住院职工91人，发放救助金2.3万元。开展救灾活动，为13户遭受洪灾的农民工发放救灾金2万元。2008年，县总工会救助各种身患绝症的贫困职工、生活困难职工和重病住院职工15人，发放救助金10.9万元。积极开展助学救助活动。做好贫困家庭申请救助大、中专学生的情况统计和资料上报工作，上报资料253人，实际争取市商业银行救助190人，发放助学金51万元。

2010年，县总工会对613名困难职工开展生活救助，发放救助金13.13万元。开展大病救助，救助重症职工29名职工，共支出救助金5万元。资助困难职工家庭的高中学生51人，发放救助金5.1万元。资助城镇困难职工、困难农民工、农村贫困家庭的大学生 135 人，发放救助金 40.5 万元。2011 年，县总工会为 182 名符合救助条件的大学、高中的贫困学生申请了商业银行助学金 40.56 万元。39 名贫困家庭学生参加“圆梦行动”活动，受到企业每人每年 4800—5000 元的捐助，捐助金额达 20 余万元。112 名大学、高中的困难家庭子女、农村低保户子女受到市、县总工会的助学救助，救助金额 19.3 万元。对符合条件的 21 名身患重病的职工进行医疗救助，对 17 名生活困难的贫困职工进行了生活救助。县总工会积极争取中央、省财政和省、市总工会资金，为 2011 年建档的 837 名贫困职工实施专项生活救助，共发放救助金 23.82 万元。

2013 年，县总工会对调查后建档在册的 290 户困难职工、困难农民工发放中央财政专项生活救助金 14.69 万元。对因患重大疾病造成生活困难的 43 名职工给予医疗救助，发放医疗救助金 8.38 万元。资助家庭困难职工子女上学，共救助贫困学生 170 人，发放各类助学金 107.57 万元。继续开展送温暖活动，帮扶救助困难职工（农民工）1090 人次，发放救助金 46.26 万元。

二、慰问走访

1991 年，县总工会发动全县各级工会组织开展“进万家门、访万家人、知万家情、解万家难”的“四万”活动，访问贫困职工、烈军属、工亡家属 360 户共 980 余人，慰问一线职工 1200 余人。1992 年，县总工会慰问职工 2000 余人，走访慰问 28 户伤残和贫困职工家庭。春节期间，县总工会还携带慰问品到县医院看望伤病住院职工。

1994 年，盐边县为使送温暖活动经常化、社会化、制度化，制订《扶贫解困基金会实施办法》，建立实施送温暖工程领导小组，领导小组下设办公室，办公地点设在县总工会。对全县贫困职工进行跟踪调查，建立贫困职工登记卡，全县共有贫困职工 61 户，家庭人口 202 人。县总工会组织 3 次送温暖活动，各级工会筹集资金 12000 元，共走访慰问贫困职工 59 户，看望住院职工 264 人次。

1999 年，盐边县建立推行县级领导干部联系职工生活困难户制度，实施“1+1=0”工程（一个领导干部帮助一户困难职工脱贫，最终达到困难户数为零）。28 名县级领导干部联系 28 户职工生活困难户，确定具体的联系对象。各级工会全年共走访 16 个企业困难职工 223 户，发放慰问金 6.30 万元。看望住院职工 58 人次，送去慰问品、慰问金 7640 元。2003 年，县总工会共走访慰问贫困职工、下岗职工、劳动模范等 251 人次，送去慰问金 5.3 万元。

2004 年，县总工会与县工商联共同成立“关爱员工、实现双赢”活动领导小组。开展“情系困难职工、感动你我他”系列帮扶捐助活动，共收到全县职工捐款 2.45 万元。元旦、春节等节日期间，继续开展干群心连心活动，共走访慰问困难职工家庭 275 户次，送去慰问金 3.93 万元。2006 年，县总工会开展干群心连心活动，在重大节日期间，共走访慰问贫困职工，受灾职工、生病住院职工、劳动模范家庭 260 户次，送去慰问金 8.3 万元。

2007 年，县总工会开展送温暖活动共走访慰问城镇低收入困难职工和农民工、劳动模范、先进工作者 457 户、1431 人，共计发放慰问金 116600 元。开展“关爱农民工、夏日送清凉”活动。在高温酷暑季节，县总工会与新九乡、桐子林镇工会联合会为二滩矿产品开发公司、广川冶金公司、龙蟒矿冶攀西红格矿业公司等企业的 1300 余名高温作业的农民工送去了价值 4000 余元的白糖、茶叶等清凉食品。2008 年，县总工会走访慰问城镇低收入困难职工和农民工、劳动模范、先进工作者 479 户，共计发放慰问金 19.83 万元。

2010 年，县总工会共慰问帮扶贫困职工、劳动模范 668 人，支出慰问金 24.35 万元。在夏日酷暑季节，向在高温作业的企业农民工送去西瓜、绿豆、茶叶等 3 万多元的清凉食品。2011 年，县总工会对龙蟒矿冶有限责任公司、福川机械制造有限责任公司等 13 个高温作业企业和正在建设的昆钢钛锭项目、桐子林电站两个重点工程施工现场的 5000 多名职工进行慰问，送去西瓜 15 吨，还送去茶叶、绿豆和白糖等防暑降温物品。

三、再就业培训

1998年，县总工会、县科技局、县劳动局联合举办电脑培训班、美容美发培训班各1期，培训困难企业下岗职工70余人。为下岗职工办理免税调查证明136份。建立再就业服务中心，87名职工在工会帮助下，实现再就业。2003年，县总工会举办盐边县下岗职工再就业水果栽培技术培训班，161名下岗、失业和即将改制的企业职工参加此次培训。帮助119名下岗失业人员实现再就业。2004年，县总工会协助劳动和社会保障局，对578名下岗失业职工、困难职工子女、农民工进行培训，为384人提供职业介绍，与县创优办在县接待中心举行旅游管理与服务技能培训班，9个乡的餐饮服务企业从业人员及下岗职工、农民工共385人参加培训。为参加培训的农民工办职业培训合格证169份，介绍3名贫困户子女、2名下岗职工参加市总工会组织的美容美发培训学习。2006年，县总工会协助劳动和社会保障局对122名下岗失业职工、困难职工子女、农民工进行了培训，为73人提供职业介绍。2008年，培训下岗失业人员和农民工227人，协助劳动部门做好再就业工作，帮助653人实现再就业。2010年，组织培训下岗失业人员100人，支出培训费5万元。委托攀枝花职业技术学院培训技术工人109人，支出培训费8.2万元。开展创业培训，培训下岗失业贫困职工家属100人，支出培训费0.5万元。培训农民工804人，支出培训费40.2万元。帮助下岗失业职工、困难职工家属实现再就业251人，超额完成101人。帮助农民工实现再就业529人，超额完成229人。与劳动和社会保障局共同帮助600名下岗失业人员实现再就业。2011年，县总工会培训农民工、下岗失业职工1301人，帮助150名下岗失业职工、农民工实现再就业。

2013年，县总工会帮助150名下岗失业职工，困难职工家庭成员实现就业再就业。为提高农民工的技能水平，县总工会培训餐饮服务150人，乡镇工会共举办运输工、钳工等技能培训7期，培训职工750人，共计900人，超任务300人。扶持帮助10名下岗失业职工、困难职工家庭成员创业，帮助10名农民工实现创业，共计帮助20名下岗失业职工、困难职工家庭成员、农民工实现创业。全年免费提供职业介绍服务160人。

四、职工保险制度建立

1998年，盐边县建立贫困职工生活保障机制。由县总工会牵头，年内开展2次贫困职工的核实调查工作。2003年，成立盐边县总工会困难职工救助中心。县总工会与县民政局协调，帮助符合条件又未进入低保的职工进入低保，至年底，有438户1280人进入城镇最低生活保障体系。2004年，县总工会开展困难职工生活状况调查，为216户贫困职工建立档案。2006年，县总工会为230户贫困职工建立档案，积极协助劳动和社会保障局做好对各企业和农民工对参加养老保险、工伤保险及生育保险的宣传，督促各民营企业为农民工办理养老保险500份、医疗保险1533份，办理工伤保险2765份，工会女职工委员会开展女职工大病医疗互助保险活动，为775名女职工办理大病互保险912份，收保险金额达9.12万元。2007年，盐边县开展职工互助医疗保险工作，县总工会为550名职工办理职工互助医疗保险。2010年，继续实施医疗互助行动，全年参保职工1291人，参保人数在上年的基础上增加47人。

2011年，县总工会为全县245名参加高考的城镇低收入职工、困难农民工子女和农村贫困家庭学生建立电子档案。实施医疗互助行动，动员职工参加医疗互相保险2513人，76名生病住院职工获得赔付，赔付金额6.57万元。开展女职工大病互助保险行动。新参保女职工613名，购买保险840份，参保金额8.4万元。全县4359名女职工办理大病互助保险，参保金额60.92万元。组织80名特困女职工到市妇幼保健院参加体检。

2013年，盐边县参加职工医疗互助保险职工达到2018人，参保金额15.79万元，有204名住院职工得到赔付，赔付金额16万余元。继续做好女职工大病医疗互助保险工作，新参保女职工1078名，购买保险1558份，参保金额16.43万元，有3名患大病女职工获得赔付，赔付金额4万元。

第三篇　企业工会

第一章　攀钢集团有限公司工会委员会

第一节　组织机构

一、机构沿革

1964 年，攀枝花钢铁公司筹备处在西昌成立后，中共攀枝花钢铁公司党委任命奉德民为工会主席，并配备工作人员，建立工会组织。1966—1971 年“文化大革命”政治运动期间，工会组织被“砸烂”，工会工作被迫停止。1972 年，攀枝花钢铁公司（以下简称“攀钢”）政治部设群众工作处，恢复工会工作。1973 年 8 月 19 日，根据上级恢复与建立工会组织的指示，攀钢公司工会第一次代表大会召开。大会选举产生了攀钢工会第一届委员会，下设办事组、组织组、宣传组、女工组和文体组，开展工会日常工作。1976 年改组为部，下设办事部、组织部、宣传部、女工部和文体部。1977—1978 年，又增设生产部和生活部。1978 年后，攀钢公司工会机构几经调整，至 1989 年，攀钢工会设办公室、组织部、宣传部、生产部、生活部、文体部和女工部；受攀钢公司行政委托，代管攀钢职工体育协会办公室、攀钢艺术团和攀钢俱乐部，编制 56 人。

1998 年，攀钢（集团）公司机关进行机构改革，工会宣传部与文体部合并为宣传文体部。

2004 年，攀钢（集团）公司机关再次进行机构改革，公司工会下设办公室、组织宣传部、权益保障（女工）部、生产保护部，编制 17 人。以攀钢艺术团、攀钢俱乐部和攀钢文体楼等为基础新组建的职工文体活动中心挂靠在公司工会。公司工会受攀钢公司行政委托，管理攀钢劳动争议调解委员会、职工技术协会办公室和职工体育协会办公室（简称“一委两办”）的日常工作。

2009 年，攀钢集团有限公司又进行机关机构改革，公司工会下设办公室、组织民管（女工）部、生产生活保障部，编制 11 人。职工文体活动中心挂靠在攀钢工会，并受托行政管理“一委两办”。

2013 年，公司工会内设机构合并为组织民管女工部、生产生活保障部，编制 7 人。职工文体活动中心整体划归集团有限公司综合服务中心进行日常管理，集团公司工会对攀钢职工文体活动进行总体规划和统筹管理。

1989—2013 年攀钢集团有限公司工会委员会负责人任职情况

表 47

年份	姓 名	性别	职 务	任职时间
1989	王成良	男	主 席	1986.12—1997.01
1997	刘新会	男	主 席	1997.01—2012.10
2013	张治杰	男	主 席	2013.04—

二、工会组织建设

1973 年 8 月 19 日攀钢举行第一次工会会员代表大会，选举产生第一届工会委员会后，各二级厂矿单位相继成立工会组织，普遍建立车间工会和班组工会小组。12 月，攀钢有工会会员 24491 人，设二级厂矿单位工会委员会 120 个、工会小组 2264 个。

1984 年，攀钢工会贯彻中华全国总工会指示，开展“整组建家”，发展会员。到 1989 年 12 月，攀钢有工会会员 63151 人、设二级厂矿单位工会 47 个、车间工会 332 个、工会小组 4857 个。

至 2013 年 12 月底，攀钢共有工会会员 79455 人，设直属二级厂矿单位工会 29 个、车间工会 761 个、工会小组 5821 个。

1973—2013 年攀钢集团有限公司工会委员会组织发展情况

表 48

年份	职工（人）	基层工会（个）	会员（人）	车间工会（个）	工会小组（个）	工会干部（人）
1973	30614	18	24491	120	2264	—
1988	63997	43	58910	394	4437	370
1991	65838	45	64334	423	4542	407
1992	64952	45	64133	428	4487	—
1993	103538	46	102155	623	5496	578
1994	102240	46	101200	624	5499	582
1995	102656	46	102038	624	5497	584
1996	105676	46	105133	629	5502	587
1997	103466	46	103157	633	5514	585
1998	102162	47	102060	636	5517	579
1999	85926	47	85320	621	5502	571
2000	83080	47	82820	621	5511	566
2001	98415	51	97403	652	5687	546
2002	113577	48	102560	731	6742	583
2003	112285	48	101145	731	6744	580
2004	101062	40	10044	736	6735	574
2005	99957	38	99819	740	6733	553
2006	95986	38	95926	742	6721	548
2007	93913	37	93850	749	6708	532
2008	93104	37	93024	752	6349	526
2009	82817	35	82811	752	6216	522

续表 48

年份	职工（人）	基层工会（个）	会员（人）	车间工会（个）	工会小组（个）	工会干部（人）
2010	87551	34	87521	757	6108	515
2011	86578	32	86566	758	5990	512
2012	82995	33	82987	762	5872	501
2013	79455	29	79450	761	5821	504

三、会员代表大会

1973 年 8 月 19 日，攀钢第一次工会会员代表大会召开。选举产生第一届工会委员会。1973—2013 年，攀钢工会先后召开 9 次会员代表大会，选举产生新的工会委员会。其中，1986—2013 年期间，共召开 5 次会员代表大会。

攀钢工会第五次会员代表大会　1986 年 12 月 26 日，攀钢第五次会员代表大会召开。正式代表 675 人，其中工人代表 270 人，技术、管理人员 215 人，领导干部 190 人，列席代表 50 人，选举产生攀钢第五届工会委员会，王成良当选为工会主席。

攀钢工会第六次会员代表大会　1991 年 1 月 24 日，攀钢工会第六次会员代表大会召开。正式代表 675 人，其中工人代表 270 人，技术、管理人员 270 人，领导干部 135 人，列席代表 50 人，选举产生攀钢第六届工会委员会，王成良当选为工会主席。

攀钢工会第七次会员代表大会　1997 年 1 月 24 日，攀钢工会第七次会员代表大会召开。正式代表 705 人，其中工人代表 282 人，技术、管理人员 270 人，领导干部 141 人，列席代表 50 人。大会选举产生攀钢第七届工会委员会，刘新会当选为工会主席。

攀钢工会第八次会员代表大会　2002 年 1 月 25 日，攀钢工会第八次会员代表大会召开。正式代表 628 人，其中工人代表 233 人，技术、管理人员 136 人，工会干部 67 人，领导干部 192 人，列席代表 50 人。大会选举产生攀钢第八届工会委员会，刘新会当选为工会主席。

攀钢工会第九次会员代表大会　2008 年 11 月 7—8 日，攀钢工会第九次会员代表大会召开。正式代表 210 人，其中专职工会干部 81 名，兼职工会干部 43 名，生产一线工人、管理技术人员和领导干部等其他方面的会员代表 86 名。大会选举产生攀钢第九届工会委员会，刘新会当选为工会主席。本届委员会期间，2012 年 10 月刘新会退休，2013 年 4 月补选张治杰为九届工会委员会主席。

四、工会干部队伍建设

1989—2013 年，攀钢工会共建立、健全、完善工会工作制度近 60 项，编印《实践与探索——攀钢工会工作制度汇编》（一、二）两册，促进了工会工作制度化、标准化和规范化建设。

2002 年，攀钢工会下发《攀钢（集团）公司工会干部培训工作管理制度》，每年有计划地对工会干部进行系统的业务培训、上岗资格培训等。2005 年 4 月，攀钢在央企率先试点工会主席直选，出台《关于直接选举基层工会主席试点工作的意见》，并于 2005 年 5 月 27 日在攀钢轨梁厂成功产生第一位直选工会主席。2006 年，攀钢工会在广大工会干部中开展“创、争、做”主题实践活动，其工作经验在国资委中央企业第一联络组及省总工会工作会上进行了交流。2008 年制订《攀钢基层工会直接选举工会主席暂行办法》。到 2013 年底，攀钢共 7 个二级单位由职工代表直接选举工会主席。此举被《工人日报》、新华网等媒体誉为“中国基层工会发展的新政”。

第二节 职工劳动竞赛

1989—2013 年，公司工会加强劳动保护监督检查，维护职工生命健康，制订《工会参与安全生产管理工作标准》，深入开展“安康杯”竞赛，建立和完善班组劳动保护检查员班前会签字制度、劳动保护监督检查员配牌上岗制度、重大工程建设劳动保护监督检查岗制度、职工代表安全生产巡视制度、亲情化安全管理制度等。公司工会在全公司设立工会劳动保护监督检查员 7700 多名，每年开展劳动保护监督检查活动 100 多次并督促进行整改。1999—2013 年，攀钢工会连续荣获全国“安康杯”竞赛优胜企业称号。

1989—2013 年，各级工会深入开展“当好主力军、建功‘十一五（十二五）’、推进新跨越”竞赛活动。建立集团公司级、子公司级、厂（矿）、车间（作业区）四级专项劳动竞赛体系，集团公司、子公司专项竞赛以年度竞赛为主，厂（矿）、车间（作业区）劳动竞赛以急、难、重及短平快劳动竞赛为主。近年来，攀钢每年开展集团公司级劳动竞赛 10 项、子公司级劳动竞赛 80 余项、厂（矿）级劳动竞赛 300 余项、车间（作业区）劳动竞赛 1000 项左右。启动了“工人先锋号”创建活动，开展了班组“对标挖潜、降本增效、创建明星示范班组”竞赛活动，充分调动了广大职工的生产积极性。涌现出集团公司级降本增效明星班组 10 个，先进班组 10 个、获得全国“工人先锋号”6 个、省级“工人先锋号”9 个。

第三节 群众性经济技术创新工程

1989—2013 年，攀钢工会建立职工创新成果征集、发布、申报和评审奖励制度，组建职工自主创新小组 4000 余个，每年完成群众性经济技术创新成果 5000 余项，职工每年提合理化建议 5—6 万条，平均每年实施 2 万多条。2012 年 8 月，制订《攀钢集团公司先进操作法管理办法》，把推进职工先进操作法工作纳入集团公司科技进步奖励范畴，当年总结提炼职工操作法 294 项，涌现出厂（矿）级职工先进操作法 161 项、子分公司级职工先进操作法 75 项、集团公司级职工先进操作法 9 项。2013 年，工会牵头开展科级干部管理创新大展示活动，共有 3252 名科级干部参与了该项活动，参与面达 93.34%。收到实践成果 1952 项、金点子 2528 项，各单位采纳金点子 1152 项，实施 799 项，活动创效金额达 91042.5 万元。

第四节 民主管理制度建设

1989—2013 年，攀钢逐步健全完善职代会制度。1989 年 1 月 27 日，攀钢四届五次职工代表大会召开，讨论通过了攀钢民主协商对话制度。2008 年 2 月，攀钢出台《关于进一步完善职工代表大会制度的指导意见》等一系列制度、文件，构建了攀钢厂务公开制度体系和运行机制的基本框架。2013 年，制订《攀钢职工（代表）大会实施细则》，规范了集团化管理模式下各层级职代会的职权和工作程序。坚持每年召开 1—2 次职代会，讨论和审议企业重大决策和涉及职工切身利益的重大问题，先后审议通过《增加职工工资指导意见》《关于推进工资集体协商工作的指导意见》《攀钢补充医疗保险基金管理办法》《攀钢（集团）公司主辅分离、辅业改制分流总体方案》《攀钢（集团）公司加强和规范劳动合同管理的实施办法》等涉及职工切身利益的重要政策和规定。推行各级领导干部向职代会述职述廉、由职工代表以投票方式进行民主评议和测评工作，加强了职工群众对领导干部的民主监督。采用脱产学习等方式切实开展职工代表培训，努力提高职工代表履职能力。坚持落实职代会提案，发挥职工代表和各专门委员会作用，对重大事项进行监督管理，如在工会和职工代表参与下，截至 2013 年 9 月，已有 9052 套经济适用房按照公开摇号方式分配给无房职工，职代会各项职权得到落实。

1989—2013 年攀钢集团有限公司职工代表大会召开情况

表 49

届	次	时间	代表人数	通过的主要事项
	五	1989.01.27	—	攀钢民主对话协商制度
四	六	1989.07.28	—	大会决议
	七	1990.01.24	—	大会决议
	八	1990.07.17	—	调整 1990 年生产经营目标
	一	1991.01.24	675	大会决议
	二	1991.07.19	671	攀钢劳动争议调解细则方案
	三	1992.01.25	668	攀钢经济责任制通则
	四	1992.07.21	668	攀钢职工住房制度改革方案
	五	1993.01.18	654	1993 年承包责任制考核奖励通则
五	六	1993.08.01	652	攀钢职工技能工资升级方案
	七	1994.01.30	650	攀钢八年发展战略方案
	八	1994.08.01	644	职工调整工资方案
	九	1995.01.26	642	攀钢有突出技能职工晋升工资方案
	十	1995.08.04	642	大会决议
	十一	1996.02.02	639	1996 年承包责任制考核奖励通则
	十二	1996.07.20	641	大会决议
六	一	1997.01.24	705	1997 年承包责任制考核奖励通则
	二	1997.07.30	694	攀钢深化住房改革方案
	三	1998.01.24	710	攀钢集体合同修改方案
	四	1998.07.24	674	攀钢“三年解困、五年步入良性循环”方案
	五	1989.01.28	668	攀钢集体合同修改补充方案
	六	1999.07.02	600	攀钢 1999 年奋斗目标
七	七	2000.01.18	683	2000 年经济责任制考核奖励通则
	八	2000.07.28	681	大会决议
	九	2001.01.20	671	攀钢 2001 年奋斗目标
	十	2001.08.03	625	大会决议
	一	2002.01.25	617	大会决议
	二	2002.07.22	606	大会决议
（攀钢集团有限公司）	三	2003.01.24	636	2003 年经济责任制考核奖励通则
	四	2003.07.24	593	大会决议

续表 49

届	次	时间	代表人数	通过的主要事项
（攀钢集团有限公司）	五	2004.01.19	576	2004 年经济责任制考核奖励通则
	六	2004.07.23	575	大会决议
	七	2005.01.17	565	2005 年攀钢绩效考核通则
	八	2005.07.18	571	大会决议
	九	2006.01.20	629	调整换工、提前退养和离岗休息人员生活费实施方案
	十	2006.07.	628	大会决议
	一	2007.01.29	234	2007 年改革工作指导意见
（攀钢集团有限公司）	二	2007.08.09	233	关于推进工资集体协商工作的指导意见
	三	2008.01.20	230	2008 年绩效考核通则
	四	2008.07.20	230	攀钢集团有限公司整体上市方案
	五	2009.01.14	225	行政工作报告
	六	2009.07.17	209	行政工作报告
	七	2009.12.10 专题职代会	201	攀钢集团有限公司与鞍钢联合重组方案
	八	2010..01.18	225	攀钢集团有限公司工作报告
	九	2010.07.15	224	大会决议
	十	2011.01.21	215	大会决议
	十一	2011.07.19	210	《丽攀高速公路建设攀钢棚户区改造搬（拆）迁及攀钢无房户保障性住房配售、配租办法》《攀钢托儿费收费标准调整方案
	一	2012.01.18	205	大会决议
	二	2013.02.03	202	大会决议

说明：表中四、五、六、七届为攀枝花钢铁公司工会代表大会情况，之后为攀钢（集团）有限公司工会代表大会情况。

1989—2013 年，攀钢公司逐步深化厂务公开工作。1999 年 3 月 22 日，攀钢党委下发《攀钢（集团）公司加强企业民主管理推行厂务公开的实施意见》，全面推行厂务公开工作。该项工作经历了试点探索、全面铺开、巩固开展三个阶段，经过不断探索实践和创新，厂务公开渠道不断拓展。2005 年 7 月，攀钢发布了《攀钢厂务公开管理标准》。2007 年 9 月，攀钢颁布《关于推进工资集体协商工作的指导意见》。2008 年 2 月，出台了《中共攀钢（集团）公司委员会关于进一步完善职工代表大会制度的指导意见》等制度。2008 年以后，各基层单位利用本单位局域网开展厂务公开，陆续实现了厂务公开“一点通”。2012 年 8 月，攀钢集团公司开辟“攀钢职工在线”论坛，注册职工 6000 多人。通过“攀钢职工在线”论坛，企业管理者可以随时查看职工意见，职工也可以直接给公司领导写信、发电子邮件，反映职工意见。攀钢建立了领导干部及专业部门接待日制度，至 2013 年，公司工会先后开展了职工代表和科技人员与董事长对话会等活动，增进了职工与企业的相互理解。

2012 年、2013 年，攀钢连续两年召开厂务公开工作推进会，促使集团公司和现有的 29 个直管子分公司（单位）、114 个二级单位下属厂矿、761 个车间（作业区、项目部）车间都建立健全了以职代会为基本形式的厂务公开管理制度，职代会组建率达 100%，5195 个班组均建立了职工民主管理小组和班组民管会，形成了层次分明的五级厂务公开运行网络。

1996年，攀钢公司开始签订集体合同。2009年起，攀钢公司开始签订工资集体协议。公司专门制订《攀钢（集团）公司关于推进工资集体协商工作的指导意见》，对工资集体协商的主要内容、协商代表、协商程序和工作要求等都作出明确规定。公司坚持每5年签一次集体合同，每年签一次工资集体协议，同时还针对女职工的特殊权益维护，每3年签一次《攀钢集团公司女职工特殊权益保护专项集体合同》。至2013年，已经签订集团合同6期、工资集体协议4期。集团公司成立了由公司工会、人力资源部、企管部、纪委、安全环保部等部门以及职工代表组成的监督检查小组。几年来，集团公司工会牵头组织相关部门联合进行10次监督检查，共提出各项整改意见60余条，及时纠正和处理集体合同、劳动合同和工资集体协议履约过程中存在的问题，提高了履约兑现率。攀钢坚持将集体合同和工资集体协议的签订、修订、履行情况作为厂务公开的重要内容向职代会报告，由职工代表进行审议，同时坚持每年在职代会上专题向职工代表报告参与社会保险及缴费情况、职工福利费和培训费使用情况。

第五节　职工素质工程建设

1989—2013年，攀钢工会把提升职工队伍素质作为推进企业文化建设的重要抓手，不断推进职工素质工程建设。1989—2008年，攀钢工会开展“创、争”活动，引导职工树立终身学习、团队学习理念。推进“职工书屋”、劳模工作室、技能大师工作室建设和职工读书活动。2009年起，攀钢逐年投入资金开展“职工书屋”建设。至2013年，投入近400万元，建成“职工书屋”51个和一批车间、班组“读书角”“职工书屋”场地总面积达3100平方米，图书杂志102500余册，形成阅读条件比较完备、职工覆盖面较广的工会读书设施网络。其中攀钢集团矿业公司朱矿、白马矿、攀钢集团长城特钢公司三家单位获全国优秀“职工书屋”称号。

2004—2013年，攀钢集团公司工会先后举办五届职工技术运动会，各类岗位练兵、技术比武活动3万多次，共有40多万人次职工参加比赛，命名表彰技术状元50名、技术能手500余名。组建了工人技师协会和26个劳模（技能大师）工作室，其中攀钢钒提钒炼钢厂“聂绍刚转炉炼钢创新工作室”被命名为全国技协冶金建材系统职工创新工作室。1997—2013年，先后有50多名职工在中央企业和省级以上技术比武中获得技术状元、技术能手等称号。至2013年年底，攀钢职工中有工人技师2041名、工人高级技师192名。

第六节　扶贫帮困救灾

1989—2013年，攀钢工会坚持收集、反映职工诉求，努力为职工办实事。通过召开座谈会、定期信息报送等渠道，广泛了解职工对改革改制、工资分配、职业健康、人才激励等方面的意见和建议，并向相关领导、部门反馈。工会每年都要围绕职工收入、医疗、住房、劳动合同等涉及职工切身利益的热点问题开展调研工作，广泛征求职工意见，积极向党政提出办实事建议，公司采纳后，通过增加职工收入、加快经济适用房建设、加快职工社区建设、加快环保治理、建立内退职工收入增长机制等具体措施，使职工共享企业改革发展的成果。

1990—2013年，攀钢工会逐步建立集团公司—子（分）公司—厂矿—车间（作业区）四级帮扶网络，形成集团公司和基层单位上下联动的帮扶工作运行机制，确保了困难职工帮扶工作的多层次、广覆盖。提出了实现“三个100%”（困难职工调查覆盖率100%、困难职工建档率100%、建档困难职工帮扶率100%）

及“三个不让”（不让一个职工家庭基本生活得不到保障、不让一名职工子女上不起学、不让一名职工看不起病）的帮扶目标，明确集团公司工会、子（分）公司工会、厂（矿）工会在帮扶体系的职责，为帮扶工作的有效推进提供了有力的组织保证。同时，拓宽渠道、多方筹资，不断扩大帮困救助基金的规模，使困难职工生活、子女上学、医疗、就业等基本需求得到了保障。截至2013年12月，攀钢工会在本级建立了3000万元的帮困救助金、80万元的助学基金，下属单位攀钢钒工会、西昌钢钒工会各建立了1000万元的帮困救助金、矿业公司工会建立了50万元的帮困救助金、工程公司工会筹集100万元规模的帮困救助金，攀钢长城特殊钢公司、攀钢成都钢铁公司、攀钢钛业公司、攀钢钢铁研究院、攀钢国贸公司、攀钢供应公司、攀钢汽运公司、攀钢冶材公司、攀钢机制公司等二级单位工会均建立了帮困救助基金。基金的设立为帮助职工解决困难提供了坚实的物质基础。

公司工会开展“面对面、心贴心、实打实服务职工在基层”活动。多年来，攀钢工会结合企业的实际情况和困难职工的特殊需求，先后制订下发了《关于深入千个班组听取职工意见的通知》《职工生活保障工作管理制度》《困难职工补助管理办法》《关于对特困职工给予扶持照顾的意见》《攀钢集团公司职工帮困救助基金管理办法》等，对帮扶所涉及的工作对象、标准、程序和资金等作出明确的规定，确保不让一个困难职工家庭吃不起饭、治不起病、上不起学。长期以来，攀钢各级工会组织落实领导干部结对帮扶、技能培训、帮助就业等具体措施，坚持做好走访慰问、助学活动、志愿者服务、办理大病医疗保险等具体帮扶工作。2013年，攀钢公司职工帮扶中心成立，攀钢公司完善长效帮扶机制，逐步建立起全方位、多层次、广覆盖的帮扶体系。2011—2013年，攀钢各级工会发放帮困金、慰问金、助学款等共计1200多万元。

1998年汶川“5·12”大地震和攀枝花“8·30”地震发生后，攀钢（集团）公司工会按照公司党政的部署开展救灾行动，工会下发紧急通知，召开专题会议，部署稳定职工、组织职工、救助职工等工作。各级工会配合党政加强信息沟通、慰问安抚、伤员救治、生活安排、卫生防疫、基础设施抢修及宣传思想工作等。攀钢（集团）公司工会通过运送物资、捐款、经费补助等方式，共拨出专款184万元支援灾区和受灾单位抗震救灾，对在地震中死亡、重伤的职工及职工死亡直系亲属，及时发放慰问金19.7万元，并组织艺术团赴灾区慰问演出。受灾单位工会干部坚持在抗震救灾第一线，深入了解职工受灾情况，全力配合党政做好各项救助工作。未直接受灾单位工会发动职工捐款捐物，以搞好生产经营的实际行动支持抗震救灾。

第七节　女职工工作

1973年，攀钢召开第一次女职工代表大会，成立攀钢工会女职工委员会。1997年、2002年、2013年进行了3次换届改选。2013届女职工委员会由25名委员组成。2013年，攀钢在岗女职工22119人，占职工总数的27.64%。

攀钢女职工委员会成立以来，以创建学习型家庭和实施女职工素质提升工程为重点，利用工会大学校、网络学院、职工技术运动会、女职工技术学会、女职工大讲坛等载体，广泛组织开展“建功立业”“素质提升”“爱心帮扶”“五好家庭”和“三八红旗手”评选等活动。2008—2013年，攀钢各级工会女职工组织举办各类素质提升培训活动5520场次，112724人次参加。通过学习培训，有1062人学历提升，2277人技术晋级；开展技术比武765场，有5865人次参加。组织女职工参与群众性技术创新活动，共提合理化建议36025条，采纳16500条，实施7955条，创效67640万元；管理成果1120项，创效41390万元；修旧利废9885项，创效44155万元。先后评选表彰了攀钢女职工“十佳学习创新”“十佳爱岗敬业”“十佳孝老敬亲”模范和“攀钢最美妈妈”等一批优秀女职工。

2008—2013年，攀钢工会以续签女职工专项集体合同为契机，切实维护女职工的合法权益和特殊利益。5年中，免费为在岗女职工妇科病查治，公司支出费用793万元；为在岗女职工发放卫生保健费1656万元；救助困难女职工家庭求学1400人，金额97.36万元；生活救助3935人次，金额175.99万元；探望生病女职工8250人，慰问金额115.39万元。

2003年、2004年，攀钢工会女职工委员会连续两年被中华全国总工会评为“全国工会先进女职工集体”称号，2004全国妇联授予攀钢工会女职工委员会“全国三八红旗集体”称号。2005—2013年，攀钢工会女职工工作共获得全国总工会、四川省总工会、攀枝花市总工会各项表彰奖励243项。

第八节　文体活动

1989年以来，在公司工会的组织领导下，攀钢艺术团以服务攀钢、服务职工、服务生产建设为宗旨，以攀钢火热的生活为创作源泉，深入厂矿、片区演出，赴友邻单位慰问，共演出2000余场，丰富了职工的文化生活。同时，攀钢艺术团还创作出独特风格的文艺节目，先后赴成都、洛阳、北海、六盘水、贵阳、昆明、重庆等地开展文化交流活动，多次应邀参加中央电视台和国家级的大型晚会演出。1993年，攀钢艺术团代表中国民间艺术团出访意大利，参加国际民间艺术节，取得了圆满成功，为中国、为攀钢争得了荣誉。从1989年到2013年，攀钢艺术团共获得全国、省和冶金系统以上各类金奖、一等奖20多个。

攀钢工会努力满足职工对文化生活的需求。坚持开展业余化、群众化、经常化、多样化的文体活动，每年都按计划举办迎春书画赛、元宵晚会、乒乓球赛、游泳赛等活动，以职工喜闻乐见的文体活动丰富职工文化生活；加大文体设施建设力度，至2013年底，攀钢全公司拥有综合性文体楼25座、文体活动室16个、健身路径600多件，每一个职工生活片区都建有基本能满足职工体育健身活动需求的文体活动场地设施，形成了网状分布、覆盖面广的场地设施体系；逐步组建了职工乒乓球协会、冬泳协会等体育单项协会和武术、健身腰鼓、门球、太极拳等体育指导站（点），定期开展各种展示、培训活动，促进了全民健身活动的开展。先后获得“全国职工体育先进单位”“全国亿万职工迎奥运健身活动月系列活动先进单位”“全国群众体育先进单位”“全国推广普通人群体育锻炼标准先进单位”及“四川省十五期间职工体育先进单位”等荣誉称号。

第二章　中国十九冶集团有限公司工会委员会

第一节　组织机构

一、机构沿革

1965年5月，攀枝花建设总指挥部下设第二（冶金）指挥部（后改为十九冶金建设公司），其所属二级单位多数从全国冶金系统成建制调集，工会组织机构较为健全。是年7月，第二指挥部工会筹备小组成立，负责人于世哲。1966年“文化大革命”政治运动开始后，工会组织被“砸烂”，工会活动被迫停止。

1972 年，第十九冶金建设公司（以下简称“十九冶”）党委设立群众工作处，开始恢复和建立工会、共青团、妇女联合会等群众组织。1973 年，第十九冶金建设公司工会（以下简称“十九冶工会”）第一次代表大会在“革命大工棚”（今攀枝花宾馆原址）召开，出席代表 319 名，选举产生了第十九冶金建设公司工会第一届委员会，委员 44 名，常委 9 名。工会委员会主任蔡协斌，副主任原志腾、殷复选、刘宝祥（兼）、谭淑蓉（女）、焦巨俊。是年，十九冶有职工人数 30379 人，有基层工会 12 个，工会干部 86 人。至 1975 年，十九冶工会有会员 26696 人、车间工会 191 个、工会小组 2013 个、工会干部 150 人、工会积极分子 1447 人。1984 年 4 月 11 日，十九冶工会召开第二次代表大会，选举吴贵为主席、熊焕清为副主席。至 1988 年，因攀枝花钢铁基地建设部分工程建成，队伍调出攀枝花市，十九冶在攀枝花市的职工队伍规模缩小。年底，十九冶工会共有会员 18151 人，占公司职工总人数 20577 人的 88.2%；有基层工会 20 个，辖车间工会 126 个，工会小组 1738 个；全系统工会干部 159 人，工会积极分子 4280 人。

1989 年，按照全国总工会和四川省总工会要求，十九冶工会和下属 13 个施工生产单位及工程队（厂、车间）分会的主要负责人，按同级行政副职配备，工会同时成为企业职工代表大会的工作机构。十九冶工会下设宣传部、女工部、生产部、生活部和组织部，吴贵任工会主席。

1990 年 9 月 6 日，根据《中共中央关于加强和改善党对工会、共青团、妇联工作领导的通知》（中发〔1989〕12 号）的规定，为加强和改善工会领导，经中共十九冶党委常委会研究决定，公司工会级别升格，原下设的宣传部、女工部、生产部、生活部和组织部合并重组为宣传部、女工委员会、生产生活部和办公室，负责人由原来的科级干部改配为由副处级干部担任。

1991 年 12 月 28 日，十九冶第三次工会会员代表大会召开，选举彭光明为工会主席。1992 年，十九冶进行机构改革，公司工会下设生产生活部、宣传部、女工部、办公室，定员 30 人。1999 年，彭光明退休，公司工会主席由公司党委副书记张涛兼任。是年，十九冶再次进行机构改革，公司工会下设综合工作部、办公室、综合服务部，减员 20 人，减员幅度达三分之二，定员 10 人。2003 年 8 月，十九冶班子大调整，由丁晓波主持工会工作。2004 年 7 月后，由赵志云主持工会工作。在 2004 年的十九冶机构改革中，工会减员 6 人，减员幅度达三分之二，工会编制定员为 4 人。

2006 年 9 月，中国第十九冶金建设公司实行“分立式”改制，组建为中冶实久建设有限公司（以下简称“中冶实久”），公司在设立董事会的同时设立公司工会，工作机构并入党群工作部。2007 年 1 月 20 日，中冶实久第一次工会会员代表大会召开，选举刘伟为工会主席，赵志云为常务副主席，胡玉琴为副主席。

从 1991 年 12 月召开第三次工会会员代表大会至 2007 年 1 月召开中冶实久第一次工会会员代表大会的 17 年间，十九冶工会召开了 28 次工会全委（扩大）会议。至 2007 年，中冶实久有两级工会委员会 23 个，分会 112 个，小组 457 个，工会建会和职工入会率均达到 100%。

2010 年 1 月，中冶实久建设有限公司重组为中国十九冶集团有限公司，在设立董事会的同时并设立工会，工会主席由刘伟担任，办事机构设在党群工作部。至 2013 年年底，集团公司有两级工会委员会 26 个，会员 5680 人，工会分会 103 个，工会小组 366 个，工会建会率和入会率均达到 100%。

二、工会会员代表大会

1989 年以前，第十九冶金建设公司工会召开 2 次工会会员代表大会。1989—2013 年，公司工会共召开了 2 次工会会员代表大会。

十九冶工会第三次会员代表大会　十九冶工会第三次会员代表大会于 1991 年 12 月 28 日在十九冶电装公司会议室举行，286 名正式代表出席，特邀代表 39 名，列席代表 14 名。会上工会主席彭光明作了题为《围绕经济工作中心，发挥工会组织作用，为公司稳定发展作贡献》的工作报告，选举产生了由 27 人组成的新一届工会委员会，9 人组成常务委员会，彭光明任主席，夏志英任副主席。党委书记李罗钧在会上讲了话。

中冶实久建设有限公司工会第一次会员代表大会　中冶实久建设有限公司工会第一次会员代表大会于 2007 年 1 月 23 日在中冶实久电装公司会议室举行，107 名代表出席。刘伟在会上作了题为《履行职责，围绕中心，团结职工，为构建和谐企业实现又好又快发展而努力奋斗》的工作报告。会议通过无记名方式投票差额选举产生了中冶实久工会第一届工会委员会、工会经费审查委员会。刘伟当选为工会主席，赵志云为常务副主席，胡玉琴为副主席。

1989—2013 年十九冶工会委员会组织发展情况

表 50　　单位：人、个

项目 年份	职工数	基层工会数	会员人数	工会小组数	工会干部数（专兼职）
1989	20165	19	18346	1774	1749
1990	20126	19	18401	1801	103
1991	20285	23	18896	1791	166
1992	19896	23	18984	1762	171
1993	19516	24	19128	1705	169
1994	20156	22	19683	1786	177
1995	20356	22	19753	1888	184
1996	20541	22	19768	1883	192
1997	20762	22	19538	1176	154
1998	20417	23	19174	1395	147
1999	21445	24	18820	1380	193
2000	22031	24	18276	977	54
2001	14273	25	14119	713	69
2002	12843	24	12781	684	73
2003	9427	21	9406	656	77
2004	8519	20	8510	581	81

1984—2013 年十九冶工会委员会负责人任职情况

表 51

姓　名	性别	职　务	任职时间
吴　贵	男	工会主席	1984.05—1991.06
彭光明	男	工会主席	1991.06—1999.12
张　涛	男	工会主席	1999.12—2003.08
丁晓波	男	主持工会工作	2003.08—2004.07
赵志云	男	主持工会工作	2004.07—2007.01
刘　伟	男	工会主席	2007.01—2013.11
赵志云	男	工会常务副主席	2007.01—
熊焕清	男	工会副主席	1984.05—1986.01

续表 51

姓　名	性别	职　务	任职时间
段君武	男	工会副主席	1986.01—1988.09
夏志英	男	工会副主席	1988.09—1994.01
徐升斌	男	工会副主席	1994.01—1999.07
梅启英	女	工会常务副主席	1999.07—2004.05
胡玉琴	女	工会副主席	2004.05—2007.12
姜永霞	女	工会副主席	2007.12—2013.08
胡慧娟	女	工会副主席	2013.08—

三、职工代表大会

（一）十九冶第一届职工代表大会

1981—1983 年，十九冶共召开了 3 次职代会。

十九冶一届一次职代会于 1981 年 6 月 23—26 日在长征电影院举行，出席会议代表 465 名，其中工人代表 237 人，技术干部代表 56 人，管理人员代表 110 人，领导干部代表 62 人，分别占代表比例为 51%、12%、23.6%、13.4%。

大会审议通过了十九冶副经理宋北川关于《贯彻调整方针，转轨变型，开展多种经营，减少亏损补贴和继续广开门路，找米下锅，增收节支》的行政工作报告；选举产生了第一届职代会常任主席团及经济监督、劳动工资监督工作委员会；通过了《十九冶职代会条例》。中共十九冶党委书记刘锡成在会上就职代会的性质、任务和职工代表的作用讲了话。

十九冶一届二次职代会于 1982 年 3 月 4 日在长征电影院召开。中共十九冶党委书记刘锡成到会讲了话。大会听取了十九冶副经理丘昌文《关于职代会提案处理情况报告》，审议通过了十九冶经理李镜垣《形势与任务》的工作报告。

十九冶一届三次职代会于 1983 年 7 月 28—30 日在大花地电影院召开。大会听取了十九冶经理李镜垣的行政工作报告和副经理董文凤关于整顿企业的报告，审议通过了行政工作报告和 1983 年财务收支计划和上半年执行情况的报告，

（二）十九冶第二届职工代表大会

十九冶二届一次职代会于 1986 年 12 月 13 日在大花地电影院召开，375 名代表出席。代表成分较上届发生了变化，工人下降 11%，技术干部上升 2.4%，管理人员上升 2.3%，领导干部上升 6.3%，分别为 151 人、54 人、97 人、73 人。第二届二次、三次、四次职代会分别于 1988 年 1 月 8 日、7 月 19 日，1989 年 1 月 30—31 日召开。

（三）十九冶第三届职工代表大会

十九冶三届一次职代会于 1989 年 8 月 4—5 日召开，545 名代表出席。会议审议通过了建设公司经理赵喜子关于 80 年代末 90 年代初发展三大市场（成渝、广深、攀西）、建立两大支柱（施工与多种经营）、晋升国家一级企业的远景规划（简称“三、二、一”目标）；讨论通过了《十九冶三届职代会实施细则》（试行）和三届职代会劳动工资、劳动保护、生活福利、干部评议委员会；选举产生了企业管理委员会成员。第三届二次、三次、四次、五次职代会分别于 1990 年 2 月 24 日、7 月 26 日，1991 年 1 月 6—7 日，7 月 9 日召开。

（四）十九冶第四届职工代表大会

十九冶四届一次职代会于1992年1月28—29日召开，387名职工代表、21名特邀代表出席。十九冶总经理张长富在会上就《深化改革，加强管理，迎接挑战》的行政工作报告作了说明；总会计师谢云俊作了自有资金使用情况报告和1992年承包方案说明；工会主席彭光明作了职代会闭会期间的工作报告；讨论通过了企业管理职代会4个专门工作委员会名单；选举产生了参加公司企业管理委员会和劳动争议调解委员会的职工代表。第四届二次、三次、四次、五次职代会分别于1992年4月9日、7月24日，1993年3月4日、7月16—17日召开。

（五）十九冶第五届职工代表大会

十九冶五届一次职代会于1994年1月3—4日召开，424人参加。会上，十九冶公司总经理张长富作《外抓开拓发展，内抓管理改革，再登经济工作新台阶》的行政工作报告。攀枝花总工会负责人，攀钢集团董事长赵忠玉、党委书记薛世成应邀参加会议。第五届二次、三次、四次、五次、六次、七次、八次、九次职代会分别于1994年7月16—18日，1995年1月6—7日、7月7—8日，1996年1月23—24日，1997年1月18日、8月17日，1998年4月10日，1999年7月28日召开。

（六）十九冶第六届职工代表大会

十九冶六届一次职代会于2000年12月22日在上海分公司召开，180名代表出席。大会通过了十九冶企业管理委员会、十九冶民主评议干部工作委员会、十九冶职工生活福利委员会名单。第六届二次、三次、四次职代会分别于2002年1月12日、12月23日，2004年2月10—11日召开。

（七）十九冶第七届职工代表大会

十九冶七届一次职代会于2005年2月20—21日召开，210名职工代表参加。十九冶公司总经理田野作了题为《认清形势，加快发展，提高效益，增强后劲，实现2005年全面脱困，走向创新提升发展道路》的行政报告。工会副主席胡玉琴作提案工作报告，审计部部长吕晓宁作审计工作报告。第七届二次、三次职代会分别于2006年2月9—10日、7月12—13日召开。

（八）中冶实久建设有限公司第一届职工代表大会

中冶实久一届一次职代会于2007年1月24—25日在攀枝花召开。公司总经理蔡仲斌作了题为《坚持自主创新，推进结构调整，建立现代企业制度，为实现中冶实久开门红而努力奋斗》的行政报告。工会副主席胡玉琴作提案工作报告。中冶实久一届二次、三次、四次职代会分别于2007年3月19日、2008年2月23—24日、2009年2月22—23日召开。

（九）中国十九冶集团有限公司第一届职工代表大会

中国十九冶一届一次职代会于2010年2月6—7日在成都召开，167人出席会议。总经理蔡仲斌作了题为《深入贯彻落实科学发展观，实施“西部市场核心”战略，确保两年追赶式发展计划目标全面完成》的行政工作报告。中国十九冶一届二次、三次、四次职代会分别于2011年2月13—14日、2012年2月17—18日、2013年2月20—21日召开。

第二节　民主管理与厂务公开

1988年，《中华人民共和国企业法》实行后，十九冶的民主管理逐步制度化，基本做到每年定期召开两次职代会。职代会与生产工作会议同步举行，审议行政工作报告、财务工作报告、民主评议干部报告、审计工作报告、职工培训工作报告、提案工作报告等。企业管理逐步实行“六公开”（奖金分配公开、调资升级公开、住房政策公开，聘干、招干、招生、参军、农转非政策公开，评议干部公开、企业经营目标和经理任期目标公开）。

为从制度上落实民主管理，公司先后经职代会讨论，制订和通过了《辞退违纪职工实施细则》《劳动规则》《劳动争议调解委员会实施细则》《承包责任制实施办法》《职工代表大会民主评议干部实施方案》《十九冶职代会条例实施细则（试行方案）》《人力资源管理实施办法》《中国十九冶集团有限公司住房公积金缴存实施办法》《中国十九冶集团有限公司部分工作岗位实行不定时工作制和综合计算工时工作制实施细则》《中国十九冶集团有限公司员工奖惩实施办法》等一系列规章制度，职代会职权得到有效落实。

1991 年，为推动企业民主管理，十九冶公司开展“一先三优五好”评选活动，评选民主管理先进单位、民主管理优秀党委书记、优秀经理（厂长）、优秀工会主席、民主管理五好职工代表。由于民主管理出色，1995 年，十九冶工会被评为“全国模范职工之家”。为进一步加强民主管理，公司于 1996 年 1 月 23—24 日召开五届五次职代会，讨论通过了《十九冶关于厂、车间、班组民主管理实施办法》。1998 年 10 月，中共十九冶党委与行政作出了《关于全心全意依靠职工办企业的规定》，决定公司建立平等协商制度，对集体合同、劳动合同的签定、变更、续签、解除以及涉及职工切身利益等重大问题，须经工会代表职工与企业平等协商。1999 年 5 月，根据上级规定，公司党委和行政出台了《关于推广厂务公开制度的实施意见》，在两级公司推行厂务公开制度，坚持每两年一次考核评比表彰。2004 年建立厂务公开责任追究制度，进一步推动了厂务公开制度化、规范化发展。2012 年制订《中国十九冶集团有限公司职工代表巡视办法》（十九冶委〔2012〕29 号），并重新修订《中国十九冶集团有限公司职工代表大会条例实施细则》（十九冶工发〔2011〕24 号），将企业民主管理工作进一步推向制度化、规范化发展。

2005 年 6 月，十九冶被评为“四川省厂务公开先进单位”。2013 年 1 月，十九冶再次被评为“四川省厂务公开民主管理先进单位”。

第三节　职工培训和技能竞赛

一、职工培训

1991 年 5 月，十九冶第三次教育工作会召开，会上下达了《“八五”期间职工教育规划》，职工培训按照“需要什么培训什么”的原则，采取联办与自办，集中辅导与自学，请进来走出去相结合方式，组织施工生产技术、企业经营管理中高级技术工人和特殊工种的岗位培训。到 1994 年，十九冶共培训职工 39932 人次，派出 829 人外出学习进修，通过电大、函大、党校及自考等形式在职工中培养大中专毕业生 563 人。成人学历教育提高了职工的文化素质，为企业储备了专业人才，促进了经济发展和技术进步。仅 1991 年，十九冶专业技术干部在二期中攻克技术难关 124 项，获部、省优质工程 39 项，1994 年申报科技项目成果达 160 项。

1994 年 7 月，召开第四次教育工作会。根据公司外出施工人数多、队伍分散的特点，职工培训采用走出去上门培训等方法，开展职工专业技术培训和岗位培训。1995 年，培训部门走出去上门培训，举办各类培训班 206 期，培训职工 7462 人，培训面达 37.3%。1996 年，培训职工 8238 人，占职工总数 39.9%，创造了十九冶职工培训记录。1997—1998 年，培训职工 6385 人，占职工总数的 16.10%。1999 年培训职工 1200 人，占在册职工总数的 5.18%，为历史最低。2000 年培训职工 3216 人，占职工总数的 24.7%。

2001 年，整合技校和培训中心，成立“十九冶职教中心”，承担职工培训职能，成为十九冶职工培训基地。在完成当年 340 名中专、函大生培训及职工培训任务后，开始走服务企业、面向市场、实现学历培训与短期培训并重、常规教育与紧急培训结合的有偿培训教育道路。当年十九冶利用培训中心开办各类培训班，培训职工 3107 人，培训占 32.07%（其中下岗人员培训 214 名）。

2002 年，根据《中华人民共和国劳动法》《中华人民共和国职业教育法》有关规定，对从事技术复杂、通用性广、涉及国家财产、人民生命和消费者利益的职业（工种）的劳动者必须经过培训，并取得职业资格证书后，方可就业上岗，为提高整个工人队伍技术业务素质，从 2002 年 3 月 10 日—2004 年 3 月 10 日，十九冶分期分批在全公司开展在岗职工技术培训考核，以获得职业资格证书。2004 年 3 月 10 日起，十九冶职工须持培训合格证上岗，否则令其离职。2002 年 3 月 20—11 月 10 日，十九冶对焊工、电工、钳工、铆工（冷作工）、车工、铣工、刨工、镗磨工、木工的高级工进行考核，根据国家劳动部有关文件，对获得高中级资格证书的技工每月分别给予 30 元、15 元不等的技术津贴。2002 年 3 月对 38 个工种的工人技师进行评聘工作。2002 年，考核前培训及其他各类职工培训共 58 期，培训职工 4685 人，培训面 24.70%。

2003 年，十九冶开始实施人才兴企战略，开始有计划、更大规模的全员培训。在职工培训中，重点抓领导干部培训、专业技术和管理人才的培训和技术工人的培训，加大对技术工人技能等级和特殊工种岗位取证力度，全年培训各类人员 4076 人，培训面 35.9%，894 名取得高级工资格证，232 人取得特殊岗位操作证，高级工比例由10%上升到25%。鉴定办理技师资格证168人，使十九冶技师占技术工人总数由0.7%上升到5.2%。

2004 年，十九冶培训员工 3318 人次，培训面达 38.9%。1235 人通过培训取得中级工技能鉴定。

2005—2007 年，围绕企业施工生产和经营发展，举办关键岗位、特种作业、标准检测、安全等培训班 84 期（班），培训员工 8472 人次，年均培训面 42.8%。其中，2006 年公司改制，在西南财大举办 2 期领导干部脱产培训班，225 名副总以上干部参加轮训。2007 年 26 名技术骨干到中冶职业学院深造，8 名建设公司班子成员参加中央党校、国资委和中冶集团干部管理学院领导干部培训。

2008—2010 年，组织开办各类培训班 385 期（班），培训员工 14299 人次，培训面 89.36%。2009 年，开展了公司成立来最大规模、覆盖 48 个技术岗位的技能鉴定工作，全年新增高级技师 28 人、技师 196 人，高级工 653 人，使高技能人才占技能人才的 70%，全年培训职工 5287 人次，占职工总数 105%。

2011 年，开办各类培训班 622 个、培训员工 8321 人次、培训面 155.56%。2012 年，开办各类培训班 525 个、培训员工 3412 人次、培训面 60.10%。

1978—2013 年，十九冶通过各种形式，开办各级各类培训班，培训员工 167853 人次，年均培训面 39.36%。

二、技能竞赛

2004 年，在全国冶金行业焊工技术比赛暨选拔赛中，十九冶队获团体第二名。

2005 年，在“中央企业职工技能大赛焊工竞赛”中，十九冶机装公司焊工徐帮学获铜牌，并获“中央企业技术能手”称号。

2006 年，在“全国冶金建设系统首届职工技能竞赛铆焊（复合）比赛”中，十九冶获团体总分第一名。十九冶参赛选手周树春、苏惠明包揽个人成绩一、二名，被授予“全国技术能手”称号。在该届电气设备安装比赛中，姚波、刘建川、王翼获团体总分第二名。

2007 年 10 月，十九冶举办首届焊工职业技能竞赛，14 个单位 15 支代表队的 45 名选手参赛。十九冶电装公司举办了首届青工技能赛，电焊、电钳、电气安装、电调、计安、计算机运用、铆工、驾驶等 8 个工种的预赛，焊工优胜者参加十九冶首届焊工技能大赛。2008 年 3 月，十九冶职教中心举办第四届学生技能大赛，4 个专业 308 名学生参加。竞赛推动了十九冶电弧焊、氩弧焊、二氧化碳气体保护氧三种工艺方法在全公司的普及，涌现出杨涛等技术能手。

2008 年 10 月 18—20 日，中冶实久承办国家二类比赛项目——中冶集团第二届职业技能竞赛“中冶实久杯”砌筑工决赛。大赛由中国冶金科工集团公司和中国就业培训技术指导中心主办，中冶实久建设有限公司承办，比赛地点设在中冶实久公司总部所在地四川省攀枝花市。中冶实久参赛选手蒋石全、田贵安囊括了冠亚军，并取得团体总分第一成绩。

2009 年 1 月，十九冶举办第二届职业技能竞赛天车工比赛，8 支代表队 24 名选手参加，涌现出蔡穗蓉、孙庆等十九冶技术能手。

2011 年 3 月，十九冶协办第十届全国工程建设系统职业技能竞赛。十九冶选手刘定律、殷受平获冷作钣金工个人总成绩铜奖，刘钢获“钨极氩弧焊铝金管垂直固定”和“焊条电弧焊板对接仰焊”“药芯焊二氧化碳气体保护焊管 45° 固定”三个焊接单项金奖和焊工个人总成绩金奖。十九冶技校获技校团体奖第一名，选手刘林获技校队个人总分第一名。

2011 年 8—11 月，十九冶开展为期 3 个月的第三届职业技能竞赛。焊工、冷作钣金工、电调工、天车工、汽车驾驶、安装钳工、管工等 7 个工种参加，112 名选手参赛，涌现出李流斌、罗建强、杨万青、杨刚铭、彭骏、叶慧征、侯军等 7 名技术能手。

2011 年 10 月，由十九冶职工周树春任首席教练，赵炜为预备选手的“中国焊接代表队，在 41 届世界技能大赛中获银奖，成为我国 2011 年正式加入世界技能组织并首次组团参赛 6 个项目中唯一获得奖牌的项目，为国家争得了荣誉。

2012 年 6 月，十九冶 6 名选手入选焊接项目国家集训队，4 名选手入选建筑金属加工项目国家集训队，职教中心教师周树春、刘定律分别担任两队总教练。

2004—2013 年，十九冶公司先后组队参加或承办全国冶金建设行业、全国工程建设系统职业技能竞赛和攀枝花市“百岗万人”大赛等一系列高水平竞赛 20 余次，5 次夺得团体第一，40 余人次获个人奖项，1 名员工获国务院政府特殊津贴，7 人获全国技术能手称号，1 人获全国青年岗位能手称号，3 人获中央企业技术能手称号，2 人获中央企业青年岗位能手称号，7 人获全国冶金建设行业高级技能专家称号，8 人获全国冶金建设行业技术能手称号。至 2013 年，十九冶拥有中冶集团首席技师 4 人，中冶集团技术能手 30 人，四川省技术能手 5 人。全公司技术工人 2446 人（其中高级技能人才 1446 人，占 73.1%）。

三、技术专家、首席技师评聘

2004 年，十九冶在川内企业中首创企业首席专家、首席技师评聘、使用制度。经过严格技能考核筛选，十九冶评聘、命名技术专家 11 名，首席技师 11 名，被聘任者每月享受津贴 300 元。2008 年，评聘工程技术专家 16 人，首席技师 15 名，津贴提高到 500 元/月。2010 年，评选出第三届工程技术专家和首席技师各 18 名，另有 4 名被评为中冶集团首席技师。2012 年，评选出第四届工程技术专家 20 名和首席技师共 22 名。

2005—2008 年，先后 3 次评聘 118 名、183 名、184 名中青年技术拔尖人才，予以培养，并给予每人 300 元/月津贴。

2010—2013 年，，为确保工程技术专家和首席技师及各类人才选拔、评聘公平、公正、公开，十九冶建立了以职业能力为导向、以工作业绩为重点、以人才评选为方式的人才评价体系，先后制订《工程技术专家委员会专家评选管理办法》《中青年技术拔尖人才评选管理办法》和《首席技师评选管理办法》，规范和完善了工程技术专家、中青年技术拔尖人才和首席技师评聘制度。

第四节　职工劳动保护

1989—1993 年，十九冶各级工会组织加强劳动保护工作，狠抓组织机构落实。按照全国总工会有关规定，公司两级工会建立了劳动保护监督检查委员会，1200 余个生产班组配备劳动保护检查员；各级工会通过举办展览、墙报、漫画、幻灯、宣传标语、文艺演出、广播电视对职工进行劳动保护教育，共写大小标语 2391 条，组织知识竞赛 30 余次，有近万人次参加。开展自检、互检 375 次，参加检查有 3403 人次，查出安全隐患 3000 余项，整改率达 94.3%。公司两级工会共召开表彰会 30 余次，有 2000 余人次被评为优秀劳动保护检查员。十九冶工会连续 5 年被评为攀枝花市总工会劳动保护监督先进单位。1993 年 11 月 25—27 日，在四川省冶金有色系统工会劳动保护监督检查委员会第二次全委会上，十九冶工会作了经验交流，受到与会者好评。

1994 年以后，十九冶进一步健全两级公司劳动保护监督机构，至 2005 年底，全公司有 28 个劳动保护监督检查委员会，138 个分会（厂、队、车间），495 名业余劳动保护监督员。

2007 年 4—6 月，十九冶公司为 6732 名职工进行了健康体检，内容包括内科、外科、五官、血检、尿检、B 超、心电图、肝功、肾功、血清蛋白、肿瘤因子等，为女工增加妇科检查项目。十九冶两级公司共支付体检费 170 多万元。

2008 年后，十九冶工会把每两年对全员免费全面体检一次作为集团公司为职工办实事写进了职代会报告，并予以实施。

2011 年 10 月，十九冶工会修改、制订《中国十九冶集团有限公司工会劳动保护监督检查实施办法》，下发二级单位认真贯彻执行。

2012 年，十九冶工会组织遍布全国各地的 5700 余名在职职工进行了体检。

至 2013 年底，十九冶工会共建立了 26 个劳动保护监督委员会，队、厂、车间、项目部劳动保护监督小组 400 余个，班组业余劳动保护监督员 500 余人，174 人获攀枝花市总工会颁发的劳动保护监督检查员证。

2000—2013 年，十九冶坚持“以人为本，预防为主”的安全生产理念，结合“三标一体化”要求，完善《安全环保奖惩考核管理办法》《施工安全技术措施管理办法》等管理制度，强力推行标准化工地（车间）建设，规范施工现场安全质量管理。严格执行“四不放过”事故处理程序，全面落实以单位主要负责人为核心的安全责任体系，通过签订安全责任书将责任落实到每位员工，层层构筑安全生产防线。每年支出 4000 万元左右用于安全生产和员工安全生产教育培训。共开展劳动保护监督检查活动 300 余次项，开展“安康杯”竞赛活动 10 余次，查出各种大小隐患 5000 余项，整改率 98%，避免经济损失 3 亿多元。

第五节　女职工工作

1988 年，十九冶推行经济承包责任制时，许多岗位排斥女工，“编外”女性占编外数的 60%以上，连部分适合于女职工工作的岗位，也被男职工所取代。对此，十九冶两级女工组织一面组织“三八”红旗班独立作战，一面建议行政制订《优化组合若干具体规定》，对不合理的岗位安排进行行政干预，使优化组合中编外女工控制在女工总数的 10%以内。1985—1990 年，涌现了孙安琅（全总五一劳动奖章获得者）、文萍（四川省新长征突击手）、郭妙娲（冶金部先进教育工作者）、唐云杰（四川省优秀教师）等一批省以上先进模范人物。1990 年 8 月，十九冶举办第一届文化周活动，十九冶工会女职工委员会积极组织女职工参加文艺体育活动，根据女职工心灵手巧的特点，开展工艺品制作，女职工自我设计、自我缝制服装 300 套，自我服装展示 3 场。1990 年，十九冶女工委员会连续 5 年被评为攀枝花市女工工作竞赛优胜单位，获四川省女工工作先进集体称号。

1991 年 1 月 10 日，十九冶第一次女职工代表大会召开，150 名代表出席，会议选举产生十九冶第一届女工委员会，会上讨论通过《十九冶女工工作条例》。1991 年，十九冶被评为攀枝花市四大企业（攀钢、攀矿、矿务局、十九冶）维护女工合法权益优胜单位。

1997 年以后，随着企业改革的不断深入和到外地施工人员增多、企业困难加大等原因，下岗女工不断增多。针对这种情况，十九冶工会女工组织采取“请进来，走出去”等办法，对下岗女工进行技术业务培训，增强竞争本领，并积极与市各部门联系，为再就业牵线搭桥。组织在岗女工组织开展各种劳动竞赛，为企业发展出力献策。

2000 年，在攀枝花市举办的国庆文化周暨攀枝花第二届艺术节活动中，十九冶工会组织女职工编织的工艺品深受市民好评。

2003 年起，十九冶工会女工委依据《中华人民共和国工会法》《妇女权益保护法》《中国妇女发展纲要》《女职工劳动保护规定》等法律法规，以维护女职工基本权益为工作切入点，为女职工排忧解难，团结带领女工积极投身企业的改革和生产经营活动中。每两年组织女工进行一次身体普查及“两癌”筛选活动，开展女职工大病保险互助活动；每年开展“三八妇女节”“六一儿童节”“母亲节”纪念活动，组织女工捐资助困活动。组织单身女工参加市级媒体“小科帮忙”大型相亲活动，帮助下岗女工再就业培训，开展金秋助学活动，建立女职工巾帼志愿者队，开展“平安、健康家庭大行动活动”。开展“亿万妇女学法律”网上答题竞赛活动、城市环境治理活动，开展女职工劳动保护特别规定知识竞赛活动、关爱女性保障工作活动、女职工学法律、家庭平安促和谐普法读书活动、“幸福攀枝花，巾帼在行动”活动、“妈妈我爱你”短信征集活动。建立十九冶困难女职工名册，为困难单亲女职工子女送去“爱心家教”帮助。

2004 年 5 月，在攀枝花市总工会、市文联联合主办的“数风流人物还看今朝”女职工艺术作品展会上，十九冶女工自行设计、制作了根雕、麦秆制品、毛绒制品、木版画、挂毯、蛋壳画、贝壳制品等 20 个类别计 330 件作品。这些作品以设计新颖、工艺精巧、匠心独具吸引了众多的参观者，受到中共攀枝花市委、市总工会负责人高度评价。

2007 年 3 月 21 日，中冶实久公司第一届女职工委员会成立。

2011 年 2 月，十九冶工会和公司行政签订《中国十九冶集团有限公司女职工特殊利益保护专项集体合同》，为女职工特殊利益保护提供了制度保障。

1989—2013 年，十九冶工会女工工作共获市以上集体荣誉 20 余项，有 11 人获得四川省、中冶集团、攀枝花市巾帼标兵、时代新女性、劳动模范、“三八”红旗手等称号。

第六节　职工文化体育活动

一、职工文化活动

1989 年，攀钢二期工程第一战役结束后，十九冶工会于 1990 年 8 月 6—12 日举办企业文化周活动，活动期间共组织文艺演出 6 场，参加演出的人员 450 余人，观众 1.5 万余人次。1992 年 1 月，十九冶工会举办了“达体舞”比赛，全公司有 18 个代表队 1860 余人参加，经过 3 场激烈比赛，1 月 29 日在二公司体育场决出名次，1000 余名观众观看了比赛，市委副书记李翠贤、公司党政领导、市群众艺术馆人员到场观看比赛，称赞“跳出了高水平和新花样”。1992 年 8 月，十九冶工会又举行首届卡拉 OK 歌手大赛，全公司 18 个单位 95 名歌手参加了比赛。

1994 年 9 月 26 日—11 月 20 日，十九冶工会为慰问“出山入海”去外地施工的职工，组织 40 余人的职工艺术团，于先后到成都、荣昌、重庆、武汉、上海、衡阳、昆明等地演出 19 场，受到职工和当地群众热烈欢迎。回攀枝花后又在市川剧团和攀钢俱乐部向市和攀钢作了汇报演出。1966—1997 年，十九冶共举办 10 余次文艺会演、近 10 次职工歌会、两届灯会、多次法制专题文艺会演、戏剧小品会演、诗会、书法、美术、摄影展。

1997 年，十九冶进入特困时期，公司工会克服经济困难，多次组队参加攀枝花市文艺会演和春节游街活动，展示了十九冶人困难面前不低头的精神风貌。

2000 年，十九冶工会举办国庆文化周活动，组织文艺展演团排练了 90 分钟文艺节目，于 9 月 26 日、10 月 2 日、10 月 3 日分别参加十九冶国庆文艺晚会、“攀枝花第二届艺术节”（开、闭幕式）广场演出、到攀钢、攀矿作慰问演出活动。先后在十九冶建材公司、十九冶技校、十九冶电装公司、十九冶公司机关小区举办了书法、美术、摄影、工艺品展出，共展出作品 118 件。在十九冶技校、电装公司举办了书市展销会，在十九冶建材公司、机动公司举办了电影展映。活动吸引了数万观众，在攀枝花市获 10 项大奖。市民感叹：“十九冶这么困难，还演出这么好节目，十九冶精神没丢”。

2004 年以后，企业的文艺活动成为公司“西部铁军”文化——品牌建设重要组成部分。2004 年 9 月，开展了庆祝建国 55 周年职工文化活动。2006 年 4 月，举办十九冶第二届厂歌大赛。2006 年 6 月 1 日，为庆祝十九冶成立 40 周年，十九冶工会组织编排《铁军之歌》和《难忘今宵》等两台文艺节目，参加的演员 700 人次，演员年龄最大的 75 岁、年龄最小的为 3 岁。2006 年 8 月，举办了十九冶第三届职工歌手大赛。

2007 年 10 月 9 日—11 月 2 日，为庆祝中冶实久建设有限公司成立一周年，中冶实久公司职工文艺慰问演出队先后到郫县、青白江、都江堰、山东泰安、南京、宁波、武汉、深圳、昆明等分公司慰问演出，表达对多年来在“出山入海”“北上东进”战略中做出贡献的外地分公司员工和家属的亲切慰问，受到职工的热情赞扬。9 月 21 日，十九冶举办歌手大赛、周年庆祝晚会。

2009 年 9 月 29 日，中冶实久建设有限公司工会举行国庆 60 周年暨中冶实久建设有限公司成立 3 周年文艺会演，各专业公司和分公司参加了会演，共演出 18 个节目。

2010 年 5 月 26—29 日，十九冶技校、建校艺术团深入到攀枝花西区、盐边县、仁和区的 5 所中学进行演出。

2011 年 6 月 1—29 日，十九冶开展了庆祝建党 90 周年暨十九冶成立 45 周年系列文化活动。内容有文艺演出、书画摄影作品展、诗歌朗诵会等。

2012 年 12 月 24 日，十九冶举行了庆祝实现“双百亿”目标文艺演出。

二、职工体育活动

1966—1992 年，十九冶工会共举办 12 届职工运动会，比赛项目由几个单项发展到包括球类、田径、棋牌、武术、游泳等多个项目的综合的运动会，参加的运动员由 300 余名发展到 2000 余人。

1995 年国务院《全民健身计划纲要》颁布后，十九冶工会成立了桥牌协会、钓鱼协会、登山协会等群众体育组织。

2001—2005 年，十九冶工会共投入 450 余万元用于辖区内运动休闲场地扩建和各种体育活动的基础设施，修建 38 个小区休闲健身广场，整修完善了二级单位篮球场、排球场、游泳池、门球场和 12 个室内体育活动室。驻外分公司都有自己的体育活动场所。至 2006 年 12 月，公司共有体育单项组织 12 个，各类职工体育积极分子 2400 余人，职工体育骨干 240 余人。在岗职工一天坚持锻炼一小时的达 66.4%，退休职工一天坚持锻炼一小时的达 84.6%。故，公司被四川省总工会、四川省体育局、四川省发展职工体育基金联合会评为“十五”期间职工体育先进单位。

2006 年 4 月 1—6 日，十九冶举办第 13 届职工运动会，共有 21 个代表队、2100 名运动员参加了 10

个大项、28个小项的比赛。

2010年4月25日—6月3日，十九冶举办第14届职工运动会，有拔河、棋牌、乒乓球、羽毛球、排球、篮球、跳高、跳远、短跑等项目比赛项目，比赛在攀枝花、成都、深圳等3个赛区进行，参加运动员1000余人。

三、职工业余文化活动

1989年以前，十九冶及所属单位共有规模不等的俱乐部17个、娱乐活动室26个、图书馆1个（藏书4万余册）、图书室40个、电视室40个。

1990年以后，随着十九冶“出山入海、二次创业”，外地指挥部及分公司逐步设立。为丰富职工业余文化生活，外地指挥部、分公司工会均建立了文化娱乐设施，职工在上班之余在俱乐部、文娱活动室唱卡拉ok、跳舞、下棋、打麻将、玩牌，丰富了职工业余文化生活。

1994年3月18日，在公司领导支持下，十九冶工会成立全市唯一的京剧票友协会。票友协会的参与者多为离退休职工，他们利用节假日到公司家属区、市热闹区为十九冶家属及市民演唱优秀传统京剧唱段、现代京剧唱段、自编唱段，受到家属及全市人民好评，吸引了全市京剧爱好者加盟，队伍由小到大，引起了市党政领导重视，常受邀登台参加市重要节日文艺演出。

2000年以后，随着公司经济形势的逐步好转，各单位进一步恢复、建立健全了文化娱乐活动室。至2010年9月，公司投资新建或改建了15个离退休管理站（外地3个，攀枝花市12个）、24处活动中心和活动室，配有专、兼职工作人员28人，形成了694平方米的办公用房、3236平方米的室内活动场地、8400平方米的室外活动场地。

第三章　攀枝花煤业（集团）有限公司工会委员会

第一节　组织机构

一、机构沿革

（一）攀枝花矿务局工会

攀枝花矿务局工会的前身为1966年6月25日成立的渡口煤炭指挥部工会，1987年随市更名为攀枝花矿务局工会。1988年6月，攀枝花矿务局召开第五次会员代表大会，选举产生矿务局第五届工会委员会、常务委员会、经费审查委员会。矿务局工会下设生活部、生产部、宣传文体部、民主管理部、女工部、办公室、俱乐部等6部1室，人员编制40人。

1990年2月，攀枝花矿务局工会下设工作机构调整为生活部、生产部、组织部、文体部、女工部、办公室、俱乐部等6部1室，人员编制30人。

1992年8月17—22日，攀枝花矿务局召开六届一次职工（会员）代表大会。选举产生攀枝花矿务局工会第六届委员会、常务委员会、经费审查委员会。矿务局工会下设组织部、办公室、生产部、文体部、宣传部、俱乐部、生活部、女职工部、财务部等8部1室，人员编制59人。

1998年5月26日—28日，攀枝花矿务局召开七届一次会员代表大会。选举产生攀枝花矿务局工会第七届委员会、常务委员会、经费审查委员会。矿务局工会下设组织部、办公室、生产生活部、宣传文体部、女职工部、财务部等 5 部 1 室，人员编制 54 人。

（二）攀枝花煤业（集团）有限责任公司工会委员会

2000 年 3 月 18 日，攀枝花矿务局更名为攀枝花煤业（集团）有限责任公司。2000 年 4 月 3 日，攀煤（集团）公司召开第一届职工（会员）代表大会，原攀枝花矿务局工会委员会更名为攀枝花煤业（集团）有限责任公司工会委员会（以下简称攀煤（集团）公司工会）。原攀枝花矿务局工会第七届委员会委员、常委、副主席、主席及攀枝花矿务局工会第七届经费审查委员会委员、副主任委员、主任委员等分别改任为攀煤（集团）公司工会委员会委员、常委、副主席、主席和攀煤（集团）公司工会经费审查委员会委员、副主任委员、主任委员。攀煤（集团）公司工会下设办公室、经济和生活保障部、宣传文体部、女职工部、财务部等 4 部 1 室，人员编制 35 人。

2005 年 10 月 15 日，攀煤（集团）公司召开第二届职工代表暨第二届工会会员代表大会第一次会议。选举产生了攀煤（集团）公司工会第二届委员会、常务委员会、经费审查委员会。攀煤（集团）公司工会下设办公室、经济技术部、保障部、宣传文体部、女工部、财务部等 5 部 1 室，人员编制 27 人。

2012 年 4 月 28—5 月 8 日，攀煤（集团）公司召开三届一次职工代表暨第三届工会会员代表大会第一次会议。选举产生了攀煤（集团）公司工会第三届委员会、经费审查委员会。攀煤（集团）公司工会下设办公室、安全生产部、文体宣传部、生活保障部、女工部、财务室等 4 部 2 室，人员编制 14 人。

2013 年，攀煤（集团）公司工会下设办公室、安全生产部、文体宣传部、生活保障部、女工部、财务室等 4 部 2 室，人员编制 10 人。

（三）二级单位工会组织建设

1985 年，矿务局工会下属有 19 个基层工会。1990 年，增加到 22 个。1992 年，增加到 25 个。2000 年，攀煤（集团）公司工会下属二级单位工会 29 个。2005 年减少到 23 个。2013 年为 24 个基层工会。

1985—2013 年攀煤（集团）有限公司工会委员会基层组织情况

表 52

年份	职工（人）	基层工会（个）	会员（人）
1985	31978	19	31978
1990	34842	22	34842
1992	32346	25	32346
1998	25752	25	25752
2000	27561	29	27561
2005	17563	23	17563
2013	17192	24	17192

1989—2013 年攀煤（集团）有限公司工会委员会负责人任职情况

表 53

姓　名	性别	职务	任职时间
杨弟才	男	工会主席	1989.01—1999.05
董世民	男	工会主席	1999.05—2003.07
柯　斌	男	工会主席	2003.07—2010.12
郑守全	男	工会主席	2011.01—2011.03

续表 53

姓　名	性别	职务	任职时间
张　清	男	工会主席	2011.03—
孙树远	男	工会副主席	1989.01—1991.07
李庆余	男	工会副主席	1988.06—1994.08
齐爱莲	女	工会副主席	1991.04—1999.02
徐秀展	男	工会副主席	1995.03—1997.03
王建新	男	工会副主席	1997.03—1998.03
李文池	男	工会副主席	1998.05—2000.01
王国玄	男	工会副主席	2000.01—2002.05
鲁洪元	男	工会副主席	2003.08—2009.03
苗艳玲	女	工会代副主席	2009.03—2010.03
苗艳玲	女	工会副主席	2010.03—
杨立森	男	工会副主席	2012.04—

二、职工（会员）代表大会

攀枝花矿务局五届职工代表大会　攀枝花矿务局五届二次职工代表大会于 1989 年 8 月 31 日召开，会议听取和审议了局长工作报告、深化改革总体方案、财务决算报告，审查了攀枝花矿务局 1989 年职工工资浮动升级、设立“宝鼎劳动奖章”和“宝鼎劳动纪念章”、攀枝花矿务局职工福利基金使用方案，听取了攀枝花矿务局五届一次职代会提案处理、民主评议局级干部情况的汇报，推选了矿务局劳动争议调解委员会的职工代表。

攀枝花矿务局五届职工代表大会共召开 6 次职工代表大会分别于 1988 年 6 月 27—28 日、1989 年 8 月 31 日、1990 年 4 月 29 日、1990 年 5 月 5 日、1991 年 5 月 7 日、1991 年 12 月 18 日召开。

攀枝花矿务局六届职工（工会会员）代表大会　攀枝花矿务局六届一次职工代表暨工会会员代表大会于 1992 年 8 月 17 日—22 日召开。会议正式代表 339 名。大会听取和审议了马文华局长的《攀枝花矿务局工作报告》，审议通过了《关于攀枝花矿务局一九九二年下半年安全生产措施的报告》《关于攀枝花矿务局住房制度改革实施办法的报告》、审议决定了《关于攀枝花矿务局职工福利基金 1991 年收支计划执行情况暨 1992 年收支计划的报告》《关于攀枝花矿务局内部银行代发工资管理与核算办法的报告》。会议还审议和通过了杨弟才代表攀枝花矿务局工会第五届委员会所作的《充分调动职工群众的积极性，为深化企业改革、转换企业经营机制、发展矿区经济作出新贡献》《攀枝花矿务局工会第五届委员会的财务工作报告》《攀枝花矿务局工会第五届经费审查委员会的工作报告》。通过了《攀枝花矿务局工会委员会委员和经费审查委员会委员替补、增补办法》和攀枝花矿务局第六届职工代表大会 7 个专门工作委员会组成人员名单。会议选举产生了攀枝花矿务局工会第六届委员会委员 37 人、常务委员会委员 13 名、工会主席 1 名、副主席 2 名，攀枝花矿务局工会第六届经费审查委员会委员 7 名、主任委员 1 名、副主任委员 1 名。会议收集提案共 435 条，经整理归纳为 240 条。

攀枝花矿务局第六届职工（工会会员）代表大会共召开了 14 次代表大会，第二至第十四次代表大会分别于 1992 年 11 月 12 日、1993 年 2 月 19 日至 3 月 25 日、1994 年 2 月 22 日、1994 年 10 月 18 日、1995 年 3 月 13 日至 15 日、1995 年 12 月 12 日、1996 年 3 月 29 日、1996 年 4 月 16 日至 17 日、1996 年 9 月 24 日、1996 年 11 月 28 日、1997 年 2 月 22 日、1997 年 11 月 11 日、1998 年 3 月 2 日召开。

攀枝花矿务局工会七届会员（职工）代表大会　攀枝花矿务局工会七届一次会员代表大会于 1998 年 5

月26日—28日召开。会议正式代表355名。会议听取和审议了杨弟才代表矿务局工会第六届委员会所作的工作汇报《高举邓小平理论伟大旗帜，开创矿区工会工作新局面》，审议和通过了《攀枝花矿务局工会第六届委员会工作报告》《攀枝花矿务局工会第六届委员会财务工作报告》《攀枝花矿务局工会第六届经费审查委员会的工作报告》《攀枝花矿务局工会关于对工会主席进行离任审计的暂行规定》。通过了《攀枝花矿务局工会第七届委员会委员和经费审查委员会委员替补、增补办法》和攀枝花矿务局第七届职工代表大会6个专门工作委员会组成人员名单。会议选举产生了攀枝花矿务局工会第七届委员会委员37人、常务委员会委员11名、工会主席1名、副主席2名，攀枝花矿务局工会第六届经费审查委员会委员9名、主任委员1名、副主任委员1名。会议收集提案共324条，正式立案234条。

攀枝花矿务局工会七届会员（职工）代表大会共召开了9次代表大会，第二至第九次代表大会分别于1998年12月24日、1999年3月10日至17日、1999年5月25日、1999年7月20日、1999年10月16日、1999年12月9日、2000年3月9日至14日、2000年3月16日召开。

攀煤（集团）公司第一届职工（会员）代表大会 攀煤（集团）公司第一届一次职工（会员）代表大会于2000年4月3日召开，会议正式代表347人，实到285人。因为攀枝花矿务局于2000年3月18日改制为攀枝花煤业（集团）有限责任公司（简称攀煤（集团）公司）。大会根据实际情况，为保证矿区工会工作和职代会工作的连续性，特作如下决议：原攀枝花矿务局工会委员会更名为攀枝花煤业（集团）有限责任公司工会委员会（简称攀煤（集团）公司工会委员会）。

原攀枝花矿务局工会七届一次会员代表大会选举产生的攀枝花矿务局工会第七届委员会委员和攀枝花矿务局工会第七届经费审查委员会委员；原攀枝花矿务局工会七届一次全委会、七届二次全委会、七届三次全委会分别选举、替补、增补的攀枝花矿务局工会第七届委员会委员、常委、副主席、主席及攀枝花矿务局工会第七届经费审查委员会委员；原攀枝花矿务局工会经费审查委员会七届一次全委会选举产生的攀枝花矿务局工会第七届经费审查委员会副主任委员、主任委员等分别改任为攀煤（集团）公司工会委员会委员、常委、副主席、主席和攀煤（集团）公司工会经费审查委员会委员、副主任委员、主任委员。

原攀枝花矿务局七届一次职工代表大会通过的攀枝花矿务局第七届职工代表大会各专门工作委员会委员、副主任委员、主任委员以及攀枝花矿务局七届四次职代会代表团组长和专门工作委员会负责人联席会替补、增补的攀枝花矿务局第七届职工代表大会各专门工作委员会委员、副主任委员、主任委员本次职工（会员）代表大会予以确认，改任为攀煤（集团）公司职工代表大会各专门工作委员会委员、副主任委员、主任委员（攀煤（集团）公司职工代表大会与攀煤（集团）公司工会会员代表大会同步）。

攀煤（集团）公司第一届职工（会员）代表大会共召开了11次代表大会，第二至第十一次代表大会分别于2000年7月29日、2000年10月13日、2000年10月19日、2001年3月21日至30日、2002年3月22日至29日、2003年8月20至26日、2003年10月29日、2004年5月16日至18日、2005年3月17日、2005年7月14日至15日召开。

攀煤（集团）公司第二届职工代表暨工会会员代表大会 攀煤（集团）公司第二届职工（会员）代表大会第一次会议于2005年10月15日召开。会议正式代表241名，实到224人。会议听取和审议了柯斌同志代表攀煤（集团）公司工会第一届委员会所作的工作报告《围绕中心，服务大局，认真落实"组织起来，切实维权"工作方针，团结动员广大职工为实施大集团战略建功立业》，审议和通过了《攀煤（集团）公司第一届职工代表大会工作报告》《攀煤（集团）公司工会财务工作报告》《攀煤（集团）公司工会经审工作报告》，通过了《攀煤（集团）公司职工代表大会实施细则》《攀煤（集团）公司工会工作和职工民主管理工作条例》和7个专门工作委员会组成人员名单。会议选举产生了攀煤（集团）公司工会第二届委员会委员31人、常务委员会委员11名、工会主席1名、副主席1名，攀煤（集团）公司工会第二届经费审查委员会委员 7 名、主任 1 名、副主任 1 名。会议收集提案共 146 件，立案的 14 件。

攀煤（集团）公司第二届职工（会员）代表大会共召开了 19 次代表大会，第二至第十九次代表大会分别于 2005 年 10 月 19 日、2005 年 12 月 10 日至 14 日、2006 年 2 月 9 日、2006 年 11 月 22 日、2007 年 6 月 26 日至 28 日、2008 年 1 月 26 日至 29 日、2008 年 3 月 11 日至 4 月 2 日、2008 年 8 月 6 日、2009 年 1 月 24 日至 2 月 13 日、2009 年 3 月 20 日、2009 年 8 月 12 日、2009 年 8 月 27 日、2009 年 9 月 17 日、2009 年 11 月、2010 年 3 月 22 日、2010 年 3 月 30 日、2011 年 2 月 11 日至 16 日、2011 年 3 月 11 日至 14 日召开。

攀煤（集团）公司三届职工（工会会员）代表大会 攀煤（集团）公司三届一次职工（工会会员）代表大会于 2012 年 4 月 28 日—5 月 8 日召开。会议应到代表 213 名，实到 187 人。会议听取和审议了公司总经理王毓所作《强基固本、提质增效，攻坚克难、奋发进取，努力开创攀煤公司科学发展新局面》《川煤集团攀煤公司第二届职工代表大会工作报告》《攀煤（集团）公司工会二届委员会报告》《攀煤（集团）公司工会二届委员会财务工作报告》《攀煤（集团）公司工会二届委员会经审工作报告》。审议通过了《党政领导班子 2011 年度廉洁自律报告》《2011 年度招待费使用情况暨 2012 年安排计划》《2011 年度履行集体合同情况报告》《2011 年专用资金计划完成情况暨 2012 年专用资金提取及使用安排》《2011 年职工培训情况暨 2012 年职工培训计划》《三届一次职代会提案审查情况报告》。审查了《2012 年劳动保护工作措施》《2012 年工资管理办法》《2012 年职业病防治专项集体合同》《2012 年工资集体协议》。审议决定了《职工住房公积金管理办法（暂行）》《员工疗养实施细则》等。会议还通过了攀煤（集团）公司第三届职代会 7 个专门工作委员会组成人员名单，并选举产生了攀煤（集团）公司工会第三届委员会委员 29 人、工会主席 1 名、副主席 2 名，攀煤（集团）公司工会第三届经费审查委员会委员 7 名、主任 1 名。会议收集提案共 79 件，立案的 16 件。

攀煤（集团）公司第三届职工（会员）代表大会共召开了 5 次代表大会，第二至第五次代表大会分别于 2013 年 1 月 31 日、2013 年 4 月 28 日、2013 年 7 月 15 日、2013 年 8 月 5 日召开。

第二节 职工民主管理

一、民主管理

1989—2013 年，攀煤（集团）公司坚持加强民主管理制度化、公司化、规范化建设，制订出台《招标暂行管理办法》《安全工作奖惩办法》《关于严禁党员、领导人员组织参与私挖盗采煤炭资源活动的纪律规定》《工资管理暂行办法》《矿领导带班下井及管理规定》《关于处级领导干部任职条件的通知》《矿（处级）后备干部民主推荐办法》等一系列企业民主管理规章制度。同时利用《矿工报》、电视台、网站、橱窗等形式加大宣传力度，利用职工大会、班前会等组织职工学习，增加透明度，便于职工监督。

其间，坚持以职代会为基本形式，充分发挥职代会在厂务公开民主管理中的主渠道作用。按照《企业工会工作条例》等规定召开了职代会。职代会对涉及职工切身利益的办法和政策如《工资管理办法》《廉租房管理办法》《职工集体合同》《工资集体协议》《女职工专项集体合同》及《公司富余人员分流安置方案》等均提交职工代表进行了认真的审议。职代会召开期间，职工代表还对《公司工作报告》《领导廉洁自律报告》《招待费使用报告和计划》《集体合同履行情况报告》《职工福利费收支及使用情况报告》《专用资金使用情况》等进行审议。公司对领导干部进行民主测评，对考评结果进行公示。其间，公司出台的涉及职工利益的办法和政策，均提交职工代表审议。公司每年均开展工资集体协商，签订《工资集体协议》，公司所属二级单位也都开展了工资集体协商工作。其间，公司坚持了职工代表巡视制度，增强了职工代表对公司改革发展的信心和决心，增强了职工代表的参与权、知情权。

二、厂务公开

1989—2013 年，攀煤（集团）公司坚持推行厂务公开工作。在厂务公开工作中，攀煤（集团）公司结合改革发展实际，不断拓展公开内容，创新公开形式。坚持公司招投标工程、干部任免、职称评定、材料采购、评先评优等重大决策，一律上党政工联席会讨论决定。期间，攀煤（集团）公司坚持以职代会为基本载体，以会议纪要、简报、公开栏、矿工报、电视、网站等相配套，灵活多样的公开体系，始终坚持“六公开”原则，即：公司的年度工作目标及工作措施、企业生产经营重大问题、公司项目开发、涉及职工切身利益的情况、职工关心的热点问题如养老保险、医疗保险、失业保险、招待费使用情况、福利费使用情况、领导干部收入等进行公开。2013 年，攀煤（集团）公司在公司及厂（矿）、区（队）三级共设置了公开栏 120 多块，全公司 24 个二级单位都有公开栏，公开率达到 100%；公司工会还统一配备了 50 个意见箱，每月收集职工意见，扩大公开范围和渠道，落实职工知情权。

攀煤（集团）公司针对职工关注的基层采掘队分配问题，加强检查指导力度，在采掘计件单位推行“三日三化”，即“日考勤、日记分、日上墙，规范化、制度化、民主化”，继续执行了以工资分配办法、工资册、考勤簿为内容的“三结合”公开制度，在公开栏上要求对吨煤计划、吨煤（进米）单价、工资总额、分配办法、材料节超、安全奖罚、领导收入等公开上墙，每月按时填写，职工一目了然，同时还要求采掘队工资分配民主监督小组成员做到每月在计件工资分配结果上签名，做到对上对下一本账，客观公正，以实实在在的公开取信于职工群众。

公司工会定期收集职工意见。坚持每季度召开职工座谈会、通过基层工会每季度收集一次职工思想动态等形式，及时了解和掌握职工动态，对职工反映的共性问题及时向相关领导和部门进行反映，发挥好职工和企业之间的桥梁纽带作用。

公司对职工工资统一实行银行代发，工资表每月打印让本人签字盖章；对职工“五险一金”每年打印个人对账单，实行个人签认制度，使职工对自己“五险一金”扣缴情况做到了心中有数。

在干部选拔上，攀煤（集团）公司坚持“公开、竞争、平等、择优”的原则，严格按规定程序选拔干部。期间制定出台《关于处级领导干部任职条件的通知》《矿（处级）后后备干部民主推荐办法》等，并严格按制度执行。在干部选拔任用上走群众路线，干部选拔必须经民主推荐。严格执行干部选拔任用的有关程序，坚持任前公示、任用公示和离任审计制度。实行干部择优公开招聘。加大民主测评力度，提高干部素质，增强干部的危机感。加大干部的日常考核管理，对因工作能力、身体原因、廉政建设以及其他方面的问题不能胜任的，及时进行调整，优化干部队伍结构。

攀煤（集团）公司按照川煤集团公司招投标管理有关规定，对物资自购部分和基建项目全部实行公开招投标。攀煤（集团）公司招标办、纪委审计等部门对基层各单位报建项目都要进行层层审核、严格把关，按照公开、公平、公正的招标原则和规定程序组织进行招标，大大降低了建设工程和物资采购成本费用支出。对职工反映的工作服改版、防尘口罩太薄等问题，及时给采购部门反映，并得到及时改进。

公司建立完善监督评议和检查考核机制，成立由工会、纪委审计、人力资源部等相关部门人员组成的检查小组，定期和不定期对厂务公开工作进行检查、抽查和考核。每月进行定期检查，主要对各单位的公开栏进行检查，包括公开内容是否更新、内容是否真实、破旧公开栏的更换情况等方面。对各单位厂务公开工作情况随时进行检查，有效地杜绝了走过场、图形式。对不够规范的单位进行通报、限时整改，有效提高了公开工作的责任感和工作效率，使日常公开工作规范进行。

1990年，矿务局获四川省煤矿工会“民主管理先进单位”。2000年，攀煤（集团）公司获评“四川省厂务公开工作先进单位”、攀枝花市“推行厂务公开制度先进单位”。2001年，获评攀枝花市2000年度“厂务公开工作先进单位”“四川省职工民主管理先进单位”。2002年，获评攀枝花市“2001年度厂务公开工作一等奖”和“推行集体合同先进单位”“2001年度四川省厂务公开工作先进单位”。2004年，获评攀枝花市“2003年度实行厂务公开工作先进集体”。2006年，获评“全国厂务公开先进单位”。2007年，获评“全国厂务公开先进单位”。2012年，获评“四川省厂务公开民主管理示范单位”。2013年，获评攀枝花市“厂务公开民主管理示范单位”。

第三节　群众安全生产

1987年，攀枝花矿务局成立了家属安全协管会。1991年，成立攀枝花矿务局群众安全监督会（以下简称“群监会”），同时建立小宝鼎矿群监会、太平矿群监会、花山矿群监会、大宝顶矿群监会、沿江矿群监会、矿建处群监会、巴洗厂群监会、机电总厂群监会、四二四厂群监会、龙洞焦化厂群监会、格洗厂群监会、矸石电厂群监会、建筑公司群监会、供应处群监会、总医院群监会等20个群监会。班组设立群众安全监督检查员，形成了从矿务局到二级单位、班组的群众安全监督网络体系。提出“群监群防群治，把群安工作贯穿于安全生产全过程”的工作思路。1992年，矿务局工会下发《攀枝花矿务局工会一九九二年群安工作意见》，明确提出班组配备1—2名群监员，提出设立群监员标记。同年3月，第一次组织开展了群监员培训，向群监员发放《工会劳动保护检查员工作条例》。同年5月，下发了《关于进一步加强群众安全工作的通知》，提出了建立群安制度，制定工会主席、主管副主席、群监员工作制度、工作职责，第一次提出“按照责任制的职责范围追究有关人员的责任”。1993年，矿务局工会提出把群安工作放在工会工作的首位，作为考核工会“建家”和工会干部的重要内容。1994年，矿务局工会制定《群众安全工作目标考核管理细则》（试行），明确了工会主席是群安工作第一责任者。1996年，矿务局工会在全局推行“两书一表”（《事故隐患和职业危害作业点报告书》《职工“三违”通知书》《班组安全检查表》）制度。1997年，在花山煤矿、太平煤矿、大宝顶煤矿、小宝鼎煤矿、巴洗厂、格洗厂、四二四厂、建材总厂推行了群监员佩戴标志上岗制度，以开展煤矿职工十项权利宣传教育活动为切入点，推进职工各项权利的落实，提出了加强对职业危害作业点的监督检查，工会预防职业病相关工作开始起步。1998年，建立和完善了群众安全监督检查制度，事故隐患、职业危害作业点建档跟踪整改制度，参与职工伤亡事故调查处理制度。以文件形式提出建立群安四级组织，区、科队级群监分会得到完善。

2000年，攀煤（集团）公司开始开展“安康杯”竞赛活动。2001年攀煤（集团）公司第一次被中华全国总工会、国家安全监管总局授予“安康杯”竞赛优胜单位。2002年，攀煤（集团）公司工会印发《关于加强群众安全工作的规定》。同年7月，开始在四矿井口设立茶水站，以茶水站为阵地的“送温暖”“安全叮嘱活动”开始实施。并开始实施群监员津贴制度，标准为四矿采掘、通风班组群监员每名25—30元/月，井下机电、运输班组群监员每名20—25元/月。2003年6月，攀煤（集团）公司工会开展首次“群众安全宣传月”活动。2005年1月，建立《重点工作头面群监工作联络员制度》。2006年，攀煤（集团）公司工会调整群监会负责人及各二级单位工会主席，建立了小宝鼎矿群监会、太平矿群监会、花山矿群监会、大宝顶矿群监会、精煤公司群监会、运销公司群监会、九鼎公司群监会、水电公司群监会、发电公司群监会、供应处群监会、电冶公司群监会、救消大队群监会、总医院群监会、技术中心群监会、生活公司群监会15个二级单位群监会及45个采掘群监分会，15个辅助、后勤科（区）群监分会，38个地面车间（区、段、科）群监分会。全公司配置群监员1128名，其中采掘群监员435名。公司采取群安“五个教育”（强化安全形势任务教育、强化警示教育、强化亲情教育、强化班前安全教育、强化安全生产典型带动教育）的活动方式，制订了《2006年后七个月（6—12月）群安责任追究的规定》，实施群安工作重奖重罚制度。将四矿群监员津贴提高到100元/月，地面单位群监员60元/月。同年12月，攀煤（集团）公司工会对四矿采掘435名群监员进行了表彰奖励。2008年，开展群安文化建设，在职工中树立“安全生产从我做起”的理念，在群监员中树立“安全监督每一班、安全生产每一天”的监督理念，组织开展安全签名、柔性安全教育、群监员手册评比等活动。2009年1月，对花山煤矿、太平煤矿、大宝顶煤矿、小宝鼎煤矿群监会实行季度考核、季度奖励，对精煤分公司、矸石电厂、水电公司、九鼎公司等8个地面生产单位群监会实行年度考核、奖励。同年6月，成立群安课题组，集中力量开展“小宝鼎矿职工安全自我评价体系”的研究，形成《小宝鼎矿职工自我评价体系》报告。11月，小宝鼎矿“职工安全自我评价体系”通过四川省总工会的验收。2011年，小宝鼎矿“职工安全自我评价体系”获攀枝花市科级成果三等奖。2012—2013年，群安工作坚持推进“案例教育、素质提升、群监员竞赛、表彰奖励、职责履行”五项活动。

2013年，攀煤（集团）公司印发《群众安全工作管理办法》。截至2013年年底，攀煤（集团）公司共有群监会21个，群监分会182个，群监员1081名，其中4个生产矿井共有采掘、辅助群监员435名。

1989年以来，攀煤（集团）公司先后表彰优秀群监员3000多人次，优秀家属协管员100多人次，优秀群监会50多个次，优秀家属协管会20多个次，群监员发现隐患33220条。群监员尹波、刘德军被四川省总工会授予四川省“五一劳动奖章”。2005—2013年，攀煤（集团）公司连续10年获“全国安康杯竞赛优胜单位”称号。

第四节　职工之家建设

自1984年工会整组建家以来，特别是1990年全国总工会作出继续深入开展建设职工之家活动的决定后，攀枝花矿务局工会把建家工作作为推进企业建设的一项综合性、战略性任务，以矿区生产经营为中心，深入广泛开展建家活动。

1991年1月14日，攀枝花市总工会在矿务局建材总厂召开建设职工之家现场经验交流暨研讨会。3月初，矿务局工会对全局16个基层工会开展“建家”工作情况进行检查验收，评定出5个模范职工之家、7个先进职工之家、3个合格职工之家。3月18日，矿务局工会召开建设职工之家和群众经济技术工作总结表彰会，会上有5个单位被命名为“模范职工之家”、10个单位被命名为“先进职工之家”、62个区科工会被授予模范“五好”职工小家称号。3月20日，攀枝花市建设职工之家领导小组一行20余人，在攀枝花市总工会主席刘秀武率领下，对矿务局建设“模范职工之家”情况进行复查，市建家领导小组最终确认矿务局为攀枝花市“模范职工之家”。9月8—10日，四川省总工会“建家”考核检查组代表全国总工会对矿务局工会申报“全国模范职工之家”进行考核验收，矿务局工会经考核合格，报全总审批。1992年4月17日，矿务局工会召开工会工作表彰会，授予建材总厂等8个单位工会为模范职工之家称号、授予大宝顶煤矿等8个单位工会为先进职工之家称号、授予矿建处红果工区等36个区队（车间）工会为“模范五好小家”称号。1994年4月27日，矿务局工会召开工作会议，表彰了16个模范（先进）职工之家、50个模范五好职工小家。截至1995年9月，矿务局已建成合格职工之家20个，占应建成数的100%（其中模范职工之家14个、先进职工之家5个）。全矿区科（车间）已建成合格职工小家228个，占应建成数的93%（其中模范职工小家67个、先进职工小家58个）。同年9月，经全国总工会创建模范职工之家考核验收组的全面考核验收并上报全国总工会审查评定，矿务局工会于12月被全国总工会授予全国“模范职工之家”称号。1997年9月9日，全国模范职工之家复查验收组对矿务局荣获全国模范职工之家后深入建家情况进行复查验收后认定为合格，攀枝花市总工会主席刘秀武对矿区建家工给予充分肯定。2000年8月30日，受全国总工会的委托，在四川省总工会党组成员、纪检组长张仕福，省总工会基层工作部副部长蔡晓英，省纪委综合室检查员林代菊，省总工会基层工作部集体合同科科长陈黎组成的复查验收小组在攀枝花市总工会副主席张敏等有关人员的陪同下，对攀煤（集团）公司工会“全国模范职工之家”进行复查验收，验收合格。年底，全国总工会授予攀煤（集团）公司工会“全国模范职工之家”称号。2004年，攀煤（集团）公司印发《攀煤（集团）公司工会建家四十条》和考核验收标准，积极推行“职工之家”建设工作。

2006年10月26日，攀煤（集团）公司工会特色建家现场工作会在精煤分公司召开，精煤分公司工会、大宝顶矿工会、恒威公司工会、太平矿工会、电厂工会代表在大会上发言，介绍了关于建设职工“技术小家”“安全小家”“文化小家”“效益小家”及“质量小家”的经验和心得。2007年5月9日，攀煤（集团）公司工会下发《关于深化工会特色建家工作的通知》，对特色建家工作进行了安排和部署。2008年，攀煤（集团）公司工会按照“建家就是建企业、建家就是建队伍”的要求，不断深化特色建家工作，制发《关于2008年特色建家工作的通知》《攀煤（集团）公司工会建设特色职工小家考核与验收标准》。

截至2013年底，攀煤（集团）公司共有全国模范职工之家2个、全国煤炭系统模范职工之家1个、省级模范职工之家2个、省级先进职工之家2个、四川省煤矿工会模范职工之家1个、市级模范职工之家8个、市级先进职工之家2个、市级模范职工小家7个，市合格职工之家1个。

第五节　扶贫帮困送温暖活动

20世纪90年代，攀枝花市煤炭全行业亏损，矿区困难群体较多。2003年以后，煤炭企业进入十年黄金期，生产经营有一定起色，职工收入增幅较大，但由于历史欠账较重，矿区困难职工群体的总量仍然较大。2013年，通过调查核实，攀煤（集团）职工家庭纳入困难群体总户数1540户，涉及人口4215人（其中：家庭人均月收入在330元以下的特困家庭有194户，涉及人口433人，占困难户总数的12.6%；人均月收入在330—660元的一般困难家庭有651户，涉及人口2352人，占困难户总数的42.3%；患重大疾病家庭有695户，涉及人口1430人，占困难户总数的45.1%）。享受低保家庭有588户，另外，还有600余户边缘困难群体（家庭人均月收入高于660元，但实际生活非常困难，不在建档范围之内），涉及人口1486人。2012年，攀煤（集团）公司成立困难职工帮扶中心，该中心设在公司工会，其成员由公司工会、财务资产部、人力资源部、社保中心等部门负责人组成，攀煤（集团）公司工会生活保障部负责日常工作。制定下发《攀煤（集团）公司困难职工帮扶管理办法》，共包括7章23条，对组织机构、救助对象、救助项目及标准等都进行了规范和明确，攀煤（集团）公司的困难职工帮扶救助工作步入规范化、制度化轨道。同年12月，攀煤（集团）公司在川煤帮扶工作经验会上，就矿区的扶贫帮困工作做了经验交流，受到各级领导的一致好评。

1989年以后，攀煤（集团）公司工会把扶贫解困工作作为落实民生工程，关爱职工群众，体现组织温暖的重要抓手。

一、增收解困

1999—2013年，攀煤（集团）公司通过突出煤炭产业基础地位，审慎延伸煤基产业链，不断壮大企业经济总量，提高企业经济效益，增加职工收入。其间，职工年收入从1989年的2732元增加到2013年的38884元，增长了14倍多。特别是在2012、2013年煤炭企业再度进入寒冬期，企业出现巨额亏损、全行业普遍降薪的情况下，攀煤（集团）公司仍然较好地保持了矿区职工收入的平稳性，其中采掘一线职工收入还有所增长，为维护矿区和谐稳定起到了关键作用。

二、住房解困

2004年，攀煤（集团）公司以攀枝花市“创卫”“创模”活动为契机，认真开展城乡环境综合治理工作，不断加大矿区公共文化设施建设力度。公司累计垫资2.5亿元，在全省煤炭企业中率先启动沉陷区治理和棚户区改造工程。到2013年，沉陷区治理工作全面结束，新建住房19.5万平方米，安置职工家庭2553户。棚户区改造基本完工，新建住房48.5万平方米，安置棚户区职工家庭7335户。在沉陷区和棚户区安置中，公司还根据职工困难情况，在小区物管费上额外给予补贴，年补贴物管费达180余万元，降低了住户的生活成本。

三、政策解困

2003—2013年，攀煤（集团）公司在积极帮助特困职工享受低保等政策待遇的同时，坚持对困难群体实行水电费补贴。10年间，攀煤（集团）公司为困难职工、工私亡职工遗属等减免水电费2.6万余户次，涉及金额达514万余元。另外，公司还以低于市场价的收费标准，向春晖物业公司（原矿务局沿江矿，已政策性破产）转供电1.6亿余度、供水510余万吨，优惠水电费额度达4000多万元。其间，通过矿务局总医院职工体检中心，免费为624户困难职工进行了健康体检。

四、就业解困

2008—2013年，攀煤（集团）公司工会多次组织下岗职工或待业人员参加各类劳动用工招聘会，并联系市劳动局、市总工会等单位在公司举办专场招聘会。攀煤（集团）公司在技校、党校招生、劳动用工等方面都对困难职工家庭子女实行加分招生和特殊照顾。期间，攀煤（集团）公司技校累计招收困难职工子女1135人，全部给予安置，并报销他们在校学习期间的学费。同时，公司还通过招收合同工、协议工、钟点工等形式，累计安置困难职工子女就业353人，使用劳务工1046人，较好地解决了困难职工家属、子女的就业问题。

五、定期困难救助

1991—2013年，攀煤（集团）公司坚持开展重大节日走访慰问活动，每年在元旦、春节、“七一”、国庆期间，均对特困职工家庭、重（特）大疾病患者、工伤残职工、工（病）亡遗属、优抚对象等14个群体进行走访慰问，累计发放慰问金达7000余万元。

1996年5月初，攀枝花矿务局工会在全国总工会召开的送温暖工程电视电话会议上介绍“做好开发式扶贫”工作经验。9月，为困难职工购进大米114.25吨、菜油10吨。12月，在全矿区开展送温暖募资活动，建立矿区扶贫解困基金。为使矿区扶贫解困工作落到实处，攀枝花矿务局工会协助开办了7家职工扶贫粮店。1997年，攀枝花矿务局工会组织建立了职工消费合作社9家。2012年，攀煤（集团）公司党委建立了干部直接联系群众制度，公司160名处级领导干部为困难职工群体捐款64.8万元，注入攀煤（集团）公司帮扶资金中。到2013年，攀枝花市级领导及市直部门领导在攀煤（集团）公司的联系户有158名，攀煤（集团）公司领导、机关处级干部联系户46户。各二级单位领导人员、科级干部分别与本单位困难职工开展了“结对子”联系活动。

六、助学行动

从 2004 年起，按照《攀煤（集团）公司困难职工帮扶管理办法》的规定攀煤（集团）公司工会坚持对特困（困难）职工家庭子女入学进行帮扶救助。每年为考入大学和大专的特困（困难）职工家庭子女分别给予人均 3000 元/人和 2000 元/人的救助。截至 2013 年，共发放救助金 30 余万元。

第六节　职工文体活动

一、职工文化活动

1989—2013 年，攀煤（集团）公司工会为增强企业凝聚力，推进全民健身活动的深入开展。为丰富广大职工精神文化生活、促进矿区精神文明建设，攀煤（集团）公司坚持立足基层、面向职工、丰富多彩、勤俭节约、大型集中与小型分散相结合、普及与提高相结合的原则，开展职工喜闻乐见的文化体育活动，攀煤（集团）公司工会先后举办文艺演出 40 余次，美术、摄影展 25 次，参展作品达 2000 多件。举办集邮展 16 次，承办攀煤（集团）公司历届技能大赛的开幕式文艺演出。历年春节，均开展了庆新春职工文艺汇演、初一民间艺术表演、焰火晚会、团拜会、电影晚会等系列活动。2005 年，攀煤（集团）公司与全国煤矿文工团共同创作的舞蹈“沸腾的矿山”获得四川省国企调演创作二等奖、表演三等奖。2007 年，攀煤（集团）公司邀请中国煤矿文工团、攀枝花人民广播电台文艺“心连心”剧组来公司慰问演出。攀煤（集团）公司与攀枝花市艺术剧院共同创作的舞台剧“爱巢曲”参加四川省国资委调演，获最佳导演奖、最佳男、女表演奖，小品“班前会”获优秀表演奖。2008 年，参加川煤集团公司安全暨廉政文化节建设首届职工文艺调演，获二、三等奖。2010 年，参加四川省少数民族运动会闭幕式演出。2011 年，获攀枝花市“感恩奋斗——金沙放歌”群众歌咏比赛三等奖。2012 年，参加攀枝花市“金沙放歌”文艺演出获得二等奖；参加市“中国梦、劳动美”文艺专场演出获优秀奖。还进行了川煤集团公司党代会演出和 2012 驻蓉单位文艺演出等。2013 年 5 月，获攀枝花市总工会“金沙情·中国梦·劳动美”专题文艺晚会优秀组织奖。

1989—2013 年，为弘扬“宝鼎精神”，攀煤（集团）公司工会先后举办文学征文 11 次，共收到小说、诗歌、散文、报过文学各类作品近万篇，工会印发专刊，并有大批文学作品获全国、全国煤炭系统多项奖项。举行演讲赛 18 次、诗歌会 7 次、讲故事比赛 16 次、讨论会 13 次。还积极组织职工选手参加攀枝花市总工会举办的历届演讲比赛获得较好成绩。两名职工获川煤集团公司成立 5 周年演讲比赛一等奖。2007 年，攀煤（集团）公司被评为四川省“创建学习型组织、争做知识型职工”活动先进集体。

二、职工体育活动

1989—2013 年，攀煤（集团）公司先后举办象棋、围棋赛 23 次，桥牌赛 6 次、乒乓球赛 19 次、羽毛球赛 20 次、篮球赛 23 次。坚持举办各类运动会、登山比赛，气功、太极拳、太极剑练习等群众性健身活动，并成立各种健身小组 22 个。1990—2013 年，攀煤（集团）公司组织参加上级开展的各项体育活动，连续获“全国煤矿体育工作先进单位”称号。从 1994 年起连续 10 余年，攀煤（集团）公司职工集邮协会被评为“攀枝花市群众集邮先进单位”称号。2005 年，攀煤（集团）公司工会被中华全国总工会授予“全国亿万职工迎奥运健身月系列活动”先进单位称号。在成都举办的全国煤矿第十一届“乌金杯”围棋比赛中，攀煤（集团）公司太平矿职工赖勇取得第 16 名，攀煤（集团）公司被授予体育道德风尚奖。为纪念全民健身纲要颁布10周年，攀煤（集团）公司开展了“全国亿万职工迎奥运”系列活动。2007年，攀煤（集团）公司被中国煤矿体育协会授予全国煤矿体育工作先进单位荣誉称号。为打造攀枝花市一流篮球队，公司加大了对男子篮球队培训力度，组织到山东科技大学、四川省体育馆进行专项培训。2009年，组织参加了全国煤矿系统“与祖国同庆、健康同行”活动，获先进单位荣誉称号。四川省体育工作先进单位称号。攀煤（集团）公司体育场地被煤矿体协评为“优秀健身活动示范点”，获全国煤矿系统第十四届“乌金铜煤杯”围棋赛团体第六名。承办川煤集团公司首届运动会的开、闭幕式，并获多项奖项。2010年，攀煤（集团）公司工会获全国煤炭系统先进活动健身站荣誉称号，被中国煤矿体协评为“文体活动先进单位”。代表攀枝花市在省体育馆参加2009—2010“李宁杯”四川省全民健身篮球赛总冠军的比赛，代表川煤集团公司参加川渝篮球赛都取得较好成绩，在攀枝花市“篮协杯”、西区“攀煤杯”比赛中获得冠军。在西区第一届运动会上，取得团体总分第一名的好成绩。获全国煤矿系统智力运动会（围棋比赛）团体第六。2011年，攀煤（集团）公司参加攀枝花市第六届运动会，获体育道德风尚奖、体育事业贡献奖；获中国煤矿体协全民健身活动优秀组织奖，获全国煤炭系统第十六届围棋比赛团体第九名、第十五届象棋比赛团体十七名。

2013年，攀煤（集团）公司组队参加川煤集团公司第二届运动会获多项奖励。参加“欢乐阳光节”系列活动之2013—2014年四川省全民健身篮球公开赛（攀枝花赛区）暨攀枝花市第十届“篮协杯”篮球比赛，获第四名。荣获攀枝花市迎庆元旦职工运动会广播操三等奖、男子篮球第一名、网球单打第一名、双打第一名。年内，还组织职工参加了攀枝花市历年庆元旦越野赛及“健身走”等活动。

第四章　攀枝花钢城集团有限公司工会委员会

第一节　组织机构

一、机构沿革

1980年11月，攀钢附属企业公司成立工会筹备组，陆续调配干部6人，负责工会生产、生活、宣传、女工、文体及财务等工作和筹建工会。1984年6月，按照上级工会要求，开展“整顿工会组织、建设职工之家”工作，基层工会组织相继建立，工会工作逐步实现正常化。1984年年底，发展集体职工会员3234人，加上调入公司的全民职工会员，共有会员3738人，建立厂（队）工会27个，工会小组350个。1985年3月，企业公司召开第一次工会会员代表大会，选举产生第一届工会委员会，工会组织不断发展壮大。1993年7月20日，攀钢附属企业公司更名为攀钢集团钢城企业总公司，同时攀钢附属企业公司工会更名为攀钢集团钢城企业总公司工会，为攀钢（集团）公司工会的二级单位工会。1993年，钢城企业总公司工会有下属厂级工会36个、车间级工会67个、工会小组1288个，两级工会共有专职工会干部56名、兼职工会干部70名。年末，会员总数达17333人、职工入会率达到了100%，所有基层单位全部建立了工会组织。

1989—2008年，公司工会努力团结和凝聚广大职工群众，调动和发挥职工群众的积极性和创造性，深入履行工会职能，促进职工权益维护，不断加强工会组织自身建设，工会组织获得了快速发展。2008年年底，攀钢集团钢城企业总公司有基层工会36个、车间工会127个、工会小组984个。全公司共有专职工会干部22人、兼职工会干部54人。其中，总公司工会有专职工会干部6人。2008年年底，会员总数达17545人。

2008年10月，钢城企业总公司工会关系由攀钢集团公司工会划归攀枝花市总工会管理。11月，攀钢集团钢城企业总公司整体改制成为攀枝花钢城集团有限公司，同时攀钢集团钢城企业总公司更名为攀枝花钢城集团有限公司工会，工会组织性质从集体企业工会成为非公有制企业工会。

2009年1月20日，攀枝花钢城集团有限公司组织召开首届一次职工（会员）代表大会，选举产生了钢城集团首届工会委员会、经费审查委员会。钢城集团公司工会成立后，迅速完善工会基层组织，实现工会组织顺利过渡。2009年年初，有下属基层工会36个、车间级工会115个、工会小组930个。两级工会共有专职工会干部15人、兼职工会干部27人、会员总数达13991人。原钢城企业总公司未参加改制职工2413人的工会关系也归属钢城集团工会管理。

2009—2013年，钢城集团新建二级单位工会7个。随着企业改革深化，调整产业结构，到2013年年末，钢城集团工会有会员16900人、下属二级单位工会26个、车间工会137个、工会小组958个。

1989—2013年钢城集团工会委员会负责人任职情况

表54

姓　名	性别	职　务	任职时间	备注
刘炳清	男	主　席	1988.07—1998.05	
李惠芳	女	主　席	1998.05—2000.08	
韩久应	男	主　席	2000.08—2003.02	
胡建新	男	主　席	2003.02—2007.08	
廖德军	男	主　席	2007.08—2013	
督忠仁	男	副主席	1985.03—1987.03	
沈益高	男	副主席	1987.03—1993.04	
杜正碧	女	副主席	1993.04—2006.08	
王　珏	女	副主席	2006.08—2013	2009年钢城集团工会成立后任钢城集团工会副主席

二、工会组织建设

1989年以来，钢城企业总公司工会组织步入快速发展阶段，所有基层单位全部建立工会组织，职工入会率逐步达到了100%。

1990年，公司工会根据《中华全国总工会关于继续深入开展建设“职工之家”活动的决定》，深入开展建设“职工之家”活动，将建设“职工之家”作为评先先进单位的必备条件，未达到“合格职工之家”不能评为先进单位。

1991年，钢城企业总公司工会被攀钢工会命名为“模范职工之家”。1992年，被市总工会命名为“模范职工之家”。

1992年以前，钢城企业总公司工会实行三级管理（公司工会委员会、厂队工会委员会、班组工会小组）。随着基层准县级单位的建立，工会改为四级管理（公司工会委员会、厂工会委员会、车间工会委员会、班组工会小组）。工会在公司党委领导下，加强工会干部的选拔配备和培训，工会干部主要从攀钢全民单位调进、集体职工中培养和在优秀复转军人、大中专毕业生中选拔。

1997年，钢城企业总公司工会被四川省总工会命名为“先进职工之家”。1998年，钢城企业总公司工会向攀钢工会申报创建省“模范职工之家”，经攀枝花市总工会代表省总工会检查验收，在四川省工会第十次代表大会上，钢城企业总公司工会被命名为省级“模范职工之家”。

1998年以后，钢城企业总公司工会不断加大基层工会建设力度，下属企业凡职工25人以上均成立工会委员会，25人以下成立工会小组，在新建单位和驻外的单位均逐步建立了工会组织。

1999年1月，钢城企业总公司工会印发《关于深入开展建设“职工之家”活动和工会工作竞赛的实施方案》，成立“建家”活动领导小组。从此，钢城企业总公司工会的建家内容不断规范，考核命名更加标准，各基层工会职工之家、职工小家每年在自检自查的基础上，通过总公司工会进行验收命名。1999—2008年，每年基层工会建家率为100%，小家建设率为100%。

2009年钢城集团工会成立以后，加强职工之家建设、加大建家工作投入，加强制度建设和命名、考核。工会着力构建“达标创先”竞赛体系，激励基层工会不断创新，着力推进工会基础工作和重点工作内容、程序的标准化，工会组织活力显著提升。

2013年，钢城集团工会先后下发《关于创建标准化职工小家的指导意见》和《关于开展创建五型小家活动的通知》，把职工小家建设推向新的发展阶段，汉风物流有限公司工会被命名为全国模范职工之家，钢城集团工会被全国总工会和工商联授予“双爱双评”先进工会荣誉称号。

1989—2013年钢城集团工会委员会组织发展情况

表55

年份	基层工会（个）	工会会员（人）	车间工会（个）	工会小组（个）	工会干部（人）
1989	32	11518	43	326	74
1990	32	12577	43	318	76
1991	33	14474	48	352	85
1992	36	16657	68	1098	110
1993	36	17333	67	1288	126
1994	38	23760	84	1257	116
1995	38	23733	85	1168	118
1996	38	26570	86	1195	123
1997	38	23034	79	1204	109
1998	38	22867	72	1185	91
1999	39	22433	75	1179	86
2000	35	19876	70	1083	85
2001	35	18822	70	1080	85
2002	35	17751	68	1061	76
2003	34	17470	68	1060	74
2004	34	16697	68	992	71
2005	36	16595	75	989	75
2006	36	16489	75	985	75
2007	36	16556	75	996	76
2008	36	17548	75	1089	68
2009	36	16404	115	930	52
2010	40	19202	146	1259	53
2011	33	17991	103	1057	46
2012	29	17737	128	1009	35
2013	26	16900	137	958	33

第二节 职工（会员）代表大会

一、第一届职工（会员）代表大会

攀钢附属企业公司第一届一次职工（会员）代表大会于 1985 年 3 月在攀钢俱乐部召开，出席大会正式代表 353 人，选举产生 24 人组成的企业公司第一届工会委员会，选举产生由 9 人组成的企业公司第一届经费审查委员会。到 1986 年，第一届职工（会员）代表大会共召开 3 次代表大会。

二、第二届职工（会员）代表大会

攀钢附属企业公司第二届一次职工（会员）代表大会于 1987 年 3 月在攀钢俱乐部召开，出席大会正式代表 376 人，列席代表 32 人，特邀代表 2 人，选举产生由 28 人组成的企业公司第二届工会委员会，选举产生由 9 人组成的企业公司第二届经费审查委员会。第二届职工（会员）代表大会共召开 7 次代表大会。

三、第三届职工（会员）代表大会

攀钢附属企业公司第三届一次职工（会员）代表大会于 1991 年 1 月在攀钢俱乐部召开，出席大会正式代表 533 人、列席代表 9 人、特邀代表 3 人，选举产生由 31 人组成的企业公司第三届工会委员会，选举产生由 9 人组成的企业公司第三届经费审查委员会。第三届职工（会员）代表大会共召开 10 次代表大会。1993 年，攀钢附属企业公司职工（会员）代表大会更名为攀钢集团钢城企业总公司职工（会员）代表大会。

四、第四届职工（会员）代表大会

钢城企业总公司第四届一次职工（会员）代表大会于 1996 年 1 月在攀钢俱乐部召开，出席大会正式代表 536 人，选举产生由 23 人组成的钢城企业总公司工会第四届工会委员会，选举产生由 9 人组成钢城企业总公司第四届经费审查委员会。第四届职工（会员）代表大会共召开 10 次代表大会。

五、第五届职工（会员）代表大会

钢城企业总公司第五届一次职工（会员）代表大会于 2001 年 1 月在攀钢俱乐部召开，出席大会会正式代表 504 人，选举产生由 25 人组成的钢城企业总公司第五届工会委员会和由 7 人组成的钢城企业总公司工会第五届工会常委会，选举产生由 9 人组成的钢城企业总公司工会第五届经费审查委员会。第五届职工（会员）代表大会共召开 10 次代表大会。

六、第六届职工（会员）代表大会

钢城企业总公司第六届一次职工（会员）代表大会于 2006 年 1 月在攀钢俱乐部召开。出席大会代表 548 人，选举产生由 27 人组成的第六届工会委员会，选举产生由 9 人组成的钢城企业总公司工会第六届经费审查委员会。第六届职代会共召开 7 次代表大会，其中，第六届七次职工代表大会为钢城企业总公司改制专题职代会。

第六届七次职工（会员）代表大会于 2008 年 10 月 12 日在攀钢俱乐部召开。这次职代会重要审议通过《钢城企业总公司改制方案》和《钢城企业总公司改制职工安置方案》。为充分保障参与改制职工的民主权利，本次职代会增补退二线、内退等职工代表 19 名，参会职工代表共 613 名，两方案获高票通过。

七、钢城集团首届职工（会员）代表大会

2009 年 1 月，钢城集团首届职工（会员）代表大会在攀钢南山宾馆召开，出席大会正式代表 260 人。大会审议通过了《集体合同》《工资集体协议》等关系职工切身利益的重要内容，审议了《行政工作报告》《福利费开支情况报告》《绩效考核通则》等内容，并根据《劳动合同法》规定，将与职工相关的重要规章制度等纳入审议范围，选举产生 27 人组成的首届工会委员会，9 人组成的工会常委会，11 人组成的首届工会经费审查委员会。2013 年年底，因企业深化三项制度改革，职工（会员）代表大会延期换届，到 2014 年年初，首届职工（会员）代表大会共召开 7 次会议。

钢城企业总公司职工（会员）代表大会在实现企业民主决策、民主管理中发挥了重要作用。历年来，钢城企业总公司重大事项均提交职代会审议通过，如生产经营目标计划、生产经营责任制及奖励、企业五年规划、三项制度改革方案、领导班子公务用车改革方案等。同时，许多涉及职工切身利益的事项也通过职代会进行了审议通过，如：集体职工住房建设与分配管理办法、集体职工疗养管理办法、福利费、业务招待费使用情况报告、统一全民、集体员工部分薪酬、福利、保险待遇办法、温暖基金使用情况等。

第三节　职工劳动竞赛活动

1981 年，攀钢附属企业总公司成立社会主义劳动竞赛委员会，由副经理任主任，机关各部门为成员单位，组织开展劳动竞赛。工会制定《厂（队）竞赛和立功创模活动办法》，明确规定竞赛内容、竞赛方式、检查评比方法等。1987 年，修改劳动竞赛办法，将劳动竞赛方式分为 3 种。在各厂（公司）中分组开展争创双文明建设先进单位竞赛，在机关处室竞赛间分组开展争创先进处室竞赛，在职工中开展争创标兵、先进生产（工作）者竞赛。每半年一次记分评比，年终总评并召开总结表彰大会。至 1988 年年底，劳动竞赛活动开展顺利。

1989—1995 年，公司各二级单位均成立由党、政、工、团及有关部门负责人组成的社会主义劳动竞赛委员会，负责制定劳动竞赛方案，组织检查、考核、年终评比和总结表彰。两级工会围绕发展生产、提高质量、提高经济效益和管理水平，组织开展多种形式劳动竞赛，推动生产和各项工作的发展。至 1995 年，企业完成工业总产值、经营总收入比 1986 年分别翻了三番，创利润比 1986 年提高 192.80%。钢城企业总公司工会 5 次被攀钢评为劳动竞赛优胜单位或先进单位。

1996 年后，钢城企业总公司工会职工社会主义劳动竞赛坚持长期竞赛和专题竞赛相结合，取得良好成绩。2002 年，公司社会主义劳动竞赛改由各分、子公司制定竞赛方案，竞赛内容更加贴近生产实际，“短、平、快”竞赛活动的开展使竞赛活动更加富有特色。1996—2008 年，公司工会总共开展竞赛达到 1300 多次，共评出先进单位 136 名次、生产先进个人 2546 人次、标兵 156 人次，有 108 人次获得攀钢集团生产先进个人称号，有 2 人连续 6 年被评为攀钢集团标兵。

2008 年后，钢城集团公司步入快速发展阶段，劳动竞赛成为工会推动生产经营的重要载体，竞赛更加贴近生产实际。2008—2013 年，集团公司持续开展“分公司、子公司竞赛活动”，集团工会开展“降成本、增效益”劳动竞赛活动 6 次，各单位工会围绕企业阶段性中心任务，开展短平快劳动竞赛 342 项，两级工会总共开展竞赛 500 多次，共评出先进单位 72 个、先进个人 1200 人次、集团公司标兵 120 人次。

第四节 职工劳动保护

1985—1986年，钢城企业总公司两级工会根据全国总工会关于在车间、工会小组建立劳动保护监督委员会和监督员的指示精神，建立劳动保护监督委员会24个，有委员130人、工会小组安全监督员373人。劳动保护监督委员会委员和工会小组监督员在各自生产岗位上，配合行政开展安全执法检查工作。2005年底，除驻外单位外，总公司在攀枝花市内的每个单位均设立劳动保护监督检查委员会，有劳动保护监督检查员1982名，10年中总公司工会开展劳动保护监督检查320多次，查出隐患整改率在96%以上，累计培训劳动保护监督检查员2438人次。

1990年，公司两级工会在职工中广泛开展安全达标活动，协助行政建立健全“安全互保对子”制度。1991—1995年，两级工会安全检查共3165人次，查出隐患2748起，整改率达96%。截至1995年末，钢城企业总公司下属厂（公司）和车间共建立劳动保护监督检查委员会87个，班组劳动保护监督检查小组436个，有劳动保护监督检查员1087人，专兼职劳动保护干部19人。

1997年2月18日，钢城企业总公司工会下发《关于进一步加强工会劳动保护监督检查工作的通知》，明确了委员会工作内容和工作程序。工会给每个监督员发标志牌，严格执行《监督检查制度》，定期或不定期对生产现场和设备进行监督检查。7月11日，四川省总工会劳动保护监督检查团到总公司检查工作，听取了工会关于开展劳动保护工作的汇报，并检查了基层工作，得到好评。年末，总公司共有劳动保护监督检查委员会37个，劳动保护监督员1205人。

1999年，钢城企业总公司工会开展以“消除隐患、确保安全、保障稳定、促进发展”为主题的劳动保护“安康杯”竞赛活动，制定4项17条考核内容。2000年1月，总公司下发《“安康杯”竞赛考核评比办法》，成立了竞赛委员会，将总公司“安康杯”竞赛活动纳入更加规范发展的轨道。竞赛活动重点放在加强监督检查，落实劳动保护监督检查员签字制度方面，要求各单位每月进行一次监督检查，每个班组均设立劳动保护监督检查员，严格落实班前会签字制度。

2004年，钢城企业总公司劳动保护监督检查增加了职工代表劳动保护监督检查专项巡视工作，由部分单位职工代表以及工会、安全处等部门组成检查小组，每季度进行一次专项巡视，重点对高温、粉尘、噪声、有毒有害、重劳等岗位进行检查。2007年，总公司获得四川省“安康杯”竞赛优胜企业。

2008年，钢城集团改制后，工会组织加强了职工劳动保护工作，坚持劳动保护监督检查和职工代表专项巡视工作，每季度进行一次专项巡视。轧钢分公司轧钢车间精整乙班获得全国、四川省、攀枝花市“安康杯”竞赛优胜班组，合金分公司铁粉分厂生产甲班、瑞天安全环保有限公司氧化球团除尘班、冶金辅料分公司钢材改制班获得攀枝花市“安康杯”竞赛优胜班组，球团厂获得四川省“安康杯”竞赛优胜企业；18人获得省级、市级优秀劳动保护监督检查员。2011—2013年，集团公司工会启动改善现场职工作业环境项目，实施13项。

第五节 职工利益维护与帮扶

一、走访慰问

钢城企业总公司成立初期，工会走访重点为家住外地的职工、生病职工、有家庭矛盾的职工，公司工会坚持对以上3类职工开展家访。1982年6月，派出2个家访小组，对省内分居两地的全民职工家庭进行走访，初步掌握全民职工家庭经济状况。对家住攀枝花市内的职工家庭，各单位工会做到“四必访”，即家庭不和必访、邻里不和必访、职工生病必访、职工未上班必访。1985—1986年，两级工会市内家访4598户次，市外家访242户。1987—1990年，分别走访家住省内农村的单身职工家庭56户和户口已迁往省外的退休职工家庭37户。1991—1995年，两级工会共家访29058人次，家访率达95%；病访4591人次，病访率100%。

1996年，随着家住外地职工的逐年减少，工会把走访慰问的重点转向生病住院、特困、困难职工、劳模标兵等。1996—2008年，看望特困、困难、生病住院职工4789人次。

2008年改制后，工会仍然坚持把走访慰问作为增强凝聚力，促进和谐发展的重要手段，继续深入开展生病住院、特困、困难职工、劳模标兵等走访慰问。2008—2013年，5年间走访慰问3275人次。

二、互助互济和困难补助

1981年，两级工会为解决职工出现的临时困难，启动互助互济活动。1987—1990年，全公司建立互助储金小组416个，储蓄金额121349元，周转260人次，周转金额7300元。1991—1995年，公司有互助储金小组740个，储蓄金额77.34万元，周转2051人次。

两级工会根据有关困难补助规定，对符合享受困难补助条件的职工给予补助。1987—1990年，补助困难职工1121人次。1991—1995年，对长期患病人员、工伤人员、征地工、单位停产职工等1885户家庭给予补助。1996年开始建立困难职工档案，坚持每半年对职工生活状况进行调查，每季度进行一次补助。1996—1999年，共补助困难职工2876人次；2000—2008年，补助困难职工4025人次。2008—2013年，补助生活有困难的职工和入学有困难的职工子女2417人次。

在2008年“5·12”汶川大地震和攀枝花“8·30”地震中，公司工会会员为灾区捐款185933元，公司为受灾职工补助26500元。

三、温暖工程基金会

为帮助职工解决和缓解遭遇特殊情况造成的重大困难，总公司于2002年成立“温暖工程基金会”，制订了《基金会章程》，明确基金的来源、救助对象、范围和标准。主要对因患重大疾病造成家庭有特殊困难的职工、家属及子女患重大疾病的职工、家庭遭受自然灾害的职工、考取大中专入学有困难的职工子女等进行补助，金额为每人1000—3000元。基金会成立初期，共募集资金81.28万元，其中总公司出资20万元，工会出资20万元，二级单位和职工捐款41.28万元，由总公司工会设立专用账号统一管理，专款专用，定期对基金使用情况向职代会报告。到2007年年底，温暖工程基金共救助家庭发生重大困难的职工158人次，为89户子女考取大中专的困难职工家庭提供救助。2012年3月，钢城集团在全公司范围内开展第二次温暖工程基金会募捐活动，共有12862人参与募捐，占公司总人数的74%。2008—2013年，共救助家庭有特殊困难的职工173人，考取大中专入学有困难的职工子女44人。

四、投保职工团体人身意外伤害保险

2004年起，总公司为减轻职工发生意外伤害带来的经济负担，为全公司职工投保人身团体意外伤害险。职工在工作、生活中发生的意外伤害都可以申请保险公司赔付，由总公司工会统一办理。到2007年底，共为87名职工办理赔付。2008—2013年，为245名职工办理意外伤害赔付。

五、职工疗养、休养

钢城企业总公司职工疗养分全民职工和集体职工两部分。全民职工疗养指标由攀钢下达给总公司，总公司工会安排落实；集体职工的疗养随集体经济的发展和经济效益的提高而建立。1986 年 6 月，工会制订《集体职工疗养管理办法》。1991 年，对部分条款作了修改，规定集体职工年满 40 周岁以上、本企业工龄 8 年以上或因公负伤、患职业病、慢性病等均可申请享受疗养。1989—2007 年，安排职工 2077 人参加疗养。2007 年后，攀钢不再分配全民职工疗养名额，由公司自行安排组织职工疗养。2007 年，总公司出台《职工疗休养管理办法》，疗休养逐步向先进职工等倾斜。到 2013 年，共计安排 1060 名职工外出疗、休养。

六、职工医疗帮扶

2013 年 4 月 1 日，钢城集团开始实施职工医疗帮扶。医疗帮扶资金由集团公司出资，2013 年注入资金 100 万元。根据帮扶使用情况，集团公司不定期划拨费用。帮扶资金由钢城集团工会开设专门账户管理。2013 年，对 9 名职工给予医疗帮扶 5.9 万元。

第六节　民主管理与厂务公开

一、管理制度建设

公司于 1987 年在第二次职工代表大会上通过《攀钢附属企业公司职工代表大会条例实施细则》。规定职工代表大会每年召开两次，工会是职代会的工作机构，承担职代会日常工作任务。

1989 年，工会按照上级工会文件精神，制定《联系群众制度》和《民主监督制度》等。

1991 年 3 月，工会制定《企业公司信访法律工作制度》，规定工会信访法律工作的基本任务是办好职工群众来信来访的调查处理和法律咨询。

1991 年 5 月，钢城企业总公司工会明确了企业公司职工代表大会 5 个专门工作委员会的工作职责。

1999 年 7 月，根据攀钢《加强民主管理、推行厂务公开的意见》的文件精神，钢城企业总公司开始推行厂务公开，经总公司党委扩大会讨论，制定下发总公司《推行厂务公开工作制度、加强民主管理的实施意见》，成立由党政工领导任组长和副组长，工会、纪委等 6 个部门负责人为成员的厂务公开工作领导小组。

2000 年 7 月，为深入推进厂务公开工作，制定下发《关于进一步深化、规范厂务公开制度的意见》，确定 12 项必须公开的内容，明确提出 2000 年钢城企业总公司基本实现规范运作的单位要达到 90%以上。同时，总公司工会制发《钢城企业总公司加强班组民主管理、推行厂务公开制度实施意见》，确定班务公开的原则、明确班务公开内容，确定班组民主管理会为班务公开主要形式，将班务公开纳入厂务公开的考核内容，推动班组民主管理的发展。

2001 年全公司厂务公开工作规范化运作的单位达到 100%。6 月 14 日总公司召开厂务公开工作推进会，在推进厂务公开工作过程中，形成党组织为第一责任人、行政为第一执行人、工会为第一协调人、纪委为第一监督人的工作机制，每年进行厂务公开检查，并形成厂务公开报告的监督检查制度。

2002 年 6 月，钢城企业总公司下发《深入实行厂务公开工作的意见》，进一步明确公开重点，建立监督考核机制。

2003 年，为进一步健全完善以职代会为基本形式的厂务公开制度，坚持把企业发展、改革的重要问题，员工关心的热点问题和党风廉政建设的关键问题作为厂务公开的重点，对员工的满意度进行测评。同年，钢城企业总公司工会针对班务公开工作推进中存在的问题，下发《关于进一步深化、规范班务公开工作的意见》，对班务公开的内容、形式提出新的要求，公开内容更加全面，公开形式更加多样，有效地保证职工的民主权利。厂务公开工作经过多年的推进，不断走向规范化、制度化，在厂务公开测评中，职工对厂务公开工作的满意度逐步提高。

2009 年，钢城集团认真研究非公有制企业职代会职权，制订《钢城集团有限公司职工代表大会工作管理办法》，建立集团、二级单位和车间三级职代会制度，确定每年召开一次职代会，并对职代会职权、内容、程序进行了规范。在厂务公开工作中，钢城集团继承原有各项工作制度，并根据企业高速发展实际，将企业招投标、采购等工作纳入公开范围，对基层班组民主管理形式进行进一步规范化要求。

二、民主评议干部

1996 年，钢城企业总公司职代会选举产生民主评干委员会，启动民主评议干部工作。民主评干委员会成员包括一线职工、工会、干部管理部门、纪委、组织部等部门负责人，主任委员由工会主席担任，评议对象侧重于二级单位经营管理者和机关部门负责人，评议内容主要从干部的德、能、勤、绩、廉等几个方面进行全面评价。评议方法采取自下而上、对口评议与交叉评议、面对面评议和背靠背评议、书面评议与口头评议相结合。当年评干工作委员会组织职工代表对 340 名副科级以上干部进行民主评议。1997 年起，正式形成较为完善的评议制度，民主评议干部范围扩大到助理以上领导干部及各单位中层干部。

2008 年企业改制后，随着干部考评办法的逐步完善，公司将民主评议工作纳入企业干部考评体系一并安排。

三、工资集体协商

2009 年，钢城集团开展第一次工资集体协商工作，签订《钢城集团 2009 年度工资集体协议》。2010 年，为深化工资集体协商，把协议落到实处，集团工会开展工资集体协议自检自查工作，并向职代会上提交《工资集体协议履行情况报告》。此后，《工资集体协议》自检自查成为一项制度性、长期性工作。2013 年，《钢城集团工资集体协议》中提出签订《子公司工资集体协议》要求，当年 10 个子公司开展了工资集体协商工作。到 2013 年，钢城集团先后签订了 5 次《工资集体协议》，对推动职工切身利益维护起到了重要作用。

四、《集体合同》签订

1996 年 8 月，总公司开始起草《集体合同》，经 4 易其稿，由攀枝花市劳动局、市总工会和攀钢劳人处、工会审批后定稿。《合同》包括总则、劳动合同、工作时间和休息、休假等共 10 章 47 条内容。1997 年 1 月 18 日，总公司的《集体合同》经第四届三次职工代表大会审议通过，签订了第二轮《集体合同》。同时，成立总公司集体合同平等协商监督小组，负责集体合同履行的监督检查和协调解决履约中出现的问题。

2000 年、2003 年、2006 年，钢城企业总公司又签订了 3 轮集体合同。每轮《集体合同》的修改、完善，均经过职代会审议通过。

2009 年，在钢城集团首届一次职工（会员）代表大会上，签订钢城集团第一轮《集体合同》，钢城集团仍然坚持了 3 年签订一轮《集体合同》的制度，于 2012 年签订第二轮《集体合同》。

第七节 女职工工作

一、女职工组织建设

1996年，总公司工会女职工委员会届期已满，根据《中国工会章程》的规定和全国总工会关于《加强女职工工作的意见》，5月，钢城企业总公司召开第二届一次女职工委员会；至年底，总公司有基层女工委员会31个。从2000年起，根据全国总工会《女职工委员会条例》的有关规定，总公司工会女工委员会换届改选可不专门召开女职工代表大会选举产生，而由上届女工委提出新一届的妇女工委员候选人名单，在广泛征求职工意见的基础上，报同级和上级工会批准产生，女工主任和副主任报党委审批。女职工委员会每届任期五年，委员都由13—15人组成。凡女职工在25人以上的基层单位均建立基层女工委员会，委员由3—9人组成。2008年年底，总公司有基层女工委员会36个。

2009年，钢城集团工会第一届女职工委员会成立，在集团工会的领导下开展工作，同时接受市总工会和攀枝花市妇联领导。2009—2013年，集团公司工会女工委员会以教育、活动、维权、建制四个内容为工作基准，团结和带领女职工不断提高自身素质，爱岗敬业，无私奉献，很好地发挥了女职工的“半边天”作用。

二、巾帼建功活动

钢城企业总公司巾帼建功活动根据企业发展的需要在不同的阶段采取不同的形式。1996—1998年，主要开展“一一二二”（即围绕生产经营提一条合理化建议、做一件有意义的事、人均节约200元、增效200元）和“禁毒禁赌”和“女工安全互保”等活动，1999年在女职工中继续开展双禁和安全互保活动，开展了“巾帼建功创新业”“三八红旗集体、红旗手”竞赛活动。2005年，增加“双文明立功竞赛”和“争创标兵”竞赛活动。2001年起，总公司女工委员会连续5年被评为攀钢工会优胜女职工委员会荣誉称号。有1名女职工连续5年被评为攀钢标兵。

1996年，总公司工会女职工委员会在全公司女职工中开展以节约、降耗、增效为内容的“一一二二”竞赛活动。工会女职工委员会要求女职工做到：不参加吸毒与赌博、不为吸毒提供资金和场地、不为赌博提供财物和赌具、女职工家庭成员不参与吸毒和赌博、女职工身边无吸毒和赌博行为发生。各单位还将禁毒、禁赌工作纳入精神文明建设考核，并与奖金挂钩，使吸毒和赌博行为得到了遏制。全年签订“双禁”互保协议2330份，建立互保对子700对。1997年，两级工会女职工委员会坚持用“四自”精神激励女职工，紧紧围绕总公司改革、发展、稳定大局，动员广大女职工立足岗位，建功立业，发挥半边天作用。1999年，开始开展“巾帼建功创新业”竞赛活动。2000年，轧钢厂女工自主管理成果《加强物耗成本管理，提高经济效益》获攀钢女职工科技、管理成果三等奖。2004年，矿渣处理厂《创新工艺，确保铁渣罐修复焊补质量》自主管理课题获攀钢（集团）公司女工科技、管理成果二等奖。

2009年，钢城集团工会女工委根据企业女职工多、岗位分布广的特点，着力发挥女职工在生产经营中的重要作用，以“五个一”竞赛为核心开展巾帼建功活动，引导女职工参加劳动竞赛、合理化建议等活动，开展女职工教育。每年“三八”妇女节开展的“亮丽三月、魅力钢城”活动成为钢城集团女工工作的重要载体和品牌。2013年，女工委在全体女职工中开展“十佳女工”评选活动，树立女职工标杆，发动女职工投身企业生产经营和改革发展。

三、女职工特殊权益保护

钢城企业总公司工会女职工委员会主要通过妇科病检查、为孕期或患病女工更换工作岗位，组织女工参加省总工会开展的大病互助保险等工作来体现对女职工的特殊权益保护。

1998年开始，总公司女工委员会积极同行政协商，每3年一次分期分批组织女职工进行妇科病检查，每年每单位轮流进行。9年共组织女工妇检11758人次，对查出患有病的女职工关心看望，并劝其到医院及时进行医治。10年里，同行政协商为怀孕及生病的女工调换岗位981人次。从2001年起开始组织女工参加大病互助保险，到2008年共组织5553人参加大病互助保险。

2008年企业改制成立后，女职工权益维护依然受到企业党政高度重视，坚持做好妇科病普查、女职工大病互助保险，积极为女职工安排好工作岗位。2012年，钢城集团第二轮《集体合同》中，将女职工特殊权益保护的条款纳入专章。

第八节　职工文化体育活动

一、职工文化活动

钢城企业总公司工会把增强职工身心健康和企业凝聚力作为精神文明建设的重要组成部分，努力发挥群众组织的优势，积极开展群众性的职工文娱活动。1989—2007年，在重大节日期间先后开展了多次爱国主义歌咏比赛、迪斯科健身操（舞）及文娱晚会等多种丰富多彩的文娱活动。

2009年，为进一步促进企业文化建设，丰富职工业余文化生活，展示良好的企业形象，增强职工凝聚力，钢城集团组建职工艺术团，与攀枝花市艺术剧院相互协作，开展演员培训、训练、节目的创作。职工艺术团成立后，多次参加省、市演出，取得优异成绩，成为承载企业文化、展示企业和职工形象的重要载体和钢城集团重要的文化活动阵地。

2009年6月，钢城集团组织20余名演职人员赴成都金牛宾馆参加省“安全健康、和谐家园”安全生产文艺演出，荣获三等奖。

2008—2013年，钢城集团工会以职工艺术团、合唱团为载体，提升职工演员的舞台表演技能，职工文化活动既突出了群众性、普遍性，也提升了艺术团整体水平，先后组织了《金色钢城》大型文艺演出、庆祝中共建党90周年“颂歌献给党”红歌大赛、“放飞梦想、唱响钢城”职工歌手赛等大型文娱演出活动。

二、职工体育活动

1989—2007年，钢城企业总公司工会按照群众化、经常化、多样化的原则，每年开展体育大型示范性体育活动2—3次。先后开展了职工田径军体运动会、游泳、乒乓球、排球、女职工广播体操、足球等多种体育活动。1995年9月，钢城企业总公司工会选派印刷厂残疾职工钱福春参加在绵阳市举行的“四川省第三届残疾人运动会”，获60公斤级“举重卧举”和“举重力举”第一名。钢城企业总公司工会每年还积极抽调体育尖子组队参加由攀钢（集团）组织的大型体育活动，并取得较好的成绩。先后参加攀钢（集团）田径军体运动会、游泳、篮球、排球、乒乓球等多项大型体育活动。

2008—2013年，钢城集团工会立足企业实际，积极推动文体活动理念创新，不断丰富文体活动内涵，拓展文体活动外延，公司的文体活动具备了全新的特点，文体活动的覆盖面更广、内容更加丰富多彩、文体骨干的培养更加有力，增强了企业的生机与活力。在“三八”妇女节期间开展以“亮丽三月、魅力钢城”为主题的女职工健身趣味活动、女工健身运动会以及欢乐联谊活动等多种适宜女职工的文体活动。在重大节日期间，开展了羽毛球、篮球等大型体育活动。同时，积极参加攀枝花市组织的各类体育活动。2011年，钢城集团组队参加攀枝花市第六届运动会，共组织运动员117人参加10个项目的比赛，以8金、10银、3铜的好成绩，位列奖牌榜第六名，团体总分第七名。

第五章　华电四川发电有限公司攀枝花分公司工会委员会

第一节　组织机构

一、机构沿革

1964年9月初，攀枝花调查工作组水电小组从成都送变电工程处征调3千瓦和20千瓦柴油发电机各1台，由6名工人乘坐工程车于9月8日送达大渡口（今渡口大桥旁），下车即紧张安装，第二天在金沙江畔将3千瓦柴油发电机安装就绪，当晚由攀枝花市第一个电力值班工黄忠旺开机发电，点亮了攀枝花第一盏电灯。接着又安装了2台40万和260千瓦柴油发电机。1965年春，从东北、华北、华东、西南地区抽调的1100余名电力基本建设职工在渡口市集结，渡口电力指挥部成立。随即由祝好勤、杨文、温作荣、尹荣文等组成渡口电力指挥部工会委员会。指挥部工会下设渡口变电工程队、渡口发电厂（501电厂）、渡口供电所、上海电力工程队、河门口发电厂（502电厂）等5个基层工会。是年“文化大革命”政治运动开始，工会工作秩序陷入混乱，工会组织名存实亡。

1973年7月3日，渡口电力指挥部工会召开第一次代表大会，出席代表204人。大会选举产生第一届工会委员会，委员23名（常务委员7名）。

1978年，渡口电力指挥部改为渡口电业局。1979年5月，磨坊沟发电厂、西昌供电局划属渡口电业局。至此，渡口电业局工会辖渡口发电厂、河门口发电厂、新庄发电厂（503电厂，为洞中电厂）、渡口电业局、磨坊沟发电厂、西昌供电局、电力修配厂等7个基层工会和电业局机关工会。主任吴恒泰、副主任万志勤、方开富、刘兴标、祝凤鹤（女）。

1978年12月18日，渡口电业局工会召开第二次会员代表大会，出席代表230名，选举产生第二届工会委员会，委员23名（常务委员8名）。主席吴恒泰、副主席万志勤、郭彬。

1986年1月24日，渡口电业局工会召开第三次会员代表大会，出席代表155名，选举产生第三届工会委员会，委员28名（常务委员8名）。主席孙继武、副主席李成林、何润生。

1987年4月1日，西南电力管理局对四川省电力管理体制进行改革，攀枝花电业局机构撤销，所属7个基层工会组织直属中国水利电力工会西南工作委员会，同地方工会脱钩。

1989—1999年，攀枝花主要有4个火力发电厂（攀枝花发电厂、河门口发电厂、新庄发电厂和攀钢自备电厂）发电供应全市。1999年3月28日，按照国家产业结构调整相关政策，四川电力工业局将前3厂撤并组建攀枝花发电公司。2002年12月电力管理体制改革后，攀枝花发电公司划归中国华电集团公司管理。2003年，攀枝花发电公司更名为四川华电攀枝花发电公司。2004年11月，划入华电四川发电有限公司。2007年11月21日，成立华电四川发电有限公司攀枝花分公司。1999—2007年，老厂先后按国家规定，关停共33.6万千瓦小火电机组，至2014年已无在役运行机组。新厂为2×135千瓦循环流化床机组，于2005年建成投产。

2012 年 3 月 28 日，攀枝花发电公司召开第一次工会会员代表大会，出席代表 207 人，选举产生第一届攀枝花发电公司工会委员会，委员 15 人，选举马祖良为工会主席，郑世奉为副主席。

二、工会代表大会

攀枝花发电厂工会代表大会　第一次工会会员代表大会于 1979 年 3 月 28 日召开，选举产生第一届工会委员会。1983 年 6 月，召开第五次会员代表大会，选举产生第五届工会委员会，委员 11 人，主席李振海、副主席毛立忠。1994 年 3 月 21 日，召开第六次工会会员代表大会，选举产生第六届工会委员会，委员 11 人，主席刘兴潮、副主席毛立忠。1996 年 4 月 23 日，召开第六届三次会员代表大会，选举王学斌为工会主席，副主席毛立忠、郑世奉（1997 年）。

河门口发电厂工会代表大会　1973 年 5 月 15 日，召开第一次工会会员代表大会，选举首届工会委员会，委员 15 人，选举金阿常为主席，刘兴标为副主席。1979 年 2 月，召开第二次工会会员代表大会，选举产生第二届工会委员会，委员 13 人，主席罗瑞华、副主席刘兴标。1982 年 12 月 28 日，召开第三次工会会员代表大会，选举产生第三届工会委员会，委员 13 人，主席刘兴标，副主席马祖良。1986 年 6 月 6 日，召开第四次工会会员代表大会，选举产生第四届工会委员会，委员 15 人，主席刘兴标，副主席张蓉。1990 年 12 月 20 日，召开第五次工会会员代表大会，选举产生第五届工会委员会，委员 15 人，主席刘兴标，副主席张蓉。1996 年 4 月 17 日，召开第六次工会会员代表大会，选举产生第六届工会委员会，委员 15 人，主席马祖良，副主席王明英。

新庄发电厂工会代表大会　1973 年 6 月 12 日，召亓首届工会会员代表大会，选举产生第一届工会委员会。1989 年 9 月 27 日，召开第五次工会会员代表大会，选举产生了第五届工会会员会，委员 13 人，主席张治安、副主席常维惠。1996 年 4 月 16 日，召开第六次工会会员代表大会，选举产生第六届工会委员会，委员 13 人，主席杨诩成、副主席王用平。

攀枝花发电公司工会代表大会　第一次工会会员代表大会于 2002 年 3 月 28 日召开，正式代表 207 人，其中工人代表 115 人，技术人员 44 名，管理人员 30 人，领导干部 50 人，女职工代表 61 人，青年代表 102 名，选举产生了第一届攀枝花发电公司工会委员会，委员 15 人，主席马祖良、副主席郑世奉。第二次会员代表大会于 2010 年 3 月 16 日召开，正式代表 107 人，其中，生产一线职工代表 38 人，管理、技术人员代表 15 人，中层干部及以上代表 38 人，女职工代表 27 人，青年代表 10 人，退养职工代表 3 人，大专及以上学历的代表 65 人，党员代表 65 人。大会选举产生了第二届工会委员会，委员 11 人，主席谭勇、副主席王学斌。

1989—2013 华电四川发电有限公司攀枝花分公司工会委员会组织发展情况

表 56

年份	职工人（人）	会员（人）	车间工会（个）	工会小组（个）	工会干部（人）	备注
1998	617	610	15	48	20	攀枝花发电厂工会
1973	519	499	10	32	15	新庄发电厂工会
1998	988	988	16	75	23	
1973	1185	1179	12	35	17	河门口发电厂工会
1998	1351	1351	19	82	27	
1999	2548	2546	19	89	33	攀枝花发电公司工会
2000	2465	2463	19	89	33	

续表 56

年份	职工人（人）	会员（人）	车间工会（个）	工会小组（个）	工会干部（人）	备注
2001	2447	2447	19	89	33	攀枝花发电公司工会
2002	2402	2402	19	86	30	
2003	2334	2334	19	85	28	攀枝花发电公司工会
2004	2283	2283	19	82	28	
2005	2204	2204	19	82	28	
2006	2129	2129	19	81	28	
2007	1779	1779	19	80	28	
2008	1670	1670	19	80	28	
2009	1479	1479	19	80	26	
2010	1385	1385	19	80	25	
2011	1333	1333	19	80	25	
2012	1272	1272	19	80	25	
2013	1217	1217	19	80	25	

1989—2013 年攀枝花、河门口、新庄发电厂和攀枝花发电公司工会负责人任职情况

表 57

单　位	年份	姓 名	性别	职 务	任职时间
攀枝花电厂工会	1983	李振海	男	攀枝花发电厂工会主席	1983.06—1993.03
	1993	刘兴潮	男	攀枝花发电厂党委副书记记、工会主席	1993.03—1996.05
	1996	王学斌	男	攀枝花发电厂工会主席	1996.05—1999.03
河门口发电厂工会	1986	刘兴标	男	河门口发电厂工会主席	1986.06—1996.04
	1996	马祖良	男	河门口发电厂工会主席	1996.04—1998.02
	1998	赵书德	男	河门口发电厂代理工会主席、工会主席	1998.02—1999.03
新庄发电厂工会	1989	张治安	男	新庄发电厂工会主席	1989.09—1996.04
	1996	杨诩成	男	新庄发电厂工会主席	1996.04—1999.03
攀枝花发电公司工会	1999	马祖良	男	攀枝花发电公司代理工会主席	1999.03—2002.04
	2002	马祖良	男	攀枝花发电公司工会主席	2002.04—2006.05
	2006	郑世奉	男	攀枝花发电公司纪委书记、工会主席	2006.05—2008.07
	2009	谭　勇	男	攀枝花发电公司纪委书记、工会主席	2009.07—

第二节　攀枝花发电厂工会

1965 年，攀枝花发电厂发电，为境内最早投产的火力发电厂，被誉为攀枝花市功勋电厂。建厂初期，装机容量为 3×12 千瓦台汽轮发电机组，时在攀西电网中主要作为调峰、事故备用，所载负荷仅为装机容

量的 66%，年平均运行 6767.3 小时，运行小时虽高，但发电量很小。1993 年，根据水电部 1983 年颁发的《火力发电厂机构定员标准》，四川电力工业局批准攀枝花发电厂的定员为 666 人。1999 年，为 617 人。

1988 年电力企业管理体制改革开始后，按照西南电力管理局的部署，是年 7 月 7 日，四川电力工业局批复攀枝花发电厂推行厂长负责制。是年 12 月 14 日，攀枝花发电厂工会召开第五次会员代表暨职工代表大会，审议通过有关方案。实行厂长负责制后，明确了厂长在企业中的中心地位，分清厂长、党委、职工代表大会的职权，理顺了三者的关系。1993 年，《攀枝花发电厂三项制度改革总体方案》和 15 个配套改革实施办法提交厂第五届职工代表大会第二十五次主席团扩大会议审议通过。厂工会充分利用各种宣传手段，深入发动群众，落实“三项”改革。1989—1999 年，攀枝花发电厂工会带领全体会员、职工，围绕全厂改革发展的中心工作，切实履行四项基本职能，积极参与企业的民主管理、民主监督；广泛开展劳动竞赛活动，发挥主力军在企业生产经营中的重要作用；努力建设职工之家，积极开展送温暖活动和帮贫扶困活动；在深化企业的改革、建立现代化企业管理、创建“双达标”企业和完成生产任务中建功立业。

至 1999 年，攀枝花发电厂工会三级工会组织健全有。厂工会委员会委员 7 人、主席 1 人、副主席 1 人、专职工会干部 5 人、兼职工会干部 12 人，部门、车间分工会 7 个、48 个工会小组、工会会员 617 人。

一、民主管理与民主监督

攀枝花发电厂工会建立完善职代会制度和三级民主管理网络，加强企业的民主管理、民主监督。1989—1999 年，职代会每年对厂长工作报告、财务工作报告、接待费使用情况、改革方案、教育培训计划、职工疗养办法和安全生产奖惩等重大问题进行讨论审议，坚持每年对领导干部的民主评议，凡是关系到职工福利的住房分配方案、职工医疗保险等都要提交职代会审议通过，职工代表积极参与决策，为厂的安全生产、经营管理谏言献策，充分保证了职工代表的民主参与民主监督的畅通。各部、处、室、分场、班组坚持每月一次民主管理、民主生活会，实现民主管理、民主监督的全覆盖。厂工会每季度进行巡回检查，并把检查结果报告给行政，对查处的问题限期整改。1993 年换届以后，先后召开 14 次职代会，自始至终参与企业的各项重要决策。

二、安全生产和劳动竞赛

1989 年起，为抓好安全生产，大力开展劳动竞赛。汽机、电气、锅炉等重要设备的大修或技术改进都要成立劳动竞赛领导小组，制定竞赛方案。各分场根据自身的工作特点还开展形式多样的主题劳动竞赛。在劳动竞赛活动中，涌现了许多先进集体和模范先进人物。1993—1999 年，电厂获得省部级、省局级劳模 3 人，省部级先进集体 1 个，省局级先进集体 28 个、先进生产工作者 32 人。工会发动职工开展双增双节和合理化建议活动，合理化建议 83 条，采纳实施 78 条，创造经济效益 7.79 万元，技术创新和修旧利废，节约资金 36.24 万元。

三、职工之家建设

1989 年起，工会坚持按期换届，不断充实和加强各级工会组织的力量，选拔优秀人才到工会组织，在超过 150 人的分工会设立专职主席，切实加强工会干部的继续学习和培训，举办全厂工会小组长培训班，注重提高工会干部的综合素质和处理问题的能力。1994 年，按照《四川电力工业局建设职工之家实施细则》积极开展建家活动，建立健全各级“建家领导小组”，制定年度建家计划，修订了厂工会、分工会、工会小组建家考核标准。1994—1999 年，每年对在活动涌现出来的“模范职工小家”予以命名表彰。

四、女职工工作

1989—1999 年期间，电厂女职工约占全厂职工的 40%。为做好女工工作，工会建立了各级女职工委员会，认真贯彻落实《妇女权益法》《女职工劳动保护规定》，将《攀枝花发电厂女职工劳动保护实施细则》写进集体合同。工会加强女职工“五期”保健，建立普查档案，定期进行妇科检查。开展“巾帼建功”活动，增强女职工参与竞争能力。积极鼓励女职工自学成材，1997 年，女职工参加大专函授 8 人，中专函授 30 人。至 1999 年，女职工的文化业务素质比 80 年代有较大提高。

五、职工教育与文体活动

1989—1992 年，工会组织职工学习邓小平理论，中共十四大精神和全总十三大精神，努力培育“四有”职工。加强宣传工作，兴起学文化、学技术、树新风的热潮。1993—1997 年，职工踊跃投稿，在市级电台、电视台、报刊发表各类稿件 97 篇。

厂工会坚持开展丰富多彩的文体活动，举办球类、棋牌、游泳、钓鱼、集邮等活动，工会主办的“华彩舞场”每年开办舞会 200 多场，仅 1997 年，就有 7 万余人次参加舞会，曾多次获得省、市“文明舞场”称号。文体活动的开展，丰富了职工的业余生活，增强企业的凝聚力。

六、困难职工帮扶

1989—1996 年，电厂工会组织积极开展送温暖活动，对生病住院和发生困难的职工及时看望并提供补助。1997—1998 年，厂工会组织慰问伤、病、受灾职工 187 人次，为 36 名职工发放困难补助 1240 元。

1995—1997 年，组织职工为灾区人民募捐献爱心，职工共捐款 9700 元，衣物 6750 件。

第三节　河门口发电厂工会

河门口发电厂于 1968 年 12 月 26 日建成发电，总装机容量 20 万千瓦。河门口发电厂是全国电力系统中首批国家二级企业和国家二级节能企业，1991 年成为全国火电厂首批达标企业。至 1999 年，已实现安全运行 1533 天。

1989—1999 年，河门口发电厂工会坚持以人为本，从严育人，把建设一支特别能战斗的队伍作为提高干部素质、增强工人阶级主人翁地位的头等大事来抓。要求党员干部身不离劳动，心不离群众，加强调查研究，改进工作作风。河门口发电厂工会成立之后，把全心全意依靠工人阶级作为办好企业的法宝，组织依靠职工群众，充分发挥工会组织作用，推进职工积极参与企业管理，大力开展技术练兵活动和“评、比、选”活动，树典型、立标兵，做到学有榜样，赶有先进。

10 年中，河门口发电厂先后获得“电力部双文明单位”“四川省最佳文明单位”“四川省先进企业”“国家二级企业”“全国五一劳动奖状”单位、“四川省模范职工之家”“中华全国总工会全国先进集体”等荣誉及称号。

一、工会组织建设

河门口发电厂工会在实践中，不断健全完善企业党委领导下的工会组织体制，建立适应电力体制改革相适应的工会组织机构和工作机制。在企业历次机构调整中，根据工作需要设置工会工作机构，配备专（兼）职工会干部，保持工会组织体系的完整统一和工作的连续性。1999 年，河门口发电厂工会下设基层工会

18 个，有工会主席 1 人、副主席 1 人、委员 13 人、经费审查委员会 3 人、女职工委员会 9 人。专职工会干部 9 人、兼职工会干部 18 人、工会会员 1351 人。

河门口发电厂实行厂长负责制以后，根据国家颁布的《全民所有制工业企业厂长工作条例》《中国共产党全民所有制企业基层组织工作条例》和《全民所有制企业职工代表大会条例》，制定了河门口发电厂“三个条例”的贯彻实施细则，建立健全了职工代表大会制度，实行职代会民主评议干部制度。电厂加强工会自身建设，对工会工作进行规范化管理，电厂工会工作的整体水平逐年提高。职工积极参与企业重大改革措施和制度的审议和决策，工会定期召开职工代表大会，对厂长的年度方针目标工作报告等进行审议，提出修改意见，充分体现职工有很强的民主管理和参政议政的意识。

二、职工思想政治教育

1989—1999 年，电厂工会紧紧围绕安全生产这个中心，加强职工思想政治教育，并根据本时期的实际开展工作。在不断对职工进行党的基本路线、民主与法制等教育的基础上，从运行、检修、后勤服务出发，认真做好各个环节、各个时期的思想教育和宣传工作。

1989 年后，电厂建立党、政、工、团思想政治工作网络，明确责任，齐抓共管。建立了从党委书记到支部书记、党小组长、党员，从厂长到分场主任、班组长、工人，从厂工会主席到分工会主席、工会小组长，从团委书记到团支部书记、团小组长、团员四个体系围绕完成职工思想教育目标开展思想工作。

1989—1999 年，工会实行思想政治工作与生产经营工作“四同时”（同时部署、同时检查、同时总结、同时表彰）。建立网、点、区、组四位一体的思想工作网络。由宣传处、工会负责建立宣传教育网，发挥班组宣传员的作用。由工会负责在班组建立思想、生活互助组，发动职工群众做思想政治工作，要求小事不过夜、大事不过天、重大问题不过周，矛盾不激化。

1989—1999 年，在厂党委领导下，工会按季度开展职工思想动态调查，广泛听取各基层单位、部门工会组织和职工群众的意见和看法，在此基础上向党委和上级工会撰写出翔实可靠的职工思想动态分析报告，加强了思想政治工作的有效性，增强了企业的凝聚力。

三、制度建设

1995 年后，河门口发电厂工会为把党的全心全意依靠工人阶级的指导方针具体化、制度化、规范化，充分调动和激发广大职工群众参与企业改革和发展的积极性、创造性。依据中共“十五大”和中国工会“十三大”精神，以及《中华人民共和国企业法》《中华人民共和国工会法》《中华人民共和国劳动法》等法规、文件规定。结合实际，制订《河门口发电厂党委、行政、工会关于全心全意依靠职工群众办企业的实施意见》。

1989 年以后，认真履行工会四项职能，认真贯彻执行《中华人民共和国劳动法》，认真做好上级部门关于企业与职工签订集体劳动合同的规定的实施。1997 年 3 月，厂工会与行政在广泛征求职工意见的基础上，起草河门口发电厂集体劳动合同草案，经厂六届三次职代会审议通过，由工会主席与厂长正式签字生效。1997 年 5 月，电厂成立了以工会主席为主任的“劳动争议调解委员会”和“工会劳动法律监督委员会”。

四、职工劳动竞赛

1989—1999 年，河门口发电厂工会结合岗位、专业实际，大力开展各项劳动竞赛活动，保护和调动职工群众的积极性和创造性。以安全生产为中心，组织开展默画系统图比赛、全值、班组小指标竞赛等；组织开展“千次操作无差错”、钳工技术、立功创模、无泄漏竞赛和合理化建议活动，配合行政积极开展企业整顿、企业升级、“双达标”及“班组达标”活动，把上级下达的七大指标分解为 24 个小指标，落实到班组、岗位。

五、职工劳动保护

1989—1990年，河门口发电厂通过合理化建议，改进和改善工作条件，减少尘源污染。其间，厂工会根据职工代表建议，及时向厂部反映电除尘粉尘污染严重问题。厂领导对此十分重视，把改善粉尘污染提到议事日程上加以综合治理。重视职工合理化建议和双改、双革活动，广泛发动群众献计献策，并投入大量资金，最大限度解决了污染问题，保护了职工身体健康。

六、职工之家建设

1989—1999年，电厂工会持续开展职工之家建设，制定具体实施措施和考核考评办法，在全厂各基层工会认真开展“建家活动”。1991年，河门口电厂工会获四川电力工业局工会“先进职工之家”称号。1992年4月，河门口电厂获评中华全国总工会全国先进集体和五一劳动奖状。1997年，获四川电力工业局1995—1996年度“模范职工之家”称号。1998年，获四川省总工会“模范职工之家”称号。1999年全厂共建成模范职工小家33个、先进职工小家58个，保持了省级“模范职工之家”称号。

七、女职工工作

1989—1999年，河门口电厂工会充分发挥女职工在企业的“半边天”作用。厂工会结合女职工特点，开展“四有”教育，帮助女职工不断提高自身素质。积极开展“学先进，比奉献，巾帼建功”活动。多次组织女职工召开多种内容的座谈会，鼓励女职工发挥“半边天”的作用，在“巾帼建功”活动中立新功。组织女职工为贫困山区儿童捐资助学，向失学儿童献爱心活动，以实际行动支持“希望工程”。认真贯彻《中华人民共和国劳动法》和《女职工劳动保护规定》等法规，使女职工的合法权益得到充分保障，充分调动了女职工的积极性。企业涌现出大批女职工先进生产者，有的获得省、市级劳模称号。还紧紧围绕生产，开展适合女职工特点的活动，建立了“三八班”“三八青年炉”等。

八、职工文体活动

1989—1999年，河门口电厂工会大力倡导文明、健康的生活方式，组织服装表演，举办女工手工艺品展、幼儿园教师的教具展，组织多种文体协会开展活动，举办元旦、春节、国庆等文艺会演。结合各段时期的任务、要求，开展形势教育、学习法规，举行报告会、知识竞赛等活动。利用自办闭路电视节目“点歌台”，为职工生日点播歌曲。增设了职工娱乐活动场所，开放离退休职工娱乐室、舞厅、健身房，组织开展游泳、钓鱼、摄影、书法、画展等活动，以企业文化为载体，发动全厂职工广泛征集厂微、厂歌，激发了职工爱厂敬业奋发向上的创业精神。

九、企业文化建设

1989—1999年，该工会把企业文化建设同企业思想政治工作、精神文明建设紧密结合，制作反映河门口电厂企业精神、厂情厂史、传统教育的采访片《历史将永远铭记》，编写了《河电英模谱》，创作出了反映河电精神风貌的“河电工人最风流”厂歌，设计厂微，制作反映企业发展历史的专题电视片《前进的河门口发电厂》，拍摄反映河电人创建首批“双达标”企业的纪实电视片，制作反映“三项制度”改革的电视片《走向明天的起点》，开办反映河门口发电厂建设发展史的陈列室，记载河门口发电厂的厂情厂史，体现企业的优良传统和作风，加强企业文化建设。

十、送温暖工程和帮困扶贫

1989—1999年，河门口发电厂工会坚持开展送温暖和帮困扶贫工作。工会坚持逢年过节“送温暖到家中”、职工生病住院“送温暖到心中”“金秋助学”“送温暖到手中”，并把“年终送温暖”转化为“常年送温暖”。慰问对象包含家庭临时出现经济困难的职工，经审核符合条件的患重大疾病职工、困难职工、劳务工，省市级、电力行业劳动模范等，每年都发放补助金、慰问金数万元，慰问品百余份。在“夏季送清凉”活动中，工会为全厂职工发放清凉饮品和防暑降温用品，鼓舞干部职工战高温、斗酷暑的决心和信心，保证了全厂的安全文明生产工作有序推进。在“金秋助学”活动中，仔细核实符合条件的患重大疾病职工、困难职工子女升学情况，帮助他们获得有效资助，使困难职工子女不因家庭困难而辍学，使考上大学的困难职工子女圆了“大学梦”。厂工会结合实际，积极调研，实现对困难职工帮扶全覆盖，对生病住院职工和患重大疾病职工进行看望慰问和补助，帮助他们化解燃眉之急。

第四节　新庄发电厂工会

新庄发电厂于1969年筹建，1977年4月21日2台机组投产，装机容量10千瓦，是当时全国最大的硐内火电厂。到1999年3月累计发电125.16亿千瓦时，实现安全生产2389天。

1989—1999年，新庄发电厂工会根据工作需要设置工会工作机构，配备配齐专（兼）职工会干部，保持工会组织体系的完整统一和工作的连续性。1999年，新庄发电厂工会设委员11人，主席1人、副主席1人，下设基层工会18个，有经费审查委员3人、女职工委员9人。有专职工会干部7人、兼职工会干部18人、工会会员1052人。

一、民主管理

1989—1999年，电厂工会坚持以职代会制度为重点，围绕经济体制改革和提高企业经济效益这个中心，加强职工民主管理，发挥工会参与和维护职工利益的作用，促进了企业的健康发展。工会依靠中共电厂党委对职代会领导，通过强有力的思想政治工作，坚持民主管理，保证职代会作用的正常发挥，把职代会决议变成广大职工的自觉行动。企业负责人就职代会提案召开专门会议研究，做到件件落实。职工会员自觉参与民主管理，积极审议企业的重大决策，把握企业的发展方向，评议和监督企业负责人，维护职工利益。工会注意维护行政指挥系统的权威，教育职工维护政令畅通，支持其工作，使职代会决策得以顺利实施。工会全力维护职工的合法权益。使职工的合法权益得到维护和保障，激发职工参与民主管理的积极性。工会主动维护职代会权力，使职代会真正成为民主管理的权力机构，维护职代会拥有的审议、监督和决定权。应该由职代会审议的问题（如分房方案、医药费承包、厂长年度工作报告、教育培训计划、医疗改革方案、福利费开支等），都要广泛听取职工意见，几上几下，使决策尽可能符合大多数人的心愿，尽可能的公平。经职代会审议形成的决议，任何部门或领导都无权更改和拖延。

工会在推行集体合同制度过程中，注重平等协商、注重合同的质量和规范、注重监督与检查。通过集体合同签订，调整和规范了企业劳动关系，维护了职工合法权益。

二、职工劳动竞赛

1989—1999年，新庄发电厂工会牵头成立劳动竞赛领导小组，颁布《新庄发电厂立功创模试行办法》，在全厂开展形式多样的劳动竞赛。“赛生产、比贡献，赛学习、比效果，赛纪律、比自觉”成为劳动竞赛的主题。开展“系统运行一条龙百分制比赛”“百日立功竞赛活动”等活动，提高职工的技术、技能素质。在1995年举行的电力系统青工技术比赛中，河门口电厂职工夺得电气技术问答、目测飞灰、投水法等项目第一名。

三、职工权益维护

由于新庄发电厂地处偏僻，交通闭塞，职工生活条件差。历届工会领导想职工之所想、急职工之所急，努力改善职工工作和生活条件。工会领导常深入职工中间，了解职工所想，帮助职工解决实际困难。1989起，企业先后修建了礼堂、大饭厅、开水房、浴室、游泳池、子弟学校，新建了职工生活区。为照顾工伤伤残职工，职代会专门召开会议，在分房方案中写入特殊照顾条款。1991 年，347 户职工搬迁入住清香坪新生活区，为职工办了一件最大的好事，解决了职工的后顾之忧，职工爱厂如家的感情更加浓厚。每年元旦春节期间，工会都要组织职工代表，走访慰问困难职工家庭，将补助款送到困难职工手里。每年组织两次离退休职工座谈，倾听他们的心声，把他们的意见反映给行政。行政根据具体情况，能解决的立即解决，一时无法解决的，均说明情况，做到条条有交代。

四、职工之家建设

1989—1999 年，新庄发电厂工会积极创建“职工之家”。通过深化班组“建家活动”，带动企业建家活动的提升。班组建家活动以创“四无”（无障碍、无轻伤、无异常、无泄漏）活动为目的，广泛开展“四个一”（找出一个安全隐患、提一条治理措施、总结一条安全生产经验、归钠一条安全格言或警句）活动，将班组建设和建职工小家有机结合起来，创建出民主和谐、团结协作、具有拼搏精神的“职工小家”，让企业的“细胞”健康发展、充满活力。1995 年，四川省电力局授予新庄发电厂“模范职工之家”称号。

五、职工素质教育

1989—1999 年，新庄发电厂工会始终坚持对职工进行社会主义、爱国主义、集体主义的教育，加强社会公德、职业道德、家庭美德的教育，引导职工树立共同的理想和正确的世界观、价值观、人生观。不断完善修订《新庄发电厂职工职业道德规范》，举办电业职业道德知识竞赛，把创“文明家庭”、做文明职工与家庭美德、社会公德建设相结合，对文明家庭实行挂牌动态管理，发挥楼长和群众的监督作用，收到较好的效果。坚持每年的重大节日进行文艺会演、征文比赛、书法、摄影展览以及开展主题鲜明的各种类型的群众文体活动，以潜移默化、润物细无声的方式引导职工做文明职工。

持续开展职工学理论、学技术、学文化的“三学”活动。建立奖励制度，鼓励职工参加自考、电大、职大、中专的学习，至 1998 年年底，企业在读生达 215 人。建立长效的培训机制，每月下达培训计划，车间、班组的技术讲考、考问讲座、技术问答等活动蓬勃开展。每年举行一次全厂技术大比武，分场、班组举办小型比武，科室举办计算机课、上机操作、公文写作比赛。

第五节　攀枝花发电公司工会

1999 年 3 月 28 日，按照国家产业结构调整相关政策，四川电力工业局将攀枝花发电厂、河门口发电厂、新庄发电厂撤并组建攀枝花发电公司，隶属四川电力工业局。同年 6 月 14 日，四川电力工业局工会同意成立攀枝花发电公司工会组建筹备委员会。2002 年 3 月 28 日，召开第一次工会会员代表大会，选举产生了第一届攀枝花发电公司工会委员会、工会主席、副主席和经费审查委员会。2004 年，国家电力体制改革，攀枝花发电公司划归中国华电集团公司。2009 年，攀枝花发电公司工会更名为华电四川发电有限公司攀枝花分公司工会。

1999—2013 年，攀枝花发电公司工会坚持在党委领导下开展工会工作，不断完善组织机构和工作体制，建立适应企业实际工作的三级工会组织，配备专（兼）职工会干部。至 2013 年年底，攀枝花发电公司工会下设 19 个分工会、80 个工会小组。公司工会设工会主席、副主席各 1 人，委员 11 人，经费审查委员会 5 人、女职工委员会 7 人。有专职工会干部 5 人、兼职工会干部 19 人、工会会员 1217 人。

一、群众性经济技术创新与素质工程

1999—2013 年，攀枝花发电公司工会开展“积聚力量、建功华电”主题劳动竞赛活动和“创先争优”“工人先锋号”创建活动以及“五小”发明活动，深入开展劳动竞赛。劳动竞赛中职工全员参与、全面覆盖。针对各生产部门的工作特点，开展“保质量、保工艺、保工期、赛安全”的“三保一赛”“度电必争、克煤必省”等形式多样的短程劳动竞赛。大力开展岗位练兵、技术比武等活动，围绕创新技术、加强管理、扭亏增盈、降本增效目标，探索开展群众性经济技术活动的新途径、新方法。举办职工技术运动会、创建劳模（职工）创新工作室，为职工成材搭建平台。为弘扬劳模精神，发挥先进典型的示范作用，工会组织了“劳动之歌”为主题的劳模、标兵事迹报告会。

在职工“凝聚智慧，献策华电”合理化建议征集活动中，各分工会广泛动员、职工共提合理化建议 2600 多条。工会广泛开展“创学习型组织，做知识技能型职工”活动，开展“我为‘对标’献一策”“上台阶晋级竞赛”“每周一星”等多种活动，创新技能培训方式和手段，提升培训质量和水平，职工的学习能力、创新能力进一步增强。

1999—2013 年，工会以“心康体健、凝心聚力”的文体文化理念为指导、以《文体文化三年建设规划》为目标，相继成立文创协会、书画摄影协会、羽毛球协会、棋牌协会等 6 个职工业余兴趣协会，开展健康向上的文体活动。公司工会主办、各协会举办各类文体活动 200 余场、15000 余人次参与。工会组队参加市、省、华电四川公司各类文体活动 116 次，获得省、市、华电四川公司各类奖励 180 多次。曾评为攀枝花市“支持社会体育先进集体”。2002 年、2004 年两度获评“四川省群众体育先进单位”。

二、企业安全生产

2000 年，工会系统开展具有工会特色的班组作业前“三查”活动。班组每天作业前必须查“安全思想、安全工器具、安全措施”，并建立了记录台账，为进一步加强对“三查”工作的指导，建立公司工会、分工会、工会小组的三级监督网络，工会办公室每季度都定期和不定期进行监督检查。2001—2013 年，共查处安全隐患 90 多项，整改率达 98.6%。公司工会发动职工积极参与攀枝花市“安康杯”安全竞赛活动，建立三级劳动保护监督检查网络，制定劳动保护监督检查竞赛活动办法，三级劳动保护监督检查员坚持在安全生产第一线开展检查，以保证生产安全进行。工会积极参与春、秋两季安全大检查，就安全隐患的整改消除，安全用具、劳保用品的发放使用，工作环境的监测等提出意见和建议。

三、民主管理及厂务公开

1999—2013 年，攀枝花发电公司工会认真落实《全民所有制工业企业职工代表大会条例》《四川省职工代表大会条例》和集团公司《关于进一步加强企业民主管理的意见》《中国华电集团公司职工代表大会工作规范》，建立完善企业民主管理制度。工会坚持以职工代表大会为基本形式的企业民主管理制度，严格落实职代会审议建议权、审议通过权、审查监督权、民主选举权、民主评议权。公司职工代表大会与会员代表大会实行两会合一、代表任期同步的原则，形成规范的民主管理机制。坚持一年一次召开职工（会员）代表大会，坚持民主评议领导班子及成员、全体中层领导干部，民主测评职能部门工作作风，民主推荐后备干部。职工代表大会闭会期间，有需要解决的重要问题，则由工会召集职工代表团（组）长联席会议处理。

1999—2013 年，职代会共审议行政提交的各类议案 67 件、征集职工代表提案 442 件、意见建议 861 条。所有的提案企业行政均按规定在 1 个月之内予以回复，回复率 100%。工会还以职工代表巡视督察、职工代表议政会议等有效的民主参与形式，参与企业民主管理、参政议政。

1999—2013 年，公司工会按照合法性、时效性、民主性、真实性、完整性、连续性、规范性等厂务公开工作的原则，大力开展厂务公开和二级单位、班组事务公开。公司的发展规划、重大投资、巨额资金使用、重大改革方案、效益工资分配、干部选拔任用、公司业务招待费使用、职称评定、各类保险的收缴和公司精神文明建设、企业文化建设等均经职代会审议方可进行。各二级单位和班组的年（季、月）度计划和工作总结，职工工作变动和劳动争议处理情，安全生产任务，重大资金使用，材料费使用，经济效益及经济责任制实施情况、管理制度、考核办法和考核结果，工资（加班费）、各种津贴的使用和效益工资分配方案，业务招待费和交通费使用情况，劳动竞赛及合理化建议活动的方案、措施和结果，评先树优的条件、程序和结果，职工困难补助及疗休养安排，职工违纪违规的处分原因及处分结果，班组工作任务的安排和完成情况，劳动定额、工时完成及考勤情况等均做到全部公开，接受群众监督。厂务公开工作始终围绕职工关心的热点、难点、焦点、疑点问题，落实三级公开流程，以职代会、议政会、团（组）长联席会议为主要渠道，以《攀电通讯》《职工风采》、公开栏、内部网络等为载体，实现厂务公开。

四、送温暖工程和帮困扶贫

1999—2013 年，攀枝花发电公司工会发挥工会组织的“娘家人”作用，坚持“服务职工、温暖人心”的宗旨，构建多层级的帮扶体系和长效帮扶机制。每年春节期间，对劳动模范、困难职工、工亡职工家属等进行走访和慰问。1999—2013 年，共发放慰问金数十万元。

每年机组大、小修期间，工会都组织开展“送清凉活动”，为生产一线职工配送小药箱、防暑降温药品，还组织女工开展为大修职工洗衣服务活动，洗衣、缝补衣服活动，得到职工热情赞扬。

开展“金秋助学”活动，为困难职工子女发放助学金，保障职工子女正常入学，解决了职工的后顾之忧。

开展职工医疗互助保险，每年都为生病住院的职工报销部分医药费，为 2000 多人次的生病住院职工报销药费 100 多万元，解决了职工生病的临时困难。工会和行政一道做好职工体检、职业健康体检，建立职工健康档案。各级工会组织还主动关心职工的工作生活，为职工排忧解难，做职工的贴心人，对患有重大疾病的职工、职工家属，工会积极倡导、发动职工进行爱心捐助，把组织的关怀送到职工身边。

工会组织职工积极参与抗击非典、“5・12”汶川大地震、“8・30”攀枝花地震、“和华爱心基金”、攀枝花市“同在一片蓝天下”等爱心捐助活动，捐款金额达 20 多万元。

五、职工权益维护

1999—2013 年，公司工会牢固树立“以职工为本、主动依法维权”的工会维权观，深入推进“和谐劳动关系企业”创建活动。为使企业劳动关系制度化、规范化、法律化，企业行政和工会在双方平等协商的基础上，每两年对《公司集体合同》进行修订和续签，每年修订和续签《工资集体协议》，集体合同体现了广大职工群众、行政、工会的意志和要求，并坚持行政向职代会报告《集体合同》《工资集体协议》的履行情况。

深入开展“以人为本、构建和谐企业，全面深化劳动关系和谐企业”的创建活动。不断完善自主协调机制，坚持集体协商、签订集体合同制度。坚持职代会、厂务公开、职工代表巡视督察、职工代表议政会等多种企业民主管理形式，依法保障员工的民主参与、民主管理、民主监督等权利。建立健全劳动法律监督组织和劳动争议调解组织，有效预防和调解劳动争议。以“建设和谐车间、和谐班组”为着力点，把和谐创建活动落到实处。2006 年，公司获得攀枝花市“劳动关系和谐先进单位”和四川省“创建和谐劳动关系先进单位”称号。

六、职工之家建设

1999—2013 年，公司工会开展职工之家、职工小家建设。为加强对建家活动的统一领导，成立以党委书记任组长、工会主席任副组长，工会副主席、工会委员、工会工作委员会主席为成员的建家活动领导小组，负责组织开展日常工作。根据全国总工会提出“六个必须”作为开展建家活动的主要内容，按照工会四项基本职能，结合公司实际，制定《攀枝花发电公司建设职工之家、职工小家考核标准》。各分工会在认真组织开展职工小家建设活动中，重点放在班组小家建设上，注重与“五型”班组建设、班组“7S”管理结合起来，夯实基础，突出重点，逐步形成具有特色的“小家文化”。公司工会每年对职工小家建设进行一次考评，根据考评结果，命名表彰“模范职工小家”和“先进职工小家”，连续两年被评定为“模范职工小家”和“先进职工小家”的分工会和工会小组，由公司工会推荐至上级工会表彰。多年来，公司命名表彰 60 个“模范职工小家”，450 个“先进职工小家”。有两个分工会被四川省命名为“模范职工小家”，公司工会也保持了四川省“模范职工之家”的荣誉称号。

七、女职工工作

1999—2013 年，公司工会为做好女工工作，健全完善公司女职工组织和工作机制，围绕公司中心工作，广泛开展“建功立业”“巾帼建功”等活动，努力推进“女职工素质提升工程”“女职工建功立业工程”。工会组织女职工参加各类业务培训、技术比武和技能比赛，增强岗位工作能力和综合素质。

公司工会切实维护女工的权益。签订《女职工权益保护专项集体合同》，从源头上维护女工的合法权益，维护女工的健康权益。做好女工“四期”保护，为 1508 位女职工购买重大疾病保险，每两年组织女职工进行专项体检。邀请专家举办女性健康讲座。工会每月为女工发放卫生费 25 元。每年“三八”国际妇女节期间，女职工委员会都召开总结表彰大会，对在工作涌现出来的女工工作先进集体、个人给予表彰奖励。公司成立以来，1 名女工被四川省妇女联合会授予“三八红旗手”称号，2 名女职工获得国资委、集团公司“巾帼建功标兵”称号，2 名女职工被攀枝花市妇联授予“巾帼建功标兵”称号，1 名女工获得“四川公司劳动模范”称号，2 名女职工被华电四川公司授予“优秀女职工”称号，13 位女职工被评为公司标兵（劳模）。3 个班组分别获得四川省“巾帼文明示范岗”、四川省“建功立业标兵岗”、攀枝花市“巾帼文明示范岗”称号，公司工会女工委被攀枝花市、华电四川公司工会评为“先进集体”。

第六章　国网四川省电力公司攀枝花供电公司工会委员会

第一节　组织机构

一、机构沿革

国网四川省电力公司攀枝花供电公司（以下简称国网攀枝花供电公司）是随着 1965 年攀枝花钢铁基

地的开发建设而逐步发展起来的。1965年5月渡口市电力指挥部成立后，随即组建渡口电力指挥部工会工作机构，发展工会会员，开展工会活动。“文化大革命”政治运动开始后，工会组织名存实亡，工会活动难以开展。1973年7月3日，渡口电力指挥部召开第一次工会会员代表大会，选举产生第一届工会委员会。1978年，渡口电力指挥部工会更名为渡口电业局工会。1987年1月，渡口电业局工会随市名更名为攀枝花供电局工会委员会。同年4月1日，西南电业管理局对四川电力体制进行改革，攀枝花电业局机构撤销，所属7个基层工会组织直属中国水利电力工会西南工作委员会。1993年6月1日，攀枝花供电局工会委员会更名为攀枝花电业局工会委员会。2012年9月6日，攀枝花供电局根据《四川省电力公司市县供电企业“三集五大”机构岗位设置及人员配置操作指导方案》要求，设置党群工作部（工会办公室），负责开展各项工会工作。2013年7月31日，四川省电力公司攀枝花电业局工会委员会更名为国网四川省电力公司攀枝花供电公司工会委员会。

1989—2013年攀枝花供电公司工会委员会领导干部任职情况

表58

姓　名	职　务	任职时间
刘志国	工会主席	1986.01—1993.05
朱方宏	代理主席、主席	1995.12—2001.03
张昆炳	代理主席、主席	2001.03—2010.06
张　琼	代理主席、主席	2010.07—2013.08
封晓梅	代理主席、主席	2013.08—

二、职工代表大会

第四届职工代表大会　1986年1月10日，渡口供电局召开第四届职工代表大会，将职工代表大会与会员代表大会合并。第四届职工代表大会出席职工代表共97人，选举产生了渡口供电局第四届工会委员会。第四届工会委员会由刘志国、顾怀宪、杨德坤、张学发、李强贵、钟守愚、米振淦、王太华、杨开照、柏思贵、游诗经、徐为志、叶宝昌、冯树德、李本寿、任海生、魏正兴组成，选举刘志国为渡口供电局局工会主席、顾怀宪为渡口供电局工会副主席。

第五届职工代表大会　1991年5月17日至18日，攀枝花供电局召开第五届职工（会员）代表大会，共101名职工代表参会。第五届职工（会员）大会主席团成员由付世光、刘志国、苏启文、张宝安、张纯达、张学发、赵凤英、陈祖贵、顾怀宪、高继红、郭建权、魏正兴组成。大会采取无记名投票方式选举马安东、马胜仙、叶永平、代云顶、刘志国、伍真华、李万富、李智明、陈代均、罗乃荣、周建平、张宝安、张学发、杨德坤、赵凤英、顾怀宪、符北荣、蒋廷火、钱炳源等19人为第五届工会委员会委员；选举田丰明、江仁全、刘金蓉、陈代均、陈启德、游诗经、钱炳源等7人为第五届工会委员会经费审查委员。

第六届职工代表大会　1996年11月7日至8日，攀枝花电业局召开第六届职工（会员）代表大会，出席职代会的代表118名。会议采取无记名投票方式选举刘登富、朱方宏、刑康、陈仁彬、陈代均、陈鼎予、杜秀坤、杜新华、汪富明、罗大均、张步伦、张宝安、张志勇、张学发、杨德坤、郭元辉、郭岚、夏庆源、秦先桂（女）、秦道素（女）、闫登吉、蒋廷火、粟兴华等23人为攀枝花电业局第六届工会委员会委员，选举牛义和、邓金彪、金应才、杨均梅（女）、郭元辉等5人为攀枝花电业局第六届工会委员会经费审查委员，“两委”于11月11日召开了第一次全体会议，选举朱方宏为攀枝花电业局第六届工会委员会主席、夏庆源为局第六届工会委员会副主席；选举郭元辉为局第六届工会经费审查委员会主任，牛义和为局第六届工会经费审查委员会副主任。

第七届职工代表大会　2004年3月26日，攀枝花电业局召开第七届职工（会员）代表大会，参加大会的职工代表 113 人。大会采取无记名投票方式，选举产生马应忠、刘宁、汤华、孙建伟、张琼（女）、张昆炳、陈仁彬、陈和生、李定明、杜新华、罗建川、金应才、周建平、郝金红（女）、柏思贵、秦先桂（女）、夏庆源、曹红兵、闫登吉、雷敏、潘清国等21人为攀枝花电业局第七届工会委员会委员。选举马应忠、牛义和、邓金彪、张文秀（女）、唐云等5人为第七届工会委员会经费审查委员。“两委”于3月27日召开第一次全体会议，选举张昆炳为攀枝花电业局第七届工会委员会主席，夏庆源为攀枝花电业局第七届工会委员会副主席、牛义和为攀枝花电业局第七届工会经费审查委员会主任。

第八届职工代表大会　2011年8月30日，四川省电力公司攀枝花电业局召开第八届一次职工（会员）代表大会，大会应到代表116名，实到100名，超过应到会的会员代表的三分之一。大会采取差额选举方式，无记名投票产生张琼、马应忠、罗乃荣、牛义和、杨军、杨涛、秦先桂、王建军、杨国梁、郝金红、刘大海、汤华、梁金伟、陈仁彬、宋陆英、乔明忠、翁波、张志勇、贺少林、刘国安、吕明洪等 21 人为攀枝花电业局第八届委员会委员，等额选举产生了牛义和、唐云、青碧珍、李祥平、曾英等5人为第八届经费审查委员会委员，选举张琼为四川省电力公司攀枝花电业局第八届委员会主席、马应忠为副主席。第八届工会经费审查委员会第一次全会选举牛义和为四川省电力公司攀枝花电业局第八届委员会经费审查委员会主任。

第二节　基层工会组织建设

为适应新形势新任务的需要，攀枝花电业局工会按照工会章程规定，于 2003 年 5 月在新建的东城供电局、仁和供电局及时组建工会组织。到2005年年末，攀枝花电业局工会有局属基层分工会14个、工会小组99个，共有会员1607人，占职工总数的96.69%。2006年8月10日，撤销攀枝花电业局输变电工程安装公司工会委员会、攀枝花电业局佳明电气工程公司工会委员会、攀枝花电业局天马工会委员会。2006年10月25日，组建四川米易供电有限责任公司工会。2012年2月，成立四川盐边供电有限责任公司工会委员会。2012年9月25日，适应企业“三集五大”体系建设需要，成立检修公司工会、输电运检分工会、变电运维分工会、检修试验分工会、配电运检分工会、客户服务中心工会、营业及电费分工会、计量中心分工会、市场及大客户分工会、电力调度控制中心工会、信通公司工会、经研所工会、网源汽运分公司分工会、网源变电分公司分工会、网源线路分公司工会、综合服务中心工会、美卓电力设计有限公司工会、三新电力服务有限公司工会。撤销原机关营销工会、原电力调度中心工会、原东城供电局工会、原变电运行管理工作中心工会、原变电设备检修中心工会、原输电线路运行维护检修中心工会、原通信自动化中心工会、原综合工会。2013年7月31日，原四川省电力公司攀枝花电业局更名为国网四川省电力公司攀枝花供电公司，工会组织同步更名为国网四川省电力公司攀枝花供电公司工会委员会。到 2013 年底，国网攀枝花供电公司工会下辖基层分工会21个，工会小组124个，共有会员2021人，占职工总数的100%。

1989—2014年攀枝花供电公司工会委员会组织发展情况

表59

时间	职工（人）	会员（人）	基层工会组织（个）	工会干部（人）
1989	1260	1260	10	32

续表 59

时间	职工（人）	会员（人）	基层工会组织（个）	工会干部（人）
1990	1302	1302	10	32
1991	1365	1365	10	32
1992	1360	1360	10	33
1993	1375	1375	10	32
1994	1379	1379	11	32
1995	1420	1420	11	32
1996	1452	1452	11	32
1997	1501	1501	11	31
1998	1526	1526	11	30
2000	1546	1546	11	29
2001	1563	1563	11	29
2002	1605	1605	13	28
2003	1630	1630	13	26
2004	1650	1650	13	26
2005	1662	1662	14	26
2006	1693	1693	14	28
2007	1750	1750	14	28
2008	1798	1798	14	29
2009	1860	1986	15	27
2010	1946	1946	15	26
2011	1975	1975	21	30
2012	1998	1998	21	30
2013	2021	2021	23	28

第三节　民主管理和职代会建设

国网攀枝花电业局为市内大一型国有重点骨干企业。国网攀枝花供电公司工会在服务经济社会发展中积极承担重要的政治责任、经济责任和社会责任。公司工会坚持全心全意依靠职工办企业，不断探索加强职工民主管理的途径和方法。1989 年以来，工会相续建立与实施《职工代表大会制度》《职代会联系制度》《职工民主管理纲要》，在局、二级单位相继建立职代会制度，生产班组建立民主管理小组，在企业形成三级民主管理网络，实现职工民主管理制度化。1989 起，公司工会不断丰富和创新职工民主管理的内容和形式，形成横向覆盖各个专业、纵向贯穿各个层级的统一完整的“双路径、三保障”职工民主管理体系，受到各单位和广大职工的积极拥护。

1997 年年初，国网攀枝花电业局建立平等协商签订集体合同制度，并于当年 6 月正式签订了攀枝花电业局第一轮集体合同，有效期为 3 年。

从 1998 年起，国网攀枝花电业局职代会同时承担审议每年企业工作报告、综合计划、预算安排、业绩考核等重大事项的职责并形成决议。

自 1997 年到 2013 年，国网攀枝花电业局先后签订 5 轮《攀枝花电业局集体合同》。通过推行平等协商签订集体合同制度，切实维护职工的合法权益，促进了企业劳动关系和谐稳定。在持续开展创建劳动关系和谐企业活动中，组织对企业集体合同及 3 个专项合同执行情况检查，根据《劳动合同法》和企业实际，就职工劳动保护、安全健康、困难帮扶、休息休假、女职工权益等内容开展每一轮集体合同修改、调整、协商等工作，职工权益得到进一步保障。先后被评为“四川省民主管理工作先进单位”“四川省电力系统厂务公开先进单位”“攀枝花市劳动关系和谐企业”“四川省电力公司劳动关系和谐单位”。所辖的仁和供电局、米易县电力公司等 10 个基层单位被攀枝花市总工会、四川省电力工会评为“劳动关系和谐单位”“民主管理工作先进单位”。

2001 年，建立并推行《职工代表巡视督察制度》，实行局、二级单位（部门）两级督察体系，坚持每年 1 至 2 次的职工代表巡视督察，已累计开展对基层单位 25 次，督察涵盖了基层的行政工作、工会工作、职工劳动保护工作、职业健康体检工作、建功立业工作等，加强了企业民主管理，强化了职代会监督职权。

至 2014 年，公司累计召开 35 次职代会，征集办理提案 653 件，审议通过决议 305 项，有效保障了职代会的各项职权和职工主人翁地位的落实。在此基础上，企业不断加强职工民主管理制度建设，《厂务公开实施办法》、《公司合理化建议制度》等《纲要》的配套制度先后下发，保障了职工民主管理工作的制度化、规范化和常态化。通过加强职工民主参与、民主管理、民主监督，公司事业取得长足发展。

第四节　职工关爱行动

1989 年以来，攀枝花电业局工会不断完善公司特困职工帮扶管理制度，建立工会“送温暖”专项资金，制定职工捐赠资金管理办法，搭建以公司行政为主、工会为辅和职工互助等多重帮扶救助保障体系，实现企业全口径困难员工帮扶全覆盖。2000 年 8 月，攀枝花电业局工会成立职工互助补充保险管理委员会，建立起职工互助补充保险制度。通过行政、多经企业资助和职工自愿投保的办法，首次筹集资金 88 万元。到 2005 年年底，全系统共有 2215 名职工投保参加，占职工总数的 99%，基金总额已达 100 多万元。2006 年出台《攀枝花电业局特困、困难职工管理办法》以来，对生活特困职工、伤残人员、大病职工等给予帮扶救助达 600 余人次。工会通过积极组织对“5・12”汶川地震、“8・30”攀枝花地震、“4・20”雅安芦山地震等灾区捐款达 100 余万元，对地震房屋损毁职工家庭给予补助。

2007 年，为充分发挥工会服务职能，攀枝花电业局工会以每年 4 月 15 日为“职工维权咨询服务日”。攀枝花电业局通过局域网公布维权咨询电话，成立由人教部、职培中心、工会办公室、局长工作部等相关部门负责人及代表组成的维权咨询服务小组。工会主席亲自参与咨询活动，在活动中就职工咨询的休息休假、绩效管理、职工技能培训、住房补贴等问题进行说明与解答。全系统累计设立咨询服务点 126 处、发放宣传资料 3 万份，568 名职工参与现场或电话咨询，解答职工疑问 256 个。通过咨询活动，使职工咨询的相关问题得到了及时解决，咨询活动受到了全局职工的拥护和好评。

攀枝花电业局工会实行职工生日庆贺、职工疗（休）养、走访、慰问制度。坚持节日期间，对生产一线职工、劳动模范、标兵和困难职工进行走访慰问，对生病住院职工随时走访慰问和“夏送清凉、冬送温暖、节日送慰问”活动，以及开展“我们在一起”送关爱活动。通过不断修订完善慰问管理制度，形成直面对接、上下联动的员工关爱机制。四是开展“冬送温暖、夏送清凉”活动，在每年电网迎峰度夏期间，各级工会慰问走访班组1000余次，慰问职工2400人次，发放防暑降温物品30余万元。在“电亮新藏区，建功‘十二五’”劳动竞赛期间，公司工会10余次赴川藏联网工程现场、援建藏区单位看望慰问工程建设人员和帮扶人员，同时对藏区县公司、“户户通电”工程和帮扶单位技术人员开展了慰问走访座谈活动。在坚持维护职工的合法权益和根本利益的同时，注重为职工服务，办实事，做好事。着力改善基层一线和班组的生产生活条件，提高员工生活后勤保障水平，为一线员工排忧解难。30年间，工会均每年坚持对困难职工、病残员工、因自然灾害或突发事件等造成困难的职工家庭进行帮扶，对劳动模范等先进人物开展走访慰问活动。

第五节 女职工工作

攀枝花电业局工会成立后，即设立三级女职工组织。各级工会女职工组织开展“巾帼建功”活动，把实施“女职工建功立业”活动融入推动企业“两个转变”建设之中，引导女职工立足岗位提升工作业绩，学习新知识、掌握新技能，不断提高自身素质。通过工会主席与局（公司）行政第一负责人签订《女职工专项集体合同》，坚持把女职工特殊利益的保护纳入承包责任制、职工代表巡视督察的内容，维护女职工“四期”保护、妇女健康检查等方面的合法权益，促进女职工身心健康。工会女工委以“爱岗敬业、服务人民、奉献社会”为主题，以培养“四有”“四自”文明新女性为目的，着力在“三心”（精心组织、细心工作、诚心关爱）上下功夫。相继开展“女职工促安全”“亲情呼唤安全”“安全寄语、警句、家书”“家庭助廉”“女职工素质提升”“巾帼建功示范岗”和女职工工作竞赛等活动。举办女工干部培训班以及健康知识讲座、瑜伽培训班。“四个一”活动的开展，转变了女工干部的工作作风，加强了全局女职工干部队伍建设。

1992年1月，攀枝花供电局女单职工公寓投入使用。

2011年，攀枝花电业局荣获“攀枝花市妇女儿童事业发展工作先进单位”。

到2013年年底，公司女职工委员会下设21个二级单位女职工委员会，工会女职工组织建会率达到100%。

第七章 中国石油四川攀枝花销售分公司工会委员会

第一节 组织机构

一、机构沿革

中国石油天然气股份有限公司四川攀枝花销售分公司工会（以下简称公司工会）筹建于1973年6月，始名渡口市煤建石油公司工会。1987年1月渡口市更名为攀枝花市后，公司工会更名为四川省石油公司攀枝花分公司工会。1998年6月，国家对石油石化工业进行战略重组，公司成建制划归中国石油天然气集团公司四川销售分公司，工会组织关系转由中国石油天然气集团公司四川销售分公司辖属。2001年1月，公司工会改名为中国石油天然气股份有限公司四川攀枝花销售分公司工会。截至2013年年底，公司工会下设机关、金江油库、江南片区、江北片区、盐边片区、西城片区、仁和片区、米易片区等分工会8个，工会会员438人，专兼职工会干部10名。

1989—2013 年中国石油四川攀枝花销售分公司工会委员会负责人任职情况

表 60

职　务	姓　名	性别	任职时间
主　席	郭荣双	男	1987.05—1992.01
主　席	袁光成	男	1992.04—2000.06
主　席	张成斌	男	2001.05—2006.04
主　席	杨建军	男	2006.04—2008.05
主　席	王　梅	女	2008.05—2012.03
主　席	李　洪	男	2012.03—
副主席	胡巧云	女	1992.03—1997.03
副主席	何　平	男	1997.03—1998.05
副主席	何　平	男	1998.05—1999.07
副主席	贺泽勇	男	2000.03—2006.09
副主席	刘际忠	男	2006.09—2012.12
副主席	李　勇	男	2009.12—2011.12

二、工会组织建设

1987 年 5 月，公司工会工会召开会员大会，选举产生四川省石油公司攀枝花分公司工会第一届工会委员会，郭荣双任工会主席职务。公司工会下辖机关分工会、油库分工会和基层分工会。

1992 年 3 月，第一届工会任期届满。4 月，公司工会召开职工代表大会，通过投票选举的方式产生了新的一届工会委员会，袁光成接任第二届工会主席职务。为使公司工会在民主管理方面发挥更大作用，大会决议进一步建立健全各级工会组织机构。

1994 年，工会审议通过“三项改革”“四定方案”等涉及机构改革的十余个举措，落实了职工代表的权利。

1996 年 2 月，四川省石油公司攀枝花分公司第三届工会委员会召开，袁光成续任工会主席职务。在 1997 年召开的职工代表大会上，讨论并通过了工会办事机构从政工科分离的专项议案，至此工会办事机构独立。本次职代会还通过选举，增设了工会副主席。

1998 年，公司机关、油库、基层工会委员会全面改选，职代会也同时改选，成立零售公司工会委员会和零售公司职代会。

1999 年，四川省石油公司攀枝花分公司上划中国石油天然气股份有限公司管理。2001 年 1 月，公司工会更名为中国石油天然气股份有限公司四川攀枝花销售分公司工会，2000 年 6 月，袁光成退休，工会工作由工会副主席贺泽勇主持。

2001 年 1 月公司上划之后，公司工会干部由中国石油天然气股份有限公司四川销售分公司工会直接任命。5 月，公司职工代表大会召开，公布了中国石油天然气股份有限公司四川攀枝花销售分公司第一届工会班子成员名单，张成斌出任新一届工会主席。2002 年，公司工会决定将干部考核与职代会民主评议融为一体，把评议结果作为考核干部的依据，合格率低于 65%的中层干部将被免职，并公开考核拟新任干部。

2007 年 8 月，经公司工会委员会研究讨论决定分别成立江南、江北、西城、仁和、米易、盐边、丽江 7 个片区分工会，通过公司工会委员会直接任命产生第一届片区分工会委员 35 人。

2008年1月，第二届职工代表大会召开，会上审议通过了工会关于增补王梅、彭勇军等9人为公司工会委员的决议，并重新调整工会分工，王梅出任工会主席。本次大会还审议通过了成立中国石油四川攀枝花销售分公司女职工工作委员会的议案，决定由倪瑛任女职工工会委员会主任。

2009年，由于人事变动，决定增补李勇、曹宗宇、罗德莉、谢明华为公司工会委员会委员。

2012年3月，李洪接任公司工会主席。由于年龄、人事变动等原因，每届届中个别工会干部空缺后，公司工会都会按照有关规定，及时召开会议，补齐空缺干部，确保组织健全人员落实到位。

1989—2013年，公司工会每年均组织召开公司职工代表大会暨年度工作会，会上工会主席向与会代表报告工作，审计委员会主任向与会代表报告经费使用和审计情况，并形成会议纪要。

公司工会每年对新进员工进行入会前的培训，对进入工会的权利和义务等知识进行学习，要求新进员工按时填写入会申请。各分工会及时将新进员工纳入工会，并制定了工会会员统计表，对会员情况进行动态维护，确保公司在岗员工入会率达100%。

第二节　民主管理和职工权益保障

一、厂务公开制度建设

公司工会成立以后，始终坚持民主管理，从源头上保障职工权益。根据中央《关于进一步推进国有企业贯彻落实“三重一大”制度的意见》(“三重一大”：重大决策、重要人事任免、重大项目安排和大额资金运作）和上级要求以及厂务公开的基本规定，坚持开展厂务公开制度建设。2003年，根据公司党、政、工联席会议的安排与公司党委的指示，工会办公室会同公司党委办公室和公司总经理办公室制订印发《中国石油四川攀枝花销售分公司厂务公开实施意见》，修订完善《中国石油四川攀枝花销售分公司厂务公开实施细则》。公司党、政按《实施意见》《实施细则》规定程序和内容，坚持召开职代会、发文件、召开党政工联席会、发公告，向单位职工、职工代表公开目标任务、费用支出、绩效考核、薪酬分配、评先选优等重要事项，并征求广大职工意见，做到重大决定公开透明。

二、联席会议制度建设

2008年，公司工会建立了党政工团联席会议制度。公司党政领导班子成员、总经理助理参加党政工团联席会议。党政工团联席会议根据需要不定期召开，研究工会工作，及时总结本年度公司工会工作取得的成绩和存在的问题，对下一年度工会工作进行安排。每年年中，公司工会均召开联席会，就开展工作取得相关部门支持配合。

至2013年年底，共召开联席会25次，为工会解决问题90余个。

三、劳动关系协调机制建设

2001年，公司工会建立劳动关系协调机制，成立“信访领导小组”，公布总经理、党委书记、工会主席邮箱和公司审计、监察部门的职责、联系方式，明确了思想政治、安全环保、劳动人事用工、廉洁从业等6大具体事宜的信访、上访流程，利用“营造阳光心态、调释失衡心理、抚慰受伤心灵”、设立《交心谈心制度》《员工集体生日制度》等办法，反映员工心声。2008年，公司工会在认真分析职工最关心、最直接、最现实利益问题的基础上，制定《市场化员工薪酬制度改革方案》并实施，就涉及职工切身利益的“阳光条款”提出近200条具有可操作性的措施、意见。

四、劳动合同签订

2000年起，公司工会均对招聘员工进行《中华人民共和国劳动合同法》的培训，指导掌握签订规范劳动合同的知识。2003年后，公司工会进一步规范员工续签劳动合同程序，规定续签合同员工必须参加工会组织的《劳动合同法》培训，在熟悉并了解相关法律规定后方能与公司续签合同。每年公司工会还会同安全环保科、加油站管理科和人事科，对照劳动合同的劳动工资、工作的安全条件等条款进行检查，对发现的问题共同研究整改意见，并在公司党政领导的支持下予以落实，维护职工的合法权益。

至2013年，公司共签订规范合同650份。

五、职工福利保障

1989年以来，公司工会每年在相应节日举办文艺会演、联欢晚会、读书比赛、诗歌朗诵和摄影比赛等文化活动，许多职工通过企业搭建的平台展现自己的特长。通过活动丰富职工的业余文化生活，树立职工健康向上的工作态度，倡导职工队伍的团结精神。

2006年起，公司定期开展“五小工程”（生动小园地、干净小食堂、卫生小浴室、温馨小宿舍、实用小场所）排查，为库站购置和维修空调、电扇、洗衣机、冰箱等生活设施，更新和修缮厨房，还在加油站配备装有急救常用药品的“小药箱”50多个。做好机关、油库食堂的卫生防疫工作，为职工提供卫生干净的饭菜，根据天气变化不断调整膳食结构，合理安排职工饮食。至2013年，公司工会共投入200余万元用于库站生活条件的改善，保障了职工的身体健康。

2003年起，公司工会严格贯彻落实《职工休假管理办法（暂行）》。公司工会对各单位执行情况进行检查监督，确保按期有效落实。

2006年开始，公司工会严格落实体检制度，统一安排职工进行全面健康体检。管理员工每两年体检1次，一线特殊岗位人员每年专项体检1次。建立职工健康档案，并组织专家对体检结果进行会诊，提出了医疗保养建议。按照职工的健康需求，结合特殊岗位人员和女工特点，邀请医学专家深入到生产一线和施工现场进行医疗巡诊，发放常见病防治宣传单，配备健康保健书籍。对因工作繁忙等多种原因不能及时体检的部分职工，在“三八”妇女节等节日期间聘请健康专家举办讲座11场、采取集中面授和观看录像等方式，把健康知识送到职工身边，增强广大职工健康意识。职工3000余人次参加活动。

2010年，公司出台《职工健康疗养（暂行）办法》，统一规范疗养标准和办法，使职工合理地安排好工作、休息时间，激发了职工工作热情和积极性。

1989—2013年，公司工会为在岗员工组织了上百场集体生日宴会，在基层开展交心、谈心活动上千次，组织专人到基层开展“送温暖、送清凉”活动。春节、国庆节等重大节假日前期，公司工会都深入到基层一线慰问在岗员工。公司领导还分别到困难职工家里，送去慰问金，慰问困难职工及家属。公司工会坚持开展“春送祝福、夏送清凉、秋送助学、冬送温暖”活动。在每年攀枝花天气最热的时候，公司工会都及时采购、发放绿豆、“藿香正气液”“人丹”、清凉饮料等降温物品送到基层一线。

第三节　扶贫帮困

公司工会关心职工疾苦，以为职工办实事、办好事为重要职责，坚持逢年过节慰问离退休职工、坚持看望生病住院员工，坚持员工生日送礼品，坚持特定节日关怀特定人群。

2003年，公司制订“三必访”（新进员工、重病员工、转岗员工必访）和“三必记”（困难家庭情况、解难帮扶措施、走访家庭情况必记）工作法。各级工会管理人员每逢节假日前夕，深入库站、走家串户，排查困难员工情况，做到逐一走访、逐一了解、逐一摸底，掌握职工困难。对职工困难分类汇总，分析困难原因，列出帮扶对象，制定帮扶措施。根据相关政策，提出问题解决方案。至 2013 年，公司共发放助学金 9.2 万元，解决了 94 名职工子女的就学困难问题。设立爱心基金，开展“手拉手”帮扶工程，帮扶家庭条件困难职工 56 名。

职工及家属遇到重大疾病、天灾人祸时，片区、库、站工会会员发扬“一方有难，八方支援”的传统美德，自觉捐款捐物帮困，同时向公司汇报情况，争取困难帮扶和同心互助基金帮助，努力为职工解决困难。在 2008 年攀枝花“8·30”地震、米易县 2009 年“7·27”泥石流灾害以及职工及家属患疑难病症等意外事件中，公司共组织捐款 20 余万元、发放各类困难补助 100 余万元，为 2 人次申请企业同心互助基金共计 23000 元，切实解决了职工的具体困难。

2006 年起，公司认真履行企业的政治责任、经济责任、社会责任，按照省、市各级政府“挂包帮”工作要求，开始定点扶助工作。先后向定点帮扶村攀枝花市盐边县国胜乡热水塘村、民胜村提供人力、物力等方面帮扶。2008 年，公司向热水塘村累计提供帮扶资金 10 万元，在村道公路建设、水渠修建、捐资助学等方面提供支持。公司还筹集帮扶资金 5 万余元，帮助当地农户发展种、养殖业。

2010 年，按照帮扶与帮智，输血与造血相结合的原则，公司指派 1 名中层干部定点挂职国胜乡热水塘村驻点帮扶，为热水塘村新农村建设提供智力支持。2012 年，公司向民胜村提供帮扶资金 5 万余元，赠送水泥 100 吨，帮助民胜村修建乡村水泥道路 3 公里。公司领导班子每人分别定向帮扶 3 户特困农户，累计捐款捐物金额达 5 万元。

1989—2013 年，公司工会全力支持地方的经济和社会事业发展。共吸纳地方大中专院校学生和社会劳动力累计 4000 余人次，帮助支持了攀枝花市解决下岗职工再就业和社会青年就业。2004 年，为攀枝花市体育场改造项目捐款 100 万元，2008 年，为汶川“5·12”大地震受灾群众捐款 64980.6 元，为攀枝花“8·30”地震受灾群众捐款 19958 元、柴油 2000 升，2009 年，为米易县“7·27”泥石流灾害受灾群众捐款 10 万元，2010 年，为攀枝花抗旱救灾、支持丽攀高速公路建设、快速拆除双江加油站捐款 150 万元，2013 年，为四川省少数民族运动会捐款 50 万元；干部、职工还为援助 2003 年开县“井喷”事故、2004 年东南亚海啸、2010 年玉树地震、2013 年芦山地震等重灾区捐款 70 多万元。

第八章　攀枝花邮政工会委员会

第一节　组织机构

一、机构沿革

1965 年 5 月，渡口市邮电局工会成立，工会干部均由中共渡口市邮电局党总支任命。1975 年 12 月 31 日，渡口市邮电工会第一次会员代表大会召开，选举产生第一届工会委员会。此后则每 5 年召开一次会员代表大会并进行换届选举，至 1998 年，渡口市邮电工会共召开会员代表大会 4 次。

1998 年，为适应改革、发展的需要，攀枝花邮政、电信业务分营，分别成立攀枝花市邮政局、四川省电信攀枝花分公司，并各自成为自主经营、自负盈亏的市场主体。攀枝花邮政工会于分营之初同步成立。1999 年 3 月 19 日，攀枝花市邮政局第一次会员代表大会召开，大会选举产生第一届全市邮政工会委员会，各县（区）局也相继成立工会组织，此后则每 3—5 年召开一次会员代表大会进行换届选举。

2013 年，市邮政工会设工会主席、副主席各 1 人，委员 7 人，经费审查委员会 3 人、女职工委员会 5 人。市邮政局有职工 635 人，有工会会员 635 人，下设基层工会 13 个，有专职工会干部 2 人、兼职工会干部 15 人、工会积极分子 57 人。市邮政工会组织机构健全，下设组织、宣传、民主管理局务公开、干部民主评议监督、生活福利、生产经营、劳动保障、攀枝提案审查 8 个专门工作委员会。

1989—2013 年攀枝花邮政工会委员会负责人任职情况

表 61

届别	职　务	姓　名	性别	任职时间
第一届	主　席	张仁熙	男	1999.03—2003.10
	副主席	张选珍	女	1999.03—2003.10
第二届	主　席	廖天晖	男	2003.10—2006.10
	副主席	杨龙正	男	2003.10—2006.10
第三届	主　席	杨　军	男	2006.10—2010.10
	副主席	杨龙正	男	2006.10—2010.10
第四届	主　席	刘　成	男	2010.10—
	副主席	杨龙正	男	2010.10—

二、工会组织建设

1999 年 1 月，根据新形势对工会工作的要求，市邮政工会制定《攀枝花邮政工会工作规范》，明确市邮政工会、各分工会、部门工会的责任、权利义务，理顺工会工作的程序，成立女职工委员会工会，工作的机制进一步健全与完善。2007 年 1 月 14 日，攀枝花市邮政储蓄银行成立，同时成立邮政储蓄银行工会组织。2009 年 12 月，攀枝花市邮政速递物流公司成立，同时成立邮政速递物流公司工会组织。

1998—2013 年攀枝花邮政工会委员会组织发展情况

表 62

年份	职工（人）	会员（人）	基层工会（个）	备注
1998	690	690	12	（1998 年前无统计）
1999	670	670	12	
2000	668	668	12	
2001	661	661	12	
2002	669	669	12	
2003	667	667	12	
2004	671	671	12	
2005	670	670	12	
2006	668	668	12	
2007	669	669	12	
2008	668	668	12	

续表 62

年份	职工（人）	会员（人）	基层工会（个）	备注
2009	671	671	12	
2010	665	665	13	
2011	650	650	13	
2012	662	662	13	
2013	656	656	13	

第二节　工会会员代表大会

1998 年 10 月 25 日，攀枝花市邮政、电信分营，原攀枝花市邮电局分设为攀枝花市邮政局和攀枝花市电信局，攀枝花邮政工会组织相应健全完善。

第一届会员代表大会　1999 年 3 月 19 日，攀枝花市邮政局工会第一届会员代表大会召开，来自全市邮政系统 71 名工会会员代表参加大会。大会选举产生了第一届全市邮政工会委员会、工会经费审查委员会、女职工委员会。张仁熙任主席、张选珍任工会副主席和女职工委员会主任，各县（区）局也相继成立了工会组织。会议听取并审议了工会工作报告、工会财务工作报告、工会经费审查工作报告，调整了职代会专门工作委员会成员。

第二届会员代表大会　2003 年 10 月 20 日，攀枝花市邮政局工会第二届会员代表大会在市邮政局会议室召开，来自全市邮政系统 69 名工会会员代表参加大会。大会选举产生第二届攀枝花邮政工会委员会、工会经费审查委员会、女职工委员会，廖天晖任攀枝花市工会主席、杨龙正任工会副主席。会议听取并审议了工会工作报告、工会财务工作报告、工会经费审查工作报告，调整了职代会专门工作委员会成员。

第三届会员代表大会　2006 年 10 月 25 日，攀枝花市邮政局工会第三届会员代表大会在市邮政局会议室召开，来自全市邮政系统 69 名工会会员代表参加大会。大会选举产生第三届全市邮政工会委员会、工会经费审查委员会、女职工委员会，杨军任攀枝花市邮政局工会主席、杨龙正任攀枝花市邮政局工会副主席。会议听取并审议了工会工作报告、工会财务工作报告、工会经费审查工作报告，调整了职代会专门工作委员会成员。

第四届会员代表大会　2010 年 10 月 21 日，攀枝花市邮政局工会第四届会员代表大会在市邮政局会议室召开，来自全市邮政系统 69 名工会会员代表参加大会。大会选举产生第四届全市邮政工会委员会、工会经费审查委员会、女职工委员会，刘成任攀枝花市邮政局工会主席、杨龙正任攀枝花市邮政局工会副主席，周燕任攀枝花市邮政局女职工委员会主任。会议听取并审议了工会工作报告；工会财务工作报告；工会经费审查工作报告，调整了职代会专门工作委员会成员。

第三节　企业民主管理

一、职工代表大会

自 1999 年开始，按上级工会规定，攀枝花市邮政局按程序召开年度职工代表大会。全市邮政职工代表大会与会员代表大会实行两会合一、代表任期同步的制度，在召开职工代表大会时，同时套开会员代表大会，两会按各自议程分段召开，分别履行各自的职责。2008年，除上述固定议程外新增签订工会与企业集体合同、女职工专项特殊保护合同，工资集体协议，并以决议的方式通过。市邮政工会十分注重在企业改革发展的全过程中，充分发挥职工代表大会作用，认真执行企业民主管理制度，落实审议建议权、审议通过权、审议决定权、评议监督权、选举罢免权等各项职权，促进了企业改革发展和全市邮政各项工作的不断进步，形成了较为规范的运作机制。市邮政工会根据攀枝花市邮政局实际，健全完善企业职代会实施细则，进一步提高职代会质量。职工代表实行常任制，届期与工会委员会届期同步，届期期满后换届改选。市邮政工会建立了职工代表名册报上一级工会备案的制度。全市邮政职工代表大会闭会期间需要解决的重要问题，由工会召集职工代表团团长和专门工作委员会负责人联席会议协商处理。市邮政工会为攀枝花市邮政局职工代表大会闭会期间日常办事机构。企业实行职工代表大会制度，使职工群众的合法权益从源头上和整体上都得到较好的维护，全心全意依靠工人阶级的方针得到较好落实，保证职工在企业当家作主的地位，推进了邮政企业民主政治进程。在实践中注重职工代表大会召开程序的规范和内容的完整，不断提高职工代表参政议政能力，努力使职工代表大会质量有显著提高。职工群众也改变了职代会是橡皮图章的看法，认为在企业改革等重大事项中发挥了议事、决策作用，在和企业的平等协商中，职工的权益得到了充分保障，职工个人的权利得到了充分尊重。1999—2013年，市邮政局共召开职工代表大会14次。

二、局务公开

攀枝花邮政自独立运营以来，在健全和完善职工代表大会制度的基础上，全面推行局务公开制度。局务公开范围涉及班组、支局所，公开面已经达到100%，公开内容由1999年的7项增加到2013年的18项。具体内容有：财务收支状况、工程招投标、劳动用工、干部管理、安全生产、劳动保护、审计工作、各类保险缴纳、职工教育经费提取和使用、工会经费提取和使用以及工会经费审查情况等。严格遵循局务公开工作流程，即凡涉及局务公开的责任单位、部门都要在职代会上依次分门别类就本年度公开事项和下一步打算，向职工代表作报告，并接受职工代表的质询，提请职工代表表决，最后根据表决情况对本年度局务公开工作作出决议，存档备查。在职工代表大会上，计划财务部、人力资源部、安全生产与监督检查部、市场经营部、综合办公室、工会等部门就相关局务公开内容进行报告。市邮政工会把企业年度内部审计事务和安全生产工作进行公开，率先在全省邮政系统创新尝试，获得了与会代表和上级工会的好评。全市邮政职代会局务公开工作所取得的成绩，作为全省邮政第一批工会工作创新成果得到了肯定和褒扬。

每年年初的职工代表大会上，针对在职工代表中收集上来的意见和建议，进行分类整理，责成相关部门有的放矢，抓好落实，让职工代表满意放心。对于意见和建议贴合企业当前实际、企业又有能力解决的问题，制定切实可行的解决问题的时间进度表，把职工的第一呼声摆放在重要位置，把解决职工民生当成头等大事，为发展和谐企业创造了一个良好的内部环境。做到了局务公开民主管理与现代管理制度建设相结合，巩固、规范和深化局务公开民主管理工作，落实职工的知情权、参与权、表达权和监督权，提高局务公开实效，推动企业民主政治建设。

三、民主评议干部

1999年，对全局40余位副科级以上干部从德、能、勤、绩、廉等方面进行民主评议，以此确保职工代表大会民主评议监督权力更好地落实，至2013年已形成制度。在民主评议干部工作中，参加评议的人员和被评议的干部双方都本着对企业负责的态度进行评议。被评议干部针对自己一年来的工作实绩和表现，进行全面、客观的总结，报告述职，虚心求教，并将评议工作作为改进自身不足、提高思想认识、增强工作能力、改善工作方法的一次学习过程和机会，被评议人员能够以平常心态正确对待评议工作；参加评议的人员也都本着关心、爱护、本着帮助干部的原则，对被评议干部的德、能、勤、绩、廉等方面进行客观、公正、公平、全面地评议，真诚地帮助干部改进、改善和提高工作的能力与水平，并以此增进全局干群之间的和睦团结。评议结束后，工会会同人力资源、党群部门形成一个全面、客观、真实的评议情况报告，提交市局党委，并在职代会上向全局职工代表报告，接受审议。民主评议干部的结果，作为企业用人的标准和重要依据。

第四节　送温暖工程和帮困扶贫

1998年，攀枝花邮政工会成立以来，落实“依靠”方针，做职工各项权益的忠实维护者，开展送温暖工程和帮困扶贫活动，增强企业的向心力和职工的凝聚力，确保了企业和职工队伍的稳定，进一步健全和拓展送温暖工作长效机制，把“年终送温暖”转为“常年送温暖”。

一、“冬送温暖”活动

1999年，市邮政局党政工领导带队，分3路对全市62个边远邮政支局、所、网点、班组、经审核符合条件的患重大疾病职工、困难职工、劳务工、职工遗属、省市级、邮政行业劳动模范等百余人进行走访慰问，发放大米120袋、桶装食用油120桶，发放慰问金5万元。2000年开始，重点有针对性的对全市邮政50余个边远支局、所、班组开展“冬送温暖”活动，并确定为攀枝花市邮政工会年度工作之一，慰问对象包含边远支局所职工、经审核符合条件的患重大疾病职工、困难职工、劳务工、职工遗属，省市级、邮政行业劳动模范等百余人，至2013年，累计发放补助金30余万元、慰问品1680余份，探望慰问2175人次。

二、“夏送清凉”活动

1999年，对生产一线的300余位职工开展夏送清凉活动，购买发放菊花、十滴水、风油精等防暑降温用品300余份。2000年，将盛夏防暑降温、夏送清凉工作列为攀枝花市邮政工会年度工作任务之一，照列开展。2010年，攀枝花遭遇有气象记录以来的高温干旱。工会协同市邮政局人力资源部门为全市630余名邮政职工发放清凉饮品和防暑降温用品630份；工会协同市邮政局办公室对旱情较重的仁和区大田、平地邮政所职工送去30箱纯净水、20桶饮用水和50公斤时令蔬菜。至2013年，累计发放各类清凉饮品、防暑降温用品300余万元，较好维护了全市邮政生产的正常运营。

三、“金秋助学”活动

2006年，关注贫困学子就学，积极核实符合条件的患重大疾病职工、困难职工、劳务工子女升学情况，帮助他们获得有效资助，不因家庭困难而辍学，11个符合资助的学子获得资助，支出金秋助学帮扶资金1.1万元。2007年，将此项工作列为市邮政工会帮扶工作任务之一。至2013年，每年均有2—5人获得助学资助得圆大学梦，8年来，累计获得资助32人，支出金秋助学帮扶资金5万余元。送温暖工程和帮困扶贫活动进一步扩大活动影响面，把企业的关怀和温暖送到职工的心坎上，切实把工会送温暖工程这一品牌做实做强。

四、帮困扶贫

2008年，“8·30”攀枝花地震发生后，市邮政工会及时对全局职工，尤其是对震中附近的职工房屋毁损、财产损失等受灾情况进行了统计。省邮政工会核实情况后，迅速拨付了受灾职工困难生活补助 3 万元和冬季“送温暖”专项资金 0.3 万元。为公平、合理、客观、公正地分配好省邮政公司、工会拨付的补助资金，市邮政局专门召开职工代表大会生活福利委员会会议，同时邀请受灾职工所在单位仁和区局、密地局、报刊收投分局、专业公司、机关工会主席参会，专题研究补助资金分配问题，让大家民主决策，确保受灾职工及时得到慰问和补助。

第五节　职工权益维护

1998 年攀枝花邮政独立运营以后，工会重视维权机制的建设，把平等协商机制的建立作为工会维权工作的重点。切实发挥工会组织作为职工呼声“第一知情人”“第一报告人”的作用，及时向企业党政反映职工群众的愿望和要求，协助和督促企业行政和有关部门落实作为“第一责任人”的职责。重点解决好职工群众的来信来访工作，化解矛盾，构建和谐社会。积极帮助解决困难职工的生产生活问题，认真做好困难职工基本生活救助、再就业援助、子女入学帮扶、职工法律援助的各项工作，努力实现好、维护好、发展好职工群众的切身利益，保持邮政企业的和谐稳定。

1999—2013 年，市邮政局坚持让职工共享改革发展成果的原则，在维护工作中服务于企业发展这个硬道理，职工收益随着企业的发展实现了逐年提高，增幅达 15%，高于地方 GDP 增长，略逊于企业收入增幅，邮政职工体面而有尊严的工作和生活着。邮政职工在社会上说话硬肘，成为其他行业艳羡的对象。市邮政工会抓住在企业确立稳定和谐劳动关系这个龙头，积极推行平等协商、签订集体合同制度，落实劳动法所规定的各项基本劳动标准及职工的权利和义务。自觉坚持党的群众路线，根据企业实际和职工切身需要，“从会员中来、到会员中去”，关心会员冷暖，做他们的贴心人。在访谈活动中，力避蜻蜓点水，走马观花，浮光掠影，浅尝辄止，而是走到职工群众中去，走到生产第一线，深入职工家庭、班组局所，了解职工群众的所思所想，倾听他们的呼声，关注他们的需要，解决他们的问题。把贯彻落实《劳动合同法》与维护职工合法权益和发展经济结合起来，从而推进了送温暖工程和扶贫帮困活动的经常化、网络化、制度化。在做好元旦、春节向劳模、军烈属、老干部、边远支局所职工看望慰问的基础上，深入调查研究，掌握困难职工基本情况，通过各种渠道向社区、居委会反映，把所有符合条件的困难职工都纳入到低保范围，做到老有所终、幼有所养、鳏寡孤独皆有所助。

第六节　职工之家建设

2006 年 8 月，市邮政工会开展全市邮政系统职工小家建设、构建和谐企业文化活动。按照《四川省邮政系统建设职工小家考核标准》，因地制宜，认真抓好了农村支局所的职工小家建设。

2006—2013 年，市邮政局先后投入 300 余万元，建成“职工小家”14 个、“投递员之家”7 个、“网运职工之家”1 个、职工食堂 5 个、职工书屋 1 个，解决了生产一线职工生产、生活和学习中的“洗澡难、就餐难、如厕难、职工开展活动难”等问题。通过建设职工小家，加强了基层班组、支局（所）职工的民主管理，改善了基层班组、支局（所）职工的生产和生活条件。2010 年 4 月，中华全国总工会授予攀枝花市邮政局“模范职工之家”荣誉称号。

第七节　女职工工作

1998—2013 年，市邮政工会按照省邮政工会关于加强组织自身建设的要求，健全完善工会女职工组织和工作机制。

1998 年以后，市邮政女职工委员会在公司党委、工会的领导下，围绕企业改革发展的中心工作，通过实施“女职工建功立业”和“女职工素质提升”工程，积极组织女职工参加各类业务培训、技术练功和技能比赛，积极创造条件鼓励女职工参加学历继续教育、职称考试、技能鉴定等，实现文化、技能的双提升，增强岗位工作能力和自身的竞争能力。在企业女职工中健全完善女劳动模范、女先进标兵的培养、选树、宣传和服务。截至 2013 年 12 月，已有 7 个女职工集体荣获省市级“巾帼文明示范岗”光荣称号，历年评选各类女职工先进、标兵逾百人，为全市邮政女职工建功立业树立了标杆。

自 1998 年开始，加强维权帮扶工作力度，每年都积极配合企业行政按标准给全市邮政女职工（含女劳务工）发放女职工卫生保健用品 320 余份。至 2013 年，共发放卫生保健用品 9486 份。在全市邮政职工年度体检中增加 5 项妇科检查，女职工健康得以保障。完善源头参与机制，落实女职工委员会在涉及女职工权益保障问题上的参与权和监督权。签订好、落实好女职工权益保护专项集体合同，迄今未发现一例违反女职工权益保护专项集体合同的现象，有关责任部门也未接到一例女职工的申诉和上访。

1999 年以后，每年“三八”国际妇女节期间，女职工委员会都组织女职工召开座谈会，交流心得体会，共谋邮政企业发展。至 2013 年，开展联谊、座谈会 30 余次。市邮政局所属各单位工会组织女职工开展各类文体活动，郊游踏青，陶冶性情。

第九章　中国电信集团工会攀枝花市委员会

第一节　组织机构

一、机构沿革

1965 年 5 月，渡口市邮电局工会成立，工会干部均由中共渡口市邮电局党总支任命。1975 年 12 月 31 日，渡口市邮电工会召开第一次会员代表大会，选举产生第一届工会委员会。此后则每 5 年召开一次工会会员代表大会并进行换届选举，至 1998 年，渡口市邮电工会共召开工会会员代表大会 4 次。

为适应改革、发展的需要，1998 年攀枝花邮政、电信业务分营，分别成立攀枝花市邮政局、四川省电信攀枝花分公司，并各自成为自主经营、自负盈亏的市场主体。攀枝花电信分公司工会于分营之初同步成立。1999 年 9 月 23 日，攀枝花市电信局工会召开第一次会员代表大会，大会选举产生第一届攀枝花市电信工会委员会，此后则每 3—5 年召开一次工会会员代表大会进行换届选举。

1999 年 11 月 29 日，攀枝花市电信局召开首次工会女职工代表大会。2003 年 12 月，公司工会被市总工会评为“优秀工会组织”。

1989—2013 年中国电信集团工会攀枝花市委员会负责人任职情况

表 63

姓　名	性别	职　务	任职年限
张仁熙	男	主　席	1989—1998
钟友祥	男	主　席	1998—2000
田　波	男	主　席	2000—2007
董　瑜	男	主　席	2007—2010
姚大江	男	主　席	2010—
兰富全	男	副主席	1998—2000
唐成蓉	女	副主席	2001—2003
聂光明	男	副主席	2003—2006
罗康全	男	副主席	2007—2008
皮祖玲	女	副主席	2008—

二、工会组织建设

攀枝花电信分公司工会发展过程中，不断健全完善中共党委领导下的工会组织体制和建立适应电信体制改革需要的工会组织机构。在企业历次机构调整中，健全完善以市电信工会、区县电信工会和班组支局工会小组构成的三级工会组织体系。公司根据工作需要设置工会工作机构，配备专（兼）职工会干部、工会小组长，保持电信工会组织体系的完整统一。

1998—2013 年，攀枝花电信分公司工会依照法律规定，通过职工代表大会参与本单位民主管理和民主监督，指导督促各分工会、部门工会全面落实攀枝花电信分公司职工代表大会职权、职工民主管理、班务公开和民主评议干部工作，健全完善民主管理各项规章制度，完成工会与行政方面签订劳动合同、集体合同并监督公司集体合同和专项集体合同的履行执行情况。开展劳动保障法律监督和劳动争议调解工作，为职工提供法律帮助依法参与劳动安全卫生事故的调查处理。组织员工开展经济技术创新活动、劳动竞赛、提合理化建议、技术革新以及岗位练兵等活动，总结推广先进经验。做好公司劳动竞赛的评比、表彰、奖励和劳模先进的评选、推荐、表彰、事迹宣传等工作。开展困难职工救助、帮扶和职工互助互济工作，安排组织实施节假日看望慰问以及“冬送温暖、夏送清凉”“金秋助学”等工作。积极开展公司职工之家，部门职工小家的建设工作。依托职工之家开展各类积极向上的文化体育活动。开展女工委工作，维护女职工的特殊利益，做好工会组织建设工作，发展接收新会员，管理工会财产。攀枝花电信工会组织有独立办公场所、独立法人资格、工会公章、独立的工会经费账户、完整的工会工作台账、依法拨缴工会经费，不定期开展工会经费审查工作、审核并监督攀枝花电信工会经费年度预算（草案）及决算的执行情况。

攀枝花市电信分公司各级工会组织建立符合组织程序，按期换届，会员管理规范，人员配备齐全，制度健全，已形成规范运行的管理体系。

2013 年，攀枝花市电信分公司有职工 720 人，有工会会员 720 人，职工入会率 100%。市电信工会设工会主席、副主席各 1 人，委员 9 人，经费审查委员会 3 人，女职工委员会 6 人。下设基层工会 14 个，有兼职工会干部 14 人。攀枝花电信工会为市电信分公司职工代表大会的日常办事机构，处理职工代表大会闭会期间的日常事务。

1989—2013 年中国电信集团工会攀枝花市委员会组织发展情况

表 64

年份	职工（人）	工会会员（人）	基层组织（个）
1989—1998	900	900	14
1998—2000	640	640	14
2000—2007	680	680	14
2007—2010	720	720	14
2010—2013	720	720	14

三、工会会员代表大会

1998 年 10 月 25 日，攀枝花邮政、电信分营，原攀枝花市邮电局分设为攀枝花市邮政局和攀枝花市电信局，攀枝花电信工会组织相应健全完善。截至 2013 年年底，攀枝花电信公司有职工代表 60 名，其中企业管理人员占总数的 20%，职工代表占总数的 80%；女职工代表占职工代表总人数的 55%，符合企业女职工占多数的实际；职工代表中各类人员构成比例与本单位职工结构相适应。

1998—2013 年，攀枝花市电信局工会召开了 1 次工会代表大会。

1999 年 9 月 23 日，攀枝花市电信局工会召开第一次会员代表大会。会议听取并审议了市电信局局长工作报告、企业年度经营发展方案、员工绩效考核工资奖励分配方案、民主评议领导班子成员等各项报告及方案、工会财务工作报告、工会经费审查报告、调整了职代会专门工作委员会成员。大会选举产生了第一届全市电信工会委员会、工会经费审查委员会、女职工委员会，选举钟友祥任攀枝花电信局工会主席、兰富全任攀枝花电信局工会副主席。

四、职工之家建设

2000 年，公司工会制定部门工会“建家”规划和评定标准，建立健全“建家”的各项制度和资料，分阶段开展建家活动。深入开展“创建学习型班组，争做知识型员工”活动，帮助员工不断提高适应全业务经营发展要求的业务技能水平。2000 年以后，工会将班组建设与“安康杯”竞赛、“班务公开”、建设“职工小家”和创建“工人先锋号”等活动紧密结合起来，全面提升班组建设整体水平，持续开展评比表彰先进职工小家、先进工会小组活动，使职工之家建设不断深入。2010 年 5 月，工会获四川电信公司“模范职工之家”称号。2013 年，公司工会深入开展“创建学习型班组，争做知识型员工”活动，帮助员工不断提高适应全业务经营、发展要求的业务技能水平。至 2013 年年底，攀枝花分公司有职工之家（职工小家）16 个，评比表彰先进职工小家 3 个、优秀工会工作者 15 人、工会积极分子 16 人。

第二节　民主管理与厂务公开

一、职代会制度

攀枝花分公司工会在公司党委和公司行政的大力支持下，认真落实“肩上挑着责任、心中装着员工”的治企理念，完善以职代会为基本形式的企业民主管理制度。1998—2013 年，先后召开 15 次职工代表大会，通过职代会职工代表审议员工最关心的企业经营发展目标及方向、集体合同、绩效考核办法、生活福利计划等，让员工真正感受到在企业中主人翁的地位。

二、职工民主参与

2000 年开始，公司工会积极推进职工代表参与民主评议领导干部、职工代表列席总经理办公会、职工代表巡察、工会联席会议和工会参与涉及员工切身利益的相关制度、办法的制定，增强了企业民主参与和民主管理制度的落实。2011 年，召开了 5 次行政与工会的联席会议，组织职工代表及相关人员对绩效考核办法的修订，公司考勤办法的修订；服务、支撑、管控部门员工“四位一体”岗位对接方案，营业厅一线员工稳定和装机、移机、维修一线员工满意度提升等，与公司行政召开了联席会。截至 2013 年，共评议领导干部 320 人，有 130 名职工代表列席总经理办公会，有 67 职工代表参与巡察工作。按照《职工代表巡察评价表》的要求，对集体合同、职权落实、班务公开、女员工特殊保护、民主管理、福利费使用情况等，组织市级职工代表进行巡查活动。2010 年，建立工会主席联席会议制度。对企业经营发展目标、员工绩效二次考核分配办法、员工职业发展等问题，主动约谈各区县分公司行政领导，了解基层一线情况，切实做实工会融入中心、服务员工的工作。

三、平等协商

2000 年，攀枝花电信分公司为促进社会稳定和企业劳动关系和谐，开展“劳动关系和谐企业”及“先进劳动关系和谐企业”的创建工作。落实集体合同的平等协商制度，严格按照《劳动合同法》《集体合同规定》《四川省集体合同条例》的规定，经过劳动关系主体双方代表，在人数对等的情况下集体协商集体合同草案，经职工代表大会审议通过，按程序签订集体合同。截至 2013 年，共签订集体合同 52 份。建立了集体合同监督检查制度，坚持定期对集体合同执行情况进行监督检查，每年向职代会报告集体合同执行情况，集体合同履约率达 95%以上。成立劳动争议调解委员会（设在工会），为员工在劳动争议方面提供帮助。

四、厂务公开

2000 年，公司工会制订厂务公开及班务公开实施办法，推动和加强基层民主管理建设，保障和落实一线员工参与公司及班组管理的民主权利。2013 年 1—12 月，在分公司办公网厂务公开及班务公开平台上公开信息 146 条，内容涉及集体合同、女员工权益保护专项集体合同、困难帮扶资金员工自助资金公示、公司物资采购情况公示、薪酬通报、保险、福利费使用、绩效考核、任免通知、成熟人才报名条件、竞职报名公示等内容。并通过职代会、总经理办公会会议纪要、办公网等及时向职工通报公司的经营情况和政策方针，切实维护员工的合法权益。

第三节　职工权益维护

一、送温暖活动

1989—2013 年，攀枝花电信分公司工会关爱职工，大力实施送温暖活动。公司工会先后开展了元旦、春节期间“送温暖”活动；年三十晚慰问话务量繁忙员工、促销期间慰问主营业厅营业员活动；到生产一线慰问网优员工、春节加班员工活动。期间，工会坚持开展装修维修人员工作现况调查及装机移机维修人员慰问、“夏送清凉”慰问活动。开展“四位一体”人力资源基础管理体系上线前政策宣传贯彻、“四小建设”（小食堂、小浴室、小卫生间、小活动室）现场堪点，“两情系、一转变”调研活动、装机移机维修员工“两情系”方案宣传贯彻及征求意见等活动。还深入抗洪抢险员工家中、查看危房情况等。

公司工会还开展了“夏送清凉冬送温暖”和“五必贺、五必访”（“五必贺”：员工生日必贺，员工结婚必贺，员工生育必贺，员工子女上大学必贺，员工退休必贺；“五必访”：员工生病住院必访，员工家庭遇特殊困难必访，员工及配偶和直系亲属去世必访，员工家中发生重大纠纷必访，员工之间发生矛盾必访），“高考暖心”等一系列关爱员工活动，形成了情系员工长效机制。2012 年上半年，工会组织深入基层、深入一线的各种慰问、调研活动 11 次。到 2013 年，共开展慰问、调研 348 次，慰问各类职工 1044 人次。送去慰问价值 14 万元。工会工作人员深入到区县公司及支局所现场查看、了解员工生活、卫生等实际情况，在广泛征求区县公司员工意见的基础上，报经公司批准后，2000 年公司工会在密地、西区、米易、盐边 4 个分公司分两批进行了“四小工程”建成。截至 2010 年 11 月，共建成 3 个小食堂、5 个小浴室、5 个小卫生间，用于购置各区域食堂和职工浴室物品累计金额近 2 万元，解决了区域和两县分公司员工卫生条件差、用餐环境差等实际问题。2013 年 1—12 月，对边远地区、困难家庭、生病住院、一线营销、装机移机维修的员工以及元旦、春节坚守岗位的员工和酷暑时期的一线员工进行了慰问，累计开展慰问 1462 人次。

二、关爱职工

2011 年，分公司工会以“天翼丽人”品牌为载体，开展天翼丽人“追求幸福力”主题活动。通过征文比赛、丽人讲座指导，帮助女员工确立健康积极的人生观和幸福观，提升创造幸福的素质和能力，让女员工从成长和成就中感受幸福、传递幸福、提升幸福感，为企业发展、社会和谐、家庭幸福做出贡献。

2012 年，分公司和工会领导深入基层一线慰问职工，为工作在一线的基层员工加油鼓劲，号召广大员工振奋精神鼓足干劲，做好 2012 年市场经营发展的工作。年内，还开展了员工生日当天总经理亲笔签名送贺卡、“夏送清凉”给一线员工送绿豆汤、“关爱孕妈妈”“六一”儿童节给员工子女送礼物等暖心行动。

2013 年 7 月，分公司工会为更好地关心关爱员工身体健康，组织公司各部门 381 名员工进行全面体检。11 月，组织公司各部门 137 名女工进行特殊体检，确保员工身体健康。

2013 年，公司员工全部参与了医疗互助行动，参保率达 100%。公司为员工购买了补充医疗保险，在《困难员工帮扶实施细则》中，明确了困难员工医疗帮扶救助办法。

第四节　职工文体活动

2002 年 2 月 4 日，攀枝花市电信局工会召开首届员工运动会。2003—2010 年，公司工会每年都举办各种形式的文娱、体育活动，丰富职工生活，提高工会凝聚力。

2011 年 1 月 15 日，公司工会举行了迎春联欢晚会，加强员工之间的感情交流与沟通，推动了公司精神文明的建设。6 月 10 日，举办“天翼飞扬杯”羽毛球比赛，公司和下属分公司 18 支代表队的 54 名选手参加比赛。同年，开展《“两情系一转变”我身边的人和事》征文及演讲比赛活动、“三八”节《我最爱的妈妈》征文活动、《天翼丽人“追求幸福力”》等征文活动。电信攀枝花分公司工会、公司市场部共同举办了首届 3G 体感游戏大赛。此次游戏大赛共进行 15 场比赛，受到广大市民的积极、热情关注，纷纷到场观战，在开展游戏活动的同时也宣传推广了公司业务。

2012 年，为丰富员工的业余文化生活，公司工会组建瑜伽、篮球、足球兴趣小组，组织兴趣小组参加攀枝花市的比赛，并与客户单位开展联谊活动。各部门工会及分工会按季度开展文体活动，全年共开展各项活动 87 次。客户服务部门工会开展了“清凉夏日”游泳活动和登山活动，网络部部门工会开展了乒乓球健身活动、烧烤野餐活动，市场部部门工会开展了“踏春”活动、跳绳比赛活动，企信部部门工会开展了乒乓球、跳绳、趣味健身比赛、篮球投篮活动。炳草岗客户部工会开展了登山活动、趣味健身等活动。

2013 年，为切实关心关爱女员工，共创攀枝花先进和谐企业，公司工会在“三八”妇女节期间开展为女职工送礼物和职工与公司老总面对面活动，公司领导向所有女职工表达节日的问候，感谢女职工对公司经营发展所做的贡献。东区、西区、仁和区、米易县、盐边县等部门工会及分工会主席都同时在全市三区两县为女员工送去节日问候。年内，以部门及分工会为单位，开展了登山、羽毛球、乒乓球、跳绳、猜谜、脑筋急转弯、春游观花、野炊、茶话会等活动。

第十章　中国移动通信集团攀枝花分公司工会委员会

第一节　组织机构

1999 年 7 月，中国移动通信集团四川有限公司攀枝花分公司（以下简称攀枝花分公司）成立。

2000 年 3 月，中国移动通信集团攀枝花分公司工会委员会成立。

一、职工代表大会及工会会员代表大会

攀枝花移动分公司工会不断健全和完善企业民主制度、职工代表大会制度，形成了以职代会为基本形式的民主合理制度，切实推进企业民主管理工作。

坚持实行企业重大问题向职代会报告制度，每年一季度召开职工暨会员代表大会，审议通过《公司年度工作报告》《工会工作报告》《财经工作报告》，并向职工代表就当年度职工代表提案的征集、处理情况作专题报告。各位职工代表平时积极收集职工建议意见形成提案提交职代会，充分行使民主管理和民主监督权利。

坚持实行重大事项必须经职代会讨论通过的制度。公司凡涉及生产经营、企业发展、重大开支投资、事关职工重要切身利益等重大问题和制度事先必须广泛充分征求广大职工意见形成草案，提前在职工代表中广泛讨论作进一步修改完善后提交职工代表大会审议通过。

第一次职工代表大会暨工会会员代表大会　2000 年 3 月 10 日，在攀枝花分公司会议室召开第一届职工代表大会，选举产生了第一届工会委员会：主席王禄先，副主席张国军，分公司工会有专职干部 1 人。设立了女职工委员会、经费审查委员会、劳动调解委员会、法律监督委员会和劳动保护监督检查委员会，设专（兼）职工会经审委员主任 1 人、专（兼）职经审干部 2 人、劳动争议调解员 2 名、劳动法律监督员 2 名、劳动安全监督员 2 名。下辖机关工会、市场部工会、网络部工会和炳草岗、大渡口、西区、仁和、密地、米易、盐边等 10 个基层分公司工会，有员工 95 人、工会会员 95 人。

第二次职工代表大会暨二届工会委员会　2004 年 7 月 25 日，攀枝花分公司召开第二次职工代表暨会员代表大会。会议听取了公司经理李学成作的公司工作报告和工会主席潘禄千作的工会工作报告，选举产生了第二届工会委员会：主席潘禄千，副主席暂缺，部门和基层分工会设置不变。分公司有职工 95 人、

工会会员 95 人。2005 年 12 月，召开第二届二次职工代表大会，选举李晓亭任工会副主席。2007 年 1 月原工会主席退休，替补选举周逊任工会主席。

第三次职工暨会员代表大会第三届工会委员会 2010 年 4 月 12 日，攀枝花分公司召开第三次职工暨工会会员代表大会，会议听取公司经理胡谐喆的分公司工作报告和周逊的工会工作报告，选举产生第三届工会委员会：主席周逊，副主席李晓亭，设置专职工会干部 2 人。下辖机关工会、市场部工会、网络部工会、政企客户部工会和东区、江北、西区、米易、盐边等 9 个基层分公司工会，有员工 265 人，工会会员 265 人。2012 年 10 月，因原工会副主席退休，替补选举王春荣担任工会副主席。2013 年 1 月因原工会主席工作变动，选举胡斌任工会主席。

2000 年 3 月 10 日，攀枝花分公司工会按照有关规定，根据分公司女职工占多数的实际情况，成立了女职工委员会，设专（兼）职女工主任 2 人、女工干部 12 人。

二、工会组织建设

2000—2013 年，攀枝花分公司工会职工入会率一直保持 100%。工会加强自身建设，切实抓好工会的各项基础工作，各种资料、档案制度规范齐全完备。工会实施工作目标管理，每年对全年工作任务进行分解、量化和征求各单位的意见，与各分工会签订了《工作目标责任书》，对上年工作目标完成情况进行考核、评比，对目标完成好的单位给予表彰、奖励。2006 年，经攀枝花市职工职业道德创建评选领导小组的考核审定，攀枝花联通分公司获“攀枝花市 2006 年度职工职业道德建设十佳标兵单位”称号，成为全市通信行业唯一获此荣誉的单位。

至 2013 年，攀枝花分公司所有下属单位均按《中华人民共和国工会法》建立了工会组织。公司工会和各基层分工会按时换届，工会各级领导工作变动或退休时及时选举增补。积极发展会员，先后有 7 名优秀工会干部和工会活动积极分子受到市总工会和四川移动通信公司工会的表彰。认真做好工会的财务工作，严格管理工会资产，未发生任何违反制度的问题。期间加强了对各级工会干部的培训，举办 6 期工会干部、小组长、职工代表培训班，先后选送 12 名工会干部到市和省里培训，工会干部工作能力得以不断提高。

2000—2013 年中国移动通信集团攀枝花分公司工会委员会负责人任职情况

表 65

单位	姓 名	性别	职 务	任职时间
第一届委员会	王禄先	女	主 席	2000.03—2004.06
	张国军	女	副主席	2000.03—2004.06
第二届委员会	潘禄千	男	主 席	2004.07—2006.12
	周 逊	男	主 席	2007.01—2010.03
	李晓亭	男	副主席	2005.12—2010.03
第三届委员会	周 逊	男	主 席	2010.03—2012.12
	胡 斌	女	主 席	2013.01—
	李晓亭	男	副主席	2010.03—2012.09
	王春荣	女	副主席	2012.10—2013.12

第二节　民主管理

攀枝花移动公司工会健全民主制度，丰富民主形式，拓宽民主渠道，保障职工的知情权、参与权、表达权、监督权，支持职工参与管理，维护职工合法权益。2006 年 5 月，分公司制发《关于实行企务公开加强民主管理的试行意见》《企务公开责任追究暂行办法》。研究和制定涉及职工切身利益的政策、规定和改革方案时，充分代表和表达职工意愿和要求，发挥工会职能作用。成立由公司党委书记挂帅、工会牵头的“企务公开领导小组”，坚持领导小组成员列席职工代表团组长会议制度。公司定时、及时将企业重大决策、规章、制度等以职代会、会议、办公网、墙报、资料、文件、手机报等形式予以公布。工会严格监督行政定时公布及时更新公开的内容，每年组织“企务公开”巡视工作，倾听职工意见。每年工会组织均深入基层部门，听取收集职工意见和建议，汇总后向相关职能部门提交审议。在此基础上，重点抓好职能部门的整改措施，处理意见向职工的及时反馈，做到件件有回复。并把企务公开民主管理工作向基层分公司、班组延伸。坚持常规工作定期公开，热点问题及时公开，职工关心的问题重点公开，强化公开的透明度，职工认可率常年达到 98%以上。

2007—2013 年，公司工会将征求员工合理化建议活动常态化，每年针对生产、经营工作目标开展“凝心聚力、开源节流、降本增效、扩展市场、提升服务”为主题的专题合理化建议活动，共收到来自员工的合理化建议 200 余条，均及时研究并采纳。

第三节　劳动竞赛和争先创优

一、劳动竞赛

2000—2008 年，分公司工会紧密结合企业各阶段中心工作，积极主动配合行政开展各类劳动竞赛，促进公司业绩提升。先后开展了全省“腾飞”网络质量竞赛、“网络质量提升”“战高峰、比贡献、增效益”“飞信推广”“节能降耗、杜绝浪费、励行节约”“窗口优质服务”“卓越 128 网络跨越竞赛支撑”“3G 和 4G 业务宣介”“校园营销”等竞赛活动。分公司工会对每次活动都周密安排，积极推进。竞赛中，工会主动与相关部门沟通协调，联合行文，制订竞赛规则和奖惩办法，收集、通报竞赛活动信息，评估竞赛活动效果，支撑服务竞赛，推动了劳动竞赛的顺利开展，促进了公司业务发展。分公司工会先后被四川移动通信公司工会评为“先进基层工会”。分公司工会坚持把提升员工素质作为为职工服务的重要内容。先后开展“职工职业技能大赛”“驾驶员技术比武”活动，攀枝花移动分公司共 56 余名驾驶员参加比赛，在全系统形成了“人人比安全、人人比技能、人人比贡献”的良好氛围。

2009 年，公司工会以“移动员工同舟共济保增长、建功立业促发展”为竞赛主题，结合攀枝花移动分公司实际，开展“职工技能技术比武”等 10 个项目的竞赛活动，员工参与面达 85%以上。

2010 年，分公司工会深化“强素质、练内功、夯基础”职工职业技能大比武主题，组织开展技能比赛。240 名员工参加比赛，获得前三名的优秀选手，被推荐到市总工会和四川移动通信公司工会参加职业技能大赛。

2012 年，公司工会先后开展“文明窗口树新风，创先争优促发展”竞赛。攀枝花移动分公司 5 个服务窗口参赛，通过比赛，提升了窗口服务质量。

2000—2013 年，分公司开展了 100 余次等劳动竞赛，各类竞赛参赛职工达 98%。期间，还在职工中开展了小发明、小改革、小创造等活动，有 3 个具有经济价值项目的技术成果参加“四川移动杯”职工技术成果评选，获得好成绩。

二、“安康杯”竞赛

2000—2013 年，攀枝花分公司工会每年开展以“安康杯”竞赛为主要内容的“百日安全生产”等活动，认真履行安全管理职责，严格监督行政执行安全法规，抓好安全防事故工作，保障员工生命和企业财产安全。加大对干部职工的安全生产教育，累计进行安全检查 60 余次，查出并督促整改隐患 40 余起，办安全生产板报 56 期、挂图 50 余幅、警示标语 20 余条，举办全公司“安全事故防范”讲座 18 次。举办安全生产知识、消防知识、劳保用品使用规范、新交通法规等方面的教育培训 22 余期。开展了“一封安全家书”征集活动，11 个基层部门共上报安全家书 80 篇，评选出 11 篇优秀作品。订购《全国职工安全健康知识普及教材》，发放到班组进行学习宣传。2000—2013 年间，分公司未发生重、特大安全伤亡、设备财物损毁等事故，车祸事故也逐年减少。期间分公司先后 5 次获得四川移动公司系统、攀枝花市安全竞赛各年度“优胜单位”。

三、评先争优

2000—2013 年，经过工会评选、审定，分公司先后涌现出先进部门 32 个、先进分公司 18 个、优质服务窗口 22 个、先进中心（班组）58 个、先进个人 50 余名，分公司工会获得先进部门称号。同时，大力开展爱岗敬业评选活动。自 2007 年开始，工会组织持续开展每月一期评选“攀枝花敬业员工”活动，至 2013 年底已发布 84 期，评选出 84 名敬业员工。工会通过办公网、手机彩信等宣传、激励员工爱岗敬业，为企业努力作贡献。开展争创“工人先锋号”工作，分公司及下属分公司被授予省级“工人先锋号”先进集体 1 个（仁和分公司）、市级“工人先锋号”2 个。

第四节　关爱职工与社会扶助

2000 年，公司工会以“关心职工”为宗旨建立了“员工关爱网”。“关爱网”坚持“纵向到底横向到边”的全覆盖原则，制发《员工关爱网管理办法》。明确关爱对象、内容、要求、程序、责任人、上报时限、资金审批、建档措施、奖惩办法等。员工有困难，逐级限时解决或上报解决，使关爱工作规范有序、办理有据、落到实处，实现关爱员工、扶贫帮困、送温暖等工作常态化、制度化。

2000—2013 年，攀枝花移动公司工会把改善职工群众生活作为工会推动和谐社会建设的着力点，做好“四季送”（春送知识、夏送清凉、秋送助学、冬送温暖）和“干群心连心”走访慰问活动，坚持“八必访”。与行政密切配合，注重职工的身体健康，加强季节性的劳动保护工作。配合行政落实《集体合同》及法规有关条款，每年组织全体职工进行体检，体检人数达 3000 人次。每年夏季高温来临前，工会都要对职工身体健康状况进行摸排，列出重点关心照顾人员，采取对重点职工进行上岗前的血压测量、督促按时服药等措施，及时核发防暑降温、防寒保暖药品、费用和劳保设施、物品。

2008 年，四川汶川“5·12”特大地震、攀枝花“8·30”强烈地震发生后，攀枝花移动公司工会发扬“大爱无疆”精神，立即组织职工爱心捐款捐物，共收集捐款 15 余万元，通过四川省移动公司捐至灾区。

2000—2013 年，公司职工先后为四川阿坝大骨节病、甘孜贫困藏民、云南鲁甸和青海玉树地震灾民捐款共 10 万余元。为盐边县共和乡等深山区特困群众捐款捐捐物，为盐边县共和乡小学捐资助学。先后为本公司患重大疾病和遭遇重大灾难的 2 名员工捐款共 20 余万元，弘扬了工会会员“一方有难、八方支援”的精神，尽到了企业工会组织和会员的社会责任。

第五节　女职工工作

2000—2013 年，攀枝花移动分公司工会和女职工委员会组织动员广大女员工发挥“半边天”的作用，维护女员工合法权益、特殊权利。开展女员工素质提升工程、建功立业工程活动，举办女员工各类岗位练兵技术比赛 6 场次，参赛女员工 180 人次。举办各种培训班 40 期，培训女员工 600 人次。

分公司工会设立女职工委员会后，每年均及时签订《女职工特殊保护专项集体合同》。分公司女工委执行《中华人民共和国妇女权益保护法》《妇女儿童保护发展纲要》及《女职工劳动保护特别规定》等法规。每年开展两次以上《女职工特殊权益保护专项集体合同》执行情况检查，每年进行女员工妇科检查并建档对身患疾病的及时治疗，及时发放女职工报检费。

2013 年起，公司工会陆续在公司本部和各下属单位、厅店设置妈咪宝贝屋、母婴关爱室。开展了女员工大病保险工作，参保人数 180 人，为 12 名女员工办理了赔付事宜。定期对女员工“四期”（经期、孕期、产期、哺乳期）保护工作进行督查。分公司工会坚持开展慰问公司员工 14 岁以下孩子、困难女员工等帮扶活动。每年年底，征求女员工对公司工会女工委工作的建议及意见，女员工对公司工会及女工委工作满意度为 99%。

第十一章　中国联通攀枝花市分公司工会委员会

第一节　组织机构建设

一、机构沿革

1999 年 9 月 25 日，中国联通攀枝花市分公司投产开业。公司成立初，由于职工人数较少，未建立工会组织。

2000 年 8 月，新国信通信有限公司与联通公司合并后，成立攀枝花联通分公司（以下简称“联通分公司”），主要经营市内长话、市话、无线通信业务，电信增值业务及销售电子通信器材。因公司各机构尚未完善，未建立工会。

2002 年 12 月，中国联通攀枝花市分公司工会筹备领导小组成立，由联通分公司法人代表黎庆任组长，在公司综合部设办公室，开展工会筹建工作。12 月 25 日，中国联通攀枝花市分公司工会成立，同时召开市分公司工会第一次会员代表大会，选举产生中国联通攀枝花市分公司工会第一届委员会，选举谢正映为工会主席。

2008 年 12 月，中国联合通信有限公司与中国网络通信集团公司合并，召开第二届委员会，选举产生新一届工会委员会。

2012 年，为进一步加强工会工作，市分公司成立以攀枝花联通分公司总经理刘华为组长的新建企业工会组建工作领导小组，成立单独的工会部门，推进企业工会的组建工作。基层工会组织得到发展，会员增加至 137 人。2013 年年底，由于职工减少，市分公司工会有会员 131 人。

2013 年，攀枝花联通分公司工会共历 3 届委员会，谢正映、邓勇、刘化频先后担任市分公司工会主席。历届委员会及各基层工会组织，在市分公司工会常务委员会的领导下，开展相关工作。

二、工会会员代表大会和职工代表大会

2003—2013 年，联通分公司共召开了 5 次会员代表大会、1 届职工代表大会。第一届职工代表大会共召开了 5 次会员代表会议。

第一次工会会员代表大会 2002 年 12 月 25 日，攀枝花联通分公司工会第一次代表大会在公司会议室召开，共有 22 名会员参加会议，选举产生工会委员会，选举谢正映为工会主席、安静为工会副主席、杨素静为女工委员会主任、刘德生为经费审查委员会主任，朱岭峰、刘晋平、杨丽为工会委员。

第二次工会会员代表大会 2006 年 7 月 14 日，攀枝花联通分公司工会第二次会员代表大会召开。共有 36 名会员参加会议。会上审议和通过工会的工作报告和工会经费审查及财务工作报告。选举和产生中国联通攀枝花分公司工会委员会、经费审查委员会，工会主席、副主席、经费审查委员会主任和女职工委员会主任。选举谢正映为工会主席、倪晓明为工会副主席、杨素静为女工委员会主任、刘德生为经费审查委员会主任、朱岭峰、刘晋平、何荣艳为工会委员。

第三次会员代表大会 2008 年年底，中国联合通信有限公司与中国网络通信集团公司合并为中国联合网络通信有限公司攀枝花市分公司。2009 年 6 月 26 日，召开工会会员代表大会，共有 44 名工会会员参加会议。会议选举产生工会委员会委员 7 人、经费审查委员会 3 人、女职工委员会委员 5 人。委员结构为管理人员占 85%、生产一线员工占 15%、女职工占 43%。选举谢正映为工会主席、宁金忠为工会副主席、杨丽为经费审查委员会主任、赵晓虹为女职工委员会主任。选举刘晋平、杨明、刘虎、何宛蓉、刘侃为工会委员，杨晨、曹莉、何艳、何宛蓉、杨柳为女工委员，胡国彬、安家英、田敏为经审委委员。

第四次工会会员代表大会 2012 年 11 月 8 日，攀枝花联通分公司工会在公司办公大楼 603 会议室召开四次工会会员代表大会。公司党委书记、总经理刘华出席会议，29 名工会代表参加会议。会议选举邓勇为新一届工会委员会主席，段丽莉为工会副主席。大会以无记名投票的方式差额选举产生了新一届工会委员会委员 7 名（邓勇、段丽莉、马健峰、杨丽、刘英、郑莉莉、高华），其中女工委员会委员 4 名、经审委员会委员 3 名。

第五次工会会员代表大会 2013 年 10 月 25 日，攀枝花联通分公司工会在公司办公大楼 603 会议室召开第五次工会会员代表大会，34 名工会会员参加会议。会议选举刘化频为新一届工会委员会主席、刘虎为工会副主席。大会以无记名投票的方式差额选举产生了新一届工会委员会委员 7 名（刘化频、刘虎、杨丽、唐小林、兰娅萍、魏雯雯、张单滋），其中女工委员会委员 5 名、经审委员会委员 3 名。

第一届职工代表大会 2009 年 1 月，攀枝花联通公司工会召开 2009 年度工作会暨新联通公司第一届职工代表大会第一次会议。选举并产生新一届工会委员会，出席代表 44 人。

2010 年 3 月，攀枝花联通工会召开 2010 年度工作会暨第一届职工代表大会第二次会议。主体为转变工作作风、提高员工工作效率，出席人员 44 人。2011 年 3 月，攀枝花联通工会召开 2011 年度工作会暨第一届职工代表大会第三次会议。议程为选举并产生新一届委员会，出席人员 54 人。2012 年 3 月，攀枝花

联通工会召开 2012 年度工作会暨第一届职工代表大会第四次会议。主题为调动员工积极性、解决员工在日常工作中的问题，出席人员 52 人。2013 年 1 月，攀枝花联通工会召开 2013 年度工作会暨第一届职工代表大会第五次会议。主题为制订公司 2013 年经营发展规划，出席人员 56 人。

2002—2013 年中国联通攀枝花市分公司工会委员会负责人任职情况

表 66

届别	姓名	职务	任职时间
第一次代表大会	谢正映	主席	2002.12—2006.07
	安静	副主席	2002.12—2006.07
第二次代表大会	谢正映	主席	2006.07—2009.06
	倪晓明	副主席	2006.07—2009.06
第三次代表大会	谢正映	主席	2009.06—2012.10
	宁金忠	副主席	2009.06—2012.10
第四次代表大会	邓勇	主席	2012.11—2013.10
	段丽莉（女）	副主席	2012.11—2013.10
第五次代表大会	刘化频	主席	2013.11—
	刘虎	副主席	2013.11—

2002—2013 年中国联通攀枝花市分公司工会委员会组织发展情况

表 67

时间	职工（人）	工会会员（人）	工会组织（个）	工会干部（人）
2002	87	87	1	4
2003	95	95	1	4
2004	101	101	1	4
2005	108	108	1	4
2006	115	115	1	4
2007	125	125	1	4
2008	121	121	1	4
2009	138	138	1	4
2010	135	135	1	4
2011	142	142	1	4
2012	137	137	1	4
2013	131	131	1	4

第二节　民主管理

2003—2013 年，联通攀枝花分公司认真贯彻执行《中华人民共和国劳动合同法》《中华人民共和国工会法》。先后制订和优化《中国联通攀枝花市分公司员工行为规范》《中国联通攀枝花市分公司部门及区县分公司综合绩效考核办法》《中国联通攀枝花市分公司员工双向选择管理办法》《中国联通攀枝花市分公司员工竞聘管理办法》《中国联通攀枝花市分公司员工轮岗管理办法》《中国联通攀枝花市分公司考勤管理办法》《中国联通攀枝花市分公司后备干部选拔实施方案》《中国联通攀枝花市分公司合同员工转签实施方案》《攀枝花市分公司管理体制改革实施方案》《中国联通攀枝花市分公司管理提升活动实施方案》《关于调整合同制员工养老保险和住房公积金基数的通知》《中国联通攀枝花市分公司管理人员考核末位调整管理办法》《关于设立分公司技能人才评价工作领导小组和办公室的通知》等制度。所有制度均通过召开总经理办公会或职工代表大会讨论通过。

工会积极组织员工参与决策。公司每次公开竞聘，均有员工代表参加，竞聘结果均进行公示。工会与人力资源部门每年都组织员工对公司部门负责人的德、能、勤、绩、廉等方面进行民主评议，并把结果作为对中层干部予以奖惩的重要依据。

2010 年，公司优化考核办法，创新考核与分配机制。在一线岗位建立了功效挂钩考核机制，并实施向一线倾斜的激励政策，按月兑现，一线员工的收入同比提升 25%。

2011 年，联通分公司内部通过公开竞聘方式，选拔提任 8 名中层副职干部配置到各区县分公司，充实一线管理队伍，增强区县分公司的整体经营能力，为员工提供了晋升、发展的空间。

2012 年，建立后备干部培养机制，选拔了 10 名后备干部，择优提拔 4 名管理干部，转签 4 名合同员工，完善员工帮扶救助长效机制。

2013 年，分公司持续优化绩效考核与薪酬激励机制。建立了“绩效优先，兼顾公平”的绩效考核与薪酬分配体系。完善了公司整体绩效、部门绩效与员工绩效上下挂钩的考核体系，倡导企业风险人人共担、利益人人共享的团队作战理念，个人绩效与个人业绩直接挂钩，并在更多岗位上实行绩效核算以量计酬的方式，激发了员工积极性。在薪酬分配上，坚持“向一线生产岗位倾斜”及“多劳多得”的分配原则。公司通过基薪调整和人、岗、薪匹配等手段，对公司的薪酬分配体系进行了优化改革，员工的薪酬待遇得到较大提升，人均同比增幅达 22%，有效提升了公司员工的薪酬竞争力。

第三节　职工权益保障与扶困救灾

一、就业援助服务

2003—2008 年，攀枝花联通分公司为攀枝花市提供大量就业岗位，6 年新招攀枝花籍职工 419 个。

2009 年，中国联合通信有限公司与中国网络通信集团公司合并后，面向社会招聘 56 人。

2010 年，联通分公司参加就业招聘会，面向社会招聘营销管理、综合文秘、网络维护等岗位人员，解决 27 人就业。

2011 年，联通分公司在市报刊、人事网站等刊登《中国联通攀枝花市分公司招聘启事》，面向各大中专院校招聘关于行政管理、市场营销、网络维护等岗位的人员。2012 年，新进公司员工 19 人。

2012 年 7 月，攀枝花联通分公司提供多个岗位，面向社会公开招聘优秀人才。招聘启事刊登不到 7 天时间，投放简历人数就高达 326 人。由公司领导干部组建的面试组成员在经过为期 3 天的评选和考核后，共挑选出 23 名优秀人才。

2013 年，联通分公司通过公告栏、新闻媒体、招聘会等方式，提供就业岗位 21 个，帮助就业困难人员及失业人员实现就业。

二、职工关爱工程

2003 年起，为切实保障公司职工的合法权益，不断提高工会会员的健康意识和健康水平，分公司工会每年均组织 40 岁以上的工会会员进行体检。每两年组织全体工会会员进行一次体检，体检项目包括内科、血常规、测量血压、心电图、彩超、血液、肝肾、血糖、血脂等多项检查。2006 年，全部工会会员共 115 人参加常规体检，共计支出 21917 元。2007 年，工会会员共 125 人参加体检。2009 年，参加体检的 138 人。2011 年，参加体检的工会会员 142 人。2013 年 6 月 24—28 日，公司工会分批组织入司 1 年以上的员工在攀枝花市中心医院进行体检，共有 137 人参加。2013 年 7 月 8 日，组织全体工会会员体检，支出 50605 元。

2009 年，开展工会会员医疗互助活动，当年，17 人次工会会员享受到医疗补助金，受惠金额 16421 元。

2011 年 6 月，攀枝花联通分公司开展工会会员医疗互助推广活动。活动本着员工自愿参与的原则，提倡“无病我帮人、有病人帮我”和“取之于职工，用之于职工”的理念，公司 142 名干部职工参加活动，参与率达到了 100%。

2012 年年初，在省公司的支持下，投入 40 万元资金为职工购买通勤车。于 5 月 1 日开通，解决了职工上下班交通不便等问题。年内，分公司工会落实“员工满意”工程，建设 200 平方米的职工食堂，可容纳 100 人就餐。对办公大楼内外环境投入 100 万进行卫生治理、办公环境改造和文娱设施添制，通过绿化、美化、净化、靓化工作，为员工和客户营造绿色环保、健康安全、文明幽雅的工作和服务环境。

2012 年 6 月，攀枝花联通分公司工会推进职工平安保险理赔工作，通过与保险公司的多次沟通以及组织员工对保险理赔知识培训，于 7 月完成第一批保险单相关手续，总计参保金额为 78807.52 元。

2013 年，完善员工帮扶救助长效机制，看望和慰问困难及生病员工，全年发放慰问金 19528 元。

三、扶贫帮困

2006 年 9 月，为感谢公司保安及保洁员的辛勤劳动，攀枝花联通分公司工会为所聘 12 名保安每人发放节日活动费 1200 元。

2008 年 3 月，攀枝花联通分公司工会发起倡议“让大家献出自己的一份爱心，伸出援助之手，进行爱心捐款”，为病逝的职工宋某家属爱心捐款，捐款金额 9216 元，工会给予宋某家属困难补助 5000 元。

2010 年 3 月，公司党组织和工会联合举行帮助患病职工郭某战胜病魔献爱心捐款活动，共捐款 17118 元。

2010 年 4 月，公司城中区分公司员工自发捐款购买 260 桶纯净水，送至受严重旱灾的仁和区大龙潭乡大龙潭村甘沟箐组，为受灾村组 14 户人家、54 口人提供了救急饮用水。

2011 年 2 月，分公司全体员工为凉山州实施困难学校“板凳工程”进行捐款，公司 142 名工会会员捐款 3151.9 元，帮扶凉山州困难学校添置教学用具。

2012年5月，工会响应市慈善会倡议，参与“同在一片蓝天下”慈善关爱捐资助困活动，共募集善款11722元，汇入市慈善会指定账户。

2012年，完善员工帮扶救助长效机制，看望和慰问困难及生病员工，全年发放慰问金19528元。

2013年5月，公司号召为困难职工赵某生重病父亲捐款11000元。

四、援助地震灾区

2008年，汶川“5·12”大地震发生后，攀枝花分公司立即成立了抗震救灾应急指挥组网络应急保障小组，负责网络应急抢修、通信物资调配等工作。公司还专门成立了外援志愿组，随时准备着为受灾兄弟分公司提供营销、服务及通信抢修的援助，募集、捐献善款33040元。

2008年8月30日，攀枝花市仁和区和凉山彝族自治州会理县交界发生6.1级地震后，联通分公司启动抗震应急预案，帮助震区群众抢险救灾。分公司花费12万元购置440顶帐篷、200盏应急灯及矿泉水等抗震应急物资送去灾区。

2013年4月，雅安市芦山县发生7.0级地震。攀枝花联通分公司成立以总经理为组长的应急抢险救灾队，集结2台抢险车、1台应急通信车、2台油机车辆、1套抢险设备以及14名网络维护技术骨干奔赴灾区开展抢险救援，确保灾区通信网络畅通，为抗震救灾开辟新的生命通道。公司开展“抗震救灾爱心捐款”活动。4月23日，公司工会将收到的公司领导、11个部门、6个区县分公司的职工捐款14455.50元汇往灾区，以实际行动为灾区人民奉献了爱心。

五、慰问走访

2005年，公司工会春节看望慰问职工20人次，送去慰问品、慰问金2000元。

2006年4月底，公司工会开展劳动节慰问，切实帮助困难职工解决问题，共发放慰问经费3000元。9月30日，公司对国庆节工作在一线的员工进行慰问，共发放慰问金1600元。

2007年春节期间，公司工会对困难职工进行走访慰问活动，还对除夕夜、初一值班的33名一线员工送去慰问金3300元。

2008年3月，公司工会走访慰问10名贫困职工，送去慰问金4500元。慰问生病住院职工27人次，送去慰问金5400元。

2009年，工会走访慰问贫困职工、受灾职工、生病住院职工、劳动模范家庭260人次，送去慰问金8.3万元。

2011年1月，公司工会召集13名特困职工进行了座谈，并为特困职工发放慰问金13000元。年内，公司为333名员工办理了医疗互助保险。

2013年1月，省公司领导到攀枝花分公司看望慰问困难职工及生产一线员工和困难职工，发放慰问金8000元。全年分公司工会慰问员工生产、生病、春节加班、家在外地的单身员工37人次，发放慰问金10690元。看望慰问生病员工、组织为困难员工捐款及发放慰问金共39720元。

第四节　女职工工作

2002年，攀枝花联通分公司工会按照有关法律法规和工会女工工作的有关规定，建立公司工会女职工委员会。各级女职工组织充分发挥自身优势，不断提升女职工素质，维护女职工合法权益。

2003年，女职工委员会维护女职工的妇女权益，加强女工队伍自身建设，开展理想信念教育，调动女职工积极性，增强女职工自爱、自尊、自信、自强的信心。利用展板和内部信息简报方式宣传《妇女权益保障法》《女工劳动保护实施细则》《工会法》，落实《劳动法》《妇女权益保障法》《女职工劳动保护规定》，维护女职工的特殊权益。女工委员深入区县分公司、基层一线了解女职工劳动保护落实情况，发现问题及时向公司领导反映，求得解决。公司工会女工委成立健康督导小组，建立《女职工健康档案》，定期对患病女职工进行走访、了解她们的困难，进行心理疏导、健康提示、科学健身、职场减压等方面的指导。

2004年，公司工会女工委员会坚持每季度召开女工会议，制订工作计划、学习有关知识、提高女工委员的自身建设素质。建立了女工台账、女工登记表、女工家访联系录，掌握女工思想状况。

2005年，女职工委员会关注公司生产一线女职工经期、孕期、产期、哺乳期特殊保护政策的执行，发现问题及时协调处理。按照公司工会有关规定，制订下发《中国联通攀枝花市分公司女工劳保用品发放规定》，建立发放记录，使女职工特殊劳动保护用品在发放数量和质量上得到了保证。组织女职工开展读书学技活动，为女职工订阅《网络世界》《计算机之友》《中国妇女》《妇女生活》等报刊杂志。邀请家庭教育的专家为女职工举办《家庭教育知识》讲座，邀请医生为女职工开展健康与保健知识咨询服务活动。在“维权日”利用黑板报和电子屏幕就女职工维权进行宣传教育。

2006年，女职工委员会认真贯彻工会《四川省女职工大病互助保险实施办法》，为全公司女职工办理住院保险，保险金额15万元。年内，工会女工委员会举办了女工积极分子培训班，公司98名女职工踊跃参加。

2007年，女职工委员会组织40人参加的健美操培训。组织队伍参加羽毛球、篮球、乒乓球等比赛，有80名女职工参加比赛，20多名女职工获得各类奖项。

2008年，在为汶川地震灾区捐款、捐物献爱心活动中，115名女职工共捐款10800元。

2009年，女职工委员会邀请美容美发师为公司女职工上美容、护肤讲座，为全公司112名女职工购买了保健用品，赠送了护肤用品，以保护女工的身心健康。

2010年，女职工委员会组织女职工积极参与创建文明行业、文明岗位、文明窗口为主题的劳动竞赛、合理化建议和技术比武、岗位练兵活动。

2012年，女职工委员会积极开展各种文体活动，展现女职工风采，活跃女职工业余文化生活。公司工会把组织开展健康向上的文化娱乐活动，作为陶冶女职工情操的重要途径，在春节、“三八”妇女节、“五一”劳动节、国庆节期间，分别开展女职工跳棋、拔河、羽毛球、趣味运动、时装表演等文化娱乐活动8场次，参加女职工568人次。参加省公司文艺表演，获三等奖。

2013年，女职工委员会推动妇女参政议政工作。当年有4名女职工被提拔和重用。年底，公司150名女职工中，中层管理人员达30人。

第五节　职工文体活动

一、职工之家建设

2004年，联通分公司推进公司建设职工之家活动，努力把工会建设成为受员工拥护与依赖的职工之家。5月24日，制发《中国联通攀枝花市分公司关于开展建设职工之家活动的实施意见》，并对开展“建家活动”进行安排部署，下拨1.2万元专项经费，开展职工之家建设活动。在仁和区枢纽大楼八楼建立职工综合文化娱乐、体育健身活动中心，购置组合训练器、仰卧板、乒乓球桌、健身车、跳绳、猪皮沙袋、拳击套、呼啦圈、羽毛球拍、乒乓球拍、羽毛球、象棋、飞镖、组合哑铃、打气筒、坐椅、茶几等一批健身、娱乐及附属器材。丰富职工业余文化生活。

2005—2006年，攀枝花联通分公司员工人数增加，公司工会注重丰富员工的业余文化生活，增强公司整体的凝聚力和向心力。向网络部，米易、盐边、仁和支公司等8个部门下拨2万元建家专项活动经费，支持职工小家建设。

2007—2009年，工会下拨11085元活动经费，新购置一批器械、棋类、球类、桌椅等，用于职工之家建设。

2010—2012年，分公司工会成立公司篮球队、乒乓球队、羽毛球队，并下拨7500元经费新购置了一批器材。开辟职工图书室，下拨6000元增设图书柜，下拨7000元购置各类杂志、图书1000册，添置20把座椅。全年分公司工会投入20900元用于职工之家建设。

2013年底，攀枝花联通拥有员工俱乐部1个，建成图书阅览室、小球俱乐部（乒乓球、羽毛球、台球）、篮球场、多功能活动室、培训室等学习、活动场地，职工活动室面积达100平方米，有卡拉OK设备、健身器材、羽毛球、乒乓球、台球等设备设施，有各类杂志、图书近2000册。

二、职工文化活动

2005年起，公司工会牵头各部门及区县分公司，成立钓鱼协会、乒乓队、篮球队、羽毛球队和摄影俱乐部等6个工会活动兴趣小组，150名职工加入兴趣小组。公司工会制订《中国联通攀枝花市分公司关于成立工会活动兴趣小组的实施方案》，明确了活动目的、方式、时间，以及活动地点和活动经费来源。

2006年起，公司工会组织举办“联通情”歌手大赛。利用节庆举办了“新迎春卡拉OK”赛，“百万通信职工健身、与北京奥运同行”“庆‘五一’劳动节职工文艺晚会”“联通春节联欢晚会”“迎新春游园活动”，纪念中国共产党建党90周年暨‘五一’劳动节职工红歌比赛”“纪念中国共产党建党90周年职工演讲比赛”。2006年，举办“‘乒临城下’第二届中国联通乒乓球挑战赛攀枝花赛区比赛”，以及优秀文章展评、登山、工间操、拔河、员工业余摄影展、钓鱼比赛等活动。

2007年4月，为庆祝五一劳动节，弘扬联通企业文化，公司举办“联通之声”文艺晚会，设“独舞、合唱、集体舞、小品、诗朗诵、手语歌、礼仪展示”等共计23个节目，11个部门、6个区县分公司共计268名职工参加了比赛和表演。

2009年，公司工会成立“炫舞青春”舞蹈兴趣小组。

2013年1月，公司工会举行“2012年度表彰会暨2013起航新春联欢会”。领导班子、干部职工、离退休职工及部分职工家属300余人齐聚一堂，载歌载舞迎新年，凝心聚力谋发展。晚会中，公司领导相继抽出了晚会一、二、三等奖6名，分公司劳模和先进职工代表相继抽出的特别幸运奖40余位，并颁发纪念品。

2013年1月，攀枝花联通舞蹈队获省公司职工文艺会演三等奖。

三、职工体育活动

2004—2005年，工会坚持组织员工工作之余做广播体操，倡导全民健身，健康生活。

2004年，米易县分公司工会组织员工参加篮球训练。

2005年，城区分公司工会组织职工技能大赛。

2007年，公司工会组建健身操队，普及健康生活理念和大众健身运动，广大职工树立了“我锻炼，我健康，我快乐，我幸福”的新观念。

2007—2008年，网络运维部开展足球、拔河、爬山等有益的健身活动。

2008年7—10月，攀枝花联通积极组织开展“百万通信职工健身、与北京奥运同行”为主题的全员健身活动。公司工会购置健身器材并组织开展体育健身活动，配置体育器械和音像资料，并安排了锻炼时间，开展在健身房集中锻炼、在办公区因地制宜地开展跳绳、工间操等简单、适于普及的群众性体育活动。还利用周末时间，以部门为单位开展登山运动、球类活动。

2011年，公司举办第一届职工广播体操比赛运动会，来自11各部门、6各区县分公司共计200余名职工参加。

2011年6—12月，开展羽毛球比赛、文艺汇演、乒乓球比赛、摄影展等系列活动。

2012年8月，攀枝花联通分公司工会在鑫岛羽毛球馆举行联通“至通杯”羽毛球比赛。

2013年，公司成立“万步健走俱乐部”，开展每日“万步走”活动，公司各部门干部职工利用业余时间参与运动、“储蓄健康”。

第十二章　四川省冶金地质勘查局六〇一大队工会委员会

第一节　组织机构

一、机构沿革

四川省冶金地质勘查局六〇一大队原名四川省冶金地质勘探公司601大队，成立于1964年，驻地凉山州会理县鹿厂镇。1985年5月更名为冶金部西南冶金地质勘探公司六〇一队。为更好地服务于攀枝花冶金钢铁基地建设，1986年5月，经渡口市人民政府批准，成建制从四川省凉山州迁入攀枝花市。全队从1990年8月开始首批职工搬迁，到1993年11月全部搬迁完毕，驻地攀枝花市攀枝花大道南段754号。1990年7月更名为冶金部西南冶金地质勘查局六〇一大队。2001年4月，实行属地化管理后，更名为四川省冶金地质勘查局六〇一大队，简称六〇一大队（以下简称“大队”），至 2013 年年底，为驻地在攀枝花市的唯一国家专业地质勘查队伍。

1985 年迁入攀枝花市后，大队全体干部职工继承和发扬地质人“三光荣”的优良传统，投入攀枝花市地质勘探事业，期间先后完成仁和区务本和飞机湾钒钛磁铁矿勘探，兰尖铁矿补勘，发现并探明西区大兴石灰石矿地质成矿情况和储量。积极参与四川省汶川县“5·12”、攀枝花市“8·30”和雅安芦山县“4·20”地震的地质灾害排查治理工程，多次按时完成市政府委托的地质灾害应急抢险治理任务，是四川省 30 家可以直接指定或委托承担地质灾害应急抢险工程的单位之一。

四川省冶金地质勘查局六〇一大队工会成立于 1975 年，至 2013 年，工会委员会历经 9 届。1983 年，工会组织关系转入攀枝花市，归攀枝花市总工会管辖。2006 年 4 月 6 日，根据上级文件精神，六〇一大队划归省冶金地质勘查局直管，党、团组织关系从攀枝花市转入省直机关工委和省直机关团委。2010 年 10 月 10 日，四川省总工会印发《关于四川省冶金地质勘查局下属单位工会转移组织关系的批复》（川工组字〔2010〕117 号文件），将六〇一大队工会组织关系转至四川省直属机关工会。

二、组织建设

1989 年至 2013 年来，六〇一大队工会（以下简称“大队工会”）按照《中华人民共和国工会法》《中国工会章程》不断健全完善组织机构，召开第五至第九次工会会员代表大会，并按规定完成各届基层工会委员会的换届选举。至 2013 年年底，大队设立基层工会委员会、工会经费审查委员会、女工委员会、劳动争议调解委员会，下属 7 个二级生产单位均设立分工会。全队在职职工 258 人，入会率 100%，劳动（聘用）合同签约率 100%。

大队工会积极推动《中华人民共和国劳动法》《中华人民共和国劳动合同法》的贯彻落实，保障单位与职工（工会）按时签订“集体合同”“劳动（聘用）合同”，并开展工资集体协商、劳动争议调解，维护职工群众合法的劳动权益。认真贯彻执行职工代表大会制度，坚持每年至少召开一次职工代表大会，大队的年度行政工作报告、业务费开支使用报告、单位重大的管理制度必须交职工代表大会讨论、审议和通过。与此同时，通过积极开展合理化建设、工会提案等活动，落实职工代表积极维护职工的民主决策、民主管理、民主监督的权利。深化“队务公开”“党务公开”工作，维护职工群众的知情权。开展冬送温暖、夏送清凉和金秋助学活动，努力将全队各级工会组织建成“职工之家”。开展读书活动、岗位练兵、安康杯、百安竞赛、劳动竞赛、QC 小组活动，提高职工的工作技能，激发职工立足岗位建功立业的工作热情。通过职工运动会、文艺会演、歌舞活动、才艺展示、春节游园、舞狮拜年、单项体育比赛、老年广场舞和办好老职工活动中心等措施，丰富职工的业余文化活动，提高队伍的凝聚力、战斗力。

1999 年 3 月 1 日至 2001 年 3 月，大队工会委员会由 11 名人员组成，设经审委员 3 人，女工委员 5 人，工会委员会下设工会办公室。按照内部机构下设七个分工会：勘察一分公司工会、地质工作部分工会、装潢公司分工会、三业公司分工会、服务公司分工会、机关分工会、测量队分工会。

2001 年 3 月 5 日至 2006 年 2 月，根据机构调整，按地勘单位属地化管理要求，成立康特公司一公司分工会、康特公司二公司分工会、康特公司三公司分工会、康特公司物资装备公司分工会；保留康特公司机关分工会。康特公司测量队分工会、六〇一大队机关分工会、六〇一大队物业公司（服务公司）分工会（含汽车队、三业公司会员）。大队设工会委员会（委员 9 名）、经费审查委员会（委员 3 名）、女工委员会（委员 5 名）。设主席、经费审查委员会主任各 1 名。下设办公室，在各二级生产单位建立 6 个分工会，分工会主席各 1 名。

2006 年 2 月至 2008 年 4 月，根据机构调整，队工会下设 7 个分工会，分别是机关分工会、勘察公司分工会、钻探工程公司分工会、地灾工程公司分工会、设备材料部分工会（包括机修厂）、测量队分工会和物业公司分工会（包括三业公司）。

2008 年 4 月至 2009 年 3 月，根据机构调整，队工会下设 9 个分工会，分别是机关分工会（包括值班人员）、勘察公司分工会、钻探工程公司分工会、地灾工程公司分工会、601 地勘院分工会、测量队分工会、物业公司分工会、工程公司分工会和机修厂分工会。

2009 年 3 月至 2013 年 1 月，根据机构调整，队工会下设 8 个分工会，分别是机关分工会、六〇一工程公司分工会、钻探公司分工会、地勘院分工会、测量队分工会、物业公司分工会、工程施工公司分工会和机修厂分工会。

1993—2013 年四川省冶金地质勘查局六〇一大队工会委员会组织发展情况

表 68

年份	职工（人）	工会会员（人）	基层工会（个）	工会干部（人）
1993	347	347	—	—
1994	440	440	—	—
1995	450	450	—	—
1996	443	443	—	—
1997	428	428	—	—
1998	414	414	—	—
1999	391	391	9	11
2000	375	375	9	11
2001	327	327	8	10
2002	364	364	8	10
2003	315	315	8	10
2004	349	349	8	10
2005	351	351	8	10
2006	360	360	7	9
2007	362	362	7	9
2008	364	364	9	11
2009	363	363	8	10
2010	371	371	8	10
2011	413	413	8	10
2012	403	403	8	10
2013	386	386	8	10

1985—2013 年四川省冶金地质勘查局六〇一大队工会委员会负责人任职情况

表 69

届　数	姓　名	性别	职　务	任职时间	备注
第三届工会代表大会	巫肇祥	男	主　席	1985.04—1998.03	未选举副主席
第四届工会代表大会	蒋茂贵	男	主　席	1998.03—1999.04	未选举副主席
第五届工会代表大会	惠保胜	男	主　席	1999.04—2003.03	未选举副主席
第六届工会代表大会	王仕荣	男	主　席	2003.03—2004.08	未选举副主席
第七届工会	蒋茂贵	男	主　席	2004.08—2009.04	—
	史金莹	女	副主席	2004.08—2009.04	
第八届工会	何益文	男	主　席	2009.04—2011.02	—
	史金莹	女	副主席	2009.04—2011.02	
第九届工会	张雪峰	男	主　席	2011.02—	—
	赵光福	男	副主席	2011.02—	

第二节　职工队伍建设

1994 年 5 月 15 日，六〇一大队接到中共攀枝花市委关于开展攀枝花第五届“三优一学”创文明城市竞赛活动的通知后，大队党、政领导于当日召开党政工联席会议，就六〇一大队组织职工参加竞赛活动一事进行具体的研究布置，成立参赛领导小组。1996 年 1 月大队党代会选举新一届党委班子后，将“三优一学”创文明城市竞赛活动纳入职工思想素质提高的规划和重要途径，深入开展此项活动。通过近三年时间的努力，基本达到竞赛活动的要求，同时也使职工思想水平得到提高。

大队工会努力提高全队职工的思想道德素质，工会会员除参加党员、干部、职工的政治理论学习、思想道德建设、业务知识培训等，还同时开展“三观”（世界观、人生观、价值观）大讨论，把职工“爱岗、敬业、奉献”与社会主义精神文明建设结合起来。

大队工会关心职工，努力稳定职工队伍，维护社会安定。积极开展社会治安综合治理，教育职工做遵纪守法公民。广泛开展群众性文化娱乐活动，如春节文艺演出、游园活动、舞狮活动、职工篮球比赛、拔河比赛、钓鱼比赛等。

大队工会注重抓好日常宣传教育，弘扬正气，唱响主旋律。通过组织职工读报纸、布置大队宣传栏，大力宣传精神文明建设中的先进职工和优秀职工群体，还积极组织职工撰写新闻稿件向《西南冶金地质报》《攀枝花日报》和攀枝花电视台投稿等。

大队工会注重工会干部常涉法规的学习，以便依法维护职工合法权益。工会干部除认真学习《中华人民共和国工会法》《中国工会章程》外，还根据国家在各个阶段的立法的进程和执法要求，重点组织学习《中华人民共和国劳动法》《中华人民共和国劳动合同法》《安全生产法》《妇女儿童保障法》《劳动保险条例》《女职工劳动保护规定》等法律法规，做到知法、懂法，依法维护职工合法权益。

大队工会在机构调整、人员精减、一岗多责的情况下，注重工会干部的培训工作。工会主席、副主席均参加上级工会组织的新任工会主席培训，确保工会干部质量，按时完成省直机关工会、攀枝花市总工会和队党政交给的各项任务。1995 年 6 月 26 日，六〇一大队参加冶金部西南地质勘查局举办的岩土工程新技术培训班。讲授高压喷射灌浆法、深基坑开挖及护壁、高速公路地基勘察及施工等内容。1997 年 8 月 5 日，工会大队派员参加四川省档案学会举办的第三期档案管理计算机基础培训班，学习微机基本知识、五笔字型汉字录入法、WPS 及编辑操作、计算机病毒与防治等知识。2003 年 1 月 24 日，派员参加四川省冶金地质勘查局举办的地质工培训班，培训合格并获得结业证书。3 月 18 日，派员参加四川省冶金地质勘查局举办测量工培训班，培训测量工应知应会及操作规程，培训合格并获得结业证书。2010 年 1 月 14 日，队派员参加四川省冶金地质勘查局关于网上直报系统工作的培训。3 月 11 日，参加四川省冶金地质勘查局举办的非煤矿山生产经营单位负责人、安全生产管理人员安全资格取证、复审培训，并取得《安全资格证书》。2011 年 2 月 24 日，派员参加四川省冶金地质勘查局举办的关于非煤矿山生产经营单位负责人、安全生产管理人员安全资格取证、复审培训，并取得《安全资格证书》。5 月 24 日，组织职工参加四川省测绘局、国家保密局举办的四川省第五期涉密测绘成果管理人员岗位培训班。

1989—2013 年，大队工会组织职工积极参与以“争先创优”为主要内容的“社会主义劳动竞赛”活动。组织职工参与以“实施群众性经济技术创新工程、实现四川新跨越建功立业”为主题的多种形式创新竞赛活动。对涌现出来的先进人物，除给与物质和精神奖励外，工会还组织职工开展北京、海南和西双版纳等 3 次旅游休假活动。1989—2013 年，大队工会以“地质找矿”“工勘施工”两大传统产业为载体，在各二级单位、项目部开展单项优质工程竞赛，充分发挥每一个成员的积极性、创造性。全队每年均有工程项目获得有关单位颁发的“找矿发现奖”“新增储量奖”“优质报告”和“优质工程”等奖励。其间，还通过开展师带徒、技术比武、班组竞赛、单项工程竞赛等活动。

第三节　维护职工合法权益

一、职工民主权利保障

1993—2013 年，大队工会坚持开好职工代表大会，维护职工的民主管理权利。大队每年至少召开一次职工代表会（与大队年度工作会议同时召开），向职工代表报告上年度生产经营情况，本年度工作的安排，上年度业务招待费用提取和使用情况，通报需要职工知晓的形势任务及需要与职工代表通过的重大事项等。涉及职工切身利益的重大问题（如经适房分配、单位的重要制度等），均及时召开临时职工代表大会，听取职工代表的意见。对属于职工代表大会职权范围的问题，提请职工代表大会讨论审议并表决通过。

大队通过工会提案和合理化建议等措施，征集职工群众对全队工作的建议和意见，落实职工的民主管理权。对拟提拔干部，由组织、人事、纪检和工会等组成考查组，通过谈话的形式征求职工代表意见，并召开临时职工代表大会进行满意度测评，凡大多数职工代表不满意的，不予提任。大队领导班子成员，每年向职工代表述职述廉，接受职工代表的考评。每年对全队所有科级干部，按“四三三制”（队级班子考核权重 40%，科级干部互评权重 30%，职工代表测评权重 30%）进行考核，并与年终奖励挂钩。对考核结果较差的干部，进行谈话提醒，对连续两年考核不合格的进行免职问责。

二、职工经济权益保障

作为企业化管理的事业单位，六〇一大队按照上级的要求，从 1985 年开始对新招收录用工人，实行劳动合同制管理。从 2007 年起，全员实行事业单位聘用制管理。其间，六〇一大队工会与行政按时签订（续签）《集体合同》，督促六〇一大队行政与职工签订《劳动合同》《聘用合同》。与此同时，建立劳动争议调解和工资集体协商机制，保障职工劳动工资、劳动保护、休息休假的权利。

1989—2013 年，六〇一大队全队未发生过因劳动争议提请仲裁、诉讼的案件。

第四节　工会文体活动

1989—2013 年，大队工会积极组织六〇一大队职工参加各级职工文艺汇演、运动会。根据单位工作特点，在不影响生产经营的前提下，每年组织全队性文体活动 3—4 次，举办篮球联赛、登山运动、钓鱼比赛、歌舞演出、游园活动等，通过活动提高职工队伍的凝聚力和战斗力。丰富离退休职工业余文化生活，办好老职工活动中心，常年开展棋牌、麻将、广场舞、健身操和卡拉 OK 演唱活动。工会与离退休党支部，每年平均组织离退休文体活动 4—5 次，举办棋牌麻将比赛、三八妇女节节庆活动、庆祝“七一”建党节活动、“九九”重阳节系列活动等。

2010 年 2 月 14 日（大年初一），六〇一大队工会组织舞狮队进行舞狮表演，并前往下属各实体、职工家属区拜年慰问，恭贺新禧。队领导到现场助阵，与职工群众一道欢度佳节，共享节日快乐。2011 年 2 月 3 日（大年初一），六〇一大队工会组织歌舞、狮子大拜年表演活动，前往下属各实体、职工家属区拜年慰问，共贺丰年之喜、共迎美好未来。是年大年初二至初四期间，职工老年活动中心以及十二号楼活动室还向 601 地质队全队职工及家属免费开放。活动内容包含机麻、手搓麻将、扑克、象棋、跳棋、川牌、羽毛球、卡拉 OK 等。

六〇一大队女子登山队成立于 2008 年，是一支由 10 余名在职职工和退休女职工自发组成的登山队，其中年龄最大的已有 60 余岁，最年轻的也逾 40 岁，由于共同的爱好——登山，让这些女职工们走在一起。成立 6 年来，登山队的女队员们不畏困苦、不怕疲劳、坚持不懈、勇于攀登，利用周末的时间，登遍攀枝花市周边的大小山岗，既锻炼自身体魄、增强身体素质，也向人们进一步展示六〇一大队女职工们热爱生活、健康向上和勇于拼搏的良好精神风貌，为年轻一辈的地质职工做出榜样。这支登山队也逐渐成为攀枝花市一支小有名气的登山队。2011 年 6 月 4 日，在攀枝花东华山登山。2013 年 9 月 18 日，由大队工会组织的女职工健身登山比赛在攀枝花市东华山举行，六〇一大队全队的 40 多位女职工参加，均取得好成绩。每年中秋节时，六〇一大队都会组织职工登山比赛，参加比赛的职工由女职工发展到全队职工，人数发展至 200 余人。

2011 年 9 月 28 日，六〇一大队职工 200 余人欢聚在攀枝花市岩神山大酒店，共同欣赏由离退休职工自行编排的歌舞表演，共同欢庆节日的到来。2012 年 9 月 20 日，六〇一大队为全队离退休职工举办退休职工钓鱼比赛。 2013 年 9 月 17 日，601 地质队工会为离退休老职工举办为期 3 天的“九九重阳”系列活动。活动内容有钓鱼比赛、棋牌比赛、书画比赛等。

2012 年 11 月 10 日，六〇一大队同中国移动四川攀枝花分公司共同举办的“双十一”青年联谊活动如期在美丽金色的阿署达休闲山庄隆重举行。双方领导嘉宾、单身青年近 60 人参加活动。

第四篇　产业工会

第一章　中国教育工会攀枝花市委员会

第一节　组织机构

一、机构沿革

1979年8月2日，中共渡口市委批准渡口市总工会教育工会成立（以下简称"市教育工会"）。根据《中华人民共和国工会法》《中国工会章程》的规定，中国教育工会实行产业和地方相结合的组织领导原则，按照产业分工和产业性质设立，市教育工会列入市总工会机关，由市总工会领导，编制5人。1980年7月，市总工会调龚淑蓉（女）为市教育工会工作人员，随后又从攀枝花林业局指挥部和林业局中学调入赵盛祥、邢林跃，共同开展教育工会的筹备工作和基层工会建设。

1983年10月，由市委书记韩国宾指定张维济为教育工会副主任。1986年1月，调入薛家富为主任。1986年8月28日，市教育工会张维济、殷子章、邢林跃、龚淑蓉一行去米易县慰问教师，途中不幸翻车坠江殉职。1986年11月，赵盛祥任教育工会副主任。1987年1月，薛家富调成都工作，9月调入姚辉为主任。1987年11月，中共攀枝花市委批准渡口市总工会教育工会为中国教育工会攀枝花市委员会，核定市教育工会编制5人，领导职数分别为主席1名（副县级）、副主席1名（正科级）。2002年3月21日，根据《中共攀枝花市委办公室关于印发攀枝花市总工会机关改革方案》（攀委办〔2002〕46号），核定市教育工会编制7人，领导职数分别为主席1名（副县级）、副主席1名（正科级）。其间，市教育工会机关工作人员几经调整调动，实配专职工作人员稳定为3—4人。2004年6月后，先后退休3人、离岗休息1人，到2013年底，实际在岗坚持日常工作的仅余现任专职教育工会主席1人。

1988—2013年中国教育工会攀枝花市委员会负责人任职情况

表70

职　务	姓　名	性别	任职时间
主　席	姚　辉	男	1988.10—2004.05
主　席	谢　强	男	2006.12—2008.01
主　席	李　兵	女	2008.01—

续表 70

职　务	姓　名	性别	任职时间
常务副主席	唐爱萍	女	2007.04—2008.05
副主席	唐爱萍	女	2002.09—2007.04
副主席	段汝林	男	1997.10—2003.01
副主席	周宗福	男	2009.07—2012.02

二、职能职责

攀枝花市教育工会组织体制系联合制、代表制，即上级教育工会是下级教育工会的联合体，代表下级工会并为下级工会服务，主要围绕维护、建设、参与、教育职能开展工作。中国教育工会攀枝花市委员会，主要是领导市直属学校的工会和指导全市教育产业行业工会工作。截至 2013 年 12 月 30 日，属市教育工会管辖的有市直学校（单位）、职业技术院校工会 23 家，有东区教育工会、西区教育工会、仁和区教育会、盐边县教育工会、米易县教育工会等县区工会 5 家。

第二节　组织建设

一、代表大会

1989—2013 年，市教育工会先后筹备和召开市教育工会第一、第二、第三次代表大会，完成组建市教育工会委员会和换届选举工作。

第一次代表大会　1989 年 11 月 14 日，在市工人文化宫演讲厅召开攀枝花市教育工会第一次代表大会。大会正式代表 102 名，特邀代表 30 名，分别代表 239 个基层工会组织和 12547 名会员。大会通过中国教育工会攀枝花市委员会工作报告；选举产生攀枝花市教育工会第一届委员会，姚辉、伍显奎、何蓉晖、李兵、王建国、杨泽芳、罗忠扬任中国教育工会攀枝花市第一届常务委员会委员。姚辉任中国教育工会攀枝花市第一届委员会主席。

第二次代表大会　1994 年 11 月 10 日，在市总工会食堂二楼会议室召开攀枝花市教育工会第二次代表大会。大会通过中国教育工会攀枝花市第一届委员会工作报告；选举产生攀枝花市教育工会第二届委员会，姚辉、汪大章、何蓉晖、谢永忠、王建国、杨泽芳、严树华、孔炜任中国教育工会攀枝花市第二届常务委员会委员。姚辉任中国教育工会攀枝花市第二届委员会主席。

第三次代表大会　2013 年 6 月 20 日，在攀枝花市第二初级中学校阶梯教室召开攀枝花市教育工会第三次代表大会。大会正式代表 90 名、特邀代表 7 名、特邀嘉宾 5 名，分别代表 311 个基层工会组织和 14571 名会员。大会通过中国教育工会攀枝花市第二届委员会工作报告和关于中国教育工会攀枝花市第三届委员会委员实行替补、增补制的办法（草案）；选举产生攀枝花市教育工会第三届委员会，李兵、徐璐、王美华、孙雄、孙章伟、李建伟、张家彦、沈焱、顾卫平任中国教育工会攀枝花市第三届常务委员会委员，李兵任中国教育工会攀枝花市第三届委员会主席。

二、基层组织建设

1989 年，攀枝花市共有各类教育工会组织 772 个，教职工总数 15779 人，其中女职工 7173 人；有专职工会干部 18 人、兼职工会干部 772 人。属教育工会管辖的区县教育工会、大企业教育处工会、职业技术院校工会、市直学校（单位）工会 30 个，其中市教育工会直属管辖的工会 16 个，职工总数 6342 人。2004 年，全市有各类教育工会组织 555 个、经审会（组）165 个，有教职工总数 13524 人，其中女职工 6207 人；有专职工会干部 23 个、兼职工会干部 562 人。属教育工会管辖的区县教育工会、大企业教育处工会、职业技术院校工会、市直学校（单位）工会 35 个，其中市教育工会直属管辖的工会 22 个，职工总数 3342 人。2009 年底，全市共有教育工会组织 188 个、经审会（组）188 个、女职工委员会 188 个，组建率达 100%。全市教职工总数 12998 人，其中女职工 6461 人，有专职工会干部 14 人、兼职工会干部 578 人，教育系统职工入会率达 100%。2013 年，市教育工会抓好“四项举措”（围绕中心，服务大局，全面实施建功立业活动；突出重点，创新思路，努力打造教育工会工作新品牌；发挥阵地优势，搞好五项活动，为教育事业发展做贡献；与时俱进加强自身建设，不断增强工会组织凝聚力）、“五项工作”（服务攀枝花经济社会发展有新作为、教职工队伍建设有新发展、学校民主管理有新成效、教职工维权帮扶工作有新突破、教育工会自身建设有新加强），推动教育事业发展；转发《攀枝花市总工会组建工会和发展会员工作年度考核办法》的通知，下发《2013 年市教育工会工作目标考核实施细则的通知》。到 2013 年年底，全市有各类教育工会组织 302 个、经审会（组）265 个，职工人数 14571 人，其中女职工 7983 人。专职工会干部 2 人、兼职工会干部 620 人。

1999 年 3 月，市教育工会对全市社会力量办学情况进行调查摸底。截至 2001 年年底，全市 56 所社会力量举办的学校、幼儿园中有 30 所学校、幼儿园建立了工会组织，综合建会率达 53%。按学校类型：全日制正规办学 4 所，已建会 3 所，占 73%；社团法人办学 20 所，全部建立了工会组织；个体幼儿园和职业技术短训学校 33 所，已建会 7 所，占 21%。按学校管属：属市教育局批准办学、市直管的 3 所全日制正规办学和 20 所社团法人办学校已全部建立了工会组织；属区县审批和管理的 33 所个体幼儿园和职业技术短训学校，除米易县教育工会在县城 7 所个体幼儿园已组建工会联合会外，其余区县管属民办校（园）尚未完成组建工会工作。2003 年 12 月 24 日，市教育工会组织建设工作取得新突破，仁和区民办学校工会委员会首家成立，全区 18 所民办校（园）工会组建工作全部完成。2005 年 6 月 30 日，米易县成立民办学校（幼儿园）工会联合会，为攀枝花市首家以学校和幼儿园联合成立的工会联合会。该县有民办学校（幼儿园）18 所，教职工 100 多人。2007 年 7 月—2013 年底，市教育工会先后 7 次转发全国总工会、省总工会《关于在社会力量举办学校建立工会组织的通知》，开展以重点学校的后勤、中专和技校、独立学院和其他社会力量办学的学校为重点，加强工会组建，大胆吸收合同工、进城务工人员加入工会组织，拓展了工会组织覆盖面。截至 2013 年底，全市有民办学校（幼儿园）153 所，已建工会组织 153 个，发展会员 1173 人，其中女职工 1101 人，兼职工会干部 15 人，工会组建率和教职员工入会率达 100%。

三、职工之家建设

1987 年在“整组建家”基本完成后，为贯彻全国总工会“抓基层、打基础、促改革”的方针，市教育工会向全市教育系统各基层工会发出《创建先进职工之家、争当优秀职工之友的通知》，要求深入开展建设职工之家活动。市教育工会先后 5 次制订和修改深入“建家”的实施细则和考核标准，4 次召开经验交流暨表彰大会。1991 年，全市教育系统 36 个省、市级先进、模范职工之家全部通过上级工会复查确认。米易中学、市三中分别被省总工会确认授予四川省“先进职工之家”“模范职工之家”。全市教育工会系统合格、先进、模范职工之家的比例分别为 31%、30%、39%。1991—1998 年，在基层工会开展建设“职工小家”活动。1998 年，全市教育系统“教工之家”规范化达 95%以上，并逐步把建设职工之家建设活动引向工会小组，增强基层教育工会的活力。1999 年 3 月 26 日，市教育工会对市直学校 1998 年度建设“职工之家”情况进行考核验收复查确认，合格率为 100%。2008 年年底，全市 239 个基层工会，经各级考核验收、复查，确认合格“职工之家”165 个、“先进职工之家”46 个、“模范职工之家”26 个。2009 年，全市有 71 个“模范职工之家”、73 个“先进职工之家”和 44 个“合格职工之家”，基层工会“职工之家”规范化达 95%以上。截至 2013 年 12 月 30 日，全市教育系统共有 68 个基层组织获“模范职工之家”、70 个基层组织获“先进职工之家”、47 个基层组织获“合格职工之家”荣誉称号。

四、干部培训

针对全市基层工会干部兼职多、不易脱产学习培训的情况，市教育工会采取选送工会干部参加上级工会脱产培训岗位学习培训、分级组织单项业务培训和以会代训等方法培训各级专兼职工会干部。1989—1991 年，共培训专职工会干部 51 人次、兼职工会干部 454 人次；1992—2007 年，共培训专职工会干部 576 人次、兼职工会干部 2886 人次；2008—2013 年，共培训专职工会干部 276 人次，兼职工会干部 1869 人次。

第三节 民主管理

一、代表大会

1985 年，攀枝花市教育工会开始在各会员单位逐步实行教职工代表大会（以下简称教代会）制度。1989 年，建立健全教代会工作制度，拓展学校民主管理工作的路子。开展民主对话、民主咨询、民主评议干部、提合理化建议等工作。1992 年上半年，按照市总工会部署，对学校民主管理现状进行抽样调查，根据调查情况，提出加强学校民主管理的对策和建议。10 月下旬，综合深化中小学内部管理体制改革情况，市教育工会、市教育局联合制订《攀枝花市中小学校教代会制度暂行规定》，市教育工会与市教育局、市委组织部共同制订《攀枝花市中小学校校长工作暂行规定》《攀枝花中小学党组织工作暂行规定》，并于同月颁发实施。1998 年，转发并实施《四川省普教系统教代会条例》。2008 年 9 月，转发并实施四川省第十一届人民代表大会常务委员会第五次会议通过的《四川省职工代表大会条例》。2009 年，攀枝花市教育工会、攀枝花市教育局联合下发《关于进一步健全和完善学校教职工代表大会制度的意见》（攀教〔2009〕78 号），对学校教职工代表大会制度的实施进一步落实。2010 年，转发并实施《四川省教职工代表大会条例》，并实施情况进行检查督促。2012 年，转发教育部公布的《学校教职工代表大会规定》（教育部第 32 号令）。2013 年，转发关于《四川省学校教职工代表大会规定的通知》（川工教科文卫〔2013〕43 号），积极推进学校民主管理制度建设，至 2013 年年底，全市各类学校普遍建立教代会制度，市属学校建制率达 100%、规范化制度率达 99%，民办学校建制率达 98%、校务公开实行率达 100%、规范化制度率达 97%。教代会提案制度进一步健全完善，教代会报告制度、教职工代表培训制度、教职工代表监督制度等普遍建立。2013 年，全市各建制学校都实现将学校改革和发展方案提交教代会审议，重要规章制度经教代会讨论通过，涉及教职工工资、生活、福利等重大事项经教代会讨论决定。2013 年年底，攀枝花市大、中、小学校教代会建制率达 100%。2011 年，民办学校开始建立教代会制度，到 2013 年年底，教代会建制率达 100%。

二、校务公开

2001 年 6 月，根据《中纪委、教育部、全国总工会、全国教育工会关于推进校务公开工作的意见》和《教育部、中华全国总工会关于全面推进校务公开实施意见》及《省教育工会、省教育厅关于深入推进校务公开工作的意见》等文件精神，攀枝花市教育工会开始推进校务公开工作。2005 年 11 月，市教育工会、市教育局重新修订印发《关于全面推进校务公开工作实施意见》，对深化校务公开工作提出具体要求。2006

—2013年，市教育工会与市教育局先后下发《攀枝花市教育工会、攀枝花市教育局关于全面推进校务公开工作实施意见的通知》等十多个文件。明确规定学校校务公开的领导体制、工作机制、基本原则、公开内容、实现形式、工作职责和责任追究，形成一套比较完整的制度体系。

2002年，市教育工会按照全年校务公开年度计划目标，校务公开公开面、建章立制面、规范化管理面等3项工作进度考核达标比例分别为100%、100%、85%。年度检查考核分别达到100%、100%、86%，比2001年度分别提高3%、8%、10%。2002年5月，攀枝花市教育系统校务公开领导小组被市厂务公开领导小组评为市推行厂（校）务公开先进集体，受到表彰。2002年10月，市厂务公开领导小组抽查米易中学、大河中学、市四中、市九中等4所学校校务公开工作，4所学校考核评分均在85—90分之间，职工群众满意率测评达89%以上，分别达到市考核合格或优秀标准。全市214所实行校务公开的学校综合考核合格率达97%，优秀达标率59%。2006年11月，市教育工会和市教育局在全市教育系统开展依法治校的评审和校务公开检查验收，全市教育系统校务公开实行率达100%，市属学校校务公开规范化率达99%以上；97%以上市属学校把依法治校和校务公开紧密结合，责任明确，职责到位，实行责任追究制。2007年9月11—12日，市教育工会在米易县召开"庆祝第23个教师节暨校务公开工作现场经验交流会"，会上学习传达全省教育工会工作会议精神和市厂务公开工作会议精神，7所单位（学校）进行校务公开经验交流。与此同时，开展依法治校示范校创建活动。当年，命名14所学校为攀枝花市第三批依法治校示范校，并对第一批18所依法治校示范校进行复查。2008年，市教育工会在仁和召开校务公开工作现场会，会上有4个单位（学校）进行经验交流。同年，攀枝花市校务公开工作代表四川省接受全国厂务公开民主管理工作检查，检查组一行高度评价攀枝花市厂务公开民主管理工作：认识到位、起点高、工作规范扎实、亮点多。据统计，全市各县（区）所属学校、市直学校单位的校务公开实行率达100%、规范化制度化率达98%，97%以上学校把依法治校和校务公开紧密结合。市教育工会还要与市教育局组成"联合检查组"，对全市学校校务公开工作进行指导、抽查，2010—2013年，市教育工会就校务公开工作共抽查学校70所次，各县区共检查学校630多所次，其中合格学校602所次，提出限期整改学校28所。2013年，全市各级各类学校章程制定率达100%，实行校务公开面达到100%、规范建制面达100%、规范化管理面达85%、师生对校务公开工作满意率达90%以上。

第四节　权益维护

一、帮扶行动

1989—2013年，市教育工会主要开展为下岗职工、返乡农民工和贫困大学生就业培训、假期爱心岗位、爱心家教、校园爱心餐卡救助和教职工慰问等帮扶活动。

2009年，为积极应对金融危机带来的下岗职工、返乡农民工增多的情况，市教育工会充分利用市直属建校、市经贸旅游学校、市商贸电子学校等单位资源，为下岗职工、返乡农民工举办电脑、厨师、机械等技能的培训班，培训职工300人次、农民工1000人次。2011年，市总工会、市教育工会首次开展寒假为贫困大学生提供"爱心岗位"活动。经过多次与用工单位协商，21名贫困大学生与二滩实业发展有限责任公司攀枝花分公司签订为期1个月（2011年1月16日至2月16日）的《勤工俭学协议书》，每月工资按在岗职工现行工资制度同等执行，工资报酬分别为1600—1900元。21名贫困大学生在寒假期间勤工俭学1个月。2月16日，二滩实业发展有限责任公司将月工资发放到学生手中。2011年12月17日，攀枝花市总工会、市教育工会开展暑期"感恩你我他、爱心手拉手"爱心家教活动，有30名受到工会"寒窗助学"

资助过的大学生和即将接受资助的应届高中毕业生担任本次“爱心家教”活动的志愿教师，与40名来自米易县三中、米易县一中等学校的困难职工家庭子女结对，开展课程辅导。本次暑期家教活动历时1个月，由爱心教师每天为结对学生进行不少于6小时的课程辅导，教学内容涉及语文、数学、英语、物理和化学等学科。2011年12月23日，在市第三高级中学校一楼会议室，市教育工会首次举行“校园爱心餐卡救助”发放活动，对就读于市三中、市七中两所学校的特殊困难职工家庭子女每人每月发放200元生活费，全年发放金额30余万元。

二、关爱活动

在2008年5月12日汶川大地震和8月30日攀枝花地震抢险和恢复重建期间，全市教职工捐款、捐物达30余万元。四川省汶川县发生特大地震后，市教育工会及时组织教育职工发扬“一方有难、八方支援”的精神，开展为灾区人民捐款活动，全市教职工共捐款198万元。市教育工会与市总工会保障工作部、女工部在“六一”前夕走访慰问灾区来攀枝花市借读的中小学生和家在灾区正在攀大、技校就读的大中专学生67名学生。市教育工会、市总工会女工部在全市联合下发《关于在全市招募“爱心家教”特殊志愿者的通知》，全市各大中小学校教师和在校大学生共有150名志愿者报名，经过精心组织、安排，通过一对一、多对一、一对多等形式，共对75名地震灾区到攀枝花投亲靠友、插班借读学生开展课程帮扶，同时开展为灾区到攀枝花借读的学生学习和心理上的帮助和抚慰活动。2009年春节，为积极响应四川省工青妇关于开展“情暖灾区、共建家园”一暖冬联合大行动的号召，按照市总工会的安排，市教育工会根据攀枝花市学校受灾的实际情况以及灾区教职工的需求，开展“让受灾困难教职工温暖过冬”活动，为米易县新山傈僳族乡麦地小学和平地学校的困难职工送去棉被、篮球、羽毛球拍、乒乓球台等20多种、价值1万元的物品。2009年5—6月，针对攀枝花时值高温季节，市教育工会在教职工队伍中开展“为教师送清凉、我们在行动”活动。为仁和大田中学、盐边民族中学、攀枝花市第十六中学校等学校在搭建的临时板房上课的学校师生，送去解暑饮料、药品、壁式风扇、洗衣粉、毛巾等价值4万余元的物品。2010年，为全面落实《中华全国总工会、教育部关于开展“困难职工家庭高校应届毕业生阳光就业行动”的通知》精神，切实做好困难职工家庭高校应届毕业生就业工作。市教育工会开展对攀枝花市困难职工家庭高校应届毕业生基本情况摸底调查，为市内41户、124人，建立学校、市、省、全国四级网络基础档案管理工作。市总工会对124名困难职工家庭高校应届毕业生发放生活补助金。2012年12月，市教育工会高度重视整合资源，依托攀枝花市中心医院，成立“攀枝花市教育工会职工心灵驿站”。到2013年免费为长期受到心理困扰的教职工、学生及家长提供心理咨询服务21人次，特别是对临考前参加中高的考生以及考生家长和毕业班教师进行心理辅导，帮助他们减轻临考前心理压力36人次。

2010—2013年，由市教育工会牵头，市教育局、市体育局、市卫生局参与，先后6次，到米易县最边远的米易县麻陇民族学校，盐边县格萨拉学校、渔门中心校等10所学校开展“送理念、送知识、送健康”活动。市教育工会组织22名市优秀教师为其授课，送去电脑30台、爱心餐桌150张、床上用品200套。市教育局为学校捐款6000元，市卫生局组织医疗专家队免费为全校师生就诊及送药，市体育局为学校赠送乒乓球台、篮球等20多种体育器材，价值108600元。

三、教职工暑期疗休养

1987—2013年，市教育工会开展劳模、优秀教师暑期疗休养活动，先后组织12批共376名劳模、优秀教师、优秀工会工作者到甘肃、西藏、内蒙古等地进行短期休养。

第五节　技能竞赛

为提高全市教职工业务水平和教学技能，市教育工会、市教育局共同组织开展各类教育教学技能竞赛，通过教育教学技能竞赛，使教职工的业务水平教育教学技能得到锻炼提高。

2009 年 3 月 30 日，市教育工会、市教育局在市第七高级中学校联合组织开展全市中小学语文教师教学课件竞赛活动。有 22 所学校、57 名选手参加比赛，比赛历时 7 个月，经过预赛、复赛、决赛 3 个阶段的角逐，评委组严格、认真、合理的评选，评出高中组、初中组、小学组各一、二、三等奖和优秀奖。11 月 18 日，攀枝花市教育局、攀枝花市教育工会联合举办攀枝花市中小学校语文教师教学技能竞赛活动。本次活动分 3 个赛区进行，高中组设在攀枝花市第三高级中学，初中组设在第二十五中小学，小学组设在第四小学。2010 年 4 月 30 日，攀枝花市教育局、攀枝花市教育工会在攀枝花市实验学校联合举办全市初中化学教师实验操作竞赛活动。11 月 11 日，攀枝花市教育工会、攀枝花市教育局在攀枝花市第七高级中学校举办 2010 年全市普通高中数学、物理、英语学科教学技能竞赛活动。2011 年 4 月 28 日，市教育工会、市教育局在攀枝花第二中学校阶梯教室联合举办全市中小学教师“三笔字”技能竞赛，来自全市 30 余所中小学校的 60 名教师参加比赛。6 月 20 日，市教育工会在攀枝花市第三中学校大会堂举办庆祝中国共产党建党 90 周年“党在我心中”诗歌朗诵赛。经 126 个基层学校（单位）层层选拔，市经贸旅游学校、市第二初级中学校、市委党校等 12 支代表队伍参加决赛。2012 年 11 月 7 日，市教育工会、市教育局在市第九高级中小学多媒体教室联合举办全市中小学英语教师教学技能竞赛决赛启动仪式。2013 年 10 月 18 日，市教育工会、市教育局在市第九中学校联合组织开展 2013 年全市中学历史、地理教师教学课件竞赛活动。10 月 22 至 26 日，市教育工会、市教育局联合组队参加中共四川省委教育工委、四川省教育厅、四川省教科文卫工会四家单位联合在成都市技师学院举办的四川省中等职业学校青年教师教学技能竞赛。市经贸旅游学校讲师李明获四川省 2013 年中等职业学校计算机网络教学技能竞赛三等奖。

2013 年，市内各级教育工会积极参加由市总工会组织开展的新经济技术创新活动，全市有 165 个学校（单位）制订创新竞赛办法，组织各类竞赛活动 527 次，参加竞赛活动的教职工达 6822 人次，提合理化建议 980 条，被采用 776 条；采用建议创可计算价值 41 万元。积极参与教学科研成果评展群众性活动，组织教学科研立项 256 项，立项结题获奖 145 项提合理化建议 654 条，采用建议 401 条。

第六节　文体活动

为丰富教职工的文化体育活动，市教育工会成立后，在各基层工会广泛开展教职工群众性文体活动的基础上，每年还集中举办形式多样的全市性文体活动。1989 年，举办庆元旦教职工拔河、接力比赛。1990 年 2 月 2 日，市教育工会与市教育局联合在市师范学校举办首届“园丁杯”书法比赛，比赛项目有钢笔字、毛笔字、粉笔字等 3 个项目。1990 年 3 月—2013 年 3 月，教育工会在攀枝花公园共举办 21 次庆祝“三八”国际劳动妇女节登山比赛。2008 年 5 月 17 日，市教育工会、市教育局在市第三高级中学校举办市直属学校教职工乒乓球比赛。9 月 8 日，市教育工会在鑫岛羽毛球馆举办庆祝第 24 个教师节全市教职工羽毛球比赛。2009 年 9 月 18 日，市教育工会在鑫岛保龄球馆举办庆祝第 25 个教师节全市教职工保龄球比赛。2010 年 9 月 8 日，市教育工会与市教育局联合在阿署达度假山庄举办庆祝第 26 个教师节首届全市教育系统教职员工趣味性活动。2012 年 9 月 8 日，市教育工会在阿署达渡假村举办庆祝第 28 个教师节全市教职工高尔夫球比赛比赛。2013 年 9 月 10 日，市教育工会在攀枝花市第三高级中学校举办全市首届教育系统教职工趣味运动会，来自全市各教育战线的 400 余位教师代表参加运动会。

1989—2013 年，市教育工会还组队参加四川省教科文卫工会、攀枝花市总工会举办的围棋、桥牌大赛、篮球、网球、第九套广播体操、健身操比赛、自行车越野赛等 30 多项比赛。

2011—2013 年，为了给教职工获取知识、更新知识创造良好的学习条件，全市共创建读书、休闲、健康三位一体的“职工书屋”共 31 所。2013 年，米易县教育工会创建 10 所“职工书屋”，创建经费由米易县教育工会出资 20 万元、米易县总工会资助 10 万元，不足部分由学校自行筹款。“职工书屋”内置有报刊图书架、桌椅、报刊图书杂志、电脑、咖啡屋、乒乓球桌、台球桌、收腹机、象棋、围棋、卡拉 OK 及音箱器材等。

第七节　农民工子女入学

从 2004 年起，市教育工会积极呼吁解决农民工子女在攀枝花市的入学问题。为确保进城务工人员随迁子女平等接受义务教育，2004 年年初，攀枝花市人民政府办公室下发《关于做好进城务工就业农民工子女义务教育的实施意见》（攀办发〔2004〕42 号）。2007 年 4 月 10 日，攀枝花市教育局下发《关于义务教育阶段外来务工人员子女上学问题的若干定规定》。各区县教育局每年在春、秋开学前按照“就近入学”和“指定入学”相结合的原则统一安置、办理进城务工人员随迁子女入学手续，只要具备“五证”（户口本、家长身份证、暂住证、务工证或营业执照、转学证或毕业证）的外来务工适龄儿童都全部入学，一律不准收择校费，并同样享受国家义务教育阶段的“两免一补”政策。2004—2013 年秋季入学，全市共接受进城务工人员子女 82752 人在攀枝花市各级各类学校就读。其中 2004 年秋季入学 5012 人，2005 年秋季入学 3830 人，2006 年秋季入学 10560 人，2007 年秋季入学 5256 人。2008—2010 年秋季入学 21207 人，2011—2012 年秋季入学 20779 人，2013 年秋季入学 16108 人。

第二章　攀枝花市财贸工会委员会

第一节　组织机构

1979 年 8 月 2 日，中共渡口市委批准成立渡口市总工会财贸工会工作委员会，编制 7 人。1981 年 7 月 25 日，市总工会财贸工会工作委员会成立。市总工会财贸工会列入市总工会机关，由市总工会领导。1981 年，市总工会财贸工会委员会由郑志勤、覃慕唐、吴湘才、马廷芳、王家顺、陶仲平 7 人组成，郑志勤任副主任（主持工作）。1984 年 5 月，市总工会报请市委批准，任命钟定香为渡口市财贸工会工作委员会副主任，郑志勤、钟定香、覃慕唐、吴湘才、汪文弟、杨忠珍、何德富、冯浩、许云仪、唐定国、李定碧、左开礼等 12 人为工会委员。工作人员有郑志勤、钟定香、左开礼、秦友信、杨婕、王玉祥 6 人。

1988 年 3 月 30 日，攀枝花市财贸工会第一次会员代表大会在市工人文化宫召开，出席大会正式代表

153 名，列席代表 23 名。大会选举产生市财贸工会第一届工会委员会。郑志勤任主席，钟定香任副主席，委员 21 名。1992 年 1 月，余登文替补为市财贸工会主席，王玉祥为副主席。截至年底，全市财贸系统基层单位共建工会委员会 21 个，会员 13748 人。

1998 年 8 月 14 日，市财贸工会召开第二届委员会换届大会，选举王生伟为市财贸工会第二届委员会主席，王玉祥为副主席，委员 23 人。至年底，全市财贸系统基层单位共建工会委员会 41 个，会员 47695 人。

2000 年 12 月 6 日，在攀枝花市财贸工会二届二次全委会上，免去王玉祥市财贸工会副主席职务，替补苟红为市财贸工会常委、副主席。

2002 年 9 月 10 日，攀枝花市财贸工会召开二届四次全委会，会议选举段汝林为攀枝花市财贸工会第二届委员会主席，杨婕为攀枝花市财贸工会第二届委员会副主席，免去王生伟攀枝花市财贸工会第二届委员会主席职务和苟红攀枝花市财贸工会第二届委员会副主席职务。截至 2013 年年底，全市财贸系统基层单位共建工会委员会 173 个（其中省直管基层单位 36 个、省管单位工会 27 个），会员 8.73 万人（含三区两县），覆盖税务、金融、烟草、粮油、保险、旅游、商贸流通、餐饮、家政服务等行业。

2003—2013 年，市财贸工会未召开代表大会和换届。

1988—2013 年市财贸工会委员会负责人任职情况

表 71

职　务	姓　名	性 别	任职时间
主　席	郑志勤	男	1988.03—1992.01
主　席	余登文	男	1992.01—1998.08
主　席	王生伟	男	1998.08—2002.09
主　席	段汝林	男	2002.09—
副主席	钟定香	男	1988.03—1992.01
副主席	王玉祥	女	1992.01—2000.12
副主席	苟　红	女	2000.12—2002.09
副主席	杨　婕	女	2002.09—2009.08

第二节　组织建设

自 1995 起，市财贸工会开展全市财贸系统基层单位建会工作，职工积极加入各单位工会组织，财贸系统工会组织进一步建立健全。1995 年 1 月，市地税局成立第一届工会。1995 年 2 月，市国税局成立第一届工会。2003 年 4 月，市财贸工会指导华西证券攀枝花分公司、市流通行业办公室成立工会。2004 年 6 月，市财贸工会指导攀枝花市银监分局、北京华联攀枝花分店成立工会。2005 年 9 月，川投化工集团、四川长矾、兴中钛业、源通钛业、金沙水泥、玉典电冶等 23 家企业成立工会。2006 年 10 月，攀枝花市首家民营大型企业——攀枝花大地水泥有限公司成立工会。2007 年 7 月，市餐饮龙头服务企业市得天独厚餐饮管理公司和市民生人寿保险攀枝花支公司成立工会，重组商贸企业攀枝花市攀百大厦工会的组建工作也顺利进行。8 月，市餐饮服务行业工会联合会成立，联合会有餐饮服务上规模企业 20 余家，职工入会近 2000 人。2008 年 10 月，四川烟草公司攀枝花分公司成立工会。2009 年 6 月，市财贸工会加强上规模餐饮、商贸、家政服务企业建会力度，组建了市飞翔家政服务公司、香辣食府等 3 家企业工会，发展会员 160 人，把进城务工人员、农民工组织到工会中来。2011 年 11 月 24 日，沃尔玛（四川）百货有限公司攀枝花炳草岗分店成立工会。2012 年 12 月，世界 500 强之一的华润燃气攀枝花分公司成立工会。截至 2013 年 11 月底，全市财贸系统已建会单位 34 个，应建率 99.5%，发展工会会员 7.47 万人，建立健全职代会企事业单位 257 个。

1989—2013 年市财贸工会委员会组织发展情况

表 72

年　份	职工（人）	工会会员（人）	基层工会（个）
1989	14813	13748	17
1995	34085	32013	35
2000	45776	45308	56
2005	88431	80749	117
2010	100027	98937	133
2013	76753	74746	34

第三节　制度建设

1989—2000 年，市财贸工会坚持党政工联席会议制度。坚持每年召开一次党政工联席会，就党组织如何加强对工会工作的领导，行政如何重视、支持工会开展工作以及工会如何围绕中心，服务经济建设大局，提高企业经济效益等方面进行深入研讨。同时坚持召开财贸系统工会季度工作交流会，定期通报财贸系统工会工作和企业改革、改制情况，全力维护企业职工合法权益。

1994 年，市财贸工会狠抓财贸系统下属企业建立现代企业制度试点工作，针对市糖酒公司、市水产公司、攀贸中心以及股份制企业四川金茂药业股份有限公司董事会、监事会、股民与职工之间职权、性质、作用不清等现状。5 月，召开试点企业、实行股份制单位的工会干部研讨会，加强学习培训。同年 10 月，召开试点企业工作情况交流会，市商业局、市体改办相关负责人参加会议并作指导，对试点工作起到促进作用。

1996—1999 年，市财贸工会在系统下属企业大力推行平等协商、签订集体合同制度。1996 年，召开现场工作会。1997 年，召开经验交流会，确定弄弄坪粮站、大渡口粮站、市水产公司、市农资公司为推行平等协商、签订集体合同的试点企业，推广经验，以点带面，此项工作得以顺利推开。1998 年，在全系统建立劳动争议调解组织。到 1999 年年底，市财贸系统下属企业应签集体合同单位 59 家，已签订 41 家，签订率为 69%；建立健全劳动争议调解制度，市财贸系统下属单位应建劳动争议调解组织 68 个，已建 53 个，已建率为 78%。

2000 年，为认真贯彻落实市委、市政府《关于进一步推行厂务公开制度的实施意见》，充分发挥厂务公开在企业民主管理中的作用，市财贸工会及时对直属企事业单位的厂务公开工作进行检查、督导，当年底，市财贸直属企业中应建厂务公开的 15 家单位全部实行厂务公开。已改制成现代企业制度的 11 家国有控股企业、集体企业全部建立职工代表进入董事会、监事会制度。

2001—2006 年，市财贸工会以贯彻落实修改后的《中华人民共和国工会法》为契机，抓好平等协商机制的建立健全，集体合同的质量普遍提高，结合企业劳动关系调整和职工关心的热点、难点问题，切实维护职工的经济利益。2001 年，着手推行财贸系统下属企业签订集体合同制度。2003 年，修改完善协商和续签集体合同的新内容，将餐饮企业女职工的“四期”（经期、生育期、产期、哺乳期）保护及加班加点及休息休假待遇写进了合同。2004年，在全系统推行签订工资专项集体合同，并积极推进工资协商谈判制度的建立完善。2006年，市财贸工会不断巩固完善与市烹饪协会的一年一次的协调会议制度，推动从源头上解决治理餐饮企业强迫职工加班加点不付工资、工作时间长、工作条件恶劣、进城务工人员工资被拖欠等问题。

2006—2011年，市财贸工会加强源头参与，坚持建立完善与政府相关部门和行业协会的联席会议制度，借助社会力量推动财贸工会工作。先后与市商务局、市银监分局、市烹饪协会召开联席会议，就职工关心的“4050”（女职工40岁、男职工50岁）改制职工就业难，改制企业职工住房、就医、子女读书困难，国有商业银行一线职工收入偏低，国有商业银行撤并营业网点给城市居民带来不便，餐饮服务行业职工加班加点不付工资，工资被拖欠等问题广泛交流意见，并议定加大工作督导力度，以文件的形式着重在国家法定节假日给予职工双倍加班工资、休假、休息，追缴工资等方面加以明确固化。同时，市财贸工会进一步加强与保险协会等行业协会的联系，推进建立劳动关系三方协商机制的建立。

2012年10月，市财贸工会与市烹饪协会制订《攀枝花市餐饮服务行业最低工资标准》和《餐饮行业工资集体协商合同文本》，明确规定攀枝花市餐饮服务行业最低工资标准为1200元，不同工种都明确工资标准，并对节假日期间加班加点工资标准、休息休假加以明确，切实保障餐饮服务企业务工人员的切身利益和合法权益。

第四节 建功立业

一、金融行业职工技能比赛

1992年5—7月，市财贸工会在全市财贸金融系统开展“优质服务竞赛”行业技术比赛，比赛内容涉及珠算、心算、翻打手工点钞、计息等项目以及会计记账、储蓄、信贷、计划等多个岗位，参赛人员近千人。市粮食局、市物资局、市供销社分别获得识别假冒伪劣商品知识竞赛第一、二、三名，市农业银行、市税务局分别获得甲组和乙组珠算团体赛第一名，市工商银行唐蓉、市粮食局周涛分获甲组和乙组手工点钞第一名，市工商银行胡杰、陈颖分别获得机器点钞和对公计算第一名。通过技能比赛，一大批业务技术能手脱颖而出，使金融服务行业职工的职业技术水平得到提高。

1993年1月，市财贸工会与市政府财贸办联合召开“提高经济效益、优质服务”先进个人、先进集体表彰大会。大会表彰了物资局等25个先进单位，最佳营业员王艳勤等6名营业员和文慧等8名优秀业务管理员。9—12月，全市财贸系统开展双增双节劳动竞赛和提合理化建议活动，提高企业经济效益。市供销社扩股393.24万元，推销积压商品303.4万元，引进资金200万元；市物资回收利用公司收购废钢铁2100吨，确保企业经济效益不滑坡；市商业局、市物资局、市供销社、市粮食局、市人行、市交行等单位提合理化建议1248条次，被采纳466条次，创经济效益65.1万元；市工行、市农行开展会计、出纳、储蓄、信贷等岗位技术培训、练兵比武，有63人获得技术能手称号。

1994年5月，市财贸工会在全市商业系统开展“三提高两降低扭亏增盈”劳动竞赛活动。当年，市供销社完成年度销售总值突破3亿元，综合效益达3000万元，人均收入增加800元。

1995年7月，市财贸工会在全市金融系统开展“抓存款、强管理、创效益”为主题的劳动竞赛活动，当年，工行各项存款比1994年增加31.278亿元。

1996年2—4月，市财贸工会组织财贸系统各行各业深入开展劳动竞赛和练兵比武活动。市国税局举办“国税青年杯”微机技术能手赛和征管改革知识竞赛；市贸易局开展“学邯郸，降成本，增效益”劳动竞赛；市人行牵头组织金融系统开展金融法律法规知识竞赛；市商业系统举办珠算、打发票、心算、商品保管养护知识技能比赛。当年全市参加技术比赛人数 5829 人次，开展岗位练兵比武 149 次，提合理化建议 2493 条次，属于经营管理的被采纳 447 条，属于行政管理的被采纳 265 条，属于生活福利的被采纳 213 条，共创经济价值 223909 元。

1998 年 8 月，市财贸工会组织市财贸系统各企事业单位深入开展“爱岗敬业创一流”“优质服务流动红旗赛”和“为人民服务、树行业新风”等争创窗口优质服务单位和服务明星活动。市工商银行瓜子坪支行第一储蓄所、农业银行东风储蓄所、中保财险米易支公司等获优质服务单位称号，孙杰、栾巧珍等服务明星受到市政府表彰奖励，市工商银行攀枝花分行王旭桂获“全国五一劳动奖章”。

2003 年 5 月，市经济贸易委员会、市总工会、市工商局、市技术质量监督局联合开展加强商业职业道德建设活动。中华财贸轻化纺工会表彰渡口商场为“全国百城万店无假货示范店”，表彰攀钢商业公司盛源超市为“全国创品牌活动先进集体”。

2005 年，市财贸工会组织动员全市财贸系统职工开展“创学习型组织、争做知识型职工”的职工素质提升工程。组队参加市委宣传部、市经委、市总工会联合开展的“攀枝花市优势企业和窗口服务行业争跨越竞赛”“优质服务诚信创品牌”“百城万店无假货”等群众性经济技术创新活动，攀钢（集团）公司等 18 个优势企业，市煤气总公司等 10 个窗口服务行业等受到市政府表彰。

2006—2010 年，市财贸工会组织全市财贸系统职工开展科技创新标兵、技术操作标兵、合理化建议标兵、安全生产标兵、营销促销标兵、窗口服务标兵评选活动和职工职业技能大比武活动，拓展财贸系统的劳动竞赛领域，丰富竞赛内容，创新竞赛形式。5 年间，共发动职工群众提合理化建议 10453 条，被采纳 6245 条，可创经济价值 600.87 万元，参加活动近 8.3 万人次。市工行获全市窗口服务行业争跨越先进集体，人保寿险公司孙树芝获全市营销标兵，商业银行陈芳获全市窗口服务标兵。

2010 年，在金融、保险行业组织开展“争做优质服务明星”“我为服务业发展献一策”“窗口服务行业争跨越”的劳动竞赛。调动职工群众的积极性、主动性、创造性，市财贸系统各级工会和职工共提合理化建议 1200 余条，采纳 800 余条，创经济效益 900 余万元。

2013 年 6 月 6 日，市财贸工会相继在全市税务、金融、保险等行业开展“创、比、争”技能竞赛和“反洗钱”知识竞赛，提高了税务、金融、保险系统职工的业务素质。

二、餐饮服务行业员工技能比赛

1991—2000 年，市财贸工会积极组织餐饮服务行业开展涉及点菜、配料、红白案、刀工表演等五花八门的项目比赛，有近 3000 名餐饮企业的员工参加竞赛活动。

2004 年 6 月，市财贸工会积极配合市流通行办、市烹饪协会组织攀枝花餐饮界的行家里手及精英 65 人，参加四川省第三届烹饪技术大赛，取得团体第二名和参赛个人 8 金、16 银、29 铜的好成绩。

为全面提高攀枝花市宾馆、餐饮服务行业职工职业技术素质和业务技能，培养和造成一支高层次、高素质、高技能服务水平优良职工队伍，市财贸工会分别于 2003 年 5 月、2005 年 5 月、2007 年 6 月、2009 年 9 月，与市商务局、市劳动局、市旅游局、市烹饪协会相继联合开展第一至四届全市烹饪技能大赛，参赛职工达 1 万余人。评出攀枝花宾馆、川惠大酒店等 19 个优质服务优胜单位，宋艳华餐厅、天天渔港等 8 家具有地方特色的市级餐饮名店；表彰技能型职工 45 名；攀枝花宾馆陈江被评为省级劳动模范，攀枝花市国税局周蜀蓉被评为部级劳动模范。

2009 年 10 月，市财贸工会指导市得天独厚餐饮管理有限责任公司工会开展庆“五一”劳动技能大赛，120 多名选手参加烹饪、摆台、雕刻等 6 个项目的比赛，评出技术能手 28 名。

2010 年 9 月，市财贸工会指导市得天独厚餐饮管理有限公司、攀枝花宾馆开展“庆‘五一’烹饪、客房服务、调酒师技能大赛”，参赛职工 128 人，评出技术能手 22 人。2011 年 11 月 28 日，市财贸工会协助市商务和粮食局、市旅游局承办“川滇黔金沙流域十四市州烹饪大赛”，组织精兵强将积极参赛，获 5 枚金牌、7 枚银牌、18 枚铜牌。12 月 6—25 日，协助市政府主办攀枝花市欢乐阳光节首届电视“行远牧业杯”厨艺争霸赛，126 名选手参加决赛。

2013 年 4 月 26—28 日，市财贸工会指导得天独厚餐饮管理有限责任公司工会成功举办“五一”劳动技能大赛。

第五节　扶贫帮困送温暖

自 1990 年开始，市财贸工会坚持在元旦、春节期间开展对本系统困难职工及劳模的走访慰问活动，为困难职工、困难劳模送粮、送油、送温暖。同时加强领导干部联系特困职工家庭制度，抓好重大节日走访慰问送温暖活动。至 2000 年，市财贸系统 246 名县级领导干部走访慰问结对的联系户，送去慰问金 24.34 万元。财贸系统工会干部走访困难职工 383 户，按时发放低收入职工家庭粮价补贴 113 万余元，送去慰问金、慰问品 257 万余元。

1999 年 7—9 月，市财贸工会在银江镇陆续开办下岗职工烹饪技术培训、计算机培训、家政服务培训和种植芽苗菜、食用菌的培训项目，培训学员 127 名，83 名学员实现再就业。

2000 年 5 月，为把再就业与促进产业结构调整、推动农业产业化结合起来，市财贸工会聘请相关技术人员先后到米易县新河果业开发有限公司、仁和区平地供销社皮席拉养殖场和攀煤公司大宝顶矿工会种植养殖基地等进行实地指导。9 月，在全省财贸工会举办的全省下岗职工农业开发成果暨农业科技项目展示会上，攀枝花市下岗职工农业开发成果受到省委常委、省总工会主席甘道明的好评。米易县新河果业开发有限责任公司、盐边县仰天窝脐橙园被省总工会授予“下岗职工从事农业开发示范园点”称号，员工朱群国被省总工会授予财贸系统“下岗职工再就业明星”称号，成都电视台、《成都晚报》《华西商报》专门到攀枝花市做了采访报道。

2001—2004 年，市财贸工会学习贯彻国家经贸委、中华全国总工会《关于进一步加强商业职业道德建设》的意见，积极组织全市财贸系统各单位开展群众性经济技术创新工程和“安康杯”安全生产竞赛活动，取得优异成绩。攀枝花地税局被市政府评为创新工程先进单位，李诗洪、文慧明被评为创新标兵。在市“安康杯”竞赛活动中，涌现一大批先进集体和先进个人，市商业银行、中国太平洋财产保险分公司攀枝花中心支公司财产客户部等被评为市级优胜企业和优胜班组，吴永福、杨斌等被评为市级先进个人。

2005 年 6 月下旬，市总工会与东区总工会、银江镇政府联合举办为期两个月的进城务工人员美容美发技能培训班，有 26 名农民工参加培训。

2006—2013 年，市财贸工会充分利用内产业工会的资源优势，积极指导县（区）总工会、行业工会开展对农民工、失业职工的创业技能培训。依托家政服务培训机构，积极开展工会职业介绍和劳务派遣工作，累计为 1180 人提供职业介绍，培训餐饮厨师 120 人、服务师 1000 余人，劳务派遣 300 余人，开展送服务下乡农民工创业技能培训 180 人，帮助 600 名农民工实现就业。2008 年 9 月，攀枝花“8・30”地震灾害发生后，市财贸工会先后多次组织捐款，全市财贸系统广大职工共捐款 380 余万元。市财贸工会深入到受灾较为严重的仁和区大龙潭乡、平地镇、大田镇、金江镇查看灾情，发放救灾物资，慰问受灾劳模。2013 年 11 月，为进一步提高新生代农民工和进城务工人员的劳动技能，指导餐饮服务企业拓市场，聘请经验丰富的高级技师，委托有资质的培训机构送培训到攀枝花市欧方营地度假基地、米易县普威镇独树旅游新村，培训餐厅服务员、客房服务员，烹饪、家政服务员470人，经考试合格后，颁发由人社劳动部门统一制发的职业技能资格证书，当年400人实现就业。

第六节　维权工作

1990—2003年，市财贸工会认真处理职工来信、来访，维护职工的合法权益。1994年，市财贸工会会同市商业局妥善处理了市蔬菜公司河门口分公司职工周正贤因工伤未享受劳保福利纠纷案。1995年，会同市物资局处理了市制钉厂在半停产状态下职工发不出工资，导致生活困难等问题。1997年，处理了市粮食局面粉厂车间职工反映工作时间长、无加班补贴、工资低等问题。

2005年6—8月，市财贸工会进一步建立健全工会维权机制，按照以人为本、构建和谐社会的要求，高度重视和维护职工群众最现实、最关心、最直接的利益，从解决职工个案维权入手，督促协调妥善解决了原流通行办下属亿达民爆公司退休困难职工罗某病亡家属的抚养费和原粮贸公司内退职工钱某的长期上访等问题。多次看望市国税局稽查分局患脑溢血劳模刘明秀，并对其工伤认定的问题作了大量的说服解释工作，化解了矛盾，得到企业和上访者的一致好评。

2006年12月，西区工会、西区财贸工会以行业工会和区财贸工会为依托，与企业行政签署行业性《女职工特殊权益保护专项集体合同》，覆盖辖区内煤炭高危行业、餐饮、商贸服务行业等女职工相对集中的企业，覆盖率达80%，迈出了行业工会女职工维权的第一步。

2007年5月，北京华联攀枝花分公司、市商业银行等单位相继签订集体合同，覆盖员工813人，明确职工休息休假、加班加点、并将女职工“四期”保护及设立哺乳室明确写进合同条款，维护了一线女员工的合法权益。

2008年6月，市财贸工会两次召开行政、工会、职工代表三方参加的座谈协调会，妥善处理攀枝花宾馆因改制补交社保金和个人承担改制成本等原因导致156名职工集体联名上访问题，维护了职工队伍的稳定。9月，攀枝花“8·30”地震灾害发生后，市烟草公司仁和分公司抗震救灾服务队深入震中地区的平地、大龙潭等乡镇，帮助修复受地震损毁的烤烟房600余间，及时收购烟农的烟叶，维护了烟农的利益。

2009年，贯彻四川省财贸轻化纺工会《关于开展餐饮企业促进发展关爱员工实现双赢典型调查的通知》，开展工作调研，实施工资集体协商“百日攻坚”专项行动和要约行动，向上规模的商贸企业、餐饮服务业提出要约，召开业主座谈会，指导市商业银行、北京华联攀枝花分公司开展行业性工资集体协商，签订行业工资集体协议，覆盖员工1300余人，实现企业不裁员、不减薪、职工与企业共克时艰。

2010年7月，市财贸工会充分认识金融危机形势下发展和谐劳动关系的重要性，找准切入点，大力实施工资集体协商“百日攻坚”专项行动和要约行动，向上规模的商贸企业、餐饮服务业发出要约，市商业银行、北京华联攀枝花分公司签订了工资集体协议，维护了1200余名职工的工资权益。9月，筹备召开与市商务局、市银监分局的联席会议，就广大财贸职工关心的改制企业住房难，子女读书难、就业难，部分金融一线职工收入偏低、餐饮服务业职工超时工作、加班加点严重的问题广泛交换意见，增进了沟通交流。

2011年5月，针对部分餐饮企业非法使用食品添加剂、口水油、地沟油的情况，市财贸工会与市烹饪协会向全市餐饮服务企业联合发出《餐饮食品安全倡议书》，倡议全市餐饮服务业诚信经营、严格自律、拒绝非法添加和滥用食品添加剂。举行《餐饮服务食品安全承诺书》签字仪式，来自全市上规模餐饮服务企业30家负责人积极响应，在承诺书上签字，郑重承诺诚信经营，恪守职业道德，高度重视食品安全。

10月14日，市财贸工会召开攀枝花市餐饮服务行业工资集体协商签字仪式，表决通过《攀枝花市餐饮服务行业工资集体协商专项合同》，来自全市25家上规模餐饮企业的50余名职工代表参加会议。全市25家上规模餐饮企业负责人与市烹饪协会签订《行业工资集体合同》，覆盖职工3000多人。

2012年3月20—25日，市财贸工会组织市得天独厚餐饮服务有限公司、川惠大酒店共计10家餐饮服务企业开展“外来务工人员融入攀枝花城市问卷调查”，共计组织受访人员400人，就外来务工人员在涉及劳动报酬、工作条件、学习培训、休息休假、子女读书、住房等方面开展调查问询，为市政府制定外来务工人员融入攀枝花建设、解决存在问题、出台政策方面提供数据支持。5月，对攀枝花市商贸服务业中小企业发展及职工劳动经济权益实现状况进行为期14天的调查，较系统地掌握攀枝花市餐饮和商业服务行业中外来务工人员的思想现状和诉求，并形成专题调研报告上报省财贸工会，为上级决策提供了依据。8月，指导攀枝花市得天独厚餐饮管理有限公司续签工资集体合同，覆盖二级企业6家、员工1000余人。

2013年，市财贸工会开展劳模关爱活动，建立和完善劳模管理信息化平台，开展“劳模关爱周”“劳模宣传月”活动，组织劳模疗休养，召开劳模座谈会，实施困难劳模帮扶行动。当年底，共慰问各级劳模20余人次，发放慰问金1.9万元。走访财贸系统各类企业40余户，召开各类座谈会42场，慰问困难职工（困难劳模）40余人次。同时，积极参与劳动争议案件的调解、仲裁，全年开展调解劳动争议6件。

第七节　文体活动

自1993年起，市财贸系统坚持每年积极开展丰富多样、职工喜闻乐见的文娱体育活动，是年5月，税务系统召开“攀税杯”职工书画比赛、读书演讲比赛；市建行举办第四届职工田径运动会。1995年3月，市保险系统开展绘画、摄影展，知识竞赛，有奖征文等活动。1998年4月，市金融系统举办篮球、羽毛球、乒乓球、扑克、棋牌赛。2000年1月，市金融系统举办迎“千禧年”职工马拉松比赛。2002—2007年，市财贸工会连续举办5届职工桥牌和象棋比赛。2008年3月，市财贸工会组织市餐饮服务行业工会联合会与得天独厚餐饮管理有限公司举办鸿雁文化艺术节。指导市餐饮服务行业工会联合会和烹饪协会举办技术运动会，有227名员工参加活动。2013年10月22日，市财贸工会在市经贸旅游学校举办餐饮服务行业职工技术运动会，来自全市上规模餐饮服务行业的380名选手参加相关项目的角逐。在此期间，还开展各种主题的迎庆“三八”节系列活动、“七一”前夕的职工读书演讲比赛、迎庆中秋、国庆的大型诗歌朗诵、歌舞比赛等。1993—2013年，市财贸系统共举办各类形式的文娱体育活动4000余场次，近18万人次参加，一大批文娱骨干脱颖而出，丰富了全市财贸系统职工的业务文化精神生活，陶冶了情操。

第三章　攀枝花市交通工会委员会

第一节　组织机构

1973年6月18日，渡口市交通指挥部工会召开第一次会员代表大会，选举产生渡口市交通指挥部第一届工会委员会。1980 年 3 月，渡口市交通局成立，与渡口交通指挥部一个机构两块牌子。1982 年 3 月，撤销渡口市交通指挥部，原指挥部工会改名为交通局工会。1983 年 4 月，攀枝花市交通系统机构改革，局工会组织撤销。1987 年初，攀枝花市交通运输局工会工作委员会恢复。1997 年 5 月，经市编办、市总工会研究，核定市交通运输局工会工作委员会事业编制 2 人。根据市编办《关于攀枝花市交通工会工作委员会更名的批复》（攀编办〔2006〕53 号）精神，2006 年 9 月 26 日，市编办办公会研究同意攀枝花市交通运输局工会工作委员会更名为攀枝花市交通运输局工会委员会，列入市总工会的产业工会系列。2009 年 9 月 23 日，召开攀枝花市交通工会第一次代表大会，选举产生攀枝花市交通工会第一届委员会、第一届经费审查委员会和第一届女职工委员会。

工会主要工作职责：负责工会日常工作，制订工会工作计划，执行上级工会的决定。依照法律规定，通过职工代表大会和其他形式参与本单位民主管理和民主监督；参与行政协调劳动关系和调解劳动争议，帮助指导系统工会与单位行政方面签订劳动合同和签订集体合同或其他协议，并监督执行；组织职工开展经济技术创新活动，总结推广先进经验。做好先进生产工作者和劳动模范的评选、管理工作；引导组织职工学习理论业务知识；开展健康的文体活动，办好工会文教事业；监督有关法律、法规的贯彻执行。协助和督促行政方面做好工资、劳动安全卫生和社会保险等方面的工作，办好职工集体福利事业。依法参与劳动安全事故的调查处理，开展好本系统的扶贫济困工作；维护女职工的特殊利益，搞好工会组织建设，做好新会员的发展接收工作，管好工会财产。

1990—2015 年市交通工会委员会负责人任职情况

表 73

姓　名	性别	职　务	任职时间	备　注
王福兴	男	主　席	1990.02—1992.07	
杨振松	男	负责人	1992.07—1998.04	主持工作
杨甲炼	男	副主席	1998.04—2002.08	主持工作
蔡丽萍	女	主　席	2002.08—2009.08	
强兴林	男	主　席	2009.09—	

第二节　组织建设

按照《中华人民共和国工会法》《工会章程》规定，各种所有制企业、事业和机关等基层单位，应依法建立工会组织。2013 年，攀枝花市交通工会有基层工会组织 16 个，其中自收自支事业单位工会（攀枝花市汽车客运中心工会委员会）1 个，参公单位工会 5 个（攀枝花市运输管理处工会委员会、攀枝花市公路路政管理支队工会委员会、攀枝花市公路管理处工会委员会、攀枝花市地方海事局工会委员会、攀枝花市交通工程质量监督站工会委员会），国有控股企业工会 2 个（攀枝花公交客运总公司工会委员会、攀枝花市交通投资开发有限公司工会委员会），行政单位工会 1 个（攀枝花市交通运输局机关工会委员会），民营企业工会 7 个（攀枝花运业有限公司工会委员会、攀枝花市公路桥桥梁工程有限公司工会委员会、攀枝花市公路建设有限公司工会委员会、攀枝花市三亿装卸运输责任有限公司工会委员会、攀枝花市蜀星运输公司工会委员会、攀枝花市瑞云工贸有限公司工会委员会、四川恒盛路桥勘察设计有限公司工会委员会），共有工会会员 2234 人，有专（兼）职工会主席 16 人，有专（兼）职工会干部 32 人。各级工会组织按照有关规定，成立了女职工委员会、经费审查委员会、劳动调解委员会、法律监督委员会和劳动保护监督检查委员会。有专（兼）职女工主任13人、专（兼）职工会经审主任16人。市交通工会有独立办公场所、有独立法人资格、有工会公章、有独立的工会经费账户、有完整的工会工作台账，依法拨缴工会经费，各级工会组织组建符合组织程序，按期换届，会员管理规范，人员配备齐全，制度健全，形成了自上而下的管理网络。

1989—2013年部分年份市交通工会委员会基层工会组织发展情况

表74

年份	职工（人）	会员（人）	基层工会（个）	工会干部（人）
1988	5637	3426	10	22
1995	5433	3591	10	24
2000	5171	3162	10	18
2005	4584	2796	14	21
2010	3126	2433	16	28
2013	2862	2234	16	32

第三节　经济技术协作

1989—2013年，市交通工会实施职工素质提升工程，开展职工劳动竞赛、技术比武、岗位练兵，提高职工业务素质和业务水平。自1989年以来，市交通工会以“安康杯”“百日安全生产”“百岗万人职工职业技能大赛”活动为依托，以“当好主力军、建功‘十二五’”“三十万职工同舟共济保增长、建功立业促发展”为竞赛主题，开展“战高峰、比贡献、增效益”“节能降耗、杜绝浪费、厉行节约”“窗口优质服务”等劳动竞赛，举办“创建学习型组织、学习型班组、争做知识型、技能型职工”活动。

1989—1995年，市交通系统各单位组织开展适应经济承包形式的劳动竞赛和“五好”家庭评比活动，评选出省部级、市级劳动模范32人，“五好”家庭98户。

1996—2006年，市交通工会组织全系统工会开展四川省劳动法律法规知识竞赛。各单位共成立劳动保护监督检查委员会10个，开展冬季安全检查、防汛安全检查、安全生产周活动以及客运中心安全隐患排查活动，查出安全隐患187件，提出改进意见145条。

2006—2010年，市交通系统各企事业单位认真开展“安康杯”劳动竞赛和“两创一争”（创建学习型党组织、创建学习型机关、争做优秀共产党员）“同舟共济保增长、建功立业促发展”系列活动。特别是市公交客运总公司开展“双比双降”（比管理、比技术、降能耗、降排放）为主要内容的节能减排活动，职工提合理化建议341条，被采纳134条。

2011—2013年，组织开展“安全生产月”和“百日安全”活动，落实“一岗双责”，推行安全生产目标管理，完善目标考核措施。

第四节　扶贫送温暖

1989—2013年，市交通工会把改善职工群众生活作为工会推动和谐社会建设的着力点，做好“四季送”

（春送岗位、夏送清凉、秋送助学、冬送温暖）走访慰问活动。从 1991 年开始，市交通局工会每年均筹集部分资金，开展节假日和经常性的走访慰问活动。

1991 年，走访困难职工 82 户，发放慰问金 1410 元。1992 年，走访困难职工 127 户，发放慰问金 3600 元。1994 年，走访慰问 236 人，发放慰问金额 8000 元。1995 年，走访慰问困难户 591 户，其中特困 103 户，发放慰问金 35128 元。1996 年元旦、春节期间，筹集送温暖补助款 71284 元，共对 739 人，包括 246 户特困户进行慰问。1997 年，慰问特困职工达 225 户，全年发放走访慰问金 88610 元。1998 年，市交通工会共走访慰问 915 户，其中 275 户为特困户，发放慰问金 128400 元。

2000 年，元旦、春节期间走访慰问特困职工、离退休老干部 1026 人，其中困难户 1055 户，特困户 246 户，共发放慰问金 138640 元。2001 年，走访慰问困难户 1073 户，其中特困户 246 户，发放慰问金 138500 元。2002 年，走访慰问困难户 1165 户，其中特困户 278 户，发放慰问金 143600 元。2003 年，走访慰问困难户 1169 户，其中特困户 274 户，发放慰问金 140200 元。2004 年，共走访慰问困难户 1159 户，其中特困户 274 户，发放慰问金 147200 元。2005 年，走访慰问困难户 1170 户，其中特困户 285 户，发放慰问金 145300 元。2006 年，走访慰问困难户 875 户，其中特困户 282 户，发放慰问金共 111840 元。2007 年，走访慰问生活困难户 8127 户，其中特困户 241 户，发放慰问金共 114620 元。2008 年春节期间，共走访慰问困难户 794 户，其中特困户 223 户，发放慰问金 83150 元。2009 年，走访慰问职工困难户、劳动模范、离退休副县以上干部及帮扶农村困难户共 346 人，计发放慰问金 88000 元；

2010 年春节、“七一”及国庆期间，走访慰问困难职工、困难党员及农户共 221 户，特困职工 42 户，发放慰问金计 100700 元。2011 年，共走访慰问困难户 141 户，其中特困户 34 户，发放慰问金 55100 元。2012 年，共走访慰问困难职工 67 户，其中特困户 28 户，发放慰问金 65000 元。

2013 年 12 月，全年走访慰问困难职工 39 户，其中特困户 5 户，发放慰问金 45900 元。

第五节　民主管理

一、职工之家建设

1989—2013 年，攀枝花市交通运输局所属企事业单位因地制宜，结合单位建制及属地特点，由基层工会组织牵头，在党委和行政支持下，相继建立职工之家，设置固定的职工活动场所。全系统共有工会文娱活动室 6 个。各单位通过日常维修、添置设施、购置设备、图书及娱乐用品等办法，积极开展职工业余活动，文娱活动室成为职工业余学习和聚会娱乐的地方，一些基层单位也兼做开会的场所。在生产任务繁重、职工生产生活条件差的历史时期，职工之家主要发挥了职工业余活动交流、职工生产生活衔接、职工日常思想互动等作用。

二、职工代表大会

1989—2013 年，市交通运输局所属各单位均按规定按时召开职代会或职工大会，及时解决本单位重大的生产经营决策问题以及职工关心的重点热点问题。市交通工会所属公交客运总公司和攀枝花市汽车运输总公司两大企业工会工会共召开职代会 23 次，职代会主要职责为审议批准企业行政工作报告、财务预决算方案、职工奖惩办法、重大改革方案、重要制度和民主评议领导干部等，让职工充分参与企业民主管理、民主监督和民主决策。

三、厂务公开

1999年6月，市交通运输局厂务公开深化民主管理领导小组成立，领导小组办公室设在市交通工会办公室，并由工会主席兼任领导小组办公室主任。此间，市交通运输局厂务公开深化民主管理领导小组印发《攀枝花市交通运输局厂务公开深化民主管理领导小组分工责任及意见》，文件明确提出要贯彻落实党的“依靠方针”，必须健全完善职代会制度，推进厂务公开，确保职工主人翁地位。各单位厂务公开的主要内容是：管理过程中的应公开事项，涉及职工切身利益的事项。主要形式是：会议传达、会议通报、各种座谈会通报、联席会通报、宣传板报、墙报、音像片、广播、标语等。各单位厂务公开的时间、内容、形式与效果一般不同步，主要根据自身的情况和工作需要而定。1999—2013年，市交通各企业坚持厂务公开制度，增进了理解，消除了误解，强化了监督。到2013年年底，市交通系统各企事业单位的厂务公开工作已逐步规范，公开率达到100%。

第六节　文体活动

攀枝花交通下属企事业单位的职工住居分散，生产工作任务繁重，缺少文化生活。1989—2013年间，为丰富职工生活，每逢节假日，市交通系统各级工会都要因地制宜部署开展职工群众喜闻乐见的各项文体活动，以此渲染节日气氛，丰富职工生活。文化活动有歌曲、舞蹈、快板、相声、小品、迷宫游戏、谜语竞猜、书画展览等，大多为自编自演，反映生活，贴近时代，简便易行。体育活动一般有拔河、赛跑、象棋、乒乓球、羽毛球、排球、篮球等，可谓花样繁多，热闹非凡。在重大节庆活动中，一些单位还专门邀请机关领导参与，亲临现场裁评指导。

1989—2007年间，每逢节假日期间，交通工会都要组织各企事业单位工会、共青团联合开展登山、游园、歌咏比赛、演讲比赛及各种形式的体育竞赛和知识竞赛活动。

2008年1月16日，攀枝花市交通运输局、市委宣传部带领交通系统下属单位自编自演的舞蹈、相声、小品等赴西攀高速米易段工地慰问演出。

2009年，在国庆60周年之际，市交通运输局组织下属单位在攀枝花学院大礼堂开展“庆祝建国60周年”大型文艺会演，还邀请市级领导到场观看演出。年底，市交通工会带领职工自编自演的节目到丽攀高速公路西区段给一线职工进行慰问演出，受到领导和职工群众的一致好评。2011—2012年，由市交通运输局党委牵头，市交通工会承办，在米易县开展两届交通系统职工运动会。

第四章　攀枝花市建设建材工会委员会

第一节　组织机构

1983年7月，市建工工会、市城建工会、市建材工会合并，成立攀枝花市建委工会工作委员会，工会委员会设在市建委，为攀枝花市总工会的驻外产业工会。攀枝花市建委工会工作委员会负责联系和领导地方建筑、建材、城建、公用、规划设计、房产开发等企事业单位的工会工作。

1989 年 7 月，市建委工会委员会迁入新华街 6 号办公。至 1997 年，主任先后由冯金芳、周殿松、林维辅、邓建华担任；副主任赵洪余；女工主任卢如贞、邓银香、杜娟。有工作人员 4—6 人。

1998—2002 年，市建委工会委员会搬迁至攀枝花市城市建设档案馆办公，主任邓建华，副主任赵洪余、邓银香、杜娟。2002 年 4 月 26 日，市建设建材工会成立，并召开“攀枝花市建设建材工会第一次会员代表大会”，选举出委员 23 名，工会常务委员 9 名；工会主席 1 名，副主席兼经审主任 1 名，邓建华任主席，杜娟任副主席兼经审主任。有工会工作人员 4 人。

2005 年，市建设建材工会委员会搬迁至泰隆东楼办公。主席邓建华，副主席、经审主任空缺，有工作人员 3 人。2005 年 8 月，市城管局从建设局分出，攀枝花市建设建材工会不再负责城建公用企事业单位的工会管理。

1989—2013 年市建设建材工会委员会负责人任职情况

表 75

职　务	姓　名	任职时间	备注
主　任	林维辅	1989.12—1993.08	
副主任	邓建华	1993.08—1998.01	主持工作
主　任	邓建华	1998.01—2002.06	
主　席	邓建华	2002.06—2014.08	
主　席	胡晓艳	2014.09—	

第二节　组织建设

1989 年，攀枝花市建委工会工作委员会有基层工会组织 29 个，会员人数 1.5 万余人。2002 年，有基层工会组织 22 个，会员人数 1.1 万人。2005 年，攀枝花市建设建材工会委员会有基层工会组织 23 个，会员人数 5000 余人。

2005 年 8 月 24 日，市建设建材工会经研究同意成立“四川省泸县建筑安装工程总公司攀枝花分公司工会”，这是市建设建材工会在全市民营企业中组建的第一家工会。随后相继成立上海花园、仁和春天房产开发公司工会。11 月 18 日，市通力建筑（集团）有限责任公司、市第二建筑工程公司、市安装工程总公司、市建筑机械化施工公司、四川攀枝建设总公司、四川广厦建材股份有限公司 6 家局系统单位移交市国有资产监督管理委员会监督管理。市国资委负责企业领导人员、资产处置、改制过程中相关政策落实工作。市规划和建设局配合协调企业做好思想政治、改革和稳定工作，工会关系仍然归属于市建设建材工会。2007 年 5—9 月，攀枝花市建设建材工会按照中华全国总工会“组织起来、切实维权”的精神，筹建“建筑业工会联合会”和“房地产业工会联合会”，覆盖企业 200 余家，基层组织发展到 21 个，会员人数达到 6000 余人。

2013 年，攀枝花市建设建材工会有基层工会组织 21 个，会员 5000 余人。

1989—2013年部分年份市建设建材工会委员会组织发展情况

表76

年份	职工（人）	会员（人）	基层工会（个）	工会干部（人）
1989	17000	15000	29	107
1994	18000	16000	26	93
1998	12000	11000	27	83
2000	12000	11000	24	83
2002	12000	11000	22	87
2005	6000	5000	23	67
2008	6000	5000	21	60
2010	6000	5000	17	54
2011	6000	5000	18	62
2013	5000	5000	21	70

第三节　经济技术创新活动

1998—2013年，市建设系统各级工会在市建设建材工会领导下，开展各类技术操作竞赛，发动和组织广大职工围绕企业深化改革、转变机制、技术革新活动，在开发市场、加强管理、提高质量、降低成本、增进效益方面广泛开展群众性“经济技术创新”活动。开展安全班组达标竞赛、青工技术比赛、优质服务活动竞赛等40余项，参赛人数2000余人，评选出技术能手、先进青工100余名。在历次竞赛活动中，涌现出很多吃苦耐劳、技术先进的劳动模范和先进个人。

1995年7月，市建委代表队在参加全市职工砖工、汽车驾驶、电焊、车工和珠算5个工种的技术竞赛中，获得砖工的第二名至第六名5个名次和汽车驾驶第二、第三名的好成绩，并有一人获“珠算五级能手”称号。

2000年10月11日，人民街改造工程正式开工。该项工程东起临江路口经至市人大、攀枝花宾馆、炳草岗电影院，西至市保险公司大楼，包括一号、二号连接线的冶金路和建设街一部分，工程由建筑机械化公司承担。市建委工会在工地开展“保安全、保质量、保工期”劳动竞赛，确保工程全面达标。

2002年，市建设建材工会获四川省劳动竞赛实施群众性经济技术创新工程先进单位，2005年获攀枝花市职业技能大赛优秀组织奖。

2008—2012年，市建设建材工会组织建设系统各单位开展“安康杯”“工人先锋号”和建设工程劳动竞赛。2009年，房管局获四川省“工人先锋号”称号。2012年，攀枝花工程建设总公司获全国五一劳动奖状。

第四节　民主管理

1995年11月27日，四川金沙水泥股份有限公司董事长兼总经理纪荣怀和工会主席贾大位分别代表企业和职工在《集体合同》上签字，这是攀枝花市国有企业中第一个签订《集体合同》的单位。12月27日，市建二公司签定全员劳动合同。至此，由市建委主管的所有企业全部完成劳动合同签订工作。

1996年2月6日，为保障《劳动法》的顺利贯彻实施，市建委鉴于原调解委员会成员变动情况，对劳动争议调解委员会成员作了新的调整。由市建委党委书记、建委主任赵湘任调解委员会主任。调解委员会办公室设在委工会，负责劳动争议的日常工作。

1989—2013年，市建设建材工会作为职工的代言人，在企业中广泛推行职代会和开展厂务公开，促进民主管理，职工广泛参与企业民主决策、民主管理、民主监督。工会积极发挥参政议政作用，在企业改革改制、破产安置中始终代表职工利益，代表和反映职工的呼声和愿望。坚持贯彻《企业法》，定时定期召开职工代表大会，审议企业重大问题，全面实行“双保合同”制度，签订“集体合同”，企业民主管理得到深化。实行“厂务公开”制度后，实行企业业务招待费向职代会做报告、领导干部廉洁自律向职代会做报告制度，职工民主评议干部工作也得到落实，推进、建立职工当家作主的企业文化。2009年，市厂务公开工作检查领导小组通过职工代表现场无记名调查问卷的方式，对本系统市房地产管理局的厂务公开工作进行抽查。市房管局被评为2009年市厂务公开工作先进单位，并被推荐评选省级先进。2011年，市房管局被评为攀枝花市厂务公开工作先进单位。截至2013年，建设系统下属25家企业全部实行厂务公开制度。

第五节　帮困送温暖

1989—2013年，市建设建材工会在面对困难企业增多、困难职工生活受到影响的情况下，依靠市总工会的支持，重点对特困企业和困难企业中的特困职工，广泛、持久、深入开展送温暖活动。

2009年，原市建委主管的建筑、建材7个企业有生活困难户1120户，人口总数3140人，工会筹借扶贫款52万元，按每户200元给予困难补助。2011年，因物价上涨，职工生活困难，建设建材工会拨3.5万到4个企业作为物价补贴，并为5个企业的18个贫困家庭子女争取助学金6.3万元。2013年，为2396户困难职工办理“困难职工减免优惠证”；为本系统24户患重症的困难职工家庭办理了救助，救助款计48000元。

建立领导干部联系户，定期开展慰问活动。看望困难职工生病住院，对考取中学或者大学的困难职工子女进行帮扶，把温暖和关怀送到千家万户。1999年10月，市建设局向米易新山乡捐款10735元，捐衣5000余件。2003年8月21日，市建设建材工会负责人陪同市委、市总工会领导，向市通力建筑（集团）有限责任公司11位考上大中专院校的特困职工子女送去2万元助学金。10月16日，组织局系统11家单位到新山乡扶贫调研。2004年5月15日，协助米易县新山乡傈僳族乡顺利举办首届傈僳族“约德节”。2005年4月，在新山乡傈僳族村召开扶贫工作会，加大对新山乡集镇建设力度，投入19万元扶贫资金。2006年1月23—24日，市建设建材工会负责人陪同市领导、局领导走访慰问联系户15家，送去慰问金4500元。2007年1月15—20日，走访慰问原一公司、二公司、建机化、广夏公司、金沙水泥等改制企业下岗困难职工100户，送慰问金3万元。2007年12月29日，市住建局和相关处室领导，到新山乡开展扶贫帮困，市建设建材工会募集捐款10万元和棉被、衣物等慰问品，并向50户困难户发放慰问金。2008年，开展“5·12”汶川地震和“8·30”攀枝花地震捐赠活动，共计捐款3万余元。8月12日，组织设计专家到受“5·12”汶川地震灾区旺苍县五权镇，开展该镇《重建设计方案》评审。9月22日，组织设计院专家6人到米易新社乡，帮助“灾后重建”，免费为学校大门、校舍、厨房和养老院扩容做设计。2010年，开展向甘肃舟曲及四川省特大山洪泥石流灾区捐款献爱心活动，共计捐款3.2万余元。2013年8月9日，市建设建材工会到市重点工程“渡口桥南岸至倮果桥步行系统”工地，慰问施工工人，查看和了解了施工进度、防暑降温和劳动保护等情况。2013年10月2至3日，市建设建材工会受市住建局和市总工会委派，组织质量安全工作人员站和设计院专家前往红格镇“小城镇打造”工地指导工作，并慰问了3个施工工地的农民工。

第六节　文体活动

1989—2013 年，市建设建材工会把组织职工开展文化体育活动作为重要工作来抓。要求各基层工会在元旦、春节和重大活动期间，开展庆祝活动。主要开展职工摄影、美术、书法、女职工健身操、文艺会演、业余体育、演讲比赛、知识竞赛等活动。截至 2013 年，市建设建材工会系统有全国“模范职工之家”1 个、市级“模范职工小家”1 个。创建“职工书屋”4 个，其中一个被列为市级“职工书屋”示范点。利用这些文化阵地开展丰富多彩的文化教育、体育比赛、趣味活动，丰富职工业余文化和精神生活。组织职工开展钓鱼、登山、棋牌比赛，并召开座谈会；组织退休人员参加开展钓鱼、书法、摄影比赛。1989—2013 年，本级工会共举办桥牌比赛 18 次，投入经费 18.6 万元。

1995 年 3 月，市建委系统职工庆祝市 30 周年大型文艺会演“建设者之歌”在体育馆举行。市委、市人大、市政府、市政协、军分区、市纪委、工会、文化局、市体委等单位负责人和委系统职工 3000 余人观看演出，演出圆满成功。

2000 年，组织参加全市举办的庆祝建市 35 周年、建设者之歌大型文艺演出、建党 70 周年大型歌咏比赛等活动，展现建设建材工会系统职工的精神风貌。

2003 年，市建设建材工会参加攀枝花市第四届运动会，获体育道德风尚奖。同年参加省委宣传部、省总工会举办的“川威杯”四川省职工文艺会演，获三等奖和优秀节目奖。

2004 年 1 月 14 日—17 日，组织“文化快车”新春演出慰问团到建材股份有限公司、四川金沙水泥股份有限公司、市水务（集团）有限公司、市建筑机械化施工公司和市军分区、武警支队、消防支队进行慰问演出。9 月 2 日—9 月 12 日，举办建设系统第四次职工运动会，比赛项目有拔河、篮球、羽毛球、乒乓球、保龄球、中国象棋、围棋、桥牌等 8 个，本系统 21 单位、560 名运动员参赛。同年，工会组织职工参加攀枝花市第三十届元旦越野赛全民健身跑获组织奖。2005 年，组织职工参加攀枝花市庆祝建市 40 周年大型文艺演出获组织奖。

2006 年 4 月 5 日，工会组织职工参加市直机关举办的全民健身月活动，获得攀枝花市直机关“联通杯”2006 年全民健身月活动优秀组织奖、“三人制”篮球比赛女子组第 6 名、“三人制”篮球比赛男子组第 3 名、羽毛球比赛女子团体第二名、乒乓球比赛女子团体第 5 名。同年 12 月 31 日，获得攀枝花市全民健身指导委员会“攀枝花市直单位‘全民健身与奥运同行’元旦登山活动”组织奖。2011 年，为纪念建党 90 周年，组织局系统职工参加市总工会举办的“颂歌飞扬 90 年”红歌比赛，市建设建材参赛队获二等奖。2012 年 2 月，组织建设系统劳模参加登山活动。2013 年，组织局系统 60 余名职工参加市总工会举办的全市首届职工运动会，获优秀组织奖。

第七节　农民工欠薪追讨

2004—2013 年，攀枝花市加大清理拖欠民工工资力度，制订《攀枝花市清理建设领域拖欠工程款及农民工工资实施方案》（攀府发〔2004〕103 号）、《攀枝花市关于清理政府投资工程拖欠工程款实施意见》（攀清欠〔2005〕1 号）、《攀枝花市人民政府办公室关于建立预防建设领域拖欠工程款长效机制的意见》（攀府发〔2007〕47 号）、《攀枝花市建设领域农民工工资保障金制度》（攀劳社发〔2004〕24 号）、《攀枝花市建设工程担保暂行办法》（攀规建发〔2007〕143 号）等一系列文件。2014 年，成立攀枝花市清欠工作工作领导小组，下设办公室于市建设局，具体指导全市清欠工作的开展。清欠工作的重心由清理旧欠向预防新欠转变，由集中清理向日常监管转变，逐步步入运用法律和经济手段解决拖欠工程款的正常轨道。

为了维护企业和农民工合法权益，保证社会稳定，市建设建材工会积极参与处理投诉、上访问题，保障了农民工的合法权益。2004—2013 年，共参与处理建设领域拖欠工程款及农民工工资的投诉件 523 件，涉及金额 50437.53 万元。

2004 年 1 月 17 日，开展农民工工资拖欠调查，全市建设领域拖欠民工工资总额已达 14725 万元，其中已偿付 9180 万元，清欠比例达 62.34%。2009 年 5—12 月，为了确保按时支付农民工工资，市清欠办 3 次对全市建设领域农民工工资支付情况进行调查，及时处理拖欠问题，清欠金额达 7589 余万元，切实维护农民工的合法权益。2009 年 12 月，会同相关部门开展全市建设领农民工工资支付情况专项检查工作。2010 年开始，将清欠工作重心由清理旧欠向预防新欠转变，由集中清理向日常监管转变，逐步步入运用法律和经济手段解决拖欠工程款的轨道。2011 年，协调解决 55 个项目的拖欠工程款及农民工工资问题，清欠工程款及农民工工资 1.3 亿元。2012 年 11 月，启动房屋建筑和市政基础设施建设项目及农民工工资支付情况大检查，清欠工程款及农民工工资 885 万元，帮助 937 名农民工拿到工资。2013 年，清理拖欠工程款 3690.08 万元，清理拖欠农民工工资 8318.51 万元，涉及农民工 7101 人。

第五章　攀枝花市文化广电新闻出版工会工作委员会

第一节　组织机构

1981 年 7 月，攀枝花市文化新闻出版局工会委员会成立。1989 年 3 月，攀枝花市广播电视局工会委员会成立。2012 年 7 月，按照攀枝花市委、市政府部署，原市文化新闻出版局与市广播电视局合并，组建为市文化广播影视新闻出版局（简称“市文广新局”），相继成立市文广新工会委员会，所辖基层单位相继保留工会组织建制。

一、市文化局工会组织

1981 年 7 月，渡口市文化新闻出版局工会委员会成立，梅金秀任主任。市文化新闻出版局下属单位市群众艺术馆、市图书馆、市电影放映公司、市京剧团、市歌舞团、市新华书店、市新华印刷厂相继成立工会。市文管所和市文艺创评室因编制少，均纳入文化局机关工会进行管理。1984 年年底，新建市川剧团工会。1991 年 11 月，新成立的市文化市场稽查支队成立工会，市音像制品站、市文艺演出公司、市艺术信息交流中心的职工纳入局机关工会管理。

1987 年，局工会主任梅金秀因病去世。1989 年，由杨碧华任副主任主持工会工作。1993 年，杨碧华调离，由涂泽良任工会主任。1998 年，涂退休，由曾德君任工会主任。2007 年，曾退休后，由杨琼代理工会负责人。2011 年，由夏中任工会主任。

2004 年 9 月 14 日，市新华印刷厂改制为民营企业——攀枝花印务有限公司，其工会组织随移该公司。

同年 10 月，市新华书店改制，加入四川新华文轩连锁股份有限公司，工会组织关系亦随转移。2005 年年底，市电影发行放映公司改制，由市国资委管理，工会组织关系随移。

1981—2011 年，市文化新闻出版局局辖单位工会组织按国家《工会法》和《中国工会章程》的规定换届选举工会干部，开展工会活动。

1989—2011 年市文化新闻出版局工会组织发展情况

表 77

年份	职工（人）		工会会员（人）	工会基层组织（个）	工会干部（人）
	在职	退（离）休			
1989	18	8	26	10	11
1990	22	8	30	10	11
1991	22	8	30	10	11
1992	23	9	31	10	11
1993	24	10	34	10	11
1994	24	10	34	10	11
1995	25	11	36	10	11
1996	25	11	363	10	11
1997	25	11	63	10	11
1998	28	11	9	10	11
1999	28	12	40	10	11
2000	28	11	39	10	11
2001	28	12	40	10	11
2002	28	15	43	10	11
2003	26	15	41	10	11
2004	26	14	40	10	11
2005	24	15	39	7	11
2006	24	15	39	7	8
2007	25	15	40	7	8
2008	26	16	42	7	8
2009	25	16	41	7	8
2010	24	19	43	7	8
2011	24	19	43	7	8
2012	39	39	78	7	8

说明：职工人数为局机关人数，工会干部仅各级工会主任（主席）数（下同）。

二、市广播电视局工会组织

1987 年 8 月，攀枝花市广播电视局局机关、市电视台、五一六台、市广播电台、市有线电视信息中心成立工会，选出工会组长、副组长。1989 年 3 月 30 日，市广播电视局通过职工代表大会，选举苏家厚为第一届工会主席，杨开祥为副主席。林文华、林真友、徐荣祥、曾伶学、史良第 5 人为委员。1992 年 3 月 7 日，杨开祥任第二届工会主席，黄正和任副主席，杨红、邬晓云、曾伶学、徐永祥、康国斌、史良第、刘文建 7 人任委员。1998 年 3 月，杨开祥继任工会主席，冯中云、邬晓云任副主席，刘文建、骆宗保、杨红、徐云祥、贺正秀、郭怡、李玉姣、李建为 9 人为委员。2003 年 5 月 9 日局工会改选，由万蜀恒任主任，刘文建、邬晓云任副主席，王欣、牟飞、熊金凌、梁仁健任委员。2004 年，刘刚任工会主任。2009 年，何金华工会主任至 2012 年。局属市电视台工会、市广播电台工会、五一六台工会、市有线电视信息中心工会、局机关工会等，均按《工会法》和《中国工会章程》的规定，召开职工大会合法选举委员会委员，正常开展工会工作活动。

1989—2012 年市广播电视局工会组织发展情况

表 78

年份	职工（人）		工会会员（人）	工会基层组织（个）	工会干部（人）
	在职	退（离）休			
1989	23	2	25	5	7
1990	23	3	26	5	7
1991	24	4	28	5	7
1992	26	4	30	5	8
1993	24	6	30	5	8
1994	24	5	29	5	8
1995	23	8	31	5	8
1996	23	8	31	5	8
1997	24	10	34	5	7
1998	20	10	30	5	7
1999	20	10	30	5	7
2000	20	10	30	5	7
2001	16	13	29	5	7
2002	14	14	28	5	7
2003	17	15	32	5	7
2004	15	19	34	5	6
2005	22	19	41	5	6
2006	21	19	40	5	6
2007	21	19	40	5	6
2008	20	19	39	5	6
2009	19	19	38	5	6
2010	19	20	37	5	6
2011	16	20	36	5	6
2012	16	20	36	5	6

三、市文广新局系统工会组织

2012 年 7 月，市文化新闻出版局与市广播电视局合并组建为市文化广播影视新闻出版局（以下称简“市文广新局”），成立市文广新局工会委员会，夏中任主任。同期，根据《攀枝花市总工会关于印发〈县（区）、产业、企事业工会经费审查工作规范化建设标准（试行）〉的通知》（攀总工发〔2010〕20 号）文件精神，成立市文广新局工会经审委员会机构。办公室设在局计财处，经审办主任由夏中（局计财处处长、局工会主任）担任。由局工会委员杨琼（局纪检处）、陈凯丽（局人事处）、刘红艳（局工会会计）负责具体工作。原市文化产业工会和市广电产业工会也相应合并为市文广新系统产业工会。2012 年，将各单位的临时工、农民工等接纳为工会会员，开展工会各种活动。2013 年，市文广新局局属单位市图书馆、市文化馆、市文化艺术中心、市文物管理所、市文艺创评室、市文化综合执法支队、市电视台、市广播电台、市有线电视台、局机关均保持原工会建制，设主席、委员、会计等职务。

2012—2013 年市文广新局工会组织发展情况

表 79

年份	职工（人）		工会会员（人）	工会基层组织（个）	工会干部（人）
	在职	退（离）休			
2012	39	38	77	10	11
2013	39	39	78	10	11

1989—2013 年市文广新局工会负责人任职情况

表 80

单位	年份	姓　名	职　务	任职起止时间	备注
市文化局	1981	梅金秀（女）	主　任	1981—1987	病逝
	1993	涂泽良	主　任	1993—1998	兼职
市文化新闻出版局	1998	曾德君（女）	主　任	1998—2007	退休
	2007	杨　琼（女）	代理负责人	2007—2011	
	2011	夏　中	主　任	2011—2012	
市广播电视局	1989	苏家厚	主　席	1989—1992	
	1992	杨开祥	主　席	1992—1998	
	1998	杨开祥	主　席	1998—2002	
市广电局	2002	万蜀恒	主　任	2002—2003	
	2003	万蜀恒	主　任	2003—2004	
	2004	刘　刚	主　任	2004—2009	
	2009	何金华	主　任	2009—2012	
市文广新局	2012	夏　中	主　任	2012—	

第二节 职工队伍

市文化局于 1973 年 8 月正式成立，编制 32 人，后相继下辖市歌舞团（96 人）、市京剧团（64 人）、市群众艺术馆（28 人）、市图书馆（29 人）、市文管所（5 人）、市川剧团（82 人）、市文化稽查支队（14 人）、市音像制品站（4 人）、市文艺创评室（2 人）、市文艺演出公司（2 人）、市电影发行公司（40 人）、市新华书店（125 人）、市新华印刷厂（345 人），计 868 人，均为各级工会会员。1989—1995 年，有研究生 1 人、本科生 59 人、大专生 102 人、中专生 118 人、高中生 20 人、初中生 20 人、小学生 8 人计 328 人。其中正高级职称 2 人、副高级称职 15 人、中级职称 115 人、初级职称 97 人，计 229 人。2005 年后，市新华书店、市新华印刷厂和市电影发行放映公司改制，相继脱离编制。

市广播电视局前身为渡口市广播事业管理处管理局。1987 年更名为攀枝花市广播电视局，市广播电视局直属单位有市广播电台、市电视台、市广播发射台、市有线电视台、市广电服务公司、市广播电视报社和音像制品站等。职工总编制222人。2000年，为261人。其中高级专业技术职称5人、中级职称44人、初级职称106人。2003年市局机关23人，市广播电台55人，市电视台120人，市有线电视台91人，市广播电视报社、市广播发射台26人。2009年，全系广电系统从业人员461人。其中高级职称6人、中级职称61人、初级职称93人。

2012年7月，市文化新闻出版局与市广播电视局合并，组建为市文广新局。市文广新局职工总数422人。其中局机关25人、市电视台81人、市电台51人、市广电节目广告中心14人、市有线电视信息中心43人、市艺术剧院148人、市图书馆24人、市文化馆18人、市文化综合执法支队14人、市文管所2人、市文艺创评室2人。全局有专业技术人员317人，其中副高职称24人、中级职称162人、初级职称131人。2013年，全局职工总数445人。有专业技术人员251人，其中副高职称14人、中级职称109人、初级职称128人；工勤技能人员15人，其中高级职称7人、中级职称4人、初级职称3人。全局有各类学历人员417人，其中研究生8人、本科162人、大专163人、中专63人、高中14人、初中7人；有离退休人员255人，以上人员均为各级工会会员。

第三节　职工培训

一、广电系统职工培训

20世纪八九十年代，市广播电视局组织广电系统从业人员参加北京广播学院的业务知识培训和继续教育。1985年，成立北京广播学院四川函授站攀枝花分站，通过考试录取专业学员30人，1988年考试合格，按时毕业。1991—1992年，该站招收59名新闻专业。2000年，分站结束培训工作，共为攀西培养专业学员160名。1998—1999年，全市广电系统工程技术人员参加国家广电部委托北京广播学院以卫星电视远程教学方式的3门专业课的学习。1992—2006年，市广电局举办全市乡镇编播人员培训班2期、新闻节目研讨班2期和马克思主义新闻观摩学习培训班等，共培训1000人次。1986—2006年，市广播电台组织多批播音员，先后到成都、自贡、绵阳等地考察学习。市电视台在保证正常播出的情况下，派出骨干人员去北京、成都进修。办内部刊物交流，旨在提高业务水平。除“以会代训”外，还聘请省广电学会专家来攀讲课。市广播发射台派工程技术人员去上海学习组装、调试及运用。2005年，五一六台举办一期技术培训班，学习10千瓦固态发射机的工作原理和射频信号、供电系统、常见故障的分析和判断。2006年，派2名技术人员参加省广电发射传输中心组织数字微波、调频设备的技术培训班学习，为七〇三台搬迁新建台设备高度储备技术力量。

二、文化系统职工培训

专业文艺职工培养、培训　为提高演职员的业务水平，市内专业艺术表演团体，主要采取“走出去，请进来”的培养进行方式。20世纪七八十年代，分别引进省“五七”艺术学校舞蹈班、京剧班、话剧班等毕业学员、省川剧学校1984级全体毕业演乐学员，调进雅安京剧团大部分演职员。市歌舞团分批派到中央乐团、中央音乐学院、上海乐团、上海舞剧院和四川省音乐学院进修。并请国家知名作曲家、歌唱家、舞蹈教师来攀教学、辅导。市京剧团派演员、乐员去北京、天津进修，拜名家为师。市川剧团聘请省团著名导演排戏、著名表演艺术家教戏。20世纪80年代以后，市川剧团、市京剧团、市歌舞团排演的剧节目，获国家、省、市级文艺汇演、比赛各种奖励。现代川剧《攀枝花传奇》获国家“文华奖”剧目和表演奖项；大型神话京剧《雪宝公主》获全国青年京剧团比赛优秀剧目、导演、表演、音乐设计奖；市歌舞团大型歌舞《攀枝花颂》获省精神文明“五个一工程”荣誉奖。1993 年，程尊堂、段晓玲被评为“四川十佳演员”。同年，市电影放映公司被省文化厅评为省广电先进集体。1995 年，市川剧团、市歌舞团被文化部、劳动人事部评为“全国文化工作先进集体”。1999 年，程尊堂、黄智勇获“四川省文艺界德艺双馨文艺家”称号。

群文职工辅导培训　市群众艺术馆（后为市文化馆）成立以来，成为常设辅导培训机构，承担农村、企业基层辅导培训工作任务，开展短期业余辅导培训工作。1995 年，承担仁和区渔塘乡农民艺术团的辅导、排练工作。1997 年，对二滩开发公司开展文艺辅导。至 2005 年，该馆为培养群众文化骨干，举办绘画创作指导、艺术表演、音乐舞蹈培训、摄影学习、青少年各项文艺培训、彝族达体舞培训、时装表演、架子鼓、篆刻等学习班计 160 余班次，辅导培训文艺骨干 5000 人次。

市文化馆职工除辅导业余文艺工作外，该馆创作的美术、音乐舞蹈等作品，参加全国、省、市级展览比赛获奖。其中舞蹈作品《山寨妮苏玛》获全国“群星奖”；美术油画作品《长长电焊线》、摄影作品《小荷才露尖尖角》均获国家奖。市文化馆曾被文化部、劳动人事部评为“全国文化工作先进集体”。

市图书馆建馆以来，由内到外走向社会。1987 年，开始举办外语学校，举办中央电大图书馆专业攀枝花电大大专班，招收学员计 300 多人次。1991 年后，每年请国家、省图书馆专家来攀讲课，组织“图书情报信息专业培训班”和“图书馆自动化技术讲习会”等，还与市教仪站联合举办“图书馆业务培训班”，并对企业、学校图书馆（室）进行业务调研与培训。组织内部职工参加全市“高新技术”培训，以提高图书管理服务质量。2010 年，市图书馆评定为“国家一级馆”单位。同年，市妇联“巾帼建功”活动领导小组授予市图书馆少儿部“巾帼文明岗”称号。

第四节　“创先争优”活动

1989—2013 年，局工会配合局党委当年的工作计划，遵照中共十七大、十八大精神和国家“九五”至“十二五”计划、以“坚持科学发展、构建和谐攀枝花”为主题，开展“当好主力军、建功‘十二五’”的劳动竞赛活动。围绕科学发展观的工作，市文广新局在市图书馆、市艺术表演团体组织开展技（艺）术练兵活动；市文化馆、市广播电台、市艺术剧院组织开展提高女职工素质、发挥工作能力和技能比赛活动，并在工会文娱活动中，加入“爱岗敬业”“三服务一强化”等内容，以问答、竞猜等形式，增强职工思想道德和职业道德。

1989 年，市电视台、市歌舞团与云南电视台联合摄制的 4 集电视连续剧《棒球少年》在央视三台播出，1990 年，获第十届全国电视剧“飞天奖”儿童连续剧提名奖。1992 年，市电视台与峨眉电影制片厂联合摄制的反映攀枝花矿务局局领导、全国劳模亓伟先进事迹的 3 集电视剧《燃烧的攀枝花》在中央电视台播出。1995 年，市电视台制作的《攀枝花颂》中 8 首歌曲（MTV），在四川省广播电视文艺比赛中获电视文艺专题节目一等奖。1996 年，市有线电视信息中心摄制反映二滩建设的专题新闻《大坝无言》，获 1997 年度全国有线电视台优秀节目二等奖；市电视台摄制的专题新闻片《攀钢实施“债权转股权”初见成效》，获 1997 年度中国广播电视新闻一等奖。同年，市电视台摄制的电视短剧《办年货》，获全国第十二届“巨力杯”戏曲电视剧进取奖。同期，电视散文《草帽》，获四川省广播电视厅 1997 年度“五个一工程”优秀作品奖。1998 年，市电视台摄制的专题新闻片《二滩，芝麻开门》，获年度中国新闻三等奖、中国广播电视一等奖。2001 年，市电视台摄制的专题新闻片《保护母亲河·攀枝花在行动》，获四川省广播电视特别奖。2003 年，市电视台摄制的《年轻的老人》，获四川省广播电视特别奖。2004 年，市文艺创评室创作的戏剧小品《两万元》，由市川剧团排演，获市精神文明建设第六届“五个一工程”奖。在警民共建活动中创作的小品《马蜂窝情结》，由市武警消防支队排演，参加省消防大队比赛。2005 年，市文艺创评室创作小品《一封家书》，由市消防支队排演，参加市军民联欢会演出。2007 年，市文艺创评室创作的戏剧小品《阴判》，由市京剧团排演，获省第十一届戏剧小品赛优秀演出、编、导、演奖，同时还获省廉政文化建设文艺调演三等奖。2009 年，市电视台摄制的反映朱德早期人生道路转折的电视文献片《金沙江脱险》，获第二届中华优秀出版物奖。2010 年，市创评室与市文明办联合组织创作，反映西区获省、市政府授予见义勇为道德模范黄子梅的事迹小故事《美丽的伤疤》，经市京剧团排演，省文明办、省文联、省曲协在南充承办的“四川省首届道德模范故事汇”演出。

1990—2010 年，市电视台《金峡谷 900》《金沙彩虹》等栏目的素材有的被中央电视台采用，有的为四川电视台的《焦点》《视线》等栏目播出。市有线电视信息中心创办的《裂谷风情》栏目中的电视散文《三月雪》《二滩畅想》，在四川电视台展播。2010 年，共完成各项新创作、排演、现编复排的戏曲、舞蹈、歌曲、歌伴舞、器乐演奏、戏剧小品等剧（节）目共计 212 个，完成演出 145 场，演出收入 136.7 万元。开展广场群众文化活动“大家跳”“大家唱”活动 287 场，群众参与计 43200 人次。市图书馆全年开办“攀枝花讲坛”34 场，启动全市首届全民读书节系列活动 12 个、学术讲座 43 场、电影放映 156 场、巡回展览 182 次，演讲比赛 156 场；推荐图书 1100 种，送书到基层 6000 册。承办“正气满乾坤·欢歌颂祖国”廉政歌曲群众歌咏比赛活动，全市 26 支队伍、2100 余人参加，评出各等次奖 10 名。完成《攀枝花农家书屋管理员工作手册》编制工作和全市农家书屋工程信息管理系统文字录入工作。组织参与四川省举办的农家书屋阅读讲座活动。市文管所全年完成省“三普”办对攀枝花市第三次全国文物普查第二阶段田野调查验收工作，从 3189 处文物点中，专家认可 1568 处，有价值保护的 906 处。市非物质文化遗产体系保护体系不断健全，全市有米易县新山傈僳族德约节等 42 项入省级保护名录，中国苴却砚雕刻技艺等 2 项市级保护名录。贺春艳、起光禄等 7 人被列入全市第一批传承人代表。

2011 年，市广电系统在创先争优活动中，开展领导干部理论学习 12 次，完成调研课题 3 个，形成理论调研文章 3 篇，其中在“四川广电信息”上发表一篇。市广电工会按照四个“创优工程”要求，发动系统职工创优质工程、优质节目、优质服务、优良作风，提升广电的影响力和实力。按照市广电局《关于广电学术学科带头人及后备人选拔培养意见（试行）》，发挥劳动模范、专家、学术学科带头人等示范作用，开展技术比武、技术革新、技术练兵等劳动竞赛。2013 年，市电视台组织选送 18 件广播电视新闻节目参评，其中，专题新闻《到攀枝花享受欢乐享受阳光》等 2 件获“四川省广播电视节目”优秀奖，13 件提名奖。

第五节　文化三下乡活动

自 20 世纪 90 年代开始，市文化局开展文化“三下乡”活动。1995 年，市京剧团根据徐洪刚英雄事迹，创作排演无场次现代京剧《英雄在我身边》（又名《铁树岭》），在市区、攀钢、中小学演出 20 余场。1996 年，市文艺创评室为市林业局创作一批反映林业防火、防盗为题材的戏剧小品，有《过站停车》《放下丹顶鹤》《打火》等，由市川剧团排演，到盐边、仁和、米易林区专题巡回演出 10 余场。同年，市川剧团配合禁毒排演的大型话剧《粉祸》到工矿、学校演出 10 余场，市川剧团被市委、市政府授予“禁毒工作先进集体”。继后，还排演揭露邪教的大型川剧《天国梦》。2000 年 3—10 月，市文化局开展庆祝建市 45 周年《魅力花城》专题文艺演出及相关系列活动，并在全市进行巡回演出。完成“三下乡”文艺演出，川滇黔十市高峰论坛接待演出，“五一”“十一”湖光剧场系列演出，七夕节“相亲会”广场文艺晚会演出，国际杧果节“金杧果之夜”开幕、闭幕等演出。11 月，策划排演四川省第十三届少数民族运动会开幕式大型文艺《阳光攀枝花》演出。有4218人参演，演出总时长60分钟。获四川省第十三届少数民族运动会特别奖。1990—2013年间，市川剧团、市京剧团、市歌舞团组团参加“三下乡”活动，从市中心广场到三区两县乡镇院坝，送去获国家、省级奖的歌舞音乐、戏剧小品等节目，活跃城乡人民的文化生活。每年春节前后，市川剧团、市京剧团联合市计生办送戏下乡，共计200余场。其中有自创的戏剧小品《超前行动》《谁怕谁》《胎教》等。

第六节 献爱心、送温暖活动

1990—2013年，局工会开展厂务公开、职代会等民主管理。举办“情系困难职工，感动你我他”帮扶活动。局系统工会针对本单位职工收入低、家庭负担重的情况，开展调查了解，掌握情况。每年的春节、五一、国庆节均开展“送温暖”“献爱心”活动。给困难职工送去困难补助，给退休的干部、职工送去节日礼品。

2008年，攀枝花“8·30”地震后，市广播电台“爱心出租车队”，在第一时间深入抗震救灾第一线，接受前线指挥部统一指挥，为行业职工树立榜样。2009年，共接待原市话剧团职工上访和市电影公司改制职工上访问题11次。对市艺术剧院职工反映的工资问题，局工会进行了解释，并将相关问题反映给市目标督查办等部门。市艺术中心工会在局工会指导下，给职工传达、解释相关政策法规，稳定职工思想情绪。局工会要求系统各单位在聘用人员问题上，均签订规范的劳务合同，明确“五险”的交纳，维护双方的权利和义务。

2010年，市广电局结合自身优势做好帮扶工作，完成“村村通”建设57个点，放映公益电影4332场次。开展“挂包帮”工作，局机关投入经费39300元，市电台投入33200元，市电视台投入8000元，市有线电视信息中心投入10000元，共计90500元（其中现金13300元、物资折价77720元）。当年“七一”为帮扶的团结村困难党员送去慰问金和米油等物资。市电视台创办《新闻天天看》《小科帮忙》、汽车电台、公共频道，解决40余人的就业问题。向帮扶对象银江镇阿署达村投入8万元，植栽1.1公里人行道树；向玉树灾区捐款29365元，向曲舟灾区献爱捐款7950元。

2011年，市广电媒体为增强影响力，开辟《新闻天天看》《小科帮忙》等节目（栏目），受到市委、市政府和广大市民的关注和认可。同年，局工会开展“夏季送清凉”活动，给文广新系统一线职工的演职员和野外考古工作的职工送去降温设施和饮料。市图书馆还对来馆读者，提供降温饮料。

2013年，举办“安康杯”比赛，加强职业病防治，对劳动保护监督检查、培训和实绩进行考核，建立特大事故隐患跟踪制度，以维护职工生命健康权。

第六章 攀枝花市卫生局工会工作委员会

1984年11月12日，经渡口市教育工会工作委员会批准，渡口市卫生局工会工作委员会成立，由8名委员组成，李焕星任主任。1990年9月，攀枝花市卫生局工会工作委员会进行调整，由15名委员组成第二届工会工作委员会，陈宗楷任主任，副主任李照英。2001年3月，刘美仙任副主任。此后，不再设主任，由副主任主持工作。2011年5月21日起，任君主持市卫生工会工作。

第一节 组织机构

1984 年，根据中共渡口市委和市总工会要求，渡口市卫生局开始着手建立工会组织。5 月 10 日，中共渡口市卫生局委员会下发《关于成立工会组织具体要求的通知》（渡卫委［1984］第 05 号文），要求局属各单位党组织建立 3—7 人的工会筹备组，负责人须是同级党政副职干部；工会筹备组在本单位党组织领导下开展工作，在做好宣传教育工作的同时，首先做好老会员的重新登记，积极发展新会员；要求共产党员、共青团员要积极带头加入工会组织；凡会员人数达到单位职工总数的 60%时即可召开工会会员代表大会，并选举产生工会委员会和经费审查委员会；会员总数在 200 人以上的单位原则上配备一名专职工会干部。

同年 7—11 月，市教育工会先后批准市第三人民医院、市药品检验所（1999 年 9 月归属市药品监督管理局）、市中心血站、市传染病医院（1987 年更名为第四人民医院）、市卫生防疫站（2002 年 9 月撤销市卫生防疫站其职能分别归属市疾病预防控制中心和市卫生监督局）、市第一人民医院（1987 年更名为攀枝花市中心医院）、市妇幼保健所（1992 年更名为攀枝花市妇幼保健院）、市卫生学校（1998 年 8 月并入攀枝花大学）、市第二人民医院、市中医院（2002 年与市第五人民医院合并更名为攀枝花市中西医结合医院）、市医学情报站（2010 年 9 月更名市卫生信息中心）、市交通医院（后更名为市第六人民医院，1991 年 12 月并入第二人民医院）及市卫生局机关建立工会委员会。

1985—1986 年，全市卫生系统新发展工会会员 154 人，主要是大专院校新分配来和从其他单位调入。1986 年 7 月起，各基层工会陆续届满到期，按规定进行换届选举。是年，换届的有市第一人民医院、市医学情报站、市血站、市药检所。按规定会员达 25 名以上的单位建立职工代表大会（以下简称职代会）主席团，与工会委员会相结合，实行两块牌子（职代会主席团、工会委员会）一套机构班子的领导体制，党、政干部原则不兼任工会主席。在市教育工会的指导下，市第一人民医院率先把职代会主席团和工会委员会建成“复合型”组织机构。因其创新性，全市卫生系统在市第一人民医院召开现场会，市文化、教育系统工会派代表观摩。

1987—1990 年，整顿工会基层组织，建立职工代表大会制度。其间，市第二、第三、第四（原传染病医院）、第五、第六人民医院、卫校、卫生防疫站、血站、中医院等单位对到期的工会委员会进行民主选举，换届后的工会按照所在单位的实际情况配备领导班子，够条件的单位即配备专职工会主席，类似市医学情报站的小单位仍由党（总）支部书记兼任。

1991—1996 年，按照市总工会《关于对攀枝花市职工代表进行培训》的要求，各单位工会结合本单位具体情况制订出职工代表培训计划。局工会选派各单位工会干部、职工代表参加市总工会举办的“民主管理电教师资培训班”学习，经过培训的师资回单位后，按照培训计划，以集中办班、辅导与自学及以会代训等方式培训职工代表 324 人，使职工代表的素质得到提高。为落实职代会的各项职权，切实保障职工主人翁地位，各单位工会认真落实职代会各项职权，建立健全职代会各项制度。期间，全系统各单位召开职代会 75 次，单位职工提交职代会审议题案 487 件，其中通过职代会审议同意的有 129 件，分别被单位领导采纳实施。

1997 年，市卫生工会组织开展“职工代表大会民主评议企（事）业领导干部活动”，全系统 12 个单位职代会中有 8 个开展此项工作，评议副县级以上领导干部 45 名、副科级以上干部 226 名。

1998—2000 年，全系统召开职代会议 84 次、审议提案 360 件，被采纳 288 件，其中：涉及工作生产 160 件、兑现 120 件；涉及生活福利 128 件、兑现 106 件。继续开展职代会民主评议领导干部活动，全系统 13 个单位共评议处级干部 53 名、科级干部 327 名。建立起单位业务招待费的使用和领导干部廉洁自律情况向职代会报告制度。加大职工维权力度，局直 12 个单位均建立劳动争议调解组织。在全系统推行“厂（院）务公开，民主管理”建制工作，13 个直属单位中有 10 个先后实现规范化管理。全市卫生系统加强民主管理制度，建制率达 100%。

2001—2005 年，市卫生系统已建职代会的单位召开会议 45 次，共提交议案 80 余件，审议同意 55 件，其中生产方面 19 件、生活福利方面 36 件，绝大部分得到落实。民主管理制度建制率为 100%，规范率达 90%。职代会民主评议处级以上领导干部 30 名、科级干部 225 名。有 9 个单位落实业务招待费的使用和领导干部廉洁自律情况向职代会报告制度。

2006—2013 年，市卫生系统开展工会领导班子“四好”（学习创新好、民主团结好、勤政为民好、清正廉洁好）创建活动，先后安排 20 名工会干部参加市总工会举办的劳动保护培训，25 名工会干部参加市总工会举办的女工干部业务培训，17 人参加省总工会举办的业务培训。凡具备条件的医院，为方便群众查询各类医疗信息，都按要求设立对外公开电子触摸屏；凡需纳入公开范畴的重大事项、重大决策、与职工切身利益相关事项均进行公开。结合民主评议卫生行风工作，聘请 50 多名义务监督员对局系统工作进行监督；局系统建立“全心全意依靠工人阶级办好事业”制度和“推行院（局、站）务公开，加强民主管理”制度的建制率为 100%，规范率达 90%，市卫生局机关为推行局务公开先进单位。2013 年，全市卫生系统工会组建率达 100%，职工入会率 100%。2013 年，市中心医院被评为全国厂务公开先进单位，市卫生工会荣获攀枝花市先进工会组织。

2013 年，市卫生局工会委员会直辖 12 个基层单位工会，即攀枝花市中心医院工会、市第二人民医院工会、市第三人民医院工会、市第四人民医院工会、市中西医结合医院工会、市妇幼保健院工会、市铁路医院工会、市疾病预防控制中心工会、市卫生监督局工会、市中心血站工会、市卫生信息中心工会、市卫生局机关工会等，连同局机关共有职工 3775 人，工会会员 3775 人。

1989—2013 年攀枝花市卫生局工会委员会组织发展情况

表 81

年　份	职工（人）	工会会员（人）	工会基层组织（个）
1989	1945	1828	12
1990	2117	2011	12
1991	2198	2110	11
1992	2015	1955	11
1993	2076	2013	11
1994	2149	2106	11
1995	2226	2219	11
1996	2299	2299	11
1997	2331	2331	11
1998	2356	2356	11
1999	2496	2496	10
2000	2593	2593	10
2001	2646	2646	10
2002	2694	2694	11
2003	2712	2712	11
2004	2759	2759	11
2005	2793	2793	12
2006	2953	2953	12

续表 81

年　份	职工（人）	工会会员（人）	工会基层组织（个）
2007	2978	2978	12
2008	3013	3013	12
2009	3117	3117	12
2010	3312	3312	12
2011	3483	3483	12
2012	3720	3720	12
2013	3775	3775	12

第二节　职工队伍建设

职业道德建设　1990—1994 年，市卫生局工会开始在职工中开展“四职”（职业道德、职业责任、职业纪律、职业技能）“四有”（有理想、有道德、有文化、有纪律）及医德医风教育。市中心医院、市二医院、市三医院、市五医院、中医院、妇幼所等单位走上街头，开展咨询和为民服务活动；市六医院开展最满意和最差医务人员评比活动，建立起群众监督岗，使服务态度得到改善。期间，局党委建立干部下基层制度，各党委成员深入到各县（区）卫生局和局直各单位开展调查研究，现场办公，帮助解决困难和问题。局直各单位领导转变工作作风，深入科室、班组，了解情况解决群众反映强烈的问题。在局直单位中开展医德规范宣传教育，端正救死扶伤，服务第一、质量第一、信誉第一、社会效益第一的业务指导思想，开展学习“白求恩、南丁格尔和文明优质服务竞赛”“白求恩杯医学基础知识竞赛”活动，召开“医德医风演讲会”等，并把医德医风考核指标列入“文明单位”“文明医院”考核内容。针对部分医疗单位存在的乱收费问题，同期制发《关于进一步加强廉政建设，坚决纠正行业不正之风的通知》。由局党委领导带队，组织有关人员对局直各单位进行检查，对查出的问题进行点名通报，同时对主要收费项目和标准进行公开，设置举报箱，纠正不合理收费。坚持对医务工作者开展上岗前培训教育，对每年新分配到单位的大、中专学生和调入人员，采取培训班方式，进行系统的医学伦理、思想道德、医德规范、规章制度、院（站）史教育，专业知识和各种操作规程教育，教育职工爱岗敬业。

1995 年，市卫生局工会先后组织职工收看《惩腐狂飚》《食人虎》《黑色旋涡》《权力失去控制的时候》《怎样做个好医生》等电视录像，以增强职工防微杜渐、反腐倡廉、廉洁行医的自觉性。按照不同专业岗位，分别组织职工系统地学习《医务人员职业道德读本》《药事人员读本》《预防保健人员读本》，强化监督制约机制。各单位建立起职工医德医风个人档案，实行定期考核评估，并与专业技术职务晋升、聘用、工资奖金分配等挂钩。聘请 146 名医德医风义务监督员，设立举报箱 65 个、公布举报电话号码 12 个，接受社会和人民群众的监督。同年 11 月，省卫生厅行风检查评估小组到攀枝花市就各医院的职业道德建设进行为期一周的考核评估。市中心医院的满意度为 96.8%，综合评估各项指标累计得 96.5 分；市五院的满意度为 91.1%，综合评估累计得 95.5 分。

进入 21 世纪后，组织职工重点学习贯彻《公民道德建设实施纲要》。各单位运用黑板报、简报、小标语等宣传工具，开展对《公民道德建设实施纲要》的宣传。全市卫生系统有 1800 名职工参加由中央宣传部、中华全国总工会、共青团中央、全国妇联等多家单位共同举办的“公民道德建设知识竞赛”。

2008 年，根据市总工会、市委宣传部、市委企业工委、市经贸委、市统计局《关于组织开展攀枝花市优势企业和窗口服务行业争跨越竞赛活动的通知》精神，卫生系统各窗口服务行业以诚信服务创品牌，大力推进卫生体制、机制、技术和服务创新，评出优质服务窗口 22 个，优质服务明星 52 人。市第四医院工会与医院护理部联合举办普通话培训和军训，开展以 7 项特色护理为主要内容的“春燕护理”品牌服务：开展了“四到床”“四放心”服务（送水、送饭、治疗、护理到床，治疗、护理、收费、安全放心），“五个一”服务（一声亲切问候、一张亲切笑脸、一张生日贺卡、一张健教卡片、一张意见表格），节日问候服务；电话回访服务；温馨健教服务；舒适护理服务（给予病人生理、心理、灵性上的舒适），临终关怀服务，为逝者举行默哀仪式。

1996—2005 年，市卫生局工会开展“双学”（学先进、学法律）竞赛服务活动。在职工中掀起向先进模范人物学习的热潮，组织职工收看《人民的好干部孔繁森》《人民的好医生赵雪芳》等电影和电视录像。开展向全国劳模许振超和李斌学习活动，用劳动模范在平凡岗位作出不平凡业绩的事迹教育职工。大力宣传本系统省级劳模徐大敏、五一劳动奖章获得者何蓉和市级劳模杨秋的先进事迹，用身边的榜样鼓舞人、带动人、影响人。在向先进人物学习活动中，各单位好人好事层出不穷。1996—2005 年 10 年间，全系统有 1538 人次做好事 5000 余件，收到病人和单位表扬信 1197 封、锦旗 294 面，受到新闻媒体报道表扬 51 次，拒收“红包”1432 次。

2009—2013 年，坚持在职工中开展救死扶伤和全心全意为人民服务宗旨教育、“三热爱”（热爱党、热爱祖国、热爱社会主义）教育。局工会协助党委行政抓好卫生行业作风建设，在全局系统内开展卫生服务明星评选活动，引导职工树立正确的世界观、人生观、价值观，不断增强服务意识，改善服务态度，提高服务质量，促进卫生行业作风不断好转。市血站被评为“全市职业道德十佳标兵单位”。

抗击“非典”　2003 年，面对突如其来的非典型性肺炎疫情，市卫生工会为积极配合党政做好非典工作，制发《关于积极配合党政进一步做好“非典”防治工作的通知》。要求各单位工会结合各自的实际工作成立“非典”救护组，为一线职工服好务。及时了解和掌握一线职工家庭基本情况，切实帮助一线职工解决各种困难，想方设法解除一线职工的后顾之忧。积极协助党政班子做好“非典”防治知识的宣传，动员广大职工，依靠科学，战胜“非典”。全市卫生系统 500 多名职工递交请战书，通过张贴标语、印发慰问信，走访慰问等形式和活动，鼓励职工坚持战斗。局工会先后走访慰问了金江检疫站、“非典”定点治疗机构——第四人民医院全体职工，送去价值 2000 多元的慰问品。配合有关部门检查一线职工防治“非典”的各项防护措施，督促职工加强自我保护，依靠科学战胜“非典”。

第三节　职工技能竞赛

1986 年 3—9 月，市卫生工会组织职工参加渡口市总工会举办的全市职工万人技术表演比赛。卫生系统共申报 28 个项目，包括医疗、护理、中西药、烹饪、教学约 1000 人次参赛，8 名选手分别获得表彰。

1991 年，市卫生系统各单位工会以质量、效益为主要内容在职工中开展不同形式的社会主义劳动竞赛，市中心医院、三医院、四医院、五医院、中医院等单位组织医务人员举行卫生业务、护理技能、护理知识等竞赛活动，以提高医护人员业务水平。市中心医院全年举办各种学术交流会 12 次，引进省内外部分先进医疗技术和 3 个新项目，填补了市内空白。1994 年，市卫生工会在职工中开展以双增双节为主要内容的社会主义劳动竞赛，提合理化建议 42 条，单位采纳 22 条，创经济效益 15.4 万元，创节约价值 12 万元。市卫生工会针对卫生行业特点，在职工中开展多种业务竞赛，举办各类业务培训班 77 期、3839 人次参加，开展岗位技术练兵活动 22 次、926 人次参加。

1996—2000年，市卫生系统工会在继续开展的双增双节、提合理化建议活动中，提合理化建议373条，单位采纳的152条，增创节约价值44.35万元。有50名职工通过不同形式的劳动竞赛考入高校、5名职工考入中专继续深造学习，150余名职工参加高等医学教育护理专业自学考试。在职工中开展多种业务竞赛，涉及项目406项，开展岗位技术练兵竞赛活动29次、10000余人次参加。积极引导职工参加读书活动，职工钻业务、学技术的积极性不断提高。市中心医院，市三医院、市五医院、卫校职工分别在省、市医学杂志上发表论文300余篇。1998年，各单位举办各类业务培训班109期、6596人次参加，举行岗位技术练兵203次、10657人次参加。全年全局系统参加提合理化建议的人数664人，提合理化建议109条，被单位采纳52条，创经济价值23万元。1999年，各单位举办各类业务培训113期、5053人次参加，举办岗位练兵比武61次、4311人次参加，进入大中专学习深造的职工96人。

2001—2005年，各单位为适应现代化管理需要，加强职工的知识储备和提高职工的劳动技能，开展计算机知识普及学习活动，约1500人次参加。各单位工会以提高医护质量、增强社会效益为中心工作，在职工中继续开展社会主义劳动竞赛、技术练兵、技术比武活动。举办各类业务培训班79期，受训职工5118人次，开展岗位技术练兵55期、4856人次。在双增双节、提合理化建议活动中，市卫生系统有105人次提合理化建议27条，被单位采纳22条，创经济价值约15.8万元；1560人次参加双增双节活动，实现双节价值约20万元。2005年，为迎接四川省首届冬季旅游发展大会在攀召开，局工会和局团委按照市总工会和团市委的安排部署，在全局系统掀起比学赶帮、岗位技术练兵热潮，各单位结合实际开展"心肺复苏、医学情报检索、电脑网络"等职业技能操作竞赛活动；在"5·12"国际护士节期间，局工会协助局行政举办"攀枝花市卫生系统职业技术规范职业技能竞赛活动"，943人参加初赛，39人参加决赛，局工会获市总工会授予的职业技能比赛组织奖。同年，局直10个单位开展各类业务培训160期、2320名专业人员参加；10个单位开展岗位练兵73次，16个项目、2925人次参加，评选出技术能手50人。继续开展双增双节竞赛活动，全年1535名职工参加，创节约价值18万余元。

2006年，全局系统共开展各类业务培训100次、2230人参加，岗位练兵和技术比武46次、47个项目、6182人次参加。在"三基三严"（基础理论、基本知识、基本技能，严格要求、严密组织、严谨态度）训练基础上，开展百人静脉穿刺、吸氧、无菌技术、心肺复苏等多个项目的技术操作比赛，职工进行技能训练。2009年5月，在第97个国际护士节期间，举办攀枝花市护士技能大赛，来自全市14家二级以上医疗机构的28名护工精英在攀枝花学院医学院参加比赛，此次大赛设徒手心肺复苏及无菌技术操作两个项目，经过激烈角逐，十九冶医院的李燕和市中西医结合医院的吉辉分别获得徒手心肺复苏和无菌技术操作第一名，吉辉夺得个人全能第一名。

2011年12月，与市总工会共同主办攀枝花市首届"百岗万人"职工职业技能大赛——心肺复苏决赛，局工会组织市县区医疗机构和攀枝花学院医学院等17家单位共34名选手参加为期两天的心肺复苏决赛。是年，全局系统共开展各类业务培训108期、3287人次参加，岗位练兵和技术比武32次、1875人次参加。2012年，共开展各类业务培训237期、3326人次参加，岗位练兵和技术比武32次、1852人次参加，市中西医结合医院、市中心医院分别获攀枝花市首届"钒钛之光"职工创新成果（技术类）二等奖和三等奖，市疾控中心突发公共卫生事件化学毒物预警监测系统研究项目获得攀枝花市科技进步二等奖。

2013年，参与市总工会举办的攀枝花市第二届"百岗万人"职工职业技能大赛——卫生监督综合技能竞赛，来自全市6个卫生监督机构的88名卫生监督员参加竞赛活动，以此提高卫生监督执法队伍为民服务的本领。

第四节　文体活动

1984 年，市卫生局工会组织全系统先后曾开展游泳比赛、文艺会演、首届“卫生怀”篮球赛。1985 年，卫生系统组织节目参加渡口市第十届文艺会演，其中两个节目获创作奖、一个获表演奖，市卫生局获组织奖。同年，组队参加渡口市第三届运动会，参加项目有网球、乒乓球、排球、羽毛球、游泳、钓鱼等，获单项第一名一个，女子成年组在排球项目获得第二名。1986 年，组织各基层单位在元旦、春节、“三八”“五一”节期间开展文体活动，项目多达十余项，第一人民医院还组织起小乐队、健美队、排球队。同年，组队参加市群艺馆、市文化局、团市委、市总工会联合在攀枝花公园组织开展的游园活动，市卫生系统在交谊舞比赛中分获团体和个人第一名。1987 年，卫生系统工会先后在市第一人民医院举办桥牌比赛和“卫生系统 1987 年度秋季运动会”。组队参加市体委、市桥牌协会举办的等级赛，四医院获乙组第一名；在市体委组织的男子篮球赛中市中医院获甲级队第八名；在市体委组织的中国象棋赛中，第四医院获女团第一名，第一人民医院获男子个人第一名，防疫站获女子个人第一名；在全市田径赛中，市卫校获男子接力赛团团体第一名、男子 100 米个人第一名，市五医院获女子接力赛团体第一名、老年女子 100 米第一名、老年男子第一名。

1989 年国庆节期间，市卫生工会组织全系统职工开展篮球、游泳、拔河、田径等 4 个项目的体育比赛。组队参加攀枝花市第十二届文艺会演，五医院舞蹈《白色的梦》获创作一等奖和表演二等奖，该院王晓泸的舞蹈《喜悦》获表演一等奖，卫生系统代表队获优秀组织奖。局机关参加市举办的“中老年迪斯科”比赛获三等奖。1991 年 1 月，市卫生工会、局团委联合举办“市卫生系统迎春拔河、中长跑友谊赛”，局直各单位、4 大企业、县（区）卫生系统等 17 家医疗卫生单位的 47 个代表队共 156 名运动员参赛。市五医院、市妇幼保健所和局机关职工组队参加市春节趣味体育竞赛活动。3 月，市妇幼保健所职工组队代表卫生系统女职工参加市妇联举办的庆“三八”歌咏比赛。4 月，举办局系统职工第二届象棋比赛，共有 15 个队、70 余人参加。10 月，在全市卫生系统精心挑选 3 个节目到成都参加全省卫生系统文艺调演，其中“白色的梦”获表演二等奖。1994 年 1 月，市中心医院代表队参加市总工会举办的“第五届职工拔河比赛”获纪念奖。同年，市卫生防疫站工会为本站职工王应新举办为期一月的“王应新折纸、书法作品展览”，展出折纸作品 379 件、书法作品 15 件，1995 年，分别举办运动会、迎春游园晚会、桥牌赛等活动。

1996 年，市卫生工会先后组织职工开展“迎春桥牌赛”“卡拉 OK”演唱赛；结合“全民健身计划纲要”的实施，举办迪斯科健身操培训和比赛；组织中心医院、五医院职工联合代表队参加市总工会举办的职工“纪念红军长征胜利 60 周年暨国庆歌咏会”；在市总工会举办的迎新年卡拉 OK 赛中，中医院杨军获三等奖。1997 年 10 月，举办卫生系统女职工“木兰拳五路”比赛，并推荐获得一、二等奖的市中心医院、市妇幼保健院代表卫生系统参加市妇联举办的“庆三八、迎回归木兰拳五路”比赛，分别获得一等奖和三等奖；卫生工会组织系统职工开展“迎回归、庆七一”文娱节目会演，会演贯穿爱国主义教育，演出节目 19 个。

1998 年，各工会共举办职工运动会 16 次，各类体育竞赛 63 场，卡拉 OK 比赛 123 场次。1999 年，举办职工运动会 18 次，其中篮球足球比赛 46 场、拔河及棋牌类体育竞赛 21 场、卡拉 OK 赛及舞会 38 场，参加职工达 3600 余人次。在迎接 21 世纪到来、迎国庆 50 周年和澳门回归的“三迎”系列庆祝活动中，卫生系统 200 名职工组成的合唱代表队以“春天的故事”“跨世纪新一代”两首歌曲参加 9 月 29 日市迎国庆 50 周年大型歌咏大会；12 名女职工代表参加市妇联举办的“庆国庆、迎澳门回归木兰扇比赛”获二等奖。

2000—2001 年，元旦节组织 100 名职工参加市里举办的“迎接 21 世纪、庆澳门回归第二十七届元旦健身跑运动会”；市卫生防疫站 8 名职工参加市总工会组织的第二届职工登山运动会，何兴彬获青年男子组一等奖；市第五人民医院选派 20 名职工参加市总工会举办的庆“五一”劳动节职工拔河比赛，获精神文明组织奖。市中医院选派 4 名职工代表卫生系统参加庆“五一”劳动节职工水上运动比赛；选派市第二人民医院职工张振江和市五医院周玲参加市总工会举办的 2000 年全市职工业余歌手大赛，张振江获通俗组唱法二等奖，周玲获民族组唱法三等奖；市卫生防疫站职工王应新的书法在庆国庆职工书画现场获三等奖；组织 9 个单位的 12 支队伍参加局系统庆祝建党 80 周年职工篮球运动会，历时 11 天共进行 70 场比赛；与本局团委联合举办全系统青年卡拉 OK 比赛；组织第五医院和妇幼保健院的“快乐的哼嗦”“三句半”“妇幼保健院新事多”节目参加市妇联举办的庆“三八”国际妇女节文艺晚会演出；从市中心医院、市五医院组织 100 名职工参加中共攀枝花市委举办的庆祝建党 80 周年群众歌咏晚会；市防疫站选派 5 名职工参加市总工会举办的全市第三届职工登山运动会；五医院选派 2 名职工参加攀枝花市世纪行环保知识竞赛并获二等奖。

2002—2012 年，先后举办首届“卫生之声”文艺会演和参加全市迎庆中共十六大文艺调演，历时 6 个月，参演节目 36 个、演员 482 人，观众近万人。组织 7 名职工参加市妇联举办的 2002“三八”长江漂流比赛；组织职工参加市总工会举办的“面对挑战，我为跨越发展做贡献”职工读书演讲比赛；组织 163 名职工参加市第四届运动会象棋、围棋、桥牌、长漂、女子健身操、乒乓球、羽毛球、网球、篮球、足球、游泳、田径等 12 个项目的比赛。市中心医院代表该卫生系统参加市妇联举办的“庆三八超英杯”女子健身操表演赛获一等奖。市中西医结合医院代表市卫生局参加市妇联举办的庆“三八”曼诗激情之夜大型文艺晚会演出；市中西医结合医院的舞蹈《祝福祖国》代表该局参加全市职工文艺会演获表演一等奖，参加全省职工文艺会演获优秀节目奖。同期，还参加四川省在成都举行的庆祝中医药管理条例颁布实施电视直播演出；市疾控中心代表卫生系统参加市总工会举办的“十六大精神在我心中”职工读书演讲比赛，获三等奖；组织 160 名职工参加市委举办的全市纪念邓小平诞辰 100 周年群众歌咏晚会演出；市中心医院代表全局系统参加市妇联举办的庆“三八”拉丁舞比赛获三等奖；市中西医结合医院创作的歌伴舞《新时代的白衣战士》代表卫生系统参加全市职工文艺汇演，获表演一等奖；组织职工参加市总工会举办的“我为迎冬旅创国优添光彩”职工演讲比赛获二等奖；组织局系统 1700 名职工参加“攀枝花市标准街道路名、旅游景点知识竞赛”活动；为迎庆 2008 北京“奥运会”，举办“攀枝花市卫生局系统职工迎庆奥运拔河比赛”，市妇幼保健院代表队获得冠军。2011 年 7 月，组织市中西医结合医院 36 名职工，参加市直机关工委举办的“旗帜更鲜艳、歌声更嘹亮”纪念建党 90 周年文艺晚会，表演歌伴舞《盛世欢歌》；组织 9 家医疗卫生单位 86 名职工参加攀枝花市第六届运动会 9 个项目的比赛，获第 13 名，市卫生局获体育道德风尚奖。

2013 年 1 月，市卫生系统工会举办以“新春新貌新气象、欢乐文明过大年”为主题活动卫的生工会游园活动。2 月，组织 100 名职工参加市直机关第十二届元宵节登山和中共十八大知识竞答活动。3 月，组织 25 名卫生局机关职工参加市第九套广播体操比赛。5 月，组织市中西医结合医院工会参加市工会九大开幕式“金沙情、中国梦、劳动美”文艺演出，表演群口相声《献礼》。6 月，市二医院 14 名女职工代表卫生系统参加庆祝全市建党 92 周年暨“实现伟大中国梦、建设美丽繁荣和谐四川”主题教育活动专题文艺演出，表演歌伴舞《今夜星光灿烂》。10 月，组织市中心医院、市三医院、市妇幼医院、第四医院、市中西医结合医院等单位职工参加全市职工运动会。

第五节 职工之家建设

1985 年，市卫生系统各级工会组织开始开展整组建立“职工之家”活动。市交通医院、二医院、妇幼所、防疫站等工会委员会通过民主选举调整充实领导班子，市传染病医院、防疫站、交通医院、二医院先后成立职代会。1986 年，各基层工会组织围绕建立职工之家“抓基层、打基础、促改革”的方针，加强基层工会的建设。市卫生工会首先在市一人民医院进行体制改革，把职代会主席团和工会委员会改为“复合型”的群团组织，实行两块牌子（职代会主席团、工会委员会）一套机构（班子），解决过去职代会主席团与工会委员会责权分离的问题。市第一人民医院建立职代会后，即开展职工之家建设，于同年 11 月 11 日在该医院召开有文化、卫生、教育各基层工会代表和党组织代表参加的职工之家成立验收会议，该院职工之家为渡口市事业单位中第一个建立的职工之家。

1987 年，市卫生局机关、第一人民医院工会被市总工会评为模范职工之家，第三人民医院工会被评为先进职工之家。1991 年，按照市总工会《关于深入开展“建家”活动，加强基层工会建设》的意见，局直 11 个建立职工之家的工会开展了职工之家自查活动，市三医院、四医院、市中医院、市妇幼保健所、市血站于当年年底前完成职工之家自查工作。

1994 年，市卫生局系统已建职代会的 10 个单位中，共召开职代会 16 次，提交职代会审议题案 42 件，经职代会审议同意题案 42 件，被单位领导采纳实现的题案 22 件，职代会民主管理的作用在各单位得到体现。是年，在全市建家评比表彰活动中，市卫生局机关、市血站、市药检所、市医学科技情报站工会被市总工会确认为“合格职工之家”；市中心医院、市五医院、市卫生防疫站、市妇幼保健院工会被市总工会评为市“先进职工之家”，市三医院工会获评市“模范职工之家”，攀枝花卫生学校普通工会小组获评市“模范职工小家”。

1996 年，在建家评比活动中，市第三人民医院工会被市总工会确认为“模范职工之家”，市中心医院，市第五医院、市卫生防疫站、市妇幼保健院工会被确认为市级“先进职工之家”，市四医院、卫校、市医学情报站、市药品检验所、市血站、市卫生局机关工会被确认为市级“合格职工之家”。1997 年，局直 13 个单位工会已有 12 个工会完成职工之家，局工会采取平时工作考核和抽查验收相结合的方式，命名攀枝花卫生学校为“先进职工之家”，市中医院工会为“合格职工之家”。2000 年，市第三人民医院工会职工之家被市总工会确认为市级模范职工之家，市中心医院、市五医院、市中医院、市卫生防疫站、市妇幼保健院工会职工之家为市级先进职工之家。

2002—2005 年，在建设职工之家中，市中心医院修建起乒乓室、棋牌室、健身房、室外羽毛球、排球场，市二医院购买音响及为乐队配套乐器，市血站购买乒乓球桌等，积极为职工活动创造条件。

2013 年，继续开展职工之家建设，以学习、竞赛、文体活动等形式丰富职工生活。

第六节　送温暖献爱心

1985 年元旦、春节期间，各基层工会对因公负伤、住院、退休、经济困难的职工进行走访、慰问、救济，配合行政部门慰问军烈属、复转和伤残军人，仅局工会就慰问 42 人。1987 年，市卫生局工会号召各医疗机构加大对文化设施的投入，尽力改善职工文化生活条件。市卫生学校筹资近 5 万元为职工安装地面卫星接收站；市第一、第二医院筹资给每户职工安装闭路电视共用线，解决职工电视长期收看效果不好的难题；市防疫站行政和工会各筹资 50%安装闭路电视共用天线。

1991 年，市卫生局工会响应市总工会《关于在全市开展“进万家门、访万家人、知万家情、解万家难”走访慰问送温暖活动》要求，先后有 9 个单位的工会对 22 户困难职工发放困难补助 2160 元。市总工会、局党委、局工会还对局系统内 7 户特困职工进行走访看望。1992 年，通过对困难职工跟踪调查，已有 3 户特困职工脱贫。同年5月，局工会在局系统职工中组织开展向边远山区儿童奉献爱心捐赠活动，共收集衣裤、鞋、帽1953件，书刊画册1947件，学习用具275件及部分钱粮，由局党委副书记陈宗楷带队将捐赠物品用专车送到对口帮争扶贫地区——盐边县太田乡。是年入夏，国内多地遭受到百年未遇的洪涝灾害，为帮助灾区人民战胜困难，重建家园，市卫生局党委发出“紧急动员起来、奋力抗灾救灾”的通知，局系统各级工会组织广大职工发扬一方有难、八方支援的精神，踊跃捐款捐物，市中心医院等单位还组织医务人员上街义诊，举办义捐舞会等活动，共向灾区募集善款9623.17元、粮票4597.6公斤。市中心医院工会还对家住农村的受灾职工每户给予50元困难补助。

1994—1997年，每年元旦、春节期间，局工会参与党政领导走访困难职工家庭68户，发送慰问款12400元。组织职工参加市总工会、市妇联组织的“送温暖工程”扶贫基金会捐款和向边远贫困山区人民捐赠衣物活动，共募集现金32000余元、衣物13688件，分别交由市民政局和该局对口扶贫帮乡—盐边县太田乡。按照市委组织部和团市委的安排，市卫生局系统30多名副县级干部，在“一加一”活动中，每人每年捐款300元、资助1名学生上学。期间，局工会系统慰问离退休、退转军人、军烈属、病员、节日期间一线的岗位职工3672人次，发送慰问费12.46万元。1997年，市中心医院一职工患乳腺癌在外地治疗，家庭生活出现困难，该工会及时送去困难补助。

1998年入汛，在向长江中下游流域及东北松花江、嫩江流域的三江抗洪抢险赈灾募捐和攀枝花市遭灾地区献爱心捐赠的两次活动中，卫生局系统职工捐赠衣裤、棉被、床单等物2305件（套），募捐现金17.72万元。

1999—2001年，市卫生局系统工会定期慰问困难职工300余户次。其间，为支持四川省第四届残疾人运动会在攀举办，1980名职工捐资11517.60元。在实施“希望工程”和攀枝花市开展的“春蕾计划”行动中，市卫生局建立专项“扶贫助学基金”，每年定额向基金募捐，用于解决对口扶贫帮乡点——盐边永兴乡贫困儿童就学资金。局工会系统为米易县贫困山区群众捐赠衣物4456件、书包等其他物品3800余件、现金2240元。仅2001年，卫生工会就动员局系统职工向扶贫脱困联系户捐款2.1万元，为攀枝花市受灾群众和残疾人捐款1.4万元、儿童助学金6600元。

2002—2007年，市卫生局坚持开展“零点行动”，视病人为亲人。每年农历大年三十至正月初一，市卫生局局长、书记、工会主席都要和职能处室领导分头看望慰问正在住院和急诊的病人。其间，局系统职工为贫困职工子女和残疾人捐助学款4万余元、衣物8841件，为矿务局3位贫困母亲捐款6700元，向全市受灾群众募集善款2.86万元，向市困难职工帮扶中心捐款4.4万元，为抗击非典捐款2.38万元，精神文明献爱心捐款7.23万余元。市第四医院和市中西医结合医院职工分别为一位乙脑患者和一位白血病患者捐款3249元、3365元，为少数民族横板房改造捐款1.91万元，向达州灾区群众捐款7258元，为计划生育三结合户和为“三农”捐款3.86万元；市中西医结合医院肝胆外科医务人员为一住院女学生捐款1200元，全医院职工为一住院病毒性脑炎儿童捐款3000元；市中西医结合医院开展光明援助月活动，为136名白内障患者实施复明手术，优惠医疗费8万多元。市卫生监督局两次走访慰问小宝鼎特困个体经营户熊桂华并为她捐款；为贫困山区群众捐衣物5894件、文具用品50套。全局系统先后多次送医送药到盐边鱼门镇、洼落乡、格萨拉乡、红宝乡、团结乡、二坪子乡以及仁和区大龙潭乡，米易县白马镇等地，开展义诊4169人次，发放宣传资料5000余份，投入经费15万余元。在传统的“九九”重阳节（老年节）之际，部分医疗单位组织专家看望慰问市福利院的孤残儿童和孤寡老人，为他们送去价值12000多元的大米、菜油、鸡蛋、水果以及衣物等慰问品。

2008年5月12日和8月30日，四川汶川地区和攀枝花市相继发生强烈地震，局工会积极协助党政紧急组织医疗救护队、卫生监督员和卫生防疫员队伍支援灾区，同时发动职工发扬“一方有难，八方支援”精神，为汶川地震灾区群众捐款39.35万元，为攀枝花市地震受灾群众捐款9.32万元及衣物棉被若干。

2010 年，为支援攀枝花市旱灾区县和青海省玉树地震灾区救灾工作，局工会及时组织动员全局系统职工捐款，经过短短 11 天努力共募集 13.66 万元，其中抗旱救灾款 47368 元、抗震救灾款 89233 元。同年，由市中心医院、市疾控中心和市血站的专家组成医疗队（20 人）到盐边县格萨拉乡大湾村为村民义诊，并送去价值 1000 余元的常用药品和冰点水 1500 瓶，还为村小师生送去篮球、羽毛球、乒乓球等体育用品。为定点帮扶村——仁和区啊喇乡啊喇村 2 名考上大学的困难学生捐款 1 万元。

2013 年春节、“七一”前夕，市卫生局工会协同局领导走访慰问困难职工联系户 6 户，送去 4800 元慰问金和 1000 余元的粮油。动员局直各单位工会广大干部职工为芦山地震捐款 18.87 万元。是年，市卫生局为局直单位 52 名职工办理住院医疗互助保险赔偿 4.96 万元，向局直单位 5 名困难职工和 6 名残疾职工家庭发放生活救助金 7400 元。

第七章　攀枝花市林业工会工作委员会

第一节　组织机构

20 世纪六十年代，渡口市（今攀枝花市）建设初期，在攀枝花市境内归林业部金沙江林区会战指挥部管辖的林业企业有拉姑林业局、盐边林业局、金沙江木材水运局、公路工程四处、公路工程五处、西南林业勘察总队七队、林业大修厂、木材综合加工厂、林业汽车运输公司等单位，有职工约 1.3 万人。1970 年，金沙江林区会战指挥部撤销，以上单位组建为渡口林业指挥部（六号信箱）。1972 年，林业指挥部政治部设群工科，李雨初为副科长，负责筹建工会组织。1973 年 6 月 28 日，渡口市林业指挥部工会第一次代表大会召开，选举产生第一届工会委员会，有委员 21 名，主任张宝富、副主任李树林、段有明（兼）、段爱玲（女、兼）。1980 年，渡口市林业指挥部撤销，成立渡口市林业局，工会事务由政治部宣传干事代管。1981 年 12 月 3 日，成立渡口市林业局工会工作委员会，由下属单位工会主席 5 人组成，工会主任一职暂缺。1997 年 5 月，《攀枝花市机构编制委员会办公室、攀枝花市总工会关于核定攀枝花市林业局工会工作委员会人员编制的批复》（攀编办〔1997〕9 号）核定攀枝花市林业局工会工作委员会编制 2 名，其中主任 1 名使用机关行政编制，工作人员 1 名为事业编制，参照国家公务员制度进行管理。

1989—2013 年市林业工会工作委员会负责人任职情况

表 82

职　务	姓　名	性别	任职时间	备　注
主　任				1989—1992.10 主任一职缺
	杨祖同	男	1992.10—1994.07	正科级
	刘蛰鸣	女	1994.08—2002.02	
	李炳银	男	2002.05—2007.11	
	吕昌明	女	2008.06—	2008.06—2010.01 正科级；2010.02— 副县级
副主任	刘蛰鸣	女	1986.12—1994.07	
	赵亚艳	女	2002.05—2003.11	

1983 年，市属盐边林业局下放盐边县管辖。1984 年，省属普威林业局下放渡口市管辖，年末渡口市林业职工有 2300 余名，市林业局工会辖基层工会 3 个、车间工会 21 个，会员近 2000 人。1988 年，攀枝花市林业工会有 3 个基层工会，职工 2235 人，会员 1999 人，有专兼职工会干部 23 人。2013 年，攀枝花市林业工会有 13 个基层工会，职工 841 人，会员 736 人，有专兼职工会干部 23 人。

1989—2013 年部分年份市林业工会工作委员会组织发展情况

表 83

年份	职工（人）	工会会员（人）	基层工会（个）	工会干部（人）	备　注
1989	2379	2012	5	18	含专职 4 人
1995	1455	1350	5	16	含专职 4 人
2000	1266	1123	7	15	含专职 4 人
2005	933	808	8	17	含专职 3 人
2010	720	605	12	19	含专职 3 人
2013	841	736	13	23	含专职 3 人

第二节　民主管理

一、职工之家建设

1989—2013 年，攀枝花市林业局所属企事业单位因地制宜，结合单位建制及属地特点，由基层工会组织牵头，在党委和行政支持下，相继建立职工之家，设置固定的职工活动场所。全系统共有工会文娱活动室 4 个，面积 235 平方米。各单位通过日常维修、添置设施、购置设备、图书及娱乐用品等办法，积极开展职工业余活动，文娱活动室成为职工业余学习和聚会娱乐的地方，一些基层单位也兼做开会的场所。在生产任务繁重、职工生产生活条件差的历史时期，职工之家主要发挥职工业余活动交流、职工生产生活衔接、职工日常思想互动等作用。

2013 年全市林业基层工会文娱活动室情况

表 84

名　称	面积（平方米）	主要设施	建成年份
普威林业局职工活动室	75	棋牌等娱乐用品	1993
国营林场总场岔河林场职工活动室	40	体育用品、娱乐用品、书籍等	1996
国营林场总场平地林场职工活动室	40	体育用品、娱乐用品、书籍等	1998
国营林场总场职工活动室	80	体育用品、娱乐用品、书籍等	2002

二、职工代表大会

1989—2013 年，市林业局所属各单位均按规定按时召开职代会或职工大会，及时解决本单位重大的生产经营决策问题以及职工关心的重点热点问题。市林业工会所属两大企事业单位工会中，普威林业局工会历经六届至十二届共召开 13 次职代会，市国营林场总场工会历经一届至四届共召开 8 次职代会。职代会主要职责为审议批准企业行政工作报告、财务预决算方案、职工奖惩办法、重大改革方案、重要制度和民主评议领导干部等，让职工充分参与企业民主管理、民主监督和民主决策。

三、厂务公开

1999 年 7 月，市林业局厂务公开深化民主管理领导小组成立，领导小组办公室设在市林业局党办，并由党办主任兼任领导小组办公室主任。其间，市林业局党委印发《关于全心全意依靠职工办好企事业的实施意见》，《意见》明确提出要贯彻落实党的“依靠方针”，健全完善职代会制度，推进厂务公开，确保职工主人翁地位。各单位厂务公开的主要内容是：经营管理过程中的应公开事项，涉及职工切身利益的事项，非商业秘密事项及非保密事项。主要形式是：会议传达、会议通报、各种座谈会通报、联席会通报、宣传板报、墙报、音像片、广播、标语等。各单位厂务公开的时间、内容、形式与效果一般不同步，主要根据自身的情况和工作需要而定。1999—2013 年，各林业企业坚持厂务公开制度，增进了理解，化解了怨气，消除了误解，强化了监督。到 2013 年年底，市林业各企事业单位的厂务公开工作已逐步规范，公开率达到 100%。

四、职工权益维护

1991 年，针对攀枝花市林业企业实际，市林业工会协同企业实施富余人员转产工作，做好 1966 年前参加工作或达到退休年龄的老职工换工转产和稳妥做好青年职工的带资转产工作，全年转出 50 余人。

1992 年，工会协助各单位制定深化改革的具体方案。推行全员劳动合同制，打破干部与工人、固定职工与合同制职工的界限，实行聘任制与合同制；推行工资分配制度改革，实行多种工资分配制度；推行社会保险制度改革，健全完善职工的基本养老保险制度，鼓励职工参加储蓄保险、工伤保险和医疗保险等，逐步形成国家、单位和个人共同承担的基本养老保险制度。

1997 年，为加大《中华人民共和国劳动法》的贯彻实施力度，加强平等协商和签订集体合同工作，各林业企业相继建立劳动法律监督小组和劳动争议调解组织，党的“依靠方针”得到落实，工资协商、劳动合同签订等工作得到完善。到 2013 年年底，林业企业工会单独签订职工集体劳动合同率达到 100%，林业企业女职工权益保护专项集体合同签订率也达到 100%。林业工会职工权益维护工作步入规范化轨道。

1999 年，为将职工维权工作落到实处，市林业局党委专门成立“全心全意依靠职工办好企事业”领导小组，办公室设在市林业局党办，负责督办、检查考核等日常事务。检查考核的内容是：单位是否建立相应的规章制度及落实情况；职代会民主评议本单位领导班子及成员的工作情况，包括组织领导、评议对象、评议形式和程序、评议率、评议内容以及民主评议的“三个结合”情况；各单位厂务公开民主管理情况，公开的内容、形式和群众对公开的反映等。检查考核的方法步骤是市林业局党政将各单位实施情况纳入目标考核，作为对领导班子考核、党风廉政建设情况考核的一项重要内容，每年第四季度开展检查考核工作，适当的时候召开经验交流会；职代会民主评议领导班子和班子成员工作，确定于每年 3 月底前完成。

2001 年，按照天然林保护工程的规定及要求，各级工会协助行政做好人员分流、妥善安置富余人员、盘活现有资产等工作，以科技为龙头，协助抓好职工分流到市郊区的工作。2012 年，普威林业局、国营林场总场为职工办理住院医疗互助保险，为女职工办理大病互助保险。

2013 年 1 月 1 日起，普威林业局执行《关于对部分患病住院职工的医疗自付部分实行特殊帮扶的实施办法》，普威林业局、国营林场总场均根据自身实际，大力开展夏日送清凉活动。

第三节　经济技术活动

一、劳动竞赛和劳动保护监督

1989—1998 年，攀枝花林业属于天保工程前的十年林业生产（森工）建设时期，各生产企业发挥工会优势，开展群众性经济技术活动，积极组织开展社会主义劳动竞赛、合理化建议、发明创造活动及双增双节（增产节约、增收节支）活动，抓好群众性“反违章、查隐患、堵漏洞、保安全、增效益”安全生产管理监督，促进生产班组安全达标竞赛活动的开展。1999 年以后实施天保工程，除国营林场总场在多种经营方面加大自身的技改与劳动保护监督之外，林业系统围绕天保工程的劳动竞赛主要体现为岗位职责的坚守与科技兴林方面的攻坚。

1989 年，各单位组织开展适应经济承包形式的劳动竞赛和“五好”家庭评比活动，当年评选出市级劳动模范 1 人、市级先进企业 1 个、市级先进个人 3 人、“五好”家庭 48 户。1991 年，围绕“质量、品种、效益年”活动，广泛开展社会主义劳动竞赛。各生产单位开展厂际竞赛、百千万竞赛、双增双节劳动竞赛、“三提高（提高森林资源利用率，提高劳动生产率，提高工作效率）、三减少（减少非生产人员，减少资金占用，减少外包工程），两节约（节约木材，节约开支）、两降低（降低能源和原材料，降低成本）”等为主要内容的劳动竞赛活动。森工企业组织职工兴办蜂窝煤厂，开发花岗石，恢复木片生产等项目，增加职工收入。

1993 年，森工企业开始实行撤段并场及招标承包经营重大改革，各企业工会深化“岗位创一流、班组创先进、企业创效益”为中心的双增双节竞赛活动，科技兴林取得突出成绩，市林业局推荐产生 3 人为第二批市级有突出贡献专家。1994 年，积极组织林业职工参加四川省百万职工安全生产知识竞赛活动，成立竞赛活动领导小组，各单位参赛率达到 80%以上。各级工会组织，在职工中广泛开展挖潜革新、技术练兵、技术比武和以双增双节为主要内容的社会主义劳动竞赛活动，同德林场大庄砖厂因红砖质量好，产品供不应求，在市第二届苏交会上获得银奖，被授予省优产品称号。

1996 年，市林业局工会全面组织四川省劳动法律法规知识竞赛。各单位共建立劳动保护监督检查委员会 6 个，开展冬季安全检查及防汛安全检查以及安全生产周活动，查出安全隐患 87 件，提出改进意见 85 条。

2000 年，普威林业局在组织开展的“双增双节”竞赛活动中，职工提合理化建议 32 条，采纳实施 27 条，创节约价值 3.15 万元。2005 年，国营林场总场结合实际开展“建设节约型林场”活动和“三比”（岗位比贡献、工作比水平、服务比质量）活动。岔河页岩砖厂实施的技术改造项目，据测算年可节约资金 40 多万元；国营林场总场获经济技术创新三等奖。

2009 年，各企事业单位开展“安康杯”劳动竞赛以及“两创一争”（创建学习型党组织、创建学习型机关、争做优秀共产党员），“同舟共济保增长，建功立业促发展”系列活动。国营林场总场所属林场 3 个砖厂开展“双比双降”（比管理、比技术、降能耗、降排放）为主要内容的节能减排活动，职工提合理化建议 11 条，被采纳 9 条。

2011—2013 年，市林业局工会组织开展“安全生产月”和“百日安全”活动，落实“一岗双责”，推行安全生产目标管理，完善目标考核措施。制订《林业安全生产各项责任制度》，完善《林业安全生产事故应急预案》加强汛前检查及隐患整改力度，完善安全生产目标考核措施。

二、技术培训学习

1990—2013 年，为提高干部职工的业务水平，市林业局工会开展在职、短期、送外、会议等多种方式的技术培训活动。

1989 年，开展技术工种培训，全年培训电工 11 人、焊工 11 人，培训消防管理人员 8 人、消防队员 32 人。1991 年，市林业科学技术研究所工会，开展工人技能培训 50 多人次，培训面达 100%。1993 年，攀枝花市林业局、四川省攀枝花市金江造纸厂筹建处共派出 22 人，参加南京林业大学林化系制浆造纸培训班学习，时间 1 年。市林产公司聘请专业技术人员举办果树嫁接培训班，为农民讲授嫁接技术，并提供优质树种，帮助农民改造核桃树 5000 株。1996 年，普威林业局总投资 613 万元的 3000 立方米/年刨花板及 70 万平方米/年饰面板技改项目建设已于 4 月 15 日开工，该局组织职工技术培训 144 人，岗位培训 43 人。

2003 年，林业局组织干部职工参加全市组织的电子政务、普通话以及 WTO 规则知识培训，共培训 90 人次。2004 年，对全市专业、半专业扑火队队员和巡山瞭望台人员进行培训，举办培训班 120 期，共培训人数达 3500 余人。国营林场总场组织干部职工到长江造林局考察学习多种经营发展经验，到峨眉、川南林业局等地考察紫胶生产情况。2005 年 9 月，国营林场总场在攀枝花市专业军官培训中心举办全市首次“攀枝花市紫胶生产技术培训班”。

2006 年 4 月，国营林场总场聘请市林科所专家对平地林场果园和岔河林场仁家沟果园进行为期 2 天的现场技术指导。9 月，国营林场总场聘请省墙材协会总工程师及秘书长等专家，对所属三个砖厂设施设备进行现场技术指导。9—10 月，组织三个砖厂有关领导及技术人员分别到西安、成都、贵阳等地参加墙材新技术及相关政策的培训考察。2007 年，国营林场总场安排各类外出业务技能培训 30 余人次。

2010 年，市林业局投入经费近 30 万元，在西南林业大学组织开展“建设森林城市、林业产业发展、集体林权制度改革”为专题的林业干部实务培训，共 3 期，共有 166 名知识分子及业务骨干参训。组织 18 名林业专家参加攀枝花新农村建设“人才进村”活动。2011 年，市林业局开展核桃栽培技术研究，引入核桃新品种，在平地建设品种筛选园；邀请台湾大学胡弘道教授来攀传授块菌菌根苗接种、检测和无菌化育苗关键技术，举办专题讲座。7 月 13 日—15 日，普威林业局举办森林资源管理与经营培训，共 50 余人参加，另有 58 人参加商务礼仪培训。2012 年，普威林业局职工参加驾驶技能培训 6 人，畜牧兽医网络教育 1 人，法学教育 1 人，办公自动化培训 2 人，林下经济产业经济培训 2 人。2013 年，全年培训基层林业技术人员和林农 9000 余人。

三、巾帼建功活动

1989 年，市林业工会完善各级女职工委员会组织技设，凡有女职工 25 人以上的企事业单位，均筹建女职工委员会，并按照全市第一届女职工代表大会审议通过的《攀枝花市女职工委员会条例》配备了女工干部。

1991 年 6 月中旬，经济林木处（国营林场总场）召开第一届妇代会。各级妇委会开展“三热爱”“四自”和“四有”活动；动员女职工参加“双增双节”“学先进、做主人、比贡献、创一流”活动。1994 年 3 月，普威林业局职工梅被市总工会评为攀枝花市先进女职工，国营林场总场张被命名为“女职工之友”。4 月，普威林业局职工罗江林被市政府评为 1993 年度双增双节百千万竞赛能手。1995 年，三八节前各单位女工委组织开展“文明家庭”评选活动，全局文明家庭数占职工家庭户数的 66%；各基层工会及妇委会结合实际，开展女工砖胚垒垛赛、茶话会、植树、扫墓、参观“金色攀枝花”展览、印发第四次世妇会资料等各种活动。1996 年，属森工企业十分困难的年份，各级女工组织做了大量艰辛细致的工作，维护企业稳定。普威林业局职工王利群被市总工会评为先进女职工、市林业局职工刘蛰鸣被市总工会评为工会法律信访工作先进个人。

1998 年 2 月，林业工会表彰 1997 年度女工工作先进集体及个人，国营林场总场妇委会被评选为先进妇委会；钟亚林、薛伶俐、吴正玉三人被评选为女职工先进个人。1999 年 2 月，国营林场总场女职工委员会被评为工会工作竞赛优胜集体，普威林业局女职工委员会和国营林场总场同德林场女职工小组被评为工会工作竞赛先进集体；吴正玉、赵琼、薛伶俐、罗江林、钟亚林、刀丽萍、范祖琼、罗晓梅8人被评为工会工作先进个人。2000年6月，普威林业局女职工委员会、国营林场总场苗木场妇女小组、国营林场总场林木种苗站妇女小组被评为先进女职工委员会及先进女工组织；徐宗玲、钟亚林、罗江林、吴正玉、何玲、赵凌莉6人被评选为优秀女工干部或妇委会干部。

2001年，各单位继续开展争创文明家庭活动。2006年9月，市林业局产业处女干部彭怡被攀枝花市委评为工会工作先进个人。2008年2月，市总工会表彰2006—2007年度全市先进女职工集体、先进女职工、先进女职工工作者和先进女职工之友，国营林场总场岔河页岩砖厂女工委作为先进女职工集体受到表彰。2013年，普威林业局女工委副主任周琴，多年来在“巾帼建功”活动中事迹突出，被一致推荐为市妇联表彰的“巾帼建功”标兵。

第四节　队伍建设

一、信访疏通和矛盾化解

随着森工企业“两危”（资源危机、经济围困）的加深以及实施天保工程和企业改制的不断深入，市林业系统各种困难矛盾全面显现，职工生活困难，上访现象剧增，危及职工队伍稳定。林业工会协助局党委和行政一方面加强信访疏通，努力做好职工队伍的稳定工作。2009年，在大力开展的“信访积案化解年”活动中，实行领导定期接访和领导包案制度。1989—2013年，林业各级工会协助党政做了大量的矛盾纠纷化解工作，各类信访受理187件，办结187件。另一方面加强问题反映，积极争取上级支持。市林业局、普威林业局、市国营林场总场向上级有关部门报送《关于二滩水电站建成后普威林业局如何生存的问题的汇报》《关于普威林业局职工列入二滩水电站移民安置的报告》《关于普威林业局森林经营中亟切解决的几个现实问题的报告》《国营林场总场工会关于职工生活困难情况的报告》《国营林场总场关于职工生活困难情况的报告》等报告。攀西开发报内部参考（第三期）以《国营林场处境十分困难》为题对攀枝花市国营林场的现状、存在问题以及今后发展方向做了报道；攀枝花市总工会办公室《情况反映》第六期，以《攀枝花市国营林场总场80%的在职职工和离退休职工基本生活无保障》为题对国营林场现状做了反映。1994年，国营林场总场被市林业局认定为特困单位，被省林业厅定为贫困国营林场。1998年，森工企业离退休基本养老金已纳入全省统筹。2009年，经多方努力尤其是市、县政府的大力支持，普威林业局新建于米易河西的274套限价商品房竣工，缓解了企业职工的住房及子女的入学和就业困难；普威林区公安和职工医院移交完毕；工伤人员189人移交市社保局管理；离退休人员非统筹费用已纳入市财政预算；对自愿解除劳动关系的职工兑现企业拖欠的416万元安置金；4名退休教师及6名提前退休人员待遇问题已得到纠正和落实。自此，在实施天保工程10年后，困扰森工企业的大部分历史遗留问题基本得以解决。到2013年年底，林业系统中的主要矛盾得到化解，职工队伍稳定，林业事业稳步发展。

二、发展多种经营

从1993年开始，林业系统各单位在完成主要经济指标的同时，因地制宜开展多种经营活动，并鼓励林区职工发展自营经济，增加收入。1996年4月，普威林业局投资613万元，新建3000立方米/年刨花板、70万平方米/年饰面板项目。2005年6月，国营林场总场所属苗木场完成经营机制转换工作后，成立全市林业第一家民营企业——攀枝花市仙林园林绿化工程有限责任公司。2009年，市林业局扶持的众森林业开发有限公司投资80万元，建设省内第一家、西南地区规模最大、年加工能力300吨的紫胶颗粒胶加工厂；普威林业局启动万只生态鸡养殖和块菌酒加工项目。2011年10月，普威林业局成立绿森林业公司。到2013年年底，国营林场总场多种经营计划2500万元，实现收入2932.66万元，超额17.3%；计划利润150万元，实现利润153万元，超额2%。其中：红砖产量7999.66万块，产值2288.75万元；花卉苗木145万元；绿化工程及其他项目433万元；水果产量110.88吨，产值65.91万元。普威林业局全年生态鸡养殖、林兴酒厂等实现产值110万元，利润15万元；鸿森园林公司全年实现产值2400万元，利润20万元。多种经营的开展，壮大林业产业，增加职工收入，稳定职工队伍。

第五节　扶贫帮困送温暖

一、走访慰问

攀枝花市林业系统中职工困难面较多，为保障职工生活，稳定职工队伍，从1991年开始，市林业局和各企业均要筹集部分资金开展节假日和经常性的走访慰问活动。

1991年，普威林业局走访困难职工67户，慰问金额1230元；走访伤病员和离退休职工30人，慰问金额850元。1992年，市林业局及所属单位（下同）走访困难职工116户，慰问金额3860元。1994年，走访慰问185人，慰问金额11000元。1995年，走访慰问困难户205户，其中特困75户，慰问金额82400元。1996年元旦、春节期间，林业所属单位送温暖补助款93190元，共对257人（户）包括106户特困户进行慰问。1997年，全市林业特困职工达125户，其中特困女职工13户，全年走访慰问金额123500元。1998年，市林业局所属单位共走访慰问184户，其中125户为特困户，慰问金共112500元。

2000年，春节期间走访慰问特困职工、离退休老干部、伤病员以及军烈属461人，其中困难户155户，特困户116户，共发放慰问金116440元。2001年，走访慰问困难户173户，其中特困户86户，慰问金60500元。2002年，走访慰问困难户165户，其中特困户78户，慰问金53600元。2003年，走访慰问困难户169户，其中特困户74户，慰问金50200元。2004年，共走访慰问困难户159户，其中特困户74户，慰问金87200元。2005年，走访慰问困难户170户，其中特困户74户，慰问金79300元。2006年，走访慰问困难户297户，其中特困户42户，慰问金共111840元。2007年，走访慰问生活困难户137户，其中特困户41户，慰问金共54620元。2008年春节期间，共走访慰问困难户176户，其中特困户43户，慰问金93150元。2009年，走访慰问职工困难户、劳动模范、离退休副县以上干部及帮扶农村困难户共146人，计慰问金48000元；

2010年春节、“七一”及国庆期间，走访慰问困难职工、困难党员及农户，共121户，特困职工42户，慰问金计90700元。2011年，共走访慰问困难户134户，其中特困户34户，慰问金45100元。2012年，共走访慰问困难职工119户，其中特困户28户，慰问金85000元。

2013年12月，市总工会副主席汤邦梅等领导一行前往市国营林场总场平地林场查看低温雨雪灾情，鼓励受灾职工生产自救并对他们进行慰问，送去慰问金2.4万元。全年走访慰问困难职工49户，其中特困户26户，慰问金95900元。

二、扶贫帮困

1990年，普威林业局对285户困难职工进行补助，共计补助金额12030元，节日期间慰问困难职工金额3.5万元；经济林木处（后更名为国营林场总场）党政工联席会议研究决定：给予基层单位困难户、受灾户共30名职工家庭临时困难补助共计4550元。1993年，普威林业局补助困难职工170户，金额7000余元。

1994年，市林业局党委向所属单位传达中共攀枝花市委办公厅批转《关于攀枝花市实施“送温暖工程”的意见的通知》（攀委办〔1994〕39号），从此，“送温暖工程”成为林业工会工作的重要内容，送温暖活动逐步制度化、经常化、社会化。

1996年，普威林业局因二滩电站建设等影响处于半停产状态达两年之久，企业拖欠职工工资227万元。经工会多方协调后，企业靠借款保障职工2月份最低标准生活费的发放。元旦、春节期间，林业所属单位送温暖补助款93190元，共对257人（户）包括106户特困户进行慰问。

1997年，国营林场总场请求市财政局给予10万元困难补助。普威林业局因亏损而申请市解困领导小组贷款发放普威林业局最低工资及生活费307万元（包括市林业局解决50万元，另请求政府贴息贷款解决257万元）。1998年，国营林场总场为106名困难职工办理证明，发放生活救济费。1999年，走访慰问284户，其中110户为特困户，慰问金共126400元。

2000年，对特困职工、低保人员等进行摸底调查和界定，按时足额发放特困职工的生活补差和粮油补贴，实施对特困职工的动态管理很跟踪服务工作。2004年，国营林场总场为22户低收入职工争取2万元低保资金；向市解困办等部门争取2万元资金，向38户困难职工送温暖。2005年，林业各单位建立特困和困难职工档案，做到低收入职工家庭的应保尽保，对买断工龄及失业的“40、45”（女职工40岁以上、男职工50岁以上）人员70多人，均完善了档案。2007年，所属单位低收入职工182户实现应保尽保。

2009年，在开展“金秋爱心助学”活动中，总场争取救助金7000元，解决2名困难职工子女在读大学困难；另外，总场还协调各乡镇居委会等，使基层林场困难户纳入当地低保80户。

2012年，在春节、“七一”、国庆期间，市林业局及所属单位困难职工、劳模、老干部以及帮扶村困难群众，慰问金额85000元；总场工会申报3名困难职工在读大学生子女，已争取救助资金3000元。

2013年，为23名困难职工进行民生医疗体检；向市总工会争取到重症职工一次性医疗救助金8000元。国营林场总场工会还与有关乡镇、居委会接洽，使31户职工（79人）纳入当地低保。4月，市总工会副主席汤邦梅等领导一行前往市国营林场总场同德林场现场调研，为该场饮用水工程经费缺口提供补助5万元，解决林场200多口人的生产生活用水难题。

三、爱心捐款

1994年7月，在全国助残日仁和区动员会上，市林业局机关及附近单位139人向残疾人捐款794元。9月中下旬，市林业局及所属单位共向贫困地区捐赠衣裤2758件，向“送温暖工程”捐款现金1211元；总场机关为患病职工家属捐款304元，合计捐助额2309元。1995年，贯彻落实12月5日市委市政府“送温暖”捐资活动大会精神，共计参与捐资人数148人，捐资额2299元。

1995年12月，市林业工会在党政支持下，加大扶贫帮困送温暖工程的工作力度，在做好企事业困难职工走访慰问工作的同时，还发动机关及企事业职工，开展向贫困山区“送温暖工程”、向“希望工程”捐款、向残疾人捐款等活动，捐款近3000元，机关职工还捐助了衣裤、书籍等。

2002年，开展“关注社会弱势群体、献上文明单位职工爱心”活动，参与“每人每年向弱势群体捐献一元钱”活动，共1600人次参与，捐赠衣物1600件，捐款2500元。2003年，开展“送温暖，献爱心”活动，参加活动的113人次，捐款880元。2004年，林业工会开展向小平故里、达州灾区以及横板房改造工程捐款，向弱势困难群体献爱心等活动，局机关及所属单位共捐款5400余元。2005年，组织动员职工群众向受灾民区捐献衣物1000余件，为特殊困难职工子女捐款近1000元。2007年，开展部门帮乡、党员帮户“送温暖、献爱心”等林业惠民工程，动员职工捐款达12500元，捐赠衣物159件。2008年春节期间，局机关为林业所属单位困难职工捐款 2 万余元；“5·12”汶川大地震后，市林业局及所属单位为灾区群众自发捐款 70478 元，自发捐助特殊党费 37562 元；攀枝花“8·30”地震后，国营林场总场投入 1 万元对平地林场果园设施进行修复。2009 年，林业工会组织干部职工为米易受灾群众捐款 2020 元。

2010 年，为青海玉树地震灾区及舟曲泥石流灾区群众捐款 11515 元；普威林业局组织职工向困难职工捐款 2995 元。2011 年，普威林业局向重病职工王某、杨某捐款计 4734 元。2012 年，积极响应市里“爱在蓝天下、向困难群众捐款”的号召，鼓励干部职工向困难群众捐助一个月工资，共组织捐款 15 万余元。普威林业局工会组织职工向重病职工张某捐款 1.3 万元。

2013 年 4 月，普威林业局向雅安地震灾区捐款 12740 元，向重病职工杨某捐款 7040 元。

第六节　文体活动

攀枝花的林业企业大多地处偏远，职工住居分散，生产工作任务繁重，缺少文化生活。1989—2013 年，为了丰富职工生活，每逢节假日，市旅游系统各级工会都要因地制宜部署开展职工群众喜闻乐见的各项文体活动，以此渲染节日气氛，丰富职工生活，文化活动有歌曲、舞蹈、快板、相声、小品、迷宫游戏、谜语竞猜、书画展览等，大多为自编自演，反映生活，贴近时代，简便易行。体育活动一般有拔河、赛跑、象棋、乒乓球、羽毛球、排球、篮球等，可谓花样繁多，热闹非凡。在重大节庆活动中，一些单位还专门邀请机关领导参与，亲临现场裁评指导。

1989 年，节日期间，各企事业单位工会、共青团组织联合开展书画展览、歌咏比赛及各种形式的知识竞赛活动。1990 年，普威林业局工会投资 2 万余元为场、段基层工会配置电视。春节期间举办歌咏比赛 1 次，100 余人参赛，篮球赛 3 次，电影队全年为职工放映电影 622 场次。

1991 年，普威林业局工会组织机关及附近职工 450 名，在米普路冒雨植树 1500 余株。普威林业局工会拨出专款 3.5 万元，为丙谷贮木场安装闭路电视系统。春节期间，各基层各单位工会开展篮球赛、乒乓球赛、拔河、游园及知识竞赛等文体活动。经济林木处和林业科研所开展大唱革命歌曲活动，市林业局机关和市林产公司，组织全体职工参观二滩水电工程。5 月 31 日晚，为庆祝“六一”儿童节，普威林业局和小得石贮木场，均开展由教师和学生自编自导的节目演出，普威林业局演出舞蹈、相声及小品节目 29 个。小得石贮木场组织演出 26 个节目并评奖。林业其他单位分别组织少儿座谈会、少儿联欢会、击鼓游戏以及向少年儿童赠书活动等。“六一”儿童节前，林业各企事业单位的学校表彰优秀少先队辅导员 6 人、优秀少先队员 27 人。

1993 年，市林业工会举办“兴林杯”篮球及象棋运动会，机关及附近单位参赛。为纪念毛泽东诞生 100 周年，机关及附近单位工会、共青团共同组织歌咏、象棋、扑克、羽毛球比赛活动，有的单位还组织钓鱼、吹灯、套圈及摸鼻子等趣味活动。1994 年 1 月，市林业工会组队参加全市性的篮球运动会，历时 10 天的鏖战，女子代表队荣获第一名，男子代表队取得第二名。1995 年 1 月 18 日至 20 日，市林业局组织开展局机关及所属单位推举的 42 名歌手参加的新春卡拉 OK 比赛，并对优秀歌手发给荣誉证书和奖金，前五名作为推荐到省市参加比赛的人选。1998 年，国营林场总场工会利用节假日，先后举办歌咏、棋牌、越野、球类以及舞会、游园活动，经统计有近 2000 人次参加。

2004 年，市林业局与市水利农机局、市气象局等单位组成联队，同攀枝花市森林警察支队进行篮球赛。2005 年元旦、春节、“八一”节期间，局党政工领导看望慰问驻攀森警部队官兵，开展各种联谊活动和友谊比赛。2006 年，国营林场总场以组织开展职工卡拉 OK 大赛、三人制篮球赛和演讲比赛。

2007年，国营林场总场提供场地、水电及设备，邀请仁和区党校退休舞蹈教师对机关片区离退休职工及家属进行歌咏培训，培训后的歌咏队参加市里的合唱比赛，获得第三名。国营林场总场参加市里组织的演讲比赛及第五届“攀钢杯”运动会的共有12人取得较好成绩。2008年，以“迎奥运、讲文明、树新风”活动为载体，林业局机关开展迎春登山活动，“八一”建军节退役军人座谈活动，机关“重阳”节老同志聚会活动等。

2009年春节期间，市林业局与西区林业局及混撒拉村党支部开展拔河、篮球、羽毛球、攀岩比赛等联谊活动。国庆60周年之际，林业局机关和直属单位分别组织开展了“市林业职工迎国庆歌咏比赛”活动；总场提供场地设备，与沙沟社区居委会共同开展以“唱响沙沟”为主题的“林茂·华钢杯”革命歌曲大家唱活动。2010年，市林业局组织机关及直属单位，在阿署达度假村开展职工运动会。

2013年6月，市林业工会组织开展“中国梦·林业好声音”歌唱比赛，两名优胜者从众多选手中脱颖而出，获得“攀枝花林业好声音”称号。9月，在四川成都举行的“四川林业好声音”歌唱比赛中，市林业调查规划设计院职工张春艳荣获“四川林业十佳歌手”称号。普威林业局为各森林资源管护站点统一购置电视及信号接收设备，丰富一线职工的业余生活。

第八章　攀枝花市直属机关工会工作委员会

第一节　组织机构

1987年5月，中共攀枝花市直机关委员会决定成立市直机关工会，并成立市直机关工会筹备小组，筹备小组成员由王章勇、郝铁军、李红组成。王章勇任组长，郝铁军任副组长。市直机关工会筹备小组成立以后，紧抓建设基层工会和会员发展工作，经过一年的工作，建立31个基层工会，发展新会员1400多人，在此基础上，经报请市总工会批准，市直机关工会工作委员会于1988年11月30日正式成立，委员会由王明永、王世荣、李红、张伦、杨扬、邹文钧、郝铁军组成。邹文钧任主任（兼），郝铁军任副主任，魏功亮任专职工会干事。

1988年12月22日，市直机关工会工作委员会召开成立暨工作会议，参加会议的近60人。市政府副秘书长田如意，市教育工会、市金融系统各单位工会负责人参加会议，大会由市直机关工委副书记、工会工作委员会主任邹文钧主持，市总工会副主席杨爱群、市直机关党工委常务副书记何荣增到会并讲话。至1988年底，市直机关工会工作委员会下辖有市农牧局工会、市水电农机局工会、市中级人民法院工会、市司法局工会、市民政局工会、中共攀枝花市委组织部工会、市纪委工会、市委研究室工会、共青团市委工会、市妇联工会、市精神文明办公室工会、市档案局工会、市人民防空办公室工会、市标准计量局工会、市物价局工会、市审计局工会、市文联工会、市计划生育委员会工会、市财政局工会、市工商局工会、市人大工会、市环保局工会、市成人教育办公室工会、市国土局工会、市乡镇企业局工会、市民族事务委员会工会、市直机关党委工会、市政法办公室工会等32个基层工会组织。共有职工人数1674人，工会小组111个；有工会专职干部2人，兼职工会干部93人。

1988—2013 年市直属机关工会工作委员会负责人任职情况

表 85

职　务	姓　名	性别	任职时间	备注
主　任	邹文钧	男	1988.11—1991.11	兼任
主　任	钟维俊	男	1991.12—1997.06	兼任
主　任	李飞雪	女	1997.07—2002.06	
主　任	刘文杰	男	2002.07—	

第二节　组织建设

1990 年，市直机关有 47 个单位成立工会组织，会员 2172 人，占机关职工总数的 95.1%。1991 年 12 月 26 日，钟维俊任（兼）攀枝花市直属机关工会工作委员会主任，李红任攀枝花市直属机关工会工作委员会副主任，廖宗全任中共攀枝花市直属机关工会工作委员会干事。1997 年 7 月 23 日，李飞雪任攀枝花市直属机关工会工作委员会主任。2002 年 7 月 17 日，刘文杰任攀枝花市直属机关工会工作委员会主任。

2013 年市直属机关工会工作委员会基层工会组织情况

表 86

名　称	职工（人）	工会会员（人）	工会干部（人）	基层组织（个）
市委办公室工会	89	89	3	1
市人大机关工会	79	79	3	1
市政府办公室工会	124	124	4	1
市政协机关工会	58	58	7	1
市纪委（监察局）工会	83	83	4	1
市委组织部工会	71	71	2	1
市委宣传部工会	52	52	3	1
市委统战部工会	16	16	4	1
市委政法委工会	30	30	3	1
市委党史研究室工会	8	8	2	1
市直机关工委工会	19	19	3	1
市经信委工会	83	83	3	1
市计生委工会	46	46	3	1
市民政局工会	153	153	3	8
市科知局工会	42	42	5	4
市司法局工会工会	47	47	5	2
市中级人民法院工会	113	113	3	1
市检察院工会	114	114	7	1
市民宗委工会	28	28	4	1
市国资委工会	43	43	7	1
市投资促进局工会	36	36	5	1
市农牧局工会	134	134	3	2

续表 86

名　称	职工（人）	工会会员（人）	工会干部（人）	基层组织（个）
市水务局工会	213	213	5	1
市审计局工会	55	55	4	1
市统计局工会	59	59	5	1
市工商局工会	117	117	3	1
市国土资源局工会	208	208	7	1
市食品药品监督管理局工会	101	101	2	1
市环保局工会	84	84	6	2
市委编办工会	27	27	3	1
攀枝花质量技术监督局工会	52	52	2	4
市法制局工会	16	16	2	1
市旅游局工会	49	49	5	1
市档案局工会	28	28	5	1
市气象局工会	116	116	8	1
市商务和粮食局工会	57	57	4	1
市体育局工会	139	139	7	1
市财政局工会	124	124	9	1
市发改委工会	93	93	3	1
攀枝花检验检疫局工会	27	27	3	1
市人防办工会	31	31	3	1
市防震减灾局工会	30	30	3	1
市扶贫和移民局工会	32	32	3	1
市委群众工作局工会	13	13	3	1
市地方志办工会	11	11	3	1
市委台办工会	7	7	1	1
市接待办工会	29	29	3	1
市安监局工会	81	81	6	1
市农工委工会	13	13	3	1
市总工会工会	77	77	3	1
团市委工会	44	44	2	1
市妇联工会	16	16	3	1
市文联工会	19	19	4	1
市科协工会	24	24	5	1
市民主党派工会	35	35	3	1
市政务服务中心工会	10	10	1	1
市住房公积金管理中心工会	48	48	3	1
市残联工会	24	24	3	1
市国投公司工会	66	66	5	1
四川省盐业总公司攀枝花分公司工会	65	65	3	1
国家统计局攀枝花调查队工会	18	18	3	1
攀枝花海关工会	14	14	3	1
合　计	3740	3740	238	78

1988—2013 年部分年份市直属机关工会工作委员会组织发展情况

表 87

年　份	职工（人）	工会会员（人）	基层工会（个）	工会干部人（人）
1988	1674	1584	32	93
1990	2284	2172	47	142
2005	3466	3316	63	205
2010	3448	3448	60	192
2013	3740	3740	78	238

第三节　女职工工作

2002 年，为充分发挥女职工在家庭中不可替代的作用，开展以“窗口文明示范岗”为内容的职业道德建设和以“家庭美德”为内容的家庭文化建设活动。机关女职工小家庭中有 88%被评为文明家庭。上半年，机关女职工积极响应“伸出一双手、捐献五元钱救助困难职工子女”活动，共捐款 16047 元，全年合计各种捐款金额达 4 万余元。深化“巾帼建功”、家庭文化建设、家庭教育三大主体活动，唱响“共筑和谐、巾帼在行动”和“创建路上、巾帼有作为”主旋律，组织女职工积极参与全市重点工作和惠民项目，促进妇女儿童事业新发展。

2007 年，机关妇女组织建立率达 96.7%，8 个妇女组织进行换届改选，新建妇女组织 1 个。在“三八”节期间，市直机关各单位共表彰“三八”红旗手 3 名、“三八”红旗集体 2 个、巾帼建功标兵 3 名、巾帼建功先进个人 86 名、巾帼建功先进集体 20 个、优秀妇女工作干部 15 名、“巾帼文明岗”2 个、“五好文明家庭”282 户、“学习型家庭”29 户。机关女职工广泛参与向困难群众“送温暖、献爱心”等捐助活动。全机关共帮助全市下岗女工 95 名，捐赠资金 11160 元。启动市直机关“巾帼文明岗”与“巾帼文明村”的“岗村联动”结对共建社会主义新农村活动。继续开展创评“五好文明家庭”活动，坚持每年在机关复查、评选“五好文明家庭”的工作。全年机关共评选“五好文明家庭”4293 户，占家庭总户数的 83.8%；学习型家庭 338 户。

2008 年，在“5 •12”汶川特大地震抗震救灾中，市直机关共有 1249 名女职工为地震灾区捐款 255113.2 元，其中 901 名女党员交纳特殊党费共 233796 元；向攀枝花“8 • 30”地震灾区捐款献爱心活动中，归口上交捐款的 44 个单位中，有 736 名女职工共捐款 87975 元。全年，市直机关开展职工岗位技术练兵比赛 65 场次，参赛女职工 203 人；举办“巾帼文明岗”等各种培训班 121 次，培训选拔女干部 36 人；女职工提合理化建议 219 条，被采纳 99 条；获省市各种荣誉称号女职工人数 78 人，技术等级上档次 10 人，参加省、市级技能大赛女职工 17 人。另外在参与文明家庭创建中，受表彰“五好文明家庭”120 户。

2011 年，围绕纪念“三八”国际劳动妇女节、庆“六一”、纪念建党 90 周年等主题活动，召开座谈会、举办演讲比赛、征文、文艺表演等形式多样的活动。组织女职工聆听“做成功快乐的职业女性”和“构建你的幸福家庭”专题讲座，积极参与“感党恩、庆“七一”，困难职工帮扶行动”及“七一”群心连心走访日活动，参与“我为攀枝花工会发展献一计”有奖征集活动、“我心中的工人文化宫”调查问卷活动等。在开展工会女职工系列活动中，参与人数达 728 人，占女职工总数 47%；读书 727 本，被采纳建议 153 条，采纳率 57%，做好事 356 件，联系女职工集体 49 个；参与帮助困难职工人数 240 人，帮助职工（含农民工）家庭数 100 个。

2012年4月，在市直机关女职工中开展“幸福攀枝花、巾帼齐行动”大学习、大讨论、大提升活动，市直机关女职工报送征文10篇，其中4篇荣获三等奖。创建“五好”家庭，争做幸福女性。立足岗位建功，争做优秀女性。着力丰富内涵，争做魅力女性。全年，组织38名先进女职工分批前往北京、清华大学、青海、内蒙古等地培训学习、参观考察，学习借鉴外地工作经验。全年市直机关共有1187名女职工参加岗位培训，960名女职工参加“巾帼建功”活动竞赛，747人成为各单位业务技术骨干（占女职工总数55%），487人被评为各级各类先进个人（占女职工总数35%）。

第四节　帮扶送温暖

1990年，市直机关工会组织普遍开展为职工办实事、办好事、送温暖活动。机关各单位共补助困难职工32名，金额达2678.60元。在机关分房、升级、调资等涉及职工切身利益的重大问题上，一般都有工会参加与研究，使工会组织成为机关民主建设的一条重要渠道。

1997年元旦、春节期间，开展送温暖慰问走访活动。其中走访慰问离退休职工2人、军烈属1人、困难职工3人、家居农村职工1人、各类疑难病症24人，金额达8100元。

2001年春节前夕，组织机关领导干部走访慰问对口帮扶职工生活困难户、市直机关特困职工和困难职工、有特殊困难的老党员、在职（退休）职工、死亡职工遗属、劳动模范等共计52人（户），慰问金总额为19400元。积极组织市直机关广大党员干部开展为青海玉树地震灾区、甘肃舟曲及四川省泥石流灾区群众捐款献爱心活动，共捐献爱心款152万余元。

2003年“非典”期间，市直机关工会切实配合抓好防治“非典”的每一环节工作。将印制的2234册防治“非典”宣传资料和11幅宣传挂图送到盐边县箐河乡，并由乡党委、政府将宣传资料送到全乡1082户农户手中。成立“非典”应急小组，拟定应急措施，先后为在职和退休职工购置中药、消毒液、口罩、体温计，并采取隔离出差人员等措施，开展环境卫生整治工作，每天按时向社区报告相关情况，有力地配合全市的防“非典”工作。

在2003年元旦、春节期间，市直机关工会组织广泛开展送温暖走访慰问活动。市直机关72个部门开展送温暖活动，慰问金总额为569790元。其中：市直机关各部门慰问本单位困难职工（含离退休职工）543人，慰问金额163490元；扶贫帮乡、慰问困难企业36个，慰问金额406300元。此外，还将10余吨大米、100余公斤食用油和1000余套衣物、棉被等慰问物资送到困难户家中。同时，184名副县级以上领导干部对所联系的职工生活困难户进行走访慰问，慰问金额达58070元。12月，市直机关开展“为困难职工献爱心”捐助活动，向市困难职工帮扶中心捐款32280元。

2008年5月，市直机关广大共产党员纷纷向党组织主动交纳“特殊党费”，用于抗震救灾。市直机关各直属党组织到账的“特殊党费”共计1071985.2元。当年，市直机关各单位及职工共为灾区捐款394.99万元。

2012年元旦、春节期间，市直机关各级工会结合本单位和慰问对象实际制订“两节”慰问活动方案，明确领导带头参与慰问、慰问活动方式和慰问资金筹集使用等。市直机关各部门（单位）有374名副县级以上领导干部深入到570户帮扶户、困难职工、离退休干部等慰问对象家中，问寒问暖，共带去慰问金208300元，大米、食用油等慰问物资折价56046元。慰问活动期间，各部门各单位共计发送慰问金426400元，赠送食用油、大米等慰问物资折价132736元，实实在在地让困难户感受到关怀和温暖。

2013年元旦、春节期间及“七一”前夕，广泛开展对联系户的走访慰问“送温暖”活动和“干群心连心走访日”活动。走访慰问对象包括对口帮扶职工生活困难户、市直机关困难职工、有特殊困难的在职（退休）职工、死亡职工遗属、劳动模范等。走访慰问活动以“三落实、三及时”（即落实责任迅速启动，及时制定慰问方案；落实各项保障措施，及时联系慰问到位；落实政策宣传引导，及时宣讲重要会议精神）为要求，确保慰问工作落到实处。同年，市直机关各基层工会积极开展夏季送清凉活动，防暑降温用品折合现金共计 17.01 万元。

第五节　“挂包帮”活动

从 2010 年 5 月起，市直机关工会围绕全省“扶贫解困明显推进、灾后重建明显加快、干部作风明显转变、基层组织明显加强”的总体目标要求，全面落实“部门帮村、党员帮户”结对帮扶工作和“城乡党组织互助工程”，紧密结合攀枝花市帮扶工作实际，着力推进扶贫解困、加快灾后恢复重建、转变干部作风、加强基层组织建设。挂点领导带头深入联系点开展工作，每年到联系点调研指导不少于 2 次，跟踪了解联系点工作情况，帮助协调解决突出问题，统筹协调相关部门（单位）做好包村工作。包村部门（单位）结合实际，发挥优势，积极作为。帮村干部围绕帮扶规划，集中精力抓落实；做好上下的沟通联系工作，及时反映情况；热心基层、安心基层，主动有为、务实高效地开展工作。帮户干部抽出时间和精力，采取入户走访、电话联系等形式，加强与帮扶对象的联系，帮扶期间深入农户，与结对户面对面地了解情况、关心慰问。

2012 年 6 月，为深化“挂包帮”活动内涵，丰富“挂包帮”活动载体，切实解决全市农村、特别是边远少数民族地区就医、就学、就业等困难和问题，积极探索新时期党的群众工作方法和路径，密切党群干群关系，启动以“百村支教、千户送医、千人就业援助和万名干部直接联系服务群众”为内容的“百千万 •干群心连心”活动。截至 2013 年年底，已派出 200 名教师赴边远民族地区支教，已免费发放价值 10.8 万余元的药品，参与就业援助的企业已达 244 家，已提供各类岗位 1467 个。同时，在“万名干部直接联系服务群众”工作中，第一批 1304 名县级、厅级干部按照市委提出的“让干部受教育、让基层得发展、让群众得实惠”的要求，相继与结对群众开展联系服务。在联系服务群众工作中，各级领导干部率先垂范，定期深入联系户家中访贫问苦，帮助联系村解决实际困难。各级部门（单位）立足实际、结合特色、突出亮点，坚持在制定发展规划，推进新村建设上下功夫；坚持在发展特色产业，提高农民收入上下功夫；坚持在加强基层组织建设，引导群众发挥主体作用上下功夫；坚持在转变干部作风，提升能力素质上下功夫，扎实开展各类帮扶工作，切实在帮助基层党委、政府解决短板问题上取得实实在在的成效。

2013 年 8 月，以一帮一、几帮一的方式，启动科级和一般干部结对联系服务群众工作。至年底，已累计完成 11297 名干部与 6949 户群众的结对联系，其中县级、厅级干部联系户有 3644 户。全市各级各部门（单位）和广大联户干部们通过“挂包帮”和“万名干部直接联系服务群众”工作平台，走基层、转作风、办实事、解难题、惠民生，进一步密切党群干群关系，涌现出许多感人的故事，积累新时期党的群众工作的鲜活经验。联系村和基层群众几十年来在生产生活上的发展桎梏得到一定程度的解决，也为全市少数民族地区、贫困山区这个“短板”的突破飞跃做出积极的努力。人民群众充分感受并享受着“双联”和“万名干部直接联系服务群众”工作给他们带来的真真切切的变化和实惠。2013 年全年，联户干部们为联系户提出发展建议 2000 多条，解决实际困难 1200 多个。

第六节　文体活动

1989 年 9 月 30 日，市直机关工会和团工委联合举办市直机关第二届文艺会演，演出丰富多彩的歌颂党、歌颂祖国、歌颂社会主义的文艺节目。市委书记韩国宾、市长孙本先等观看演出，并给予好评。

1997 年 6 月，市直机关举办“爱党、爱国、迎回归”文艺会演，使广大机关职工接受一次深刻的爱国主义教育；为迎接新中国 48 周岁生日，市直机关工会在国庆期间举办职工篮球运动会。参加这次运动会的代表队有 6 支男子甲级队、14 支男子乙级队、6 支女队，共计 300 余人。年底，与市体委联合举办第七套广播体操比赛，23 个单位 1000 多名职工参加比赛。

1999 年，围绕建国 50 周年和澳门回归祖国，开展“庆国庆、迎回归，迈向 21 世纪、做出新贡献”为主题的系列活动。9 月 23 日，在会展中心大会堂举办“攀枝花市直属机关庆国庆、迎回归文艺晚会”。

2003 年，为丰富和活跃机关职工的业余文化生活，全面落实《全民健身计划纲要》，各级工会组织开展一系列健康向上、适合机关职工特点的文化体育活动。9 月，成功举办攀枝花市直机关“神驹杯”第一届运动会。比赛项目有 15 个大项、218 个小项，共产生奖牌总数 654 枚，3000 余名干部职工先后参加各个项目的比赛。

2006 年 2—3 月，举办市直机关“联通杯”全民健身月系列体育活动。活动包括“三人制”篮球比赛、羽毛球比赛、“五人制”足球比赛、乒乓球比赛等多项赛事。4 月 28 日至 30 日，市直机关组队代表攀枝花市参加在成都举行的四川省第十届运动会（成年组）乒乓球比赛，取得女子团体第五名、男子单打第八名的成绩，同时荣获体育道德风尚奖。6 月 7 日至 10 日，市直机关组队参加四川省第十届运动会（成年组）保龄球比赛，取得团体赛第十二名、个人赛第十二名的成绩，并获得“体育道德风尚奖运动队”称号。10 月，举办市直机关 2006 年秋季全民健身棋牌比赛，来自市直机关各部门（单位）近 200 名干部职工参与本次活动。

2008 年 12 月，为纪念改革开放 30 周年，充分展示攀枝花改革发展的辉煌成就，讴歌改革开放的时代精神，促进和谐社会建设。开展纪念改革开放 30 周年攀枝花美术书法摄影比赛（展）活动，这次活动征集作品 307 件，其中中国画 82 件、油画 9 件、书法作品 144 件、摄影作品 72 件。这些作品反映改革开放对经济社会发展及人们的精神文化生活带来的深刻变化。

2010 年 8 月 8 日，启动为期一周的“全民健身日”群众体育活动暨市直机关系列体育活动。本次活动突出“崇尚运动、分享健康”主题，设置趣味体育及拔河、羽毛球、“三人制”篮球、网球、乒乓球五个项目共 18 项赛事，有 52 个部门（单位）近 2000 人次参与。

2011 年 1 月 1 日，组织市直机关 300 名干部职工参加元旦健身越野跑活动。2 月 17 日，组织 69 个单位 3000 余名干部职工参加市直机关第十届元宵节登山活动。6 月 17 日，举办市直机关纪念中国共产党成立 90 周年“旗帜更鲜艳、歌声更嘹亮”文艺晚会，有 71 个单位近 2000 名党员干部参演。组织市直机关近 100 名干部职工参加市第六届运动会成年组和老年组共 10 个项目的比赛，夺得金牌 9.5 枚、银牌 3 枚、铜牌 8 枚，在 19 个代表团中获奖牌榜第七名和团体总分第九名，并获“体育道德风尚奖”。

2013 年 11 月 12 日，举办市直机关第九套广播体操比赛。本次活动突出“快乐健身，团结奋进”主题，经过近 3 个月的筹备和训练，共有 50 个部门（单位）近 2000 人参加。

此外，元宵节登山活动是市直机关坚持开展的一项传统体育活动品牌，自 2002 年开始，市直机关工会每年均组织 70 个单位 3000 余名干部职工参加，旨在增强广大机关干部职工的身体素质，丰富体育文化生活，倡导健康向上的生活方式，促进市直机关精神文明建设。截至 2013 年，已成功举办 12 届。

第九章　攀枝花市劳动保障工会工作委员会

第一节　组织机构

1989 年 10 月，攀枝花市劳动局直属机关工会成立。经选举产生第一届攀枝花市劳动局工会委员会，成员由钱厚福、税名中、杜昌泽、王宗耀、宋光钦、郭秀英组成，钱厚福任主席，税名中、杜昌泽任副主席。局工会成立之初在上级工会和局党委的领导下，围绕劳动工作的各项任务，充分发挥工会职能作用。按照工会章程，制定和完善了工会会议制度、工会工作制度、工会组织制度，成立了工作小组和女职工委员会。

1997 年 5 月 27 日，局直属机关工会第二次代表大会召开，选举产生攀枝花市劳动局直属机关工会第二届委员会委员，成员由林智深、刘一兵、张超、余志清、高仕飞组成，主席林智深，副主席高仕飞。

2000 年 9 月，局直属机关工会第三次会员大会召开，经过选举产生攀枝花市劳动局直属机关工会第三届委员会，委员会由刘道权、王红梅、张正芝、陈多益、陈建伟组成，刘道权任主席。

2003 年 6 月，根据市级机关机构改革的精神和市委办公室印发《攀枝花市总工会机关机构改革方案》的规定，撤销市劳动保障局直属机关工会，组建市劳动保障工会工作委员会。第一届工会委员会由陈建伟、闫国富、张正芝、唐子正、冉久洪、贺江都、邓超、黄布光、杨跃组成，陈建伟任主席。对二级单位工作届满应换届的基层工会组织进行了督促和指导，建立健全了基层工会组织。

2003—2013 年市劳动保障工会工作委员会负责人任职情况

表 88

职　务	姓　名	性别	任期	备注
主　席	陈建伟	男	2003.6—	
副主席	闫国富	男	2003.6—	
副主席	张正芝	女	2003.6—	

第二节　组织建设

2003 年，根据市级机关机构改革的精神和市委办公室《攀枝花市总工会机关机构改革方案》的规定，撤销市劳动保障局直属机关工会，组建市劳动保障工会工作委员会。随后，市劳动保障工会各二级单位基层工会组织相继建立，在市劳动保障工会的督促和指导下，基层组织机构和工会的各种制度不断健全完善。

2006 年，将工会工作纳入党建工作考核目标，完成基层工会组建任务，建立 4 个基层工会。2011 年，人事局与劳动保障局合并，成立人力资源和社会保障局，基层工会发展为 9 个。

2003—2013 年市劳动保障工会工作委员会组织建设情况

表 89

年份	职工（人）	工会（人）	基层工会（个）	工会干部（人）
2003	130	130	4	9
2004	140	140	4	9
2005	148	148	4	9
2006	153	153	4	9
2007	157	157	4	9
2008	168	168	4	9
2009	179	179	4	9
2010	188	188	4	9
2011	247	347	9	9
2012	259	359	9	9
2013	259	359	9	9

第三节　职工之家建设

市劳动保障工会自 1989 年成立起就积极推进“职工之家”建设，先后 3 次制订和修改职工之家建设目标规划和实施计划。建立过年过节走访职工家庭、看望生病住院的职工、补助救济个别有困难职工等帮扶和救助制度。

2005 年 1—6 月，以开展“保持共产党员先进性教育”活动为契机，积极参加市总工会组织的“创建学习型”组织、争做知识型职工活动。市就业局被评为“学习型组织”、市社保局综合科被评为“学习型小组”，局机关职工肖礼荣被评为“学习型个人”。

2010 年，建成单位职工活动室并购买哑铃、跑步机、乒乓球桌等健身和运动器材，同时聘请舞蹈老师授课，共开设瑜伽、现代舞、民族舞等舞蹈课程。

第四节　技能竞赛

为提高全市劳动保障系统职工的业务水平和职业技能，市劳动保障工会、市人力资源和社会保障局共同组织开展各类职业技能竞赛，通过业务知识和职业技能的比拼，提高职工的业务水平和职业技能。

1999 年 4 月 20 日，联合市电视台举行全市“社会保险费征缴暂行条例”和“失业保险”条例康尔淇杯知识抢答赛。比赛经过初赛和决赛两轮比拼，决出一等奖 1 名、二等奖 2 名、三等奖 3 名。

2002 年，坚持在职工中进行《中华人民共和国劳动法》等有关法律、法规和《公民道德实施纲要》的宣传学习，在女职工中开展“争创标兵”活动，创建市就业局、市社保局、市医保中心，市工人学校等 4 个“巾帼文明示范岗”，全年女职工提合理化建议 15 条，采纳 7 条，开展《中华人民共和国劳动法》法律知识竞赛、社会保险知识竞赛、服务评比竞赛等 3 次比赛。

2006 年 5 月 22 日，为迎庆市社保局成立 20 周年，举办“大地杯”社会保险知识竞赛活动。“大地杯”

社会保险知识竞赛分社会组和企业组进行，市社保局代表队获得社保组第一名，攀钢（集团）公司代表队获得企业组第一名。

2007 年 12 月 6 日，市劳动保障工会举办“川投化工”杯《中华人民共和国劳动合同法》《中华人民共和国就业促进法》知识竞赛。全市共 9 个代表队参赛，市社保代表队夺得比赛第一名。

第五节　扶贫帮村

市劳动保障工会自成立以来，以密切党群干群关系、促进民生改善为目标，以解决困难群众和困难党员生产生活问题为重点，结合自身的工作实际，加大工作力度，完善帮扶机制，努力使困难群众、困难党员的生产生活状况得到改善，同时使单位干部职工在帮扶困难群众的过程中，自身受到教育，得到提升，实现“助人自助”。

2001 年，组织职工向残疾人和受灾地区捐款 4500 余元。2002 年，组织职工向残疾人和受灾地区捐款 4500 元。

2004 年，在米易县新山乡高隆村和盐边县永兴乡开展“送政策、送岗位、送技能、送服务”为主要内容的“四送”活动。为高隆村无偿送去 8 吨水泥、2 吨钢管，为 9 户贫困党员送去价值近 2000 元的物资和 1800 元现金，帮助协调规划村社沼气扶贫帮村项目，扶持该村烤烟生产和花椒基地的发展。向二滩移民后期扶持的永兴乡捐赠现金 1 万元，购买米、油、面及衣物等共计 1 万元。

2005 年，在元旦、春节“七一”等重大节假日期间开展送温暖走访慰问活动。共看望 7 名县级及以上领导干部联系的困难职工及一些下岗职工。为全局女职工办理大病医疗救助保险。

2006 年 12 月 4 日、7 日、8 日，市劳动保障工会到盐边县红果乡花椒箐村、永兴镇平田村检查指导扶贫帮村、党员帮户、计划生育“三结合”工作，并深入农户，看望慰问困难群众。送去价值 2.6 万元的橡胶水管、水泥、磷肥。

2007 年 2 月 5—12 日，市劳动保障局领导班子成员走访慰问困难群众，并走访慰问扶贫帮村联系单位盐边县红果镇花椒箐村和盐边县永新镇平田村，送去总值 7500 元的慰问金和节日礼物。

2010 年，动员和组织全系统职工捐款捐物，筹集“部门帮村、党员帮户”资金，全年筹集和募捐扶贫资金 2 万余元，为扶贫村、社有计划地组织有就业愿望、愿意外出务工的农村剩余劳动力送岗位上门、进行相应的实用技能培训，共培训 4202 人。

2012 年，贯彻落实市委、市政府要求，积极开展“百千万•干群心连心”活动，努力把心连心活动落到实处。组织干部职工到仁和区的班庄村、乌拉么村，西区的玉泉街办巴关河社区，走访慰问困难群众，并与困难群众建联系卡，交上了朋友，干群心连心活动取得较好的效果。结合人社部门工作实际，积极开展送政策、送服务、送岗位、送技能等服务，努力解决好困难群众的生产生活实际困难，积极为困难群众提供多层次、多形式的帮助，努力构建和谐美好的家园。

2013 年，组织干部职工开展帮扶活动。为米易县普威镇西番村争取资金修筑了 2.5 公里村道，送去《农民工政策解答》《全面深化改革若干重大问题学习读本》《科学发展观学习纲要》《理论热点面对面——理性看、齐心办》《党课》等资料 60 余份，并送去 2.8 万慰问金和粮油等慰问品。为盐边县红果镇花椒箐村和盐边县永新镇平田村有计划地组织有就业愿望、愿意外出务工的农村剩余劳动力提供就业指导、就业服务、送岗位上门、进行相应的实用技能培训。充分发挥本系统相关培训基地和专家示范基地作用，开展农业实用技术培训 300 人次以上，带动农户科技推广 50 户，对有就业愿望的村民转移输出 100 人。

第六节　文体活动

为丰富工会职工的业余精神文化生活，1989 年以来，市劳动保障工会一直致力于积极组织单位职工开展各种丰富多彩，具有凝聚力、感召力的文娱活动。

2001 年 6 月 28 日，举办纪念建党 80 周年党史知识竞赛，6 支决赛队伍在比赛中通过必答题、抢答题等环节的精彩角逐，最终办公室代表队以 130 分夺得比赛第一名。

2003 年 6 月 28 日，举办庆“七一”促发展演讲比赛。

2006 年 8 月，为庆祝社会保险事业发展暨社会保险机构成立 20 周年，举办社会保险征文比赛、“夕阳美”离退休职工书画、摄影比赛。9 月 12 日，举办“全面推进劳动合同制度实施三周年行动计划宣传日活动”。宣传活动通过现场咨询、解答政策、免费发放宣传资料等多种形式，向广大企业职工和用人单位宣传签订劳动合同的重要性。

2007 年 1 月 25 日—2 月 13 日，市劳动保障工会、妇委会、团委联合举办庆“迎春”职工体育比赛，比赛涵括篮球、羽毛球、登山、趣味运动等多种比赛形式。5 月 30 日，组织市劳动保障系统职工在湖光剧场举行文艺会演，全市劳动保障系统共聚一堂，以朗诵、歌舞等艺术表演形式讴歌劳动保障系统多年以来所取得成就。

2011—2013 年，市劳动保障工会工作委员会组织单位职工积极参与市体育局等单位组织的足球赛、篮球赛，并组织单位职工到场为运动员加油助威，融洽单位职工间的关系。

第十章　攀枝花市公安局工会工作委员会

第一节　组织机构

一、机构沿革

1989 年 4 月 7 日，经攀枝花直属机关工会工作委员会批准，市公安局工会筹备组成立。筹备组由廖肖一、王友康、蒲俊昌、陈再茂、刘晓琴等 5 人组成，廖肖一任组长，王友康任副组长。1991 年 2 月 10 日，市公安局机关工会成立，有职工 606 人，四川省公安厅及市属各有关单位 100 多人出席成立大会。

2003 年 4 月，市公安局工会召开工会会员大会，改选工会委员会。选举市公安局党委书记、局长杨华为主任，政治处副主任孟庆华、财务装备处处长周成荣为副主任。至年底全局有工会 1 个，工会小组 19 个。根据工会关系原则上按组织关系确定的原则，东区公安分局、西区公安分局、仁和公安分局、大花地公安分局、宝鼎公安分局工会由所在地工会管辖。市公安局工会下辖直属公安分局工会、机场公安分局工会、弄弄坪公安分局工会。

二、基层工会组织建设

2013 年，全市有各类公安工会组织 33 个，公安民警人数 2329 人，工会会员 2329 人。专职工会干部 1 人、兼职工会干部 32 人。

1989—2013年市公安局工会工作委员会负责人任职情况

表90

姓　名	性别	职　务	任职时间
廖肖一	男	主　席	1989.04—1991.08
杨绍级	男	主　席	1994.04—2000.01
杨　华	男	主　席	2003.04—2004.07
宋刚云	男	主　席	2009.04—2010.05
薛传荣	男	主　席	2011.08—
王有康	男	副主席	1989.04—1990.09
蒲俊昌	男	副主席	1989.04—1993.08
罗家弟	男	副主席	1993.07—2002.05
王　敢	男	副主席	1993.08—2002.06
孟庆华	男	副主席	2002.06—2006.07
周成荣	男	副主席	2002.06—2006.02

1992—2013年市公安局工会工作委员会组织建设情况

表91

年份	职工（人）	工会会员（人）	基层工会（个）	工会干部（人）
1992	1405	1405	25	25
1993	1410	1410	26	26
1994	1408	1408	26	26
1995	1443	1443	26	26
1996	1531	1531	27	27
1997	1554	1554	28	28
1998	1514	1514	28	28
1999	1538	1538	28	28
2000	1851	1851	30	30
2001	1847	1847	30	30
2002	1818	1818	30	30
2003	1812	1812	30	30
2004	2057	2057	30	30
2005	2086	2086	30	30
2006	2183	2183	30	30
2007	2287	2287	30	30
2008	2351	2351	33	33
2009	2225	2225	33	33
2010	2336	2336	33	33
2011	2336	2336	33	33
2012	2335	2335	33	33
2013	2329	2329	33	33

第二节 民主管理

1993年，在全面实行机关工作人员年度考核评比过程中，市公安局工会积极配合市公安局党政狠抓干部考察工作。重点对担任市公安局机关各处、室、队和分、县局科、所、队长等领导职务人员的思想作风、组织观念、廉洁勤政、工作实绩方面的情况进行考察。市公安局工会按照干部分级管理的原则，分别深入到各单位听取群众意见，并根据“德、能、勤、绩”，客观全面地对每一个担任领导职务的人员进行评价。为提高广大干警对开展反腐败斗争重要性和公安机关作为反腐败斗争重点的认识。全体干警按照中央和公安部的相关要求，联系个人思想工作实际，认真进行自查自纠，逐一对照廉洁自律的规定，在本单位召开的专题民主生活会上作检查，自觉纠正和处理存在的一些问题。

1994年，按照中纪委规定，市公安局党委成员和副县级以上干部先后两次过民主生活，自查自纠、廉洁自律，市公安局工会还转达干警给局党委成员提出的意见，帮助领导改进思想作风，促进民主集中制建设。

1995年，在全市公安系统有计划、分阶段地进行队伍纪律作风集中教育整顿，副科级以上干部都参加专题民主生活会，对照有关规定进行廉洁自律自查自纠，95%的民警参加这次集中教育整顿。

1997年，市公安局工会将市人大代表评议提出的100余条意见，梳理综合后分门别类地落实到各业务部门进行整改。坚持依法治警，依照《人民警察内务管理条例》，建立健全明确的分工负责制和各项内部管理制度、规定。制定《禁酒令》，推动警诫制度。

1998年，市公安局工会继续遵循“从严治警、依法治警的方针”，以“双聘”和队伍教育整顿为契机，深化改革，协助队伍管理。

2000年，市公安局工会以队伍正规化建设为载体，以争创人民满意活动为主线，以“三讲”“三项”教育活动为重点，把严格执法和规范执法作为队伍正规化的重中之重，协助局党委加强队伍思想政治建设和队伍建设。

2001年起，按照公安部规定，市公安局开展为期3年的队伍正规化建设。市公安局工会将实现队伍管理教育的规范化、法制化作为工会工作的重点，组织开展主题演讲比赛。

2002年8—11月，全局在综合调查研究和考察借鉴外地经验的基础上，制订机构改革“三定方案”，按照“德、能、勤、绩”原则和干部考察程序，在二级、三级领导班子副职中推行竞争上岗。通过竞争，42名年轻干部和160名年轻民警走上二、三级领导岗位，36名二级班子和15名三级班子成员实行交流任职。

2004年，市公安局工会配合市公安局党委以“党员先锋工程”为载体，争创“三个一流”为目标，努力提高民警队伍的整体素质和战斗力。工作中突出抓好队伍正规化建设。

2006年，市公安局按照机关警力不高于本单位总警力15%的原则精减机关，充实基层，重新核定分、县局机关部门编制警力，对分、县局45岁以下无派出所工作经历的民警，原则上到派出所工作一年以上，确保基层一线警力达到总警力的85%以上，截至2006年12月底，各分、县局基层警力已达到总警力的87.6%，派出所警力达到分、县局总警力的55%以上。

2007年，市公安局建立绩效考核机制，制订下发《攀枝花市公安局绩效考核办法（试行）》，有效调动民警的积极性，激发队伍活力。

2009年，完成市公安局二级班子空缺副县级领导干部选拔工作，6名德才兼备的年轻干部走上副县级领导干部岗位；调整交流94名二级班子和分局部分三级班子领导干部；完成二级班子空缺科级领导干部选拔及城区4个分局三级班子选拔调整工作。

2010年，市公安局建立领导干部每日工作动态公示、每月到基层当一天民警、季度工作报告和领导干部问责“四项制度”，强化干部跟踪问效。

2011 年，市公安局开展市局三级班子科级领导干部公开选拔工作，66 名优秀干部脱颖而出，走上三级班子科级领导岗位。协助市委组织部开展市局二级班子空缺副县级领导干部公开选拔工作，选拔 9 名市局二级班子副县级领导干部。

2012 年，市公安局配合市委组织部新提拔县级领导干部 9 名，调整交流 6 名，公选三级班子科级干部 6 名；市局党委调整交流二级班子科级干部 12 名、三级班子科级领导干部 4 名。

2013 年，市公安局健全“311”规范性制度体系（三个办法、一个规定、一个标准），重新分类确定全市公安机关 116 个主要工作岗位“考绩”共性指标，严格实行“五项流程”（日记、周评、月考、季通报、年汇总），进一步深化考核结果在公务员考核、晋职晋级、立功受奖、培训深造、经济待遇、惩罚性措施等方面的运用。面向基层遴选 25 名专业技术人员充实到市局机关各实战部门。配合市委组织部完成 4 名县级干部推荐、考察工作，完成 10 名县级领导干部和 6 名新任科级领导试用期转正任职考察工作。

第三节　职工权益维护

1991 年，市公安局在实行目标管理取得较好成效的基础上，进一步完善各警种各岗位的目标责任制，强化各项管理措施，坚持严格考核、奖惩逗硬。仁和、攀矿、宝鼎等公安分局将干警每月的奖励工资和各种津贴纳入目标责任制计酬发给，体现奖勤罚懒。

1993 年，市公安局工会在把离退休老干部工作纳入议事日程，采取经常性的听取老干部意见，为老干部解决各种实际困难。认真贯彻中央和省、市委有关老干部的政策，落实老干部的政治、生活待遇；组织老干部开展有益身心健康的文体活动，分批分期组织老干部到云南瑞丽等地参观考察。扶持创办老年福利事业，发挥老干部余热。

1994 年，市公安局针对队伍管理中的薄弱环节和整顿中发现的问题，各单位修订完善值班勤务制度、工作纪律制度、请销假制度、账款、账物、罚没款、治安保证金管理制度以及枪支、警械、车辆管理制度和禁止干警进入营业性舞厅的规定等规章管理制度。

1996 年，依照《人民警察内务管理条例》及上级公安机关的各项规定，完善政治工作领导责任制，市公安局机关各部门和各分县局及派出所的主要领导亲自抓政治工作，建立健全有关工会的明确的分工负责制和各项内部管理制度规定。

1998 年，市公安局各级工会加强和完善队伍管理规章制度。在内务管理方面，从规范化管理入手，狠抓制度建设。巡警支队工会针对队伍管理和警务实际需要，对原有制度进行认真修改，共建立和完善 28 项规章制度，铅印装订成册，发给每个民警严格执行和对照考核。监管支队工会从队伍管理的薄弱环节入手，建立和完善财务出纳员工作制度、车辆管理制度等 13 项制度。在监督制约机制方面，根据市政府修订后的《攀枝花市行政部门执法责任制实施办法》，市公安局制定《关于进一步建立并推行执法责任制的意见》，并召开全市公安机关执法责任工作会议，与各执法单位签订执法责任任务书。

2002 年，市公安局工会为离退休人员修建 200 多平方米的活动室，室内备有报纸、杂志、电视、电话、娱乐用品和健身器材等。

2003 年，市公安局在全局范围内开展“全面建小康，实现新跨越，公安怎么办”的大讨论活动。局工会发动、鼓励广大民警为推进新形势下的公安工作和队伍建设献计献策。

2007 年，市公安局工会主动配合市局政治部和纪委落实从优待警措施，健全民警执法权益保护机制，维护民警正当执法权益。全年办理“维权”案（事）件 34 件，依法维护 59 名民警的正当执法权益。

2008 年，为加强日常民警的心理健康保护工作，培育民警团队意识，增强自我认知能力，市公安局工会成立攀枝花市公安民警心理健康保护中心。开展系列心理健康保护讲座，普及心理健康保护知识。全年，共组织兼职心理辅导员授课 17 次，专家讲座 9 次，疏导和缓解民警的心理压力。健全民警执法权益保护机制，维护民警正当执法权益，全年办理“维权”案（事）件 46 件，依法维护 67 名民警的正当执法权益。

2009 年，市公安局工会牵头，纪检、政工、督察、治安、刑侦和法制等部门密切配合加大民警执法权益保护，坚决支持民警依法履行职责。全年，先后为 24 名受诬告的民警澄清事实、消除影响，对 38 名非法侵害民警合法权益的当事人进行行政处罚，调动基层民警依法办事、大胆履职的工作能动性。

2010 年，市公安局工会共组织 2600 余名在职民警和离退人员进行体检，建立健康档案；落实四年一次的疗养制度，安排 64 人参加疗养。组织开展基层公安机关、困难民警、优警和因公牺牲民警家属春节慰问工作，全局发放慰问金 27 万余元。针对警察职业具有高风险、高强度、高压力等特点，探索建立民警风险救助金制度，帮助困难民警缓解经济压力，减少民警工作的后顾之忧。全年，市公安局工会慰问离退休人员 30 余人，看望、慰问生病住院离退休人员 42 人次。

2011 年，局工会慰问生病住院民警 13 人、因公受伤 8 人，因公牺牲武警 2 人，送慰问金 6 万余元。全面落实民警伤残扶助、风险救助工作，积极为 6 名民警申报政法干警风险救助金，已审批落实 4.8 万元。全力推进享受上一级工资医疗待遇工作常态化，全年为 24 名民警办理享受上一级工资医疗待遇。

2012 年，市公安局工会坚持每年一度的民警健康体检制度、生日慰问制度，开通民警负伤救治绿色通道。积极协调并努力争取人社等部门的关心支持，晋升 170 余名非领导职务，37 名民警享受上一级工资、医疗待遇。

2013 年，市公安局保证民警四年一次的疗养制度；坚持对基层公安机关、困难民警、优警和因公负伤民警、因公牺牲民警家属的慰问活动。积极做好离休干部的护理费、电话费、医疗费用报销等服务工作。积极协调并争取人社等部门的关心支持，晋升 170 余名非领导职务。

第四节　送温暖、献爱心活动

1986—1990 年，主要开展扶贫帮困、排忧解难等为群众做好事活动。全市公安干警为群众做好事 62971 件。1990 年 10 月 10 日，攀枝花市公安局工会号召全体干警响应市政府倡议，踊跃为金江火车站扩能工程建设捐款（借款）52443 元，其中干警个人捐款 26143 元。

1991 年，米易、盐边、仁和等县区遭受洪灾，有 317 名干警参加抢险救灾，200 多名干警表现突出受到县区表彰。7 月，中国安徽、江苏等地遭受严重洪灾时，全市公安干警发扬“一方有难、八方支援”的共产主义风格，掀起向灾区人民献上一份爱心的热潮，以满腔热忱踊跃向灾区捐献救灾款及粮票，仅 3 天时间，全局干警就向灾区捐献人民币 10729.75 元、粮票 3110.5 公斤。

1994 年，市公安局工会积极响应党中央、国务院和省、市党委、政府的号召，先后 3 次为“希望工程”、特困企业职工和农村贫困地区捐赠财物，共计捐献现金 19734 元、衣被 2300 件、书籍 264 本、文具用品 287 件。

1995 年，全市公安系统“爱民月”活动期间，刑警支队 16 名民警到社会福利院帮助打扫卫生，并当场捐资 1000 元。全市各级公安机关向辖区群众报告工作、征求意见、与单位座谈公 98 次，为群众做好事 1231 件，谢绝吃请 90 余人次，拒收礼物 55 人次。

1998 年，市公安局工会大力开展帮扶行动，民警济危扶困、扶老携幼等活动。6 月，市公安局机关民警开展向十九冶血癌患者捐款献爱心活动，共计捐款 3000 余元。在米易、盐边以及长江流域和东北松花江、嫩江流域的水灾发生后，市公安局工会组织民警为灾区捐款共计 6 万余元。

2006年，市公安局工会围绕“体察民情民意、促进警民和谐”主题，在元旦前夕，广泛发动民警参加为困难群众送温暖、献爱心活动，为困难群众捐款35052元、衣被2253件。

2007年2月5—16日，攀枝花市公安局党委组成7个慰问工作组，深入东区、西区、仁和区、直属、机场分局、盐边县公安局、米易县公安局，开展慰问优秀人民警察、困难民警、退休老民警、因公牺牲民警家属活动。

2008年，市公安局工会组织开展“访贫助困”、春节慰问、党内资金帮扶和结对帮扶、为灾区人民捐款献血、交纳“特殊党费”等活动，全体民警累计捐款77万余元、献血2.1万毫升。

2010年，市公安局工会深入开展“大走访”爱民实践活动。紧紧围绕重点工作、重点建设等中心工作，全市公安民警走访群众58750户，走访企事业单位1631家，召开座谈会283次，发放调查问卷表11321份，收集意见、建议1215条，集中排查化解矛盾纠纷588起。在“大走访”的基础上，深入开展“党委班子成员下访、一线民警走访、执法办案活动回访”活动。活动中，各级领导干部与困难群众结成帮扶对子168个、协调帮助群众就业24人、为企业送法服务1205次。各分县局、市公安局一线警种选取影响较大的刑事、治安案件进行回访，听取当事人对案件受理、调查处理、办案结果、执法态度等方面的意见；对未办结的案件和重大疑难信访案件，及时通报进展情况，充分做好宣传解释工作。走访刑事案件受害人家属75户，诉访当事人35名。

2011年，市公安局工会扎实开展“大走访”开门评警活动。各分、县局，市公安局各部门工会共召开座谈会160余次，走访企事业单位706家、机关团体214家、商业网点693家，走访警风警纪监督员、行风评议员、社区群众、工作对象6余万人次，收集梳理群众意见和建议1200余条，并逐条予以整改落实。

2012年，市公安局工会组织开展“千警进万家活动”，继续开通“我来评说攀枝花警察”网络载体及“警民亲”电话、短信互动平台，全方位征求意见建议。全市各级公安机关召开报告会20场次，走访群众8.7万余人次，走访警风警纪监督员、人大代表和政协委员500余人次，发放征求意见函、调查表、公开信、宣传单4.2万余份，共征求并解决突出隐患168个、队伍管理方面的薄弱环节55个，进一步融洽警政警民关系。公安局69名副县级以上领导干部（含调研员）直接联系群众145户。

2013年，全局机关工会会员以“挂包帮”“百千万・干群心连心”“领导干部下基层”等活动为抓手，深入基层一线，采取“一帮一”“一帮几”等形式，结对帮扶困难家庭215户。市公安局69名副县级以上领导干部（含调研员）直接联系群众149户。

第五节　技能竞赛

1994年11月23日，攀枝花市公安局射击代表队，代表全市公安干警、武警官兵参加全省第二届军用手枪射击比赛，以1080环的总分夺得团体第五名。

1996年，根据各警种特点和实战需要，由刑警、巡警、治安、预审部门分别作出本警种的岗位练兵计划，并分步实施，参加省公安厅统一组织的岗位练兵大比武。4月21日，市公安局交警支队在市中心广场召开“学济南交警”誓师大会，100名交警在大会上做规范化指挥动作演练和摩托车表演。

1997年，开展全员岗位练兵比武竞赛活动，交警、巡警组织强化训练，刑侦、治安、交警、消防、通讯等警种在开展岗位练兵的基础上，进行技能选拔，组队经强化训练后参加省公安厅统一组织的岗位练兵技能竞赛，有6名民警受省公安厅嘉奖。市公安局组队参加全省公安系统军用手枪比赛，获得团体第三名。

2002年2月1日，市公安局工会配合市局政治部，组织全市在职民警400余人在金沙滩举行全市公安系统警务技能汇报表演及迎春漂流竞赛活动。

2003年5月，市公安局下发《攀枝花市公安局关于举行民警体能达标及警务技能大比武的通知》，要求各单位严格按照省厅下发的警体达标和警务技能训练检查项目和标准，制订训练计划，在训练中坚持抓好“三基”训练。根据新形势对公安工作的要求，将防爆处突手语及队形、交通指挥手势、擒敌技术、手枪射击战术、公路查缉、操枪技术、灭火抢险救援等项目作为警务技能表演内容。把警用手枪射击、4×10米、800米、1000米、擒敌技术等作为竞赛项目，体现以提高民警身体素质为重点的工作思路。11月7—8日，攀枝花市公安局警务技能汇报表演及竞赛活动在市中心广场、市体育场举行，2000余名民警参加此次竞赛，巡警支队、仁和区公安分局、交警支队获得此次大赛的全体前三名。

2004年9月9—10日，市公安局举办全市公安县（分）局长、治安科长、刑警队长、交（巡）警队长、派出所所长的“五长”比武竞赛活动，共有756人次参加公共科目、技能、体能等7个科目的比赛。

2006年11月27日，全省推进公安“三基”工程建设现场会警务技能表演在市中心广场举行，巡警、交警、刑警、武警和消防支队表演擒敌术、处突防暴队形、综合查缉、枪械战术、灭火救人等五个科目的警务技能汇报表演。

2007年，在全省治安系统开展的岗位能手竞赛活动中，攀枝花市46名民警被授予全省治安系统“二级岗位能手”称号，4名民警荣获全省公安机关治安系统“一级岗位能手”称号。攀枝花市公安局警务督察处在全省公安机关督察业务技能大比武中荣获“集体二等奖”，1名督察民警被省厅警务督察总队命名为“一级督察能手”荣誉称号，2名督察民警被省厅警务督察总队命名为“二级督察能手”荣誉称号。

2011年，在全省公安机关“师徒大比武”中，攀枝花市公安局夺得团体总分第九名、信息化应用技能第四名、警务技能战术第六名、双人战术射击第八名、枪支分解结合及应用射击第九名、男子3000米（女子1500米）武装越野第九名的好成绩。

2013年下半年，市公安局工会配合相关部门，组织200余名民警参加川西片区远程拉动演练；组织参加“全省特巡警大比武”，获得全省公安系统团体总成绩第六名；组织参加全省教官教学技能比武，取得三人战术协同射击第二名、三千米武装越野第一名、理论教官现场教学小组第一名的成绩；组织参加全省公安文秘大比武、法制员业务技能大比武，荣获法制比武“优秀单位”称号，2人分别荣获“十佳写作能手”“十佳法制员”称号。

第六节　文体活动

1993年，为参加全省公安系统首届文艺调演，市公安局工会专门组织力量抽调人员创作编排反映攀枝花公安干警精神风貌的文艺节目，其中为纪念毛泽东诞辰100周年编排的舞蹈《太阳颂》和市公安局干警创作的话剧小品《保密》在演出时得到较好的评价，话剧小品《保密》获得调演三等奖。

1996年，市公安局工会与市电视台合作，拍摄专题片《来自看守所的报道》，获省广播电视厅举办的“桃园杯”二等奖。与市戏剧家协会联合举办攀枝花“金盾杯”戏剧小品大赛，参赛的8个剧目都是公安题材。10月17日进行首场汇报演出，生动展现攀枝花公安民警的时代风采。与市作家协会联合编辑出版的20多万字的公安题材报告文学集《奉献，在国徽下》，参加市精神文明建设“五个一工程”评选。

1998年，市公安局工会组织开展全市公安系统书画比赛，收到参赛作品75幅，其中49幅被选送到四川省公安厅参评。组织200名公安、武警、消防官兵代表政法系统，参加纪念中共十一届三中全会召开十周年暨攀枝花市第八届歌会演出，得到市领导和观众的好评。组织以改革开放为主题的演讲比赛和“迎七一”党的知识竞赛。开展公安系统棋牌比赛，并组队参加全省公安系统的棋牌比赛，桥牌项目获得全省第一名。组队参加市直机关工委举办的第八届广播体操比赛，获得三等奖。组织包括时装表演、卡拉OK、知识竞赛的“健康女性”竞赛活动。市公安局工会积极开展各种有益活动，组织23名老职工到丽江、泸沽湖进行疗养。9月，组织50余名老干部参加攀枝花市第三届老年运动会，获得健身操全市第三、钓鱼比赛获第一、团体第三的好成绩。建立太极拳、健身球操、桥牌队，并争取经费购置健身器械。市公安局工会与市公安局妇委会、共青团委联合组织排练大型舞蹈《人民警察之歌》，参加全市军警民联欢会演出，受到了好评。

1999 年，市公安局工会为庆祝“国际老年人节”和中华人民共和国成立 50 周年，举办首届公安系统“人民保险杯”老年运动会，并组织老年时装队和腰鼓队在各种活动中表演。

2002 年 10 月 25—30 日，市公安局组织开展党的知识竞赛、书画摄影展比赛和文艺会演，在知识竞赛中，共有 19 个代表队、180 名民警参加。书画摄影展共征集书画摄影作品 300 余件，展出 120 余件，1200 名余名民警参观展览。

2004 年，全市开展纪念邓小平同志诞辰 100 周年活动中，市公安局工会组织 160 名民警参加大合唱，在市直机关工委组织的文艺演出中，攀枝花市局编排参演的《继承百年的使命》获得二等奖。

2006 年 5 月 26 日，市公安局工会举办全市公安机关“爱岗敬业、铸造忠诚警魂”演讲比赛，歌颂弘扬全市公安民警中爱岗敬业、执法为民的先进典范，在民警中收到良好的反响。协助相关部门编辑出版记述全市优秀公安民警事迹的《裂谷警魂》一书，出版展示攀枝花市公安民警风貌的《阳光警苑》画册。

2008 年元旦，市公安局工会组织 30 名民警参加全市 2008 年元旦“全民健身与奥运同行”健身跑活动，组织 100 余名民警参加全市“元宵节登山”活动。

2009 年 5 月 7—14 日，市公安局在市体育馆举行为期 8 天的首届“金盾杯”篮球赛。全市公安系统共 15 支代表队参加比赛。经 45 场角逐，交警支队等 5 各单位获前五名。市公安局工会还大力开展拳、剑、操、舞等适应老年职工特点的文体娱乐活动。10 月 21 日，在五十一鑫岛游乐城组织攀离退休人员 140 人参加“唱红歌、庆重阳”演唱会和“爱国歌曲大家唱”演唱会。

2010 年重阳节，市公安局工会组织部分离退休人员参观米易县局新建的监管中心、攀莲镇派出所，并开展太极拳和健身舞等娱乐活动。

2011 年，市公安局工会组织开展建党 90 周年主题党课活动、主题征文活动、“红色之旅”党性教育活动、执法为民大讨论活动，召开新老党员座谈会。各分县局和市公安局机关部门工会普遍开展学党史唱红歌、重读红色经典、观看红色经典影片、参观革命纪念馆等系列活动。3 月 24 日，为丰富警营文化，攀枝花警官合唱团成立。合唱团由 80 名在职民警组成，将副市长兼市公安局长殷旭东作词的《我是好民警》作为合唱团的代表曲目。4 月 29 日，由市公安局主办的“五一放歌”大型演唱会在市中心广场演出。8 月 25 日，开展走进湖光社区联谊演出。9 月 25 日，参加“祖国万岁——警民一家亲欢歌迎国庆”广场演出。

2012 年 12 月 27 日，市公安局工会举办“欢歌迎新年、警民一家亲”文艺演出。12 月 30 日，市公安局工会组织机关会员 500 余人在市局指挥中心举行拔河比赛。

2013 年，市公安局工会在市局指挥中心大楼举办“中国梦·金盾情”民警书画展，开展办公区域文化氛围打造，组织警官合唱团在市中心广场举办“中国梦·颂党恩”大型文艺演出，参加东区政法委和市总工会组织的系列活动。8 月 2 日，市公安局工会组织机关会员 300 余人参加第二届“全民健身日”健步走活动。

第十一章　攀枝花市城市管理工会工作委员会

第一节　组织机构

1983 年 7 月，市委、市政府决定将原市基本建设委员会、市建设局、市建材局、市城市建设管理局、市环保办公室、市规划管理处、市环境卫生管理处、市房产管理处、市人防办公室及市交通局所属公路工程处、航道工程处、桥梁工程处、机械化施工处合并为渡口市城乡建设环境保护委员会（以下简称渡口市建环委）。

1983年9月8日，渡口市建环委工会工作委员会成立。是年，市建环委下属单位渡口市市政工程维修管理处（今市城管局市政工程管理处）、市城市管理监察队（今市城管监察支队）、自来水公司（今市水务（集团）有限公司）、园林绿化处成立。至1983年年底，自来水公司有职工382人，有工会会员381人；园林绿化处有职工433人，有工会会员311人，有工会专职干部2人。至1987年年底，自来水公司有职工371人，有工会会员367人，工会专职干部3人；园林绿化处有职工913人，有工会会员804人，工会专职干部5人。

1989年，攀枝花市市政工程管理处工会委员会、市煤气总公司工会委员会成立。2001年，市城管监察支队工会委员会成立。

2005年5月9日，攀枝花市城市管理局从市建委分出单独成立（以下简称“市城管局”）。2006年2月21日，市城管局工会成立，为市城管局内设机构，科级单位，杜娟为工会负责人。

2008年，市城管系统有市园林绿化处工会委员会、市市政工程管理处工会委员会、市煤气总公司工会委员会、市城管监察支队工会委员会、市水务（集团）有限公司工会委员会、市城管局机关工会6个工会组织。市园林绿化处有职工367人，工会会员367人，工会专职干部3人；市市政工程管理处有职工154人，工会会员154人，工会专职干部2人；市煤气总公司有职工178人，工会会员178人，工会专职干部1人；市城管监察支队有职工100人，工会会员150人，工会专职干部2人；市水务（集团）有限公司有职工516人，工会会员516人，工会专职干部2人；市城管局机关有职工30人，工会会员30人，工会专职干部2人。

至2013年年底，攀枝花市城市管理局有基层工会组织6个，其中3个事业单位工会（攀枝花市园林绿化处工会委员会、攀枝花市市政工程管理处工会委员会、攀枝花市煤气总公司工会委员会），1个参公单位（攀枝花市城管监察支队工会委员会）；1个国有控股企业工会（攀枝花市水务（集团）有限公司工会委员会）；1个行政单位工会（攀枝花市城管局机关工会），全系统有职工人数1403人，会员1403人，职工入会率达100%，有专（兼）职工会主席6人、工会干部31人。各级工会组织按照有关规定，成立了女职工委员会、经费审查委员会、劳动调解委员会、法律监督委员会和劳动保护监督检查委员会。有专（兼）职女工主任6人、女工干部27人，有专（兼）职工会经审主任6人、专（兼）职经审干部18人，有劳动争议调解员36名、劳动法律监督员34名、劳动安全监督员50名。

2006—2013年，市城市管理局及下属单位工会组织负责人任职情况

表92

单　位	姓　名	性别	职　务	任职年限
市城管工会工作委员会	杜　娟	女	办公室副主任	2006.02—2008.07
	杜　娟	女	主　任	2008.08—
市水务（集团）公司工会	张学智	男	主　席	1984.08—2008.07
	李春南	女	主　席	2002.01—
	李春南	女	副主席	2008.08—2001.12
市园林绿化处工会委员会	程良现	男	主　席	1986.10—2001.06
	杨明俊	男	主　席	2001.07—2004.08
	杨志勇	男	主　席	2004.09—2006.11
	程　斌	男	主　席	2006.12—2008.06
	魏正军	男	主　席	2008.07—

续表 92

单　位	姓　名	性别	职　务	任职年限
市政工程管理处工会委员会	杨桂兰	女	主　席	1989.11—2003.07
	袁宏斌	男	主　席	2003.08—
	赵　霞	女	副主席	2000.06—2003.07
市煤气总公司工会委员会	唐昌荣	男	主　席	1988.12—1995.02
	庞辉明	男	主　席	1995.03—2003.08
	朱乃萍	女	代理主席	2003.09—2008.06
	朱乃萍	女	主　席	2008.07—2014.03
市城管监察支队工会委员会	廖　斌	男	主　席	2001.01—2006.10
	何　勇	男	主　席	2006.11—

第二节　职工素质提升

2006—2013 年，市城管工会以“安康杯”“百日安全生产”“百岗万人职工职业技能大赛”活动为依托，实施职工素质提升工程，开展职工劳动竞赛、技术比武，岗位练兵等活动。

2008 年，开展“驾驶员技术比武”活动，局系统共 40 余名驾驶员参加比赛，在全系统形成“人人比安全、人人比技能、人人比贡献”的良好氛围。2009 年，以“三十万职工同舟共济保增长、建功立业促发展”为竞赛主题，局工会结合城管系统实际，开展“战高峰、比贡献、增效益”“节能降耗、杜绝浪费、厉行节约”“窗口优质服务”“职工技能技术比武”等 10 个项目的竞赛活动，职工参与面达 85%以上。2010 年，深化“强素质、练内功、夯基础”职工职业技能大比武主题，组织开展城管局系统电工技能比赛，局系统 32 名电工参加比赛，将获得前四名的优秀选手推荐到市总工会参加全市的电焊工职业技能大赛。2012 年，开展“文明窗口树新风、创先争优促发展”竞赛，局系统 6 个服务窗口参赛，通过比赛，提升窗口服务质量。开展“安康杯”竞赛活动，参与单位 100%。园林处荣获攀枝花市“安康杯”竞赛优胜单位、市水务集团公司连续三年荣获全国安康杯优胜企业。2013 年，开展园林管护、电工、钳工、焊工、驾驶员比武、路面铺筑工、抄表收费工等职业技能大赛和“CASS 工艺处理高浓度城镇生活污水优化运行研究”重点工程劳动竞赛，各类竞赛参赛职工达 90%以上。各单位在职工中开展小发明、小改革、小创造等活动，有 3 个具有经济价值项目的技术成果，参加“钒钛之光”职工技术成果评选。

2006—2013 年，市城管工会在提升职工业务水平的同时，加强对职工的理论培训，开展“创建学习型组织、学习型班组、争做知识型、技能型职工”活动。加大对干部职工的安全生产教育，出安全生产板报 120 期、挂图 65 幅、警示标语 23 条，举办“安全事故防范”讲座 15 次；举办安全生产知识、消防知识、劳动用品使用规范、文明执法、新交通法规等方面的教育培训 50 余期；订购《全国职工安全健康知识普及教材》发放到班组进行学习宣传。结合“职工经济创新”活动，围绕单位经营管理提合理化建议 3200 余条，实施 1800 余项，创经济价值 452 万元，各单位开展修旧利废、小改小革等活动，节省支出 120 余万元。

第三节　厂（事）务公开

2006—2013 年，市城管工会健全民主制度，丰富民主形式，拓宽民主渠道，保障职工的知情权、参与权、表达权、监督权，支持职工参与管理，维护职工合法权益。2007年3月5日，制订《关于企（事）业单位实行厂（事）务公开加强民主管理的试行意见》《厂（事）务公开责任追究暂行办法》。研究和制定涉及职工切身利益的政策、规定和改革方案时，充分代表和表达职工意愿和要求，发挥其职能作用；并通过职代会、厂（事）务公开等形式，组织职工参与本单位的民主决策、民主管理和民主监督。利用职工代表大会、职工大会平台，扎实开展工资集体协商、劳动合同签订工作，构建和谐的劳动关系。至2013年，市城管局属各单位共召开职代会175余次、联席会98次，收到职工提案1000余条，其中90%以上提案得到落实。在完善厂（事）务公开各项制度的基础上，坚持实行“双亮”工程（工会组织亮牌子、工会主席亮身份），不断拓展延伸厂（事）务公开形式，充分利用简报、文件、公示栏、局域网、城管信息以及三会（形势报告会、职代会联席会、职工代表大会）等载体发布单位公开事项。各工会负责人及工作人员通过走基层、接地气、调查问卷的形式，及时掌握职工的思想动态和厂（事）务公开工作的运行情况，使常规工作定期公开、热点问题及时公开、职工关心的问题重点公开，强化公开的透明度。此项工作职工常年认可率达到90%，系统内劳动合同、工资集体协议签订率达100%。

第四节　扶贫帮困“送温暖”

2006—2013年，市城管工会把改善职工群众生活作为工会推动和谐社会建设着力点，切实做好“四季送”（春送岗位、夏送清凉、秋送助学、冬送温暖）和“干群心连心”走访慰问活动。8年间，市城管系统建立困难职工档案249户，确定特困职工17户、因病致贫职工6户，涉及职工685人次。至2013年，全系统共筹集送温暖资金204万元，走访慰问困难职工、复转军人、离退休职工（党员）、军（遗）属、生病职工、贫困残疾职工及子女、对口帮扶困难户（学生）、一线职工等7681户（人次），发慰问金380余万元。8年内，对因物价上涨导致生活困难及因病致贫家庭实施专项救助，发救助金10.7万元。2008年汶川“5·12”地震、攀枝花市“8·30”地震和2010年甘肃舟曲及四川省发生特大山洪泥石流灾难期间，市城管工会充分发挥组织作用，号召广大干部职工伸援手、献爱心，共为灾区人民捐款21.4万元，捐赠棉被110床，衣物353件，卫生用品58箱。

第五节　职工文化建设

2006—2013年，市城管工会深化建设“职工之家”阵地，有全国“模范职工之家”1个（市水务集团有限公司工会），全国“模范职工小家”2个（市园林绿化工程管护队、市政工程管理处道路桥梁管理所分工会），省级“模范职工之家”2个（市水务集团有限公司工会、市市政工程管理处工会），省级“模范职工小家”3个（市水务集团有限公司河门口水厂四号车间工会小组、市水务集团有限公司炳草岗水厂营业室、市市政工程管理处维修队），市级“模范职工之家”2个（市煤气总公司工会、市园林绿化处工会），市级“模范职工小家”3个（市水务（团有限公司河门口水厂四号车间工会小组、市水务集团有限公司炳草岗水厂营业室、市园林绿化处竹湖园公园）。全系统开辟“文化广角”，创建“职工书屋”7个，其中市政工程管理处“职工书屋”被列为全国示范点。创建职工文化建设示范点2个（市水务集团公司、市城管监察支队），为职工提供活动场所。建设职工俱乐部、活动室4个，利用俱乐部开展丰富多彩的文化教育、体育比赛、趣味活动。2006年、2012年举办市城管系统职工运动会，丰富职工业余文化和精神生活。

第五篇　直管工会

第一章　四川攀枝花钒钛高新技术产业园区工会工作委员会

第一节　组织机构

一、机构沿革

为充分利用攀枝花丰富的矿产资源和二滩能源优势，2000 年 12 月 12 日，四川省人民政府批准设立“四川省攀枝花高耗能工业园区”（以下简称园区），同意选址在仁和区金江镇团山—马店河一带。2001 年 3 月 4 日，园区党工委、管委会成立，正式开始开发建设。2001 年 3 月，省政府将园区列为全省 23 个省级重点开发区之一予以扶持。2001 至 2011 年，园区成为国家“直购电”试点。2002 年 9 月，市委、市政府为园区加挂了“攀枝花工业开发新区”牌子。2006 年 1 月，园区按国家发改委公告更名为“四川攀枝花钒钛产业园区”。2009 年 11 月，仁和区金江镇交园区托管。2014 年 4 月 30 日，园区按省政府批复更名为“四川攀枝花钒钛高新技术产业园区”。

园区开发建设以来，先后被列为四川省循环经济试点园区、四川省知识产权试点园区、国家外贸转型升级专业型示范基地、四川省生产性服务业示范基地、四川省新型工业化示范基地、四川省出口工业产品质量安全示范区，形成以钒钛原料及深加工、钒钛钢铁机械制造、钒钛配套等三大主导产业和以高新技术企业、科技创新平台、企业研发中心为支撑的区域创新体系。

2013 年年底，园区实际管辖面积 78 平方千米，由团山、马店河、立柯、安宁、金河、迤资等 6 个组团组成。由园区管委会直管的团山、马店河、立柯 3 个组团，共有 99 户企业建成投产，19 户企业在建，合计 118 户。2013 年完成工业总产值 312.76 亿元，完成工业增加值 73.34 亿元，成为将攀枝花市加快建设成为“中国钒钛之都”的主力军、创新驱动发展的主引擎和工业经济转型升级的主动脉。

园区开发建设 13 年来，职工队伍具有以非公有制企业员工为主、农民工比重大、员工流动率高等特点。

二、工会组织建设

2001 年 2 月 15 日，中共攀枝花市委、市政府下发《关于加快攀枝花省级高耗能工业园区建设的意见》（攀委发〔2001〕3 号），决定设立攀枝花高耗能工业园区，作为市政府的派出机构，行使市级行政、经济管理权力。建立园区党的工作委员会，为市委的派出机构，负责园区内党的工作。要求园区本着“小政府、大社会”和“高效、精干、创新”的原则，对园区实行依法自主管理。

2002 年 3 月 21 日，市委办公室下发《关于印发〈攀枝花市总工会机关机构改革方案〉的通知》（攀府

〔2005〕98号），核定攀枝花高耗能工业园区工会工作委员会为事业单位，编制1名，领导职数1名（按正科级或副县级配备）。

2001年6月，攀枝花高耗能工业园区管委会工会委员会（以下简称园区工会）成立，其所属的管委会机关工会年底有会员6人（园区领导和多数办事人员行政、工会关系仍保留在原单位）。2002年园区国税分局工会成立，2003年川投化工公司工会成立，2004年攀钢兴钛公司工会成立，分别隶属于其上级（市国税局、川投电冶公司、攀钢集团公司）工会系统开展活动。其间各年度均有建成投产的企业，但均未建立独立的工会组织。

至2004年年底，园区工会共有工会会员51人。

2005年"保持共产党员先进性教育活动"后，园区工会开始要求已投产企业尽快建立工会组织。当年即有4户已投产非公有制企业（兴中钛业公司、源通钛业公司、玉典电冶公司、金沙水泥公司）建立了工会。德铭化工公司工会、攀煤电冶公司工会成立后分别隶属于其上级（德铭投资公司、攀煤集团公司）工会系统开展活动。至年底，园区共有10个基层工会组织，会员由2004年底的51人猛增到1264人。2006年，园区工会坚持每周四深入企业，带去《中华人民共和国工会法》《四川省工会法实施办法》《中国工会章程》等资料，开展建会宣传动员，年内，新建基层工会组织8个，加上个别小企业已获会籍会员挂靠周边企业参加工会活动，年底园区基层工会组织涵盖法人单位21个，园区工会被市总工会评为"工会组织建设和会员发展先进单位"。2007年以后园区工会建立定期召开工会主席联席会议制度，进一步加强组织建设。至2009年底，在国际金融危机蔓延的影响下，园区工会组织仍发展到38个，会员达6024人。

2009年年底，金江镇交园区托管。2010年，并入社区工会3个，基层工会组织12个，会员2941人。园区工会工作在工会十五大精神指引下，进入规范发展阶段。2011年"两个普遍"机构健全，与40户企业签订了责任书。2012年后实行了工会组建和会员发展工作包干责任制，将辖区内适合组建工会组织的企业分片落实到具体责任人，明确建会的数量、组建时间和相关要求，落实组建工会和发展会员专项工作经费3万元，将聘用社会化工作者经费纳入了年度预算。

2012年，园区工会建立完善定期通报、考核奖励、督查指导、领导联系点等制度，采取约谈企业行政老总、进企业走访调查、工会负责人带队进企业"亲情服务"、讲解组建工会组织的好处、与企业签订组建工作目标责任书等形式积极推动工会组织组建，在互联网上设立了"钒钛产业园区QQ工会"QQ群。

至2013年年底，园区企业建会率达到92%以上，园区共有基层组织105个，会员11369人，职工入会率97.4%，在25人以上正式建成运营的非公有制企业中，工会组织组建率达到100%。

2013年年底，园区工会组织建设中存在的问题主要是基层工会专职干部数量不足，整体素质有待提高。

2001—2013年四川攀枝花钒钛高新技术产业园区工会工作委员会组织建设情况

表93

年度	年末入园企业			当年新建情况		年末情况	
	合计	其中		基层工会组织	新增工会会员	基层工会组织	工会会员总数
		建成	在建				
	（户）	（户）	（户）	（个）	（名）	（个）	（名）
2001	3	1	2	1	6	1	6
2002	6	1	5	1	15	2	21
2003	10	5	5	1	18	3	39
2004	16	7	9	1	12	4	51
2005	27	17	10	6	1213	10	1264
2006	47	25	22	8	1558	18	2698

续表 93

年度	年末入园企业			当年新建情况		年末情况	
	合计	其中		基层工会组织	新增工会会员	基层工会组织	工会会员总数
		建成	在建				
	（户）	（户）	（户）	（个）	（名）	（个）	（名）
2007	58	44	14	10	828	28	3385
2008	62	49	13	5	2477	33	5403
2009	65	54	11	5	1389	38	6024
2010	82	63	19	5	227	55	8762
2011	99	71	28	17	1804	72	9877
2012	105	74	31	21	1190	93	10860
2013	118	99	19	12	653	105	11369
合计				93	11390	105	11369

说明：1.年末会员总数为上年年末总数加上当年新增会员数减去当年转出或中止会籍人员；

2.2009 年金江镇交园区托管，2010 年并入社区工会 3 个，基层工会组织 12 个，会员 2941 人。

2001—2013 年四川攀枝花钒钛高新技术产业园区工会工作委员会负责人任职情况

表 94

姓　名	性别	职　务	任职时间	备　注
王康明	男	主　任	2001.06—2004.03	以园区管委会副主任（正县级）兼任
谢玉华	男	主　任	2004.03—2009.10	以园区管委会建设开发局副局长（正科级）兼任，2004 年 8 月后为副县级干部
郭永平	男	负责人	2010.04—	以园区投资服务中心主任（正科级）兼任

第二节　职工权益维护

2001—2011 年，园区享受国家“直购电”政策，区内工业企业生产成本较低，企业在员工试用期满转正后，双方一般能签订劳动合同，企业为职工购买养老保险、医疗保险和工伤保险，未发生克扣工资现象，无已投产企业职工群体性讨薪事件。2012 年后，受园区企业国家“直购电”政策取消和大经济环境不景气影响，一些企业陷入困境。园区工会采取措施，努力维护职工权益。区内辉达镁业公司 2012 年年底起一直停产，但仍按每月 960 元标准给职工发生活费，并购买“五险”。2013 年恒为制钛公司决定停产减员，企业工会就离职员工的经济补偿问题，收集职工意见形成方案，召开职代会通过后，职工代表与企业行政代表直接对话，形成了双方都接受的《四川恒为制钛科技有限公司停产减员方案》，公司向被减员员工支付了经济补偿，职工满意。

2006 年后，园区按《中华人民共和国工会法》要求，园区内各企业无论是否成立了工会组织，均设立了专职劳动保护员、安全管理员。园区企业一般劳保用品（劳保服、劳保鞋、手套、洗衣粉）均能按行业、工种、劳保需要按时发放。2011 年针对粉尘污染这一主要职业危害，园区工会制订《开展职业病调查工作的实施方案》，确定川投化工公司、泓兵钒镍公司等 4 家企业作为粉尘污染防治试点，共组织 650 名职工到市疾控中心进行了职业病体检。2012 年园区工会与 25 户职业危害相对较重的企业签订了《攀枝花市职业病防治专项集体合同》，覆盖职工 2000 余人次。5 月，园区工会组织园区 62 家企业的 105 名人才，到医院进行健康体检。

园区工会动员经济效益好的企业在劳动合同约定外，适当增加职工的实际所得。企业每年均能安排资金用于职工骨干外出参观、学习，逢年过节均向职工发放奖金、水果、食品、慰问品等。部分企业为管理骨干、技术骨干、生产骨干购买了商业保险。金沙水泥公司对工作满3年的职工，按每月60元、80元、100元等3个等级实行年功工资。玉典电冶公司对干满3年的双职工、干满一年的单身职工实行每年报销一次往返回家路费、双职工的上学子女每人每月报销50元路费等福利措施。卓越钒钛公司实行了发放职工生日费、退休职工一次性退休荣誉金等福利。

2008年，国际金融危机蔓延后，园区企业受冲击严重，劳动纠纷上升。园区工会组建了10个劳动争议调解室。2009年至2013年，接待职工来信来访194件次、633人次，参与劳动争议调解处理和仲裁134件次。2013年，德铭化工公司工会成功调解了公司因劳动关系和工伤认定造成企业被迫停产事件。2013年，园区建立劳资协商平台，对用工及劳动合同签订等不规范行为的企业，园区工会下发了《工会劳动法律整改意见书》和《工会劳动法律整改建议书》。2013年年底，园区内劳动争议调解组织、劳动法律监督组织规范化率达到60%。

园区工会积极参与职工工伤、工亡的调查处理。先后参与了十九冶建筑队3号桥工地坠落死亡2人事故、玉典电冶公司电工触电事故、兴中钛业公司意外伤亡事故、德铭化工公司气压计爆裂玻璃炸伤工人眼睛事故、秉扬科技公司职工意外死亡事故、霖玺工贸公司皮带机致死巡检工事故等的调查处理，保护了职工方的合法权益。2010年，市劳动争议仲裁委员会流动仲裁庭在园区服务中心现场开庭，受理钛海科技公司与余某（原钛海科技公司职工）劳动争议案件，园区工会到场参与并组织50多人旁听。

园区发生的重大群访、闹访、拖欠农民工工资问题，主要是征地行为引起和施工企业造成，园区工会做好了与相关单位的协调工作。2009年以来，园区工会共计为农民工追回欠薪55.9万元。2013年，欣宇化工公司外包工程在施工过程中发生工亡事故，影响较大，经调解平息。

第三节　工资集体协商

2008年《中华人民共和国劳动合同法》颁布后，园区工会开始到企业帮助、指导职工与企业签订劳动合同。2008年4月，仁江钒钛公司工会（工作挂靠在园区管委会机关工会）率先制订符合法律法规、结合企业实际、比较系统、可操作性强的《人力资源管理办法》。该《办法》规定“本公司与员工通过平等协商，可以就劳动报酬、工作时间、休息休假、劳动安全卫生、女职工权益保护、工资调整机制、保险福利等事项订立集体合同”“集体合同由本公司工会代表员工与本公司订立”。从2009年开始，指导企业签订《集体合同》《工资集体协商协议》《女职工劳动保护专项集体合同》。泓兵钒镍公司、钢城卓越公司等成为工资集体协商典型企业。2011年，加强了工资集体协商指导员队伍建设，要求园区每个企业确定1至2名工资集体协商指导员，并不定期举办工资集体协商指导员培训班。2012年，先后安排15人参加省、市总工会组织的工资集体协商专题培训。

2013年5月，园区工会举办“2013年第一期非公企业工资集体协商指导员培训班”，园区内47家企业工会主席及指导员近60余人参加培训。通过加强宣传、切实用心服务、困难帮助、检查指导等方式，园区正常生产企业普遍建立了工资集体协商制度和签订了工资集体合同。年底，园区正常生产的45家企业均已签订了工资集体协商专项合同，覆盖职工7971人，其中32家企业签订了女职工专项集体合同，覆盖女职工1901人；签订职业病防治专项合同18份，覆盖职工512人。是年底，泓兵钒镍公司被评为全市工资集体协商工作先进企业。

钛白粉产业是园区和攀枝花市的支柱产业，园区有企业7户、职工2100多人。2012年，园区成立工会、工商局、社会事务局等领导参与的钛白行业工资集体协商工作领导小组，每半年召开一次工作推进会。利用企业告示板、黑板报、宣传橱窗、张贴海报、主要街口设置电子滚动字幕、企业内部学习刊物刊登资料等进行宣传。各企业按照相关程序分别选派出企业方和职工方代表，工会牵头召开行业职工代表大会审议通过。园区工会深入生产车间、班组，了解掌握了企业状况、生产流程、工资分配办法、职工福利待遇，计时、计件定额标准，工资计提比例等各个细节，通过访谈、座谈、无记名问卷征集到大量第一手资料。对不同操作岗位、工种、生产班组进行了梳理分类，把职工迫切需要解决的，企业又有能力解决的问题作为突破口，提出了正常生产经营状况下钛白粉行业的工资调整机制，主要内容是部分岗位计件工资制、月度绩效工资、新增4项津贴（班组长津贴、技术骨干津贴、涉密岗位保密津贴、师带徒津贴）、二次分配目标考核体系、工资福利最低标准等。经过近半年的协商，2013年8月12日，签订了钛白粉生产行业首份工资集体合同。

第四节　民主管理

2008年起，园区工会开始推动厂务公开、民主管理工作。2010年，在企业开展“四栏”（厂务事务公开栏、政策法规宣传栏、职工阅报栏、安全卫生健康知识宣传栏）规范化建设工作，确定钛海科技公司、长钒金属公司、兴中钛业公司、四川卓越公司为试点企业，川投化工公司、恒为制钛公司等企业还主动在每个车间设立了“意见箱”。2012年，泓兵钒镍公司购置了5万余元的电子放映设备及书籍，企业文化、职工之家、“四栏建设”、职工书屋等建设成效显著，成为园区企业学习借鉴的样板，该公司也被园区推荐为“全省企业文化建设先进单位”。

2013年，园区工会将推进非公企业依法建立厂务公开、民主管理制度作为重点工作，提出加强组织机构、规范公开、考核督导、工作联动、责任落实五大体系建设，突出总结调研、办点示范、宣传教育、工作规范四大工作重点，签订了2013年的工作目标责任书。在每周调研2—3户企业、对基层工会进行分类指导的基础上，园区工会制发《钒钛园区基层工会厂务公开实施细则》，对企业开展厂务公开的基本形式、公开内容、公开程序、监督检查等方面作出要求。年内，川投化工公司在面临企业改制时，以职代会为载体，公开企业的重大决策、生产经营方面的重要问题、涉及职工切身利益的事项，职工依法行使职工知情、参与、监督等3项民主管理的基本权利得以实现；恒为制钛公司因停产减员造成的劳资对立也由于厂务公开透明得以消除。2013年年底，园区内规模以上已建工会在非公有制企业开展厂务公开、民主管理工作，覆盖率达到75%以上。园区向上级工会推荐泓兵钒镍公司和川投化工公司为“厂务公开先进单位”。

至2013年底，园区内非公有制企业在厂务公开、民主管理上仍存在一些问题：工会事业发展不平衡，大部分企业资方质疑、观望、不愿推进，工会组织对不愿开展厂务公开工作，民主管理的企业缺乏有效的督促、制约措施，工会工作基础还比较薄弱，规范化建设有待加强。

第五节　扶贫帮困

园区工会成立以来，持续开展了“冬送温暖夏送清凉”、扶贫助困、“千万农民工援助”等活动。多年来，园区工会发动企业夏季为一线职工送消暑降温饮料、药品。2009年开始，园区工会建立帮扶管理系统档案，实行对生活困难城镇职工、农民工和患有重症、慢性病困难职工、农民工的动态管理。2009年以来，共救助59户企业的困难职工、农民工2595人次，发放慰问金、困难职工补助金100.6万元。2010年“世界艾滋病日”前夕，园区工会开展“防艾滋进工地”宣传，发放了资料220份，免费为40名农民工抽血化验。2011 年园区工会发起为职工温佳明家属生活困难捐款，共募集善款 11500 元。

2004 年园区工会资助当地村民 100 名，通过培训后到长矶金属公司上岗。2010 年的“就业促进”行动成效尤为明显，各企业工会共培训职工 570 人，其中农民工 300 人，有 150 人取得劳动技能等级证书。至 2013 年底，针对农民工、下岗工开展的就业再就业培训 25 期，共培训 1489 人次，实现就业再就业 682 人次。

2005 年 8 月，园区工会资助职工李某 1200 元，使其 2 个子女不再失学。2006 年发动企业和职工捐助 2830 元，资助 5 名困难职工子女上学。参加“寒窗助学”活动后，园区企业和员工累计捐助 2.6 万元，资助了 12 名困难职工子女上学。在突发严重自然灾害时，园区工会动员企业和职工开展救灾捐助活动。2008 年，园区向四川汶川“5·12”地震灾区捐助 361.75 万元，2010 年，向甘肃舟曲特大泥石流灾区、青海玉树地震灾区捐助 4.69 万元。2013 年，向四川芦山地震灾区捐款 8.31 万元。

第六节　工会文体活动

2002 年“五一”劳动节期间，园区工会组织首次职工“卡拉 OK”比赛。之后，已投产企业大多利用厂内球场、空地、附近单位场地，在节日前后开展一系列健康向上、适合本单位特点的职工文体活动。项目主要有卡拉 OK、乒乓球、羽毛球、跳绳、拔河、趣味体育等。2005 年，园区工会组织了全市性的“高耗能杯保龄球比赛”，组织了全市性的“工业新区杯桥牌赛”；2006 年，为全面落实《全民健身计划纲要》，园区工会组织了首届羽毛球比赛，园区工会与园区武警消防中队的篮球比赛。2009 年，园区工会再次组织了全市性的“钒钛园区杯保龄球比赛”。2011 年 4 月，由园区工会承办、在鑫岛游乐场保龄球馆举行的“2011 年四川攀枝花钒钛园区保龄球邀请赛”，共有来自成都、重庆、园区企业等地的 12 支代表队参赛。

2007 年 5 月 26 日，园区工会组织的、以园区管委会和仁和区金江镇名义联合主办的“美化环境、清洁家园、告别陋习”大型文艺演出在金江镇火车站广场举行。以川投化工公司为首的一批职工文艺节目吸引了上千人观看。2008 年 10 月 18 日，在市总工会，市体育局、团市委的大力支持下，园区工会组织了以“庆奥运、增友谊，强健体”为主题的首届职工篮球运动会，共有 16 户企业组织了 20 支代表队参加此次赛事。经过 10 天的激烈比赛，共评选出团体 20 个奖项、个人 22 个奖项。11 月，园区工会组织女子代表队参加了市“篮协杯”的比赛，取得第二名。2011 年，园区工会举办了钒钛园区第二届“竞发环保杯”职工篮球运动会，园区 18 户企业组队参赛。2011 年 6 月 28 日，园区工会在金江镇阿基鲁社区举办了庆祝“建党 90 周年、建园 10 周年”群众文艺会演，18 个单位、140 多名职工演职人员参演，辖区各单位和金江镇群众 4000 余人到场观看。

2011 年 6 月，园区工会开展庆祝“建党 90 周年暨建园 10 周年”送百部经典红色电影“进企业、进社区、进学校”活动，用将近半个月时间陆续到园区企业、社区、学校 11 个放映点进行电影循环放映。

2011 年 8 月，园区工会在攀宾会展中心举办了“企业发展战略与企业文化建设”专题讲座，兴中钛业公司开始自编自谱厂歌。10 月，园区工会举办“爱岗敬业”专题演讲，近 200 人参加了活动。

2012 年，园区工会组织了金江装卸队、金江中小学、区环保分局的 12 名职工，参加市总工会和市体育局联合举办的第九届“篮协杯”暨 2012 年欢乐阳光节职工篮球比赛，获男子组第六名。2013 年，园区工会举办了园区“攀商银行杯”职工篮球运动会，辖区 12 家企事业单位组队参赛，攀钢钛冶炼厂获第一名。

2012 年 1 月 8 日，园区工会在金江镇中小学运动场举办“钒钛园区 2012 年新春大拜年暨文艺晚会”，特邀巴蜀评书艺术明星李伯清到场献艺，园区职工和周边群众近 5000 人到场观看。5 月，金江镇小鲊石社区还组织了腰鼓队、健身术队、扇子舞队共 35 名女职工参加攀枝花市举行的文化活动。5 月，园区工会开始筹建业余艺术团，有 244 人报名，共分 13 个组、队，报名信息已存入园区人才库。

2012 年六一儿童节，园区工会组织金江镇鼎智幼儿园在阿基鲁社区广场举办了“飞扬的旋律、欢快的六一”主题汇报演出活动，1000 余名社区观众到场观看。

2013 年，园区工会组织金江镇及社区职工 50 余人参加市工人文化宫的排舞训练指导。

第七节　女职工工作

园区管委会机关工会自 2001 年成立起，坚持每年“六一”儿童节看望儿童，每年为 14 岁以下职工子女发放慰问金。2005 年起，园区管委会机关工会开始组织每两年一次的女职工“三八妇女节”外出活动，园区内有条件的企业也采取了类似做法。

2002 年至 2010 年，园区工会针对园区实际，在女职工中开展了“拒绝家庭暴力、共创美好家园”“不让毒品进我家”“预防艾滋病”“健康全家人”等宣传活动，提高了广大妇女的自我保护意识。2011 年园区工会组织近 600 名女职工免费到医院进行妇科体检，后又组织 8 名困难女职工到免费市中心医院进行“两癌筛查”体检。2012 年，金江镇组织了 380 名妇女参加育龄妇女孕前体检。

2011 年起，园区工会每年将建立健全女职工组织纳入到各基层工会组建工作年终目标考核，要求凡有女职工 10 人以上的企业，都要成立女职工委员会，并确定一名女工委主任。对女工委主任进行《女职工劳动保护规定》《女职工禁忌劳动范围的规定》《工会女职工委员会工作条例》等有关规定的培训，不断提高女职工干部综合素质。园区企业做到了工会与女职工组织实行同步筹备、同步组建、同步批复、同步换届。至 2013 年底，园区有女职工 10 人以上的企业 38 家，成立了女职工委员会的有 35 家，组建率达到了 90%以上。

2012 年，园区工会将非公有制企业女职工权益保护作为重点，要求各基层工会划拨专款购买各种有益书籍，使女职工在读书活动中增长知识。5 月，园区工会深入到海峰鑫化工公司、钛海科技公司、钛都化工公司等 10 余家企业，检查厂区女职工安全卫生条件，提出了 20 条整改意见，并要求企业采取措施立即改进；全年园区工会动员女职工参与各种形式的劳动竞赛 15 次，提出合理化建议 32 条。

第八节　工会经费财产管理

2001 年园区工会成立后，即实行经费财产独立管理。每年按预算、按比例提取，超支部分由园区行政补助。2006 年开始，园区工会加强工会经费资产管理与监督，工会财务严格按照规定进行工会经费的收、管、用，为园区工会活动的开展提供保障。

企业基层工会建立后，园区工会督促各基层工会按国家有关规定做好工会经费按比例提取、预算使用。园区工会加强了对工会经费的审计监督。

2010 年，德铭有色公司、大西南实业公司接受了市总工会经审组对 2009 年度工会经费审计检查。两户企业工会财务制度健全，经费使用规范，未发现大的问题。园区工会针对存在的不足，下发了《关于进一步规范和加强工会经费使用管理的通知》。

2011 年，园区内金沙水泥公司、泓兵钒镍公司、兴中钛业公司，接受了市总工会经审组对 2010 年度工会经费审计检查。从审计的情况看，3 户企业工会财务制度健全，经费使用规范，未发现大的问题。

2013 年 4 月，园区工会组织人员对钛都化工公司、圣地元科技公司、钛海科技公司、恒源石化公司、大互通钛业公司、海峰鑫化工公司、能缘化工公司等 8 家企业的工会经费管理情况进行检查指导。有 3 户企业合规，4 户企业需要改进管理，1 户企业工会经费一直未使用，开展工会活动所需费用均由行政经费开支。对查出的问题，园区工会均对其提出了整改意见，并督促其完成整改。

第二章　攀枝花学院工会委员会

第一节　组织机构

攀枝花学院工会由原攀枝花大学工会更名而来。1985 年 7 月 17 日，根据渡口市教育工会《关于成立攀枝花大学工会委员会的批复》。同年建立攀枝花大学工会筹备小组，筹备小组由孙登玉任组长。1986 年 3 月 25 日，攀枝花大学工会委员会成立，蔺承英任工会副主席（主持工作）。2002 年 2 月，攀枝花大学工会随校名更名为攀枝花学院工会。2005 年 4 月 13 日，攀枝花学院工会由原隶属市教育工会调整为隶属攀枝花市总工会，为市总工会的直属事业工会。1986 年 3 月—2013 年 12 月，攀枝花学院工会共召开工会会员代表大会和教职工代表 7 次，历经 7 届工会委员会和教职工代表大会。2010 年 5 月 27—28 日，攀枝花学院工会召开第二届教职工代表大会暨工会会员代表大会，在名称上因需与学院党代会届次同步，故将本届定为“第二届”，以后依次顺延。

1986—2005 年攀枝花学院工会委员会负责人任职情况

表 95

届别	时　间	主　席	副主席	备　注
一届	1986.03—1988.06	未　设	蔺承英（兼）	1987 年 7 月，蔺承英辞职，11 月，罗忠扬为工会负责人。
二届	1988.06—1992.03	罗忠扬	—	
三届	1992.03—1995.12	罗忠扬	朱显康（兼）	
四届	1995.12—1999.07	张　炜	周荣辉（兼）	
五届	1999.07—2002.06	李锡庆（兼）	刘　琼（专）	
六届	2002.06—2004.08	李锡庆（兼）	刘　琼（专）	
	2004.08—2010.05	刘　琼	—	
二届一次	2010.05—2013.12	—	梁仕海（专）	
二届三次	2013.12—	胥　刚（兼）	邬明辉（专）	

第二节　组织发展

1986 年 3 月 25 日，攀枝花大学工会委员会成立。时有工会会员 185 人。2004 年 10 月，学院工会对基层工会组织做出调整：教职工 25 人以上的院系设立基层工会委员会，委员会由 3—5 人组成，其中兼职工会主席一名，组织委员、宣传委员、调解委员和提案委员各一名；不足 25 人的部门设立工会小组。是年攀枝花市技校并入攀枝花学院后成立工程技术学院，12 月工程技术学院成立基层工会委员会。至 2013 年底，攀枝花学院工会共有基层工会组织 22 个，会员 1041 人。

1988—2013 年攀枝花学院工会委员会组织发展情况

表 96

年份	职工（人）	会员（人）	基层工会（个）	工会干部（人）
1988	197	197	15	17
1989	203	203	15	17
1990	210	210	16	18
1991	216	214	15	17
1992	239	234	11	13
1993	236	236	10	12
1994	360	360	11	15
1995	364	364	12	23
1996	367	364	16	27
1997	447	447	16	26
1998	507	507	20	22
1999	544	544	19	21
2000	535	535	18	20
2001	571	571	18	20
2002	637	637	19	21
2003	686	686	19	21
2004	694	694	22	25
2005	884	884	23	29
2006	934	934	23	27
2007	968	968	21	26
2008	980	980	21	29
2009	988	988	22	31
2010	1011	1011	22	31
2011	1014	1014	23	38
2012	1033	1033	22	41
2013	1041	1041	22	43

第三节　学习教育与文体活动

1986 年 4 月，学院工会举办教职工“法律知识竞赛”。1988 年 4 月，组织“学习十三大文件知识竞赛活动”，5 名会员获竞赛优秀奖。10 月，学院工会与学院团委联合举办“改革十年演讲会”，6 名参赛会员获优秀奖。1989 年 3 月，学院工会女工委员会举办纪念“三八”国际妇女节 61 周年演讲比赛，9 位女职工参加演讲，评出一等奖 1 名、二等奖 2 名、三等奖 3 名，一等奖获得者由学院工会推荐参加市教育工会纪念“三八”国际妇女节的“改革中的女职工形象”演讲会。国庆节前夕，举办学习党的十三届四中全会文件知识竞赛。1990 年元旦、春节期间，组织开展“学哲学、学社会主义理论”知识竞赛和以“教书育人”“管理育人”为主题的小组活动。“国庆”节前，举办“教书育人”演讲会。1991 年暑假，组织开展学习江泽民《在庆祝中国共产党成立七十周年大会上讲话》精神的暑假工会小组集体活动。12 月，组织教职工学习江泽民“七一”讲话，开展“四川省高等学校教书育人试行规定”的学习竞赛和演讲，评选出 5 名集体奖、20 名个人竞赛以及 8 名个人讲演奖。1993 年 3 月，组织女教职工在会理瀛洲公园学习《中华人民共和国妇女权益保障法》，参观会理县历史展览馆，回顾红军二万五千里长征路经会理的皎平渡江战及会理农民斗争的历史。1994 年 6 月，学院工会与校党委宣传部在学院北区电教室联合举办“学习《教师法》

讲演会”。年底，学院工会与学院党委宣传部联合举办爱国主义教育知识竞赛。1996 年 10 月，举办“纪念红军长征胜利六十周年”演讲比赛。2001 年 6 月，为庆祝中国共产党成立 80 周年，举办全校教职工“党在我心中”歌咏比赛。2006 年 3 月，为全面完成“十一五”规划目标，增强广大女教职工维护自身特殊利益意识，提高自我维权能力，学院工会组织全校女职工参加市总工会女工部组织的“攀枝花市‘十一五’规划和女职工权益保障知识竞赛”，获得优秀组织奖。2007 年 6 月，组织教师参加市总工会举办的“美化环境、清洁家园、告别陋习”为主题的“龙江明珠杯双创”演讲活动。2011 年 6 月 23—24 日，为庆祝建党 90 周年，由学院工会主办、艺术学院承办、宣传部协办的书画作品展在分析测试中心一楼展出，该项活动前期准备工作历时 20 天。本次展览共收到作品 163 件（其中学生作品 20 件），经评审委员会评审，评出美术、摄影、书法、招贴四大类优秀作品 20 件（其中学生作品 2 件）。6 月 25 日，攀枝花市总工会在市中心广场举办全市职工庆祝建党九十周年“颂歌飞扬九十年”红歌比赛学院工会组织教师合唱团参加，获得三等奖。2012 年 3 月，学院组织 3 名教师参加攀枝花市女职工摄影书画作品大赛，其中康昭阳获得三等奖，傅彦瑜、赵柒棋获得优秀奖。组织学校女教师分别参加市妇联的演讲比赛和“学习型家庭”评比活动。

每年元旦、“三八”“五一”“五四”“国庆”等节日前夕，学院工会都要独立或与其他部门联合组织教职工开展庆祝活动，活动内容有征文比赛、演唱会、舞会、文艺会演、游园活动、演讲比赛、书法摄影比赛、运动会、外出参观等。1997 年 7 月 3 日，在学院体育馆举行全体教职工“教师保健操”比赛。7 月 4 日，学院工会抽调 160 名教工分别组成青年队和中老年队参加全省高校教工保健操比赛（报送录像带），获得三等奖。2006 年，组织教职工参加市级各类比赛，分别获攀枝花市全民健身周三人篮球比赛领导干部组第一名、“大笮风”杯第二届五人制足球比赛第一名、攀枝花市第一届职工网球比赛暨全市第二十二届网球比赛团体第一名。2012 年开始，每年元旦节前组织全校教职工开展迎新年大合唱比赛。女工委员会还根据女工特点，组织女工开展健美训练等活动。

第四节　教师素质提升

1988 年暑假，学院工会以工会小组为单位，开展“怎样搞好三育人”（教书育人、管理育人和服务育人）主题活动。1991 年 5—6 月，学院工会和教务处联合开展首届青年教师课堂教学基本功竞赛，评选出 5 名优胜奖。5 月，副校长洪宝书《关于德育的理论与实践》获省总工会教书育人优秀论文奖；7 月，为纪念陶行知诞辰 100 周年，校工会在电教室举行“学习伟大的人民教育家陶行知”演讲会。

1997 年 6 月，组织开展“教职工思想道德建设”理论研讨活动，收到论文 20 篇，邬明辉、李良安的论文获市教育工会一等奖，邹吉辉的论文获市教育工会二等奖，蒲利春的论文获市总工会二等奖，秦玉明的论文获市总工会三等奖。6 月 11 日，在学生活动中心举办攀大教职工师德演讲比赛。1998 年 6 月，在学生活动中心举办攀大教职工“树师表形象，创文明校风，为实现跨世纪宏伟目标做贡献”的爱岗敬业演讲比赛。2003 年 9 月，在教师职工中开展推广普通话宣传月活动。9 月 24 日，在学生活动中心举办普通话演讲比赛。2004 年 11 月，在全校教职工中开展《职业道德建设大家谈》活动。2006 年 3 月，组织全校女职工参加攀枝花市总工会女工部组织的“攀枝花市‘十一五’规划和女职工权益保障知识竞赛”，获得优秀组织奖。4 月，在会堂组织开展“攀枝花学院师德师风建设”演讲比赛。6 月，组织各基层工会委员会、工会小组参加攀枝花市妇联组织的“四川省廉政文化进家庭知识竞赛”。10 月，为配合攀枝花市东区第九届人大换届选举，协助工程技术学院举办东区人大换届选举知识竞赛。2007 年 6 月，攀枝花学院工会根据《攀枝花市总工会关于开展以“美化环境、清洁家园、告别陋习”为主题的职工演讲活动的通知》要求，组织教职工参加演讲活动。材料工程学院教师以《攀枝花因文明的你而美丽》为题演讲获得三等奖，人文社科学院教师许珍以《告别陋习树新风、清洁家园迎“创卫”》为题演讲获得优秀奖。武昭好参加由市总工会、市人大城环资委共同举办的“攀枝花市龙江明珠杯‘双创’巡回演讲团”到市内各县、区、厂矿等巡回演讲。2008 年 9 月，组织教职工参加市妇联举办的“攀枝花绿色家庭知识竞赛”，获得优秀组织奖。2011 年 12 月 4—5 日，攀枝花学院工会组织 3 名教师，分别参加攀枝花市“百岗万人”技能大赛的心肺复苏和汽车驾驶比赛项目，刘平获得汽车驾驶比赛一等奖，段思羽获得心肺复苏比赛三等奖。5 日，攀枝花学院校工会承办攀枝花市首届“百岗万人”职工职业技能大赛的车工、汽车驾驶实际操作比赛项目。组织机电工程学院机械工程实训中心、工程技术学院成功评选攀枝花市“安康杯”竞赛活动先进班组。2012 年 4 月，学院工会推荐生物与化学工程学院成功评选攀枝花市“模范职工小家”。7 月，学院工会组织继续教育学院参加攀枝花市“巾帼文明岗”的申报，并取得成功。12 月，学院工会承办攀枝花市第二届“百岗万人”职工职业技能大赛养老护理工种的实际操作比赛项目。2013 年 1 月 9 日，学院工会组织开展十八大精神宣讲暨工会干部培训，学校各分工会及直属工会小组部分工会干部共 40 余人参加培训。3 月，学院工会牵头组织成立攀枝花学院教职工志愿服务队，以全校 15 个教学院系（部）为主，各机关、教辅单位根据工作性质及部门人数分别补充到各院系（部）中，形成有 300 余人、15 个服务站的组织。该组织结合志愿者专业情况及服务意向，利用已有的资源开展助学、助残、敬老、宣传、文体、科普、医疗卫生、环境保护等工作，从事有利于国家、社会的公益活动。自服务队成立以来，多个下属服务站开展志愿服务活动。

第五节　办实事、“送温暖”活动

1987 年 11 月，学院工会与学院人事处、财务科联合制订关于教职工疗养的文件，并于当年组织 17 名教职工到外地疗养。1988 年 9 月，学院工会根据《攀枝花市总工会关于对我市城镇低收入职工家庭生活状况进行调查的通知》精神，在全校范围内开展普查活动，帮助符合条件的 2 户遗属家庭申报为攀枝花市特困户和困难户。1996 年 9 月，组织职工向灾区、贫困乡村捐赠衣被的“扶贫济困送温暖募捐月”活动。1997 年 9 月 22 日，动员全校教职工为灾区、贫困乡村捐款捐物，截至 10 月 20 日，学院 245 名教职工共捐赠各种衣物 889 件，捐款 284 元。2002 年 3 月，在全校教职工中发起扶贫济困送温暖募捐活动，收到募捐款 6831 元，上交市扶贫济困办公室 2000 元，上交市总工会 1000 元；交攀枝花学院学生处 3831 元，用以帮助攀枝花学院特困学生完成学业。2003 年 10 月，开展扶贫济困捐助活动，累计收到捐助款 6040 元、衣物 261 件，捐款全部上交学校纳入学校学生特困助学基金，衣物全部上交市民政局用于支援灾区人民。2004 年，组织安排 27 名在职和离退休人员到北戴河、无锡等地疗养。同年，开展“冬衣暖人心”扶贫捐助活动，共收到捐款 3951.50 元、衣 409 件、裤 210 件、其他物品 4 件，校工会于 11 月 8 日交市总工会捐款 2000 元以支援达州灾区；全部衣物以及其他捐款 1951.50 元交市民政局，支援攀枝花市灾区。2005 年，学院工会组织安排 35 名在职和离退休教职工到北戴河疗养。2006 年，组织 47 名教职工到北戴河、海南疗养，其中退休人员 23 人，在职人员 24 人。2007 年，为 1318 名在职及退休职工发放电影费 79080 元；7 名教职员工享受丧葬补助 700 元。组织 33 名教职工到海南、无锡疗养，其中退休人员 28 人，在职人员 5 人。2008 年，组织 49 名教职工外出疗养，其中退休人员 13 人、在职人员 36 人。为 1331 名在职及退休职工发放电影费 79860 元。

2004 年年初，学院工会和学院党政领导春节走访慰问离退休干部、重病教职工 23 人，各工会小组探视住院教职工 10 余人次。2005 年，学院工会与学院党政协调配合，开展走访慰问送温暖活动。元旦、春节期间，共走访慰问离退休干部、生病住院教职工 21 人。1 月，根据民政部《关于开展对印度洋海啸地区民间捐赠活动的紧急通知》要求，学院工会在全校开展捐赠活动，收到捐款 7746 元全部上交市民政局。“三八”国际妇女节前，学院工会给每一位女职工发放节日慰问金，对女教职工表示慰问和祝贺。11 月，组织开展“扶贫济困”捐助活动，收到捐款9307元、衣物213件，全部上交市民政局。2006年元旦、春节期间共走访慰问离退休干部、生病住院教职工12人。协助学校领导对全市3家单位的7户特困职工进行帮扶，送去慰问品、慰问金，费用共计3500元。3月，学院工会组织全校教职工为机电工程学院因病换肾的学生孙某筹集爱心捐款，共收到捐款11493元。根据四川省委办公厅、省政府办公厅《关于开展向灾区困难群众送温暖、献爱心捐赠活动的通知》和市委、市政府《关于开展送温暖、献爱心捐助活动的通知》精神，在全校范围内开展捐赠活动，共收到捐款8831元。其中，1210元用于资助材料工程系贫困学生；7621元于12月30日上交攀枝花学院计划财务处，专项补助贫困学生；同时收到捐赠衣物412件，于12月25日全部上交攀枝花市民政局。“六一”儿童节给305名未满14周岁（含14周岁）教职工子女发放慰问金9150元。2007年元旦、春节期间共走访慰问离退休干部、生病住院教职工12人，送慰问金5200元。协助学校领导对全市4家单位的9户特困职工进行帮扶，送去慰问品、慰问金，费用共计4500元。“三八”妇女节，学校工会女职工委员会给459名在职及退休女教职工送去节日慰问信，发放节日慰问金22950元。“六一”儿童节给314名未满14周岁（含14周岁）的教职工子女发放慰问金9420元。11月，根据市委、市政府《关于开展送温暖、献爱心捐赠活动的通知》精神，在全校范围内开展捐赠活动，募集捐款6207元、衣物376件，12月27日，全部上交市政府救灾捐赠接收办公室。2008年元旦、春节期间共走访慰问离退休干部、生病住院教职工24人，送慰问金4800元。协助学校领导对全市3家单位的7户特困职工进行帮扶，送去慰问品、慰问金，费用共计3500元。6月27日，根据《攀枝花市总工会关于开展“干群心连心走访日”活动的通知》精神，陪同市政协副主席、攀枝花学院副校长、民盟市委主任伍维根走访慰问广厦建材公司困难户王某，送去慰问金600元。“三八”妇女节，攀枝花学院工会女职工委员会给481名在职及退休的女教职工送去节日慰问信，发放节日慰问金48100元。“六一”儿童节给342名未满14周岁（含14周岁）的教职工子女发放慰问金10260元。2009年5月，开展困难职工家庭毕业生基本情况调查，并开展就业援助行动专项资金的发放工作，资助金额6400元。6月29日，陪同市政协副主席、攀枝花学院副校长、民盟市委主任伍维根走访慰问广厦建材公司困难户王某，送去慰问金600元。2010年元旦、春节期间共走访慰问离退休干部、生病住院教职工34人，遗属3人。协助学校领导对全市6户特困职工进行帮扶。“教师节”走访青年教师7名，资助困难职工子女上大学1名。“七一”走访困难户1名，送慰问金共14300元。2011年元旦、春节“教师节”期间共走访慰问离退休干部、重病教职工、困难教职工、遗属共71人次，协助学校领导对全市9户特困职工进行帮扶，送慰问金共计12300元。“三八”妇女节，攀枝花学院工会女职工委员会给515名在职及退休的女教职工送去节日慰问信，发放节日慰问金51500元。“六一”儿童节给388名未满14周岁（含14周岁）的教职工子女发放慰问金19400元。2012年元旦、春节“教师节”期间共走访慰问离退休干部、重病教职工、困难教职工、遗属共76人次，协助学校领导对全市10户特困职工进行帮扶，送慰问金共计27200元。“三八”妇女节，攀枝花学院工会女职工委员会给526名在职及退休的女教职工送去节日慰问信，发放节日慰问金52600元。“六一”儿童节给397名未满14周岁（含14周岁）的教职工子女发放慰问金19850元。该年1月1日起开展全校教职工生日慰问活动。3月，针对4个区县的13个乡（镇）出现的干旱情况，校工会响应抗旱救灾号召，组织教职工捐款，共捐款54145元，并前往仁和区大龙潭乡对该笔款项进行捐赠。2013年，元旦、春节、教师节期间共走访慰问离退休干部、重病教职工、困难教职工、遗属共242人次，协助学校领导对全市9户特困职工进行帮扶，送慰问金共计42020元。向市总工会申请因病致贫专项资金、困难救助专项资金，共帮助职工、遗属6人次，发放救助金8200元。“三八”妇女节，攀枝花学院工会女职工委员会给542名在职及退休的女教职工送去节日慰问信，发放节日慰问金54200元。“六一”儿童节给406名未满14周岁（含14周岁）的教职工子女发放慰问金40600元。

第六节　救灾捐赠活动

1988 年 5 月 12 日，四川省汶川县发生 8.0 级特大地震，学校有 1400 多名学生家庭在大地震中人员、住房等受到不同程度的损伤。学校工会制发《攀枝花学院关于开展向受灾学生捐赠活动的通知》，组织全校教职工为受灾学生献爱心捐善款，10 天时间收到捐款 70658 元。5 月 30 日、6 月 2 日，将捐款全部交给学校计财处，专项补助受灾学生的生活和学习。6 月，学院工会响应市总工会女工部在全市招募“爱心家教”特殊志愿教师的号召，组织学校 10 名教师报名，给地震灾区来的孩子当“爱心家教”，提供课程辅导和心理安抚。同年 8 月 30 日，攀枝花市发生 6.1 级地震，攀枝花学院工会发出《关于开展支援灾区抗灾自救捐赠活动的通知》，组织募捐，共收到捐款 84020 元。10 月，根据《中共攀枝花市委办公室、攀枝花市人民政府关于在全市开展向“8・30”地震灾区“送温暖、献爱心”捐赠活动的通知》精神，学院工会在全校范围内组织开展募捐活动，收到教职工捐款 29027 元，购买 500 套新棉被 37500 元，不足经费 8473 元从学校工会活动经费中补足。1998 年，长江、松花江、珠江流域发生新中国成立以来罕见的流域性特大洪灾。8 月 27 日，校工会发出《关于动员全校教职工积极参加支援灾区人民重建家园捐赠活动的通知》，校工会收到捐款 30760 元，全部上交攀枝花市民政局。当年，攀枝花市卫校并入攀枝花大学旦尚未搬迁，也向灾区人民捐款 14471.01 元。2010 年，在舟曲县及四川特大泥石流的抗震救灾工作中，攀枝花学院工会组织全校教职工向灾区捐款捐物，共募集捐款 29485.5 元，其中向四川特大泥石流捐赠 15000 元，向舟曲泥石流捐赠 14485.5 元。2011 年，针对“5・12”汶川特大地震导致的 5756 位重度残疾人，攀枝花学院组织教职工参加四川省残疾人福利基金会特别策划举办“集善汶川行 2011”大型爱心助残公益活动，借汶川大地震灾后重建三年计划完成之际，为这个特殊群体奉献一份爱心。本次捐款活动募集善款共计 12836 元，用于四川省八一康复中心专项资助贫困残疾人的手术和康复训练。2013 年 4 月 20 日，雅安芦山发生 7.0 级强震，校工会组织全校教职工募捐。4 月 25 日下午，在图书馆前举行全校向地震灾区捐款的启动仪式，仪式上，校领导为我校灾区首批 11 名学生发放慰问金。截至 5 月 10 日，募集到大量衣物、棉絮等物品，共筹集到爱心捐款 129539 元。

第七节　职工住院医疗互助

1988 年 2 月，攀枝花大学工会发起成立攀枝花大学互助储金会，以帮助教职工解决在经济上遇到的临时困难。2004 年 4 月，学院工会制订《攀枝花学院教职工住院医疗互助会章程》，发起成立攀枝花学院教职工住院医疗互助会。具体办法是职工每人每年交纳 75 元、学校补助 75 元作为互助金进入学校专用账户。职工住院后可凭相关单据比例报销医疗保险不能报销的部分费用。2004—2005 年度，全校有 1058 名教职工（含离退休人员）参加医疗会，52 人享受互助会的补助。2005—2006 年度，全校共有 1111 人参加教职工医疗互助会，96 人次报销住院费用 115174 元。本年有 14 名教职工享受丧葬补助 1400 元。2006—2007 年度，全校共有 1247 人参加教职工医疗互助会，120 人次报销住院费用 100903 元。2008 年，10 名教职员工享受丧葬补助共计 1000 元。2007—2008 年度，全校共有 1246 人参加教职工医疗互助会，148 人次报销住院费用 133189 元。2009—2010 年度，学校有 1349 人参加医疗互助会，232 人次报销医药费 215370 元。2010—2011 年度，全校共有 1389 人参加教职工医疗互助会，260 人次报销住院费用 141358 元。2011—2012 年度，全校共有 1482 人参加教职工医疗互助会，220 人次报销住院费用 136436 元。2012—2013 年度，全校共有 1428 人参加教职工医疗互助会，254 人次报销住院费用 145220 元。

第三章 攀枝花日报社工会委员会

第一节 组织机构

一、机构沿革

1965年8月，渡口市委《火线报》社（今攀枝花日报社前身）建立工会小组，有会员21名，占当年职工总人数46人的45.6%，组长岑光慈。至1966年11月，报社（含印刷厂）工会会员发展到37名。当月，经会员一致推荐，报社党支部批准，由岑光慈、周建伦、刘显玉（女）、白明志组成临时工会委员会，选举主席岑光慈、生产委员周建伦、女工委员刘显玉、财务委员白明志。1967年2月至1971年5月，“文化大革命”运动期间，渡口日报社实行全面军事管制，工会组织被“砸烂”，停止活动开展。1973年10月，报社印刷厂被市新华印刷厂合并成为其分厂，未建立工会组织。1974年，《渡口日报》复刊，印刷厂重归渡口日报社管理。是年，成立报社印刷厂工会筹备小组，组长渠毓生，有会员72人。1981年3月24日，渡口日报社印刷厂工会筹备组召开第一次会员代表大会，选举产生第一届工会委员会，委员7名，由刘一祝任主席，梁玉清任副主席。1988年，攀枝花日报社印刷厂有职工154人，工会会员146名，占职工总人数的94.8%，印刷厂工会下设5个工会小组，工会干部均为兼职。

1989年12月19日，攀枝花日报社成立第一届工会委员会，吴双焕、刘一祝、邱本鹏、续蓉丽、马碧琼、肖德兰6人（暂缺一名）为工会委员会委员；吴双焕任主席，刘一祝任副主席。1998年11月27日，攀枝花日报社选举产生第二届工会委员会和第二届经费审查委员会，张红为攀枝花日报社第二届工会委员会主席；刘梅、萧云从、朱明富为副主席；同意张才蓉为攀枝花日报社工会第二届经费审查委员会主任；罗洪菊同志为副主任。2006年6月1日，攀枝花日报社选举产生第三届委员会和第三届经费审查委员会，刘梅为工会主席（兼）；陈剑波、曾朝阳、吴忠明三人为工会副主席（兼）；王双玲为第三届经费审查委员会主任。

1989—2013年攀枝花日报社工会委员会负责人任职情况

表97

姓　名	性别	职　务	任职时间
吴双焕	男	工会主席	1989.12—1998.11
张　红	女	工会主席	1998.11—2006.06
刘　梅	女	工会主席	2006.06—2012.11

二、代表大会

第一次会员代表大会 1989年8月30日，市总工会组织部下发《关于攀枝花日报社建立工会组织的批复》，同意攀枝花日报社建立一级工会组织。12月19日，攀枝花日报社召开第一次会员大会，大会选举吴双焕、刘一祝、邱本鹏、续蓉丽、马碧琼、肖德兰6人（暂缺一名）为工会委员会委员；吴双焕为工会主席；刘一祝为副主席。

第二次会员代表大会 1998年10月19日，攀枝花日报社工会第二次代表大会召开。同年11月27日，市总工会下发《关于攀枝花日报社工会第二次代表大会选举结果的批复》（攀总工组发（1998）24号）文，同意大会选举产生的攀枝花日报社第二届工会委员会和第二届经费审查委员会；同意张红为攀枝花日报社第二届工会委员会主席；刘梅、萧云从、朱明富为副主席；同意张才蓉为攀枝花日报社工会第二届经费审查委员会主任；罗洪菊为副主任。

第三次会员代表大会 2006年3月20日，市总工会下发《攀枝花市总工会关于同意攀枝花日报社召开第三次会员代表大会的批复》（攀总工组〔2006〕07号）文，同意报社工会召开第三次会员代表大会。5月18日，攀枝花日报社工会第三次代表大会召开，刘梅代表第二届工会委员会向大会作工作报告。6月1日，市总工会下发《关于攀枝花日报社工会第三次代表大会选举结果的批复》（攀总工组〔2006〕13号）文，同意大会选举产生的报社工会第三届委员会和第三届经费审查委员会；同意报社工会第三届一次全委会选举结果：刘梅为工会主席（兼）；陈剑波、曾朝阳、吴忠明三人为工会副主席（兼）；王双玲为第三届经费审查委员会主任。

第二节 创先争优

自2000年开始，报社工会组织全社职工积极开展“创先争优”活动，培养全体会员“创先争优”意识，营造“学先进、赶先进、争先进”的良好氛围。围绕市委提出的“提速增效、加快发展”的工作中心和报社党委的工作部署，结合报社工作实际，2009年，开展以进一步提高报纸质量为主要内容的中心工作，职工参与面达到80%以上。2010年，在《攀枝花晚报》开展工作竞赛活动，41人参加；利用外出学习考察等形式，培训职工26人次。2011年，结合报社党委的工作部署，工会积极组织职工扎实开展创先争优活动，增强会员创先争优意识，营造“学先进、赶先进、争先进”的良好氛围。结合报社工作实际，组织职工开展“当好主力军•建功‘十二五’•和谐奔小康”活动。2012年，报社深入开展“挂、包、帮”和“百千万•干群心连心”活动，强化争先创优活动成效，有效推进基层党组织建设。2013年，切实开展“三大主题教育活动”“中国梦”主题教育活动和“抗震救灾精神和感恩奋进”等三项专题教育活动。攀枝花日报社领导班子本着舆论先行的要求，第一时间组织报社领导班子成员开展活动在先、学习领会在先、运用实践在先。

第三节 文体活动

报社始终坚持加强“职工之家”建设。1998年年底，在办公大楼内建立“职工之家”，添置健身器材，订阅报刊，以方便职工阅读、查询、健身等。2007年，在东区体育局的帮助下，又添置两套价值10多万元的健身器材，开辟健身路径，为职工和家属锻炼身体提供方便。为建设企业文化，报社工会组织职工积极参加市内举办的歌咏、舞蹈、模特表演、知识竞赛、登山等文体活动。先后开展庆祝新中国成立六十周年、庆祝建党90周年活动，编排并演出歌颂党、歌颂祖国的文艺节目，受到观众赞扬；组织职工参加“迎庆建党90周年党史知识竞赛”等活动，取得良好成绩。自2010年起，报社每年在春节、端午节、中秋节等传统佳节开展形式多样的工会活动，如知识竞赛、趣味游戏、诗歌朗诵等。

第四节 扶贫帮困

自1996年起，攀枝花日报社连续6年为对口帮扶的米易县丙谷镇护林村捐款共计12多万元。2012年，报社领导班子带队深入到对口帮扶的仁和区中坝乡团山村实地调研，积极与新村共建成员单位市环保局、中行攀枝花分行沟通，在摸清团山村经济发展现状的基础上，制订《仁和区中坝乡团山村社区生态村建设项目实施方案》。组织策划反映团山村规划发展的报纸宣传版面达50余个。2013年，报社还多次组织人员深入帮扶单位仁和区太平乡江边村，进村入户，实地考察，深入调研，讨论制定帮扶工作方案，与村党支部签订帮扶责任书。每年的春节、中秋、国庆期间对市区内社区和仁和区太平乡江边村帮扶对象进行走访慰问，送去现金及物品。

报社工会积极参与民生建设，做到送温暖工作经常化、制度化、社会化。自 2012 年开始，报社实现建档困难职工子女就学全覆盖，对考上大学、大专和重点高中的职工子女进行奖励，实施职工互助保障行动，职工住院医疗互助保险、女职工大病医疗保险正常开展。开展寒窗助学活动，先后捐款 47000 多元。

1996 年，在“春蕾计划”活动开展中，对平地镇 5 名贫困彝族女童开展扶贫助学，包干 5 名学生一至六年级的全部学杂费及书本费。在 1999 年的“阳光行动”中，捐资 7000 余元，捐物 300 件，长期助学 7 位贫困学生。1998—2002 年的 5 年间，报社 5 位县级领导干部对口帮扶十九冶贫困职工，进行 12 次走访慰问，送去 9000 多元购物卡和价值 11000 多元的生活物品。2008 年，汶川大地震和攀枝花市“8·30”地震发生后，报社党委带领职工积极参与抗震救灾，为灾区群众捐款捐物达 10 多万元。2010 年，与对口帮扶的米易县丙谷镇护林村签订 3 年固定帮扶协议，为其修建公路捐助 2 万元，5 年来已连续为其捐款 10 多万元。对市委安排的 5 位县级领导干部对口帮扶的十九冶贫困职工，进行 2 次走访慰问，送去 3000 元购物卡和价值 2000 多元的物品。为绵阳受灾地区捐款 1 万元。2011 年，报社党委积极开展“挂包帮”活动，积极开展爱民利民惠民、帮扶贫困、贫困助学圆梦行动等活动。组织党员记者深入基层，进行帮扶实践，签订《帮扶协议书》，并向定点扶贫帮乡——米易县炳谷镇护林村捐款 2 万元，用于农村基础设施建设。2012 年以来，报社党委带领中层干部深入定点帮扶村——仁和区太平乡江边村和“百千万·干群心连心”活动结对联系江边村的 20 户困难户，通过入户走访、民情直通等措施，与江边村困难群众结成经常的、紧密的联系，走访慰问城乡贫困群众 100 余人次，发放慰问金 2 万余元，并适时为结对联系困难群众提供食用油、大米等生活物品约 2 万余元。

第五节　民主管理

1999 年 6 月，报社建立职工代表大会制度，从制度上规范职工代表的权利和义务，报社民主管理走上制度化和规范化轨道。报社工会充分发挥职代会的参政议政职能，大力推进厂务（政务）公开工作，定期和不定期召开职代会，将报社新闻工作、生产经营、干部队伍建设等重大事项提请职代会审议，广泛听取职工意见，达成共识，不断推进民主管理。

报社政务（厂务）公开工作深入开展，做到坚持让职工行使参政议政的权力，在重大决策、重大事项的决定上，广泛征求和充分听取职工意见。2008 年，根据人员变动情况，调整厂务（政务）公开、民主管理领导小组及办公室。建立领导小组例会制度，形成每年召开一次职工代表会议制度，听取报社工会领导和报社领导的工作汇报及生产经营和财务情况，审议下一年度的生产经营指标。总结成绩，查找问题，促进民主管理和工会工作。2009 年，报社成立厂务公开领导小组，下发《关于进一步开展厂务公开的实施意见》。《意见》明确厂务公开的内容为：本单位重大决策、制度管理等和目标任务、大额资金使用、大宗材料采购情况、财务管理、涉及职工切身利益方面的重大问题、分配人事用工制度改革方案、推荐提拔中层干部的情况、职称评聘情况其他需要公开或有关方面要求公开的事项。2010 年，报社工会坚持党中央提出的推进基层民主政治建设，促进党风廉政建设，认真履行职责，政务（厂务）公开工作正常开展，做到坚持让职工行使参政议政的权力，在重大决策、重大事项的决定上，广泛征求和充分听取职工意见，不仅通过职代会这种方式，而且还在平常工作中善于听取、收集、采纳职工意见。2011 年以来，报社工会在原厂务公开的内容基础上，结合省、市纪委的有关规定，把廉政建设纳入工会工作中，政务、厂务公开，各项经济指标严格报职代会审议、通过，有关奖励公开、透明。购置大宗设备严格招投标制度，党委会、职代会审议通过，划款程序公开严格。

第六篇　人　物

第一章　人物简介

第一节　市总工会领导

刘秀武　男，1946 年 12 月出生于浙江省义乌县。大学文化。1968 年 12 月于江西冶金学院毕业后分配到渡口市 2—13 信箱工作。1974 年加入中国共产党。曾任宣传员、机电技术员、办公室秘书、党支部副书记、党总支书记、攀矿三井巷公司团委副书记、攀矿公司团委副书记、攀矿公司动力厂党委书记等职。1984 年 12 月调任攀枝花市总工会主席、党组书记。1998 年 4 月，任市政协第五届驻会副主席。2003 年 4 月调市政协任副主席。2010 年 8 月退休。

景宏年　男，1963 年 1 月出生于江苏省启东市。大学文化。1982 年 8 月参加工作，曾任渡口矿务局大宝顶煤矿机电科、运输区技术员、党委办公室副主任。1985 年 9 月加入中国共产党。1986 年 11 月起，历任攀枝花矿务局团委副书记、书记、行政处处长、生活服务公司经理兼党总支书记、副局长。1998 年 1 月起，历任攀枝花市人民政府市长助理、副市长、市委常委。2003 年 4 月任市委常委。2003 年 8 月当选攀枝花市总工会第七届委员会主席。2005 年 8 月调四川省煤管局工作。

邓国建　男，1956 年 7 月出生于安徽省界首市。省委党校在职研究生学历。1974 年 8 月参加工作，在西昌市高枧公社当知青。1976 年 2 月在解放军 38 军 113 师入伍，历任班长、文化教员、副连长、正连职参谋。1986 年 7 月任四川省人事厅转业军官培训中心办公室主任、考试中心主任。2002 年 3 月任攀枝花市委常委、组织部部长。2005 年 11 月任攀枝花市总工会主席。2006 年 1 月调任德阳市市委常委、组织部部长。

柳康健　男，1956 年 10 月出生于山西省柳林县。1974 年 6 月，在凉山州昭觉县南坪公社当知青。1975 年 10 月起，先后在凉山州昭觉县、甘洛县工作。1978 年 9 月在西南民族学院中文系汉语言文学专业本科学习。1982 年 8 月在凉山州农业学校当教师，1985 年 5 月加入中国共产党。1986 年 7 月起，历任中共凉山州委政研室科员、副科长、科长、副主任。1996 年 9 月起，历任中共凉山州会理县委副书记、书记。2002 年 10 月任中共凉山州委常委、组织部部长、州人才办主任。2006 年 1 月任中共攀枝花市委常委、组织部部长。2006 年 3 月任攀枝花市总工会主席。2007 年 3 月任攀枝花市人民政府副市长、党组成员。

张祖芸　女，1956 年 9 月出生于四川省西昌市，中共党员，在职研究生学历。1974 年 8 月参加工作，在西昌县川兴公社赵家大队当知青，曾任大队会计，1976年10月加入中国共产党。1977年2月起，历任凉山州纤维板厂工人、机修组长。1978年3月在西昌地区卫校西医专业学习。1980年2月任西昌市防疫站负责人，1983年7月任西昌市卫生局副局长。1990年8月起，历任攀枝花市卫生局办公室副主任、副局长、常务副局长、局长。2003年3月1起，历任攀枝花市人民政府副市长、党组成员、中共攀枝花市委常委、市委组织部部长。2007年3月任攀枝花市总工会主席。2012年2月调四川省卫生厅任副厅长。

许健民 男，1971年7月出生于江苏省无锡市，中共党员、博士。1996年7月参加工作，历任中国农科院人事局科技干部处科员兼中国农业科学院院长卢良恕秘书、助理研究员兼卢良恕秘书、经济与发展研究所资源研究室副主任、经济与发展研究所食物安全与营养研究室主任（正处级）。2004年8月后，历任攀枝花市政府市长助理、副市长、党组成员、市委常委、钒钛产业园区党工委书记（兼）。2012年3月任攀枝花市委常委，市总工会主席，钒钛产业园区党工委书记（兼）。

张　敏 女，1962年12月出生于四川省彭山县、党校研究生学历。1983年7月参加工作，在攀钢教育处二中工作，历任攀钢十一中副校长、攀钢教育处德育科科长、处长助理、副处长兼攀钢实验学校校长，1992年11月加入中国共产党。1998年6月任攀枝花市总工会副主席、党组成员。2002年3月任市委组织部副部长。2003年7月任市总工会副主席、党组书记（正县级干部）。2006年2月后历任中共攀枝花市委组织部副部长，市人事局局长、党组书记，市编办主任。2010年3月任市政府副市长、党组成员。2014年11月任市委常委、市总工会主席。

张云忠 男，1956年11月出生于四川省眉山市，中共党员，大学文化。1980年8月参加工作，曾任渡口市林业局经济林木科技术员、办事员。1983年8月任渡口市林业局资源科科员，1988年12月任攀枝花市林业局造林科副科长，1992年2月任市绿化委员会农村绿化办副主任，1992年4月任攀枝花市林业局造林科科长。1994年5月起，历任攀枝花市人事局办公室负责人（主持工作）、办公室主任、副局长、党组成员。2006年4月任中共攀枝花市总工会党组书记、副主席。2010年9月任中共攀枝花市委机构编制委员会办公室主任、中共攀枝花市委组织部副部长。

张开锋 男，1972年1月出生于四川省苍溪县，中共党员、在职研究生学历。1989年7月参加工作，在苍溪县庙垭乡任初中教师。1992年8月在苍溪县经济协作办公室工作。1995年4月在攀枝花市直属机关工委组织部工作。1997年6月起，历任市直属机关团工委副书记、书记。2002年4月任攀枝花市直属机关工委副书记。2005年6月任西区区委副书记。2010年12月任攀枝花市总工会党组书记、副主席。

王成久 男，1927年12月出生于辽宁省本溪市。1948年10月在本溪煤铁公司炭业部参加工作，1950年5月加入中国共产党。1953—1958年任本溪煤矿洗煤厂党总支书记，1959—1964年任本溪煤矿党委副书记。1965—1966年在北京煤炭部干校学习。1966—1981年任四川渡口大宝顶、小宝鼎煤矿党委书记，1981—1983年任四川华蓥山矿务局党委副书记，1983—1989年任攀枝花市总工会副主席、调研员。1989年9月离休。

杨爱群 女，1954年出生于四川省江津县。1972年3月参加工作，任渡口市商业局机关打字员。1973年9月在四川师范学院中文系学习，1976年毕业，历任渡口市商业局团委干事、团委书记，1980年1月加入共产党。1982年3月带职到商业局酿造厂任副厂长、支部副书记。1983年3月调渡口市团市委任学校部部长。1984年9月调渡口市粮食局任党委副书记。1988年8月调市总工会任副主席。1993年1月调四川工人日报社工作。

杨洪达 男，1954年6月出生于辽宁省鞍山市，大专文化。1970年12月参加工作，在十九冶机修厂当工人。1975年3月加入中国共产党。1974年1月调市总工会，历任干事、办公室秘书、副主任、主任。1988年10月任攀枝花市总工会第四届委员会副主席。2003年9月调市人大机关工作。2014年7月退休。

王大秀 女，1944 年 4 月出生于四川省射洪县。大专文化。1960 年 1 月参加工作，在射洪县招待所任服务员。1962 年 8 月在射洪永安小学任教，1964 年 8 月起先后在射洪县永兴公社、攀枝花市仁和区任团委书记、妇联主任。1966 年 10 月加入中国共产党。1971 年 1 月任渡口市邮电局团委副书记。1973 年 6 月起，历任渡口市妇联城工部、儿工部部长，托幼办副主任，机关支部书记。1988 年 6 月起，历任市妇联副主任、政协攀枝花市委员会法制群团委员会副主任，市总工会党组成员。1993 年 6 月任攀枝花市总工会第五届委员会副主席。1999 年 7 月退休。

游绍全 男，1953 年 2 月出生于四川省长寿县。大专文化。1970 年 12 月参加工作，在渡口市武装部入伍，历任警卫通讯班班长、参谋，1974 年 3 月加入中国共产党。1978 年 8 月起，历任市总工会干事、副部长、部长。1998 年 6 月任攀枝花市总工会副主席。2013 年 3 月退休。

徐　翠 女，1964 年 11 月出生于四川省仁寿县。在职研究生学历。中共党员。1988 年 7 月参加工作，在攀矿公司环卫处环境监测站工作。1992 年 8 月任攀矿公司职工医院监测站副站长。1993 年 12 月起历任攀钢集团公司劳研所监测站副站长、所长助理、副所长。2003 年 2 月调攀枝花市总工会任副主席、党组成员。2004 年 12 月调攀枝花市卫生局任副局长、党委委员。

尚滟佳 女，1976 年 2 月出生于四川省乐山市，中共党员，大学文化。1998 年 7 月参加工作，在攀枝花市东区财政局任科员。2001 年 7 月起，历任攀枝花市东区团委副书记、书记。2003 年 4 月起，历任攀枝花市东区瓜子坪街道党工委副书记、办事处主任、党工委书记。2005 年 7 月起，历任攀枝花市东区经济局局长、党组书记兼区中小企业局局长。2007 年 5 月任攀枝花市总工会党组成员、副主席。2011 年 8 月调任中共攀枝花市西区区委常委。

谢　强 男，1966 年 11 月出生于四川省西充市，中共党员，大学文化。1989 年 7 月参加工作，历任市总工会办公室秘书、保障工作部干事、保障工作部副部长、保障工作部部长、保障和法律工作部部长、市教育工会主席、党组成员、经审会主任。2010 年 6 月任攀枝花市总工会党组成员、副主席。

汤帮梅 女，1965 年 7 月出生于四川省攀枝花市盐边县，中共党员，在职研究生学历。1984 年 7 月参加工作，历任盐边县幼儿园教师、团支部书记。1990 年 7 月任盐边县教育局幼教专干。1993 年 3 月任盐边县委宣传部干事，1995 年 1 月任盐边县委办公室秘书。1998 年 7 月任盐边县教育局党委副书记，2001 年 10 月起，历任盐边县委办副主任、县委县政府目标督查办主任、县委办主任。2006 年 9 月任市妇联党组成员、副主席，2011 年 8 月任攀枝花市总工会党组成员、副主席。

于庆成 男，1958 年 5 月出生于山东省海阳市，中共党员，大学文化。1975 年 4 月参加工作，在市歌舞团工作。1988 年 4 月起，历任市监察局监察二科科员、监察二科、控申科主任科员。1993 年 6 月起，历任市纪委监察局调研教育室、执法监察室主任科员、执法监察室副主任（主持工作）、机关党总支专职副书记。2008 年 1 月任攀枝花市总工会党组成员、纪检组组长。

郑　红 男，1968 年 9 月出生于重庆市，中共党员，大学文化。1989 年 8 月参加工作，历任市总工会组织部干事、组织部副主任干事、组织部主任干事、组织部副部长、民主管理部副部长、组织部部长、民主管理部部长、办公室主任。2010 年 6 月任攀枝花市总工会党组成员、经审会主任。

王红梅 女，1968 年 9 月出生于湖南省湘潭市，中共党员，大学文化。1989 年 7 月参加工作，历任市技术工人学校数学教师、团委副书记、办公室主任。2002 年 9 月起，历任市妇联婚姻介绍所干事、所长兼就业服务中心主任。2003 年 10 月起历任市妇女儿童服务中心主任、市政府妇女儿童工作委员会办公室副主任。2011 年 10 月任市妇联机关党支部书记。2012 年 9 月任攀枝花市总工会党组成员、机关党总支书记。

第二节　全国劳动模范

一、攀钢（集团）公司

冯广臣　男，汉族，1933年6月出生，辽宁鞍山市人，小学文化，中共党员。1952年6月参加工作，原攀钢轨梁厂调度室主任、助理工程师。1959年10月，被国务院授予全国劳动模范荣誉称号。

冯广臣原是鞍钢大型厂轧钢车间的一名班长，更是一位技术拔尖的轧辊调整工，他不仅对鞍钢大型厂的生产情况了如指掌，还有着丰富的轧钢技术实践经验。1968年，冯广臣从鞍钢抽调到渡口，进入“三线建设”筹备组，参与攀钢建设。1970年，正式分配到攀钢轨梁厂担任轧钢连连长。为确保备品备件及时到攀，冯广臣到上海、杭州等地进行采购、订货，因交通不便，经常步行几十里的路程，两只脚都打出了血泡，但冯广臣无论自己吃多少苦都要确保备品备件及时到位，不因此影响设备安装、调试和正常投产。冯广臣在参与确定生产线轧机排列方案时，一边借鉴鞍钢、包钢、武钢几大钢厂的先进经验，一边结合攀钢轨梁厂的地质环境、工艺流程等特点，反复研究、讨论、测算，为轨梁厂的建设、投产和发展做出积极贡献。

付广烈　女，汉族，1940年4月出生，辽宁辽阳市人，初中文化，中共党员。1959年9月参加工作，先为电铲司机，后转任攀钢矿业公司选矿厂组织科科长。1959年10月，被国务院授予全国劳动模范荣誉称号。

付广烈发动群众、依靠群众、激励群众，在群众中有较高的威信、较好的工作方法、较高的组织能力及较强的班组凝聚力。付广烈千方百计完成领导交办的各项工作，当时所负责的1号电铲完成工作量总是最高的。工作中积极做好表率，在担任团小组长时，能认真执行支部委员决议，无论组织上给她多么艰巨的任务，总是带领团员冲锋在前，加班加点，确保各项工作顺利完成。付广烈关心关爱职工群众，经常深入基层了解、听取职工群众的意见和要求，群众关系好；团结同志，乐于助人，想方设法帮助解决群众的实际困难；政治立场坚定，严格执行党的方针、政策，敢于向不良倾向做斗争，是政治上的标杆。

赵忠玉　男，汉族，1932年11月出生，江苏武进县人，大专文化，中共党员。1950年8月参加工作，原攀钢（集团）公司董事长、总经理。1995年4月，被国务院授予全国劳动模范荣誉称号。

赵忠玉以企业家的胆略和气魄，锐意进取，开拓创新，为攀钢由“钢坯公司”变成名副其实的“钢材公司”做出突出贡献。他以独到的经营策略，瞄准提高生产规模、经济效益和职工收入三大发展目标，提出走提高品种质量和资源综合利用道路，抓好发展、改革、管理、科技、队伍5件大事，实现攀钢发展思路上的战略性转变。赵忠玉指挥完成以四号高炉、连铸、热轧板厂、冷轧厂为主的攀钢二期工程建设，为攀钢增强发展后劲做出突出贡献。为筹集二期建设资金，赵与领导班子果断决策，向国际银团签订2.1亿美元的贷款协议，成为中国第一个向外国大额借款进行负债建设的企业，并于1996年还清全部商贷本息2.87亿美元。赵锐意改革、积极创新，探索并建立有攀钢特色的“集中指挥、统一经营、专业协作、分类放权”的管理模式，形成攀钢“严字当头、严格管理、严格要求、铁面无私、一丝不苟”的管理思想。相继分离出35个辅助后勤单位5.5万人，改制成立11个专业化分公司、子公司，形成主体与辅助相分离、生产与生活相分离的格局。制定和完善公司体制改革实施方案，组建“板材股份有限公司”，积极进行组建企业集团的探索，于1993年6月组建攀钢集团，并于1996年发行A股成功上市。同时，赵积极推进“劳动、人事、用工”制度改革，在攀钢初步建立起“职工能进能出、干部能上能下、岗位靠竞争、收入凭贡献”的运行机制。赵大力推进“科技兴企”“人才强企”战略，开发和形成一批世界领先的、有攀钢技术特色、资源特色、有自主知识产权的专有技术和特色产品。在赵忠玉的带领下，攀钢钢铁生产规模不断迈上新台阶，成为我国最大、世界第三大钒制品生产基地，技术经济指标得到进一步改善和优化，经济效益显著增加，销售收入、出口创税连年攀升，为做大做强攀钢，推进四川省工业发展做出积极贡献。

洪及鄙　男，汉族，1941 年 2 月出生，福建厦门市人，大学文化，中共党员。1965 年 8 月参加工作，1965 年毕业于清华大学金属材料专业，教授级高级工程师。冶金行业有突出贡献的科技专家，享受政府特殊津贴。曾历任攀钢钢研所主任、集团公司副总工程师、副经理、常务副总经理、总经理、董事长兼总经理、董事长。2000 年 4 月，被国务院授予劳动模范荣誉称号。

洪及鄙在担任攀枝花钢铁（集团）公司总经理、董事长期间，团结领导班子的全体成员，审时度势、与时俱进、开拓创新，坚持走内涵式扩展和外延式扩张之路，立足钢铁主业，积极发展钒钛等相关产业，实现公司的跨越式发展。20 世纪 90 年代中期，由于国家投资体制改革，在攀钢二期工程投资概算 100 亿元资金中，除国家投入 1 亿元贷改投及攀钢自筹 1 亿多元外，其余全由企业举债，导致攀钢资产负债率由建二期前的 11%上升到 74.8%，每年要支付的利息就高达 15 亿元左右。面对如此困难的形势，洪及鄙与领导班子果断决策，按照党和国家提出的用三年左右时间搞活国有大中型骨干企业的要求，制定出“三年解困、五年步入良性循环”的发展战略目标。该发展战略目标，以经济效益为中心，以市场为导向，坚持规模效益和品种质量并重，强化市场营销，经受住市场竞争的重重考验。2000 年，攀钢铁产量突破 400 万吨，钢产量突破 350 万吨，实现销售收入 100.34 亿元、利税 14.33 亿元、利润 3.62 亿元，提前一年实现三年解困目标。2002 年，攀钢实现利润 5.5 亿元，步入良性发展轨道。洪及鄙坚定不移推动攀钢三期工程启动建设，包括钢铁主业技术改造、钒钛资源综合利用和环保节能三大系统的建设，并带动无缝钢管五项技改项目及辅助产业和高科技产业上台阶，总投资达 61 亿元，于 2005 年基本建成。三期工程建成后，攀钢的资源优势、技术优势转化为产品优势和竞争优势，钢产量（攀枝花本部）达到 450 万吨，且全部成材，钒钛钢产量达到总产量的 40%以上，使攀钢成为我国重要的精品钢材基地，钒的利用率由 47%提高到 56.4%，钛的利用率由 5.8%提高到 15.4%以上。同时，品种、质量达到国内一流、国际领先，工艺技术和装备水平明显提高，主要技术经济指标达到国内或世界先进水平。洪及鄙是中共十四大、十五大代表，全国劳动模范，四川省优秀企业家，第 61 届国际钒技术委员会轮值主席，中国钢铁业协会常务理事。

马景强　男，汉族，1954 年 2 月出生，四川雅安市人，初中文化，中共党员。1975 年 3 月参加工作，原攀钢炼铁厂炉前高级技师。2005 年 4 月，被国务院授予全国劳动模范荣誉称号。

马景强在平凡的岗位上做出不平凡的业绩。自参加工作以来，几十年如一日，一直担任高炉炉前工工作，爱岗敬业，勤于思考，为改进炉前操作方法提出许多革新建议，形成独具特色的操作方法：发明“马氏双烧法”“马氏二窝子法”“双泵打泥法”等先进操作方式，提高了工效；提出的渣口“双烧操作法”，减轻了炉前工的劳动强度，使上下渣比由原来的 1.2∶1 提高到 1.5∶1，年创效益 600 余万元；发明的“双泵打泥法”，使高炉铁口冒泥次数明显减小，铁口深度得到保障，液压炮寿命延长，每年创效益 1000 万元以上。马景强善于总结，积极建言献策，针对钒钛矿冶炼渣铁分离难、下渣带铁多，造成铁损高、烧坏下渣罐多的问题，提出的在砂坝沟和下渣沟之间增设沉铁坑回收下渣铁的建议，不仅解决了渣铁分离不好的难题，且年回收下渣铁达 2000 余吨，并可减少事故损失费用 425 万元。马景强先后提出合理化建议 140 余项，被采纳实施 123 项，创效益 5000 余万元，其先进事迹被《中华之子》收录。

黄明安　男，汉族，1959 年 3 月出身，辽宁海城县人，高中文化，中共党员。1979 年 8 月参加工作，攀钢钒轨梁厂二轧钢车间轴承预装班班长。2010 年 4 月，被国务院授予全国劳动模范荣誉称号。

“当工人就要当个好工人”是黄明安工作的行动标尺。为解决立辊轴承的拆卸问题，黄明安通过多次查看图纸、仔细琢磨，向工程技术人员请教，设计出的“立辊轴承拆卸装置”，从 2006 年以来已拆装 127 套，共计创造价值 990.6 万元，获得攀钢“金点子奖”。2005 年初，针对立辊轴承损坏及立辊导板与滑板之间进渣造成立辊取不出来的问题，黄明安设计立辊与立辊盒快速分离装置，有效改善装置条件，获2008年度攀钢“银点子奖”。2008年年初，针对生产过程中，万能线轧机在出钢时发现钢坯偶尔有“扭钢”的现象，黄明安反复检查、琢磨轴承座，想出通过规范装配流程，解决轧辊轴向窜动的问题，获得攀钢2009年的“铜点子奖”。黄明安是一名班组管理和节能降耗高手，和班组同事一起运用现代办公用具，重新自制“万能轧机所有轴承座图纸明细表”《万能线轴承座机旁备件消耗台账》《备件消耗台账》《材料消耗台账》《立辊轴承使用寿命控制台账》等班组“五本台账”，不仅提高工作效率和降低了成本，也大大方便了全班职工查找技术资料和备件、材料等。

陶功明　男，汉族，1970年1月出生，四川开江县人，硕士研究生，中共党员。1992年7月参加工作，现任攀钢集团攀枝花钢钒有限公司首席工程师，教授级高级工程师。2015年4月，被中共中央国务院授予全国劳动模范荣誉称号。

陶功明主研完成的“时速250公里以上高速道岔轨开发”“高速轨平直度控制技术研究”“轧辊加工精度在线检测系统研究”“高速重载钢材技术开发”“出口南斯拉夫S49重轨”“工程机械有23MNB履带钢开发”等成果获得冶金行业、四川省科技进步一、二、三等奖。自主开发设计的计算机辅助重轨、工字钢孔型设计大大缩短产品开发的周期，仅用19天时间就成功开发出高难度、高标准的高速铁路用60AT道岔轨，创造冶金行业开发难轧新产品周期最短的历史记录。成功开发出按德国标准生产的S49重轨并出口欧洲，将中国攀钢重轨第一次铺在欧洲的铁路上。开发钢轨规格自动补偿技术，使万能线高速钢轨通长尺寸波动达到世界先进水平，成为国际上首家采用端头补偿轧制并获成功的钢轨生产厂家。2006年以来，获得发明专利授权52项，其中“钢轨轧制方法”“特种断面翼轨生产线及其制造方法”“钢轨翻钢装置”“含铜钢加热方法及生产的含铜钢”等发明专利创效亿元以上。

陶功明是第一届攀钢技术带头人、攀枝花市第五届技术带头人、第九届四川省学术学科带头人后备人选、第十届四川省青年科技奖及2011年国务院政府津贴获得者、国家科学技术奖励评审专家。曾获得过鞍钢劳模、四川省劳模、“全国五一劳动奖章”、国资委优秀共产党员等荣誉称号。

二、攀煤（集团）公司

刘淑珍　女，汉族，1936年10月出生，河北遵化县人，初中文化，中共党员。1952年11月参加工作，曾任攀枝花矿务局机关事务处干部。1956年4月，被国务院授予全国煤炭先进生产者（全国劳动模范）荣誉称号。

刘淑珍曾经工作的单位阜新矿务局十二厂，是20世纪50年代全国最大的火工专业厂，主要生产火药、雷管。为确保安全，刘淑珍在各级组织的教育和师傅们的帮助下，刻苦钻研技术，不断改进操作方法，带头学习苏联松香焊接法，提高产品质量，在技术革新运动中不断改革工具，改进焊接导通连续化，提高生产效率，成为一名生产标兵。1964年，刘淑珍调到攀枝花工作后，在攀煤“比、学、赶、帮、超”活动中开展劳动竞赛，创“细、稳、准、快”先进操作法，不断刷新生产记录，带领全段职工月月全面超额完成国家生产计划；创全国火工系统焊接金丝日产万副的新纪录，提前3年跨入第二个五年计划，成为走在时间前面的人。刘淑珍因工作业绩突出，1956年4月，被评为全国煤炭系统先进生产者和全国先进生产者，获劳动光荣奖章，并和国家领导人合影留念。1959年10月1日，被邀请赴北京参加中人民共和国成立十周年的庆祝活动。1959年11月被评为全国先进生产者，出席全国群英会。

张远林　男，汉族，1950年8月出生，四川犍为县人，小学文化，中共党员。1971年8月参加工作，曾任川煤集团攀煤公司小宝鼎矿采煤队队长、采区区长等职。1979年9月，被国务院授予全国劳动模范荣誉称号。

“困难难不倒、伤病拖不垮、危险吓不倒”，张远林被矿工们誉为“煤海小老虎”。1973年10月，张远林探亲返矿时身患肠炎，见生产忙就带病下井。井下突遇冒顶，他撬石头、扒支柱，汗水湿透工作服，肚子阵阵绞痛使他头晕目眩，排除险情时晕倒在井下，醒来时才知道自己躺在病床上输液，第二天又坚持上班。1983 年，张远林担任采煤队队长时，在薄煤层开采中指挥用放小炮等办法控制破碎顶板，穿过 3 米多高、8 米多长的废巷，跨过仅 20—30 厘米厚的煤层，将一支丙级队带入甲级队。担任采煤队队长后也永不满足、永不停步，仍然坚持工作在采煤第一线。张远林是矿工们心中的好榜样，在 3901 工作面抢险时，在第二次局部冒顶发生的瞬间，将身边的工友推开，自己却被乱石埋住全身，被抢救出来时，身上多处受伤。像这样的伤共负过 5 次，还留下脑震荡后遗症。张远林曾 3 次推迟婚期，结婚头 10 年只探过 6 次亲，每次都提前返矿。有一次队里创高产，张远林 50 天的假期只休息了 15 天，提前 35 天返矿参加会战。1977 年，张远林出席中共十一次代表大会，1982 年当选为中共十二大代表。

吴明清　男，汉族，1954 年 10 月出生，四川犍为县人，初中文化，中共党员。1975 年 6 月参加工作，攀煤集团大宝鼎矿二区副队长。1989 年 9 月，被国务院授予全国劳动模范荣誉称号。

吴明清在任大宝顶煤矿二区采煤三队副队长期间，带领全队职工奋力拼搏，曾月产原煤 31013 吨，创四川省高档普采最高纪录。1994 年和 1995 年回收大链、顶冒、支柱、扫浮煤创价值 27450 元。两年义务献工 139 个，为煤矿降耗提效做出了自己的贡献。

雷　永　男，汉族，1945 年 4 月出生，四川渠县人，小学文化，中共党员。1965 年 12 月参加工作，市玉鼎水泥制品有限责任公司锅炉班班长。1995 年 4 月，被国务院授予全国劳动模范荣誉称号。

从 1965 年到攀枝花参加三线建设以来，雷永自一直坚守在攀枝花矿务局建材总厂电杆厂锅炉工的岗位上，45 个春秋寒暑始终如一，书写着共产党员的人生信条。45 年里，他基本上把锅炉最苦的活都承包下来，无数次地在五六十度的高温炉膛爬上爬下。为最大限度节约用煤，雷永自认真学习锅炉有关知识，了解锅炉性能，合理投放煤炭，一年节约煤炭 15 吨。为减少用煤量，他将未完全燃烧的煤渣进行回收，混入原煤再利用，仅此一项，35 年减少用煤量 100 吨左右，创价值 15 万元。他带领全班人员试验用 50% 的煤泥掺入原煤做燃料获得成功，每年节省原煤 200 余吨。他雷永是上班当工人、下班当农民的“活雷锋”，在攀枝花建设最艰苦困难的时期，自掏腰包买来农具和菜种，开荒山种蔬菜，常年起早贪黑、披星戴月，踏遍周边的沟沟坎坎，每日往返 10 多公里找水挑粪种植蔬菜、水果和粮食。每天早上雷永都会把刚采摘的瓜果蔬菜全部无偿交给食堂，用来改善职工伙食。20 多年来，雷永无偿提供给食堂的蔬菜达 33500 多公斤、干花生 100 多公斤、甘蔗 1000 多公斤、兔肉 30 多公斤、鲜鱼 100 多公斤。

雷永是资源再利用的先行者，为了使资源得到最大化利用，在业余时间里，把生产中的废弃水泥用来生产花窗、花盆、小平板、隔热瓦等水泥预制品达 5 万多件，为国家创产值 30 多万元，还义务献工近万个。

王明成　男，汉族，1958 年 8 月出生，四川省犍为县人，中专文化，中共党员。1977 年 12 月参加工作，曾任攀煤（集团）公司华山煤矿开拓三队队长。2000 年 4 月，被国务院授予全国劳动模范荣誉称号。

王明成自担任队长以来，努力熟悉施工面各项生产条件和环节，在任务紧、条件差的情况下，主动跟班上岗，超前指挥，并结合生产条件不断改进作业方法，提高生产效率，被职工誉为“拼命三郎”。1996 年 5 月，在第九采钻场施工中，按原定方案每个钻场施工前需先施工出一条近 30 米的上山绕道，按此方案施工，6 个钻场就得施工 6 条上山道路，计划需 12 个月才能完成。为抓好工程进度，促进生产，王明成率领工友大胆改革施工方案和施工工艺，直接拉门施工，不仅缩短工期、减少施工难度，而且大量减少生产成本投入，为矿区节约成本 50 万元左右，该技术方案还被攀煤（集团）公司授予“科技成果奖”。且工程比原计划提前 6 个月完成，仅工资一项节约 10 余万元。王明成一直从事井下一线工作，先后参加井下近 2 万米的巷道施工。自任队长以来，更是忘我工作，带领全队职工奋力拼搏，每次都保质保量超额完成任务，据不完全统计，王明成所在队完成进尺 7000 余米，超计划 1000 余米，出色地完成煤矿重点工程 8

项，3 次被评为国家等级队，其中被评为甲级队 1 次、乙级队 2 次。

李建雄 男，汉族，1969 年 1 月出生，四川营山县人，大专文化，中共党员。1990 年 2 月参加工作，先后担任川煤集团攀煤公司小宝鼎矿采煤工、采煤班班长。2005 年 4 月，被国务院授予全国劳动模范荣誉称号。

李建雄担任青年采煤班班长时，曾用 DY—150 型单滚筒机组在薄煤层开采中创月产 1.65 万吨的四川省记录，年均超计划完成生产任务 30%以上，全班连续 3 年被攀枝花矿务局授予“青年文明号”，李建雄当选“攀枝花市十大杰出青年”，获团中央、煤炭部“青年岗位能手”称号。担任副队长期间，提出“长工字钢梁前探接顶法”，从根本上解决复合煤层托伪顶开采安全生产难题。

李建雄争当技术革新的能手，牵头组织实施的《复合顶板高档普采工作面控顶技术研究》实验，获 2002 年四川省煤炭科技进步一等奖。因其在该项试验中的特殊贡献，同年获全国“五一劳动奖章”。李建雄到矿务局生产技术部工作后，在 MWG—160/375—W 大功率机组使用中提出跟机挂梁和前探梁的防保护措施，解决开帮大、煤壁偏帮严重和挪不动溜子的问题。组织对机组摇臂插销部分进行改造，解决其变形影响安全作业问题。8322—4 采面遇 S23 向斜，一次冒顶，液压支柱被埋 200 余根，他只身进入冒落区查看后制定救灾方案并身先士卒，奋战 26 小时，挽回经济损失 11 余万元。李建雄争做班组管理模范，提出把生产班组作为管理主体，实施定性、定量工作绩效考核、评估，“双基”建设中推行班组“闭合管理”，有力推进精细化管理。

郭光明 男，汉族，1963 年 7 月出生，四川省资阳县人，大专文化，中共党员。1981 年 12 月参加工作，现任攀枝花煤业（集团）有限责任公司小宝鼎煤矿掘进一队党支部书记。2015 年 4 月，被中共中央国务院授予全国劳动模范荣誉称号。

郭光明在参加工作的 10 年里，在放炮员岗位上勤学苦练，成为矿区首屈一指的爆破能手，在技术比武中多次夺魁。担任班组长 10 年，在班组长岗位上躬身实干，成为多面手、技术带头人。在 10363—3 切眼上山道施工中，郭光明针对巷道断面大小与岩石地质结构，确定打眼角度与深度，向技术部提出从作业规程上对断面炮眼布置作强制性规定，并提出采用底弯道水门控制水量的方法解决下货困难的问题。方案实施后，小班平均进尺由计划的 1.2 米 / 班提高到 2.7 米 / 班。在近 10 年的跟班副队长、党支部书记工作岗位上，郭光明不断创新管理、迎接挑战，提出队级管理应从结果管理向过程管理转变，将工程质量、原材料消耗、安全指标与进米捆绑，一酬多挂，从现场动态管理抓起，实施无死角、无缺漏的流程控制，形成责、权、利统一的全员效能闭合管理模式，使队级管理工作走上规范化和标准化轨道。他发明的“壁式前探支护法”，解决临时支护合格率低的难题，为安全生产做出巨大贡献，此项成果已在攀煤（集团）公司全面推广。

三、十九冶集团公司

齐兰英 女，汉族，1939 年 2 月出生，辽宁北镇市人，小学文化，中共党员。1952 年 11 月参加工作，曾在辽宁北镇造纸厂任造纸工，后调入第十九冶金建设公司工作。1959 年 10 月，被国务院授予全国劳动模范荣誉称号。

齐兰英为提高劳动效率想办法、出主意、重实践，先后 15 次跟厂里提出修改劳动定额的建议，充分发挥劳动者的能力。她在造纸厂纸绳车间工作期间，虽然是一名普通的选纸工，但发现每台机器都需要一人看守而耽误人工的实际问题后，经过多次亲自动手试验和观察，在不影响质量并且能够提高工作效率的情况下，提出“一人看多台机器”的建议。同时建议纸绳车间采用“三快一准”的操作方法，解决了操作难度较大的基本问题，这两个建议的实施从根本上改变了劳动效率低、产量低的状况。齐兰英努力推行新方式、新方法，根据操作手的实际能力，通过认真的调查和考核、激励，造纸厂纸绳车间日产由 60 吨提高到 98.9 吨，最高时达到 117 吨，达到了一年的任务半年就能够完成的目标，工作效率在当年同行业中独占鳌头。

田　野　男，汉族，1962 年 7 月出生，吉林省四平市人，研究生，中共党员， 1981 年 9 月参加工作，中国十九冶集团有限公司党委书记、董事长。2015 年 4 月，被中共中央国务院授予全国劳动模范荣誉称号。

田野自 2003 年担任中国十九冶总经理以来，以极大的勇气和决心解决企业的历史遗留问题，在较短的时间内就将企业带出困境。他带领新班子编制企业中长期发展规划，不断改革创新，推进企业产业结构调整和转型升级。两次进行改制，着力于科技创新引领企业跨越发展，实施企业“北上东进”“西部市场核心”等战略，成功打造“西部铁军”品牌。企业由 2003 年的营业收入不足 10 亿元、亏损 4500 多万元，发展成为营业收入过百亿元、利润过 2 亿元，企业净资产收益率逐年提高，国有资产实现保值增值跨行业、跨国经营、具有冶建工程和房建工程总承包双特级资质的创新型施工总承包企业集团。在汶川大地震灾后恢复重建过程中，田野带领十九冶人仅用 15 个月，就建成一个“新东汽”，为灾后重建做出积极贡献。在他的带领下，中国十九冶先后获得全国先进施工企业、全国用户满意企业、全国质量无投诉诚信示范企业、中国工程建设社会信用 AAA 级企业、全国企业文化建设工作先进单位、全国模范劳动关系和谐企业、中央企业先进集体、中央企业先进党组织、中冶集团四好领导班子等荣誉。

自 2010 年来，田野先后获得攀枝花市有突出贡献企业家奖、四川省灾后恢复重建先进个人、首届“感动攀枝花十位共产党员”、2011 年度安装行业优秀企业家、四川十大财经风云人物、2011 年度全国优秀施工企业家、第七批攀枝花市有突出贡献专家、2013 年度中国建筑业十大杰出经理人、2013—2014 年度四川省企业文化建设贡献人物奖等荣誉。

四、钢城集团公司

张　文　男，汉族，1970 年 2 月出生，四川渠县人，大专文化，中共党员。1988 年 5 月参加工作，担任攀枝花钢城集团废旧物资分公司设备管理员、技术员。2010 年 4 月，被国务院授予全国劳动模范荣誉称号。

张文勤学上进，不断完善自我，从初中生自学成为大专生，由一名普通工人成长为工程机械修理专家。张文曾主动放弃轻松的工作，从事苦、累、技术要求高的工程机械修理工作。在技术上，拜名师、从书本学、从实践学，练就凭机械运转响声准确判断故障的本领，成为工程机械修理专家。先后解决装载机变速箱由风冷变为水冷、变速箱输出轴齿改造等技术难题 30 余项，甚至对厂家不能解决的技术难题。张文担任车间技术员后，不再局限于工程机械修理，而是努力成为修理技术的多面手。提出对 2 台超期服役的龙门吊进行技术改进，使龙门吊的电气系统和走行系统全面更新，降低设备故障率，为企业节约设备更新及维修费用 200 余万元。根据多年的实践经验，修订设备管理制度，使设备完好率和运转率达到 98%以上，降低修理工劳动强度，将设备被动修理的局面扭转为预防故障的发生。立足岗位促进技术改进，先后提出建议 400 余条，累计完成大、中、小修上千余次，为公司节约 300 余万元的维修费用。张文把全部心思都放在工作上，平均每年义务献工 400 个以上。多次拒绝私人老板的高薪聘请，但对兄弟单位的设备故障，总是义务帮助修理。制订帮带制、小组制、学习制、探讨制、考核制等五项学习制度，在班组开设技术小课堂，不但自己练就绝活，也带出一支个个身怀一技，人人各有擅长的修理工队伍。

五、东区

龙大玉　女，汉族，1941 年 11 出生，重庆市人，小学文化，中共党员。1959 年 2 月参加工作，曾任攀枝花市妇女儿童用品商店经理。1979 年 9 月，被国务院授予全国职工劳动模范荣誉称号。

1972 年 7 月，攀枝花市小宝鼎煤矿决定成立矿办商店，由龙大玉出任小宝鼎煤矿矿办的经理。担任该重任后，在当时山高路陡、远离城市、交通极不方便的艰苦条件下，她带领 72 名毫无经验的职工家属（营业员），克服困难，组织货源。龙大玉身先士卒，带领一帮“娘子军”装车卸货，100 公斤一袋的盐、白糖，150 公斤一桶的酒、煤油，硬是靠肩挑、背扛、手抬的方式把矿办商店办了起来。不仅解决了煤矿家属就业的问题，还为当地居民的日常生活提供了便利。煤矿一线工人因工作时间和地点等原因不能及时购买所需的生活用品，龙大玉便亲自带领商店职工背上背篓走两个多小时的山路把日常用品送到工地、井口，有力地保障了煤矿职工生活的基本需要，为稳定煤矿的生产和生活做出贡献。矿办商店被广大职工亲切地称为“背篓商店”“贴心店”，龙大玉也被矿工们称为矿工的“贴心人”。1983 年 4 月攀枝花市妇女儿童用品店成立，龙大玉调入该店任经理。龙大玉保持和发扬艰苦创业精神，结合多年经商经验，大胆创新，打破商业系统传统的工资分配方式，率先实行“百元含量工资制”，按实际销售额分配工资奖金，职工收入也由开始的每月 30 多元，逐年递增到上千元。推行城市经营，勤进快销，并在加快资金周转和搞好优质服务上下功夫，经营的品种也由开店的几百个品种达到上万个，单位的经济效益也成倍增长，使妇女儿童用品商店很快成为攀枝花市百货零售业的佼佼者。

康少兰　女，彝族，1955 年 9 月出生，四川攀枝花人，高小文化。东区银江镇阿署达村一社农民。2000 年 4 月，被国务院授予全国农业劳模荣誉称号。

康绍兰很平凡，同所有的农家妇女一样，同样盘田种地，默默操持家务；同样地教育子女，孝顺老人。但康绍兰看到勤劳、纯朴的村民们日出而作、日落而归，日复一日、年复一年地在土地上辛勤耕耘所付出的辛劳和汗水却只能勉强维持生计时，心情久久不能平静。康绍兰克服文化水平低等困难，寻找、翻阅各种科技资料，掌握养猪、养鸡、种植蔬菜、果树栽培等农村实用技术，并走上一条致富新路。康绍兰始终牵挂着周围的父老乡亲，她总是热情帮助她们，从资金、技术上给予扶持。对于来访的乡邻，总是热情接待，对询问养殖种植技术，总是耐心讲解；对于那些需要急救药物而一时又买不到的或者是经济上比较贫困的人家，经常无偿赠送技术、资金、材料。在她的带领和指导下，全村已有 40 余户开始饲养母猪，有 100 余户开始饲养良种鸡，有 10 户开始饲养野鸡，家家都种植杧果和早市蔬菜，在她的帮助下乡亲们也走上了致富路。

六、仁和区

李　德　男，彝族，1954 年 7 月出生，攀枝花市仁和区人，小学文化，中共党员。曾任仁和区大龙潭乡混撒拉村村党支部书记。1995 年 4 月，被国务院授予全国农业劳动模范称号。

李德积极钻研农业科技，带领群众大搞农业开发，带动群众致富奔小康，起到显著的模范带头作用。1990 年任村支书，当年即带领群众开田 340 亩，产粮 15 万公斤，种植香蕉 3000 亩、21000 株，使村民人均收入增加 100 元。其后，确定“人平 1 头猪、1000 元钱、1 亩田、500 公斤粮”的“四个一”目标。1994 年，全村实现目标，农民人均收入达 400 元。之后，李德又积极发展杧果产业，组建攀枝花德益果品开发公司，请来科技人员举办各种农业科技培训 20 多期，使全村 95%的农民掌握 1—2 门实用技术。当时，全村开发种植杧果 600 亩、香蕉 700 亩、石榴 480 亩。其中人均种植杧果 5 亩，使村民人均增收 500 元。李德是发展村级集体经济的“领头羊”。带领党员干部和群众义务投工投劳，建成集体果园 550 亩和年产 80 万块红砖的砖厂、年产 2500 立方沙的沙厂，还建成集办公、党员群众开会、村民活动、医疗卫生为一体占地面积 600 平方米的村两委办公楼。1995 年，混撒拉彝族村被命名为市级“小康示范村”，1998 年被评为“省级文明村”，2003 年被中共攀枝花市委确定为“三级建设”示范村。2004 年建起优质杧果基地 6860 亩，销售杧果 50 余万公斤，村民人均收入达 3400 元。在他的带领下，混撒拉村发展迅速，村民富裕安康。

高兴富　男，汉族，1960 年 5 月出生，四川省攀枝花市人，中共党员，中专文化，仁和区大龙潭彝族乡裕民社区村委会主任，攀枝花市鑫嘟嘟种养殖专业合作社理事。2015 年 4 月，被中共中央国务院授予全国劳动模范荣誉称号。

2008 年 2 月，高兴富在全村第一个带头成立“攀枝花市兴富杧果专业合作社”，成员共有 7 人，总额出资为 330 万元。至 2012 年 5 月注销该合作社止，该专业合作社共种植杧果面积达到 1600 亩，年收入 160 万元。高兴富自己的杧果种植面积也达到 120 亩，年收入达到 15 万元，和其他 6 名社员一起，成为该村典型的致富带头人。高兴富用立体思维办农民专业合作社。2013 年 4 月，高兴富发展养殖业，把“攀枝花市兴富杧果专业合作社”变更为“攀枝花市鑫嘟嘟种养殖专业合作社”，在原有水果、蔬菜种植的基础上发展畜牧养殖，专业合作社社员由原有的 7 名增加到 104 人，合作社成员出资额达到 1600 多万元。至 2013 年，该村种植有杧果 11000 亩、石榴 3500 亩、早熟蔬菜 1500 亩，养殖有牛 1200 头、羊 5860 头、猪 2150 头。合作社有标准化的养猪场 1 个，年出栏仔猪 2000 头。养殖业得到迅猛发展，其收入是两年前的 5 倍，社员积极性高，得到的实惠多。致富后的社员中，有 80%的人盖起“小洋楼”。为了让社员掌握科学知识，高兴富还办起农民学校，经常适时地请区上、市上的农牧专家来讲课。2013 年，该村已经有农业技术方面的“土专家”“田秀才”16 名，营销人员 24 名。在 104 名社员里，大家都称高兴富为“校长”。

高兴富是仁和区九、十届区人民代表，仁和区五届政协委员，仁和区十届党代表。先后多次被中共仁和区委评为“优秀共产党员”“农村党员小康建设带头人”“十佳科技示范户”，被四川省委组织部评为“共产党员实践‘三个代表’示范岗”，被省民委评为“民族团结进步先进个人”。所在的裕民村被确定为区级“三村建设”示范村。

七、米易县

杨华顺　男，汉族，1959 年 6 月出生，攀枝花市米易县人，高中文化，中共党员。米易县白马镇龙塘村四社社员。1989 年 9 月，被国务院授予全国劳动模范荣誉称号。

杨华顺是自学成才科技造林的典范。从 1985 年开始，自学《造林学》，并边学边实践，掌握杉木的种植和扦插繁殖技术。1986 年，培育出第一批 25 万株杉苗，为营造速生、优质、丰产的“米德杉”用材林提供技术与种源保证。随后，自造林 300 多亩，为全县培育出 55 万株“米德杉”苗，为推动全县荒山速生丰林做出决定性贡献。杨华顺推动建成宁华龙潭溶洞旅游项目。20 世纪 90 年代初期，杨华顺看到家乡宁华经济还很落后、交通也十分不便，就一心想改变现状。带领 10 多个社员寻找旅游资源，经过努力，于 1991 年 2 月 19 日，发现宁华龙潭溶洞，并出钱邀请专家到宁华考察从旅游发展入手发展经济的可能性。杨华顺积极争取各级政府支持发展旅游业，组织村民解决溶洞的“三通一平”。1992 年，米易龙潭溶洞旅游项目正式立项。杨华顺自行贷款打通溶洞周边通道，架设 10 千伏的电路，牵头修建小街至溶洞洞口的“龙华公路”，整个工程于 1998 年 8 月完工，龙潭溶洞也正式向游客开放，为改变当地贫穷落后的面貌付出艰苦努力。杨华顺带头发展地方经济，2002 年，他邀请专家勘探铅锌矿。发现铅锌矿山后，筹资修通公路，架设 10 千伏动力电源，并按国家要求办理各类证件手续，2010 年正式开采，该矿山成为米易县县域经济发展的新的增长点。

苏登平　男，汉族，1961 年 9 月出生，攀枝花市米易县人，高中文化，中共党员。曾任米易县丙谷镇芭蕉箐村村委会主任。2005 年 4 月，被国务院授予全国劳动模范荣誉称号。

1995 年，苏登平当选村委会主任。当时，全村除粮食生产以外无其他经济作物种植，人均收入仅 700 元。凭着对芭蕉箐村土质和气候的了解，以及多年来种植枇杷的经验，苏登平决定带领村民走枇杷致富的道路。经多方努力争取，赢得省科协的大力支持，省科协组织一批国家级专家对该村进行实地考察，最终确定该村为省、市早春枇杷种植示范基地，为该村大力发展农村主导经济产业、带动村民增收致富打下坚实基础。为做好芭蕉箐枇杷示范基地建设，苏登平邀请全部专家入住他家，一方面照顾他们的吃住，另一方面，虚心学习枇杷种植的先进经验。针对很多村民不愿意种植枇杷的现象，苏登平在大力宣传种植枇杷的好处的同时，出资组织党员、干部、村民代表外出参观考察，使村民思想观念得以改变，以齐心打造枇杷种植示范基地。苏登平还个人贷款 60 万元，亲自到外地购买优质枇杷种苗，免费发放给家家户户种植，从而解决枇杷种苗问题，使得枇杷种植初具规模。在苏登平的带领下，2005 年芭蕉箐村枇杷种植户人均收入达到 4000 元。2009 年，达到 6000 多元。苏登平也当选为该村枇杷协会会长。

八、盐边县

安顺发　男，彝族，1965 年 5 月出生，攀枝花市盐边县人，大学文化，中共党员。1989 年参加工作，盐边县共和乡综合文化站主任。2010 年 4 月，被国务院授予全国劳动模范荣誉称号。

安顺发是一位基层文化和广播电视的朴实使者。由于共和乡地处偏远山区，经济基础十分薄弱，群众文化生活匮乏。1989 年，安顺发向亲友借款 7000 余元买回一套录像设备，靠肩挑背磨在全乡 5 个村 24 个合作社巡回放映录像，以满足偏远地区少数民族群众日益增长的文化需求。至 2004 年，共放映 500 多场。在此期间，还积极向农民群众传播科学种植技术，引导群众科技致富。共和乡联网传输线路长，网络严重老化，光纤线路时常中断，为保障电视信号传输畅通，他十几年如一日坚守在工作岗位，及时发现、排除线路故障，做出不平凡的业绩。2007 年，为确保中共十七大会议实况顺畅播出，安顺发踏遍全乡 17 个村 63 个合作社，提前进行线路检查和维护，并对 1224 户农户开展电视转星调整工作，确保全乡群众看上电视、看好电视，实现该乡对中共十七大会议实况转播的零停播、零插播，无安全事故。安顺发除工作勤奋踏实、有强烈的事业心和责任感外，还积极向市县级及以上媒体投稿 100 余件，其中《好人一生平安》获《人民日报《等 5 家媒体举办的第五届“新世纪之声”《中华颂歌》征文比赛评选（散文类）银奖。

九、市公安系统

唐绍林　男，汉族，1941 年 10 月出生，四川安岳县人，小学文化，中共党员。1970 年 2 月参加工作，曾任攀枝花市公安局交通警察支队二大队副县级侦察员。1995 年 4 月被国务院授予全国先进工作者（全国劳模）荣誉称号。

唐绍林几十年如一日，把公路畅通、车辆有序行驶作为岗位追求的目标。从第一天穿上交通警察制服起，他便每天站在公路复杂路段指挥交通，不管烈日炎炎，还是刮风下雨，都始终坚守交警岗位，在全市交警队伍中创造纠正违章数量第一与获勋章第一的纪录。因工作业绩突出，1987 年唐绍林被评为四川省优秀交通民警，1994 年被公安部评为全国特级优秀人民警察，1996 年被国务院评为全国先进工作者，1997 年被四川省公安厅评为四川省政法战线先进干警、四川省优秀人民警察，1998 年被市政府评为市十佳交通民警、市十佳人民警察。

十、市交通系统

王朝高　男，汉族，1932 年 5 月出生，重庆市人，小学文化，中共党员。1950 年 2 月参加工作，曾担任攀枝花汽车运输总公司驾驶员。1959 年 10 月，被国务院授予全国先进工作者（全国劳模）荣誉称号。

1958 年，王朝高在四川省乐山汽车运输公司从事汽车驾驶工作。积极投入社会主义建设高潮，鼓足干劲力争上游，用老道吉 150 型汽车挂拖车 7 辆，以熟练的驾驶技术，克服道路障碍和重重困难，年年超额完成运输任务，创造出运输战线的奇迹。1959 年，王朝高出席全国工业交通社会主义建设先进集体和先进生产者代表大会，并荣获全国劳模荣誉称号。

胡延光 男，汉族，1942 年 11 月出生，四川安岳县人，小学文化，中共党员。1961 年 3 月参加工作，曾任攀枝花汽车运输总公司驾驶员。1977 年 4 月，被国务院授予全国工业学大庆标兵（全国劳模）荣誉称号。

1961—1978 年，胡延光在担任攀枝花汽车运输总公司驾驶员期间，表现积极，工作成绩突出，1977 年荣获“全国工业学大庆标兵”称号。1979—1989 年（其中 1985 年 8 月—1987 年 10 月，随中国路桥建设总公司去伊拉克援建飞机场）的 10 年中，共创利润 17.6 万余元，节约汽油 29969 公升，节约保修材料费 16999 元，完成货物周转量 2649578 吨公里，10 年完成 17 年零两个月的生产任务。胡延光先后被评为车队、公司、交通局和市先进生产者，先后获授渡口市交通指挥部一等功、特等功，荣获市先进生产者、“铁人式”驾驶员、优秀共产党员，获四川省交通战线劳动模范、四川省“学铁人”标兵，四川省劳动模范，交通部交通战线劳动模范等荣誉称号。

杨立华 男，汉族，1947 年 9 月出生，四川渠县人，小学文化，中共党员。1965 年 8 月参加工作，曾担任攀枝花汽车运输总公司格里坪分公司驾驶员。1989 年 9 月，被国务院授予全国劳动模范荣誉称号。

1973 年，杨立华从事驾驶员工作。1983 年 1 月，随盐边林业局汽车一队合并到攀枝花汽车运输公司。1983—1988 年，杨立华共完成货物周转量 245.09 万吨公里，平均每年完成 40.84 万吨公里，实现利润 14.49 万元，平均每年创纯利 2.4 万元，节约汽油 2.3 万公升，节约保修材料费 1.64 万元。1987 年，全年实现利润 36195 元，创改造后的老解放牌汽车（CA10B 型）单车全省最高纪录。这一年，他完成相当于 15 年的利润计划。1989 年，在车况差、待油停车多、参加会议多及脱产学习多等情况下，完成周转量 31.40 万吨公里，盈利 2.2 万元。1990 年，克服运输市场竞争激烈、货源短缺、油料供应无保障的巨大困难，又创周转量 31.40 万吨公里，创利 2.59 万元。从 1983 年以来，杨立华先后荣获攀枝花市汽车运输公司一等功 3 次、特等功 5 次，并获攀枝花市劳动模范、“全国五一劳动奖章”获得者、全国优秀汽车驾驶员等荣誉称号。

邱祥贵 男，汉族，1947 年 3 月出生，重庆市人，初中文化，中共党员。1965 年 5 月参加工作，市散装水泥运输公司经理、助理政工师。1995 年 4 月，被国务院授予劳动模范荣誉称号。

邱祥贵自 1975 年从事汽车驾驶工作以来，以优异的成绩被企业 20 次评为先进工人。1991 年，荣获四川省交通安全 50 万公里奖。先后 3 次荣获攀枝花市“双增双节”能手称号，一次荣获四川省“双增双节”能手称号。1988—1995 年，驾驶东风水泥罐车向用户推广散装水泥，奔跑在市内各大建筑工地和二滩水电站工地，安全及时、优质服务，单车创纯利润 50.3 万元。

肖方兴 男，汉族，1954 年 8 月出生，重庆市人，初中文化，中共党员。1975 年 1 月参加工作，市公交总公司大修厂车间主任。2000 年 4 月，被国务院授予劳动模范荣誉称号。

肖方兴热爱汽车修理岗位，坚持在工作中求真务实、刻苦钻研，练就一身扎实过硬的修车本领。肖方兴潜心研制“拉达气门弹簧、压装丰田车活塞销”等，提高了工效，减轻了劳动强度。参与“发动机快速磨合”工艺和“三机四车”改造，受到省级表彰。仅 1996—2000 年的 5 年中，肖方兴搞技术革新和修旧利废，创产值 54.86 万元，5 年完成 8 年的工作量，被誉为走在时间前面的人。肖方兴认为“一花独放不是春”，因此他以实际行动做好传、帮、带工作，为企业培训大批青年技术人才，所带领的班组于 1985 年、1992 年获建设部“优胜班组”称号。

第二章　人物名录

第一节　四川省劳动模范

一、攀钢（集团）公司

易志文　男，汉族，1926年2月出生，湖南湘潭市人，大专文化，中共党员。1950年2月参加工作，原攀钢（集团）公司矿业公司机动处科长、高级工程师。1954年，被授予辽宁省劳动模范荣誉称号。

蔡暇甄　女，汉族，1924年6月出生，江苏苏州市人，大学文化，中共党员。1949年11月参加工作，原攀钢（集团）公司煤化工厂回收车间主任。1954年，被授予鞍山市劳模（省级劳模）荣誉称号。

毕克强　男，汉族，1928年2月出生，辽宁海城市人，初中文化，中共党员。1953年6月参加工作，原攀钢（集团）生活服务公司食堂炊事员、白案一级厨师。1960年，被授予辽宁省劳动模范荣誉称号。

付素梅　女，汉族，1929年4月出生，山东蓬莱县人，小学文化，中共党员。1950年8月参加工作，原攀钢（集团）生活服务公司食堂炊事员。1975年，被授予四川省先进生产（工作）者（省级劳模）荣誉称号。

李政蓉　女，汉族，1947年12月出生，南充市南部县人，小学文化。1966年10月参加工作，原攀钢（集团）炼铁厂备料车间拖拉机司机。1975年，被授予四川省“工业学大庆”劳动模范（省级劳模）荣誉称号。

张如友　男，汉族，1940年7月出生，内蒙古察右前旗人，小学文化，中共党员。1960年8月参加工作，原攀钢（集团）冶建公司调度员、班长。1975年，被授予四川省“工业学大庆”劳动模范（省级劳模）荣誉称号。

张声富　男，汉族，1947年1月出生，四川泸州市人，高中文化，中共党员。1966年11月参加工作，原攀钢（集团）炼钢厂摇炉工、技术科副科长。1975年，被授予四川省“工业学大庆先”进生产（工作）者（省级劳模）荣誉称号。

党解放　男，彝族，1947年11月出生，四川盐源县人，小学文化，中共党员。1970年1月参加工作，原攀钢（集团）钢企冶金辅料分公司勤杂工。1975年，被授予四川省“工业学大庆”劳动模范（省级劳模）荣誉称号。

李玉梅　女，汉族，1949年11月出生，山东安丘市人，中专，中共党员。1969年1月参加工作，原攀钢（集团）公司职工医院护士。1975年，被授予四川省“工业学大庆”经验交流会先进生产（工作）者（省级劳模）荣誉称号。

杜德信　男，汉族，1938年10月出生，吉林松源市人，大学文化，中共党员。1983年8月参加工作，原攀钢（集团）公司研究院有限公司教授级高工。1978年，被授予四川省科技先进工作者（省级劳模）荣誉称号。

黄天禄　男，汉族，1933年4月出生，四川新都县人，初中学历，中共党员。1951年5月参加工作，原攀钢（集团）公司保卫处科长。1978年，被授予四川省公安司法先进工作者（省级劳模）荣誉称号。

杨永政　男，汉族，1952年1月出生，四川苍溪县人，高小文化，中共党员。1971年12月参加工作，原攀钢（集团）公司炼钢厂职工。1984年被授予四川省劳动模范荣誉称号。

盛世雄　男，汉族，1937年2月出生，云南昆明市人，大学文化，中共党员。1960年9月参加工作，原攀钢（集团）公司炼铁厂总工程师。1978年，被授予四川省科技先进工作者（省级劳模）荣誉称号。

夏忠庆　男，汉族，1945年8月出生，四川蓬安县人，小学文化，中共党员。1966年11月参加工作，原攀钢（集团）公司矿业公司兰尖铁矿车间治安员。1978年，被授予四川省公安司法系统先进个人（省级劳模）荣誉称号。

安廷鸽　男，汉族，1955年1月出生，四川安县人，大专文化，中共党员。1974年1月参加工作，原攀钢（集团）公司矿业公司石灰石矿车间主任。1984年，被授予四川省劳动模范荣誉称号。

陈万年　男，汉族，1945年4月出生，四川邻水县人，小学文化，中共党员。1966年6月参加工作，原攀钢（集团）公司冶建筑公司钳工。1984年被授予四川省劳动模范荣誉称号。

张良明　女，汉族，1952年3月出生，重庆市人，初中文化，中共党员。1973年6月参加工作，原攀钢（集团）公司机制公司车工班班长。1984年，被授予四川省劳动模范荣誉称号。

李奇麟　男，汉族，1936年6月出生，四川德阳市人，中专文化，中共党员。1955年3月参加工作，原攀钢（集团）公司攀冶公司设计院高级工程师。1984年被授予四川省劳动模范荣誉称号。

来恩多　男，汉族，1937年12月出生，辽宁省鞍山市人，初中文化，中共党员。1956年3月参加工作，原攀钢（集团）公司炼铁厂生产科副主任。1984年，被授予四川省劳动模范荣誉称号。

李福海　男，汉族，1931年12月出生，辽宁鞍山市人，中专文化，中共党员。1949年1月参加工作，原攀钢（集团）公司煤化工厂厂长。1984年被授予四川省劳动模范荣誉称号。

郑思友　男，汉族，1945年2月出生，四川南部县人，小学文化，中共党员。1966年1月参加工作，原攀钢（集团）公司炼铁厂炉前工。1984年，被授予四川省劳动模范荣誉称号。

胡昌志　男，汉族，1947年12月出生，四川三台县人，高中文化，中共党员。1971年2月参加工作，原攀钢（集团）矿业有限公司朱矿潜孔钻司机。1978年，被授予冶金部劳动模范。1984年，被授予四川省劳动模范。1991年，被授予“全国五一劳动奖章”（省级劳模）等荣誉称号。

袁紫微　男，汉族，1930年5月出生，四川彭山县人，大专文化，中共党员。1950年4月参加工作，原攀钢（集团）公司矿业公司兰尖矿计划科长、工程师。1984年，被授予四川省劳动模范荣誉称号。

雷飞鸣　男，汉族，1947年10月出生，重庆市人，初中文化，中共党员。1966年10月参加工作，原攀钢（集团）公司电气公司电气检修车间党支部书记。1984年，被授予四川省劳动模范荣誉称号。

谭德金　男，汉族，1946年4月出生，四川岳池县人，初中文化，中共党员。1965年11月参加工作，原攀钢（集团）公司攀冶建筑分公司队长。1984年被授予四川省劳动模范荣誉称号。

潘洪模　男，汉族，1935年3月出生，山东章丘市人，小学文化。1953年3月参加工作，原攀钢（集团）公司矿业公司技师。1984年，被授予四川省劳动模范荣誉称号。

卢庆发　男，汉族，1935年5月出生，江苏南京人，高小文化。1955年3月参加工作，原攀钢（集团）公司汽运公司驾驶员。1984年，被授予四川省劳动模范荣誉称号。

罗炬峰　男，汉族，1938年1月出生，湖南衡山人，大专文化，中共党员。1960年部队转业，原攀钢（集团）公司矿山实业公司副总经理。1984年，被授予四川省劳动模范荣誉称号。

施月英　女，汉族，1943年10月出生，湖南益阳诗人，中专文化，中共党员。1963年1月参加工作，原攀钢（集团）公司职工医院向阳门诊支部书记。1984年，被授予四川省劳动模范荣誉称号。

丁爱谱 女，汉族，1943年12月出生，山东日照市人，小学文化，中共党员。1960年4月参加工作，原攀钢（集团）公司炼钢厂炉衬车间工人。1984年，被授予四川省劳动模范荣誉称号。

崔凤菊 女，汉族，1960年11月出生，山东嘉祥县人，大学文化，中共党员。1982年8月参加工作，原攀钢（集团）公司生活服务公司幼儿教师。1985年，被授予四川省优秀教师（省级劳模）荣誉称号。

王成良 男，汉族，1935年4月出生，山东莒县人，大学文化，中共党员。1953年3月参加工作，原攀钢（集团）公司工会主席。1989年，被授予四川省劳动模范荣誉称号。

李绍先 男，汉族，1944年2月出生，四川阆中市人，初中文化，中共党员。1966年1月参加工作，曾任攀钢集团公司矿业公司兰尖铁矿电铲司机、副段长等职。1989年，被授予四川省劳动模范荣誉称号。

李洪琦 男，汉族，1937年12月出生，山东高青县人，初中文化，中共党员。1959年7月参加工作，原攀钢（集团）公司攀企商业公司经理。1989年，被授予商业部劳动模范（省级劳模）荣誉称号。

麻昌贵 男，汉族，1948年12月出生，四川遂宁市人，初小文化，中共党员。1971年2月参加工作，原攀钢（集团）公司攀冶机电分公司钻工、副队长。1989年，被授予四川省劳动模范荣誉称号。

程遵寿 男，汉族，1946年11月出生，重庆市人，初中文化，中共党员。1966年10月参加工作，原攀钢（集团）公司炼铁厂检修车间副主任。1989年，被授予四川省劳动模范荣誉称号。

谭德树 男，汉族，1949年5月出生，重庆市人，高中文化，中共党员。1963年12月参加工作，原攀钢（集团）公司生活服务公司助理工程师。1989年，被授予四川省劳动模范荣誉称号。

孙善武 男，汉族，1948年3月出生，重庆市人，初中文化，中共党员。1966年10月参加工作，原攀钢（集团）公司密地机修厂工人。1989年，被授予四川省劳动模范荣誉称号。

郭洪才 男，汉族，1957年7月出生，江苏扬中县人，中专文化，中共党员。1975年2月参加工作，原攀钢（集团）公司机制公司金工车间车工一班班长。1992年，被授予“全国五一劳动奖章”（省级劳模）荣誉称号。

汪先平 男，汉族，1958年9月出生，重庆市人，高中文化，中共党员。1975年7月参加工作，攀钢（集团）公司炼钢厂炼钢车间总炉长。1993年被授予“全国五一劳动奖章”（省级劳模）荣誉称号。

刘兴富 男，汉族，1945年12月出生，重庆市人，小学文化，中共党员。1966年11月参加工作，原攀钢（集团）公司矿业公司选矿厂钳工技师。1994年，被授予冶金系统劳动模范（省级劳模）荣誉称号。

杜义龙 男，汉族，1940年2月出生，四川阆中市人，小学文化，中共党员。1966年11月参加工作，原攀钢（集团）公司炼铁厂炉前工。1994年，被授予冶金系统劳动模范（省级劳模）荣誉称号。

杨明湖 男，汉族，1951年11月出生，重庆市人，初中文化，中共党员。1974年1月参加工作，原攀钢（集团）公司攀冶建筑公司抹灰工。1994年，被授予冶金工业部劳动模范（省级劳模）荣誉称号。

王世如 男，汉族，1948年12月出生，四川仪陇县人，小学文化，中共党员。1966年10月参加工作，原攀钢（集团）公司矿业公司朱矿铁修车间钳工、机修段定检班班长。1995年，被授予四川省劳动模范荣誉称号。

李秀荣 女，汉族，1961年4月出生，山东金乡人，大专文化，中共党员。1982年8月参加工作，攀钢（集团）公司生活公司仁和幼儿园园长。1995年，被授予四川省劳动模范荣誉称号。

俞梦文 女，汉族，1941年4月出生，北京市人，大学文化，中共党员。1965年7月参加工作，原攀钢（集团）公司科技处副处长、高级工程师。1995年，被授予四川省劳动模范荣誉称号。

何运华 男，汉族，1944年5月出生，四川资中县人，初中学历，中共党员。1972年参加工作，原攀钢（集团）公司炼钢厂职工。1995年，被授予四川省劳动模范、1996年被授予“全国五一劳动奖章”（省级劳模）荣誉称号。

杨 兵 男，汉族，1968年6月出生，四川汉源县人，本科文化，中共党员。1990年7月参加工作，任攀钢集团公司西昌钢钒炼铁厂副厂长。1999年，被授予四川省“十大杰出青年岗位能手”（省级劳模）荣誉称号。

杨心财 男，汉族，1952年10月出生，四川富顺县人，高小文化，中共党员。1970年10月参加工作，原攀钢（集团）公司炼铁厂看火工。2000年，被授予四川省“十大杰出技术能手”（省级劳模）荣誉称号。

沈世荣 男，汉族，1959年3月出生，四川自贡市人，中专文化，中共党员。1981年8月参加工作，攀钢（集团）公司矿业公司兰尖铁矿地测科技术员、高级工程师。2000年，被授予四川省劳动模范荣誉称号。

程兴德 男，汉族，1962年8月出生，四川邻水县人，大学文化，中共党员。1983年8月参加工作，攀钢（集团）研究院有限公司副院长、教授级高工。2002年，被授予“全国五一劳动奖章”（省级劳模）荣誉称号。

樊政炜 男，汉族，1948年8月出生，湖北应城市人，大学文化，中共党员。1971年7月参加工作，原攀钢（集团）公司董事长、总经理、高级经济师。2002年，被授予湖北省劳动模范荣誉称号。

刘关洪 男，汉族，1968年1月出生，四川攀枝花市人，大专文化，中共党员。1990年7月参加工作，攀钢（集团）公司西昌钢钒炼钢厂倒班作业长。2004年，被授予中央企业劳动模范（省级劳模）荣誉称号。

孙朝晖 男，汉族，1962年2月出生，江西万安县人，大学文化。1984年8月参加工作，攀钢（集团）研究院有限公司钒钛冶金研究所所长。2004年被授予中央企业劳动模范（省级劳模）荣誉称号。

陈亚平 男，汉族，1962年6月出生，江西南丰县人，研究生学历，中共党员。1983年7月参加工作，攀钢（集团）公司西昌钢钒副总经理、工会主席。2004年，被授予四川省劳动模范荣誉称号。

何木光 男，汉族，1967年6月出生，四川乐至县人，研究生学历，中共党员。1988年9月参加工作，攀钢（集团）公司攀钢钒炼铁厂烧结首席工程师。2004年，被授予中央企业劳动模范（省级劳模）荣誉称号。

余本国 男，汉族，1950年11月出生，四川安岳县人，初中文化，中共党员。1969年5月参加工作，原攀钢（集团）公司煤化工公司工段长。2004年被授予中央企业劳动模范（省级劳模）荣誉称号。

杨明全 男，汉族，1951年7月出生，四川仁寿县人，初中文化，中共党员。1969年4月参加工作，原攀钢（集团）公司矿业公司选矿厂球磨技师。2004年，被授予中央企业劳动模范（省级劳模）荣誉称号。

张 芮 男，汉族，1963年5月出生，四川仪陇县人，硕士学历，中共党员。1987年7月参加工作，攀钢（集团）公司西昌钢钒热轧厂厂长。2004年，被授予中央企业劳动模范（省级劳模）荣誉称号。

罗泽中 男，汉族，1946年5月出生，重庆市人，大学文化，中共党员。1969年8月参加工作，原攀钢（集团）公司总经理，教授级高工。2005年被授予四川省劳动模范荣誉称号

梁文杰 男，汉族，1951年1月出生，四川三台县人，中专文化，中共党员。1971年2月参加工作，原攀钢（集团）公司矿业公司朱矿排土车间钳工。2005年，被授予四川省劳动模范荣誉称号。

余自甦 男，汉族，1956年12月出生，四川隆昌县人，硕士学历，中共党员。1982年8月参加工作，鞍钢集团公司副总经理。2005年，被授予四川省劳动模范荣誉称号。

侯 武 男，汉族，1972年10月出生，四川阆中县人，大学文化，中共党员。1993年7月参加工作，攀钢（集团）公司攀钢钒提钒炼钢厂调度室值班长。2005年被授予四川省劳动模范荣誉称号，2006年，被授予“全国五一劳动奖章”（省级劳模）荣誉称号。

刘新会 男，汉族，1952年7月出生，河北唐县人，大学文化，中共党员。1969年2月参加工作，攀钢（集团）公司党委副书记、工会主席、高级政工师。2008年被授予“全国五一劳动奖章”（省级劳模）荣誉称号。

王永钢 男，汉族，1969年3月出生，湖南长沙市人，硕士学历，中共党员。1991年7月参加工作，攀钢（集团）公司攀钢钒业公司首席工程师。2009年，被授予中央企业劳动模范（省级劳模）荣誉称号。

陈　永 男，汉族，1969年12月出生，四川隆昌县人，博士学历，中共党员。1997年4月参加工作，攀钢（集团）公司研究院材料所所长。2009年，被授予中央企业劳动模范（省级劳模）荣誉称号。

陆尚辉 男，汉族，1966年10月出生，广东茂名市人，大专文化，中共党员。1985年12月参加工作，攀钢（集团）公司西昌钢钒炼铁厂一高炉炉前技师。2009年，被授予中央企业劳动模范（省级劳模）荣誉称号。

邹贤红 女，汉族，1965年12月出生，四川攀枝花市人，中专文化，中共党员。1993年1月参加工作，攀钢（集团）公司攀钢钒有限公司运输部内燃运用车间内燃机车司机长。2009年，被授予中央企业劳动模范（省级劳模）荣誉称号。

张宪恩 男，汉族，1962年4月出生，陕西华县人，硕士学历，中共党员。1983年月参加工作，攀钢（集团）公司设计研究院有限公司土建设计室主任。2010年12月，被授予四川省灾后恢复重建先进个人（省级劳模）荣誉称号。

程云俊 女，汉族，1966年7月出生，上海市人，中专文化，中共党员。1982年12月参加工作，攀钢（集团）公司攀钢钒技术质量部计量车间向阳计量站班长。2010年，被授予四川省劳动模范荣誉称号。

熊毓梁 男，汉族，1954年6月出生，四川西昌市人，大专文化，中共党员。1970年10月参加工作，曾任攀钢（集团）公司冶金工程技术有限公司党委书记。2010年被授予四川省劳动模范荣誉称号。

邹　明 男，汉族，1970年11月出生，四川内江市人，硕士学历，中共党员。1993年8月参加工作，攀钢（集团）公司研究院有限公司高级工程师。2010年，被授予四川省劳动模范荣誉称号。

周百学 男，汉族，1956年7月出生，四川大竹县人，大学文化，中共党员。1980年12月参加工作，攀钢（集团）公司攀钢工程公司建筑分公司质量技术科主任工程师。2012年，被授予“全国五一劳动奖章”（省级劳模）荣誉称号。

曲　清 男，汉族，1970年10月出生，四川南部县人，中专文化，中共党员。1989年1月参加工作，攀钢（集团）公司矿业有限公司选矿厂破碎车间生产作业区甲班班长。2013年9月，被人力资源和社会保障部、国资委授予中央企业劳动模范（省部级劳模）荣誉称号。

卓　钧 男，汉族，1972年10月出生，四川省成都市人，本科文化，中共党员。1990年7月参加工作，攀钢集团西昌钢钒公司炼钢厂脱硫提钒作业区作业长，工程师。2013年9月被人力资源和社会保障部、国资委授予中央企业劳动模范（省部级劳模）荣誉称号。

吴晓芳 女，汉族，1970年1月出生，四川南部县人，初中文化，中共党员。1988年12月参加工作，攀钢（集团）公司冶金工程技术有限公司实业分公司液压附件厂液压软管班长。2013年9月被人力资源和社会保障部、国资委授予中央企业劳动模范（省部级劳模）荣誉称号。

周双陆 男，汉族，1965年3月出生，安徽元为县人，本科文化，中共党员。1988年8月参加工作，攀钢集团总医院心内科主任、主任医师。2013年9月被人力资源和社会保障部、国资委授予中央企业劳动模范（省部级劳模）荣誉称号。

高大全 男，汉族，1968年8月出生，四川巴中市人，研究生学历，中共党员。1989年7月参加工作，攀钢集团钒钛资源股份有限公司发电厂电力首席工程师，高级工程师。2013年9月被人力资源和社会保障部、国资委授予中央企业劳动模范（省部级劳模）荣誉称号。

二、攀煤（集团）公司

吴安福　男，汉族，1925年10月出生，辽宁辽源县人，初中文化，中共党员。1948年10月参加工作，原攀煤（集团）公司安全监督员。1957年，被授予吉林省先进生产工作者（省级劳模）荣誉称号。

张贺林　男，汉族，1935年2月出生，辽宁阜新市人，小学文化，中共党员。1952年12月参加工作，原攀煤（集团）公司大宝顶煤矿调度室主任。1959年授予辽宁省先进生产工作者（省级劳模）荣誉称号。

张兴华　女，汉族，1938年10月出生，辽宁益平县人，小学文化，中共党员。1956年10月参加工作，原吉林省辽源生物化工厂、攀煤（集团）公司行政处干部幼儿园当工人。1963年，被授予吉林省先进生产工作者（省级劳模）荣誉称号。

张良述　男，汉族，1946年9月出生，四川攀枝花市人，初中文化，中共党员。1966年9月参加工作，原攀煤（集团）公司矸石电厂党委副书记。1975年，被授予四川省“工业学大庆”先进生产工作者（省级劳模）荣誉称号。

林秀香　女，汉族，1944年8月出生，山东郓城县人，中专文化，中共党员。1966年9月参加工作，原攀煤（集团）公司精煤公司劳保科干部。1975年，被授予四川省“工业学大庆”先进生产工作者（省级劳模）荣誉称号。

彭佑清　男，汉族，1951年2月出生，四川仁寿县人，初中文化，中共党员。1973年11月参加工作，原攀煤（集团）公司大宝顶煤矿采煤三队一班班长。1978年，被授予全国煤炭工业劳动模范（省级劳模）荣誉称号。

蒋恩洪　男，汉族，1929年9月出生，天津市人，小学文化，中共党员。1948年5月参加工作，原攀煤（集团）公司大宝顶矿治安员。1978年，被授予四川省公安司法先进工作者（省级劳模）荣誉称号。

蔡镇林　男，汉族，1933年1月出生，广东澄海市人，中专文化，中共党员。1951年5月参加工作，原攀煤（集团）公司太平矿机电科机电工程师。1984年被授予四川省劳动模范荣誉称号。

彭祥武　男，汉族，1953年9月出生，四川蓬安县人，初中文化，中共党员。1970年3月参加工作，原攀煤（集团）公司花山煤矿班长。1984年，被授予四川省劳动模范荣誉称号。

刘久文　男，汉族，1937年11月出生，河南遂平县人，大学文化，中共党员。1961年9月参加工作，原攀枝花矿务局副局长、局总经济师，兼多经总公司总经理，建材总厂厂长。1987年，被授予“全国五一劳动奖章”（省级劳模）荣誉称号。

王运平　男，汉族，1932年3月出生，辽宁阜新市人，高中文化，中共党员。1948年1月参加工作，原攀枝花矿务局局长。1989年，被授予四川省劳动模范荣誉称号。

孙仕平　男，汉族，1947年10月出生，山东禹城市人，初中文化，中共党员。1966年5月参加工作，原攀煤（集团）公司房地产公司科长。1989年，被授予能源工业部劳动模范（省级劳模）荣誉称号。

董建珠　男，汉族，1944年7月出生，山西应县人，本科文化，中共党员。1969年7月参加工作，原攀煤（集团）公司总医院骨科主任。1989年，被授予四川省劳动模范荣誉称号。

刘嘉瓒　男，汉族，1938年3月出生，山东章丘市人，小学文化，中共党员。1960年1月参加工作，原川煤集团攀煤公司小宝鼎矿采煤队队长。1990年被授予“全国五一劳动奖章”（省级劳模）荣誉称号。

马文华　男，汉族，1936年1月出生，河北蔚县人，大专文化，中共党员。1956年9月参加工作，原攀枝花矿务局、渡口煤炭指挥部花山矿技术员、矿总工程师、生产组长、矿长、副局长、局长。1995年，被授予四川省劳动模范荣誉称号。

黄明昆　男，汉族，1953年11月出生，四川犍为县人，初中文化，中共党员。1977年11月参加工作，攀煤（集团）公司花山矿开拓区支部书记。1995年，被授予四川省劳动模范荣誉称号。

高文忠 男，汉族，1939年12月出生，辽宁海城市人，中专文化，中共党员。1961年8月参加工作，原攀枝花矿务局纪委书记。1996年，被授予全国纪检监察先进工作者（省级劳模）荣誉称号。

李培树 男，汉族，1964年12月出生，四川射洪人，大专文化，中共党员。1988年7月参加工作，攀煤（集团）公司副总工程师、高级工程师。2000年，被授予四川省劳动模范荣誉称号。

周明奎 男，汉族，1946年12月出生，四川渠县人，初中文化，中共党员。1965年12月参加工作，原攀枝花市玉鼎水泥制品有限责任公司副董事长、经理、书记、经济员。2000年，被授予四川省劳动模范荣誉称号。

尹成伟 男，汉族，1972年10月出生，四川南充市人，中专文化，中共党员。1993年10月参加工作，攀煤（集团）公司太平煤矿掘进四队副队长。2005年，被授予四川省劳动模范荣誉称号。

胡仲国 男，汉族，1968年4月出生，四川仁寿县人，大学文化，中共党员。1988年3月参加工作，攀煤（集团）公司科技处副处长。2005年，被授予四川省劳动模范荣誉称号。

杨成平 男，汉族，1968年12月出生，四川南充市人，大专文化，中共党员，1990年6月参加工作，攀煤太平矿采煤三队队长。2007年，被授予煤炭工业部劳动模范（省级劳模）荣誉称号。

郭光明 男，汉族，1963年7月出生，四川资阳县人，大专文化，中共党员。1981年11月参加工作，川煤集团攀煤公司小宝鼎矿放炮员、班组长、党支部书记。2007年，被授予“全国五一劳动奖章”（省级劳模）荣誉称号。

王国良 男，汉族，1959年11月出生，山西临猗县人，大学文化，中共党员。1983年7月参加工作，攀枝花煤业（集团）有限责任公司董事长、总经理。2010年，被授予四川省劳动模范荣誉称号。

苏　洪 男，汉族，1959年1月出生，四川南充市人，高中文化，中共党员。1986年9月参加工作，攀煤（集团）公司花山煤矿调度室副主任。2010年，被授予四川省劳动模范荣誉称号。

刘山龙 男，汉族，1972年3月出生，四川蓬安县人，大专文化，中共党员。1993年1月参加工作，攀煤（集团）公司小宝顶煤矿运输区党总支书记。2011年，被授予四川省优秀基层党组织书记（省级劳模）荣誉称号。

刘自清 男，汉族，1971年9月出生，四川省南充市人，中技文化，中共党员。1993年10月参加工作，攀枝花煤业（集团）有限责任公司太平煤矿采煤六队队长。2012年10月被人力资源和社会保障部、中国煤炭工业协会授予全国煤炭工业劳动模范（省部级劳模）荣誉称号。

三、中国十九冶集团公司

罗又清 男，汉族，1928年10月出生，湖北武汉市人，初中文化，中共党员。1951年9月参加工作，原中国第十九冶金建设公司行政处、武钢结构厂副科长。1958年，被授予湖北省工交建、财贸方面社会主义建设先进生产者（省级劳模）荣誉称号。

方三英 女，汉族，1942年11月出生，湖北黄冈市人，小学文化，中共党员。1960年2月参加工作，原中国第十九冶工业开发有限公司科长。1975年，被授予四川省“工业学大庆”劳动模范（省级劳模）荣誉称号。

苏德贵 女，汉族，1949年出生，四川成都市人，大专文化，中共党员。1968年7月参加工作，原中国第十九冶医院团委书记、药师。1975年，被授予四川省“工业学大庆”先进生产者（省级劳模）荣誉称号。

栾良成 男，汉族，1931年12月出生，吉林柳河县人，初中文化，中共党员。1948年2月参加工作，原中国第十九冶成都设备工程分公司汽车司机。1978年，被授予四川省“铁人”标兵（省级劳模）荣誉称号。

刘元富　男，汉族，1943年3月出生，四川崇州市人，初中文化，中共党员。1965年12月参加工作，原中国第十九冶二公司架工。1984年，被授予四川省劳动模范荣誉称号。

张世安　男，汉族，1964年8月出生，四川内江市人，高中文化，中共党员。1985年1月参加工作，原中国第十九冶电装分公司高级技师。1984年，被授予中越自卫反击战一等功（省级劳模）荣誉称号。

杨明钟　男，汉族，1943年3月出生，重庆市人，初中文化。1965年1月参加工作，原中国第十九冶成都设备工程分公司汽车司机。1984年，被授予四川省劳动模范荣誉称号。

张前光　男，汉族，1938年4月出生，湖南冷水县人，中专文化，中共党员。1955年7月参加工作，原中国第十九冶金建设公司工安公司总工程师。1984年，被授予四川省劳动模范荣誉称号。

郭妙禺　女，汉族，1932年4月出生，广东南海市人，大专文化，中共党员。1955年9月参加工作，原中国第十九冶技工学校高级教师。1984年，被授予四川省劳动模范荣誉称号。

田光荣　男，汉族，1932年4月出生，四川攀枝花市人，初中文化。1966年5月参加工作，原中国第十九冶成都设备工程分公司管工。1985年，被授予四川省政法先进工作者（省级劳模）荣誉称号。

赵清余　男，汉族，1944年7月出生，四川安岳县人，小学文化，中共党员。1965年12月参加工作，原中国第十九冶金建设公司工安公司管工组组长。1994年，被授予全国冶金系统劳动模范（省级劳模）荣誉称号。

张远炽　男，汉族，1940年8月出生，四川富顺县人，大学文化，中共党员。1968年10月参加工作，中国第十九冶副总工程师、高级工程师。1994年，被授予冶金部劳动模范（省级劳模）荣誉称号。

蒲志银　男，汉族，1950年9月出生，四川南充人，小学文化，中共党员。1971年3月参加工作，中国第十九冶机装公司铆工、工人技师。1995年，被授予四川省劳动模范荣誉称号。

周佳新　男，汉族，1958年7月出生，湖北汉阳县人，中技文化。1975年12月参加工作，中国第十九冶集团有限公司宁波分公司机械安装公司钳工。2005年，被授予四川省劳动模范荣誉称号。

周树春　男，汉族，1974年3月出生，四川遂宁市人，初中文化，中共党员。1991年8月参加工作，中国第十九冶集团机装分公司高级焊工技师。2008年，被授予“全国五一劳动奖章”（省级劳模）荣誉称号。

刘建川　男，汉族，1969年7月出生，湖南沅江市人，本科文化，中共党员。1989年7月参加工作，中国第十九冶集团公司电装分公司电气调试工、班组长。2010年，被授予四川省劳动模范荣誉称号。

吴国洪　女，汉族，1971年11月出生，湖北浠水县人，研究生学历，中共党员。1992年7月参加工作，中国第十九冶集团有限公司总会计师。2011年，被授予四川省优秀共产党员（省级劳模）荣誉称号。

四、攀枝花钢城集团公司

马凤娥　女，汉族，1938年8月出生，辽宁海城市人，小学文化，中共党员。1973年1月参加工作，原攀枝花钢城企业总公司劳务开发公司炊事班班长。1986年，被授予“全国五一劳动奖章”（省级劳模）荣誉称号。

王绍华　男，汉族，1954年5月出生，辽宁新民市人，高中文化，中共党员。1971年9月参加工作，原攀枝花钢城企业总公司劳务开发公司轧钢工、轧钢班班长。1994年，被授予全国冶金系统劳动模范（省级劳模）荣誉称号。

廖万富　男，汉族，1954年7月出生，四川遂宁市人，小学文化，中共党员。1969年9月参加工作，原攀枝花钢城集团有限公司印刷工业分公司胶印班班长。1994年，被授予全国冶金系统劳动模范（省级劳模）荣誉称号。

李永芳 女，汉族，1950 年 3 月出生，四川安岳县人，小学文化，中共党员。1984 年 11 月参加工作，原攀枝花钢城企业总公司劳务开发公司清扫班班长。1994 年，被授予全国冶金系统劳动模范（省级劳模）荣誉称号。

杨云贵 男，汉族，1955 年 1 月出生，四川南溪县人，大专文化，中共党员。1972 年 10 月参加工作，攀枝花钢城集团公司汉风物流有限公司经理。2007 年，被授予全国物流行业劳动模范（省级劳模）荣誉称号。

吴　强 男，汉族，1963 年 1 月出生，四川乐山市人，研究生学历，中共党员。1983 年 7 月参加工作，攀枝花钢城集团有限公司总经理。2010 年，被授予四川省劳动模范荣誉称号。

何　丽 女，苗族，1978 年 9 月出生，重庆市人，职业高中文化，中共党员。1998 年 9 月参加工作，攀枝花钢城集团起重运输机械厂焊工组组长。2013 年，被授予“全国五一劳动奖章”（省级劳模）荣誉称号。

赵永福 男，汉族，1968 年 5 月出生，四川省攀枝花市人，大专文化，中共党员。年月参加工作，四川攀枝花环业冶金渣开发有限责任公司渣铁处理一厂班长。2012 年 9 月，被省委授予全省创先争优优秀共产党员（省劳模）荣誉称号。

五、攀枝花市东区

胡绍清 男，汉族，1926 年 4 月出生，重庆市人，小学文化，中共党员。1951 年参加工作，原攀枝花市建筑一公司架工班长。1975 年，被授予四川省“工业学大庆”先进生产者（省级劳模）荣誉称号。

夏德碧 女，汉族，1934 年 10 月出生，重庆市人，初中文化，中共党员。1958 年 4 月参加工作，原瓜子坪人民商场营业员。1978 年，被授予四川省财贸学大庆先进标兵（省级劳模）荣誉称号。

邓广平 男，汉族，1960 年 7 月出生，四川南充市人，高中文化。1977 年 12 月参加工作，原弄弄坪粮油食品店。1984 年，被授予四川省劳动模范荣誉称号。

周廷美 女，汉族，1948 年 12 月出生，四川会东县人，初中文化，中共党员。1975 年 5 月参加工作，曾任东区环卫局炳草岗环卫所清洁队队长。1984 年，被授予四川省劳动模范荣誉称号。

夏桂梅 女，汉族，1928 年 9 月出生，重庆市人，初中文化，中共党员。1952 年 2 月参加工作，曾任攀枝花市大渡口商场营业员。1984 年，被授予四川省劳动模范荣誉称号。

付淑玲 女，汉族，1945 年 1 月出生，四川阆中市人，高中文化，中共党员。1969 年 4 月参加工作，曾任攀枝花市第二十四小学副校长。1984 年，被省政府授予四川省劳动模范荣誉称号。

王治伟 男，汉族，1942 年 6 月出生，重庆市人，中专文化，中共党员。1959 年 9 月参加工作，曾任东区人大常委会法工委主任、东区检察院起诉科科长等职。1985 年，被授予四川省政法战线先进工作者（省级劳模）荣誉称号。

王维安 男，汉族，1959 年 6 月出生，四川中江县人，大专文化，中共党员。1978 年 2 月参加工作，曾任攀枝花市东区人民检察院检察官。1985 年，被授予四川省政法战线先进工作者（省级劳模）荣誉称号。

吴宜宜 女，汉族，1944 年 12 月出生，湖南涟源市人，中专文化，中共党员。1962 年 7 月参加工作，曾任攀枝花市第十五中学校长。1985 年，被授予四川省优秀教师（省级劳模）荣誉称号。

何茂恒 男，汉族，1939 年 1 月出生，浙江东阳县人，中专文化，中共党员。1965 年 6 月参加工作，曾任攀枝花市建筑一公司项目经理。1990 年，被授予“全国五一劳动奖章”（省级劳模）荣誉称号。

方祥祜 男，汉族，1934 年 2 月出生，四川高皋县人，大学文化，中共党员。1959 年 8 月参加工作，攀枝花市建筑一公司总会计师。1990 年，被授予全国先进会计工作者（省级劳模）荣誉称号。

陈宗敏 男，汉族，1962 年 2 月出生，四川巴中市人，大学文化，中共党员。1984 年参加工作，曾任攀枝花市第十五中学校长。1994 年，被授予冶金工业部劳动模范（省级劳模）荣誉称号。

廖万富　男，汉族，1954 年 7 月出生，四川遂宁人，小学文化。1975 年参加工作，钢企印刷广告有限公司职工。1994 年，被授予全国冶金系统劳模（省级劳模）荣誉称号。

史晓斌　男，汉族，1972 年 1 月出生，四川省资中县人，大专文化，中共党员。1994 年参加工作，曾任攀枝花市万佳商贸有限公司董事长兼总经理。2000 年 4 月四川省职工劳动模范荣誉称号。

李小平　男，汉族，1963 年 11 月出生，陕西西安市人，本科文化。1982 年 9 月参加工作，攀枝花市东区地方税务局计财科科长。2005 年，被授予四川省劳动模范荣誉称号。

候晓梅　女，汉族，1970 年 3 月出生，四川省攀枝花市人，本科文化，中共党员。1991 年 7 月参加工作，攀枝花市第二十五中小学校中学英语教师，高级教师。2009 年 9 月被人力资源和社会保障部、教育部授予全国模范教师（省部级劳动模范）荣誉称号。

卢　嘉　女，汉族，1971 年 6 月出生，山东平原市人，中专文化，中共党员。1990 年 12 月参加工作，攀枝花市东区大渡口街道办事处金福社区居民委员会主任。2010 年，被授予四川省劳动模范荣誉称号。

汪碧祥　男，汉族，1966 年 7 月出生，四川攀枝花市人，初中文化。1986 年参加工作，攀枝花市银江金勇工贸有限责任公司维修班班长。2010 年被授予四川省劳动模范荣誉称号。

蒲雄泉　男，汉族，1972 年 4 月出生，四川南充市人，大学文化。1993 年 7 月参加工作，攀枝花市东区区委办公室主任。2011 年，被授予四川省优秀基层党组织书记（省级劳模）荣誉称号。

史云歌　女，汉族，1970 年 4 月出生，河南南召县人，大专文化。2001 年参加工作，攀枝花市东区弄弄坪街道民乐社区书记。2011 年，被授予四川省优秀基层党组织书记（省级劳模）荣誉称号。

六、攀枝花市西区

邓福星　男，汉族，1932 年 12 月出生，重庆市人，中专文化，中共党员。1952 年 1 月参加工作，原通力建筑有限公司工人。1959 年，被授予云南省先进工作者（省级劳模）荣誉称号。

廖正崇　男，汉族，1920 年 12 月出生，四川成都市人，小学文化，中共党员。1951 年 3 月参加工作，原渡口市大水井面粉厂车间主任。1979 年，被授予四川省财贸系统先进工作者（省级劳模）荣誉称号。

罗仁俊　男，汉族，1949 年 2 月出生，四川南充市人，大学文化，中共党员。1970 年 9 月参加工作，原攀枝花市西区检察院科长。1984 年，被授予四川省政法战线先进工作者（省级劳模）荣誉称号。

赵荷菊　女，汉族，1934 年 9 月出生，浙江慈溪县人，初中文化，中共党员。1956 年 11 月参加工作，原攀枝花市河门口商场售货员。1984 年，被授予四川省劳动模范荣誉称号。

陈有谋　男，汉族，1948 年 12 月出生，四川南充市人，大专文化，中共党员。1966 年 11 月参加工作，原攀枝花市西区人民法院庭长。1984 年，被授予四川省政法先进工作者（省级劳模）荣誉称号。

刘志敏　男，汉族，1943 年 9 月出生，四川南江县人，大学本科文化，中共党员。1966 年 7 月参加工作，原攀枝花市矿务局一中学教师。1985 年，被授予四川省劳动模范荣誉称号。

王方全　男，汉族，1945 年 5 月出生，四川宣汉县人，大学文化，中共党员。1968 年 12 月参加工作，原攀枝花市第十二中学教师、校长。1989 年，被授予煤炭工业部劳动模范（省级劳模）荣誉称号。

朱仁容　男，汉族，1945 年 1 月出生，四川阆中市人，大学文化，中共党员。1964 年 9 月参加工作，原攀煤集团第十中教师。1989 年，被授予全国教育系统劳动模范（省级劳模）荣誉称号。

吴念韶　男，彝族，1946 年 2 月出生，云南嵬山县人，小学文化，中共党员。1965 年 2 月参加工作，原重啤攀枝花有限责任公司钳工。1990 年，被授予轻工部劳动模范（省级劳模）荣誉称号。

钱明跃　男，汉族，1957 年 8 月出生，四川苍溪县人，初中文化，中共党员。1976 年 12 月参加工作，攀枝花市扬弛胶业有限公司调度员。1995 年，被授予四川省劳动模范荣誉称号。

谭洪富 男，汉族，1950年4月出生，四川攀枝花市人，小学文化。攀枝花市西区格里坪新庄村务农。2005年，被授予四川省劳动模范荣誉称号。

余朝晖 男，汉族，1969年6月出生，四川南充市人，初中文化。1986年7月参加工作，四川德胜集团攀枝花煤化工有限公司机电工。2010年，被授予四川省劳动模范荣誉称号。

李文学 男，汉族，1952年5月出生，四川乐山市人，初中文化，中共党员。1969年1月参加工作，攀枝花市西区德胜攀枝花煤化工董事长。2011年，被授予四川省优秀基层党组织书记（省级劳模）荣誉称号。

刘晓兰 女，汉族，1963年7月出生，辽宁阜新市人，大专文化，中共党员。1982年8月参加工作，攀枝花市西区清香坪街道金沙社区党支部书记。2011年，被授予四川省优秀基层党组织书记（省级劳模）荣誉称号。

钟世卫 男，汉族，1966年1月出生，四川攀枝花市人，大专文化，中共党员。1983年9月参加工作，攀枝花市西区格里坪镇中心校竹林坡办学点教师。2011年，被授予四川省优秀共产党员（省级劳模）荣誉称号。

李永全 男，汉族，1972年1月出生，福建省南安县人，中专文化。1989年8月参加工作，攀枝花钢城集团瑞丰水泥有限公司上工序车间机械技术员。2013年8月被人力资源和社会保障部、中国建筑材料联合会授予全国建材行业劳动模范（省部级劳模）荣誉称号。

七、攀枝花市仁和区

方庆禄 男，汉族，1943年6月出生，重庆市人，中专文化，中共党员。1962年9月参加工作，原攀枝花市仁和区法院副院长、人大常委会党组书记、常务副主任。1978年，被授予四川省司法系统先进工作者（省级劳模）荣誉称号。

张明英 女，汉族，1930年10月出生，四川攀枝花市人，初中文化。1969年3月参加工作，原攀枝花市仁和区商业局服务员、工会女工干部。1978年，被授予四川省财贸系统劳动模范（省级劳模）荣誉称号。

周礼安 男，汉族，1948年1月出生，四川攀枝花市人，中专文化，中共党员。1975年3月参加工作，原攀枝花市仁和区农业蔬菜技术员、区财贸办公室副主任。1978年，被授予四川省科学技术先进工作者（省级劳模）荣誉称号。

康　珍 女，汉族，1942年11月出生，四川攀枝花市人，小学文化，中共党员。原攀枝花市仁和区布德镇中心村妇女主任。1978年，被授予四川省公安司法系统先进工作者（省级劳模）荣誉称号。

黎　震 男，汉族，1952年5月出生，四川遂宁市人，本科文化，中共党员。1970年9月参加工作，原攀枝花市仁和区医院医师、乡党委副书记。1984年，被授予四川省劳动模范荣誉称号。

李朝相 男，彝族，1938年10月出生，四川攀枝花市人，初中文化，中共党员。1955年12月参加工作，原攀枝花市仁和区人民检察院副检察长。1985年，被授予四川省先进工作者（省级劳模）荣誉称号。

夏昌才 男，汉族，1945年3月出生，四川遂宁市人，大专文化，中共党员。1965年2月参加工作，原攀枝花市仁和区人民法院党组成员、政治协理员。1985年，被授予四川省政法战线先进工作者（省级劳模）荣誉称号。

黄文汉 男，汉族，1943年11月出生，云南昆明市人，大专文化，中共党员。1963年12月参加工作，原攀枝花市大河中学高级教师。1985年，被授予四川省劳动模范荣誉称号。

贺　芳 女，汉族，1946年5月出生，重庆市人，中专文化。1967年10月参加工作。原攀枝花市仁和区东风小学教师、副校长、区人大常委会副主任。1986年，被授予全国教育系统劳动模范（省部级劳模）荣誉称号。

郑耀刚 男，汉族，1943 年 4 月出生，重庆市人，中专文化，中共党员。1965 年 8 月参加工作，原攀枝花市综合农场场长、仁和区农牧局科技站站长。1989 年，被授予四川省农业劳动模范荣誉称号。

苟相勇 男，汉族，1938 年 3 月出生，四川攀枝花市人，小学文化，中共党员。1958 年 12 月参加工作，原渡口市锅厂（攀西铸造总厂）机修班长。1989 年，被授予四川省劳动模范荣誉称号。

高立学 男，汉族，1942 年 6 月出生，四川攀枝花市人，大专文化。1962 年 8 月参加工作，原攀枝花市仁和区大田中学教师。1993 年，被授予全国教育系统劳动模范（省部级劳模）荣誉称号。

郑崇全 男，汉族，1945 年 5 月出生，四川攀枝花市人，初中文化，中共党员。1969 年 2 月参加工作，原攀枝花市仁和区总发乡民政助理员。1994 年，被授予全国民政系统先进工作者（省部级劳模）荣誉称号。

赖凤禄 男，彝族，1955 年 7 月出生，四川攀枝花市人，中专文化，中共党员。1971 年 10 月参加工作，原攀枝花市仁和区供销合作社副主任。1997 年，获全国供销合作总社劳动模范（省部级劳模）荣誉称号。

徐昌华 男，汉族，1955 年 2 月出生，四川攀枝花市人，小学文化，中共党员。原攀枝花市仁和区大田镇片拉立村党支部书记。2000 年，被授予四川省劳动模范荣誉称号。

雷国民 男，彝族，1973 年 9 月出生，四川攀枝花市人，大专文化，1995 年 7 月参加工作，攀枝花市仁和油漆厂技术员、车间主任。2000 年，被授予四川省劳动模范荣誉称号。

汤景英 女，彝族，1968 年 8 月出生，四川攀枝花市人，中专文化。1989 年 7 月参加工作，攀枝花市仁和大龙潭乡校区一级教师。2000 年，被授予四川省劳动模范荣誉称号。

罗林英 女，汉族，1970 年 11 月出生，四川隆昌县人，大学文化，中共党员。1991 年 7 月参加工作，攀枝花市大河中学教师。2005 年，被授予四川省劳动模范荣誉称号。

张云富 男，彝族，1968 年 6 月出生，四川攀枝花市人，研究生学历，中共党员。1984 年 7 月参加工作，仁和区烟叶发展办公室主任。2008 年，被授予四川省抗震救灾先进个人（省级劳模）荣誉称号。

郑战江 男，汉族，1972 年 5 月出生，重庆市人，大学文化，中共党员。1994 年 7 月参加工作，攀枝花市仁和区农牧局水果土肥站站长。2010 年，被授予四川省劳动模范荣誉称号。

起凡兴 男，彝族，1964 年 7 月出生，四川攀枝花市人，中专文化。1985 年 7 月参加工作，攀枝花市仁和区平地水泥厂生产车间主任。2010 年，被授予四川省灾后恢复重建先进个人（省级劳模）荣誉称号。

倪方云 男，汉族，1962 年 12 月出生，四川攀枝花市人，高中文化，中共党员。攀枝花市仁和区总发乡立新村村党支部书记、村委会主任。2010 年，被授予四川省劳动模范荣誉称号。

彭建辉 男，汉族，1959 年 4 月出生，四川攀枝花市人，中专文化。攀枝花市仁和区大田镇班庄村上糯禾组组长、镇石榴协会副会长。2010 年，被授予四川省劳动模范荣誉称号。

王游国 男，汉族，1963 年 1 月出生，四川攀枝花市人，大学文化，中共党员。1986 年 1 月参加工作，政协攀枝花市仁和区委员会副主席。2011 年，被授予省“人民满意的公务员”（省级劳模）荣誉称号。

王明华 男，汉族，1961 年 6 月出生，四川攀枝花市人，中专文化，中共党员。攀枝花市仁和区前进镇渡口村党支部书记，村委会主任。2011 年被授予四川省优秀基层党组织书记（省级劳模）荣誉称号。

郑腾金 男，汉族，1967 年 12 月出生，四川省攀枝花人，本科文化，中共党员。1987 年 7 月参加工作，攀枝花市仁和区前进镇人民政府民政助理员。2012 年 3 月被人力资源和社会保障部、国家民政部授予全国民政系统先进工作者（省部级劳动模范）荣誉称号。

赵家华 男，汉族，1977 年 10 月出生，云南省腾冲县人，大学文化，中共党员。2003 年 7 月参加工作，仁和区总发乡乡长。2012 年 7 月被四川省委授予四川省创先争优优秀党员（省劳模）荣誉称号。

李兆龙 男，彝族，1962年4月出生，四川省攀枝花人，大专文化。1980年8月参加工作，攀枝花市仁和区文化广播影视新闻出版局广电股股长。2012年12月被人力资源社会保障部和国家广电总局授予全国广播电影电视系统先进工作者（省部级劳动模范）荣誉称号。

吴志丹 男，汉族，1973年5月出生，四川省乐山市人，大专文化。1982年3月参加工作，攀枝花市敬如石艺有限责任公司技术开发部主任，艺术总监。2013年3月被人力资源和社会保障部、中国轻工业联合会、中华全国手工业合作总社授予全国轻工行业劳动模范（省部级劳动模范）荣誉称号。

八、米易县

杨兴从 男，汉族，1932年10月出生，四川米易县人，小学文化，中共党员。攀枝花市米易县新山乡茂佬村六组农民。1962年，被授予四川省农业劳动模范荣誉称号。

李成富 男，汉族，1931年1月出生，四川米易县人，初中文化，中共党员。1952年2月参加工作，原攀枝花市米易糖厂厂长。1981年，被授予四川省抗洪救灾劳动模范（省级劳模）荣誉称号。

张正喜 男，汉族，1946年2月出生，四川米易县人，中专文化，中共党员。1965年3月参加工作，原攀枝花市米易县撒莲乡人大主席。1981年，被授予四川省抗洪救灾劳动模范（省级劳模）荣誉称号。

徐　仁 男，汉族，1940年1月出生，四川米易县人，初中文化。1963年3月参加工作，原攀枝花市米易县农机厂助理经济师。1984年，被授予四川省劳动模范荣誉称号。

黄树威 男，汉族，1941年5月出生，四川民山县人，大学文化，中共党员。1961年10月参加工作，原攀枝花市米易中学教师。1985年，被授予全国优秀教师（省级劳模）荣誉称号。

张天惠 女，汉族，1942年8月出生，四川米易县人，初中文化，中共党员。1966年参加工作，原攀枝花市米易县撒莲粮管所主任。1985年，被授予全国商业系统劳动模范（省级劳模）荣誉称号。

陈俊杰 男，汉族，1944年10月出生，四川仁寿县人，大学文化，中共党员。1969年8月参加工作，原攀枝花市米易中学副校长。1989年，被授予全国教育系统劳动模范（省级劳模）荣誉称号。

毛成中 男，汉族，1943年4月出生，四川彭山县人，大学文化，中共党员。1966年8月参加工作，原四川攀西糖业协会理事成员。1995年，被授予四川省劳动模范荣誉称号。

李银安 男，回族，1944年8月出生，四川米易县人，初中文化，中共党员。原攀枝花市米易县丙谷镇雷窝村5社村党支部书记。1995年，被授予四川省劳动模范荣誉称号。

陈华平 男，汉族，1957年9月出生，四川新津县人，大专文化，中共党员。1981年2月参加工作，攀枝花市米易糖业公司农务部经理。2000年，被授予四川省劳动模范荣誉称号。

杨玉凡 男，汉族，1955年10月出生，四川会理县人，大学文化，中共党员。1977年7月参加工作，攀枝花市米易县政协副主席。2005年，被授予全国优秀工会干部（省级劳模）荣誉称号。

薛宗芬 女，汉族，1955年5月出生，四川米易县人，小学文化。攀枝花市米易县白马镇挂榜村二社村民，2000年，被授予四川省劳动模范荣誉称号。

罗阳勇 男，汉族，1975年6月出生，四川盐边县人，硕士学历，民革党员。1993年3月参加工作，四川安宁铁钛股份有限公司董事长兼总经理、高级经济师。2009年，被授予“全国钢铁工业劳动模范”（省级劳模）荣誉称号。

王庭富 男，汉族，1969年10月出生，四川米易县人，初中文化。攀枝花兴辰钒钛有限公司机械运输车间班长兼安全管理员。2010年，被授予四川省劳动模范荣誉称号。

刘雪涛 女，汉族，1969年11月出生，四川米易县人，本科文化，中共党员。1988年7月参加工作，曾任攀枝花市米易县第一小学校小教高级教师。2010年，被授予四川省劳动模范荣誉称号。

刘朝国　男，汉族，1967 年 2 月出生，四川米易县人，大专文化，中共党员。攀枝花市米易县撒莲镇摩挲村村民委员会主任。2010 年，被授予四川省劳动模范荣誉称号。

宋远发　男，汉族，1963 年 10 月出生，四川米易县人，中专文化。1984 年 10 月参加工作，四川米易供电有限责任公司撒莲营业所所长、高级工。2010 年，被授予四川省灾后恢复重建先进个人（省级劳模）荣誉称号。

万敏霜　男，汉族，1974 年 12 月出生，四川米易县人，本科文化，中共党员。1995 年 8 月参加工作，攀枝花市米易县地税局主任科员。2010 年，被授予全省地税系统先进工作者（省级劳模）荣誉称号。

九、盐边县

袁明芬　女，汉族，1931 年 10 月出生，四川西昌市人，中专文化，中共党员。1952 年 7 月参加工作，攀枝花市盐边县新城一小教师。1980 年，被授予四川省劳动模范荣誉称号。

李春发　男，汉族，1935 年 2 月出生，四川盐边县人，中专文化，中共党员。1957 年 8 月参加工作，攀枝花市盐边中学原校长。1985 年，被授予四川省劳动模范荣誉称号。

叶蓬良　男，汉族，1936 年 4 月出生，四川盐边县人，小学文化，中共党员。1956 年 5 月参加工作，原攀枝花市盐边县人民法院职工。1985 年，被授予“省政法先进工作者”（省级劳模）荣誉称号。

陈名化　男，汉族，1937 年 12 月出生，四川富顺县人，初中文化，中共党员。1956 年 3 月参加工作，原攀枝花市盐边县司法局局长。1985 年，被授予“省政法先进工作者”（省级劳模）荣誉称号。

田　军　男，汉族，1951 年 10 月出生，四川盐边县人，大专文化，中共党员。1969 年 3 月参加工作，原攀枝花市盐边县中学校高级教师。1985 年，被授予四川省劳动模范荣誉称号。

张启荣　男，汉族，1949 年 7 月出生，四川盐边县人，大专文化，中共党员。1968 年 12 月参加工作，原攀枝花市盐边县教育局局长。1986 年，被授予全国教育系统劳动模范（省级劳模）荣誉称号。

周开元　男，汉族，1936 年 10 月出生，四川盐边县人，初中文化，中共党员。1956 年 3 月参加工作，原攀枝花市盐边县红格轧钢厂厂长。1989 年，被授予四川省农业劳动模范荣誉称号。

周元康　男，汉族，1939 年 10 月出生，四川盐边县人，初中文化，中共党员。原攀枝花市盐边国胜大石房村村支书。1989 年，被授予全国商业部劳动模范（省级劳模）荣誉称号。

余树碧　女，汉族，1955 年 8 月出生，四川盐边县人，初中文化，中共党员。1972 年 3 月参加工作，原攀枝花市农业银行盐边支行职工。1989 年，被授予全国金融系统劳动模范（省级劳模）荣誉称号。

刘双龙　男，汉族，1958 年 1 月出生，湖南双峰县人，初中文化，中共党员。1977 年 3 月参加工作，曾任攀枝花市盐边县双龙机械制造有限公司董事长兼总经理、经济师。1989 年，被授予四川省劳动模范荣誉称号。

熊文龙　男，汉族，1935 年 1 月出生，四川泸县人，中专文化，中共党员。1955 年 2 月参加工作，原攀枝花市盐边县农牧局农技站站长、副高级农艺师。1989 年，被授予四川省劳动模范荣誉称号。

李子银　男，汉族，1950 年 4 月出生，四川盐边县人，中专文化。1970 年 3 月参加工作，原攀枝花市盐边国胜乡民胜村小学教师。1995 年，被授予全国教育系统劳动模范、优秀教师（省级劳模）荣誉称号奖章。

杨昌玉　女，汉族，1945 年 6 月出生，四川盐边县人，小学文化，中共党员。攀枝花市盐边县惠民乡农民。1995 年，被授予四川省劳动模范荣誉称号。

杨荣凡　女，傣族，1946 年 12 月出生，四川盐边县人，初中文化。攀枝花市盐边县红格镇昔格达村二组农民。2000 年，被授予四川省农业劳动模范荣誉称号。

王　俭　男，汉族，1963年2月出生，河北蔚县人，大学文化，中共党员。1983年10月参加工作，攀枝花一立煤业有限公司总经理。2005年，被授予四川省劳动模范荣誉称号。

程元林　男，汉族，1966年6月出生，四川盐边县人，中专文化，中共党员。攀枝花市盐边县和爱乡胜利村党支部书记。2008年，被授予四川省抗震救灾模范（省级劳模）荣誉称号。

周春宇　女，汉族，1982年3月出生，四川盐边县人，初中文化。攀枝花市友谊出租汽车公司驾驶员。2008年，被授予四川省抗震救灾模范（省级劳模）荣誉称号。

马斌炜　男，汉族，1971年9月出生，四川绵阳市人，大专文化，中共党员。1991年9月参加工作，攀枝花市盐边县电力公司生产技术部部长。2010年，被授予四川省灾后恢复重建先进个人（省级劳模）荣誉称号。

白长荣　男，汉族，1964年9月出生，四川盐边县人，中专文化。1983年9月参加工作，曾任攀枝花一立矿业股份有限公司收料、装卸、球磨班班长。2010年，被授予四川省劳动模范荣誉称号。

崔思芳　女，汉族，1959年10月出生，云南巧家县人，本科文化，中共党员。1980年7月参加工作，攀枝花市盐边县渔门医院院长，2011年，被授予四川省优秀中共党员（省级劳模）荣誉称号。

杨华军　男，彝族，1975年2月出生，四川盐边县人，大专文化，中共党员。攀枝花市盐边县和爱乡团结村村支书。2011年，被授予四川省优秀基层党组织书记（省级劳模）荣誉称号。

十、攀枝花市卫生系统

张念平　女，汉族，1934年7月出生，浙江杭州市人，中专文化，中共党员。1953年8月参加工作，原攀枝花市中心医院护师。1980年，被授予四川省农贸教卫科劳动模范（省级劳模）荣誉称号。

吴明新　男，汉族，1943年12月出生，四川西昌市人，大学文化，中共党员。1968年9月参加工作，原攀枝花市中心医院神经科医生、主任医师。2000年，被授予四川省先进工作者（省级劳模）荣誉称号。

何　蓉　女，汉族，1956年10月出生，四川阆中市人，大专文化，中共党员。1975年8月参加工作，攀枝花市中心医院耳鼻喉科主任、主任医师。2004年，被授予“全国五一劳动奖章”（省级劳模）荣誉称号。

徐大敏　男，汉族，1961年7月出生，四川简阳市人，大学文化，中共党员、农工民主党党员。1982年9月参加工作，攀枝花市中心医院呼吸内科主任、主任医师。2005年，被授予四川省劳动模范荣誉称号。

兰玉平　男，汉族，1969年1月出生，重庆市人，大学文化，中共党员。1991年8月参加工作，攀枝花市中心医院副院长、主任医师。2008年，被授予四川省抗震救灾模范、优秀共产党员（省级劳模）荣誉称号。

徐　颖　女，汉族，1963年10月出生，人，大学本科，中共党员。1985年8月参加工作，攀枝花市中心医院核医学科主任、主任医师。2008年1月被人事部、卫生部、国家中医药管理局授予全国卫生系统先进工作者（省部级劳模）荣誉称号。

邹拥军　男，汉族，1968年2月出生，重庆市人，大学文化，中共党员。1991年7月参加工作，攀枝花市中西医结合医院骨科足踝专科主任、副主任中医师。2008年，被授予四川省抗震救灾模范（省级劳动模范）荣誉称号。

周春蓉　女，汉族，1971年3月出生，四川南充市人，大专文化，中共党员。1991年6月参加工作，攀枝花市卫生信息中心副主任。2010年，被授予四川省劳动模范荣誉称号。

杨映弘　男，汉族，1963年1月出生，四川苍溪人，大学文化，民革党员。1988年7月参加工作，攀枝花市中心医院普外科主任，主任医师。2011，年被授予“全国五一劳动奖章”（省级劳模）荣誉称号。

黄星辉 男，汉族，1964 年 6 月出生，四川省仁寿县人，大学文化，中共党员。1986 年 7 月参加工作，攀枝花市疾病预防控制中心副主任、副主任医师。2012 年 12 月被人力资源和社会保障部、卫生部、国家中医院管理局授予全国卫生系统先进工作者（省部级劳模）荣誉称号。

高 云 男，汉族，1980 年 3 月出生，四川省富顺县人，硕士，农工民主党。2003 年 7 月参加工作，攀枝花市中心医院肿瘤科住院医师、主治医师。2013 年 6 月，被四川省委、省政府授予四川省“4.20”芦山强烈地震抗震救灾先进个人（省级劳模）荣誉称号。

十一、攀枝花市林业系统

王国珍 女，汉族，1942 年 9 月出生，四川广元市人，小学文化，中共党员。1959 年 3 月参加工作，原攀枝花市普威林业局计生办主任。1962 年，被授予四川省工农业劳动模范（省级劳模）荣誉称号。

谢明旭 男，汉族，1956 年 8 月出生，四川绵阳市人，初中文化，中共党员。1976 年 12 月参加工作，原攀枝花市普威林业局双江造林处办公司主任。1984 年，被授予四川省劳动模范荣誉称号。

罗官松 男，汉族，1943 年 4 月出生，四川遂宁市人，小学文化。1958 年 10 月参加工作，攀枝花市普威林业局职工。1989 年，被授予四川省农业劳动模范荣誉称号。

十二、攀枝花市直属机关系统

董 杰 男，汉族，1943 年 2 月出生，四川井研县人，本科文化，中共党员。1967 年 9 月参加工作，原攀枝花市中级人民法院院长。1978 年，被授予四川省公安司法先进工作者（省级劳模）荣誉称号。

卢时述 男，汉族，1935 年 9 月出生，四川成都市人，本科文化，中共党员。1957 年 7 月参加工作，原攀枝花市中共米易县委书记、攀枝花市政协副主席。1981 年，被授予四川省抗洪救灾先进个人（省级劳模）荣誉称号。

张有为 男，汉族，1937 年 9 月出生，四川安岳县人，本科文化，中共党员。1961 年 9 月参加工作，原攀枝花市米易县县长、攀枝花市政协副主席。1981 年，被授予四川省抗洪救灾先进个人（省级劳模）荣誉称号。

王甫华 男，汉族，1950 年 8 月出生，四川盐边县人，大专文化，中共党员。1969 年 4 月参加工作，原攀枝花市检察院侦查监督处处长。1985 年，被授予四川省政法先进工作者（省级劳模）荣誉称号。

石淑梅 女，汉族，1955 年 8 月出生，河北芦龙县人，大专文化，中共党员。1974 年 3 月参加工作，原攀枝花市委政法委员会主任科员。1985 年，被授予四川省政法先进工作者（省级劳模）荣誉称号。

汤贤敏 男，汉族，1942 年 8 月出生，四川垫江县人，大专文化，中共党员。1959 年 9 月参加工作，原攀枝花东区政法委办公室主任。1985 年，被授予四川省政法先进工作者（省级劳模）荣誉称号。

陈天义 男，汉族，1944 年 12 月出生，四川阆中市人，本科文化，中共党员。1967 年 8 月参加工作，原攀枝花市中级人民法院副院长。1985 年，被授予四川省政法先进工作者（省级劳模）荣誉称号。

钱向东 男，汉族，1935 年 12 月出生，云南姚安县人，大学文化，中共党员。1961 年 11 月参加工作，原攀枝花市农业技术推广站高级农艺师。1995 年，被授予四川省先进工作者（省级劳模）荣誉称号。

刘秀武 男，汉族，1946 年 12 月出生，浙江义乌市人，本科文化，中共党员。1968 年 9 月参加工作，原攀枝花市总工会主席，攀枝花市政协副主席。1997 年，被授予“全国五一劳动奖章”（省级劳模）荣誉称号。

单 荣 男，汉族，1953 年 12 月出生，四川西昌市人，大学文化，中共党员。1974 年 8 月参加工作，攀枝花市政协主席、党组书记。1998 年，被授予四川省劳动模范荣誉称号。

陈厚生 男，汉族，1942年8月出生，辽宁沈阳人，大学文化，九三学社党员。1966年1月参加工作，原攀枝花市攀研院学术委员会副主任、市政协副主席、教授级高工。1998年，被授予“全国五一劳动奖章”（省级劳模）荣誉称号。

陈晓翔 男，汉族，1970年4月出生，四川省冕宁县人，大学文化，中共党员。1991年7月参加工作，攀枝花市总工会党组成员、副主席。2000年4月，被省政府授予四川省先进工作者荣誉称号。

唐士豹 男，汉族，1947年3月出生，湖南长沙市人，大学文化。1970年3月参加工作，原攀枝花市环境监测站总工程师。2000年，被授予四川省先进工作者（省级劳模）荣誉称号。

杨　林 男，汉族，1963年10月出生，四川省射洪县人，大专文化，中共党员。1985年7月参加工作，攀枝花市人大常委会副主任。2010年12月被省政府授予四川省灾后恢复重建先进个人（省劳模）荣誉称号。

付肇斌 男，汉族，1944年8月出生，四川简阳市人，大学文化，中共党员。1968年12月参加工作，原攀枝花市工商局党组书记、局长。2001年，被授予四川省模范军队转业干部（省级劳模）荣誉称号。

李玉华 男，汉族，1945年11月出生，四川阆中市人，大学文化，中共党员。1970年7月参加工作，原攀枝花市民政局局长。2002年，被授予全国民政系统先进工作者（省级劳模）荣誉称号。

李加强 男，汉族，1957年1月出生，四川西昌市人，大学文化，中共党员。1974年7月参加工作，曾任攀枝花市档案局局长。2007年，被授予全国档案系统先进工作者（省级劳模）荣誉称号。

江　海 男，汉族，1972年5月生，四川峨眉山市人，研究生学历，中共产党，1992年8月参加工作，攀枝花市人民政府党组成员、副市长。2008年10月被省政府授予四川省抗震救灾模范（省劳模）荣誉称号。

张　毅 男，汉族，1953年11月出生，四川资中县人，大学文化，中共党员。1970年12月参加工作，曾任四川人民广播电台攀枝花记者站站长。2008年，被授予四川省抗震救灾模范（省级劳模）荣誉称号。

王头进 男，汉族，1955年12月出生，四川米易县人，大专文化，中共党员。1977年3月参加工作，曾任攀枝花市民政局党组成员、副局长。2008年，被授予四川省抗震救灾模范（省级劳模）荣誉称号。

吴晓聪 男，汉族，1980年7月出生，四川冕宁县人，大专文化，中共党员。2001年7月参加工作，攀枝花市数字遥测地震台网主任。2008年，被授予四川省抗震救灾模范（省级劳模）荣誉称号。

赖卫国 男，彝族，1970年1月出生，四川攀枝花市人，党校研究生文化，中共党员。1987年参加工作，攀枝花市人民检察院反贪污贿赂局副局长。2010年，被授予四川省劳动模范荣誉称号。

蒋德述 男，汉族，1954年3月出生，四川蓬溪县人，大学文化，中共党员。1972年1月参加工作，攀枝花市委组织部副部长、党建办主任。2011年，被授予省优秀党务工作者（省级劳模）荣誉称号。

吴体友 男，汉族，1955年10月出生，四川蓬安县人，大学文化，中共党员。1974年12月参加工作，原攀枝花市纪委副书记。2011年，被授予省优秀党务工作者（省级劳模）荣誉称号。

郑　虎 男，汉族，1974年9月出生，四川阆中市人，大学文化，中共党员。1997年7月参加工作，攀枝花市委宣传部外宣办（市政府新闻办）对外宣传处处长。2011年，被授予省优秀党务工作者（省级劳模）荣誉称号。

李永胜 男，汉族，1965年1月出生，四川江油县人，大学文化，中共党员。1985年7月参加工作，原攀枝花市安全生产监督管理局副局长。2011年，被授予省优秀基层党组织书记（省级劳模）荣誉称号。

廖成莉 女，汉族，1968年8月出生，四川省米易县人，大学文化，中共党员。1988年12月参加工作，中共攀枝花市中级人民法院党组成员、市纪委派驻市中院纪检组长。2011年6月，被中纪委、监察部、人社部授予全国纪检监察系统先进工作者（省部级劳模）荣誉称号。

付　静　女，汉族，1963年3月出生，重庆市人，大学本科，中共党员。1980年12月参加工作，攀枝花市科学技术和知识产权局知识产权与科普处处长。2013年1月被人力资源和社会保障部、科学技术部授予全国科技管理系统先进工作者（省部级劳模）荣誉称号。

十三、攀枝花市公安系统

包良玉　男，汉族，1933年6月出生，四川蓬溪县人，初中文化，中共党员。1955年3月参加工作，原攀枝花市公安局监管支队副县级侦察员。1978年，被授予四川省公安系统先进工作者（省级劳模）荣誉称号。

任文博　男，汉族，1948年10月出生，四川南充市人，大专文化，中共党员。1971年2月参加工作，原攀枝花市公安局东区分局正科级侦察员。1978年，被授予四川省公安系统先进工作者（省级劳模）荣誉称号。

向春茂　女，汉族，1947年10月出生，四川射洪县人，高中文化，中共党员。1966年7月参加工作，攀枝花市公安局财务装备处副县级侦察员。1978年，授予四川省公安系统先进工作者（省级劳模）荣誉称号。

张　烈　男，汉族，1922年12月出生，四川宣汉县人，大专文化，中共党员。1950年4月参加工作，原攀枝花市公安局刑警支队副县级侦察员。1978年，授予四川省公安系统先进工作者（省级劳模）荣誉称号。

余顺和　男，汉族，1936年1月出生，四川双流县人，小学文化，中共党员。1954年12月参加工作，原攀枝花市公安局财务装备处司炉工。1978年，被授予四川省公安系统先进工作者（省级劳模）荣誉称号。

杜德贵　男，汉族，1962年7月出生，四川省攀枝花市人，中专文化，中共党员。1981年10月参加工作，攀枝花市公安局东区公安分局大渡口派出所民警。1984年5月在对越自卫还击收复阴山的战斗中荣立一等功（省级劳动模范）。

邓正明　男，汉族，1949年9月出生，四川内江市人，中专文化，中共党员。1970年10月参加工作，原攀枝花市公安局仁和区分局金江派出所正科级侦察员。1985年，被授予四川省政法战线先进工作者（省级劳模）荣誉称号。

朱为青　男，汉族，1945年7月出生，广东丰顺县人，大专文化，中共党员。1978年8月参加工作，曾任攀枝花市公安局西区分局副县级侦察员。1985年，被授予四川省政法战线先进工作者（省级劳模）荣誉称号。

刘国兴　男，汉族，1954年4月出生，四川南充市人，小学文化，中共党员。1971年2月参加工作，原攀枝花市公安局西区分局正科级侦察员。1985年被授予四川省政法战线先进工作者（省级劳模）荣誉称号。

杨晓生　男，汉族，1954年6月出生，湖北武汉市人，中专文化，中共党员。1971年3月参加工作，原攀枝花市公安局东区分局正科级侦察员，1985年，被授予四川省严厉打击刑事犯罪和加强政法工作建设先进工作者（省级劳模）荣誉称号。

殷旭东　男，汉族，1958年11月出生，四川威远人，大学文化，中共党员。1976年8月参加工作。攀枝花市人民政府副市长、攀枝花市公安局党委书记、局长。1995年，被授予四川省劳动模范荣誉称号。

汪　峰　男，汉族，1971年7月出生，安徽庐江人，大学文化，中共党员。1988年11月参加工作。攀枝花市公安局交警支队支队长。2011年，被授予全省“人民满意的公务员”（省级劳模）荣誉称号。

十四、攀枝花市广电文化系统

周泽鉴　男，汉族，1955年6月出生，重庆市人，大学文化，中共党员。1972年7月参加工作，曾任攀枝花市盐边县文化馆馆长、文管委办主任、文联常务副主席，攀枝花市文化市场稽查支队书记、支队长。1995年，被授予全国文化系统先进工作者（省级劳模）荣誉称号。

李福才 男，汉族，1959年6月出生，山东泗水县人，中共党员。1976年12月参加工作，攀枝花市电视台国际部主任。2005年，被授予四川省劳动模范荣誉称号。

马　莎 女，汉族，1960年10月出生，河南开封市人，大专文化，中共党员。1975年3月参加工作，攀枝花市文化馆舞蹈工作室。2010年，被授予四川省劳动模范荣誉称号。

十五、攀枝花市交通系统

刘德元 男，汉族，1930年3月出生，云南东川市人，初小文化，中共党员。1951年参加工作，原攀枝花路桥总公司机械化公司伐木工。1954年，被授予云南省劳动模范（省级劳模）荣誉称号。

冯国柱 男，汉族，1932年11月出生，天津市人，中共党员。1943年11月参加工作，原攀枝花汽车运输总公司技术员。1956年，被授予天津市先进工作者（省级劳模）荣誉称号。

李万全 男，汉族，1924年4月出生，四川江津人，初小文化，中共党员。1950年8月参加工作，攀枝花路桥总公司桥梁公司炮工。1957年，被授予甘孜藏族自治州东巴公路筑路一等劳动模范（省级劳模）荣誉称号。

赵兰妹 女，彝族，1941年7月出生，贵州水城县人，小学文化，中共党员。1953年3月参加工作，原攀枝花市拉古林业局伐木工。1975年，被授予四川省先进工作者（省级劳模）荣誉称号。

冯德松 男，汉族，1947年1月出生，四川南充市人，小学文化，中共党员。1966年5月参加工作，原攀枝花汽车运输总公司驾驶员。1984年，被授予四川省劳动模范荣誉称号。

刘中镐 男，汉族，1944年3月出生，四川仪陇县人，初中文化，中共党员。1964年10月参加工作，原攀枝花公路建设有限公司工程师。1984年，被授予四川省劳动模范荣誉称号。

黄国顺 男，汉族，1937年2月出生，云南永仁县人，小学文化，中共党员。1958年2月参加工作，原攀枝花市公路养护总段大渡口公路养护管理段工人。1984年，被授予四川省劳动模范荣誉称号。

李跃夫 男，汉族，1933年11月出生，安徽临泉县人，高小文化，中共党员。1954年参加工作，原攀枝花市公交客运总公司驾驶员。1987年，被授予“全国五一劳动奖章”（省级劳模）荣誉称号。

贺立贵 男，汉族，1938年7月出生，天津市人，小学文化，中共党员。1958年3月参加工作，原攀枝花市公交客运总公司驾驶员。1990年，被授予建设部劳动模范（省级劳模）荣誉称号。

达良材 男，汉族，1933年3月出生，湖南武岗县人，大专文化，中共党员。1950年1月参加工作，原攀枝花市交通局财务科科长、总会计师。1990年，被授予全国交通系统先进会计工作者（省级劳模）荣誉称号。

蒋大海 男，汉族，1947年5月出生，四川岳池县人，初中文化，中共党员。1966年5月参加工作，原攀枝花市公路养护管理总段机械工程处工人。1995年，被授予四川省先进工作者（省级劳模）荣誉称号。

杨方全 男，汉族，1944年7月出生，四川南充市人，小学文化，中共党员。1964年10月参加工作，原攀枝花公路建设有限公司沥青工。1996年，被授予四川省劳动模范荣誉称号。

何华清 男，汉族，1958年3月出生，四川南充市人，初中文化，中共党员。1980年2月参加工作，攀枝花市金江公路养护管理段养护站站长。1997年，被授予“全国五一劳动奖章”（省级劳模）荣誉称号。

郑　良 男，汉族，1963年5月出生，四川内江人，大专文化，中共党员。1981年10月参加工作，攀枝花市散装水泥运输公司副科长，1998年，被授予交通部劳动模范（省级劳模）荣誉称号。

刘家兴 男，汉族，1947年8月出生，四川岳池县人，本科文化，中共党员。1968年9月参加工作，原攀枝花市公交客运总公司总经理。2000年，被授予四川省劳动模范荣誉称号。

吴方太 男，汉族，1946 年 2 月出生，湖北武汉市人，大学文化，中共党员。1969 年 7 月参加工作，原攀枝花公路建设有限公司总经理。2000 年，被授予四川省劳动模范荣誉称号。

任国君 男，汉族，1955 年 10 月出生，四川南充人，本科文化，中共党员。1971 年 10 月参加工作，攀枝花公路桥梁工程总公司总经理、高级政工师。2001 年，被授予交通部劳动模范（省级劳模）荣誉称号。

马盛国 男，汉族，1971 年 7 月出生，山西临汾市人，研究生学历，中共党员。1995 年 7 月参加工作，曾任市交通设计研究院院长、党支部书记，四川恒盛路桥勘察设计有限公司董事长、总经理、党支部书记。2005 年，被授予全国交通系统先进生产工作者（省级劳模）荣誉称号。

英雅莉 女，汉族，1965 年 10 月出生，辽宁阜新人，高中文化。1995 年 7 月参加工作，攀枝花市公交总公司驾驶员，2007 年，被授予“全国五一劳动奖章”（省级劳模）荣誉称号。

刘应贵 男，汉族，1972 年 6 月出生，四川攀枝花市人，硕士学历，中共党员。1995 年 7 月参加工作，攀枝花市交通运输局党委委员、总工程师。2009 年，被授予全国交通系统先进工作者（省级劳模）荣誉称号。

邓秀芳 女，汉族，1972 年 11 月出生，四川省蓬溪县人，初中文化，中共党员。1991 年 7 月参加工作，攀枝花市米易公路养护管理段柳溪河养护站站长、中级工。2009 年 12 月被交通运输部授予全国交通运输系统劳动模范（省部级劳动模范）荣誉称号。

李建超 男，汉族，1970 年 11 月出生，四川乐山市人，大专文化，中共党员。1990 年 6 月参加工作，攀枝花市公路路政管理支队路政员。2010 年，被授予四川省劳动模范荣誉称号。

王 平 男，汉族，1967 年 1 月出生，重庆市人，大专文化，中共党员。1988 年 7 月参加工作，攀枝花市公路养护总段桥梁养护队长、市桥梁检测中心主任。2011 年，被授予四川省优秀共产党员（省级劳模）荣誉称号。

十六、攀枝花市建设建材系统

王 贵 男，汉族，1931 年 4 月出生，四川西昌市人，大学本科文化，中共党员。1952 年 3 月参加工作，原攀枝花市通力建筑（集团）有限公司职工。1960 年，被授予云南省劳动模范（省级劳模）荣誉称号。

庞春秀 女，汉族，1949 年 7 月出生，四川武胜县人，初中文化，中共党员。1966 年 7 月参加工作，原攀枝花市建筑二公司职工。1984 年，被授予四川省劳动模范荣誉称号。

李官容 女，汉族，1950 年 1 月出生，四川三台县人，初中文化，中共党员。1963 年 7 月参加工作，原攀枝花市建筑二公司职工。1984 年，被授予四川省劳动模范荣誉称号。

蒲泽权 男，汉族，1941 年 12 月出生，四川遂宁市人，本科文化，中共党员。1965 年 7 月参加工作，原攀枝花市建筑规划设计院副院长。1986 年，被授予建设部劳动模范（省级劳模）荣誉称号。

方祥祜 男，汉族，1934 年 2 月出生，四川高臬县人，本科文化，中共党员。1959 年 8 月参加工作，原攀枝花市通力建筑（集团）有限公司总会计师。1990 年，被授予全国先进会计工作者（省级劳模）荣誉称号。

何茂恒 男，汉族，1939 年 1 月出生，浙江东阳市人，中专文化，中共党员。1965 年 6 月参加工作，原攀枝花市建筑一公司、攀枝花市通力建筑（集团）有限公司施工队队员、项目经理。1990 年，被授予“全国五一劳动奖章”（省级劳模）荣誉称号。

杨万林 男，汉族，1946 年 2 月出生，湖南桃源市人，大学文化，中共党员。1970 年 9 月参加工作，原攀枝花市规划和建设局调研员。1994 年，被授予全国建设系统先进工作者（省级劳模）荣誉称号。

苏治荣 男，汉族，1944 年 12 月出生，四川宝兴县人，中专文化，中共党员。1964 年 8 月参加工作，原攀枝花市建筑机械化公司经理兼党委书记。1994 年，被授予建设部劳动模范（省级劳模）荣誉称号。

梁开庭 男，汉族，1944 年 3 月出生，四川遂宁市人，小学文化，中共党员。1968 年 8 月参加工作，原攀枝花市房管局管道工。1998 年，被授予“全国五一劳动奖章”（省级劳模）荣誉称号。

熊火仁 男，汉族，1951 年 10 月出生，广东佛山市人，高中文化，中共党员。1969 年 3 月参加工作，原四川金沙水泥股份有限公司电铲工、电铲班班长。2000 年，被授予全国建材系统劳动模范（省级劳模）荣誉称号。

汤传刚 男，汉族，1968 年 12 月出生，重庆市人，中技文化，中共党员。1988 年月参加工作，原攀枝花大地水泥有限公司烧成车间主任。2007 年，被授予全国建材系统劳动模范（省级劳模）荣誉称号。

刘成栋 男，汉族，1965 年 8 月出生，本科文化，民盟盟员。1986 年 7 月参加工作，攀枝花市建设工程质量安全监督站稽查科科长、总工程师。2012 年 12 月被人力资源社会保障部、住房和城乡建设部授予全国住房城乡建设系统先进工作者（省部级劳模）荣誉称号。

代万铭 男，汉族，四川省攀枝花市人，大专文化，中共党员。年月参加工作，攀枝花市城市建设投资经营有限公司工程技术部经理。2012 年 12 月被人力资源社会保障部、住房和城乡建设部授予全国住房城乡建设系统先进工作者（省部级劳模）荣誉称号。

十七、攀枝花市城市管理系统

杨桂兰 女，汉族，1948 年 5 月出生，云南大姚县人，高小文化。1964 年 12 月参加工作，原攀枝花市市政工程管理处党委书记。1966 年，被授予渡口市“六金花”之一的“知难而上的红姑娘”（市级劳模）荣誉称号。1975 年被授予四川省“工业学大庆”劳动模范（省级劳模）荣誉称号。

张才高 男，汉族，1948 年 11 月出生，四川营山县人，大专文化，中共党员。1966 年 5 月参加工作，原攀枝花市水务（集团）公司党委书记。1999 年，被授予建设部劳动模范（省级劳模）荣誉称号。

肖　海 男，汉族，1959 年 8 月出生，四川岳池县人，研究生学历，中共党员。1977 年 8 月参加工作，曾任攀枝花市园林绿化处高级工程师、处长，攀枝花市煤气总公司党支部副书记。2003 年，被授予“全国五一劳动奖章”（省级劳模）荣誉称号。

魏正军 男，汉族，1970 年 11 月出生，云南姚安县人，本科文化，中共党员。1989 年 12 月参加工作，曾任攀枝花市园林绿化处绿化工程队队长、处工会主席。2005 年，被授予四川省劳动模范荣誉称号。

杜桂玲 女，汉族，1965 年 2 月出生，河北邯郸市人，本科文化。1986 年 7 月参加工作，攀枝花市城市管理局市政处处长。2007 年，被授予全国建设系统先进工作者（省级劳模）荣誉称号。

十八、攀枝花市财贸系统

王旭桂 女，汉族，1953 年 11 月出生，四川乐山市人，本科文化。1972 年 7 月参加工作，原攀枝花市工商银行陶家渡支行主任科员、经济师。1992 年，被授予“全国五一劳动奖章”（省级劳模）荣誉称号。

王本元 男，汉族，1944 年 7 月出生，四川开江县人，大专文化，中共党员。1963 年 12 月参加工作，原攀枝花市金属回收公司经理。1995 年，被授予全国内贸系统劳动模范（省级劳模）荣誉称号。

刘明秀 女，汉族，1956 年 11 月出生，四川蓬莱人，本科文化，中共党员。1973 年 2 月参加工作，攀枝花市国税局稽查局。1995 年，被授予四川省先进工作者（省级劳模）荣誉称号。

秦　霞 女，汉族，1966 年 10 月出生，四川成都市人，大学文化，中共党员。1986 年 7 月参加工作，工商银行攀枝花分行人力资源管理员。1995 年，被授予四川省先进工作者（省级劳模）荣誉称号。

陈 江 男，汉族，1969 年 11 月出生，四川蓬溪县人，大专文化，中共党员。1988 年 12 月参加工作，攀枝花市宾馆餐饮部经理。2005 年，被授予四川省劳动模范荣誉称号。

周蜀荣 女，汉族，1958 年 7 月出生，江苏句容县人，研究生学历，中共党员。1975 年 8 月参加工作，攀枝花市国税局机关党委副书记。2005 年，被授予国家税务系统先进工作者（省级劳模）荣誉称号。

余新会 女，汉族，1961 年 10 月出生，广东开平县人，大专文化，中共党员。1978 年 10 月参加工作，四川省烟草公司攀枝花市公司米易县烟草专卖局（营销部）副经理。2010 年，被授予四川省劳动模范荣誉称号。

十九、攀枝花市教育系统

杨淑蓉 女，汉族，1934 年 11 月出生，重庆市人，大专文化，中共党员。1956 年 8 月参加工作，原攀枝花市第四中学校教师。1984 年，被授予四川省劳动模范荣誉称号。

李雪琳 女，汉族，1947 年 12 月出生，四川梁平县人，大学文化，中共党员。1965 年 9 月参加工作，原攀枝花广播电视大学中小学教师培训中心常务副主任。1984 年，被授予四川省劳动模范荣誉称号。

苏广学 女，汉族，1944 年 3 月出生，重庆市人，中技文化，中共党员。1964 年 7 月参加工作，原攀枝花市实验学校高级教师。1985 年，被授予四川省优秀教师（省级劳模）荣誉称号。

宁长顺 男，汉族，1947 年 4 月出生，四川阆中市人，大学文化，中共党员。1969 年 7 月参加工作，原攀枝花市教育局正县级干部。1989 年，被授予四川省劳动模范荣誉称号。

费爱平 女，汉族，1953 年 4 月出生，河北平山人，大学文化，中共党员。1969 年 8 月参加工作，攀枝花市第三高级中学高级教师。2005 年，被授予四川省劳动模范荣誉称号。

余仕利 男，汉族，1967 年 5 月出生，四川资阳市人，本科文化。1988 年 5 月参加工作，攀枝花市二中中学高级教师。2008 年，被授予四川省抗震救灾模范（省级劳模）荣誉称号。

肖 敏 女，汉族，1968 年 10 月出生，四川省攀枝花市人，大学文化，中共党员。1988 年 7 月参加工作，攀枝花市教育科学研究所职教教研员。2009 年 8 月被省委、省政府授予四川省模范教师（省部级劳模）荣誉称号。

田 锐 男，汉族，1964 年 8 月出生，四川南部县人，大学文化，中共党员。1986 年 7 月参加工作，攀枝花市外国语校党总支书记、校长。2011 年，被授予四川省优秀共产党员（省级劳模）荣誉称号。

范小红 女，汉族，1964 年 8 月出生，重庆市人，大学文化，中共党员。1986 年 7 月参加工作，攀枝花市经贸学校党委副书记、常务副校长。2012 年，被授予“全国五一劳动奖章”（省级劳模）荣誉称号。

二十、四川省电力公司攀枝花电业局

宋向东 男，汉族，1967 年 7 月出生，江苏启东市人，本科文化，中共党员。1985 年 8 月参加工作，攀枝花电业局仁和供电局农网建设负责人、高级工程师。2010 年，被授予四川省灾后恢复重建先进个人（省级劳模）荣誉称号。

肖腾善 男，汉族，1934 年 4 月出生，重庆市人，中专文化，中共党员。1965 年 8 月参加工作，曾任攀枝花电业局副局长。1994 年 4 月，被电力工业部和中国水利电力工会授予全国电力工业劳动模范（省部级劳动模范）荣誉称号。

二十一、中国石油攀枝花销售分公司

刘廷荣 男，汉族，1954 年 3 月出生，四川武胜县人，大专文化，中共党员。1971 年 3 月参加工作，

原中国石油天然气股份有限公司四川攀枝花销售分公司副总经理、助理工程师。2010 年，被授予四川省劳动模范荣誉称号。

二十二、攀枝花农林科学院

彭善新 男，汉族，1963 年 2 月出生，重庆市人，大专文化，中共党员、致公党员。1983 年 7 月参加工作，曾任攀枝花市农林科学研究院研究员。2005 年，被授予四川省劳动模范荣誉称号。

二十三、中国移动攀枝花分公司

刘志才 男，汉族，1934 年 12 月，四川省蓬溪县人，小学文化，中共党员。1958 年 6 月参加工作，曾任四川省攀枝花市邮电局密地分局务本邮电所主任。1984 年 3 月，被省政府授予四川省职工劳动模范荣誉称号。

贺晓兵 男，汉族，1974 年 7 月出生，四川省安岳县人，大学本科，中共党员。1997 年 10 月参加工作，中国移动通信集团四川有限公司攀枝花分公司纪检监察室主任。2011 年 7 月，被省委省政府授予四川省优秀共产党员（省级劳动模范）荣誉称号。

二十四、中国电信攀枝花分公司

皮祖玲 女，汉族，1968 年 8 月出生，重庆市人，高中文化。1986 年 10 月参加工作，攀枝花电信分公司大客户部副经理。2003 年，被授予“全国五一劳动奖章”（省级劳模）荣誉称号。

二十五、攀枝花市国家安全局

薛　冰 男，汉族，1942 年 12 月出生，山西临县人，高中文化，中共党员。1960 年 12 月参加工作，原攀枝花市国家安全局副局长，1985 被，授予“省政法先进工作者”（省级劳模）荣誉称号。

二十六、攀枝花市邮政局

杨跃荣 女，汉族，1958 年 7 月出生，四川西昌市人，高中文化。1977 年 9 月参加工作，曾任米易县邮电局话务员。1981 年被四川省人民政府授予“四川省抗洪抢险先进个人”（省级劳动模范）荣誉称号，荣立二等功。

张云波 男，彝族，1964 年 1 月出生，云南华坪县人，中专文化，中共党员。1983 年 7 月参加工作，1983 年 5 月参加工作。攀枝花邮政速递物流公司工作。2000 年 5 月，被四川省人民政府授予四川省劳动模范荣誉称号。

廖元伦 男，汉族，1948 年 2 月出生，四川营山县人，大专文化，中共党员。1964 年 7 月参加工作，曾任攀枝花市邮政局党委书记、局长、高级政工师。1999 年 12 月，被市政府授予攀枝花市职工劳动模范荣誉称号。

二十七、攀枝花市钒钛产业园区

金加明 男，汉族，1969 年 2 月出生，四川绵竹市人，初中文化。1992 年 3 月参加工作，攀枝花德铭化工有限公司动力部设备管理员、机修班班长。2011 年，被授予“全国五一劳动奖章”（省级劳模）荣誉称号。

第二节　攀枝花市劳动模范

一、攀钢（集团）公司

薛国轩　男，汉族，1936年12月出生，四川遂宁市人，中专，中共党员。1952年9月参加工作，原攀钢（集团）公司矿业公司科长。1952年，被授予遂宁市劳动模范荣誉称号。

赵恩家　男，汉族，1931年3月出生，辽宁辽阳市人，初中，中共党员。1950年3月参加工作，原攀钢（集团）公司废钢厂车间主任。1960年，被授予鞍山市劳动模范荣誉称号。

吴德素　女，汉族，1944年11月出生，四川安岳市人，初中，1965年4月参加工作，原攀钢（集团）公司矿业公司物资处助理统计师。1966年，被授予渡口市"六金花"之一"三过硬的红姑娘"（市级劳动模范）荣誉称号。

吴正基　男，汉族，1949年6月出生，重庆市人，高中，中共党员。1969年11月参加工作，原攀钢（集团）公司房产公司向阳房管所管道工。1984年，被授予攀枝花市劳动模范荣誉称号。

何家俭　男，汉族，1947年8月出生，四川逢安县人，初中，中共党员。1966年5月参加工作，原攀钢（集团）公司机制公司退休办炼钢工。1984年，被授予攀枝花市劳动模范荣誉称号。

赵必楚　男，汉族，1948年2月出生，四川阆中市人，高小，中共党员。1966年11月参加工作，原攀钢（集团）公司物资采购部库工。1984年，被授予攀枝花市劳动模范荣誉称号。

柏国荣　男，彝族，1942年6月出生，云南玉溪市人，小学，中共党员。1958年8月参加工作，原攀钢（集团）公司炼铁厂二高炉书记。1984年，被授予攀枝花市劳动模范荣誉称号。

高国亮　男，汉族，1950年4月出生，辽宁营口市人，大学，中共党员。1968年9月参加工作，原攀钢（集团）公司密地医院耳鼻喉科主任医师。1984年，被授予攀枝花市劳动模范荣誉称号。

谭定忠　男，汉族，1949年3月出生，四川仪陇县人，高中，中共党员。1966年10月参加工作，原攀钢（集团）公司矿业公司朱矿铁运车间工段支部书记、政工员。1984年，被授予攀枝花市劳动模范荣誉称号。

魏昌硕　男，汉族，1954年5月出生，四川南部县人，初中，中共党员。1974年1月参加工作，原攀钢（集团）公司机制分公司退休办货车司机。1986年，被授予攀枝花市"见义勇为"称号（市级劳动模范）荣誉称号。

王义堂　男，汉族，1943年3月出生，河北献县人，大学，中共党员。1966年9月参加工作，原攀钢（集团）公司动力厂厂长，矿业公司副经理、高级工程师。1988年，被授予攀枝花市劳动模范荣誉称号。

闫子雪　男，汉族，1939年12月出生，湖南株洲市人，大学，中共党员。1964年10月参加工作，原攀钢（集团）矿业公司机动处专务处长、高级工程师，矿业公司选矿厂厂长。1988年，被授予攀枝花市劳动模范荣誉称号。

李　志　男，汉族，1935年10月出生，吉林扶余县人，大专，中共党员。1962年7月参加工作，原攀钢（集团）公司炼钢厂厂长。1988年，被授予攀枝花市劳动模范荣誉称号。

李润芹　男，汉族，1932年12月出生，辽宁本溪市人，大学，中共党员。1957年9月参加工作，原攀钢（集团）公司矿业公司兰尖铁矿高级工程师、兰尖铁矿矿长。1988年，被授予攀枝花市劳动模范荣誉称号。

易善永　男，汉族，1936年12月出生，湖南常德市人，大学，中共党员。1962年10月参加工作，原攀钢（集团）公司二基地筹备办公室主任等职。1988年，被授予攀枝花市劳动模范荣誉称号。

詹维炎　男，汉族，1937年10月出生，湖北罗田县人，大学，中共党员。1958年8月参加工作，原攀钢（集团）公司实业开发公司、攀钢汽运公司总经理等职。1988年，被授予攀枝花市劳动模范荣誉称号。

敬　奎　男，汉族，1947年9月出生，四川阆中市人，大学，中共党员。1965年9月参加工作，原攀钢（集团）公司矿业公司党委书记、高级政工师。1988年，被授予攀枝花市劳动模范荣誉称号。

刘宝山　男，汉族，1934年8月出生，河北省滦南县人，中专，中共党员。1957年8月参加工作，原攀钢（集团）公司运输部主任，1988年，被授予攀枝花市劳动模范荣誉称号。

张思成　男，汉族，1940年4月出生，四川乐至县人，小学，中共党员。1966年12月参加工作，原攀钢（集团）公司矿业公司朱矿排土车间养路段铁路养路工。1989年，被授予攀枝花市劳动模范荣誉称号。

陈洪书　男，汉族，1946年2月出生，四川宜宾市人，小学，中共党员。1964年12月参加工作，原攀钢（集团）生活服务公司食堂炊事员。1989年，授予攀枝花市劳动模范荣誉称号。

杨道英　男，汉族，1947年9月出生，四川资阳市人，初中，中共党员。1965年8月参加工作，原攀钢（集团）公司运输部段长。1989年，被授予攀枝花市劳动模范荣誉称号。

陈守阳　男，汉族，1951年6月出生，四川南充市人，初中。1971年1月参加工作，原攀钢（集团）公司攀冶特种工程分公司一队汽驾班班长。1989年，被授予攀枝花市劳动模范荣誉称号。

张崇新　男，汉族，1949年7月出生，重庆市人，初中，中共党员。1974年11月参加工作，原攀钢（集团）公司矿业有限石灰石矿矿用重型汽车司机。1989年，被授予攀枝花市劳动模范荣誉称号。

何家润　男，汉族，1947年3月出生，重庆市人，小学，中共党员。1966年11月参加工作，原攀钢（集团）公司矿业公司动力厂供电车间电缆班班长。1989年，被授予攀枝花市劳动模范荣誉称号。

袁肇孟　男，汉族，1933年9月出生，湖南长沙市人，大学，中共党员。1955年11月参加工作，原攀钢（集团）公司密地医院儿科主任、主任医师。1989年，被授予攀枝花市劳动模范荣誉称号。

潘树范　男，汉族，1939年3月出生，辽宁海城市人，大学，中共党员。1964年9月参加工作，原攀钢（集团）公司科协副主席、教授级工程师。1989年，被授予攀枝花市劳动模范荣誉称号。

王朝俊　男，汉族，1946年12月出生，四川仪陇县人，高中，中共党员。1966年11月参加工作，原攀钢（集团）公司矿业公司选矿厂助理工程师、车间主任。1994年，被授予攀枝花市劳动模范荣誉称号。

刘利国　男，汉族，1948年1月出生，四川邻水县人，小学，中共党员。1966年12月参加工作，原攀钢（集团）公司攀冶建筑分公司瓦工班班长。1994年被授予攀枝花市劳动模范荣誉称号。

张　卫　男，汉族，1957年2月出生，河北南宫县人，研究生，中共党员。1975年8月参加工作，原攀钢（集团）公司信息工程技术有限公司副经理。1994年，被授予攀枝花市劳动模范荣誉称号。

杨万友　男，汉族，1955年11月出生，四川遂宁市人，高中，中共党员。1972年12月参加工作，原攀钢（集团）公司钛业公司选钛厂微矿车间硫钴线班长。1994年，被授予攀枝花市劳动模范荣誉称号。

谷凤宝　男，汉族，1940年7月出生，辽宁辽阳市人，大专，中共党员。1957年8月参加工作，原攀钢（集团）公司矿业公司公司经理、高级工程师。1994年，被授予攀枝花市劳动模范荣誉称号。

杨龙文　男，汉族，1945年6月出生，四川金堂县人，初中，中共党员。1961年3月参加工作，原攀钢（集团）公司生活服务公司食堂管理员。1994年，被授予攀枝花市职工劳动模范荣誉称号。

肖胜国　男，汉族，1948年12月出生，重庆市人，小学，中共党员。1966年11月参加工作，原攀钢（集团）公司攀冶修建分公司机械工程项目部一分队队长。1994年，被授予攀枝花市劳动模范荣誉称号。

陈德述　男，汉族，1946年11月出生，重庆市人，初中，中共党员。1964年11月参加工作，原攀钢（集团）公司自动化公司装修车间班长。1994年，被授予攀枝花市劳动模范荣誉称号。

张隆金　男，汉族，1946年6月出生，重庆市人，初中，中共党员。1966年10月参加工作，原攀钢（集团）公司电气公司工程部副部长。1994年，被授予攀枝花市劳动模范荣誉称号。

林孝明　男，汉族，1943年12月出生，重庆市人，小学，中共党员。1965年8月参加工作，原攀钢（集团）公司炼铁厂电焊工。1994年被授予攀枝花市劳动模范荣誉称号。

周祖林　男，汉族，1950年12月出生，重庆市人，小学，中共党员。1968年3月参加工作，原攀钢（集团）公司矿业公司兰尖铁矿技师。1994年，被授予攀枝花市劳动模范荣誉称号。

贾连弟　男，汉族，1939年8月出生，河北饶阳县人，大学，中共党员。1966年6月参加工作，原攀钢集团公司研究院有限公司教授级高工。1994年，被授予攀枝花市劳动模范荣誉称号。

徐奇春　男，汉族，1940年9月出生，辽宁义县人，高中，中共党员。1958年8月参加工作，原攀钢（集团）公司轨梁厂工会主席。1994年，被授予攀枝花市劳动模范荣誉称号。

郭逢友　男，汉族，1944年3月出生，四川隆昌县人，初中，中共党员。1966年11月参加工作，原攀钢（集团）公司矿业公司汽修厂一汽服务站综合班班长、电焊工。1994年，被授予攀枝花市劳动模范荣誉称号。

曹云贵　男，汉族，1952年11月出生，重庆市人，小学，中共党员。1966年11月参加工作，原攀钢（集团）公司机制公司车工高级技师。1994年，被授予攀枝花市劳动模范荣誉称号。

王兴银　男，汉族，1943年3月出生，四川夹江县人，大学，中共党员。原攀钢集团公司保卫处处长。1994年，被授予攀枝花市劳动模范荣誉称号。

周诗金　男，汉族，1947年5月出生，四川安岳县人，初中，中共党员。1966年11月参加工作，原攀钢（集团）公司轨梁厂机械车间钳工。1994年，被授予攀枝花市劳动模范荣誉称号。

刘天锡　男，汉族，1949年6月出生，四川蓬安县人，初中，中共党员。1966年10月参加工作，原攀钢（集团）公司炼铁厂一烧车间丙班工长。1994年，被授予攀枝花市劳动模范荣誉称号。

曹继武　男，汉族，1944年9月出生，辽宁盖县人，初中，1966年6月参加工作，原攀钢（集团）公司攀钢钒运输部内燃机车司机，1994年，攀枝花市劳动模范荣誉称号。

罗新铭　男，汉族，1953年2月出生，四川南充市人，初中，中共党员。1971年2月参加工作，原攀钢（集团）公司攀冶特种工程分公司重修工人技师。1994年，被授予攀枝花市劳动模范荣誉称号。

雷明友　男，汉族，1945年4月出生，四川阆中县人，小学，中共党员。1965年7月参加工作，原攀钢（集团）公司钢城环业公司职工。1994年，被授予攀枝花市劳动模范荣誉称号。

杨希茂　男，汉族，1964年8月出生，河南孟县人，研究生，中共党员。1986年7月参加工作，攀钢（集团）公司西昌新钢业副总经理。1996年，被授予北海市劳动模范荣誉称号。

王晓东　男，汉族，1969年3月出生，四川蓬安县人，大专，中共党员。1991年11月参加工作，攀钢（集团）公司运输部蒸汽机车、内燃机车司机。1999年，被授予攀枝花市劳动模范荣誉称号。

汤永发　男，汉族，1949年9月出生，四川阆中市人，初中，中共党员。1966年11月参加工作，原攀钢（集团）公司攀钢钒能动中心供电车间检修工段段长。1999年，被授予攀枝花市劳动模范荣誉称号。

孙希文　男，汉族，1942年6月出生，山东招远市人，大学，中共党员。1964年9月参加工作，原攀钢（集团）公司炼铁厂，攀钢环业公司厂长、总经理等职。1999年，被授予攀枝花市劳动模范荣誉称号。

华承亮 男，汉族，1966年7月出生，重庆市人，中专，中共党员。1988年12月参加工作，原攀钢（集团）公司钛业公司选钛厂精选车间主任助理。1999年，被授予攀枝花市劳动模范荣誉称号。

张大明 女，汉族，1956年7月出生，云南华宁县人，本科，中共党员。1975年9月参加工作，原攀钢（集团）公司信息工程技术有限公司教授级高工、室主任。1999年，被授予攀枝花市劳动模范荣誉称号。

吴凯忠 男，汉族，1966年3月出生，四川资中县人，初中，中共党员。1987年9月参加工作，原攀钢（集团）公司生活服务公司食堂管理员。1999年，被授予攀枝花市劳动模范荣誉称号。

李贵华 男，汉族，1953年8月出生，四川自贡市人，本科，中共党员。1971年4月参加工作，原攀钢（集团）公司冶材公司技术研发中心主任。1999年，被授予攀枝花市劳动模范荣誉称号。

倪承元 男，汉族，1962年9月出生，辽宁义县人，高中，中共党员。1981年12月参加工作，攀钢（集团）公司钒轨梁厂二轧钢丙班副班长。1999年，被授予攀枝花市劳动模范荣誉称号。

程茂谦 男，汉族，1947年12月出生，四川会理县人，小学，中共党员。1968年1月参加工作，原攀钢（集团）公司房产公司枣子坪房管所工人。1999年，被授予攀枝花市劳动模范荣誉称号。

熊全义 男，汉族，1947年10月出生，重庆市人，高中，中共党员。1965年7月参加工作，攀钢（集团）公司冶建建筑工程公司第二项目部经理、技术员。1999年，被授予攀枝花市劳动模范荣誉称号。

王显林 男，汉族，1953年6月出生，重庆市人，初中，中共党员。1971年12月参加工作，原攀钢（集团）公司机制分公司镗工。2004年，被授予攀枝花市劳动模范荣誉称号。

王方国 男，汉族，1964年3月出生，重庆市人，中专，中共党员。1981年2月参加工作，攀钢（集团）公司汽运输分公司驾驶员。2004年，被授予攀枝花市劳动模范荣誉称号。

刘　继 男，汉族，1968年5月出生，四川简阳县人，研究生，中共党员。1991年7月参加工作，攀钢（集团）公司工程公司副总经理。2004年，授予攀枝花市劳动模范荣誉称号。

孙龙君 男，汉族，1970年6月出生，辽宁庄河市人，大专，中共党员。1991年12月参加工作，原攀钢（集团）公司钛业公司钛白粉厂大班长。2004年，被授予攀枝花市劳动模范荣誉称号。

孙学现 男，汉族，1951年12月出生，重庆市人，初中，中共党员。1974年11月参加工作，原攀钢（集团）公司矿业有限公司石灰石矿竖窑工。2004年，被授予攀枝花市劳动模范荣誉称号。

伍长军 男，汉族，1967年7月出生，四川仁寿县人，研究生，中共党员。1987年7月参加工作，攀钢（集团）公司钒能动中心副经理。2004年，被授予攀枝花市劳动模范荣誉称号。

李红军 男，汉族，1967年11月出生，河南荥阳市人，大专，中共党员。1987年12月参加工作，原攀钢（集团）公司攀冶设计院高级工程师。2004年，被授予攀枝花市劳动模范荣誉称号。

梁　章 男，汉族，1973年8月出生，四川威远县人，本科，中共党员。1992年7月参加工作，攀钢（集团）公司钒热轧板厂检查站值班长。2004年，被授予攀枝花市劳动模范荣誉称号。

黄光远 男，汉族，1956年12月出生，四川泸县人，初中，中共党员。1972年7月参加工作，攀钢（集团）公司钒煤化工厂二炼焦车间点检员。2004年，被授予攀枝花市劳动模范荣誉称号。

蒋必礼 男，汉族，1946年3月出生，重庆市人，本科，中共党员。1971年8月参加工作，原攀钢（集团）公司职工医院儿科主任、副主任医师。2004年，被授予攀枝花市劳动模范荣誉称号。

楚昌兵 男，汉族，1971年3月出生，河南杞县人，高中，中共党员。1992年参加工作，攀钢（集团）公司新钢钒轨梁厂二轧钢作业区轧钢工人、原线材厂轧钢班长。2004年，被授予攀枝花市劳动模范荣誉称号。

孙朝晖 男，汉族，1962年2月出生，江西遂川人，大学。1984年8月参加工作，攀钢（集团）公司钢研院钒所所长、教授级高工。2004年被授予攀枝花市劳动模范荣誉称号。

王 江 男，汉族，1967年9月出生，四川西充人，博士在读，中共党员。1991年7月参加工作，攀钢（集团）公司工程公司设计院总工程师。2004年，被授予攀枝花市劳动模范荣誉称号。

宋明华 男，汉族，1968年11月出生，四川射洪县人，研究生，中共党员。1990年7月参加工作。攀钢（集团）公司人力资源部副部长。2004年，被授予攀枝花市劳动模范荣誉称号。

谭卫东 男，汉族，1948年5月出生，重庆市人，大专，中共党员。1968年3月参加工作，原攀钢（集团）公司炼钢厂党委书记。2004年，被授予攀枝花市劳动模范荣誉称号。

吴 林 男，汉族，1973年4月出生，广东潮州人，研究生，中共党员。1992年7月参加工作。攀钢（集团）公司钒冷轧厂罩平车间主任。2004年，被授予攀枝花市劳动模范荣誉称号。

戈文荪 男，汉族，1962年10月出生，江西新干县人，大学。1983年8月参加工作，攀钢（集团）研究院有限公司教授级高工。2007年，被授予"四川省五一劳动奖章"（市级劳模）荣誉称号。

娄 燕 女，土家族，1970年11月出生，四川成都市人，大学，中共党员。1992年7月参加工作，攀钢（集团）公司钒冷轧厂副厂长。2007年，被授予"四川省五一劳动奖章"（市级劳模）荣誉称号。

邓 林 男，汉族，1971年10月出生，四川富顺县人，中专，中共党员。1990年8月参加工作，攀钢（集团）公司西昌钢钒炼钢厂。2009年，被授予"四川省五一劳动奖章"（享受市级劳模待遇）荣誉称号。

肖 罡 男，汉族，1976年10月出生，四川合江县人，大专，中共党员。1995年11月参加工作，攀钢（集团）公司运输部内燃运用车间内燃机车技师。2009年，被授予攀枝花市劳动模范荣誉称号。

李开友 男，汉族，1962年7月出生，四川南溪县人，研究生，中共党员。1982年7月参加工作，四川省职业技能学院教师。2009年，被授予攀枝花市劳动模范荣誉称号。

何礼仁 男，汉族，1974年4月出生，四川资中县人，硕士，中共党员。1998年7月参加工作，攀钢（集团）公司信息工程技术有限公司软件分公司研发部部长。2009年，被授予攀枝花市劳动模范荣誉称号。

吴红川 男，汉族，1972年11月出生，湖北武汉市人，大专，中共党员。1988年12月参加工作，原攀钢（集团）公司钛业有限责任公司选钛厂粗选车间生产丙班班长、重选工。2009年，被授予攀枝花市劳动模范荣誉称号。

张志新 男，汉族，1960年2月出生，江苏盐城市人，初中，中共党员。1975年12月参加工作，原攀钢（集团）公司汽运分公司一车队白灰甲班班长、汽车驾驶员。2009年，被授予攀枝花市劳动模范荣誉称号。

陈晓岚 男，汉族，1963年2月出生，重庆市人，大学，中共党员。1982年7月参加工作，攀钢（集团）公司工程公司维检中心电气区域工程师。2009年，被授予攀枝花市劳动模范荣誉称号。

郑 超 男，汉族，1970年12月出生，四川仁寿县人，大学，中共党员。1995年7月参加工作，攀钢机械制造分公司技术中心副主任。2009年，被授予攀枝花市劳动模范荣誉称号。

战金龙 男，汉族，1951年4月出生，吉林辽源市人，研究生，中共党员。1966年6月参加工作，原攀钢（集团）公司钢研院材料研究所教师级高级工程师。2009年，被授予"四川省五一劳动奖章"（市级劳动模范）荣誉称号。

张友元 男，汉族，1964年5月出生，甘肃酒泉人，中技。1980年12月参加工作，攀钢（集团）公司矿业公司兰尖铁矿汽运车间行车三班班长。2009年，被授予攀枝花市劳动模范荣誉称号。

陈 勇 男，汉族，1962年12月出生，河南长葛县人，博士，中共党员。1979年7月参加工作。攀钢（集团）公司党委常委，股份公司副总经理。2009年，被授予攀枝花市劳动模范荣誉称号。

向丽华 女，汉族，1972年12月出生，四川通江县人，中专。1992年参加工作，攀钢（集团）公司工程公司攀冶修建分公司焊工。2011年，被授予"四川省五一劳动奖章"（市级劳模）荣誉称号。

张大德 男，汉族，1961年10月出生，云南玉溪市人，硕士，中共党员。1984年7月参加工作。攀钢（集团）公司股份公司总经理。2011年，被授予“四川省五一劳动奖章”（市级劳模）荣誉称号。

二、攀煤（集团）公司

王俊峰 男，汉族，1929年9月出生，河北临西市人，小学，中共党员。1948年11月参加工作，原攀煤（集团）公司沿江矿采煤工人。1958年，授予本溪市劳动模范（市级劳模）荣誉称号。

路　有 男，汉族，1931年12月出生，河北承德市人，小学，中共党员。1951年11月参加工作，原攀煤（集团）公司小宝鼎矿干部。1958年，被授予本溪市劳动模范（市级劳模）荣誉称号。

李祥志 女，傣族，1944年5月出生，云南华坪县人，小学，中共党员。1964年11月参加工作，原攀煤（集团）公司供应处工人、割草班班长。1966年，被授予渡口市“六金花”之一的“傣族铁姑娘”（市级劳模）荣誉称号。

于忠合 男，汉族，1947年5月出生，重庆市人，初中，中共党员。1970年1月参加工作，原攀煤（集团）公司大宝顶煤矿工人。1984年，被授予攀枝花市劳动模范荣誉称号。

印世义 男，汉族，1942年1月出身，重庆市人，小学，中共党员。1965年6月参加工作，原攀煤（集团）公司小宝鼎矿干部。1984年，被授予攀枝花市劳动模范荣誉称号。

许开武 男，汉族，1951年8月出生，四川泸州市人，小学，中共党员。1971年8月参加工作，攀煤（集团）公司精煤分公司第一洗煤车间职工。1984年，被授予攀枝花市劳动模范荣誉称号。

寇含清 男，汉族，1945年10月出生，四川南充市人，小学，中共党员。1966年12月参加工作，原攀煤（集团）公司花山煤矿党支部书记。1984年，被授予攀枝花市劳动模范荣誉称号。

孔庆祥 男，汉族，1940年6月出生，辽宁朝阳市人，初中，中共党员。1959年2月参加工作，原攀煤（集团）九鼎建材有限责任公司工会主席。1988年，被授予攀枝花市劳动模范荣誉称号。

李全林 男，汉族，1949年10月出生，四川南充市人，高中，中共党员。1972年12月参加工作，原攀煤（集团）公司沿江煤矿副区长。1989年，被授予攀枝花市劳动模范荣誉称号。

陈章伟 男，汉族，1939年9月出生，浙江慈溪市人，大学，中共党员。1964年7月参加工作，原攀枝花煤业集团、攀枝花矿务局党委书记。1989年，被授予攀枝花市劳动模范荣誉称号。

胡永学 男，汉族，1937年9月出生，辽宁北镇市人，中专，中共党员。1958年9月参加工作，原攀煤（集团）公司太平煤矿矿长。1989年，授予攀枝花市劳动模范荣誉称号。

董世民 男，汉族，1943年1月出生，陕西富平县人，大学，中共党员。1966年9月参加工作，原攀煤（集团）公司工会主席。1989年，被授予攀枝花市劳动模范荣誉称号。

董根华 男，汉族，1942年2月出生，四川自贡市人，初中，中共党员。1958年3月参加工作，原攀煤（集团）公司花山煤矿采煤四队队长。1989年，被授予攀枝花市劳动模范荣誉称号。

史勇智 男，汉族，1955年9月出生，河北滦南县人，大专，中共党员。1971年12月参加工作，攀煤（集团）物业管理与房产开发公司党委书记。1994年，被授予攀枝花市劳动模范荣誉称号。

闵向东 男，汉族，1943年5月出生，辽宁沈阳市人，大学，中共党员。1968年7月参加工作，原攀煤（集团）公司多经总公司总经理。1994年，被授予攀枝花市劳动模范荣誉称号。

杨成禹 男，满族，1946年6月出生，吉林辽源市人，高中，中共党员。1967年10月参加工作，原攀煤（集团）龙洞煤焦厂机电科铆工技师。1994年，被授予攀枝花市劳动模范荣誉称号。

李明才 男，汉族，1943年5月出生，四川营山县人，小学，中共党员。1973年12月参加工作，原攀煤（集团）公司小宝鼎矿采煤队队长。1994年，被授予攀枝花市劳动模范荣誉称号。

李维祥 男，汉族，1943年11月出生，云南牟定县人，初中，中共党员。1964年11月参加工作，原攀煤（集团）公司供应处贮木场场长。1994年，被授予攀枝花市劳动模范荣誉称号。

倪文林 男，汉族，1946年8月出生，四川威远县人，小学，中共党员。1985年10月参加工作，原攀煤（集团）公司大宝顶煤矿三区采煤二队队长。1994年，被授予攀枝花市劳动模范荣誉称号。

马长庄 男，汉族，1944年9月出生，河北南宫市人，中专，中共党员。1958年9月参加工作，原攀煤（集团）公司精煤分公司车间主任。1999年，被授予攀枝花市劳动模范荣誉称号。

王兆友 男，汉族，1956年10月出生，山东昌邑市人，高中，中共党员。1976年11月参加工作，攀煤（集团）公司恒威公司火工。1999年，被授予攀枝花市劳动模范荣誉称号。

唐世炳 男，汉族，1945年8月出生，四川绵阳市人，大学，中共党员。1968年9月参加工作，原攀枝花矿务局建材总厂、攀煤（集团）九鼎建材有限责任公司副厂长兼总工程师。1999年，被授予攀枝花市劳动模范荣誉称号。

彭有基 男，汉族，1945年12月出生，云南牟定县人，小学。1964年12月参加工作，原攀煤（集团）公司供应处油库保管班班长。1999年，被授予攀枝花市劳动模范荣誉称号。

韩德举 男，汉族，1964年1月出生，贵州水城县人，大学，中共党员。1985年7月参加工作，攀煤（集团）水电公司供水厂副厂长。1999年，被授予攀枝花市劳动模范荣誉称号。

王　勇 男，汉族，1971年5月出生，四川广安市人，大专，中共党员。1991年3月参加工作，攀煤（集团）公司安监局驻矿站站长。2004年被授予攀枝花市劳动模范荣誉称号。

王建华 男，汉族，1964年2月出生，四川威远县人，大专，中共党员。1981年10月参加工作，川煤集团攀煤公司矸石电厂党办主任。2004年，被授予攀枝花市劳动模范荣誉称号。

芦桂芬 女，汉族，1949年12月出生，辽宁黑山县人，中专，农工民主党员。1968年3月参加工作，原攀煤（集团）公司总医院五官科主任。2004年被授予攀枝花市劳动模范荣誉称号。

胡俊儒 男，汉族，1947年3月出生，四川仁寿县人，初小，中共党员。1970年2月参加工作，攀煤（集团）精煤分公司工段长。2004年，被授予攀枝花市劳动模范荣誉称号。

李安全 男，汉族，1967年10月出生，重庆市人，大专，中共党员。1988年6月参加工作，攀煤（集团）公司花山矿机电队队长、技术员。2004年，被授予攀枝花市劳动模范荣誉称号。

刘应高 男，汉族，1969年8月出生，四川攀枝花市人，高中，中共党员。1988年6月参加工作，川煤集团攀煤公司矸石电厂检修车间副主任。2007年，被授予“四川省五一劳动奖章”（市级劳模）荣誉称号。

邱子长 男，汉族，1960年3月出生，四川资中县人，大专，中共党员。1990年5月参加工作，攀煤（集团）公司大宝顶矿综采三队书记。2009年，被授予攀枝花市劳动模范荣誉称号。

伍光华 男，汉族，1969年4月出生，四川乐至县人，大学，中共党员。1991年7月参加工作，川煤集团攀煤公司小宝鼎矿副总工程师。2009年，被授予攀枝花市劳动模范荣誉称号。

陈绍明 男，汉族，1962年3月出生，山东胶县人，大专，中共党员。1979年7月参加工作，川煤集团攀煤公司矸石电厂检修车间主任、党支部书记。2009年，被授予攀枝花市劳动模范荣誉称号。

严　清 男，汉族，1966年出生，四川威远县人，初中，中共党员。1990年3月参加工作，川煤集团攀煤公司小宝鼎煤矿采煤二队一班班长。2011年，被授予“四川省五一劳动奖章”（市级劳模）荣誉称号。

林仲兵 男，汉族，1968年8月出生，四川威远县人，高中，中共党员。1990年7月参加工作，川煤集团攀煤公司小宝鼎煤矿采煤二队队长。2011年，被授予“四川省五一劳动奖章”（市级劳模）荣誉称号。

尹　波 男，汉族，1975年出生，四川资中县人，中专。2002年9月参加工作，川煤集团攀煤公司小宝鼎煤矿掘进一队一班。2011年，被授予“四川省五一劳动奖章”（市级劳模）荣誉称号。

刘德军 男，汉族，1976年出生，四川南充市人，中专。1997年9月参加工作，川煤集团攀煤公司大宝顶煤矿掘进一队401班。2011年，被授予“四川省五一劳动奖章”（市级劳模）荣誉称号。

三、中国十九冶集团公司

谢云俊 男，汉族，1932年10月出生，河北乐亭县人，中专，中共党员。1952年2月参加工作，原中国第十九冶金建设公司总会计师。1955年，被授予哈尔滨市劳动模范（市级劳模）荣誉称号。

王贵华 男，汉族，1942年2月出生，河北任丘市人，高中，中共党员。1962年10月参加工作，原中冶实久设备工程分公司干部。1982年，被授予吉林省白城市劳模（市级劳模）荣誉称号。

封玉珍 女，汉族，1939年12月出生，吉林榆树市人，中专，中共党员。1960年7月参加工作，原十九冶医院主管护师。1984年，被授予攀枝花市劳动模范荣誉称号。

刘文隆 男，汉族，1934年10月出生，山东龙口市人，初中，中共党员。1952年5月参加工作，曾任中国十九冶工业炉窑公司党委书记。1988年，被授予攀枝花市劳动模范荣誉称号。

王继武 男，汉族，1947年12月出生，四川武胜县人，小学，中共党员。1966年5月参加工作，原中冶十九冶二公司木工。1989年，被授予攀枝花市劳动模范荣誉称号。

冯国清 女，汉族，1963年10月出生，四川遂宁市人，高中，中共党员。1979年9月参加工作，原中冶十九冶二公司砼工。1989年，被授予攀枝花市劳动模范荣誉称号。

张武兴 男，汉族，1937年8月出生，广东开平市人，大学，中共党员。1965年8月参加工作，原中国第十九冶金建设公司科技处副处长。1989年，被授予攀枝花市劳动模范荣誉称号。

李罗钧 男，汉族，1939年3月出生，湖南长沙市人，大专，中共党员。1956年10月参加工作，原中国第十九冶金建设公司党委书记。1994年，被授予攀枝花市劳动模范荣誉称号。

李梅林 男，汉族，1946年10月出生，湖南沅陵县人，初中，中共党员。1965年12月参加工作，原中国第十九冶金建设公司武汉分公司干部。1994年被授予攀枝花市劳动模范荣誉称号。

吴章容 男，汉族，1948年4月出生，四川遂宁市人，小学，中共党员。1966年12月参加工作，原中冶十九冶二公司工长。1994年，被授予攀枝花市劳动模范荣誉称号。

赵　惠 男，汉族，1948年10月出生，四川射洪县人，大专，中共党员。1969年3月参加工作，原中国十九冶集团有限公司（原中国第十九冶金建设公司一公司）高级顾问（原副总经理）。1994年，被授予攀枝花市劳动模范荣誉称号。

魏华章 男，汉族，1963年4月出生，四川仁寿县人，中专，中共党员。1978年9月参加工作，中国十九冶成都钢构分公司车间主任。1994年，被授予攀枝花市劳动模范荣誉称号。

祁春娥 女，汉族，1963年2月出生，湖北武汉市人，大专，中共党员。1982年7月参加工作，中国十九冶路桥工程分公司党委副书记。1999年，被授予攀枝花市劳动模范荣誉称号。

何先进 男，汉族，1947年6月出生，四川遂宁市人，初中，中共党员。1966年12月参加工作，原十九冶建材公司现中冶实久工业开发有限公司工长、钳工。1999年，被授予攀枝花市劳动模范荣誉称号。

吴建军 男，汉族，1956年7月出生，四川南充市人，高中，中共党员。1975年7月参加工作，中国十九冶机装公司高级钳工技师。1999年，被授予攀枝花市劳动模范荣誉称号。

巫明富　男，汉族，1945年8月17日出生，四川西昌人，大学，中共党员。1970年8月参加工作时间，原中国第十九冶金建设公司机装公司。现中国十九冶集团有限公司总工（教授级高工）。1999年，授予攀枝花市劳模荣誉称号

姚汉文　男，白族，1971年11月出生，云南丽江市人，中专，中共党员。1989年7月参加工作，中冶实久南京分公司检修公司安装钳工、班长。2004年，被授予攀枝花市劳动模范荣誉称号。

张发平　男，汉族，1969年12月出生，四川武胜县人，大专，中共党员，1992年7月参加工作，中国十九冶建设公司建筑材料公司副总工程师、工程师，2004年，被授予攀枝花市劳动模范荣誉称号。

张玉华　男，汉族，1981年1月出生，攀枝花市人，初中，中共党员。2004年7月参加工作，中国十九冶机装分公司钳工。2009年，被授予攀枝花市劳动模范荣誉称号。

谢　斌　男，汉族，1972年11月出生，四川邻水县人，大学，中共党员。1991年7月参加工作，中冶实久建设有限公司凉山分公司经理。2009年，被授予攀枝花市劳动模范荣誉称号。

蔡仲斌　男，汉族，1967年5月出生，四川南充市人，大学，中共党员。1988年8月参加工作，中国十九冶集团有限公司董事、总经理、兼总工程师。2009年，被授予攀枝花市劳动模范荣誉称号。

蔡穗蓉　女，汉族，1977年10月出生，广东广州市人，中专，1997年7月参加工作。中国十九冶成都钢构分公司行车工。2010年，被授予“四川省五一劳动奖章”（市级劳模）荣誉称号。

四、攀枝花钢城集团公司

肖庆华　女，汉族，1947年7月出生，重庆市人，初中。1975年7月参加工作，原攀枝花钢城企业总公司化工分公司车间主任。1994年，被授予攀枝花市劳动模范荣誉称号。

徐玉莲　女，汉族，1964年3月出生，重庆市人，初中，中共党员。1981年2月参加工作，原攀枝花钢城集团瑞泰电器有限公司电工班班长。1999年，被授予攀枝花市劳动模范荣誉称号。

雷　建　男，汉族，1969年10月出生，四川攀枝花市人，本科，中共党员。1990年8月参加工作，攀枝花钢城集团有限公司冶金辅料分公司车间主任。2004年，被授予攀枝花市劳动模范荣誉称号。

王继光　男，汉族，1954年5月出生，河北清河县人，研究生，中共党员。1970年12月参加工作，攀枝花钢城集团有限公司副董事长、常务副总经理。2009年，被授予攀枝花市劳动模范荣誉称号。

高　磊　男，汉族，1972年1月出生，四川兴文县人，大专，中共党员。1988年12月参加工作，攀枝花钢城集团汉风物流有限公司技术业务组组长。2009年，被授予攀枝花市劳动模范荣誉称号。

傅国兴　男，汉族，1972年3月出生，湖南祁东县人，大专，中共党员。1995年6月参加工作，攀枝花钢城集团瑞远冷弯型钢有限公司工段长。2009年，被授予攀枝花市劳动模范荣誉称号。

夏希望　男，汉族，1966年12月出生，四川西昌市人，中专，中共党员。1988年1月参加工作，攀枝花钢城集团瑞达水泥有限公司值班长。2009年，被授予攀枝花市劳动模范荣誉称号。

五、攀枝花市东区

陈光惠　女，汉族，1931年2月出生，重庆市人，初中。中共党员，1951年9月参加工作，原攀钢教育处校长，1957年，被授予重庆市先进工作者（市级劳模）荣誉称号。

何安友　男，汉族，1956年11月出生，四川乐山市人，中专文化。1976年10月参加工作，原渡口百货公司职工。1979年3月在对越自卫还击战斗中荣立二等功（市劳模）。

税昌贵　女，汉族，1945年12月出生，重庆市人，初中，中共党员。1974年参加工作，原攀枝花市印制厂厂长。1984年，被授予攀枝花市劳动模范荣誉称号。

苏成安 男，汉族，1943年6月出生，四川西充县人，小学，中共党员。1965年7月参加工作，原攀枝花市渡口商场营业员。1989年，被授予攀枝花市劳动模范荣誉称号。

严　英 女，汉族，1957年9月出生，重庆市人，本科，中共党员。1976年8月参加工作，曾任攀枝花市第六小学（原攀钢教育处）党支部书记（原教研二室主任）。1989年，被授予攀枝花市劳动模范荣誉称号。

陈　敏 女，汉族，1965年5月出生，重庆市人，中专。1982年3月参加工作，攀枝花市针纺厂缝纫工。1989年，被授予攀枝花市劳动模范荣誉称号。

何德群 女，汉族，1949年10月出生，四川南充市人，初中，中共党员。1967年8月参加工作，曾任东风商业大厦部门经理。1989年，被授予攀枝花市劳动模范荣誉称号。

李春禄 男，汉族，1937年7月出生，吉林磐石县人，本科，中共党员。1963年9月参加工作，原攀枝花市冶金机电局（公司）总经理。1989年，被授予攀枝花市劳动模范荣誉称号。

林成祥 男，汉族，1946年7月出生，人，大专，中共党员。1966年7月参加工作，曾任攀枝花市东区教育局局长，副县级。1994年12月，被攀枝花市人民政府授予攀枝花市劳动模范荣誉称号。

张树青 男，汉族，1949年1月出生，四川通江县人，中专，中共党员。1965年7月参加工作，原市电影发行放映公司经理。1994年，被授予攀枝花市劳动模范荣誉称号。

林安平 男，汉族，1939年7月出生，四川仪陇县人，小学，中共党员。1956年10月参加工作，原弄弄坪粮油食品店车间主任。1994年，被授予攀枝花市劳动模范荣誉称号。

胡义全 男，汉族，1945年2月出生，四川广安市人，大专，中共党员。1962年参加工作，原攀枝花市恒源保健品公司（原市中药材公司）总经理。1994年，被授予攀枝花市劳动模范荣誉称号。

丁园国 男，汉族，1964年1月出生，山东日照市人，大专，中共党员。1980年12月参加工作，东区城市建设管理局干部。1999年，被授予攀枝花市劳动模范荣誉称号。

何明琼 女，汉族，1965年2月出生，重庆市人，本科，中共党员。1982年9月参加工作，东区地方税务局主任科员。1999年，被授予攀枝花市劳动模范荣誉称号。

黄绍才 男，汉族，1955年4月出生，四川攀枝花市人，初中，中共党员。1976年参加工作，东区银江镇双龙滩村村长（原村委员会主任）。1999年，被授予攀枝花市劳动模范荣誉称号。

查　蕾 女，汉族，1958年11月出生，四川宜宾人，大专，中共党员。1975年9月参加工作，东区法院政治部主任、一级法官。2004年，被授予攀枝花市劳动模范荣誉称号。

韩大祥 男，汉族，1958年8月出生，四川会理县人，大专，中共党员。1982年参加工作，攀枝花市攀农集团大祥果品公司董事长、高级农技师。2004年，被授予攀枝花市农业劳动模范荣誉称号。

黄　煊 男，汉族，1963年8月出生，四川攀枝花市人，大专，中共党员。1982年9月参加工作，东区地方税务局主任科员。2004年，被授予攀枝花市劳动模范荣誉称号。

张邦顺 男，汉族，1963年6月出生，四川中江县人，大专，中共党员。1981年10月参加工作，攀枝花市环卫局汽修厂修理工。2004年，被授予攀枝花市劳动模范荣誉称号。

陈　利 女，土家族，1972年10出生，重庆市人，在职研究生。1991年7月参加工作，攀枝花市东区人民政府副区长。2004年4月，被市政府授予攀枝花市职工劳动模范荣誉称号。

陈　亮 男，汉族，1965年4月出生，四川彭州市人，研究生，中共党员。1982年9月参加工作，东区地方税务局局长。2004年，被授予攀枝花市劳动模范荣誉称号。

冯禹铭 男，汉族，1968年3月出生，四川南充市人，大专，中共党员。1983年11月参加工作，攀枝花炳草岗街办西海岸社区居委会主任、书记。2004年，被授予攀枝花市劳动模范荣誉称号。

徐宏武　男，汉族，1970年4月出生，浙江湖州市人，中专，中共党员。1992年9月参加工作，攀枝花顺腾集团冶金材料有限公司董事长兼总经理。2004年，被授予攀枝花市劳动模范荣誉称号。

余晓梅　女，汉族，1975年10月出生，四川成都市人，大学，中共党员，1996年7月参加工作，攀枝花市第二小学（原攀枝花市人民街小学任教）校长。2004年，被授予攀枝花市劳动模范荣誉称号。

李宗云　男，汉族，1964年12月出生，四川西昌市人，大学，中共党员。1982年7月参加工作，东区大渡口街办主任、助理会计师。2004年，被授予攀枝花市劳动模范荣誉称号。

段汝华　男，彝族，1958年7月出生，高中文化，中共党员。1976年12月参加工作，东区爱卫会办公室主任。2008年，被授予“四川省五一劳动奖章”（市级劳模）荣誉称号。

孔雪梅　女，汉族，1977年10月出生，重庆市人，职高。1995年6月参加工作，攀枝花市得天独厚餐饮管理有限责任公司餐饮服务。2009年，被授予攀枝花市劳动模范荣誉称号。

冯小龙　男，汉族，1972年8月出生，四川西充县人，大专，中共党员。2002年10月参加工作，攀枝花市攀阳钒钛工贸有限公司工程师。2009年，被授予攀枝花市劳动模范荣誉称号。

孙立霞　女，汉族，1964年4月出生，黑龙江青冈县人，中专，中共党员。1979年12月参加工作，东区炳草岗街道红星社区党总支书记、主任。2009年，被授予攀枝花市劳动模范荣誉称号。

侯晓梅　女，汉族，1970年3月出生，河南长垣县人，本科，中共党员。1991年7月参加工作，攀枝花市第二十五中小学初中英语教师。2009年，被授予攀枝花市劳动模范荣誉称号。

赵淑艳　女，汉族，1963年4月出生，辽宁建平县人，大学，中共党员。1983年8月参加工作，东区市容环境卫生管理局党委书记、局长。2009年，被授予攀枝花市劳动模范荣誉称号。

曹安国　男，汉族，1970年11月出生，四川攀枝花市人，本科。中共党员，1991年11月参加工作，东区银江安国枣业有限公司总经理。2009年，被授予攀枝花市劳动模范荣誉称号。

邹进忠　男，彝族，1967年5月出生，云南大姚县人，大学，中共党员。1986年10月参加工作，区住房和城乡建设局党组书记、副局长。2011年，被授予“四川省五一劳动奖章”（市级劳模）荣誉称号。

罗泽元　男，汉族，1970年9月出生，四川资阳市人，高中。2005年3月参加工作，攀枝花鼎星钛业有限公司生产调度。2012年，被授予“四川省五一劳动奖章”（市级劳模）荣誉称号。

六、攀枝花市西区

王秀琴　女，汉族，1937年4月出生，吉林公主岭市人，中专，中共党员。1950年6月参加工作，原攀枝花市橡胶总厂医师。1958年，被授予营口市劳动模范（市级劳模）荣誉称号。

钱长发　男，汉族，1932年9月出生，云南陆良县人，小学，中共党员。1956年8月参加工作，原通力集建筑公司工人。1959年，被授予昆明市劳动模范（市级劳模）荣誉称号。

王绍清　男，汉族，1928年3月出生，重庆市人，小学，中共党员。1951年1月参加工作，原通力集建筑公司工人。1959年，被授予昆明市劳动模范（市级劳模）荣誉称号。

谢正文　男，汉族，1948年2月出生，重庆市酉阳县人，初中文化。1965年12月参加工作，原攀枝花市通用机械厂工人。1984年2月，被市政府授予攀枝花市劳动模范荣誉称号。

陈立新　男，汉族，1945年11月出生，山东肥城市人，中专，中共党员。1966年8月参加工作，原攀枝花市橡胶总厂政工师。1988年，被授予攀枝花市劳动模范荣誉称号。

袁荣昌　男，汉族，1947年12月出生，四川资阳市人，中专文化，中共党员。1968年3月参加工作，原西区宝鼎商场董事长。1989年，被授予攀枝花市劳动模范荣誉称号。

李思其 男，汉族，1948年12月出生，四川内江市人，高小，中共党员。1965年12月参加工作，原攀枝花市大水井粮站车间主任。1989年，被授予攀枝花市劳动模范荣誉称号。

吕 伟 男，汉族，1965年12月出生，四川攀枝花市人，大专，民进党员。1984年7月参加工作，攀枝花市第十中学校初中部教务副主任。1992年，被授予攀枝花市劳动模范荣誉称号。

洪以兰 女，汉族，1951年1月出生，重庆市人，初中文化，中共党员。1975年10月参加工作，原攀枝花市西印公司经理。1992年，被授予攀枝花市劳动模范荣誉称号。

代素梅 女，汉族，1957年12月出生，河北河间县人，大专，中共党员。1975年12月参加工作，攀枝花市三十八中小学校教师。1994年，被授予攀枝花市劳动模范荣誉称号。

崔玉珍 女，汉族，1954年7月出生，辽宁阜新市人，中专。1971年1月参加工作，原矿务局四二四厂劳动服务公司经理。1994年，被授予攀枝花市劳动模范荣誉称号

廖放明 男，汉族，1958年7月出生，重庆市人，本科，中共党员。1982年8月参加工作，攀枝花市科力冶金技术开发有限公司董事长。1999年被授予攀枝花市劳动模范荣誉称号。

吴柏杰 女，汉族，1948年11月出生，辽宁抚宁县人，高中，中共党员。1968年9月参加工作，原攀煤二中教师。1999年，被授予攀枝花市劳动模范荣誉称号。

郑兴恩 男，汉族，1939年1月出生，安徽祟州市人，中共党员。1958年7月参加工作，原攀枝花市通力集建筑公司工人。1999年，被授予攀枝花市劳动模范荣誉称号。

周发琛 男，汉族，1945年11月出生，四川成都市人，高中。1966年4月参加工作，原攀枝花市通力集团建筑公司租赁站站长。1999年，被授予攀枝花市劳动模范荣誉称号。

吴 杰 男，汉族，1959年9月出生，四川小金县人，大学，中共党员。1983年9月参加工作，攀枝花日兴机电有限责任公司高级机械工程师。2004年，被授予攀枝花市劳动模范荣誉称号。

张勇辉 男，汉族，1968年4月出生，四川南充市人，本科，中共党员。1991年7月参加工作，攀枝花市十二中学校副校长、中学高级教师。2004年，被授予攀枝花市劳动模范荣誉称号。

李建国 男，汉族，1956年2月出生，四川成都市人，大专，中共党员。1975年7月参加工作，重庆啤酒攀枝花分公司副总经理、经济师，2004年，被授予攀枝花市劳动模范荣誉称号。

李学和 男，汉族，1966年9月出生，四川兴文县人，大专，中共党员。1987年7月参加工作，攀枝花市华阳煤业有限责任公司工程师。2006年，被授予“四川省五一劳动奖章”（市级劳模）荣誉称号。

于永康 男，汉族，1968年10月出生，四川射洪县人，本科，中共党员。1992年7月参加工作，攀枝花市十二中学校高级教师。2009年，被授予攀枝花市劳动模范荣誉称号。

王兴华 女，汉族，1963年8月出生，山东蒙阴县人，中专，中共党员。1983年12月参加工作，西区陶家渡街办301社区党支部书记。2009年，被授予攀枝花市劳动模范荣誉称号。

王增胜 男，汉族，1964年4月出生，山东平度市人，高中。1986年10月参加工作，重庆啤酒攀枝花有限责任公司酿造车间过滤班班长。2009年，被授予攀枝花市劳动模范荣誉称号。

罗晓玫 女，汉族，1979年4月出生，四川内江市人，本科，中共党员。1997年10月参加工作，西区卫生监督所所长。2009年，被授予攀枝花市劳动模范荣誉称号。

赵孝军 男，汉族，1967年10月出生，四川攀枝花市人，初中，中共党员。1985年7月参加工作，西区格里坪镇苦荞村农民。2009年，被授予攀枝花市劳动模范荣誉称号。

魏国齐 男，汉族，1966年12月出生，四川遂宁市人，小学。1988年2月参加工作，市华阳煤业有限责任公司安检员。2009年，被授予攀枝花市劳动模范荣誉称号。

七、攀枝花市仁和区

吴永久 男，汉族，1946年2月出生，黑龙江肇东县人，高中，中共党员。1967年4月参加工作，原攀枝花五十一机械厂车间主任。1984年，被授予攀枝花市劳动模范荣誉称号。

石文亮 男，汉族，1947年1月出生，四川攀枝花市人，初中，中共党员。原仁和区前进煤矿四矿矿长。1989年，被授予攀枝花市劳动模范荣誉称号。

李学芬 女，汉族，1943年5月出生，四川攀枝花市人，初中，中共党员。原仁和区务本乡三村原党支部书记。1989年，被授予攀枝花市劳动模范荣誉称号。

伍水生 男，汉族，1946年3月出生，江西南昌市人，初中，中共党员。1961年9月参加工作，原仁和区饮食服务公司经理。1989年，被授予攀枝花市劳动模范荣誉称号。

刘玉祥 男，汉族，1950年3月出生，四川攀枝花市人，初中，中共党员。原仁和镇大河社区居委会党支部书记。1991年，被授予攀枝花市劳动模范荣誉称号。

陈德义 男，傣族，1951年7月出生，云南永仁县人，大专，中共党员。1981年11月参加工作，原仁和区中坝乡学房村卫生站医生。1991年，被授予攀枝花市劳动模范荣誉称号。

赵仁安 男，汉族，1957年8月出生，四川攀枝花市，高中，中共党员。1977年9月参加工作，原仁和区中坝乡乡长、党委书记。1991年，被授予攀枝花市劳动模范荣誉称号。

倪立新 男，汉族，1949年10月出生，四川攀枝花市人，大专。1977年7月参加工作，原仁和区农牧局种子公司经理、中级农艺师。1991年，被授予攀枝花市劳动模范荣誉称号。

梁兴义 男，汉族，1946年2月出生，四川攀枝花市人，初中，中共党员，原仁和区前进镇胜利村村党支部书记。1991年，被授予攀枝花市劳动模范荣誉称号。

王志芳 男，汉族，1952年3月出生，四川攀枝花市人，初中，中共党员。原攀枝花市新发出租车有限公司经理。1994年，被授予攀枝花市劳动模范荣誉称号。

何　国 男，汉族，1970年10月出生，四川崇庆县人，高中，中共党员。1989年6月参加工作，攀枝花市亚太公司（原攀昆联合带钢厂）轧钢车间主任。1994年，被授予攀枝花市劳动模范荣誉称号。

袁永勇 男，汉族，1945年1月出生，四川岳池县人，大学，中共党员。1968年9月参加工作，原仁和区农业财贸办公室农牧主任。1994年，被授予攀枝花劳动模范荣誉称号。

张开芬 女，彝族，1959年3月出生，四川攀枝花市人，初中，中共党员。攀枝花市仁和区平德镇白拉姑村糯巴沟组村妇女主任。1999年，被授予攀枝花市农业劳动模范荣誉称号。

杨用芬 女，汉族，1956年8月出生，四川攀枝花市人，初中，中共党员。仁和区中坝乡小纸房村农民。1999年，被授予攀枝花市劳动模范荣誉称号。

胡兴周 男，汉族，1959年4月出生，四川攀枝花市人，小学。1991年6月参加工作，仁和区前进碳黑厂修理工。1999年，被授予攀枝花市劳动模范荣誉称号。

席晓梅 女，汉族，1953年10月出生，四川南部县人，大专。1973年6月参加工作，攀枝花荣鑫油漆有限责任公司董事长兼总经理。1999年，被授予攀枝花市劳动模范荣誉称号。

黄伯清 男，汉族，1945年2月出生，四川仁寿县人，大学。1968年9月参加工作，仁和区大河中学教师。1999年，被授予攀枝花市劳动模范荣誉称号。

胡宗坤 女，汉族，1959年9月出生，四川攀枝花市人，初中，中共党员。仁和区同德镇共和村村党支部书记。2004年，被授予攀枝花市劳动模范荣誉称号。

钱永平 男，汉族，1958年3月出生，四川攀枝花市人，大专，中共党员。1979年6月参加工作，原仁和区卫生局局党委书记、局长。2004年，被授予攀枝花市劳动模范荣誉称号。

陈忠辉 男，汉族，1951年9月出生，四川攀枝花市人，大专，中共党员。1982年7月参加工作，仁和区大河中学党支部书记、副校长、高级教师，2004年，被授予攀枝花市劳动模范荣誉称号。

张 军 男，汉族，1962年8月出生，四川乐山市人，高中。1982年2月参加工作，四川圣达能源股份有限公司副董事长、总经理。2004年，被授予攀枝花市劳动模范荣誉称号。

王泽勇 男，汉族，1975年7月出生，四川西昌市人，大学，中共党员。1998年2月参加工作，市地方税务局仁和分局大河税务所所长。2009年，被授予攀枝花市劳动模范荣誉称号。

李 军 男，汉族，1974年1月出生，重庆市人，大学，中共党员。1997年11月参加工作，仁和区平地镇党委副书记、纪委书记、镇工会联合会主席。2009年，被授予“四川省五一劳动奖章”（市级劳模）荣誉称号。

李蓉梅 女，汉族，1974年2月出生，四川仓溪县人，大专，中共党员。1995年7月参加工作，仁和区大河中路街道弯腰树社区居委会党总支书记、主任。2009年，被授予攀枝花市劳动模范荣誉称号。

张书林 男，汉族，1962年12月出生，四川威远县人，高中，中共党员。1979年2月参加工作，攀枝花市陆园工贸有限责任公司钳工。2009年，被授予攀枝花市劳动模范荣誉称号。

何红琴 女，汉族，1963年9月出生，四川营山县人，大专。1989年5月参加工作，攀枝花市仁和区总发乡计划生育服务站职业医师。2009年，被授予攀枝花市劳动模范荣誉称号。

罗国兴 男，汉族，1956年10月出生，四川攀枝花市人，初中，中共党员。仁和区前进镇普达村村主任。2009年，被授予攀枝花市劳动模范荣誉称号。

秦礼惠 女，汉族，1973年12月出生，四川攀枝花市人，本科，中共党员。1994年7月参加工作，仁和区大龙潭彝族乡乡党委副书记、纪委书记。2009年，被授予攀枝花市劳动模范荣誉称号。

起学赋 男，彝族，1971年3月出生，四川攀枝花市人，大学，中共党员。1991年6月参加工作，仁和区平地校区校长。2009年，被授予攀枝花市劳动模范荣誉称号。

八、米易县

赵廷相 男，汉族，1942年1月出生，四川宜宾市人，大学，中共党员。原米易县农机厂厂长。1988年，被授予攀枝花市劳动模范荣誉称号。

孔令云 男，汉族，1939年6月出生，四川米易县人，初中，中共党员。米易县湾丘彝族乡杨家村2社社员。1989年，被授予攀枝花市劳动模范称号。

刘远朝 男，汉族，1944年3月出生，四川米易县人，初中。米易县丙谷镇芭蕉村1社村民。1989年，被授予攀枝花市劳动模范荣誉称号。

杨光伦 男，汉族，1953年12月出生，四川米易县人，小学，中共党员。原攀枝花市米易县垭口镇回箐村5社党支部副书记、五组组长。1989年，被授予攀枝花市劳动模范荣誉称号。

彭德华 男，彝族，1957年6月出生，四川米易县人，小学，中共党员。原攀枝花市米易县普威镇西番村2社社长。1989年，被授予攀枝花市劳动模范荣誉称号。

黄玉英 女，汉族，1937年12月出生，四川大邑县人，初中。1960年9月参加工作，原攀枝花市米易县农牧局种子站站长。1991年，被授予攀枝花市劳动模范称号。

何洪华 男，汉族，1954年8月出生，四川米易县人，小学，中共党员。原米易县丙谷镇莫佬海村支部书记。1991年，被授予攀枝花市劳动模范荣誉称号。

沈洪余 男，汉族，1934年4月出生，四川米易县人，小学，中共党员。原米易县垭口乡兽医站。1991年，被授予攀枝花市农业劳动模范荣誉称号。

唐远昭　男，汉族，1935年3月出生，四川凉山州人，大学。1955年7月参加工作，米易县水电局。1994年，被授予攀枝花市劳动模范荣誉称号。

黄庆福　男，汉族，1955年6月出生，四川米易县人，小学。米易县撒莲镇禹王宫村5社村民。1992年，被授予攀枝花市劳动模范荣誉称号。

范从宇　男，汉族，1941年8月出生，四川米易县人，中专，中共党员。1974年12月参加工作，原攀米易县攀莲镇企业办主任。1994年，被授予攀枝花市劳动模范称号。

邓焕惠　女，汉族，1947年2月出生，四川米易县人，中专，中共党员。1966年7月参加工作，原米易县农牧局园艺站站长。1994年，被授予攀枝花市劳动模范称号。

马宗文　男，汉族，1950年11月出生，四川米易县人，中专，中共党员。1969年1月参加工作。原米易县农牧局调研员。1994年，被授予攀枝花市劳动模范称号。

何洪沛　男，汉族，1950年9月出生，四川米易县人，大专，中共党员。1969年2月参加工作，原米易县人大常委会办公室副主任。1994年，被授予攀枝花市劳动模范荣誉称号。

郭蓉生　男，汉族，1950年10月出生，江苏南京市人，中专，中共党员。1969年参加工作，原米易糖厂分厂厂长。1994年，被授予攀枝花市劳动模范荣誉称号。

甘世忠　男，汉族，1956年7月出生，四川米易县人，中共党员。原米易县农资公司经理。1994年，被授予攀枝花市劳动模范荣誉称号。

杨兴奎　男，汉族，1955年5月出生，四川米易县人，高中。攀枝花市米易县攀莲镇青皮村4社村民、米易县龙眼杧果专业技术协会理事兼服务部部长。1994年，被授予攀枝花市劳动模范荣誉称号。

吕敏强　男，汉族，1965年3月出生，浙江东阳人，研究生。1982年9月参加工作，市米易县地税局。1989年，被授予攀枝花市劳动模范荣誉称号。

汪　川　男，汉族，1946年4月出生，安徽人，大学文化。1965年参加工作，原米易中学高级教师。1999年，被授予攀枝花市劳动模范荣誉称号。

刘启明　男，汉族，1949年9月出生，四川米易县人，中专，中共党员。1968年参加工作，原米易县供电有限责任公司经理。1999年，被授予攀枝花市劳动模范荣誉称号。

钟天华　男，汉族，1951年9月出生，四川米易县人，小学，中共党员。米易县普威镇独树村水果协会会员。1999年，被授予攀枝花市劳动模范荣誉称号。

蒋启斌　男，汉族，1955年5月出生，四川遂宁市人，中专，中共党员。1974年11月参加工作，原米易县城关派出所所长。1999年，被授予攀枝花市劳动模范称号。

刘天友　男，汉族，1961年9月出生，四川米易县人，高中，中共党员。米易县攀莲镇青皮村4社村民、蔬菜种植土专家。1999年，被授予攀枝花市劳动模范荣誉称号。

张家忠　男，汉族，1963年2月出生，四川米易县人，高中，中共党员。1991年参加工作，米易县攀莲镇水塘村5社村长、社长。2004年，被授予攀枝花市农业劳动模范荣誉称号。

廖长松　男，汉族，1966年6月出生，四川米易县人，初中，中共党员。米易县草场乡沙坝村桃树湾社社长。2004年，被授予攀枝花市劳动模范荣誉称号。

熊忠华　男，汉族，1959年12月出生，四川西昌市人，大专，中共党员。1977年参加工作，四川米易华森糖业有限责任公司技术员。2004年，被授予攀枝花市劳动模范荣誉称号。

刘伦中　男，汉族，1963年11月出生，四川米易县人，高中。米易县攀莲镇贤家村村民。2004年，被授予攀枝花市劳动模范荣誉称号。

雷在荣 男，汉族，1963年12月出生，四川资中县人，大专。1982年7月参加工作，米易兴辰钒钛铁合金有限公司董事长。2004年，被授予攀枝花市劳动模范荣誉称号。

万启明 男，汉族，1963年2月出生，四川米易县人，中专。1985年参加工作，米易县万民农牧有限责任公司董事长、总经理、经济师。2009年，被授予攀枝花市劳动模范荣誉称号。

王贵琼 女，汉族，1972年9月出生，四川米易县人，中专。米易县普威镇新农村6社社员、养猪专业户。2009年，被授予攀枝花市劳动模范荣誉称号。

何正坤 男，汉族，1973年10月出生，四川米易县人，大学。米易县人民医院急诊科主任、主治医师。2009年，被授予攀枝花市劳动模范荣誉称号。

秦国林 男，彝族，1967年12月出生，四川米易县人，大学，中共党员。1991年7月参加工作，米易县白坡彝族乡党委副书记、乡长。2009年，被授予攀枝花市劳动模范荣誉称号。

九、盐边县

徐文炳 男，汉族，1937年11月出生，四川德昌县人，中师，中共党员，1982年6月参加工作，曾任盐边县永兴中学校长。1989年，被授予攀枝花市劳动模范荣誉称号。

吴相林 男，汉族，1948年2月出生，四川盐边县人，中共党员。盐边县益民乡农村技师。1989年，被授予攀枝花市劳动模范荣誉称号。

王义祥 男，汉族，1945年10月出生，四川盐边县人，初中，中共党员。盐边县国胜乡农民。1989年，被授予攀枝花市劳动模范荣誉称号。

王成友 男，彝族，1957年3月出生，四川盐边县人，初中，中共党员。盐边县和爱乡联合村农民。1989年，被授予攀枝花市农业劳动模范荣誉称号。

刀　鸿 男，傣族，1946年2月出生，四川盐边人，中专，中共党员。1984年7月参加工作，原盐边县红格镇人大主席。1989年、1991年被授予攀枝花市劳动模范荣誉称号。

沙元元 男，彝族，1950年12月出生，四川盐边县人，中专，中共党员。1966年3月参加工作，原盐边县县人大副主任。1991年，被授予攀枝花市农业劳动模范荣誉称号。

余官章 男，汉族，1938年12月出生，重庆市人，大学。1962年8月参加工作，原盐边县农牧局职工。1991年，被授予攀枝花市农业劳动模范荣誉称号。

李国光 男，汉族，1952年12月出生，四川米易县人，中专，中共党员。1976年9月参加工作，盐边县水务农机局职工。1991年，被授予攀枝花市农业劳动模范荣誉称号。

陈信蓉 女，汉族，1946年10月出生，四川盐边县人，中专，中共党员。1968年9月参加工作，原盐边县惠民乡兽医站职工。1991年，被授予攀枝花市农业劳动模范荣誉称号。

杜昌国 男，汉族，1954年7月出生，四川盐边县人，初中。盐边县永兴镇农民。1991年，被授予攀枝花市级农业劳动模范荣誉称号。

卢德华 男，汉族，1961年12月出生，四川盐边县人，大专，中共党员。1978年6月参加工作，盐边县益民乡文化站职工。1991年，被授予攀枝花市农业劳动模范荣誉称号。

刘龙高 男，汉族，1956年11月出生，四川盐边人，初中。盐边县鳡鱼乡农民。1991年，被授予攀枝花市级农业劳动模范荣誉称号。

安阿牛 女，彝族，1943年6月出生，四川盐边县人。盐边县鳡鱼乡大村子村农民。1991年，被授予攀枝花农业劳动模范荣誉称号。

杨国清　男，汉族，1959 年 10 月出生，四川盐边县人，高中。1982 年 2 月参加工作，盐边县瑞春商贸有限公司经理。1991 年，被授予攀枝花市劳动模范荣誉称号。

刘代友　男，汉族，1942 年 11 月出生，四川仪陇县人，小学，中共党员。1960 年 1 月参加工作，盐边县红果矿务局职工（退休）。1994 年，被授予攀枝花市劳动模范荣誉称号。

张兰贵　男，汉族，1944 年 5 月出生，四川盐边人，初中，中共党员。1960 年 1 月参加工作，原盐边县惠民乡农业服务中心农技员。1994 年，被授予攀枝花市劳动模范荣誉称号。

李登贵　男，汉族，1943 年 9 月出生，四川盐边县人，小学，中共党员。盐边乡国胜乡大毕村变桥组农民。1994 年，被授予攀枝花市劳模荣誉称号。

谢登才　男，汉族，1953 年 8 月出生，四川盐边县人，初中，中共党员。1974 年 3 月参加工作，盐边县永兴镇企业办主任。1995 年、1999 年，被授予攀枝花市劳动模范荣誉称号。

李森明　男，汉族，1964 年 6 月出生，四川资阳市人，初中，中共党员。1980 年 12 月参加工作，攀枝花三维红坭矿业有限责任公司生产副矿长。1999 年，被授予攀枝花市劳动模范荣誉称号。

尹兴连　女，汉族，1965 年 11 月出生，四川盐边人，初中。盐边县红格镇昔格达村二社农村技术员农民。1999 年，被授予攀枝花市劳动模范荣誉称号。

刘述伦　男，汉族，1960 年 10 月出生，四川盐边人，初中。盐边县二滩矿产品开发有限责任公司董事长。1999 年，被授予攀枝花市劳动模范荣誉称号。

何斯勇　男，汉族，1949 年 2 月出生，四川盐边县人，初中，中共党员。原盐边县新九乡猛粮村粮合组村支部书记、村主任。2004 年，被授予攀枝花市劳动模范荣誉称号。

罗永飞　男，汉族，1970 年 7 月出生，四川盐边县人，大学，中共党员。1991 年 6 月参加工作，盐边县公安局交警大队副大队长。2004 年，被授予攀枝花市劳动模范荣誉称号。

代启福　男，汉族，1969 年 10 月出生，四川盐边县人，大专，中共党员。盐边乡大石房村顺河组农民。2004 年，被授予攀枝花市劳动模范荣誉称号。

尹世芬　女，汉族，1952 年 1 月出生，四川盐边人，小学，中共党员。攀枝花市盐边县益民乡永益村农民。2004 年，被授予攀枝花市劳动模范荣誉称号。

李朝明　男，汉族，1952 年 5 月出生，四川盐边人，大学，中共党员。1973 年 6 月参加工作，原盐边县人民医院院长。2004 年，被授予攀枝花市劳动模范荣誉称号。

钟方祥　男，汉族，1968 年 10 月出生，四川盐边县人，大专。1987 年 3 月参加工作，攀枝花市锐华农业开发有限责任公司总经理。2004 年，被授予攀枝花市劳动模范荣誉称号。

谷万全　男，傈僳族，1961 年 7 月出生，四川盐边县人，初中，中共党员。1980 年参加工作，盐边县金谷煤业有限公司董事长、总经理。2004 年，被授予攀枝花市劳动模范荣誉称号。

张　玺　男，回族，1962 年 9 月出生，四川雅安市人，硕士，中共党员。1984 年 9 月参加工作，四川龙蟒矿冶有限责任公司副董事长兼总经理。2006 年，被授予“四川省五一劳动奖章”（市级劳模）荣誉称号。

卢树文　男，彝族，1960 年 6 月出生，四川盐边县人，初中，中共党员。盐边县和爱乡联合村新龙社村民组长。2009 年，被授予攀枝花市劳动模范荣誉称号。

付锡生　男，汉族，1949 年 7 月出生，四川盐边县人，初中，中共党员。原盐边县永兴乡永兴社区和永兴村联合支部党支部书记。2009 年，被授予攀枝花市劳动模范荣誉称号。

杨　霜　女，纳西族，1973 年 9 月出生，四川盐边县人，本科，中共党员。1993 年 7 月参加工作，盐边县渔门中学高中部教科室主任。2009 年，被授予攀枝花市劳动模范荣誉称号。

罗献友 男，汉族，1958 年 5 月出生，四川冕宁县人，中专，中共党员。1976 年 7 月参加工作，攀枝花市盐边县桐子林镇城南社区居委会党总支书记。2009 年，被授予攀枝花市劳动模范荣誉称号。

夏森林 男，汉族，1979 年 4 月出生，四川米易县人，高中。1997 年 7 月参加工作，盐边县宏缘矿业有限责任公司电工班中级电工。2009 年，被授予攀枝花市劳动模范荣誉称号。

倪国洪 男，汉族，1959 年 8 月出生，四川盐边人，大学。1980 年 7 月参加工作，盐边县红格中学教师。2009 年，被授予攀枝花市劳动模范荣誉称号。

谭绍平 男，汉族，1954 年 4 月出生，四川盐边人，大学，中共党员。1976 年 7 月参加工作，中国农业银行盐边县支行职工。2009 年，被授予攀枝花市劳动模范荣誉称号。

十、攀枝花市钒钛产业园区

陈　林 男，汉族，1962 年 10 月出生，四川攀枝花市人，大学，中共党员。1979 年 12 月参加工作，仁和区金江镇人民政府党委书记。2004 年，被授予攀枝花市劳动模范荣誉称号。

常启伟 男，汉族，1974 年 9 月出生，四川仪陇县人，本科文化。1998 年 7 月参加工作，四川省川投化学工业集团有限公司化工二厂副厂长。2009 年，被授予攀枝花市劳动模范荣誉称号。

十一、攀枝花市教育系统

蒋碧芳 女，汉族，1948 年 2 月出生，四川南充市人，大专，中共党员。1975 年 9 月参加工作，原攀枝花市第四中学教师，1989 年，被授予攀枝花市劳动模范荣誉称号。

王绍琼 女，汉族，1955 年 9 月出生，四川南充市人，大专，中共党员。1979 年 12 月参加工作，原攀枝花市实验幼儿园园长、中教高级职称。1994 年，被授予攀枝花市劳动模范荣誉称号。

彭良蓉 女，汉族，1949 年 8 月出生，重庆市人，大专，中共党员。1969 年 3 月参加工作，原攀枝花市第七中学高级教师。1994 年，被授予攀枝花市劳动模范荣誉称号。

朱德芬 女，汉族，1942 年 12 月出生，四川隆昌县人，大学，中共党员。1965 年 7 月参加工作，攀枝花市第三高级中学校长、高级讲师。1994 年，被授予攀枝花市劳动模范荣誉称号。

蒋良斌 男，汉族，1954 年 10 月出生，四川岳池市人，初中，中共党员。1973 年 12 月参加工作，原攀枝花市第三中学工人。1994 年，被授予攀枝花市劳动模范荣誉称号。

王正国 男，汉族，1952 年 6 月出生，四川阆中市人，大学，中共党员。1968 年 12 月参加工作，原攀枝花市第四中学书记、校长。1999 年，被授予攀枝花市劳动模范荣誉称号。

王建洪 男，汉族，1963 年 11 月出生，四川简阳市人，本科，中共党员。1985 年 7 月参加工作，攀枝花市第七高级中学校副校长。1999 年，被授予攀枝花市劳动模范荣誉称号。

李　堃 女，汉族，1958 年 12 月出生，黑龙江兰西县人，大学。1976 年 7 月参加工作，曾任攀枝花市实验学校中学一级教师。1999 年，被授予攀枝花市劳动模范荣誉称号。

张然弼 男，汉族，1942 年 12 月出生，四川西昌市人，大专。1962 年 7 月参加工作，攀枝花市第三中学美术高级讲师。1999 年，被授予攀枝花市劳动模范荣誉称号。

王　明 男，汉族，1957 年 3 月出生，重庆市人，本科，中共党员。1974 年 9 月参加工作，攀枝花市第七高级中学校高中政治教师。2004 年，被授予攀枝花市劳动模范荣誉称号。

赵永安 男，汉族，1947 年 12 月出生，安徽肥东县人，大学，中共党员。1969 年 2 月参加工作，原攀枝花市建筑工程学校高级讲师。2004 年，被授予攀枝花市劳动模范荣誉称号。

代玉华　女，汉族，1970 年 1 月出生，云南宣威市人，本科。1987 年 7 月参加工作，攀枝花市实验学校小学高级教师。2004 年被授予攀枝花市劳动模范荣誉称号。

张　鸣　男，汉族，1957 年 8 月出生，四川乐至县人，大学，中共党员。1978 年 2 月参加工作，攀枝花广播电视大学美术高级讲师。2006 年，被授予“四川省五一劳动奖章”（市级劳模）荣誉称号。

索争科　男，汉族，1968 年 12 月出生，陕西宝鸡市人，本科，中共党员。1991 年 7 月参加工作，攀枝花市第七高级中学校高中数学高级教师。2008 年，被授予“四川省五一劳动奖章”（市级劳模）荣誉称号。

吴精刚　男，汉族，1964 年 6 月出生，四川内江市人，本科，中共党员。1985 年 7 月参加工作，攀枝花市第七高级中学校高中化学高级教师。2009 年，被授予攀枝花市劳动模范荣誉称号。

十二、攀枝花市卫生系统

叶泽文　男，汉族，1968 年 12 月出生，四川威远县人，大学，中共党员。1992 年 7 月参加工作，攀枝花市第三人民医院主任医师。1999 年，被授予攀枝花市劳动模范荣誉称号。

叶明秋　女，汉族，1948 年 9 月出生，四川广安市人，中专，中共党员。1967 年 12 月参加工作，原攀枝花市中心医院副主任护师。1999 年被授予攀枝花市劳动模范荣誉称号。

陈显文　男，汉族，1943 年 1 月出生，四川盐边县人，初中，中共党员。1957 年 4 月参加工作，原攀枝花市中心医院主任医师。1999 年，被授予攀枝花市劳动模范荣誉称号。

张大勤　男，汉族，1943 年 11 月出生，重庆市人，大学，中共党员。1968 年 8 月参加工作，原攀枝花市中西医结合医院眼科主任、主任医师。1999 年，被授予攀枝花市劳动模范荣誉称号。

郑邦荣　男，汉族，1963 年 4 月出生，四川大竹县人，大学，中共党员。1986 年 7 月参加工作，攀枝花市中西医结合医院康复科主任。2004 年，被授予攀枝花市劳动模范荣誉称号。

杨　秋　女，汉族，1973 年 3 月出生，四川遂宁市人，大专，中共党员。1993 年 7 月参加工作，攀枝花市第四人民医院护士长、主管护师。2004 年，被授予攀枝花市劳动模范荣誉称号。

张家华　男，汉族，1955 年 5 月出生，四川米易县人，大学，中共党员。1975 年 12 月参加工作，攀枝花市疾控中心毒理研究室主任、主任医师。2004，年被授予攀枝花市劳动模范荣誉称号。

刘金康　男，汉族，1958 年 7 月出生，四川盐边县人，中专。1975 年 8 月参加工作，攀枝花市疾病预防控制中心美沙酮门诊部主任。2006 年，被授予“四川省五一劳动奖章”（市级劳模）荣誉称号。

张方芳　女，汉族，1963 年 3 月出生，江苏海门市人，大专，中共党员。1984 年 7 月参加工作，攀枝花市妇幼保健院围产保健科主任。2009 年，被授予攀枝花市劳动模范荣誉称号。

张月良　男，汉族，1966 年 5 月出生，山东郓城县人，大专，中共党员。1987 年 10 月参加工作，攀枝花市第三人民医院主任。2009 年，被授予攀枝花市劳动模范荣誉称号。

赵晨阳　男，汉族，1967 年 10 月出生，四川西充市人，大学。1992 年 9 月参加工作，攀枝花市中心医院骨科副主任、副主任医师。2009 年，授予攀枝花市劳动模范荣誉称号。

十三、攀枝花市直属机关系统

邹明康　男，汉族，1931 年 11 月出生，四川富顺县人，高中，中共党员。1950 年 4 月参加工作，原攀枝花市人大财经委副主任。1953 年，被授予成都市首届工厂企业一等劳动模范（市级劳模）荣誉称号。

吴修润　女，汉族，1943 年 5 月出生，四川永川县人，大专，中共党员。1958 年 5 月参加工作，原攀枝花市经委处长。1966 年，被授予渡口市“六金花”之一的“红色话务员”（市级劳模）荣誉称号。

宋国禄 男，汉族，1948年2月出生，重庆市人，中专，中共党员。1961年9月参加工作，原攀枝花市港华食品工业有限公司总经理、攀枝花市老年科技工作者协会主任科员。1988年，被授予攀枝花市劳动模范荣誉称号。

刘良益 男，汉族，1947年6月出生，四川营山县人，中专，中共党员。1966年5月参加工作，原攀枝花市制药厂厂长、攀枝花市物价局局长。1989年，被授予攀枝花市劳动模范荣誉称号。

兰天澄 女，汉族，1948年2月出生，四川资中县人，大专，中共党员。1964年10月参加工作，原攀枝花市皮革制品厂厂长。1994年，被授予攀枝花市劳动模范荣誉称号。

何鸿治 男，汉族，1945年7月出生，四川宜宾市人，本科，中共党员。1968年9月参加工作，原攀枝花市环境监测站站长、正高级工程师。1994年，被授予攀枝花市劳动模范荣誉称号。

谢官林 男，汉族，1962年4月出生，四川攀枝花市人，大学，中共党员。1984年1月参加工作，攀枝花市物价局副局长。1994年，被授予攀枝花市劳动模范荣誉称号。

林立英 男，汉族，1942年9月出生，广东阳江市人，本科，中共党员。1969年8月参加工作，曾任中国第十九冶公司副总经理兼总经济师，攀枝花市政府副市长。1996年，被授予攀枝花市劳动模范荣誉称号。

郝惠琼 女，汉族，1954年5月出生，山西平遥县人，大学。1974年8月参加工作，原攀枝花市财政局农发办主任。1999年，被授予攀枝花市劳动模范荣誉称号。

魏功训 男，汉族，1960年2月出生，四川叙永县人，大学。1982年8月参加工作，攀枝花市水务局总工程师。1999年，被授予攀枝花市劳动模范荣誉称号。

刘绍明 男，汉族，1951年5月出生，四川广安市人，大专，中共党员。1971年12月参加工作，原攀枝花市环境保护局计划与科技监测处处长。2004年，被授予攀枝花市劳动模范荣誉称号。

杜　林 男，汉族，1958年3月出生，四川阆中市人，中专，中共党员。1977年7月参加工作，攀枝花市殡仪馆馆长。2004年，被授予攀枝花市劳动模范荣誉称号。

陈红灵 女，汉族，1958年11月出生，四川蓬安县人，中专。1976年8月参加工作，原攀枝花市人口和计划生育指导所主治医师。2004年，被授予攀枝花市劳动模范荣誉称号。

范　羽 男，汉族，1965年7月出生，四川西充人，大学，中共党员，1987年7月参加工作，原攀枝花市就业局局长，攀枝花市投资促进局助理调研员。2004年，被授予攀枝花市劳动模范荣誉称号。

梁　兵 男，汉族，1967年8月出生，重庆市人，大专，中共党员。1988年7月参加工作，原市东区检察院反贪局局长、一级检察官。2004年，被授予攀枝花市劳动模范荣誉称号。

殷万彬 男，汉族，1976年6月出生，四川绵竹县人，高中，中共党员。1997年7月参加工作，攀枝花市政工程管理处维修队污水处理工。2004年，被授予攀枝花市劳动模范荣誉称号。

舒昌彬 男，汉族，1954年10月出生，四川武胜县人，中专，中共党员。1981年1月参加工作，原攀枝花市动物卫生监督所站长、高级兽医师。2006年被授予“四川省五一劳动奖章”（市级劳模）荣誉称号。

伍从银 男，汉族，1973年2月出生，四川攀枝花市人，大学，中共党员。1997年10月参加工作，攀枝花市农牧局副局长。2009年，被授予攀枝花市劳动模范荣誉称号。

李晓斌 男，汉族，1974年7月出生，四川巴中市人，大学，中共党员。1997年7月参加工作，攀枝花市财政局经济建设处处长。2009年，被授予攀枝花市劳动模范荣誉称号。

张云忠 男，汉族，1956年11月出生，四川眉山市人，大学，中共党员。1980年8月参加工作，曾任市总工会常务副主席、攀枝花市委组织部副部长、市编办主任。2009年，被授予“四川省五一劳动奖章”（市级劳模）荣誉称号。

余世和　男，汉族，1951 年 11 月出生，四川乐山市人，中专，中共党员。1973 年 11 月参加工作，原市审计局主任科员。2009 年，被授予攀枝花市劳动模范荣誉称号。

胡　军　男，汉族，1956 年 1 月出生，吉林洮安县人，高中，中共党员。1971 年 12 月参加工作，市委办公室小车队驾驶员。2009 年，被授予攀枝花市劳动模范荣誉称号。

涂　勇　男，汉族，1974 年 1 月出生，四川泸县人，硕士，中共党员。1992 年 7 月参加工作，市环境监测站办公室副主任。2009 年，被授予攀枝花市劳动模范荣誉称号。

王　莉　女，汉族，1971 年 3 月出生，重庆市人，研究生，中共党员。1992 年 11 参加工作，市总工会法律保障部部长。2011 年，被授予“四川省五一劳动奖章”（市级劳模）荣誉称号。

十四、攀枝花市公安系统

阙建强　男，汉族，1960 年 9 月出生，四川荣县人，大专，中共党员。1977 年 1 月参加工作，市公安局西区分局民警。1989 年，被授予攀枝花市劳动模范荣誉称号。

杨伯会　男，汉族，1954 年 10 月出生，重庆市人，大专，中共党员。1975 年 1 月参加工作，攀枝花市看守所政委、一级警督。2004 年，被授予攀枝花市劳动模范荣誉称号。

刘丽华　女，汉族，1956 年 2 月出生，辽宁北镇县人，中专，中共党员。1975 年 3 月参加工作，原东区公安分局弄弄坪派出所主任科员。2009 年，被授予攀枝花市劳动模范荣誉称号。

十五、攀枝花市交通系统

唐大黑　男，汉族，1933 年 3 月出生，四川仪陇人，小学，中共党员。1954 年 10 月参加工作，攀枝花路桥建设公司。1966 年被授予渡口市“八闯将”之一“铁牛”（市级劳模）荣誉称号。

王朝忠　男，汉族，1929 年 9 月出生，重庆市人，小学，中共党员。1950 年 3 月参加工作，攀枝花汽车运输总公司科长。1958 年，被授予重庆市先进工作者（市级劳模）荣誉称号。

罗华忠　男，汉族，1939 年 12 月出生，四川珙县人，高小。1956 年 1 月参加工作，攀枝花公路桥梁工程总公司保修工。1984 年，被授予攀枝花市劳动模范荣誉称号。

刁彬善　男，汉族，1942 年 1 月出生，山东淄博人，中专，中共党员。1958 年 8 月参加工作，攀枝花路桥总公司机械化公司厂长。1989 年，被授予攀枝花市劳动模范荣誉称号。

吕光夏　男，汉族，1945 年 2 月出生，江苏高邮县人，初中。1961 年 8 月参加工作，原四川攀枝花通联汽车厂汽车修理工。1989 年，被授予攀枝花市劳动模范荣誉称号。

何思红　男，汉族，1967 年 3 月出生，四川苍溪县人，大专，中共党员。1986 年 10 月参加工作，攀枝花市公交客运总公司高级驾驶员。1999 年，被授予攀枝花市劳动模范荣誉称号。

张德华　男，汉族，1940 年 5 月出生，四川遂宁市人，初中，中共党员。1958 年 1 月参加工作，原攀枝花汽车运输总公司散装水泥运输公司经理、书记。1994 年，被授予攀枝花市劳动模范荣誉称号。

谢序均　男，汉族，1964 年 4 月出生，四川盐源县人，大学，中共党员。1982 年 7 月参加工作，攀枝花公路建设有限公司副总经理。1994 年，被授予攀枝花市劳动模范荣誉称号。

王新民　男，汉族，1940 年 8 月出生，重庆市人，大学。1965 年 9 月参加工作，攀枝花路桥总公司桥梁公司总工程师。1999 年，被授予攀枝花市劳动模范荣誉称号。

申居莲　女，汉族，1946 年 12 月出生，山东省单县人，大学。1970 年 8 月参加工作，原四川攀枝花通联汽车厂汽车综合性能检测站站长。1999 年，被授予攀枝花市劳动模范荣誉称号。

刘光和 男，汉族，1948年5月出生，四川遂宁市人，小学，中共党员。1966年12月参加工作，原攀枝花市公路养护管理总段机械工程工人。1999年，被授予攀枝花市劳动模范荣誉称号。

邓修成 男，汉族，1952年8月出生，四川威远人，大专，中共党员。1970年9月参加工作，攀枝花公路桥梁工程有限公司监事会主席。2004年，被授予攀枝花市劳动模范荣誉称号。

孙建强 男，汉族，1967年4月出生，山东文登市人，高中，中共党员。1987年10月参加工作，攀枝花市交通宾馆有限公司水电工。2004年被授予攀枝花市劳动模范荣誉称号。

杨尚全 男，汉族，1947年10月出生，重庆市人，中专，中共党员。1968年9月参加工作，曾任攀枝花市公交客运总公司工会主席。2004年，被授予攀枝花市劳动模范荣誉称号。

腾红军 男，汉族，1953年12月出生，重庆市人，初中，中共党员。1971年8月参加工作，攀枝花市汽车运输总公司驾驶员。2004年，授予攀枝花市劳动模范荣誉称号。

梁勤国 男，汉族，1963年10月出生，四川米易人，大学，中共党员。1983年9月参加工作，市公路路政管理支队副支队长、助理政工师。2004年，被授予攀枝花市劳动模范荣誉称号。

马盛国 男，汉族，1971年7月出生，山西临汾人，大学，中共党员。1995年7月参加工作，市交通设计研究院常务副院长、党支部书记。2004年，被授予攀枝花市劳动模范荣誉称号。

刘　勇 男，汉族，1975年3月出生，四川泸县人，大专，中共党员。1995年1月参加工作，攀枝花市公交客运总公司二公司驾驶员。2009年，被授予攀枝花市劳动模范荣誉称号。

陶文书 男，汉族，1953年9月出生，四川遂宁市人，初中，中共党员。1971年8月参加工作，攀枝花市交通三亿公司驾驶员。2009年，被授予攀枝花市劳动模范荣誉称号。

十六、攀枝花市建设建材

王大年 男，汉族，1938年3月出生，江苏泰州市人，大专，中共党员。1955年9月参加工作，原四川省攀枝花建设总公司总经理。1959年，被授予昆明市劳动模范（市级劳模）荣誉称号。

黎万友 男，汉族，1946年7月出生，重庆人，初中，中共党员。1964年4月参加工作，攀枝花市建筑二公司班长。1984年，被授予攀枝花市劳动模范荣誉称号。

孙志伦 男，汉族，1937年1月出生，江苏无锡市人，大学，中共党员。1962年5月参加工作，原四川渡口水泥厂厂长兼党委书记。1988年，被授予攀枝花市劳动模范荣誉称号。

张文祥 男，汉族，1942年10月出生，成都市人，大学，中共党员。1967年7月参加工作，攀枝花市规划设计建筑研究院院长。1989年，被授予攀枝花市劳动模范荣誉称号。

陈国海 男，汉族，1944年6月出生，四川蓬安县人，初中，中共党员。1963年12月参加工作，原四川广厦建材股份有限公司硅酸盐厂职工。1989年，被授予攀枝花市劳动模范荣誉称号。

周德顺 男，汉族，1945年7月出生，四川中江县人，大学，中共党员。1967年7月参加工作，攀枝花市建筑二公司职工。1989年，被授予攀枝花市劳动模范荣誉称号。

周发琛 男，汉族，1945年11月出生，四川成都市人，高中，中共党员。1966年4月参加工作，原攀枝花市通力建筑（集团）有限公司职工。1997年，被授予攀枝花市劳动模范荣誉称号。

龙德前 男，汉族，1945年12月出生，四川西昌市人，小学，中共党员。1966年12月参加工作，原四川广厦建材股份有限公司职工。1999年，被授予攀枝花市劳动模范荣誉称号。

纪荣怀 男，汉族，1947年10月出生，四川蓬安县人，大学，中共党员。1967年8月参加工作，原金沙水泥股份有限公司党委副书记、董事长。1999年，被授予攀枝花市劳动模范荣誉称号。

李永明 男，汉族，1940年2月出生，山东青岛市人，大学，中共党员。1966年9月参加工作，原金沙水泥股份有限公司矿山车间班长。1999年，被授予攀枝花市劳动模范荣誉称号。

何基连 男，汉族，1945年2月出生，四川营山县人，大学，中共党员。1968年7月参加工作，攀枝花市建筑机械化施工处总工程师、高级工程师。2004年，被授予攀枝花市劳动模范荣誉称号

刘志君 男，汉族，1964年8月出生，四川资阳市人，大学，中共党员。1986年7月参加工作，攀枝花市规划和建设局副局长。2004年，被授予攀枝花市劳动模范荣誉称号。

苏成明 男，汉族，1967年1月出生，四川盐边县人，本科，中共党员。1988年7月参加工作，攀枝花市房地产管理局物业管理科科长。2009年，被授予攀枝花市劳动模范荣誉称号。

十七、攀枝花市城市管理系统

费光栋 男，汉族，1938年8月出生，四川成都市人，高中，中共党员。1958年3月参加工作，原攀枝花市煤气总公司总经理。1994年，被授予攀枝花市劳动模范荣誉称号。

李翠云 女，汉族，1947年10月出生，四川威远县人，中专。1967年7月参加工作，原攀枝花市煤气总公司炳草岗营业所所长。1999年，被授予攀枝花市劳动模范荣誉称号。

周聂珍 女，汉族，1963年11月出生，四川广安市人，中专，中共党员。1979年11月参加工作，攀枝花市园林绿化处竹湖园公园绿化工。2004年，被授予攀枝花市劳动模范荣誉称号。

荆建华 男，汉族，1971年10月出生，重庆市人，硕士，中共党员。1992年7月参加工作，攀枝花市水务（集团）有限公司董事长、总经理。2007年，被授予“四川省五一劳动奖章”（市级劳模）荣誉称号。

于　凤 女，汉族，1962年8月出生，辽宁丹东市人，高中。1988年12月参加工作，原市政工程管理处维修队污水处理工。2009年，被授予攀枝花市劳动模范荣誉称号。

李春南 女，汉族，1969年7月出生，陕西渭南市人，研究生，中共党员。1990年7月参加工作，攀枝花市水务（集团）有限公司纪委书记、工会主席。2009年，被授予攀枝花市劳动模范荣誉称号。

十八、攀枝花市财贸系统

曾长英 女，汉族，1949年7月出生，四川简阳县人，中专，中共党员。1969年1月参加工作，原工商银行攀枝花分行工会主席。1984年，被授予攀枝花市劳动模范荣誉称号。

卢三培 男，汉族，1939年7月出生，重庆市人，初中，中共党员。1960年4月参加工作，原中国工商银行股份有限公司攀枝花市分行调研员。1988年，被授予攀枝花市劳动模范荣誉称号。

刘先禄 男，汉族，1945年1月出生，重庆市人，大专，中共党员。1961年8月参加工作，原市供销社劳动服务中心主治医师。1992年，被授予攀枝花市劳动模范荣誉称号。

陈文涛 女，汉族，1968年8月出生，四川汉源县人，本科，中共党员。1985年11月参加工作，交通银行攀枝花分行副经理（原大河分理处主任）。1994年，被授予攀枝花市劳动模范荣誉称号。

杨超宋 男，汉族，1938年11月出生，湖南湘潭县人，初中，中共党员。1958年1月参加工作，攀枝花市金属材料公司。1994年，被授予攀枝花市劳动模范荣誉称号。

刘宗银 男，汉族，1946年1月出生，四川南充市人，小学，中共党员。1963年11月参加工作，攀枝花市外贸公司。1999年，被授予攀枝花市劳动模范荣誉称号。

李　波 男，汉族，1972年6月出生，辽宁阜新市人，大专，中共党员。1992年7月参加工作，中国建设银行攀枝花分行会计。1999年，被授予攀枝花市劳动模范荣誉称号。

鲁　兴　男，彝族，1945年10月出生，云南祥云县人，小学，中共党员。1965年1月参加工作，攀枝花宾馆职工。1999年，被授予攀枝花市劳动模范荣誉称号。

黄平银　男，汉族，1964年7月出生，四川乐山市人，研究生，中共党员。1982年09月参加工作，攀枝花市国税局税务稽查局局长。1999年，被授予攀枝花市劳动模范荣誉称号。

安　杰　女，汉族，1967年3月出生，河北唐山市人，大专。1988年12月参加工作，中国建设银行股份有限公司攀枝花分行会计员。2004年，被授予攀枝花市劳动模范荣誉称号。

邓崇定　男，汉族，1950年1月出生，四川遂宁市人，大学，中共党员。1969年9月参加工作，攀枝花市商业银行党组书记、董事长、经济师。2004年，被授予攀枝花市劳动模范荣誉称号。

周茂平　男，汉族，1961年7月出生，四川渠县人，大专。1977年10月参加工作，攀枝花市国税局信息中心主任。2004年，被授予攀枝花市劳动模范荣誉称号。

陈才菊　女，汉族，1969年4月出生，四川资阳市人，大专。1987年10月参加工作，四川省烟草公司攀枝花市公司烟叶生产经营中心安全储运部部长。2009年，被授予攀枝花市劳动模范荣誉称号。

漆莉梅　女，汉族，1975年12月出生，四川攀枝花市人，大学。1997年10月参加工作，攀枝花国际旅行社有限责任公司副总经理。2009年，被授予攀枝花市劳动模范荣誉称号。

十九、攀枝花市林业系统

周万彬　男，汉族，1940年10月出生，四川资阳县人，初中，中共党员。1961年5月参加工作，原攀枝花市国营林场总场大庄页岩砖厂书记、厂长。1994年，被授予攀枝花市劳动模范荣誉称号。

赵亚艳　女，汉族，1966年2月出生，吉林东丰县人，大学，中共党员。1985年12月参加工作，原攀枝花市林业局执法稽查队队长，市国营林场总场岔河页岩砖厂书记、厂长。1999年，被授予攀枝花市劳动模范荣誉称号。

曾　涛　男，汉族，1967年12月出生，重庆市人，大学，中共党员。1987年7月参加工作，曾任攀枝花市林业调查设计队队长、市林业调查规划设计院院长、市森林公安局政委。2004年，被授予攀枝花市劳动模范荣誉称号。

王洪林　男，汉族，1968年11月出生，云南祥云县人，初中，中共党员。1985年12月参加工作，攀枝花市国营林场总场岔河页岩砖厂焊工、车工。2009年，被授予攀枝花市劳动模范荣誉称号。

二十、攀枝花市人力资源和社会保障系统

朱世伟　男，汉族，1934年7月出生，四川荣县人，高中，中共党员。1950年6月参加工作，原攀枝花市劳动局局长。1988年，被授予攀枝花市劳动模范荣誉称号。

谢仲清　男，汉族，1965年9月出生，四川攀枝花人，大学，中共党员。1985年7月参加工作，市医疗保险管理局常务副局长。2009年，被授予攀枝花市劳动模范荣誉称号。

二十一、攀枝花市广电文化系统

周昌泉　男，汉族，1943年5月出生，重庆市人，大学。1967年8月参加工作，攀枝花市群众艺术馆美术工作室原主任、国家一级画师。1999年，被授予攀枝花市劳动模范荣誉称号。

万新年　男，汉族，1962年1月出生，重庆市人，本科，中共党员。1979年9月参加工作，市有线电视信息中心副主任。1999年，被授予攀枝花市劳动模范荣誉称号。

赖粤岷 男，汉族，1955 年 2 月出生，广东朝安县人，大专，中共党员。1974 年 6 月参加工作，市歌舞剧团作曲。2004 年，被授予攀枝花市劳动模范荣誉称号。

杨 斌 男，汉族，1967 年 1 月出生，四川蓬溪县人，大学，中共党员。1987 年 9 月参加工作，市文化馆音乐干部。2009 年，被授予攀枝花市劳动模范荣誉称号。

肖翔升 男，汉族，1979 年 3 月出生，北京市人，大学，中共党员。1997 年 9 月参加工作，市有线电视信息中心《小科帮忙》栏目制片人。2009 年，被授予攀枝花市劳动模范荣誉称号。

二十二、攀枝花学院

钱平皋 男，汉族，1948 年 9 月出生，四川岳阳市人，大学化，中共党员。1968 年 12 月参加工作，原攀枝花学院教务处长、人事处长。1989 年，被授予攀枝花市劳动模范荣誉称号。

武开永 男，汉族，1939 年 7 月出生，四川阆中市人，大学，中共党员。1964 年 9 月参加工作，攀枝花学院教师。1994 年，被授予攀枝花市劳动模范荣誉称号。

冯明琴 男，汉族，1948 年 10 月出生，四川南充市人，本科。1965 年 9 月参加工作，攀枝花学院教授。1999 年，被授予攀枝花市劳动模范荣誉称号。

二十三、攀枝花市邮政局

谢志全 男，汉族，1949 年 12 月出生，四川资中县人，初中，中共党员。1965 年 12 月参加工作，曾任攀枝花市邮政局金江邮件转运站班长。2004 年，被授予攀枝花市劳动模范荣誉称号。

章 明 男，汉族，1966 年 4 月出生，四川蓬安县人，中专。1984 年 7 月参加工作，米易县邮政局市场部主任。2009 年，被授予攀枝花市劳动模范荣誉称号。

二十四、攀枝花移动分公司

刘自才 男，汉族，1934 年 12 月出生，四川蓬溪县人，小学，中共党员。1958 年 6 月参加工作，原攀枝花市邮电局密地分局务本邮电所所长。1984 年，被授予攀枝花市劳动模范荣誉称号。

阳 军 女，汉族，1973 年 5 月出生，四川资阳市人，本科，中共党员。1995 年 7 月参加工作，中国移动通信集团四川有限公司攀枝花市分公司网络部副经理。2009 年，被授予攀枝花市劳动模范荣誉称号。

二十五、中国电信攀枝花分公司

尹灿荣 男，汉族，1953 年 4 月出生，四川西昌市人，大专。1969 年 2 月参加工作，中国电信攀枝花大渡口分公司总经理。1999 年被授予攀枝花市劳动模范荣誉称号。

蒋友怀 男，汉族，1943 年 4 月出生，四川成都市人，大专，中共党员。1968 年 7 月参加工作。中国电信股份有限公司攀枝花分公司总工程师。1999 年，被授予攀枝花市劳动模范荣誉称号。

二十六、四川省电力公司攀枝花电业局

吴恒泰 男，汉族，1932 年 6 月出生，重庆市人，小学文化，中共党员。1949 年 1 月参加工作，原攀枝花电业局副局长。1966 年，被授予渡口市“八闯将”之一的“革新能手”荣誉称号。

杨文毅 男，汉族，1954 年 2 月出生，上海市人，本科，中共党员。1971 年 5 月参加工作，原攀枝花电业局党委书记、副局长。1999 年，被授予攀枝花市劳动模范荣誉称号。

徐家周 男，汉族，1939年12月出生，四川乐至县人，高中，中共党员。1957年5月参加工作，原攀枝花电业局电力设备修试厂副厂长。1989年，被授予攀枝花市劳动模范荣誉称号。

张会龙 男，汉族，1961年4月出生，重庆市人，中专，中共党员。1979年8月参加工作，曾任攀枝花电业局岔河变电站、向阳变电站站长等职。1999年，被授予攀枝花市劳动模范荣誉称号。

郭建权 男，汉族，1942年1月出生，四川广安市人，本科，中共党员。1994年7月参加工作，原攀枝花电业局局长、高级工程师。2000年，被市政府授予“攀枝花英模”（市劳动模范）荣誉称号。

杨　涛 男，汉族，1970年12月出生，四川会理县人，本科，中共党员。1989年3月参加工作，曾任攀枝花电业局仁和供电局党支部副书记、工会主席。2004年，被授予攀枝花市劳动模范荣誉称号。

二十七、华电四川发电有限公司攀枝花分公司

帅朝文 男，汉族，1948年11月出生，四川成都市人，高小。1965年11月参加工作，原华电四川发电有限公司攀枝花分公司锅炉管阀班班长。1994年，被授予攀枝花市劳动模范荣誉称号。

孔繁发 男，彝族，1966年11月出生，云南石屏县人，中专。1983年12月参加工作，华电四川发电有限公司攀枝花分公司锅炉起架班班长。1999年，被授予攀枝花市劳动模范荣誉称号。

杨兴国 男，汉族，1968年9月出生，重庆市人，中专。1986年9月参加工作，攀枝花发电公司锅炉制粉班班长、高级技工。2004年，被授予攀枝花市劳动模范荣誉称号。

二十八、中国石油攀枝花销售分公司

张成斌 男，汉族，1968年7月出生，攀枝花市人，研究生，中共党员。1989年7月参加工作，中国石油四川攀枝花销售分公司总经理。2004年，被授予攀枝花市劳动模范荣誉称号。

二十九、攀枝花农林科学院

秦达逵 男，汉族，1945年6月出生，四川资中县人，本科，中共党员。1968年9月参加工作，攀枝花市农林科学研究院研究员。2004年，被授予攀枝花市劳动模范荣誉称号。

三十、雅砻江流域水电开发有限公司

于远鹏 男，汉族，1974年7月出生，辽宁靖宇县人，中专，中共党员，1995年7月参加工作，二滩水力发电厂运行值长、助理工程师。2004年，被授予攀枝花市劳动模范荣誉称号。

三十一、成铁局攀枝花客运段

张　琴 女，汉族，1968年9月出生，四川宜宾市人，大专，中共党员。1987年11月参加工作，成都铁路局攀枝花客运分公司列车长。2004年，被授予攀枝花市劳动模范荣誉称号。

三十二、攀枝花民航

刘学锋 男，汉族，1961年12月出生，云南昆明市人，大专，中共党员。1981年参加工作，攀枝花市民航局副总工程师、工程师。2004年，被授予攀枝花市劳动模范荣誉称号。

附 录

一、文 存

关于渡口市工会第一次代表大会选举情况和建立渡口市总工会的请示报告

市委：

在市委的直接领导和亲切关怀下，七月六日至十日召开了渡口市工会第一次代表大会。大会高举马列主义、毛泽东思想伟大红旗。以批林整风为纲，认真学习了马克思、恩格斯、列宁、斯大林和毛主席关于工人运动的论述，学习了党在整个社会主义历史阶段的基本路线，狠批了林彪反党集团的反革命修正主义路线的极右实质，联系工会工作的实际，深刻批判了刘少奇、林彪一类骗子在工人运动中散布的“阶级斗争熄灭论”“经济主义”和“工团主义”等反动谬论，以及他们破坏党对工人运动的领导，分裂工人运动的罪行，进一步肃清了修正主义流毒，划清了正确路线和错误路线的界限。提高了阶级斗争、路线斗争和继续革命的觉悟。大会讨论通过了《进一步发挥工人阶级的主力军作用，为加速攀枝花的社会主义革命和社会主义建设的发展而英勇奋斗》的工作报告和《渡口市工会第一次代表大会决议》；总结交流了工会工作两条路线斗争的经验；选举产生了渡口市总工会第一届委员会。到会代表普遍反映：这次大会开得是成功的，受到了一次深刻的思想和政治路线方面的教育，进一步认清了大好形势，明确了今后的战斗任务，加强了革命团结，大鼓了革命干劲，这是一次团结的大会，胜利的大会。

一、大会选举的情况。遵照毛主席关于无产阶级革命事业接班人五条标准，经过与会代表充分酝酿，民主协商，市委批准的六十一名市总工会第一届委员会委员、十七名常委、主任副主任候选人全部当选。蔡协斌同志当选为渡口市总工会第一届委员会主任，张德敏、任兆祥、李春（女）、武学昌、王恒成、庄福亭、杨福山七名同志当选为副主任。选出的市总工会第一届委员会，体现了老中青三结合的原则和以产业工人为主体的精神，又有交通、财贸、工程技术人员等各个方面的代表。

六十一名委员中：⑴三十岁以下的青年占百分之二十六，三十岁至四十九岁的中年占百分之六十四，五十岁以上的老年占百分之十；平均年龄为三十九岁，年龄最大的五十五岁，最小的十九岁；⑵产业工人占百分之五十三，工会专职干部占百分之三十九，财贸、工程技术人员各占百分之三，少数民族占百分之二；⑶妇女占百分之二十五；⑷党员占百分之八十，团员占百分之十，群众占百分之七。

十七名常委中：⑴三十岁以下的青年占百分之三十五，三十岁至四十九岁的中年占百分之六十五；平均年龄为三十七岁，年龄最大的为四十九岁，最小的二十一岁；⑵产业工人占百分之四十七，工会专职干部占百分之四十一，财贸、工程技术人员占百分之六；⑶妇女占百分之三十五；⑷党员占百分之八十二，团员占百分之十二，群众占百分之六。

二、自选举产生渡口市总工会第一届委员会后，经市委批准，市总工会即应正式成立。遵照中共中央〔1973〕17号文件关于工会性质、作用和任务和规定，在市委的领带下，市总工会坚决贯彻执行以路线斗争为纲，狠抓阶级斗争。认真组织工人群众学习马克思主义、列宁主义、毛泽东思想。当前，把批林整风这件头等大事放在工会工作的首位。抓路线，促大干，深入发动工人群众，积极投入“工业学大庆”的群众运动，充分发挥全市工人阶级在加速攀枝花建设中的主力军作用。同时，不断加强工会自身的思想建设和组织建设、增强党的观念，加强革命团结，始终不忘工会肩负的历史使命，在毛主席的革命路线指引下，努力作好工会工作，当好党的助手。

选票随报告一并送上，报告当否，请批示。

渡口市总工会第一届委员会

一九七三年七月十六日

关于建立渡口市总工会第一届委员会的批示

（渡发〔1973〕114号）

渡口市总工会第一届委员会：

市委同意你们关于渡口市工会第一次代表大会选举情况和建立渡口市总工会第一届委员会的请示报告。

市委批准渡口市总工会第一届委员会由六十一名委员组成。王恒成、白文芳（女）、任兆祥、李春（女）、庄福亭、吴大晖、何学娅（女）、罗克仁、武学昌、张德敏、黄素珍（女）、赵国杰、杨福山、袁泉、唐定章、许海珍（女）、蔡协斌等十七名同志为常委（以上按姓氏笔画为序）。蔡协斌同志任主任，张德敏、王恒成、任兆祥、李春（女）、武学昌、庄福亭、杨福山七名同志任副主任。

希望渡口市总工会第一届委员会，在党的领导下，继续抓紧抓好批修整风这个头等大事。组织职工群众认真学习马列主义、毛泽东思想，坚持党在社会主义历史阶段的基本路线，深入进行思想和政治路线方面的教育，狠抓阶级斗争和路线斗争，批判资产阶级，批判修正主义。不断加强工人阶级自身的改造，充分发挥工人阶级和一切革命主力军的作用；加强工人阶级的革命团结，加强工人阶级和一切革命人民的革命团结，巩固工农联盟，加强个巩固无产阶级专政；认真贯彻执行“抓革命，促生产，促工作，促战备”的方针，高举社会主义建设总路线的旗帜，开展一个赛革命，赛团结，赛干劲，赛贡献的活动，把“工业学大庆”的群众运动，不断推向深入；工会组织要积极地为党和国家培养和输送工人干部；协助和监督各级干部执行党的路线、方针和政策，坚持社会主义方向；关心职工生活，搞好安全生产和劳动保护。注意工人的文化技术教育；坚持对职工群众的爱国主义、国际主义教育，树立共产主义的远大理想，为攀枝花这个战略基地的建设贡献自己的力量。

团结起来，为巩固无产阶级专政，实现工人阶级的伟大历史使命而奋勇前进。

中共渡口市委

一九七三年八月二十一日

攀枝花市政府与攀枝花市总工会联席会议制度

第一条 根据《中共中央关于加强和改善党对工会、共青团、妇联工作领导的通知》〔1989〕12 号文和《中共攀枝花市委关于进一步发挥各级工会组织在国家政治经济生活中的民主参与和社会监督作用的意见》〔1990〕7 号文件精神，为充分发挥广大职工在建设和改革事业中的主力军作用，促使政府决策的民主化、科学化，使工会及时了解政府制定的政策、法规和重要工作部署并积极组织职工执行政府的政策，实现政府工作目标，使政府及时了解和解决工会反映的职工群众的意见和要求，增强政府与工会的相互支持、亲密合作，市政府同市总工会决定建立联席会议制度。

第二条 联席会议的指导原则是：贯彻党的基本路线和方针、政策，坚持有利于维护政府权威与尊重工会独立自主工作相统一，有利于国家政治、经济和社会稳定与维护职工群众的权益相统一的原则，从本市实际情况出发，解决一些应该且可能解决的问题。

第三条 联席会议原则上每年举行二次，遇到特别紧急的情况时可随时举行，会议举行具体日期由市总工会与市政府共同商定。

第四条 联席会议的主要内容：紧紧围绕党在各个时期的中心任务，密切结合我市经济建设和改革事业的实际，商议、研究我市经济建设、社会发展问题；深入、持久、有效地开展社会主义劳动竞赛、“双增双节”“合理化建议”等活动的问题；加强和改进企业职工思想政治工作，建设“四有”职工队伍的问题；加强企事业职工民主管理的问题；有关职工教育、劳动、就业、工资、社会保障、物价、住房以及其他涉及职工利益的重大问题；职工群众反映、关注的政治、经济、社会热点问题；宣传、动员、组织全市广大职工群众积极参加经济建设和各项改革的问题。

第五条 每次联席会议的议题，应在会议前半个月由市政府与市总工会共同商定。

第六条 联席会议确定的事项，应形成会议纪要。应由政府解决的事项由市政府组织实施，属于工会范围的事项由市总工会组织实施，并在下次联席会议上通报实施情况。

第七条 出席联席会议的人员，根据每次会议内容确定，可视其具体情况邀请职工代表、先进模范人物、新闻记者旁听，并根据需要经过审定发布新闻。

第八条 联席会议的有关筹备工作和会务工作，主要由市总工会承担。

第九条 本制度自通过之日起试行。其解释权属市人民政府和市总工会，修改权属联席会议。

一九九四年十一月二十三日

中共攀枝花市委　攀枝花市人民政府
关于大力推进国有企业下岗职工再就业工程的试行意见

（攀委发〔1998〕20 号）

各区、县委，区、县人民政府，市委各部委，市级各部门，各人民团体，各企事业单位：

在加快经济结构调整和深化企业改革的过程中，我市国有企业下岗职工逐步增多，分流安置国有企业下岗职工和解决其再就业问题，已成为社会各界普遍关注的热点问题，它关系到国有企业改革的成败和社会政治、经济局势的稳定，解决好国有企业下岗职工的再就业问题是社会主义市场经济体制建立和完善过程中的一项长期而艰巨的任务，必须进一步提高认识，加大工作力度，动员全社会力量积极支持和参与这项工作。为继续深化我市国有企业改革，促进国民经济持续、快速、健康发展，保持全市政治稳定，经济繁荣，根据中共中央、国务院和省委、省政府有关文件要求，结合实际，现就大力推进我市国有企业下岗职工再就业工程提出如下试行意见：

一、加强组织领导，落实工作责任制

（一）建立攀枝花市解困再就业工作领导小组，负责全市解困再就业工作的统筹规划、政策制定、综合协调和监督检查。领导小组下设办公室，负责实施再就业工程的各项具体工作和日常事务，办公室设在市劳动局。各区、县按照分级管理的原则，建立相应的机构。

（二）再就业工程的实施对象是我市行政区域内按规定缴纳了失业保险费的国有企业下岗职工。重点是国有特困企业和困难企业中的下岗职工。

（三）实施再就业工程按照谁主管、谁负责的原则，实行分级管理、分级分则的领导责任制。攀枝花市解困再就业工作领导小组，负责全市实施再就业工程的组织领导和综合协调；各区、县负责本级企业下岗职工的再就业工作；市级企业下岗职工的再就业工作由其主管部门负责；市内各中央、省属企业下岗职工的再就业工作由企业及其主管部门负责。市级各部门要在各自的工作范围内制定措施，扎实工作，为全市实施再就业工程服务。

（四）企业肩负本单位下岗职工再就业工程的主要责任。要坚持减员增效同促进再就业相结合，职工下岗分流与社会承受能力相适应的原则，制定切实可行的计划，有步骤的分期分批地加以安排和实施。要发挥内部潜力，利用现有场地、设施、技术和生产经营项目，发展多种经营，分流安置本企业的下岗职，要千方百计筹集资金，解决好本企业下岗职工的基本生活费。特困企业和困难企业，也要积极创造条件，努力做好下岗职工再就业工作。

（五）市人民政府将解次国有企业下岗职工再就业列入重点工作目标，实行目标考核，年终对成绩突出者给予表彰奖励。各级党政一把手要亲自抓、负总责，一级抓一级，层层抓落实。要大力培育新的经济增长点，发展第三产业，发展非公有制经济，增加就业岗位，为下岗职工再就业拓展新的渠道。

二、加强宣传教育，提高认识，转变观念，动员全社会力量支持和参与再就业工程

（六）各级宣传部门和报刊、广播、电视等新闻媒介要重视和加强再就业工程的宣传教育工作，要充分利用各种舆论宣传工具，开展多层次、形式多样的宣传教育活动，大力宣传当前劳动就业工作面临的严峻形势，国家推进市场就业的方针和政策，实施再就业工程的目的和意义，以及实施再就业工程的先进典型和事迹，以达到三个目的。一是转变下岗职工、失业职工的择业观念，使他们树立市场就业意识，勇于面对现实，振奋精神，树立信心，不断提高自身素质，适应市场竞争的要求；二是转变用人单位的用人观念，正确认识当前存在的下岗现象，充分理解下岗职工，积极为他们再就业创造机会和提供帮助；三是要使再就业工程家喻户晓，人人皆知，动员全社会积极支持和参与再就业工程的实施。

三、筹集再就业资金，为全面实施再就业工程提供必要的经费保障

（七）各级政府要将再就业资金纳入财政预算。

1．按照国家和省里的规定将个人所得税（以1996年度实际入库数为基数）新增部分全部用作解困再就业资金。

2．各级财政的总预备费中用于社会稳定支出的一部分；

3．当年收入预算超收的一部分，当年预算外收入的 10%，以及压缩的会议费、通讯费、招待费、出国经费、购车经费等；

4．按上年失业保险金结余额的 20%提取；

5．收取的就业调剂费；

6．接受社会捐赠。

（八）再就业资金主要照于下岗职工的转业（岗）培训、劳动力市场建设、公共职介机构职业信息网络建设和实施再就业工程所必须的经费开支。

（九）再就业资金实行专款专用，在财政专户储存。资金的使用方案由实施再就业工程领导小组研究审定，办公室负责具体执行并定期向领导小组报告情况，同时接受财政、审计部门的监督。

四、加强用工管理，规范用工行为

（十）加强对劳动力市场的统筹规划和管理，强化监督检查，规范中介行为，加强职介机构基础设施和职介队伍建设，充分发挥其在促进再就业工作中的作用。

（十一）实行劳动预备役制度。对有就业要求的初、高中毕业生，追加 1—3 年执业技能培训和相关教育，提高他们的素质，增强其市场就业能力，延缓就业压力。

（十二）要从严控制从市外调入非紧缺工种的人员。本市行政区域内的各类用人单位确需招收外来务工人员的，必须到同级劳动行政部门办理《用工证》，凭证用工。市外劳动力来我市务工的，凭原籍劳动就业部门核发的《外出人员就业登记卡》，到我市劳动就业部门办理《外来人员就业证》。市外劳动力在我市各类用人单位就业的，应缴纳就业调剂费，其标准为每人每年 200 元，由用人单位和劳动者本人各负担 100 元。

（十三）建立岗位余缺申报制度。各用人单位要根据本单位生产经营计划目标和现有人力资源状况，定期向劳动就业部门报告岗位余缺情况。凡本单位富余、下岗职工尚未安置就业的，除个别紧缺工种外，不得招用新职工。

（十四）国有企业职工下岗方案，应由企业党政工集体研究提出，经职代会讨论通过，并报经企业主管部门审定和同级劳动就业管理部门备案。特困企业安排职工下岗的人数，不得超过本单位在职职工人数的 15%；困难企业安排职工下岗的人数，不得超过本单位在职职工人数的 10%；其他企业不得超过 5%。如超过上述比例，应经同级劳动行政部门审核，并报当地政府批准。在非停产企业的职工中有下列情况之一的，不得安排下岗：

1．夫妻双方有一方已失业或下岗的；

2．烈军属；

3．省、部、市级以上劳动模范；

4．残疾人或配偶是残疾人的；

5．归国华侨或侨眷。

（十五）用人单位通过新闻媒介；公共通讯工具发布的用工广告必须先经市就业服务管理部门审查同意。

（十六）劳动行政部门要通过劳动监察、用工年检等手段，规范用人单位的招、用工和经济性裁员及辞退行为，严禁私招乱雇和随意辞退职工、裁减人员。要加大执法力度，依法维护用人单位和劳动者双方的合法权益。

五、努力拓展就业渠道，积极稳妥地组织下岗、失业职工就地转移或异地就业

（十七）努力发展第三产业，广泛拓展社区服务、家政服务、便民服务等就业途径；鼓励和支持国有企业下岗职工走自谋职业之路；要大力发展非公有制经济，加强非公有制经济的劳动管理和社会保险，增强其就业吸引力。

（十八）各区、县要结合当地实际，发展城乡集体经济。发展壮大乡镇企业和农村合作组织。鼓励国有企业下岗职工领办集体企业和搞农业开发、旅游服务业等。

（十九）各企业要利用自身优势，拓宽就业渠道，积极发展多种经营，巩固和壮大劳服企业，开辟多种富余职工分流安置的门路，增大吸纳劳动力的能力。

（二十）各级劳动就业服务机构要加强对外联系，依靠劳动力市场信息、网络，收集、传递和沟通劳务信息，积极与外地用工单位进行劳务协作，组织或协助企业下岗、失业职工开展以工代赈和到外地务工就业，并给予扶持，提供优质服务。

六、实行扶持政策，促进下岗职工再就业

（二十一）搞好转业（岗）训练，增强下岗职工的再就业能力。要充分利用现有职业技术学校，就业训练中心和企业培训实体的场地、师资，根据社会用工需求和下岗职工的择业意愿，举办各种职业技能培训班，支持和鼓励下岗职工参加转业（岗）培训，提高他们的职业技能和素质。对组织下岗职工进行转业（岗）培训，帮助下岗职工再就业工作中成绩突出的培训机构、职业介绍所，可用再就业资金给予适当补助。（具体办法由劳动行政部门另定）

（二十二）强化各级就业服务部门和职业介绍机构的服务功能，为国有企业下岗职工提供就业指导和服务。一是向下岗职工宣传就业政策和形势，传授求职方法和技巧，绍劳动力需求信息。二是为下岗职工提供免费职介服务。三是积极创造条件开设下岗职工求职专项服务窗口，定期或不定期的举办下岗职工专场招聘会，组织用人单位集中招聘下岗职工，为他们提供中介服务。

（二十三）国有企业下岗职工凭证申请从事个体工商经营或组织起来开办私营企业，工商、城建等有关部门及时免费办理相关手续，在其开业两年内免征各种税费。下岗职工从事社区服务、便民服务、市政环境建设等公益性服务，以及为企、事业单位提供临时性劳动和从事家庭手工等非正规就业形式就业的，可不办理营业执照，免交各种管理费和税费。下岗职工到各类集贸市场从事经营活动的，有关部门应优先安排市场摊位。

（二十四）国有企业下岗职工开办的符合产业政策，产品适销对路的小企业，以及下岗职工从事个体经营开业，国有商业专业银行应给予信贷支持。

（二十五）国有企业下岗职工新办的独立核算的经济实体如商业、服务业、饮食业、旅游业、咨询业等第三产业，需要占用国有土地时，国土部门根据用地性质按当年标准部分或减半收取土地出让金或年租金，规划部门免收规划费。

（二十六）鼓励下岗、失业职工外出务工或自谋职业。劳动就业服务部门要优先为自愿外出务工或自谋职业的失业、下岗职工提供劳务信息、政策咨询和职业技能培等服务。失业人员自愿外出务工或自谋职业的，失业保险机构可将其应享受的失业救济金余额一次性发给本人。

（二十七）鼓励各类用人单位接收安置本市下岗职工、失业职工。凡招收（聘）本市失业职工并签订2 年以上劳动合同的，失业保险机构可将失业职工应享受的失业救济金余额一次性划转给用人单位。接收安置失业、下岗职工达到本企业原从业人员总数 30%以上的，经同级劳动部门认定，税务部门批准，可减半征收所得税 2 年；安置失业、下岗职工达到原从业人员总数 60%以上的，可免征所得税 3 年。

（二十八）用人单位招.（聘）用下岗职工，可以先进行 3 个月以内的试工，试工期间下岗职工与原单位保留劳动关系，试用合格后正式签订劳动合同，不合格者可以退回原单位。

（二十九）用人单位招收下岗、失业职工就业并签定 1 年以上劳动合同的，劳动部门可将其视为政策性安置人员核增企业工效挂钩的工资基数或包干工资总额。

（三十）下岗、失业职工到各类非国有企业就业，原已参加了养老保险的，无论到哪一类经济组织就业，只要继续按规定缴纳养老保险费，以前的社会保险账户均予以保留，工龄和缴费年限合并计算。

（三十一）国有企业下岗职工分流安置，执行全市统一的房改政策，其在原企业的住房，已按房改政策购买的，应根据现行有关规定，明确个人和原企业的产权关系；未购买的，可协议保留，继续租用，租金标准按政府规定执行。

（三十二）国有企业下岗职工承包荒地（含荒山、荒坡、荒滩等）进行开发，经县级税务部门批准自有收入之日起，三年内免交农业税和农业特产税。其中承包开发国有荒山、荒地的，需与国土管理部门签订承包协议，部分减收土地年租金。

（三十三）优势企业兼并困难企业并接收安置职工，劳动、财政、税务、金融和企业主管部门应予以大力支持，认真帮助企业解决生产经营和管理工作中的具体困难。

（三十四）强化失业保险金和养老保险金的收缴工作，对不按时足额缴纳失业保险金和养老保险金的企业领导，要按有关规定给予处理。

（三十五）凡有下岗职工的国有大中型企业都要组建再就业服务中心，在市解困再就业工作领导小组办公室和市劳动就业部门的指导下，对本企业的富余下岗职工实行托管，并做好培训和再就业工作。

（三十六）市委、市政府关于发展私营经济的有关政策规定均适用于再就业工程。

（三十七）各区、县可根据本《试行意见》制定具体措施。

（三十八）《试行意见》实施中的具体问题，由市劳动局负责解释。

中共攀枝花市委　攀枝花市人民政府

一九九八年七月三十日

中共攀枝花市委办公室　攀枝花市人民政府办公室
关于进一步深化厂务公开工作的意见

（攀委办发〔2002〕8号）

各区、县委，区、县人民政府，市委各部委，市级各部门，各人民团体，各企事业单位：

最近，中央六部委下发了《关于做好2002年厂务公开工作的通知》（中纪发〔2002〕5号），省委办公厅、省政府办公厅联合下发了《关于认真学习贯彻“三个代表”重要思想，深化企业民主管理工作的意见》（川委发〔2001〕56号），对新时期深化和加强企业民主管理工作，实行厂务公开制度提出了许多新的要求。为进一步深化我市的厂务公开民主管理工作，现提出以下贯彻意见。

一、深入学习贯彻党的十五届六中全会精神，以“三个代表”重要思想指导厂务公开工作。

党的十五届六中全会确定的加强和改进党的作风建设的指导思想和总体要求内涵丰富，思想深刻，方向明确，是我们加强和改进党的作风建设总的纲领。深刻领会全面贯彻六中全会精神，必须重点把握“一个核心、三个关键环节”，抓好“五风”、的全面转变，做到“八个坚持、八个反对”，只有这样才能真正促进党风的根本好转。

当前，抓好六中全会精神的学习贯彻，关键是把六中全会的各项要求落实到具体工作中去，与实际工作相结合，切实解决群众关心的实际问题，实行厂务公开，增强各项工作的透明度，建立起上下交流的有效渠道，这对于加强企事业基层民主政治建设，改善和密切党群、干群关系，促进改革、发展和稳定具有十分明显的积极作用和现实意义。全市各级党组织要以党的十五届六中全会和江泽民同志“七一”讲话精神为指导，站在“三个代表”的高度，站在进一步密切党同人民群众的血肉联系的高度，把厂务公开作为新形势下认真学习贯彻党的十五届六中全会精神重要的具体切入点，进一步充分认识厂务公开的重要性和必要性。

二、不断创新，实现厂务公开工作五个方面的新突破。

1. 厂务公开要在凝聚职工群众，加强同职工群众的血肉联系上有新的突破。

通过近几年来我市推行厂务公开工作的实践情况看，推行厂务公开对于加强企事业基层民主政治建设、改善和密切党群、干群关系，促进改革、发展和稳定具有十分明显的积极作用和现实意义。但是，仍然存在着部分领导特别是部分行政领导对厂务公开工作认识不到位，把这项工作视为一般性工作，没有摆上重要议事日程，有的行政领导不愿公开、搞形式主义、走过场；有的公开内容避重就轻，公开过程虎头蛇尾等等，因此，我市的厂务公开工作要把提高各级党政干部的思想认识贯穿于推行厂务公开的全过程，要以党的十五届六中全会和江泽民同志“七一”重要讲话精神为指导，站在“三个代表”的高度，站在进一步密切党同人民群众的血肉联系的高度，把厂务公开作为新形势下认真学习贯彻党的十五届六中全会精神重要的具体切入点，通过厂务公开实现在团结和凝聚职工群众上的新的突破，使厂务公开真正成为实践群众路线、密切党群、干群关系的新途径。

2. 厂务公开要在内容、形式、方法上有新的突破。

厂务公开内容的不断深化，就是要继续坚持把企业改制方案、工资分配方案、生活福利费用的使用情况及社会保险基金的缴纳情况等关系职工群众切身利益、群众最关心的问题公开和继续坚持把企业领导干部廉洁自律情况公开的基础上，向企业大宗物资采购、重大工程招投标、产品销售、重大决策方案、经营状况、劳动安全等企业生产经营管理领域延伸，使职工群众对厂情充分了解的情况下，支持企业的经营管理决策。生产经营困难的企业和亏损企业要把兼并破产、减亏增效等改革和脱困方案与措施、下岗职工基本生活费发放、各项保险金的缴纳情况等作为重点内容予以公开。在公开内容中要重点突出经营管理和改

革的重大问题，涉及职工切身利益的问题；关系领导干部廉洁自律的问题，容易引发矛盾和产生管理漏洞、滋生腐败的问题。

厂务公开的形式和方法，要在坚持职工代表大会作为厂务公开基本形式、主要载体的前提下，要以公开栏为重要形式，凡是有条件的基层单位都应当设立厂（事）务公开栏。方法上，可根据各单位实际情况，通过党政工联席会、中层干部会、职工议政会、厂情发布会、民主协商会等多种形式以及内部刊物、电视、广播、网络等媒体进行公开。

3. 厂务公开要在建立健全有效的监督机制和工作的重点难点上有新的突破。

厂务公开工作要按新形势、新任务的要求确立厂务公开工作新的目标，找准重点和难点。通过公开、最大限度地激励和调动广大职工的积极性和创造性，加强基层民主政治建设。要强化“行政是第一执行者”的责任，重点落实好以行政为主的工作机制。各级行政领导要充分认识到厂务公开的主体是行政，在公开中，要重点突出经营管理和改革的重大问题：涉及职工切身利益的问题；关系领导干部廉洁自律的问题；容易引发矛盾和产生管理漏洞、滋生腐败的问题。要坚持做到凡是需要依靠职工群众民主参与的事项，必须公开；凡是需要依靠职工民主管理的事项必须公开；凡是需要职工群众民主监督的事项，必须公开；凡是与职工群众切身利益相关的事项和职工群众普遍关心的事项，必须公开。各级行政领导作为厂务公开的第一执行者，要定期报告厂务公开情况，各企事业单位每半年向职代会报告一次厂务公开工作执行情况，年底向上级主管部门提交书面报告。同时，把厂务公开工作执行情况作为领导班子民主生活会、领导干部述职、企业年度总结的重要内容。为了不断深化和提高厂务公开工作的质量，今年将实行厂务公开责任追究制度。对拒不实行厂务公开的、不按规定内容公开的、搞虚假公开的、应当提交职工大会或者职工代表大会公开的事项而不提交的、打击报复检举人、控告人，打击报复在厂务公开工作中依法履行职责的工作人员的单位和领导，分别由市委、市政府有关部门给予通报批评。

4. 厂务公开要在实效上有新的突破。

全市的厂务公开要在真实、可信和职工群众的满意度上下功夫，按照“巩固提高、扩面增效、规范运

作、突破创新”的要求，进一步加大工作力度，使厂务公开工作取得更大的实效。为了不断提高厂务公开的质量，必须加大监督考核力度，全市各系统要建立切实可行的考核机制，按照《攀枝花市厂务公开考核办法》的要求，加强对考核工作的组织领导，不断完善考核内容和考核办法，提高职工群众对厂务公开的满意率和认可率，要加大对职工群众满意率的测评工作，不断细化测评条件，使职工群众的认可率、满意率真正成为衡量厂务公开质量的重要标准。各级纪委、组织、企业主管部门要把厂务公开纳入党风廉政建设责任制进行考核，作为评议、选拔、任用干部的重要依据和评先选模的基本条件。

5. 厂务公开要在拓宽领域和延伸发展上有新的突破。

全市各企业单位要在普遍推行厂务公开的基础上，不断扩展厂务公开的领域，促进厂务公开工作的深入发展。大中型企业的公开范围，要从公司向（分厂）车间、班组和机关的主要科室延伸，实现“二级、三级乃至四级公开”。科教文卫等事业单位要根据本单位实际，在积极推行院务公开、校务公开等内部事务公开的基础上，还要积极做好面向社会公众公开的工作。与此同时，还要积极探索在非公有制企业推行厂务公开的形式、内容和方法，要深入调查研究，指导和帮助非公有制企业按照新修改后的《工会法》等法律法规，大胆探索和积极推行厂务公开等各种与非公有制企业相适应的民主管理形式，以更好地落实法律赋予职工的权利。

三、加强领导，充分发挥各成员单位在厂务公开工作的作用。

各级党委要切实加强对厂务公开工作的领导，将厂务公开工作纳入重要议事日程，定期研究工作。纪委、组织部、经贸委、企业工委、工会要加强联系，密切配合，注意发现、总结、宣传、推广厂务公开典型经验，共同研究和解决遇到的问题。

主管企业领导班子考核、任命的部门在考察、任用企业领导人员时，要注意听取职代会意见，坚持把职代会民主评议的意见作为奖惩、任免、使用干部的重要依据。

纪检、监察机关在加强企业领导人员廉洁自律工作时，要注意把党内监督、行政监督与职工群众监督相结合。

企业主管部门要把落实企业厂务公开民主管理制度的有关情况作为考核衡量企业工作的重要内容。

工会组织要把厂务公开作为工作重点，在坚持和完善公有制企业职工民主管理制度的同时，积极指导非公有制企业探索职工民主参与、民主监督、民主管理的途径和方法，支持和指导非公有制企业实行职代会制度，支持和指导非公有制企业实行厂务公开，依法维护职工群众的合法权益。

中共攀枝花市委办公室
攀枝花市人民政府办公室
二〇〇二年五月十六日

中共攀枝花市委关于进一步加强和改进工会工作的意见

（攀委发〔2006〕22号）

各区、县委，市委各部委，市级各部门党组（党委），各人民团体党组，各企事业党委：

为深入贯彻党的全心全意依靠工人阶级的根本方针和胡锦涛总书记关于工人阶级、工会工作的重要指示精神，充分发挥工会在推进改革、促进发展、维护稳定中的重要作用，动员和组织广大职工为加快实现攀枝花发展新跨越而努力奋斗。现就进一步加强和改进工会工作提出如下意见：

一、深刻认识加强和改进新时期工会工作的重要性和紧迫性

工会是党领导下的工人阶级群众组织，是党联系职工群众的桥梁和纽带，是国家政权的重要社会支柱，是职工利益的代表者和维护者，工会工作是一项牵动全局，涉及广泛的重要工作。当前，我国经济社会已经进入全面建设小康社会的新阶段，各种利益关系、利益诉求日益复杂和增多，经济社会生活中长期积淀下来的深层次矛盾逐步显现，工会工作面临着许多新的情况和问题。随着国企改革的深入推进和非公有制经济的快速发展以及农村富余劳动力的大量转移，职工的分布状况、从业领域和内部结构发生了重大变化；随着经济成分、组织形式、就业方式和分配方式的多样化，不同地区、行业、所有制单位职工的收入差距持续拉大，职工队伍出现了下岗失业群体，统筹工人阶级利益的难度在不断加大等等。切实解决这些问题，加强和改进党对工会工作的领导，是提高党的执政能力的重要体现，对于新形势下保持工人阶级队伍的团结统一，进一步密切党和职工群众的血肉联系，巩固党的阶级基础和执政地位，充分发挥工人阶级的主力军作用，实现攀枝花发展新跨越的战略目标具有极其重要的意义。全市各级党委、政府要从战略和全局的高度，充分认识加强新时期工会工作的重要性和紧迫性，坚持以“三个代表”重要思想为指导，全面贯彻落实党的全心全意依靠工人阶级的根本指导方针，切实加强和改进工会工作，更好地发挥工会组织作为党联系职工群众的桥梁和纽带作用，作为国家政权的重要社会支柱作用，作为职工利益代表者和维护者的作用。

二、进一步加强和改进党对工会工作的领导

（一）把工会工作纳入党委工作的重要议事日程

各级党委要进一步加强和改进对工会工作的领导，把工会工作纳入重要议事日程，建立和完善党对工会的领导机制和工会维护职工合法权益的源头参与机制，支持工会依法履行职责，在党委领导下独立自主、创造性地开展工作。建立市、县（区）总工会向同级党委常委会汇报工作制度，市、县（区）党委常委会每年要听取 1—2 次工会工作汇报，研究工会工作，解决有关问题，协调工会与政府部门以及其他群众组织的关系。市、县（区）党委原则上每两年至少召开一次工会工作会议。各级党委要有一名领导分管工会工作，各级政府要有一名领导联系工会工作。各级党政领导干部要认真学习中央关于工人阶级和工会工作的重要精神，学习工会工作的基本理论知识和有关法律法规，并把它作为各级党校主体班次培训的重要内容。

（二）选好配强工会领导班子，加强工会干部队伍建设

各级党委要高度重视工会干部队伍建设，按照干部“四化”标准和德才兼备的原则，不断优化工会领导班子的知识结构和年龄结构。要把政治坚定、思想解放、群众观念强、敢于和善于为职工说话办事的优秀干部选配和充实到工会各级领导班子中来，选好配强各级工会领导班子。切实巩固和完善县（区）工会主席由同级党委常委担任或兼任的领导格局，坚持工会负责同志进同级党委班子、在同级人大和政协中担任常委的格局要求。党委推荐的工会主席、副主席、经审委员会主任等重要人选应当按照工会协管干部工作有关要求，同上一级工会充分协商。企业和实行企业化管理的事业单位工会主席、副主席按照《企业工会工作条例（试行）》配备，工会主席是党员的按程序进入企业党委。企业工会主席、副主席一般应分别作为职工董事和职工监事的候选人。市级各有关部门要按照攀委办〔2002〕46 号“通知”精神，认真落实“市级产业工会主任（主席）可根据干部本人条件，按正科级或副县级配备”的规定。各级党委要切实加强对工会干部的管理，重视工会后备干部的选拔和培养，把工会干部纳入党政机关干部的培训、使用、管理和交流的统筹规划，县（区）、大企业工会主席、常务副主席的培训应纳入市委组织部主体班次。

（三）支持工会依照法律和工会章程开展工作，努力为工会工作营造良好的外部环境

各级党委和政府要支持工会依照《工会法》《劳动法》等法律法规和《中国工会章程》独立自主、创造性地履行职责，努力形成党委领导、政府支持、工会运作、各方配合的工会工作格局。各级党委、政府和有关部门要支持工会组织和工会干部依法维护国家利益和职工合法权益，对阻挠工会组织和工会干部依法履行职责、维护职工合法权益的，要坚决予以纠正，对打击报复的要给予严肃处理；各级人大要做好维护职工合法权益的执法监督工作；各级政协要通过考察活动，加强对涉及工会工作与职工权益方面法律法规和政策措施执行情况的民主监督；宣传部门和新闻媒体要加大对工人阶级和工会工作的宣传力度，营造良好的舆论氛围。各级政府和机关、企事业单位要按照《工会法》的规定，为工会办公、开展活动提供必要的设施和场所。工会所属文化宫、俱乐部等事业单位，享受攀枝花市支持文化、教育、体育等事业发展的优惠政策。

三、在加快实现攀枝花发展新跨越中发挥好职工的主力军作用

各级党委、政府要充分发挥工会组织在推进改革、发展、稳定大局中的重要作用，支持工会紧紧围绕全市经济社会发展大局，团结动员广大职工积极投身经济、政治、文化和社会建设，充分发挥工人阶级的主力军作用，为实现攀枝花发展新跨越作出积极贡献。各级工会要认真实施“职工经济技术创新工程”，组织开展劳动竞赛、发明创造、技术创新和提合理化建议活动，推动企业技术进步，提高企业经济效益，促进全市经济、社会全面、协调和可持续发展；要认真实施“职工素质工程”，组织开展“创建学习型组织、争做知识型技能型职工”活动，加强职工技能培训，推进职工队伍知识化进程；要以发挥劳动模范和先进人物典型示范作用为导向，努力营造学劳模、赶先进的社会氛围，培养和造就一批勇于开拓创新、具有奉献精神和时代特征的先进模范人物，不断完善培养、选树、表彰和对劳模管理服务的工作机制，帮助解决劳模工作和生活中的实际困难，落实劳模的各种待遇。

四、切实支持工会依法维护职工合法权益

各级党委、政府要认真贯彻落实中共攀枝花市委办公室、攀枝花市人民政府办公室《关于成立攀枝花市职工维权工作领导小组的通知》（攀委办〔2006〕80号）精神，支持工会依法建立健全维权工作机制，切实代表和维护职工群众的合法权益。

（一）发挥工会在协调劳动关系中的作用

各级政府及有关部门要按照《攀枝花市人民政府办公室转发（关于进一步推进企业工资集体协商工作的意见）的通知》（攀办发〔2006〕41号）规定，推进各类企业建立健全平等协商和集体合同制度，坚持把工资集体协商作为重点，推动企业建立起内部劳动关系的自我调节机制。积极推行区域性、行业性和专项集体合同，提高集体合同的签订率、覆盖面。各级工会要帮助和指导职工与企业签订好劳动合同，各有关部门要加强对集体合同和劳动合同的审核、管理、协调和监督检查，提高履约率。

各级政府要进一步完善劳动争议仲裁机构和仲裁员队伍建设，使劳动争议得到及时、公正、合理的解决。坚持“预防为主、调解为主、基层为主”的方针，推动企业依法建立健全劳动争议调解委员会，劳动争议调解委员会主任由工会代表担任。各级党委、政府要重视工会维护职工合法权益的意见，加大维护职工合法权益工作的力度。对随意解雇职工、拖欠和克扣职工工资、侵犯职工人身权利以及职工作业条件存在职业安全健康隐患等突出问题，要督促有关方面依法处理。

进一步完善市、县（区）两级由劳动保障部门、工会、企业代表组织建立的劳动关系三方协调会议制度，并逐步将这项制度向乡镇、街道、社区和工业园区延伸。各级党委要协调好工会与政府及有关方面的关系，健全完善市、县（区）总工会与同级政府联席会议制度。市、县（区）政府常务会议应邀请同级工会负责人参加，各级产业、企事业单位工会负责人参加或列席同级政府部门、企事业单位行政相应会议。各级政府召开有关经济、社会发展工作和涉及职工切身利益的劳动、工资、物价、社会保障等专题会议，制定相关政策时，要有工会代表参加并认真听取工会意见。

（二）支持工会组织职工依法行使民主权利

各级党委要重视和支持工会组织按法律程序，通过职工代表大会或其他形式，组织职工参与本单位的民主决策、民主管理和民主监督。国有、集体企业及其控股企业要通过职工代表大会，落实职工的知情权、审议权、通过权、决定权和评议监督权。属于职代会职权范围内的问题，必须依法提交职代会审议、通过或决定。公司制企业在公司章程中，要明确职代会的地位，在管理体制上明确其作用，实行职代会与股东大会并存，规范“两会”运行机制。同时，还要建立和完善职工董事、职工监事制度，确保职工董事、职工监事在董事会、监事会上就企业生产经营重大决策、涉及职工利益的重大问题等方面，反映职工群众的意见、要求和建议，实施源头参与和监督。非公有制企业要按照《攀枝花市非公有制企业职工代表大会制度试行办法》（攀委办〔2004〕107 号）要求，建立健全以职工（代表）大会制度为基本形式的民主管理制度。在小型非公有制企业比较集中的乡镇（街道）、社区（村）、开发区、工业园区内，积极推行区域性、行业性职代会制度。各党政群机关也要积极探索民主管理的有效形式，充分调动干部职工参与机关事务管理的积极性。

国有、集体企业及其控股企业要认真贯彻中共中央办公厅、国务院办公厅《关于在国有企业、集体企业及其控股企业深入实行厂务公开制度的通知》（中办发〔2002〕13 号），深入实行厂务公开，进一步完善职代会制度。事业单位要逐步完善事务公开、校务公开、院务公开等制度。非公有制企业要按照我市《关于在非公有制企业推行厂务公开制度的实施意见》，建立健全符合企业实际的厂务公开民主管理形式，保障职工的合法权益。

（三）支持工会履行保护职工劳动安全和健康的职责

各级党委、政府要充分发挥工会在安全生产管理体系中的监督检查作用。支持工会切实履行监督检查职责和职权，监督企业严格执行国家有关劳动安全卫生的法律、法规和标准，改善职工的劳动安全卫生条件，加强女职工特殊权益保护，对职工进行安全教育，强化职工安全意识。

（四）支持工会深入实施再就业和送温暖工程，进一步完善帮困机制，切实为职工群众办实事

各级党委、政府及有关部门、企事业党政要大力支持工会送温暖工程，健全工会扶贫帮困机制，提高送温暖活动的社会化程度；充分发挥工会组织在促进再就业工作中的积极作用，努力为下岗失业职工提供更多的培训和择业机会。政府每年安排一定资金用于本地困难职工帮扶中心的帮扶救助工作，社会各界要支持工会筹集资金开展扶贫帮困工作。

五、依法大力推进工会组织建设

各级党委和政府有关部门要依照《工会法》和中共攀枝花市委办公厅《关于进一步加强新经济组织工会工作的意见》（攀委办〔2000〕6 号）要求，坚持“哪里有职工，哪里就要建立工会组织”的原则，进一步健全“党委领导、行政支持、各方配合、工会运作”的建会工作格局。党委组织部要认真开展“党建带工建，党工共建”工作，把基层工会组织建设与基层党组织建设工作统一部署和考核；有关部门在检查部署外资企业、非公有制企业有关工作时，应同时检查该企业工会的组建工作；安监、劳动保障、工商、税务部门在履行安全审查许可、注册登记、年审检查、劳动监察等职能时，应将依法组建工会作为一项内容加以督促和检查；在评选各类先进集体和个人时，应把企业是否依法建立工会、劳动关系是否稳定协调作为重要条件。依照《工会法》和《四川省<中华人民共和国工会法>实施办法》（以下简称《实施办法》）的规定，全市企业、事业单位和机关必须建立工会组织。企业、事业单位在开业投产后未建立工会组织的，上级工会应派员到企业、事业单位，帮助、指导组建工会，任何单位和个人不得阻挠和拖延。工会组织依法建立后，任何组织和个人无权将工会组织及其机构随意撤销、合并或者归属其他工作部门。对于擅自撤并工会组织、阻挠工会组织和工会干部依法履行职责的，要坚决予以纠正。

市、县（区）党委、政府要认真贯彻“中共攀枝花市委常委会议纪要 2005 年第 24 号”精神，支持工会大力实施“派驻乡镇、街道工会特派员”制度，并切实落实工作经费。有条件的区、县可以向社会招聘工会干部，派驻乡镇、街道工会工作。

机关、事业单位机构改革，应根据《工会法》的要求和工作需要，设立工会机构及核定编制，确保工会独立自主开展工作。要按照《工会法》的规定，配备工会专（兼）职工作人员。加强产业工会工作，调整充实产业工会，充分发挥产业工会在源头参与、宏观指导与维护方面的作用。

六、切实加强工会经费收缴和资产管理

各级党委、行政要按照《工会法》和《实施办法》的规定，为工会开展工作无偿提供用于办公和开展活动的房屋、场地及设施；要结合社区、新农村建设，把工会的活动场地纳入统一规划，并不断帮助其改善办公和活动场地的条件，要依法保护工会经费和财产实行独立管理、使用，独立开设账户，工会的经费和财产任何组织和个人不得侵占、挪用和随意调拨。

凡建立工会组织的企业、事业单位和机关，不论其所有制性质和经费来源渠道，都要按每月全部职工工资总额的百分之二向工会拨缴经费。由财政拨款的机关、事业单位的工会经费，各级财政要按有关规定纳入年度预算，并按时拨付给市、县（区）总工会；各级党委、行政要按照《工会法》、“四川省人民政府办公厅转发省总工会、省地税局《关于工会经费和工会筹备金由地税部门统一代征的实施意见》的通知”（川办函〔2006〕187 号）和攀枝花市人民政府办公室《关于市级企事业单位工会经费由市地方税务局代收的通知》（攀办函〔2005〕177 号）文件要求，积极支持地税部门依法足额代收工会经费。

企业、事业单位拖延、拒不拨缴或者不足额拨缴工会经费、工会筹备金的，基层工会、上级工会应当积极配合地方税务局催收催缴，并按欠交金额每日千分之五加收滞纳金。经催缴仍不拨缴的，基层工会或上级工会可以向人民法院申请支付令。

七、工会要在党的领导下切实加强自身建设，大力实施人才强会工程，创造性地开展工作

各级工会要进一步增强接受党的领导的自觉性和坚定性，坚持走中国特色社会主义工会发展道路，自觉贯彻落实党的路线方针和工作部署，紧紧围绕党的中心任务开展工作，努力完成党委交给的各项任务。把对党负责和对职工负责统一起来，把贯彻党的主张和反映职工的愿望结合起来，使党的路线方针政策真正变成广大职工的自觉行动。

各级工会要紧紧把握实现攀枝花发展新跨越这个主题，自觉把工会工作放到全市工作大局中去思考和部署，坚持服从服务于全市工作大局。引导职工转变观念，提高素质，振奋精神，激励广大职工的创造力，为攀枝花社会和谐、经济发展建功立业。

各级工会要认真贯彻“组织起来，切实维权”的工会工作方针，把竭诚为职工群众服务作为一切工作的出发点和落脚点，抓住职工群众最需要、最迫切的问题，主动维权、依法维权、科学维权，努力把职工群众的合理诉求表达好，把党和政府对职工的关怀传达好、推动落实好。

各级工会要紧跟时代步伐，按照党委的要求和职工的需求，切实加强自身建设。努力更新观念，创新方法，改进作风，不断创新工会工作的工作体制、运行机制和活动方式，破解难点问题，扩大覆盖面，增强凝聚力，把重点放到基层，尽心竭力为职工群众服务。各级工会要牢固树立科学的发展观和人才观，紧紧围绕推进攀枝花新跨越这个大局，大力实施“人才强会”工程，努力提高工会干部的整体素质，着力打造一支政治上靠得住、维权上有本事、作风上过得硬、职工群众信得过的高素质工会人才队伍，以工运理论创新推动工会工作创新，创一流工作业绩，为实现攀枝花发展新跨越作出积极贡献！

中共攀枝花市委

二〇〇六年十二月六日

攀枝花市人民政府令

（第 104 号）

《攀枝花市劳动模范评选管理办法》已经 2009 年 2 月 5 日攀枝花市人民政府第 51 次常务会议审议通过，现予发布施行。

市长：刘晓华

二〇〇九年二月十九日

攀枝花市劳动模范评选管理办法

第一条 为了规范和加强全市劳动模范管理工作，充分发挥劳动模范在建设繁荣、富裕、文明、和谐攀枝花中的先锋带头作用，根据《中华人民共和国工会法》《四川省劳动模范先进工作者评选管理办法》等法律、法规和规章的规定，结合我市实际，制定本办法。

第二条 本办法适用于攀枝花市行政区域内市级劳动模范的管理。

第三条 攀枝花市劳动模范，是指在本市经济建设和社会事业发展进程中做出突出贡献的，经市政府命名表彰，并享受劳模待遇的相关人员。

第四条 攀枝花市劳动模范评选表彰管理委员会（以下简称“市劳模管理委员会”）负责我市劳动模范管理工作的组织和实施。

第五条 劳动模范命名、表彰、管理所需经费按照市政府的决定由市财政局给予安排。

第六条 “攀枝花市劳动模范”荣誉称号由市政府命名授予。命名表彰大会每 5 年举行一次，如遇特殊情况，经市政府研究决定，也可提前或推迟举行。

第七条 每次命名表彰劳动模范的名额，由市劳模管理委员会在坚持先进性、兼顾代表性的前提下，按照一定比例确定。

第八条 劳动模范命名表彰大会间隔期间，经济社会发展中，尤其在重点工程建设、抢险救灾、保护国家、集体财产和人民生命财产安全中做出重大贡献，事迹特别突出的，经市政府研究批准可随时命名表彰。

第九条 劳动模范评选范围：

（一）各类企业、事业单位、机关、社会团体的职工；

（二）农民；

（三）个体劳动者。

第十条 劳动模范评选的基本条件：

（一）热爱祖国，热爱攀枝花，坚决贯彻执行党的基本路线和各项方针政策，遵守法纪，廉洁奉公，以高度的主人翁精神和良好的职业道德投身于我市经济建设和社会事业发展；

（二）工作成绩突出，在本区域、本行业（系统）有重大贡献。

第十一条 劳动模范是时代精神的体现者，具有时代特色，每次命名表彰可根据不同时期的要求，制定具体的评选条件。

第十二条 劳动模范的评选按照评选条件自下而上进行民主推荐，面向基层，面向生产建设第一线，兼顾各行各业，并得到群众公认。

第十三条 评选劳动模范的程序：

（一）推荐。被推荐对象是企（事）业、机关职工的，应经被推荐人所在单位职工代表大会或职工大会讨论同意。被推荐对象是企（事）业、机关领导的，在履行上述程序的基础上，还应经单位所属市、县（区）组织、纪检（监察）、审计、工商、税务、环保、劳动保障、安全生产、计生等部门进行审核并签署意见。

被推荐对象是村民的，应经被推荐人所在村民委员会讨论同意。

其他被推荐对象，应经被推荐人所在居民委员会讨论同意。

（二）评选。市劳模管理委员会办公室对基层推荐人选进行审核，提出初审意见，经市劳模管理委员会全体成员会议讨论同意后，报市政府批准。

（三）公示。劳模候选人在本单位和本市主要媒体分别公示 7 天。

第十四条 劳动模范的奖励坚持精神鼓励和物质奖励相结合的原则。除命名时市政府颁发奖章、荣誉证书，给予一次性奖励外，在政治和物质生活方面享受相应的优惠政策和待遇。

第十五条 有下列情况之一者，应取消劳动模范称号：

（一）主要先进事迹是伪造的。

（二）因触犯刑律受到刑事处分的。

（三）党员劳模受到党内处分的。

（四）国有企业、事业单位、机关、社会团体的劳模因犯严重错误，受到行政降级以上处分的。

（五）有其他违法违纪行为，情节严重或造成恶劣影响的。

第十六条 取消“攀枝花市劳动模范”荣誉称号应由劳模所在单位、村民委员会、居民委员会提出书面报告，按评选审批程序逐级上报。

取消劳动模范荣誉称号，应同时收回劳动模范荣誉证书和奖章，并终止其享有的相关待遇。

第十七条 攀枝花市成立市劳模管理委员会，其主要职责是：

（一）负责筹备和召开攀枝花市劳动模范代表大会；

（二）审批攀枝花市劳动模范；

（三）审议市劳动模范奖励相关政策以及在劳动模范日常管理中需要明确的重大事项。

市劳模管理委员会办公室设在市总工会，负责劳动模范的评选、表彰、管理、培训等具体工作以及市劳模评选管理委员会交办的其他事项。

第十八条 各县（区）政府、大企业、产业工会负责本区域、产业、单位的劳模评选管理工作。主要职责是：

（一）组织劳动模范的推荐评选工作；

（二）总结宣传劳动模范的先进事迹；

（三）协助落实有关劳动模范的待遇，反映劳动模范的意见，帮助解决其工作、生活中的困难；

（四）上报劳动模范在提干、嘉奖、调动、退休、死亡、处分等方面的情况；

（五）做好劳动模范管理有关材料的归档工作。

第十九条 各级政府、部门和群众团体应关心劳动模范的培养教育，建立与劳动模范的联系制度，听取劳动模范的意见和建议。

第二十条 新闻、出版、文艺等单位应加强对劳动模范先进思想、先进事迹、高尚情操和他们所创造的先进技术、先进工作方法的宣传。

第二十一条 在劳动模范评选过程中，有关部门和单位的工作人员弄虚作假、徇私舞弊、索贿受贿的，由所在单位或上级主管部门对责任人员视情节轻重给予行政处分；构成犯罪的，依法追究刑事责任。

第二十二条 各级企（事）业、机关单位应依法维护劳动模范的各项合法权益。对歧视、刁难、打击、压制劳动模范的行为，由所在单位或上级主管部门给予批评制止，可视其情节轻重予以行政处分；构成犯罪的，依法追究刑事责任。

第二十三条 本办法自发布之日起施行。《攀枝花市先进生产（工作）者、劳动模范评审管理暂行办法》（攀府发〔1988〕67号）同时废止。

攀枝花市人民政府办公室关于印发进一步规范和完善劳动模范有关待遇的意见的通知

（攀办发〔2008〕85号）

各县（区）人民政府，市级各部门，各企事业单位：

《进一步规范和完善劳动模范有关待遇的意见》已经2008年12月27日市政府第48次常务会审议通过，现印发给你们，请认真贯彻执行。

二〇〇八年十二月三十日

进一步规范和完善劳动模范有关待遇的意见

为进一步落实四川省人民政府办公厅《关于落实省委工会共青团妇联工作会议精神的意见》（川办发〔2007〕50号）和《关于对省级以上离退休职工劳模实行荣誉津贴和改善省级以上职工劳模住房条件的通知》（川府办发电〔2002〕9号）精神，加强劳模管理，改善劳模待遇，在全社会营造尊重劳模、关爱劳模、学习劳模的良好社会氛围，结合攀枝花实际，现就规范我市劳动模范有关待遇提出如下意见。

一、离退休劳模享受荣誉津贴

（一）中华人民共和国成立以来受到表彰，现仍然保持荣誉称号健在的，且正式离退休的企业、自收自支事业单位市级以上（含市级）劳动模范（包括享受全国劳模、省劳模和市劳模待遇的有关先进、英模称号获得者，下同）享受荣誉津贴。

荣誉津贴发放标准：离退休全国级劳模，120元/人·月；离退休省（部）级劳模，100元/人·月；离退休市级劳模，80元/人·月。

荣誉津贴支付办法：企业、自收自支事业单位离退休劳模荣誉津贴由劳模所在单位按月支付。原市属、县（区）属企业破产或改制为民营企业，在破产或改制前授予并已离退休的市级以上劳模，其荣誉津贴经政府有关部门核实后，由同级财政支付。

（二）中华人民共和国成立以来受到表彰，现仍然保持荣誉称号健在的，且正式离退休的党政机关、事业单位劳模（财政供养人员）享受荣誉津贴或不定期慰问金。

市级劳模享受80元/人·月的荣誉津贴，所需费用由市财政列支。

按照《四川省总工会关于实施“劳模关爱工程”的意见》（川工发〔2008〕29号）规定，省部级以上劳模享受由省劳模管理办公室拨付的不定期慰问金，不再重复享受荣誉津贴。

二、给予市级以上困难劳模生活补助

（一）家庭人均月收入低于本市最低工资标准的城镇劳模为城镇困难劳模。

（二）市级城镇困难劳模享受120元/人·月的生活补助。

（三）市级农村劳模享受80元/人·月生活补助。

（四）市级城镇困难劳模和市级农村劳模享受的生活补助由市财政列支。

三、给予特殊困难劳模困难救助

患重大疾病以及遭遇其他意外灾害的市级以上劳模，在同等条件下，由市、县（区）民政等相关部门给予优先救助。

四、职工劳模优先购买经济适用房和租用廉租房

符合购买当地经济适用房和租用廉租房条件的市级以上劳模应给予照顾，优先购买，优先租用，切实帮助住房困难的离退休劳模改善住房条件。

五、劳模子女招考普通高中享受加分照顾政策

市级以上劳动模范称号获得者的子女，报考普通高中，按当年招生实施规定享受相应加分政策。

六、受到市级以上政府多次表彰的劳动模范，上述待遇就高不就低，不重复享受。

七、本意见从2009年1月1日起执行，与本意见相抵触的原政策同时废止。

中共攀枝花钢铁（集团）公司委员会关于直接选举基层工会主席试点工作意见

（攀钢委群团发〔2005〕17号）

为进一步推动公司干部选拔任用制度改革，健全和完善基层工会组织的民主选举制度，促进工会组织的民主化、群众化、法制化建设，根据有关规定，结合攀钢基层工会工作实际，提出本试点意见。

一、指导思想

以“三个代表”重要思想和党的十六届三中、四中全会及工会十四大精神为指导，以《工会法》《中国工会章程》《中华全国总工会关于进一步加强基层工会工作的决定》和《工会基层组织选举工作暂行条例》为依据，推动基层民主政治建设，通过会员代表无记名投票直接选举的方式，真正选出民主意识好、群众威信高、协调能力强、有较高政治和业务素质的工会主席，进一步增强基层工会组织活力，充分发挥基层工会在企业改革、发展、稳定中的作用。

二、基本原则

（一）党管干部、工会协管和尊重会员意愿相统一的原则。

（二）民主集中制的原则。

（三）依法办事的原则。

（四）干部“四化”方针和德才兼备的原则。

（五）注重实绩、群众公认的原则。

（六）公开、平等、竞争、择优的原则。

三、选举形式

直选试点单位召开会员代表大会，由会员代表无记名投票直接选举产生本单位的工会主席。

四、候选人的基本条件

（一）具有履行职责所需的政策、理论水平，坚决贯彻执行党的基本路线和各项方针政策，遵纪守法，诚实守信，勤奋敬业，团结协作，坚持原则，公道正派，思想政治素质好。

（二）热爱工会工作，勇于开拓创新，有参与企业生产经营中心工作的能力与水平，积极支持和参与改革，顾全大局，有较强的组织协调能力，敢于和善于依法维护企业和职工群众的合法

权益。

（三）作风民主，密切联系群众，群众基础好，能自觉接受职工群众的监督，廉洁自律，在职工中享有较高的威信。

（四）在岗会员，大学及以上文化程度，年龄 45 岁以下，身体健康，担任厂（部）长助理及以上职务，或担任正科级职务 2 年以上，或担任副科级职务 5 年以上。

已担任厂（部）长助理及以上职务者，其年龄可适当放宽。具有硕士研究生及以上学历、表现特别突出的年轻干部，其担任领导职务的要求也可适当放宽。

五、候选人的产生办法

（一）候选人的推荐。由直选试点单位党委根据候选人基本条件，采取自荐、民主推荐、组织推荐相结合与自下而上、自上而下相结合的方式，充分发扬民主、广泛听取意见，提出候选人的推荐人选 2—3 名，报上级组织人事部门和工会审查。

（二）候选人的确定。对直选试点单位党委上报的推荐人选，按干部管理权限，由上级组织人事部门和工会联合考察，上级公司党委研究提出 2 名候选人，报（集团）公司党委审定后，由试点单位公示并经会员代表大会酝酿通过，参加正式选举。

六、直选工会主席的基本程序

（一）在（集团）公司党委的领导下，在直选试点单位上一级组织成立直选试点领导小组，成员由上一级单位党政工领导和工会、组织人事部门、纪检监察部门负责人共同组成，加强对直选试点工作的领导；直选试点单位成立直选工会主席工作小组，负责直选具体工作。（集团）公司工会、组织人事部要深入实际，指导直选工作有领导、有组织、有计划、有步骤地进行。

（二）直选试点工作领导小组负责制定直选试点实施办法、选举办法和直选宣传提纲，并报（集团）公司党委审定。直选单位上届工会委员会或直选试点工作小组负责制定直选工作计划，并在会员中进行广泛的宣传动员。

（三）按照要求做好直选工会主席候选人的推荐、考察和报批等工作，直选单位上届工会委员会或直选试点工作小组提前一周通过各种有效方式向会员介绍候选人的名单、简历及有关情况。

（四）试点单位征得上级党组织和工会同意后，精心筹备组织召开会员代表大会。大会由主席团主持，候选人在会员代表大会上进行竞选演说。竞选演说时间控制在 15 分钟之内，回答会员代表的提问，总的提问和回答时间不超过 20 分钟。

（五）无记名投票直接选举工会主席。直选工会主席从获得应参加选举代表过半数选票的候选人中产

生；若候选人得票相同，应重新投票；若候选人均未获得应参加选举代表的半数票以上时，按得票多少，由会员代表对得票最多的1名候选人进行等额选举；若等额选举时候选人仍未获得应参加选举代表的半数票以上时，停止选举。

（六）由总监票员向选举大会执行主席报告计票结果，选举大会执行主席当场宣布选举结果。

（七）当选工会主席向会员代表作表态发言。

七、在选举中出现下列情况之一者，选举无效，重新选举

（一）召开会员代表大会进行选举时，参加选举的会员代表人数不足应到会人数的三分之二。

（二）选举收回的选票数大于参加选举的会员代表人数。

（三）以暴力、威胁、贿赂、弄虚作假等手段当选的。

（四）其他严重违反选举规定的情况。

八、直选结果按照《中国工会章程》的规定报上级工会审核批复，按照干部管理权限报上级党组织落实直选工会主席的职级待遇。

九、直选工会主席当选后即纳入同级党政副职管理序列管理，行使工会主席职权，享受同级副职待遇，并接受组织的日常考核、年度考核和民主评议、民主测评。同时，在会员代表大会上进行述职述廉，接受会员代表监督和评议。

十、直选工会主席任期与本级工会委员会任期相同，并可连选连任。在连任选举中如落选，则按新岗位享受有关待遇。

十一、直接选举工会主席的罢免与辞职

（一）违反国家法律、法规和上级规定的，上级党组织和工会可以提出罢免意见。

（二）在年度考核中，被评定为基本称职或不称职的，上级党组织和工会可以提出调整、诫勉谈话或罢免意见。

（三）罢免采取由会员代表大会无记名投票表决方式，需超过应到会会员代表半数票通过有效。

（四）被罢免人有权在会员代表大会上申辩，也可提出申辩意见。

（五）直接选举的工会主席可以向上级党组织和工会委员会提出辞职，并经会员代表大会通过。

十二、直接选举工作要求

（一）加强对直选工会主席试点工作的领导，要把此项工作列入党委重要议事日程。党委组织人事部门、工会要切实搞好调查研究，指导直选试点工作的顺利进行，要保证直选试点工作的全过程接受会员监督。

（二）深入做好思想政治工作，广泛宣传直接选举工会主席的意义、原则、程序等有关要求，充分尊重和保障会员的民主权利，充分发扬民主，体现选举人的意愿，保证直选基层工会主席试点工作达到预期的目的。

（三）严格依法办事，在直选过程中，对违反工会章程、有关选举等法律、法规的主要责任者和直接责任者，如用不当手段拉选票、贿选、中伤或诽谤他人、违规承诺和虚假承诺，或以暴力、威胁、欺骗等手段破坏选举，或妨碍会员代表依法行使选举权和被选举权的，以及对控告、检举选举违法行为的人进行压制、打击报复的，将按照有关规定严肃处理；涉嫌违法的，由司法机关依法追究责任，以保证直选试点工作顺利进行。

中共攀钢（集团）公司委员会

二〇〇五年四月二十一日

二、获奖情况

（一）获全国五一劳动奖状名单

1992 年，河门口发电厂
1996 年，中国十九冶金建筑公司
1997 年，攀枝花矿务局大宝鼎矿第二采区一队采煤一班
1999 年，攀枝花市自来水公司
2006 年，攀煤（集团）公司花山煤矿采煤一区三队
2007 年，中冶实久建设有限公司工业安装公司吴仁强铆焊班组
2008 年，攀煤（集团）公司
2012 年，攀枝花建设工程公司
2014 年，国网四川省电力公司攀枝花供电公司

（二）获全国工人先锋号名单

2008 年，攀枝花新钢钒股份有限公司新钢钒向阳计量站
2008 年，攀枝花市市政路灯检修一班
2009 年，攀枝花市公路养护管理总段平地道班
2009 年，攀煤（集团）公司小宝鼎煤矿掘进一队
2011 年，攀钢（集团）矿业公司朱家包包铁矿铁运车间行大三班
2012 年，攀枝花钢城集团有限公司球团厂综合车间维检大班
2012 年，攀枝花德铭化工有限公司设备动力部机修班
2013 年，国家电网四川省电力公司攀枝花电业局客户服务中心党员服务队
2014 年，中国十九冶集团有限公司高级技工学校周树春焊接技能大师工作室

（三）获四川省五一劳动奖状名单

1987 年，攀枝花钢铁公司炼铁厂
2006 年，米易县安宁铁钛有限责任公司
2006 年，攀枝花市市政工程管理处城市路灯管理所检修一班
2007 年，攀枝花顺腾集团冶金材料有限公司

2007 年，四川省川投化学工业集团有限公司化工二厂制磷三车间六工段乙班
2007 年，攀枝花市攀青焦化有限公司、
2007 年，攀枝花新钢钒股份有限公司技质部计量车间向阳计量站
2008 年，攀枝花市邹氏工贸有限公司芭蕉湾矿采煤一班
2008 年，攀钢（集团）四川长城特殊钢有限公司
2009 年，攀枝花市卫生监督局
2009 年，四川龙蟒矿冶有限责任公司
2010 年，攀钢（集团）冶金工程技术有限公司机电安装工程分公司
2011 年，攀枝花钢城集团有限公司轧钢厂
2011 年，攀枝花市水务（集团）有限公司
2011 年，攀钢（集团）矿业有限公司
2012 年，攀钢（集团）有限公司
2012 年，攀煤（集团）公司
2012 年，攀枝花市总工会困难职工帮扶中心
2012 年，四川省电力公司攀枝花电业局
2013 年，攀钢（集团）攀钢钒公司炼铁厂
2014 年，攀枝花公交客运总公司

（四）获四川省工人先锋号名单

2008 年，攀煤（集团）公司大宝顶矿开拓一队
2008 年，攀枝花市东区市容环境卫生管理局环卫车队修理班
2008 年，四川龙蟒矿冶有限责任公司选厂一车间机修班
2008 年，攀枝花日兴机电有限责任公司铸造车间造型班
2008 年，攀枝花市中心医院骨科
2008 年，攀枝花公交客运总公司第三分公司 32 路公交线路
2008 年，米易县安宁铁钛有限责任公司民营矿山采选业一车间输矿班
2008 年，攀钢职工总医院抗震救灾医疗队
2008 年，攀枝花市交通运输管理处抗震救灾运输车队
2008 年，攀枝花市卫生监督局抗震救灾应急队
2008 年，攀枝花市公路养护总段平地道班
2008 年，攀枝花市疾病预防控制中心疾病预防控制应急队
2008 年，中石油攀枝花分公司抗震救灾前线保供突击队
2008 年，攀枝花市建设工程质量安全监督站危房鉴定专家队
2008 年，米易县广电网络公司维护组
2008 年，攀煤（集团）公司小宝鼎煤矿掘进一队
2008 年，攀枝花市东区银江镇阿署达村农民工抗震救灾突击队
2008 年，攀枝花电业局抗震救灾抢险突击队

2008年，攀枝花移动仁和分公司通讯抢险突击队
2008年，601地质队抗震救灾地质灾害排查工作组
2008年，攀枝花水务集团仁和水厂抗震救灾恢复生产保供水突击队
2008年，攀枝花市仁和区烟草专卖局抢险救灾服务队
2008年，攀枝花市仁和区平地镇抗震救灾突击队
2008年，四川龙蟒矿冶有限责任公司青年工人突击队
2008年，攀枝花市公交客运总公司跨线一路
2008年，攀枝花市仁和区水务农机局水利专家组
2008年，攀枝花市钢城企业总公司化工分公司氯氢班组
2008年，中冶实久电装分公司安装维检工程处
2008年，攀枝花市华阳煤业有限责任公司一矿通风班
2008年，攀钢（集团）公司新钢钒公司炼铁厂新三号高炉丁班
2009年，四川德胜攀枝花煤化工有限责任公司发电站
2009年，攀枝花市外国语学校2010级年级组
2009年，攀枝花市商业银行东城支行东城支行营业部
2009年，攀枝花市银江金勇工贸有限责任公司炉料车间
2009年，攀枝花兴辰钒钛有限公司检修车间机修班
2009年，中冶实久成都电控设备分公司向昌甫渡锌班
2010年，攀枝花市仁和平地镇迤沙拉灾后恢复重建农民工互助队
2010年，攀枝花市德铭化工有限公司机修班
2010年，攀枝花公路桥梁工程有限公司新密地大桥项目经理部
2011年，中国十九冶成都钢构分公司轻钢班
2011年，攀枝花市经贸旅游学校烹调教研班
2011年，重啤攀枝花有限责任公司酿造车间
2011年，攀枝花宏基商品混凝土有限公司技术质量部
2011年，米易县地方税务局得石税务所
2011年，盐边县金谷煤业有限责任公司+1815采煤队2班
2012年，攀钢（集团）攀钢钒有限公司提钒炼钢厂板坯连铸作业区浇钢乙班
2012年，攀煤（集团）公司联合焦化分公司炼焦车间
2012年，攀枝花市人力资源和社会保障局攀枝花市劳动保障信息中心
2013年，四川省攀枝花市地方税务局基金处
2013年，攀煤（集团）公司大宝顶矿综掘二队201班
2013年，盐边县矿山救护队
2013年，攀煤（集团）公司矿山救护消防大队
2014年，攀钢（集团）矿业有限责任公司选钛厂微矿车间生产乙班
2014年，攀枝花市公安局交通警察支队车辆管理所
2014年，中国人寿财产保险股份有限公司盐边支公司
2014年，攀钢（集团）成都钢钒有限公司自动化部轧管维修科159维护组

（五）其他重要获奖

1.获国家级奖励

1991 年 2 月，攀枝花市总工会获中华全国总工会授予的全国职工劳动法律法规知识竞赛优秀组织奖。

1993 年 10 月 24 日，在中国工会十二次全国代表大会上，攀枝花钢铁公司工会首次获“全国模范职工之家”称号。

1994 年 9 月，市总工会被全国总工会评为“工会干部培训先进集体”。

1996 年，攀枝花市职工技术协作委员会获评全国总工会“全国职工技协先进集体”。

1996 年 3 月 12 日，十九冶工会被全国总工会授予“全国模范职工之家”称号。

1996 年 11 月 29 日，在中国职工思想政治工作研究会第九次年会上，由中宣部、中组部和中华全国总工会联合表彰，授予攀钢（集团）公司“全国思想政治工作优秀企业”称号。

1997 年，攀钢（集团）公司获评中华全国总工会、全国职业道德建设指导协调小组“全国职业道德建设先进单位”。

1998 年 9 月，攀钢（集团）公司工会获评“全国煤矿地矿系统建功立业活动先进集体”。

1998 年，攀钢（集团）公司被中华全国总工会评为“全国集体合同建制先进企业”。

1998 年，攀钢（集团）矿业公司工会被全国总工会授予“全国模范职工之家”称号。

1998 年，攀钢（集团）公司矿业公司工会、四川金沙水泥股份有限公司供水车间工会、四川米易糖业股份有限公司微粒板二厂工会被中华全国总工会授予“全国模范职工小家”称号。

1999 年，攀钢新钢钒公司轨梁厂第一机械车间地面大班被中宣部、全国总工会评为“全国职工职业道德先进班组”。

1999 年，攀钢体育协会被全国总工会评为“全国职工体育先进集体”。

2000 年 12 月，攀煤（集团）公司工会获评“全国煤炭地矿系统先进基层工会”。

2001 年 5 月 16 日，攀枝花矿务局被国家经贸委、中华全国总工会评为全国“安康杯”竞赛优胜单位。

2001 年 10 月 8 日，攀钢（集团）公司被中华全总工会评为“全国集体合同先进单位”。

2002 年 10 月，攀枝花矿务局工会获中华全国总工会颁发的“全国公民道德知识竞赛优秀组织奖”。

2002 年，市总工会获评全国总工会“实施送温暖工程先进集体”。

2002 年，市总工会获评全国总工会“女职工双文明建功立业活动先进女职工集体”。

2003 年 8 月 7 日，攀枝花电业局工会被中华全国总工会授予“全国模范职工之家”称号。

2003 年，攀钢（集团）公司被中华全国总工会授予“全国模范职工之家”称号。

2003 年，攀钢（集团）公司获评“全国厂务公开工作先进单位”。

2004 年 3 月 16 日，市总工会获四川省“安康杯”竞赛优秀组织奖。

2004 年 4 月，攀钢（集团）公司工会女职工委员会被全国妇联授予“全国三八红旗集体”称号。

2005 年 4 月，攀煤（集团）公司发电公司工会被全国能源化学工会授予“模范职工之家”称号。

2005 年，攀钢（集团）公司被中华全国总工会评为“全国亿万职工迎奥运健身活动月系列活动先进单位”“亿万职工全民健身月活动先进单位”“全国群众体育先进单位”“全国职工技协先进集体”。

2005 年，攀煤（集团）公司工会被中华全国总工会评为“全国亿万职工迎奥运健身月系列活动先进单位”。

2006 年 4 月 24 日，盐边县双龙机械制造有限责任公司工会委员会获“全国模范职工之家”称号。

2007年2月，攀煤（集团）公司工会获评全国能源化学系统先进工会。

2007年2月，攀煤（集团）公司获评全国厂务公开先进单位。

2007年，攀钢（集团）公司被国家体育总局、中华全国总工会在《全国推广“普通人群体育锻炼标准”》中评为“全国先进单位”。

2007年11月，攀青焦化有限公司被劳动和社会保障部、中华全国总工会、中国企业联合会、中国企业家协会评为“全国模范劳动关系和谐企业”。

2008年1月，攀煤（集团）公司荣获2007年度全国“安康杯”竞赛优胜企业，攀煤（集团）公司工会获评全国能源化学工会先进单位。

2008年4月，攀煤（集团）公司工会获中华全国总工会授予的“模范职工之家”称号。

2008年7月3日，中冶实久工业开发公司获中华全国总工会授予的“抗震救灾重建家园——工人先锋号”旗帜。

2008年10月20日，攀钢（集团）公司被中华全国总工会和国家体育总局评为“亿万职工全民健身迎奥运系列活动先进单位”。

2008年11月5日，中冶实久获“国家技能人才培育突出贡献奖”“全国职业技能竞赛系列活动优秀组织奖”。

2008年，攀钢（集团）公司工会获评全国“安康杯”竞赛优胜单位、全国节能减排合理化建议优秀单位。

2009年1月，攀煤（集团）公司被全国安康杯竞赛组委会评为2008年度全国“安康杯”竞赛优胜企业。

2009年3月22日，攀钢（集团）公司工会获中华全国总工会授予的“全国职工体育示范单位”称号。

2009年，攀钢（集团）公司被中华全国总工会、国家体育总局授予“全国职工体育示范单位”称号。

2009年，攀钢（集团）公司工会获中华全国总工会2009年度全国亿万职工健身活动优秀组织奖。

2009年，攀煤（集团）公司工会获全国煤炭“文体活动优秀组织奖”。

2009年，攀钢（集团）公司被中华全国总工会、国家体育总局授予“全国职工体育示范单位”称号。

1997年4月10日，钢城企业总公司工会被省总工会命名为“先进职工之家”。

2010年1月，攀煤（集团）公司被全国安康杯竞赛组委会评为2009年度全国“安康杯”竞赛优胜企业。

2010年2月，市总工会被中华全国总工会、国家安全生产监督管理局评为2008年度全国“安康杯”竞赛活动优秀组织单位。

2010年3月，市总工会被中华全国总工会评为全国工会“千万农民工援助行动”先进单位。

2010年4月，攀枝花市邮政局被中华全国总工会授予“模范职工之家”称号。

2010年8月，攀煤（集团）公司获评中华全国总工会2010年度《中国工运》宣传通讯工作先进集体。

2010年10月，市总工会被全国厂务公开协调小组评为全国推动厂务公开民主管理工作先进单位。

2010年11月4日，市厂务公开协调领导小组被评为全国推动厂务公开先进单位。

2010年11月，市总工会被中华全国总工评为开展女职工权益保护专项集团合同工作先进单位。

2010年12月23日，盐边县总工会被中华全国总工会评为“全国工会系统‘五五’普法先进单位”。

2010年12月，市总工会被中华全国总工会评为全国工会“五五普法”先进单位。

2011年4月下旬，攀煤（集团）公司工会被全国安康杯竞赛组委会评为2010年度“安康杯”竞赛优胜单位。

2011年6月，市总工会被全国安康杯竞赛组委会评为2010年度全国“安康杯”竞赛优秀组织单位。

2011年，攀枝花邮政九附六“职工书屋”被中华全国总工会授予“示范性职工书屋”称号。

2011—2014年，市总工会连续4个年度被中华全国总工会评为“全国工会财务工作先进单位”。

2012年1月，攀煤（集团）公司被全国安康杯竞赛组委会评为2011年度全国“安康杯”竞赛优胜企业。

2012年1月，攀煤（集团）公司工会被全国煤矿体协评为2011年度“全国煤矿全民健身活动优秀组织单位”；花山矿、精煤公司分别获评“全民健身活动先进单位”。

2012年6月，盐边县总工会被中华全国总工会确定为全国职工教育培训优秀示范点。

2012年7月，市总工会获中华全国总工会2012年《工会信息》发行市级发行单位一等奖。

2012年7月，市总工会被中华全国总工会评为2011年度省级工会财务会计工作竞赛市级工会财务先进单位。

2012年8月，市总工会被中华全国总工会研究室评为“2012年度《中国工运》宣传通讯工作先进集体”。

2012年12月，市总工会被中华全国总工会评为第一批“全国工会职工法律援助维权服务示范单位”。

2012年12月，盐边县总工会被中华全国总工会评为“全国工会职工法律援助维权服务示范单位”。

2012年，仁和区总工会被全国安康杯竞赛组委会评为“全国职工安全卫生知识竞赛优秀组织单位”。

2013年1月，市总工会经费审查委员会被中华全国总工会评为“全国工会经审工作先进集体”。

2013年4月，攀煤（集团）公司获评2012年度全国“安康杯”竞赛优胜企业。

2013年9月26日，钢城集团工会被全国总工会和全国工商联评为“双爱双评先进企业工会”。

2013年11月1日，攀枝花广川冶金有限公司工会被中华全国总工会授予“全国模范职工之家”称号。

2013年12月，市总工会经费审查委员会被中华全国总工会评为“全国工会经审工作先进集体”。

2.获省级奖励

1989年6月，十九冶被四川省委宣传部、省总工会、省建委评为“1989年四川省思想政治工作优秀企业”。

1990年11月，攀枝花矿务局工会被四川省总工会、四川省体协、四川省职工体育基金会评为“百日锻炼迎亚运”先进单位。

1990年12月，盐边县总工会被省总工会授予“先进职工之家”称号。

1990—2013年，市总工会连续24个年度获得省总工会全省财务工作综合竞赛奖和经费收缴单项考核奖。

1991年5月，攀枝花矿务局获评省劳动竞赛委员会1990年度“双增双节”优胜单位。

1991年10月22日，省总工会召开表彰大会，攀钢、攀矿、盐边县工会3个单位被省总工会评为“经审工作先进集体”。

1992年4月，十九冶被省教委、省劳动厅、省人事厅、省总工会、省工交财贸政治部评为“四川省职工教育先进单位”。

1992年8月，攀枝花矿务局工会组被省总工会、省经委评为四川省“警钟长鸣杯”知识竞赛组织“先进单位”。

1992年12月29日，盐边县总工会被省总工会授予“先进职工之家”称号。

1993年7月，十九冶被省总工会授予“省模范职工之家”称号。

1993年7月7日至12日，在四川省工会第九次代表大会上，十九冶工会、市示范学校工会、市公路养护总段工会被省总工会授予“模范职工之家”称号。市机电设备公司工会、渡口水泥厂工会、市第三人民医院工会、米易糖厂工会、盐边县东风小学工会、炳草岗小学工会、市财政局工会被省总工会授予“先进职工之家”称号。攀钢动力空压一段二站工会小组、兰尖铁矿机动检修段铲修班工会小组、市橡胶厂硫化班工会小组被授予“模范职工小家”称号。攀钢提钒炼钢厂、攀钢运输部、矿务局机电总厂被省总工会确认为“模范职工之家”，兰尖铁矿被确认为“先进职工之家”。

1994 年 12 月 8 日，攀煤（集团）公司职工技协获评“四川省先进技协集体”。

1995 年，米易县总工会被省总工会评为“全省工会建家活动先进集体”。

1995 年，四川米易糖业股份有限公司被省总工会授予“模范职工之家”称号。

1995 年，米易县总工会经费审查委员会被省总工会评为“经费审查工作先进集体”。

1996 年 11 月 30 日，攀钢（集团）公司被省总工会评为“‘八五’期间合理化建议先进单位”。

1997 年 8 月，攀煤（集团）公司大宝顶矿被省总工会授予“先进职工之家”称号。

1997 年 9 月 20 日，攀钢（集团）公司工会技协被省总工会首批命名为“百强技协”。

1997 年，钢城集团总公司获四川省“先进职工之家”称号。

1998 年，河门口发电厂工会被省总工会授予“模范职工之家”称号。

1998 年，中国电信攀枝花分公司被省总工会授予“模范职工之家”称号。

1998 年 12 月，市总工会被省总工会评为“全省基层工会法人资格登记工作先进单位”。

1999 年 12 月，市总工会被省总工会评为“全省‘三五’普法先进单位”。

1999 年 12 月，市总工会被省总工会授予四川省工会系统“开发性再就业十大行动”特等奖。

2000 年 3 月 30 日，攀枝花矿务局被省总工会、省职工民主管理研究会评为职工民主管理研究先进单位。

2000 年 3 月上旬，攀钢（集团）矿业公司兰尖铁矿工会、攀枝花公交客运总公司工会、盐边县双龙机械设备有限公司工会、攀枝花托利多电子衡器有限公司、米易县莲华水泥厂、攀枝花大拇指家电有限责任公司 6 家基层单位分别被省总命名为“省级模范职工之家”“省级先进职工之家”和“省级双爱双评活动先进单位”。

2000 年 3 月 30 日，市总工会被省总工会和省职工民主管理研究会评为“职工民主管理研究先进单位”。

2000 年 4 月 19 日，攀枝花矿务局被省厂务公开领导小组评为“四川省厂务公开工作先进单位”。

2000 年 4 月，攀枝花市厂务公开深化民主管理协调领导小组被评为“1999 年度四川省厂务公开工作先进单位”。

2000 年，攀枝花矿务局获评“全国煤炭系统先进基层工会”。

2001 年 2 月 18 日，市总工会被省总工会评为“2000 年度工会干部调训工作先进单位”。

2001 年 6 月，培训会矿务局工会经费审查委员会被省总工会评为“2000 年度经审工作先进集体”。

2001 年 10 月 20 日，攀钢（集团）公司被省总工会和省体育局评为“九五”期间职工体育先进集体。

2001 年 10 月，市总工会获评四川省“九五”期间职工体育先进集体。

2001 年，攀枝花矿务局被省纪委、省总工会等 6 部委评为四川省“职工民主管理先进单位”。

2001 年，盐边县总工会被省总工会授予“先进职工之家”称号。

2002 年 11 月，市总工会获省总工会 2002 年度实施开发性再就业十大行动先进单位一等奖。

2002 年 12 月 14 日，在广汉召开的四川省厂务公开工作经验交流会上，攀枝花矿务局获评 2001 年度“全省厂务公开工作先进单位”。

2002 年，仁和区新建企业组建工作领导小组被省总工会评为“四川省新建企业工会组建工作先进集体”。

2002 年，米易县黄草乡工会联合会被省总工会评为“新建企业工会组建工作先进单位”。

2003 年，盐边县总工会被省纪委、省委组织部、省总工会等 9 部门联合表彰为“非公有制企业推行厂务公开、加强职工民主管理工作先进单位”。

2003 年，米易县兴辰冶金材料厂工会被省总工会评为“双爱双评先进单位”。

2003 年 3 月，市总工会获评省总工会 2002 年度女职工工作“先进女职工集体”。

2003 年 9 月，攀枝花矿务局大宝顶矿工会获得省总工会授予的“模范职工之家”称号。

2003 年、2004 年，市总工会经审工作获省总工会工作竞赛二等奖。

2004 年 2 月，攀煤（集团）公司获评四川省“群众性经济技术创新工程先进单位”。

2004 年 6 月 24 日，在全省工会促进再就业工作经验交流会上，市总工会获四川省总工会促进再就业工作先进单位一等奖。

2004 年 6 月，攀枝花市总工会荣获省总工会授予的“全省工会促进再就业工作先进单位”一等奖。

2004、2006 年度，市总工会获评《中国工运》组织宣传工作先进单位

2004 年，米易县总工会被省总工会评为“劳动争议处理进行单位”。

2005 年 5 月，攀煤（集团）公司工会获评 2004 年度省总工会财务工作竞赛先进单位。

2005 年 12 月，攀煤（集团）公司工会获评四川省“全民健身周活动”先进单位。

2005 年，攀钢（集团）公司获省总工会工作竞赛一等奖。

2005 年，钢城集团总公司获“四川省模范职工之家”称号。

2005 年，盐边县总工会被省总工会评为“四五”普法先进单位、“先进职工之家”。

2005 年，米易县总工会职工技协被省总工会评为全省职工技协工作先进单位。

2005 年，市总工会经审工作获省总工会工作考核评比综合一等奖，获省总工会审计质量二等奖。

2006 年 1 月 1 日，市总工会获省总工会 2005 年度工会工作达标考核一等奖。

2006 年 1 月，攀煤（集团）公司获评全国煤炭系统“先进群监会”、全国煤炭系统“先进女职工委员会”、全国煤炭系统“先进井口接待站”、2005 年度全国“安康杯”竞赛优胜企业、“全国厂务公开先进单位”。

2006 年，市总工会经审工作获省总工会工作考核评比综合一等奖、审计质量一等奖。

2007 年，盐边县总工会被省总工会评为工会经审工作先进集体。

2007 年，西区总工会女职工委员会被省总工会评为四川省先进女职工组织。

2007 年，西区财贸工会被四川省财贸轻化纺工会评为先进工会组织。

2007 年，市总工会经审工作获省总工会工作竞赛综合一等奖、审计质量一等奖、2002—2006 年度经审工作先进集体第一名。

2008 年 3 月，攀枝花电力工程有限公司分工会被省总工会命名“模范职工小家”，热控仪表班被命名为“工人先锋号”班组。

2008 年 4 月 29 日，四川攀枝花销售分公司被省总工会授予“四川省模范职工之家”称号。

2008 年 9 月 19 日，四川攀枝花销售分公司抗震救灾小分队被省总工会授予“工人先锋号”称号

2008 年 10 月 15 日，攀钢（集团）公司获评四川省“厂务公开民主管理先进单位”。

2008 年，盐边县总工会女职工委员会被省总工会评为 2004 一 2008 年度基层工会女职工工作先进集体。

2008 年，仁和区总工会被省总工会评为全省先进工会组织。

2008 年，攀钢（集体）公司获评四川省“厂务公开民主管理先进单位”。

2008—2013 年，市总工会经费审查委员会连续 5 年获得省总工会全省经审工作一等奖。

2010 年 1 月，市总工会被四川省总工会评为 2009 年度全省工会信息工作先进单位。

2010 年 1 月，市总工会被四川省总工会评为四川省“灾后重建 再立新功”劳动竞赛先进单位。

2010 年 5 月，华电四川发电有限公司攀枝花分公司燃料管理部计量班被省总工会评为“建功立业标兵岗”。

2010 年 7 月，中华全国总工会授予华电四川发电有限公司攀枝花分公司燃料管理部分工会“全国模范职工小家”称号。

2010 年 8 月，市总工会获四川省总工会 2010 年度工会经费收缴单项考核一等奖。

2010 年 12 月，市总工会获四川省总工会工会女职工工作竞赛一等奖。

2010 年 12 月，市总工会被四川省总工会评为全省工会就业培训和专业介绍机构先进单位。

2010 年 12 月 30 日，东区总工会被省总工会评为全省先进县（市、区）总工会。

2010 年，仁和区总工会被省安康杯竞赛组委会评为优秀组织单位。

2011 年 3 月，市总工会获四川省总工会“灾后重建、再立新功”劳动竞赛优秀组织奖。

2011 年 4 月，市总工会被四川省总工会评为 2006-2010 年度四川省职工技协先进集体。

2011 年 5 月，市总工会获四川省总工会 2010 年度市（州）和省产业（局）工会财务工作综合考核一等奖，经费收缴单项考核特别奖。

2011 年 6 月，市总工会获四川省总工会 2010 年度市（州）教科文卫体工会工作一等奖及创新奖。

2011 年 8 月，市总工会被四川省总工会、四川省安监局评为 2009-2010 年度四川省“安康杯”竞赛组织工作优秀单位。

2011 年 9 月，市总工会被四川省总工会评为 2011 年度《四川工人日报》新闻宣传发行工作先进单位。

2011 年 9 月 26 日，攀钢（集团）公司工会获省审计厅 2008—2010 年度四川省内部审计先进单位先进集体。

2011 年 11 月，市总工会被四川省总工会办公室为 2010 年度工会经审工作规范化建设 A 级单位。

2011 年 12 月，市总工会获四川省总工会 2011 年工会信息采用情况一等奖。

2011 年 12 月，市总工会被四川省总工会评为荣获“全面推进和谐劳动关系”理论与实践研讨会调研报告一等奖。

2011 年，四川德铭投资有限公司被省总工会授予“模范劳动关系和谐企业”称号。

2011 年，东区总工会被省总工会评为四川工会系统“五五普法”先进单位。

2011 年，炳草岗街道被省总工会授予“劳动关系和谐街道”称号。

2011 年，中国电信攀枝花分公司被省总工会女职工委员会评为“我学、我练、我能”劳动竞赛示范岗。

2011 年，仁和区总工会被省总工会评为全省工会系统“五五”普法先进单位。

2012 年 5 月 25 日，在省总工会召开的送温暖活动 20 周年暨困难职工帮扶中心建设 10 周年座谈会上，攀枝花市困难职工帮扶中心被评为“四川省工会帮扶工作标兵单位”。

2012 年 4 月，市总工会获四川省总工会 2011 年度“两个普遍”工作考核特等奖。

2012 年 4 月，市总工会获四川省总工会 2011 年度工会工作目标考核一等奖。

2012 年 4 月，市总工会获四川省总工会 2011 年度工会领导班子考核一等奖。

2012 年 5 月，市总工会被省总工会授予“全省工会帮扶工作标兵”称号。

2012 年 5 月，盐边县总工会被省总工会评为“四川省工会帮扶工作先进集体”。

2012 年 6 月，市总工会获四川省总工会“东电杯”四川省第七届职工乒乓球比赛优秀组织奖。

2012 年 6 月，市总工会获四川省总工会 2011 年度四川省“安康杯”竞赛优秀组织单位。

2012 年 6 月，市总工会获四川省教科文卫工会 2011 年度工会目标考核一等奖、创新奖。

2012 年 7 月，市总工会获四川省总工会 2011 年度市、州和省产业（局）工会财务工作综合考核特等奖、经费收缴单项考核一等奖。

2012 年 8 月 27 日，中国十九冶路桥工程分公司、中国十九冶成都钢构分公司重钢二班分别被省总工会、省安全生产监督局授予“2011 年度四川省‘安康杯’竞赛优胜单位”“2011 年度四川省‘安康杯’竞赛优胜班组。

2012 年 9 月，市总工会被四川省总工会评为荣获 2011 年度工会经审工作规范化建设 A 级单位。

2012 年 9 月，攀煤（集团）公司被评为“四川省厂务公开民主管理示范单位”。

2012 年 11 月，市总工会获四川省总工会、四川省经济和信息委员会、四川省人力资源和社会保障厅、四川省科学技术厅第四届四川省职工职业技能大赛优秀组织奖。

2012 年 12 月，市总工会获四川省总工会、四川省委政策研究室、四川省社会科学院、四川省工人运动研究室四川省工人运动研究会年会暨“学习贯彻党的十八大精神，全心全意依靠工人阶级”理论与实践研讨会优秀论文一等奖。

2013 年 1 月 29 日，十九冶获评“四川省厂务公开民主管理先进单位”。

2013 年 2 月，市总工会被四川省财贸轻化纺工会评为四川省财贸轻化纺系统工会工作先进集体。

2013 年 2 月，市总工会被四川省教科文卫工会评为全省教科文卫系统先进工会组织。

2013 年 4 月 23 日，市总工会被省人力资源社会保障厅、省总工会评为“全省工会系统先进集体”。

2013 年 4 月，市总工会被四川省教科文卫工会评为全省教科文卫系统先进工会女职工组织。

2013 年 4 月，市总工会获四川省总工会 2012 年度工会组建和会员发展考核二等奖。

2013 年 4 月，市总工会获四川省总工会 2012 年度工资集体协商工作考核一等奖。

2013 年 4 月，盐边县桐子林镇工会联合会被省人力资源和社会保障厅、省总工会评为“全省工会系统先进集体”。

2013 年 5 月，市总工会获四川省总工会 2012 年度工会领导班子考核二等奖。

2013 年 5 月，市总工会获四川省教科文卫工会 2012 年度市（州）教科文卫体工会工作目标考核一等奖。

2013 年 7 月，市总工会获四川省总工会 2012 年度财务工作综合考核特等奖。

2013 年 7 月，市总工会获四川省总工会 2012 年度经费收缴单项考核特等奖。

2013 年 9 月，市总工会被四川省总工会评为 2012 年度工会经审工作规范化建设考核 A 级单位。

2013 年 9 月，市总工会获四川省总工会女职工委员会四川省《女职工劳动保护特别规定》知识竞赛活动优秀组织奖。

2013 年 12 月，市总工会获四川省总工会 2013 年度全省工会信息工作一等奖。

2013 年 12 月，市总工会被四川省总工会、四川省社会科学院、四川省工人运动研究会评为优秀论文（调研报告）组织单位。

2013 年 12 月，市总工会获四川省劳动竞赛委员会四川省劳动竞赛优秀组织奖。

2013 年，东区总工会被省总工会评为“全省工会系统先进集体”。

三、职工名录

（一）在职职工名录

2013 年攀枝花市总工会在职职工名表

表 98

姓　名	性别	籍贯	出生年月	文化水平	政治面貌	参工时间	职务	备注
许健民	男	江苏无锡	1971.07	博士	中共党员	1996.07	主席	市总工会机关
杨洪达	男	辽宁鞍山	1970.12	大普	中共党员	1970.12	正县级享受副厅级工资待遇	市总工会机关
张开锋	男	四川苍溪	1972.01	研究生	中共党员	1989.07	党组书记、常务副主席	市总工会机关
汤帮梅	女	四川盐边	1965.07	研究生	中共党员	1984.07	党组成员、副主席	市总工会机关
于庆成	男	山东海阳	1958.05	大学	中共党员	1975.04	党组成员、纪检组长	市总工会机关
谢　强	男	四川西充	1966.11	大学	中共党员	1989.07	党组成员、副主席	市总工会机关
郑　红	男	重庆江津	1968.09	大学	中共党员	1989.08	党组成员、经审会主任	市总工会机关
王红梅	女	湖南湘潭	1968.09	大学	中共党员	1989.07	党组成员、机关党总支书记	市总工会机关
段汝林	男	四川攀枝花	1955.06	大专	中共党员	1976.08	市财贸工会主席	市总工会机关
李　兵	女	四川崇州	1962.06	大学	中共党员	1983.08	市教育工会主席	市总工会机关
吴　洋	女	四川彭山	1960.01	大学	中共党员	1977.09	副调研员	市总工会机关
周宗福	男	重庆巴县	1956.12	大专	中共党员	1972.12	教育工会副主席	市总工会机关
刘少辉	男	重庆市	1968.06	大学	中共党员	1987.07	办公室主任	市总工会机关
邹　莹	女	四川内江	1981.11	大学	中共党员	2000.04	组织部部长	市总工会机关
盛瓘清	女	四川内江	1974.08	大学	中共党员	1991.12	宣教文体部部长	市总工会机关
张泽周	男	四川宜宾	1975.09	大学	中共党员	1999.07	民主管理部部长	市总工会机关
谢永忠	男	辽宁义县	1965.07	大学	中共党员	1988.09	经济技术部部长	市总工会机关
王　莉	女	重庆垫江	1971.03	研究生	中共党员	1992.11	法律工作部部长	市总工会机关
郭　莉	女	四川眉山	1975.05	研究生	中共党员	1997.12	女职工部部长	市总工会机关
陈朝宪	男	四川米易	1958.10	大专	中共党员	1974.08	经审办主任	市总工会机关
张　磊	男	四川眉山	1985.08	大学	中共党员	2007.07	办公室副主任	市总工会机关
罗海英	女	四川蓬溪	1975.03	大学	中共党员	1996.10	保障工作部副部长	市总工会机关
陈世芳	男	重庆万州	1970.01	大学	中共党员	1990.12	财务部副部长	市总工会机关
何　凯	男	湖南宁乡	1963.01	大学	中共党员	1982.07	职工技术协会办公室副主任	市总工会机关
文宿珍	女	四川隆昌	1963.09	大学	中共党员	1982.08	主任科员	市总工会机关
杨嘉康	男	广西贵港	1975.04	大专	中共党员	1995.12	主任科员	市总工会机关

续表 98

姓 名	性别	籍贯	出生年月	文化水平	政治面貌	参工时间	现任职务	备注
唐应菊	女	四川攀枝花	1975.10	大学	中共党员	1998.11	副主任科员	市总工会机关
赵 兴	女	四川攀枝花	1979.02	大学	中共党员	2000.01	副主任科员	市总工会机关
吴俊起	男	重庆开县	1986.05	大学	群众	2010.07	科员	市总工会机关
程 强	男	四川泸州	1958.09	大专	中共党员	1977.12	技师	市总工会机关
王 芳	女	四川武胜	1972.01	大学	中共党员	1991.01	主任	信息中心
张玉兰	女	四川大竹	1969.03	大专	中共党员	1986.11	主任科员	信息中心
袁 宏	男	重庆市	1957.03	初中	群众	1974.04	技师	信息中心
敬 勇	男	四川西充	1965.06	大专	群众	1986.08	科员	信息中心
罗 立	男	四川南充	1971.08	大专	群众	1987.09	科员	信息中心
孙富刚	男	四川米易	1977.06	大专	中共党员	2001.01	职介所副所长	职介所
裘 怡	女	浙江绍兴	1974.08	大学	中共党员	1995.09	副主任科员	职介所
伍 慧	女	上海崇明	1964.10	大专	群众	1980.12	副主任科员	职介所
张瀚文	女	四川米易	1989.12	大学	中共党员	2012.08	科员	工运史
邹 渝	男	重庆江津	1972.11	研究生	中共党员	1994.07	主任	文化宫
涂 立	男	重庆铜梁	1963.03	大学	中共党员	1980.12	党支部书记	文化宫
殷 健	男	四川威远	1970.02	大学	中共党员	1986.12	副主任	文化宫
李桂林	男	山东莱阳	1956.06	大专	中共党员	1973.12	主任科员	文化宫
王 华	女	四川剑阁	1962.01	大专	中共党员	1979.12	主任科员	文化宫
刘卫东	男	辽宁阜新	1954.01	大专	中共党员	1971.01	主任科员	文化宫
胡旻瑶	女	四川井研	1974.12	大学	中共党员	1996.08	主任科员	文化宫
文耀波	男	四川西充	1973.12	大学	中共党员	1992.12	副主任科员	文化宫
许志明	男	湖南平江	1977.07	大学	中共党员	1996.08	副主任科员	文化宫
唐 铭	女	四川邻水	1975.11	大专	中共党员	1996.08	副主任科员	文化宫
程 莉	女	四川南充	1976.07	大专	群众	1996.09	副主任科员	文化宫
潘成奇	男	重庆江津	1976.01	大学	中共党员	1997.12	副主任科员	文化宫
范志强	男	河北肃宁	1955.04	初中	群众	1971.04	副主任科员	文化宫
邓青云	女	湖南衡阳	1962.12	大学	群众	1979.12	副主任科员	文化宫
代 玲	女	四川乐山	1962.12	大学	群众	1981.08	副主任科员	文化宫
张立梅	女	四川自贡	1974.02	大学	群众	1995.10	副主任科员	文化宫
赵 灿	女	四川广安	1981.12	本科	中共党员	2005.07	讲师	文化宫
沈启峰	男	辽宁沈阳	1986.08	大学	中共党员	2010.07	助理经济师	文化宫
赵 蔚	女	辽宁本溪	1977.01	大学	中共党员	1996.08	科员	文化宫
王晓蕾	女	河南郑州	1976.12	大专	中共党员	1995.09	科员	文化宫
刘 娜	女	辽宁绥中	1980.01	大学	群众	1999.12	科员	文化宫
胡明伟	男	重庆市	1956.08	初中	群众	1972.12	高级工	文化宫
卢 娟	女	重庆南川	1965.09	中专	群众	1981.12	高级工	文化宫
唐 安	男	广东罗定	1977.11	大专	群众	1995.10	中级工	文化宫

（二）离退休职工名录

2013 年攀枝花市总工会离退休人员名表

表 99

姓　名	性别	籍贯	出生年月	文化水平	政治面貌	参工时间	离退休时间	备注
武学昌	男	安徽亳州	1929.04	大专	中共党员	1949.01	1989.09	离休
刘秀武	男	浙江义乌	1946.11	大学	中共党员	1968.09	2010.08	退休
王大秀	女	四川射洪	1944.04	大专	中共党员	1960.01	1999.07	退休
姚　辉	男	四川资中	1945.10	大专	中共党员	1964.12	2004.06	退休
唐德龙	男	上海川沙	1946.01	大专	中共党员	1965.11	2006.02	退休
严光寿	男	四川盐亭	1950.03	大专	中共党员	1969.03	2008.05	退休
游绍全	男	重庆长寿	1953.02	大专	中共党员	1970.12	2012.03	退休
于四珍	女	上海市	1933.05	中专	中共党员	1949.10	1989.09	退休
郑志勤	男	河北玉田	1931.06	夜大	中共党员	1949.11	1991.12	退休
赵盛祥	男	河北昌犁	1934.07	高中	中共党员	1951.09	1994.12	退休
李雨初	男	河南宁湘	1933.12	初中	中共党员	1951.06	1994.06	退休
余登文	男	贵州贵阳	1940.08	大专	中共党员	1958.12	2000.08	退休
廖成佐	男	四川会东	1945.07	大专	中共党员	1964.12	2002.04	退休
王素英	女	四川三台	1948.05	大专	中共党员	1971.09	2003.06	退休
钟定香	男	重庆江津	1943.09	大学	中共党员	1964.12	2003.11	退休
蒲明太	男	四川南充	1943.05	中专	中共党员	1964.12	2004.03	退休
王生伟	男	四川西充	1944.06	大学	中共党员	1966.10	2004.08	退休
王仪明	男	重庆江北	1945.08	大专	中共党员	1968.03	2005.10	退休
段晓光	女	辽宁辽阳	1952.10	大专	中共党员	1968.10	2007.11	退休
谢月璧	女	重庆垫江	1952.11	大专	中共党员	1972.03	2007.12	退休
唐爱萍	女	山东禹城	1954.08	大专	中共党员	1973.12	2008.05	退休
杨　婕	女	河南孟津	1956.03	大专	中共党员	1975.07	2009.08	退休
侯素敏	女	石家庄市	1956.09	大专	中共党员	1972.10	2011.11	退休
李素芳	女	四川泸州	1955.12	大专	中共党员	1975.07	2011.01	退休
肖黎影	女	四川达县	1956.08	中专	群众	1976.03	2011.08	退休
李志勇	男	山西临县	1955.12	中专	群众	1974.08	2012.08	退休
秦有信	男	湖北郧县	1942.05	高小	中共党员	1958.12	1998.05	退休
冯启根	男	四川西充	1941.01	高小	中共党员	1960.07	1998.05	退休
李明友	男	四川安岳	1945.02	中专	中共党员	1965.08	1998.05	退休
刘香云	女	辽宁义县	1945.11	大学	中共党员	1969.08	1998.05	退休
刘远书	女	重庆大足	1945.09	大专	群众	1963.11	2000.10	退休

续表 99

姓 名	性别	籍贯	出生年月	文化水平	政治面貌	参工时间	离退休时间	备注
王玉祥	女	湖北宜昌	1947.10	大专	中共党员	1970.07	2002.10	退休
何蓉晖	女	四川盐亭	1951.02	中专	群众	1973.01	2006.02	退休
王永瑶	女	浙江镇海	1951.08	中专	群众	1970.09	2006.09	退休
文宗江	男	四川西充	1945.12	初中	群众	1965.06	2006.01	退休
阎守仁	男	四川通江	1944.12	初中	群众	1965.12	2004.09	退休
朱安全	男	四川云阳	1941.12	初中	中共党员	1958.10	2001.12	退休
李世泽	男	四川射洪	1944.01	中专肄业	群众	1962.12	2004.02	退休
彭永玉	女	四川安岳	1950.12	初中	中共党员	1965.12	2006.01	退休
郭 璞	男	四川江油	1954.10	大学	中共党员	1971.06	2002.08	退休
马仁本	男	四川荣昌	1942.07	初中	中共党员	1961.08	2002.07	退休
帅先觉	男	重庆合川	1945.05	大专	中共党员	1967.11	2005.06	退休
黄 群	女	重庆市	1935.04	初中	群众	1950.12	1990.07	退休
王友明	男	四川武胜	1937.04	小学	群众	1956.03	1997.06	退休
文世良	男	四川南充	1939.07	高小	中共党员	1966.12	1999.07	退休
王若英	女	四川西昌	1947.08	大专	群众	1966.09	2002.08	退休
赵鸣太	男	四川通江	1948.07	大专	中共党员	1965.12	2008.07	退休
刘德刚	男	四川南充	1948.10	初中	群众	1967.01	2008.10	退休
兰云书	女	四川攀枝花	1954.10	中专	群众	1974.07	2009.10	退休
李荣珍	女	吉林盘石	1962.10	中专	群众	1980.10	2010.03	退休
张桂秋	女	河北三河	1956.09	高中	群众	1975.09	2011.09	退休
邢彩红	女	黑龙江海伦	1957.04	中专	群众	1973.08	2001.02	退休
田继科	男	四川射洪	1944.08	大学	中共党员	1968.08	2004.09	退休
吴绪椿	男	重庆万县	1943.02	大学	群众	1968.09	2001.02	退休
朱丕庸	女	重庆江北	1955.12	大学	群众	1979.12	2001.02	退休
关淑珍	女	黑龙江宁安	1948.02	大专	中共党员	1966.05	2001.02	退休
陈 兰	女	重庆江北	1950.10	高中	群众	1971.12	2006.01	退休
杨兴顺	男	四川阆中	1947.02	初中	群众	1966.11	2007.02	退休
梅绍祥	女	四川成都	1948.11	中专	中共党员	1965.09	2001.02	退休
杨庆平	女	湖南宁乡	1932.11	初中	中共党员	1958.09	1989.09	退休
王定悦	男	四川资中	1942.07	小学	群众	1958.10	2001.02	退休
张先泽	男	四川蓬安	1941.11	小学	群众	1965.06	2001.11	退休
潘友恒	男	四川乐山	1944.06	高小	群众	1964.10	2004.07	退休
胡 萍	女	重庆万州	1954.08	中专	中共党员	1975.01	2004.10	退休
胡洪远	男	四川营山	1947.08	小学	群众	1966.12	2007.08	退休
雷仕相	男	四川南充	1949.04	小学	群众	1966.12	2009.04	退休
李文英	女	四川丰都	1945.04	小学	中共党员	1970.03	1996.01	退休
李碧蓉	女	四川资中	1946.05	初中	群众	1964.12	1996.07	退休

后 记

地方志是传承中华文明的重要载体和社会主义精神文明建设的重要组成部分，是一项“功在当代、利在千秋”的社会事业。盛世修志，代代赓续，编修志书是中华民族的优良传统。根据《国务院地方志工作条例》《四川省地方志工作条例》规定和《攀枝花市地方志工作“十二五”发展规划》要求，为连续不断地记载和反映攀枝花市工会事业的历史与现状、经验与成就，2014 年 5 月，市总工会成立《攀枝花市工会志（1989—2013）》编纂委员会和总编室，制定编纂方案，落实经费，聘请总纂人员，拟订收资篇目，开展人员培训，启动了《攀枝花市工会志（1989—2013）》的续修工作。经过全体编撰人员的艰苦努力，2015 年 4 月，总编室基本完成资料收集任务。11 月，完成总纂送审稿的编纂，并送编委会和市地方志办审查。2016 年 2 月，通过两级审查。经多次修改、补充、完善、校对后，2016 年 4 月交付印刷。2016 年 5 月出版发行。

《攀枝花市工会志（1989—2013）》的编纂出版，得到了市领导、市地方志办的关心和各级工会组织的大力支持，在此成书之际，谨表谢忱！

《攀枝花市工会志（1989—2013）》因资料浩繁，内容广博。鉴于编者水平有限，错误或遗漏在所难免，诚望读者指正。

编 者

2016 年 5 月